孙佑海　主编

拍卖诉讼案例精选

CASES ON AUCTION PROCEEDINGS

200个

典型案例

裁判文书解析

Analysis
on
the Referee Documents
of
200 Typical Cases

法律出版社 | LAW PRESS

编 委 会

前　　言

“法律的生命不在于逻辑，而在于经验。”本书的案例研究便是针对拍卖法律实施过程中所涉及具体的案件而展开的，旨在系统总结拍卖相关诉讼各类案件的事实认定与法律适用经验，以促进相关立法的完善和司法审判中办案质量的提高。本书不仅对现有拍卖法律所涉及的重点和疑难问题进行了研究，而且对许多法律尚未有明确规定但在拍卖实践中大量涌现的案例也进行了详细的分析和总结，为拍卖行业的立法规制和健康发展提供了理论和实践支撑。以案说法，使处于相同情形的当事人在拍卖实践中能够获得启发，这也是开展拍卖法律宣传教育的重要方式。

本书选取了2005年至2015年各级人民法院有关拍卖的裁判文书，根据或者属于拍卖诉讼中具有普遍性、多发性、代表性、典型性的拍卖纠纷；或者理论上、实务中尚有争议，或者同一事实但裁判结果不同的案例的选择标准，精选出具有典型、指导意义的200个案例，进行点评、解析编写而成，其中，191个案件为全新编写的案件，8个案件为《人民法院案例选》中的案例，1个案件为最高人民法院的指导案例。本书编写的总体框架共分为六个部分，分别是拍卖合同纠纷问题，拍卖侵权纠纷问题，拍卖当事人纠纷问题，拍卖业务程序纠纷问题，国有、集体资产拍卖纠纷问题以及其他与拍卖有关的纠纷问题。

为了帮助读者较为全面地了解和把握案件的案件情况、审理流程、分析路径以及法律适用，本书紧紧围绕案例名称、问题提示、基本案情、裁判结果、争议焦点与裁判理由、案例评析、案例索引七个核心要素加以介绍和分析。

目　录

一、拍卖合同纠纷问题

1. 甲与某拍卖公司、某拍卖公司分公司拍卖合同纠纷案

——多份拍卖文件约定不一致时，如何确定

问题提示：《委托拍卖合同》与《拍卖规则》《拍卖成交确认书》约定不一致时，如何确定？

【基本案情】

再审申请人（一审被告、二审被上诉人）：某拍卖公司

再审申请人（一审被告、二审被上诉人）：某拍卖公司分公司

被申请人（一审原告、二审上诉人）：甲

人民法院经审理查明：某拍卖公司分公司系经工商行政管理部门核准登记的某拍卖公司下属的无独立法人资格的分支机构。2008 年 12 月 27 日，江阴市国资办、江阴市卫生局与一审被告签订《委托拍卖合同》一份，约定由某拍卖公司分公司拍卖江阴市北漍卫生院的国有产权，拍卖底价为 2415 万元；委托人支付佣金 15 万元，买受人支付佣金 5 万元。某拍卖公司分公司于 2008 年 12 月 24 日、12 月 25 日在《江阴日报》刊登拍卖公告。2008 年 12 月 29 日，原告与某拍卖公司分公司签署《拍卖规则》，《拍卖规则》确定了付款日期、成交款和佣金数额。2008 年 12 月 31 日，原告以 5145 万元总价（含 5% 佣金，计 245 万元）拍卖成交。同日，某拍卖公司分公司出具给原告《拍卖成交确认书》一份，确认原告为买受人，成交价格为 4900 万元，并注明手续费为 5%，即 245 万元。2009 年 1 月 9 日，原告支付拍卖价款及佣金 5145 万元。

原告甲诉称：2008 年 12 月 31 日，其以 4900 万元的价格竞买下江阴市北漍卫生院的国有产权，并于 2009 年 1 月 9 日按《拍卖规则》支付成交总额 5% 的佣金手续费 245 万元。但后来其获悉，江阴市国资办、江阴市卫生局与被告签订的委托拍卖协议约定，被告只能向买受人收取 5 万元佣金。被告向其隐瞒事实，擅自将买受人佣金标准提高至拍卖标的的 5%，属于欺诈。据此向法院请求判令被告归还其 240 万元，并赔偿其以 240 万元为基数自 2008 年 12 月 31 日起至归还之日止的利息损失（按中国人民银行同期同类贷款利率计算）的诉请。

被告某拍卖公司分公司辩称:合同具有相对性,《拍卖委托合同》对甲不具有法律约束力,甲不能依据该合同条款主张自己的权利。拍卖人与甲签订《拍卖规则》及《拍卖成交确认书》时,双方都约定拍卖佣金比例为成交价的5%,该合同对双方具有约束力,请求驳回甲的诉讼请求。

【裁判结果】

一审:驳回甲的诉讼请求。

二审:一、撤销无锡高新技术产业开发区人民法院(2011)新商初字第0247号民事判决;二、某拍卖公司分公司于判决发生法律效力之日起十日内向甲返还240万元佣金及利息(以240万元为基数,自2009年1月10日起至判决应给付之日止按照人民银行同期贷款基准利率计算);三、某拍卖公司在某拍卖公司分公司财产不足清偿上述第一项债务的范围内承担补充清偿责任。

再审:一、撤销江苏省无锡市中级人民法院(2012)锡商终字第268号民事判决;二、维持无锡高新技术产业开发区人民法院(2011)新商初字第0247号民事判决。

【争议焦点与裁判理由】

本案的争议焦点为,如何理解《拍卖法》第56条关于委托人、买受人与拍卖人三者间佣金的规定。

根据再审裁判文书,人民法院认为,就本案而言,拍卖人某拍卖公司分公司、某拍卖公司与买受人甲之间的相关拍卖合同关系,不违反法律规定,应认定有效。依照法律规定,买受人在拍卖成交后应当按约向拍卖人支付约定的佣金。本案中,甲在作为竞买人时签署的由拍卖人某拍卖公司分公司出具的《拍卖规则》以及作为买受人与拍卖人签署的《拍卖成交确认书》中,均约定了佣金(手续费)为成交总额的5%,该约定不违反拍卖法等法律规定,对甲具有约束力。关于双方争议的拍卖人某拍卖公司分公司、某拍卖公司与委托人江阴市国资办、江阴市卫生局之间对买受人支付佣金数额的约定是否能对甲产生效力的问题,从合同相对性原则,以及保护其他竞买人的公平竞争权的角度,拍卖人某拍卖公司分公司、某拍卖公司与委托人江阴市国资办、江阴市卫生局之间对买受人支付佣金数额的约定之效力并不能及于甲,甲的诉讼请求依据不足,不予支持。

【案例评析】

本案在审理中,主要集中在以下争议焦点:拍卖人收取买受人甲的佣金金额是按照《拍卖规则》及《拍卖成交确认书》上载明的成交总额5%(245万元)计算,还是应按照《委托拍卖合同》载明的5万元计算?

《拍卖法》第56条规定:"委托人、买受人可以与拍卖人约定佣金的比例。委托人、买受人与拍卖人对佣金比例未作约定,拍卖成交的,拍卖人可以向委托人、买受人各收取不超过拍卖成交价百分之五的佣金。收取佣金的比例按照同拍卖成交价成反比的原则确定。拍卖未成交的,拍卖人可以向委托人收取约定的费用;未作约定的,可以向委托人收取为拍卖支出的合理费用。”第45条规定:“拍卖人应当于拍卖日七日前发布拍卖公告。”该法第46条规定:“拍卖公告应当载明下列事项:(一)拍卖的时间、地点;(二)拍卖标的;(三)拍卖标的展示时间、地点;(四)参与竞买应当办理的手续;(五)需要公告的其他事项。”该法第48条规定:“拍卖人应当在拍卖前展示拍卖标的,并提供查看拍卖标的的条件及有关资料。拍卖标的的展示时间不得少于两日。”《拍卖法》的相关规定表明:委托人、买受人可以自行与拍卖人约定佣金的比例,且对约定佣金的比例未作直接限定。在对佣金比例未作约定时,拍卖人可以向委托人、买受人各收取不超过拍卖成交价5%的佣金;委托拍卖合同的内容并不在公告列明的范围之内。

就本案而言,甲在作为竞买人时签署的由拍卖人某拍卖公司分公司出具的《拍卖规则》以及作为买受人与拍卖人签署的《拍卖成交确认书》,系甲与拍卖人达成的共同合意,不违反法律规定,双方均应按约全面履行各自的义务。上述《拍卖规则》及《拍卖成交确认书》均约定了“佣金(手续费)为成交总额的5%”,该约定对甲具有约束力。因此,本案拍卖人向买受人收取5%佣金的数额,符合法律规定。《拍卖法》第35条规定,“竞买人有权了解拍卖标的的瑕疵,有权查验拍卖标的和查阅有关拍卖资料”。因此,有关拍卖资料竞买人是可以自行查阅的,甲认为某拍卖公司分公司故意隐瞒《委托拍卖合同》中关于收取买受人佣金金额的内容,构成欺诈的理由不能成立。

与此同时,关于《委托拍卖合同》中写入的“买受人支付佣金5万元”的约定问题。拍卖人作为提供拍卖中介服务的专业化组织,对于委托人、买受人通过拍卖方式来达成买卖合同而言,都提供了专业化的服务、场所等,因此双方均应当按照与拍卖人的约定支付相应的佣金作为报酬。《拍卖法》第56条已经非常明确拍卖人可以与委托人、买受人约定佣金的比例。《拍卖规则》与《拍卖成交确认书》的当事人是买受人甲与拍卖人某拍卖公司分公司,属于双方的真实意思表示,不违反《拍卖法》关于佣金比例的规定,那么双方都应当严格遵守。而《委托拍卖合同》的当事人是委托人和拍卖人,买受人甲不是该合同的缔约方。法谚云“任何人不得为他人缔约”,合同当事人只能为自身设立权利义务,合同之外的第三人则不享有权利也不需要承担义务。因此,委托人和拍卖人无权在《委托拍卖合同》中就拍卖人与买受人的佣金比例等事项作出约定,如果有约定也应当属于无效的。因此,本案中的《委托拍卖合同》所约定的“买受人与拍卖人佣金5万元”属于无效约定。

本案不涉及瑕疵担保问题。拍卖法上的瑕疵担保,是指法律规定委托人对拍卖物品所有权或处置权合法性及质量等承担的保证责任。委托人有义务保证本人对委托拍卖的物品拥有合法的所有权或处置权,并保证其符合有关的质量要求。

瑕疵担保责任的具体内容由出卖人与拍卖人在合同中协商约定。本案系买受人与拍卖人之间因佣金支付数额发生争议而引起的纠纷,并不涉及标的物的瑕疵担保问题。因此,二审判决关于"只有拍卖标的和佣金在拍卖规则中明示和固定下来,才完成了某拍卖公司分公司的瑕疵担保义务"的认定,与本案不具有关联性。

【案例索引】

一审:江苏省无锡市高新技术产业开发区人民法院(2011)新商初字第0247号

二审:江苏省无锡市中级人民法院(2012)锡商终字第268号

再审:江苏省高级人民法院(2013)苏商再提字第0016号

2. 甲与某拍卖公司拍卖合同纠纷案

——"保底"条款的性质和效力认定

问题提示:委托拍卖协议约定了拍卖标的物的保留价,并对部分拍品备注"保底"或"保底(实得)",是否能够据此认定拍卖人与委托人之间达成了"如果拍卖不成交,则由拍卖人负责按该拍品保留价收购"的约定?

【基本案情】

上诉人(一审被告):甲

被上诉人(一审原告):某拍卖公司

人民法院经审理查明:2011年8月3日,某拍卖公司与甲签订《委托拍卖协约》一份,约定:由甲将其11件书画作品委托某拍卖公司拍卖,明确了每件拍品的保留价,并由甲支付相应佣金并承担图录印制费用等。11件书画拍品的图录编号分别为第30、82、85、311、416、968、986、1150、1189、1194、1488号,其中,第82号、第85号拍品备注"保底(实得)",第311号、416号、1150号拍卖品备注"保底",其余拍卖品未注明。

2011年8月3日,某拍卖公司拍卖项目负责人刘某某向上级提交书面申请一份,内容为"……经与委托方协商,征得2011年秋某拍卖会标的11件,底价总额为4525万元,预先支付2000万元,会后结算,请上级领导予以支持(附清单)。"8月3日,甲与颜某以及刘某某达成书面约定一份,内容主要为:涉案第82号、416号、1150号拍品由颜某预付价款1400万元,提供给某拍卖公司主持的拍卖会上拍卖,成交后由某拍卖公司向颜某支付该1400万元预付款。2011年8月9日,某拍卖公司预付甲款项人民币2000万元(含颜某的预付款1400万元)。

2011年12月,在某拍卖公司主持的拍卖会上,甲委托的11件拍品中,图录中第82号以保留价900万元成交、第311号以160万元成交、第986号以24万元成交,其余8件拍品因未达到保留价而未成交。2012年5月16日,颜某从某拍卖公司取走了图录中第1150、416号拍品,某拍卖公司向颜某支付了图录中第82号拍品的拍卖款900万元。2012年5月19日,甲取回图录中第1189、1194、30、968、1488号拍品。图录中第85号拍品仍在某拍卖公司处。

庭审中,原、被告双方明确,经结算,某拍卖公司有14 901 360元款项由被告甲收取。某拍卖公司认为应由甲返还,故留置了图录中第85号拍品。

原告某拍卖公司诉称:其与甲之间从未就图录中第85号拍品达成过"流拍以底价买断"的协定,其向甲支付的款项14 901 360元为保证金,在第85号拍品未成交的情况下,被告甲应返还14 901 360元保证金以及相应的利息。

被告甲辩称,某拍卖公司以双方约定的"如果拍卖不成交,则由某拍卖公司负责按该拍品保留价收购"而收取了14 901 360元款项。颜某、刘某某(均作为证人)、被告甲均表示,"颜某于2012年5月16日取回未拍卖成交的第416、1150号拍品,以及某拍卖公司向颜某支付第82号拍品成交价款900万元"系基于三方间达成的"流拍以底价收购"的协定而进行的。

被上诉人某拍卖公司辩称:《委托拍卖协约》约定的"保底,保底(实得)"含义为:如果拍卖不成交,则由某拍卖公司负责按该拍品保留价收购。况且,《委托拍卖协约》系格式合同,由某拍卖公司单方制作,若引发争议其不利后果也应当由某拍卖公司自行承担。

【裁判结果】

一审:一、甲于判决生效之日起十日内归还某拍卖公司预付款14 901 360元;二、某拍卖公司于判决生效之日起十日内返还甲本案所涉的第85号拍品;三、驳回原告其他诉讼请求。

二审:驳回上诉,维持原判。

【争议焦点与裁判理由】

本案的争议焦点为,对于《委托拍卖协约》中保留价与保底、保底(实得)含义是否能解释为"如果拍卖不成交,则由某拍卖公司负责按该拍品保留价收购"。

根据生效裁判文书,人民法院认为,首先,根据《拍卖法》第50条规定,"保留价"的含义为出卖人在委托拍卖时提出的拍卖最高应价达不到该价格时应停止拍卖的价格。而"保底价"在《拍卖法》或行业规定中并不具有明确、特定的含义。从本案《委托拍卖协约》中对于保留价、保底价(实得)的文字表述上,无法直接得出甲所述的"如果拍卖不成交,则由某拍卖公司负责按该拍品保留价收购"的含义。证人颜某、刘某某所作证言内容虽与甲的主张一致,但仍系其个人对文意的理解,某拍卖公司对此予以否认,在缺乏其他证据相印证的情况下,难以认定其理解的含义明确确定或符合行业惯例。即使颜某实际根据三方协议,就涉案第82、416、1150号三件拍品为甲进行保底及预付款项,也并不能据此认为某拍卖公司与甲之间就涉案第85号拍品也存在相同的处置协议。

其次,我国《拍卖法》第22条及第62条规定,禁止拍卖机构在自己组织的拍卖活动中的“自买”行为,故即使“保底”“保底(实得)”的含义如甲所述,上述行为亦违反相关法律规定。

最后,从双方的履行情况来看,拍卖结束后,某拍卖公司、甲未就图录中第85号拍品达成相关的买卖合同或是办理拍品买卖的手续,亦反映双方并未就图录中第85号拍品买卖达成一致意见。

综上,对于甲辩称的意见,依据不足,法院不予采纳。故甲应与某拍卖公司应结清双方间往来款项,返还某拍卖公司的款项14 901 360元,并同时由某拍卖公司返还甲图录号为85号拍品。关于某拍卖公司主张的利息部分,基于某拍卖公司作为专业的拍卖机构在签订《委托拍卖协约》时不够严谨、规范,致使甲产生歧义,法院对某拍卖公司主张利息的请求不予支持。

【案例评析】

本案委托拍卖协议中对部分拍品备注“保底”或“保底(实得)”,与其他拍品相区分,在一定程度上可能会被解读或解释为“如果拍卖不成交,则由拍卖公司负责按该拍品保留价收购”。但需要注意的是,在司法实践中,合同当事人对合同条款的理解产生争议时,应严格遵照《合同法》的规定作出解释。《合同法》第125条第1款规定:当事人对合同条款的理解有争议的,应当按照合同所使用的词句、合同的有关条款、合同的目的、交易习惯以及诚实信用原则,确定该条款的真实意思。

本案中,依照《合同法》第125条第1款的解释方法逐一审查如下:(1)从词句上看,“保底”或“保底(实得)”缺少主语,无法确定是由哪一方负责以保留价“保底”,可能是指竞买人负责以保留价“保底”,否则不成交,也可能是由拍卖人或他人负责以保留价“保底”成交;(2)从合同的有关条款以及合同目的上看,《委托拍卖协约》系委托方与受托方之间就委托拍卖过程中拍卖佣金比例、拍卖费用的承担、拍卖款的交付等的权利义务约定,《委托拍卖协约》签订的目的也是以公开拍卖竞价的方式将拍品卖给他人,难以认定拍卖人有同时作为买方的意思表示;(3)从交易习惯以及诚实信用原则来看,委托人甲也未能举证证明拍卖行业中存在以备注拍品“保底”或“保底(实得)”的方式,确定在拍卖未成交的情况下,由拍卖人以保留价收购拍品的交易习惯或双方此前存在类似的交易惯例。故依照《合同法》的解释方法逐一审查,难以得出“保底”或“保底(实得)”的含义是“如果拍卖不成交,则由拍卖公司负责按该拍品保留价收购”。

综上,从民事诉讼举证责任的角度上考虑,虽然“保底”或“保底(实得)”,在一定程度上可能会被解读或解释为“如果拍卖不成交,则由拍卖公司负责按该拍品保留价收购”,但该可能性的证明力度难以达到高度盖然性的证明标准。所以一、二审法院均未采纳甲的答辩意见，支持了被告某拍卖公司的主要诉讼请求。

【案例索引】

一审：上海市静安区人民法院（2014）静民二（商）初第803号

二审：上海市第二中级人民法院（2014）沪二中民四（商）终字第1382号

3. 甲与某银行分行、某拍卖公司拍卖合同纠纷案

——两份成交确认书的认定

问题提示：同一拍卖标的存在两份成交确认书，应如何认定？

【基本案情】

再审申请人（一审原告、二审上诉人）：甲

被申请人（一审被告、二审被上诉人）：某银行分行

一审被告：某拍卖公司

人民法院经审理查明：2005年10月12日，被告某银行分行与被告某拍卖公司签订《大连市委托拍卖合同》，约定由被告某拍卖公司对被告某银行分行所委托的涉案房屋进行拍卖。在2005年10月24日举行的拍卖会上，竞买人乙通过竞价购买到涉案三层房屋，并与被告某拍卖公司签订了《大连市拍卖成交确认书》，确认其系涉案三层楼房的拍卖买受人。10月24日，乙与丙签订了《换房协议书》，约定乙用竞买到的房屋与丙置换。后乙与原告甲共同至被告某拍卖公司处，以乙竞买涉案房屋系受原告委托为由，主张涉案房屋实际买受人为原告甲。被告某拍卖公司在未重新举行拍卖会的情况下，为原告出具了新的《大连市拍卖成交确认书》，将买受人更改为原告。后被告某拍卖公司收取了房款930 000元，并将该款项交付被告某银行分行。2005年11月1日，被告某拍卖公司为原告出具了以原告为收款单位的《专用收款收据》，并于大连市工商行政管理局进行了鉴证。

一审宣判后，原告甲提起上诉称：(1)上诉人已向某拍卖公司提交授权委托书，虽然某拍卖公司因拍卖时间超过五年而未保留当时的拍卖资料，但结合乙的证言及收款收据，可以证明涉案房屋的真正买受人是上诉人；(2)乙作为上诉人的委托代理人，代替上诉人参加涉案拍卖，符合拍卖程序，某拍卖公司事后为甲换签的《拍卖成交确认书》已经工商部门鉴证备案，取代了乙签字的《拍卖成交确认书》。因此，请求确认上诉人与某拍卖公司签订的《大连市拍卖成交确认书》依法有效。

被上诉人、一审被告某银行分行辩称：不同意上诉人的上诉请求，表示服从一审判决。

一审被告某拍卖公司称:同意上诉人的上诉请求,但未提起上诉。

【裁判结果】

一审:驳回原告甲的诉讼请求。

二审:驳回上诉,维持原判。

再审:一、撤销辽宁省大连市中级人民法院(2014)大民三终字第11号民事判决及辽宁省大连市中山区人民法院(2013)中民初字第2144号民事判决;二、确认甲与某拍卖公司签订的编号为1032800的《大连市拍卖成交确认书》合法有效。

【争议焦点与裁判理由】

本案的争议焦点为,同一拍卖标的存在两份成交确认书应如何认定。

根据再审裁判文书,人民法院认为,本案为确认合同效力之诉。甲和某拍卖公司对涉案《拍卖成交确认书》的真实性无异议,甲支付了拍卖款,某拍卖公司为甲出具了《专用收款收据》,原竞买人乙亦出庭证实其受甲委托参加竞拍,故可认定甲系涉案房屋拍卖的实际买受人。涉案《拍卖成交确认书》并非需要批准方能生效,也不违反法律、行政法规的效力性强制性规定,不存在合同法规定的无效情形。《最高人民法院关于适用〈中华人民共和国合同法〉若干问题的解释(一)》第4条规定:"合同法实施以后,人民法院确认合同无效,应当以全国人大及其常委会制定的法律和国务院制定的行政法规为依据,不得以地方性法规、行政规章为依据。"一审法院参照的《拍卖管理办法》系由商务部颁布的部门规章,不属于法律和行政法规的范畴,且该办法第32条的规定亦非效力强制性规定,不应作为确认合同效力的依据。另外,乙在一审时出庭作证,确认其系受甲委托参与竞买,并明确放弃对拍卖房屋主张权利,故不会出现涉案拍卖标的可能对应两份拍卖成交确认书的情况。建行作为拍卖委托方,已在拍卖成交后,实际收到了拍卖款,标的买受人由乙变更为甲,其获得拍卖价款的目的并未受到影响,其利益未受损害,故甲与某拍卖公司之间的《拍卖成交确认书》不存在损害他人利益的情形。

【案例评析】

本案的关键问题在于如何认定甲提供的《拍卖成交确认书》。对此问题,一、二审法院对原告甲的诉讼请求均予以了驳回,而再审法院对此予以了改正。笔者认为,一、二审法院的裁判理由和裁判结果、说理更为充分,再审法院改判的理由值得商榷。

一、拍卖行在拍卖成交时出具的第一份《拍卖成交确认书》更具可信性

本案中,拍卖行对两份《拍卖成交确认书》的效力均不否认,并赞同本案原告甲的诉讼请求。虽然,因为时间的问题,拍卖行没有提供涉案拍卖时的相关资料。但是,如果乙真的是作为甲的委托代理人参与本次代理,并且在参加拍卖前提供了相应的委托手续,那么,拍卖行在签订《拍卖成交确认书》时出错的可能性比较小。且乙在拍卖结束后自行与案外人丙就涉案房屋中的一层进行置换的事实也足以说明，乙自己作为实际的竞拍人的可能性更大。否则，案外人丙不可能随便与其签订房屋置换协议，乙也不可能随意地将其委托人竞买到的房产进行处置。另外，拍卖人在重新出具《拍卖成交确认书》之后，并没有将此事实告知委托拍卖人，显然也与常理不符。

二、再审法院认定第二份《拍卖成交确认书》有效有失偏颇

甲起诉后，乙出庭作证证明其当时系受甲委托参与竞拍，但乙此时出庭作证，只要其自愿，从法律上来看确实不会损害其合法利益。对于建行来说，其在收到拍卖款后，将竞买人更换为甲或者乙的确也不会损害其实际利益。作为拍卖人来说，只要竞买人支付了相应的费用，其合法利益也不会受到任何损害。但是，在本案中，认定竞买人为乙或者甲并非完全没有任何问题。如果竞买人是乙，那么，乙将上述房屋转让给甲，在办理产权过户时显然还需要支付相关的过户税费，而如果将竞买人直接认定为甲，那么，甲在整个过程中显然可以少支付一些税费，从这个角度来看，再审法院认定甲持有的《拍卖成交确认书》不损害他人利益确实没有不当，但再审法院忽略了当事人之间可能借此逃避房屋交易税收的可能性。因此，再审法院将竞买人直接变更为甲不损害他人利益的改判理由有失偏颇。

三、拍卖人应该严格审核竞买人手续，依法签订《拍卖成交确认书》

在本案中，拍卖人因为时间较长，无法提供拍卖当时竞买人提供的手续，但是，拍卖人在同一次拍卖中出具了两份《拍卖成交确认书》，显然存在把关审核不严的问题。参照《拍卖法》有关拍卖人对委托拍卖人身份资料和拍卖物品的权属资料的审查规定来看，拍卖人有义务对竞拍人的身份情况进行详细的审核。存在委托竞买的，《拍卖管理办法》第32条也明确规定了“竞买人委托他人代理竞买的，应当出具授权委托书和竞买人、代理人的身份证明复印件。授权委托书应载明代理人的姓名或者名称、代理事项、代理权限和期间”。本案中，乙系在拍卖成交结束且已经签订了《拍卖成交确认书》后，再与甲到拍卖人处告知其系受甲委托参与竞拍，拍卖人此时虽然不可能重新举行拍卖，但拍卖人显然有义务核对乙参与竞拍的资料，如果乙在参与竞拍当时没有明确其作为甲的委托代理人，那么，即便乙与甲意思一致要求确认甲为最终的竞买人，拍卖人也不应该为其重新出具《拍卖成交确认书》。拍卖人开具的以甲为收款单位的《专用收款收据》及大连市工商行政管理局进行的鉴证，从证据的角度，因形成时间均在拍卖成交之后，显然不能据此否认、推翻之前乙为实际竞拍人的事实。

本案中，拍卖人虽然未承担任何法律责任，但笔者认为，拍卖人在其中还是存在诸多工作失误的，其审核把关程序不严格，重新出具的《拍卖成交确认书》，或者证明其当时出具《拍卖成交确认书》时没有核对好委托拍卖手续，犯了低级失误，或者证明其更改拍卖成交确认书过于随意。总之，拍卖人在拍卖活动中，务必要加强对竞买人的审核,对委托他人竞买的,要详细审查其授权委托书。在出具《拍卖成交确认书》之后,即便确实发现存在工作失误,也应该尽可能地在将竞买人名单、成交清单及拍卖现场完整视频资料或者经当事人签字确认的拍卖笔录全部整理好之后,且在工商机关的鉴证或者在公证部门的公证下,重新出具《拍卖成交确认书》。

【案例索引】

一审:辽宁省大连市中山区人民法院(2013)中民初字第2144号

二审:辽宁省大连市中级人民法院(2014)大民三终字第11号

再审:辽宁省高级人民法院(2015)辽审四民提字第00057号

4. 某投资公司与某拍卖公司拍卖合同纠纷案

——成交确认书与其他拍卖文件不一致,如何确定效力

问题提示:拍卖成交确认书与其他拍卖文书内容不一致时,如何确定效力?

【基本案情】

上诉人(一审原告):某投资公司

上诉人(一审被告):某拍卖公司

被上诉人(一审第三人):某银行

人民法院经审理查明:2003年10月21日,原某农村信用合作社与某拍卖公司订立了《委托拍卖合同》一份,约定将某农村信用合作社所享有使用权和所有权的、坐落于本市暨阳街道望云路11号的国有综合土地一块及地上建筑物交某拍卖公司拍卖。某拍卖公司按约于2003年11月12日进行公开拍卖。原告某投资公司(原企业名称为“某置业公司”)通过竞拍以702万元的价款拍得该宗标的物,当即与拍卖人签订了《拍卖成交确认书》一份,对拍卖物、面积、价格等内容进行了约定,其中载明土地面积为4937.6平方米。本成交确认书签订后,2003年11月5日的竞买须知作为这次成交的有效附件,对标的物的瑕疵、缺陷、拍卖规则与成交确认书条款的适用等内容进行了约定。此后,原告按约向某拍卖公司付清了702万元价款及相应的佣金35万元。2004年3月8日,诸暨市人民政府向原告核发该宗土地的“国有土地使用证”,登记的土地面积仍为4937.6平方米。2006年2月,原告在该宗土地上申报的建设项目规划请求得到有关部门批准。2006年10月,原告在办理相关规划手续过程中,经某规划设计院勘测,发现该宗土地的实际面积为4577.2平方米。原告遂以被告转让的土地面积比合同少360.4平方米为由,要求被告赔偿损失。另查明,诸暨国用(2002)字第1-4325号国有土地使用证载明的土地使用者

为"某农村信用合作社",使用权面积为4937.6平方米。原某农村信用合作社在委托被告拍卖前,于2003年9月15日对本案涉讼的土地及地上房屋进行委托评估,某会计师事务所出具资产评估鉴定书,鉴定认为该宗土地上的房屋建筑物评估价值为206 520元、土地使用权价值为3 288 442元。审理中,原告同意按照评估确定的地上物与土地使用权价值比例,计算所拍得的缺失土地的价值。根据原告的申请,法院委托某勘察设计院对暨阳街道望云路11号地块(地号为1－105－0－177－3)实际面积进行测量,经测算该地块面积为4301.8平方米。2003年12月2日,原告某投资公司(原企业名称为"某置业公司")就拍得的土地(面积为4937.6平方米)与某农村信用合作社签订了出让土地使用权转让合同。2004年4月,某农村信用合作社联合社与某农村信用合作社合并为某银行,其债权、债务由合并后的企业承继。

在上诉审中,原告和被告均不服一审判决,要求改判。

【裁判结果】

一审:被告某拍卖公司赔偿原告某投资公司损失计人民币482 110元,返还佣金计人民币24 105元,合计人民币506 215元,限判决生效之日起十日内付清;驳回原告其余诉讼请求。

二审:维持一审判决第二项;变更一审判决第一项为:被上诉人某银行应赔偿给上诉人某投资公司损失共计人民币506 215元。

【争议焦点与裁判理由】

本案的争议焦点是:(1)拍卖文书内容冲突时效力如何确定;(2)本案是否已经超过诉讼时效;(3)某勘察设计院出具的测量报告可否作为本案的定案依据;(4)本案中某银行是否应承担民事责任。

根据生效裁判文书,人民法院认为,某勘察设计院出具的测量报告具有证明效力,可作为本案的定案依据。至于土地证上面积大小仅是对平方大小的测量,并无法定效力。另外,根据《拍卖法》第61条的规定,虽然某投资公司有权向某拍卖公司主张权利,但其亦有权基于买卖合同关系向某银行主张赔偿权利。因某拍卖公司与某银行亦存在委托合同关系,故某拍卖公司承担了民事责任后仍可向某银行进行追偿。至于某银行的追偿问题,可另行解决。

【案例评析】

一、拍卖文书内容冲突时效力如何确定

拍卖是一种特殊的买卖行为,拍卖人与买受人形成拍卖合同的相对人关系。买受人通过竞拍与拍卖人之间订立拍卖成交确认书,该拍卖程序合法,拍卖合同合法有效,拍卖成交确认书及竞买须知等均应作为拍卖合同的内容。拍卖人虽在竞买须知中明示:根据《拍卖法》规定,本场拍卖会所拍物品本公司不保证拍卖标的物的真伪和品质,也不承担瑕疵担保责任。而根据其在成交确认书的第6条中又规定的拍卖人须承担对未加说明的瑕疵应承担瑕疵担保责任的内容,二者规定并不一致。作为同一拍卖合同的条款内容冲突,拍卖人声明其"不承担瑕疵担保责任"的免责条款显然不能成立。且在拍卖成交确认书明确拍卖规则与拍卖成交确认书有不同规定的,以拍卖成交确认书为准。因此,应以拍卖成交确认书的内容为准。拍卖成交确认书中确定的土地使用权面积为4937.6平方米,而实际该宗土地的使用权面积仅为4301.8平方米,且拍卖人在拍卖前未履行面积失少的瑕疵告知义务,依法应承担民事责任。现买受人要求拍卖人承担失少面积360.4平方米的赔偿责任,应予准许。

二、本案是否已经超过诉讼时效

《拍卖法》第61条规定:"因拍卖标的存在瑕疵未声明的,请求赔偿的诉讼时效期间为一年,自当事人知道或者应当知道权利受到损害之日起计算。"买受人系在2006年10月经某勘察设计院勘察后才知悉该宗土地面积失少,而买受人于2007年8月31日已起诉,并未超过一年的诉讼时效。拍卖人与第三人认为原告已超过诉讼时效的抗辩意见也不能成立,不予采纳。

三、某勘察设计院出具的测量报告可否作为本案的定案依据

本案讼争的地块面积,经拍卖人与买受人之工作人员到现场进行实地指定,并经某勘察设计院实地测量,因面积失少系客观存在的事实,且对土地面积的测量属于最普通的技能,本着以客观事实为依据,根据实质内容重于形式的原则,测量报告的实质性勘测的证据显然大于土地证上的表面、形式证据,故该测量报告具有证明效力,可作为本案的定案依据。至于土地证上面积大小仅是对平方大小的测量,并无法定效力。某拍卖公司认为测量报告没有法律效力,其上诉理由不足,不应支持。本案应当按照该宗土地上地上物与土地的价值比例,确定失少面积的单价。根据评估结论,土地的每平方米单价为1337.71元。拍卖人应赔偿失少土地面积的金额为482 110元。根据拍卖合同中买受人须承担5%佣金的约定,拍卖人多收的佣金24 105元也应予退还。因合同责任为严格责任,故拍卖人辩称其在履行合同中不存在过错,故不应赔偿的抗辩意见不能成立,应不予采纳。

四、本案中某银行是否应承担民事责任

某投资公司一审起诉要求某拍卖公司退还因土地面积失少之相应转让款项、佣金,并要求某银行承担相应责任。根据《拍卖法》第61条的规定,虽然某投资公司有权向某拍卖公司主张权利,但其亦有权基于买卖合同关系向某银行主张赔偿权利。因某拍卖公司与某银行亦存在委托合同关系,故某拍卖公司承担了民事责任后仍可向某银行进行追偿。本案基于拍卖人与买受人之间拍卖合同关系的争议,第三人某银行在本案中不应承担民事责任。至于拍卖人与第三人之间的委托拍卖合同关系是否存在争议,不属本案审理范围。

本着司法为民、减少讼累的原则，并基于判令由某银行承担民事责任并未超过某投资公司一审诉讼请求，故直接判令由某银行承担本案的民事责任更为妥当。至于对被上诉人某银行的追偿问题，可另行解决。

【案例索引】

一审：浙江省诸暨市人民法院(2007)诸民一初字第3465号

二审：浙江省绍兴市中级人民法院(2008)绍中民一终字第683号

5. 甲与乙、某拍卖行拍卖合同纠纷案

——拍卖付款期限约定的解释

问题提示：委托人与拍卖人对双方曾约定的拍卖款项付款期限发生争议时，应当如何认定该付款期限？

【基本案情】

原告：甲

被告：乙

被告：某拍卖行

人民法院经审理查明：2005年3月3日，原告甲与被告某拍卖行签订委托拍卖合同一份，约定原告将其所有的位于杭州市中山中路66～68号商业用房(建筑面积284.08平方米)委托被告某拍卖行进行拍卖。双方对拍卖物交付、费用与酬金、价款结算、保密规定、违约责任以及备注条款都进行了约定。3月22日，被告乙在拍卖会上通过竞价以885万元拍得本案诉争的房产，并与被告某拍卖行签订拍卖成交确认书。双方对佣金、付款方式、拍卖标的交付、违约责任等内容进行了约定。6月16日，原告甲、被告乙与某担保公司、某银行支行签订监督支付协议书一份，约定被告乙申请按揭贷款的531万元划入某担保公司在某银行支行的保证金专用账户。在审批同意后，由某担保公司书面通知某银行支行将该款项划入某拍卖行。7月7日，经原告甲、被告乙、某拍卖行确认，某担保公司通知某银行支行将531万元划入被告某拍卖行账户，用于被告乙支付剩余房款。7月7日，被告乙与原告甲履行了房屋移交手续。7月19日，被告乙向杭州市房产管理局申请办理本案诉争房产的过户手续。另查明，某拍卖行的拍卖规则及拍卖须知确定，参拍人应缴纳保证金80万元，竞买成功后，拒签拍卖成交确认书或不按约定期限交付全部款项，以及有其他违约行为的，拍卖公司将没收其保证金或定金，并保留继续追究其违约责任的权利；若竞买成功，买受人须当场签署拍卖成交确认书，并付清全部款项(包括拍卖佣

金)后才能领取拍卖标的。3月22日,被告乙支付给某拍卖行80万元。再查明,某拍卖行从885万元总拍卖款中扣除8万元佣金,于3月23日、5月20日各支付原告20万元,6月1日支付原告314万元,7月20日支付原告523万元,合计865万元。被告乙在2005年5月31日支付某拍卖行254万元,2005年7月7日支付某拍卖行531万元。

原告甲诉称,被告某拍卖行怠于行使拍卖人的权利与职责,未尽受托人的义务,未在2005年4月20日前将拍卖款支付给原告,致使原告损失扩大,被告某拍卖行除承担违约责任外,还应将收取的佣金退还原告。故诉至法院,请求判令两被告支付逾期付款违约金309 520元;被告某拍卖行退还原告佣金88 500元;案件受理费由两被告负担。

被告乙辩称,其与原告之间并没有直接的合同关系,原告无权要求被告乙承担任何形式的责任;被告乙付款迟延,是原告无法交付房产的情况下,并在原告的同意下,各方一致确定的方案,并不存在两被告违约的情况;原告提出的违约金的计算方式没有任何事实依据;在被告某拍卖行告知房屋具备交付条件后,被告乙已经在约定的期限内支付了全部款项,即使对被告某拍卖行而言,被告乙也无须承担任何违约责任。请求驳回原告的诉讼请求。

被告某拍卖行辩称,被告某拍卖行收取的原告拍卖佣金是8万元,且被告某拍卖行在整个拍卖过程及过后拍卖标的交付、拍卖款到账后的支付过程,均按合同要求进行,无任何过错,对原告要求被告某拍卖行退还佣金的诉讼主张,请求法院驳回;原告对违约金的诉讼请求只是对拍卖合同的断章取义,拍卖合同明确约定,原告与被告乙必须在2005年4月20日前办理完毕房产权证过户手续,在房款到被告某拍卖行账户后支付给原告。事实上,原告与被告乙是在2005年7月7日才办理房屋移交手续,7月19日才到房产部门办理房产过户手续,对付款时间方式另行有了约定。正是因为原告与被告乙的违约行为造成房屋不能在4月20日前交付,房款不能在4月20日前到账支付。因此,对于原告要求被告某拍卖行共同承担违约金309 250元的诉讼请求,请求法院予以驳回。

【裁判结果】

一审:一、被告某拍卖行于本判决生效之日起十日内支付原告甲逾期付款违约金309 520元;二、驳回原告甲的其他诉讼请求。

【争议焦点与裁判理由】

本案的争议焦点是:(1)某拍卖行支付拍卖款项是否已构成违约;(2)某拍卖行应否退还佣金,以及拍卖成交后,原告作为委托人应当取得拍卖款项的日期。

人民法院经审理认为,原告与被告某拍卖行签订的委托拍卖合同依法成立。该合同直接约定拍卖人某拍卖行将拍卖成交款支付给委托人原告甲,同时某拍卖行与买受人乙签订的拍卖成交确认书没有约定拍卖款项由乙直接支付给原告。故根据合同相对性可认定被告某拍卖行负有直接向原告交付拍卖价款的义务。

关于原告应该取得拍卖款项的时间。原告认为委托拍卖合同约定的2005年4月20日是交付拍卖款项的最后期限。被告拍卖公司认为拍卖人的义务仅在于收到全部款项之日起7日内,将拍卖成交款支付给委托人,不存在未收到买受人的拍卖款项前,将拍卖款垫付给委托人的义务。法院认为,本案所涉委托拍卖合同系被告某拍卖行的格式合同。原告与某拍卖行在合同的空白处另行添加的“房产交付期限为2005年4月20日前(需包括按揭在内的全部款项到账)”,对双方均有约束力。至于委托拍卖合同中关于“拍卖人在收到全部款项之日起7日内,将拍卖成交款支付给委托人”的约定应以不违背双方对付款期限的特别约定为前提条件。故拍卖成交后,被告某拍卖行应在2005年4月20日前将拍卖款项交付原告。被告某拍卖行未在约定的期限内向原告支付拍卖款项,应承担违约责任。故原告向被告某拍卖行追究逾期付款违约责任符合法律规定及双方的约定。

另外,因被告某拍卖行已完成原告的委托事项,原告也已接受被告某拍卖行完成的委托成果,故对原告要求被告某拍卖行退还其佣金的诉讼请求,法院不予支持。

【案例评析】

一、拍卖成交后,某拍卖行支付拍卖款项是否已构成违约

甲与某拍卖行签订的委托拍卖合同依法成立。该合同直接约定拍卖人某拍卖行将拍卖成交款支付给委托人甲,同时某拍卖行与买受人乙签订的拍卖成交确认书没有约定拍卖款项由乙直接支付给甲。故根据合同相对性可认定某拍卖行负有直接向甲交付拍卖价款的义务。这与《拍卖法》第24条“拍卖成交后,拍卖人应当按照约定向委托人交付拍卖标的的价款,并按照约定将拍卖标的移交给买受人”的规定相符。

甲认为依据委托拍卖合同约定2005年4月20日是交付拍卖款项的最后期限。某拍卖行认为拍卖人的义务仅在于收到全部款项之日起7日内,将拍卖成交款支付给委托人,不存在未收到买受人的拍卖款项前,将拍卖款垫付给委托人的义务。本案所涉委托拍卖合同的底部印有“浙江省工商行政管理局制定承印”字样,故该份合同实际系某拍卖行的格式合同。格式合同中的手写体条款,通常是合同双方对格式合同内容的修正,属于双方协商确定的特别约定。所以,甲与某拍卖行在合同的空白处另行添加的“房产交付期限为2005年4月20日前(需包括按揭在内的全部款项到账)”,对双方均有约束力。该条款约定的内容,不仅确定了甲的交房期限,也确定了甲的交房条件。而该交房条件,实质是对付款义务方某拍卖行付款时间的限定。这从某拍卖行与买受人乙在此后签订的成交确认书中可以得到印证。成交确认书中约定,乙应在拍卖日后20个工作日内付清余款,而拍卖日为2005年3月22日,“拍卖日后20个工作日”是2005年4月19日,即乙应在2005年4月19日前向某拍卖行支付全部拍卖余款。由此,三方在交房、付款上的时间约定才相互吻合,即某拍卖行应在2005年4月20日前支付甲全部拍卖价款,甲在收到全部拍卖款项的前提下,在2005年4月20日前将房产交付某拍卖行。上述过程也符合买卖交易中"一手交钱,一手交货"的惯常形态。至于委托拍卖合同中关于"拍卖人在收到全部款项之日起7日内,将拍卖成交款支付给委托人"的约定,是格式合同中有关价款结算的条款,对其适用应以不违背双方对付款期限的特别约定为前提条件,况且,该条款也未明确约定,拍卖人在未收到拍卖款项的情况下,无须向委托人进行支付。故拍卖成交后,某拍卖行应在2005年4月20日前将拍卖款项交付甲。

某拍卖行未在约定的期限内向甲支付拍卖款项,应承担违约责任。甲主张按日万分之五由某拍卖行承担逾期付款部分的违约金,未加重某拍卖行在合同中确定的违约责任,可以予以准许。乙提出在2005年6月16日,其已与甲、某拍卖行协商变更了付款方式,不存在逾期付款的抗辩意见,笔者认为,该份监督支付协议书,是在甲未按期取得拍卖款的情况下签订,甲提出的为避免损失扩大而协助乙贷款偿债的解释符合常理,并且协议中也无甲放弃追究付款人违约责任的约定,故甲向某拍卖行追究逾期付款违约责任符合法律规定及双方的约定。

二、某拍卖行应否退还佣金

因某拍卖行已完成甲的委托事项,甲也已接受某拍卖行完成的委托成果,故对甲要求某拍卖行退还其佣金的诉讼请求,不能支持。

【案例索引】

一审:浙江省杭州市上城区人民法院(2006)上民二初字第367号

6. 某投资公司与某拍卖公司委托合同纠纷案

——"奖励"条款是否等同于佣金约定

问题提示:委托拍卖合同未约定佣金而约定支付其他费用的,对该费用的性质及计算方式产生争议的,应如何理解?

【基本案情】

上诉人(一审原告):某投资公司

被上诉人(一审被告):某拍卖公司

人民法院经审理查明:2009年3月13日,某投资公司与某拍卖公司签订一份《委托拍卖合同》,约定:某拍卖公司为某投资公司拍卖位于石嘴山市惠农区静安小区营业房;拍卖底价一层每平方米3200元,一、二、三层每平方米3100元;保留价为

16 748 223元。“拍卖成交价超出保留价1000万元以下按4%奖励,拍卖成交价超出保留价100万元以上按6%奖励”(注:该奖励条款以手写的方式记载于合同中);拍卖成交的,拍卖人应在收到全部款项之日起三十日内,将拍卖成交款(扣除佣金后)支付给委托人。某拍卖公司拍卖成交72套房屋,总成交价为18 191 095元,收取房款6 703 881.51元,支付某投资公司6 234 007.27元。

原告某投资公司诉称:(1)《委托拍卖合同》已经明确约定某投资公司不向被告某拍卖公司支付佣金及费用,双方约定的4%或者6%的金额是奖励条款,不是佣金条款。(2)该合同系由某拍卖公司提交的格式合同,奖励内容系某拍卖公司填写,因此应当作出不利于格式条款提供者的解释,合同约定的奖励条款,即“拍卖成交价超出保留价1000万元以下按4%奖励,拍卖成交价超出保留价100万元以上按6%奖励”的意思是,以超出保留价部分为基数按照4%或者6%进行奖励,而不是以成交价为基数进行奖励。故要求某拍卖公司返还拍卖款469 874.24元、利息132 445.8元。

被告某拍卖公司辩称:(1)委托拍卖合同中约定的奖励其性质属于佣金,委托拍卖合同原为格式合同,其关于佣金的约定已由双方当事人以奖励的形式由双方当事人另行约定,以手写的方式记载于合同中。(2)当对合同条款的表述理解存在歧义时,应当按照合同法的规定,对合同内容进行通常的理解,并参照交易习惯及经验常识等确定双方的权利义务,合同中并未明确约定拍卖成交价超出保留价1000万元以下,按照超出部分的4%进行奖励;某拍卖公司为某投资公司拍卖房屋的成交总价款为18 191 095元,如果某投资公司仅支付某拍卖公司4万余元,明显违反公平合理原则。

【裁判结果】

一审:驳回原告某投资公司的诉讼请求。

二审:驳回上诉,维持原判。

【争议焦点与裁判理由】

本案的争议焦点是:(1)委托拍卖合同未约定佣金而约定支付奖励的,该费用的性质是什么;(2)对该费用计算方式产生争议的,应如何理解。

根据生效裁判文书,人民法院认为,本案双方当事人签订的委托合同是双方当事人真实意思表示,不违反法律法规的强制性规定,合法有效。双方当事人对于佣金或奖励的约定,是双方当事人在法律规定的范围内处分自己民事权利的行为,如不损害他人利益,不违反法律法规的强制性规定,合法有效。双方当事人约定“拍卖成交价超出保留价1000万元以下按4%奖励,本案拍卖成交价属于超出保留价100万元以下,故应按6%奖励”。双方争议的是保留价部分是否应计入奖励范围。从本案的合同形式来看,确属格式合同,但本案争议的奖励或佣金条款恰恰是双方当事人以协议形式变更了格式合同,以手写部分代替了格式条款,仅以该部分内容来看,本案该部分条款不应以格式合同认定。从该条款内容看,双方并未约定保留价部分不计入奖励范围,故某投资公司主张保留价部分不计入奖励范围的理由不能成立,法院不予支持。

【案例评析】

本案争议主要涉及对合同条款的理解问题,即合同约定的奖励性质,以及保留价部分是否应纳入奖励范围。

一、争议条款中“奖励”性质认定

拍卖佣金是拍卖活动中,拍卖人向委托人和买受人收取的中介服务费。通常情况下,将拍卖成交情况下拍卖人向委托人或买受人收取的费用称为佣金,将拍卖未成交情况下,拍卖人向委托人收取的费用称为合理费用。拍卖佣金的收取事宜通常由当事人自由约定。我国《拍卖法》第 56 条第 1 款规定:委托人、买受人可以与拍卖人约定佣金的比例。当双方当事人没有约定佣金比例时,法律则区分拍卖是否成交作出了有关规定。如拍卖成交的,则根据该条第 2 款,拍卖人可以向委托人、买受人各收取不超过拍卖成交价百分之五的佣金。收取佣金的比例按照同拍卖成交价成反比的原则确定。拍卖未成交的,则根据该条第 3 款规定,拍卖人可以向委托人收取为拍卖支出的合理费用。本案中,争议条款虽然适用了“奖励”的表述,但实质还是委托人向拍卖人支付的中介服务费,因此仍然属于佣金范畴。根据佣金规则,有约定从约定,无约定从法定。

二、对佣金条款产生争议应如何理解

对合同条款的解释首选文义解释方法,也就是按照文字的外显含义进行解释;其次是体系解释,即按照合同上下文乃至参照前后合同的交易惯例来辅助解释;还可以参照行业的惯例来判断合同真实意思,甚至可以根据公平原则来对合同空白进行弥补。一般来说,某拍卖公司提供的委托拍卖合同以格式合同居多,根据《合同法》第 41 条规定,“对格式条款的理解发生争议的,应当按照通常理解予以解释。对格式条款有两种以上解释的,应当作出不利于提供格式条款一方的解释。格式条款和非格式条款不一致的,应当采用非格式条款”。合同法对格式条款的理解做如此不利于格式条款提供一方的解释,是因为格式条款的制定不同于通常的“要约—承诺”协商过程,这种标准化的条款更多地体现了条款提供方的意思表示,相对方的意思介入不明显甚至处于被动接受地位,这为条款提供方节约了交易成本的同时,也更容易埋下对条款理解产生歧义的隐患。出于公平起见,法律规定,在有两种以上可供选择的解释路径时,提供格式条款一方应承担不利解释的后果。

本案中,某拍卖公司与委托人某投资公司签订的委托拍卖合同中大部分条款系打印,而争议的佣金条款却系手写,这种条款与条款间形式上的差异,恰恰反映了手写的佣金条款系双方当事人双方合意的结果,而不是委托人某投资公司单向被动接受某拍卖公司条款的结果。因此,就该争议的佣金条款而言,不属于格式条款。

对争议条款的理解，首先，应按照条款文义进行解释，由于“拍卖成交价超出保留价1000万元以下按4%奖励，拍卖成交价超出保留价100万元以下，应按6%奖励”的约定，并没有将保留价部分排除在奖励范围；其次，从佣金支付的行业惯例来看，拍卖人收取的佣金一般以成交价为计算标准；最后，从公平角度出发，以成交价为标准计算拍卖人的拍卖报酬比较合理，否则将导致成交价等于保留价的情形下，拍卖人可得报酬为零的不合理现象。综合上述理由，保留价应纳入奖励的范围。

【案例索引】

一审：宁夏回族自治区石嘴山市惠农区人民法院(2015)石惠民商初字第13号

二审：宁夏回族自治区石嘴山市中级人民法院(2015)石民商终字第34号

7. 甲与某国有资产监督管理委员会拍卖合同纠纷案

——《竞买人须知》的格式条款的效力认定

问题提示：《竞买人须知》是否构成格式条款？未有引起竞买人注意的字体、符号是否违反法律规定的提示义务？

【基本案情】

原告：甲

被告：某国有资产监督管理委员会

人民法院经审理查明：2014年5月28日，被告某国有资产监督管理委员会委托某拍卖公司拍卖南陵县农业委员会国有资产的门面房。某拍卖公司为此制作了《竞买人须知》，该《竞买人须知》中约定“九、特别说明：竞买人在竞拍成功后，款到齐后委托方在现场现状交付，该房产以现状拍卖。房产证、土地证变更、过户过程中所产生的各种税、费全部由买受人承担，办理土地证需缴纳的土地出让金由委托方支付”。但该条款未有引起竞买人注意的字体、符号。2014年7月17日，原告甲等竞买人在该《竞买人须知》上签名。2014年7月17日，原告甲竞买到该门面房。至2014年8月15日，原告交清了竞买该门面房的全部佣金和拍卖款项。2014年8月22日，被告将该门面房交付给了原告。原告尚未缴纳该房屋过户而发生的营业税和个人所得税。

原告甲诉称：《竞买人须知》构成格式条款，而格式条款应当采取特殊形式加以提醒，而《竞买人须知》并没有采取特殊形式提醒，根据《合同法》规定属于无效条款。据此提出确认请求法院依法确认被告要求原告承担营业税和个人所得税的合同条款无效，并判令被告承担上述纳税义务等诉请。被告认为，被告出售的房屋是经第三方拍卖,无论公告还是《竞买人须知》中都告知拍卖人房屋过户中发生税费由买受人负担,拍卖过程中拍卖公司也告知了竞买人。拍卖公司的《竞买人须知》条款并非格式条款,原告对税费承担也是明知的。

【裁判结果】

一审:判决驳回原告甲的诉讼请求。

【争议焦点与裁判理由】

本案的争议焦点为,《竞买人须知》是否构成格式条款以及未有引起竞买人注意的字体、符号是否违反法律规定的提示义务。

人民法院经审理认为,格式条款是当事人为了重复使用而预先拟定,并在订立合同时未与对方协商的条款。《竞买人须知》虽构成格式条款,未有引起竞买人注意的字体、符号,但"《竞买人须知》九、"采取了单独列出"特别说明"条款的合理方式,以明显标志作出了提示,足以引起竞买人注意,故被告委托某拍卖公司履行了法律规定的提示义务。因此,原告等竞买人对此应当知情。因此,原告诉称《竞买人须知》属无效条款,于法无据,法院不予支持。

【案例评析】

本案在审理中,主要集中在以下两个争议焦点:

一、《竞买人须知》是否构成格式条款

《竞买人须知》作为拍卖人在拍卖前对拍卖中竞买人应当注意的事项制作的一份告知文件。根据拍卖标的情况不同,《竞买人须知》内容有所不同,但竞买条件、注意事项、竞买人权利义务等基本信息一般均包括在内。

《竞买人须知》是否构成格式条款应当分情况来看。如果拍卖人制作的《竞买人须知》仅包括竞买条件、注意事项、竞买人权利义务等基本信息,用于提示竞买人注意,则可能构成"为了重复使用而预先拟定,并在订立合同时未与对方协商的条款",即可能构成格式条款。但如果拍卖人是为某一拍卖标的单独制作的《竞买人须知》,其中包含了该拍卖标的的众多特殊竞买条件、拍卖标的情况、拍卖价款支付方式特别约定等,并不一定构成格式条款。虽然拍卖人也是预先拟定条款,但并非为多个拍卖标的重复使用,而是为了向一个标的拍卖过程中多个竞买人告知使用。因此,该种具有拍卖标的特殊性的《竞买人须知》属于一般的合同条款,并非格式条款。

本案中,拍卖人制作《竞买人须知》第9条特别说明规定,"竞买人在竞拍成功后,款到齐后委托方在现场现状交付,该房产以现状拍卖。房产证、土地证变更、过户过程中所产生的各种税、费全部由买受人承担,办理土地证需缴纳的土地出让金由委托方支付"。从该条款的内容来看,对于款项的支付、各种税费的承担是以特别说明的方式进行规定,表面上看,应当是针对该涉案房产的拍卖而制作的,不应当属于格式条款。但细看该特别说明的内容,关于款项的交付、税费的承担等也属于一般房屋拍卖通用的费用安排的一种,不具有明显的特殊性。因此,法院认定涉案《竞买人须知》为格式条款,有一定的合理性。如果法院在判断《竞买人须知》的过程中,附带审查多份拍卖人对于同类型拍卖标的制作的《竞买人须知》,从而判断是否涉案《竞买人须知》是为涉案房产拍卖而特别制作的,可能说服力更强。

二、未有引起竞买人注意的字体、符号是否违反法律规定的提示义务

《合同法》第39条规定,采用格式条款订立合同的,提供格式条款的一方应当采取合理方式提请对方注意免除或者限制其责任的条款,按照对方的要求,对该条款予以说明。根据合同法的规定,提供格式条款一方应当采取合理方式提请对方注意。但是否必须使用"引起竞买人注意的字体、符号"法律并无强制性规定。

本案中,虽然拍卖人未使用"引起竞买人注意的字体、符号",但对于原告提出异议的税费承担,拍卖人是作为"特别说明",已经做了相应的提示。同时,竞买人均在《竞买人须知》上签名,可以推定其已经知悉《竞买人须知》的内容,且拍卖人已经采取了合理方式提请竞买人注意。因此,"未有引起竞买人注意的字体、符号"并不导致《竞买人须知》条款无效。

【案例索引】

一审:安徽省南陵县人民法院(2015)南民二初字第00049号

8. 甲、乙与某拍卖公司拍卖合同纠纷案

——拍卖活动中特别规定是否属于格式条款

问题提示:拍卖过程中的特别规定,是否构成格式条款?

【基本案情】

上诉人(一审原告):甲、乙

被上诉人(一审被告):某拍卖公司

一审第三人:某公司清算组

人民法院经审理查明:一审第三人某公司清算组于2011年4月19日与一审被告某拍卖公司签订《委托拍卖合同》,委托被告拍卖涉案标的物,即位于如东县栟茶镇港头村一组原靖海商业公司的简易结构平房,证载面积1046.92平方米,构筑物约128平方米及部分营业用具。被告某拍卖公司于2011年4月20日发布拍卖公告,在原告甲交纳拍卖保证金后向其提供《拍卖规则》和《特别规定》,《特别规定》中第三点明确:"本次拍卖的标的涉及的土地为国有划拨商服用地,拍卖成交后,委

托人无法协助买受人办理房屋和土地使用权过户等相关手续。”原告于2011年5月6日竞得港头村一组的房屋并签订《拍卖成交确认书》。后一审第三人未能依约于2011年7月5日前交付房屋,对此,被告向原告支付部分违约金。经处理,一审第三人通知原告于2011年7月22日至拍卖标的物所在地现场办理交接手续,当日原告以未能整体交房为由拒绝接受。

原告甲、乙诉称:被告未在拍卖前告知标的物可能不能按期整体移交的瑕疵,违反诚实信用原则,且至今未移交标的物,违反《拍卖法》等的规定;拍卖的房屋与其土地使用权分离,不符合我国房地一体转移原则,拍卖标的缺少确定性;被告提供的《拍卖规则》及《特别规定》部分内容显失公平,违反《合同法》等规定。据此提出确认拍卖合同无效、依法撤销拍卖合同、退还拍卖价款并支付违约金等诉请。

被告某拍卖公司辩称:其已在《特别规定》中提醒所有竞买人拍卖的房屋土地性质属于国有划拨,故不存在违法事实;房屋产权证及土地使用权证暂不能办理变更登记,不影响正常使用,不存在不能实现合同目的;拍卖标的至今未移交,是因为原告以被告违约为由一直拒不接受。

第三人某公司清算组述称:某公司通过处理将涉案房屋全部腾空后,当即通知原告到现场交接,但原告拒不接受;拍卖标的的过户、土地性质等均在拍卖公告及特别约定中明确规定,原告系明知。

上诉人(一审原告)诉称:特别规定未特别标明委托人无法协助买受人办理房屋土地过户手续,且当时仅称暂时不能办理,买受人存在重大误解,拍卖合同应当被撤销;拍卖人未明确告知涉案土地拍卖未经人民政府批准及拍卖标的被他人占有、使用、存放其他资产的情况,属于欺诈行为;涉案拍卖标的的转让未经市、县人民政府土地管理部门和房产管理部门批准,违反法律的强制规定,拍卖合同无效。

被上诉人(一审被告)辩称:拍卖合同并不违反法律强制性规定,一审法院对拍卖合同的效力认定正确,请求二审法院驳回上诉,维持原判。

一审第三人述称:某公司清算组为解决职工遗留问题而通过公开拍卖方式处置企业资产,系企业改制的通常做法,不存在违法行为;拍卖时已明确告知竞买人其无法协助办理登记手续,买受人可以凭拍卖成交确认书办理土地租赁及房屋过户的一系列手续,不存在重大误解和欺诈情形。

【裁判结果】

一审:一、被告某拍卖公司支付原告甲、乙违约金8880元,已支付3885元,还应支付4995元,于本判决生效后十日内履行;二、驳回原告的其他诉讼请求;三、第三人某公司清算组在本案中不承担责任。

二审:驳回上诉,维持原判。

【争议焦点与裁判理由】

本案的争议焦点为,涉案拍卖合同是否有效,是否存在《合同法》第54条规定的法定撤销情形。

根据生效裁判文书，人民法院认为，就本案而言，原告通过被告提供的拍卖公告、拍卖规则、特别规定等，能够于拍卖前充分了解拍卖标的的详情，明确知晓《特别规定》中关于“委托人无法协助买受人办理房屋和土地使用权过户等相关手续”的内容，对涉案房屋属于国有划拨土地应为明知。《特别规定》是对拍卖标的特定情况的特别提醒，并不违反拍卖法的强制性规定，亦不构成重大误解。被告已经如实告知原告拍卖标的的真实情况，不存在欺诈和显失公平的情形。故涉案拍卖合同合法有效，不存在法定撤销情形，原告要求撤销拍卖合同不能成立。

【案例评析】

本案在审理中，主要集中在以下几个争议焦点：

一、特别规定关于委托人无法协助买受人办理房屋土地过户手续的约定是否导致拍卖合同无效

《合同法》第 52 条规定了合同无效的五种情形，其中第 5 项中的“违反法律、行政法规的强制性规定”，是指效力性强制规定。只有违反效力性强制规定的，人民法院才认定合同无效。在拍卖过程中，拍卖《特别规定》是合同的组成部分，对双方具有法定的拘束力。竞买人以提出申请和竞价为要约，拍卖人以落槌或作出其他公开表示的买定为承诺，拍卖合同通过此种方式的要约和承诺成立，买受人应当认可其约定，接受其约束。拍卖《特别规定》作为拍卖合同的重要组成部分，对买受人当然具有相应的效力。

本案中，被告某拍卖公司于拍卖前向原告甲、乙提供了拍卖公告、拍卖规则、特别规定等，《特别规定》中明确规定：拍卖房屋的土地性质属于国有划拨，拍卖成交后，委托人无法协助买受人办理房屋和土地使用权过户等相关手续。该约定并不违反拍卖法的强制性规定，不构成《合同法》第 52 条第 5 项的情形。此外，本案拍卖标的不属于限制转让的对象，拍卖合同不属于《合同法》规定的合同无效的情形，故涉案拍卖合同合法有效，双方应当按照合同约定履行各自的权利和义务。

二、《特别规定》的内容是否构成重大误解，导致拍卖合同可撤销

所谓重大误解，是指行为人因对行为的性质、对方当事人、标的的品种、质量、规格和数量等的错误认识，使行为的后果与自己的意思相悖，并造成较大损失。根据《合同法》第 54 条第 1 款第 1 项的规定，重大误解是可撤销合同的法定撤销事由。

本案中，被告在拍卖公告、特别规定中均明确，拍卖标的为“港头村一组的房屋，证载面积 1046.92 平方米，构筑物约 128 平方米及部分营业用具等”，并未说明拍卖标的包含涉案房屋所占用土地的使用权。而在特别规定中亦明确告知全体竞买人，“本次拍卖标的涉及的土地为国有划拨商服土地，拍卖成交后，委托人无法协助买受人办理房屋土地过户手续”。因此，对于拍卖标的系房屋而不包括土地使用权，以及土地使用权过户手续由买受人自行办理的情况，在《特别规定》中已有非常清楚的描述。原告作为完全民事行为能力人,能够理解和知晓该描述。且在拍卖之前已给予了充分的看样时间,原告有条件和能力对拍卖物的具体情况进行充分了解,不应存在对行为性质、对方当事人、标的等的错误认识,故不构成重大误解的法定撤销情形。

三、《特别规定》是否构成格式条款

格式条款是当事人为了重复使用而预先拟定,并在订立合同时未与对方协商的条款。《合同法》第 39 条以及《最高人民法院在关于适用〈中华人民共和国合同法〉若干问题的解释(二)》第 6 条规定了格式条款说明义务,主要包括两方面内容:一是格式条款提供方采取合理方式就该格式条款向接受方进行提醒的义务,二是格式条款提供方就格式条款的部分条款或内容向接受方进行专门的解释义务。

拍卖过程中的《特别规定》一般是拍卖机构专门针对每次拍卖的特别情况,为《拍卖规则》和《竞买人须知》等文件作出的补充。当《拍卖规则》和《竞买人须知》条款与《特别规定》出现冲突时,一般也以《特别规定》为准。因此,《特别规定》一般不认为是格式条款。

本案中的《特别规定》,除了明确拍卖房屋的土地性质属于国有划拨外,对于拍卖涉及的房屋和营业用具的瑕疵等情况也有说明。被告并非为了在拍卖多个标的物的过程中重复使用而预先拟定该《特别规定》,其仅是针对本次拍卖特定标的具体情况的特别说明,具有明显的特殊性。而且《特别规定》从文件名称本身来看,即是对某些特定情况的特别提醒,接受方在看到该文件本身就理应明确其具有特别说明和提醒的作用。

因此,《特别规定》并非格式条款,原告主张《特别规定》中"委托人无法协助买受人办理房屋土地过户手续"的内容未特别标明,违反了格式条款的提醒义务不能成立。

【案例索引】

一审:江苏省如东县人民法院(2011)东民初字第 1900 号

二审:江苏省南通市中级人民法院(2012)通中商终字第 0228 号

9. 甲与某拍卖公司、某银行支行、乙拍卖缔约过失责任案

——拍卖人未如期举行拍卖的责任承担

问题提示:拍卖人因自己的原因未能如期举行拍卖的,应承担什么责任?

【基本案情】

原告:甲

被告:某拍卖公司

被告:某银行支行

被告:乙

人民法院经审理查明:2006年7月5日,被告某银行支行为处置部分报废固定资产,与被告某拍卖公司签订《委托拍卖合同》,约定:被告某银行支行委托被告某拍卖公司拍卖该行所有的坐落于宣城市宣州区洪林镇街道原某银行支行洪林桥营业所整体房产等资产,有效期限自2006年7月5日起至2007年7月5日止。该合同签订后,被告某银行支行委托宣城市价格认证中心对原某银行支行洪林桥营业所整体房产的价值进行认证。2006年8月5日,宣城市价格认证中心出具了宣价认证(2006)24号《认证报告书》,该报告认证结果载明:"纳入本次认证范围的房地产认证总值是人民币伍拾贰万贰仟壹佰壹拾元整(¥522 110.00元)",认证报告有效期一年即2006年8月5日起至2007年8月4日止,并将该认证结果于同日函告了被告某银行支行。2006年12月27日,被告某拍卖公司按照拍卖监督管理规定,到宣城市工商行政管理局直属局办理2007年1月6日上午10时举行的拍卖原宣州农行洪林桥营业所整体资产拍卖会的备案手续。该局经审查认为其提供的备案材料中缺少土地管理部门准予拍卖转让的相关材料,对该次拍卖会未准予备案登记。2006年12月30日,被告某拍卖公司在《宣城日报》"皖南晨刊"上刊登《拍卖公告》,内容:受委托,某拍卖公司定于2007年1月6日上午10时在本公司拍卖厅举行拍卖会。有关事项公告如下:拍卖标的:……原宣州农行洪林桥营业所整体资产,建筑面积约877.67平方米。参考价为人民币48万元。报名登记手续:请意欲竞买者持有效证件及参考价20%履约保证金于2007年1月5日17时前到本公司办理报名手续,如竞买不成保证金于三日内全额返还(不计息)。2007年1月5日,原告向被告某拍卖公司开户行农行宣城市敬亭支行缴纳拍卖保证金人民币9万元,并填报了《某拍卖公司竞买(投)登记表》,该表载明:竞买人名称:甲,履约保证金:现金9万元,竞买意向:待拍卖的原宣州农行洪林桥营业所(整体资产)。竞买(投)人未成交者凭此单据退还保证金,成交者保证金直接冲抵佣金或成交价款。2007年1月6日上午,被告某拍卖公司在拍卖现场将此次拍卖会已不能如期举行的原因,告知到会参与竞买的原告和被告乙等人,未举行此次拍卖会,但未将原告缴纳的拍卖保证金人民币9万元退还给原告。此后,原告和被告乙等按照被告某拍卖公司的意见,等待再次参加竞买原宣州农行洪林桥营业所整体资产的消息。被告乙等待数月后,见仍无拍卖原宣州农行洪林桥营业所整体资产的消息,遂于2007年7月初到被告某银行支行询问该资产拍卖事宜,并向被告某银行支行表明要求购买原宣州农行洪林桥营业所的整体资产。2007年7月16日,被告某银行支行作为出售方(甲方)与被告乙作为购买方(乙方)签订了《售房协议》,协议载明:某银行支行委托某拍卖公司,将坐落于洪林镇原宣州农行洪林桥营业所整体房产进行了公开拍卖。被告乙以最高价竞得该房。为明确双方的权利和义务,经充分协商,双方达成如下协议:(1)房屋成交价:人民币56万元。(2)付款方式及标的交付期限:本协议签订后乙方一次性付清全部成交价款,甲方应在本协议签订后十个工作日内向乙方交付房屋产权证及房屋的实际使用权。(3)房屋所有权证号宣证字第D3200004。房屋总层数为四层,砖混结构,于1992年建造,建筑面积约877.68平方米。产权过户手续由乙方自行办理并承担相关税费,甲方协助办证。(4)本协议买卖的房屋在拍卖成交时尚未办理上地使用权证,有土征字(1992)第027号《建设征、出让土地申请呈批表》,土地面积等以办证时土地管理部门出具证件为准等。2007年8月,原告甲得知被告某银行支行已将原宣州农行洪林桥营业所整体房产出售给被告乙后,因不服即向宣州区人民检察院反映此事。2007年8月13日,被告某拍卖公司电话通知原告领回缴纳的履约保证金。2007年8月24日,原告将履约保证金9万元领回。2007年11月26日,原告甲向本院提起民事诉讼。

另查明:被告某拍卖公司在2006年12月28日前举行过一次拍卖会拍卖原宣州农行洪林桥营业所整体房产,因竞买人的最高应价47万元未达到拍卖标的保留价而流拍。被告某拍卖公司将原告缴纳的该次拍卖保证金人民币9万元退还了原告。

2007年9月13日,被告乙申请并领取了宣城市房地产管理局颁发的登记号2007016756、权证字号房地权宣城字第00042214号房地产权证书,将从被告某银行支行处购买的原宣州农行洪林桥营业所整体房产的产权变更至自己名下。

原告甲诉称:原告按照被告某拍卖公司刊登拍卖原宣州农行洪林桥营业所整体资产的2006年12月28日《拍卖公告》,于2007年1月5日向被告某拍卖公司缴纳9万元拍卖保证金,办理了竞买登记手续。该拍卖标的因第一次拍卖未成交,被告某拍卖公司告知原告等待参加下次竞买通知,原告即表示同意且未取回9万元保证金。事后,原告未收到被告某拍卖公司的通知,也未见到该拍卖标的再次拍卖的公告。原告多次询问被告某拍卖公司后,才于2007年8月得知被告某银行支行已将该拍卖标的卖给了被告乙。原告因不服即向宣州区人民检察院反映此事,经检察院侦查后,方知被告某拍卖公司未再次将该拍卖标的对外公开拍卖,而是在被告某银行支行与被告乙恶意串通下,以虚假拍卖的形式将该拍卖标的以56万元私下"拍卖"给了被告乙,并收取了被告乙28 000元佣金。被告某银行支行与被告乙已签订了该拍卖标的《售房协议》。被告某拍卖公司上述行为违反拍卖法规定,侵害了原告的知情权和参加竞买权;被告某银行支行与被告乙恶意串通的行为,既损害了原告竞买原宣州农行资产的权利,又损害了国家的利益。

被告某拍卖公司辩称:(1)处置被告某银行支行洪林桥营业所资产的方式非公开拍卖,而是协商买卖。被告某拍卖公司刊登定于2007年1月6日上午10时举行拍卖洪林桥营业所资产拍卖会的《拍卖公告》,因在向宣城市工商行政管理局直属局办理拍卖活动的备案手续时,提供的备案材料中缺少土地管理部门准予拍卖转让的相关材料，该局未准许备案登记。2007年1月6日上午，被告某拍卖公司在拍卖现场将不能如期举行拍卖会的事由告知参与竞买的原告等人，而不是拍卖没成交；2007年7月16日，被告某银行支行与被告乙签订的《售房协议》，系双方合意行为。被告某银行支行自行处置财产，无告知被告某拍卖公司义务，与被告某拍卖公司无关。(2)被告某拍卖公司相对于原告而言无违约行为，原告要求被告某拍卖公司赔偿保证金9万元的利息损失无法律依据。被告某拍卖公司在拍卖会因故不能如期举行时，当即口头通知原告应领回已缴纳的9万元保证金，此后又多次电话通知原告要求其领回该保证金，原告不愿领取。被告某拍卖公司也未参与被告某银行支行与被告乙签订的《售房协议》，对原告更无违约的事实。

被告某银行支行辩称：(1)该案争资产的处置方式是双方协议买卖，而非拍卖。原告承认被告某拍卖公司已在2007年1月6日上午告知其因该资产土地权属问题而不能如期举行拍卖会。此后，该资产是否以拍卖方式处置，原告仅提供了被告某银行支行与被告乙签订的《售房协议》，并未提供被告某拍卖公司依《拍卖法》应按公告、举行拍卖会、签署成交确认书等拍卖程序所做工作的任何证据。相反，被告方提交的《委托拍卖合同》，已证明委托拍卖案争资产的期限为2006年7月5日至2007年7月5日，而《售房协议》是2007年7月16日签署，不在该委托拍卖期限内。与被告乙签署的《售房协议》，仅因是在原先拟好的拍卖协议文本上添加了购买人姓名、价格和签订日期，故出现“委托”“拍卖”等内容，而实际未经拍卖程序处置该资产。被告某银行支行在委托拍卖合同到期后，将原委托拍卖的资产自行协议出卖他人，与拍卖公司的原先拍卖行为及原告等无涉，又与原告无合同行为，不存在违约行为或侵权行为。(2)被告某银行支行与被告乙签订的《售房协议》合法有效，原告无权主张该协议无效。该协议是双方当事人的真实意思表示，被告某银行支行以不违背法律法规禁止性规定的方式转让其合法所有的财产，未损害国家利益，应是合法有效的。该协议即使效力有问题，根据合同相对性原理，原告为该合同外的第三人无权主张该合同无效。

被告乙辩称：(1)本人购买原宣州农行洪林桥营业所房产，是2007年7月16日与某银行支行通过自愿协商的方式购买，而非经拍卖购得该房产。因被告某拍卖公司未举行拍卖会，与被告某拍卖公司不存在恶意串通，也不存在损害原告的竞买权。(2)该协议是双方当事人的真实意思表示，不违背国家法律禁止性的规定，合法有效，双方已履行了合同约定的义务，并在房屋管理部门办理了该房产过户登记手续。

【裁判结果】

一审：一、被告某拍卖公司于本判决生效之日起十日内给付原告甲缴纳的履约保证金9万元的利息损失人民币5040.3元；二、驳回原告甲的其他诉讼请求。

【争议焦点与裁判理由】

本案的争议焦点为，拍卖人因自己的原因未能如期举行拍卖的，应承担什么责任。

人民法院经审理认为,拍卖公告系要约邀请,即希望他人向自己发出要约的意思表示。被告某拍卖公司在报纸上刊登拍卖公告,目的不是与他人具体订立合同,而是在于希望他人向自己发出要约,只是订立合同的预备行为,其本身不能发生任何法律效果;法律又规定当事人对自己提出的诉讼请求所依据的事实有责任提供证据加以证明。没有证据或证据不足以证明当事人的事实主张的,由负有举证责任的当事人承担对己不利后果。被告某拍卖公司受委托拍卖原宣州农行洪林桥营业所整体房产,在公告后按照《拍卖监督管理办法》规定,到工商行政管理局办理该拍卖活动的备案手续时,因缺少土地管理部门准予拍卖转让土地的材料,工商行政管理局对其定于2007年1月6日上午10时举行的拍卖会未准予备案登记,即对于未能如期举行该拍卖会,原、被告均未予否认,已说明该拍卖未实施。庭审中,原告又以被告乙与被告某银行支行签订的《售房协议》中载有:将原宣州农行洪林桥营业所整体房产进行了公开拍卖,被告乙以最高价竞得该房等拍卖合同文本的内容为由,认为被告乙是以拍卖方式购得房产,且被告间存在恶意串通行为。由于被告某拍卖公司未能如期举行定于2007年1月6日上午的拍卖会,即使在该日后仍拟以拍卖方式处置原宣州农行洪林桥营业所整体房产,除双方另有约定外,原告也应与其他意欲竞买者一样按照相关拍卖公告要求的事项重新办理报名手续,以取得竞买人的资格,而不能凭借原未举行拍卖会的报名材料当然地获得该日后拟举行拍卖活动的竞买人资格。原告按照被告某拍卖公司《拍卖公告》的事项,缴纳9万元拍卖保证金,办理竞买登记手续,仅是取得了参加竞购拍卖标的竞买人资格,能否成为实际买受人,取决于其在拍卖会上的最高应价是否经拍卖师落槌确认,况且在拍卖会既未如期举行,又无法律规定原告享有优先购买权情形的情况下,现要求以58万元应价竞买已办理了产权变更登记手续的原宣州农行洪林桥营业所整体资产,自然既无存在的事实基础,也无相应的法律依据。

《拍卖法》关于"恶意串通,给他人造成损害的,拍卖无效"的规定,是以拍卖已实施为前提条件,被告间即使有实施恶意串通行为的意愿,但由于该拍卖未实施,自然没有损害原告的竞买权。合同关系的相对性是其本质特征,包括主体、内容、责任的相对性,即合同关系只能发生在特定的主体(合同关系当事人)之间,只有合同当事人一方才能向合同的另一方当事人基于合同提出请求或诉讼;只有合同当事人才能享有和履行某个合同所规定的权利义务,在法律和合同另有规定外,除此以外的任何第三人既不能主张合同上的权利也不负有违约责任,合同当事人也不对其承担违约责任。该《售房协议》仅发生在被告某银行支行与被告乙之间,除被告某银行支行与被告乙彼此互相主张权利义务外,他人无权主张《售房协议》上的权利。因此,被告方的抗辩意见既有事实依据又符合法律规定,理由成立,应予以采信。原告要求确认被告某银行支行与被告乙签订的《售房协议》无效,有悖于法律规定,应不予支持。

根据《合同法》有关规定，当事人在合同订立过程中，一方因违背其依据诚实信用原则所产生的义务，而致另一方的信赖利益损失，应承担损害赔偿责任，即缔约上的过失责任。原告等人根据被告某拍卖公司发布的拍卖公告要求，向其履行竞买登记手续，取得了参加竞购拍卖标的的竞买人资格，双方之间产生缔约上的联系，并由此而形成信赖利益关系，被告某拍卖公司即对原告等人负有诚实信用原则所产生的义务，即先合同义务。被告某拍卖公司在发布的拍卖公告中明确表明“如竞买不成保证金于三日内全额返还（不计息）”，其因自身原因致使该拍卖会未能如期举行后，理应按照拍卖公告承诺的规定，及时通知原告并将收取原告的履约保证金9万元全额返还给原告，这是被告某拍卖公司按照诚实信用原则应履行的义务，但因其过错未履行返还义务，应依法承担相应的责任。现原告因被告某拍卖公司未及时履行通知、返还义务而向其主张赔偿9万元保证金的利息损失的请求，客观存在且符合法律规定，应予以支持。

【案例评析】

拍卖是一种特殊的买卖合同行为，其性质仍属买卖合同的范畴，具有买卖合同的法律特征。本案在审理过程中，对驳回原告甲的其他诉讼请求意见一致，但就被告某拍卖公司赔偿原告甲的损失，就其担责原因是不履行其他义务抑或缔约过失存在分歧。该分歧在审判实践中，就通常情况而言应是经常性发生的问题。一种意见认为：《民法通则》第106条规定，公民、法人违反合同或不履行其他义务的应当承担民事责任，被告某拍卖公司违反不履行其他义务即应按承诺退款而未退款的注意义务，侵害了原告甲的财产权利益，承担的是侵权行为责任；另一种意见认为：被告某拍卖公司在合同订立过程中负有先合同义务，违反了诚实信用原则，承担的是缔约过失责任，本案应为缔约过失赔偿责任。

一、缔约过失的概念和构成要件

缔约过失责任，是指在合同订立过程中，一方因违背诚实信用原则所产生的义务，而致另一方的信赖利益的损失并应承担相应赔偿责任。其构成要件体现在三个方面：一是缔约上的过失发生在合同订立过程中，合同尚未成立，当事人之间存在先合同义务；二是一方违背其依诚实信用原则所应负的义务；三是违反方存在过错造成他人信赖利益的损失，具有因果关系。

二、侵权行为责任和缔约过失责任的区别

从形式上看，基于缔约过失所产生的请求权与侵权行为的请求权具有一些近似之处，一是在没有合同关系的情况下所发生的责任；二是两种责任均是以损害赔偿为内容并且都以过错为要件。但两者具有明显区别，表现在：（1）缔约过失责任产生前提条件有二：缔约双方为缔结合同而开始实际交易接触，已形成了一种实际接触和磋商的关系；接触使当事人之间形成了一种特殊关系，产生了特殊的信赖关系。接触是前提，信赖是接触的结果。而侵权责任的发生则不需当事人之间存在任何关系,侵权行为发生后才使当事人间产生损害赔偿关系。侵权行为责任无须缔约过失责任所要求的前提和基础。(2)违反义务的性质不同。缔约过失行为在本质上违反了依诚实信用原则所产生的先契约义务。而侵权行为则违反了不得侵害他人财产和人身的一般义务。(3)缔约过失的赔偿范围是信赖利益损失,此损失既非现有财产的毁损灭失,也非履行利益的丧失,而是因相信合同的有效成立导致的信赖利益的损失,包括直接利益损失,也包括受害人因此失去的与第三人订立合同的机会的损失。因侵权行为产生的赔偿包括受害人所遭受的各种直接的和间接的损失。(4)缔约过失责任是一种补充性的民事责任,是在不能适用侵权责任和合同责任的情况下所采用的一种责任,缔约过失责任只是弥补侵权责任不足的一种责任。

三、本案应适用缔约过失责任

本案符合缔约过失责任的构成要件,被告某拍卖公司因受委托向外发布拍卖公告,原告甲按照拍卖公告之要求向被告某拍卖公司缴纳拍卖保证金人民币9万元,填报了内容包括竞买意向即拍卖原宣州农行洪林桥营业所(整体资产)等的竞买登记表,双方已实际接触,形成了一种特殊关系,产生了特殊的信赖关系,被告某拍卖公司从此时间点即对原告等人负有基于诚实信用原则所产生的义务。

被告某拍卖公司因自己的责任未能如期举行拍卖会,应在告知原告甲不能举行拍卖会议的同时,将收取的拍卖履约保证金人民币9万元按拍卖公告的承诺退还原告甲,但是其不仅未退还该赔偿金,还要求原告甲等人等待参加下次的拍卖会议。在长达数月的时间里,无法完备备案拍卖登记手续材料时,理应及时将情况通知原告甲并告知其以拍卖方式竞购房产已无法实现,可自行与被告某银行支行协商购买,特别是已明知委托方另行正在与他人协商买卖房屋时,其仍未履行相应义务,违反了依诚实信用原则所应负的义务,存在过错理应依法担责。

此案被告的行为造成了原告甲信赖利益的损失,此损失包括为参加拍卖会议所支付的差旅费以及缴纳拍卖保证金人民币9万元的银行利息损失等。故此,原告甲要求被告某拍卖公司赔偿9万元保证金的利息损失,符合《合同法》关于缔约过失责任的规定,应予以支持。

【案例索引】

一审:安徽省宣城市宣州区人民法院(2008)宣民二初字第16号

10. 某投资发展公司与某拍卖行拍卖合同纠纷案

——无效拍卖活动的过错认定和责任承担

问题提示：因拍卖标的违法导致拍卖活动无效，如何认定各方当事人的过错与责任？

【基本案情】

上诉人（一审原告）：某投资发展公司

上诉人（一审被告）：某拍卖行

人民法院经审理查明：1996年6月6日，深圳市中级人民法院（以下简称深圳中院）应申请执行人某银行支行的申请作出裁定，拍卖被执行人某集团公司抵押的"富豪花园"A座第二层房产，得款用于清偿某集团公司债务。7月18日，深圳中院书面通知某拍卖行将拍卖所得款项（扣除拍卖过户等费用）汇入某投资发展公司账户。7月19日，某拍卖行依拍卖公告举行拍卖会，对某集团公司上述房产进行拍卖。某投资发展公司参加竞买，向某拍卖行支付了拍卖竞投定金348万元，并以4000万元价格竞得该房产。某拍卖行向某投资发展公司出具了收到"拍卖竞投定金"的收据。当日，某投资发展公司与某拍卖行签订了《拍卖成交确认书》及《补充协议》，对佣金、定金的支付、支付期限、支付方式、拍卖标的的交付等事项作了约定。

1996年12月17日，深圳中院向深圳市福田区国土局发出《协助执行通知书》，要求该局协助办理上述房产的过户手续。1997年7月8日，深圳中院向某拍卖行发出通知书，称委托某拍卖行拍卖被执行人某集团公司拥有的位于滨河西富豪花园A座第二层房产，因上述房产涉嫌诈骗暂时不能办理过户，请某拍卖行将已收取的过户费用228万元退还。但某拍卖行并未按深圳中院通知将款项返还给某投资发展公司。1997年12月5日，深圳中院作出《行政判决书》。1998年4月13日，深圳市规划国土局发布《公告》，称根据深圳中院《行政判决书》，判决某集团公司在深圳市规划国土局领取的深圳市福田区东园路滨河西富豪花园A座的《房地产证》系采取欺诈手段取得，该案已由深圳市公安局立案侦查，现宣布作废。1999年8月26日，深圳中院向某拍卖行发出通知书，通知其法定代表人及经办人于8月31日到法院处理有关上述房产的善后事宜。某拍卖行如期派员到该院并签收了该通知书。2000年9月6日，某投资发展公司通过深圳市南山公证处公证向某拍卖行送达催款通知书，请求某拍卖行对其已付拍卖定金348万元予以双倍返还。2000年11月28日，某投资发展公司向深圳中院提起诉讼，请求判令某拍卖行返还其已付拍卖款348万元及利息。后广东省高院指定广州市中级人民法院审理本案。

上诉人某投资发展公司上诉称，本案所涉拍卖标的为法律明确规定不得拍卖的财产,针对该财产进行的拍卖行为当然无效;被上诉人某拍卖行拒不返还其依无效协议收取的定金款,造成我方高额利息损失,具有明显过错,一审判决驳回我方的利息请求违背事实及法律规定,明显失当。诉请二审法院撤销一审法院判决第二判项,改判某拍卖行按中国人民银行同期贷款利率向我方支付至还款日止的占用资金利息,并由某拍卖行承担本案诉讼费用。

上诉人某拍卖行上诉称:(1)一审法院认定深圳市中级人民法院先后于1997年7月8日向我方发出通知书,但我方并未收到该通知书。一审法院另认定深圳市中级人民法院于1999年8月26日通知我方前去协调善后事宜,我方虽派员前去签收该通知书,但并未见到某投资发展公司人员,也未曾进行过协调工作。另外,对于拍卖标的是否真实存在、某集团公司采取何种欺诈手段骗取房产证,以及委托人深圳市中级人民法院在拍卖标的的《房地产证》被宣布作废后对本次拍卖成交的最终处理意见,一审法院也未予以查明。(2)根据《拍卖法》规定,本案拍卖已经成交,合法有效。一审判决未适用《拍卖法》相关规定,而适用《民法通则》第58条第1款第4项、第5项,确认本案拍卖合同无效,属于法律适用错误。(3)本案起诉已超过诉讼时效。(4)一审判决对拍卖标的的转移义务以及拍卖佣金收取等问题认定错误。综上,一审法院判决认定事实和适用法律错误,诉请二审予以撤销,改判驳回某投资发展公司的全部诉讼请求。

【裁判结果】

一审:一、某拍卖行向某投资发展公司返还348万元;二、驳回某投资发展公司的其他诉讼请求。

二审:变更一审判决主文第一判项为:某拍卖行应自本判决送达之日起十日内向某投资发展公司返还拍卖款348万元;撤销一审判决主文第二判项及诉讼费用负担部分判项;某拍卖行应赔偿某投资发展公司拍卖款348万元利息损失(自1998年4月14日起至付清之日止,以本金348万元按中国人民银行同期贷款利率计付)。

【争议焦点与裁判理由】

本案的争议焦点是:(1)拍卖人某拍卖行与买受人某投资发展公司签订的《拍卖成交确认书》及《补充协议》是否有效;(2)拍卖人应否返还本案佣金348万元并赔偿利息损失;(3)本案是否已过诉讼时效。

根据生效裁判文书,人民法院认为,某拍卖行与某投资发展公司签订的《拍卖成交确认书》及《补充协议》,均应确认无效。某投资发展公司因履行无效的拍卖协议已向某拍卖行支付的348万元款项,某拍卖行应当返还给某投资发展公司。深圳中院于1997年7月8日书面通知某拍卖行,督请其将已收228万元过户费退还给某投资发展公司,某拍卖行自此即明知拍卖标的不属于某集团公司所有,而属第三人财产,拍卖协议无法生效,却仍继续占有某投资发展公司交付的拍卖款项,具有明显过错。某拍卖行对于此后348万元的孳息扩大损失,应当按照中国人民银行同期贷款利率，向某投资发展公司承担赔偿责任。一审程序合法，认定事实基本清楚，判决某拍卖行向某投资发展公司返还348万元拍卖款处理正确，但未明确拍卖款返还的具体期限并驳回某投资发展公司要求赔偿拍卖款利息损失处理不当，应予纠正。

【案例评析】

一、拍卖人某拍卖行与买受人某投资发展公司签订的《拍卖成交确认书》及《补充协议》是否有效

本案为拍卖合同纠纷，涉案拍卖行为发生于1996年7月18日，当时《拍卖法》尚未施行，应当适用买卖合同的一般规定。《合同法》施行前，《民法通则》及《经济合同法》等法律对买卖合同无效均未作出特殊规定。根据《合同法》第132条、第51条的规定，出卖的标的物，应当属于出卖人所有或者出卖人有权处分；无处分权的人处分他人财产，经权利人追认或者无处分权的人订立合同后取得处分权的，该合同有效。依合同法上述规定，出卖他人所有或者他人有权处分的标的物，除经权利人追认或者无处分权的人订立合同后取得处分权的外，买卖合同应确认无效。《最高人民法院关于适用〈中华人民共和国合同法〉若干问题的解释(一)》第1条规定，《合同法》施行以前成立的合同发生纠纷起诉到人民法院的，除本解释另有规定的以外，适用当时的法律规定，当时没有法律规定的，可以适用《合同法》的有关规定。本案的拍卖协议成立于《合同法》施行前，而对于出卖人出卖他人之物而与买受人订立的买卖协议的效力问题，《合同法》施行前缺乏相关的法律规定。根据上述《合同法》的司法解释，可以适用《合同法》的相关规定。据此，委托人将他人财产委托拍卖行进行拍卖，除经权利人追认或者委托人在拍卖合同订立后取得拍卖标的的所有权或者处分权外，拍卖行在拍卖成交后与买受人签订的拍卖合同均应确认无效。

本案中，某拍卖行根据深圳中院的委托拍卖被执行人某集团公司拥有的位于滨河西富豪花园A座第二层房地产。经深圳中院作出(1997)深中法行初字第009号《行政判决书》认定，深圳市规划国土局发给某集团公司富豪A座《房地产证》时所依据的主要文件和印章均为伪造。深圳市规划国土局据此于1998年4月13日发布《公告》称，因某集团公司以欺诈手段领取的深圳市福田区东园路滨河西富豪花园A座的《房地产证》，宣布该《房地产证》作废。某集团公司由此对拍卖标的深圳市福田区东园路滨河西富豪花园A座的房产自始不享有所有权。因被执行人某集团公司现仍未取得该房产的所有权，该房产的所有人对该拍卖行为亦未予追认，某拍卖行对不属于被执行人某集团公司所有的深圳市福田区东园路滨河西富豪花园A座的房产进行拍卖而与某投资发展公司签订的《拍卖成交协议》及《补充协议》，均应确认无效。

二、拍卖人应否返还本案佣金348万元并赔偿利息损失

《民法通则》第61条规定，民事行为被确认无效或者被撤销后，当事人因该行为取得的财产,应当返还给受损失的一方;有过错的一方应当赔偿对方因此所受到的损失,双方都有过错的,应当各自承担相应的责任。某投资发展公司因履行无效的拍卖协议已向某拍卖行支付的348万元款项,某拍卖行应当返还。某拍卖行对深圳市福田区东园路滨河西富豪花园A座的房产进行拍卖,系根据深圳中院的委托,且拍卖当时该拍卖标的权属确实登记于某集团公司名下,其拍卖该房产而与买受人某投资发展公司签订《拍卖成交确认书》及《补充协议》,并无过错。但是,深圳中院于1997年7月8日书面通知某拍卖行该拍卖标的因涉嫌诈骗不能过户,督请其将已收228万元过户费退还给某投资发展公司,特别是深圳市规划国土局于1998年4月13日发布《公告》宣布某集团公司领取的深圳市福田区东园路滨河西富豪花园A座的《房地产证》作废后,某拍卖行自此即明知拍卖标的不再属于某集团公司所有,而属第三人财产,拍卖协议无法生效,已不可能依据拍卖协议向买受人交付拍卖标的,却仍继续占有某投资发展公司交付的拍卖款项,具有明显过错。某拍卖行对于此后某投资发展公司已付拍卖款项348万元的孳息扩大损失,应当按照中国人民银行同期贷款利率,向某投资发展公司承担赔偿责任。至于某拍卖行上诉主张已收的348万元拍卖款可抵作佣金不予退还,因拍卖协议无效,某拍卖行无权取得作为有效合同履行利益的拍卖佣金,不应予以支持。某投资发展公司上诉请求某拍卖行赔偿占用其已付348万元拍卖款项期间所受利息损失,因某拍卖行对于拍卖标的《房地产证》宣布作废前的损失无过错,以及诉请按同期逾期贷款利率计付损失标准过高,可予以部分支持。一审判决某拍卖行向某投资发展公司返还348万元拍卖款处理正确,但未明确拍卖款返还的具体期限,并驳回某投资发展公司要求赔偿拍卖款利息损失,属处理不当,应予以纠正。

三、本案是否已过诉讼时效

深圳市规划国土局于1998年4月13日发布《公告》宣布拍卖标的富豪A座房产证作废,表明该局撤销了富豪A座的房产权属登记行为,某投资发展公司自此才知道其竞买行为无效,并由此造成了已付348万元拍卖款项的财产损害,诉讼时效自此开始起算。根据《最高人民法院关于贯彻执行〈中华人民共和国民法通则〉若干问题的意见(试行)》第174条的规定,深圳中院于1999年8月26日就不能履行上述拍卖协议的善后事宜通知双方前来协商,引起诉讼时效的中断。至某投资发展公司于2000年11月28日提起本案诉讼,尚未超过诉讼时效保护期间。因此,某拍卖行上诉主张某投资发展公司主张权利已过诉讼时效期间,不应予以采纳。

【案例索引】

一审:广东省广州市中级人民法院(2006)穗中法民二初字第234号

二审:广东省高级人民法院(2008)粤高法民二终字第60号

11. 某投资公司与某拍卖行委托拍卖执行复议案

——恶意串通的认定

问题提示：拍卖行与买受人有关联关系，拍卖行为存在哪些情形，人民法院可以视为拍卖行与买受人恶意串通，损害与标的物相关权利人合法权益，依法裁定该拍卖无效？

【基本案情】

执行复议人（执行异议人）：某投资公司

执行复议人（执行异议人）：某拍卖行

人民法院经审理查明：某实业公司与某房产公司、某房地产公司、某房产建设公司非法借贷纠纷一案，广东省高级人民法院（以下简称广东高院）于1997年5月20日作出（1996）粤法经一初字第4号民事判决，判令某房产公司、某房地产公司共同清偿某实业公司借款160 647 776.07元及利息，某房产建设公司承担连带赔偿责任。

广东高院在执行前述判决过程中，于1998年2月11日裁定查封了某房产公司名下的广丰大厦未售出部分，面积18 851.86平方米。2月12日，委托某拍卖行进行拍卖。1998年6月，该院委托的广东粤财房地产评估所出具评估报告，结论为：广丰大厦该部分物业在1998年6月12日的拍卖价格为102 493 594元。后该案因故暂停处置。

2001年年初，广东高院重新启动处置程序，于2001年4月4日委托某拍卖行对广丰大厦整栋进行拍卖。2001年11月初，广东高院在报纸上刊登拟拍卖整栋广丰大厦的公告，要求涉及广丰大厦的所有权利人或购房业主，于2001年11月30日前向某拍卖行申报权利和登记，待广东高院处理。根据公告要求，向某拍卖行申报的权利有申请交付广丰大厦预售房屋、回迁房屋和申请返还购房款、工程款、银行借款等，金额高达15亿余元，其中，购房人缴纳的购房款逾2亿元。

2003年8月26日，广东高院委托某资产评估公司对广丰大厦整栋进行评估。2003年9月10日，该所出具评估报告，结论为：整栋广丰大厦（用地面积为3009平方米，建筑面积为34 840平方米）市值为3445万元，建议拍卖保留价为市值的70%即2412万元。2003年10月17日，某拍卖行以2412万元将广丰大厦整栋拍卖给某投资公司。广东高院于2003年10月28日作出（1997）粤高法执字第7号民事裁定，确认将广丰大厦整栋以2412万元转给某投资公司所有。2004年1月5日，该院向广州市国土房管部门发出协助执行通知书，要求将广丰大厦整栋产权过户给买受人某投资公司，并声明原广丰大厦的所有权利人，包括购房人、受让人、抵押权人、被拆迁人或拆迁户等的权益，由该院依法处理。某投资公司取得广丰大厦产权后，在原主体框架结构基础上继续投入资金进行续建,续建完成后更名为“时代国际大厦”。

2011年6月2日,广东高院根据有关部门的意见对该案复查后,作出(1997)粤高法执字第7-1号执行裁定,认定某拍卖行和拍卖行股东亲属的公司即买受人某投资公司存在关联关系。广丰大厦两次评估价格差额巨大,第一次评估了广丰大厦约一半面积的房产,第二次评估了该大厦整栋房产,但第二次评估价格仅为第一次评估价格的35%,即使考虑市场变化因素,其价格变化也明显不正常。根据某拍卖行报告,拍卖时有三个竞买人参加竞买,另外两个竞买人均未举牌竞价,某投资公司因而一次举牌即以起拍价2412万元竞买成功。但经该院协调有关司法机关无法找到该二人,后书面通知某拍卖行提供该二人的竞买资料,某拍卖行未能按要求提供;某拍卖行也未按照《拍卖监督管理暂行办法》第4条“拍卖企业举办拍卖活动,应当于拍卖日前七天内到拍卖活动所在地工商行政管理局备案……拍卖企业应当在拍卖活动结束后7天内,将竞买人名单、身份证明复印件送拍卖活动所在地工商行政管理局备案”的规定,向工商管理部门备案。现有证据不能证实另外两个竞买人参加了竞买。综上,可以认定拍卖人某拍卖行和竞买人某投资公司在拍卖广丰大厦中存在恶意串通行为,导致广丰大厦拍卖不能公平竞价、损害了购房人和其他债权人的利益。根据《民法通则》第58条、《拍卖法》第65条的规定,裁定拍卖无效,撤销该院2003年10月28日作出的(1997)粤高法执字第7号民事裁定。对此,买受人某投资公司和某拍卖行分别向广东高院提出执行异议。

某投资公司和某拍卖行在执行异议被驳回后,又向最高人民法院申请执行复议。主要复议理由为:对广丰大厦前后两次评估的价值相差巨大的原因存在合理性,评估结果与拍卖行和买受人无关;拍卖保留价也是根据当时实际情况决定的,拍卖成交价是当时市场客观因素造成的;某拍卖行不能提供另外两名竞买人的资料,不违反《拍卖法》第54条第2款关于“……拍卖笔录和其他有关资料的保管期限,自委托拍卖合同终止之日起计算,不得少于五年”的规定;拍卖广丰大厦的拍卖过程公开、合法,拍卖前曾四次在报纸上刊出拍卖公告,法律没有禁止拍卖行股东亲属的公司参与竞买。故不存在拍卖行与买受人恶意串通、损害购房人和其他债权人利益的事实。广东高院推定竞买人与拍卖行存在恶意串通行为是错误的。

【裁判结果】

执行异议:维持(1997)粤高法执字第7-1号执行裁定意见,驳回异议。

执行复议:驳回某投资公司和某拍卖行的复议请求。

【争议焦点与裁判理由】

本案的争议焦点为,拍卖行与买受人有关联关系,拍卖行为存在哪些情形,人民法院可以视为拍卖行与买受人恶意串通,损害与标的物相关权利人合法权益,应依法裁定该拍卖无效。

人民法院经审理认为，受人民法院委托进行的拍卖属于司法强制拍卖，其与公民、法人和其他组织自行委托拍卖机构进行的拍卖不同，人民法院有权对拍卖程序及拍卖结果的合法性进行审查。因此，即使拍卖已经成交，人民法院发现其所委托的拍卖行为违法，仍可以根据《民法通则》第58条、《拍卖法》第65条等法律规定，对在拍卖过程中恶意串通、不能公平竞价、损害他人合法权益的拍卖，裁定其无效。

买受人在拍卖过程中与拍卖机构是否存在恶意串通，应从拍卖过程、拍卖结果等方面综合考察。如果买受人与拍卖机构存在关联关系，拍卖过程没有进行充分竞价，而买受人和拍卖机构明知标的物评估价和成交价明显过低，仍以该低价成交，损害标的物相关权利人合法权益的，可以认定双方存在恶意串通。

本案中，在某拍卖行和拍卖行股东亲属的公司即买受人某投资公司存在关联关系的情况下，除非能够证明拍卖过程中有其他无关联关系的竞买人参与竞买，且进行了充分的竞价，否则可以推定某拍卖行与买受人之间存在串通。该竞价充分的举证责任应由某拍卖行和与其有关联关系的买受人承担。2003年拍卖结束后，某拍卖行给广东高院的拍卖报告中指出，还有另外两个自然人参加竞买，现场没有举牌竞价，拍卖中仅一次叫价即以保留价成交，并无竞价。而买受人某投资公司和某拍卖行均不能提供其他两个竞买人的情况。经审核，其复议中提供的向工商管理部门备案的材料中，并无另外两个竞买人参加竞买的资料。拍卖资料超过了保存期，不是其不能提供竞买人情况的理由。据此，不能认定有其他竞买人参加了竞买，可以认定某拍卖行与买受人某投资公司之间存在串通行为。

鉴于本案拍卖系直接以评估机构确定的市场价的70%之保留价成交的，故评估价是否合理对于拍卖结果是否公正合理有直接关系。之前对一半房产的评估价已达1亿余元，但是本次对全部房产的评估价格却只有原来一半房产评估价格的35%。拍卖行明知价格过低，却通过其股东亲属的公司来购买房产，未经竞价，严重侵犯了相关权利人的利益。拍卖整栋楼的价格与评估部分房产时的价格相差悬殊，拍卖行和买受人的解释不能让人信服，可以认定两者间存在恶意串通。同时，与广丰大厦相关的权利有申请交付广丰大厦预售房屋、回迁房屋和申请返还购房款、工程款、银行借款等，总额达15亿余元，仅购房人登记所交购房款即超过2亿元。而本案拍卖价款仅为2412万元，对于没有优先受偿权的本案申请执行人毫无利益可言，明显属于无益拍卖。鉴于某拍卖行负责接受与广丰大厦相关的权利的申报工作，且买受人与其存在关联关系，可认定某拍卖行与买受人对上述问题也应属明知。因此，对于此案拍卖导致与广丰大厦相关的权利人的权益受侵害，某拍卖行与买受人某投资公司之间构成恶意串通。

【案例评析】

本案的争议焦点在于法院对其委托的司法拍卖能否进行司法审查，并对其中如果拍卖行与买受人之间存在欺诈、胁迫、恶意串通等违法情形，人民法院能否直接宣告拍卖无效。

一、人民法院是否有权对司法拍卖进行审查

人民法院在强制执行过程中委托拍卖机构实施的拍卖,为司法拍卖,也称法院强制拍卖,是指人民法院基于国家强制力,在审执过程中,为实现申请人于生效法律文书载明的权益,依照规定由司法技术辅助部门委托具有相应资质的拍卖机构按照拍卖程序,依照法院委托事项、拍卖标的及要求对被执行人已被查封、扣押、冻结的财产按照拍卖程序进行拍卖,将被执行人的财产出卖给最高应价者,然后用拍卖变现钱款清偿债务人债务的一种强制执行手段和措施。它是人民法院执行工作的重要环节,是执行工作中对采取查封、扣押、冻结等强制措施的财产进行强制执行处置的基本形式和重要方式。人民法院应当就拍卖的结果向申请人与被申请人以及相关利害关系人负责。

司法拍卖活动的进行,不仅应当遵守一般的拍卖法的基本规定,还应当遵守关于司法拍卖的专门的法律、法规。根据《最高人民法院关于人民法院民事执行中拍卖、变卖财产的规定》第3条的规定,人民法院拍卖被执行人财产,应当委托具有相应资质的拍卖机构进行,并对拍卖机构的拍卖进行监督,但法律、司法解释另有规定的除外。因此,人民法院对其委托进行的拍卖机构具有监督权,人民法院有权对拍卖程序、拍卖结果的合法性进行监督审查。如果经审查拍卖程序中存在拍卖机构资质不符合要求,拍卖程序违法以及其他无效或可撤销情形的,人民法院有权直接宣布拍卖无效或裁定撤销拍卖结果。

二、关于恶意串通情形的认定

我国《合同法》第52条规定,有下列情形之一的,合同无效:(1)一方以欺诈、胁迫的手段订立合同,损害国家利益;(2)恶意串通,损害国家、集体或者第三人利益……《拍卖法》第37条规定,竞买人之间、竞买人与拍卖人之间不得恶意串通,损害他人利益。《拍卖法》第65条规定,违反本法第37条的规定,竞买人之间、竞买人与拍卖人之间恶意串通,给他人造成损害的,拍卖无效,应当依法承担赔偿责任。根据上述法律规定,在拍卖过程中恶意串通,导致拍卖不能公平竞价、损害其他人合法权益的,该拍卖行为无效。

本案中,拍卖机构与买受人存在关联关系。但是,只要拍卖过程存在充分的竞价行为,按照拍卖程序进行拍卖,即使存在这种关联关系也应当有效。拍卖的本质在于通过充分的竞价,实现拍卖财产的利益最大化。拍卖过程中是否有其他无关联关系的竞买人参加以及是否进行了充分的竞价,是认定在拍卖过程中买受人是否与拍卖机构存在恶意串通的重要依据。如果仅有关联关系人而没有其他人参加,也未经充分竞价,那么该项拍卖便可能构成恶意串通。本案中,拍卖行和买受人并没有提供相关证据来证明拍卖过程中进行了充分竞价。经审核,其复议中提供的向工商管理部门备案的材料中,并无另外两个竞买人参加竞买的资料。因此,本案拍卖过程中无其他竞买人参与竞买或者没有经过充分竞价。

另外,本案拍卖价格过低,造成标的物权利人利益损害,符合《民法通则》第58条第4项关于恶意串通的规定,应当是无效的。本案拍卖系直接以评估机构确定的市场价的70%之保留价成交的,因此评估价是否合理对于拍卖结果是否公正合理有直接关系。在此之前对拍卖标的物的一半房产进行评估,其价格已经超过1亿元,但是此次对全部的房产进行评估,拍卖实际价格却只有原来一半房产评估价格的35%,拍卖价格与评估价格相差甚远,因此给标的物权利人造成了严重的损失,构成恶意串通,可以依法宣告无效。

目前在司法实践中,人民法院采取司法拍卖程序与执行程序相分离的原则,即执拍分离原则,这样可以有效地避免因执行权力过度集中、难以监督可能带来的权力寻租和腐败问题。同时,又符合遵循市场规律和社会分工原则,充分发挥社会上专业机构和专业人员的专业优势为人民法院中心工作服务,避免因专业知识不足所带来的不必要的麻烦,同时在很大程度上可以实现拍卖财产所获得拍卖收益最大化,对于执行人和被执行人双方都有极大的益处。因此,一方面人民法院应当坚持执行与拍卖分离的原则,另一方面也应当加强对拍卖行为的审查监督,维护标的物权利人的合法权益。

【案例索引】

执行异议:广东省高级人民法院(2011)粤高法执异字第1号

执行复议:最高人民法院(2012)执复字第6号

12. 甲与某工商行政管理局行政处罚案

——恶意串通损害他人利益要件的认定

问题提示:如何认定竞买人之间恶意串通、损害他人利益?

【基本案情】

上诉人(一审被告):某工商行政管理局

被上诉人(一审原告):甲

一审第三人:乙、丙

人民法院经审理查明:2005年9月22日,汉阴县粮食购销企业改制工作组与某拍卖公司签订委托拍卖合同,约定将汉阴县粮食局下属各购销企业资产委托某拍卖公司公开拍卖。2005年10月27日,某拍卖公司在《安康日报》(第14733期)发布公告,于2005年11月11日下午2时在汉阴县金鑫酒店七楼会议室对汉阴县粮食局下属购销企业房地产进行公开拍卖,其中将涧池粮油购销公司房地产列为拍卖的第8号标的。2005年11月10日,甲、乙、丙三人分别与某拍卖公司签订了《竞买协议书》,并各自交付了竞买保证金25万元,成为8号标的独立竞买人。2005年11月11日中午1时许,甲与乙、丙在汉阴县城南迎燕餐馆签订了《联合购地协议书》,约定为了降低购买涧池粮管所房地产的市场风险,分担购地成本,互惠互利,经三人充分协商,由竞争对手转变为合伙竞买人,由甲代表三人参加竞买,竞得土地及房产所需款项由三人分摊,具体分摊金额及开发后续事项另行协商确定;房地产竞买后,委托甲与拍卖公司签订《拍卖成交确认书》。同时,三人还达成了在拍卖时由丙举牌应价250万元①,然后甲举牌应价251万元,其余两方不再竞价,由甲代表三方竞买成功的一致意见。在当日下午2时举行的拍卖会上,甲及乙、丙按照当日中午的协议,由甲以251万元竞得第8号标的,并与某拍卖公司签订了《拍卖成交确认书》。2005年11月22日,甲与汉阴县粮食局签订了《土地资产及房屋资产转让合同》。之后,甲支付了199万元价款,在土地管理部门和房管部门分别办理了土地使用权、房屋所有权变更登记。2006年1月21日,甲用竞买的房地产在土地、房管部门办理抵押登记后,向汉阴县涧池信用社抵押借款200万元,借款期限1年,利率7.44‰。借款逾期未还。

另查明,汉阴县粮食购销企业改制工作组在对汉阴县粮食局下属各购销企业改制过程中,分别委托土地、房屋评估机构对企业房地产价值进行评估,其中评估涧池粮油购销公司房地产总价值248万元。

原告甲诉称:2005年11月10日,根据某拍卖公司拍卖公告的要求,原告与该公司签订了《竞买协议书》,并交付了保证金,领取了号牌,取得合法的竞买资格。11月11日,在公开拍卖会上,原告以251万元价款竞得涧池粮油购销公司10067M2国有土地使用权及房产。原告当场与拍卖公司签订《拍卖成交确认书》,并与汉阴县粮食局签订了《土地资产及房屋资产转让合同》,依约向出卖人支付了价款199万元。之后,原告缴纳了75 000元契税及相关费用,将竞买标的过户到原告名下,依法取得土地使用权和房屋所有权,并经抵押登记,向金融部门抵押借款。因参加拍卖会的其他竞买人未达到个人目的而向被告举报,被告在毫无法律依据的情况下,于2006年3月15日以原告与乙、丙恶意串通,损害他人利益为由,作出了汉工商处字〔2006〕第01号行政处罚决定。

被告某工商行政管理局辩称:汉阴县粮食购销企业改制工作组将汉阴县粮食局下属各购销企业房地产委托某拍卖公司公开拍卖。甲与乙、丙先后到某拍卖公司报名参加第8号标的竞买,分别成为第8号标的独立竞买人。2005年11月11日

① 被诉行政处罚决定和一审判决将“在拍卖时由杨荣军举牌应价250万元”认定成“由杨荣辉举牌应价250万元”属事实错误,二审法院予以纠正。

的拍卖会之前，甲与乙、丙在汉阴县城南迎燕餐馆协商签订了为降低市场风险、分摊成本，由竞争对手转变为合伙竞买人的《联合购地协议书》，并达成了拍卖时由杨某某应价250万元、之后甲举牌应价251万元、其余两方不再竞价、由甲代表三方竞买成功的一致意见。钟某某、钟某为订立协议的见证人，参加协商的丙、王某某、沈某某、张某某也分别在《联合购地协议书》上签字。在拍卖会上，当事人按照共同订立的协议，由甲以251万元买下第8号标的，并且在甲举牌竞价后，乙方的合伙人白万武本欲举牌竞价252万元时，被乙制止。综上所述，当事人的行为违反了《拍卖法》第37条的规定，构成了竞买人之间恶意串通，损害他人利益的违法行为。当事人违法事实清楚，证据确凿，违法行为成立。因此，答辩人作出的具体行政行为合法，请求予以维持，诉讼费由原告承担。

【裁判结果】

一审：一、撤销某工商行政管理局汉工商处字(2006)第01号《行政处罚决定书》；二、驳回甲行政赔偿的诉讼请求。

二审：一、撤销安康市中级人民法院(2007)安行初字第2号行政判决；二、维持上诉人某工商行政管理局2006年3月15日汉工商处字(2006)第01号《行政处罚决定书》；三、驳回被上诉人甲行政赔偿的诉讼请求。

【争议焦点与裁判理由】

本案的争议焦点为，如何认定竞买人之间恶意串通、损害他人利益。

根据生效裁判文书，人民法院认为，根据2001年1月15日国家工商行政管理局令第101号发布的《拍卖监督管理暂行办法》第9条的规定，下列行为属于竞买人之间的恶意串通行为：(1)竞买人之间相互约定一致压低拍卖应价；(2)竞买人之间相互约定拍卖应价；(3)竞买人之间相互约定买受人或相互约定排挤其他竞买人；(4)其他恶意串通行为。本案中，甲、乙、丙分别与某拍卖公司签订竞买协议，成为独立的竞买人之后，本应依照《拍卖法》的规定，遵循公开、公平、公正、诚实信用的原则，独立参加竞买。但是，为了降低风险，互惠互利，却于拍卖前订立或参与订立《联合购地协议书》，由竞争对手转变为合伙竞买人，并相互约定应价举牌和买受人，其行为符合上述规定，构成恶意串通的行为。根据《拍卖法》第3条的规定，拍卖是指以公开竞价的形式，将特定物品或者财产权利转让给最高应价人的买卖方式。那么，实现拍卖标的价值的最大化，应是立法目的的应有之义。本案中，拍卖标的为国有资产。在竞拍到251万元时，乙一方的合伙人白某某，欲要举牌应价252万元时，被乙制止，这一事实本身就说明，至少251万元不应是最高应价，还有再往上的空间。但由于被上诉人甲等人的事前串通，致使本应获取高于251万元的应价未能实现，最终以被上诉人甲仅高于起拍价1万元、评估价2万多元应价竞得，导致拍卖流于形式，国有资产的价值未能实现最大化，其结果损害了他人利益。据此，被诉行政处罚决定认定甲等人的行为违反《拍卖法》第37条的规定，构成恶意串通，损害他人利益的违法行为,依据充分,事实成立。被上诉人甲认为上诉人某工商行政管理局没有合法、有效、充分的证据证明其构成恶意串通,损害他人利益,该理由不能成立。一审判决虽然认定甲、乙、丙之间有恶意串通行为是正确的,但仅以甲的最高应价高于拍卖标的的评估价为由,认定未损害他人利益,显属认定事实错误。被上诉人甲认为被诉行政处罚决定,在处罚程序上存在警方介入调查,违反法律规定;错将丙当作杨某某,处罚对象错误;直接向当事人收取罚款,执罚程序违法的理由,也不能成立。所谓的警察介入,就是被上诉人甲所称工商人员在对其和钟某询问时,有警察在场。经查,对甲本人的《询问笔录》,行政处罚时未作为定案的证据;对钟某的《询问笔录》内容查证属实,没有有效证据足以证明工商人员存在违法取证的事实。关于处罚对象错误的问题,丙作为独立的竞买人参与协商,并按约定予以实施,对其处罚并无不当。至于执罚程序是否违法的问题,因其属于行政处罚决定执行中的问题,并不影响行政处罚决定作出的程序。因此,上诉人某工商行政管理局经过立案、调查取证、告知和听证等程序,作出行政处罚决定程序合法。依据《拍卖法》第 65 条"违反本法第三十七条的规定,竞买人之间、竞买人与拍卖人之间恶意串通,给他人造成损害的,拍卖无效,应当依法承担赔偿责任。由工商行政管理部门对参与恶意串通的竞买人处最高应价百分之十以上百分之三十以下的罚款"的规定,被诉行政处罚决定对违法行为人所作处罚合法、适当。被上诉人甲虽然已办理了房地产的产权变更登记手续,并将房地产抵押借款,基于竞得标的又产生了新的民事法律关系,但该事由不能成为减轻或者免除违法行为人行政违法责任的法定事由。一审判决将此亦作为撤销行政处罚决定的理由,缺乏法律依据。被诉行政处罚决定和一审判决将"在拍卖时由杨荣军即丙举牌应价 250 万元"认定成"由杨荣辉举牌应价 250 万元"属事实错误,对此予以纠正。

【案例评析】

这是一起因竞买人违反《拍卖法》而引发的不服工商行政处罚案,该案准确诠释了《拍卖法》第 37 条规定的内容。

一、竞买人之间恶意串通,损害他人利益,是拍卖无效和承担法律责任的法定要件

《拍卖法》第 37 条规定:"竞买人之间、竞买人与拍卖人之间不得恶意串通,损害他人利益。"那么,违反了该条的规定,会导致何种法律后果和承担何种法律责任?对此,《拍卖法》第 65 条作出了明确的规定。即"违反本法第三十七条的规定,竞买人之间、竞买人与拍卖人之间恶意串通,给他人造成损害的,拍卖无效,应当依法承担赔偿责任。由工商行政管理部门对参与恶意串通的竞买人处最高应价百分之十以上百分之三十以下的罚款;对参与恶意串通的拍卖人处最高应价百分之十以上百分之五十以下的罚款。"可见,导致拍卖无效和承担相应的法律责任,必须具备两个前提条件:一是竞买人之间、竞买人与拍卖人之间进行了恶意串通;二是损害了他人利益。因此,一审法院认为,根据《拍卖法》的相关规定,恶意串通与损害他人利益是追究当事人责任应当同时具备的要件,是正确的。

二、甲等人构成恶意串通,损害他人利益

这是案件争议的焦点,也是正确处理本案的关键。首先,甲等人的行为构成恶意串通,被处罚人甲、乙、丙否认其有恶意串通行为的理由不能成立。根据2001年1月15日国家工商行政管理局令第101号发布的《拍卖监督管理暂行办法》第9条的规定,下列行为属于竞买人之间的恶意串通行为:(1)竞买人之间相互约定一致压低拍卖应价;(2)竞买人之间相互约定拍卖应价;(3)竞买人之间相互约定买受人或相互约定排挤其他竞买人;(4)其他恶意串通行为。本案中,甲、乙、丙分别与某拍卖公司签订竞买协议,成为独立的竞买人之后,本应依照《拍卖法》的规定,遵循公开、公平、公正、诚实信用的原则,独立参加竞买。但是,为了降低风险,互惠互利,他们却于拍卖前订立或参与订立《联合购地协议书》,由竞争对手转变为合伙竞买人,并相互约定由丙举牌应价250万元,然后由甲举牌应价251万元,其余两方不再应价,由甲代表三方竞买成功。该做法显然符合上述规定中竞买人之间相互约定拍卖应价、相互约定买受人的情形,构成了恶意串通的行为。

其次,甲等人的恶意串通行为,损害了他人利益。对此,一、二审法院认识不尽相同。一审法院认为,在拍卖竞价中,甲等竞买人之间虽然有恶意串通的行为,但甲的最高应价仍然高于拍卖标的的评估价,故并未实际损害他人利益。二审法院则予以否定。理由在于:

第一,根据《拍卖法》第3条的规定,拍卖是指以公开竞价的形式,将特定物品或者财产权利转让给最高应价人的买卖方式。那么,实现拍卖标的价值的最大化,应是《拍卖法》立法目的的应有之义。而恶意串通因其本质是违背诚信,损人利己,破坏拍卖秩序,其必将阻却拍卖标的价值最大化的实现,使拍卖标的的权利人不能获取应有的利益回报。因此,拍卖标的能否通过正当的程序实现价值的最大化,应是衡量是否损害他人利益的标准。而一审法院未能把握《拍卖法》的立法目的和精神,仅是简单地以甲的"最高应价"高于拍卖标的的评估价,作为衡量是否造成他人利益损害的标准,有失偏颇。

第二,从本案的拍卖事实来看,在竞拍到251万元时,因乙一方的合伙人白某某未参加协商,欲举牌应价252万元(每次的加价是1万元),被乙制止,这一事实本身就说明,至少251万元不应是最高应价,还有再往上的空间。但由于当事人的事前串通,致使应价未能真实地反映,使本应获取高于251万元的应价,未能实现,最终以仅高于起拍价1万元、评估价2万多元应价竞得,这怎能说没有损害他人利益呢?而一审法院忽视了前述事实,进而作出未实际损害他人利益的认定,显然与事实不符。

第三,至于原告甲认为汉阴县粮食局的局长都认为251万元可以接受,不存在损害委托人利益的理由不能成立。因拍卖标的是国有资产,而不是私人财产(当然,如果是私人财产,权利人自己接受或认可的,就拍卖效力而言,是否可以考虑不宜认定拍卖无效,另当别论),粮食局局长无权擅自处分或者放弃国有资产。

综上,本案虽然形式上是三人竞买,但由于竞买人之间恶意串通,实质上变成一人买卖,致使拍卖失去了意义。据此,被诉行政处罚决定认定甲等人的行为违反《拍卖法》第 37 条的规定,构成恶意串通,损害他人利益的违法行为,并据此依据《拍卖法》第 65 条的规定,作出拍卖无效和对甲等人予以行政处罚的决定,依据充分,事实成立。甲认为上诉人某工商行政管理局没有合法、有效、充分的证据证明其构成恶意串通,损害他人利益的违法行为的事实理由不能成立。一审判决仅以甲的最高应价高于拍卖标的的评估价为由,认定未损害他人利益,显属认定事实错误。

三、基于竞得标的又产生了新的民事法律关系不能作为参与恶意串通竞买人的免责事由

一审判决以甲已办理了房地产的产权变更登记手续,并将房地产抵押借款,基于竞得标的又产生了新的民事法律关系这一事实,作为撤销行政处罚决定的理由亦属不妥。在当今纷繁复杂的社会生活中,进行利益权衡和稳定社会关系,是裁判活动中经常考量的因素,以达到判案的法律效果和社会效果的统一。但这种利益的权衡与取舍,其前提应是在法律规定的范围内。本案中,甲将房地产抵押贷款所形成的民事法律关系,其基础源自甲等人恶意串通,损害他人利益的违法行为。任何人不能因其违法行为而获得利益,否则趋利的本能会使人们铤而走险。因此,上述民事法律关系不能成为减轻或免除当事人行政违法责任的事由。一审判决将此亦作为撤销被诉行政处罚决定的理由,于法无据。

【案例索引】

一审:陕西省安康市中级人民法院(2007)安行初字第 2 号

二审:陕西省高级人民法院(2007)陕行终字第 24 号

13. 某公司与某拍卖公司、甲等确认拍卖行为无效纠纷案

——恶意串通损害他人利益是否包括"合同利益"

问题提示:如何认定拍卖中的恶意串通、损害他人利益?

【基本案情】

上诉人(一审原告):某公司

被上诉人(一审被告):某拍卖公司

被上诉人(一审被告):甲

被上诉人(一审被告):乙

被上诉人(一审被告):某投资公司

一审第三人:某资产管理公司办事处

人民法院经审理查明:2009 年 4 月 19 日,由某公司开发建设某澳家农业综合开发项目,因资金紧张遂与某集团公司签订《合资开发协议》,协议约定:本协议签署后,双方立即共同组建新公司,由某集团公司出资工商注册,公司名称待定;某集团公司投入现金 6000 万元人民币,占公司 51% 的股份,某公司以 20 栋安居楼约 40 000平方米,每平方米 1000 元及园区内其他部分有效资产,合计 5800 万元人民币作为投资,占 49% 的股份。协议还对双方的权利义务、违约责任等进行了约定。

2010 年 10 月 24 日,某集团公司为其子公司某投资公司出具了一份《授权委托书》,该委托书中载明,授权子公司某投资公司全权办理《合资开发协议》项下所有事项,并开始融资收购某公司下属子公司(原某房屋开发公司)的资产和对其所持有的债权,收购资产和债权的投资视为某集团公司履行《合资开发协议》的股资,委托期限至《合资开发协议》履行完毕止。

2010 年 12 月 17 日,被告某拍卖公司作为拍卖人与作为委托人的某资产管理公司办事处签订了《辽宁省委托拍卖合同》及《委托拍卖协议(补充协议)》,合同约定:某资产管理公司办事处委托被告某拍卖公司拍卖其享有的对某房地产开发公司债务人享有的人民币 127 156 000 元债权,拍卖的债权截至 2010 年 12 月 24 日,拍卖时间为 2010 年 12 月 24 日,保证金 360 万元。并就拍卖起拍价、拍卖时间、地点、佣金计算等作了约定。

2010 年 12 月 23 日,被告乙委托丙为其参加某房屋开发有限公司债权项目的竞买事务。2010 年 12 月 24 日,被告乙向被告某拍卖公司缴纳保证金 360 万元。12 月 24 日,丙在保密承诺函、竞买人参加竞买承诺书、竞买须知上签字。12 月 24 日,经竞拍,被告乙以 3610 万元竞得了某澳家房屋开发有限公司的债权,在《拍卖成交确认书》上签字的是受托人丙。辽宁诚信公证处为在沈阳皇城商务酒店一楼会议室举行的“某澳家房屋开发有限公司债权”拍卖活动进行现场监督公证,并出具了《公证书》。同日,转让方某资产管理公司办事处与受让方乙签订了债权转让协议,该债权转让协议并附有贷款债权证明文件、拍卖成交确认书、贷款债权证明文件及服务协议收据、债权转让确认函等。2011 年 1 月 10 日,被告乙向某资产管理公司办事处支付拍卖转让款 3610 万元。

2011 年,被告乙经竞拍取得债权后,以借款合同纠纷案由将某公司、某房地产开发公司、某旅游度假服务公司诉至法院。

2011 年 8 月 2 日,某现代科技公司出具《情况说明》,该说明中载明,丙系某现代科技公司的副总经理,丙代表某现代科技公司参加2010年12月24日在沈阳市和平区皇城酒店一楼由拍卖公司举行的拍卖“某资产管理公司办事处持有的某澳家房地产开发有限公司债权”竞拍活动,某现代科技公司最终以拍卖金额3610万元获得该项债权的所有权。

丙系某现代科技公司的副总经理,丁系某投资公司和某现代科技公司的法定代表人,乙、丁、甲系投资公司股东。

2013年10月12日,某现代科技公司再次出具《情况说明》,该说明中载明,该公司2010年12月29日支付给某资产管理公司办事处的人民币200万元的服务费,是代被告投资公司支付的拍卖保证金。但庭审中,某资产管理公司办事处对此予以否认。

被告某投资公司在庭审中陈述:系该公司委托了丙参加的2010年12月24日在沈阳市和平区皇城酒店一楼由拍卖公司举行的拍卖“某资产管理公司办事处持有的某澳家房地产开发有限公司债权”竞拍活动,但未提供出相关的证据。

原告某公司诉称:某投资公司实际参与了竞买,并将竞买取得的债权擅自转让给乙,更换了相关拍卖手续,四被告在拍卖过程中的恶意串通行为损害了某公司在《合资开发协议》中的权益,请求法院确认该拍卖行为无效。

被告某拍卖公司辩称:(1)本案原告主体不适格,原告是案外人,其提供的证明材料与本案无关,根据合同相对性原则,原告所主张的某集团公司与原告之间约定竞买债权的事宜,属于合同双方之间债的约定,仅对合同相对人产生法律效力,对其他第三方不发生任何法律效力,不能构成任何第三方对原告的损害,原告与本案所涉拍卖行为不具有法律上的直接利害关系,不具有主张拍卖行为无效的诉讼权利;(2)拍卖公司拍卖程序合法有效,且已被生效判决确认;(3)被告某投资公司由于没有交付拍卖保证金,不具有竞买人资格,因此,原告所述“被告某投资公司将已经参加拍卖取得的权利擅自转移给被告乙”是没有事实根据和法律依据的;(4)本案中,某房地产开发公司才是拍卖债权的债务人,拍卖债权的行为给其带来的直接法律后果是向何方履行债务,对于竞买人为何人、何人竞买成功均不产生原债务负担增加的损失,即债权拍卖行为对债务人没有损害。由于原告与本案没有任何法律关系,本次拍卖根本不存在给原告造成损失的问题。

被告甲辩称:同意被告拍卖公司意见。另,拍卖行为系法人行为,与我个人无关,四被告之间不存在恶意串通、损害他人利益的行为,因此,请求驳回原告的诉讼请求。

被告乙辩称:(1)本案原告不具有原告主体资格,不是拍卖法律关系的当事人,法院应驳回起诉;(2)我参与本次债权拍卖活动合法有效,是合法的债权买受人;(3)原告在起诉状中所诉不是事实,没有任何合法有效的证据证实,其诉讼过程也是恶意的,根本目的就是要拖延我依法主张转让的债权;(4)本案的无效确认之诉已经两级人民法院的审理,根据一事不再理的原则,法院不应再对无效确认之诉进行审理;(5)我所购买的债权已经得到了(2013)辽民二终字第80号判决的支持,贵院对于本案的审理结果不能与上级法院已生效的判决相反,否则会造成适用法律的错误。

被告某投资公司辩称:我公司参与拍卖且竞买成功,没有与他人恶意串通,致损害原告的利益。

第三人某资产管理公司办事处述称:(1)原告不具备诉讼主体资格。原告不是合同的相对人,也不是利害关系人,应当驳回原告的诉讼请求;(2)第三人委托的拍卖公司在某澳家房地产开发公司的债权拍卖整个过程中主体适格,程序合法有效,而且该拍卖行为已经得到生效的法律文书的认可,是合法有效的,原告的诉讼请求应当驳回。

【裁判结果】

一审:驳回原告某公司的诉讼请求。

二审:驳回上诉,维持原判。

【争议焦点与裁判理由】

本案的争议焦点为:应否认定四被告恶意串通、损害他人利益。

根据生效裁判文书,人民法院认为:拍卖行为系公开进行,符合竞买人资格的公民、法人均可参与,某公司与某集团公司签订的《合资开发协议》对该协议外的竞买人没有约束力。乙通过拍卖取得涉案债权,虽可能影响到上诉人在合资开发协议中的经营权益,但不必然侵害到某公司的合法权益。另,没有证据证明投资公司系竞买人,亦没有证据证明其与乙等人就拍卖债权事宜存在合伙事实。某公司关于四被告恶意串通将债权买受人由投资公司擅自转移给乙的主张,依据不足。故某公司关于确认拍卖行为无效的主张,不予支持。

【案例评析】

《拍卖法》第37条规定:竞买人之间、竞买人与拍卖人之间不得恶意串通,损害他人利益。第65条规定:恶意串通,给他人造成损害的,拍卖无效,应当依法承担赔偿责任。具体到本案,涉及如何理解“恶意串通”和“损害他人利益”。

一、恶意串通的具体表现

拍卖中的恶意串通很常见,一般有以下三种类型:第一种是竞买人之间的互相串通,主要表现为竞买人结成联盟,一致压低价格,这种恶意违背了拍卖公开竞价的基本规则,损害了拍卖人和委托人的利益。第二种是拍卖人与竞买人之间恶意串通,比如竞买人通过不法手段从拍卖人处获取竞买条件和信息,损害了委托人的利益和其他竞买人的公平竞争权。第三种是委托人、拍卖人和竞买人三方共同串通损害社会公共利益,主要发生在公物拍卖、司法强制拍卖中,这种方式并不是拍卖法规定的典型恶意串通。恶意串通的主观恶意较难证明,实践中一般行为人只要具备行为要件就可以认定构成恶意串通。

拍卖中恶意串通的行为人涉及委托人、竞买人和拍卖人。原告某公司在诉讼中声称系投资公司而非乙为实际竞买人,并以更换相关拍卖手续为由,实质性地损害了某公司与某投资公司母公司签订的《合资开发协议》中的利益。对此,第一,从参与拍卖的程序分析,乙以个人名义而非投资公司参与竞买、履行协议,系拍卖合同的相对方。虽然乙、丁系投资公司股东之一,乙委托的丙系某现代科技公司的副总经理,丁系两公司的法定代表人,但是从竞买人参与拍卖的程序来看,乙在拍卖前向拍卖公司足额缴纳了保证金,乙以个人名义委托丙参与竞买,丙在保密承诺函、竞买人参加竞买承诺书、竞买须知上签字,竞买成功后丙在拍卖成交确认书上签字,其转让方某资产管理公司办事处与受让方乙签订了债权转让协议以及其他文件,乙已按照协议约定向某资产管理公司办事处支付了拍卖转让款。乙并未以投资公司的名义参与拍卖公司,乙的行为表征即后果仅应归属于其本人而非其他人。第二,从事后的权利主张分析,也可以印证乙为拍卖合同一方当事人。拍卖合同缔结并履行后,乙以个人名义向债务方起诉追讨,并进入了司法执行程序。

因此,从整个事件发展过程来看,乙都是以个人名义而非投资公司名义参与竞买和履行协议、主张债权。反观,丙虽然是某现代科技公司的副总经理,但是其受乙个人委托参与竞买并代乙签字而非代某现代科技公司签字,因此某现代科技公司并非实际竞买人。同理可知,乙也非代表某投资公司参与竞买。投资公司没有参与竞买,且也没有证据证明其与乙存在合伙参与竞买的情形,因此某公司关于某投资公司将竞买取得的债权转让给乙的主张没有事实依据。

二、损害他人利益是否包括合同利益

本案中,某公司否定拍卖行为效力的主要理由是投资公司实际参与竞买的行为损害了某公司在《合资开发协议》中的权益。对此,所谓损害他人利益,正如前文所指的恶意串通几种类型所指出的,违背了拍卖的公开、公平、公正、诚实信用原则,比如违反了公开竞价原则损害委托人和拍卖人的利益,拍卖人与竞买人之间的恶意串通,违反了公平竞价的原则等。而本案的拍卖程序合法、也没有证据证明拍卖人、委托人、竞买人之间有恶意串通的行为。

某公司称自己在《合资开发协议》中的权益因为此次拍卖而受损的理由是不成立的,因为拍卖是公开的,任何符合竞买人资格的公民、法人均可参加。就拍卖所涉债权,某公司虽然与某集团公司、某投资公司在合资开发协议中有安排及部署,但是根据合同相对性原理,这种私人之间的协议并不能限制债权人某资产管理公司办事处对外进行公开拍卖转让。而即使某集团公司及关联公司也参与了竞买,也并不必然因损害合资开发协议的利益就导致拍卖无效,因为此时某公司可以根据合资开发协议约定的责任条款救济其损失。但是本案中,由于乙系竞买人，某投资公司及其母公司某集团公司并非竞买人，因此某公司也难以追究合同相对方的责任。

【案例索引】

一审：辽宁省沈阳市和平区人民法院(2013)沈和民初字第00984号

二审：辽宁省沈阳市中级人民法院(2013)沈中民终字第00222号

14. 某典当公司、甲与乙、丙、某拍卖公司确认合同无效纠纷案

——恶意串通的拍卖活动的效力

问题提示：竞买人与拍卖人恶意串通损害他人利益的拍卖活动是否有效？

【基本案情】

上诉人(一审被告)：某典当公司

上诉人(一审被告)：甲

被上诉人(一审原告)：乙

被上诉人(一审原告)：丙

一审被告：某拍卖公司

人民法院经审理查明：2009年12月4日，乙、丙(乙方)与某典当公司(甲方)签订《房地产抵押典当合同》，约定：乙方自愿以其合法拥有的位于乌鲁木齐市水磨沟区南湖西二巷金福苑小区6栋1层5号商铺，以不转移占有的方式抵押给甲方，作为典当的担保，并支付合同约定的综合费用和利息；抵押房地产状况为建筑面积43.89平方米；房屋、土地用途为商服用房；房屋结构为框架；抵押房产评估价为35万元；借款金额为35万元；典当期限自2009年12月4日至2010年2月3日。该合同第12条就"房地产抵押权的行使及实现"约定：典当到期或典当展期(续当期)届满后5日内，乙方不履行债务或不能完全履行债务的，房地产抵押权即实现，甲方有权行使抵押权；本合同经公证后成为具有强制执行效力的债权文书，若债务人不履行或不完全履行债务，债权人有权向有管辖权的人民法院申请强制执行；本合同作为乙方不可撤销授权甲方将抵押房产提交有关拍卖机构进行拍卖的文件依据，乙方对此放弃一切抗辩权；因拍卖产生的一切费用由乙方承担，甲方有权在拍卖收入中直接予以扣除。该合同第13条就"拍卖"约定：甲方行使抵押权委托拍卖机构将上述房地产公开拍卖，拍卖收入扣除拍卖费用、借款本息及相关费用后，剩余部分退还乙方，不足部分甲方有权向乙方追索；有关拍卖等手续乙方均委托甲方代为办理。该合同第17条就"争议解决"约定：凡因履行本合同或当票而产生的任何争

议,双方应友好协商解决,协商不成的,向本合同签订地人民法院申请强制执行。合同签订当日,乙、丙向某典当公司签署公证委托书,受托人为某、某某(均系某典当公司职员),委托权限:代表委托人凭此委托书办理合同约定抵押物的续当手续,收取抵押物品,办理交接手续,调取并复印抵押物品的房地产档案,代办房地产抵押、解押,领取他项权证,领取并办理房地产证、土地证,办理房产转让、过户、变更登记事宜,代办房产评估事宜。

合同签订后,某典当公司依约向乙、丙发放借款。借款期限届满后,乙、丙未能归还借款。2010年11月2日,某典当公司与某拍卖公司签订《委托拍卖合同》,约定由某拍卖公司对乙、丙抵押给某典当公司的位于乌鲁木齐水磨沟区南湖西二巷金福苑小区6栋1层1至7号门面房(以下简称涉诉7间商铺)进行拍卖。2010年11月3日,某典当公司委托某评估公司对涉诉7间商铺的价值进行评估。2010年11月8日,评估公司作出《房地产估价报告》,确定评估标的在估价时点(2010年11月3日)的市场价值为281.20万元(约每平方米7225.82元)。2010年11月9日,乙向某典当公司出具《承诺书》,内容为:"本人乙愿协助某典当公司拍卖位于乌鲁木齐市水磨沟区南湖西二巷金福苑小区6栋1层1号至7号商铺的拍卖工作及拍卖后清理商铺物业交接的工作,并将自用的4间商铺在拍卖后一周内搬出。"

2010年11月12日,甲及案外人丁二人参加涉诉7间商铺的竞买,丁出价281.20万元(拍卖底价),甲加价1万元以282.20万元竞得涉诉7间商铺。甲出面竞买的涉诉7间商铺实际为甲与案外人戊、己三人联合竞买,戊竞买1号商铺,己竞买4号、5号商铺,甲竞买2号、3号、6号、7号商铺。戊、己均系甲的妻子庚在拍卖前联络的竞买人。竞拍款由庚汇入辛的个人账户,然后由辛汇入某典当公司的账户。随后,在庚的安排下,甲、戊、壬(己父亲)依据乙、丙与某典当公司签订《房地产抵押典当合同》时签署的一份预授权公证委托书,通过隐瞒事实、提供虚假资料的方式(以买卖的形式),办理某拍卖公司拍卖的涉诉7间商铺的房产过户手续。

另查:庚与某拍卖公司的负责人癸系姐妹关系。甲与庚系夫妻关系,癸与辛系夫妻关系。2010年9月,某拍卖公司的工作由癸负责,辛在某拍卖公司担任出纳。2011年1月11日,癸任某拍卖公司的法定代表人,庚为该公司股东,任监事。涉诉7间商铺的拍卖事宜及竞买过程均由庚操作,竞买时以甲的名义进行交易。另一竞买人丁系某拍卖公司负责人癸的生意合作人于某某的亲戚。

案件审理中,一审法院根据乙、丙的申请调取乌鲁木齐市公安局在侦办乙涉嫌经济犯罪案件中,于2011年3月1日委托乌鲁木齐市价格认证中心(以下简称价格认证中心)于2011年3月9日对涉诉7间商铺价值进行估价所作的乌价认字(2011)3060号《涉案物品估价鉴定结论书》。该鉴定书根据鉴定标的所在区位、面积、房屋结构、用途等因素,结合乌鲁木齐市同期同类物品的市场价格行情,确定鉴定标的在鉴定基准日(2010年11月)的鉴定总价为661.572万元(每平方米1.7

万元)。

2012年4月28日,乙以乌鲁木齐市住房保障和房产管理局(以下简称房产局)为被告、甲为第三人诉至乌鲁木齐市水磨沟区人民法院,要求撤销房产局向甲颁发的乌房权证水磨沟区字第2010414038号房屋所有权证(6号商铺)。2012年7月30日,乌鲁木齐市水磨沟区人民法院作出(2012)水行初字第36号行政判决,撤销房产局向甲颁发乌房权证水磨沟区字第2010414038号房屋所有权证的具体行政行为。

另查明:乙在涉嫌经济犯罪在押期间,一审法院于2011年7月19日对乙制作询问笔录。针对“商铺拍卖之前,神洲典当行是否将商铺的评估报告送达给你”的发问,乙回答:“没有给我送达,到拍卖的当天,神洲典当行的余总打电话通知我今天下午拍卖我的商铺,价格是280多万元,我听完当时就哭了。”针对“拍卖现场你们是否去人了”的发问,乙回答:“我派某律师去了,但律师到后已经拍卖完了。”

2011年6月7日,乙、丙向一审法院提起诉讼,要求撤销某典当公司与某拍卖公司之间的《委托拍卖合同》和某拍卖公司与甲之间的拍卖竞买合同。案件重审中,乙、丙变更诉讼请求为要求确认某典当公司、某拍卖公司与甲之间就乌鲁木齐市水磨沟区南湖西二巷金福苑小区6栋1层6号门面房委托拍卖、拍卖竞买所签订的《委托拍卖合同》及拍卖竞买合同无效。

某典当公司上诉称:(1)一审判决认定事实错误。①根据一审法院对乙所作《询问笔录》,乙承认我公司在拍卖前已告知其拍卖一事,乙派其委托代理人某律师前往拍卖会现场。结合该《询问笔录》及乙所出具《承诺书》,可以认定我公司与乙在委托拍卖前经协商约定由我公司依据《房地产抵押典当合同》第12条、第13条的约定,委托相关拍卖公司对涉案标的物进行拍卖,但一审判决对该证据未作认定。②涉案《房地产抵押典当合同》第13条约定“有关拍卖等手续乙方均委托甲方代为办理”,但一审判决对该条款错误理解为我公司向人民法院申请强制执行后的委托拍卖。(2)一审判决适用法律错误。①《物权法》第9条规定:不动产物权的设立、变更、转让和消灭,经依法登记,发生效力;未经登记,不发生效力,但法律另有规定的除外。一审判决认为我公司认可丙系涉诉7间商铺的共有人,并以此认定其具有本案诉讼主体资格,属适用法律错误。②涉案《房地产抵押典当合同》经公证依法具有强制执行效力,合法有效。根据《最高人民法院关于当事人对具有强制执行效力的公证债权文书的内容有争议提起诉讼人民法院是否受理问题的批复》的规定,对乙、丙要求确认我公司与某拍卖公司之间《委托拍卖合同》无效的诉讼请求,人民法院应当不予受理。③本案涉及两个有特殊行业背景的当事人,应当适用《拍卖法》和《典当管理办法》,一审判决适用《合同法》错误。④乙、丙的诉讼请求涉及委托拍卖合同关系和拍卖竞买合同关系,应当分别立案审理,各自裁判。综上,请求二审法院撤销原判,依法驳回乙、丙要求确认其与某拍卖公司之间就乙、丙位于乌鲁木齐水磨沟区南湖西二巷金福苑小区6栋1层5号门面房所签《委托拍卖合同》无效的诉讼请求。

被上诉人乙、丙共同答辩称:(1)一审法院对乙所作《询问笔录》不能证明某典当公司所述事实;(2)本案所涉《房地产抵押典当合同》中部分条款属格式条款和留底条款,某典当公司依据格式条款和留底条款委托某拍卖公司拍卖涉诉7间商铺违反法律强制性规定;(3)涉案《房地产抵押典当合同》由乙、丙与某典当公司签订,丙具备本案原告主体资格;(4)本案系确认合同无效纠纷,一审判决适用合同法正确;(5)抵押权的实现应当依照担保法和物权法的规定,当事人不能以合同约定变更法律的强制性规定;(6)本案系某典当公司将乙、丙共有房屋委托拍卖所发生的纠纷,一审法院对委托拍卖合同关系和拍卖竞买合同关系一并进行处理正确。综上,某典当公司的上诉理由不能成立,请求二审法院予以驳回。

上诉人甲陈述称:同意某典当公司的上诉请求及理由。

一审被告某拍卖公司陈述称:同意某典当公司的上诉请求及理由。

上诉人甲不服一审判决,提起上诉称:(1)一审判决支持乙、丙的诉讼请求没有事实和法律依据。一审法院认定某典当公司与甲之间存在特殊关系,不排除恶意串通,说明亦不排除不是恶意串通,该表述模棱两可。某典当公司行使委托拍卖权,属涉案《房地产抵押典当合同》约定权利。即使某典当公司不具有委托拍卖权,也仅仅属于违约之诉,应由乙、丙与某典当公司之间通过违约赔偿之诉予以解决,并不存在委托拍卖合同、拍卖竞买合同违反法律、行政法规强制性规定的情形。乙、丙在签署《房地产抵押典当合同》《承诺书》《委托书》等一系列法律文书时,已明知不能还款时涉诉7间商铺将被拍卖用于还款,不存在某典当公司恶意低价拍卖涉诉7间商铺的事实。(2)某典当公司、某拍卖公司与甲之间的委托拍卖行为、拍卖竞买行为完全符合法律规定,不存在"恶意串通,损害国家、集体或者第三人利益"的法定无效情形。从事实依据上讲,公安机关委托价格认证中心对涉诉7间商铺所出具估价鉴定书是为了最大程度满足受害人利益而作出的,倾向于惩罚犯罪,保护受害者利益,不考虑市场价格变化,而某典当公司委托评估公司出具的估价报告是为了拍卖涉诉7间商铺所作,完全参考当时的市场价格。价格认证中心的估价鉴定书所适用的《新疆维吾尔自治区涉案物品估价管理条例》的法律效力低于评估公司的估价报告适用的房地产估价规范。从竞卖主体上看,甲取得涉诉7间商铺物权的程序、实体合法,不存在任何法律瑕疵。甲参与竞拍时,某拍卖公司的法定代表人并非癸,他们之间的亲属关系并未实际影响涉案拍卖程序的合法性,不存在恶意串通。房产局颁发的涉诉7间商铺房屋所有权证被撤销,是基于本案一、二审判决,故乌鲁木齐市水磨沟区人民法院(2012)水行初字第32号行政判决书不能作为本案审理的依据。从善意取得角度分析,根据《物权法》的相关规定,物权优于债权。即使某典当公司已被确认无处分权,甲只要证明其是善意取得拍卖房产的物权,且价格合理并已完成公示或交付手续,转让行为也为合法有效。综上,请求二审法院撤销原判,依法改判驳回乙、丙的诉讼请求。

被上诉人乙、丙答辩称:(1)一审法院认定某拍卖公司与竞买人之间存在特殊关系有充足的事实依据;(2)公安机关的相关询问笔录可以证明癸于2010年9月已实际控制某拍卖公司;(3)竞买人丁的弟弟于建国与甲的配偶庚及癸系商业合作伙伴,于建国在拍卖结束后亦向某拍卖公司出纳辛的账户汇款200万元,因此,我们认为涉诉7间商铺的拍卖存在恶意串通嫌疑;(4)根据本案已查证事实,甲并非善意取得涉诉7间商铺的所有权;(5)涉诉7间商铺系临街门面房,而非普通住宅,价格认证中心的估价鉴定结论符合房地产市场行情。综上,甲的上诉理由不能成立,请求二审法院予以驳回。

上诉人某典当公司陈述称:同意甲的上诉请求及理由。

一审被告某拍卖公司陈述称:同意甲的上诉请求及理由。

【裁判结果】

一审:某典当公司与某拍卖公司之间、某拍卖公司与甲之间就乙、丙位于乌鲁木齐水磨沟区南湖西二巷金福苑小区6栋1层6号门面房委托拍卖、拍卖竞买所签订的委托拍卖合同及拍卖竞买合同无效。

二审:驳回上诉,维持原判。

【争议焦点与裁判理由】

本案的争议焦点为:(1)某典当公司与某拍卖公司就涉案《房地产抵押典当合同》项下抵押物所签委托拍卖合同是否有效;(2)某拍卖公司与甲之间就乌鲁木齐水磨沟区南湖西二巷金福苑小区6栋1层6号门面房拍卖竞买行为是否有效。

根据生效裁判文书,人民法院认为,关于某典当公司与某拍卖公司就涉案《房地产抵押典当合同》项下抵押物所签委托拍卖合同的效力问题:第一,根据涉案《房地产抵押典当合同》第12条、第13条、第17条对抵押权的行使及实现、拍卖事宜、争议解决方式的约定,某典当公司以拍卖抵押物优先受偿债务须在人民法院强制执行程序中进行,上述约定并未明确赋予某典当公司自行委托拍卖《房地产抵押典当合同》项下抵押物的权利。第二,某典当公司与某拍卖公司之间的委托拍卖合同签订于2010年11月2日,该合同签订次日,某典当公司委托评估公司对抵押物价值进行评估,该操作程序不符合法律规定。第三,某典当公司确定涉诉7间商铺的拍卖保留价虽以评估公司的估价报告为依据,但在同一估价基准日内,评估公司作出的估价结论较之价格认证中心接受公安机关的委托所作估价鉴定结论,每平方米单价相差9774.18元,根据《最高人民法院关于适用〈中华人民共和国合同法〉若干问题的解释(二)》第19条第2款的规定,某典当公司委托某拍卖公司拍卖涉诉7间商铺的保留价应属明显不合理的低价。甲有关两份评估报告在其性质、法律依据及法律效力方面存在不同的上诉理由,有悖于物业价值评估本应遵循的客观公正原则。第四,根据乙于2010年11月9日所出具《承诺书》及其陈述,虽然可以证明乙已经知悉某典当公司委托拍卖涉诉7间商铺一事,但在某典当公司不能举证证明已将评估公司所作估价报告送达乙、丙的情况下,无法借此认定乙、丙知悉并同意某典当公司确定的拍卖标的保留价。综上,某典当公司与某拍卖公司就涉案《房地产抵押典当合同》项下抵押物所签委托拍卖合同应当认定无效。

关于某拍卖公司与甲之间就乌鲁木齐水磨沟区南湖西二巷金福苑小区6栋1层6号门面房拍卖竞买行为的效力问题:第一,由于某典当公司委托某拍卖公司拍卖涉诉7间商铺的行为无效,基于无效委托拍卖行为而发生的拍卖竞买行为当属无效。第二,根据公安机关对庚、辛、己所作《询问笔录》记载被询问人陈述内容可以证实,甲的妻子庚与某拍卖公司法定代表人癸系同胞姐妹关系,癸于2010年9月开始实际负责管理某拍卖公司,癸的丈夫辛任某拍卖公司出纳。据上述人员陈述,涉诉7间商铺的拍卖竞买事宜由庚全程负责操作,并以甲的名义竞买,另一竞买人丁系癸的商业合作伙伴于建国的亲戚。鉴于甲、丁与某拍卖公司之间存在上述特殊关系,某拍卖公司确认其二人具备竞买人资格并实施拍卖的行为,有悖拍卖活动应当遵循的公平、公正、诚实信用原则。第三,乌鲁木齐市地方税务局《关于调整乌鲁木齐市非住宅类二手房最低计税价格的通知》(乌地税函〔2010〕238号)所确定乌鲁木齐市各地级非住宅类二手房平均单价仅为税务机关针对房产转让征收税款的最低计税价格标准,无法客观反映具体房产的实际市场价值,甲以此证明其并非以明显不合理的低价竞买涉诉7间商铺,依据不足。借此,某拍卖公司与甲之间就乌鲁木齐水磨沟区南湖西二巷金福苑小区6栋1层6号门面房的拍卖竞买行为应当认定无效。

【案例评析】

本案案情比较复杂,案件审理也一波三折。原告2011年起诉,案件经历一审、二审,后又进入再审,重新发回审判后又经历一审、二审,中间原告还曾提起行政诉讼。本案涉及的法律关系、争议问题也比较多。从一、二审判决书来看,本案主要的法律问题是:竞买人与拍卖人恶意串通损害他人利益的,拍卖无效。对此,法院从某典当公司与某拍卖公司的委托拍卖是否有效以及拍卖活动是否存在无效情形两个方面进行了分析。笔者认为,法院的分析思路是对的,但对于无效的委托拍卖是否导致拍卖无效,笔者对此与法院的观点稍有不同。

一、关于某典当公司与某拍卖公司的拍卖委托是否有效

本案中,法院审理查明,涉诉拍卖标的系乙、丙向某典当公司借款时向某典当公司抵押的7间商铺。双方签订的《房地产抵押典当合同》第12条约定,赋予该合同强制执行的效力,即乙、丙不履行或不完全履行债务,某典当公司有权向有管辖权的人民法院申请强制执行。该条约定与《物权法》第195条第2款规定的“抵押权人与抵押人未就抵押权实现方式达成协议的,抵押权人可以请求人民法院拍卖、变卖抵押财产”的精神相符合,并无违法之处。2010年11月9日,乙向某典当公司出具《承诺书》中载明了“本人乙愿协助某典当公司拍卖位于乌鲁木齐市水磨沟区南湖西二巷金福苑小区6栋1层1号至7号商铺的拍卖工作及拍卖后清理商铺物业交接的工作”,因此可以视为双方当事人变更了当初《房地产抵押典当合同》约定的担保物权实现方式。2010年11月2日某典当公司与某拍卖公司签订《委托拍卖合同》,虽然从时间上,委托拍卖时间在前,存有瑕疵,但这应该不影响某典当公司向某拍卖公司委托拍卖的效力。

另外,即便某典当公司委托某拍卖公司拍卖违反了《房地产抵押典当合同》约定,某典当公司无权委托某拍卖公司拍卖标的,但只要某拍卖公司依法组织拍卖,根据《物权法》第106条规定,买受人受让该不动产或者动产时是善意的,买受人可以依法取得拍卖标的的所有权。因此,一审法院认定“某典当公司委托某拍卖公司拍卖的行为无效,因无效委托拍卖而产生的拍卖竞买行为亦应属无效”,值得商榷。至于二审法院所分析的评估报告的问题及乙、丙知悉并同意某典当公司确定的拍卖标的保留价,对委托拍卖是否有效,也不能产生决定性的影响。

二、关于本案拍卖活动是否有效

本案的关键是处置本案涉及的房产的拍卖活动是否有效的问题,从法院审理查明的事实来看,本案中的拍卖活动中显然存在竞买人与拍卖人恶意串通,损害他人利益的违法行为。因此,该拍卖活动应认定为无效。本案中,法院已经审理查明,“竞买人甲与庚系夫妻关系,庚与某拍卖公司的负责人癸系姐妹关系,癸与辛系夫妻关系。2010年9月,某拍卖公司的工作由癸负责,辛在某拍卖公司担任出纳。2011年1月11日,癸任某拍卖公司的法定代表人,庚为该公司股东,任监事。涉诉7间商铺的拍卖事宜及竞买过程均由庚操作,竞买时以甲的名义进行交易。另一竞买人丁系某拍卖公司负责人癸的生意合作人于某某的亲戚”,两个买受人甲、丁与某拍卖公司的负责人癸存在明显的利害关系,拍卖成交后,通过隐瞒事实、提供虚假资料的方式(以买卖的形式),办理某拍卖公司拍卖的涉诉7间商铺的房产过户手续。如果买受人与拍卖人之间不存在“暗箱操作”,其完全用不着采取提供虚假资料的方式去办理房产过户手续。上述事实足以说明拍卖人与竞买人之间显然存在互相串通,从拍卖的价格来看,某典当公司委托作出的评估报告与公安机关委托作出的评估报告也相差甚远。虽然关于某典当公司委托评估中是否存在问题法院并没有予以交代,但从这些内容来看,本次拍卖显然是极大地损害了乙的合法权益。根据《拍卖法》第65条规定:违反本法第37条的规定,竞买人之间、竞买人与拍卖人之间恶意串通,给他人造成损害的,拍卖无效,应当依法承担赔偿责任。如二审法院所言,鉴于甲、丁与某拍卖公司之间存在上述特殊关系,某拍卖公司确认其二人具备竞买人资格并实施拍卖的行为,有悖拍卖活动应当遵循的公平、公正、诚实信用原则。因此,法院认定本次拍卖为无效,显然是正确的。

【案例索引】

一审:新疆维吾尔自治区乌鲁木齐市水磨沟区人民法院(2013)水民二初字第423号

二审:新疆维吾尔自治区乌鲁木齐市中级人民法院(2014)乌中民二终字第294号

15. 某银行与被执行人甲、乙金融借款合同纠纷执行案

——恶意串通的法律后果

问题提示:竞买人之间恶意串通给他人造成损害的法律后果?

【基本案情】

执行异议申请人:某银行

被执行人:甲

被执行人:乙

利害关系人:某拍卖公司

利害关系人:丙

利害关系人:丁

人民法院经审理查明:双峰县农村信用合作联社与甲、乙借款合同纠纷一案,娄底市中级人民法院于2013年6月4日指定双峰县人民法院执行,该院执行局于2013年10月16日委托院司法技术室对被执行人所抵押的房产进行评估、拍卖。2013年12月24日双峰县人民法院委托某拍卖公司进行了第一次拍卖,因无人举牌而流拍。2014年3月18日继续委托某拍卖公司进行第二次拍卖。此次拍卖4个标的物,1号为商品住房,2、3、4号为门面房。竞买人共五人,除了58号袁某某只可以竞买一套商品房外,98号丁、刘某军(两人合伙)、28号王某某、18号丙、88号刘某燕均可以竞买门面房。在拍卖过程中,18号丙竞买到1号住房和3号门面房,98号丁、刘某军以起拍价竞买到2号门面房,以高出起拍价16万元买到4号门面房,28号王某某和88号刘某燕在拍卖过程中一直没有举牌。拍卖现场会结束后,98号丁返回至拍卖公司向双峰县人民法院反映,28号和88号竞买人向98号丁讨要费用10万元,但98号认为自己并没有按起拍价买到门面房,不愿意支付28号、88号竞买人的费用,双方为此在拍卖公司楼下发生争执。根据上述情况,因竞买人之间涉嫌串标,本案申请执行人双峰县农村某银行向娄底市公安局经济犯罪侦查支队报案。该支队于2014年3月20日受理此案。2014年3月21日双峰县人民法院向某拍卖公司发出了司法拍卖中止通知书。目前该案处于执行中止阶段。2014年8

月4日双峰县人民法院依职权向娄底市公安局经济犯罪侦查支队调取该案的证据材料。经审查核实,2014年3月18日第二次拍卖会开始前,98号竞买人刘某军之妻罗某某在拍卖公司楼下向在场的28号王某某、88号刘某燕竞买人提出,由自己按起拍价竞得门面房,其他竞买人不举牌冲价,则愿意补偿每个竞买人10万元,98号另一股东丁也当场表示自己系优先购买权人,28号、88号竞买人没有表示异议,在拍卖过程中,也一直没有举牌参加竞拍。但在拍卖会结束后,由于98号在竞买4号门面房时,高出起拍价16万元,因此不愿意支付28号、88号竞买人补偿费10万元,为此双方在拍卖公司楼下发生争执。

异议人某银行诉称:拍卖过程中存在串标,请求人民法院依法认定第二次拍卖违法,并撤销第二次拍卖结果。

被执行人甲称:第二次拍卖过程中竞买人的行为属于串标,严重侵害了抵押人甲的合法权益,违反法律规定,应该予以撤销,如果法院重新进行拍卖,应当适当保留被执行人甲必要的生活费和医疗费,并应保障残疾子女的应得份额。

利害关系人某拍卖公司述称,我公司在拍卖过程中没有任何违法违规行为,按拍卖程序来说,第二次拍卖已经结束,我公司已向法院司法技术室送达了《拍卖成交确认书》,如果法院根据事实,依法撤销本次拍卖,我公司也没有意见,但在第二次拍卖中产生的损失应当由有串标行为的竞买人承担。

利害关系人丁、刘某军称:在第二次拍卖过程中,98号竞买人没有进行串标,事后也没有给付好处费,不构成串标,不应当承担相应的责任。但法院如果要对第二次拍卖进行撤销,98号竞买人没有意见,只要将保证金退还就行。

利害关系人丙没有参加听证,但经法院询问,丙表示其在拍卖过程中无任何违法行为,如果法院依法撤销第二次拍卖结果,其无异议,并对此次拍卖活动对其所造成的一切损失不要求赔偿,只要求将所交保证金及时退还。

【裁判结果】

执行:裁定撤销法院委托某拍卖公司对被执行人甲、乙抵押财产进行的第二次拍卖结果。

【争议焦点与裁判理由】

本案的争议焦点为,某拍卖公司对被执行人甲、乙抵押财产进行的第二次拍卖中是否存在互相串标并导致该次拍卖无效。

人民法院经审理认为,98号竞买人刘某军之妻罗某某在拍卖会开始前,主动向28号竞买人王某某、88号竞买人刘某燕提出不举牌冲价,并承诺了给每个人补偿好处费10万元,丁在场也表明了其属于优先购买权人的身份,在拍卖过程中,28号、88号按照约定没有举牌竞价,使98号以起拍价获得2号门面房拍卖物。根据上述事实,本院认为98号竞买人和28号、88号竞买人在拍卖之前进行了串通,商定不举牌竞价,并承诺了具体的补偿费金额。虽然双方因发生争执,没有支付相关费用,仍应当认定98号与其他竞买人之间存在串标的违法行为,该行为严重影响了整个拍卖物的实际价值,损害了债权人、债务人的合法权益。根据《湖南省高级人民法院关于全省法院司法拍卖、变卖工作的实施细则(试行)》第75条之规定,拍卖机构和第三方交易平台应当协调配合,共同做好司法拍卖工作,接受人民法院监督,有效防止"串标""围标""职业控场"等违规现象发生;发生违规现象时,应当及时报告委托法院,依法处理。根据《拍卖法》第37条的规定,竞买人之间、竞买人与拍卖人之间不得恶意串通,损害他人利益,该法第65条规定"违反本法第三十七条的规定,竞买人之间、竞买人与拍卖人之间恶意串通,给他人造成损害的,拍卖无效"。因此,由于98号刘某军、丁与28号王某某、88号刘某燕竞买人之间存在串标行为,第二次拍卖无效。申请人双峰县农村某银行提出的执行异议申请,理由成立,依法应予以支持。

【案例评析】

拍卖实践中,竞买人相互恶意串通损害他人利益的现象并不少见。但由于证据取证等诸多方面的因素,认定竞买人相互恶意串通并据此认定拍卖无效,在司法实践中并不多见。本案中,串标人之间因利益分配发生了争议,委托拍卖人代理人又正好做了录像,取证难的问题得以解决。根据《拍卖法》第37条和第65条的规定,竞买人互相串标的,属于明显违法行为。法院根据本案案情,认定本次拍卖无效,并无不当。本案有以下两个问题:(1)竞买人之间是否构成恶意串通与是否已经支付好处费无关;(2)竞买人之间构成恶意串通的,对是否造成他人利益损害不宜认定过严。

一、是否构成恶意串通与是否支付好处费无直接关系

本案根据法院查明的事实和相关证据,竞买人之间确实存在互相串标的事实。但利害关系人在审理中辩称,事后没有给付好处费,不构成串标,不应当承担相应的责任。对于利害关系人的辩解,法院并没有予以采纳。从法律规定来看,无论是《合同法》第52条规定的恶意串通还是《拍卖法》规定的恶意串通,都没有具体明确恶意串通的构成要件。一般来说,恶意串通主要有以下几个构成要件:一是恶意串通的当事人为了谋取自己的不法利益,主观上存在损害他人合法利益的故意。本案中,98号竞买人丁与28号、88号竞买人在拍卖前互相串通,让98号竞买人以底价拍到标的物后,并给予28号、88号好处费,双方存在损害他人合法权益的故意是不争的事实;二是行为人要有恶意串通损害他人合法权益的行为表现。国家工商行政管理总局《拍卖监督管理办法》第9条规定:竞买人之间不得有下列恶意串通行为:(1)相互约定一致压低拍卖应价;(2)相互约定拍卖应价;(3)相互约定买受人或相互约定排挤其他竞买人;(4)其他恶意串通行为。根据拍卖实践,竞买人之间的其他恶意串通行为主要表现为事前串通联络、拍卖中串通不应价、应价不加价或利用其他不正当竞争手段,威胁其他竞买人、欺行霸市,企图垄断拍卖市场等行为。本案中,98号竞买人与28号、88号竞买人约定,28号和88号在拍卖过程中不举牌，就是典型的互相串通不应价、不加价的行为。至于串通人之间是否在成交后相互支付好处费并不影响串标的认定，这属于串通人之间的分赃，与竞买人是否构成恶意串通并无直接关系。

二、竞买人恶意串通的，对是否导致他人利益损害不宜认定过严

根据《拍卖法》第37条和第65条的规定，竞买人相互串标的，并导致他人利益损害的，拍卖无效。《合同法》第52条也规定了恶意串通，必须损害国家、集体或者第三人利益的合同方能被认定为无效。本案中，法院认定竞买人的串通行为严重影响了整个拍卖物的实际价值，损害了债权人、债务人的合法权益，对于实际的损害结果，法院并没有过多地分析。对此，法院这么做有利于保护委托人的合法权益。虽然，恶意串通并不一定会有实际上的损害结果发生，但在拍卖活动中，委托拍卖的标的能拍卖到的价值在拍卖前应该是处于不确定的状态，拍卖活动结束后，拍卖成交价是否受到了拍卖过程中竞买人之间恶意串通的影响，已经属于一个难以证明的问题，但从常理来看，竞买人之间只要存在恶意串通的行为，就必然会对拍卖现场的氛围等造成一定的影响，从而影响到竞买人之间的互相报价，也就间接地影响到委托人和其他利害关系人之间的合法权益。如果要法院来证明本案拍卖因为恶意串通造成了他人利益损害，这个在事实上也比较困难。因此，在司法实践中，对此问题不宜要求过严。只要法院能查明拍卖活动中竞买人之间确实存在恶意串通，一般应认定他人合法利益受损，并据此认定拍卖无效。这样，既有利于保护相关利害关系人的合法利益，也有利于打击恶意串通扰乱拍卖市场的行为。

【案例索引】

执行：湖南省双峰县人民法院(2014)双执异字第4号

16. 某供销联合社、某供销合作社与甲、乙等拍卖合同纠纷案

——竞买人非法迫使其他竞买人放弃竞买行为的效力

问题提示：竞买人通过暗中给予其他竞买人现金等手段促使其放弃竞买而获得拍卖标的的，拍卖行为是否无效？

【基本案情】

原告：某供销联合社

原告：某供销合作社

被告：甲

被告：乙

被告:某拍卖公司

被告:某某拍卖公司

人民法院经审理查明:原告某供销联合社对供销社改制企业剩余资产代为行使所有权和管理权。2010年3月29日,原告某供销联合社与被告某拍卖公司、某某拍卖公司签订《委托拍卖合同》,对原告系统改制企业部分留置退休人员资产进行拍卖,其中包括原告某供销合作社的河口老饮食店。2010年5月15日,甲、丙、丁等报名参加河口老饮食店的竞买。在2010年5月16日的拍卖会上,被告甲、乙与其他竞买人参与竞买并最终以87 000元竞得拍卖标的,当日签订了《拍卖成交确认书》。后来,知情人举报该拍卖过程中存在恶意串通竞买行为。资源县工商行政管理局依据公安局调查的材料认定:被告甲(乙属合伙人)于2010年5月15日报名参加河口老饮食店拍卖会,以个人名义缴纳保证金20 000元,取得一位竞买人资格。2010年5月16日拍卖会开始前,在资源镇小礼堂的球场坪上,甲与其他竞买人相互串通、私下议价、达成以丙本欲出价40万元的竞价让给甲、由甲以底价87 000元竞买的协议。拍卖中,甲一人一次举牌以底价87 000元竞买成功。竞买成功后,甲向丁借款137 500元现金,由丁分给资源县城参加竞买的11人,该11个竞买人每人分得12 300元。甲又在河口拿出175 500元,由胡加永分给参加河口老饮食店竞买的12人,该12竞买人每人分得12 500元。另外,给戊、己二人共12 500元,甲自己分得12 500元;后因戊退回6250元,甲实际共得18 750元。甲在串通竞买过程中,共拿出313 000元分给25个竞买人,造成国有资产的重大流失,违法情节严重。为此,资源县工商行政管理局以被告甲等人在拍卖中的竞买行为构成恶意串通为由,对被告甲及参与串通的其他竞买人依法作出行政处罚决定。

原告某供销联合社、某供销合作社诉称,被告的行为严重损害了原告的合法权益,违背了公平交易、公平竞争的市场原则,违反《拍卖法》的相关规定,故诉至法院,要求确认被告某拍卖公司、某某拍卖公司拍卖某供销合作社河口老饮食店的行为及其与被告甲、乙签订的《拍卖成交确认书》无效。

被告甲、乙辩称,在2010年5月16日的拍卖会上,原告明知且放任被告两拍卖公司与他人勾结共同组织串通竞买、操纵控制拍卖结果。因竞拍操纵者以暴力相威胁,被告乙、甲被迫参加竞拍串通,是违背其真实意思表示的。若竞拍存有恶意,那也是原告与被告两拍卖公司及拍卖操纵者存有侵害被告甲等公平竞买的恶意,被告甲等并不存在损害他人利益的恶意。涉案拍卖标的的拍卖成交价已超出原告的拍卖保留价,被告甲、乙竞得拍卖标的后,与拍卖公司签订《拍卖成交确认书》,原告对此并未提出异议,且收取了拍卖标的的价款,原告亦未提供任何证据证明其存在的损失,应当认为原告甘愿接受拍卖结果,不应视为原告的利益受到损害。

被告两拍卖公司辩称,其在拍卖过程中,已将竞买须知、拍卖规则、拍卖声明等内容依法对竞买人进行了告知,竞买人的行为其根本就不知情,与其无关。在拍卖会场，原告方及县纪委、公安等相关单位均有人在场，在签署成交确认书时均未有人提出任何异议。其拍卖某供销合作社的河口老饮食店的拍卖过程，是依法进行的，是严格按照委托方的委托要求进行的，程序合法、拍卖过程合法，已经按委托方的合同要求完成了此次拍卖，故不应该承担任何责任。

【裁判结果】

一审：被告某拍卖公司、某某拍卖公司拍卖原告某供销合作社河口老饮食店的拍卖行为无效，其与被告甲、乙于2010年5月16日订立的《拍卖成交确认书》无效。

【争议焦点与裁判理由】

本案的争议焦点为，竞买人通过暗中给予其他竞买人现金等手段促使其放弃竞买而获得拍卖标的的，拍卖行为是否构成《合同法》中的“恶意串通”行为而导致合同无效。

人民法院经审理认为，被告甲为达到获得拍卖标的所有权的目的，通过暗中给予其他竞买人现金等手段，促使其放弃竞买，最终被告甲在拍卖过程中一人参加竞拍，一次举牌便以起拍价成功竞得拍卖标的所有权。故被告两拍卖公司的拍卖行为以及其与被告甲、乙之间签订的《拍卖成交确认书》应属无效。

【案例评析】

本案的主要争点在于拍卖过程中，对于《合同法》中恶意串通构成要件的认定，以及由此导致的法律后果。

一、拍卖活动中恶意串通的构成要件

《合同法》和《拍卖法》中均对恶意串通行为进行了规定。《拍卖法》第37条规定：竞买人之间、竞买人与拍卖人之间不得恶意串通，损害他人利益。《合同法》第52条第2项的规定“有下列情形的合同无效：……（二）恶意串通，损害国家、集体或者第三人利益……”但是，对恶意串通的构成要件，规定得并不十分清晰明确。本案的裁判对此有借鉴意义。

第一，主观上需为故意。仅从“恶意”文字解释便可发现，该法律禁止的行为主观上需为明知或应当知道，过失造成国家、集体或者第三人利益受损并不落入该条的适用范围。本案中，被告甲通过私下协商的方式，议定最终竞买价格，在自己以起拍价竞买成功后，被告将其中的差额部分分别支付给其他竞买人，可以看出，被告甲的损害行为在主观上显属故意。

第二，客观上需有串通行为。对于此构成要件，《合同法》与《拍卖法》中均未具体规定。国家工商行政管理总局颁布的《拍卖监督管理暂行办法》对此以列举的方式予以明确。该办法第9条第2项、第3项规定：“竞买人之间不得有下列恶意串通行为：……（二）竞买人之间相互约定拍卖应价；（三）竞买人之间相互约定买受人或相互约定排挤其他竞买人……”本案中，被告甲为达到竞得拍卖标的所有权的目的,通过暗中给予其他竞买人现金的不正当手段,促使其他竞买人放弃竞买,最终被告甲在拍卖过程中一人参加竞拍,一次举牌以起拍价成功竞得拍卖标的所有权。可见,被告甲的行为符合前述办法对于恶意串通客观行为方式的规定。

第三,造成他人的利益损失。对于恶意串通行为后果的认定,并非以行为人是否获利为标准,而是通过是否造成他人利益损失进行判断。本案中,被告甲实际的购买价格为 40 万元,由于无法有效认定正常拍卖成交价位,所以较难判断其是否因恶意串通行为而获利。但其通过恶意串通行为,使其他竞买人退出竞买,其一人参与竞买,并以起拍价成交,将本应属于委托人的价款,转而分配给其他竞买人,对于委托人利益的损害是显而易见的。

由此可见,被告甲的行为符合恶意串通的构成要件,工商行政管理机关对其作出了处罚决定,法院亦作出了相应认定。

二、拍卖活动中恶意串通所造成的法律后果

《合同法》意义上的恶意串通,多为合同双方恶意串通,通过订立合同的方式损害他人利益。但《拍卖法》意义上的恶意串通略有不同,一般为竞买人与拍卖人或者竞买人之间恶意串通,以压低成交价等目的、方式和结果,直接损害委托人的利益。因此,拍卖活动中的恶意串通的法律后果是,拍卖行为及《拍卖成交确认书》均为无效。

1. 拍卖行为本身无效

《拍卖法》第 51 条规定,竞买人的最高应价经拍卖师落槌或者以其他公开表示买定的方式确认后,拍卖成交。可以看出,拍卖活动中,成交是以拍卖行为本身作为判断标准的,其亦是《拍卖成交确认书》的直接事实来源。因此,恶意串通行为的法律后果,首先应体现在否定拍卖行为本身的司法评价。《拍卖法》第 65 条规定,违反本法第 37 条的规定,竞买人之间、竞买人与拍卖人之间恶意串通,给他人造成损害的,拍卖无效,应当依法承担赔偿责任。

2.《拍卖成交确认书》无效

《拍卖法》第 52 条规定,拍卖成交后,买受人和拍卖人应当签署成交确认书。由此可见,《拍卖成交确认书》系对拍卖成交的一种书面确认方式,以书面的形式明确各方权利义务关系。虽然可能没有拍卖合同那么具体详尽,但是两者的合同属性是相同的。因此,依据《合同法》第 52 条第 2 项的规定,对于通过恶意串通行为所形成的《拍卖成交确认书》应作出无效的司法评价。

综上,本案中被告两拍卖公司的拍卖行为以及其与被告甲、乙之间签订的《拍卖成交确认书》应为无效。

【案例索引】

一审:广西壮族自治区资源县人民法院(2012)资民初字第 155 号

17. 甲与某拍卖公司、某银行支行拍卖合同纠纷案

——拍卖开始前，拍卖人与有意购买者签订的竞买协议书的效力

问题提示：拍卖程序开始前，拍卖人与有意购买者签订的竞买协议书中保证金条款的效力如何判定？

【基本案情】

原告：甲

被告：某拍卖公司

被告：某银行支行

人民法院经审理查明：被告某银行支行欲拍卖其位于佛山市顺德区的某房产，于2012年6月25日对外发出委托拍卖邀请函，邀请拍卖公司参加竞标，其中在对某拍卖公司发出的《委托拍卖招标邀请函》中载明拍卖底价为2630万元。2012年7月20日，某拍卖公司向其发出《拍卖服务意向》，决定参加投标，申请的起拍价为4198万元。后某银行支行向某拍卖公司发出《中标通知书》，确定某拍卖公司中标涉案房产的拍卖权。后双方签订《委托拍卖合同》，约定拍卖标的的保留价为4198万元；拍卖方式为增价拍卖；被告某拍卖公司在合同生效之日起2个工作日内向某银行支行缴纳拍卖保证金35万元，如某拍卖公司在期限内成功拍卖标的的，保证金予以退回，如出现流拍或因某拍卖公司原因未能在该期限内完成拍卖的，保证金不予退回；某银行支行、某拍卖公司双方应对拍卖标的保留价进行保密，并且某拍卖公司应对某银行支行的身份保密。某拍卖公司按某银行支行要求存入保证金35万元。之后，某拍卖公司两次举行拍卖会拍卖涉案房产，但均因无人竞拍而流拍，未能成交，故某银行支行未向某拍卖公司退回其缴纳的保证金35万元。

事后查明，2012年7月18日，原告甲与某拍卖公司签订《竞买协议书》，主要内容如下：鉴于原告有意购买被告某拍卖公司将投标的涉案房产，招标人为某银行支行，该标的起拍价等于或低于人民币4198万元，为实现拍卖标的的成交，经原告与被告某拍卖公司协商，就原告参加竞买的有关事项达成如下协议：一、原告须在被告某拍卖公司中标后，在拍卖会举行前向某拍卖公司支付35万元，作为原告按期办理该拍卖标的竞买登记手续并在拍卖会上举牌应价的保证金；二、本协议签订后，原告必须在某拍卖公司刊登的拍卖公告规定的期限内办理该拍卖标的的竞买登记手续，按时参加拍卖会并举牌应价，否则，上述标的的委托人将没收原告按本协议第一条约定支付的保证金；三、在拍卖会上，若有其他竞买人的应价高于原告应价后，原告可不再举牌应价。原告在拍卖会上对该拍卖标的举牌应价的，无论是否竞得，被告某拍卖公司均应无息全额退还保证金；四、若该拍卖标的被中止或终止拍卖的，本协议即自动终止，被告某拍卖公司应无息全额退还保证金。协议签订后，原

告于2012年8月21日向被告某拍卖公司的账户存入35万元。因涉案房产流拍未能成交,被告某拍卖公司未能向原告退回保证金,原告遂提起本案诉讼。

另查,被告某拍卖公司两次举行拍卖前,原告均未前往某拍卖公司办理竞买登记手续及缴纳相应的竞买保证金400万元。原告向法庭陈述,其签订《竞买协议书》后,认为起拍价4198万元高于市场价,于是决定不参加竞拍,故两次拍卖会均未前往办理竞买登记手续,也未参加拍卖会举牌应价。

原告甲诉称,被告某银行支行委托被告某拍卖公司拍卖其房产,原告有意竞拍,并于2012年7月18日与被告某拍卖公司签订了《竞买协议书》,支付了35万元保证金。后因该地块流拍未能成交。原告认为《竞买协议书》中关于竞买人须按时参加拍卖会并举牌应价,否则没收保证金的约定,变相限定竞买人必须成交,违反拍卖法的竞价原则,应属无效条款,因此,被告某拍卖公司应当将35万元保证金退还给原告。原告多次就保证金的退还问题与被告某拍卖公司协商未果,被告某拍卖公司告知原告该35万元保证金是委托人被告某银行支行要求收取,且已将该款实际转汇给被告某银行支行。鉴于被告某银行支行与某拍卖公司之间的委托关系,而且被告某银行支行已实际收取了该保证金,因此,两被告应共同向原告偿还该款项。

被告某拍卖公司辩称,一、根据原告与被告某拍卖公司签订的《竞买协议书》第二条的约定,原告必须按时参加拍卖会并举牌应价,否则委托人即某银行支行将没收原告所支付的保证金。原告在签订该协议书前已经知悉拍卖标的的状况和拍卖的起拍价,被告某拍卖公司相信原告对此作了充分的风险评估。协议书并不违反法律的禁止性规定,根据当事人意思自治原则,应当充分尊重当事人的意愿。原告在协议书中承诺参加竞拍并自愿承担违约责任,原告不举牌应价的行为已构成违约,应依约承担违约责任,其保证金不应退还。二、被告某银行支行于2012年6月25日向被告某拍卖公司发出《委托拍卖招标邀请函》,被告某拍卖公司依邀参与投标并于2012年7月27日中标。2012年8月2日被告某拍卖公司与某银行支行签订了《委托拍卖合同》之后依约组织拍卖活动。"流拍没收保证金"是被告某银行支行制定的拍卖规则,被告某拍卖公司向原告收取的35万元保证金实际交给了被告某银行支行,流拍后原告的保证金实际由被告某银行支行没收,原告不应该向被告某拍卖公司主张权利。综上,请求法院依法驳回原告对被告某拍卖公司的全部诉讼请求。

被告某银行支行辩称,一、原告违约应依约承担违约责任;二、被告某银行支行与原告并没有直接的法律关系,不应作为被告;三、原告证据不足,事实不清,请求法院依法驳回原告的诉讼请求。

【裁判结果】

一审:被告某拍卖公司向原告退还保证金35万元及利息(自2012年8月21日起至实际清偿之日止按中国人民银行同期同类贷款计算);驳回原告甲的其他诉讼请求。

【争议焦点与裁判理由】

本案的争议焦点为,《委托拍卖合同》中的委托人向拍卖人收取的保证金是否有法律根据,以及原告甲与某拍卖公司在某拍卖公司取得拍卖人资格前约定的保证金是否有效。

人民法院经审理认为,拍卖作为一种以公开竞价的形式将特定物给最高应价者的买卖方式,各参与人应当遵循公开、公平的原则。本案原告与被告拍卖公司在拍卖前签订的《竞买协议书》中,明示了拍卖标的、委托人等应当保密的信息,违反了拍卖的公开、公平原则,存在“暗箱操作”的嫌疑,加之,双方约定的保证金35万元于法无据,违反了合同法的公平原则,应当认定为无效。因此,被告某拍卖公司应向原告甲退还保证金35万元。

【案例评析】

本案系一起委托人、拍卖人以及竞买人之间发生的合同纠纷,其争议焦点主要有两个:

一、《委托拍卖合同》中的委托人向拍卖人收取的保证金是否有法律根据

《委托拍卖合同》是由委托人与拍卖人签订的,约定委托人将拍卖标的交由拍卖人拍卖等事项的合同。《拍卖法》第44条规定,其委托拍卖合同应当载明以下事项:(1)委托人、拍卖人的姓名或者名称、住所;(2)拍卖标的的名称、规格、数量、质量;(3)委托人提出的保留价;(4)拍卖的时间、地点;(5)拍卖标的交付或者转移的时间、方式;(6)佣金及其支付的方式、期限;(7)价款的支付方式、期限;(8)违约责任;(9)双方约定的其他事项。其中对于双方可否约定保证金,即由拍卖人向委托人支付一定数量的保证金,如果拍卖标的未能成交流拍的,委托人对收取的保证金不予退还,拍卖法并无明确规定。但是,可以注意到,该条第9项载明,委托拍卖合同中经双方协商一致可以约定其他事项。对于该事项的范围应当从合同法的角度来看,约定是否对双方均公平且不损害第三人的合法权益。

从本案来看,某拍卖公司是通过委托人某银行支行的招标最后中标成为涉案房产的拍卖人的,某银行支行在多家投标单位中选择了被告某拍卖公司作为拍卖人,也是基于对其的信任。某拍卖公司也明确表示愿意接受某银行支行招标书中的其他要求,双方就保证金问题已经达成了一致,并签订了《委托拍卖合同》。某银行支行将其房产交由某拍卖公司进行拍卖,如果拍卖标的能够顺利成交,则保证金予以返还,某银行支行亦支付一定的佣金;如果流拍,则保证金不予退还。双方之间权利义务明确,符合合同法规定的意思自治和公平原则,故该保证金条款有效。

二、原告甲与某拍卖公司在某拍卖公司取得拍卖人资格前约定的保证金是否有效

一般而言,拍卖的保证金是指:为保证拍卖成交后能顺利履约,竞买人向拍卖人缴纳一定数额金额对自己行为的一种信用担保。虽然,拍卖法中没有提及保证金的内容,但为防止买受人反悔,在组织拍卖活动时,拍卖人仍然要求竞买人在报名登记时要缴纳一定比例的保证金,要求竞买人缴纳一定比例的保证金主要作用有两点:一是竞买人对自己参加拍卖活动行为的一种担保,二是拍卖人事前与竞买人的一种双方出于自愿的约定。竞买成功后,保证金将自动转为标的价款,竞买不成将如数退还给竞买人。《拍卖法》第 39 条规定:"买受人应当按照约定支付拍卖标的价款,未按照约定支付价款的,应当承担违约责任。"从这种意义上说,竞买保证金是具有违约金性质的。由此可以看出,拍卖的保证金是为了保证拍卖成交后买受人能够顺利履约的一种担保,但本案双方约定的保证金显然并不具有保证拍卖成交后的顺利履约性质。

本案中,某公司在接受某银行支行的招标邀请后,在尚未取得拍卖资格的情况下,就与有意购买涉案标的的原告甲签订竞买协议书,且约定的竞买价明显高于拍卖标的的底价。而被告某公司取得拍卖权后,其应当按照拍卖法关于拍卖程序的规定,在取得拍卖权后,向不特定的公众公开发布拍卖公告、展示拍卖标的。但被告某公司在拍卖程序开始前即与原告签订《竞买协议书》的行为,严重违反了拍卖程序应遵循公开、公正、公平原则的要求。此外,从《竞买协议书》的内容来看,第一,协议书前言内容中披露了委托人、拍卖标的等信息,被告某公司的行为违反被告某银行支行要求拍卖人对此应予以保密的义务;第二,协议书的主要条款约定,被告某公司中标后,在拍卖会举行前,原告必须向被告缴纳 35 万元,作为原告按期办理竞买登记手续、参加拍卖会并举牌应价的保证金,否则被告某公司将没收该保证金,并约定如有其他人的应价高于原告的应价时,原告可不再举牌应价,原告在拍卖会上举牌应价的,不论是否竞得,被告某公司均应无息全额退还保证金。拍卖是通过公开竞价、价高者得的买卖方式,被告某公司作为拍卖人,仅仅能通过拍卖行为而获取相应的佣金、报酬,协议条款约定原告必须办理竞买登记手续并参加拍卖会及举牌应价,违反了买卖自愿原则,具有"强买强卖"的潜在含义,其向原告收取保证金无法律依据;第三,从协议书约定的原告与被告某公司的权利义务内容来看,原告须支付 35 万元保证金及办理竞买登记手续并参加拍卖会及举牌应价,而协议书并未约定相对方被告某公司应支付何种对价、承担何种义务,但却可因原告的不作为而获得利益,原告与被告某公司之间的权利、义务严重不对等,亦违反合同法要求的公平原则。

综上所述,原告与被告某公司签订的《竞买协议书》违反了合同法关于买卖关系应遵循公平自愿的要求,《竞买协议书》应属无效。因此,原告要求某拍卖公司返还保证金 35 万元及其利息的要求应予支持。

【案例索引】

一审:广东省佛山市顺德区人民法院(2014)佛顺法民二初字第 9 号

18. 甲与某银行、某国际拍卖公司拍卖合同纠纷案

——主张恶意串通的举证责任负担

问题提示：委托人主张拍卖活动中存在恶意串通并因此主张拍卖无效的，谁负有举证责任？

【基本案情】

上诉人(一审原告)：甲

被上诉人(一审被告)：某银行

一审第三人：某国际拍卖公司

人民法院经审理查明：苏州市干将东路749号101室房屋原所有权人为甲；102室房屋原所有权人为乙、丙；201室、202室房屋原所有权人为丁。甲与丁系父女关系。某国际拍卖公司原名称为某拍卖公司，其于2011年4月25日办理变更登记备案，将企业名称变更为某国际拍卖公司。

2008年4月2日，甲、乙(委托人)与某国际拍卖公司(拍卖人)签订《江苏省委托拍卖合同》一份，约定：甲、乙委托某国际拍卖公司拍卖干将东路749号101室、201室、202室、102室房屋。委托人应于2008年4月2日前将上述拍卖标的交付给拍卖人，交付地点为苏州。拍卖人承诺在2008年5月30日前举行拍卖会对拍卖标的进行拍卖，拍卖标的底价(保留价)为3600万元，低于保留价拍卖人不得拍卖成交。拍卖成交的，拍卖人应在收到全部款项之日起7日内，将拍卖成交款(扣除佣金后)支付给委托人。双方在合同中未约定拍卖费用和酬金的计算方法及金额。委托合同尾部，甲、梅秀珍、乙作为委托人签字，某国际拍卖公司加盖了合同专用章。

同日，某国际拍卖公司(甲方)与甲、乙(乙方)签订《补充协议》，约定：(1)干将东路749号101室、102室、201室、202室小业主房产约定拍卖价3600万元；(2)委托拍卖后乙方净得人民币2174万元，其余差价归甲方所有；(3)干将东路749号101室、102室、201室、202室房屋过户过程中所产生的所有税费等其他费用全部由甲方承担；(4)乙方承诺如拍卖成交，则自协议签订之日起三个月内乙方清场交付房屋给甲方。该协议尾部，乙方由丙、乙、甲、丁签字，甲方某国际拍卖公司加盖了合同专用章。

合同签订后，某国际拍卖公司于2008年4月4日、4月14日在《江南时报》上两次发布拍卖公告，第一次拍卖公告载明：定于2008年4月11日上午10时在公司拍卖厅举行拍卖会。拍卖标的为：(1)干将东路749号商务大厦部分房地产，建筑面积约6117.36平方米，保证金800万元；(2)干将东路749号101室、102室、201室、202室房地产，总建筑面积约493.05平方米，保证金700万元。第二次拍卖公告载明：定于2008年4月21日上午10时在公司拍卖厅举行拍卖会，拍卖标的及保证

金数额同上。

甲于一审期间提交的由某银行于2008年4月21日盖章确认的《竞买须知》载明:本次拍卖的标的为部分带租赁拍卖,拍卖人已经按照法律规定向所有承租人送达了关于本次房产拍卖的律师函;本次拍卖为标的1和标的2的整体拍卖,竞买人不得单独竞拍本次拍卖的单个标的,必须同时竞买本次拍卖的两个标的。本次拍卖是按照标的物现状进行拍卖,拍卖人承诺房产建筑面积为6610.41平方米。竞买人应将拍卖保证金划入拍卖人账户,并由拍卖人、竞买人和账户监管人三方签订监管协议对拍卖人账户进行监管。

2008年4月21日拍卖成交后,某国际拍卖公司与某银行签订《江苏省拍卖成交确认书》(乙种),载明:拍卖标的为苏州市干将东路749号商务大厦整体房地产,成交价格为7600万元,佣金为成交价的5%,计380万元,某银行代表为戊。《拍卖成交确认书》还载明:成交确认书的其他条款,按拍卖人在拍卖前宣布的拍卖规则执行;乙种《拍卖成交确认书》仅适用于拍卖人与买受人就单个拍卖标的达成的交易行为。苏州市吴江工商行政管理局出具《情况说明》,确认涉案的拍卖行为在成交后已经按照法律规定进行了备案。

甲诉称:(1)甲提交的证人证言及该证人提交的书面资料,均显示某国际拍卖公司、某银行事先合谋串通拍卖的事实。且某银行在拍卖开始前,为另一竞买人代缴拍卖保证金,并派出其工作人员代理竞买人举牌,竞买人之间串通行为明显成立。(2)某国际拍卖公司将甲的涉案房产与其他房产整体拍卖,违背了甲的委托宗旨。合并拍卖的后果是抬高了保证金比例,必然导致参与竞买的人数减少。(3)串通拍卖和合并拍卖必然损害甲的利益。由于某银行在竞买过程中存在竞买人恶意串通压价、竞买人与拍卖人串通拍卖等违法情形,因此依据《拍卖法》第37条的规定应确认无效。

某银行辩称:(1)没有证据证明某银行与某国际拍卖公司在本案所涉拍卖过程中存在事先合谋、串通拍卖行为。①本案所涉拍卖操作程序符合《拍卖法》《拍卖管理办法》及《拍卖监督管理办法》等法律、规章的规定,应认定为合法有效;②证人金某与本案有利害关系,且其证言并无证据可以佐证。(2)整体拍卖方式是《竞买须知》确定的拍卖方式,该交易方式已获得甲的书面认可,且甲通过拍卖成交已经获取了其可期待利益,未受到任何损害。甲通过拍卖,使其房屋均价达到了每平方米7万余元,获得了资产价值的最大化,无论是拍卖同期还是目前市场,其获得的商业价值都是最高的。这说明整体拍卖提升了其产权房的价值,而不是给其造成了损失。

一审第三人某国际拍卖公司答辩称:(1)某国际拍卖公司拍卖程序合法,没有证据证明其存在与某银行恶意串通的行为。(2)整体拍卖是经过甲同意的,拍卖成交后签订房屋转让协议时甲亦签字认可整体拍卖,且整体拍卖并未损害甲实际利益。一审判决正确，应予维持。

【裁判结果】

一审：驳回甲的全部诉讼请求。

二审：驳回上诉，维持原判。

【争议焦点与裁判理由】

本案的争议焦点为，拍卖人某国际拍卖公司与竞买人某银行之间，以及竞买人之间是否存在恶意串通损害甲合法利益的行为，并是否导致诉争房产拍卖行为无效。

根据生效裁判文书，人民法院认为，本案中，甲、乙于2008年4月2日与某国际拍卖公司签订了《委托拍卖合同》和《补充协议》，综合这两份协议约定的权利义务内容主要是两项：一是甲、乙委托某国际拍卖公司将其房屋出售，房屋出售后小业主净得房款2174万元，房屋过户税费等相关费用全部由某国际拍卖公司承担。二是某国际拍卖公司以拍卖方式出售房屋，房屋拍卖保留价为3600万元；不论最终拍卖成交价是多少，成交价与2174万元之间的差价均归某国际拍卖公司所有。从上述权利义务约定可以看出，甲、乙等小业主与某国际拍卖公司之间本质上系房屋委托销售合同关系，其为了实现房屋价款，授权某国际拍卖公司以拍卖方式对房屋进行处分。换言之，双方的合同目的主要在于以2174元的对价委托某国际拍卖公司销售房屋；拍卖对于甲而言仅仅是房屋变现的一个方式和手段，而非追求拍卖溢价的途径。鉴于甲等小业主与某国际拍卖公司之间的法律关系性质为房屋委托销售合同关系，故审查其合同效力应当适用《合同法》第52条的相关规定，而不是《拍卖法》。退一步讲，即使适用上诉人所主张的《拍卖法》第37条、第65条的规定，其与《合同法》第52条第2项规定的无效原因也是一致的，即都须符合恶意串通、损害他人利益的情形。这一无效原因由主观和客观两个要素构成。主观要素为恶意串通，即当事人双方具有共同目的，希望通过相互配合的共同行为损害国家、集体或第三人的利益。客观要素为双方的行为客观上损害了国家、集体或第三人的利益。因此，甲主张诉争房屋拍卖无效，应当对当事人行为具备上述主观和客观两个要素承担举证责任。而从本案当事人举证、质证情况及查明事实来看，甲的举证并不足以证明其主张，一审判决不予支持并无不当。具体理由如下：

一、关于诉争拍卖行为是否存在恶意串通的问题

首先，关于竞买人之间是否存在恶意串通问题。甲主张，参与拍卖会的另一竞买人支付的保证金系由某银行支付，以另一竞买人名义参与竞拍举牌的人员也是某银行的工作人员，说明竞买人之间存在恶意串通。但甲未能提供任何证据证实其所指称的另一竞买人的具体身份，也未能提供证据证实该不明身份的竞买人缴纳保证金的具体数额、方式和来源。甲在一审中虽然申请金某到庭作证，但未能提供任何证据佐证其证言。并且，金某作为福吉公司的股东，因福吉公司直接参与了本案的拍卖活动和利益分配,并因此与某国际拍卖公司发生诉讼,故金某及福吉公司与本案存在重大利害关系,金某的证言不能单独作为确定案件事实的依据,在二审中,甲也没有申请法院通知金某到庭作证或提供其他补强证据,故一审法院对金某的证言不予采信,并无不当。二审中,甲还提出应由某国际拍卖公司提供诉争房屋的拍卖档案,以证实是否存在竞买人之间恶意串通的事实。某国际拍卖公司称根据《拍卖法》的相关规定,拍卖人应当在五年内承担保管拍卖档案资料的义务,由于诉争房屋拍卖已超过五年期限,故其已经依法将相关资料予以处理,无法提交法院。法院认为,《拍卖法》第 54 条规定:"拍卖人应当妥善保管有关业务经营活动的完整账簿、拍卖笔录及其他资料。前款规定的账簿、拍卖笔录和其他有关资料的保管期限,自委托拍卖合同终止之日起计算,不得少于五年。"因某银行于 2008 年 5 月 14 日即取得诉争房屋的产权登记,至本案诉讼发生时已经超过五年,在此前提下,苛求某国际拍卖公司提供相关拍卖资料并无法律依据,故法院对甲的该项主张依法不予支持。

其次,关于竞买人与拍卖人之间是否存在恶意串通问题。甲提供了《竞买须知》以及金某的证言,用以证明某银行与某国际拍卖公司相互串通,将委托拍卖合同中约定的单独拍卖变为对永鼎大厦整体拍卖,损害了委托人的利益。对此,法院认为,《竞买须知》系由某国际拍卖公司单方制作的拍卖规则告知文件,并不能据此证明某国际拍卖公司与某银行之间存在恶意串通行为;金某虽然作证指称某银行参与了《竞买须知》的起草与修改,但由于金某与本案存在重大利害关系,且其证言并无其他证据佐证,故一审法院不予采信并无不当。况且,甲在拍卖成交当天即与其他业主一起和某银行签订了《房屋转让协议》,约定将永鼎大厦整体以 7600 万元的价格转让给某银行,该协议足以证明甲对于整体拍卖行为是予以认可的。因此,甲虽然主张竞买人与拍卖人之间存在恶意串通行为,但其并未提供任何有效证据证明。此外,从甲等小业主与某国际拍卖公司签订的《委托拍卖合同》和《补充协议》来看,不论诉争房屋最终的拍卖成交价是多少,甲等小业主所得房屋价款均为 2174 万元,其余差价利益都归属某国际拍卖公司,因此,拍卖价格越高,某国际拍卖公司的利益越大,而与甲等小业主并无利益关系,由此也可以判断,某国际拍卖公司并没有和竞买人某银行相互串通,通过抬高保证金比例达到减少竞买人人数,进而压低拍卖价格的动机和必要。综上,对甲的该项主张法院也不予以支持。

二、关于诉争房屋拍卖是否损害了上诉人甲利益的问题

根据甲、乙与某国际拍卖公司签订的《委托拍卖合同》和《补充协议》,双方明确约定诉争房屋拍卖后甲等小业主净得房屋价款 2174 万元,房屋过户税费等相关费用全部由某国际拍卖公司承担,其余差价均归某国际拍卖公司所有。据此可以看出,甲所应获得的房屋价款在签订合同时已经确定,无论其后某国际拍卖公司进行拍卖的实际成交价为多少,均与甲无关,也不会损害其实际利益。事实上,涉案永鼎大厦最终以保留价7600万元拍卖成交，甲等业主也按此价格与某银行签订了《房屋转让协议》，且已履行完毕，甲的合同权利和合同目的已经全部实现，客观上其利益并未受到任何损害。

综上所述，法院认为，甲与某国际拍卖公司之间属于房屋委托销售合同关系，双方签订的合同系当事人真实意思表示，且不存在《合同法》第52条规定的无效事由，应属于合法、有效合同。上诉人甲主张诉争房屋拍卖无效的上诉理由不能成立，依法应予驳回。一审判决认定事实清楚，判决结果正确。

【案例评析】

本案案情比较复杂，从时间上来看，拍卖时间与起诉时间相隔正好也达到了《拍卖法》对拍卖人拍卖档案保留的期限要求。原告的诉讼主张从法律上来说，并不是很复杂，本案一、二审法院不支持其诉讼请求的主要原因在于原告没有提供相应的证据证明其诉讼主张。涉案主要问题是：当事人提出拍卖活动中存在恶意串通并因此主张拍卖无效的，应提供证据予以证明。

一、关于涉案拍卖是否存在恶意串通的举证责任

在民事诉讼中，一般遵循的举证规则是"谁主张，谁举证"。《最高人民法院关于适用〈中华人民共和国民事诉讼法〉的解释》第91条规定了"主张法律关系变更、消灭或者权利受到妨害的当事人，应当对该法律关系变更、消灭或者权利受到妨害的基本事实承担举证证明责任"，因此，原告甲主张拍卖中存在恶意串通损害其合法权益，其有义务对此提供证据予以证明，甲在诉讼中提出的恶意串通，包括竞买人之间的恶意串通和买受人与拍卖人之间的串通。对于竞买人之间的串通，甲提出"参与拍卖会的另一竞买人支付的保证金系由某银行支付，以另一竞买人名义参与竞拍举牌的人员也是某银行的工作人员"，就《拍卖法》的角度而言，如果其主张属实，那么涉及的拍卖确实可能存在恶意串通的情形。甲在本案中并非没有提供证据，其在一审中向法院申请金某到庭作证，但是，法院认为"金某作为福吉公司的股东，因福吉公司直接参与了本案的拍卖活动和利益分配，并因此与某国际拍卖公司发生诉讼，故金某及福吉公司与本案存在重大利害关系，金某的证言不能单独作为确定案件事实的依据"，在二审中，金某并没有到庭作证，甲也没有提供其他补强证据。甲虽然在提出应由某国际拍卖公司提供诉争房屋的拍卖档案，以证实是否存在竞买人之间恶意串通的事实。但由于诉争房屋拍卖已超过五年期限，某国际拍卖公司承担保管拍卖档案资料的义务期限已过，因此，某国际拍卖公司无法提供该部分档案资料的主张也并非没有法律依据。对于买受人与拍卖人之间是否存在串通，笔者认为，甲提出的"拍卖人未经委托人同意即将永鼎大厦进行整体拍卖，侵害了委托人合法权益"，拍卖人在拍卖当天突然将拍卖标的进行整体拍卖，一般来说的确不妥，但只要不损害委托人的合法利益以及没有其他竞买人反对，这种变更并不一定无效，法院查明的事实已经确认了"甲在拍卖成交当天即与其他业主一起和某银行签订了《房屋转让协议》,约定将永鼎大厦整体以 7600 万元的价格转让给某银行,该协议足以证明甲对于整体拍卖行为是予以认可的”,因此,甲提出的该点理由也不能成立。

从法院审理查明的事实来看,某国际拍卖公司存在与某银行的委托代理人福吉公司互相串通的嫌疑,福吉公司作为某银行的代理人,本应充分考虑某银行之利益,但却通过介绍竞拍客户从某国际拍卖公司获得服务费,虽然法院认定金某的证言不足以采信,但本案中的拍卖的确存在一些不规范。

二、关于涉案拍卖是否损害他人合法权益

《拍卖法》第 37 条规定:竞买人之间、竞买人与拍卖人之间不得恶意串通,损害他人利益。第 65 条规定:违反本法第三十七条的规定,竞买人之间、竞买人与拍卖人之间恶意串通,给他人造成损害的,拍卖无效,应当依法承担赔偿责任。从《拍卖法》的规定来看,该法明确禁止恶意串通行为,但是,并不是说拍卖中存在恶意串通就一定导致拍卖无效,恶意串通必须给他人造成损害的,才能认定拍卖无效。根据《合同法》第 52 条规定,“恶意串通,损害国家、集体或者第三人利益”的,才导致合同无效。本案中,甲主张某国际拍卖公司与某银行存在恶意串通损害其合法权益,但从法院审理查明的事实以及甲与某国际拍卖公司签订的《委托拍卖合同》和《补充协议》来看,不论诉争房屋最终的拍卖成交价是多少,甲等小业主所得房屋价款均为 2174 万元,其余差价利益都归属某国际拍卖公司,拍卖价格越高,某国际拍卖公司的利益越大,而与甲已无利益关系,因此,在甲与某国际拍卖公司之间已经确定了其房屋出售所得价款的前提下,本次拍卖所售卖的价格不论多少,都不存在损害甲合法权益的可能。因此,甲以涉案拍卖损害其合法权益为由要求确认无效的请求确实不能成立。

需要说明的是,关于拍卖活动中恶意串通损害他人合法权益中的“他人”,并不能完全限定为委托人。拍卖,作为一种公开竞价方式,拍卖人与买受人存在恶意串通,完全有可能损害到除委托人之外的第三人的合法权益。例如,通过设置提高竞买条件,就有可能将一些本来想要参与竞拍的拦阻在外。本案中,甲提供的金某的证言提到“在开拍前五分钟,某银行一方要求拍卖公司将整栋大厦整体拍卖”,对此,如果现场还有其他竞拍人的话,突然将拍卖标的整体拍卖的确存在侵犯其他人权益,但如果所有委托人都同意,而且现场所有竞拍人也同意的话,也不好再认定有损他人合法权益。

【案例索引】

一审:江苏省苏州市中级人民法院(2013)苏中民初字第 0066 号

二审:江苏省高级人民法院(2014)苏民终字第 0103 号

19. 某物产公司与某汽车集团公司、某拍卖公司拍卖合同纠纷案
——拍卖标的的质量能否成立重大误解

问题提示:买受人可否以对拍卖标的的质量存在重大误解为由主张撤销拍卖合同?

【基本案情】

再审申请人(一审原告、二审被上诉人):某物产公司

再审被申请人(一审被告、二审上诉人):某汽车集团公司

再审被申请人(一审被告、二审上诉人):某拍卖公司

人民法院经审理查明:2007 年 8 月 30 日、10 月 18 日,某汽车集团公司和某拍卖公司签订《委托拍卖合同》及《补充条款》,委托某拍卖公司拍卖存放于山东日照岚山港的菲律宾产镍矿砂 51 682.2 吨。2007 年 10 月 26 日,某物产公司与某拍卖公司办理了竞买手续。拍卖公司向全体竞买人出示了镍矿砂《货权转移单》《委托检验检疫结果单》《品质证书》《检验证书》,以及《拍卖清单》和《竞买须知》。其中,《货权转移单》显示,2007 年 7 月 27 日某公司将涉案镍矿砂货权转交某汽车集团公司。岚山检验检疫局出具的《检验证书》《品质证书》及《委托检验检疫结果单》(以下统称商检报告)显示:涉案镍矿砂重量为 51 682.2 吨,镍含量为 1.67%(检测标准为 GB/T 15923 - 1995)……《拍卖清单》载明:"……镍含量 1.67%……以岚山检验检疫局商检报告为依据。本次拍卖以该批货到港卸货后未移交的实物现状为准,提货时数量溢短不影响成交价格。"《竞买须知》规定:"……镍含量 1.67%……[以岚山检验检疫局商检报告为依据]。竞买人在拍卖前必须认真仔细地全面了解、查看拍品情况,亦可对该标的含量自行进行检测,一旦参与竞买,即表示对该标的现状予以认可;本次拍卖以该批货到港卸货后未移动的实物现状为准,提货时数量溢短不影响成交价格。本公司提供的资料或说明仅供竞买人参考,并不意味着本公司对此作出担保;本公司仅对现有资料进行解释,资料不足部分请竞买人向有关单位或部门咨询;竞买人慎重决定竞买行为并自主承担责任,竞买成功后不得反悔。"2007 年 10 月 27 日,某物产公司竞得涉案镍矿砂,并与某拍卖公司签订《拍卖成交确认书》,其中"拍品名称"部分对标的的描述与《拍卖清单》的描述相同,成交价格 35 660 718 元,佣金 178 304 元,拍卖成交总价款 35 839 022 元。双方同时约定:(1)各位竞买人在参拍前仔细查看拍卖标的,如有疑问请向本公司工作人员咨询,竞买人一经举牌应价即表示对拍卖标的已充分了解,并认可无疑议;(2)拍卖成交后,买受人须于拍卖成交之日起 7 个工作日内付清全款及拍卖佣金 0.5%;(3)本次拍卖以该批货物到港卸货后未移动的实物现状为准,提货时数量溢短不影响成交价格。2007 年 11 月 6 日,某汽车集团公司与某物产公司签订《镍矿砂销售协议》约

定:某物产公司拍得存于岚山港“永恒号”51 682.2吨镍矿砂,岚山港车板交货价690元/吨,总金额35 660 718元;某物产公司保证在拍卖成交7个工作日内付清全部货款35 660 718元;其他事宜参照《拍卖成交确认书》和《竞买须知》。某物产公司按约交付了货款及佣金后,某汽车集团公司向某物产公司转移了货权。

2007年10月、2008年1月、2008年2月,某物产公司分别向三家案外公司出售镍含量为1.67%的涉案镍矿砂。嗣后,三家买方以镍含量未达到合同约定为由,拒绝继续履行合同。截至2008年6月4日涉案镍矿砂已发货7984.94吨。2008年10月31日,上海市科技咨询服务中心出具鉴定报告:涉案镍矿镍含量为1.11%。在拍卖成交前,某汽车集团公司先后与某公司、某某公司订立镍矿砂买卖合同,均约定验收方法为“以卸货港所在地的出入境检验检疫局出具的检验报告上的重量及品质为准”。某某公司以拍卖标的品位问题为由,于2007年10月22日诉至嘉兴中院。浙江高院终审认为某汽车集团公司提供的镍矿砂符合买卖合同约定的质量标准、某某公司提交的鉴定报告不比岚山检验检疫局商检报告具有更强证明力。某汽车集团公司在嘉兴中院(2007)嘉民二初字第120号应诉通知书送达回证上的签收时间为2007年11月1日。

原告某物产公司诉称,涉案镍矿砂实际品位低于1.67%,请求法院撤销《拍卖成交确认书》和《镍矿砂销售协议》,判令某汽车集团公司返还30 151 109.40元货款及利息,某拍卖公司返还佣金178 304元及利息,并判令某汽车集团公司、某拍卖公司赔偿经济损失4 806 698.60元。

被告某汽车集团公司辩称:某物产公司关于某汽车集团公司拍卖时隐瞒涉案镍矿砂诉讼情况的主张不符合客观事实。本案法律关系是特定的拍卖法律关系,对其中当事人行为性质、责任状况的判定应优先适用《拍卖法》。《拍卖法》只规定了在委托人、拍卖人恶意串通致拍卖无效和未说明拍品瑕疵情形下的损害赔偿责任,但未规定竞买人可依重大误解撤销竞买。某物产公司没有可以主张重大误解的事实基础和法律依据。本案拍卖程序中的文件资料均可证明某物产公司主张重大误解缺乏事实依据。某物产公司不得以“重大误解”为由在竞买成功后再行反悔。且在成交8个多月且已多次实际处分转卖8000多吨涉案货物后,某物产公司才提出本案诉讼主张,于理不合、于法无据。其动机令人怀疑,无非是恶意反悔,欲转移镍矿市场价格暴跌的风险与损失。本案拍卖标的不存在瑕疵。依照拍卖程序与惯例,竞买人参与竞买就等于其已接受了拍品质量。竞买人无权再要求对拍品质量进行考证,考证在竞拍前已完毕。涉案镍矿砂的质量确认依据是岚山检验检疫局商检报告。某物产公司没有主张,也没有充分证据否定该商检结论。作为拍卖交易依据的商检报告未被撤销,则本案交易基础未发生变化。本案拍卖已明确是以实物状况为准,故无论检测结果是什么都是实物状况。

被告某拍卖公司辩称:本次拍卖程序合法,某物产公司享有充分的包括检验拍品等竞买人权利，不存在重大误解撤销拍卖的情形。某物产公司付款后，涉案镍矿砂自 2007 年 11 月起一直在某物产公司独家管理下，并销售了近 8000 吨，现有的货物数量与其拍卖的货物数量已发生改变，品质上更是无人知晓。某物产公司的诉讼和 2008 年国家关停污染严重中小镍矿生产企业，导致镍矿销售不畅、价格下跌有关。某某公司与某汽车集团公司的纠纷，其并不知情，不存在与某汽车集团公司故意串通隐瞒标的瑕疵的行为。其在实施拍卖的过程中，严格执行《拍卖法》，并向竞买人提供了某汽车集团公司提供的一切拍品信息，也赋予了竞买人自行检测货物的权利，其无任何过错，不应当承担任何责任。某物产公司在事后仍主张重大误解恰恰说明其自身存在重大过错。

【裁判结果】

一审：一、撤销某物产公司与某拍卖公司签订的《拍卖成交确认书》，撤销某物产公司与某汽车集团公司签订的《镍矿砂销售协议》；二、某汽车集团公司返还某物产公司货款 30 151 109.40 元，某物产公司同时将涉案镍矿砂 43 679.26 吨返还某汽车集团公司；三、某拍卖公司返还某物产公司拍卖佣金 150 756 元；四、驳回某物产公司的其他诉讼请求。

二审：一、撤销一审判决；二、驳回某物产公司的诉讼请求。

再审：维持二审判决。

【争议焦点与裁判理由】

本案的争议焦点为：(1)本案当事人之间争议的法律关系的性质是拍卖法律关系还是普通买卖法律关系，本案是适用《拍卖法》还是适用《合同法》；(2)某物产公司是否有权以重大误解为由申请解除合同。

根据再审裁判文书，人民法院认为：拍卖合同法律关系属于特殊的买卖合同关系，根据《合同法》第 173 条关于"拍卖的当事人的权利和义务以及拍卖程序等，依照有关法律、行政法规的规定"，应当优先适用《拍卖法》，但《拍卖法》没有规定的仍应适用《合同法》《民法通则》等民事基本法律的规定。虽然在拍卖之前，某汽车集团公司与某某公司就该批货物的镍含量发生了争议，但由于双方交易系以岚山检验检疫局商检报告为依据，某汽车集团公司、某拍卖公司并不能确定拍卖标的的镍含量与岚山检验检疫局商检报告不符。因此，现有证据不能认定某汽车集团公司、某拍卖公司未履行《拍卖法》规定的拍卖标的瑕疵告知义务。《拍卖法》第 61 条规定："拍卖人、委托人违反本法第十八条第二款、第二十七条的规定，未说明拍卖标的的瑕疵，给买受人造成损害的，买受人有权向拍卖人要求赔偿；属于委托人责任的，拍卖人有权向委托人追偿。拍卖人、委托人在拍卖前声明不能保证拍卖标的的真伪或者品质的，不承担瑕疵担保责任……"本案中，《竞买须知》规定：竞买人在拍卖前必须认真仔细地全面了解、查看拍品情况，亦可对该标的含量自行进行检测，一旦参与竞买，即表示对该标的现状予以认可；本次拍卖以该批货到港卸货后未移动的实物现状为准,提货时数量溢短不影响成交价格。本公司提供的资料或说明仅供竞买人参考,并不意味着本公司对此作出担保;本公司仅对现有资料进行解释,资料不足部分请竞买人向有关单位或部门咨询;竞买人慎重决定竞买行为并自主承担责任,竞买成功后不得反悔。某拍卖公司该项声明构成《拍卖法》第61条所规定的拍卖标的瑕疵担保免责声明。某物产公司参加竞买的行为表明了其对拍卖标的现状的认可。某物产公司关于拍卖文件中所称"现状"仅指拍卖标的表面状况和数量,某拍卖公司提供岚山检验检疫局商检报告的行为系对拍卖标的品质的保证,其对拍卖标的品质存在重大误解等主张均不成立,法院不予支持。

【案例评析】

本案表面上的法律问题是拍卖合同的买受人可否以对拍卖标的的质量存在重大误解为由主张撤销拍卖合同。但实际上,本案却提出了拍卖合同的性质认定的根本问题:拍卖合同是不是买卖合同?拍卖合同与普通的买卖合同在法律效果上有什么区别?拍卖合同是否适用《合同法》?拍卖合同当事人是否有《合同法》规定的各项权利和义务?而本案经过中级法院、高级法院、最高法院审理,三级法院的观点各有不同,也差不多代表了所有的观点类型,最终最高法院一锤定音,解决了拍卖合同的性质及适用法律问题。故研读本案例具有非常重要的意义。

一、拍卖合同的性质及适用的法律

拍卖合同属于买卖合同性质,三级法院均持肯定意见,其中山东高院"宏观上拍卖法律关系也是买卖关系,但是拍卖法律关系是特殊的买卖关系"的说理尤为透彻。

三级法院发生争议的是关于拍卖合同的法律争议是否适用《合同法》的问题。第一种观点是日照中院,其认为拍卖合同与普通的买卖合同并无不同,故其直接适用了《合同法》的规定;第二种观点是山东高院,其认为拍卖合同是特殊的买卖合同,不能适用《合同法》;第三种观点是最高法院,其虽然认同山东高院关于拍卖合同是特殊的买卖合同的观点,但其认为涉及拍卖合同的争议应当优先适用《拍卖法》,《拍卖法》没有规定的仍应适用《合同法》《民法通则》等民事基本法律的规定。应该说,最高法院的观点是正确的。其正确在于两点理由:(1)最高法院正确把握了两种区别即一般合同和特殊合同的区别,以及一般法和特别法的理论区别。(2)最高法院引用了准确的法条,即《合同法》第173条"拍卖的当事人的权利和义务以及拍卖程序等,依照有关法律、行政法规的规定"。应该说,只要掌握了一般法和特别法的理论,以及能够找到正确的法条,第一个问题并不难解决,该问题并不考验功力。但最高法院并未从理论上说明,在其"《拍卖法》没有规定的仍应适用《合同法》《民法通则》等民事基本法律的规定"的大原则下,为什么本案不能适用《合同法》,而是对《合同法》未置一词的情况下,径行适用了《拍卖法》的规定,似乎缺少了论证。

二、拍卖合同与普通的买卖合同在法律效果上的区别

拍卖合同与普通的买卖合同虽同属买卖合同范畴，但毋庸置疑的是拍卖合同在某些方面改变了买卖合同的一般做法，正是这些改变之处才使拍卖合同具有了独立性，也正是这些改变之处才是拍卖合同只能适用《拍卖法》而不能适用《合同法》的真正原因（拍卖合同与普通买卖合同相同之处，亦可适用《合同法》）。

拍卖合同与普通的买卖合同最大的区别，也是与本案判决有关的，是出卖人对买卖标的瑕疵担保责任的不同。首先，在普通的买卖合同中，出卖人对标的负有瑕疵担保责任，即出卖人负有向买受人保证其交付的标的与其在买卖合同中约定的标的的品质相同的义务。这有两方面的法律意义：一方面，出卖人在买卖合同中对标的的描述被认为是出卖人的义务，若出卖人交付的标的与约定不符，则买受人可以向出卖人主张违约责任；另一方面，买受人对标的的检验义务在出卖人交付后，即买受人无须在出卖人交付之前对标的进行检验。其次，从拍卖合同角度来看，委托人、拍卖人对拍卖标的不负有瑕疵担保责任（前提是委托人、拍卖人事先明示其不承担保真责任）。与普通的买卖合同相似也具有两方面但意义完全相反的法律意义：一方面，委托人、拍卖人对拍卖标的的任何说明不具有承诺的法律意义。也即委托人、拍卖人交付的标的与其事前对标的的说明不符的，买受人也无权向委托人、拍卖人追究法律责任；另一方面，买受人对标的的检验义务发生在其竞拍之前，其应根据自己的检验情况自主决定是否竞拍，若已竞拍成功，则其对标的的品质的检验就已失去意义。正是对上述区别认识不清，才导致一审法院直接适用了《合同法》规定的撤销权；一审法院的错误在于其未认识到拍卖合同与普通买卖合同的相同点。

【案例索引】

一审：山东省日照市中级人民法院（2008）日商初字第 42 号

二审：山东省高级人民法院（2010）鲁商终字第 173 号

再审：最高人民法院（2012）民提字第 161 号

20. 某拍卖公司与甲、某国有资产经营管理公司拍卖合同纠纷案

——竞买人能否以重大误解为由撤销成交确认书

问题提示：竞买人事后可否以重大误解为由撤销成交确认书？

【基本案情】

上诉人（一审被告）：某拍卖公司

被上诉人（一审原告）：甲

一审第三人:某国有资产经营管理公司

人民法院经审理查明:2012年11月12日,某国有资产经营管理公司与被告某拍卖公司就涉案标的签订了《委托拍卖合同》,就拍卖标的、双方权利义务、成交价款支付方式及时间、拍卖佣金等事项予以约定。2012年12月6日,原告甲按拍卖公告要求填报《竞买申请登记表》并交纳保证金,表格内"竞买拍卖标的意向"栏载明:休闲广场地下停车场;"竞买拍卖标的数量"栏载明:整体车库(见产权证);"竞买人须领取"栏载明:拍卖公告、竞买须知;竞买人甲签字确认:本人已领取本次拍卖会的《拍卖公告》《竞买须知》等资料,已实地察看拍卖标的、充分了解拍卖标的现状,并仔细阅读了《竞买须知》,自愿接受和遵守某拍卖公司《竞买须知》规定,并以此对自己的竞价行为负责。《竞买须知》第三条载明:本公司完全按标的物现状和现有用途进行拍卖,无论本公司及其工作人员采用任何形式对上述拍卖标的的描述、评价和介绍均属参考性意见,不作为本公司对拍卖标的的任何担保。有关建筑面积和土地使用权面积的描述皆依据委托人提供的资料进行叙述,如有差异,均以专业机构实地测绘并经颁证机关最后确认为准,不影响成交价格。拍卖文件《资产评估报告书》第五条载明:本次评估对象位于峨边县休闲广场的地下停车场;峨边县休闲广场车库评估总价400万元。与之对应的《房屋所有权证》乐山市房权证峨边县字第9516号载明:房屋所有权人为本案第三人,共有情况为单独所有,房屋坐落于峨边县休闲广场地下停车场,规划用途车库,建筑面积1666.94平方米。2012年12月13日,原告参加竞买并以最高应价1010万元竞得拍卖标的,在《拍卖成交确认书》上签字确认,并支付价款400万元。另查明,峨边县休闲广场地下停车场内共有42个车位,其中:第1-17号、22-42号共38个车位属于本案第三人所有,第18-20号3个车位属于峨边县国税局所有,第21号车位属于峨边县地税局所有。第18-21号4个车位的《房屋所有权证》乐山市房权证峨边县字第9634号、9635号载明:登记时间为2012年8月20日;房地产平面图显示:图形与本案标的平面图一致,坡道、值班室、楼梯、车道位置标注一致,18-20号以及21号四界以实线标注,其余均以虚线标注;《国有土地使用证》峨边国用(2012)第6692号、6693号载明:登记时间为2012年10月7日;宗地平面图显示:使用土地面积和建筑占地面积均为1769.19平方米,分摊土地面积分别为6.11平方米和18.80平方米,图形、文字及实虚线标注与本案标的一致。

原告甲诉称,原告以最高应价竞得拍卖标的,并在《拍卖成交确认书》上签字确认、支付价款400万元。事后原告发现拍卖标的实际情况与拍卖公告严重不符,被告没有任何资料、文字明确告知拍卖标的不含18-21号车位,致使原告对拍卖标的的数量(权属)认识错误,构成重大误解,据此提出撤销《拍卖成交确认书》、返还原告已缴纳的履约保证金和价款440万元之诉讼请求。

被告某拍卖公司辩称,拍卖标的实际情况与拍卖公告一致,不存在欺诈行为。

拍卖前原告对拍卖标的的所有权及数量是明知的,《竞买公告》《竞买须知》明确告知申请竞买人应实地考察咨询,拍卖清单中列明的该项资产的范围面积也与实际情况完全吻合,不存在致使原告产生重大误解的情形。

【裁判结果】

一审:支持原告甲的诉讼请求。

二审:撤销一审判决,驳回甲的诉讼请求。

【争议焦点与裁判理由】

本案的争议焦点为:双方订立的《拍卖成交确认书》中,某拍卖公司是否存在欺诈行为;甲是否对拍卖标的范围构成重大误解;《拍卖成交确认书》是否可撤销。

根据生效裁判文书,人民法院认为,本案中,结合某拍卖公司所公示的《拍卖公告》和《竞买须知》等拍卖材料以及原告所参与的整个拍卖活动,可以认定某拍卖公司已根据委托人即本案第三人的陈述对拍卖标的进行了与权属一致且真实的说明,无虚假陈述。被告通过《竞买须知》履行了告知义务,对于18－21号车位的权属情况,被告和第三人从未否认这一真实情况,只是认为不属于第三人权属范围而未告知。甲未举证证明某拍卖公司有隐瞒真实情况之故意。因此,甲认为某拍卖公司的行为构成欺诈的理由不能成立。

某拍卖公司在整个拍卖活动中,对拍卖标的并无虚假陈述和故意隐瞒行为。《竞买申请登记表》是竞买人登记报名时供拍卖公司审核其是否符合竞买条件使用的,并非用于说明拍卖标的的具体情况,其对拍卖标的的表述应结合产权证及其余拍卖资料来理解和认定,上诉人仅凭《竞买申请登记表》的表述认为其构成重大误解的理由不成立。《合同法》理论上重大误解有两个构成要件:一是表意人因误解而为意思表示,这种误解应当是因相对方的原因造成表意人的误解;二是因误解给表意人造成重大损失。本案中,甲对拍卖标的进行了解并实地查看,对拍卖标的的现状进行了充分了解后才报名参加的,报名时也未对拍卖标的提出异议,产权证上对车库的状况也有明确载明。根据二审查明的事实,结合其在拍卖时和其他人竞价的情况以及二审的陈述推定其在拍卖时不存在重大误解,同时甲也未提供证据证明其因此误解造成了较大损失,故被上诉人甲对拍卖标的的范围并不构成重大误解,不符合《合同法》第54条规定的撤销合同的条件,撤销之请求不予支持。

【案例评析】

在案件审理中,本案的焦点主要集中在,甲是否因某拍卖公司的欺诈而签订了《拍卖成交确认书》,以及甲的签约行为是否构成民法上的重大误解,构成上述之一情形的,依据《民法通则》及《合同法》的规定,享有撤销权的一方(受欺诈方、重大误解表意人)可以撤销合同。

关于甲是否因某拍卖公司的欺诈而签订《拍卖成交确认书》。所谓民事活动中的欺诈,依据《最高人民法院关于贯彻执行〈中华人民共和国民法通则〉若干问题的意见(试行)》第 68 条的规定,一方当事人故意告知对方虚假情况,或者故意隐瞒真实情况,诱使对方当事人作出错误意思表示的,可以认定为欺诈行为。构成欺诈需要从以下构成要件判断:(1)相对方实施了虚构情况或隐瞒真实情况的欺诈行为;(2)相对方有欺诈故意;(3)表意人因相对方欺诈而陷入错误;(4)表意人因陷入错误而为意思表示。结合本案事实,对于拍卖标的,被告某拍卖公司依据委托人提供的资料和权属证书如实陈述了相关状况,并无故意隐瞒真实情况的行为。虽然其没有对 18 - 21 号他人产权的车位进行特别说明,因法律上无说明他人财产的义务,同时因竞买人已经充分实地考察、了解了拍卖标的,故某拍卖公司不构成欺诈。

关于甲的签约行为是否构成民法上的重大误解。依据《最高人民法院关于贯彻执行〈中华人民共和国民法通则〉若干问题的意见(试行)》第 71 条的规定,行为人因对行为的性质、对方当事人、标的物的品种、质量、规格和数量等的错误认识,使行为的后果与自己的意思相悖,并造成较大损失的,可以认定为重大误解。依据《合同法》第 54 条第 1 款第 1 项之规定,因重大误解订立的合同,当事人一方有权请求人民法院或者仲裁机构变更或者撤销。

对于重大误解的法律上认定,需要具备两个要件:一是表意人因错误认识而为意思表示,致使表示与内心真意不一致;二是因误解(错误)给表意人造成重大损失。由于是否存在错误认识而为与内心真意不一致的表示系表意人内心的活动,外界很难探知,司法实践往往依据客观事实,以“一般人”标准来判断。本案中,从二审查明的事实来看,甲竞买的意思表示应当是真实的意思表示,即依据通常情形应该是知晓拍卖的标的不包括 18 - 21 号车位,其做出的竞买意思应是对除 18 - 21 号车位外的拍卖标的而言的,是其真实的意思表示,故不构成重大误解所要求的“基于对拍卖标的数量错误认识而导致的表示与内心真意不一致之情形”。就本案而言,还有一个要件是无法满足的,即甲也未提供证据证明其因此误解造成了较大损失。本案的成交价是基于真实的拍卖标的价值起拍竞价的结果,并未给买受人造成实际上的较大损失,故原告甲签订《拍卖成交确认书》的行为不构成重大误解,不符合《合同法》第 54 条第 1 款第 1 项关于当事人一方有权请求人民法院或者仲裁机构变更或者撤销的条件。

【案例索引】

一审:四川省乐山市市中区人民法院(2012)乐中民初字第 3421 号

二审:四川省乐山市中级人民法院(2013)乐民终字第 984 号

21. 某拍卖公司与甲拍卖合同纠纷案

——拍卖标的的宣传介绍与实际情况不符，是否构成欺诈

问题提示：拍卖人在拍卖过程中对拍卖标的宣传介绍与实际情况不符，构成欺诈的，能否直接认定拍卖无效？

【基本案情】

上诉人（一审原告、反诉被告）：某拍卖公司

被上诉人（一审被告、反诉原告）：甲

人民法院经审理查明：2010 年 10 月 2 日，原告某拍卖公司作为拍卖人（乙方）与委托人某公司（甲方）签订了《委托拍卖合同》一份，约定：拍卖标的：(1)甲方自愿委托乙方依法拍卖如下拍卖标的：拟售商铺的房号（详见委托拍卖标的清单）；(2)甲方保证委托拍卖标的是甲方所有或者依法可以处分的，并提供有关证件文件等材料，甲方对提供的证明材料的真实性负责；(3)拍卖前乙方应将已知或应知拍卖标的的权属、质量和瑕疵如实告知竞买人。拍卖期限及地点：乙方于 2010 年 10 月 31 日之前在某拍卖公司举办的拍卖会上对本合同所载拍卖标的进行拍卖。拍卖成交价款的支付：拍卖成交后，在买受人交齐价款，甲方和买受人成交标的交付手续办理完毕 5 日内，乙方以现金或转账方式将扣除佣金和费用后的成交价款支付给甲方。第 10 条拍卖成交标的未实现交付：因买受人未按约定支付拍卖成交价款的，按照《拍卖法》第 39 条执行。

2010 年 10 月 8 日原告在《泰安日报》上发布拍卖公告：对“泰安光彩大市场”一期工程中，位于市场六区黄金位置的部分拟售商铺的房号，进行公开拍卖。买受人可凭竞拍的房号在委托人规定的时间内办理交款、购房手续，参考价 6000 ~ 15 000 元/每个房号。

2010 年 10 月 14 日，原、被告签订了《竞买合同书》，约定：每个房号交纳保证金 5000 元，并约定被告若成为买受人，应在拍卖现场与拍卖人签订《拍卖成交确认书》，并在 2010 年 10 月 20 日 15 时前，将拍卖成交款及拍卖佣金全部付清；佣金按成交价的 10% 交纳，如买受人（被告）未交齐成交价款及拍卖佣金的，视买受人违约，拍卖人（原告）有权收回拍卖标的物再行拍卖，保证金不予退还，再行拍卖的价款低于原拍卖的价款的，由原拍卖人补齐差额并承担全部损失。2010 年 10 月 20 日，被告向原告交纳八个房号的保证金 40 000 元。

2010 年 10 月 16 日上午，被告甲参加了原告某拍卖公司在泰安东尊华美达大酒店举行的拍卖会，在拍卖会上，被告甲以（竞买牌号 157、158、159）分别竞买到泰安光彩大市场六区十四栋 2、4 号及 6 号和 1、3 号商铺房号，并现场分别签订《拍卖成交确认书》，金额分别为 61 万元、27 万元、31 万元，总成交金额为 119 万元。《拍

卖成交确认书》签订后,被告没有按照约定支付佣金及成交价款,2010年10月25日,原告给被告发出催款通知书,经催要仍未付,故形成诉讼。

因被告甲未支付佣金及成交价款,原告于2010年11月12日对泰安光彩大市场六区十四栋2、4号及6号和1、3号商铺房号进行第二次拍卖,乙、丙、丁分别以23万元、21万元、13万元的价格签订拍卖成交确认书。

本案在审理过程中,被告提出申请,要求调取原告某拍卖公司于2010年10月16日拍卖现场的录像资料,以证实原告在拍卖过程中宣称的被告所购买房号系沿街商铺;同时提交的2011年8月22日泰安市城市建设项目管理委员会会议纪要(5)中第27载明:"同意某投资公司在灵山大街以北、市场六区的沿街高层商业楼设计方案",被告以此证实所购买的商铺房号并非沿街房。

另查明,2010年9月29日,泰安市房产管理局为某投资公司颁发了泰房预(销)售证第(2010)041号泰安市商品房预(销)售许可证。上载明房地产开发单位为某投资公司,项目名称为光彩大市场六区商业,预售范围1~9号楼、11~14号楼,有效期限12个月,自2010年9月29日起至2011年9月28日止。

2010年10月25日,原告某拍卖公司向被告甲发出催款通知书,经催要仍未付,故诉至法院要求支付佣金并赔偿损失。被告甲提出反诉,要求退还保证金40 000元。

上诉人某拍卖公司上诉称:(1)一审判决认定的基本事实错误。上诉人在拍卖会上发放的图纸中没有任何字样是表明涉案的商铺沿灵山大街。在拍卖过程中,拍卖人对拍卖标的对应的商铺是否系沿灵山大街并不知晓,上诉人是完全按照委托人的委托,严格依照《拍卖法》规定的拍卖程序进行拍卖,绝不存在隐瞒事实真相欺诈竞买人的行为;(2)上诉人具有合法的拍卖主体资格,其拍卖严格依法定程序进行,拍卖行为完全合法有效;(3)一审法院认定上诉人在拍卖过程中构成欺诈,认定《竞买合同书》《拍卖成交确认书》无效不成立。请求二审法院依法改判被上诉人支付佣金119 000元并赔偿经济损失620 153元,被上诉人所交保证金归上诉人所有。

被上诉人甲辩称:一审法院认定上诉人在拍卖中存有欺诈行为事实清楚,证据充分。请求二审法院依法驳回上诉人的上诉,维持原判。

【裁判结果】

一审:一、驳回原告某拍卖公司的诉讼请求。二、反诉被告某拍卖公司于本判决生效之日起十日内返还反诉原告甲保证金40 000元。如果未按本判决指定的期间履行给付金钱的义务,应当依照《民事诉讼法》第253条的规定,加倍支付迟延履行期间的债务利息。诉讼费11 590元,反诉费800元,由原告承担。

二审:驳回上诉,维持原判。

【争议焦点与裁判理由】

本案的争议焦点为,某拍卖公司在拍卖会上是否存在欺诈行为。

根据生效裁判文书，人民法院认为，2010年10月16日，竞买人包括被上诉人在未完全了解拍卖商铺环境的情况下，参与了竞买活动。从上诉人发放的商铺图纸上看，被上诉人参与竞拍的泰安光彩大市场六区十四栋2、4号及6号和1、3号商铺为沿街商铺，且前面没有建筑物，上诉人在拍卖过程中亦宣称该商铺位于泰山大街西首，南临灵山大街，上诉人在明知拍卖标的所对应的商铺并非沿灵山大街的情况下，故意宣称沿街商铺，致使竞买人均陷入错误认识纷纷竞价，被上诉人以总价119万元的高价成交，但事实上该商铺前要建一座高层大楼，因此一审认定上诉人在拍卖中虚假宣传存有欺诈行为，其与被上诉人双方签订的《竞买合同书》《拍卖成交确认书》无效正确。再者，2010年11月12日，上诉人作为拍卖人第二次拍卖泰安光彩大市场六区十四栋1、3号和2、4号及6号商铺房号仅拍出57万元，前后在不到一个月的时间内同一商铺号价位相差62万元，两次拍卖价位悬殊，更印证了上诉人拍卖活动中存在虚假宣传。由于竞买人是基于拍卖人的宣传活动的信赖来参与拍卖竞买活动，而非基于委托人，因此上诉人主张“拍卖人对拍卖标的对应的商铺是否系沿灵山大街并不知晓，是完全按照委托人的委托”的上诉理由不能成立。

【案例评析】

本案审理中所涉及的主要法律问题是：拍卖人在拍卖过程中对拍卖标的宣传介绍与实际情况不符，构成欺诈的，是否导致拍卖无效。对于拍卖中的欺诈，《拍卖法》并没有加以规定，但欺诈显然属于违法。商务部《拍卖管理办法》第30条规定“拍卖企业应当依法开展拍卖活动，不得对拍卖标的进行虚假宣传，给买受人造成经济损失”，国家工商总局《拍卖监督管理办法》第7条也规定“拍卖企业不得利用拍卖公告或者其他方法，对拍卖标的作引人误解的虚假宣传”，但是，上述两部部门规章只是从行政法角度规定了处罚措施，对于拍卖企业在拍卖过程中对拍卖标的作引人误解的虚假宣传的，拍卖行为的效力，相关拍卖法律并没有明确规定。笔者认为，对于拍卖人在拍卖活动中存在欺诈并因此导致买受人上当的，应根据《合同法》等法律的相关规定来处理。

一、关于拍卖公司在本案中是否构成欺诈

欺诈，是一个常见法律用词。在法律中，无论是民法还是刑法，对欺诈都有相应的法律规定。对于民事合同中的欺诈，《合同法》第54条第2款规定：一方以欺诈、胁迫的手段或者乘人之危，使对方在违背真实意思的情况下订立的合同，受损害方有权请求人民法院或者仲裁机构变更或者撤销。

关于欺诈的构成，应从以下几个方面进行认定：第一，要有欺诈的故意。所谓欺诈故意，是指欺诈人明知自己告知对方的情况是虚假的，会使被欺诈人陷入错误认识，并且希望或放任这种结果发生的一种心理状态。故意必须以欺诈人对事实情况明知，被欺诈人对事实情况不明知为前提条件，否则不构成欺诈。第二，欺诈人具有欺诈行为。所谓欺诈行为,是指欺诈人通过语言、文字或活动有意隐瞒事实或告知虚假情况的行为。包括为使被欺诈人陷入错误、加深错误、保持错误等,而实施的虚构、变更、隐匿事实的行为。第三,被欺诈人陷入错误是基于欺诈人的欺诈,即被欺诈人并非因自己疏忽之故,而是因欺诈之故陷入错误。这里的错误是指当事人对合同的主要内容的认识缺陷。如果被欺诈人未陷入错误,即使欺诈人有欺诈的故意和行为,也不发生欺诈的法律后果。同时要求欺诈与陷入错误之间具有因果关系。第四,被欺诈人因错误认识而为一定的意思表示。所谓意思表示,是指表意人将欲成立法律行为的意思表示于外部的行为。被欺诈人在为意思表示时认为是自己真实的意思表示,会引起期望的法律后果。而事实上因受欺诈,其意思表示不会发生期望的法律后果。也即被欺诈人的意思表示与陷入错误之间存在因果关系。如果被欺诈人虽然因受欺诈而陷入错误认识,但并未因错误认识而为意思表示,则不构成欺诈。

本案买受人为了证明存在欺诈,在一审中向法院申请调取了某拍卖公司于2010 年 10 月 16 日拍卖现场的录像资料,而且提供了某拍卖公司现场发放的图纸,图纸显示,甲参与竞拍的泰安光彩大市场六区十四栋 16、18 号及 17、19 号商铺为沿街商铺,且前面没有建筑物,原告在拍卖过程中亦宣称该商铺位于泰山大街西首,南临灵山大街,原告在明知拍卖标的所对应的商铺并非系沿灵山大街的情况下,故意宣称系沿街商铺,致使被告陷入错误认识而签订成交确认书,原告作为拍卖人存在欺诈的事实没有任何争议。而且,如二审法院所分析的,本案原告作为拍卖人第二次拍卖泰安光彩大市场六区十四栋 1、3 号和 2、4 号及 6 号商铺房号仅拍出 57 万元,前后在不到一个月的时间内同一商铺号价位相差 62 万元,两次拍卖价位悬殊,更印证了其在拍卖活动中存在虚假宣传。拍卖公司在上诉中称其“在拍卖会上发放的图纸中没有任何字样是表明涉案的商铺沿灵山大街。在拍卖过程中,拍卖人对拍卖标的对应的商铺是否系沿灵山大街并不知晓,上诉人是完全按照委托人的委托,严格依照《拍卖法》规定的拍卖程序进行拍卖,绝不存在隐瞒事实真相欺诈竞买人的行为”,但这些显然都与事实不符。

二、拍卖人存在欺诈是否直接导致拍卖无效

本案的处理结果,应该是符合公平公正原则的。但是,笔者对本案法院适用的法律依据有一些不同的看法。一审法院认定拍卖无效的依据是《合同法》第 52 条、第 56 条、第 58 条的规定。《合同法》第 52 条规定:“一方以欺诈、胁迫的手段订立合同,损害国家利益的,合同无效。”《合同法》第 56 条规定:“无效的合同或者被撤销的合同自始没有法律约束力。合同部分无效,不影响其他部分效力的,其他部分仍然有效。”《合同法》第 58 条规定:“合同无效或者被撤销后,因该合同取得的财产,应当予以返还;不能返还或者没有必要返还的,应当折价补偿。有过错的一方应当赔偿对方因此所受到的损失,双方都有过错的,应当各自承担相应的责任。”从本案情况来看,本案某拍卖公司虽然在拍卖活动中存在欺诈,但是本案并不存在损害国家利益的情况,本案中利益受损的应该是买受人甲和其他竞买人,当然,某拍卖公司在拍卖中有欺诈行为,其行为违反了国家对拍卖市场的管理规定,但这个可以由拍卖活动管理部门依照相关行政规章来进行处理。本案中某拍卖公司虽然存在欺诈,但合同是否有效应该适用《合同法》第54条第2款规定的"一方以欺诈、胁迫的手段或者乘人之危,使对方在违背真实意思的情况下订立的合同,受损害方有权请求人民法院或者仲裁机构变更或者撤销",因此,买受人甲完全可以在诉讼中提出要求撤销《拍卖成交确认书》,并要求某拍卖公司返还其已经支付的拍卖保证金。

【案例索引】

一审:山东省泰安市泰山区人民法院(2011)泰山商初字第108号

二审:山东省泰安市中级人民法院(2014)泰商终字第183号

22. 某职业培训学校与某拍卖行、某银行分行拍卖合同纠纷案

——故意不告知拍卖标的瑕疵是否构成欺诈

问题提示:委托人和拍卖人故意不告知拍卖标的瑕疵的,是否构成欺诈行为?

【基本案情】

原告:某职业培训学校

被告:某拍卖行

被告:某银行分行

人民法院经审理查明:2004年3月26日,被告某银行分行与被告某拍卖行签订委托拍卖合同一份。合同约定,被告某银行分行将其部分抵贷资产委托被告某拍卖行进行公开拍卖。2004年12月10日,被告某拍卖行向社会公开发出拍卖公告,公告拍卖时间为2004年12月17日上午10时30分,在该行拍卖大厅公开拍卖以下标的,其中包含位于安阳市文峰区相州路201号房产,建筑面积为10 170.68平方米。2004年12月16日,原告某职业培训学校申请参加竞拍,并向被告某拍卖行递交了竞买申请书,缴纳了竞买保证金400 000元人民币。被告某拍卖行将竞买须知和拍卖规则以及拍卖标的目录告知了原告。该竞买须知对标的展示、拍卖方式、竞买人资格、竞买登记手续、保证金说明、拍卖结算、标的交割及产权变更手续办理等都进行了详细说明。2004年12月17日,原告某职业培训学校参与竞拍,并竞买成功。双方签订《拍卖成交确认书》。该确认书第二条对标的物名称、建筑面积、

成交价、佣金、总金额都进行了约定。2005年3月3日,原告某职业培训学校将成交价和佣金共计4 116 000元交齐。2005年3月4日,被告某拍卖行给原告出具关于协助办理委托房产手续的函。法院另查明,原告某职业培训学校竞买的房产,原属于原某银行支行所有,其办房产证日期为2001年11月23日。该房产证上载明,共有房产12幢,面积共计10 170.68平方米,在该房产证的附记一栏中注明,原一幢住宅房已出售,余1户未购51.40平方米。法院又查明,原某银行车站支行在2003年委托某会计事务所对上述房地产进行资产评估,该会计事务所于2003年6月6日作出资产评估报告书。2005年4月5日,原告某职业培训学校将其竞买的安阳市文峰区相州路201号房产办理了产权过户手续,于2005年4月12日缴纳契税156 800元。2005年4月15日,原告某职业培训学校向某房地产交易中心缴纳房屋买卖手续费39 200元。2006年5月30日经安阳市房产管理部门对部分房产面积数额进行重新丈量更改,确认该相州路201号房产的实际面积为8442.32平方米,与原房产证(被告某拍卖行所公告的面积)面积相差1728.36平方米,占被告某拍卖行所公告面积的17%。

原告某职业培训学校诉称,原告于2004年12月17日参加了由被告某拍卖行组织的拍卖该房产建筑面积为10 170.68平方米房产的竞购活动。拍卖成交后,原告支付了10 170.68平方米的成交价款3 920 000元和佣金196 000元。但原告在安阳市房地产管理局办理产权过户登记手续时,发现与实际成交面积相差1728.36平方米,面积缩水17%。因此,请求法院判令:被告某拍卖行返还原告多收的佣金33 308.05元;被告某银行分行返还原告多收取的房款666 144.51元;被告某银行分行返还因多收房款造成原告多交的契税26 646.44元和手续费6661.6元;被告某银行分行赔偿原告因多收的房款、多收的佣金、多交的契税、多交的手续费共计732 760.60元的利息损失;被告某银行分行赔偿原告的律师代理费20 000元。

被告某拍卖行辩称,原告参加竞拍前表示自己全部了解拍卖标的的情况,某拍卖行已经告知要以房产部门实际测量的面积为准拍卖,不存在多收佣金问题,要求驳回原告的诉请。

被告某银行分行辩称,因有政府出面协调,被告某银行分行顾全大局,牺牲巨大利益,为配合政府,在不清楚房产的情况下,将安阳市相州路201号的房产以极低的价格即3 920 000元拍卖给原告。某银行分行无过错,同时也是受害方;被告某银行分行在卖房产前,市政府国资委的工作人员已明确告知原告以房产部门实际测量的面积为准进行拍卖,原告已明知面积有误;原告新办理的第1180000010号房产证存在严重错误,原告不能以该错误的房产证主张返还房款。请求驳回原告的诉讼请求。

【裁判结果】

一审:一、限被告某拍卖行于本判决生效之日起十日内返还原告某职业培训学校佣金33 308.05元;二、限被告某银行分行于本判决生效之日起十日内返还原告某职业培训学校房款666 144.51元及利息;三、驳回原告某职业培训学校的其他诉讼请求。

【争议焦点与裁判理由】

本案的争议焦点为,某拍卖行和某银行分行在拍卖活动中是否有欺诈行为,某职业培训学校的各项费用返还请求应否予以支持。

人民法院经审理认为,根据原房产证的注明和该房产的评估报告,某银行分行和被告某拍卖行在明确知道其拍卖的安阳市文峰区相州路201号房产的建筑面积存在不足10 170.68平方米的瑕疵的情况下而未告知竞买人。根据我国拍卖法的相关规定,拍卖人应当向竞买人说明拍卖标的的瑕疵。但某拍卖行对外公告的该房产的面积仍为10 170.68平方米,其行为违背我国拍卖法规定的诚实信用原则。原告某职业培训学校要求被告某拍卖行返还多收的佣金33 308.05元,法院予以支持。原告要求被告某银行分行返还多收的房款666 144.51元,并按银行贷款利率支付利息的诉讼请求,合理、合法,也予以支持。因原告向国家相关部门缴纳契税和手续费,并非被告某银行分行收取,且本案中无法确定多缴数额,故原告请求被告某银行分行返还原告向相关部门按17%比例多缴纳的契税26 646.44元及利息,多缴纳的过户手续费6661.6元及利息的诉讼请求,不予支持。至于原告诉称要求被告某银行分行返多收取佣金33 308.05元的利息,经查,该佣金系某拍卖行多收取原告的,相应利息不应由某银行分行返还。因此,原告要求被告某银行分行返多收取佣金33 308.05元的利息的诉讼请求,不予支持。原告要求被告某银行分行赔偿原告的律师代理费20 000元,其依据不足,不予支持。

【案例评析】

一、某拍卖行和某银行分行在拍卖活动中是否有欺诈行为

某职业培训学校所竞买的房产产权证上已经注明原一幢住宅房已出售,余1户未购51.40平方米。某会计事务所根据实际情况进行评估并明确指出房屋建筑物评估值2 995 919.40元。由于委托方不能确认,故该评估结论中未扣除已出售住宅房。根据原房产证的注明和该房产的评估报告,某银行分行和某拍卖行在明确知道其拍卖的安阳市文峰区相州路201号房产的建筑面积存在不足10 170.68平方米的瑕疵的情况下而未告知竞买人。根据我国拍卖法的相关规定,拍卖人应当向竞买人说明拍卖标的的瑕疵。但某拍卖行对外公告的该房产的面积仍为10 170.68平方米,其行为违背我国拍卖法规定的诚实信用原则。某拍卖行辩称,在拍卖前已将竞买须知告知某职业培训学校并且该竞买须知第8条第2项特别声明:“拍卖标的土地面积和房产面积,均以国土部门和房产管理部门的最终测量结果为准,如有出入,不多退少补”,而且某职业培训学校已在双方的拍卖成交确认书上签字认可。经查,该条款和声明系格式条款,并不能成为两被告在明知所拍卖房产面积数量存在瑕疵,而故意隐瞒真相,免除其应承担责任的理由。况且实际平方面积与两被告公示的平方面积相差 1728.36 平方米,占被告公告平方面积的 17%,给某职业培训学校造成巨大财产损失。故某拍卖行的该辩称理由,也不能予以支持。

二、某职业培训学校的各项费用返还请求应否予以支持

某职业培训学校要求某拍卖行返还多收的佣金 33 308.05 元,要求某银行分行返还多收的房款 666 144.51 元,并按银行贷款利率支付利息的诉讼请求,合理、合法,应予以支持。但因某职业培训学校向国家相关部门缴纳契税和手续费,并非某银行分行收取,且本案中无法确定多缴数额,故某职业培训学校请求某银行分行返还某职业培训学校向相关部门按 17% 比例多缴纳的契税 26 646.44 元及利息,多缴纳的过户手续费 6661.6 元及利息的诉讼请求,不予支持。虽市政府国资委的工作人员在拍卖房产前已明确告知某职业培训学校以房产部门实际测量的面积为准进行拍卖,但该告知未明确告知某职业培训学校所竞买的房产面积存在较大误差,且不能证明系两被告履行了瑕疵告知义务,故某银行分行的该辩称理由,不应予支持。某银行分行辩称,某职业培训学校新办理的第 1180000010 号房产证存在严重错误,某职业培训学校不能以该错误的房产证主张返还房款。经查,某职业培训学校在新办理的安阳市房权证文峰区字第 1180000010 号房产证房屋平面图只是存在方位错误,并非测量数据错误,且不能证明所争议的房屋总面积存在错误,故某银行分行辩称理由,不予支持。某职业培训学校诉称要求某银行分行返多收取佣金 33 308.05元的利息。经查,该佣金系某拍卖行多收取某职业培训学校的,相应利息不应由某银行分行返还。某职业培训学校要求某银行分行返多收取佣金33 308.05 元的利息的诉讼请求,不应予支持。某职业培训学校要求某银行分行赔偿某职业培训学校的律师代理费 20 000 元,其依据不足,不能得到支持。

【案例索引】

一审:河南省安阳市文峰区人民法院(2006)文民二初字第 33 - 1 号

23. 甲与某拍卖公司、某某拍卖公司、乙拍卖合同纠纷案

——高管以公司名义实施的无权代理行为的效力

问题提示:拍卖公司高管以公司名义实施的无权代理行为是否有效?

【基本案情】

原告:甲

被告:某拍卖公司

被告:某某拍卖公司

被告:乙

人民法院经审理查明:2009 年 7 月 14 日,乙代理被告某拍卖公司与原告甲签订了《某拍卖公司委托合同》一份。该合同约定,合同共 65 个拍品。2009 年 12 月 28 日,被告乙与被告某某拍卖公司签订《委托拍卖合同》,合同约定,被告乙委托某某拍卖公司对原告交付的拍品进行拍卖。2010 年 1 月 10 日,被告乙向上海市文管会提交的拍卖会申请上,某拍卖公司的公章系其私刻。2010 年 1 月 15 日,某某拍卖公司将拍卖活动情况向上海市工商行政管理局闸北分局进行备案登记。备案表上载明:拍卖会名称、拍卖会地址、拍卖时间,现场负责人姓名"乙"。2010 年 1 月 19 日,拍卖会举行。2010 年 2 月,被告乙向原告汇款 12 250 元,汇款单标注"拍卖款"。现 65 件拍品,已有 44 件由原告于拍卖会结束之后取回。剩余 21 件中,确认成交的共计 15 件,其中超过保留价成交的共 8 件。

原告甲诉称,原告与被告某拍卖公司签订了书画拍卖委托合同。委托合同签订后,某拍卖公司的总经理乙又将该批拍品委托被告某某拍卖公司进行拍卖。拍卖会由某某拍卖公司实际操作。拍卖会上所使用的"拍品图录""特别提示"等文件均注明属于某拍卖公司。原告所委托的拍品中,确认成交的共有 21 件,其中有 8 件拍品高于保留价成交。原告认为被告应当返还未成交的拍品、已成交拍品的成交价,同时赔偿成交价与保留价之间的价差,还应当赔偿其上述款项的利息损失。

被告某拍卖公司辩称,被告乙曾是某拍卖公司的总经理,但公司并未授权乙与原告签订委托拍卖合同。原告将拍品交给乙的行为某拍卖公司毫不知情。按照《拍卖法》的规定,如果公司与原告签订了委托拍卖合同,应该由被告某拍卖公司直接进行拍卖,但公司始终未参与拍卖,且原告在拍卖会进行的前一天已经得知拍卖的举办方由某拍卖公司变更为了某某拍卖公司,但并未提出异议,可以视为对拍卖合同义务履行方变更的默认,故原告要求承担上述拍品和钱款的返还责任于法无据,请求法院予以驳回。

被告某某拍卖公司辩称,2010 年 1 月 18 日,某拍卖公司曾经发信息给原告,通知其参加拍卖前的说明会,并在说明会上告知原告拍卖会承办方已由某拍卖公司变更为某某拍卖公司,如果原告不愿意继续参加拍卖会可以将拍品撤回。

被告乙辩称,其于 2009 年 8 月 1 日起终止了与某拍卖公司的合作关系,本案诉争的拍卖都是其个人行为,与某拍卖公司无关。在与某拍卖公司解除合作关系后,本被告已将该事实向所有藏家进行了披露。但由于那时很多拍品已经到本被告手中,本被告遂与某拍卖公司协商,某拍卖公司同意本被告借某拍卖公司品牌继续进行拍卖。2009 年 11 月,某拍卖公司提出要支付 100 万元的押金,才能继续以某拍卖公司名义组织拍卖,本被告只能找到某某拍卖公司举行了本案诉争的拍卖会。2010 年 1 月 18 日,本被告曾组织委托拍卖的藏家进行了一次说明会,告知拍卖会的主办方由某拍卖公司变更为了某某拍卖公司,并做出了如果不愿意继续参加拍卖会的可以将拍品取回的说明。本被告确认"33"号、"104"号、"112"号、"116"号、"137"号及"102"号6件拍品仍然在本被告处,并同意将拍品返还原告,本被告也同意按照成交价向原告支付已经收取的拍卖价款。至于原告主张要求对低于保留价成交的拍品按照保留价支付价款,本被告不予同意,因为诉争拍卖原告亲自参与,很多价格在现场作了调整,原告是决策者。拍卖会结束后,本被告也曾向原告汇款12 250元,支付了部分拍卖价款,并不存在怠于履行付款义务的说法,故本被告不同意原告要求支付利息的诉讼请求。

【裁判结果】

一审:支持原告的全部诉讼请求。

【争议焦点与裁判理由】

本案的争议焦点为,拍卖公司高管以公司名义实施的无权代理行为是否有效,能否约束拍卖公司。

人民法院经审理认为,本案中,被告某拍卖公司抗辩,乙借某拍卖公司的名义与原告签订了委托合同,系其个人行为,与某拍卖公司无关,但综观委托拍卖的整个过程,诉争委托合同的名称为《某拍卖公司委托合同》,拍卖用的图册也注明了"某拍卖公司艺拍"的字样,而在与原告签订委托合同之时,被告乙尚未正式解除与被告某拍卖公司的合作关系。即使在双方合作关系解除后,被告某拍卖公司及被告乙也没有提供证据证明已经向原告履行了告知义务。结合乙在与某拍卖公司解除合作关系前系担任某拍卖公司的经理,并持有某拍卖公司专用的合同文本及合同专用章,且上述合同文本及合同专用章的真实性也已在庭审中得到了被告某拍卖公司的确认等事实,故法院认为,作为善意第三人的原告有理由确信乙系代表某拍卖公司与其签订了委托合同,因此,本案诉争委托合同的当事人仍应认定为原告和某拍卖公司,乙的行为只能构成职务行为,其在任职期间代表某拍卖公司从事的职务行为应当由某拍卖公司承担相应的法律责任。

【案例评析】

本案中最主要的争议焦点在于,乙以某拍卖公司名义订立的拍卖合同是否有效,能否约束某拍卖公司。

依法成立的合同,对当事人具有法律约束力。当事人一方不履行合同义务或者履行合同义务不符合约定的,应当承担继续履行、采取补救措施或者赔偿损失等违约责任。原告甲与被告某拍卖公司签订的《委托拍卖合同》合法有效,合同双方当事人应当在约定范围内履行相应的权利义务。被告某拍卖公司抗辩称被告乙曾是某拍卖公司的总经理,但某拍卖公司并未授权乙与原告签订《委托拍卖合同》。且某拍卖公司与乙也已经解除了合作关系,原告将拍品交给乙的行为某拍卖公司毫不知情。但被告某拍卖公司在与乙协商解除合作关系之时,应第一时间收回乙手中的合同文本及合同专用章，现乙以上述合同文本及合同专用章与原告签订了委托合同，系某拍卖公司内部管理上的疏失，应由其承担由此造成的不利后果。虽然被告乙向上海市文管会提交的拍卖会申请上某拍卖公司的公章系其伪造的，但鉴于被告乙的职务系某拍卖公司的总经理，其对公司公章的形状等极其熟悉，故伪造出的印章相似度也较高。原告在履行合同时即使尽了合理的注意义务，仍无法辨别真伪实属合理，故应当认定乙的行为属于职务行为，该拍卖合同直接约束原告与被告某拍卖公司。

那么，根据《拍卖法》的相关规定，拍卖人接受委托后，未经委托人的同意，不得委托其他人拍卖。现被告乙在未经原告同意下与某某拍卖公司签订了《委托拍卖合同》，委托某某拍卖公司将原告拍品进行拍卖，应当承担相应的法律后果。另，根据法律规定，拍卖标的有保留价的，竞买人的最高应价未达到保留价时，该应价不发生效力，拍卖师应当停止拍卖标的的拍卖。被告以低于保留价的价格将7件拍品拍出，给原告造成了损失，根据法律规定应予以赔偿。故原告的诉请可以得到支持。

【案例索引】

一审：上海市长宁区人民法院(2010)长民一(民)初字第2245号

24. 某树脂公司与某招标拍卖公司拍卖合同纠纷案

——委托人未经股东会同意能否撤销委托拍卖合同

问题提示：1. 委托人以未经股东会同意为由要求撤销委托拍卖合同，能否得到支持？2. 委托人已经被法院依法受理破产申请后，拍卖人受理的对委托人的资产拍卖是否有效？

【基本案情】

原告：某树脂公司

被告：某招标拍卖公司

人民法院经审理查明：2006年2月15日，山城区法院受理原告某树脂公司破产还债申请，于2006年2月24日裁定查封某树脂公司的所有财产。2007年3月13日山城区法院裁定驳回了原告的破产还债申请。2006年11月27日原告某树脂公司与某化肥厂签订合同一份，约定将某树脂公司的六车间及附属设施作价40万元卖给某化肥厂，该协议未实际履行。2006年11月28日某树脂公司与被告某招标拍卖公司签订《委托拍卖合同书》，约定原告委托被告拍卖属于原告所有的六车间及附属设施。经原告委托鹤壁海纳资产评估事务所对该标的进行评估，评估结论为该标的物价值45万元。某招标拍卖公司在鹤壁市教育电视台对拍卖事项进行了公告。2006年12月11日某树脂公司向某招标拍卖公司出具书面文件,声明该标的拍卖底价为40万元,12月11日经某招标拍卖公司主持拍卖程序,某化肥厂以底价40万元成交,某招标拍卖公司向某化肥厂出具了《拍卖成交确认书》。

某树脂公司诉称,公司在申请破产立案审查期间,财产被法院全部查封,不经法院谁也无权处分公司的任何资产。可公司六车间在公司股东和法院不知情的情况下被拍卖,这属于侵权行为。因此某树脂公司认为该《拍卖成交确认书》属于伪造,理由是:(1)违反了《公司法》和公司章程,未经股东大会同意,个别人私自加盖公司公章,侵犯了股东的合法权益;(2)该《拍卖成交确认书》违反了《拍卖法》规定的拍卖程序及有关规定;(3)我公司当时正在破产审查立案期间,资产全部被法院查封,该确认书严重违法。故诉至法院,请求判令:撤销被告的《拍卖成交确认书》,返还原告的六车间及一切财产并赔偿经济损失。

被告某招标拍卖公司辩称,原告所述不是事实,首先,拍卖公司受所有权人委托代为交易,依照法定程序,交易行为由《拍卖法》所规范,我公司按照《拍卖法》规定的程序完成了交易是正当行为,该《拍卖成交确认书》是我公司依照法律程序作出的,不是伪造;其次,原告要求我公司返还财产的请求没有依据,我公司只是中介机构,不应当由我公司返还财产;最后,原告要求我公司赔偿其损失,没有事实及法律依据。故请求驳回其诉讼请求。

【裁判结果】

一审:驳回原告某树脂公司的诉讼请求。

【争议焦点与裁判理由】

本案的争议焦点为,委托人以未经股东会同意为由要求撤销委托拍卖合同,能否得到支持。

人民法院经审理认为,本案事实上是某招标拍卖公司根据某树脂公司的委托签订委托拍卖合同,根据评估报告及某树脂公司出具的底价进行拍卖程序,某招标拍卖公司依据拍卖结果所出具的《拍卖成交确认书》是真实的,不存在伪造的情形;某树脂公司决定拍卖该标的及加盖公章的行为是否经过股东大会同意,只是某树脂公司内部的管理问题,不是撤销《拍卖成交确认书》的法定事由;本案所涉标的物属于某树脂公司所有,虽然在某树脂公司申请破产还债程序期间,法院已裁定将某树脂公司的全部财产予以查封,但如果某树脂公司违法将查封的财产予以拍卖,某树脂公司应当承担法律责任。如果拍卖公司明知拍卖标的属法院查封财产仍然允许委托拍卖,则拍卖公司需要承担相应的法律责任。本案没有证据证明在拍卖前某树脂公司已将查封的事实告知某招标拍卖公司,故某招标拍卖公司在审查拍卖标的的法定程序中没有过错。故对原告的关于《拍卖成交确认书》系伪造而应撤销的诉讼请求,没有事实及法律依据。

原告要求被告返还原告的六车间及一切财产的诉讼请求，不能成立。理由是某招标拍卖公司不是该财产的占有人，没有返还的义务，所以原告的该项诉讼请求没有事实及法律依据。原告要求被告赔偿经济损失的诉讼请求，因原告没有证据证明被告有过错行为及原告经济损失的具体事实，故原告的诉讼请求，不予支持。

【案例评析】

本案实际上涉及两个法律问题：(1)委托人是否能够以其内部股东会议没有批准拍卖为由，要求撤销委托拍卖合同，法院在判决书中对此问题进行了明确的回答。(2)委托人已经被法院受理破产申请后，在委托人的财产已经全部被法院查封的情况下，拍卖人未经法院或者清算组同意，对委托人的资产进行拍卖是否合法。本案法院简单地以没有证据证明拍卖公司知道查封的事情为由，不予支持原告的诉讼主张，笔者认为法院对此问题的回答过于简单，其判决理由值得商榷。

一、委托人股东会议是否批准拍卖，与拍卖人受理拍卖委托没有直接关系

根据《公司法》的规定，股东会系有限公司的最高权力机关。但是，这并不意味着公司的所有对外行为，都必须经过公司的股东会议批准后才能进行，特别是对第三方来讲，其未必知晓公司内部管理制度，因此，除了法律明确规定或者其已经明知的外，只要公司在与其发生交易之时有合法的手续，如加盖公司公章或者法定代表人签字，其就有充分的理由信赖对方完成交易。拍卖人在承接拍卖之时也是如此。在一般情况下，其并不需要去调查委托人的委托拍卖是否履行完了公司内部的所有程序，只要拍卖委托书上有公司公章或法定代表人签字，并且委托拍卖的标的不存在法律禁止的情形，其就可以承接该拍卖委托。当然，对于拍卖公司来讲，其在承接拍卖委托的时候，有义务仔细审查授权手续等是否合法、充分，对于拍卖授权有异议的，应该尽可能地慎重对待和处理。

二、委托人进入破产程序后，拍卖人不能随意承接委托人的拍卖委托

本案中涉及的拍卖发生在2006年，当时尚适用《企业破产法(试行)》。相比于2007年6月1日生效的《企业破产法》，该法在破产管理、破产程序规定等多方面并不是很完善。但即便如此，笔者认为，本案中拍卖的合法性存在严重的问题。首先，某树脂公司当时已经被法院受理进入破产程序，其资产已经全部被法院查封。因此，无论如何，这些被查封的资产都不得随意进行处置，包括不得随意进行拍卖。本案中，原告某树脂公司的拍卖经办人员应该能知晓公司进入破产程序和资产被法院查封的事实，也就是说，拍卖经办人员存在违法故意。其次，从竞买人的情况来看，2006年11月27日原告某树脂公司与某化肥厂签订合同一份，约定将某树脂公司的六车间及附属设施作价40万元卖给某化肥厂，在法院已经裁定某树脂公司进入破产程序的背景下，该合同事实上已无法履行。某化肥厂在之后通过拍卖取得拍卖标的，显然，不能认为其属于善意竞买人。再次，根据《拍卖法》第41条规定，拍卖人应该要求委托人提供拍卖标的的所有权证明或者依法可以处分拍卖标的的证明及其他资料,但从法院审理查明的事实来看,并没有提及拍卖人是否已经审查到位。更何况,根据《最高人民法院关于贯彻执行〈中华人民共和国企业破产法(试行)〉若干问题的意见》第10条规定,人民法院受理破产案件后,应当在10日内发布公告。公告除了在受理破产案件的人民法院公告栏内张贴外,还应根据具体案情(如债权人所分布的区域、破产财产所在的区域等)在地方或全国性报刊上登载。因此,在法院已经公告原告进入破产程序后,可以推定被告拍卖公司已经知道了破产事实,法院要求要有证据证明被告知道查封的事实显然并不合理。最后,根据《最高人民法院关于贯彻执行〈中华人民共和国企业破产法(试行)〉若干问题的意见》第18条规定,人民法院受理破产案件后,应当立即通知债务人自收到通知之日起停止清偿债务。债务人正常生产经营所必须偿付的,在清算组成立前应当经人民法院审查批准。参照该条规定,原告某树脂公司的该笔拍卖委托,也应该经过法院审查批准才能进行。在法院已经查封某树脂公司所有资产且未经法院批准的情况下,本案审理法院认为该笔拍卖合法有效,在法理上显然存在问题。

需要说明的是,在《企业破产法》生效后,由于该法律引入了破产管理人,因此,拍卖人如果要受理涉及破产程序的企业资产的拍卖,应该经破产管理人同意或委托。对于涉及破产的拍卖,拍卖公司在承接委托之时应该更加慎重。

【案例索引】

一审:河南省鹤壁市山城区人民法院(2011)山民初字第706号

25. 某实业公司、某实业投资公司与甲、某旅游开发公司、某拍卖公司、某地方税务分局执行异议案

——拍卖成交确认书违反地方性法规的效力认定

问题提示:拍卖成交确认书是否因违反地方性法规而无效?

【基本案情】

再审申请人(一审被告、二审被上诉人):某实业公司

再审申请人(一审被告、二审被上诉人):某实业投资公司

再审被申请人(一审原告、二审上诉人):甲

再审被申请人(一审第三人):某旅游开发公司

再审被申请人(一审第三人):某拍卖公司

再审被申请人(一审第三人):某地方税务分局(以下简称某地税分局)

人民法院经审理查明,因某旅游开发公司欠缴税款,某地税分局根据《税收征

收管理法》的相关规定，作出《拍卖/变卖地税财务决定书》，依法对涉案土地使用权进行强制拍卖，用以抵缴税款。某地税分局依法委托资产评估机构对涉案土地使用权进行了评估，并委托某拍卖公司进行公开拍卖。甲根据某拍卖公司在报纸上刊登的拍卖公告于2008年4月2日参加竞拍，竞拍成功后与某拍卖公司签订了《拍卖成交确认书》，并依约交付了全部价款，但尚未办理产权过户。后某实业公司、某实业投资公司认为上述的委托拍卖违反国家税务总局《抵税财物拍卖、变卖试行办法》《广东省土地使用权交易市场管理规定》关于应委托的拍卖机构的规定，且涉案标的评估报告书在拍卖成交时已失效等为由主张《拍卖成交确认书》无效，并就被执行人的上述财产（拍卖财产）向法院提出执行申请，执行中，竞买人甲就此执行提出异议。

原告甲诉称：原告通过正当的拍卖程序竞得涉案标的物，成交确认书系双方的真实意思，不违反法律、行政法规的强行性规定，合同真实有效，自己已经支付全部价款，合法利益应受保护，故对法院的强制执行提出异议之诉讼请求。

被告某实业公司、某实业投资公司辩称，原告与某拍卖公司签订的《拍卖成交确认书》因违反《广东省土地使用权交易市场管理规定》、国家税务总局《抵税财务拍卖、变卖试行办法》等规定应无效，法院应合法查封涉案土地。

【裁判结果】

一审：裁定不予支持原告执行异议请求。

二审：裁定撤销一审裁定。

再审：驳回再审申请。

【争议焦点与裁判理由】

本案的争议焦点为，《拍卖成交确认书》是否有效及涉案土地可否查封。

根据再审裁判文书，人民法院认为，本案中，因某旅游开发公司欠缴税款，某地税分局根据《税收征收管理法》的相关规定，作出《拍卖/变卖地税财务决定书》，依法对涉案土地使用权进行强制拍卖，用以抵缴税款。某地税分局依法委托资产评估机构对涉案土地使用权进行了评估，并委托某拍卖公司进行公开拍卖。某地税分局的委托拍卖行为符合国家税务总局《抵税财物拍卖、变卖试行办法》的相关规定。甲根据拍卖公告参加竞拍，竞得拍卖标的后，与某拍卖公司签订了《拍卖成交确认书》，并交付了全部价款，土地权利人某旅游开发公司在整个过程中未对拍卖程序或拍卖结果提出异议，涉案土地使用权的拍卖不存在违反法律、行政法规的强制性规定的情形，甲与某拍卖公司签订的《拍卖成交确认书》合法有效。关于涉案土地可否查封的问题，《最高人民法院关于人民法院民事执行中查封、扣押、冻结财产的规定》第17条规定，被执行人将其所有的需要办理过户登记的财产出卖给第三人，第三人已经支付部分或者全部价款并实际占有该财产，但尚未办理产权过户登记手续的，人民法院可以查封、扣押、冻结；第三人已经支付全部价款并实际占有，但未办理过户登记手续的，如果第三人对此没有过错，人民法院不得查封、扣押、冻结。本案中,涉案土地使用权在2008年4月2日拍卖成交后,甲于2008年4月8日支付了全部拍卖价款。2008年5月5日,广东省阳江市中级人民法院裁定查封涉案土地使用权,导致甲无法办理土地使用权登记过户手续。由于涉案土地为空地,未进入开发阶段,实施占有没有经济上的意义,且对于空地无从判断是否已经实际占有,甲对涉案土地使用权未办理过户登记手续不存在过错,故人民法院不得查封。

【案例评析】

本案在审理中,焦点主要集中在《拍卖成交确认书》的效力认定及涉案标的可否查封。

本案中,某地税分局依法委托资产评估机构对涉案土地使用权进行了评估,并委托某拍卖公司进行公开拍卖,某地税分局的委托拍卖行为符合国家税务总局《抵税财物拍卖、变卖试行办法》及《拍卖法》的相关规定。甲与某拍卖公司签订的《拍卖成交确认书》系真实的意思表示,内容也不违反法律、行政法规的强制性规定。该成交确认书是否因违反《广东省土地使用权交易市场管理规定》关于拍卖主体的规定,因某地税分局没有委托土地交易机构公开进行交易而无效呢?对此,为保护当事人的意思自由及利益实现,合同法理论及司法实践已经形成共识,且法律也随之进行了明确的规定,合同内容只有在违反法律、行政法规的效力性强制规定时才能被认定为无效。《最高人民法院关于适用〈中华人民共和国合同法〉若干问题的解释(一)》第4条明确规定,《合同法》实施以后,人民法院确认合同无效,应当以全国人大及其常委会制定的法律和国务院制定的行政法规为依据,不得以地方性法规、行政规章为依据。依此,某实业公司、某实业投资公司以涉案《拍卖成交确认书》违反了国家税务总局《抵税财物拍卖、变卖试行办法》《广东省土地使用权交易市场管理规定》的相关规定为由,主张某拍卖公司拍卖某旅游开发公司土地使用权的行为无效,缺乏事实与法律依据。

关于涉案标的是否可以查封问题,涉及执行程序的有关法律规定。《最高人民法院关于人民法院民事执行中查封、扣押、冻结财产的规定》第17条规定:"被执行人将其所有的需要办理过户登记的财产出卖给第三人,第三人已经支付部分或者全部价款并实际占有该财产,但尚未办理产权过户登记手续的,人民法院可以查封、扣押、冻结;第三人已经支付全部价款并实际占有,但未办理过户登记手续的,如果第三人对此没有过错,人民法院不得查封、扣押、冻结。"本案中,作为第三人的竞买人,已经支付全部价款,拍卖土地已经交由其实际占有,对未办理过户手续不存在过错,故依据上述规定涉案标的不得查封。

【案例索引】

一审:广东省阳江市中级人民法院(2008)阳中法执字第5-6号

二审:广东省高级人民法院(2011)粤高法民一终字第80号

再审:最高人民法院(2013)民申字第1704号

26. 某拍卖公司与某旅业公司拍卖合同纠纷案

——拍卖合同涉及第三人权利处分的效力

问题提示:拍卖协议涉及对第三人权利的处分,协议是否有效?

【基本案情】

原告:某拍卖公司

被告:某旅业公司

第三人:某酒店管理人

人民法院经审理查明:2000 年 3 月 14 日,法院宣告某酒店破产还债,同时指定成立某酒店清算组接管某酒店并开展破产清算工作。破产清算过程中,某酒店管理人委托会计师事务所对酒店整体资产进行评估,后者于 2001 年 6 月 20 日作出评估报告书,在资产评估的基础上,某酒店管理人委托某拍卖公司对酒店整体进行公开拍卖,双方签订《委托拍卖协议书》,对拍卖物、保证金、佣金、成交金额、付款方式、拍卖物交付等内容进行了约定。其后,某酒店管理人向法院提出申请,请求确认酒店整体拍卖结果具有法律效力。法院于 2002 年 8 月 9 日作出裁定,确认某旅业公司竞买所得某酒店整体财产。法院于 2003 年 1 月 23 日通知某酒店管理人与某旅业公司、某拍卖公司,协调变更竞买协议关于支付方式的内容。

法院另查明,原海南省海南中级人民法院作出(1998)海南经初字第 52 号民事判决,限令某酒店应向甲支付借款本金 632.5 万元及其利息。1999 年 11 月 3 日,海南中院裁定:某酒店 B 座楼 1 至 6 层房产 9705 平方米及所占 5679 平方米土地使用权作价 18 226 700 元归甲所有。在破产清算过程中,经某酒店管理人申诉,海南省人民检察院对该案提起抗诉。2001 年 4 月 18 日,海南省高级人民法院经再审作出判决,判令某酒店向甲一次性支付借款本金 632.5 万元及其利息。省高院判决生效后,某酒店管理人于 2001 年 6 月 18 日向海南中院提出将原裁定归甲所有的房产及其所占土地全部予以执行回转的申请。在破产清算过程中,某酒店管理人提出应将包括某酒店 B 座楼在内的酒店财产进行整体拍卖。法院就此多次向省高院请示报告。2001 年 12 月 28 日,省高院函告法院:(1)某酒店是整体处理还是采取其他方式处理,需根据实际情况按照法律规定办理;(2)海南中院的民事裁定已发生法律效力,抵债房地产所有权、使用权的转移时间,应以海南中院民事裁定书生效时间为准;(3)应就省高院判决变更的内容进行执行回转,而不宜全部执行回转,执行回转的财产可列入破产财产,对甲应拥有的房产按其在某酒店 B 座 1－6 层中所占的房产比例优先给付。其后,法院通知某酒店管理人要严格按照省高院复函精神办理,并多次做甲的工作,争取让其同意将酒店进行整体拍卖,但甲均不同意。

某酒店管理人将酒店整体拍卖后作出破产财产分配方案,确认甲取回权优先受偿1 592 302.82元。甲以某酒店管理人非法拍卖其财产且应得款金额过低为由向省高院申诉。2005年4月14日,法院作出(1999)三亚经初字第34－50号民事裁定,撤销原确认甲取回权优先受偿1 592 302.82元内容的破产财产分配方案,并通知某酒店管理人对甲取回权优先受偿金额重新确定并予以给付。2007年1月9日,法院又作出(1999)三亚经初字第34－62号民事裁定:一、撤销(1999)三亚经初字第34－27号民事裁定;二、某酒店整体财产拍卖除有关某酒店商品街宿舍楼、D座楼和甲在某酒店B座楼所享有一定比例的房地产部分无效外,其他部分均属有效。某旅业公司不服(1999)三亚经初字第34－62号民事裁定,向省高院提出申诉。三亚中院于2010年5月18日作出民事裁定:一、维持(1999)三亚经初字第34－62号民事裁定的第一项;二、撤销(1999)三亚经初字第34－62号民事裁定的第二项;三、某酒店整体财产拍卖除有关甲在某酒店B座楼所享有一定比例的房地产部分无效外,其他部分均属有效。在2004年6月11日前,某旅业公司已办妥某酒店房地产的过户手续,并接收了除D座楼、商品街宿舍楼(铺面已交付)外的其他财产。D座楼、商品街宿舍楼至今未交付给某旅业公司使用。至今为止,某旅业公司共向某拍卖公司和某酒店管理人合计付款1551万元。其余款项某旅业公司以D座楼、商品街宿舍楼未交付使用为由拒付。

法院另查明,2002年5月23日,法院对某酒店B座楼进行清场交付某旅业公司,某酒店管理人向甲的房产管理人支付2万元。某旅业公司于2006年6月5日转付给甲100万元。甲于2007年1月15日去世。之后,其继承人乙等与某旅业公司于2007年6月22日签订一份《协议书》,将在某酒店B座一至六层中的权益,按250万元整有偿转让给某旅业公司;甲于2006年已从某酒店管理人处取得100万元,乙等人将该100万元整以现金方式交付给某旅业公司,由某旅业公司出具100万元现金收据给乙等人,然后再由某旅业公司与某酒店管理人进行结算。协议签订后,某旅业公司于2007年6月22日付清合同约定的款项。在第二次庭审中,各方当事人确认甲在某酒店B座楼所享有一定比例的房地产部分作价1 592 302.82元,同时某拍卖公司与某酒店管理人主张某旅业公司清偿甲及其房屋管理人已领取的102万元,而某旅业公司同意承担清偿该102万元的责任。2009年1月16日,法院指定某酒店清算组为某酒店管理人。

原告某拍卖公司诉称,被告某旅业公司违反了《竞买协议书》第4条的约定和《拍卖法》第39条的规定,请求法院判令某旅业公司向某拍卖公司支付拍卖款769万元及利息885 888元共计8 575 888元,并承担本案诉讼费用。

被告某旅业公司辩称:双方原约定的付款方式已无效,应按照三亚市中级人民法院和某酒店管理人的要求付款。虽然某酒店产权过户手续已办妥,但某酒店管理人至今未将酒店D座以及商品街宿舍楼房清理移交,违反了“产权证办妥后1个月内由清算组清理完毕将产权移交”的约定,应由某拍卖公司承担违约责任。另外，拍卖房产清单上有一幢楼房（即酒店E座楼）根本不存在，而且某酒店房产至今无法全部移交，某旅业公司也受到了原珠宝经营方的起诉，该拍卖房产存在严重的瑕疵，某拍卖公司对此应该负担不履行事先告知义务的法律责任。因此，某拍卖公司诉求缺乏依据，请求法院依法驳回其诉讼请求。

第三人某酒店管理人口头述称：某旅业公司所付拍卖价款是按照竞买合同约定给付的，所付款项仍未达到合同约定的80%，已构成违约。另，商品街宿舍楼未进行评估，也不属某酒店管理人委托拍卖的范围，某拍卖公司对商品街宿舍楼进行拍卖的行为无效。

【裁判结果】

一审：某旅业公司应向某拍卖公司支付拍卖价款2 502 316.58元并支付相应利息。

【争议焦点与裁判理由】

本案的争议焦点为，本案《竞买协议书》及《拍卖成交确认书》是否有效，以及本案付款方式和拍卖标的范围如何确定。

人民法院经审理认为，某酒店管理人未征得甲同意将其享有一定比例房地产的某酒店B座楼与酒店其他财产予以处置，某拍卖公司没有对拍卖标的予以审查，某旅业公司作为买受人也未对拍卖标的的现状和相关产权登记材料尽到注意义务，某拍卖公司与某旅业公司就某酒店整体资产拍卖签订《竞买协议书》及《拍卖成交确认书》，侵犯了甲的合法财产权利，应属部分有效力合同，有关甲对某酒店B座楼一定比例的房地产的拍卖内容无效。某酒店整体资产拍卖的成交价款为1801万元，本案当事人均认可甲所享有房地产作价1 592 302.82元，所以，某酒店整体资产拍卖的有效部分的实际成交价款为16 417 697.18元。某旅业公司应向某拍卖公司支付拍卖费用为574 619.4元。因此，某旅业公司应付款项总额为16 992 316.58元。某酒店整体资产拍卖后，某旅业公司陆续向某拍卖公司支付1095万元，向某酒店管理人支付456万元。由于甲的继承人于2007年6月22日将该部分房地产转让给某旅业公司，同时约定某旅业公司对甲收取的款项承担清偿责任，所以该102万元应从某旅业公司向某酒店管理人所付款项中扣减，即某酒店管理人实收某旅业公司的款项为354万元。因此，某旅业公司实际支付拍卖价款为1449万元（1095万元+354万元），尚欠拍卖价款应为2 502 316.58元。综上所述，某旅业公司应向某拍卖公司付清拍卖价款2 502 316.58元及其利息，某拍卖公司所诉超出部分法院不予支持。

【案例评析】

一、本案《竞买协议书》及《拍卖成交确认书》是否有效

海南中院经强制执行，将某酒店B座楼房地产裁定抵债，且向相关房地产登记机关送达协助执行通知,自抵债裁定生效之日起抵债房地产权属已转移给甲,而在省高院判决生效后理应以该判决变更的内容对抵债房地产进行执行回转,执行回转的部分房地产属破产财产,而未执行回转的部分房地产仍归甲享有。某酒店管理人未征得甲同意将其享有一定比例房地产的某酒店B座楼与酒店其他财产予以处置,某拍卖公司作为专业拍卖中介机构应当对拍卖标的予以审查,某旅业公司作为买受人也应对拍卖标的的现状和相关产权登记材料尽到注意义务,因此应当认定某拍卖公司与某旅业公司理应知道甲对某酒店B座楼一定比例的房地产享有合法权益,但某拍卖公司与某旅业公司就某酒店整体资产拍卖签订《竞买协议书》及《拍卖成交确认书》,侵犯了甲的合法财产权利,违反了《民法通则》第75条第2款的规定,该《竞买协议书》及《拍卖成交确认书》属部分有效合同,有关甲对某酒店B座楼一定比例的房地产的拍卖内容无效。

二、拍卖价款如何确定

某酒店整体资产拍卖的成交价款为1801万元,因甲对某酒店B座楼一定比例的房地产已转让给某旅业公司,且本案当事人均认可甲所享有房地产作价1 592 302.82元,该无效部分的财产拍卖成交价款应予扣减,所以,某酒店整体资产拍卖的有效部分的实际成交价款为16 417 697.18元(1801万元-1 592 302.82元)。《竞买协议书》约定,某旅业公司如竞拍成功则在缴纳拍卖价款时一并向某拍卖公司按总成交额的3.5%支付拍卖佣金。根据该约定,某旅业公司应向某拍卖公司支付拍卖费用574 619.4元(16 417 697.18元×3.5%)。因此,某旅业公司应付款项总额为16 992 316.58元(16 417 697.18元+574 619.4元)。某酒店整体资产拍卖后,某旅业公司陆续向某拍卖公司支付1095万元,向某酒店管理人支付456万元。但是,某酒店管理人是在认为将甲对某酒店B座楼中享有的一定比例部分房地产与其他财产进行整体拍卖属有效,甲可优先受偿1 592 302.82元的情况下,才向甲先行给付102万元,而在2007年1月9日法院作出(1999)三亚经初字第34-62号民事裁定确认对甲所有的房地产拍卖无效后,甲或其继承人应将该102万元予以返还,由于甲的继承人于2007年6月22日将该部分房地产转让给某旅业公司,同时约定某旅业公司对甲收取的款项承担清偿责任,且某拍卖公司和某酒店管理人对该约定并无异议,该项约定又有利于破产财产的清收和破产清算工作的开展,故该约定内容并未违反法律规定,对某旅业公司具有法律约束力,某旅业公司应承担甲或其继承人在2007年1月9日之后应清偿该102万元的法律责任。同时,该102万元是在处置某酒店整体资产中产生,此时某酒店管理人与某拍卖公司系委托与被委托关系,处置某酒店整体资产的相关价款最终归某酒店管理人管理和分配,所以该102万元应从某旅业公司向某酒店管理人所付款项中扣减,即某酒店管理人实收某旅业公司的款项为354万元(456万元-102万元)。因此,某旅业公司实际支付拍卖价款为1449万元(1095万元+354万元),尚欠拍卖价款应为2 502 316.58元。

三、本案付款方式和拍卖标的范围如何确定

根据《竞买协议书》的约定，某拍卖公司与某旅业公司的付款方式已发生变更，以某酒店管理人付款要求为准，且某酒店整体资产在2004年6月11日前已办理了产权过户手续，但某旅业公司以某酒店房产未全部交付为由拒付，已构成违约，理应承担违约责任。某拍卖公司诉求某旅业公司支付拖欠的拍卖价款，并从2004年8月11日起计付逾期付款的利息，符合法律规定，应予以支持。某拍卖公司与某旅业公司在《拍卖成交确认书》中已确认对某酒店整体财产进行现状拍卖，某酒店A、B、C、D、E座楼及商品街宿舍楼房产证载明的面积总和为34 366.87平方米，某旅业公司在拍卖成交后也未按确认书限定期限对酒店的瑕疵提出异议，且根据某酒店房地产过户手续状况，某酒店A、B、C、D、E座楼及商品街宿舍楼已全部过户给某旅业公司，某旅业公司辩称不见E座楼应减少拍卖价款，无事实依据，法院不予采信。某酒店管理人在清理破产财产时对酒店资产进行整体处置，并委托中介机构对某酒店A、B、C、D、E座楼及商品街宿舍楼进行评估和拍卖，同时将前述六幢楼房过户给某旅业公司，法院作出的(1999)三亚经初字第34－71号民事裁定也已认定商品街宿舍楼的拍卖行为有效，某酒店管理人主张拍卖资产不包括商品街宿舍楼在内，与事实不相符合，也不应采纳。

【案例索引】

一审：海南省三亚市中级人民法院(2006)三亚民二初字第15号①

27. 某实业公司与某厂、某物业公司、某房地产公司、某文化传播公司拍卖合同纠纷案

——一人竞拍的拍卖效力

问题提示：一人竞拍的拍卖是否有效？

【基本案情】

再审申请人(一审原告、二审上诉人)：某实业公司

再审被申请人(一审被告、二审被上诉人)：某文化传播公司

① 法院第一次公开开庭审理此案的时间为2006年11月17日。2006年12月20日，因本案的审理应以某酒店破产案的破产财产认定结果为依据，法院作出(2006)三亚民二初字第15号民事裁定，中止本案诉讼。在此期间，由于甲去世等原因，法院通知甲的合法继承人不再参加本案诉讼。2014年4月9日，法院恢复本案诉讼，并第二次公开开庭审理，并于2014年5月12日作出(2006)三亚民二初字第15号民事判决。

再审被申请人(一审被告、二审被上诉人):某房地产公司

再审被申请人(一审第三人、二审被上诉人):某物业公司

一审原告:某厂

人民法院经审理查明:某厂原为小型国有企业。2000 年 6 月经有关部门批准,某照明公司对某厂实行接收全部资产、安置全部在职职工和退休职工、承担债权债务的整体承债式兼并,由某照明公司组建子公司某实业公司。经重庆市人民政府渝府地(2000)547 号文件批准,原某厂使用的位于重庆市北碚区龙凤二村 6 号的国有土地中,30 247.9 平方米有偿出让给某实业公司作为工业用地,4229.1 平方米行政划拨给某实业公司作为住宅用地。经申请登记,某实业公司分别取得 4 个《国有土地使用权证》,其中碚国用(2001)字第 01938 号《国有土地使用权证》项下的土地来源为划拨、用地面积 3620.7 平方米;渝国用(2001)字第 035 号、第 036 号、第 037 号三个《国有土地使用权证》项下的土地来源为出让、用地面积共计 30 261.6 平方米。原某厂享有的建筑面积为 9655 平方米的房屋所有权,分别登记在 23 个房产证下,至今未过户到某实业公司名下。

2007 年 6 月 11 日,某实业公司和某厂与某文化传播公司(原名为某拍卖公司)签订《委托拍卖合同》,约定:某实业公司和某厂将所有的位于重庆市北碚区龙凤二村 6 号的土地和房屋(其中土地面积 30 247.9 平方米、房屋面积 9655 平方米),保留价为 1800 万元交某文化传播公司进行拍卖,拍卖方式为增价拍卖,拍卖时间、地点由某文化传播公司确认,拍卖成交佣金 10 万元,佣金支付时间为拍卖成交后支付,佣金支付方式从拍卖价款中支付;某实业公司和某厂可以自行确定保留价;如拍卖品已拍定,自拍卖之日起 30 天内,某实业公司和某厂不得撤回其委托的拍卖品,如自拍卖之日起 30 天后买受人仍未付款,则对该拍卖品的此项拍卖视为未成交等。

合同签订后,某实业公司和某厂将上述土地和房屋交某文化传播公司进行拍卖。2007 年 7 月 11 日某房地产公司在某文化传播公司处填写了《某拍卖有限公司竞买人登记单》,载明:竞买人某房地产公司,拍卖标的为重庆市北碚区龙凤二村 6 号的土地和房屋,土地面积 30 247.9 平方米、房屋面积 9655 平方米,保证金 800 万元,竞投牌号为 66 号;并领取了《拍品目录》《拍卖须知》和某文化传播公司于 7 月 6 日制作的《标的情况说明》,在《拍品目录》上载明拍卖地点:渝中区上清寺路 9 号环球广场 26 层 F 座,在《拍卖须知》上载明,竞买人之间不得恶意串通,一经发现本公司有权终止拍卖,在《标的情况说明》中载明,基本情况为某实业公司和某厂厂房,厂房面积 9655 平方米、占地面积 30 247.9 平方米,瑕疵说明为该标的的房产有抵押权,该标的的土地被人民法院查封等。同日,某实业公司、某厂与某房地产公司签订《交付协议》,约定:竞买成交款扣除某房地产公司已支付 800 万元购买价款为剩余价款,支付时间为自拍卖日起 2 个月内,某房地产公司向某实业公司、某厂支付剩

余价款的50%，自拍卖日起4个月内付清余款；实物交付方式为拍卖之日7天内进行实物交付，4个月内办理有关权证，本协议自双方签字盖章之日起成立，拍卖成交后生效。签订该协议的当日，某房地产公司向某文化传播公司缴纳了竞买佣金200万元。7月20日某房地产公司向某文化传播公司交纳了竞买保证金800万元。

2007年7月16日，某文化传播公司在《重庆青年报》刊登拍卖公告，载明："本公司受有关单位委托，依照《拍卖法》及相关法律法规规定，将于2007年7月23日上午8点在本公司大厅对以下标的公开拍卖：重庆北碚区龙凤二村6号厂房面积9655平方米，占地面积30 247.9平方米，参考价1800万元，保证金800万元。瑕疵：该标的的房产被抵押，土地被法院查封。自公告之日起，到本公司查阅资料及现场查勘……于2007年7月20日17点前到本公司办理竞买登记手续。上述标的以现状进行拍卖。联系人：鲜小姐"。

2007年7月18日，甲、乙、丙、丁签订《协议书》，约定：4人出资成立房产企业，开发项目为北碚区龙凤二村6号，该开发项目的国有土地使用权人为某实业公司和某厂，将于2007年7月拍卖上述资产，成立该企业无法在规定的拍卖前办完手续参与拍卖，指派甲寻找有资质的代理人参与拍卖，如拍卖成功将上述资产办理到4人成立的房地产企业名下。

2007年7月22日，重庆市北碚区人民法院作出（2007）碚法非行审字第342号《行政裁定书》，查封某实业公司所有的位于重庆市北碚区龙凤二村6号的厂房及土地（厂房面积9655平方米、占地面积30 247.9平方米），同时，向某文化传播公司作出了《协助执行通知书》，并要求某文化传播公司在查封期间对以上财产停止拍卖。同日，重庆市北碚区人民政府办公室向某文化传播公司作出北碚府办函（2007）14号《关于立即终止拍卖北碚区龙凤二村6号厂房的函》。上述裁定书和协助执行通知书于7月23日上午9时在某文化传播公司所在地进行张贴留置送达。

2007年7月23日上午8时，某文化传播公司在渝中区上清寺鸿都酒店17楼会议室举行了拍卖会。某文化传播公司的《重庆市拍卖成交备案表》载明：委托标的总额1800万元，参加竞买人（户）数为1户，买受人为某房地产公司，其法定代表人丁签名。某文化传播公司的第12期拍卖会现场记录载明：拍卖时间为2007年7月23日，拍卖地点为渝中区鸿都大酒店17楼2会议室，起拍价1800万元，竞买人号牌66号，成交价1800万元，记录人鲜红梅。同时，某文化传播公司与某房地产公司签订了《拍卖成交确认书》。

另查明，2007年9月7日，重庆市北碚区人民政府常务会议纪要载明：研究解决原某厂职工安置问题。2007年9月16日，案外人乙、戊（某实业公司总经理）、丁、己形成会议纪要，关于某实业公司拍卖土地、厂房的转让金，余款1000万元，应于拍卖成交后4个月内支付，由于安置职工的需要，提前支付转让款到重庆市北碚区国有资产营运中心账户。2007年9月17日，案外人乙、丁、甲、丙分别向某实业公司支付250万元,共计1000万元,某实业公司分别向上述4人出具收据。2007年9月18日,重庆市北碚区国有资产营运中心收到某实业公司交付的安置职工费用1000万元,并出具了《收据》。

2007年11月20日某物业公司成立。本案诉争的标的物被某房地产公司占有使用。2009年6月17日,某房地产公司向重庆市第一中级人民法院起诉某实业公司、某厂和某物业公司买卖合同纠纷,重庆市第一中级人民法院于2011年12月28日作出(2009)渝一中法民初字第00282号民事判决,判决某实业公司、某厂对涉案的土地和房屋办理过户登记手续等。某实业公司向重庆市高级人民法院提出上诉,现该案在二审审理中。

还查明,本案诉争土地于某文化传播公司发出拍卖公告时尚被陕西省汉中市汉台区人民法院另案查封,2007年7月16日,陕西省汉中市汉台区人民法院作出解封裁定,并于当日送达该解封裁定。该拍卖标的物尚无其他瑕疵。

某实业公司、某厂诉称:(1)陕西省汉中市汉台县人民法院解封裁定在作出当日就送达没有依据,而重庆市北碚区人民法院作出的查封裁定的送达情况也没有核实清楚,事实上拍卖时房屋处于司法查封状态,依法应禁止转让,不得进行拍卖。(2)某文化传播公司称因为停电才变更拍卖场所,但其没有提交证据予以证实,如果确实停电则应当中止拍卖,而不应转移拍卖场所。(3)拍卖必须有两个或两个以上的竞买人参与,而本次拍卖只有某房地产公司参加竞买,故拍卖应为无效。(4)在拍卖公告发布之前某房地产公司就与某文化传播公司签订了协议,并向某文化传播公司支付了高于国家法律规定的佣金,之后某文化传播公司又与某物业公司签订了协议。这些行为能够证明三被上诉人存在恶意串通的情形,拍卖行为应属无效。(5)某实业公司没有将涉案的土地和房屋交付给某房地产公司,该公司强行抢占了土地和房屋,某实业公司向公安机关进行了报警。

某文化传播公司、某房地产公司及某物业公司辩称:一审判决认定事实清楚,适用法律正确,请求驳回上诉,维持原判。

二审判决生效后,某实业公司申请再审称:(1)一审判决采纳虚假证据,未查清涉案拍卖的真实性,导致认定虚假拍卖为有效拍卖。①工商档案记载的拍卖情况与一审认定的拍卖情况相互矛盾。一审判决认定涉诉拍卖活动的竞买人为一人即某房地产公司,但重庆市工商行政管理局渝中区分局出具的《证明》显示,本次拍卖会的竞买人为4人,买受人为丁,竞买人数和买受人均完全不同。②众多证据相互矛盾和虚假,表明涉案拍卖活动并未真实发生,一审认定该虚假拍卖活动为有效,与事实相悖。本案中,针对同一拍卖标的出现两个完全不同的成交确认书;某房地产公司于2007年10月中旬注册,但某文化传播公司却确认其于7月23日参与了拍卖活动并获得拍卖成交;某文化传播公司提供的拍卖资料中所记载的拍卖地址,与拍卖公告中所载明的地址不符,亦与工商机关出具的说明材料信息不符;某文化传播公司未能提供任何证明当日原定拍卖场所出现停电情况的证据,其主张变更拍卖地址的理由是捏造的。(2)一审判决未查清要求停止拍卖的《行政裁定书》和《协助执行通知书》的送达过程和确切送达时间。本案拍卖活动开始前,重庆市北碚区人民法院作出查封拍卖标的的《行政裁定书》《协助执行通知书》,鉴于拍卖公告载明的拍卖时间为7月23日上午8时,北碚区人民法院工作人员于7月23日8时前即赶到拍卖公告登载的拍卖地点进行送达。在二审程序中,某实业公司提交了调查申请书,申请对上述送达法律文书的情况进行调查,但被二审法院以已查明为由拒绝。(3)一审适用法律错误,未能确认涉案拍卖活动违法。①涉案拍卖活动违反拍卖法公开竞价、价高者得的基本原则。竞价只能发生在两个以上的竞买人之间,单独一个竞买人是无法形成竞价的。②拍卖当事人之间存在恶意串通行为,违反拍卖法第37条、第65条的禁止性规定。在拍卖公告前某房地产公司和某文化传播公司之间已签订《竞买人登记单》,某房地产公司亦与某实业公司、某厂签订《交付协议》,且当日就向拍卖人交付了竞买佣金200万元。③根据《拍卖管理办法》的规定,发生意外事件致使拍卖活动暂时不能进行属于应当中止拍卖的情形,而不允许拍卖人擅自变更地点进行拍卖活动。某文化传播公司擅自变更拍卖地点,也违反了拍卖法第45条、第46条的强制性规定,显属无效。综上,一审判决存在民事诉讼法第200条规定的情形,请求对本案再审。

被申请人某文化传播公司、某房地产公司、某物业公司未提交答辩状。

【裁判结果】

一审:驳回某实业公司、某厂的诉讼请求。

二审:驳回上诉,维持原判。

再审:裁定驳回某实业公司的再审申请。

【争议焦点与裁判理由】

本案的争议焦点为,某文化传播公司的拍卖行为是否合法有效。

根据再审裁判文书,人民法院认为,2007年6月11日,某实业公司、某厂与某文化传播公司签订《委托拍卖合同》,约定某实业公司、某厂将其所有的相关土地和房屋,以保留价为1800万元交某文化传播公司进行拍卖。2007年7月11日,某房地产公司填写了竞买人登记单,载明保证金800万元,竞投牌号66号等。2007年7月18日,案外人甲、乙、丙和丁签订《协议书》,约定4人出资成立房地产企业开发涉案土地,在成立企业前委托代理人参与拍卖,如拍卖成功将上述资产办理到4人成立的房地产企业名下。2007年7月23日,某文化传播公司举行拍卖会,在其出具的《重庆市拍卖成交备案表》中载明:委托标的总额1800万元,参加竞买人(户)数为1户,买受人为某房地产公司,其法定代表人丁签名。2007年9月16日,乙、戊(某实业公司总经理)、丁、己形成会议纪要,约定由于安置职工的需要,将拍卖土地、厂房的转让金余款1000万元提前支付到重庆市北碚区国有资产营运中心账户。

2007年9月17日,甲、乙、丙和丁分别向某实业公司支付250万元,共计1000万元,某实业公司向上述4人出具收据。2007年9月18日,重庆市北碚区国有资产营运中心收到某实业公司交付的安置职工费用1000万元,并出具《收据》。上述事实表明,本案中某房地产公司作为名义上的竞买人参与竞拍,而实际竞买人是甲、乙、丙和丁4人或其成立的房地产企业即集丰公司。在拍卖完成后,甲、乙、丙和丁分别向某实业公司支付了拍卖余款1000万元,某实业公司收到该款项并从未提出异议,证明其对竞买人的实际情况已知道并认可了双方之间的买卖行为。对于受托参与竞买活动,我国法律及行政法规没有明确禁止。因此,在双方之间的买卖行为已经履行完毕的情况下,某实业公司以重庆市工商行政管理局渝中区分局的登记情况、买受人分别为某房地产公司和集丰公司的两份成交确认书、某文化传播公司变更拍卖地点等为由,主张拍卖行为未真实发生,其证据不足。

本案中,某文化传播公司发出拍卖公告时,对拍卖标的物存在司法查封的瑕疵已进行公告,且在本案拍卖进行前该司法查封已被解除。对于重庆市北碚区人民法院留置送达《行政裁定书》和《协助执行通知书》的时间,一审判决依据重庆市北碚区人民法院办案人员的情况说明和照片,认定上述留置送达时间是2007年7月23日上午9时。某实业公司对此虽然提出异议,但一审中其没有提供相应的证据。本案再审审查中,某实业公司提供了梁岳林、胡明华出具的《参与阻止土地厂房拍卖的说明》,但梁岳林、胡明华是某厂的职工,其与本案的处理结果存在明显的利害关系,对本案不具有证据效力,不予采信。某实业公司关于一审判决未查清送达的相关事实以及申请对此进行调查的再审申请理由不能成立,法院不予支持。

某实业公司、某厂在拍卖之前已与某房地产公司签订了《交付协议》,约定该协议在拍卖成交后生效,表明某实业公司对某房地产公司将成为竞买人并可能最终成为买受人的事实已明知并确认。在某实业公司提交的《重庆市北碚区人民政府办公室关于立即终止拍卖北碚区龙凤二村6号厂房的函》中反映,北碚区政府要求终止拍卖的原因,是基于某实业公司拖欠职工养老金等,需要款项对职工进行安置。如前所述,拍卖成交价为1800万元,并未低于某实业公司、某厂所设定的底价。在本案拍卖结束后,某实业公司将买受人给付的拍卖余款1000万元,交予重庆市北碚区国有资产营运中心账户用于职工安置,表明某实业公司在拍卖之后认可了拍卖行为的合法有效性。因此,在我国相关法律行政法规并不禁止一人竞拍、双方已经履行了买卖合同、交易目的已经实现的情况下,某实业公司主张本案拍卖行为无效理由不成立。

【案例评析】

本案的主要争议点是一人竞拍的拍卖活动是否有效,对此问题,本案一、二审及最高人民法院再审都认同其效力。本案的观点对拍卖行业具有重要的研究价值。

一、否定可以一人竞拍的观点

关于一人竞拍的效力问题，一直存在不同观点。有的认为拍卖是一种竞价交易，“多个竞买人公开竞价”是拍卖区别于其他交易的核心特征，也是拍卖行业存在的“核心标志”，如果允许“一个竞买人也可以举行拍卖会”，很难防止有些拍卖公司出于某种目的而设置竞买条件，故意将本来可以多人竞价的拍卖活动人为地“做”成“一人竞买”的拍卖会，这不但涉嫌恶意串通，而且有损行业形象，行业将失去独立存在的意义。中国拍卖行业协会法律咨询委员会从树立行业形象、预防纠纷的角度，虽曾给地方拍卖行业协会、拍卖企业复函称，对于一场拍卖会仅有一位竞买人的情况，应当中止拍卖，但是理论上支持就此问题开展不同形式的研究和探讨。

二、人民法院的观点

本案中，一审、二审及再审法院均认为一人竞买并非无效。一审法院认为“合同法规定，违反法律、行政法规的强制性规定的合同无效，而拍卖法未规定只有一人竞价时，拍卖程序必然违法。商务部《拍卖管理办法》(2004 年第 24 号令)第 40 条规定：‘有下列情形之一的，应当中止拍卖：(一)没有竞买人参加拍卖的’，该条规定没有竞买人参加竞买的，应中止拍卖，而本案中，有竞买人某房地产公司参加竞买，况且拍卖法只规定拍卖以竞价的方式进行，并未对竞价人的人数作出规定。本案拍卖时有某房地产公司一家参加竞买，拍卖行为并不必然无效”。二审法院也认为“一人参加竞买是否构成无效的问题，无论是合同法、拍卖法，还是与拍卖相关的行政法规，都无明确禁止性规定”，因此认定某实业公司、某厂关于一人参加竞买应属无效的理由不成立，最高人民法院对此也持相同意见。实际上，在本案之前，最高人民法院就有人撰文分析此问题，并认为从法的效率价值角度分析，应当确认一人竞拍行为的效力。①

三、评析

否定一人可以竞拍的观点和中国拍卖行业协会法律咨询委员会的复函虽有一定的合理性，但从有关拍卖的法律规定来看，尚没有任何一条法律规定禁止一人竞拍。拍卖的关键在于是否满足了公开竞价，如果满足了公开竞价，且不存在其他违反法律法规的情形，应认定一人竞拍有效。事实上，从拍卖人发出拍卖公告，竞价就开始了，不应将竞价过程限于拍卖会现场。完全不认可一个人竞拍的效力，不利于促进市场交易。最高人民法院认同一人竞拍的效力，对拍卖行业具有很高的参考价值，但如何防止恶意串通等问题也需要法院在司法实践中予以重视。

【案例索引】

一审：重庆市第五中级人民法院(2012)渝五中法民初字第 00206 号

---

① 张能宝：《拍卖法律关系中一人竞拍行为的效力——以法的效率价值为视角》，载 http://www.chinacourt.org/article/detail/2012/07/id/531501.shtml，2015 年 12 月 1 日访问。

二审:重庆市高级人民法院(2013)渝高法民终字第00213号

再审:最高人民法院(2014)民申字第1071号

28. 某拍卖公司与甲拍卖合同纠纷案

——拍卖程序瑕疵对拍卖合同效力的影响

问题提示:1. 拍卖过程中的程序瑕疵对拍卖合同的效力影响如何? 2. 竞拍成交的买受人未按照拍卖成交确认书的约定支付拍卖价款,委托人和拍卖人选择将拍卖标的再行拍卖的,应当如何确定原买受人的违约责任?

【基本案情】

原告:某拍卖公司

被告:甲

人民法院经审理查明:某海关与原告某拍卖公司签订委托拍卖合同一份,委托原告拍卖一批货物,其中包括一批71.41立方米木板材。2013年8月2日某拍卖公司登报公告了相关拍卖事项,并在拍卖前安排竞拍人到海关仓库查看货物,但被告甲在拍卖前向某拍卖公司索取拍卖清单时,某拍卖公司没有提供。2013年8月9日,被告甲向某拍卖公司存入201 000元作为拍卖保证金。

又查明,拍卖须知第8条约定:竞买人在参加竞拍前必须亲自详细查看标的物的现状,并对其存在的瑕疵作充分了解,标的物依惯例按现状拍卖,标的物名称、质量、规格、数量、重量、构造、使用有效期及性质等现状由竞买人自认,委托人、拍卖人对标的物不作任何的保证,不承担瑕疵担保责任……第9条约定:拍卖资料仅供参考,标的物以成交后移交清点为准,若经重新核实或鉴定后,其有关名称、质量、规格、数量、重量、构造、使用有效期及性质等情况与拍卖资料记载有差异的,拍卖价款及拍卖佣金不作调整。竞买人承诺:本须知已认真审阅,已接受了该标的物的一切瑕疵和承担一切风险。

被告甲在该拍卖须知、《拍卖竞买规则》、竞买人承诺上签名后,进场参与竞拍,并以33万元的价格竞得该批木板材(起拍价为5.3万元),并按照拍卖须知、《拍卖竞买规则》内容签订《拍卖成交确认书》。成交确认书约定如下:一、成交的拍卖物:木板材71.41立方米,成交价33万元,佣金1.65万元,总金额34.65万元……三、买受人缴纳的拍卖保证金2万元即转为定金,并应于在2013年8月18日前支付剩余拍卖款31万元。买受人经通知后仍不能在确定的期限内支付的,则无权要求返还定金;拍卖人经委托人同意对该项成交的拍卖物再行拍卖的,买受人应承担再行拍卖所产生的费用,再行拍卖成交金额低于原拍卖成交金额的,其差价由原买受人负责支付。后被告甲在拍卖成交确认书约定的期限内没有付清余款。某拍卖公司扣留2万元定金后将18.1万元的保证金退回给甲。

再查明,某海关于2013年10月12日再次委托某拍卖公司拍卖71.41立方米木板材,与第一次拍卖标的数量、规格完全一致。第二次拍卖书面记录拍卖鉴证人未签字。但从法院调取的第二次拍卖的视频资料反映,某拍卖公司第二次拍卖过程依法公开,竞买人自愿竞拍,委托人某海关派员到现场监督拍卖。后乙以5.3万元的价格竞得该批木材,并已支付完毕款项,两次拍卖的差价为27.7万元。

原告某拍卖公司诉称:被告甲作为竞买人,在拍卖成交后,未按《拍卖法》的规定及拍卖成交确认书的约定支付拍卖成交余款,构成单方违约,故起诉要求:一、被告甲赔偿原告某拍卖公司两次拍卖的差价损失27.7万元、拍卖佣金损失1.65万元、第二次拍卖公告费1470元,合计29.497万元。二、被告甲已支付的拍卖保证金2万元归原告某拍卖公司所有。

被告甲辩称:第一次拍卖中某拍卖公司在拍卖前未交付木板材清单及相关材料,造成被告甲的重大误判,拍卖程序违法,拍卖合同无效。第二次拍卖没有鉴证人签名,无法证明拍卖过程的合法性,拍卖差额损失的证据真实性存在疑问。

【裁判结果】

一审:一、被告甲应于本判决发生法律效力之日起十日内支付29.497万元给原告某拍卖公司;二、驳回某拍卖公司的其他诉讼请求。

【争议焦点与裁判理由】

本案的争议焦点是:(1)拍卖程序上的部分瑕疵是否影响两次拍卖合同的效力;(2)竞拍成交的买受人未按照拍卖成交确认书的约定支付拍卖价款,委托人和拍卖人选择将拍卖标的再行拍卖的,原买受人应当承担的违约责任大小如何确定。

人民法院经审理认为,被告甲于2013年8月12日第一次拍卖前在拍卖须知上签名,已知悉拍卖须知的第8条、第9条及本人承诺的内容后,通过竞价以33万元拍得木板材。拍卖前某海关复函及拍卖须知已经声明,拍卖资料仅供参考,一切以货物现状为准,委托人、拍卖人对标的物不作任何的保证,不承担瑕疵担保责任。原告某拍卖公司虽未提供拍卖清单,但已安排包括被告甲在内的竞买人到仓库查看货物,被告甲对货物的实际情况已经清楚了解,某拍卖公司的行为并没有实质影响被告的权利。某拍卖公司在第一次拍卖中的其他程序合法、公开,且又不违反《合同法》第52条的无效情形,拍卖合同依法有效。

第二次拍卖活动中,虽然拍卖书面记录没有鉴证人的签名,但从法院调取的现场拍卖视频中可见某拍卖公司拍卖过程依法公开,竞买人自愿竞拍,委托人某海关派员到现场监督拍卖,被告甲主张第二次拍卖活动过程不合法的意见不成立。故第二次拍卖程序合法,拍卖合同合法有效。

关于被告甲应承担的赔偿金额,根据《拍卖法》第39条之规定,被告甲应赔偿某拍卖公司两次拍卖差价277 000元,第一次拍卖的佣金16 500元,第二次拍卖公告费1470元,合计294 970元。同时,原告某拍卖公司既然主张由被告甲承担以上具体损失得到支持后,则不可再向被告甲主张由其承担其他违约责任,故定金20 000元不应没收。对原告某拍卖公司主张的没收20 000元定金的诉讼请求不予支持。

【案例评析】

关于拍卖程序上的部分瑕疵是否影响拍卖合同的效力问题,应当严格按照《合同法》第52条以及《拍卖法》第65条的规定进行审查,即使拍卖程序出现些许瑕疵,如果可以补正,或者其对合同当事人、第三人、国家和集体的利益、社会公共利益并无实质性影响的,也不应当轻易否定拍卖的效力,应尽量维持拍卖交易的安定性、安全性。否则,将导致资源浪费和效力低下,并滋生因无效所带来的逆回程序的诸多操作困难。本案中第一、二次拍卖中的该微小瑕疵不足以认定拍卖合同无效。

关于买受人未按照拍卖成交确认书的约定支付拍卖价款,委托人和拍卖人选择将拍卖标的再行拍卖后,原买受人应当承担的违约责任大小问题,《拍卖法》第39条规定,委托人、拍卖人有权选择要求买受人承担违约责任的方式:其一,按原拍卖合同要求买受人继续支付价款;其二,将拍卖标的再行拍卖,按两次拍卖的差价和其他损失金额主张由原买受人进行赔偿。但该条规定并未明确,竞买人在第一次拍卖中交付的定金如何处理,委托人或拍卖人是否有权没收。因此,在司法实践中也存在不同观点:第一种观点认为,定金的惩罚性质比补偿性更明显,可以不以损失为前提独立适用,故原告在主张其实际损失时,同时主张定金责任,应同时按实际损失金额加上没收定金金额予以支持。第二种观点认为,定金责任与损害赔偿责任可以同时适用,但应当按照以下原则处理,即实际损失金额小于定金金额时,应当适用定金罚则,当实际损失金额大于定金金额时,可以没收定金,但没收的定金金额应用于抵扣实际损失金额,此时按原告主张的实际损失金额支持其诉请即可。在法律无明确规定情况下,以上两种处理方式属于法官自由裁量权范围,本案中,法院最终采纳的是以上第二种观点。

【案例索引】

一审:广东省江门市蓬江区人民法院(2014)江蓬法民二初字第28号

29. 甲与乙、某拍卖公司拍卖合同纠纷案

——拍卖成交确认书瑕疵对拍卖合同效力的影响

问题提示：可否以拍卖成交确认书存在瑕疵为由，否定拍卖的有效性，以及可否以委托拍卖合同履行瑕疵拒绝履行拍卖合同？

【基本案情】

上诉人（一审被告）：甲

被上诉人（一审原告）：乙

被上诉人（一审第三人）：某拍卖公司

人民法院经审理查明：2011 年 12 月 11 日，被告甲与某拍卖公司签订《委托拍卖合同》，就位于乐山市市中区张公桥大市场二楼 53 号房屋委托某拍卖公司进行拍卖。合同约定：有底价增价式拍卖，如发生流拍，再次拍卖的保留价待定；收到 70% 拍卖款项后办理移交及过户手续。2011 年 12 月 13 日，某拍卖公司刊登拍卖公告，公开拍卖上述房屋，后因无人竞买而流拍。2012 年 2 月 17 日，某拍卖公司第二次刊登拍卖公告。被告向某拍卖公司出具由其签名的《底价函》，载明变更底价为 19 万元，如拍卖成交价款不足 19 万元，由拍卖公司收取的佣金补足。经拍卖，原告乙以 182 000 元最高应价成为买受人，并完成了支付。某拍卖公司已向被告的债权人肖某支付了 170 000 元的拍卖价款，尚有 20 000 元未支付给被告。

原告起诉认为：涉诉房屋的拍卖合法有效，被告没有收到拍卖款项是其与某拍卖公司之间基于委托合同关系产生的纠纷，与本案不相关。据此请求判令被告履行拍卖委托人义务，办理涉诉房屋的过户登记手续。

被告上诉认为：某拍卖公司未对用佣金补足低于保留价部分的约定作出明确说明和提示，该约定不符合拍卖法的规定，涉诉房屋的拍卖成交确认书上没有公证员和监督员的签名，故涉诉房屋的拍卖应无效；至今未收到《委托拍卖协议》中约定的 70% 拍卖款项，没有义务将房产过户他人。据此请求二审法院判令撤销原判，依法驳回原告的一审诉讼请求。

【裁判结果】

一审：支持原告乙的诉讼请求。

二审：驳回上诉，维持原判。

【争议焦点与裁判理由】

本案的争议焦点为，可否以拍卖成交确认书存在瑕疵为由，否定拍卖的有效性，以及可否以委托拍卖合同履行瑕疵拒绝履行拍卖合同。

根据生效裁判文书，人民法院认为，被告向某拍卖公司出具由其签名的《底价

函》,系甲单方出具的委托文件,某拍卖公司接受其委托事项后,即表示双方对拍卖保留价作出了新的约定,而该约定并未违反法律法规强制性规定。拍卖过程中,实际拍卖的最高应价虽低于保留价,但不足部分已由某拍卖公司以其收取的佣金予以补足。涉诉房屋的拍卖成交确认书上虽然没有公证员和监督员的签名,但并未违反法律法规的强制性规定。故认定某拍卖公司的拍卖行为合法有效。根据《拍卖法》第55条"拍卖标的需要依法办理证照变更、产权过户手续的,委托人、买受人应当持拍卖人出具的成交证明和有关材料,向有关行政管理机关办理手续"的规定,被告甲在拍卖成交后有义务协助原告乙办理涉诉房屋的过户登记手续。被告是否取得涉诉房屋房款是其与某拍卖公司之间基于委托合同关系产生的纠纷,属另一法律关系,应另案处理,不影响被告履行协助房屋过户的义务。

【案例评析】

本案在审理中,主要集中在以下两个争议焦点:

一、拍卖成交确认书上没有公证员和监督员的签名,是否导致拍卖无效

《拍卖法》第51条规定:竞买人的最高应价经拍卖师落槌或者以其他公开表示买定的方式确认后,拍卖成交。第52条规定:拍卖成交后,买受人和拍卖人应当签署成交确认书。可见,拍卖成交确认书是由买受人与拍卖人签署的对拍卖成交事实予以确认的书面文件。

拍卖成交确认书是否须有公证员和监督员签名才能生效,各国法律规定不一,有的将其作为拍卖的必经程序,有的仅作为一种监督方法。我国《拍卖法》没有将公证员和监督员在成交确认书上签名作为拍卖生效的前提条件。本案中,涉及房屋拍卖成交确认书上没有公证员和监督员的签名,并不违反法律法规强制性规定,不影响拍卖的有效性。公证员和监督员是拍卖成交的监督人,并非拍卖合同的当事人,他们的签名只起到加强拍卖成交确认书证明力的作用。在拍卖合同的双方当事人没有特别约定的情况下,拍卖成交确认书就拍卖关键内容以书面的形式确定,当事人签名即为有效。公证员和监督员的签名并不是拍卖确认书上的必备要素,缺少公证员和监督员签名的拍卖成交确认书本身还是有效的,这也就说明本案的涉案房屋拍卖程序中不存在瑕疵,拍卖应该是合法有效的。

二、拍卖委托人是否可以委托拍卖合同履行瑕疵为由拒绝履行拍卖合同有关义务

委托拍卖合同是委托人为拍卖物品或者财产权利而与拍卖人签订的明确双方权利义务关系的协议。委托拍卖合同与拍卖合同,虽然两者关系密切,但各自属于独立的合同,有关当事人权利义务的具体内容也是不同的。委托拍卖合同涉及的是委托人与拍卖人之间的委托代理关系,而拍卖合同以拍卖人、委托人和买受人三者之间的权利与义务关系为主要内容。拍卖成交,标志着委托人与买受人就拍卖标的物的转让达成了合意,买受人按照成交确认书支付拍卖标的物价款后,拍卖标的物所有权即应归买受人。委托拍卖合同存在履行瑕疵，不是拒绝履行拍卖合同义务的必然理由。依照合同法有关规定，合同当事人应该遵循诚实信用原则，全面履行合同约定的义务，否则可以追究其相应的违约责任。

本案中，原告乙经过合法的拍卖程序，成为买受人，在与某拍卖公司签订《拍卖成交确认书》并按约定支付拍卖标的价款后，应依法取得拍卖标的的所有权。根据《拍卖法》规定，委托人在拍卖成交后有义务协助买受人办理产权过户手续，这既是买受人在拍卖合同中享有的权利，也是委托人应该履行的义务。被告与某拍卖公司履行《委托拍卖合同》存在的争议，只影响到被告与拍卖公司两方的权利和义务，不应因此损害买受人的合法权利。被告以委托拍卖合同存在纠纷为由，拒绝履行拍卖合同中所要求的协助买受人办理有关房屋过户手续的行为，不具有合法性。

【案例索引】

一审：四川省乐山市市中区人民法院(2012)乐中民初字第1830号

二审：四川省乐山市中级人民法院(2013)乐民终字第666号

30. 某房地产公司与某投资公司、某银行支行、某拍卖公司拍卖合同纠纷案

——拍卖合同履行期限约定不明的责任承担

问题提示：因拍卖合同对合同履行期限没有具体约定而造成竞买人利益损失的，委托人和拍卖人是否需要承担相应责任？

【基本案情】

上诉人(一审原告)：某房地产公司

被上诉人(一审被告)：某投资公司

被上诉人(一审被告)：某银行支行

被上诉人(一审被告)：某拍卖公司

人民法院经审理查明：2011年1月12日，某投资公司与某拍卖公司签订《委托拍卖合同》一份，主要内容为：委托人委托拍卖人对其固定资产或相关权益进行拍卖，具体项目以委托人提供的项目清单为准，拍卖工作内容包括前期项目调查、清查、分类、拟订拍卖方案、拍卖、协助标的移交、协助委托人办理标的过户等；拍卖人在拍卖招商过程中，应当向竞买人说明拍卖标的的内在品质及瑕疵，委托人就已告知拍卖人的瑕疵对拍卖人和买受人不承担赔偿责任。拍卖标的经拍卖成交，拍卖人应在买受人成交价款到账之日起5个工作日内，将拍卖成交款足额支付给委托

人;拍卖成交后,拍卖人应协助委托人向买受人移交标的及已有的相关权属资料和所需的相关文件等。后双方又签订《委托拍卖项目清单确认书》一份,在上述所附拍卖清单中,拍卖标的有位于郑州市管城回族区商城东里12号楼1单元16号、郑州市管城回族区商城东里12号楼3单元52号涉案房屋两套。2011年5月22日,某拍卖公司下发《拍卖通知》,向拍卖资产中房屋的承租人及使用人发出拍卖通知,告知其如若有购买意向,请于2011年6月22日前速与我公司联系办理相关事宜,否则视为放弃。上述《拍卖通知》上加盖有"某银行支行法律合规部"的印章。后某拍卖公司刊登拍卖公告。2011年7月30日,某房地产公司作为乙方与甲方某拍卖公司签订了《竞买协议》一份,约定:乙方详细了解了拍卖标的内容和投资风险并提出意向受让申请,向甲方缴纳了竞买保证金,乙方详细阅读了相关文件并进行了签署确认,办理了竞买登记手续,愿意作为竞买人参与竞价拍卖;拍卖成交、付清全款后,甲方代委托人与买受人、资产管理人等办理移交手续,具体移交时间由委托人、资产管理人或拍卖人通知安排等。2011年8月2日举行的拍卖会上,某房地产公司竞得涉案房屋。现某房地产公司已将上述房款支付某投资公司,因房屋至今未交付,引起争诉。审理查明,涉案房屋房产证上的所有权人为某银行支行。某投资公司提交银监复〔2004〕144号《中国银行业监督管理委员会关于中国建设银行重组改制设立某投资公司的批复》,主要内容有:同意你行承继未纳入某银行的资产和负债,并改制成为某投资公司;核准某投资公司业务范围为:投资于某银行,接收、经营、管理、处置从原建设银行分立后承继的资产等。某银行支行称,根据上述文件,本案争议的上述两套房屋由某投资公司承继,但因其未接到总行要求办理移交手续的通知,故争议房屋尚未办理移交手续。

原告认为,原告在2011年8月2日举行的拍卖会上竞得涉案房屋、签订成交确认书,并将房款付清,但委托方及拍卖人至今未将房屋交付,构成违约。某银行支行占有房屋不予交付,侵害了原告的合法权益,据此提出要求三被告交付涉案房屋、支付租房支出违约损害等诉讼请求。

被告认为,《竞买协议》中约定资料手续移交和资产实物移交的具体移交时间由委托人、资产管理人或拍卖人通知安排,双方对房屋的具体交付时间没有明确约定,不构成违约。

【裁判结果】

一审:支持原告要求交付房屋的诉讼请求,驳回其他诉讼请求。

二审:驳回上诉,维持原判。

【争议焦点与裁判理由】

本案的争议焦点为,被告是否构成违约,以及是否应承担某房地产公司主张的租房经济损失。

根据生效裁判文书,人民法院认为,涉案房屋虽登记在某银行支行名下,但根据银监复〔2004〕144 号文件，涉案房屋实际归某投资公司所有，某投资公司与某拍卖公司签订《委托拍卖合同》合法有效。某拍卖公司依法组织拍卖，某房地产公司竞得拍卖标的、支付价款并转交某投资公司后，某拍卖公司、某投资公司应向买受人某房地产公司移交拍卖标的。上述两套房屋现由某银行支行实际占有，且其对上述房屋的转移及拍卖均无异议，故某银行支行亦应向某房地产公司履行交付义务。因当事人对房屋的具体交付时间没有明确约定，某房地产公司应当明知涉案房屋存在所有人与管理人系不同主体可能会产生的交付风险，且由此而产生额外的房租与拍卖方式购买房屋之间并不存在必然的联系，故对于违约损害赔偿主张不予支持。

【案例评析】

本案在审理中，焦点主要集中在被告某投资公司、某拍卖公司是否构成违约及是否应承担某房地产公司主张的租房经济损失；某银行支行是否负有返还涉案标的物的义务等。

本案中，某投资公司与某拍卖公司签订《委托拍卖合同》，系双方真实意思表示，内容不违反法律、行政法规的强制性规定，合法有效，当事人应严格履行。某拍卖公司依据委托合同，依法组织了涉案标的之拍卖，程序合法，依据拍卖程序与某房地产公司签订的成交确认书系双方真实意思，合同有效，双方应依照约定履行各自的义务。本案中，竞买人（买受人）某房地产公司依据约定履行了交付房款的义务并转交至委托人（出卖人）某投资公司，则拍卖公司、某投资公司应当依据合同约定的内容向买受人交付涉案标的。由于合同中对纠纷涉案标的的日期未作规定，依据《合同法》第 62 条的规定，履行期限不明确的，债务人可以随时履行，债权人也可以随时要求履行，但应当给对方必要的准备时间。本案中，某房地产公司在合理的期间内请求某拍卖公司及某投资公司交付标的物，要求合理、正当，依据《合同法》第 107 条关于违约责任的规定，债务人负有继续交付涉案房产、赔偿迟延履行所致损失的责任。对于原告某房地产公司主张的租房经济损失，是否应由违约方赔偿呢？对此，依据我国《合同法》第 113 条的规定，违约赔偿数额受到可预见性规则制约，即因违约所造成的损失不得超过违反合同一方订立合同时预见到或者应当预见到的因违反合同可能造成的损失。本案中，依据拍卖规则，某房地产公司应当明知涉案房屋存在所有人与管理人系不同主体可能会产生的交付风险，对于交付迟延风险理应有所预知，应采取合理措施减少自己的损失。对于因未实际占有拍卖标的而产生的额外房租，并非与拍卖方式购房违约之间存在因果关系，且结合本案案情，并不在违约方的合理可预见范围内，故对此房租损失不应予以支持。

本案中，某银行支行占有涉案标的，但根据银监复〔2004〕144 号文件，涉案房屋实际归某投资公司所有，由于某银行支行不是实际的所有权人，故负有依据实际所有人指示向竞买人某房地产公司交付标的物的义务，其所主张的“因其未接到总行要求办理移交手续的通知,故争议房屋尚未办理移交手续”的抗辩不能成立。

【案例索引】

一审:河南省郑州市管城回族区人民法院(2013)管民二初字第1338号

二审:河南省郑州市中级人民法院(2014)郑民四终字第1336号

31. 甲与某拍卖公司拍卖合同纠纷案

——不动产拍卖标的的交付

问题提示:拍卖标的为不动产时,如何认定是否已交付?

【基本案情】

原告:甲

被告:某拍卖公司

人民法院经审理查明:2001年2月7日,绍兴县人民法院裁定将绍兴县青陶羊毛衫厂所有的办公楼等财产抵给某银行支行所有。此后,某银行支行并未就该房产办理房屋产权过户等手续。2006年8月22日,某银行支行与被告某拍卖公司签订委托拍卖合同,将原绍兴县青陶羊毛衫厂地上建筑物面积约1975.86平方米委托被告某拍卖公司拍卖。被告某拍卖公司在拍卖特别规定中载明:该地上建筑物无房产证,亦不包括土地使用权。其建筑面积仅供参考,以现状展示为准(已有多处房屋倒塌)。能否办理房产权证和土地使用权转移、出让、租赁等,本公司及委托人均不作任何保证。拍卖成交后,以提供《拍卖成交确认书》、委托人出具的权属证明资料即视为拍卖标的物移交完毕。2006年9月8日,原告甲参加了拍卖会,以362 000元的价格竞拍得上述建筑物,并与被告某拍卖公司签订了《拍卖成交确认书》。2006年9月15日,原告甲向被告缴清了拍卖款362 000元和拍卖佣金18 100元,并在被告出具给某银行支行的关于协助买受人办理标的移交(过户)手续的函上签名确认。2006年10月17日,原告甲及其丈夫乙认为被告拍卖公司未按约腾空及移交标的物,以及在拍卖后有人在拆除拍卖物的门窗等而前往被告公司交涉,交涉过程中,乙坠楼受伤。2006年11月28日,被告公司将拍卖款362 000元汇给了某银行支行。原绍兴县青陶羊毛衫厂地上建筑物部分现已毁损,部分目前仍被中国电信作为机房使用。

原告甲认为,原告于2006年9月8日在某拍卖公司拍卖厅参加某拍卖公司举行的公开拍卖会,并竞拍得坐落于绍兴县王坛镇青坛村原绍兴县青陶羊毛衫厂地上建筑物约1975.86平方米。拍卖后原告即与被告签订了《拍卖成交确认书》,原告并已依约支付成交价362 000元、拍卖佣金18 100元,共计380 100元。拍卖成交确认书签订后,因被告至今未交付拍卖房产,已构成严重违约。故请求法院依法判令解除双方的拍卖合同关系、判令被告立即返还原告拍卖款(购房款)362 000元及拍卖佣金18 100元、判令被告赔偿因其违约造成原告同期房屋出租损失80 000元及因其违约造成原告赔付给承租人的违约损失40 000元。

被告某拍卖公司认为:其已经将自己要求某银行支行移交标的物的函交给了原告,因此被告已经履行了交付义务。

【裁判结果】

一审:一、解除原告甲与被告某拍卖公司的拍卖合同;二、被告某拍卖公司应返还给原告甲拍卖款362 000元及拍卖佣金18 100元,于本判决生效之日起三十日内付清;三、驳回原告甲的其他诉讼请求。

【争议焦点与裁判理由】

本案的争议焦点为,被告是否存在迟延履行义务的情形,原告是否已经向被告催告要求履行合同。

人民法院经审理认为,本案中,被告认为根据其与委托人某银行支行签订的委托拍卖合同,应当由某银行支行在成交后10日内向买受人交付标的物,且其已经将自己要求某银行支行移交标的物的函交给了原告,因此被告不承担交付义务或者说已经履行了交付义务。根据《拍卖法》第24条的规定,"拍卖成交后,拍卖人应当按照约定向委托人交付拍卖标的的价款,并按照约定将拍卖标的移交给买受人"。同时,根据拍卖合同约定,拍卖成交后,以提供《拍卖成交确认书》、委托人出具的签署证明资料即视为拍卖标的物移交完毕。从上述约定来看,拍卖人有移交标的物的义务,虽然拍卖成交确认书中并未约定移交的时间,但拍卖人仍应当在合理期间内办理移交。现被告并无证据证明原告已经收到了标的物的权属证明资料,因此其移交义务未完成,存在迟延履行的情形。而且对不动产标的物的移交,除应当交付相应的权属证明资料外,还应当包括办理权属登记、腾退房屋及实物交付等。被告在拍卖合同中对标的物交付的约定属于格式条款,不能据此免除其相应的交付义务。根据2006年11月27日公安机关所作的询问笔录中双方当事人对事件发生经过的描述,原告夫妻是有催告的意思表示的。在询问次日,即2006年11月28日,被告已将拍卖款362 000元支付给了委托人某银行支行,但截至本案诉讼发生,被告一直未能履行交付义务,已经构成了迟延履行主要义务,经催告仍未履行,原告依法可以行使法定解除权,并要求被告返还拍卖款362 000元和拍卖佣金18 100元。

【案例评析】

本案的争议焦点为,拍卖人是否已经向买受人实际交付了拍卖标的。

本案系争的拍卖标的有一定的特殊性,是无房产证、无土地使用权的地上建筑物。当然,拍卖人在拍卖过程中已经向竞买人告知了权利瑕疵,因此拍卖并不违法。拍卖结果合法有效,双方均应按照拍卖成交确认书进行。双方的争议在于拍卖标的物是否已实际交付,如果已经交付则拍卖人不构成迟延履行,如果没有交付,则拍卖人构成迟延履行,应承担违约责任。拍卖人认为:拍卖成交后,其提供《拍卖成交确认书》、委托人出具的权属证明资料、通知委托人将地上建筑物交由原告占有、管领,即视为拍卖标的物移交完毕,原、被告对拍卖标的已依法成交,标的物的风险自《拍卖成交确认书》签署时起转移至买受人。原告认为被告某拍卖公司未按约腾空及移交标的物,并未实际交付。

不动产物权的变更以登记为准,但本案中的不动产标的是没有产权证的不动产。那么如何视为已经交付呢?一般来说不动产的交付,即使有房产证的不动产,虽然权利的变动以登记为准,但也应该以腾空标的物为前提。如果未能腾空标的物,应当在买卖之前向买受人进行说明,告知标的物被其他人占有。否则即使权利转移登记了,买受人仍然不能实际享有所有权的权能,对标的物进行使用、收益、处分。本案中,虽然拍卖标的没有产权证明,标的物不能转移登记。但按照通常理解,交付标的物仍然应该以腾空标的物为前提,而不是简单地出具一张证明告知标的物已经归买受人所有就完成交付了。

【案例索引】

一审:浙江省绍兴市越城区人民法院(2009)绍越商初字第1604号

32. 某国际贸易公司与某汽车贸易公司、某典当公司、某拍卖公司股权转让纠纷案

——拍卖标的的转让登记的协助义务的主体范围

问题提示:拍卖标的物权利人、委托人、拍卖人对买受人办理股权转让登记是否具有协助义务?

【基本案情】

原告:某国际贸易公司

被告:某汽车贸易公司

第三人:某典当公司

第三人:某拍卖公司

人民法院经审理查明:2009年6月11日,某汽车贸易公司与某典当公司签订

《股权质押合同》约定：当物为某汽车贸易公司持有某上市公司股份（B股），典当金额90万元等。2009年8月5日，某典当公司向某汽车贸易公司发出还款通知。在当期限届满后，某汽车贸易公司未履行还款义务。8月20日，某典当公司向某汽车贸易公司发函，要求某汽车贸易公司办理相应股权质押登记手续。某汽车贸易公司回函表示同意办理。但此后双方因故未能办理相关股权质押登记手续。8月28日，某典当公司向某汽车贸易公司发出《质押物品处置通知书》，要求某汽车贸易公司授权其根据相关法律法规规定及合同约定拍卖质押股权及其派生权益。某汽车贸易公司回复表示同意并委托某典当公司代理股权转让等相关事宜。9月4日，某典当公司与某拍卖公司签订《委托拍卖协议》，其中约定拍卖标的的交付方式：某典当公司应与买受方在拍卖成交后3日内共同签署相应的转让协议，办理转让手续，某拍卖公司根据有关法律法规提供拍卖成交的证明和资料。9月28日，某国际贸易公司以850万元购得系争股权。同日，某拍卖公司向某国际贸易公司出具《拍卖成交确认书》。10月16日，某国际贸易公司向某拍卖公司支付成交价款850万元。某拍卖公司、某典当公司在分别扣除相应佣金、当金本息等费用后，将剩余款项返还某汽车贸易公司。后当某国际贸易公司持某拍卖公司出具的《拍卖成交确认书》要求某汽车贸易公司和某典当公司交付系争股权的股份资料以便办理过户手续时，某汽车贸易公司以拍卖行为虽然有效但成交价款过于低廉，股份现已增值需要追加付款数额为由，拒不配合办理过户手续，某典当公司和某拍卖公司亦以各种理由推脱，某国际贸易公司购得的系争股份无法办理过户。

原告诉称：某国际贸易公司参与竞买系争股权的行为合法并已经支付了标的物价款和佣金，被告及第三人的上述推诿行为使原告蒙受经济损失，故诉请判令：1.确认某国际贸易公司是系争股权及股权衍生的全部红利及股息的合法持有人；2.某汽车贸易公司履行将系争股权以及相应红利、股息交付给某国际贸易公司之义务，并按照证券登记公司过户规定承担提交所需材料、手续之义务；3.某典当公司、某拍卖公司在典当、拍卖范围内承担涉案股权交付、过户之义务。

被告某汽车贸易公司辩称：对原告起诉的事实没有异议，被告当时在拍卖处理涉案资产时对850万元的价格是认可的，但由于被告是国有企业，此后因有他人愿出更高价格购买，因此以拍卖价格出售可能会有让国有资产流失的嫌疑，所以被告一直未处理相关事宜，对于目前的情况被告希望法院依法处理。

第三人某典当公司辩称：第三人某典当公司与被告之间对于被告持有的系争股权进行过股权质押业务的往来，被告给第三人某典当公司提供了系争股权的资料，经审核该股份是存在且由被告持有的，相关所有手续都是完备的，第三人某典当公司已经履行了相应义务。

第三人某拍卖公司辩称：基本认可原告起诉的事实，但第三人某拍卖公司只是提供拍卖中介服务的公司，只是在拍卖流程中为竞买人和买受人提供相应的服务，包括与竞买人签订竞拍登记手续等,对此原告都是清楚的,而且第三人某拍卖公司已经履行应尽义务,在标的物成交后的归属确认不在第三人某拍卖公司权限范围内。

【裁判结果】

一审:一、某国际贸易公司自2009年9月28日起是系争股份以及自当日起上述股权衍生的全部红利、派息的合法持有人;二、某汽车贸易公司于判决生效之日起十日内按照证券登记结算机构过户规定向某国际贸易公司提交上述股权及相应红利、派息过户所需材料,并协助某国际贸易公司办理相应过户手续;三、某典当公司于判决生效之日起十日内在其典当业务范围内协助某国际贸易公司办理上述股权及相应红利、派息的相应过户手续;四、某拍卖公司于判决生效之日起十日内在其拍卖业务范围内协助某国际贸易公司办理上述股权及相应红利、派息的相应过户手续;五、驳回某国际贸易公司的其他诉讼请求。

【争议焦点与裁判理由】

本案的争议焦点为,某汽车贸易公司、某典当公司、某拍卖公司对某国际贸易公司办理股权转让登记是否具有协助义务。

人民法院经审理认为,某汽车贸易公司自愿委托某典当公司并通过某拍卖公司以拍卖方式转让系争股份,而某国际贸易公司通过参与拍卖竞拍取得了上述股权并已履行支付相应拍卖价款、佣金等款项的义务,上述股权转让行为未违反国家相关法律、行政法规的禁止性规定,应属合法有效。现某国际贸易公司要求确认其系受让股份以及自拍卖成交当日起上述股权所生孳息合法持有人的诉讼请求,理由正当。由于涉案股权转让属财产权利转让,其与实物转让中的即时交付有别,自拍卖成交当日相应股权即已发生转移,且在本案中某典当公司、某拍卖公司均不是涉案股权的所有人和持有人,故某国际贸易公司要求某汽车贸易公司、某典当公司、某拍卖公司履行交付涉案股权及其衍生权利义务的诉讼请求,缺乏依据,不予支持。但鉴于受让标的涉及上市公司股份,受让人某国际贸易公司要达到实际控制并可自行上市交易的目的,尚需依照证券法、拍卖法的相关规定到有关证券登记结算机构办理相应的过户登记手续,对此涉案当事人某汽车贸易公司、某典当公司、某拍卖公司均负有给予必要协助的义务。

【案例评析】

一、拍卖合同中股权的物权变动时间如何认定

拍卖是以公开竞价的方式将物品或财产权利转让给报价最高的竞买人的一种买卖方式,拍卖公告构成了邀约邀请,竞拍人竞价构成了一种邀约,拍卖合同的最终成立还要通过竞买人的反复报价,在拍卖人与出价最高的竞买人之间成立合同,《拍卖法》第51条规定,竞买人的最高应价经拍卖师落槌或者以其他公开表示买定的方式确认后,拍卖成交。拍卖成交,买受人与某拍卖公司之间的合同成立,某拍卖公司应根据约定向买受人交付标的物。《拍卖法》第24条规定，拍卖成交后，拍卖人应当按照约定向委托人交付拍卖标的的价款，并按照约定将拍卖标的移交给买受人。因为取得标的物的所有权是买受人交易的目的，将标的物所有权转移给买受人，此为出卖人的主合同义务。转移标的物的所有权是在交付标的物的基础上，实现标的物所有权的转移，使买受人获得标的物的所有权。而权利买卖的出卖人，是否也承担交付标的物的义务，应根据权利本身与之占有是否有关联进行判断。如果权利的享有与占有无关的，出卖人仅负有转移该权利于买受人的义务，如普通的债权转让，只要债权让与形成合意，无须转移占有。如果权利的享有和占有有关，除转移权利外，出卖人还应将与权利有关的占有转移给买受人。如无记名股票，需要将股票交付给买受人。本案中系争标的物为上市公司B股股票，其股权权属变更受证券法、证券交易规则等特殊规定约束，也即其与实务的即时交付不同，必须履行完相应的变更手续后，买受人才能实现对该股权的占有。故出卖人应将与权利有关的占有转移给买受人，即按照证券登记结算机构过户规定提交相关资料并被认可，才可视为其完成了交付义务。证券登记结算完成，才可视为买受人成为系争股权的所有权人。所以，本案的审理法院关于系争股权自拍卖成交当日即已发生转移，某国际贸易公司自拍卖成交当日起即成为系争股权的权利人及该股权所生孳息合法持有人的认定，并不妥当，值得商榷。

二、拍卖物权利人、委托人、拍卖人对买受人办理股权转让登记是否具有协助义务

《拍卖法》第31条规定，按照约定由委托人移交拍卖标的的，拍卖成交后，委托人应当将拍卖标的移交给买受人。《拍卖法》第55条规定，拍卖标的需要依法办理证照变更、产权过户手续的，委托人、买受人应当持拍卖人出具的成交证明和有关材料，向有关行政管理机关办理手续。本案中，某典当公司与某拍卖公司签订的《委托拍卖协议》明确约定了拍卖标的物的交付方式：某典当公司应与买受方在拍卖成交后3日内签署相应的转让协议，办理转让手续，某拍卖公司根据有关法律法规提供拍卖成交的证明和资料。故不论是根据上述法律规定，还是当事人的约定，某汽车贸易公司、某典当公司、某拍卖公司均负有对某国际贸易公司办理股权变更手续给予必要协助的义务。某汽车贸易公司作为股权转让人应按照证券登记结算机构过户规定提交所需材料，并协助某国际贸易公司办理相应手续，而某典当公司、某拍卖公司则应在其各自业务范围内对过户事项予以协助。

【案例索引】

一审：北京市丰台区人民法院（2010）丰民初字第1660号

33. 甲与某文化体育广播电视局等房屋买卖合同纠纷案

——未履行协助义务的责任承担

问题提示:拍卖标的为不动产,拍卖人在委托人不协助买受人办理权属变更登记手续时应否承担责任?

【基本案情】

上诉人(一审原告):甲

被上诉人(一审被告):某文化体育广播电视局(以下简称某电视局)

被上诉人(一审被告):某公共资源交易中心(以下简称某交易中心)

被上诉人(一审被告):某政务服务管理局(以下简称某管理局)

人民法院经审理查明:被告某交易中心隶属于被告某管理局,属被告某管理局下设的职能部门。被告某电视局拟出售老办公楼及房改房一层铺面,报经陆良县人民政府批准,委托被告某交易中心对其出售。被告某公共资源交易中心接受委托后于2012年9月17日拟定了拍卖须知,并于次日与陆良县土地储备中心联合发布了拍卖公告,公告中明确了拟出售的房屋分为11个标的。在拍卖须知第九项即注意事项(五)载明“拍卖成交后,竞得人所交纳的保证金转为拍卖成交价款的一部分,在拍卖后一个月内,付清全部拍卖成交款到指定账户。全部款项交清后,中心出具《拍卖成交确认书》,由某电视局在拍卖后三个月内为竞得人办理房屋所有权证和土地使用权证(拍卖和竞得人协助),并将拍卖标的清场移交给买受人。按照国家和地方的有关规定需要缴纳的出让金、公证费和其他税务费,由竞得人承担。产权证在交付竞得人之前,竞得人不得动工。拍卖后,产权及其他遗留问题由某电视局负责解决。”原告甲按照拍卖公告及拍卖须知的要求,交纳保证金后取得了竞买资格。2012年10月16日,被告某交易中心在本中心举行了拍卖,原告甲以标价168万元竞得1号标,以标价155万元竞得2号标,以标价170万元竞得3号标,以标价167万元竞得4号标,共计以人民币660万元竞得1-4号标的,经公证处公证,并于当日就四个标的签订了《拍卖成交确认书》,该《拍卖成交确认书》要求竞得人应当于2012年11月12日持《拍卖成交确认书》到陆良县国土资源局某电视局签订相关法律文书,办理产权手续。不按期签订相关法律文书的视为竞得人放弃竞得资格。竞得人应当承担相应的法律责任。被告某电视局经核实,原告已将房屋成交款交到指定账户,后于2012年11月16日向原告甲移交其竞买所得的1-4号标的。并由原告甲签署了移交房屋确认书,该确认书中要求其他涉及竞得人需要缴纳的税费在办领房屋所有权证及土地使用权证时交清。之后被告某电视局未在承诺期限三个月内为原告办理产权证,直到2013年8月27日双方才签订房屋转让合同,原告甲于当日取得房屋所有权证。

另查明，上诉人甲通过拍卖出资660万元所购得的1至4号标的是2013年10月16日签订的《拍卖成交确认书》，但是某电视局于2014年1月8日才将土地使用权证交付给上诉人甲。经甲委托云南省陆良县发展和改革价格认证中心鉴定，甲所竞得的1至4号房屋2013年2月16日至2014年1月8日租金价格为150 006元。

甲在一审中认为：其迟延拿到产权证，一直未对房屋使用，被告存在违约，要求被告赔偿损失830 953.20元。

一审判决后，甲不服，提起上诉称：本案中涉及的房屋是其通过某交易中心的拍卖行为取得的，《拍卖须知》第九条第（五）款约定，全部款项交清后，由陆良县某电视局在拍卖三个月内为竞得人办理房屋所有权证和土地使用权证。产权证交付竞得人之前，竞得人不得动工。由于其取得的房屋是陆良县某电视局原来使用过的旧房子，要想利用就必须重新进行改造、装修。其在合理的三个月内未拿到产权证后，就多次找被上诉人陆良县某电视局催问办理产权事宜，但被上诉人仍然拖延了10个月零22天才为上诉人办理了产权证书。由于被上诉人迟迟没有将产权证办给上诉人，上诉人无法向银行申请贷款，660万元的巨额购房款押在房子上，没有流动起来，无法产生效益。由于所购买的房子不能装修利用，也无法产生效益。因为没有房产证，房子无法出售，资金无法回流，导致上诉人在经济上承受了巨大压力，给上诉人造成的损失是客观存在的，损失数额难以确定。其主张按《最高人民法院关于审理商品房买卖合同纠纷案件适用法律若干问题的解释》第18条规定，可以按照已付购房款总额，参照中国人民银行规定的金融机构计收逾期贷款利息的标准计算其损失。

【裁判结果】

一审：驳回原告甲的诉讼请求。

二审：一、撤销陆良县人民法院（2014）陆民初字第1054号民事判决，即驳回原告甲的诉讼请求；二、由被告某电视局于判决生效后30日内赔偿原告甲经济损失90000.36元。

【争议焦点与裁判理由】

本案的争议焦点：（1）某电视局未能按照约定办理权属变更登记手续的，应否承担违约责任；（2）某交易中心应否共同承担违约责任。

根据生效裁判文书，人民法院认为：上诉人甲依据拍卖公告及拍卖须知向某交易中心提交申请并交纳保证金，之后被上诉人某交易中心通过拍卖的形式最终与上诉人甲签订了成交确认书，按照该成交确认书，上诉人甲在交清购房款后，与被上诉人某电视局签订了国有土地使用权出让、转让、分摊（变更）合同书。按照拍卖须知的相关规定：拍卖成交后，竞得人即甲所交付的保证金转为拍卖成交价款的一部分，在拍卖后一个月内付清全部拍卖成交款到指定账户。全部款项交清后，由陆良县某电视局在拍卖三个月内为竞得人办理房屋所有权证和土地使用权证。产权证交付竞得人之前,竞得人不得动工。本案中,上诉人甲已经按照约定履行了将拍卖成交款660万元交到了指定账户的义务。被上诉人未按约定的期限办理房屋产权证和土地使用权证给上诉人的行为已构成违约。在二审中,上诉人提交新证据证明因被上诉人迟延交付房产证的违约行为,导致甲所购得房屋损失房屋租金150 006元,对此违约所造成的损失,被上诉人应承担赔偿责任。但鉴于被上诉人在办理房屋产权证和土地使用权证过程中受到第三者的制约,未能在约定期限内将房屋产权证及土地使用权证办好交付给上诉人不是有意而为,系事出有因,结合被上诉人陆良县文化体育广播电视局在房屋产权证及土地使用权证未交付之前就已经将所房屋实际交付给上诉人甲使用的客观实际,可酌情判决赔偿上诉人甲60%的经济损失。被上诉人某交易中心对所委托拍卖的房屋进行拍卖时,其在对外发放的拍卖须知中已明确房屋产权属被上诉人陆良县文化体育广播电视局,拍卖成交后由某电视局协助所拍卖房屋的产权办理及移交房屋。上诉人甲作为买受人应当知道被上诉人某电视局与某交易中心是代理关系,双方订立的合同对上诉人甲与某电视局均具有约束力,某交易中心对该合同产生的义务不应承担法律责任。同时被上诉人某交易中心隶属某管理局,故某管理局也不应对该合同承担任何法律责任。在一审过程中,原告甲也明确表示只要求被告某电视局对房屋买卖合同承担违约责任。上诉人甲的上诉理由部分成立,法院部分支持。一审法院判决认定事实清楚,适用法律错误,应予改判。

【案例评析】

本案的争议焦点是:(1)拍卖标的为不动产,应由委托人负责协助买受人办理权属变更登记手续,因此而发生纠纷的,拍卖人不应承担法律责任;(2)委托人未能按照约定办理权属变更登记手续的,应承担违约责任。

一、本案拍卖人不应承担责任

1. 拍卖成交后委托人应当为买受人办理产权过户手续

拍卖作为一种特殊的商品交易方式,无论拍卖标的是动产还是不动产,都涉及所有权的转移。但是,拍卖人并不是拍卖标的所有权人,其只是接受委托人的委托提供一种中介服务。对于拍卖标的的交付问题,《拍卖法》第31条规定:按照约定由委托人移交拍卖标的的,拍卖成交后,委托人应当将拍卖标的移交给买受人。但该条规定并不排除在实践中有的拍卖标的可能直接由拍卖人按照约定交付给买受人,特别是一些动产,可以做到一手交钱一手交货,如果委托人在拍卖之前已经将拍卖标的移交给了拍卖人,拍卖人完全可以在拍卖成交后,直接将拍卖标的交付给买受人。但对于不动产,由于涉及权属变更登记,《拍卖法》第55条规定:拍卖标的需要依法办理证照变更、产权过户手续的,委托人、买受人应当持拍卖人出具的成交证明和有关材料,向有关行政管理机关办理手续。对此,所有的竞买人都是非常清楚的。

本案中，某交易中心在《拍卖须知》第九项即注意事项（五）载明了"拍卖成交后……全部款项交清后，中心出具《拍卖成交确认书》，由某电视局在拍卖后三个月内为竞得人办理房屋所有权证和土地使用权证（拍卖和竞得人协助），并将拍卖标的清场移交给买受人……拍卖后，产权及其他遗留问题由某电视局负责解决"，买受人因此有理由相信委托人能按照拍卖须知中的说明在约定期限内办理好产权变更登记问题。虽然，根据法院查明的事实，拍卖标的权属变更程序是由于涉及产权办理部门的协调未及时办理，但这并非买受人的过错，因此，认定委托人构成违约没有任何问题。本案一审法院认定被告某电视局构成违约，但却认为本案原告就此主张的损失并未进行举证证明，因此判决驳回原告甲的起诉，显然是不符合常理的。二审予以纠正是正确的。

在拍卖实践中，一些委托拍卖的不动产权属问题非常复杂，涉及的权属变更登记手续更是非常烦琐。虽然法律明确规定了委托人和买受人自行办理权属变更登记手续，但作为拍卖人，在承接不动产拍卖委托的时候也应该要求委托人对权属变动等问题予以详细说明，并在委托拍卖合同中予以写明，这样在将来发生权属争议之时可以免除自己的法律责任。

2. 拍卖人在本案中不应作为共同被告

从法律关系上来说，拍卖人对于委托人和买受人之间的买卖成交起到了一定的作用，但既然法律已经明确规定了应该由委托人和买受人向有关行政管理机关办理手续，因此，原告甲在其竞买的房产办理权属变更登记手续延迟之时，其就不应该再起诉作为拍卖人的某交易中心。二审法院也认为"甲作为买受人应当知道被上诉人某电视局与某交易中心是代理关系，双方订立的合同对上诉人甲与某电视局均具有约束力，某交易中心对该合同产生的义务不应承担法律责任。同时被上诉人某交易中心隶属于某管理局，故某管理局也不应对该合同承担任何法律责任。在一审过程中，原告甲也明确表示只要求被告某电视局对房屋买卖合同承担违约责任"，就这个角度而言，原告甲将某交易中心、某管理局作为共同被告实属不妥。

二、委托人应承担违约责任

本案中，一、二审法院均确认对某电视局未能按照约定为甲办理好房屋权属证书构成违约。但在违约责任方面，一、二审结果完全不同。一审法院认为被告某电视局并非房地产开发企业，其违约行为给原告甲造成的损失证据不足，因此判决驳回甲的诉讼请求。一审法院的判决结果有失公平。因为，某电视局未按约定的期限办理房屋产权证和土地使用权证，不可避免地会给甲再使用该房屋方面造成一定的影响，如甲所主张的影响妨碍办理银行贷款等。二审法院对此予以改判显然是应该的。但是，关于其损失的计算依据，虽然委托人并非房地产开发企业，但拍卖本身就是房屋买卖的一种方式，因此参照《最高人民法院关于审理商品房买卖合同纠纷案件适用法律若干问题的解释》第 18 条规定来计算甲的损失可能更为公平合理。二审中甲关于其损失的依据系陆良县发展和改革价格认证中心鉴定的房屋租金损失,但从房屋租赁法律规定来看,甲即便没有拿到房产证也并不一定会影响其对房屋的租赁,因此,按照房屋租金损失计算某电视局违约责任,其法理依据也不是非常充分。

另外,对于拍卖须知中第 9 条第 5 款约定的"关于拍卖权证交付竞得人之前,竞得人不得动工",一审法院认为"结合本案标的物属房屋,'不得动工'按通常理解应解释为对房屋主体结构的改变,而非限制使用和用于经营性活动",此解释有点牵强。如甲所言,涉案房屋为旧房屋,不装修不可避免地会影响利用。即便在实践中一些买受人不顾约定在拿到房产证之前就已经开始办理装修手续,但这毕竟有悖诚实信用原则,不应予以鼓励。

【案例索引】

一审:云南省陆良县人民法院(2014)陆民初字第 1054 号

二审:云南省曲靖市中级人民法院(2014)曲中民终字第 1029 号

34. 某国有资产管理局与甲、乙拍卖合同纠纷案

——不安抗辩权的行使条件

问题提示:先履行义务一方可以中止自己的履行吗?

【基本案情】

原告:某国有资产管理局

被告:甲

被告:乙

人民法院经审理查明:甲、乙系夫妻关系。2007 年 9 月 20 日,某供销合作社经有关部门批准同意,将其所属资产进行公开拍卖,丙与被告以 330 万元竞标买下 17 号标的资产,并签订了资产转让合同。合同约定:一、乙方(丙)竞标买下甲方(某供销合作社)17 号资产,其占地面积约 12 000 平方米(以国土局重新核定为准),竞得资产以现状为依据。二、乙方竞得甲方标的物的金额为 330 万元,乙方应在五天内交清拍卖成交款,同时向市财政局交纳成交金额 4% 的交易契税。如未按期交清,视同违约,所交纳的竞买保证金不予退还,并依据《拍卖法》追究乙方的违约责任。三、甲方应在乙方交清成交款后三个月将标的物交付给乙方,标的物内不得留有租户、住户和甲方应处理的资产,逾期则甲方每天按竞买金万分之二支付违约金。2008 年 5 月 6 日,中买人丙与合伙人甲协议约定竞得标的投资项目所有盈亏及债

权债务均由甲负责。拍卖成交后，两被告甲、乙陆续向本案原告交付拍卖款225万元，尚欠105万元未缴纳。目前拍卖的该资产已交付被告方甲、乙使用，但涉及的遗留问题被告方多次向泗汾供销社、市供销联社、市财政局、市产权交易中心、市国资局等部门书面反映情况请求解决，一直没有得到妥善处理，后被告以竞得资产诸多问题未解决为由拒绝交付剩余拍卖款。

原告某国有资产管理局诉称，被告竞标买下17号标的资产，并签订了资产转让合同。根据合同约定，被告应在五天内交清拍卖成交款，同时向市财政局缴纳成交金额4%的交易契税。被告至今尚欠105万元，原告方多次催收无果，据此提出要求被告甲、乙继续支付欠款等诉讼请求。

被告甲、乙辩称，由于众多遗留问题的存在，竞得标的17号资产至今无法全部交付，被告无法对17号标的进行开发使用，被告方未交清拍卖款是在行使不安抗辩权。

【裁判结果】

一审：判决支持原告某国有资产管理局的诉讼请求。

【争议焦点与裁判理由】

本案的争议焦点为，拍卖行为是否有效、履行拍卖合同过程中是谁构成违约及被告甲、乙行使不安抗辩权的理由是否成立。

人民法院经审理认为，泗汾供销社委托某拍卖公司对其所属资产进行拍卖，被告甲与丙以330万元竞得17号标的资产，拍卖行为合法有效。拍卖成交后，双方在平等自愿、协商一致的基础上签订的资产转让合同合法有效，双方应按合同约定履行各自义务。被告甲、乙作为资产转让合同权利和义务的承担者且在具备履行能力的情形下，未按照合同约定如期足额支付拍卖款，构成违约，应承担违约责任。被告乙与甲系夫妻关系，夫妻关系存续期间的债务应按夫妻共同债务偿还。原告作为某市人民政府主管全市国有资产工作的专设机构，对全市所有国有资产进行统一管理，有权要求被告履行合同约定的义务。被告主张拒绝交付剩余拍卖款是行使不安抗辩权的行为，但并未提供确切证据证明原告方丧失履行合同义务的能力，故被告辩称理由不成立。

【案例评析】

本案在审理中，争议焦点主要集中在被告行使不安抗辩权的理由是否成立。

本案中，通过合法的拍卖程序，被告甲与丙竞得17号标的资产，拍卖行为合法有效，原被告双方在平等自愿、协商一致的基础上签订的资产转让合同合法有效，双方应按合同约定履行各自义务。依据合同约定，被告甲、乙负有先给付价款的义务，原告方负有交付涉案标的、处理完毕遗留问题的后给付义务。在先给付义务人未给付前，后给付义务人可以拒绝自己的履行并追究先给付义务人的违约责任。不过，对于相互负有给付对价的双务合同而言，基于双方的利益衡平考虑，法律上，先给付义务人,若有证据证明后给付义务人有丧失偿债能力、难以对待给付之虞,在符合法律规定的条件下可以中止自己的在先履行,甚至解除合同、主张违约责任。此种权利称之为不安抗辩权。对此,《合同法》第68条规定,应当先履行债务的当事人,有确切证据证明对方有下列情形之一的,可以中止履行:(1)经营状况严重恶化;(2)转移财产、抽逃资金,以逃避债务;(3)丧失商业信誉;(4)有丧失或者可能丧失履行债务能力的其他情形。当事人没有确切证据中止履行的,应当承担违约责任。《合同法》第69条规定,当事人依照本法第68条的规定中止履行的,应当及时通知对方。对方提供适当担保时,应当恢复履行。中止履行后,对方在合理期限内未恢复履行能力并且未提供适当担保的,中止履行的一方可以解除合同。结合本案事实,被告方曾多次向有关部门书面反映情况请求解决,一直没有得到妥善处理,被告的证据足以证明原告有丧失履行债务的可能性,且被告积极通知原告方中止履行的原因,故本案被告中止自己的履行并无不当,不构成违约。

【案例索引】

一审:湖南省醴陵市人民法院(2013)醴法民二初字第382号

35. 甲与某街道办事处、某工具厂、某银行不当得利纠纷案

——拍卖标的为不动产的权利转移时间

问题提示:1. 拍卖不动产如房屋的权利转移在何时发生? 2. 在拍卖房屋未过户前,房屋拆迁的补偿款的权利人为谁?

【基本案情】

原告:甲

被告:某街道办事处

被告:某工具厂

被告:某银行

人民法院经审理查明:唐山市古冶区赵各庄横河仓库处房产原系被告某工具厂的房产,后经唐山市古冶区人民法院执行阶段裁定将其抵债给某城市信用社(后更名为某银行支行,现系被告某银行的下属支行),房产证件变更到某城市信用社名下,证号为唐古集体房字第338号(以下简称338号房屋)。

2010年6月10日、2010年6月11日被告某银行发布公告委托某拍卖公司拍卖338号房屋,2010年6月22日原告甲参与竞买并签订拍卖成交确认书。2010年8月10日被告某银行接到被告某街道办事处发出将拆迁争议房产的通知。2010年

8 月 19 日某街道办事处与被告工具厂签署协议书，内容包括：(1) 甲乙双方签订协议后，甲方一次性给予乙方补偿费用肆佰万元整……(4) 乙方北库院内南侧抵押给某银行的 13 间房屋的拆除工作由甲乙双方共同完成，费用由乙方担负……2010 年 9 月 4 日争议房产被拆除完毕。被告某街道办事处已将 400 万元的拆迁补偿款支付被告某工具厂。原告甲至今未得到任何补偿。

原告甲诉称：在原告已明确向被告某街道办事处告知竞买过程的情况下，某街道办事处在与某工具厂签订协议书并支付补偿款时，应当将原告列为当事人，并将相应的份额直接给付原告。同时，某工具厂在明知其部分厂房早已过户给某银行支行的情况下，就不应当领取相应部分的补偿款。两被告的行为，直接导致原告损失 60 万元。银行虽未与原告办完过户手续，但原告是 338 号房产所有权人已成事实，银行也应该积极配合原告向拆迁单位追要拆迁款。据此提出以下诉请：(1) 确认原告对唐古集体房字第 338 号拥有法律意义上的所有权；(2) 判令被告某工具厂向原告支付拆迁补偿款 50 万元。

被告某街道办事处辩称，原告甲在拆迁期间取得 338 号房屋所有权系某银行违反拆迁公告的结果，应由某银行承担法律责任，与某街道办事处无关。原告甲未能拿到 338 号房屋拆迁补偿款，是由于某银行违反拆迁公告，某工具厂未履行协议所致，要求某街道办事处向原告支付拆迁补偿款的诉讼请求不能成立。

被告某工具厂辩称，系争房屋被拆除实施者为某街道办事处，即使发生补偿，某工具厂也不应承担，且某工具厂此次所得补偿款 400 万元中并不包含某银行名下的 13 间房屋。原告请求 50 万元补偿款于法无据，原告未依法取得被拆除房屋的所有权，本案中某银行取得的只是房屋权利，不包含土地权利，即使给予补偿也应限于地上附着物，受益人为某银行。

被告某银行辩称，在 2010 年 8 月 10 日接到某街道办事处拆迁通知前，已依法将涉案房产通过拍卖方式转让给甲，即拍卖本案房产行为发生在某银行接到拆迁通知之前，某银行的拍卖行为合法有效。在拍卖成交后，本案房产属于甲所有，与某银行没有任何关系，且某银行未实际占有拆迁补偿款。因此，甲主张某银行配合其向拆迁单位追要拆迁款，没有依据。

【裁判结果】

一审：被告某工具厂返还原告甲拆迁补偿款 387 663.35 元，驳回原告甲其他诉讼请求。

【争议焦点与裁判理由】

本案的争议焦点是：(1)338 号房屋的产权归属；(2)原告甲要求被告某工具厂支付拆迁补偿款 50 万元的事实及法律依据。

人民法院经审理认为，就本案而言，争议房产已于 2010 年 9 月 4 日拆除完毕，根据《物权法》第 30 条之规定，该房屋的所有权因拆除这一事实行为而消灭。鉴于该房屋所有权已消灭,原告再要求确认该房产为其所有不符合法律规定。被告某银行通过拍卖转让房屋的行为,早于接到被告某街道办事处发出的拆迁通知,依《城市房屋拆迁管理条例》第12条第3款之规定,被告某银行的拍卖行为有效。原告参与竞拍并签订拍卖成交确认书,被告某银行明确表示已通过拍卖将争议房产转让给原告甲。就2010年8月19日被告某街道办事处与被告某工具厂签订的《协议书》,原告事后予以追认,该《协议书》中拆迁面积包括原告甲取得的争议房产,故原告甲享有取得拆迁补偿款的权利。但拆迁补偿费400万元中用于某工具厂解决纠纷或安置职工使用部分,被告甲不应享有。

【案例评析】

一、拍卖标的房屋拆迁是否将导致拍卖无效

本案涉案房屋为原告通过拍卖购得,要确定原告是否有权利主张该房屋的拆迁补偿款,首先要确定该房屋是否为原告合法所有,前提之一即为拍卖涉案房屋的行为是否有效。产生这一疑问的原因在于,涉案房屋在本案中涉及政府拆迁,该房屋拆迁行为是否会导致拍卖标的成为法律或行政法规禁止买卖的物品或财产权利,从而违反《拍卖法》第7条之规定,导致拍卖无效。

首先,根据《城市房屋拆迁管理条例》第12条规定:“拆迁范围确定后,拆迁范围内的单位和个人,不得进行下列活动:(一)新建、扩建、改建房屋;(二)改变房屋和土地用途;(三)租赁房屋……”根据该条规定,在房屋拆迁公告确定拆迁范围之后,拆迁范围内的单位及个人不得租赁房屋,但对于买卖房屋并未明确予以禁止。结合本案时间点,原告甲于2010年6月22日参与竞买并签订拍卖成交确认书,早于被告某银行接到被告某街道办事处2010年8月10日发出的拆迁通知。也就是说,本案原告是在拆迁范围公告确定之前就已经参与了整个完整的拍卖程序,因此该拍卖行为是合法有效的。

二、涉案房屋所有权的转移发生在何时

在本案中,2010年6月22日原告甲参与竞买并签订拍卖成交确认书。根据《物权法》第9条,不动产物权的设立、变更、转让和消灭,经依法登记,发生效力;未经登记,不发生效力,但法律另有规定的除外;以及《拍卖法》第55条,拍卖标的需要依法办理证照变更、产权过户手续的,委托人、买受人应当持拍卖人出具的成交证明和有关材料,向有关行政管理机关办理手续。根据上述两条法律法规,原告甲虽然在6月22日签订了涉案房屋的拍卖成交确认书,但涉案房屋的所有权并未直接转移至其名下,只有在被告某银行作为委托人与原告甲作为买受人一起办理了房屋不动产的产权过户手续之后,甲才能依法享有涉案房屋的所有权,在6月22日原告甲取得的是合同上的债的权利。

某工具厂就涉案房屋并不享有所有权与处分权,其与某街道办事处签署协议书的行为构成了无权处分,需要房屋权利人的追认才能有效。就事实而言,在房屋拆除之前依据不动产权利转移的登记原则，争议房产的产权人仍然为某银行。但某银行在本案中明确表示涉案房屋为原告所有并且原告有权就涉案房屋取得拆迁款，将涉案房屋拍卖成交之后的拆迁事宜所涉的所有权利义务转让给了原告，原告成了涉案房屋的有权处分人与拆迁款的权利主张人。原告明确表示追认某工具厂与某街道办事处签署的协议书，该协议对原告产生法律上的效力。而某工具厂取得的拆迁补偿款中包含了涉案房屋相对应的部分拆迁补偿款，某工具厂对该部分补偿款的占有构成了不当得利，应当返还权利人甲。

【案例索引】

一审：河北省唐山市古冶区人民法院（2012）古民初字第611号

36. 某拍卖公司与甲拍卖合同纠纷案

——委托人与买受人达成新的协议约定对原拍卖合同的影响

问题提示：1. 拍卖成交后，竞买人未按《拍卖成交确认书》约定期限支付剩余价款，委托人与买受人达成延期付款协议的，拍卖人是否可向买受人主张逾期付款违约金？2. 委托人与买受人达成新的协议约定，由买受人向委托人返还拍卖标的物，该协议对原拍卖合同的效力影响如何，拍卖人是否仍有权依据《拍卖成交确认书》继续向买受人主张逾期付款违约金？

【基本案情】

原告（反诉被告）：某拍卖公司

被告（反诉原告）：甲

人民法院经审理查明：2006年12月28日，乙与原告（反诉被告）某拍卖公司签订拍卖委托书，委托其对贺兰县清真牛羊肉定点屠宰场经营权和整体资产（以下简称屠宰场资产）进行拍卖；拍卖底价230万元；若拍卖成交，佣金从拍卖所得价款中扣除。

2007年5月8日，被告（反诉原告）甲以233万元的价格竞得标的物并与某拍卖公司签订《拍卖成交确认书》，约定甲已交付拍卖保证金30万元转为定金，由甲继续支付拍卖成交款203万元，佣金81 550元，共计2 111 550元，于2007年5月30日前支付30万元，于2007年6月10日前支付20万元，剩余拍卖款及佣金于2007年8月30日前付清。拍卖规则与《拍卖成交确认书》还约定：甲逾期15日未按照约定支付全部价款的，视为不接受成交标的物；甲未按照约定支付交款的，应当承担每日万分之五的逾期付款违约金或者由某拍卖公司征得委托人同意，将拍卖标的再行拍卖。拍卖标的再行拍卖的，已交定金归某拍卖公司所有，甲无权要求返还，并应当支付第一次拍卖中的佣金。

后甲向某拍卖公司支付拍卖款448 500元,包括此前30万元竞买保证金,共计748 500元。2007年5月9日,委托人乙将拍卖标的物移交给甲,并签订资产移交协议,约定被告甲于2007年5月30日前支付拍卖款300 000元,于2007年6月10日前支付200 000元,剩余拍卖款于2007年8月31日前交清;同时约定,本协议的履行与否不影响甲与某拍卖公司签订的任何协议的效力与履行。此后某拍卖公司向委托人乙交付了拍卖款476 000元,剩余272 500元仍由原告某拍卖公司持有。

从2007年6月11日起,某拍卖公司多次向甲催款要求其支付剩余拍卖款,甲未支付。2007年9月28日,甲与委托人乙及其债权人丙、丁达成三方协议,再次允许甲延期支付剩余拍卖款。后甲仍未在延期期限内支付剩余拍卖款。2007年11月20日,甲与乙在某拍卖公司的主持见证下办理屠宰场资产交还手续。2009年3月23日,乙又另行委托拍卖公司对上述标的物进行拍卖。

另查明,乙于2013年9月12日起诉某拍卖公司,请求判令某拍卖公司支付其拍卖款237 550元及逾期付款利息127 764元,共计365 314元,本院已经另案受理。

原告(反诉被告)某拍卖公司诉称:甲未按《拍卖成交确认书》支付剩余拍卖款,已构成违约,应按日万分之五承担违约金。原告诉请被告承担违约金518 810元(自2007年8月31日起暂计算至2012年2月28日止)。

被告(反诉原告)甲辩称:原、被告签订《拍卖成交确认书》后,被告先与委托人乙达成了延期付款协议,后与乙达成返还资产协议,将屠宰厂交还给乙,原告均知情。原、被告之间签订拍卖成交确认书相关内容已经变更,所以原告无权依成交确认书的约定向被告主张违约责任。

反诉原告甲反诉称:反诉被告某拍卖公司收取甲748 500元后,仅向委托人支付476 000元,仍保留了272 500元。故提起反诉,要求某拍卖公司扣除佣金81 550元后,将190 950元返还反诉原告。

反诉被告某拍卖公司辩称:反诉被告收取的272 500元不足以抵扣甲及委托人乙应付的佣金和甲应承担的违约金,被告甲无权要求原告退还;且反诉原告甲的诉讼请求已超过诉讼时效。

【裁判结果】

一审:一、被告甲支付原告某拍卖公司违约金64 841.50元(该违约金从272 500元中扣除,被告甲不再支付);二、驳回原告某拍卖公司的其他诉讼请求;三、驳回反诉原告甲的反诉请求。

【争议焦点与裁判理由】

本案的争议焦点是:(1)拍卖成交后,竞买人未按《拍卖成交确认书》约定期限支付剩余价款,委托人与买受人达成延期付款协议的,拍卖人是否可向买受人主张逾期付款违约金;(2)委托人与买受人达成新的协议,由买受人向委托人返还拍卖标的物，该协议对原拍卖合同效力影响如何，拍卖人是否有权依据《拍卖成交确认书》继续向买受人主张逾期付款违约金。

人民法院经审理认为，被告甲未按《拍卖成交确认书》约定支付剩余拍卖款及佣金，构成违约，应承担违约责任。拍卖中同时约定定金和违约金，原告某拍卖公司选择由被告甲承担违约金责任，法院予以确认。被告甲应从《拍卖成交确认书》确定最后付款期限次日起即2007年8月31日承担违约金。被告甲与乙签订的协议明确，该协议的履行与否不影响被告甲与原告某拍卖公司签订的任何协议的效力与履行，故被告甲与乙签订的协议中延期支付拍卖款的内容对原告没有约束力，被告甲仍应按《拍卖成交确认书》约定承担逾期付款违约金。但被告甲和委托人乙于2007年11月20日签订屠宰场退还手续，原告某拍卖公司也以监交人身份参与交接，故退还手续办理后，被告甲即不再负有继续支付拍卖款的义务，违约金应计算至2007年11月20日，为64 841.50元(1 581 500元×0.0005×82天)。

对于反诉原告甲要求反诉被告某拍卖公司返还拍卖款190 950元的诉请，因甲与委托人乙签订的协议书明确"之前交付的所有款项不予退还，用于弥补由此给乙造成的损失"，而乙也已另案起诉要求原告某拍卖公司向其支付剩余款项，该款甲无权要求原告某拍卖公司退还，故甲的反诉请求法院不予支持。

【案例评析】

本案涉及委托人、拍卖人、买受人三方之间的权利义务关系。有观点认为，拍卖人作为委托人的受托人，其对买受人的权利系代表委托人而行使。拍卖成交后，委托人与买受人就原拍卖成交合同达成新的协议的，拍卖人必然受该新协议的约束。在整个拍卖过程中，拍卖人的法律地位并不完全等同于委托人的代理人，而应当根据三方之间达成的协议的具体内容，确定权利义务关系。

本案中，拍卖成交后，委托人乙与买受人甲签订的协议中明确延期支付拍卖款的内容对原告没有约束力，故被告甲仍应按《拍卖成交确认书》约定向拍卖人承担逾期付款违约金。即使未作以上约定，拍卖人仍有权向甲主张逾期付款违约金。《拍卖成交确认书》合同的双方相对人为拍卖人和买受人，买受人逾期付款客观上会给委托人造成损失，也会增加拍卖人拍卖过程中的成本，给拍卖人造成损失，故拍卖人有权向买受人主张逾期付款违约金以弥补其相应的损失。

本案中，委托人乙与买受人甲达成新的协议，内容为由买受人向委托人返还拍卖标的物，实际终止了对原拍卖合同的继续履行，委托人也无须通过拍卖人继续收取剩余拍卖款。拍卖人也以监交人身份参与拍卖标的物的返还交接，对原拍卖合同终止履行知情且未表示异议。在买受人已无须支付剩余拍卖款的情况下，拍卖人继续主张此后期间的逾期付款违约金并无依据，不应得到支持。

【案例索引】

一审：宁夏回族自治区银川市兴庆区人民法院(2014)兴民商初字第231号

37. 甲与某拍卖行、某公司办事处确认合同无效纠纷案

——竞买结束后,委托人与买受人改变付款条件的效力

问题提示:竞买结束后,委托人与买受人改变《竞买须知》所设定的付款条件的,拍卖是否有效?

【基本案情】

上诉人(一审原告):甲

被上诉人(一审被告):某拍卖行

被上诉人(一审被告):某公司办事处

人民法院经审理查明:2013年9月18日,某公司办事处(甲方)与某拍卖行(乙方)签署《委托拍卖协议》,约定乙方为拍卖人,由其为甲方对某食品公司享有的债权及其从属之担保权利进行拍卖,债权本息总额人民币92 707 300元。《委托拍卖协议》还约定本次拍卖设保留价,并约定拍卖成交后,买受人或拍卖人应在拍卖成交之日起2个工作日内将全部拍卖成交款一次性支付给委托人。某公司办事处并在《委托拍卖协议》中披露拍卖标的来源于中国银行浙江省分行剥离的不良资产。2013年9月25日,某拍卖行在《浙江日报》刊登了拍卖公告。甲作为竞买人缴纳保证金3 000 000元,并领取拍卖资料一套。拍卖资料包括拍卖公告、竞买须知、某公司办事处与某银行分行签订的《债权转让协议》(附《中国银行浙江省分行不良资产批量转让项目分户清单》)、空白债权转让合同及空白拍卖成交确认书(样本)。其中某公司办事处与某银行支行订立的《债权转让协议》载明,截至2012年9月9日共计本金人民币60 000 000元,利息人民币28 741 341.03元;前述债权自2012年9月9日起(不含本日)产生的孳息及收回的现金及非现金资产归某公司办事处所有……其中《竞买须知》载明,起拍价60 000 000元,拍卖保证金3 000 000元;拍卖成交后,买受人付清全部款项后须按委托人提供的《债权转让合同》与委托人签约。拍卖标的竞买成功后,买受人必须当场亲自签署《拍卖成交确认书》,并于2013年10月11日下午4时前支付全部成交价款及拍卖总成交价5%的拍卖佣金。买受人逾期不付清佣金及成交价款者,拍卖公司有权认定其违约,拍卖保证金作为违约金不予返还。买受人按约付清上述款项后10日内,由委托人向买受人交付标的。其中空白的《债权转让合同》载明,如迟延支付相应款项,则某公司办事处有权选择解除合同或要求对方继续履行合同。

2013年10月8日下午2时某拍卖行举行拍卖。除甲外,另有两位竞买人参与。其中一位为买受人。现场经竞买人一人一次举牌由拍卖师锤定成交,举牌价为60 000 000元。经确认,买受人为某资产经营公司、某商贸公司、乙。买受人因筹集资金需要,向某拍卖行要求该60 000 000元拍卖款分三期支付。为此,某拍卖行于

2013年10月10日向某公司办事处书面请示反映上述内容。东方杭州办事处在请示中将买受人的付款方式一并列明,具体为:2013年10月11日前支付23 000 000元(其中含竞拍保证金3 000 000元);2013年11月8日前支付20 000 000元;2013年11月20日前付清余款17 000 000元。某公司办事处同意,并于当日和某资产公司、某商贸公司、乙签署《债权转让合同》。《债权转让合同》约定,甲方(某公司办事处)向乙方(某资产经营公司、某商贸公司、乙)转让对债务人某食品公司共计拾笔不良贷款债权,截至2013年6月20日,账面金额为:本金陆仟万元,利息叁仟肆佰捌拾玖万伍仟叁佰柒拾壹元陆角贰分;乙方应向甲方支付转让价款人民币陆仟万元。《债权转让合同》的价款支付时间及支付方式处约定,乙方应在2013年10月11日之前向甲方委托拍卖的拍卖公司支付第一期转让价款人民币贰仟叁佰万元;在2013年11月8日之前向甲方支付第二期转让价款人民币贰仟万元;应在2013年11月20日之前向甲方支付第三期转让价款人民币壹仟柒佰万元。《债权转让合同》的债权证明文件的交付处约定,甲方应于乙方支付完毕全部转让价款之日起30个工作日将债权证明文件交付乙方。《债权转让合同》并设定了保密条款。另查明,某公司办事处转让的债权及其从属之担保权利已进入执行程序。2014年5月20日,经舟山市中级人民法院裁定,变更申请执行人为某资产公司、某商贸公司、乙。该案尚在执行过程中。

原告甲诉称:委托人随意改变《竞买须知》所设定的付款条件与买受人签约,名为拍卖实质是预先通谋下的私下交易,损害了其他竞买人公平竞买的权利,请求法院认定拍卖无效。

被告某拍卖行辩称:(1)答辩人是接受委托人委托拍卖的标的,接受委托金额与公开拍卖的标的金额一致,答辩人的拍卖行为公开、透明,程序合法有效。(2)对于买受人分期付款的请求,答辩人已向委托人书面请示,同意与否是由委托人决定,与答辩人无关。依据《竞买须知》第5条,答辩人对于买受人逾期付款的行为,有权认定其违约并撤销成交,但同时也有权不追究其违约责任。(3)拍卖成交后,签约条件及债权交割条件的改变,均是因买受人分期付款而作出的相应变更,并不构成竞买条件的实质改变或优于原《竞买须知》的条件。同时,该合同签订行为和标的交付行为均发生在委托人和买受人之间,不受答辩人所控制。综上所述,答辩人的拍卖程序合法有效,并不存在原告诉称的恶意串通行为。原告请求确认拍卖无效的主张无事实和法律依据。请依法驳回原告的诉请。

【裁判结果】

一审:驳回原告甲的诉讼请求。

二审:驳回上诉,维持原判。

【争议焦点与裁判理由】

本案的争议焦点为,竞买结束后,委托人与买受人改变《竞买须知》所设定的付款条件的,拍卖是否有效。

根据生效裁判文书,人民法院认为,根据《拍卖法》第65条的规定,违反该法第37条的规定,竞买人之间、竞买人与拍卖人之间恶意串通,给他人造成损害的,拍卖无效,应当依法承担赔偿责任。本案中,甲在竞拍过程中未举牌,保证金也如数退还,甲也未能举证竞买人与拍卖人存在恶意串通及甲因未竞买成功所受损害,因此,本案不符合上述法律规定情形。整个拍卖程序不存在违反法律规定致使拍卖无效的情形,拍卖价格没有变更,拍卖款项已经支付,拍卖目的已然实现。根据《最高人民法院关于竞买人逾期支付价款是否应当重新拍卖的复函》之规定精神,买受人虽有逾期付款行为,但在最终已经全部付清的情形下,拍卖的效力应予维持。本案中,竞买程序已经结束,拍卖成交后买受人与委托拍卖人的合同关系也已经实际履行。认为买受人虽逾期付款,但已经付清,不应仅因其延迟付款而认定拍卖目的难以实现,该复函意见可以参照适用于本案情形。据此,法院对甲的诉讼请求不予支持。

【案例评析】

一、本案是否属于恶意串通导致拍卖无效

拍卖中的恶意串通很常见,一般有以下三种类型:第一种是竞买人之间的互相串通,主要表现为竞买人结成联盟,一致压低价格,这种恶意违背了拍卖公开竞价的基本规则,损害了拍卖人和委托人的利益。第二种是拍卖人与竞买人之间恶意串通,如竞买人通过不法手段从拍卖人处获取竞买条件和信息,损害了委托人的利益和其他竞买人的公平竞争权。第三种串通类型比较少见,是委托人、拍卖人和竞买人三方共同串通,损害国家、集体或者社会公共利益,当然也损害其他未参与者的公平竞争权,多见于公物拍卖及司法强制拍卖中。恶意串通的主观恶意较难证明,实践中一般行为人只要具备行为要件就可以构成恶意串通。

本案中,甲主张恶意串通,需要满足以下两个条件:

一是有主观上的故意。这就需要证据证明委托人、拍卖人、竞买人之间事先有无同谋行为。而本案中,无证据证明委托人、竞买人间在拍卖前有过意思联络,委托人与竞买人甲之间仅是在竞买程序结束后就付款方式进行协商,因此不能认定三方事先存在恶意串通。

二是损害了甲的公平竞争权。法院审理认为,从拍卖的过程来看,某拍卖行在拍卖委托、进行拍卖公告与展示、实施拍卖等拍卖程序中,并没有存在违反法律规定导致拍卖无效的情形。而甲在拍卖过程中,并没有举牌也没有竞价,也未遭到其他利益损失。因此,甲的主张不符合恶意串通损害他人合法利益的要件。

虽然拍卖程序并无违法之处,甲在拍卖过程中未举牌未竞价,从结果意义上看甲利益似乎并未受损;然而实际上,付款方式是影响交易成功与否的重要因素。假设《竞买规则》中既定的付款条件与买受人实际履行的付款条件等同,其他竞买人未必就不举牌不竞价。因此,法院如能进一步排除甲在相同的付款条件下也不具备购买能力的,则更有说服力。

二、对最高院批复的解读

《最高人民法院关于竞买人逾期支付价款是否应当重新拍卖的复函》认为,不能简单地认为只要买受人未如期支付价款,即应重新拍卖,否则将增加拍卖的成本。只要竞买人支付完毕全部款项,至于竞买人逾期付款问题,则是与委托人之间的合同履行问题,并不影响拍卖行为的有效性问题。

法院认为本案可以此类比,从促成交易、降低拍卖成本角度出发,由于拍卖的债权以及从属的担保权利已经进入执行程序,相应的申请执行人已通过法院生效裁定变更为涉案拍卖的买受人,可见,涉案拍卖行为所对应的款项支付及权利转让的结果已经为人民法院生效裁判予以确认,拍卖的目的已经实现。关于付款的支付条件虽然在拍卖结束后签订债权转让确认书后进行变更,但其实质指向于合同签订后的履行,因此可以参照适用最高院的该批复,拍卖效力不宜轻易否认。

最高院所涉问题为逾期付款以及违约问题,本案涉及付款条件延后问题,两者在实质上均放宽了既定的付款条件,具有类比性。但是,基于拍卖的本质为公开竞价的一种买卖,遵循的是公开、公平、公正与诚实信用原则,因此,变更拍卖合同的重要条款也应公平、公正,防止损害他人合法权益。

【案例索引】

一审:浙江省杭州市下城区人民法院(2014)杭下商初字第2140号

二审:浙江省杭州市中级人民法院(2015)浙杭商终字第50号

38. 某拍卖公司与某房地产公司、甲拍卖合同纠纷案

——竞买人事后成立公司的,权利义务是否可以转让给公司

问题提示:竞买人成功竞买拍卖标的,事后成立公司,其权利义务应当如何承担?

【基本案情】

上诉人(一审原告):某拍卖公司

被上诉人(一审被告):某房地产公司

一审被告:甲

人民法院经审理查明:2011年10月10日,某拍卖公司受某国土资源局委托,

公开拍卖坐落于福鼎市山前技校改造片区地块。甲报名参加公开拍卖,2011年11月10日签字确认《1105地块国有建设用地使用权特别规定》(约定个人竞得地块后,应注册成立相应资质的公司来办理用地审批手续,竞得人必须在2011年11月16日按约定的阶梯式累进比例交纳拍卖佣金),缴纳竞买保证金2000万元(拍卖成交后转作土地出让金),2011年11月11日以9.42千万元成交价拍得该地块,佣金为158.2万元。因甲未按时缴交拍卖佣金,某拍卖公司分别于2011年11月24日、2011年12月22日、2012年9月5日致函向甲催款拍卖佣金。2011年11月16日,甲与某国土资源局签订《国有建设用地使用权出让合同》。某国土资源局分别于2011年6月18日、2011年11月24日向甲催缴土地出让金。2011年12月30日,某地产集团公司(甲)向某国土资源局申请延迟缴纳。2012年5月30日,甲为合作开发该地块,与某集团公司、乙成立某房地产公司(成立时间2012年6月13日,注册资本1千万元,甲出资50万元占5%的股权,某集团公司出资800万元占80%,乙出资150万元占15%)。被告某房地产公司于2012年6月14日与甲签订《协议书》,约定地块拍卖佣金由甲承担,于2012年6月15日与某国土资源局签订《国有建设用地使用权出让合同变更协议》,约定甲同意将竞得地块的受让人名称变更为某房地产公司。其后分别于2012年8月23日缴纳土地出让金8.42千万元(其中2千万元由竞买保证金转交),2012年9月3日缴纳土地出让金1000万元。2012年9月23日,甲、乙将某房地产公司的股权转让给某集团公司、某贸易公司。

某拍卖公司诉称:(1)某国土资源局与某房地产公司签订的《国有建设用地使用权出让合同变更协议》第1条明确约定:“受让人(某房地产公司)以甲名义于2011年11月11日竞得位于福鼎市山前技校片区1105号地块(以下简称1105号地块)14958平方米国有建设用地使用权。为方便项目的监管,甲等人共同出资成立‘某房地产公司’。出让人同意将上述地块的受让人名称变更为‘某房地产公司’”。同时,相关的招标文件均约定,中标人可以在中标后组建相应的资质公司,开发上述地块。因此,某拍卖公司要求某房地产公司与甲共同支付拍卖佣金依据充分。(2)某房地产公司与甲签订的关于拍卖佣金由甲承担的协议书属于某房地产公司与甲之间的约定,不能对抗某拍卖公司。(3)甲、某集团公司、乙在竞得1105号地块后共同组建成立某房地产公司,现该地块已登记在某房地产公司名下,某房地产公司作为1105号地块的实际受益人,应当与甲共同支付1105号地块拍卖佣金。综上所述,请求判决某房地产公司与甲共同支付某拍卖公司拍卖佣金158.2万元。

某房地产公司辩称,1105号地块国有建设用地使用权特别规定及拍卖成交确认书中的买受人均为甲而非某房地产公司,根据合同相对性的原理,拍卖佣金应当由甲负担而非某房地产公司,某拍卖公司要求某房地产公司返还佣金没有合同依据。

甲未作答辩。

【裁判结果】

一审:一、甲应于判决生效之日起七日内支付某拍卖公司拍卖佣金158.2万元;二、驳回某拍卖公司的其他诉讼请求。

二审:驳回上诉,维持原判。

【争议焦点与裁判理由】

本案的争议焦点为,某房地产公司是否应当与甲共同偿还某拍卖公司佣金158.2万元。

根据生效裁判文书,人民法院认为,根据《最高人民法院关于适用〈中华人民共和国公司法〉若干问题的规定(三)》第2条中关于"发起人为设立公司以自己名义对外签订合同,公司成立后对前款规定的合同予以确认,或者已经实际享有合同权利或者履行合同义务,合同相对人请求公司承担合同责任的,人民法院应予支持"规定的立法本意在于发起人在成立公司前期准备过程中,为了公司的利益而对外行为所产生的债权债务,理应由公司承受。而在本案中,虽然某房地产公司是1105号地块的最终受益人,但甲在竞买地块时并非是为了某房地产公司的利益而参与竞买,故不能适用上述司法解释的规定由某房地产公司承担偿还佣金的责任。通过涉案的竞买申请书、1105号地块国有建设用地使用权特别规定、福建省拍卖成交确认书等证据可以证实,竞买人均为甲,根据合同相对性的原则,甲作为合同相对人,其应当对本案佣金承担责任。

【案例评析】

根据《最高人民法院关于适用〈中华人民共和国公司法〉若干问题的规定(三)》(以下简称《公司法司法解释(三)》)第2条第1款的规定,发起人为设立公司以自己名义对外签订合同,合同相对人请求该发起人承担合同责任的,人民法院应予支持。该条第2款规定,公司成立后对前款规定的合同予以确认,或者已经实际享有合同权利或者履行合同义务,合同相对人请求公司承担合同责任的,人民法院应予支持。发起人承担公司筹办事务,原则上应当对设立公司的法律行为承担全部责任。但是考虑到在公司设立阶段发起人对外订立的合同,有的可能是为了设立公司即为了公司利益。那么,该类合同中的权利义务应当由公司承继,但是实践中,上述合同的相对人往往并不能确切地知道该合同是为了实现谁的利益,也不知道合同最终的利益归属,所以如果按照利益归属标准来确定合同责任主体,将使合同相对人的利益面临较大风险。为了适当降低合同相对人的查证义务、加强对相对人利益的保护,《公司法司法解释(三)》总体上按照外观主义标准来确定上述合同责任的承担。具体来讲:其一,发起人为设立公司以自己名义订立的合同,由于对相对人而言合同中载明的主体是发起人,所以原则上应当由发起人承担合同责任。另外,如果公司成立后确认了该合同,或者公司已实际成为合同主体(享有合同权利或者履行合同义务),而且合同相对人也要求公司承担责任,这表明公司愿意成为合同主体且合同相对人也愿意接受公司作为合同主体,此时由公司承担合同责任符合合同法的一般原理,故由公司承担合同责任。其二,发起人在公司设立阶段以设立公司名义订立合同,由于合同中载明的主体是设立中的公司,所以原则上应当由成立后的公司承担合同责任。但是,如果公司有证据证明发起人是为自己利益而签订该合同,且合同相对人对此明知的,这表明发起人实质上不是以公司作为合同主体、合同相对人也明知公司不是合同主体,故此时不应由成立后的公司承担合同责任。所以有证据证明发起人存在上述情形且相对人非善意时,公司不承担合同责任,此时合同责任仍由发起人承担。

本案中,根据《1105号地块国有建设用地使用权特别规定》,约定个人竞得地块后,应注册成立相应资质的公司来办理用地审批手续,竞得人必须在2011年11月16日按约定的阶梯式累进比例交纳拍卖佣金。并且在成交之后,2011年12月30日,"福建建都地产集团公司(甲)"向某国土资源局申请延迟缴纳。由此可以看出,甲在签订拍卖合同中是以自己的名义签订,其签订拍卖合同的目的并非是设立某房地产公司,更不可能是某房地产公司的利益而签订拍卖合同。故而,拍卖合同的权利义务应当由合同相对人甲承担,无法请求某房地产公司与甲承担连带责任。

【案例索引】

一审:福建省福鼎市人民法院(2013)鼎民初字第1436号

二审:福建省宁德市中级人民法院(2014)宁民终字第811号

39. 某拍卖公司与甲拍卖合同纠纷案

——买受人能否单方解除拍卖合同

问题提示:买受人可否单方解除拍卖合同从而终止交易?

【基本案情】

上诉人(一审被告、反诉原告):甲

被上诉人(一审原告、反诉被告):某拍卖公司

人民法院经审理查明:2013年7月10日,原告某拍卖公司经浙江省文物局审核批复,举行2013年首届艺术品拍卖会,被告甲作为竞拍人成功拍得十件艺术品,并签订成交确认书,确认其已阅读和理解某拍卖公司拍卖规则并同意按该规则中的各项条款执行,依照规定向某拍卖公司支付成交价款及佣金。2013年9月2日,原告向被告邮寄律师函,重申被告作为竞拍人已拍得十件艺术品(包括书法、书画),并要求被告在2013年9月7日前联系支付拍卖标的价款及佣金,并赔偿原告

所有相关损失,否则应承担相应的违约责任。此后,被告在支付成交价款和佣金合计362 880元后提取了四件艺术品。后经协商,原、被告双方就撤销450号拍品《长江盛景》的交易达成合意,但就剩余的五件拍品(标的价款合计993 000元,佣金均按照落槌价的15%计算)的处理问题多次沟通无果。一审诉讼期间,某拍卖公司自愿放弃针对《大河红蓼》竞拍价款68 000元及佣金10 200元的诉讼请求。另查明,拍卖图录中载明的拍卖规则第22条规定,竞买人应对自己在任何价位的应价负责,一经拍卖师落槌或以其他公开表示买定的方式确认后,即不得反悔并当场签署成交确认书,否则拍卖人所收竞买保证金将不予退回,竞买人还需承担相应违约责任。

原告认为,双方通过拍卖程序签订了成交确认书,双方存在拍卖合同法律关系。被告本应按约支付成交价款和佣金,然而被告一拖再拖,已经构成违约,据此提出要求被告继续支付相应竞拍价款925 000元、佣金138 750元并提取剩余四件拍品的诉讼请求,并认为被告因违反拍卖规则,已交付的保证金不予返还。

被告认为,双方已就"涉案五件拍品退还委托方、不再购买和不承担违约责任"达成合意,自己没有违约,原告应返还其之前交付的保证金30 000元。

【裁判结果】

一审:支持原告诉讼请求。

二审:驳回上诉,维持原判。

【争议焦点与裁判理由】

本案的争议焦点为,被告与原告双方是否就全部剩余拍品达成终止拍卖合同交易的合意及被告是否违约。

根据生效裁判文书,人民法院认为,被告通过拍卖程序竞得标的物,并签订了成交确认书,拍卖程序合法、正当,其与原告之间的拍卖合同关系合法有效,应按约支付拍卖标的的价款以及佣金。被告未能提供相应的证据证实双方已就涉案剩余拍品达成终止交易的合意,应承担举证不能的法律后果。原告某拍卖公司自愿放弃针对《大河红蓼》竞拍价款68 000元及佣金10 200元的诉讼请求,予以准许。基于拍卖规则,在竞买人违约的情况下,保证金将不予退回,被告要求返还保证金于法无据。

【案例评析】

本案在审理中,焦点主要集中在原告与被告双方是否就全部剩余拍品达成终止拍卖合同交易的合意及被告是否违反了拍卖规则?

本案中,通过拍卖程序签署的成交确认书,是双方就拍卖结果的一致认可,双方意思表示真实,不违反法律、行政法规的强制性规定,是有效的合同,在当事人之间发生法律拘束力,当事人应依据这一交易合同严格履行自己的义务。当然,合同发生效力后,依据合同自由基本原则,也允许当事人之间就已经生效的合同进行解除,从而终止双方的权利义务。所谓合同解除,是指在合同有效成立后,没有履行或没有履行完毕之前,当事人双方通过协议或者一方行使解除权的方式,使合同关系提前消灭,当事人之间的债权债务消灭,当事人不再受合同关系的约束。合同解除包括双方协议解除和单方行使解除权解除两种情况,单方行使解除权需要以事先的约定或者法律规定为前提条件。《合同法》第94条、第148条、第164~167条等条款明确规定了当事人可以解除合同的法定情形。本案中,原、被告双方事前并未约定单方行使解除权事由,被告也不符合依据合同法规定单方享有法定解除权的情形,故本案被告不能单凭自己的意志来解除合同,终止与原告之间的合同关系,除非其与原告之间达成了终止交易的合意,即我们通常所说的协议解除。协议解除达成以双方的合意为要件。本案中,就剩余拍品的交易,被告未能提供证据证明与原告就解除合同、终止交易达成了一致合意,双方之间的交易合同关系仍继续存在,具有约束力,故原告依法有权要求被告继续履行合同并主张违约损害赔偿,被告构成违约。同时,基于双方之前确认的拍卖规则,在竞买人违约的情况下,保证金将不予退回,故法院作出了支持原告诉求的判决。

【案例索引】

一审:杭州市西湖区人民法院(2014)杭西泗民初字第68号

二审:浙江省杭州市中级人民法院(2014)浙杭商终字第2311号

40. 某拍卖公司与甲拍卖合同纠纷案

——买受人迟延履行,拍卖人能否解除拍卖合同并主张佣金损失

问题提示:拍卖人可否以买受人迟延履行为由,主张解除拍卖合同并要求买受人承担拍卖人的委托人佣金损失、买受人佣金损失和保险损失?

【基本案情】

原告:某拍卖公司

被告:甲

人民法院经审理查明:原告于2012年6月12日在《新民晚报》刊登了原告将于6月14日至15日在上海雅居乐万豪酒店五层召开某2012年春季大型艺术品拍卖会的拍卖公告。2012年6月15日,被告依拍卖公告要求办理了竞买报名手续,领取了拍卖会图录(包括拍卖敬请注意事项、拍卖品记载、拍卖规则、拍卖法),签署了《某2012春季大型艺术品拍卖会竞投书》(以下简称竞投书)并领取96号竞投牌

号。竞投书中对拍卖规则、押金、佣金及其他各项规定的费用均有详细记载。竞买人在已认真阅读充分理解并承诺遵守执行拍卖人的《拍卖规则》各项条款和相关法律法规的基础上,签订竞投书。

2012 年 5 月 17 日,原告与本案所涉《奔马》拍品的委托人签订委托拍卖合同,约定委托方委托原告拍卖拍品,委托方应当按照标准向原告支付佣金及费用,拍品成交,保险费为落槌价之 1%、佣金为落槌价之 6%,拍品未成交,保险费、佣金均免,在委托方与拍卖方签订本合同并将拍卖标的交付原告后,拍卖标的将自动受保于原告的保险,凡属因原告为拍卖标的所购保险承保范围内的事件或灾害所导致的拍卖标的损毁、灭失,应根据国家有关保险的法律和规定处理,原告向保险公司理赔获得保险赔偿,将保险赔款扣除原告费用(佣金除外),余款支付给委托方等。

2012 年 6 月 16 日,被告交付 30 万元保证金后作为第 96 号竞买人在原告拍卖会现场以落槌价 2000 万元竞得图录号为 223 的徐悲鸿拍品《奔马》。拍卖成交后,被告当场签署成交确认书 1 份。成交确认书标明佣金为"落槌价 × 15%",被告签字确认。

原告起诉认为:2012 年 6 月 15 日,被告作为竞买人签署竞投书并领取竞投牌号。16 日,被告竞得拍卖品 1 件,落槌价计 2000 万元。依据竞投书、成交确认书以及拍卖规则的规定,被告应于 2012 年 7 月 16 日前支付原告全部价款 2300 万元,其中拍卖品落槌价 2000 万元、佣金 300 万元,但被告未按约支付,原告遭受买方佣金、委托人佣金及保险费等实际损失。据此,原告向法院提出以下诉请:(1)解除原告与被告之间的拍卖合同关系;(2)被告赔偿原告应得的拍卖佣金及费用损失共计 410 万元,其中落槌价 2000 万元的 15% 计算得买受人佣金损失 300 万元;赔偿原告按落槌价 2000 万元的 6% 计算得委托人拍卖佣金损失 120 万元及保险费 20 万元,扣除被告已交付的保证金 30 万元;(3)被告承担以 270 万元为基数,按日万分之三自 2012 年 7 月 16 日算至判决生效之日的利息。

被告认为:拍卖合同关系已成立,合同不应解除。因原告提供的格式合同约定了买受人的佣金比例,根据该计算方式得出的佣金明显高于原告的实际损失,法院应酌情降低。鉴于拍卖合同关系未解除,委托人佣金损失并未实际产生,被告不同意赔偿原告委托人佣金损失。原告主张的保险费及利息损失均应以实际发生额为准。

【裁判结果】

一审:一、于本判决生效之日解除原告某拍卖公司与被告甲的拍卖合同关系;二、被告甲支付原告某拍卖公司买受人佣金 270 万元;三、被告甲赔偿原告某拍卖公司委托人佣金损失 120 万元;四、被告甲支付原告某拍卖公司以 270 万元为基数,按中国人民银行同期贷款利率自 2012 年 7 月 16 日算至判决生效之日的逾期付款利息;以上第二、三、四项,被告应于本判决生效之日起 10 日内履行;五、驳回原告某拍卖公司其他诉讼请求。

【争议焦点与裁判理由】

本案的争议焦点为,原、被告之间的拍卖成交确认书能否因被告的迟延履行付款义务而解除;被告应该向原告支付多少佣金损失。

人民法院经审理认为,原告与被告签订的成交确认书系双方当事人真实意思表示,合法有效。根据成交确认书内容,原告履行了拍卖义务并与被告签订了成交确认书,被告应当支付买受人佣金,故法院对原告要求被告支付买受人拍卖佣金的诉请予以支持;被告未按约定时间支付拍品价款,其行为已构成违约,且原告多次催缴,被告拒不支付,被告以自己的行为表明不履行付款义务以取得拍品,本案拍卖合同已不具备继续履行的基础和可能,故法院对原告要求解除与被告之间合同的诉请予以支持;成交确认书明确写明买受人佣金为"落槌价×15%",而成交确认书系双方真实意思表达,故法院对被告要求酌情降低买受人佣金的辩解意见不予支持;因被告违约致使原、被告之间合同解除,该结果直接造成原告对委托人佣金的合法期待利益损失,故法院对原告要求被告赔偿原告委托人佣金损失的诉请予以支持;因原告并未向保险公司就本案所涉拍品投保,保险费用未实际发生,故法院对原告以被告作为买受人未付合同价款为由,要求被告按落槌价的1%赔偿原告保险费损失的诉请不予支持;因被告未按竞投书约定在拍卖成交日7日内支付落槌价及佣金构成违约,故法院对原告要求被告承担违约责任支付逾期付款利息的诉请予以支持,但竞投书并未就逾期支付佣金的利息损失的计算方法作出规定,故法院认定该利息应按照中国人民银行同期贷款利率计付。

【案例评析】

一、拍卖人能否以买受人迟延履行付款义务而主张解除拍卖成交合同

拍卖成交合同即拍卖成功后,拍卖人与买受人在各自真实意思的支配下签订的成交确认书,自双方签字确认后该成交确认书依法成立并生效。合同生效后,双方应当根据合同约定分别履行自己的义务,并有权行使自己的权利。然而,当拍卖合同买受人未按照合同约定履行付款义务,且在拍卖人多次催缴仍不支付拍卖款的前提下,拍卖人是否有权利单方宣布解除合同?

当买受人有能力履行付款义务却在履行期限内没有履行付款义务,且在拍卖人多次发函催告的情况下买受人仍拒绝履行付款义务时,拍卖人可以买受人迟延履行为由单方解除合同。迟延履行,又称债务人迟延,是指债务人能够履行,但在履行期限届满时却未履行债务的现象。根据合同的性质和当事人意思表示,履行期限在合同的内容上不特别重要时,即使债务人在迟延履行,也不至于使合同落空,在这种情况下,原则上不允许债权人立即解除合同,而由债权人向债务人发出履行催告,给其规定一个宽限期,债务人在宽限期届满仍未履行的,债权人有权解除合同。故迟延履行是当事人解除合同的法定事由。

本案中，原告与被告签订的成交确认书确定付款期限为合同生效后7日内，逾期加付利息直至拍品成交款付清为止。原告于2012年6月26日发函要求被告履行付款取货义务，尽到了催告义务，但被告未予理睬，直至逾拍卖成交后一年多，原告提起本案诉讼时，被告仍未能支付该款项。被告以自己的行为表明不履行付款义务以取得拍品，已经构成迟延履行，所以本案的拍卖合同已不具备继续履行的基础和可能，原告有权解除拍卖交易。

二、原告与被告于成交确认书中约定的买受人佣金是否过高

买受人佣金是指买受人在成功拍得拍品后应当付给拍卖人的服务费。我国《拍卖法》第56条对拍卖过程中委托人佣金和买受人佣金均作出了明确规定，即"委托人、买受人可以与拍卖人约定佣金的比例。委托人、买受人与拍卖人对佣金比例未作约定，拍卖成交的，拍卖人可以向委托人、买受人各收取不超过拍卖成交价百分之五的佣金。收取佣金的比例按照同拍卖成交价成反比的原则确定。拍卖未成交的，拍卖人可以向委托人收取约定的费用；未作约定的，可以向委托人收取为拍卖支出的合理费用"。

根据以上法条，在诉讼中，当当事人就佣金比例发生分歧时，首先应该以拍卖人与买受人的意思自治为先，即应先以合同约定的佣金比例为准，只有当拍卖成交合同对买受人佣金未作明确约定时，法官才可以根据自由裁量权决定买受人佣金比例，且该比例不得超过拍卖成交价的百分之五。

本案中，在原告公布的拍卖规则以及给被告的竞投书中均明确载明买受人应当在竞拍成功后按照落槌价的15%向拍卖人支付佣金和其他各项规定的费用。在原告与被告基于双方真实意思签订并依法生效的成交确认书中也标明佣金为"落槌价×15%"。拍卖佣金作为拍卖合同的一项重要内容，双方在签竞投书时已充分注意，成交确认书再次确认，被告从未提出任何异议，故可以推定被告同意该案中的佣金比例，该利益在合同订立之初就具有确定性和可预见性。根据意思自治优先原则，买受人佣金按落槌价的15%收取并未过高。

三、被告是否应该承担原告的委托人佣金损失及保险费损失

委托人佣金是指在拍卖成功后委托人应给付拍卖人的服务费。保险费是委托人在将拍卖标的交付拍卖人后，委托人支付给拍卖人并以拍卖人的名义为拍卖标的向保险公司投保产生的费用，目的是防止拍品在拍卖活动运输、展览等过程中受损或丢失。然而，拍卖人能否以买受人违约为由，主张由买受人承担拍卖人的委托人佣金损失和保险费损失？

我国《拍卖法》第56条第3款规定"拍卖未成交的，拍卖人可以向委托人收取约定的费用；未作约定的，可以向委托人收取为拍卖支出的合理费用"，当拍卖未成功时，委托人佣金是否收取以委托人与拍卖人签订的委托拍卖合同为准；而对于拍卖标的的保险费，我国《拍卖法》并未作出相关规定，故应按照民法意思自治原则，保险费的承担根据合同双方合意决定。故当拍卖人与买受人之间的拍卖合同生效后,委托人佣金和保险费均成为拍卖人的合法期待利益。根据我国《拍卖法》第39条第1款规定,"买受人应当按照约定支付拍卖标的的价款,未按照约定支付价款的,应当承担违约责任,或者由拍卖人征得委托人的同意,将拍卖标的再行拍卖",该款规定的买受人的违约责任应当包括拍卖人因买受人违约而遭受的各种损失,其中当然包括拍卖人的合法期待利益损失,即委托人佣金损失和保险费损失。

本案中,自原告与被告签订拍卖成交确认书后,委托人佣金和保险费已成为原告的合法期待利益。而被告的迟延履行致使原告不得不提出解除合同的请求,又原告与委托人签订的委托拍卖合同中规定"拍品未成交,保险费、佣金均免",故被告的违约是原告合法期待利益损失的直接原因,被告应当承担原告的委托人佣金损失和保险费损失。又因本案中,原告并未为拍卖标的投保,故原告并未存在保险费损失,因此被告只需承担由其违约造成的原告的委托人佣金损失。

【案例索引】

一审:上海市虹口区人民法院(2013)虹民二(商)初字第1070号

41. 某房地产公司与某拍卖行、某公共资源交易中心拍卖合同纠纷案

——拍卖标的无法交付能否解除《拍卖成交确认书》

问题提示:拍卖标的因瑕疵无法交付时可否解除《拍卖成交确认书》?

【基本案情】

上诉人(一审被告):某拍卖行

被上诉人(一审原告):某房地产公司

被上诉人(一审被告):某公共资源交易中心(以下简称交易中心)

一审第三人:某居民小组

人民法院经审理查明:2010年6月11日,某居民小组向交易中心出具《交付土地承诺书》,并承诺自该宗地拍卖成交之日起三个月内以净地的土地条件交付使用。后某居民小组于2010年6月17日委托某拍卖行、交易中心共同拍卖其位于高明区荷城街道的编号为明国用(2008)1974号的土地使用权。某拍卖行接受委托后,于2010年6月19日在《佛山日报》刊登拍卖公告,并在公告中载明"该宗国有建设用地使用权以拍卖方式不带租约转让",同时进行了接受竞买人咨询、报名等相关工作,后于2010年7月9日公开举行拍卖会。经拍卖,某房地产公司竞得前述土

地的使用权。2010年8月11日,某房地产公司与某拍卖行、某交易中心共同签订《拍卖成交确认书》。同时,某房地产公司与某居民小组签订《国有建设用地使用权转让合同》。但是,因涉案土地上存在着拍卖权益纠纷和土地租赁纠纷等严重瑕疵导致涉案土地根本无法交付也无法办理过户手续,某交易中心于2013年7月23日与某房地产公司解除了《拍卖成交确认书》,某居民小组与某房地产公司也签订《关于解除〈国有建设用地使用权转让合同〉的协议》并约定将成交价款退还,对于拍卖佣金约定由宝莱龙公司与拍卖机构协商。现某房地产公司起诉要求某拍卖行退还佣金。另查明,2010年7月8日,某居民小组以《委托书》的形式告知了交易中心涉案土地存在租约等严重瑕疵情况。

原告某房地产公司诉称,涉案的拍卖公告中明确载明"该宗国有建设用地使用权以拍卖方式不带租约转让",基于此,其通过拍卖取得了涉案土地的使用权,并签订了相关合同。但是,因为涉案土地实际上存在租约等瑕疵情况导致无法过户,迫于无奈经协商一致解除了《拍卖成交确认书》与《国有建设用地使用权转让合同》。某拍卖行作为拍卖人,违反拍卖法规定,未将拍卖标的真实情况告知竞买人,导致合同目的不能实现,构成根本违约,应当将拍卖佣金予以退还。

【裁判结果】

一审:解除某房地产公司与某拍卖行、某交易中心于2010年8月11日签订的《拍卖成交确认书》;某拍卖行应将拍卖佣金及其利息返还给某房地产公司。

二审:驳回上诉,维持原判。

【争议焦点与裁判理由】

本案的争议焦点为,拍卖标的因瑕疵无法交付时可否解除《拍卖成交确认书》及某拍卖行是否应当向某房地产公司返还拍卖佣金并支付利息。

根据生效裁判文书,人民法院认为,拍卖公告明确载明"采取不带租约转让的拍卖方式",但涉案土地租赁关系未能理顺导致某房地产公司在竞得土地使用权后无法过户,合同目的不能实现,解除《拍卖成交确认书》于法有据,同时,某拍卖行作为拍卖人,在拍卖中未能尽到说明拍卖标瑕疵的法定义务,违反了拍卖法的规定,构成违约,应将拍卖佣金返还给买受人某房地产公司。

【案例评析】

本案是一起因拍卖标的存有瑕疵无法交付引起的买受人与拍卖机构之间的拍卖纠纷。

一、拍卖标的因瑕疵无法交付时可否解除《拍卖成交确认书》

《拍卖成交确认书》是拍卖人与买受人双方签订的,确认拍卖成交的书面文件,它既是拍卖成交的书面证明,也是双方据以履行转让拍卖标的和支付价款的依据,《拍卖成交确认书》的目的是实现拍卖标的的合法转让。《拍卖法》第52条规定,拍卖成交后,买受人和拍卖人应当签署成交确认书。从拍卖的一般程序来说,在拍卖活动中,竞买人提出最高应价后,拍卖师击槌确认,此时拍卖即成交。对这种成交,应以书面形式确定下来。这种确定买卖双方权利、义务关系的书面表示即为确认书,其本质是一种合同。根据《合同法》第94条的规定,一方违约导致合同目的不能实现的,另一方有权解除合同。能否单方解除《拍卖成交确认书》关键在于可否认定一方存在违约且导致合同目的不能实现。

具体到本案,某房地产公司在竞得涉案土地使用权后与拍卖人签订的《拍卖成交确认书》,属于格式文本,虽然其中对于拍卖人的义务无明确规定,但是根据《拍卖法》第18条、第24条、第42条以及《拍卖法实施细则》第14条的规定,拍卖人应当履行以下义务:(1)拍卖人应查明并向竞买人说明拍卖标的的来源和瑕疵;(2)拍卖人应对委托人提供的有关文件、资料进行核实并向竞买人如实提供拍卖标的的资料;(3)拍卖成交后,拍卖人应按照约定将拍卖标的移交给买受人,并协助办理产权转移、证照变更等手续。可以说,某拍卖行违反了拍卖中的法定义务,同时,拍卖人在拍卖公告中亦载明涉案土地"采取以不带租约转让的拍卖方式"。然而正是因为作为拍卖人的某拍卖行既未履行核实、查明义务,在明知拍卖标的存在严重瑕疵后也未履行告知义务,更从未履行过交付拍卖标的及协助办理产权转移、证照变更等义务,最终导致拍卖成交后逾三年之久仍无法交付涉案土地及办理过户手续。其行为导致了拍卖目的不能实现,即《拍卖成交确认书》的目的不能实现。因此某房地产公司要求解除《拍卖成交确认书》于法有据。

二、某拍卖行是否应当向某房地产公司返还拍卖佣金并支付利息

如前所述,根据我国《拍卖法》第18条第2款及第42条的规定,拍卖人应当向竞买人说明标的物的瑕疵;拍卖人应当对委托人提供的有关文件、资料进行核实。如果没有尽到该义务,拍卖人应当按照根据《拍卖法》第40条"买受人未能按照约定取得拍卖标的的,有权要求拍卖人或者委托人承担违约责任"以及第61条"拍卖人未说明拍卖标的物瑕疵,给买受人造成损害,买受人有权向拍卖人要求赔偿"的规定,承担违约责任。

本案中,作为拍卖人的某拍卖行从未向买受人说明拍卖标的的瑕疵,导致某房地产公司参与竞买并竞买成功,而结果却是涉案土地无法交付及过户。根据上述规定,某房地产公司要求作为拍卖人的某拍卖行承担违约责任,返还佣金以及利息是符合法律规定的,应当予以支持。

三、某房地产公司的诉请是否超过诉讼时效

诉讼时效是指民事权利受到侵害的权利人在法定的时效期间内不行使权利,当时效期间届满时,债务人获得诉讼时效抗辩权。在法律规定的诉讼时效期间内,权利人提出请求的,人民法院就强制义务人履行所承担的义务。而在法定的诉讼时效期间届满之后,权利人行使请求权的,人民法院就不再予以保护。根据我国

《民法通则》第136条的规定，本案的诉讼时效期间为一年，起算时间点为权利人知道或者应当知道其权利被侵害之日起。

本案中，一审第三人某居民小组提出，其在一审期间提交的佛山市高明区国土城建和水务局出具的《关于某居民小组位于荷香路以北、明理路以东地块净地交地有关问题的答复》，以及某街道办事处和某国土城建和水务局共同出具的《关于某居民小组申请事项的答复》可以证实某房地产公司至少在2010年10月15日前已经知道涉案土地使用权存在瑕疵，故至某房地产公司起诉之日即2013年7月22日已超过一年诉讼时效。但是，从这两份《答复》的性质来看，其均为针对某居民小组所提出的申请而进行的回复，回复主体非某房地产公司，某居民小组未能提交相应证据证明某房地产公司在复函出具当日已知悉上述内容，且从复函的内容来看也未能证实涉案土地使用权在当时已确定不能交付而须以解除合同的方式向某房地产公司退还拍卖佣金，即根据复函未能确定此时某房地产公司的权利已受侵害，故某居民小组的主张没有法律依据，应不予支持。

【案例索引】

一审：广东省佛山市高明区人民法院(2013)佛明法民一初字第745号

二审：广东省佛山市中级人民法院(2014)佛中法民二终字第61号

42. 某公司与甲拍卖合同纠纷案

——拍卖人与买受人解除拍卖合同的效力

问题提示：在拍卖物权利人未同意或未知晓的情况下，拍卖人与买受人达成的退货协议是否有效？

【基本案情】

上诉人(一审被告)：某公司

被上诉人(一审原告)：甲

人民法院经审理查明：2009年4月3日，某公司与案外人乙签订一份委托拍卖合同书。4月28日，甲在某公司举办的拍卖会上拍得一件艺术品。后甲支付给某公司部分拍卖成交价款100万元，并出具承诺书一份，载明所拍得艺术品成交价、佣金、已支付款项及尚欠余额支付期限。4月28日，某公司向甲出具买家结算单及发票一份。甲拿到拍品后发现与拍卖图录中表述不符，遂向某公司发函要求其对系争拍品作出撤回的处理。后甲向某公司提供一份上海木材行业协会红木专业委员会出具的《咨询说明》，内容为：基本断定该拍品为非紫檀类木材。6月8日，甲向上海市工商行政管理局投诉。6月23日,某公司至甲处将系争拍品取回,并向甲出具一份退货单。该退货单载明:"同意退货、退款,按退货正常程序办理,丙,23. June. 2009",同时退还了甲出具的承诺书。9月26日,甲再次向某公司发函要求退还已付拍卖款。9月30日,某公司回函,大致内容为:根据委托人提供的检测报告,系争拍品为紫檀木,某公司与委托人协商退货不成,建议甲进一步提供相关材料便于某公司进一步与委托人协商。

原告甲起诉认为:依据某公司向其承诺的退货单,要求判令:(1)确认双方之间的拍卖合同关系已解除;(2)某公司立即履行退货单约定的退款义务,返还已支付的拍卖款项100万元;(3)某公司支付银行利息。

【裁判结果】

一审:一、解除甲与某公司之间的拍卖合同;二、某公司应于判决生效之日起七日内返还甲拍卖价款100万元;三、某公司应于判决生效之日起七日内支付甲利息(以100万元为本金,自2009年6月24日至判决生效之日止,按中国人民银行同类贷款利率5.31%的标准计息)。

二审:驳回上诉,维持原判。

【争议焦点与裁判理由】

本案的争议焦点为,甲与某公司之间拍卖合同的解除是否有事实和法律依据。

根据生效裁判文书,人民法院认为,甲通过参加某公司组织的拍卖会,以最高价拍得系争拍品,某公司向甲出具买家结算单、发票等凭证可确认双方之间的拍卖合同成立并生效。某公司以其不是系争拍品的权利人为由主张其与甲成立的仅为拍卖服务合同关系,而不是因拍卖成交而形成的特殊的买卖合同关系,缺乏事实和法律依据,法院不予采信。在双方履行合同过程中,甲因系争拍品的材质问题与某公司交涉,某公司向其出具"同意退货、退款,按退货正常程序办理"的退货单、取回系争拍品并退还甲某所作的付款承诺书,某公司的一系列行为可视为其同意解除双方之间的合同。某公司辩称其行为仅为在未取得委托人进一步举证说明的情况下所作的中止履行合同,不是解除合同,该辩称缺乏事实和法律依据,法院不予采纳。一审判决认定事实无误,适用法律正确,应予维持。

【案例评析】

本案在审理中,主要的争议焦点在于买受人与拍卖公司之间是何关系,是拍卖服务合同关系,还是因拍卖成交而形成的特殊的买卖合同关系?这一关系界定明确,即可解决在拍卖物权利人未同意或未知晓的情况下,拍卖公司与买受人达成的退货协议是否有效的问题。

在拍卖活动中存在两个法律关系:一个是拍卖人与委托人之间的关系,另一个是拍卖人与买受人之间的关系。先分析拍卖人与买受人之间的关系。我国《拍卖法》第61条规定:“拍卖人、委托人违反本法第十八条第二款、第二十七条的规定,未说明拍卖标的的瑕疵,给买受人造成损害的,买受人有权向拍卖人要求赔偿;属于委托人责任的,拍卖人有权向委托人追偿。”从这一规定来看,就拍卖物买卖合同关系而言,《拍卖法》认为拍卖人是拍卖物的卖方,而拍卖标的物的委托人并不是该合同的当事人一方。拍卖物买卖争议也应该在拍卖人与买受人之间处理,买受人只能向拍卖人主张权利,而不能直接向委托人主张权利。从拍卖物买卖合同的实际履行角度来看,拍卖物的买受人是向拍卖公司履行支付价款和佣金的义务;除非有特别约定和法律规定,应由委托人向买受人交付标的物(这种情况通常是指拍卖标的需要依法办理证照变更、产权过户手续的情况)的以外,应由拍卖人向买受人履行拍卖物的交付义务。这也说明,拍卖物买卖合同的主体实际上是拍卖人和买受人。在买受人逾期支付价款、佣金或者逾期受领拍卖物时,买受人应该向拍卖人支付逾期付款的违约金和拍卖物的保管费用。因此,将拍卖人认定为拍卖物买卖合同的卖方,由拍卖人行使出卖人的权利、承担出卖人的义务与责任,不仅符合《拍卖法》的规定,也符合实际履行的情况。关于拍卖人与委托人之间的关系,从拍卖人对拍卖物买卖合同直接享有权利、承担义务,以及拍卖人不需要向买受人披露委托人、向委托人披露买受人等特征来看,在我国合同法上最贴近拍卖人与委托人之间委托关系的性质的合同是行纪合同。因此,拍卖合同系拍卖人与买受人之间因拍卖成交而形成的特殊的买卖合同,而委托人与拍卖人的委托关系认定为合同法上的行纪关系。

本案中,某公司以其名义举办拍卖会,甲于该拍卖会上以最高价拍得拍品,拍卖已成交,甲作为买受人、某公司作为拍卖人,双方于2009年4月28日已经形成拍卖合同关系(特殊的买卖合同关系),该拍卖合同于当天成立并生效。后因为拍品的材质问题,某公司取回了涉案系争拍品,退还了甲的付款承诺书,并出具了一份载明“退货、退款”等内容的退货单,该行为表明某公司已作出了明确的退货退款的意思表示,双方对解除合同已协商一致。根据《合同法》的规定,合同解除后,尚未履行的,终止履行;已经履行的,根据履行情况和合同性质,当事人可以要求恢复原状、采取其他补救措施,并有权要求赔偿损失。故甲要求某公司返还拍卖款项100万元及支付利息的诉讼请求,符合法律规定。而某公司以委托人不同意退货为由,拒绝履行退货承诺,违反了拍卖公司与买受人之间达成的合同约定。根据合同相对性,拍卖人系拍卖合同中的出卖人,其就退货退款等事宜作出的意思表示当然有效,而委托人虽然是拍卖标的物的权利人,但委托人并非拍卖合同中的当事人,委托人是否同意退货,对拍卖人与买受人达成的退货协议的效力并无影响。

【案例索引】

一审:上海市长宁区人民法院(2009)长民一(民)初字第5873号

二审:上海市第一中级人民法院(2010)沪一中民一(民)终字第1023号

43. 某机械公司与某房地产开发部破产管理人、某房地产公司等股份转让纠纷案

——拍卖未办理变更登记手续的股权的效力

问题提示:拍卖未办理变更登记手续的股权,拍卖成交确认书能否解除?

【基本案情】

原告:某机械公司

被告:某房地产开发部破产管理人

被告:某房地产公司

被告:某拍卖公司

人民法院经审理查明:某房地产开发部与某房地产公司均系全民企业。2003年9月30日,某房地产开发部与被告某房地产公司签订协议书,约定某房地产公司以其持有的某实业公司2010万股以票面价抵偿所欠某房地产开发部部分欠款2010万元,并由某房地产公司按约定办理股东变更登记手续。2005年1月25日,某房地产开发部被本院裁定破产还债,2005年2月1日法院指定了某房地产开发部破产清算组及其成员,2011年10月12日,法院决定某房地产开发部破产清算组为破产管理人。2005年10月31日,被告某房地产开发部破产清算组与被告某拍卖公司签订委托拍卖某公司2010万法人股的委托拍卖合同,并在合同中保证对拍卖股份拥有所有权或处分权。2005年11月9日,商丘市梁园区财政局出具对某房地产开发部所持某实业公司2010万法人股资产评估事项审核意见,认可对股份价格评估的效力。2005年11月12日,被告某拍卖公司在《海南日报》刊登拍卖公告,公告内容说明其是受某房地产开发部破产清算组委托拍卖某实业公司2010万法人股(约占公司总股本32%),确定了拍卖地点和时间。2005年11月25日,被告某房地产开发部破产清算组给被告某拍卖公司出具确定拍卖保留价的函,确定拍卖某实业公司2010万法人股的拍卖保留价为人民币500 000元。11月25日,原告法定代表人在某拍卖公司竞买人审核登记表上签字参加竞买,并在竞买登记表所载内容:对竞买标的物已充分了解,遵守拍卖规则,承担一定拍卖佣金等予以签字确认。2005年11月30日,被告某拍卖公司在该公司举行了拍卖,原告以保留价500 000元成交,签署了拍卖成交确认书,后支付了拍卖成交款500 000元及拍卖佣金20 000元。2005年12月6日,被告某拍卖公司在扣除委托人某房地产开发部破产清算组应支付的拍卖佣金20 000元后,将其余480 000元拍卖价款银行转账汇至某房地产开发部破产清算组账号。12月7日,某房地产开发部破产清算组给被告某拍卖公司出具了收到拍卖股票款500 000元的收据。因被告某房地产开发部破产清算组无法办理拍卖股份的变更登记致原告至今无法取得拍卖股份形成纠纷。

原告某机械公司诉称：原告于2005年11月30日以500 000元拍得该股份并支付拍卖公司佣金20 000元。但被告以各种理由不给原告办理股份变更手续。2014年年初，原告才得知被告某房地产开发部拍卖股份未经上级机关批准，违反了法律规定；被告某拍卖公司未严格审查，具有过错。故请求被告承担责任。

被告某房地产破产管理人辩称：(1)拍卖成交确认书仅是对拍卖成交事实的确认，不是股票买卖的合同，不可解除，不产生合同法上的解除效力。(2)原告要求返还支付的500 000元股票款未明确由谁返还，其不是拍卖股票的所有人，不应承担返还价款和利息的责任。(3)原告所诉请的第三项赔偿损失已包含在第一项返还价款和利息之中，该项诉请于法无据。

被告某房地产公司辩称：其公司持有某公司的股票2010万股，因欠某房地产开发部款，双方协议以股抵债，股份虽在其公司名下，但其亦无处分权，股份虽未过户，但被告某房地产开发部清算组已收取拍卖价款，其不应承担还款责任。

被告某拍卖公司辩称：拍卖成交后，原告与其之间的合同已履行完毕，不存在解除问题。双方亦未有法定或约定解除事由，故不应支持原告对其诉请。

【裁判结果】

一审：一、被告某房地产开发部破产管理人返还原告某机械公司支付的购买股份款500 000元及利息（利息按中国人民银行同期同类贷款利率自2005年12月6日起计算至付清之日止的70%支付），被告某拍卖公司承担连带责任，于判决书生效之日起十日内付清。二、被告某拍卖公司返还原告某机械公司支付的拍卖佣金14 000元，于判决书生效之日起十日内付清。三、驳回原告对被告某房地产公司的诉讼请求。四、驳回原告的其他诉讼请求。

【争议焦点与裁判理由】

本案的争议焦点是：(1)拍卖公司的成交确认书的性质及能否解除；(2)拍卖标的物股份无法移转登记对原告造成的损失，各被告应如何赔偿。

人民法院经审理认为：被告某房地产开发部破产管理人（名称变更前为某破产清算组）基于与被告某房地产公司持有的某实业公司的法人股达成的以股份抵偿借款的协议，因股份具有财产性及可让与性，为人力可支配，物权也包括权利，该协议书属以物抵债或代物清偿协议，双方合意的目的在于以他物替代原给付标的清偿使原债消灭，与原债的区别仅在于给付标的的不同，清偿是消灭债的最主要方式，而清偿除了要有债务人的实际给付行为外，还须有债权人的实际受领并取得所有权，才发生清偿的效果，原债才会消灭。本案中两被告仅达成代物清偿的合意，并未实际履行股份的转移手续，代物清偿协议并不当然生效。故代物清偿协议在实际履行前被告某房地产开发部破产管理人并未实际取得股份成为权利人，其在不具有对股份具有所有权和处分权时，与被告某拍卖公司签订拍卖股份委托合同，依《最高人民法院关于审理买卖合同纠纷案件适用法律问题的解释》第45条规定，股份转让等有偿合同可参照适用买卖合同的规定而适用该解释,该解释第3条明确规定买卖合同并不因无权处分而无效。被告某房地产开发部破产管理人与被告某拍卖公司签订的委托拍卖合同为有效合同。被告某拍卖公司作为受托人履行被告某房地产开发部破产管理人的委托而为的拍卖行为,未依拍卖法审查拍卖标的权利归属,在拍卖股份登记于某房地产公司名下时仍为拍卖行为,依拍卖法规定应对此给原告造成的损失承担连带责任。原告某机械公司签署竞买人审核登记表,确认对标的物已充分了解现状,拍卖公告内容亦表明告知竞买人咨询考察并索取相关资料,其未尽自身应尽注意义务,致买卖合同目的不能实现也有过错,应扣减相应的损失赔偿数额。在合同法中拍卖公告为要约邀请,原告的竞卖为要约,成交确认书为拍卖公司代表委托人的承诺,承诺一到达,合同就成立,承诺只有承诺人在承诺到达前撤回,而无撤销和解除之说,故原告诉请解除成交确认书的诉请无法律依据,法院不予支持。原告的诉请内容为返还支付的拍卖股票款500 000元及相应的利息、损失及拍卖佣金,在合同有效时不存在双方返还的问题,本案不存在合同无效事由,故只有在合同解除的前提下才谈得上双方返还依据合同取得的财产问题,原告的诉请是以合同解除为前提提出的诉请,解除合同是原告诉请的应有之义。原告某机械公司在支付拍卖款及拍卖佣金后因对方原因长期不能取得拍卖股份的所有权,致合同目的无法实现,符合合同解除权的法定要件,故可行使合同解除权。合同解除后买卖合同的双方应返还依据合同取得的财产,故被告某房地产开发部破产管理人应返还其收取的拍卖股份款500 000元。故对原告诉请返还支付的股份款项的诉请予以支持。双方未约定违约条款,故其违约责任应适用合同法规定的赔偿损失,其占用该款项至付清之日止的利息为原告遭受的实际损失,利息的计息方式应为中国人民银行同期同类贷款利率,而非原告主张的按民间借贷法律关系对利率约定不超过中国人民银行公布的同期同类基准利率的四倍,故对其主张的计息标准不予支持。被告某拍卖公司作为受托人在本次拍卖中付出了相应的劳务和其他费用支出,依拍卖法取得相应佣金均应在全面合理履行自己义务的前提下取得,其和被告某房地产开发部破产管理人及原告对本次合同解除所致的损失均有过错,法院根据三方对解除合同过错的大小酌定原告自担所致自己损失的30%,故被告某拍卖公司返还的拍卖佣金为14 000元;被告某房地产开发部破产管理人赔偿的利息损失也为计算至付清之日止的利息数额的70%。被告某房地产公司不是本案合同的当事人,不承受该合同的拘束,故原告诉请被告某房地产公司承担责任的诉请不予支持。

【案例评析】

从判决书来看,本案涉及以下几个争议点:(1)拍卖成交确认书能否解除?(2)对于未办理变更登记手续的股权,能否进行拍卖?对本案判决结果,持有一些不同意见。

一、关于拍卖成交确认书能否解除

《拍卖法》第 52 条规定:拍卖成交后,买受人和拍卖人应当签署成交确认书。在拍卖活动中,竞买人提出最高应价后,拍卖师击槌确认,此时拍卖即成交。对这种成交,应以书面形式确定下来。拍卖成交确认书,是拍卖人与拍定人双方签订的,确定拍卖成立的书面文件,它既是拍卖成交的书面证明,也是双方据以履行交付拍品和支付价款的依据。本案审理法院认为“在合同法中拍卖公告为要约邀请,原告的竞卖为要约,成交确认书为拍卖公司代表委托人的承诺,承诺一到达,合同就成立,承诺只有承诺人在承诺到达前撤回,而无撤销和解除之说,故原告诉请解除成交确认书的诉请无法律依据”,从合同法角度来看,一般认为,在拍卖活动中,竞买人的出价为要约,拍卖人击锤(或者以其他方式)拍定为承诺。竞买成功,双方达成一致意思,签订拍卖成交确认书,实际上代表双方签订了一份书面合同,确认双方的权利义务关系。因此,对于一份已经生效的合同来说,从合同法的角度,既可能依照《合同法》第 54 条要求撤销,也可能因为合同不能履行等原因要求解除,因此,本案原告要求解除拍卖成交确认书的诉求从法律上来说,是有依据的。至于其诉求是否能够成立,是另外一回事的问题。从本案的裁判结果来看,实际上法院适用的法律依据中包括《合同法》第 94 条、第 97 条都涉及了合同解除,裁判的最终结果实际上也是解除了拍卖成交确认书。因此,从法律上来讲,买受人要求解除拍卖成交确认书,只要其有法律依据,法院就应该予以支持。在司法实践中,法院判决解除拍卖成交确认书的判决也并不少见。

二、对于未办理变更登记手续的股权,能否拍卖

根据《公司法》第 32 条第 3 款规定:公司应当将股东的姓名或者名称及其出资额向公司登记机关登记;登记事项发生变更的,应当办理变更登记。未经登记或者变更登记的,不得对抗第三人。从该条规定来看,股权发生变更的,股东的变更登记并非是股权转让的生效要件,而只是其能否对抗第三人的要件。本案中法院认为“两被告仅达成代物清偿的合意,并未实际履行股份的转移手续,代物清偿协议并不当然生效。故代物清偿协议在实际履行前被告某房地产开发部破产管理人并未实际取得股份成为权利人,其在不具有对股份具有所有权和处分权时,与被告某拍卖公司签订拍卖股份委托合同”。法院的这种观点与公司法关于股权变更登记的规定是相冲突的。根据《公司债权转股权登记管理办法》第 3 条规定,公司经营中债权人与公司之间产生的合同之债转为公司股权,债权人已经履行债权所对应的合同义务,且不违反法律、行政法规、国务院决定或者公司章程的禁止性规定,债权可以转为股权。本案两被告之间的股权转让协议,只要没有违反《公司法》第 72 条的规定,侵犯其他股东之间的优先购买权,该份股权转让协议就是有效的。遗憾的是,法院对这个关键问题却没有予以交代。因此,如果本案两被告之间的股权转让协议符合《公司法》第 72 条的规定,那么,本案的拍卖并不违反《拍卖法》第 6 条规定。判决书中称"被告某拍卖公司作为受托人履行被告某房地产开发部破产管理人的委托而为的拍卖行为,未依拍卖法审查拍卖标的权利归属,在拍卖股份登记于某房地产公司名下时仍为拍卖行为,依拍卖法规定应对此给原告造成的损失承担连带责任",但事实上,本案拍卖公司在承接委托拍卖时,已经尽到了审查义务,本案拍卖标的虽然还登记于某房地产公司名下,但被告某房地产开发部破产清算组并非无权委托拍卖。

三、本案拍卖公司是否应该返还拍卖佣金

本案原告在其竞买成功后不能取得其竞拍的股权,根据《拍卖法》第40条的规定:买受人未能按照约定取得拍卖标的的,有权要求拍卖人或者委托人承担违约责任。另根据《拍卖法》第55条的规定:拍卖标的需要依法办理证照变更、产权过户手续的,委托人、买受人应当持拍卖人出具的成交证明和有关材料,向有关行政管理机关办理手续。本案竞拍股权的变更登记手续,应该由委托人配合买受人,在买受人无法成功办理股权变更登记的情况下,其可以要求委托人承担责任。但从本案来看,拍卖人并不存在什么过错,因此,法院判决拍卖公司返还大部分的佣金,对拍卖公司是不公平的。

【案例索引】

一审:河南省商丘市梁园区人民法院(2014)商梁民初字第01969号

44. 某实业公司与某拍卖公司拍卖合同纠纷案

——委托拍卖合同终止的法律后果

问题提示:委托拍卖合同终止的法律后果是什么?

【基本案情】

原告:某实业公司

被告:某拍卖公司

人民法院经审理查明:2008年12月1日,原告某实业公司与被告某拍卖公司签订《委托拍卖合同》,约定拍卖标的为茂隆商城二、三楼商铺资产,拍卖标的底价为2000元每平方米;佣金费用在保留价成交部分按3.5%,超过保留价按4%收取,拍卖佣金在成交款中扣除。2009年4月20日至2009年11月28日,被告某拍卖公司将原告某实业公司所属茂隆商城的19个商铺房拍卖成交,成交总额为1 308 000元,其中拍卖款1 242 000元,佣金66 000元。被告某拍卖公司向买受人收取商铺款597 000元,佣金66 000元。2009年12月8日,原告某实业公司向被告某拍卖公司发出通知,要求终止委托拍卖合同。拍卖合同终止后,被告某拍卖公司自2009年12月8日起至2010年9月28日止,共分18次以现金、转账等方式将531 700元交给原告某实业公司,其中包括退还给未竞拍成功的商铺押金84 000元及原告某实业公司通过抵扣拍卖款的方式向张家界市永定区人民法院缴纳的另案执行款105 700元。原告某实业公司从2010年8月2日起自行从商铺买受人处收取款项286 000元。买受人因未能办理房屋产权过户手续,所欠商铺尾款未实际给付。

原告某实业公司诉称:2008年12月1日原、被告签订了《委托拍卖合同》。2009年4月20日至2009年11月28日,被告将原告某实业公司商城19个商铺房拍卖成交,成交总额为130.80万元。原告公司和永定区法院共同收取28.60万元,原告收拍卖公司已交来拍卖款20.40万元、拍卖公司占有佣金6.6万元(佣金有争议),剩余44.23万元由被告占有。另,被告未按合同约定底价拍卖,给原告造成损失29.20万元。同时,按合同约定,佣金应为4.58万元,被告多占有佣金2.02万元。故原告起诉请求:(1)依法判处被告退回原告已收拍卖款44.23万元;(2)依法判处被告赔偿原告拍卖价低于合同约定价的损失29.20万元;(3)依法判处被告退回原告按照合同约定多收取的佣金2.02万元。

被告某拍卖公司辩称,原告某实业公司要求某拍卖公司赔偿拍卖价低于合同约定价的损失29.20万元及退回已收拍卖款42.43万元的诉讼请求无事实和法律依据,应予以驳回。

【裁判结果】

一审:一、被告某拍卖公司向原告某实业公司给付商铺款项85 520元;二、驳回原告某实业公司的其他诉讼请求。

【争议焦点与裁判理由】

本案的争议焦点是:(1)是否支持原告要被告退回已收拍卖款42.43万元的诉讼请求;(2)是否支持原告要被告赔偿拍卖价格低于合同约定价的损失29.20万元的诉讼请求。

人民法院经审理认为,自原告2009年12月8日向被告发出的终止合同通知到达被告起,涉案《委托拍卖合同》解除,合同解除后,尚未履行的,终止履行。按照约定,原告应给付被告佣金45 780元(1 308 000元×3.5%)。原告实际所收款项为531 700元,被告某拍卖公司还应向原告某实业公司给付85 520元(663 000元-45 780元-531 700元=85 520元)。尚未收取的房款应由原告自行从买受人处收取。因原告提供的证据不足以证明拍卖价低于合同约定价,其要求被告赔偿损失的诉请法院不予支持。

【案例评析】

本案的审理主要集中在以下两个争议焦点上:

一、委托拍卖合同终止的法律后果

根据《合同法》第 96 条“当事人一方依照本法第九十三条第二款、第九十四条的规定主张解除合同的,应当通知对方。合同自通知到达对方时解除”的规定,本案原告某实业公司要求终止委托合同的通知到达被告某拍卖公司处,被告某拍卖公司未提异议,该委托合同终止。依据《合同法》第 97 条“合同解除后,尚未履行的,终止履行;已经履行的,根据履行情况和合同性质,当事人可以要求恢复原状、采取其他补救措施,并有权要求赔偿损失”的规定,合同的权利与义务终止,原告某实业公司与被告某拍卖公司应当进行结算。被告某拍卖公司总成交额为 1 308 000 元,其中商铺成交价 1 242 000 元,佣金 66 000 元。被告某拍卖公司已向买受人收取现金 663 000 元,其中商铺款 597 000 元,佣金 66 000 元。按照委托拍卖合同对佣金的约定,原告某实业公司应实际给付被告某拍卖公司佣金 45 780 元(1 308 000 元 × 3.5% =45 780 元),被告某拍卖公司实际多收佣金 20 220 元(66 000 元 -45 780元 = 20 220 元)。被告某拍卖公司扣除佣金后应向原告某实业公司实际缴纳 617 220 元(663 000 元 -45 780 元 =617 220 元),原告某实业公司实际所收款项为 531 700 元,被告某拍卖公司还应向原告某实业公司给付 85 520 元(617 220 元 -531 700 元 = 85 520 元)。

合同终止后,被告某拍卖公司终止履行一切权利和义务,包括支付商铺租金。对于被告某拍卖公司 2010 年 1 月 25 日(收款 600 元)、2010 年 5 月 18 日(收款 560 元)的两次收款行为,因系合同终止后的行为,法院不予认定。对于尚未收取的房款应由原告某实业公司自行从买受人处收取。对原告某实业公司请求被告某拍卖公司退回原告某实业公司已收拍卖款 42.43 万元的诉讼请求,法院不予支持。

二、主张违约赔偿的处理

根据《最高人民法院关于民事诉讼证据的若干规定》第 2 条“当事人对自己提出的诉讼请求所依据的事实或者反驳对方诉讼请求所依据的事实有责任提供证据加以证明。没有证据或者证据不足以证明当事人的事实主张的,由负有举证责任的当事人承担不利后果”的规定,原告某实业公司主张被告某拍卖公司按照 1700 元每平方米的价格拍卖,低于拍卖合同约定的 2000 元每平方米的底价,被告某拍卖公司则辩称 19 个商铺的价格未按面积及单价计算拍卖,而是按单个商铺整价进行拍卖。原告某实业公司未提交拍卖商铺产权的相关资料,且被告某拍卖公司与买受人所签订的《拍卖成交确认书》均不能体现 19 个商铺的准确面积,故不能认定 19 个商铺是按 1700 元每平方米的价格拍卖成交。因原告某实业公司提交的证据不足以证明其事实主张,对其应由被告某拍卖公司赔偿拍卖价低于合同约定价损失的诉讼请求,法院不予支持。

【案例索引】

一审:湖南省张家界市永定区人民法院(2012)张定法民二初字第 159 号

45. 甲与某银行分行、某拍卖公司拍卖合同纠纷案

——拍卖标的内容的认定

问题提示：拍卖标的存在争议时，如何确定拍卖标的的内容？

【基本案情】

原告：甲

被告：某银行分行

被告：某拍卖公司

人民法院经审理查明：被告某银行分行、某拍卖公司于2007年4月12日签订《委托拍卖合同》一份，被告某银行分行将包括佛山高明合水分理处营业用房在内的一批标的委托给被告某拍卖公司公开拍卖。2007年10月24日，原告在被告某拍卖公司举行的拍卖会上通过公开竞价的方式竞得被告某银行分行的合水分理处营业用房，原告与被告拍卖公司于当日签订《拍卖成交确认书》，确认原告以2091600元的价格竞得粤房地证字第2654407号、2654500号两处房产，但拍卖后被告某银行分行将上述两处房产及涉案粤房地证字第2654406号房产一并交由原告使用至今。被告某银行分行认为《拍卖成交确认书》并未包含粤房地证字第2654406号房产，向原告主张该房产所有权，而原告则认为已通过竞拍获得高明合水分理处营业用房的全部房产的所有权，遂诉至法院。

另查，坐落于佛山市高明区更合镇合瑶路的合水分理处营业用房共包含三个房地产权证，分别为：粤房地证字第2654406号、粤房地证字第2654407号、粤房地证字第2654500号。该三处房产共用同一块国有土地，地号为：(1)－00043。

再查，被告某银行分行于委托拍卖前已委托某房地产评估公司对合水分理处营业用房（包含粤房地证字第2654406号、第2654407号、第2654500号房产）进行估价，经评估确定拍卖参考底价为2 530 000元。被告某银行分行在与被告某拍卖公司签订《委托拍卖合同》时根据评估所得参考底价确定上述房产的拍卖保留价为2 864 700元。后被告某银行分行分别于2007年9月3日、2007年10月16日两次调低被拍卖房产的保留价并延长拍卖期限，最终将拍卖保留价下调至2 091 600元。

又查，被告某银行分行委托拍卖时仅向被告某拍卖公司提供粤房地证字第2654407号、粤房地证字第2654500号房产证书，同时也未向被告拍卖公司提供《房地产评估报告》。

原告甲诉称，上述营业用房于2006年4月28日整体评估，然后交由拍卖公司进行拍卖，某银行分行在委托拍卖时未向某拍卖公司提供评估报告，仅提供两个房地产权证复印件，告知拍卖物中有208.94平方米房屋无房产权证，某拍卖公司照此转告原告拍卖物的基本情况，原告认为拍卖物中已经包含粤房地证字第2654406号

房产。请求判令确认证号为粤房地证字第2654406号房屋属原告所有,被告协助办理上述房屋的过户手续。

被告某银行分行辩称:(1)原告声称已经通过拍卖行为竞得本案标的物并无事实依据。原告无证据证明其在2007年10月24日买取得房地产中包含本案标的物:①原告提交的《拍卖成交确认书》并未包含本案标的物;②涉案粤房地证字第2654406号房产的房地产权证一直由银行自行保管,该产权证并未在其他两处房地产拍卖后移交给原告;③经某银行分行经办人员在国土资源信息中心系统查询,某银行分行至今仍为粤房地证字第2654406号房产的合法产权人。(2)原告在未取得本案标的物产权的情况下,非法占有粤房地证字第2654406号房产多年,应立即排除妨碍,停止其侵权行为。

被告某拍卖公司辩称:某银行分行委托我司拍卖时说明是合水分行营业用房,应当包含拍卖土地上的全部房产。但实际仅提供了两个房地产权证给我们,所以我司在拍卖确认书中确认被拍卖只有两个房产证号。我方认为,被告某银行分行应该将涉案的其他房产也一并向原告拍卖。

【裁判结果】

一审:确认房产证号为粤房地证字第2654406号房屋属原告甲所有,被告某银行分行协助原告甲办理上述房屋的产权过户手续。

【争议焦点与裁判理由】

本案的争议焦点为,拍卖标的存在争议时,如何确定拍卖标的的内容。

人民法院经审理认为,被告某银行分行未履行明确委托拍卖标的物名称、规格、数量等具体内容的义务,造成双方在标的物内容发生争议,应当按照有利于原告方的解释。委托拍卖合同第一次设定的拍卖保留价确高于包含粤房地证字第2654406号在内的高明合水分理处营业用房的评估价格,且将粤房地证字第2654406号房产一并交付给原告使用至今,未提出任何异议。因此,高明合水分理处营业用房中的粤房地证字第2654406号房产已随合水分理处营业用房的其他房产一并拍卖给原告,其所有权归原告所有,被告某银行分行应履行协助原告办理相关的产权过户手续。

【案例评析】

本案主要涉及的问题是拍卖标的如何确定。

关于本案的处理形成两种意见:第一种意见认为,所谓拍卖标的,是指委托人委托拍卖人拍卖的委托人所有的或者依法可以处分的物品或者财产权利。一般来说,在拍卖程序中,委托拍卖、拍卖公告、拍卖交易、拍卖成交所指向的拍卖标的是同一并且明确的,拍卖标的不仅是委托人委托拍卖的指向,也是竞买人竞买的对象。拍卖标的指向不明,必然会影响竞买人参与竞买以及竞买价格。因此,本案《拍卖成交确认书》中未包括原告所称粤房地证字第2654406号房产，应视为拍卖标的不包括该房产。第二种意见认为，拍卖合同不仅应按照拍卖法的规定，也应按照我国《合同法》的规定予以履行。当委托人委托不明时，拍卖标的存在争议的，应当按照有利于原告方的解释，结合拍卖标的价格及拍卖标的交付情况进行判断。

本案最终按照第二种意见进行了处理：

根据《拍卖法》第41条、第44条的规定，委托人委托拍卖物品或者财产权利，应当提供身份证明和拍卖人要求提供的拍卖标的的所有权证明或者依法可以处分拍卖标的的证明及其他资料。委托拍卖合同应当载明以下事项：……（二）拍卖标的的名称、规格、数量、质量……本案中，《委托拍卖合同》中载明拍卖的标的为"佛山高明合水分理处营业用房"，被告某银行分行未将《房地产估价报告》等有关文件、资料提交给被告拍卖公司核实，也没有将被拍卖房产的全部房产证号告知被告拍卖公司，导致被告拍卖公司及作为竞拍者的原告，均无从获知拍卖标的物高明合水分理处营业用房具体包含的房地产权证。被告某银行分行作为委托方，有义务明确委托拍卖标的物名称、规格、数量等具体内容，如果涉案粤房地证字第2654406号房产未包含在拍卖标的内，被告某银行分行应当负有特别提示之义务，否则，双方在标的物内容发生争议的，应当按照有利于原告方的解释，视为被告某银行分行将包含粤房地证字第2654406号房产在内的高明合水分理处营业用房全部房产作为拍卖标的物委托给被告某拍卖公司拍卖。另外，被告某银行分行拍卖前已就待拍卖的高明合水分理处营业用房进行估价，第一次设定的拍卖保留价确高于包含粤房地证字第2654406号在内的高明合水分理处营业用房的评估价格，由此推断被告某银行分行委托拍卖标的应包含粤房地证字第2654406号房产更符合常理。

另外，从合同履行来看，在拍卖结束后，被告某银行分行将粤房地证字第2654406号房产一并交付给原告使用至今，且在使用过程中未提出任何异议，以实际行为默认涉案粤房地证字第2654406号房产已经由原告竞拍获得所有权的事实。

因此，高明合水分理处营业用房中的粤房地证字第2654406号房产已随合水分理处营业用房的其他房产一并拍卖给原告，其所有权归原告所有，被告某银行分行应履行协助原告办理相关的产权过户手续。

【案例索引】

一审：广东省佛山市高明区人民法院（2013）佛明法更民一初字第9号

46.某财政局与某房地产公司房地产买卖合同纠纷案

——拍卖标的因建设规划致房地产开发受限的责任承担

问题提示:因建设规划致房地产开发受限,拍卖委托人是否应承担违约责任?

【基本案情】

原告:某财政局

被告:某房地产公司

人民法院经审理查明:原告经沽源县人民政府授权,于2010年11月12日对沽源县政府宾馆(含在建工程及原供销宾馆部分)和沽源县影剧院等改制的两宗地块及地上建筑物组织现场公开竞价转让,某房地产公司以4450万元的报价成交。11月12日,双方签订了《竞买成交合同书》,就转让标的、价款支付、房地产的移交及产权变更手续、违约责任等作出约定。其中,合同明确约定:价款为成交价4450万元,购买方应当在2010年12月2日前以现金方式一次性付清成交价款,购买方将成交价款付清后,出售方在2011年1月31日前移交所出售的标的物;购买方如果对该地块进行开发,须遵循沽源县城市总体规划建设的要求。合同签订后,被告未能依约支付价款。2012年2月24日,被告给原告出具保证书,承诺尾欠款1650万元于2012年12月20日前付清,否则自愿从2012年3月1日起,按沽源县信用联社同期贷款利率对尾欠款支付利息。截至原告起诉时,被告仍未按保证书支付相关欠款。另外法院查明,某财政局在竞买转让前向竞买人发出了《竞价资料》,其中《沽源县政府宾馆(含在建工程及原供销宾馆部分)和沽源县影剧院土地使用权及房屋所有权公开竞价转让须知》(以下简称《须知》)第9条载明,竞得者需按沽源县城市住房与建设规划局的详细规划进行开发建设,如需改动,须经建设部门批准实施。某房地产公司的法定代表人甲在领取《竞价资料》确认书上签字,并在给某财政局出具的竞买申请书中称该公司对竞买转让资料已完全认可无异议,愿意遵守竞价资料条款的各项规定和要求。

原告某财政局认为,双方签订的《竞买成交合同书》合法有效,被告应按照合同约定及后来被告出具的保证书承诺给付相关欠款。因被告至今仍未给付欠款,故要求被告依据约定偿还所欠款项及利息。

被告某房地产公司认为,其通过竞拍取得土地本应全部用于商场开发,但竞买后某县城建局依据地方规划设计文件责令其退出部分土地建公用广场,致使自己实际少用了5亩建设用地,对于此种情况,原告在竞买时并未说明,存在违约行为在先,故应当从合同价款中减去少用的价款并赔偿因此给自己所造成的损失。

【裁判结果】

一审:判决支持原告某财政局的诉讼请求。

【争议焦点与裁判理由】

本案的争议焦点为,某财政局是否存在有违约行为以及某房地产公司主张应减少支付转让价款及财政局赔偿其损失是否有事实及法律上的依据。

人民法院经审理认为,原告与被告通过拍卖程序签订的《竞买成交合同书》,系当事人真实意思的表示,且不违反法律法规的强制性规定,是有效合同,应依法严格履行。依照我国合同法、城市房地产管理法等相关规定,作为房地产出让方的某财政局,其义务是依照合同的约定将标的物转移给作为买受人的某房地产公司。本案中,因某财政局已将涉案房地产移交某房地产公司,并为其办理了土地使用权证书,其交付义务已经完成,某房地产公司应依约履行付款义务。现某房地产公司未依约支付全部转让价款,应承担支付剩余转让价款及逾期利息的责任。对于被告所称的某财产局事先不明示该地块建设用地规划条件、买上后才通知其退地,致使其实际少用了5亩建设用地,原告构成违约,故应从合同价款中减去5亩地的价款并赔偿其因退红线多支付的相关费用等主张,法院认为,某财政局在涉案房地产转让中不存在未明示或欺诈行为,导致某房地产公司少使用5亩土地用于商业建设的原因在于某县城市住房与建设规划局根据相关规定作出的建设规划,而且某房地产公司承诺按照上述规划进行建设,被告的上述主张没有事实依据和法律依据,法院不予支持。

【案例评析】

通过拍卖方式转让财产是我国常见的一种方式。本案中,原、被告双方依据拍卖程序签订的《竞买成交合同书》是双方对拍卖结果的最终的书面确认,系当事人真实意思表示,且不违反法律、行政法规的强制性规定,是有效合同,应严格进行合同履行。合同履行,是指债务人全面、正确、适当地完成其合同义务,使债权人的债权得到实现的行为。债务人若未依据有效的合同履行相关义务,则构成违约,依法应承担违约责任。本案中,原告依据约定完成了房地产移交义务,而某房地产公司未依约支付全部转让价款,并且未能依据后来的保证承诺完成支付尾欠款,已经构成合同违约,依据《合同法》的规定及原告的主张,被告应承担支付欠款本金及逾期利息的违约责任。

本案中,被告主张,其拍得的房地产因建设规划原因不得不退出5亩多地,从而使其实际少用了5亩建设用地,原告构成违约行为,应从合同价款中减去5亩地的价款并赔偿其因退红线多支付的拆迁补偿费、补交土地出让金、硬化所退土地工程费。这里,被告混淆了不同的法律关系。本案中,通过拍卖所形成的转让合同,是拍卖人与买受人之间的法律关系,判断一方是否违约,应依据双方已经生效的合同来判断。本案中,原告依据拍卖程序向被告履行了告知义务,程序正当,且依据合同完全履行了自己的义务,不存在违约行为。至于竞得后因再次开发与某城市住房与建设规划局所形成的行政审批法律关系,以及由此所致的房地产开发依法受到限制,则属于另一关系,与本案原告没有关联。被告的主张没有事实和法律依据,故法院不予支持。

【案例索引】

一审:河北省张家口市中级人民法院(2014)张商初字第37号

47. 甲与某拍卖公司拍卖合同纠纷案

——拍卖标的在拍卖成交后发生变化的责任承担

问题提示:拍卖房屋的土地性质在拍卖成交后发生变化的,买受人能否向拍卖人主张瑕疵担保责任?

【基本案情】

上诉人(一审原告):甲

被上诉人(一审被告):某拍卖公司

人民法院经审理查明:2013年3月5日,荣县法院委托某拍卖公司拍卖:荣县望佳镇交通路242-1、2、3、4、5号非成套住宅,某饲料公司的输变电设备及使用权和粉碎机各一套。

2013年3月14日,某拍卖公司刊登拍卖公告:拍卖标的为242号工业用房(建筑面积约1038.19平方米),非成套住宅房屋(建筑面积约498.97平方米);输变电设备及使用权和粉碎机各一套。

2013年4月11日,甲、某拍卖公司签订《竞买须知》《竞买协议书》《拍卖会拍卖规则和竞买注意事项》。《竞买须知》《竞买协议书》均约定:拍卖标的为242号工业用房(建筑面积约1038.19平方米),非成套住宅房屋(建筑面积约498.97平方米);输变电设备及使用权和粉碎机各一套。标的物按现状进行拍卖,拍卖人对该标的不承担任何瑕疵担保责任,标的瑕疵由竞买人自行勘验;房屋、土地面积以房管部门、国土部门确权实际数量为准,其面积的增减变化不影响拍卖成交额,竞买人不得以产权实际与登记公告面积存在误差主张返还部分或全部价款。竞买人签此协议,表明竞买人充分了解标的的相关情况。拍卖人不对标的物的品质、质量提供担保。竞买人已自行对该标的进行了解及查验,如竞买成交后不得以拍卖标的的存在瑕疵为由,拒不按要求及时、足额支付拍卖成交价款和拍卖佣金。拍卖标的的移交后,委托人按拍卖标的的现状向买受人交付成交拍卖标的,买受人自行办理权属变更手续以及水、电、气、闭路电视等单独立户手续,由此产生的所有税、费及土地出让金等（含买卖双方）全部由买受人承担，委托方和拍卖人不承担任何费用。

《拍卖会拍卖规则和竞买注意事项》约定：拍卖人采用任何形式对拍卖标的所作的描述、评价和介绍均属参考性意见，不构成拍卖人对拍卖标的的任何担保。甲在“关于竞买人对拍卖标的资料查询与展示（现场勘查）记录”上签字，确认已详细查询标的情况介绍、评估报告等拍卖文件资料，且无异议。

2013年4月12日，甲以90万元竞得拍卖标的，并签署《拍卖成交确认书》：拍卖成交标的为242号工业用房（建筑面积约1038.19平方米，242-1、2、3号）、非成套住宅房屋（建筑面积498.97平方米，242-4、5号）、输变电设备及使用权和粉碎机各一套。买受人自行办理上述标的权属变更手续，并承担过户税、费及其他相关费用。任何一方违约，按拍卖成交价款的20%承担违约责任，并赔偿损失。

2013年4月23日，荣县法院作出执行裁定：42-1、2、3号工业用房1537.16平方米和242号-4、5号非成套住宅498.97平方米房屋一幢、某饲料公司的输变电设备及使用权和粉碎机各一套等财产的所有权及相应的其他权利归甲所有。

242-4、5号房屋的原房产证载明设计用途为非成套住宅。242-1、2、3、4、5号土地的原国有土地使用权证载明该国有土地用途为工业。2014年1月17日，荣县国土资源局出具证明：242-4号、242-5号的国有土地使用权人为乙，土地面积为479.4平方米，用途为工业。2014年1月22日，荣县法院出具协助执行通知书，要求荣县国土资源局：(1)发布被执行人乙、丙所有的国有土地使用权证书作废公告，公告费用由甲承担。(2)将被执行人乙、丙所有的242-4、5号房屋的国有土地使用权转移登记在甲名下。2014年1月24日，甲取得涉案房屋所有权证书：242-1、2、3、4、5号规划用途均为工业。2014年3月，甲取得上述房屋的国有土地使用权证书。

甲认为，房屋建筑面积缩水，242-4、5号的房屋规划用途为工业用房与《拍卖成交确认书》存有差异，非成套住宅房屋对应的土地使用权用途应为住宅用地，某拍卖公司在拍卖时未收回土地使用权证给甲造成过户登记障碍等，要求某拍卖公司承担瑕疵担保责任，赔偿其损失。

某拍卖公司认为，甲的诉讼请求，没有事实及法律依据。

【裁判结果】

一审：驳回原告甲的诉讼请求。

二审：驳回上诉，维持原判。

【争议焦点与裁判理由】

本案的争议焦点为，拍卖标的是否存在瑕疵以及拍卖公司是否应当承担瑕疵担保责任的问题。

根据生效裁判文书，人民法院认为：关于房屋面积的问题，荣县国土局出具的“情况证明”确认的是上述房屋的国有土地使用权面积为479.4平方米，而非房屋建筑面积,甲以土地使用权面积来衡量房屋建筑面积是否符合约定,混淆了土地与房屋这两个不同的概念,显然不当。甲最终取得的荣房权证荣字第201401176、201401172号房屋所有权证书确认上述房屋的建筑面积为498.97平方米,这与《拍卖成交确认书》中载明的房屋建筑面积是相同的,甲在庭审中也对该事实予以确认。因此,甲以拍卖房屋面积缩水为由要求拍卖公司赔偿损失的诉讼请求,没有事实依据,一审法院不予支持。

涉案房屋系荣县法院委托拍卖的物品,某拍卖公司根据法院司法拍卖委托书及其提供的涉案房屋原产权证载明的房屋用途“非成套住宅”发布拍卖公告,并在双方签订的拍卖成交确认书中载明拍卖成交标的“非成套住宅房屋”,故拍卖成交确认书与委托拍卖的标的物内容一致。对于涉案房屋对应的土地使用权性质问题,甲签订“关于竞买人对拍卖标的的资料查询与展示(现场勘查)记录”,确认其知晓《房地产估价报告》中载明的土地使用权证载明用途为工业。故甲对涉案房屋以及对应的土地使用权性质是充分知晓的,不存在瑕疵。

【案例评析】

本案中,涉及的是司法拍卖,对这类案例引发的诉讼纠纷,一般不会将委托法院作为当事人诉至法院。也正因如此,拍卖人在承接这类司法拍卖的时候还是应该谨慎审查,尽可能地避免潜在的法律风险。本案中,原告认为被告某拍卖公司应该承担瑕疵担保责任,但法院最终没有支持。笔者认为,某拍卖公司在涉案拍卖中依法尽到了审查责任,其在整个拍卖过程中不存在太大的问题,法院判决其不需要承担任何法律责任是正确的。

一、本案中出现的土地性质的问题系拍卖成交后主管行政行为所引发

从原告的起诉来看,本案中涉及的最为关键的问题在于原告通过拍卖取得的荣县望佳镇交通路242-4、5号房屋所有权证书上的规划用途均为工业用房,这与《拍卖成交确认书》中载明的“非成套住宅房屋”存有明显差异。但是,如法院查明的事实,争议房屋原来的房产证上载明该房屋的设计用途确实为非成套住宅,而且,荣县人民法院提交的司法拍卖委托书上载明的也是非成套住宅。虽然争议两套房屋原来的土地使用权证上载明了土地用途为工业,但从一般情理来看,土地使用权证和房屋所有权证上关于土地性质不一致的情况非常罕见,这其中固然存在行政机关沟通的问题,但是,对于荣县人民法院而言,其完全有理由信赖所有权证上记载的房屋土地用途为非成套住宅。对于某拍卖公司而言,其对于法院提供的资料更有理由予以信赖,因此,其按照法院提供的资料发布公告并进行拍卖,显然并无不当。另如法院在判决理由中写明的,房屋管理部门在办理涉案房屋产权过户时,为什么将房屋用途由非成套住宅变更为工业用房,盛世龙公司作为拍卖人无权决定。实际上,荣县人民法院也没有决定权力。因此,对于涉案争议房屋的土地使用权性质,虽然从拍卖前的非成套住宅变更为工业用地,但其原因不在于委托人荣县人民法院更不在于拍卖人某拍卖公司。因此,甲在拍卖成交后,以此为由诉至法院要求某拍卖公司承担法律责任,其诉求显然不能得到支持。

二、本案拍卖人尽到了瑕疵说明责任

本案中,盛世龙公司作为拍卖人,对于甲的诉求是否要承担责任,主要是要看其在拍卖前是否履行了瑕疵提醒义务。从法院审理查明的事实来看,盛世龙公司承接法院的委托拍卖之后,依法履行了相关义务,在竞买须知和竞买协议书中,盛世龙公司已经明确提醒了甲,标的瑕疵由甲自行勘验,盛世龙公司对该标的不承担任何瑕疵担保责任。

当然,有一点需要说明的是,本案中无论是荣县人民法院还是某拍卖公司,工作多少也存在一些瑕疵。根据法院审理查明的事实,甲在拍卖前查阅的拍卖文件资料中包括荣县人民法院委托某房地产评估事务所出具的《房地产估计报告》,该估价报告附件三种的荣国用(2008)第 08003 号国有土地使用权证(复印件)已经载明了坐落于望佳镇交通路 242 – 1、2、3、4、5 号国有土地使用权用途为工业,甲在“关于竞买人对拍卖表的资料查询与展示(现场勘查)记录”签字,可以推定其在拍卖之前就应该知晓了涉案争议房屋的土地性质。对此,显然与争议房屋原产权证载明的房屋用途“非成套住宅”存在不一致,作为拍卖人,出于谨慎考虑,也应该在承接之时提醒法院,为何房屋产权证和房屋土地使用权证上对房屋土地用途记载会不一致。

【案例索引】

一审:四川省成都高新技术开发区人民法院(2014)高新民初字第 1993 号

二审:四川省成都市中级人民法院(2014)成民终字第 6149 号

48. 甲与某林业局拍卖合同纠纷案

——拍卖标的误差以及误差的责任承担

问题提示:标的物存在特殊性的,第三方评估机构对拍卖标的的评估严重超出了规定允许的合理误差范围的,委托人应否以及在什么范围内承担瑕疵担保责任?

【基本案情】

上诉人(一审原告):甲

上诉人(一审被告):某林业局

人民法院经审理查明:被告某林业局委托永州市森林调查规划设计院、永州市森林资源资产评估中心就宁远县吴伯营林场森林资源资产进行了评估,《评估报告》的结论为:在评估基准日2011年7月31日,持续使用前提下,宁远县吴伯营林场森林资源资产现值1243.41万元。后永州市森林调查规划设计院绘制了宁远县吴伯营林场森林资源调查现状图。2012年8月8日,某林业局委托某公共资源交易中心就吴伯营林场林木资源资产进行拍卖,拍卖公告、拍卖须知,称吴伯营林场杉木蓄积量约34 588立方米,出材量约23 505立方米,起拍价1245万元。

2012年8月30日,甲以1249万元的出价竞得标的物,并与被告某林业局签订了《拍卖成交确认书》,内容为:"一、买受人经认真审阅拍卖方案,并实地勘察核实拍卖标的,已认可拍卖标的现状且无异议。二、买受人在本次拍卖会上竞得的标的成交价为1249万元……"2012年8月31日,某林业局(甲方)与甲(乙方)签订了《产权转让合同》,合同约定:"一、拍卖转让的标的:吴伯营林场林木资源资产,蓄积量约34 588立方米,出材量约23 505立方米。二、转让期限及价格:成交价格为1249万元整,转让年限为6年,乙方在转让期内把所有林木采伐销售完毕,逾期甲方无偿收回山场上所有剩余林木。三、乙方必须在2012年9月7日前首付成交款600万元……但所有价款必须于2014年8月31日前交完……四、产权交割事项,甲方负责在2013年8月31日前处理好标的物有关的权属争议及标的交割问题……六、违约责任:乙方未按规定期限支付款项的,视为违约,首付款600万元不予退还。"

此后原告依约履行全部1249万元付款义务,并按约向被告缴纳了育林基金。但根据采伐证、吴伯营林场出材情况表、剩余老材统计情况、某林业局林场的证明及所附木材运输证材料,吴伯营林场剩余林木资源勘查表,拍卖成交后,原告实际已采伐的出材量为14 463.5立方米,未采伐的杉木出材量为1464立方米,实际可采伐出材量与拍卖公告、拍卖须知中约定的23 505立方米出材量,误差为7577.5立方米。

原告甲诉称:被告某林业局未在2013年8月31日前处理好标的物的有关权属争议,致使原告所购林木无法及时采伐,被告不能依约履行标的物的交割义务,短少林木材积9130.77立方米,已构成违约,请求法院依法判决被告赔偿以下损失:(1)误差林木出材量9130.77立方米,按532元/立方米计算,为4 857 569.64元;(2)第1项损失金额对应的借款利息为331 634元,按月利息2%计算24个月;(3)修路经费损失566 107.74元。以上三项合计7 755 311.38元。

被告某林业局辩称:(1)原告通过竞拍购得的吴伯营林场林木资源不存在任何权属争议,且处置程序合法。(2)某林业局依合同约定的时间和方式交割了拍卖的标的物,并办理了相关的采伐证,原告也到现场踏界勘察,至于双方约定标的物的出材量应以永州市森林资源资产评估中心依法作出的评估结论作为参考,标的物出材量或多或少这也是正常的商业风险,与某林业局无关。(3)合同的标的物是吴伯营林场范围内的杉木，而不是出材量23 505立方米。拍卖文件、拍卖确认书、《产权转让合同》对风险均充分告知，原告表示认可，应自行承担该风险。

二审法院对一审查明的事实清楚予以确认，并另查明：根据某林业局2014年7月出具给甲的2013年止吴伯营林场出材情况表，2012～2013年止林业局已批采伐证数量为10 988立方米，其中甲办理运输证的7348立方米，2013年未采伐，2014年换新证的1325立方米，采伐数量实际误差2296.782立方米，林业局并为该2296.782立方米误差向甲返还了已交纳的育林基金。2014年林业局为甲办理了5683立方米的采伐证。

【裁判结果】

一审：一、原告甲与被告某林业局签订的《产权转让合同》继续履行；二、被告某林业局在本判决生效之日起一个月内退还原告甲林木款人民币2 153 392.2元；三、驳回原告甲的其他诉讼请求。

二审：驳回上诉，维持原判。

【争议焦点与裁判理由】

本案的争议焦点为，通过竞拍签订的合同中约定标的物是否存在瑕疵，风险由谁承担；被告是否根本违约，原告向被告主张的各项损失赔偿是否成立。

根据生效裁判文书，人民法院认为，首先，对合同标的的理解。根据查明的事实，甲经过公开拍卖竞得涉案吴伯营林场林木资产资源，故应当结合拍卖公告等对合同标的进行理解。《拍卖公告》载明的拍卖标的为："乡（镇）：中和镇（茶子园村、大塘漯村、上吴村、下吴村、坦坝村）；蓄积量：约34 588立方米；出材量：约23 505立方米。"该蓄积量及出材量系转让人某林业局委托永州市森林调查规划设计院作出的评估。甲基于对上述内容的信赖进行了竞买并支付价款，故双方对于合同标的的约定既包括涉案林木资源的位置，亦包括蓄积量、出材量评估数据。因此，合同标的应认定为经公开拍卖的吴伯营林场范围内出材量约23 505立方米的林木资源，对于某林业局主张合同标的为吴伯营林场的林木资源，不限定出材量的上诉主张本院不予支持。

其次，对于实际出材量的认定，某林业局上诉称，应依据采伐证16 671立方米认定实际采伐量，甲主张以办理运输的木材数量认定实际采伐量。经审查在卷证据，2012～2013年止林业局向甲颁发采伐证10 988立方米，2014年颁发5683立方米，共计颁发16 671立方米，但该采伐证数量存在实际误差2296.782立方米，某林业局并已向甲退还了相应的育林基金，则采伐证指标实际仅为14 374.218立方米。一审法院根据一审证据中林业局工作人员的证明认定木材运输量为14 463.5立方米，甲也认可其运输量超过了采伐证批准的数量。某林业局虽然上诉称采伐量必定大于运输数量，但未能举证证明甲采伐的具体数量。另，甲所采伐的木材已运输或交易，已无法对其实际采伐量进行鉴定或重新测量。鉴于上述情形，一审法院依据现有证据认定甲的实际采伐量为14 463.5立方米并无不当。除以上数量外,双方认可尚余1464立方米木材未采伐。故本案所涉的实际出材量应认定为15 927.5立方米(14 463.5立方米+1464立方米),与合同约定出材量23 505立方米相比较,实际出材量误差为7577.5立方米,误差率为32.24%。

再次,民事责任如何承担。甲上诉主张,某林业局应就实际出材量的全部误差承担责任,一审法院不应扣减15%的误差。某林业局亦上诉称其不应承担返还价款的责任。对此,基于以下情形:(1)涉案林木资源系活立木,且分布面积达241.22公顷,对其出材量难以实际精确测量,而评估数据受到评估的技术方法、评估对象的状态、评估人员水平等多种主客观因素影响,与实际出材量必然存在差距。(2)《拍卖公告》及合同对出材量"约23 505立方米"的表述亦表明了双方对可能存在的误差都有认知。甲在拍卖中对出材量"约23 505立方米"的表述亦未提异议,应视为其对可能存在的合理误差接受并认可。(3)作为林木行业的经营者而非普通消费者,甲对活立木出材量的评估数据与实际出材量存在误差这一情形亦理应知晓。(4)本案属森林资源转让进行的森林资源二类调查,森林资源二类调查是以国有林场、自然保护区、森林公园等森林经营单位或县级行政区域为调查单位,以满足森林经营方案、总体设计、林区区划与规划设计需要而进行的森林资源调查。根据《湖南省森林资源规划设计调查技术规定》的相关规定,对蓄积量调查精度亦允许15%的误差。而甲作为林木行业经营者,其已表明"认真审阅了拍卖方案",其理应对涉案的森林资源二类调查的抽样和评估方法,以及此种调查方法所可能允许的最大误差有所了解。综上,法院认为,对于实际出材量与约定出材量32.24%的误差,某林业局应就超出15%合理误差范围的部分承担民事责任。根据《合同法》第111条之规定,甲有权要求林业局向其返还相应价款。故一审法院认定某林业局在15%误差范围内不承担责任,对剩余17.24%误差范围应向甲返还合同价款2 153 392.2元具有事实和法律依据。甲关于某林业局应就实际出材量的全部误差承担责任、某林业局关于其不承担返还价款责任的上诉请求均不成立,法院均不予支持。甲还提出某林业局应承担相应的利息及修路费用。经审查,对于利息,双方均系信赖评估机构出具的调查和评估数据而签订涉案合同,而涉案林木资源系活立木买卖,是一种特殊标的物的买卖,其出材量的评估具有一定误差是客观存在的,某林业局不应为此承担资金占用利息的违约责任。对于修路费用等损失,因该项费用是甲为获得木材采伐收益而应当承担的生产经营费用,根据合同约定该项费用应由其自行承担。

最后,对于涉案合同是否应解除的问题。甲主张因村民与某林业局之间存在未解决的权属纠纷,合同因无法继续履行而应当解除。法院认为,合同约定的林木资源已大部分交付并采伐完毕,对于剩余未采伐部分,因有关村民阻挠甲采伐的行为并非某林业局违约所致,在合同履行期内,某林业局亦有协调处理有关村民提起的权属纠纷，而甲未能举证证明某林业局怠于处理权属纠纷，或本案存在剩余木材属于他人所有、已被他人采伐等导致合同目的不能实现的其他情形，故甲以某林业局未处理权属纠纷、构成根本违约为由请求解除合同缺乏事实和法律依据。

【案例评析】

本案从原告甲诉求来看，涉及的争议较多，但是核心的问题在于第三方评估机构对拍卖标的的评估严重超出了规定允许的合理误差范围的，委托人应否并且在什么范围内承担瑕疵担保责任？

在拍卖实践中，按照法定或者行业内通用的评估方法，对拍卖标的诸如房产、土地使用权等基本上能在拍卖前确定其大概价值，但涉案拍卖标的是大面积的活林木资源，是一种非常特殊的拍卖标的，对其价值的评估容易出现很大的变量。本案中，一、二审法院充分考虑到了涉案拍卖标的的特殊性，参考了《湖南省森林资源规划设计调查技术规定》对蓄积量调查精度允许15%的误差的相关规定，在此基础上对双方的责任作出了比较的裁断。该判决对特殊标的物的拍卖纠纷具有很高的参考意义，非常值得借鉴。

一、本案拍卖标的存在很大的特殊性

本案中，确定拍卖标的基本价值的是永州市森林调查规划设计院、永州市森林资源资产评估中心作出的评估报告。委托人在拍卖前，委托了永州市森林调查规划设计院、永州市森林资源资产评估中心就宁远县吴伯营林场世行贷款造林项目森林资源资产进行了评估，2011年8月1日的《评估报告》的评估结论为：在评估基准日2011年7月31日，持续使用前提下，宁远县吴伯营林场森林资源资产现值1243.41万元。2012年8月8日，宁远县公共资源交易中心发出某林业局吴伯营林场林木资源资产拍卖公告、拍卖须知，拍卖中和镇（茶子园村、大塘漯村、上吴村、下吴村、坦坝村）杉木蓄积量约34 588立方米，出材量约23 505立方米，起拍价1245万元。2012年8月30日，甲签订的拍卖成交确认书中明确的拍卖成交价1249万元，从拍卖价格来看，基本上和评估价格相差不多。虽然在拍卖成交确认书中载明了“买受人（甲）经认真审阅拍卖方案，并实地勘察核实拍卖标的，已认可拍卖标的的现状且无异议”，但拍卖标的为大面积的活林木资源，即便是专业的评估机构也无法得出准确的数量。《湖南省森林资源规划设计调查技术规定》对蓄积量调查精度亦允许15%的误差的相关规定，实际上也说明了活林木资源的评估与一般物品的评估在精准度上存在很大的不同，也因此才会允许15%这么大的误差度，其他诸如房产、土地使用权的评估，使用相同的评估方法出现这么大的误差，基本上是不可能允许的。因此，对这类拍卖标的，不能简单地因为买受人在拍卖前已认可拍卖标的的现状且无异议，就认为所有的误差和瑕疵都应该由买受人来承担。

二、本案按照评估报告确定的价值对竞买人显失公平

由于本案没有涉及拍卖人,法院查明事实部分没有涉及拍卖公告、竞买须知等拍卖方面的资料,但从拍卖成交确认书中载明的内容来看,原告甲在竞拍时对拍卖标的的情况实际上是知道的。由于拍卖标的面积大,且涉及的活林木的评估不确定因素比较多,因此,原告甲参与该次竞拍最重要的参照物就是评估机构作出的评估报告。一、二审中,对拍卖标的实际存有的活林木的数量与当初评估报告中确定的价值相差有32.24%,减去湖南省相关规定允许的15%,剩余的误差率17.24%也超过了合理误差,这足以说明,评估机构作出的评估报告在某些方面肯定存在严重的不合理性。由于评估报告与法院在案件中确定的活林木的实际数量相差过大,仍然按照之前的评估报告确定的拍卖标的的价值,对甲显然有失公平。虽然,按照《拍卖法》,委托人在委托拍卖过程中可能并不具有任何过错,其对标的物存在的瑕疵可能也作了相关说明和提醒,但是,按照《合同法》第54条规定,本案中可以认为甲在参与竞拍时存在重大误解,拍卖标的的实际价值对甲显失公平。

三、买受人应对拍卖标的的价值的合理误差承担相应法律后果

本案中,某林业局在拍卖前已经委托评估机构对拍卖标的进行了评估,由于按照相关规定,在活林木资源中出现15%的合理误差是正常的。对这部分的误差,可以认为某林业局已经依法告知了相关瑕疵。作为买受人,在竞拍前已经知晓了拍卖标的的现状,而且对于拍卖标的的特殊性也是知情的,因此,其对于拍卖标的评估报告中的合理误差应该承担相应的法律后果。本案一、二审法院考虑到双方当事人的实际履行情况,根据本案实际情况判决被告某林业局对超出合理误差范围外的林木返还相应价款,是非常正确的。

【案例索引】

一审:湖南省永州市中级人民法院(2014)永中法林民初字第8号

二审:湖南省高级人民法院(2015)湘高法民三终字第161号

49. 某拍卖公司与某银行分行、某银行支行委托拍卖合同纠纷案

——标的物瑕疵担保责任的负担

问题提示:因拍卖物瑕疵导致的对买受人的赔偿款应如何承担?

【基本案情】

原告:某拍卖公司

被告:某银行分行

被告:某银行支行

人民法院经审理查明:2006 年 11 月 22 日,原告某拍卖公司与被告某银行支行签订《委托拍卖合同》一份,某银行支行委托原告拍卖自己位于广西荔浦县荔城镇××街××路××号第一层铺面。委托拍卖合同第 6 条约定:不论成交与否,拍卖过程中的各种费用由原告承担,且原告不收取银行任何佣金。第 8 条第 1 项约定:银行须告知原告已知拍卖标的物的瑕疵,向其提供有关证明文件及资料;原告应负责将银行告知的标的瑕疵在拍卖前告知所有竞拍人,否则应承担责任。合同签订后,原告按照委托拍卖合同的约定及相关法律规定依法进入拍卖程序,并在拍卖前向竞拍人出示了房屋所有权证和拍卖资料,同时与竞拍人查看了标的物现场。

2007 年,甲、乙二人在办理房屋过户手续时,从房管部门得知其买受的铺面面积中包含公共楼梯间,因竞得物在面积上存在瑕疵,甲、乙二人起诉至法院,请求赔偿因拍卖合同存在瑕疵造成的损失及多支付的佣金 50 982.7 元,经法院审理后认为:拍卖标的物的部分面积不应当出售,存在瑕疵,并依照《拍卖法》相关规定,判决某拍卖公司赔偿损失金额为 314 807 元,退还佣金为 15 740 元,承担的诉讼费用为 5113 元,银行不直接承担责任,但某拍卖公司在赔偿损失及返还佣金后,有权对银行进行追偿。

原告某拍卖公司诉称:被告在 2006 年 11 月 22 日委托原告拍卖荔浦县荔城镇××街××路××号房屋,双方并于当日签订委托拍卖合同,合同中明确约定原告对标的物的瑕疵不承担担保责任。委托的该铺面在 2006 年 12 月经拍卖,由甲、乙两人竞拍到手,但两人在办理过户时发现该拍卖物存在将住户楼梯按铺面价款卖出的瑕疵,为此诉至法院,法院两审判决认定被告委托拍卖物存在明显瑕疵,并判决原告赔偿二人拍卖标的物损失 314 807 元,佣金 15 740 元,诉讼费用 5113 元。依合同约定被告应承担委托拍卖物的瑕疵赔偿责任,但被告对该判决生效后并没有给付意愿。请求判令被告赔偿原告经济损失 314 807 元、返还佣金 15 740 元及诉讼费用 5113 元;本案诉讼费用被告承担。

被告某银行分行辩称:原告诉请要求被告承担赔偿责任及佣金的判决依据系(2009)桂市民终字 1027 号民事判决书,该判决于 2009 年 12 月 2 日生效,而原告直至 2012 年 12 月 14 日起诉被告,其起诉已过诉讼时效。因该判决已对原、被告的法律责任作出划分,判决由本案原告赔偿甲、乙损失及佣金,而该案中两人对原、被告的诉讼请求与本案原告诉讼请求相同,故原告起诉违反"一事不再理"原则。被告严格按照国家登记机关的记载委托拍卖,在委托拍卖合同中也已履行告知委托拍卖标的物状况的义务,拍卖中并无过错;而原告在拍卖过程中没有尽到调查核实标的物的义务,其应当承担赔偿责任。被告委托原告拍卖的标的物属于重大误解,竞买人非但未受损失,反而从中获益,对被告来说显失公平,故被告请求予以撤销。综上,原告要求被告支付佣金和诉讼费用没有事实、法律依据,请法院查明事实,予以驳回。

被告某银行支行辩称:本行不是合同当事人,也没有主体资格,不应列为本案当事人。

【裁判结果】

一审:一、被告某银行分行赔偿原告某拍卖公司经济损失319 920元;二、驳回原告某拍卖公司其他诉讼请求。

【争议焦点与裁判理由】

本案的争议焦点是:(1)本案原告起诉是否违反"一事不再理"的法律原则;(2)本案因拍卖物瑕疵导致的对买受人的赔偿款应如何承担。

人民法院经审理认为,就本案而言,本案案由为委托拍卖合同纠纷,处理的法律关系主要是委托方(被告)与受托方(原告)之间因委托拍卖被告房屋过程中所产生的纠纷,委托方及受托方是合同的双方当事人,其权利义务均受双方自愿签订的委托合同条款约束,根据合同相对性原则,如一方存在违反合同约定从而给对方当事人造成损失,合同守约方可依法要求违约方承担违约责任。而(2008)秀民初字第539号案件及(2009)桂市民终字第1027号案件案由为拍卖合同纠纷,该案虽将本案被告某银行分行列为案件当事人,但其处理的法律关系主要是拍卖方(本案原告)与买受人(案外人甲、乙)之间因拍卖合同关系所产生的纠纷,买受人与拍卖人是合同的双方当事人,其权利义务受拍卖合同约束。在该案中,因委托方不是拍卖合同当事人,其与拍卖方的关系系受双方委托合同调整,故法院在该案中对委托方与买受人、委托人与拍卖方之间的法律关系并未进行处理;而是依据法律规定及拍卖合同的相关约定,认为拍卖方在拍卖过程中存在过失,从而判决在该案中由拍卖方(本案原告)承担对买受方的赔偿责任,委托方(本案被告)在该案中不直接承担责任,并载明在拍卖方承担赔偿责任后,可向委托方进行追偿。故两案虽在事实上有所重合,但因两案合同当事人不同、法律关系及调整的法律不同,其法律性质并不符合"一事不再理"的民事法律原则。

原告某拍卖公司是在2012年12月15日将全部赔偿款合计335 660元支付两人,即说明直至2012年12月15日某拍卖公司尚因其履行完全部债务的行为才依法取得了对本案被告的追偿权。(2009)桂市民终字第1027号案件判决的生效仅是法院对甲、乙两位买受人对某拍卖公司赔偿款债权的确认,与该款的实际支付并非同一事实。原告在2012年12月15日获得追偿权,于当月向法院提起相关诉讼,其诉讼行为并未超过本案诉讼时效。

本案被告某银行支行虽是依产权证记载面积进行委托拍卖,但其拍卖的产权面积包含了公用楼梯间的面积,而该公用部分应由各层住户共同使用,故根本无法办理该部分的产权;被告某银行支行在拍卖时没有考虑到公共部分的处理方式而全部予以出售,与现实相关规定不符;买受人支付了相应对价,但却不能对该部分面积行使权利,其权利义务明显不对等。而在原、被告双方签订的委托拍卖合同中,被告某银行支行在委托原告某拍卖公司对该房产进行拍卖时,对拍卖房产的该瑕疵并无任何说明或提示,其行为不当,应承担相应法律责任。

【案例评析】

一、本案原告起诉是否违反"一事不再理"的法律原则

本案案由为委托拍卖合同纠纷,处理的法律关系主要是委托方(被告)与受托方(原告)之间因委托拍卖被告房屋过程中所产生的纠纷,委托方及受托方是合同的双方当事人,而(2008)秀民初字第539号案件及(2009)桂市民终字第1027号案件案由为拍卖合同纠纷,该案虽将本案被告银行列为案件当事人,但其处理的法律关系主要是拍卖方(本案原告)与买受人(案外人甲、乙)之间因拍卖合同关系所产生的纠纷,买受人与拍卖人是合同的双方当事人,两案虽在事实上有所重合,但因两案合同当事人不同、法律关系及调整的法律不同,其法律性质并不符合"一事不再理"的民事法律原则。

二、因拍卖物瑕疵导致的对买受人的赔偿款应如何承担

《合同法》第407条规定:"受托人处理委托事务时,因不可归责于自己的事由受到损失的,可以向委托人要求赔偿损失。"《拍卖法》第18条第2款规定:"拍卖人应向竞买人说明拍卖标的的瑕疵",第61条规定:"拍卖人、委托人违反本法第十八条第二款、第二十七条的规定,未说明拍卖标的的瑕疵,给买受人造成损害的,买受人有权向拍卖人要求赔偿;属于委托人责任的,拍卖人有权向委托人追偿……"拍卖标的"瑕疵",这里的"瑕疵"在立法本意上只能理解为"拍卖标的物本身在物理性能及法律权利方面的重大缺陷"。

本案中,被告某银行支行虽是依产权证记载面积进行委托拍卖,但其拍卖的产权面积包含了公用楼梯间的面积,而该公用部分应由各层住户共同使用,故根本无法办理该部分的产权,致使拍卖的标的物存在瑕疵;被告某银行支行在拍卖时没有考虑到公共部分的处理方式而全部予以出售,与现实相关规定不符;买受人支付了相应对价,但却不能对该部分面积行使权利,其权利义务明显不对等,使买受人遭受一定程度的损失。造成本案原告某拍卖公司赔偿买受方损失的原因系委托方被告银行过失所造成,所以本案原告在对买受人因标的物瑕疵遭受损失进行赔偿之后,有权向被告进行追偿,实际上最终是由被告承担相应的赔偿损失责任。

【案例索引】

一审:广西壮族自治区桂林市象山区人民法院(2013)象民初字第537号

50. 某农村信用合作社与甲拍卖合同纠纷案

——拍卖标的为债权的瑕疵认定

问题提示:拍卖标的为债权,委托人未说明该债权已经为司法确认并进入执行程序,或者债权抵押物发生变化的,买受人能否以拍卖标的存在瑕疵为由请求解除拍卖合同?

【基本案情】

再审申请人(一审原告、反诉被告,二审上诉人):某农村信用合作社

再审被申请人(一审被告、反诉原告,二审被上诉人):甲

再审被申请人(一审第三人、反诉被告):某拍卖行

人民法院经审理查明:2009年8月4日,某农村信用合作社和某拍卖行签订委托拍卖合同,委托某拍卖行就某农村信用合作社不良贷款债权7笔进行公开拍卖,7笔债权的拍卖金额为9 384 600元,拍卖标的保留底价为400.40万元。其中,某农村信用合作社对某公司的债权为本金930万元和转让前的所有利息,且该债权已经最高人民法院(2006)民二终字第243号民事判决书确认。2009年8月6日,某拍卖行在《法治新报》上刊登拍卖公告。2009年8月13日,某拍卖行在某农村信用合作社会议室主持召开拍卖会,甲以400万元竞得某农村信用合作社对某公司的以上债权。8月13日,甲和某拍卖行签订《拍卖成交确认书》,对债权转让的拍卖合同予以确认。《拍卖成交确认书》载明"第一条拍卖成交标的:某公司债权,借款本金930万元,借款日期2002年11月22日至2005年11月21日,抵押物碱沟山矿区5号井;第二条拍卖成交标的价款:本确认书签订后,买受人应当在2009年11月13日前向拍卖人支付拍卖成交标的价款400万元;同时向拍卖人支付拍卖成交标的价款0.3%的佣金1.2万元,合计401.2万元;第三条标的提取与交付:买受人在向拍卖人支付全部拍卖成交标的价款及佣金后,拍卖人应当在规定的期限内将拍卖成交标的交付买受人;第四条拍卖成交标的过户手续及费用:买受人在提取拍卖成交标的后,应当自行承担费用并办理成交标的过户手续,拍卖人、委托人应买受人的要求可以给予必要的协助……买受人未按照约定支付价款的,应当承担每日万分之五的逾期付款违约金;第八条其他约定事项:在三日内先交足贰佰万元整到账,其余款项于2009年11月13日之前交清,过户相关费用及手续由竞买人自行承担"等事项。拍卖成交确认书签订后,甲再次和某农村信用合作社签订了《债权转让协议》,内容为"第一条债权转让:某农村信用合作社将其享有的债务人为某公司借款合同项下人民币本金930万元的债权自2009年8月13日起转让给甲,转让价为400万元;甲承担本债权转让前产生的所有利息;债权转让后,甲行使债权人的一切权利,某农村信用合作社不再行使债权人的权利;第二条承诺和保证:某农村信用

合作社承诺并保证其转让的债权系真实有效的债权，其于本协议签订生效后向甲移交该协议项下债权形成的原始档案资料，并向债务人履行通知义务，以确保甲合法取得受让债权；甲承诺并保证其在受让本协议项下债权之前已充分了解了该债权的全部情况，对该债权清收的风险包括超过诉讼时效的风险均愿意承受，即使受让后无法实现债权亦与某农村信用合作社无任何关系；第三条违约责任：双方均应严格履行本协议约定，任何一方不得违反，如有违反，违约方应承担该笔转让债权10%的违约金；第四条特别提示：某农村信用合作社就转让债权的真实有效性等影响债权行使的因素已向甲作出必要的说明，在某农村信用合作社提交的债权凭证中都有显示，转让人不保证债务人当前实际状态与提供情况及资料记载内容的一致性，因债权存在瑕疵或可能存在的瑕疵造成的风险由甲承担”等事项。拍卖成交后，甲于2009年8月20日、2009年8月26日先后累计支付拍卖款200万元。2009年8月25日某农村信用合作社除未将该债权在法院执行的材料移交给甲外，与该债权相关的债权凭证均交付给了甲。截至2009年11月13日付款期限届满时，甲未能将剩余拍卖款200万元付清。经某农村信用合作社和某拍卖行多次催促，2011年11月3日甲向某农村信用合作社出具承诺书，承诺其在2012年5月30日前付清全部款项，但甲没有履行。

另查明，某公司5号矿井在2008年7月17日经中卫市人民政府卫政发(2008)118号文件确定被关停。某农村信用合作社对某公司的债权，经宁夏高院和最高人民法院判决确认后，某农村信用合作社于2007年5月29日申请宁夏高院执行，2009年11月19日某农村信用合作社向宁夏高院说明，某公司已被关停，自治区人民政府正在组织商谈碱沟山矿区煤矿，包括某公司重组事宜，待重组完毕后视情况再向法院申请执行，2009年12月8日宁夏回族自治区高级人民法院裁定终结本次执行程序。涉案债权拍卖前某农村信用合作社没有向某拍卖行和甲告知拍卖的债权已经法院判决并进入执行程序。债权拍卖后，某农村信用合作社未向某公司通知债权已转让，也未向甲移交生效的判决书及执行文书。

【裁判结果】

一审：一、解除2009年8月13日被告(反诉原告)甲与第三人(反诉被告)某拍卖行和原告(反诉被告)某农村信用合作社签订的《拍卖成交确认书》《债权转让协议》；二、原告(反诉被告)某农村信用合作社于本判决生效后30日内返还被告(反诉原告)甲200万元债权转让款，并承担利息损失451 874元(自2009年8月26日计算至2014年7月13日)，共计2 451 874元；2014年7月13日之后的利息原告(反诉被告)某农村信用合作社亦应按上述计算标准承担至判决确定的付款之日；三、驳回原告(反诉被告)某农村信用合作社的诉讼请求；四、驳回被告(反诉原告)甲的其他反诉请求。

二审：一、维持宁夏回族自治区中卫市中级人民法院(2014)卫民初字第11号民事判决第一、三、四项的内容,即解除2009年8月13日甲与某拍卖行、某农村信用合作社签订的《拍卖成交确认书》《债权转让协议》;驳回某农村信用合作社的诉讼请求;驳回甲的其他反诉请求。二、撤销宁夏回族自治区中卫市中级人民法院(2014)卫民初字第11号民事判决第二项的内容,即某农村信用合作社于本判决生效后30日内返还甲200万元债权转让款,并承担利息损失451 874元(自2009年8月26日计算至2014年7月13日),共计2 451 874元;2014年7月13日之后的利息某农村信用合作社亦应按上述计算标准承担至判决确定的付款之日。三、某农村信用合作社于本判决生效后十日内返还甲债权转让款200万元。

再审:驳回某农村信用合作社的再审申请。

【争议焦点与裁判理由】

本案的争议焦点是:(1)甲与某农村信用合作社签订的《债权转让协议》能否解除;(2)甲与某拍卖行签订的《拍卖成交确认书》能否解除。

根据再审裁判文书,人民法院认为,根据某农村信用合作社与甲2009年8月13日签订的《债权转让协议》约定,某农村信用合作社将其享有的涉案930万元债权于当日转让给甲,债权转让后,甲行使债权人的一切权利,某农村信用合作社不再行使债权人的权利。而某农村信用合作社在未向甲如实告知拍卖债权已经法院判决并已进入执行程序的情况下,于2009年11月19日向宁夏高院出具说明,要求待债务人公司重组后再行向人民法院申请执行,宁夏高院鉴此裁定终结了涉案债权的执行程序。某农村信用合作社的上述行为,违反了《合同法》第6条规定的当事人行使权利、履行义务应当遵循诚实信用的原则,并直接造成了甲根据拍卖合同取得的债权实现困难。某农村信用合作社的该行为不当扩大了涉案债权的实现风险,造成甲的合同目的难以实现,应认定构成根本违约。

甲未按协议约定于2009年11月13日前支付剩余成交价款,亦存在违约,但鉴于此后某农村信用合作社的违约行为,甲未继续支付剩余成交价款,系依法中止履行其合同义务,不应认为构成违约。甲虽然在《拍卖成交确认书》《拍卖规则》和《债权转让协议》等文件中承诺承担债权转让可能的一切责任和风险,但该风险不应包括因转让人某农村信用合作社违约而造成合同目的不能实现的风险。综合本案合同履行和双方违约情况,在确认某农村信用合作社构成根本违约,甲有权要求解除合同的情况下,亦认定甲应自行承担其已经支付款项的利息损失,符合本案事实和相关法律规定。

【案例评析】

根据《拍卖法》第18条第2款规定,拍卖人应当向竞买人说明拍卖标的的瑕疵。本案的关键点在于拍卖标的为债权时,委托人未说明该债权已经为司法确认并进入执行程序,或者债权抵押物发生变化的,买受人能否以拍卖标的存在瑕疵为由请求解除拍卖合同?

一、债权已经为司法确认并进入执行程序，是否构成标的瑕疵

根据债权是否具有强制执行力，可以划分为自然之债和法定之债。传统理论上，债权具有四项权能：给付请求权、给付受领权、处分权以及债权保护请求权。而债权保护请求权在于债权人可以请求国家强制力给予保护，强制债务人履行。债权经过法院审理，作出给付判决的债权，是一种强制执行力的请求权。法院通常会基于案件事实、当事人的合同过程中的过错程度、违约造成的损害综合判定当事人之间责任的负担。比如，《最高人民法院关于适用〈中华人民共和国合同法〉若干问题的解释（二）》第29条规定，当事人主张约定的违约金过高请求予以适当减少的，人民法院应当以实际损失为基础，兼顾合同的履行情况、当事人的过错程度以及预期利益等综合因素，根据公平原则和诚实信用原则予以衡量，并作出裁决。同时，在判决生效以后，未履行生效判决的给付义务，可能面临着承担更加严重的惩罚性赔偿义务，如《民事诉讼法》第253条规定，被执行人未按判决、裁定和其他法律文书指定的期间履行给付金钱义务的，应当加倍支付迟延履行期间的债务利息。被执行人未按判决、裁定和其他法律文书指定的期间履行其他义务的，应当支付迟延履行金。因此，经过法院审理之后的债权，与当事人之间达成的债权具有极大的差别，不仅表现在数额、计算方式、履行期限上，甚至在时效也具有重要的区别。

更为重要的是，法院经过审理债权人与债务人之间的纠纷，根据司法判决既判力和“一事不再理”的基本原则，当事人之间的纠纷由法院判决进行确定，债权人与债务人也应当按照生效判决来行使权利和履行相应义务，原有债权债务关系已经消灭（或者成为自然之债）。本案中，某农村信用合作社拍卖标的为自己与其债务相互约定的债权，但是该债权已经经过司法判决确认，显然该债权已经消灭（或者成为自然之债）。因此，某农村信用合作社仅有权将法院给付判决的债权进行拍卖交易，无权拍卖原债权，拍卖原债权的，会导致拍卖合同不能实现，竞买人有权解除拍卖合同。

二、债权抵押物发生变化的，是否构成标的瑕疵

我国《物权法》第192条规定，抵押权不得与债权分离而单独转让或者作为其他债权的担保。债权转让的，担保该债权的抵押权一并转让，但法律另有规定或者当事人另有约定的除外。因此，主债权转让的，作为从债权的抵押权一并转让。债权的价值同时取决于主债权的数额以及从债权担保物权的优先受偿权。

本案中，该竞买债权的抵押物，已经被中卫市人民政府卫政发（2008）118号文件确定为必须关闭的对象。因此其影响了甲受让债权的实现，导致债权存在瑕疵或可能存在的瑕疵造成的风险由甲承担。某农村信用合作社对自己转让的债权应当负有权利瑕疵担保责任，在拍卖过程中，其对抵押物被关闭等关键信息并未如实向竞买人甲披露，对转让债权的真实存在和抵押物的效力等影响债权行使的因素没有向甲作出必要的说明，导致甲在主债权无法请求实现的情形下，意图通过债权

担保即抵押权实现债权,变得异常困难,应当构成瑕疵。

【案例索引】

一审:宁夏回族自治区中卫市中级人民法院(2014)卫民初字第11号

二审:宁夏回族自治区高级人民法院(2014)宁民终字第184号

再审:最高人民法院(2015)民申字第1077号

51. 某房地产公司与某银行支行、某拍卖行拍卖合同纠纷案

——拍卖标的部分履行不能的责任承担

问题提示:作为拍卖标的的不动产实际面积与约定面积不符是否构成违约?

【基本案情】

再审申请人(一审被告、二审上诉人):某银行支行

再审被申请人(一审原告、二审上诉人):某房地产公司

一审被告、二审上诉人:某拍卖行

人民法院经审理查明:2007年8月9日,某银行支行将位于南阳市仲景路与张衡路交叉口东北角的国有土地使用权委托某拍卖行拍卖,某银行支行提供的有土地评估报告、界址点图等材料。界址点图注明总面积3469.6平方米。2007年8月18日某房地产公司竞拍成功,拍卖成交价340万元,佣金17万元,拍卖成交后某房地产公司按约支付了某银行支行土地价款和某拍卖行佣金。某房地产公司在随后办理土地过户手续时发现土地实际面积为3013.5平方米,经与某银行支行协商无果诉至法院,要求某银行支行退还多收的土地价款438 757元。诉讼中某房地产公司申请委托鉴定机构对土地实际面积进行鉴定,经某大地测绘公司鉴定,结论为:"某房地产公司通过竞拍取得的面积实际为3013.7平方米,某银行支行界址点图上所示面积3469.6平方米,减少455.9平方米。减少原因为:(1)某银行支行界址点图占压南阳市居锦阁房地产有限责任公司面积为351.2平方米;(2)某银行支行界址点图西北角J1超出宛北养殖场界址点图实用面积17.0平方米;(3)某银行支行界址点图东北角J3超出宛北养殖场界址点图实用面积87.7平方米。"

申请人某银行支行诉称,我方是将整块土地实物委托拍卖,委托拍卖协议和拍卖公告上所表述的土地面积3460平方米是大约面积,拍卖成交确认书也明确载明本次拍卖标的物以现状拍卖,拍卖人不对该标的物的瑕疵承担责任。拍卖标的物交付时实际面积与拍卖公告面积不符,以办证时实测面积为准,拍卖人及委托人不承担任何责任。故该拍卖标的物交付时实测面积与拍卖公告面积不符,面积缩水

的瑕疵责任不应由我方承担,依照约定应由买受人某房地产公司自行承担,原一、二审认定我方违约,判令我方向买受人某房地产公司返还面积差价款438 757元,缺乏事实依据和法律依据,与拍卖成交确认书的约定不符。某房地产公司向法院起诉时已超诉讼时效,已丧失胜诉权,一、二审判令其胜诉的处理不当。

被申请人某房地产公司辩称,拍卖时某银行支行提供了委托拍卖土地的界址点图,依据界址点图计算和现场实测,委托拍卖的土地面积均为约3469平方米,此与拍卖公告和某银行支行所述的面积相符,但实际情况是界址点图内有约456平方米的土地使用权并不属于某银行支行享有,属于某银行支行享有的土地面积仅为3013.7平方米,某银行支行隐瞒了这一事实,在委托拍卖时,将不属于自己的约456平方米的土地标在界址点图内一并委托拍卖,致使我方在买受后不能按约定取得全部拍卖物,某银行支行未能将此拍卖标的物中的全部土地使用权按约定交付给我方,当然构成违约,依法我方有权要求拍卖人某拍卖行或委托人某银行支行承担违约责任,某银行支行多收取我方的价款应予退还。2007年8月18日我方和某拍卖行签订拍卖成交确认书后,我方依约支付了价款。2008年年初,我方到土地局办理土地过户手续时,才得知拍卖标的物中有约456平方米的土地使用权并不在某银行支行的名下,该行也无法将此约456平方米的土地使用权过户给我方,我方随即找该行要求解决。经几个月的协商仍未有结果。2008年12月我方即向人民法院起诉,不存在超过诉讼时效的情形。

某拍卖行称,我方对某房地产公司与某银行支行之间的纠纷不发表意见,我方按照委托人提供的界址点图进行拍卖,我方没有过错。

【裁判结果】

一审:一、本判决生效后十日内,由某银行支行退还某房地产公司土地款438 757元;二、本判决生效后十日内,由某拍卖行退还某房地产公司佣金21 938元;三、驳回某房地产公司要求某银行支行赔偿损失378 000元的诉讼请求。如果某银行支行、某拍卖行未按照本判决指定期间履行给付金钱义务,应当依照《民事诉讼法》第229条之规定,加倍支付迟延履行期间的债务利息。

二审:驳回上诉,维持原判。

再审:维持本院(2009)南民商终字第283号民事判决和南阳市卧龙区人民法院(2009)宛龙民商二初字第91号民事判决。

【争议焦点与裁判理由】

本案的争议焦点为,作为拍卖标的的不动产实际面积与约定面积不符是否构成违约,构成违约的诉讼时效为多久。

根据再审裁判文书,人民法院认为,本案的土地使用权转让合法有效,应受法律保护,某银行支行、某拍卖行、某房地产公司均应按照约定履行各自的义务。某银行支行委托拍卖的标的物是该行自己提交的界址点图范围内的全部的土地使用权,某拍卖行进行拍卖的标的物也是该界址点图范围内的全部的土地使用权,某房地产公司买受的标的物也是该界址点图范围内的全部的土地使用权。某银行支行在收到买受人的价款后应按约定履行合同义务,向买受人交付合同标的物,即交付界址点图范围内的全部土地使用权。因某银行支行对委托拍卖的标的物中的一部分约456平方米的土地并不享有土地使用权,致使其并不能完全履行合同义务将拍卖标的物全部交付给买受人,导致买受人支付了合同的全部价款却不能取得合同约定的全部标的物,某银行支行的此行为构成违约。依据《拍卖法》第40条的规定,买受人某房地产公司有权要求拍卖人某拍卖行或者委托人某银行支行承担违约责任,原一、二审据此判令某银行支行退还未履行的合同标的物部分的相应价款的处理适当。

【案例评析】

本案的拍卖标的为不动产,由于测量方法和测量手段不同,面积测量可能会有误差,行业内一般允许有一定比例的误差,可以不作为违约处理;但本案面积不符源于委托人提供的界址点图的面积涵盖了他人所有的不动产,导致拍卖成交后无法办理过户手续,这毫无疑问构成违约。

一、委托人应提供适格的拍卖标的

拍卖是一项特殊的买卖,是以公开竞价的形式,将特定物品或者财产权利转让给最高应价者的买卖方式。据此,《拍卖法》第6条规定,拍卖标的应当是委托人所有或者依法可以处分的物品或者财产权利,否则将导致拍卖成交后无法进行交割或者过户的后果。本案中,委托人拟拍卖标的界址点图范围内的国有土地使用权,但是该不动产约定面积超出实际面积456平方米,且超出部分面积的土地使用权在他人名下,因此,委托人提供的拍卖标的不适格。

二、拍卖人对拍卖标的的审查义务

一方面,委托人应提供适格的拍卖标的,同时辅以相关的证明文件;另一方面,拍卖人对拍卖标的需进行必要的审查。《拍卖法》第41条规定,委托人委托拍卖物品或者财产权利,应当提供身份证明和拍卖人要求提供的买卖标的的所有权或者依法可以处分拍卖标的的证明及其他资料。第42条、第43条规定,拍卖人应当对委托人提供的有关文件、资料进行核实,拍卖人认为需要对拍卖标的进行鉴定的,可以进行鉴定。鉴定结论与委托拍卖合同载明的拍卖标的状况不符的,拍卖人有权要求变更或者解除合同。

因此,拍卖人与委托人签订委托拍卖合同时,对拍卖标的不是一收了之,而是需要对其品质乃至权利进行合理的核实义务。在没有特别约定的情况下,拍卖人向委托人与买受人两方收取佣金的,根据权利义务对等原则,拍卖人应就其经手的拍卖标的承担必要的审查义务,其审查标准应以现有的技术手段和专业人员的经验判断为基本标准。事实上,国际上一些知名的拍卖行对所经手的拍品都在一定程度上进行隐性担保,以维护自己的声誉。

本案中，委托人仅提交了某银行支行提供的土地评估报告、界址点图等材料，未提交有确权效力的土地登记证明，拍卖人对土地权属进行必要审查，并没有超出拍卖人的专业能力范围，但拍卖人未尽到充分审查义务，主观上存在过失。

拍卖人能否以免责申明在先为由抗辩？《拍卖法》第 61 条第 2 款规定了拍卖人、委托人的瑕疵担保责任的免除情形，即“拍卖人、委托人在拍卖前声明不能保证拍卖标的的真伪或者品质的，不承担瑕疵担保责任”。本案中，拍卖公司提出其以事先申明，以办证时实测面积为准，拍卖人及委托人不承担任何责任。对此，评议人认为，拍卖人的免责声明必须针对特定拍卖品所作的明确、公开的和足以对竞买人起到提示作用的声明，必须具备特定性、针对性，而非适用一切拍卖标的的一般性免责声明。否则，拍卖人的瑕疵告知义务、拍卖人的核实义务将沦为虚置。因此，本案并不适用拍卖人免责条款。

三、本案责任分配

委托人与拍卖人之间的责任如何分配呢？《拍卖法》第 58 条规定，委托人违反本法第 6 条规定，委托拍卖其没有所有权或者依法不得处分的物品或者财产权利的，应当承担责任。拍卖人明知委托人对拍卖的物品或者财产权利没有所有权或者依法不得处分的，应当承担连带责任。也就是说，当拍卖人处于明知状态时，其主观恶意程度较高，故法律规定拍卖人与委托人承担连带责任。那么，当拍卖人主观状态并非明知而是过失时，拍卖人承担的责任则为返还一部分佣金。

本案中，委托人应就未提供适格的拍卖标的承担违约责任，将超出部分约 456 平方米的土地使用权的拍卖价金返还给买受人，拍卖人将相应的佣金退还。

【案例索引】

一审：河南省南阳市卧龙区人民法院（2009）宛龙民商二初字第 91 号

二审：河南省南阳市中级人民法院（2009）南民商终字第 283 号

再审：河南省南阳市中级人民法院（2011）南民商再终字第 16 号

52. 甲与某信托公司、某产权交易所、乙合同纠纷案

——拍卖标的物所有权与使用权分离是否构成瑕疵

问题提示：拍卖标的所有权和使用权分离是否属于拍卖标的瑕疵？

【基本案情】

上诉人（一审原告）：甲

被上诉人（一审被告）：某信托公司

被上诉人(一审被告):某产权交易所

被上诉人(一审被告):乙

人民法院经审理查明:原告甲原系被告某信托公司职工,经某信托公司分配房屋,自 1990 年起一直居住在某信托公司所有的房屋内。该房屋于 1996 年 12 月 5 日取得《房屋所有权证》。1998 年某信托公司对其所有的一些房屋进行房改,但涉案房产并未参加房改。后某信托公司停业整顿。2012 年 11 月 1 日,某信托公司经批准委托某产权交易所对某信托公司名下十套房产公开挂牌转让,其中包括涉案房产。被告乙通过电子竞价竞得该房产,支付转让款,办理过户登记手续取得了《房屋所有权证》。

上诉人甲诉称:原告对涉案房产享有使用权,某产权交易所的拍卖行为无效。据此提出,请求确认某产权交易所拍卖行为无效且某信托公司与乙签订的《房屋转让合同》无效,确认原告对涉案房屋享有使用权,并要求某信托公司按《海口市出售公有住房办法》将涉案房屋进行房改,并出售给原告。

被上诉人某信托公司认为,其对涉案房产享有所有权,处置自有财产符合法律规定。而甲自 2001 年 12 月 19 日解除劳动合同关系之后,占用涉案房产无法律依据,也无权主张对涉案房产进行房改。被告某产权交易所认为,涉案房产交易程序合法合规,某产权交易所作为经批准的国有资产处置平台,对涉案房屋的挂牌交易遵循国有资产处置的程序进行,整个程序完全公开、公正。某信托公司与乙签订的涉案房产转让合同有效,受法律保护。甲与涉案房屋无权属关系,其主张其享有涉案房屋使用权无事实和法律依据。被告乙认为,其购买涉案房屋程序合法有效,甲的诉请与其无关。

【裁判结果】

一审:驳回原告甲的诉讼请求。

二审:驳回上诉,维持原判。

【争议焦点与裁判理由】

本案的争议焦点为,拍卖标的所有权和使用权分离是否影响拍卖有效性。

根据生效裁判文书,人民法院认为,虽然某信托公司将涉案房产交由原职工甲使用,但不能基于此而改变涉案房产产权原归某信托公司的事实,所有权是绝对权,具有排他性,某信托公司基于其对涉案房产享有的所有权而享有对涉案房产的占有、使用、收益和处分权,甲虽然现在使用涉案房产,但并不能因此而否定某信托公司的所有权,故某信托公司在经海南省国资委、海南省财政厅等上级主管部门批准后,将涉案房产交由某产权交易所进行拍卖符合法律规定。故原告诉称拍卖行为无效,于法无据,法院不予支持。

【案例评析】

本案在审理中，集中关注的问题是拍卖标的所有权与使用权分离是否属于拍卖标的瑕疵？

《拍卖法》第6条规定："拍卖标的应当是委托人所有或者依法可以处分的物品或者财产权利。"换言之，委托人或者是拍卖标的的所有权人，或者是有权处分拍卖标的的处分权人。判断物的所有权，对于动产而言应审查其占有的状态，而对于不动产而言应审查其登记的所有权状态。本案拍卖标的即为不动产，房屋。

本案中，涉案房屋属于某信托公司所有房产，某信托公司拥有房产所有权。某信托公司安排其职工甲居住，并未买卖或赠与甲，因而甲享有的是该房屋的使用权。并且在某信托公司对其所有的其他房屋进行房改时，也并未对甲使用的房屋进行房改，说明双方未就该房屋的所有权做任何改变。由于所有权既具有绝对权，又具有排他性，而使用权仅是所有权占用、使用、收益、处分四项权能中的一项，并不能对抗所有权。虽然甲享有涉案房产的使用权，但并不影响某信托公司对房产享有的所有权。同时，房产是以登记作为公示手段的，房产登记的所有权人即为房产所有权人，某信托公司是该房产的登记所有权人。故而涉案拍卖标的是某信托公司所有的财产，该拍卖标的不具有权利上的瑕疵，符合《拍卖法》第6条的规定。因而，涉案原告主张拍卖无效没有法律上的依据。

假如本案中拍卖标的存在权利瑕疵，甲提出拍卖无效的主张能否成立？根据《拍卖法》第58条的规定，"委托人违反本法第六条的规定，委托拍卖其没有所有权或者依法不得处分的物品或者财产权利的，应当依法承担责任。拍卖人明知委托人对拍卖的物品或者财产权利没有所有权或者依法不得处分的，应当承担连带责任"。拍卖法对于拍卖标的瑕疵的法律责任，仅规定委托人、拍卖人承担法律责任的状况和形式，并未对拍卖的效力作出任何规定。相应地，《拍卖法》中对于拍卖效力否定采取的是非常严格的态度，仅在第65条中作了相应规定，仅针对"竞买人之间、竞买人与拍卖人之间恶意串通，给他人造成损害"的情形，拍卖法才否定了拍卖的效力。其他情况均仅规定了责任人承担的法律责任。因此，即使本案中拍卖标的存在一定的权利瑕疵，也不影响涉案拍卖的效力，不会导致拍卖无效。

假设拍卖无效，买受人已经办理了房产过户登记的情况下，甲要求撤销拍卖合同并将房产出售其本人的请求能否获得支持？如前面分析，房屋作为不动产，在我国物权法下是采取登记生效主义。《物权法》第9条规定："不动产物权的设立、变更、转让和消灭，经依法登记，发生效力；未经登记，不发生效力，但法律另有规定的除外。"换句话说，不动产物权的所有权判断是根据不动产物权的登记。买受人在履行支付等义务后，已经办理房产过户手续，将涉案房产登记在买受人名下，买受人即已成为涉案房产的所有权人。这时，假设拍卖被认定无效，则拍卖合同也将归于无效，但买受人对房屋的所有权并不随之无效。债权的变动并不影响物权的效力。但拍卖合同项下各方之间仍可以向责任方主张违约责任,只是无法撼动买受人对房屋的所有权。因而,即使拍卖无效,已经过户到买受人名下的房产,也无法按照甲的主张转让到其名下。

【案例索引】

一审:海南省海口市龙华区人民法院(2014)龙民二初字第209号

二审:海南省海口市中级人民法院(2015)海中法民一终字第140号

53. 甲与某银行分行、某拍卖公司拍卖合同纠纷案

——现状拍卖的拍卖标的瑕疵认定

问题提示:1. 原告以房地产实际面积与拍卖公告面积不符为由起诉,如何认定诉讼时效的起算点? 2. 房地产拍卖中,拍卖公告房地产面积与实际面积不一致,委托人和拍卖人是否必然承担瑕疵担保责任?

【基本案情】

上诉人(一审原告):甲

被上诉人(一审被告):某银行分行

被上诉人(一审被告):某拍卖公司

人民法院经审理查明:2007年5月某银行分行与某拍卖公司签订《委托拍卖合同》,约定拍卖标的为:原滁州市农行干校房地产,面积约3659.77平方米(房产证附图标注2、3、4、5部分为准),土地以扣除房地产权证附图复印件阴影部分面积为准;拍卖标的瑕疵说明:物质状态以标的物现状为准,权利状态以标的物权证为准。双方还对拍卖时间、拍卖方式、违约责任等其他事项作出约定。

2007年5月15日,某拍卖公司发布《竞买人须知》,载明"一、本场拍卖会的1、2号标的物为滁州市农行单位的资产,对于房地产的四至及现状,请竞买人仔细阅读《拍卖标的物清单》及《特别说明》等文件,本次拍卖的标的以现状为准,凡参加本次拍卖会的竞买人,一经应价即表示对所有情况有了清晰的了解,并承认标的物的现状,对于自己的竞买行为愿意承担一切责任。拍卖成交后,产权过户中相关事项以《特别说明》为准……三、本次拍卖会标的——详见《拍卖标的物清单》……"。《特别说明》中称,本次拍卖1、2号标的物均为滁州市农行资产,拍卖成交在买受人成交价款及佣金付清后,委托方在30个工作日内将标的物和产权转移手续交付买受人,买受人自行办理产权过户手续,委托方承诺协助买受人依法办理拍卖标的证照变更、产权过户手续,办理产权过户手续过程中委托方仅承担营业税、土地增值税,

其他相关税费及土地出让金均由买受人承担。拍卖成交后,买受人必须在三日内付清佣金,15日内付清全部成交价款。《拍卖标的物清单》第一项载明:原滁州市农行干校房地产,房产面积约3659.77平方米,土地面积以扣除房地产权证附图复印件的阴影部分面积为准(见附件图示);所在位置:滁州市琅琊路135号;权属状况说明:有房地产权证(教育用地);起拍价356万元。该《拍卖标的物清单》特别注明:"以上标的均以现状拍卖"。

2007年5月16日,某拍卖公司在《滁州日报》上发布拍卖公告,2007年6月8日,甲参加拍卖,以500万元竞得标的房产,并签订了《拍卖成交确认书》。2007年6月至8月期间,甲付清了拍卖价款及佣金,后某银行分行交付了原滁州市农行干校房地产,但综合楼二层四间房屋被案外人占有使用,并未交付。

2008年10月,甲以"某幼儿园"为房地产权利人申请办理房地产权属证书。2008年12月,甲缴纳了土地出让金720 525元,滁州市房产管理局颁发了五张《国有土地使用权证》及五张《房地产权证》,分摊土地使用权面积合计2345.75平方米,房屋产权建筑面积总计为3069.39平方米。其中,综合楼二层东边四间房屋登记在证号为房地权滁字20××56号《房地产权证》中。

2010年4月29日,案外人向琅琊区人民法院提起行政诉讼,请求撤销滁州市房地产管理局颁发的房地权滁字20××56号《房地产权证》。2010年9月21日,安徽省滁州市琅琊区人民法院作出(2010)琅行初字第00011号行政判决,撤销滁州市房地产管理局为某幼儿园颁发的房地权滁字20××56号《房地产权证》,责令滁州市房地产管理局于判决生效后一个月内重新作出具体行政行为。某幼儿园不服该判决向本院提出上诉。法院于2010年11月23日作出(2010)滁行终字第00041号行政判决,驳回上诉,维持原判。

2014年1月8日,滁州市房地产管理局重新作出具体行政行为,向某幼儿园颁发了房地权证滁字第××号《房地产权证》,确认某幼儿园对琅琊西路135号综合楼2第二层(包括东边四间房屋)至第六层房屋享有所有权,建筑面积为829.25平方米,比原房地权滁字20××56号《房地产权证》证载面积增加了68.21平方米。某幼儿园取得该《房地产权证》后,即占有使用琅琊西路135号综合楼2第二层东边四间房屋。

上诉人甲诉称,根据《国有土地使用权证》《房地产权证》,根据交易习惯,房地产面积是竞买人在竞买过程中的主要参考数据,标的土地使用权面积及房屋建筑面积比拍卖公告中注明的均有所减少,被告应当赔偿原告损失;某银行分行未将拍卖标的中的四间房屋交付给原告,构成违约;某拍卖公司未向竞买人披露拍卖标的瑕疵,且存在违约超额收取佣金的行为,应当承担违约责任。据此请求判令某银行分行、某拍卖公司返还甲购房款117万元,并赔偿利息损失15万元;某银行分行、某拍卖公司继续履行合同,交付综合楼二层四间房屋,并赔偿损失9.6万元;某拍卖公司返还拍卖佣金10万元,并赔偿利息损失1.16万元。

被上诉人某银行分行辩称,拍卖成交后已将产权证书原件交给原告,由其办理产权过户登记,原告证载面积与原产权证书记载面积不符,应提起行政诉讼。关于出让土地使用权面积,某银行分行仅认可土地以扣除房地产权证附图复印件阴影部分面积为准,没有作出具体数额的承诺;由于土地出让金的交纳不是依据某银行分行的原产权证书,而与土地使用权出让面积及合同相关,对证载面积变化,某银行分行不应承担任何责任。原告主张交付房屋,已超过法律规定的诉讼时效。原告的诉讼请求缺乏事实和法律依据,请求驳回原告的诉讼请求。

被上诉人某拍卖公司辩称,原告诉争事由早已超过了诉讼时效。根据拍卖会《特别说明》的约定,拍卖人于2007年6月8日举办该场拍卖会,买受人应该在2007年7月23日之前收到委托方某银行分行的拍卖标的物及产权移交手续。原告主张标的物存在瑕疵,应当在2008年7月23日之前向法院起诉。《特别说明》中明确委托方将房屋及产权手续交付买受人,由买受人自行办理过户手续。因此,办证的直接责任者是原告。按照我国及国际拍卖行为惯例,不动产拍卖,均以现状为准,《竞买人须知》《特别说明》及《竞买人须知》已明确说明。诉争标的并无瑕疵,原告认为的瑕疵,是由于拍卖会前其未咨询了解。土地房产管理部门是土地房产登记的公信机关,由其颁证登记的面积,拍卖人、委托人无权加以更改,拍卖人将房产证证载面积对外公布并无不妥。原告的诉讼请求缺乏事实和法律依据,请求驳回原告的诉讼请求。

【裁判结果】

一审:被告某银行分行于本判决生效后十日内赔偿原告甲损失302 520元;驳回原告甲的其他诉讼请求。

二审:驳回上诉,维持原判。

【争议焦点与裁判理由】

本案的争议焦点为:(1)甲的起诉是否超过诉讼时效;(2)某银行分行与某拍卖公司是否应当承担瑕疵担保责任;(3)某银行分行与某拍卖公司是否应当向甲交付综合楼二层四间房屋并赔偿其损失。

根据生效裁判文书,人民法院认为,本案中,甲办理取得《国有土地使用权证》《房地产权证》后才知晓面积不一致的事实。根据《拍卖法》第61条规定,“因拍卖标的存在瑕疵未声明的,请求赔偿的诉讼时效为一年,自当事人知道或者应当知道权利受到损害之日起计算。”甲知道或者应当知道拍卖房产面积短少的事实应从其取得房屋权属证书之日起算,原告起诉时间并未超过一年诉讼时效。

某银行分行与某拍卖公司签订的《委托拍卖合同》、某拍卖公司公布的《竞买人须知》《拍卖标的物清单》等文件表明,某银行分行和某拍卖公司未对拍卖标的面积作出承诺,滁州市农行干校房地产是以现状整体拍卖。甲取得的《房地产权证》及

《国有土地使用权证》记载的面积与原《房屋所有权证》所载面积不一致,是因房地产管理部门测绘登记误差造成的,且该变更登记并未改变拍卖标的物的现状,拍卖标的物已全部登记在某幼儿园名下。因此,不能认为委托人及拍卖人未对瑕疵进行说明,原告据此要求返还部分购房款及赔偿损失的诉请不予支持。

关于综合楼二层四间房屋的交付问题,根据《委托拍卖合同》约定,本案拍卖标的面积以房产证附图标注部分为准,而《房屋所有权证》附图包括综合楼二层东边四间房屋,属于拍卖标的。拍卖成交后,某银行分行未向甲交付,应当承担违约责任。

【案例评析】

本案问题主要集中在以下两个争议焦点:

一、原告以房地产实际面积与拍卖公告面积不符为由起诉,如何认定诉讼时效的起算点

本案中,两被告均根据该条规定提出原告甲的诉争事由已超过了诉讼时效。被告诉称,本场拍卖会《特别说明》载明,委托方在买受人付清款项后30个工作日内将标的物和产权转移手续交付买受人。买受人应该在2007年7月23日之前收到拍卖标的物及产权移交手续,并以此作为原告应当知道权利受到损害之日的起算点。

根据《拍卖法》的规定,“委托人委托拍卖物品或者财产权利,应当提供身份证明和拍卖人要求提供的拍卖标的的所有权证明或者依法可以处分拍卖标的的证明及其他资料”。在房地产拍卖中,委托人与拍卖人所提供的相关证明文件基本都是政府出具的权属证书,在无明显瑕疵的情况下,买受人有理由相信前述证书及其内容的真实性,法律并未给竞买人增加自行核实拍卖标的实际情况的义务,在此情况下,交易双方以等该证书为依据办理移交完成手续不能直接视为买受人应当知晓权利受到侵害的时间点。

本次拍卖中,某银行分行、某拍卖公司及甲均有理由信任某银行分行出具的《房屋所有权证》载明内容的真实性。买卖双方办理产权移交的依据仍然是该张《房屋所有权证》。直至2008年12月23日,房地产管理部门为甲办理了房地产过户登记手续,甲取得新《房地产权证》时发现该证证载面积短少的问题,并由此产生瑕疵责任问题。故而,不能将买受人收到标的物及移交手续作为认定为原告应当知晓拍卖标的存在瑕疵的时间点,应当由甲发现证载面积短少之时开始计算1年诉讼时效。

二、房地产拍卖中,拍卖公告房地产面积与实际面积不一致,委托人和拍卖人是否必然承担瑕疵担保责任

目前房地产拍卖中,公告面积与买受人最终拿到的实际测绘面积不一致不是个别现象,此时认定委托人和拍卖人是否应当承担瑕疵担保责任应当考虑委托人和拍卖人是否在拍卖前进行了相关说明,让竞买人充分了解拍卖标的的状况。

《拍卖法》第18条第2款规定的“拍卖人应当向竞买人说明拍卖标的的瑕疵”及第27条规定的“委托人应向拍卖人说明拍卖标的的来源和瑕疵”是委托人和拍卖人承担瑕疵责任的基础,若委托人和拍卖人在拍卖前已对标的状况进行了说明,且与事实无明显偏差,则应视为对瑕疵进行了释明,无须承担瑕疵担保责任。

本案中,委托方与拍卖人的《委托合同》中已写明,“拍卖标的为原滁州市农行干校房地产,面积约3659.77平方米,土地以扣除房地产权证附图复印件阴影部分面积为准。……物质状态以标的物的现状为准,权利状态以标的物权证为准。”而拍卖人在《竞买人须知》中载明“本次拍卖的标的以现状为准,凡参加本次拍卖会的竞买人,一经应价即表示对所有情况有了清晰的了解,并承认标的物的现状,对于自己的竞买行为愿意承担一切责任。”《拍卖标的物清单》亦载明“原滁州市农行干校房地产,房产面积约3659.77平方米,土地面积以扣除房地产权证附图复印件的阴影部分面积为准(见附件图示)……以上标的均以现状拍卖”。由此可以看出,委托人是将原滁州市农行干校房地产作为整体拍卖,委托人和拍卖人虽然都未对拍卖标的的实际面积作出准确承诺,但已对拍卖标的的状况进行了较为明确的解释说明,故而不应认定委托方与拍卖人承担瑕疵担保责任。

【案例索引】

一审:安徽省滁州市中级人民法院(2012)滁民二初字第00116号

二审:安徽省高级人民法院(2014)皖民二终字第00669号

54. 甲与某拍卖公司拍卖合同纠纷案

——拍卖人拥有拍卖标的所有权时,拍卖行为的效力

问题提示:若拍卖人拥有拍卖标的所有权,其与买受人是何法律关系?

【基本案情】

上诉人(一审原告):甲

被上诉人(一审被告):某拍卖公司

人民法院经审理查明:2012年12月,某拍卖公司发布拍卖公告。甲得知拍卖信息后,与某拍卖公司联系,某拍卖公司将名为《翰墨缘》的拍卖图录及一本《启功书法集》邮寄给甲。《翰墨缘》图录中标明第694号拍品为启功书法作品,内容为“千載荆關跡未傳,依稀卷裏識先賢。賞音難得龔遺叟,腕底猶飛六代煙”,1985年作,款识:启功,著录《启功书法集》P16,起拍价50 000元。图录后附拍卖规则,规则载明“本公司”指某拍卖公司;规则第十条“关于拍卖图录及拍卖品的说明”规定“本

公司在拍卖目前编印的图录或以其他形式对任何拍卖品的作者、来历、年代、尺寸、质地、印款、装裱、归属、真实性、出处、保存情况、估价等方面的介绍，仅供竞买人参考，不代表本公司任何担保”；规则第十三条规定“本公司及工作人员对任何拍卖品用任何方式（包括证书、图录、幻灯投影、新闻载体等）所作的介绍和评价，均为参考性意见，不构成对拍卖品的任何担保。本公司及工作人员勿需对上述介绍及评价中不准确或遗漏之处负责”。《启功书法集》显示编著者为启功，出版者为文物出版社；《启功书法集》第16页作品为自作诗，内容与《翰墨缘》图录中标明第694号作品一致。2012年12月30日，甲参加了拍卖会，以50 000元拍得图录号694的启功软片书法，佣金为12%；甲签署《拍卖成交确认书》载明：“买受人已详尽阅读和理解《某拍卖公司拍卖规则》，同意按该规则中的各项条款执行，并按规定向某拍卖公司交付成交价款及佣金”。12月30日，甲向某拍卖公司支付拍品价款，某拍卖公司向甲交付了拍品。2014年7月，郑州市工商局专业分局对双方纠纷进行调解但未果。某拍卖公司在工商机关调解期间披露该启功书法作品的委托人为乙。甲因对该启功书法拍品的真实性产生怀疑，向文物出版社询问。文物出版社出具证明：“《启功书法集》一书系盗用我社正式出版《启功书画集》一书的书号、版式、封面设计，但是本书内文涉及的作品均与我社出版的《启功书画集》中收录的作品不符。是一本盗版书。”

2012年9月15日，乙与某拍卖公司签订委托拍卖合同书，委托某拍卖公司拍卖三幅绘画和启功书法作品一幅。2013年1月31日，某拍卖公司向乙发出买家结算单，确认乙委托的启功书法成交价为50 000元，扣除佣金、保险、图录费，卖方收入为45 000元。2013年2月5日，某拍卖公司在扣除部分费用后向乙汇款30 000元。

一审庭审过程中，甲提交其委托代理人丙于2014年12月23日与乙的通话录音两份，乙在录音中称某拍卖公司以30 000元向其购买了一幅流拍的画。

上诉人甲诉称，某拍卖公司向其出卖的拍品虚假，请求撤销其向某拍卖公司购买启功书法的合同关系、返还成交款和佣金56 000元，并要求某拍卖公司按照消费者购买商品的价款或者接受服务的费用的三倍承担惩罚性赔偿。

被上诉人某拍卖公司辩称，某拍卖公司接受委托后，依法发布拍卖公告，甲通过拍卖会竞得第694号作品，签订了拍卖成交确认书，支付了货款，提走了第694号作品。某拍卖公司依法进行拍卖活动，没有欺诈甲。某拍卖公司不应对拍品瑕疵承担责任，在拍卖会前，某拍卖公司依照《拍卖法》，通过《拍卖规则》第10条、第13条告知竞拍人和买受人，某拍卖公司不对拍品承担瑕疵责任。同时，《拍卖法》第61条也规定，拍卖公司不对拍品瑕疵承担责任。某拍卖公司的上述拍卖行为合法，也完全符合国际拍卖惯例。

【裁判结果】

一审：驳回甲的诉讼请求。

二审：驳回上诉，维持原判。

【争议焦点与裁判理由】

本案的争议焦点为,某拍卖公司是否应因甲竞拍的假画而对甲承担赔偿责任。

根据生效裁判文书,人民法院认为,不论主要以投资和收藏为目的,数额动辄几十万元、上百万元的艺术品收藏活动是否属于"为生活消费需要"而购买、使用商品或者接受服务的行为,是否适用《消费者权益保护法》的规定;即使适用,能否用普通买卖合同中的权利义务关系来判断艺术品买卖也存争议。但解决本案的关键并不在于确认甲竞得的拍品的真实性,而是确认甲与某拍卖公司之间存在的是何种法律关系。甲主张其与某拍卖公司是买卖合同关系,依据是乙在电话录音中称将该画以30 000元卖给某拍卖公司,但乙的陈述为孤证,既未获某拍卖公司认可,也与其与某拍卖公司签订的委托拍卖合同书、成交确认书、买家结算单、付款记录等证据印证的事实相矛盾,不足以采信;甲主张其与某拍卖公司之间存在买卖合同关系,没有有效证据予以支持。同时,《合同法》第173条明确规定"拍卖的当事人的权利和义务以及拍卖程序等,依照有关法律、行政法规的规定",而我国已经制定了《拍卖法》,根据特别法优于普通法的基本法理,该项规定已经排除了适用《合同法》审理拍卖关系的可能性。《拍卖法》尽管规定了拍卖人和委托人对拍卖标的瑕疵的说明义务。《拍卖法》第61条第1款明确规定"拍卖人、委托人违反本法第十八条第二款、第二十七条的规定,未说明拍卖标的的瑕疵,给买受人造成损害的,买受人有权向拍卖人要求赔偿……拍卖人、委托人在拍卖前声明不能保证拍卖标的的真伪或者品质的,不承担瑕疵担保责任"。某拍卖公司作为拍卖人,在拍卖图录所附拍卖规则中已经明确声明不对拍卖品的真实性承担担保责任,该拍卖规则符合《拍卖法》的规定,属于合同的有效条款,对拍卖参与人均具有法律拘束力。故甲的诉讼请求,于法无据,不予支持。

【案例评析】

本案提出了一个核心法律问题:若拍卖人拥有拍卖标的所有权,其与买受人是何法律关系?

根据《拍卖法》的规定,拍卖人是从事拍卖活动的企业法人,其接受委托人的委托组织拍卖委托人的拍卖物品或财产权利,拍卖人拍卖活动面向的是竞买人(买受人)。由此,拍卖人、委托人、竞买人(买受人)三方均为一般拍卖活动的当事人。其中,拍卖人为拍卖活动的中介人角色。为保障拍卖活动的有序进行,《拍卖法》对拍卖人的角色进行了明确限制,主要有拍卖人不能为委托人、拍卖人不能是买受人,具体在《拍卖法》第22条规定:"拍卖人及其工作人员不得以竞买人的身份参与自己组织的拍卖活动,并不得委托他人代为竞买。"第23条规定:"拍卖人不得在自己组织的拍卖活动中拍卖自己的物品或者财产权利。"从上述两个条文推知,若拍卖人违反上述两条规定的,拍卖人实质为竞买人或委托人身份的,拍卖活动的性质应发生变化,由此形式上的拍卖活动也应不再适用《拍卖法》的有关规定。本案两级法院判决均采此思路，并查明本案中的拍卖人并非买受人所认为的拍卖自己的物品，故拍卖人与买受人之间的关系仍为拍卖合同关系，其双方权利义务仍受《拍卖法》规制，即拍卖人明示其不对拍卖标的承担瑕疵担保义务的，其对拍卖标的的质量不承担责任。本案判决此项理由合理充分。但需要指出的是，一审判决关于《合同法》第173条明确规定“拍卖的当事人的权利和义务以及拍卖程序等，依照有关法律、行政法规的规定”，而我国已经制定了《拍卖法》，根据特别法优于普通法的基本法理，该项规定已经排除了适用《合同法》审理拍卖关系的可能性的认识实为错误。《合同法》第173条应与第174条“法律对其他有偿合同有规定的，依照其规定；没有规定的，参照买卖合同的有关规定”的规定结合起来理解，正确的理解应该是：若《拍卖法》有明确规定的，应适用《拍卖法》审理拍卖关系；若《拍卖法》没有明确规定的，应适用《合同法》审理拍卖关系。

【案例索引】

一审：河南省郑州市中原区人民法院（2015）中民二初字第62号

二审：河南省郑州市中级人民法院（2015）郑民三终字第1385号

55. 甲与某镇政府、某拍卖行拍卖合同纠纷案

——拍卖房屋建筑施工总承包三级资质的效力

问题提示：拍卖合同中涉及的拍卖标的为房屋建筑施工总承包三级资质，是否违反了法律法规的强制性规定，拍卖合同的效力如何？

【基本案情】

上诉人（一审被告）：某镇政府

被上诉人（一审原告）：甲

被上诉人（一审被告）：某拍卖行

人民法院经审理查明：2011年8月31日，某建筑公司拥有的房屋建筑工程施工总承包三级资质经评估，市场价值为1 153 400元。2011年12月1日，被告某拍卖公司接受被告某镇政府的委托，在《湄洲日报》刊登拍卖公告，将某建筑公司拥有的房屋建筑施工总承包三级资质进行拍卖，竞买人应向被告某镇政府缴纳保证金80万元。2011年12月14日，原告甲缴纳给被告某镇政府竞买保证金80万元。

2011年12月16日，原告甲与被告某拍卖公司签订《竞买协议书》，约定：原告竞买时应缴纳保证金80万元，竞买成功后在五日内再缴纳竞标金30万元，并在十五日内做好法人变更手续，余款在法人变更后三日内付清。保证金及竞标款均汇

入拍卖委托方即被告某镇政府指定的银行账号内。拍卖标的仅限于某建筑公司拥有的房屋建筑施工总承包三级资质,不包括某建筑公司现有房地产,及之前某建筑公司在建工程管理费和债权债务。竞买成功后,竞买人还应预先向被告某镇政府垫付某建筑公司在建工程尚未收取的工程管理费557 575.18元,某建筑公司原技术管理人员由买受人自行处理。本次拍卖确认成交金额为320万元,佣金金额为9.6万元,总金额为329.6万元,本次拍卖活动由工商行政管理局依法鉴证。

协议签订当日,原告参与竞拍,拍得某建筑公司拥有的房屋建筑工程施工总承包三级资质,并于当日与被告某拍卖公司签订《拍卖成交确认书》确认原告拍得某建筑公司拥有的房屋建筑工程施工总承包三级资质,成交金额320万元。后原告于2012年1月4日、4月5日分别支付给被告某镇政府竞买款30万元、40万元,共计70万元。

另查明:根据公司章程及工商注册登记资料,某建筑公司属自然人控股,被告某镇政府认为某建筑公司属其开办镇企业,但未提供工商变更登记证据。但本案某建筑公司权属问题并不影响本案事实的认定。

原告甲诉称:(1)某拍卖公司在拍卖前没有提供相应证明委托人有权处分该标的物的相关资料,也未提供评估报告;(2)拍卖后签订的拍卖成交确认书,未按约定由当地工商行政管理局鉴证;(3)拍卖标的物展示时间不够;(4)拍卖成交后,被告某镇政府没有向原告提交某建筑公司注册股东登记资料以协助原告进行变更登记。综上,本次拍卖违反了法律法规的强制性规定和双方约定,是无效的。故请求法院判令:(1)依法确认原告与被告某拍卖行签订的《竞买协议书》《拍卖成交确认书》无效;(2)被告某镇政府应立即返还给原告拍卖款人民币150万元及并支付被占用期间的利息,利息按人民银行同期贷款利率月息0.6%计算暂计至起诉之日为人民币244800元。

被告某镇政府辩称:(1)讼争的拍卖标的物某建筑公司房屋拥有的施工总承包三级资质,属于特许权类的无形资产,是可处分的财产权利,拍卖标的不具有违法性质,《竞买协议书》及《拍卖成交确认书》均合法有效。(2)本案是拍卖合同纠纷,拍卖主体是被告某拍卖行,竞买主体是原告,不应将某镇政府列为被告,原告对某镇政府提出的诉讼请求不成立。

被告某拍卖行未作答辩,也未提交证据。

【裁判结果】

一审:一、原告甲与被告某拍卖行于2011年12月13日签订的《竞买协议书》《拍卖成交确认书》均无效;二、被告某镇政府应在本判决书生效后十日内返还给原告甲150万元;三、驳回原告甲的其他诉讼请求。

二审:因上诉人某镇政府未在法定期限内预交二审案件受理费。本案按上诉人某镇政府自动撤回上诉处理。

【争议焦点与裁判理由】

本案的争议焦点为,本案拍卖涉及的拍卖标的为房屋建筑施工总承包三级资质,拍卖行为是否违反了法律法规的强制性规定,拍卖合同的效力如何。

根据生效裁判文书,人民法院认为,被告某镇政府将某建筑公司拥有的房屋建筑工程施工总承包三级资质进行委托拍卖是无效的。理由:(1)根据《建筑业企业资质管理规定》第3条"建筑业企业应当按照其拥有的注册资本、专业技术人员、技术装备和已完成的建筑工程业绩等条件申请资质,经审查合格,取得建筑业企业资质证书后,方可在资质许可的范围内从事建筑施工活动"的规定,企业取得建筑业企业资质证书的前提条件是必须拥有自己注册资本、专业技术人员、技术装备和已完成的建筑工程业绩,否则不能申请建筑资质。本案拍卖的标的物仅为房屋建筑施工总承包三级资质(甚至不包括某建筑公司现有房地产,公司技术人员也可由竞买人决定去留),显然违背了该条规定。(2)根据《建筑业企业资质管理规定》第11条"下列建筑业企业资质许可,由企业工商注册所在地设区的市人民政府建设主管部门实施:(一)施工总承包序列三级资质……"的规定,本案某建筑公司拥有的房屋建筑施工总承包三级资质属行政许可证件。根据《行政许可法》第80条之规定"被许可人有下列行为之一的,行政机关应当依法给予行政处罚;构成犯罪的,依法追究刑事责任:(一)涂改、倒卖、出租、出借行政许可证件,或者以其他形式非法转让行政许可的……"和《拍卖法》第7条"法律、行政法规禁止买卖的物品或者财产权利,不得作为拍卖标的"的规定,本案某建筑公司拥有的房屋建筑施工总承包三级资质,是不允许倒卖,亦不得作为拍卖物拍卖。

因此,依照《合同法》第52条之规定"有下列情形之一的,合同无效:……(五)违反法律、行政法规的强制性规定",应认定本案拍卖合同无效。拍卖合同无效的法律后果应依照《合同法》第58条之规定处理,即由被告某镇政府返还给原告甲150万元。关于原告主张被占用期间的利息,因原告作为某建筑公司法定代表人,被告某镇政府作为一级行政机关,双方应当知道该资质不允许进行拍卖,均存在过错,故对原告的该利息请求,法院不予支持。

【案例评析】

本案原告主张合同拍卖合同无效,提出了诸多理由,但是法院在审查拍卖合同效力时,无须按照原告主张的理由逐一进行审查,有权主动依职权对拍卖合同效力进行审查。本案中,法院优先按《合同法》第52条,审查拍卖行为是否违反法律、行政法规的强制性规定,在认定本案拍卖标的物即房屋建筑施工总承包三级资质属行政许可证件的前提下,认为拍卖行为违反了《行政许可法》第80条以及《拍卖法》第7条的强制性规定,从而认定拍卖合同无效。

有观点可能会认为,根据《最高人民法院关于适用〈中华人民共和国合同法〉若干问题的解释(二)》第14条规定,《合同法》第52条第5项规定的"强制性规定",

是指效力性强制性规定。本案涉及的拍卖标的物为房屋建筑施工总承包三级资质,仅仅是违反了管理性强制规定,未必导致拍卖合同无效。需要注意的是,强制性法律规范包括管理性强制性规定和效力性强制性规定。管理性强制性规范旨在对违反行为的管理和处罚,以禁止行为为目的,并不否定该行为的私法效力;效力性强制性规定旨在对违反行为的价值否定,以否定行为的法律效力为目的,意在否定其民商法上的效力。判断是否系效力性强制规范,可以参考以下标准:一是法律、行政法规是否明确违反该规定导致合同无效;二是法律、行政法规虽未明确违反该规定导致合同无效,但是合同继续履行将损害国家、集体或者第三人利益。本案中,被告某镇政府将某建筑公司拥有的房屋建筑工程施工总承包三级资质单独进行拍卖,在脱离某建筑公司的资产、技术、设备、人员的情况下,仅有房屋建筑工程施工总承包三级资质的虚名,无法保证其建筑工程质量,存在巨大安全隐患,建筑完成后,居住人员的人身安全难以得到保障,社会公共利益损害甚大,故应认定拍卖合同无效。

【案例索引】

一审:福建省仙游县人民法院(2014)仙民初字第1980号

二审:福建省莆田市中级人民法院(2015)莆民终字第910号

56. 甲与某拍卖公司、某房地产公司拍卖合同纠纷案

——拍卖超期未开发的商业住宅用地的效力

问题提示:以超期未开发的商业住宅用地为拍卖标的物形成的系列拍卖合同是否有效?

【基本案情】

上诉人(一审原告):甲

被上诉人(一审被告):某拍卖公司

被上诉人(一审被告):某房地产公司

人民法院经审理查明:2007年4月3日,甲与某拍卖公司签订《竞买协议书》约定:甲参与竞拍某房地产公司的一块商业住宅用地使用权;甲交纳拍卖定金30万元等。双方又就上述协议签订《补充协议》约定:某拍卖公司应配合某房地产公司将该宗土地开发手续延期至2007年12月;某房地产公司必须将该宗土地过户至甲名下;甲竞买成功后与某拍卖公司到当地土地局确认该宗土地能办理过户手续手后,在七个工作日内缴纳全部地款至双方共管账户,待办完土地过户手续后将交至某拍卖公司,以上条款某拍卖公司如不能履行则退还定金及全部土地款。甲于2007

年4月5日向某拍卖公司交纳拍卖定金30万元。后某拍卖公司刊登拍卖公告,并就拍卖标的物进行瑕疵告知,内容为:"本标的物部分空间被占用为临时通道,拆除土地上的建筑物、疏通道路的相关费用及过户的一切税费由买受人承担,并按现状整体净价拍卖。"2007年4月28日,甲以203.04万元竞拍成功,4月28日与某拍卖公司签订《拍卖成交确认书》《现场成交凭证》。在《拍卖成交确认书》中双方确认:因成交标的属现状净价拍卖,某拍卖公司不承担任何瑕疵担保责任,故拍卖成交后,买受人甲不得以任何理由要求退款或悔拍,成交价款多不退,少不补;甲若不按约履行付款义务,即构成违约,已付的保证金作为违约金,某拍卖公司有权没收,并收回甲已竞得的成交标的进行再次拍卖等。甲对上述《拍卖成交确认书》,庭审中认为没有细看内容就签署,但在举证期内没有举证证明。《拍卖成交确认书》签订后,甲发现竞得的土地已超过开发期限,不能办理过户,除已付30万元定金外,未依约付款,亦未到相关部门办理过户手续并诉至法院。

原告甲诉称:(1)确认甲与某拍卖公司签订的《竞买协议书》《补充协议》《拍卖成交确认书》《现场成交凭证》无效;(2)某拍卖公司和某房地产公司返还30万元拍卖定金及赔偿利息损失。

【裁判结果】

一审:驳回甲的诉讼请求。

二审:一、撤销一审判决;二、某拍卖公司自判决生效之日起十日内向甲返还30万元拍卖定金;三、驳回甲的其他诉讼请求。

【争议焦点与裁判理由】

本案的争议焦点是:(1)甲与某拍卖公司签订的《竞买协议书》《补充协议》《拍卖成交确认书》《现场成交凭证》是否有效;(2)某房地产公司与某拍卖公司是否应向甲返还30万元拍卖定金及赔偿利息损失。

根据生效裁判文书,人民法院认为,关于甲与某拍卖公司签订的《竞买协议书》《补充协议》《拍卖成交确认书》《现场成交凭证》的效力问题。系争拍卖标的是一块已经过了开发期限的土地使用权,而拍卖标的的土地使用权人某房地产公司尚未在该块土地上进行过任何开发。根据《城市房地产管理法》的规定,某房地产公司在取得系争商业住宅用地土地使用权后,应当完成开发投资总额的25%以上,但其未进行任何开发,因而是不得转让该土地使用权的。故某房地产公司作为委托人将依法不能转让的标的物委托某拍卖公司拍卖,导致委托行为无效,甲的竞买行为也当然无效。故甲与某拍卖公司先后签订的上述协议均为无效协议。因此,某拍卖公司应将30万元拍卖定金返还给甲。某房地产公司与甲无直接的合同关系,也未收取拍卖定金,故甲诉请要求某房地产公司共同承担返还30万元拍卖定金的责任,无事实和法律依据,不予支持。甲作为竞买人未对拍卖标的瑕疵进行充分了解,未充分审查相关拍卖资料,亦存在一定的过错,故对其要求赔偿拍卖定金的利息损失的主张,不予支持。一审法院错误认为动工期限届满并不必然导致行为人行使对该土地实施转让行为无效,也不应成为妨碍合同当事人到国土管理部门办理土地使用权过户的正当理由,并错误认定上述协议不宜轻易确认无效。一审关于甲逾期未支付地价款已构成违约,依法应承担违约责任的认定错误,应予纠正。甲提出的要求某拍卖公司返还 30 万元定金的主张有事实和法律依据,应予支持。

【案例评析】

一、以超期未开发的商业住宅用地为拍卖标的物形成的系列拍卖合同是否有效

《拍卖法》第 6 条规定:拍卖标的应当是委托人所有或者依法可以处分的物品或者财产权利。第 7 条规定:法律、行政法规禁止买卖的物品或者财产权利,不得作为拍卖标的。某房地产公司作为系争土地的使用权人,在委托拍卖前应确保其有权并依法处分可拍卖标的物。而本案的拍卖标的物较为特殊,为城市商业住宅用地,对其转让问题,我国法律有专门规定。2007 年 8 月 30 日第十届全国人民代表大会常务委员会第二十九次会议修改的《城市房地产管理法》第 38 条(原为第 37 条)规定:下列房地产,不得转让:(1)以出让方式取得土地使用权的,不符合本法第三十九条规定的条件的……第 39 条(原为第 38 条)规定:以出让方式取得土地使用权的,转让房地产时,应当符合下列条件:(1)按照出让合同约定已经支付全部土地使用权出让金,并取得土地使用权证书;(2)按照出让合同约定进行投资开发,属于房屋建设工程的,完成开发投资总额的 25% 以上,属于成片开发土地的,形成工业用地或者其他建设用地条件。所以,城市商业住宅用地转让的一项必要条件是原权利人完成开发投资总额的 25% 以上,否则转让行为违反上述法律规定。而《合同法》第 52 条规定,违反法律、行政法规的强制性规定,合同无效。故本案中,买受人与拍卖公司签订的系列拍卖合同均因违反法律的强制性规定而无效。

二、拍卖合同无效后,拍卖公司是否应向买受人返还收取的定金

根据《合同法》第 58 条规定:合同无效或者被撤销后,因该合同取得的财产,应当予以返还;不能返还或者没有必要返还的,应当折价补偿。有过错的一方应当赔偿对方因此所受到的损失,双方都有过错的,应当各自承担相应的责任。既然本案系争拍卖合同无效,那么拍卖公司收取的定金应当返还。拍卖公司和买受人在整个拍卖活动前后都未认真审查拍卖标的物的相关资料,未尽自身的审慎义务,均存在一定过错,故法院未支持买受人关于利息损失的赔偿要求。

【案例索引】

一审:海南省海口市龙华区人民法院(2008)龙民二重字第 6 号

二审:海南省海口市中级人民法院(2009)海中法民二终字第 16 号

57. 某酒店公司与某银行支行、某拍卖行、某畜牧公司、某兽医局房屋买卖合同纠纷案

——委托人无权处分所签订的拍卖成交确认书的效力

问题提示: 拍卖委托人对拍卖标的无所有权或无处分权的情况下,拍卖人与买受人签订的拍卖成交确认书及委托人与买受人签订的协议书的效力如何?

【基本案情】

上诉人(一审原告):某酒店公司

被上诉人(一审被告):某银行支行

被上诉人(一审被告):某拍卖行

被上诉人(一审被告):某畜牧公司

被上诉人(一审被告):某兽医局

人民法院经审理查明:1993年,某畜牧公司与某银行支行签订《合作开发番禺市畜牧大厦协议书》,约定双方合作开发畜牧大厦,某畜牧公司以国土部门发证拥有使用权的土地2700平方米作价入股。2001年,某畜牧公司(甲方)、某银行支行(乙方)、某兽医局等单位签订《终止合作项目协议书》,载明甲、乙双方愿意结束畜牧大厦(后改称某大酒店)项目。甲方自愿承担项目所欠250万元贷款,余下的债务以项目全部资产抵偿;甲方负责将某大酒店所属土地由行政划拨性质改为商业性质,并且负责办理国有资产转让的报批手续。

2003年6月26日,某银行支行委托某拍卖行拍卖某大酒店。某拍卖行《拍卖会资料》显示,某大酒店有建设用地规划许可证、建设工程规划许可证、土地证(无使用年限)、工程竣工验收证书、建筑工程质量认定书。2003年11月18日,某酒店公司(乙方)与某银行支行(甲方)、某拍卖行(丙方)签订协议,约定:甲方同意乙方按下列期限付款:协议签订之日起五天内,支付第一笔款项3 390 000元;在国土部门出具该酒店的以某兽医局为产权人的房地产权证的两个工作日内,支付第二笔款项226万元;在国土部门批准酒店房地产证过户并要求乙方交纳过户契税的两个工作日内,支付第三笔款项565万元……五、若本协议签订之日起的240天内国土部门仍未能批准办理过户手续的,本协议自动解除,甲方将乙方已支付的款项全部退还(不包括利息)。2003年11月20日,穗和拍卖会与某酒店公司签订《拍卖成交确认书》,确认成交的拍卖物为某大酒店,有建设用地规划许可证、建设工程规划许可证、土地证、工程竣工验收证书、建筑工程质量认定书。某酒店公司于2003年11月21日向某拍卖行支付了拍卖佣金565 000元。某银行支行确认已经收到某酒店公司支付的第一笔成交款3 390 000元。

2004年9月6日,番禺区政府出具番府办函〔2004〕126号《批复》:不同意某兽医局办理位于市桥平康路农林大街72号土地的国有土地使用权过户手续。2004年,某兽医局提起诉讼,请求确认2001年签订的《终止合作项目协议书》无效。番禺区法院一审判决驳回诉讼请求,二审维持原判。2005年,某兽医局起诉请求解除《终止合作项目协议书》。番禺区法院判令解除《终止合作项目协议书》,该判决已生效。2008年7月23日,某酒店公司向某银行支行发函请求履行协助办证义务。2008年10月20日,广州市国土资源和房屋管理局番禺区分局向某兽医局发出《复函》:某大酒店不符合产权转移登记的条件,不能办理过户手续。

上诉人某酒店公司诉称:涉案《拍卖成交确认书》《协议书》合法有效。(2005)穗中法民二终字第668号民事判决书确权为某银行支行所有。关于涉案土地使用权的国有行政划拨性质的问题,应当认定为在某大酒店批准用地规划、办理国有土地使用证及许可建设前已经完成立项审批,在当时的法律环境下相关的法律审批文件已经办妥且齐备。涉案某大酒店至今未能办理房地产转移变更登记,首要原因是某大酒店"未办理房产确权登记,不具备房地产转移变更登记的条件"。将某大酒店确权至某兽医局并领取房屋产权证不需要任何审批手续。某兽医局拒不履行合同办理房屋确权登记已经构成违约。某畜牧公司、某兽医局以物抵贷,使某银行支行取得某大酒店并将其交付拍卖,是不可逆转的客观事实。某畜牧公司、某兽医局从未对该次拍卖提出任何异议,其后还多次以自己的名义向番禺区政府部门请示申请办理房产过户手续及审批,应当视为是某畜牧公司及某兽医局对某银行支行拍卖某大酒店的追认,以及对《协议书》的实际履行。某银行支行、某拍卖公司、某畜牧公司、某兽医局作为涉案房屋共同拍卖主体,应当连带承担合同无法履行违约及赔偿责任。故诉请判令:某银行支行、某拍卖公司、某畜牧公司、某兽医局连带赔偿其经济损失50 832 237元,其中包括违约金226万元及因拍卖标的物无法交付造成的经济损失47 572 237元;某银行支行、某拍卖公司、某畜牧公司、某兽医局共同承担诉讼费。

被上诉人某银行支行辩称,某酒店公司认为某大酒店确权给该行所有不是事实,实际上该行与某畜牧公司的《终止合作项目协议书》已被生效判决书判决解除。某酒店公司认为某大酒店已经审批转让的观点不成立,当地政府并不同意过户。

被上诉人某拍卖公司辩称,其在拍卖时已向买受人披露某大酒店的产权情况,并作了详细的瑕疵说明,其不应承担连带责任。

被上诉人某畜牧公司辩称,拍卖成交确认书和协议书应系无效。

被上诉人某兽医局辩称,涉案土地属于国有行政划拨土地,政府明确批复不同意该涉案土地使用权转让,拍卖成交确认书和协议书无效。根据相关法律规定,划拨土地需征得有批准权的政府审批才可以转让。某酒店公司称该局未对拍卖行为提出异议,并多次以自己名义向政府请示,应视为该局对拍卖行为的追认没有事实和法律依据。该局不是本案拍卖行为的当事人,本案与该局无关。

【裁判结果】

一审:一、某银行支行向某酒店公司返还款项3 390 000元;二、某拍卖公司向某酒店公司返还拍卖佣金565 000元;三、驳回某酒店公司的其他诉讼请求。

二审:驳回上诉,维持原判。

【争议焦点与裁判理由】

本案的争议焦点是:(1)某大酒店转让是否已获得政府审批;(2)《拍卖成交确认书》《协议书》是否有效;(3)某大酒店溢价利益的归属问题;(4)某银行支行、某拍卖公司、某畜牧公司、某兽医局应否承担连带赔偿责任。

根据生效裁判文书,人民法院认为,《拍卖成交确认书》《协议书》约定转让的标的物某大酒店其土地使用权登记在某兽医局名下,广州市国土资源和房屋管理局番禺区分局《复函》已明确其土地权属性质为国有行政划拨。2004 年 9 月 6 日,番禺区人民政府办公室《批复》明确不同意办理国有土地使用权过户手续。根据《城镇国有土地使用权出让和转让条例》第 44 条、第 45 条"未经市、县人民政府批准的划拨土地使用权不得转让",《拍卖法》第 8 条"依照法律或者按照国务院规定需经审批才能转让的物品或者财产权利,在拍卖前,应对依法办理审批手续",以及《最高人民法院关于审理涉及国有土地使用权合同纠纷案件适用法律问题的解释》第 11 条"土地使用权人未经批准权的人民政府批准,与受让人订立合同转让划拨土地使用权的,应当认定合同无效"的规定,《拍卖成交确认书》《协议书》因涉及转让行政划拨土地使用权,当事人在起诉前未能取得有批准权的人民政府批准,应认定为无效。故某银行支行基于无效合同而收取某酒店公司的款项 3 390 000 元、某拍卖行基于无效合同而收取的某酒店公司拍卖佣金 565 000 元,均应予以返还。某酒店公司要求赔偿可得利益损失及违约金,因合同无效而缺乏事实基础,法院不予支持。

【案例评析】

本案争议揭示的基础法律问题是:拍卖委托人对拍卖标的无所有权或无处分权的情况下,拍卖人与买受人签订的成交确认书及委托人与买受人签订的协议书的效力如何。

首先,委托人与买受人签订的协议书应属于买卖合同范畴。在拍卖人披露委托人的情况下,成交确认书亦有确认买卖合同的性质。

其次,无权处分的买卖合同的效力如何判断。

买卖合同其效力的判断不仅受《拍卖法》的规制,还应受《民法通则》《合同法》《物权法》《最高人民法院关于审理买卖合同纠纷案件适用法律问题的解释》的规制,若拍卖标的属于国有土地使用权性质,买卖合同还受到《城镇国有土地使用权出让和转让条例》《最高人民法院关于审理涉及国有土地使用权合同纠纷案件适用法律问题的解释》的规制。

《合同法》第51条规定:"无处分权的人处分他人财产,经权利人追认或者无处分权的人订立合同后取得处分权的,该合同有效。"根据该法条的规定,无权处分的合同效力待定,若权利人未追认或无处分权的人事后未取得处分权的,无权处分合同无效。该条规定得到众多理论界和实务界的批评,全国人大和最高人民法院的思路也渐渐发生了变化。这体现在随后颁布的《物权法》和《最高人民法院关于审理买卖合同纠纷案件适用法律问题的解释》中。《物权法》第15条规定:"当事人之间订立有关设立、变更、转让和消灭不动产物权的合同,除法律另有规定或者合同另有约定外,自合同成立时生效;未办理物权登记的,不影响合同效力。"如果说该条的规定与《合同法》第51条的差别尚不能轻易地看出,那么2012年最高人民法院出台的《关于审理买卖合同纠纷案件适用法律问题的解释》第3条则彻底转变了《合同法》第51条的立法精神。该第3条规定:"当事人一方以出卖人在缔约时对标的物没有所有权或者处分权为由主张合同无效的,人民法院不予支持。出卖人因未取得所有权或者处分权致使标的物所有权不能转移,买受人要求出卖人承担违约责任或者要求解除合同并主张损害赔偿的,人民法院应予支持。"据此,无权处分合同有效终有定论。

但尚有疑问的是,在拍卖的特殊领域中,无权处分合同是否无效。《拍卖法》第6条规定:"拍卖标的应当是委托人所有或者依法可以处分的物品或者财产权利。"第58条规定:"委托人违反本法第六条的规定,委托拍卖其没有所有权或者依法不得处分的物品或者财产权利的,应当依法承担责任。拍卖人明知委托人对拍卖的物品或者财产权利没有所有权或者依法不得处分的,应当承担连带责任。"上述法条并未明确委托人无权处分拍卖标的,应当依法承担的"责任"是何责任,是合同无效还是违约责任,似乎尚有争议。但结合拍卖标的是国有土地使用权,《最高人民法院关于审理涉及国有土地使用权合同纠纷案件适用法律问题的解释》第11条"土地使用权人未经批准权的人民政府批准,与受让人订立合同转让划拨土地使用权的,应当认定合同无效"已有明确规定,故本案涉及国有土地使用权的无权处分的拍卖合同无效。

【案例索引】

一审:广东省广州市中级人民法院(2009)穗中法民五初字第82号

二审:广东省高级人民法院(2011)粤高法民一终字第35号

58. 甲与某拍卖公司、某供销合作社拍卖合同纠纷案
——拍卖人能否依据免责声明而免除无权处分的责任

问题提示：拍卖标的并非是委托人所有或者依法可以处分的物品或者财产权利时，拍卖人能否根据拍卖前的瑕疵担保免责声明免责？

【基本案情】

上诉人(一审被告:)某拍卖公司

上诉人(一审被告):某供销合作社

被上诉人(一审原告):甲

人民法院经审理查明:2014年2月21日某供销合作社作为委托人和某拍卖公司签订委托拍卖合同，供销合作社委托拍卖公司将四平市日用品第二综合商店(文蕾美发)一、二层房屋进行拍卖。拍卖公司于2014年2月24日在《四平日报》发布了拍卖公告，2014年3月3日召开了拍卖会，甲在此次拍卖会上，通过竞价竞得四平市日用品第二综合商店一、二层房屋，并于当日签订《拍卖成交确认书》。甲于2014年3月14日向某拍卖公司支付了全部拍卖价款246万元及12万元拍卖佣金，现某拍卖公司已将全部拍卖价款246万元交付某供销合作社。此次拍卖的四平市日用品第二综合商店，某供销合作社自有面积为203.53平方米，工企面积为144.79平方米，其中工企面积产权单位为四平市房产工企用房经营管理处，租赁给某供销合作社使用。

同时针对上诉人某拍卖公司，某供销合作社主张的拍卖前对拍卖标的瑕疵如使用权和产权进行了说明，均有被上诉人签字确认主张上诉人向法庭提供如下证据:(1)拍卖规则;(2)竞买协议;(3)瑕疵声明及注意事项;(4)竞买登记表;(5)评估报告。经查，上诉人提交的拍卖规则中没有拍卖标的物瑕疵情况的说明。竞买协议中载明的是拍卖标的名称为四平市土副产品公司办公楼(3~5楼)，同时也没有拍卖标的物瑕疵情况的说明。瑕疵声明中载明:“为保护买卖双方利益，避免产生误解和发生法律纠纷，现就有关问题声明如下:1.按标的现状拍卖，委托人、拍卖人不承担任何瑕疵责任。2.土副产品公司办公楼一、二楼已卖给他人，这次拍卖的是三至五楼。3.四平市日用品第二综合商店房产无证照，自有部分有回迁手续，工企部分无手续”。时间为2014年2月26日，盖有某供销合作社公章及甲签名。针对该瑕疵声明，二审法院认为，该声明第3条虽然写明了四平市日用品第二综合商店房产无证照，自有部分有回迁手续，工企部分无手续。但该声明第2条却明确写明，这次拍卖的是土副产品公司办公楼三至五楼。故该证据不能证明针对本案的拍卖标的物即四平市日用品第二综合商店1至2楼存在的瑕疵发表了声明。竞买登记表中载明，竞买人甲、竞买标的铁东区三马路门市房。约定事项中载明，竞买人对

《拍卖规则》和《瑕疵声明》认可,无异议参加竞买。该证据不能证明针对本案拍卖标的物发表了瑕疵声明。《评估报告》中房屋产权情况一项写明的是委托方未提供房屋所有权、土地使用权相关文件。综上,上诉人拍卖公司、某供销合作社向法庭提交的证据不能证明就本案涉诉的拍卖标的物发表了瑕疵声明的事实。

甲一审时诉称:被告某供销合作社委托拍卖的房屋中,一楼未履行国有资产评估、批准程序,二楼系工企用房,被告某供销合作社没有处分权,该房屋的物权不能转移,依据《最高人民法院关于审理买卖合同纠纷案件适用法律问题的解释》第3条之规定,请求法院判决解除原告与被告某供销合作社通过拍卖订立的房屋买卖合同;判令被告某供销合作社退还原告购房款246万元并赔偿利息损失,利息损失按中国人民银行同期贷款利率按日计算,自2014年3月4日计算到返还购房款之日,被告拍卖公司承担连带偿还责任;判令被告拍卖公司退还拍卖佣金12万元并赔偿利息损失,利息损失按中国人民银行同期贷款利率按日计算,自2014年3月4日计算至返还拍卖佣金之日。

被告某拍卖公司辩称:(1)拍卖会合法有效。本公司接受某供销合作社委托,整个过程合法有效。(2)《拍卖法》第61条第2款规定:“拍卖人、委托人在拍卖前声明不能保证拍卖标的真伪或者品质的,不承担瑕疵担保责任。”本公司在《四平日报》已声明“我公司按标的现状拍卖,不承担任何瑕疵责任”。(3)在拍卖标的展示期间,我公司已告知所有意向竞买人:日用品二商店(文蕾美发)用房无房照,自有部分有回迁手续,工企部分无手续,并出示了《评估报告》,《评估报告》中已明确产权和使用权部分价格是不一样的。请求法院判决房屋买卖合同有效,对原告的无理要求予以驳回。

被告某供销合作社辩称:双方没有订立买卖合同,本案不存在法定事实上解除情形;我方已对证照的瑕疵问题作了明确说明,原告应尽了解义务;追偿权不能向委托人直接行使,原告应先向拍卖人提出赔偿损失,拍卖人再向委托人提出;同意拍卖公司答辩意见,原告诉讼请求依法应予驳回。

上诉人某供销合作社上诉称:(1)一审判决程序违法。依据《拍卖法》的规定,因拍卖而产生的买卖关系纠纷应先行起诉拍卖人,然后由拍卖人向委托人追偿。一审时举证被上诉人陈述和举证过程中,并非表示因客观原因不能自行收集相关证据,也无当事人申请。一审法院调取证据有失公允。且一审法院是在第一次庭审后调取,违反了“谁主张,谁举证”和举证时限因承担举证不能的后果的相关诉讼规定。(2)一审认定事实错误。①上诉人与被上诉人之间无买卖合同,是上诉人委托拍卖公司进行拍卖,有《委托拍卖合同》证明。双方存在买卖关系,但无买卖合同这也是拍卖行为的特殊性,也是买受人应告诉拍卖行的原因。②上诉人和拍卖人已在拍卖前以书面方式在《拍卖规则》《竞买协议》《变更登记表》中说明了拍卖标的的瑕疵,均有被上诉人签字确认,上面已对瑕疵如使用权和产权进行了说明,上诉人已明确告知委托拍卖的房屋一部分是使用权、一部分是产权,以及相关证照的瑕疵。(3)适用法律不当。我国《合同法》等相关法律规定,以拍卖行为确定的买卖关系,应适用《拍卖法》,其他买卖关系的司法解释均是以此而设立的,为此,不适用《拍卖法》而适用其他法律解释,系属适用法律错误。(4)退一步讲,假设无所有权的房屋不能买卖,那么,上诉人具有所有权的房屋买卖应该是成立的,也应该认定拍卖关系部分有效。(5)再退一步讲,解除合同依法各方当事人依过错承担责任,被上诉人在此买卖关系中存在过错,因此,不应由上诉人承担利息等责任。

被上诉人甲辩称:上诉人将没有所有权、处分权的他人财产予以拍卖,导致答辩人无法取得财产权利,违反法律规定,侵害了答辩人的合法权益,一审判决上诉人退还价款及佣金,认定事实及适用法律正确。

【裁判结果】

一审:一、解除原告甲与被告某供销合作社通过拍卖订立的房屋买卖合同;二、被告某供销合作社退还原告甲购房款人民币246万元,利息按中国人民银行同期同类贷款利率计算,自2014年3月14日计算至判决执行之日;三、被告某拍卖公司退还原告甲拍卖佣金人民币12万元,利息按中国人民银行同期同类贷款利率计算,自2014年3月14日计算至判决执行之日。

二审:驳回上诉,维持原判。

【争议焦点与裁判理由】

本案的争议焦点为,拍卖标的并非委托人所有或者依法可以处分的物品或者财产权利时,拍卖人能否根据拍卖前的瑕疵担保免责声明免责。

根据生效裁判文书,人民法院认为,某供销合作社将部分没有所有权和处分权的房屋委托拍卖给甲,违反了《拍卖法》第6条即“拍卖标的物应当是委托人所有或者依法可处分的物品或者财产权利”的规定。《拍卖法》第58条规定:委托人违反本法第6条的规定,委托拍卖其没有所有权或者依法不得处分的物品或者财产权利的,应当依法承担责任,拍卖人明知委托人对拍卖的物品或者财产权利没有所有权或者依法不得处分的,应当承担连带责任。某供销合作社、拍卖公司理应承担相应的法律责任。某供销合作社与甲虽未签订书面买卖合同,但某供销合作社委托某拍卖公司以公开拍卖的形式将本案涉诉的房屋出卖给甲的事实,足以证明某供销合作社与甲形成了事实买卖合同关系。甲竞买某供销合作社出卖的房屋的目的是为了生产经营。由于某供销合作社委托拍卖公司出卖的348.09平方米房屋中有144.79平方米产权归四平市房产工企用房管理处所有,虽然甲向某供销合作社支付竞买该部分房屋的价款,但该部分房屋的所有权不可能转移归甲所有,无法实现竞买房屋的目的。《合同法》第94条第4项规定“当事人一方迟延履行债务或者有其他违约行为致使不能实现合同目的,当事人可以解除合同”。《最高人民法院关于审理买卖合同纠纷案件适用法律问题的解释》第3条规定“出卖人因未取得所有权或者处分权致使标的物所有权不能转移,买受人要求出卖人承担违约责任或者要求解除合同并主张损失赔偿的,人民法院应予支持”。根据上述法律及《拍卖法》第58条的规定,某供销合作社与甲之间的买卖合同关系应予解除,合同解除后某供销合作社理应返还买房款并承担损害赔偿责任,拍卖公司应承担相应责任。

【案例评析】

本案主要的争议问题在于:拍卖人在拍卖前虽然声明不承担瑕疵担保责任,但如果拍卖标的非拍卖委托人所有或者依法可以处分的物品或者财产权利进行拍卖的,拍卖人依然要依法承担法律责任。

一、拍卖标的应当是委托人依法享有所有权或处分权的物品或财产权利

拍卖,作为一种居间中介服务,其活动必须符合《拍卖法》及相关法律法规规定。《拍卖法》第6条规定:拍卖标的应当是委托人所有或者依法可以处分的物品或者财产权利。因此,委托人委托拍卖,其委托拍卖的物品或者财产权利必须是其依法具有处分权的,在拍卖成交后,如果不能取得事后授权,拍卖活动应认为无效。《拍卖法》第6条是一条强制性的法律规定,对拍卖委托人、拍卖公司均具有强制约束力。违反该条款规定的,应按照《拍卖法》第58条规定由委托人和拍卖人承担相应的法律责任。从法院查明的事实来看,本案委托人委托拍卖的四平市日用品第二综合商店房屋中的工企面积144.79平方米系委托人租用面积,非其所有也无权处分,因此,拍卖人在承接本次拍卖时,确实存在审查不严格的问题。委托人委托拍卖人拍卖的标的物,违反了《拍卖法》第6条的规定。但是,从法律规定来看,违反该条规定并非直接导致通过拍卖而建立起来的委托人和买受人之间的买卖合同无效。按照《合同法》第51条的规定:无处分权的人处分他人财产,经权利人追认或者无处分权的人订立合同后取得处分权的,该合同有效。但在本案中,委托拍卖行为事先无授权、事后无追认,没有证据证明依法取得处分权,原告也无法办理产权转移登记,而甲竞买某供销合作社出卖的房屋的目的是生产经营,但该部分房屋的所有权不可能转移归甲所有,显然无法实现其竞买房屋的目的,因此,法院判决解除合同是正确的。

二、本案拍卖人的瑕疵担保免责声明不能作为免责依据

众所周知,拍卖业的行业惯例是,拍卖人在登报公告拍卖活动之前,都会明确声明对被拍卖物品的瑕疵不承担担保责任。本案拍卖公司在瑕疵声明中载明:“为保护买卖双方利益,避免产生误解和发生法律纠纷,现就有关问题声明如下:按标的现状拍卖,委托人、拍卖人不承担任何瑕疵责任。”约定事项中载明,竞买人对《拍卖规则》和《瑕疵声明》认可,无异议参加竞买。根据《拍卖法》第18条第2款、第27条的规定,未说明拍卖标的的瑕疵,拍卖人和委托人要依法承担法律责任。但是,首先,如一审法院在判决理由中所分析,拍卖物品是否是拍卖委托人所有或者依法可以处分的物品或者财产权利,这个不是拍卖标的的瑕疵。所谓瑕疵,一般是指物品在性能、外表等方面具有一些不完美之处。而委托人无权处分被拍卖物品,这个已经超出了瑕疵的范畴,如果事后没有追认或者授权的话,将导致合同无效。因此,本案中拍卖人援引其拍卖前的瑕疵担保免责声明,不能免除其法律责任。

另外,从拍卖人的声明中来看,其告知竞买人的"瑕疵声明及注意事项"中虽然提醒了竞买人日用品二商店(文蕾美发)用房无房照,自有部分有回迁手续,工企部分无手续,但关于工企部分系委托人某供销合作社从四平市房产工企用房经营管理处租赁而来的关键事实却未提醒竞买人,"瑕疵声明及注意事项"中的"工企部分无手续"很容易误导竞买人以为这部分面积的房产只是委托人没有办理房产证等相关手续,而难以想到该部分房产系租赁所得。

关于二审法院查明"拍卖人的瑕疵声明第3条虽然写明了四平市日用品第二综合商店房产无证照,自有部分有回迁手续,工企部分无手续。但该声明第2条却明确写明,这次拍卖的是土副产品公司办公楼三至五楼",并据此认定不能证明拍卖人针对本案的拍卖标的物即四平市日用品第二综合商店1至2楼存在的瑕疵发表了声明。对于此问题,这是拍卖人的工作失误所导致的,但在诉讼中,这种工作失误对拍卖人是相当不利的,拍卖人想要以此免责在法律上也非常困难。

【案例索引】

一审:吉林省四平市铁东区人民法院(2014)东民二初字第88号

二审:吉林省四平市中级人民法院(2014)四民三终字第144号

59. 某国有资产管理局与某银行支行、某商贸公司等确认合同无效纠纷案

——委托人无权处分是否必然导致拍卖无效

问题提示:委托人无权处分拍卖标的,是否必然导致拍卖活动无效?

【基本案情】

上诉人(一审被告):某银行支行

上诉人(一审被告):某商贸公司

上诉人(一审被告):某拍卖公司

被上诉人(一审原告):某国有资产管理局(以下简称某国资局)

人民法院经审理查明:1998年12月20日,某银行支行(甲方)、某国资局(乙方)、某轻工业总会(丙方)、某制药厂(丁方)签订协议书一份,其主要内容为:丁方于1995年8月23日在甲方贷款280万元,期限为一年(1995年8月23日~1996年8月23日),利率12.06%,到期后丁方本息都未归还。经丁方申请,甲方于1996年

11月4日为丁方转贷续约,利率调为月息9.24%,期限为一年(1996年11月4日~1997年11月3日)。丁方除1997年6月21日归还贷款利息5万元外,其他本息都未归还,截至1998年12月20日,丁方共欠甲方本息4 340 915.47元,为维护甲、乙、丙、丁四方的合法权益,经四方协商,特制定以下协议:(1)乙方将其持有的某公司国有股股份经估价后用于归还丁方欠甲方所有贷款本息。(2)甲、乙、丙、丁四方协商确定某公司国有股每股股权价格为12元,同意转让股份为361 743股。(3)协议签订后,由各方向某国资局备案,并由某国资局向甲方签发有关单证或证明。(4)甲方如转让股份应征得乙方同意,如乙方不同意,乙方应按市场价格协商购买甲方转让的股份。(5)某公司向股东分配股息、红利或配股时,乙方应在公司发布上述消息后一个月内通知甲方,并协助甲方办理有关手续及资金交付事项等内容。协议订立后,协议各方并未向某国资局(现名称为某国资委)备案,某银行支行亦未取得其签发的有关单证或证明。

2004年12月,某国资委与某股份公司经国家相关部门批准,组建某阿胶公司,某国资委以其持有的某阿胶公司全部国家股,包含本案拍卖的361 743股及其他资产出资,持有某阿胶公司49%的股权。

2010年12月15日,山东省建行出具建鲁函(2010)1109号关于提交山东省建行委托拍卖资产清单的函,根据与拍卖公司签署的委托拍卖合作协议,将某制药厂抵债资产委托公开拍卖(详见附件:股权持有人某国资局,股权数量361 743股,被持股人某东阿股份有限公司,股权是上市交易,上市股权交易代码000423,被持股人设立时间1993年,被持股人所属行业医药,转让价格342.57万元)。

2011年1月19日,某拍卖公司(甲方)与某商贸公司(乙方)签订《竞买协议》一份,协议主要内容:甲方将于2011年1月19日10时在济南市泉城路180号齐鲁国际大厦C7-11室举行拍卖会,标的物为1998年12月20日某银行支行与某国资局、某轻工业总会、某制药厂签订的《协议书》中属于某银行支行的所有权利,以及拍卖成交后因不能确权或过户等原因导致乙方不能正常行使权利而须向抵债义务人或原债务人索赔或追索债权派生的权利。

2011年1月19日,某拍卖公司与某商贸公司签订《拍卖成交确认书》,拍卖标的名称、规格、数量为《协议书》中属于某银行支行的所有权利,以及拍卖成交后因不能确权或过户等原因导致乙方不能正常行使权利而须向抵债义务人或原债务人索赔或追索债权派生的权利。拍卖成交价款342.6万元,拍卖佣金17.13万元。

2011年2月22日,某银行支行、某商贸公司、某拍卖公司签订拍卖标的资料交接清单:(1)某银行支行与某国资局、某轻工业总会、某制药厂四方签订的《协议书》原件(1998年12月20日签订,共两页)。(2)聊城市国有资产管理局、某国资局、某银行某分行、某银行支行四方《对账备忘录》原件(2007年5月30日签署,含附件共三页,签署人分别为甲、乙、丙、丁)。(3)2010年8月20日,某银行支行给某国资局

《关于处置“某阿胶”股票征询意见的函》原件(某国资局于2010年8月27日在该函上签署有“经请示有关领导,同意你行转让某阿胶股票”的反馈意见,共一页)。

另查明,某国资委于2011年9月28日向山东省聊城市东昌府区人民法院提起诉讼,请求依法确认“四方协议”无效。东昌府区人民法院作出(2011)聊东商初字第2701号民事判决,判决:某国资局、某银行支行、某轻工业总会、某制药厂1998年12月20日签订的股份转让协议无效。

原告某国资局一审诉称:1998年12月20日,某国资局、某银行支行、某轻工业总会和某制药厂签订协议书一份(以下简称四方协议)后被法院确认无效,某银行支行将依据该协议取得的的权利进行拍卖,违反了《拍卖法》的规定,拍卖行为无效,故诉至法院请求确认某银行支行以拍卖形式向某商贸公司转让相关权利的行为无效,某银行支行、某商贸公司、某拍卖公司签订的《竞买协议》《拍卖成交确认书》及拍卖标的资料交接清单等文件无效。

某银行支行一审答辩称:(1)某国资局主体不适格。某国资局不是拍卖行为相对人,与拍卖行为不具有利害关系,某国资局主体不适格,应驳回起诉;(2)拍卖标的系某银行支行所有,不属于国有资产,而是独立的公司资产。某银行支行委托拍卖合法有效,应驳回某国资局的诉求。

某商贸公司一审答辩称:(1)“四方协议”中用于抵偿某银行支行贷款本息的某阿胶公司股权的所有人是聊城市人民政府国有资产监督管理委员会(以下简称某国资委),某国资局对拍卖标的不享有任何权利,与《竞买协议》《拍卖成交确认书》没有任何关联。某国资局与拍卖行为无法律上的直接利害关系,某国资局不是本案适格主体,应驳回某国资局的起诉。(2)拍卖标的是“四方协议”中某银行支行所有的权利而非资产,不属于国有资产,无须进行评估。某银行支行是企业法人,有独立的法人财产,享有法人财产权。某国资局诉求缺乏事实与法律依据,应予驳回。

某拍卖公司一审答辩称:其合法接受委托拍卖,遵循拍卖程序发布拍卖公告,并在拍卖开始前特别提示买受人注意拍卖标的瑕疵和风险,拍卖符合相关法律法规的规定,应驳回某国资局所有诉求。

上诉人某银行支行上诉称:(1)某国资局主体不适格。某银行支行以拍卖形式向某商贸公司转让相关权利,行为合法有效。其将依法取得的债权予以转让,无须取得某国资局的同意,仅需履行通知义务,在某银行支行履行完告知义务后,某国资局对“四方协议”项下的权利义务不再享有权利,某银行支行处置该抵债资产。某国资局不是拍卖行为的相对人,对拍卖行为不具有利害关系。因此,某国资局主体不适格,应当驳回其诉讼请求。(2)某国资局与拍卖行为不具有利害关系,其在诉讼中适用法律错误。涉案拍卖标的属于建行资产,不属于国有资产,建行也不是国有企业,在处置财产时不适用国有资产评估规定。(3)某国资局所诉的《竞买协议》《拍卖成交确认书》及拍卖标的资料交接清单合法有效,拍卖行为合法有据,拍卖程序合法。三份拍卖文件合法有效。综上,请求撤销原判,改判驳回某国资局的诉讼请求。

被上诉人某国资局答辩称:其是涉案拍卖标的合法资产所有权人,与上诉人之间拍卖行为有直接的利害关系,提起确认无效之诉,属适格主体。本案拍卖的标的是国有资产,应当适用国有资产管理办法的规定,某银行支行主张拍卖标的不属于国有资产与事实不符。一审认定事实清楚,适用法律正确,应当维持。

上诉人某商贸公司上诉称:(1)"四方协议"无效,不能消灭某银行支行的原始债权,"四方协议"无效并不妨碍某银行支行依法行使因抵债股权不能确权或过户等原因从而向抵债义务人或原债务人索赔或追索原始债权等派生权利。某商贸公司在拍卖成交依法受让某银行支行债权后,因抵债股权不能确权或过户等原因导致不能正常行使权利,从而向抵债义务人或原债务人索赔或追索债权等派生的权利亦不受"四方协议"无效的影响。因此,拍卖标的是某银行支行依法可以处分的财产权利,某拍卖公司的拍卖行为拍卖行为合法有效。《竞买协议》《拍卖成交确认书》及拍卖标的交接清单等文件合法有效。(2)某国资局与本案没有利害关系,诉讼主体不适格。(3)在(2011)聊东商初字第2701号案件中,一审法院对于与该案具有直接利害关系的某商贸公司作为当事人参加该案诉讼的请求不予接受,而在本案中允许与本案没有直接利害关系,不具有诉讼主体资格的某国资局作为原告参加诉讼不当。综上,请求撤销原判,改判驳回某国资局的诉讼请求。

被上诉人某国资局辩称:某商贸公司第一个上诉理由与一审审理的确认合同无效没有直接关联,且某商贸公司已经提起另外一个民事诉讼,其第一个上诉理由不成立。某国资局既是本案拍卖标的的管理人,又是"四方协议"的债务人,与本案有直接关系。一审适用法律正确,程序合法,应予维持。其他意见同针对上诉人某银行支行上诉理由的答辩意见。

上诉人某拍卖公司上诉称:(1)本案中,根据《竞买协议》等拍卖文件与《拍卖成交确认书》的约定,拍卖标的既包括"四方协议"中某银行支行的所有权利,又包括拍卖成交后因不能确权或过户等原因导致某商贸公司不能正常行使权利而须向抵债义务人或原债务人索赔或追索债权等派生的权利。虽然"四方协议"已被法院确认为无效,某银行支行不能基于"四方协议"而取得抵债股权,某商贸公司亦不能取得"四方协议"中属于某银行支行的相关权利,但"四方协议"无效,不能消灭某银行支行的原始债权,"四方协议"无效并不妨碍某银行支行依法行使因抵债股权不能确权或过户等原因从而向抵债义务人或原债务人索赔或追索原始债权等派生权利。某商贸公司在拍卖成交依法受让某银行支行债权后,因抵债股权不能确权或过户等原因导致不能正常行使权利,从而向抵债义务人或原债务人索赔或追索债权等派生的权利亦不受"四方协议"无效的影响。因此,拍卖标的是某银行支行依法可以处分的财产权利,某拍卖公司的拍卖行为合法有效。《竞买协议》《拍卖成交确认书》及拍卖标的交接清单等拍卖文件合法有效。(2)某国资局与本案没有利害关系,诉讼主体不适格。请求撤销原判,改判驳回某国资局的诉讼请求。

被上诉人某国资局辩称:(1)拍卖标的属于国有资产,且该国有资产抵偿给某银行支行的依据是"四方协议",已被生效的法律文书确认无效。某商贸公司和某拍卖公司将"四方协议"中属于某银行支行的权利与"拍卖成交后因不能确权或过户等原因导致买受人不能正常行使权利而须向抵债义务人或原债务人索赔或追索债权等派生的权利"两个概念相提并论,并主张两个概念之间的不同,但本案最基本的事实是拍卖标的最终载体,只能归到某国资局向某银行支行抵偿债务而最终交付的股票和股票收益之上。某商贸公司已经提起了另一个民事诉讼,主张了其所阐述的权利。(2)某国资局既是本案拍卖标的的管理人,又是"四方协议"的债务人,与本案有直接关系。

【裁判结果】

一审:某银行支行以拍卖形式向某商贸公司转让关于"某银行支行、某国资局、某轻工业总会与某制药厂于1998年12月20日签订的股权转让协议书"项下权利的行为无效,某拍卖公司与鑫富通于2011年1月19日签订的《竞买协议》《拍卖成交确认书》以及某拍卖公司、某商贸公司和某银行支行于2011年2月22日签订的拍卖标的资料交接清单无效。

二审:驳回上诉,维持原判。

【争议焦点与裁判理由】

本案的争议焦点是:(1)某国资局是否具备本案诉讼主体资格;(2)涉案的拍卖行为及因拍卖而签订的三份拍卖文件是否有效。

根据生效裁判文书,人民法院认为:关于焦点一,法院认为,"四方协议"是由被上诉人某国资局、上诉人某银行支行、某轻工业总会、某制药厂签订,涉案拍卖的标的亦是"四方协议"项下的股权,故被上诉人与涉案拍卖行为具有一定的利害关系,被上诉人主张权利并无不当。上诉人关于被上诉人不具备本案诉讼主体资格的理由,不能成立。

关于焦点二,法院认为,上诉人某银行支行享有涉案股权,系根据"四方协议"的约定,"四方协议"是上诉人某银行支行享有涉案股权的原始基础,现"四方协议"已经生效法律文书确认无效,上诉人某银行支行已不对涉案股权享有权利,故拍卖行为应为无效,因拍卖签订的《竞买协议》《拍卖成交确认书》及拍卖标的资料交接清单等文件亦无效。上诉人某商贸公司主张《竞买协议》《拍卖成交确认书》、拍卖公告、权利转让告知书显示,拍卖的并非仅股权,而是股权及派生权利,即"四方协议"中属于上诉人某银行支行的所有权利,以及拍卖成交后因不能确权或过户等原因导致买受人不能正常行使权利而须向抵债义务人或原债务人索赔或追索债权等派生的权利。但某省银行委托拍卖资产清单函显示,某省银行委托上诉人某拍卖公司拍卖的标的仅是"四方协议"项下的股权,而未有上诉人某商贸公司主张的除股权外,另有拍卖成交后因不能确权或过户等原因导致买受人不能正常行使权利而须向抵债义务人或原债务人索赔或追索债权等派生的权利。上诉人某银行支行向某国资局、某国资委发送的权利转让告知书中,虽表述有“对属于我行的所有权及派生权利进行了公开拍卖”等内容,但上诉人某银行支行在庭审中已明确表示,权利转让告知书中表述的“所有权及派生权利”是指股票的自身价值及孳息。故上诉人的该项主张,法院依法不予支持。

上诉人某拍卖公司主张拍卖公告、《竞买协议》《标的展示登记表》《拍卖规则》《拍卖成交确认书》等拍卖文件,均得到某省银行的认可。上诉人某商贸公司主张某省银行委托的拍卖标的发生了变更,某省银行已确认,应追加某省银行为第三人参加诉讼。法院认为,某省银行委托某拍卖公司拍卖,是以某省银行文件的形式,向某拍卖公司出具的委托函,上诉人某拍卖公司、某商贸公司对其上述主张,未提交某省银行书面变更函或增加拍卖标的函等文件或通知,且某省银行给聊城分行的批复建鲁贷审(2010)1481号文件,记载“同意某制药厂的抵债资产(山东某阿胶公司国有法人股股权)以不低于342.57万元的底价进行公开拍卖处置”,与某省银行向某拍卖公司出具的委托拍卖资产清单函中载明的拍卖标的相一致,即山东某阿胶公司股权。拍卖标的在某省银行出具的委托拍卖资产清单函中已体现,某省银行是否参加诉讼,并不影响本案事实的认定。上诉人某拍卖公司、某商贸公司的该项主张,法院依法不予采纳和支持。

【案例评析】

本案一、二审的结果都非常明确,由于拍卖标的涉及的基础转让协议被法院认定为无效,因而认定拍卖活动无效。关于诉讼主体的问题,不是本案的关键,对此不予展开。但对于拍卖是否有效的问题,即便委托人无权处分拍卖标的,并不必然导致拍卖活动无效,本案应考虑到是否适用善意取得原则。理由如下:

一、本案拍卖委托人、拍卖人和买受人对拍卖均无恶意

从法院审理查明的事实来看,本案原告系在1998年与某银行支行、某轻工业总会、某制药厂签订了一份以原告持有的某公司国有股股份归还某制药厂欠某银行支行所有贷款本息。根据协议约定,该份协议应该向聊城市国有资产管理局备案,并由聊城市国有资产管理局向某银行支行签发有关单证或证明,但事后该份协议当事人并未向上级国资部门备案。2004年12月,某国资委与某股份公司经国家相关部门批准,组建某阿胶公司,某国资委以其持有的某阿胶全部国家股,包含本案拍卖的361 743股及其他资产出资,持有某阿胶公司49%的股权。对此问题,从情理方面来讲,某国资局知晓的可能性应该是很大的,但对于某银行支行等其他当事人来说,不知晓的可能性也很大。2010年,某省银行根据与拍卖公司签署的委托拍卖合作协议,将某制药厂抵债资产委托公开拍卖,附件中写明股权持有人为某国资局,这足以说明某银行支行等根本不知道涉案国有股权又被处置。某商贸公司竞买成功后与某银行支行、某拍卖公司签订拍卖标的资料交接清单中，包括某银行支行给某国资局《关于处置“某阿胶”股票征询意见的函》原件（某国资局于2010年8月27日在该函上签署有“经请示有关领导，同意你行转让某阿胶股票”），在该份函件中，某国资局仍然表态同意某银行支行转让四方协议中转让给某银行支行的某阿胶股票。据此可以推断，本案涉及的拍卖活动中的三方作为委托人的某银行支行、作为拍卖人的某拍卖公司和作为买受人的竞买人某商贸公司都认为被拍卖的某阿胶股票，应该是可以合法拍卖的。因此，从主观角度来看，拍卖三方对某国资局无权处分的某阿胶股票的买卖均无任何恶意，属于善意，反倒是某国资局，在本案中的态度让人怀疑。

二、四方协议的无效不能直接导致拍卖的无效

虽然关于某国资局1998年与某银行支行等其他三方签订的四方协议已经被东昌府区人民法院作出的（2011）聊东商初字第2701号民事判决认定为无效。但从法律上来说，四方协议的无效并不等于本次拍卖就可以直接认定为无效。《拍卖法》第6条虽然规定了“拍卖标的应当是委托人所有或者依法可以处分的物品或者财产权”，但《拍卖法》并没有规定拍卖标的不属于委托人所有或者依法可以处分的物品或财产权的时候，拍卖就必然无效。《拍卖法》第58条只是规定“委托人违反本法第六条的规定，委托拍卖其没有所有权或者依法不得处分的物品或者财产权利的，应当依法承担责任”。从法律体系的角度来看，《拍卖法》只是规范调整拍卖法律关系的一个特别法，关于委托人无权处分拍卖标的的后果，不仅要受到《拍卖法》的规范，也要受到其他相关法律的约束。《最高人民法院关于审理买卖合同纠纷案件适用法律问题的解释》（法释〔2012〕8号）第3条第1款规定：当事人一方以出卖人在缔约时对标的物没有所有权或者处分权为由主张合同无效的，人民法院不予支持。拍卖，只是买卖的一种特殊方式。可见，从该条规定来看，虽然四方协议已经被认定为无效，某银行支行取得某国资局持有的某阿胶股票已经没有依据，但并不直接导致某银行支行将上述股权转让给善意的第三人某商贸公司的行为必然无效。《最高人民法院关于适用〈中华人民共和国公司法〉若干问题的规定（三）》第27条规定：股权转让后尚未向公司登记机关办理变更登记，原股东将仍登记于其名下的股权转让、质押或者以其他方式处分，受让股东以其对于股权享有实际权利为由，请求认定处分股权行为无效的，人民法院可以参照物权法第106条的规定处理。虽然，本案涉及的某阿胶股份没有登记在某银行支行的名下，本案转让人也不是名义持有人某国资局，但参照该条规定，股权转让也可以适用《物权法》第106条规定的善意取得原则。因此，四方协议虽然已经被法院认定为无效，但某拍卖公司和某商贸公司包括某银行支行都是善意第三人，因此，该次拍卖活动应认定为有效，某银行支行以拍卖形式向某商贸公司转让关于“某银行支行、某国资局、某轻工业总会与某制药厂于1998年12月20日签订的股权转让协议书”项下权利的行为应认定为有效,某拍卖公司与某商贸公司于2011年1月19日签订的《竞买协议》《拍卖成交确认书》以及某拍卖公司、某商贸公司和某银行支行于2011年2月22日签订的拍卖标的资料交接清单均应认定为有效。

【案例索引】

一审:山东省聊城市东昌府区人民法院(2013)聊东商初字第478号

二审:山东省聊城市中级人民法院(2014)聊商终字第219号

60. 甲与某拍卖公司拍卖合同纠纷案

——拍卖标的存在权利瑕疵是否导致拍卖无效

问题提示:拍卖标的存在权利瑕疵是否导致拍卖合同无效?

【基本案情】

原告:甲

被告:某拍卖公司

第三人:某电子公司

第三人:某技术公司

第三人:乙

第三人:丙

第三人:丁

第三人:戊

人民法院经审理查明:2010年5月14日,某电子公司、某技术公司与乙等四人签订《资产转让协议书》《设备转让协议书》以及《关于转让绵阳三意高技术有限责任公司房产协议和设备协议的补充协议》。上述协议约定:某电子公司、某技术公司将其所有的位于绵阳市高新区技术产业开发区普明南路东段113号的房屋、土地和其他附着物以及房屋内的办公设备和供水供电等设备一并转让给乙等四人,成交价共计2500万元。协议签订当天,乙等四人即向某技术公司划卡支付约定定金100万元,同年8月30日乙等四人划款1000万元,余款于9月2日划付。

2010年7月20日,乙等四人将该房产委托于被告某拍卖公司拍卖,委托拍卖价格为3200万元。乙等四人保证对委托拍卖或变卖的标的拥有无可争议的所有权、处分权,并向某拍卖公司提交有关证明文件和拍卖标的详尽资料。

在8月3日的拍卖会中,甲成为上述拍卖标的的买受人,双方签订《拍卖成交确认书》,成交价款总金额3000万元。此后,因甲称其了解到某拍卖公司在整个拍卖过程中并未取得某电子公司及某技术公司名下绵阳市普明南路东段113号房产的拍卖授权委托书，多次要求某拍卖公司返还保证金及赔偿损失遭拒，遂引发本案诉争。

《资产转让协议书》《设备转让协议》中所涉资产至今仍在某电子公司及某技术公司名下。

原告甲诉称，某拍卖公司在整个拍卖过程中并未取得某电子公司及某技术公司的拍卖授权委托书，某拍卖公司向甲出具的上述两公司拍卖授权委托书是伪造的，《拍卖成交协议书》无效，某拍卖公司属于无权代理。请求判令被告返还原告参加拍卖活动的保证金、房款、利息及经济损失。

被告某拍卖公司辩称，拍卖人以自己的名义出售拍卖标的，并无任何义务告知原告关于委托的相关事宜，原告亦无证据证明某拍卖公司未取得拍卖授权委托书。且某拍卖公司并非无权代理，对整个拍卖过程某电子公司和某技术公司是明知的。某拍卖公司不应对原告承担任何责任包括经济损失及利息。原告未按照《拍卖法》及《竞买协议书》等的相关约定支付成交价款已构成违约。另外根据《竞买协议书》，40万元的性质应为拍卖佣金而非购房款。综上，请求驳回原告的全部诉讼请求。

第三人某电子公司与某技术公司述称，对涉案拍卖事宜并不知晓，也未授权。

第三人乙、丙、丁、戊述称，乙等四人对于涉案拍卖标的有处分权，虽然房产及土地使用权尚未过户，但处分及相应权利义务已转移给了乙等四人。

【裁判结果】

一审：一、被告某拍卖公司在本判决发生法律效力之日起十日内返还原告甲拍卖保证金300万元及利息（按中国人民银行对逾期利息的规定从2010年7月30日起计算至付清之日止）；二、被告某拍卖公司在本判决发生法律效力之日起十日内返还原告甲拍卖佣金40万元及利息（按中国人民银行对逾期利息的规定自2010年8月3日起计算至付清之日止）；三、驳回原告甲的其他诉讼请求。

【争议焦点与裁判理由】

本案的争议焦点为，拍卖标的存在权利瑕疵是否导致拍卖合同无效。

人民法院经审理认为，某电子公司及某技术公司与乙等四人的协议中并非明确约定某电子公司及某技术公司赋予乙等四人包括转让资产在内的实际处分权利。乙等四人在仅支付某电子公司及某技术公司100万元定金的情形下即委托某拍卖公司拍卖转让协议所涉资产，拍卖成交后虽乙等四人支付了转让款，但其证据仍不足以证明事后某电子公司及某技术公司授权或许可乙等四人对外拍卖涉案资产或赋予其资产处分权。在交易尚存在潜在风险的情况下进入拍卖程序，拍卖人理应向竞买人披露包括资产未过户、未支付完转让价款等相关事实，但某拍卖公司并未履行相关义务。综上所述，乙等四人对拍卖标的无处分权，无权委托拍卖公司进行拍卖，某拍卖公司的拍卖行为属于无权代理，事后亦未得到某电子公司及某技术公司追认，故甲与某拍卖公司签订的《拍卖成交确认书》应属无效，某拍卖公司应退还甲交纳款项并赔偿相应的损失。

【案例评析】

本案在审理中主要的争议焦点是:乙等四人在拍卖过程中对于拍卖标的有无处分权。

正如法院所言,《资产转让协议书》并非明确约定某电子公司及某技术公司赋予乙等四人包括转让资产在内的实际处分权利。某拍卖公司在本案中主张《资产转让协议书》第8条"甲方必须积极配合乙方办理本标的物的变更登记手续,不得无故拖延推诿。并变更至乙方指定的名下"的约定系某电子公司在转让资产时是明知并许可乙等四人将该资产转手变卖的抗辩理由,这是一般不动产买卖合同的常见条款,买受人支付价款后,当然可以要求出卖人配合办理过户。不能以此认定为某电子公司及某技术公司赋予乙等四人处分权。《拍卖法》第6条规定:"拍卖标的应当是委托人所有或者依法可以处分的物品或者财产权利。"该法第18条规定:"拍卖人应当向竞买人说明拍卖标的的瑕疵。"该法第27条规定:"委托人应当向拍卖人说明拍卖标的的来源和瑕疵。"根据上述法律规定,一审法院判决是正确的。

本案的拍卖标的为不动产。不动产物权以登记为准,未转移登记的不动产,其权利仍旧属于原来的登记人。由此衍生出本案的被告及甲等人存在两点不当之处。其一,应当区分物权行为与债权行为,甲等四人尽管支付了一定的对价,但因未变更登记,不动产的物权并未实际转移,而只是甲等四人与某电子公司之间的一个债权关系。甲等四人在未转移登记之前就处分不动产,显然属于无权处分。其二,在物权实际变更登记之前,不动产物权的买受人对于是否能实际获得该不动产依然是处于不确定的状态,因此将这样具有权利瑕疵的不动产进行拍卖,委托人和拍卖人应当遵守诚信原则,向竞买人披露包括资产未过户、未支付完转让价款等相关事实,拍卖人未告知就是违反法律的行为。本案的拍卖成交确认书应属无效。

【案例索引】

一审:四川省成都市中级人民法院(2011)成民初字第54号

61. 甲等162人与乙、丙确认合同无效纠纷案

——未经审批是否影响拍卖的效力

问题提示:未按规定经过审批是否影响拍卖合同效力?

【基本案情】

上诉人(一审原告):甲等162人

被上诉人(一审被告):乙

被上诉人(一审被告):丙

人民法院经审理查明:原某橡胶厂经达拉特旗体改委批复,以职工入股的形式转制为股份制企业某橡塑制品公司,全体职工均为股东。1998 年 3 月 20 日,在达拉特旗工商局登记,登记时股东人数 169 人。2002 年 8 月 1 日,公司召开股东大会,决议公司进行清算,清算期间股东 178 人。股东大会选出乙、丙、丁、戊、己、庚、辛为清算组成员,乙任组长。2004 年 2 月至 3 月间,清算组向股东发出《关于房屋拍卖征求意见书》,就橡胶厂房屋拍卖一事征求全体职工意见,签字生效底价 70 万元。意见书有 141 名职工签名。2004 年 4 月 17 日,丙与清算组签订《橡胶厂房屋拍卖合同书》,合同价款为 70 万元。合同签订后,双方按约履行了合同。乙方将 70 万元交给甲方,甲方将已变更为某橡塑制品公司的土地使用证、房屋产权证交给乙方。达拉特旗经贸局、达拉特旗人民政府于 2004 年 8 月 24 日均证明“原达旗橡塑厂属集体所有制企业,1994 年更名为某橡塑制品公司,房地产及设备等财产属全体职工所有”。“国有土地使用权登记卡”注明,某橡塑制品公司土地来源为划拨。清算组已将所收 70 万元转让金按工龄发给职工。《橡胶厂房屋拍卖合同书》已在另案中经(2006)鄂中法再字第 24 号民事调解书确认,丙依据该调解书已办理房屋产权证及土地使用证。

原告甲等 162 人诉称:某橡胶厂财产归全体股东所有,清算组未经人民政府审批,未经三分之二股东同意,未经拍卖程序,未告知股东优先购买权,与丙签订《橡胶厂房屋拍卖合同书》,将涉案划拨土地及厂房出卖,应为无效合同。据此提出确认合同无效。

乙、丙辩称,清算组处分公司财产已征求股东意见,且经过公开竞买,本案属拍卖财产而非股份,不存在优先购买权问题。且双方合同签订于 2004 年,该案已过诉讼时效。

【裁判结果】

一审:驳回原告甲等 162 人诉讼请求。

二审:驳回上诉,维持原判。

【争议焦点与裁判理由】

本案的争议焦点为,《橡胶厂房屋拍卖合同书》是否有效。

根据生效裁判文书,人民法院认为,依据合同签订时实施的《城市房地产管理法》第 39 条,“以划拨方式取得土地使用权的,转让房屋时,应当按照国务院规定,报有批准权的人民政府审批”。《橡胶厂房屋拍卖合同书》转让的土地使用权系划拨所得,签订合同时确实未经政府审批。但是达拉特旗人民政府、达拉特旗经贸局曾出具证明称,某橡胶厂房地产及设备属全体职工所有。达拉特旗人民政府、达拉特旗房管局为受让方丙分别颁发了土地使用权证及房屋所有权证,应视为当地政府及相关部门对拍卖合同转让国有划拨土地使用权的许可。在拍卖财产征求意见表上有股东141人签字,已过三分之二人数,可以代表全体股东的意思。之后清算组未就涉案财产进行拍卖,即与丙签订了《橡胶厂房屋拍卖合同书》,但涉案财产并非必须拍卖的财产,也未违反《拍卖法》的规定。故甲等162人该项上诉理由不能成立,法院不予支持。

【案例评析】

本案在审理中,主要集中在未按规定经过审批是否影响拍卖合同效力?

《拍卖法》第8条规定,“依照法律或者按照国务院规定需经审批才能转让的物品或者财产权利,在拍卖前,应当依法办理审批手续”。本案中,拍卖标的为划拨土地及其上房产。依据合同签订时实施的《城市房地产管理法》第39条,“以划拨方式取得土地使用权的,转让房屋时,应当按照国务院规定,报有批准权的人民政府审批。有批准权的人民政府准予转让的,应当由受让方办理土地使用权出让手续,并依照国家有关规定缴纳土地使用权出让金。以划拨方式取得土地使用权的,转让房地产报批时,有批准权的人民政府按照国务院规定决定可以不办理土地使用权出让手续的,转让方应当按照国务院规定将转让房地产所获收益中的土地收益上缴国家或者作其他处理”。因此,涉案房地产拍卖应当依法办理审批手续。但是,未办理审批手续,也并不一定必然导致拍卖无效。首先,《拍卖法》第8条对审批手续的要求,是要求在拍卖前办理,并未要求在拍卖合同签订前办理。因此,只要在拍卖前办理审批手续,就不影响拍卖的效力。其次,办理审批手续仅是需要相关审批机关同意拍卖。故而如果在拍卖前未能办理审批手续,而拍卖后获得审批机关追认,则应当也不影响拍卖效力。最后,即使拍卖自始未办理审批拍卖后也未获得追认,也仅能视为拍卖程序存在瑕疵,并不一定导致拍卖无效。拍卖法对拍卖无效采取严格规范,仅第65条中规定存在恶意串通造成他人损害情况下,才造成拍卖必然无效。因此,虽然拍卖未办理审批,只要未违反合同的一般规范,拍卖的效力仍然不受影响。

本案中,虽然涉案房地产未事先获得审批机关的审批,但达拉特旗人民政府、达拉特旗经贸局曾出具证明,达拉特旗人民政府、达拉特旗房管局颁发了土地使用权证及房屋所有权证,应视为当地政府及相关部门对拍卖合同转让国有划拨土地使用权的许可。

【案例索引】

一审:内蒙古自治区鄂尔多斯市中级人民法院(2014)鄂民初字第5号

二审:内蒙古自治区高级人民法院(2015)内民一终字第00014号

62. 某塑胶公司与某拍卖公司、某农村信用合作联社、甲拍卖合同纠纷案

——委托人对拍卖标的处分受限是否影响拍卖的效力

问题提示:委托人委托拍卖的系仅取得拍卖房屋的所有权证,并未取得房屋对应的土地使用权证的资产(且该土地使用权仍处于法院查封状态),该拍卖行为的效力如何?

【基本案情】

上诉人(一审原告):某塑胶公司

上诉人(一审被告):某拍卖公司

上诉人(一审被告):某农村信用合作联社

一审第三人:甲

人民法院经审理查明:1999 年 6 月 12 日,某塑胶公司与某农村信用合作联社下属的某信用社(以下简称某信用社)签订房地产转移协议一份,内容为:"某塑胶公司愿将部分房产及其占用的土地使用权(以下简称涉案房产和土地使用权)转移给某信用社用于抵偿贷款本息。"经丈量土地使用面积为 12 188.25 平方米(约 18.3 亩)。6 月 12 日,双方依据上述协议内容在房管部门办理了房产证,该房产证记载有车库、工业厂房、办公室等,土地使用面积为 12 188.25 平方米。但未办理相应土地使用权证的过户手续。

1999 年 8 月 26 日某信用社与某塑胶公司签订补充协议一份,约定涉案房产和土地使用权抵债作价 4 717 418.75 元,与 1999 年 6 月 12 日签订的协议有 490 146.31 元的差价。双方应本着房产相应贷款两清的原则,在买方办理抵贷过付手续,卖方已移交买方房地产的条件下共同申请办理过户手续。

2001 年 5 月 18 日,某信用社以某塑胶公司为被告提起诉讼,要求某塑胶公司归还借款 57 万元及利息,经审理并主持调解,双方达成协议,法院于 5 月 18 日作出(2001)长经初字第 402 号民事调解书,调解协议内容为:"(一)某塑胶公司欠某信用社借款 57 万元,于 2001 年 5 月 31 日前本息全部付清;(二)某塑胶公司如不能按时偿还,某塑胶公司愿以涉案 18.3 亩土地使用权折价 58.56 万元抵偿该笔借款本息;(三)其他互不追究……"

2001 年 5 月 28 日,某塑胶公司与某信用社又签订了一份关于(2001)长经初字第 402 号民事调解书的补充协议,内容为:"为省费用双方暂定低价格达成 402 号调解书,待土地过户时,双方再按 1999 年签订的协议书中约定的条款,按现时评估价格结算账务。如某信用社再另提条件,不给某塑胶公司按原协议解决资金问题自理企业遗留问题,该民事调解书无效……"

2002年3月12日,法院在执行(2001)长经初字第402号民事调解书一案中,作出(2001)长执字第1425号裁定书,裁定某信用社申请执行某塑胶公司借款合同一案终结执行程序,理由是被执行人某塑胶公司暂无偿还能力,现有的厂房土地已抵押给中国农业银行归德分理处,本案暂无继续执行的必要,为此终结执行。2008年7月16日某信用社申请重新执行(2001)长经初字第402号调解一案,法院作出(2001)长执字第1425-1号民事裁定书,裁定内容为:"查封被执行人某塑胶公司涉案18.3亩的土地使用权,查封期间不得擅自处分上述财产。"

2009年7月,某信用社委托某拍卖公司,将位于涉案土地使用权及地上房产予以拍卖,并提供了(2001)长经初字第402号民事调解书、(2008)长执监字第1号民事裁定书、1999年6月12日某信用社与某塑胶公司签订的房地产协议、房屋所有权证。某拍卖公司经审查后,进行了公开拍卖,最终竞买人甲以230万元的价格取得拍卖标的物。后甲付清全部拍卖款,某信用社和某拍卖公司向甲转移了拍卖标的物。现涉案18.3亩土地使用权以及地上房产由甲实际占有。

2010年9月8日法院作出(2001)长执字第1425-2号执行裁定书,裁定内容为:"解除被执行人某塑胶公司涉案18.3亩的土地使用权的查封。"

另查明:涉案土地使用权对应国有土地使用证号为长清国用(95)字第0703005号,载明土地使用者某塑胶公司。(2010)济行终字第28号行政裁定书认定,涉案土地使用权人仍为某塑胶公司。

上诉人某塑胶公司上诉称:某信用社委托某拍卖公司拍卖的标的物房产及相应土地的使用权当时仍归某塑胶公司名下。某信用社在并未协议约定与某塑胶公司与进行贷款账务处理及资产交接情况下,违法办理了涉案房产证,并在法院查封期间拍卖涉案的18.3亩土地使用权,违反了《最高人民法院关于法院民事执行中拍卖、变卖财产的规定》,侵害了某塑胶公司合法权利,故请求确认:2009年12月26日《拍卖成交确认书》整体无效,并要求买受人甲停止侵权,返还侵占的部分设备、办公设施及档案材料。

上诉人某拍卖公司上诉称:某拍卖公司拍卖的房产、附着物及其所占用土地均是某信用社合法取得,有房产证、(2001)长经初字第402号民事调解书、(2008)长执监字第1号民事裁定书可以证实。拍卖的土地载明面积是18.3亩与房产证上载明的内容一致,没有拍卖范围以外的土地。

某信用社辩称意见与某拍卖公司一致。

甲述称:本人通过拍卖程序购得某信用社的土地及房产,与某塑胶公司没有任何关系。

【裁判结果】

一审:一、2009年7月23日某信用社委托某拍卖公司对某塑胶公司位于220国道东侧厂区内北侧的房产、附着物及其所占用土地进行的拍卖合法有效;二、2009

年7月23日某信用社委托某拍卖公司对某塑胶公司位于220国道东侧厂区内北侧的房产、附着物及其所占用土地以外的土地进行的拍卖行为无效;三、驳回某塑胶公司的其他诉讼请求。

二审:一、撤销济南市长清区人民法院(2013)长商初字第205号民事判决;二、某拍卖公司与甲于2009年12月26日签订《拍卖成交确认书》无效;三、驳回某塑胶公司的其他诉讼请求。

【争议焦点与裁判理由】

本案的争议焦点为,某信用社对涉案土地是否拥有处分权。

根据生效裁判文书,人民法院认为,某塑胶公司与某信用社下属的某信用社借款纠纷经济南市长清区人民法院(2001)长经初字第402号一案调解,达成的调解协议具体内容为:某塑胶公司于2001年5月18日归还某信用社借款本息,逾期不还,某塑胶公司愿以涉案18.3亩土地使用权折价58.76万元抵偿该笔借款本息。该民事调解书中的履行内容系一种交付行为,即在某塑胶公司还款不能的情况下,将涉案土地使用权交付给某信用社,用于抵债。因某塑胶公司未按照调解书的协议履行,某信用社申请进入执行程序。在执行程序中,该土地使用权并未过户至某信用社名下。某信用社享有的仍然是对涉案土地使用权的交付请求权,在缺乏确权司法文书认定的情况下,仅凭(2001)长经初字第402号民事调解书并不能确认某信用社对涉案土地享有使用权。据土地管理部门登记,以及(2010)济行终字第28号行政裁定书的认定,涉案土地使用权人仍为某塑胶公司。在某信用社并不享有涉案土地使用权的条件下,便对涉案土地进行拍卖,属于无权处分。现某塑胶公司对该拍卖行为不予认可,故拍卖行为无效。某信用社和某拍卖公司的拍卖行为发生在法院对涉案土地的查封期间,拍卖行为应系无效行为,某拍卖公司作为拍卖公司与拍卖竞得人甲签订的拍卖成交确认书应属于无效合同。但某塑胶公司主张的损失证据不足,法院不予支持。

【案例评析】

本案涉及对拍卖合同法律效力的认定,问题的关键点在于:济南市长清区人民法院(2001)长经初字第402号一案民事调解书(以下简称第402号调解书)的以物抵债内容是否直接产生了物权变动的效果?有观点认为,根据《物权法》第28条的规定,"因人民法院、仲裁委员会的法律文书或者人民政府的征收决定等,导致物权设立、变更、转让或者消灭的,自法律文书或者人民政府征收决定等生效时发生法律效力",法院民事调解书以物抵债的内容能够直接产生物权变动的效力。但关于法院的法律文书是否能够产生物权变动的效力还应当根据法律文书的具体内容综合考虑。本案中所涉及的是民事调解中的以物抵债内容,在很大程度上仍然是当事人意思自治的体现。债务人基于债权债务关系,虽然有将房产及土地使用权予以抵债的意思表示,但仍应当按照《物权法》规定的物权变动的原则来确定是否产生了物权变动的法律后果。即当事人达成以物抵债协议后,是动产的需要完成交付,不动产的需要办理变更登记才最终产生物权变动效力。本案二审法院认定某信用社仅仅取得交付或(协助办理变更登记)的请求权,并未取得涉案土地使用权,并无不当。

本案中,二审法院以无权处分为由认定拍卖行为无效似有不妥。无权处分行为系物权行为,而拍卖合同系债权行为,《物权法》第15条已经确定了合同效力与物权效力应当予以区分的原则,合同内容涉及无权处分并不能直接否定合同的效力。故二审法院以无权处分为由认定拍卖行为无效,依据并不充分。本案认定拍卖行为无效应适用《合同法》第52条的规定:其一,某信用社在未取得涉案土地使用权物权的情况下,且处于法院查封状态情况下,其委托某拍卖公司进行拍卖的行为违反了法律强制性规定;其二,拍卖合同的当事人在应当知道拍卖人未取得涉案土地使用权的情况下,拍卖行为损害了涉案土地使用权人某塑胶公司的权利。

【案例索引】

一审:山东省济南市长清区人民法院(2013)长商初字第205号

二审:山东省济南市中级人民法院(2014)济商终字第645号

63. 甲与某建材公司、某农村信用社等拍卖合同纠纷案

——拍卖未取得房地产权属证书的房产的效力

问题提示:在未到相关主管部门办理变更过户手续、未取得涉案房地产权属证书的情况下,委托拍卖是否有效?

【基本案情】

上诉人(一审被告):某建材公司

被上诉人(一审原告):甲

被上诉人(一审被告):某农村信用合作社

被上诉人(一审被告):某拍卖行

人民法院经审理查明:2006年11月8日、10日,上诉人某建材公司与被上诉人之一某农村信用合作社分别签订了最高额抵押合同和借款合同,约定了借款数额和抵押标的[栖城房字第××号房产和栖国用(2003)字第288134号国有土地使用权],并办理了抵押物登记手续。2010年5月5日,双方签订协议书一份,约定抵偿金额、违约担责方式及违约金等。受某农村信用合作社的委托,某拍卖行对上述房地产进行拍卖,2010年9月20日,某建材公司发表公开信,对参与竞买者公开陈述

了该房地产的现状。2010 年 12 月 3 日，某拍卖行在《烟台晚报》上对于 2010 年 12 月 15 日拍卖上述房地产进行了公告。甲于 2010 年 12 月 14 日与某拍卖行签订竞买协议书，并于当日交纳竞买保证金 30 万元，次日以 330 万元拍得上述拍卖标的物。2010 年 12 月 20 日，甲向某拍卖行缴纳拍卖款 330 万元和佣金 66 000 元。但上诉人不协助甲办理过户手续。

二审中上诉人申请相关证人出庭作证，提交了栖霞市人民政府(2010)81 号文和(2007)39 号文，负债一览表一份、账户查询表一份和以资抵债协议书一份等证据来证明拍卖行为无效，但被上诉人同时出示了提交收取竞拍保证金的收款收据原件一本、土地价格评估报告等。

原告甲诉称：原告通过拍卖这一特殊的买卖形式竞得该房地产，并缴纳了相关款项，且拍卖程序符合法律规定，某建材公司与某农村信用合作社应当及时交付涉案房地产、协助办理变更过户手续，但相关被告并不及时办理房产过户等手续，致使甲不能享受自己的合法权益，至此原告向法院提出相关诉请，请求确认拍卖行为有效；请求某建材公司与某农村信用合作社交付涉案房地产、协助办理变更过户手续；请求某建材公司与某农村信用合作社赔偿延期办证损失；要求某农村信用合作社、某拍卖行赔偿损失等诉请。

被上诉人甲辩称：(1)上诉人称拍卖行瞒着上诉人拍卖是不成立的，同时，也不存在欺骗上诉人签约、承诺上诉人回购的事实，上诉人对上述主张均未提供证据证实。(2)上诉人主张显失公平，是不成立的，涉案的房产现状和所处的位置以及当时的市场价与拍卖成交价是一致相当的，而且，该房产价格是经过公开拍卖竞买人一起通过竞价得出的价值，不存在显失公平的问题。(3)上诉人上诉称某农村信用合作社无权处置涉案房产没有事实和法律依据。相反，某农村信用合作社和上诉人签订抵债协议，并且依照该协议进行拍卖，拍卖程序合法。(4)一审法院判决上诉人赔偿甲的损失是有事实和法律依据的，根据上诉人和信用社的相关协议，其有义务履行交付涉案房地产、办理权属证明，上诉人没有履行该义务，对被上诉人造成的损失，理应赔偿。

被上诉人某农村信用合作社辩称：(1)涉案的资产抵债协议是合法有效的，该协议约定的内容符合《合同法》第 44 条，《物权法》第 15 条、第 195 条，《担保法》第 53 条的规定。(2)该协议不存在显失公平的问题。因为该协议是双方签订的，意思表示清楚，上诉人没有任何证据证明显失公平。对于涉案资产的拍卖，上诉人是知情并认可的。上诉人的公开信也说明了上诉人对拍卖是认可和支持的，上诉人在庭审中所讲的恶意串通没有事实依据。(3)被上诉人履行义务没有过错，也不应承担赔偿责任。(4)根据《拍卖法》第 6 条的规定，拍卖的资产是依法可以处分的资产，结合《担保法》和《物权法》的规定及抵债协议的约定，被上诉人有权通过拍卖对涉案房产进行处置。

【裁判结果】

一审:一、甲竞买某建材公司名下房地产[房产证号为:栖城房字第××号,土地证号为:栖国用(2003)字第288134号]的拍卖成交行为合法有效;二、某建材公司于本判决生效后三十日内向甲交付上述第一项所列的房地产;三、某建材公司、某农村信用合作社于本判决生效后三十日内协助甲办理上述第一项所列房地产的变更过户手续;四、某建材公司于本判决生效后十日内赔偿甲逾期办证的经济损失381 719.85元(自2011年3月16日起至2012年12月20日止)及自2012年12月21日起至判决生效之日止对330万元按照中国人民银行同期贷款利息的标准继续承担经济损失;五、驳回甲要求某农村信用合作社、某拍卖行赔偿损失的诉讼请求。

二审:一、维持山东省栖霞市人民法院(2012)栖商重初字第3号民事判决第一、二、三条;二、撤销山东省栖霞市人民法院(2012)栖商重初字第3号民事判决第四、五条;三、某农村信用合作社于本判决生效后十日内赔偿甲逾期办证的经济损失381 719.85元(自2011年3月16日起至2012年12月20日止)及自2012年12月21日起至判决生效之日止以330万元为基数按照中国人民银行同期贷款利息的标准继续承担经济损失;四、驳回甲的其他诉讼请求。

【争议焦点与裁判理由】

本案的争议焦点为,某建材公司与某农村信用合作社于2010年5月5日签订的协议书是否有效;某农村信用合作社在未到相关主管部门办理变更过户手续、未取得涉案房地产权属证书的情况下,委托某拍卖行对涉案房地产进行拍卖是否有效。

根据生效裁判文书,人民法院认为:上诉人某建材公司因借款合同到期后未还款,于2010年5月5日与某农村信用合作社签订以抵押房地产抵偿借款本息的以资抵债协议书,约定以抵押的房地产抵顶所欠借款本息。根据《担保法》第53条"债务履行期届满抵押权人未受清偿的,可以与抵押人协议以抵押物折价或者以拍卖、变卖该抵押物所得的价款偿"的规定,该协议书系双方当事人的真实意思表示,内容真实合法,为有效合同。上诉人上诉称该协议是某农村信用合作社用欺骗的手段签订的,没有提供证据,法院不予支持。上诉人主张协议内容显失公平,但上诉人所提供的证据并不能证实其事实主张,其也未在法律规定的期限内对该协议的效力行使撤销权,故其主张协议内容显失公平,法院不予支持。上诉人另主张以资抵债协议系将其公司全部资产抵顶给一个债权人,损害其他债权人的合法利益而无效,但其所提供的证据并不能证实其事实主张,依法由其承担不利后果。故上诉人对该以资抵债协议效力所提异议不能成立,对其该上诉请求依法应予驳回。

被上诉人某农村信用合作社在签订前述以资抵债协议后,委托某拍卖行对涉案房地产进行拍卖,被上诉人甲通过竞买购得涉案房地产,该拍卖程序符合法律规定,拍卖行为合法有效。上诉人上诉称,因涉案房地产未办理不动产的物权变更登记手续,根据《城市房地产管理法》第38条、第39条的规定,某农村信用合作社无权处置涉案房地产。法院经审理认为,城市房地产管理法的上述规定属于行政管理性规范、非效力性规范,该拍卖行为因不违反法律强制性规定而依法应认定为有效。故上诉人主张拍卖行为无效的主张与相关法律法规相悖,法院依法不予支持。上诉人上诉称拍卖程序违法,但其二审所提供的证人证言并不能证实其事实主张,也不足以反驳被上诉人甲所提供的证据,其该上诉主张证据不足,法院依法不予支持。

【案例评析】

一、某建材公司与某农村信用合作社于2010年5月5日签订的协议书是否有效

就本案而言,《担保法》第53条规定,债务履行期届满抵押权人未受清偿的,可以与抵押人协议以抵押物折价或者以拍卖、变卖该抵押物所得的价款受偿。根据该规定,某农村信用合作社与作为债务人的某建材公司签订协议,抵押协议第2条约定"上述乙方(某建材公司)抵偿的资产自该协议签订之日起所有权归甲方(某农村信用合作社)所有",该约定虽不能产生物权变动的效力,但也不能导致某建材公司与某农村信用合作社间的抵顶协议无效,该协议书系双方当事人的真实意思表示,内容真实合法,为有效合同。

甲通过拍卖这一特殊的买卖形式竞得该房地产,并缴纳了相关款项,且拍卖程序符合法律规定,故本案涉案房地产的拍卖行为不违反法律的强制性规定,应依法认定有效。

二、关于某农村信用合作社在未到相关主管部门办理过户手续、未取得涉案房地产权属证书的情况下,委托某拍卖行对涉案房地产进行拍卖是否有效的问题

拍卖是指以公开竞价的方式,将特定物品转让给最高应价者的买卖形式,是一种特殊的买卖方式。《城市房地产管理法》第38条、第39条规定,未依法登记取得权属证书的房地产禁止转让。该规定系行政管理性规范,而非效力性规范,故未取得权属证书的房屋买卖合同在不违反法律强制性规定的情况下,应依法认定有效。

本案中,某农村信用合作社与某建材公司签订抵顶协议后,在未到相关主管部门办理过户登记手续、未取得权属证书的情况下,委托某拍卖行对涉案房地产进行了公开拍卖,甲通过拍卖这一特殊的买卖形式竞得该房地产,并缴纳了相关款项,且拍卖程序符合法律规定,故本案涉案房地产的拍卖行为不违反法律的强制性规定,应依法认定有效。《拍卖成交确认书》是甲与某拍卖行间在拍卖行为成交后的书面载体,请求确认该成交确认书有效,其实质是请求确认拍卖行为合法有效,本案中应该认定拍卖行为有效。

【案例索引】

一审:山东省栖霞市人民法院(2012)栖商重初字第3号

二审:山东省烟台市中级人民法院(2013)烟商二终字第172号

64. 某房地产公司与某银行、某拍卖行拍卖合同纠纷案

——无产权登记的房地产能否作为拍卖标的

问题提示:无产权登记的房地产是否可以作为拍卖标的?

【基本案情】

上诉人(一审被告):某银行

被上诉人(一审原告):某房地产公司

一审被告:某拍卖行

人民法院经审理查明:某城市信用社因与某水泥制品厂贷款合同纠纷持胜诉判决。在判决执行过程中,法院于2002年5月10日裁定"泰安市天平水泥制品厂坐落在泰安市岱岳区工业园区天平水泥厂院内的房地产(以下简称涉案房地产)归某城市信用社"。后某城市信用社进行重组,更名为某银行,其权利义务均由被告某银行继承。

2010年3月23日,某资产管理中心作为某银行的不良资产管理人,与被告某拍卖行签订委托拍卖合同,将涉案房地产委托拍卖,双方签订了委托拍卖合同,某资产管理中心出具了委托拍卖的房地产的情况说明及瑕疵声明,说明其持有的法律文书为一审法院(2002)泰执字第32号民事裁定书和泰安市岱岳区土地管理局岱岳他项(2000)字第×××××号土地他项权利证书,瑕疵为"该房地产无土地使用证及房屋所有权证,泰安市岱岳区国土资源局无该宗土地的档案,可能存在重新办理房地产手续申请及交纳土地出让金等税费,该房地产被长期占用,买受人需自行清场,且院内种植树木较多"。某拍卖行接受委托后,刊登拍卖公告。某拍卖行就拍卖标的的瑕疵问题向某资产管理中心提出异议,某资产管理中心向某拍卖行出具业务函进行说明。拍卖当日,某房地产公司竞得该拍卖标的,并支付了拍卖价款和佣金。某拍卖行将(2002)泰执字第32号民事裁定书原件和岱岳他项(2000)字第×××××号土地他项权利证明书原件交付某房地产公司。

涉案土地没有经过合法程序转为国有土地,也没有相应的国有土地登记,泰安市岱岳区人民政府于2006年9月30日撤销了岱岳国用(2000)×××××号国有土地使用证,导致原告在拍卖成交后无法办理国有土地使用权过户手续。

原告某房地产公司诉称:涉案土地没有经过合法程序转为国有土地,也没有相应的国有土地登记,导致原告在拍卖成交后无法办理国有土地使用权过户手续。据此请求确认涉案房地产拍卖无效,某银行返还某房地产公司拍卖价款并赔偿利息,某拍卖行返还佣金并赔偿利息等诉请。

被告某银行辩称,其在涉案房地产委托拍卖过程中依法履行拍卖标的瑕疵披露义务,某拍卖行也向竞买人作了说明,涉案房地产拍卖完全符合法律规定。涉案

房地产产权变更登记手续已在泰安市人民政府会议纪要中批准,原告未办理成功是其怠于办理造成的,原告应自行承担后果。

【裁判结果】

一审:确认涉案房地产拍卖无效,某银行返还某房地产公司拍卖价款并赔偿利息,某拍卖行返还佣金及利息并对返还拍卖价款和利息承担连带责任,驳回原告某房地产公司其他诉讼请求。

二审:驳回上诉,维持原判。

【争议焦点与裁判理由】

本案的争议焦点为,涉案土地使用权拍卖合同的效力应如何认定。

根据生效裁判文书,人民法院认为,涉案土地没有国有土地登记档案,原有的国有土地使用权证也被撤销,事实上该宗土地属未经征收、补偿、收储、出让的土地,依该宗土地的性质,现无法办理过户手续,使买受人拍卖该房地产的目的落空。依据《土地管理法》《城市房地产管理法》《土地管理法实施条例》等法律法规的相关规定,该宗土地属于依法不得处分的物品和财产权利,因此该拍卖合同无效。根据《拍卖法》第 58 条的规定,委托人某银行应当承担责任。某拍卖行在接受委托时,也知悉涉案土地使用权证被撤销的情况,并专门询问过委托人某银行,因此某拍卖行是明知拍卖标的是依法不得处分的。根据《拍卖法》第 58 条的规定,某拍卖行应当承担连带责任。

【案例评析】

本案在审理中,主要集中在无产权登记的房地产是否可以作为拍卖标的以及拍卖效力如何?

一、无产权登记的房地产是否可以作为拍卖标的

《拍卖法》第 6 条规定,拍卖标的应当是委托人所有或者依法可以处分的物品或者财产权利。同时第 7 条规定,法律、行政法规禁止买卖的物品或者财产权利,不得作为拍卖标的。因此,拍卖标的需要符合两个条件,即为委托人所有或依法可以处分,并且不得为法律、行政法规禁止转让。本案中涉案房地产均无产权登记,是否属于法律、行政法规禁止转让的标的?

根据《城市房地产管理法》第 38 条第 6 项规定,未依法领取权属证书的房地产不得转让。但《最高人民法院关于审理涉及国有土地使用权合同纠纷案件适用法律问题的解释》第 9 条规定:"转让方未取得土地使用权证书与受让方订立合同转让土地使用权,起诉前转让方已经取得出让土地使用权证书或者有批准权的人民政府同意转让的,应当认定合同有效。"可见,未取得产权证的房地产是法律禁止转让的标的,但如果有批准权政府同意转让或补发权证的,仍然可以转让。因此,从法律规定分析,并非所有无产权登记的房地产均不可以转让,而是无法取得产权登记的房地产不可以转让,即法律、行政法规禁止转让的标的。

本案中,涉案土地属未经征收、补偿、收储、出让,也没有国有土地登记档案,原有的国有土地使用权证也被撤销,现无法办理过户手续,即属于法律、行政法规禁止转让的标的。

二、拍卖属于法律禁止转让的标的的效力如何

《拍卖法》中对拍卖无效的规定仅在第65条中,对于竞买人之间、竞买人与拍卖人之间恶意串通,给他人造成损害的,拍卖无效。本案中,竞买人之间以及竞买人与拍卖人之间并无恶意串通的情形,是否该拍卖必然有效。笔者认为也并非如此。

虽然拍卖法对拍卖无效采取了严格规定,但作为买卖方式的一种,其不得违反合同最基本的遵守法律法规的要求。同时,根据《合同法》第52条第5项规定,违反法律、行政法规的强制性规定的合同无效。因此,如拍卖的标的属于法律禁止转让,则拍卖合同无效。

【案例索引】

一审:山东省泰安市中级人民法院(2014)泰民一初字第32号

二审:山东省高级人民法院(2015)鲁民一终字第72号

二、拍卖侵权纠纷问题

65. 甲与乙、某拍卖公司、某银行支行财产损害赔偿纠纷案

——未经夫妻一致同意，拍卖共有财产的效力

问题提示：委托人在委托拍卖时提供登记为其个人所有的房屋产权证，未告知拍卖房产系其夫妻共同财产，拍卖成交后，委托人的配偶一方主张拍卖行为无效，是否能得到支持？

【基本案情】

上诉人（一审原告）：甲

被上诉人（一审被告）：乙

被上诉人（一审被告）：某拍卖公司

被上诉人（一审被告）：某银行支行

人民法院经审理查明：甲、乙于1979年登记结婚，婚后共同购买了宜宾市南岸僰候路南侧第一层营业房一套（以下简称涉案营业房），登记为乙一人所有，甲未登记为共有人。1995年，乙和甲的女儿共同设立了某消防被装制品公司，乙占98.23%的股权，丁占1.77%股权。某消防被装制品公司持有长江大道西段面积为2725平方米的土地使用权资产。

2005年至2006年期间，乙的朋友丙、丁以及某消防被装制品公司分别向某银行支行借款30万元、30万元和50万元，三笔贷款的抵押物均为涉案营业房。

2005年9月，某建筑工程公司向某银行支行借款50万元用于修建某消防被装制品公司职工宿舍，某消防被装制品公司以其名下的位于长江大道西段面积为2725平方米的土地使用权为该笔贷款提供抵押担保。

以上四笔贷款均未按期清偿，某银行支行将借款人、抵押人诉至法院，法院出具民事调解书四份，确定借款人丙、丁、某消防被装制品公司和某建筑工程公司于2007年11月30日前返还四笔借款的本息，甲、乙对丙、丁和某消防被装制品公司的借款本息承担连带清偿责任，某消防被装制品公司对某建筑工程公司的借款本息承担连带清偿责任。

2007年11月，乙委托某拍卖公司拍卖涉案营业房和长江大道土地使用权，并

明确若涉案营业房的拍卖款不足以清偿某银行支行全部欠款时,才继续拍卖长江大道西段的土地使用权,拍卖所得资金直接划入该行账户。涉案营业房公开拍卖成交后,买受人将1 520 220元拍卖款分别存入丙、丁、某消防被装制品公司和某建筑工程公司的借款账户,存款金额分别为22万元、30万元、50万元和50万元,共计152万元。同日,某银行支行将上述款项予以扣划。

原告甲诉称:在仅有乙一人签字的情况下,被告某拍卖公司擅自将原告甲与乙共有涉案营业房拍卖,拍卖行为无效。被告某银行支行作为抵押权人,其擅自单方委托某拍卖公司拍卖涉案营业房的行为亦无效。涉案营业房的拍卖款还被用于清偿某建筑工程公司的一笔50万元的贷款,该贷款与原告无任何关系。某拍卖公司与竞买人、某银行支行之间属恶意串通,侵犯了原告的财产权,应承担赔偿责任。请求法院判令三被告共同赔偿原告因违法拍卖造成的损失760 110元。

被告乙辩称:甲对拍卖房产的事情并不知情,某拍卖公司和某银行支行确实侵犯了甲的合法权利,甲的诉讼请求应当得到支持。

某拍卖公司辩称:(1)涉案营业房的登记所有人仅为乙一人,乙与我公司签订了《委托拍卖合同》,该拍卖程序合法、结果有效,甲没有在《委托拍卖合同》上签字并不影响拍卖的效力。(2)房产的竞买款最终用于清偿甲和乙的夫妻共同债务,甲没有任何损失,其诉请不应得到支持。

某银行支行辩称:拍卖款清偿的银行贷款均与甲直接利害关系。我行是从丁、丙、某消防被装制品公司和某建筑工程公司四位借款人账户直接扣划的拍卖款,没有任何违法行为。

【裁判结果】

一审:驳回原告甲的诉讼请求。

二审:驳回上诉,维持原判。

【争议焦点与裁判理由】

本案的争议焦点是:(1)某拍卖公司拍卖行为是否侵害了甲作为房屋共有人的权利,拍卖行为是否合法有效;(2)某银行支行单方直接扣划涉案营业房的拍卖款用于偿还某建筑工程公司的50万元贷款是否损害了甲的权利,甲主张返还或要求赔偿是否能够得到支持。

根据生效裁判文书,人民法院认为:乙委托拍卖时提供了涉案营业房的产权证书,登记的所有权人是乙,并无共有人,乙未声明系夫妻共有财产,故某拍卖公司有权相信乙委托拍卖的是其个人财产或者经过甲同意拍卖的夫妻共同财产。某拍卖公司拍卖涉案营业房亦经过抵押权人某银行支行的委托和同意,故甲主张某拍卖公司的拍卖行为因程序违法,侵犯其财产共有权的意见不能成立。

关于某银行支行单方直接扣划涉案营业房的拍卖款用于偿还某建筑工程公司的50万元贷款是否损害了甲的权利?因乙委托拍卖时,明确约定首先拍卖涉案营业房,如不足以清偿某银行支行的借款,将继续拍卖长江大道西段的土地使用权,拍卖所得资金直接划入该行账户。故乙对拍卖款用于清偿某银行支行的所有借款(包括某建筑工程公司的借款)应当是明知的,且此后乙并未提出异议。某拍卖公司与某银行支行对拍卖款的处理并未损害甲、乙的利益。某建筑工程公司所借 50 万元系由某消防被装制品公司提供连带责任担保,某消防被装制品公司是系甲的家庭产业(甲和乙共同控股 98.23%),故该笔债务与甲有关。某银行支行将甲共有的涉案营业房拍卖款直接扣划用于偿还某建筑工程公司的 50 万元借款,实际就是偿还甲家庭所欠某银行支行的借款。程序上欠妥当,但并不存在严重违法,也未损害甲的利益。因此,甲主张赔偿损失不予支持。

【案例评析】

本案的争议焦点之一涉及夫妻一方通过委托拍卖的方式处分共同财产的效力问题。夫妻一方处分共同财产的效力在我国的司法实践中一直存在争议。《物权法》第 15 条规定:“当事人之间订立有关设立、变更、转让和消灭不动产物权的合同,除法律另有规定或者合同另有约定外,自合同成立时生效;未办理物权登记的,不影响合同效力。”《最高人民法院关于审理买卖合同纠纷案件适用法律问题的解释》第 3 条规定,“当事人一方以出卖人在缔约时对标的物没有所有权或者处分权为由主张合同无效的,人民法院不予支持。出卖人因未取得所有权或者处分权致使标的物所有权不能转移,买受人要求出卖人承担违约责任或者要求解除合同并主张损害赔偿的,人民法院应予支持”。以上规定表明,我国立法确认了物权行为与债权行为相区分的原则。

拍卖行为系订立合同的一种方式,本案中乙通过拍卖方式与竞买人形成了买卖合同关系,因此拍卖标的实际的权属情况并不影响拍卖行为的效力,除非存在其他影响合同效力的情形。本案中,拍卖人某拍卖公司审查了乙提供的房屋产权证,仅登记为乙一人所有,无共有人,且乙也未向委托人阐明拍卖房产有其他共有人,某拍卖公司有权相信乙委托拍卖的是其个人财产或者经过甲同意拍卖的夫妻共同财产。如果要求拍卖人对已经登记的不动产标的物进一步审查,并承担标的物所有权不明确的风险,无疑加重了拍卖人的义务,极大地影响了拍卖成交的稳定性,不利于拍卖工作的正常进行和拍卖行业的发展。

本案的争议焦点之二涉及拍卖款的处理问题。根据《拍卖法》第 24 条之规定:“拍卖成交后,拍卖人应当按照约定向委托人交付拍卖标的的价款,并按照约定将拍卖标的移交给买受人。”本案中,委托人乙委托某拍卖公司拍卖时表示,涉案营业房的拍卖款不能清偿某银行支行全部欠款时,才继续拍卖某消防被装制品公司名下长江大道西段的土地使用权,可见其委托拍卖的目的系偿还某银行支行全部四笔贷款(其中三笔系乙本人承担连带保证责任的贷款,另一笔系其控股的某消防被装制品公司对某建筑工程公司的连带保证债务),故应认定某建筑工程公司的该笔贷款亦在归还范围内。且事后乙对归还某建筑工程公司贷款并未提出异议,亦能印证以上观点。甲虽系乙的配偶,乙委托拍卖时并未声明其与甲的夫妻关系,其委托拍卖的房产亦无法体现系夫妻共同财产,某拍卖公司根据委托拍卖人乙的指示处理拍卖款并无不当。甲向某拍卖公司主张要求返还拍卖款或赔偿相应损失并无事实和法律依据,不应当得到支持。

【案例索引】

一审:四川省宜宾市翠屏区人民法院(2013)翠屏民初字第1734号

二审:四川省宜宾市中级人民法院(2014)宜民终字第225号

66. 甲与乙、丙、丁、戊、某拍卖行拍卖合同纠纷案

——未经合伙人一致同意,拍卖合伙财产的效力

问题提示:未经合伙人全体一致同意,擅自委托拍卖共有物的,是否影响委托拍卖合同及成交确认书的效力?

【基本案情】

原告:甲

被告:乙、丙、丁、戊、某拍卖行

第三人:某房地产公司

人民法院经审理查明:2010年5月20日甲以出让的方式获得位于尚义县滨河南路滨河小区的土地使用权,借用第三人的资质与被告乙、丙、丁、戊四人合伙开发尚义县滨河小区住宅楼,后就该土地的土地使用证、入股资金等问题,合伙人内部发生矛盾。2011年6月2日兴和县人民法院判决上述土地使用权属甲、乙、丙、丁、戊共同共有,土地使用证共同管理使用。2013年6月27日甲将该土地及地上建筑物、附着物(涉案标的物,其中地上建筑物尚未依法取得权利证书)转让与谢普。2014年5月,谢普诉至兴和县人民法院,要求解除与甲的转让协议,返还现金及定金。2014年6月3日乙、丙、丁、戊向公证处申请会议过程现场监督公证。会议中,乙、丙、戊同意以13 000 000元底价将上述涉案标的物进行拍卖,丁同意以12 000 000元底价拍卖。甲不同意拍卖。2014年6月4日,乙、丙、丁、戊与某拍卖行签订《委托拍卖合同》,6月4日签订的《拍卖合同补充协议》约定:“1. 经委托方和某拍卖行友好协商以1300万元的底价对主合同的标的物进行拍卖,如无人竞买,乙愿意以12 000 000元竞买该标的物,其他合伙人与谢普有同等竞买权,但有其他竞买人超过1200万元的价款买则按照“高价者优先”的原则达成拍卖协议。竞拍人必须报

名并交纳保证金150万元。”后甲向拍卖行提出拍卖异议。2014年6月13日，乙、丙、丁、戊在丙办公室表决通过拍卖事宜。其中第二项约定：“如果以1300万元价格无人竞买，所有产权人包括瑕疵人，可降价到1200万元竞拍，加价以10万元为起点，价高者得。如果没有人竞买，则1200万元属乙”。该过程经公证处公证。2014年6月17日举行了拍卖会，乙、丙、丁、戊报名竞买人。经竞拍，乙以1200万元成交，并于6月17日与拍卖行签订《拍卖成交确认书》。

原告甲诉称，乙、丙、丁、戊四人未经合伙人全体一致同意，与某拍卖行恶意串通，擅自违法拍卖合伙财产，严重地损害了原告的合法权益，据此提出确认五被告对涉案标的所进行的委托及拍卖行为无效、拍卖行与乙签订的《拍卖成交确认书》无效等诉讼请求。

被告乙、丙、丁、戊辩称，涉案标的物属于原告及四被告共有，对这一共同财产的委托拍卖处置是按照法律有关规定、在大多数合伙人同意的前提下处分的，未损害原告的合法权益。

被告某拍卖行辩称，拍卖行所实施的拍卖行为合法，拍卖中不存在损害他人合法权益的情形。

【裁判结果】

一审：判决支持原告诉讼请求。

【争议焦点与裁判理由】

本案的争议焦点为，四被告乙、丙、丁、戊与拍卖行签订《委托拍卖合同》是否有效；《拍卖成交确认书》是否因拍卖程序违法而无效。

人民法院经审理认为，本案中，拍卖的土地使用权为甲、乙、丙、丁、戊共有。该幅土地上房屋的建设单位为第三人某房地产公司，其没有明确表示放弃对房屋享有的权利主张。四被告与拍卖行签订《委托拍卖合同》既侵害了土地共同使用人甲的权利，也侵害了某房地产公司对房屋享有的权利。《委托拍卖合同》违反法律强制性规定，属于无效。同时四被告作为委托人参与竞买，违反了《拍卖法》第30条关于委托人不得参与竞买的强制性规定，《拍卖成交确认书》属于无效，原告诉求于法有据，予以支持。

【案例评析】

本案在审理中，争议焦点主要集中在《委托拍卖合同》及《拍卖成交确认书》是否有效？

本案中，委托拍卖合同及其补充协议、拍卖成交确认书均是相关当事人合意一致的产物，是依法成立的合同，但成立并不意味有效。

关于合同是否有效，依据我国民法通则及合同法的规定，除当事人另有约定或者法律特别规定外，一般从行为主体是否具有相应的行为能力、意思表示是否真实、内容是否违反法律、行政法规的强制性规定、违反善良风俗等方面加以判断。结合本案,委托合同有效与否取决于其内容是否违反法律、行政法规的强制性规定。这里的强制性规定,依据合同法司法解释,应指效力性强制。效力性强制与管理性强制不同:效力性强制性规定旨在对违反行为的价值否定,以否定行为的法律效力为目的,否定其民商法上的效力;管理性强制性规定旨在对违反行为的管理和处罚,以禁止行为为目的,并不否定该行为的私法效力。判断一项规范是否为效力性强制规范,一般可以参考以下标准:一是法律、行政法规是否明确违反该规定导致合同无效;二是法律、行政法规虽未明确违反该规定导致合同无效,但该规范立法目的可以合理得出无效的情形,关于此点,亦为法律解释的难点。

本案中,关于委托拍卖合同及其补充协议的效力,存在不同意见。一种观点认为,委托拍卖合同仅仅是双方就提供拍卖服务事宜达成的合意,委托人对拍卖标的物有无处分权并不影响委托合同的有效成立,该合同亦未违反其他法律、行政法规的效力性强制规定,委托拍卖合有效。另一种观点认为,委托拍卖合同违反了《拍卖法》第6条关于拍卖标的应是委托人所有或者依法可以处分的物品或者财产权利的规定以及《城市房地产管理法》第38条第6项关于未依法登记领取权属证书的房产不得转让的规定,属于违反法律、行政法规的强制性规定,应无效。委托拍卖合同是双方就拍卖服务事宜达成的一致合意,委托人对拍卖标的物有无处分权虽会影响到拍卖结果的实现,不能实现标的物所有权转移之目的(对此损害,拍卖法规定了其他相应的责任救济),但对委托人与拍卖人之间的委托合同效力不产生影响。城市房地产管理法关于禁止转让的规定,依据规范目的,应理解为非效力性强制规定,不应以此来否认转让合同的效力。不过,综观本案的事实,拍卖人在知晓产权争议的情况下仍与委托人签订委托拍卖合同,构成合同双方当事人恶意串通侵害他人利益的违法行为,依据合同法规定应无效。

关于成交确认书的效力,一般认为是特殊的买卖合同。本案中,原、被告在合伙期间共同共有房地产权,依据《物权法》第97条的规定,处分共同共有的不动产的,除共有人之间另有约定外,应当经全体共同共有人同意。本案中,委托人委托拍卖行所进行的拍卖处分,未经原告甲同意,构成无权处分,由此签订以房地产权转让为目的的成交确认书,其效力如何呢?是否会因前述无权处分或者转让标的物为《城市房地产管理法》第38条第6项规定的禁止转让物而无效呢?(1)关于无权处分,依据《最高人民法院关于审理买卖合同纠纷案件适用法律问题的解释》第3条之规定,基于无权处分订立的转让合同有效,出卖人因未取得所有权或者处分权致使标的物所有权不能转移,买受人可以要求出卖人承担违约责任或者要求解除合同、主张损害赔偿。(2)关于转让“禁止转让物”,《城市房地产管理法》第38条第6项规定关于禁止未依法登记领取权属证书的房地产转让,其规范目的在于禁止所列情形房地产物权的不当变动,规范产权流转秩序,保护交易安全,并不在于否定转让合同本身的效力。不过，综观本案的事实，拍卖人在知晓产权争议的情况下仍与明知侵权的竞买人签订成交确认书，构成合同双方当事人恶意串通侵害他人利益的违法行为，依据合同法规定应无效。

至于成交确认书是否因委托人参与竞买、违反了《拍卖法》第30条关于委托人不得参与竞买的规定而无效，本案中，依照拍卖补充协议的核心内容，在没有其他拍卖人竞买的情况下，实施了协议中约定的第二拍卖方案。因此竞买行为不存在损害其他竞买人权利，恶意提高竞买价格的情形，符合《拍卖法》的立法目的和精神，不应因此被认定为无效。

【案例索引】

一审：河北省张家口市桥东区人民法院(2015)东商初字第174号

67. 甲、乙、丙与丁共有权确认纠纷案

——未经按份共有人同意，拍卖按份共有财产的效力

问题提示：擅自委托拍卖按份共有物的，是否影响委托拍卖合同及成交确认书的效力？

【基本案情】

再审申请人(一审被告、二审上诉人)：丁

再审被申请人(一审原告、二审被上诉人)：甲

再审被申请人(一审原告、二审被上诉人)：乙

再审被申请人(一审原告、二审被上诉人)：丙

人民法院经审理查明：甲、乙、丙与丁系兄弟关系。2002年7月23日，四人通过拍卖竞价方式取得位于珠海市拱北桂花北路67号的首层商铺(以下简称涉案商铺)的产权，分别占有25%的产权份额，并办理了产权证。当时的房地产估价报告书载明：该评估对象位于底层，原为“双狮吧”酒吧，室内装修已陈旧，设男女独立卫生间及一个厨房(带抽风系统)，地砖铺面，实心木门。后四人将首层商铺进行改造，划分出5间商铺，分别为101、102号商铺(第1至4轴)、103、104号商铺(第4至8轴)、105号商铺(第8至9轴)并委托丁代为管理涉案房屋的出租和收租事宜，收益平均分配。2009年8月17日，丁通过拍卖取得位于珠海市拱北桂花北路67号第二层的产权并出租，并将101、102商铺为其所用。后因管理产生分歧，甲、乙、丙于2010年3月23日发出通知，要求解除丁的委托出租权限。双方为涉案商铺的厨房归属及商铺出租问题曾多次发生争执，部分商铺地梁被毁，厨房及103商铺目前为

丁所占。经丁申请,珠海市房地产登记中心于2012年7月30日作出珠房登函(2012)118号复函,其内容有,根据登记档案反映,拱北桂花北路67号第2层登记的建筑面积中含有第1层1-4轴和D-F轴(门厅及楼梯部位)的建筑面积。甲、乙、丙提出异议,对此珠海市房地产登记中心于2014年7月18日作出珠房登函(2014)199号《复函》,其内容有,拱北桂花北路67号第1层1-4轴和D-F的权属应当以人民法院生效法律文书确认为准。再审中,法院就上述矛盾复函发出咨询函,珠海市房地产登记中心于2014年12月1日作出珠房登函(2014)370号复函,内容如下:1.根据登记档案记载的相关资料显示,拱北桂花北路67号第2层登记的建筑面积中包含第1层1-4轴和D-F轴(门厅及楼梯部位)的建筑面积;2.我中心对贵院按现状作的民事判决无异议;3.若贵院对本案争议部分的权属作出与登记状况不一致的裁判,我中心将依据生效法律文书办理相应登记。另查明,当事人各方争议的涉案厨房位于拱北桂花北路67号第1层1-4轴和D-F轴(门厅及楼梯部位)。

原告甲、乙、丙诉称,原告甲、乙、丙及被告丁为涉案房屋按份共有人。甲、乙、丙授权被告丁代管的房屋授权已取消,被告丁霸占厨房及03商铺,并不断以各种方式干扰其他商铺承租户的经营等行为,已严重侵犯原告甲、乙、丙对涉案房屋享有的物权和正当利益,据此向法院提出判令停止各种侵权行为,交出厨房钥匙、恢复地梁原状、赔偿因侵权所致甲、乙、丙的租金损失等诉讼请求。

被告丁辩称,原告甲、乙、丙未经自己同意同他人重新签订租赁合同,并收取租金、水电费等且不按产权比例分租金给自己的行为不合法,应停止侵权行为;依据房地产登记中心的记载,厨房属于二楼的产权,归丁所有;丁从未干扰过承租人;关于第2轴至第4轴的地梁,是三个原告自行违章搭建,导致房屋安全隐患存在,应当无条件拆除。

【裁判结果】

一审:支持原告停止侵权、恢复原状等诉讼请求,驳回原告租金损失赔偿诉求。

二审:驳回上诉,维持原判。

再审:维持(2012)珠中法民三终字第35号民事判决。

【争议焦点与裁判理由】

本案的争议焦点为,底层厨房所处位置的面积属于一层还是二层房产范围。

根据再审裁判文书,人民法院认为,本案中原、被告为涉案商铺产权的按份共有人。甲、乙、丙占有涉案商铺75%份额,在未经三人同意的情况下,丁不得擅自改变涉案商铺的结构或作重大修缮,在丁实际管理时被部分破坏的涉案商铺地梁,丁应恢复原状。涉案商铺103号铺位应属于丁与甲、乙、丙四人共同所有,丁雇用他人看守,独自霸占商铺,违反法律规定。在甲、乙、丙解除对丁的授权后,甲、乙、丙与丁作为涉案商铺的共有人,都有权利管理涉案商铺,甲、乙、丙要求丁赔偿干扰租客张平平终止租赁合同的租金损失 33 600 元,没有法律依据。关于涉案商铺中厨房归属,法院认为,依据《物权法》第 17 条规定,不动产权属证书、不动产登记簿并不具有"绝对"的证据力。如果有证据证明不动产登记簿确有错误的,法院就应当根据反证认定争议财产的物权归属。本案中,对于涉案厨房的归属,甲、乙、丙提供了较为充分的证据,足以推翻珠海市房地产登记中心对涉案厨房所作的权属登记。

【案例评析】

本案在审理中,争议焦点主要是涉案厨房产权归属及按份共有人对共有物的权利行使问题。

本案中,原、被告四人通过拍卖竞价方式取得位于称涉案商铺的产权(拍卖文件上明确表明拍卖标的包括底层厨房面积),分别占有 25% 的产权份额,并办理了共有产权证。从涉案房产的产权证书来看,厨房产权应归四人共有,共有方式为按份共有。所谓按份共有是指两个以上的人对同一项财产按照份额享有所有权,即各个共有人按照各自的份额对共有物分享权利、分担义务。按份共有中,份是抽象的存在,是权利义务的份额比例,非对物的部分分割,共有人的权利义务及于共有物的全部。本案中,涉案商铺连同厨房为原、被按份共有,在对共有物分割、共有关系结束前,共有人按照各自 25% 的份额对共有标的物享有相应的权益义务,如对租金的收益按比例分配、对因标的物产生的债务依比例分担等。

关于涉案厨房产权归属争议问题,产权证上显示归一层房产所有,房地产登记中心登记簿上记载归二层房产所有。如何确定归属成为本案争议焦点,需要进行事实上的举证及法律上的认定。根据《物权法》第 16 条、第 17 条的规定,不动产登记簿是物权归属和内容的根据,不动产权属证书记载的事项,应当与不动产登记簿一致,记载不一致的,除有证据证明不动产登记簿确有错误外,以不动产登记簿为准。由此可以看出,在我国,不动产权属证书、不动产登记簿具有权利推定效力,并不具有确定权利归属的"绝对"证据力,如果有证据证明不动产登记簿确有错误的,法院应当根据反证认定争议财产的物权归属。本案中原告对主张权利进行了较为充分的举证,故法院认定登记簿登记错误。在确定厨房归属一层房产后,基于原、被告对一层产权按份共有、共同管理的关系,故法院支持了原告停止侵权、恢复原状、共用厨房的诉讼请求。

【案例索引】

一审:广东省珠海市香洲区人民法院(2011)香民一初字第 1180 号

二审:广东省珠海市中级人民法院(2012)珠中法民三终字第 35 号

再审:广东省珠海市中级人民法院(2014)珠中法审监民再字第 5 号

68. 某建筑安装工程公司与甲、某房产管理局侵权纠纷案

——拍卖标的转为破产财产的,拍卖是否损害债权人利益

问题提示:拍卖标的转化为破产财产的,拍卖人在不知情的情况下继续拍卖的,是否会因为损害其他债权人利益,导致拍卖活动无效?

【基本案情】

上诉人(一审被告):甲

被上诉人(一审原告):某建筑安装工程公司

一审被告:某房产管理局

一审第三人:某拍卖公司

人民法院经审理查明:1999年4月8日,某建筑安装工程公司因与某集团公司债务纠纷,湖北省襄樊市中级人民法院(以下简称襄樊中院)制作了(1999)襄中民初字第14号民事调解书。襄樊中院于2003年10月22日作出(2003)襄中执字第202号民事裁定书,裁定将某集团公司所有的位于襄樊市樊城区中原路11号(原31号)第3、4层的房产(以下简称本案房产)产权过户给某建筑安装工程公司。后某建筑安装工程公司将本案房产租赁给某灯饰公司使用。2005年9月10日,某建筑安装工程公司向襄樊中院提出书面申请,称该公司基于法院裁定已取得本案房产的所有权,请求法院协助将本案房产过户于该公司拍卖、变卖的买受人名下。2006年4月,某建筑安装工程公司因资不抵债向一审法院提出破产还债申请。一审法院于2006年4月30日立案受理某建筑安装工程公司破产申请,5月24日在《人民法院报》发布受理某建筑安装工程公司破产申请公告,2006年9月20日将某建筑安装工程公司的全部财产予以查封。2006年4月20日,某建筑安装工程公司以220万元的底价,委托某拍卖公司对本案房产进行再次拍卖。某拍卖公司于2006年5月9日发布拍卖公告,2006年5月16日,甲以220万元的价格竞买成功,5月16日,某拍卖公司与甲签署拍卖成交确认书,2006年8月23日甲缴纳了相关税费。襄樊中院2006年7月17日作出(2003)襄中执字第202-1号协助执行通知书,载明某建筑安装工程公司与某集团公司联建债务纠纷一案,该院作出的(1999)襄中民初字第14号民事调解书,已发生法律效力。甲依据拍卖成交确认书、(2003)襄中执字第202-1号协助执行通知书等相关文件,向某房产管理局申请办理本案房产的产权登记。2006年7月26日,某房产管理局在《襄樊日报》上发布公告,称将对本案房产的第4层房屋办理房产转移登记,有异议者自公告之日起15日内提出。案外人某灯饰公司以侵犯其优先购买权为由,向襄樊市樊城区人民法院提起诉讼,要求确认某建筑安装工程公司出售本案房产的行为无效,并申请采取财产保全措施,停止某房产管理局为甲办理产权证的程序。2007年12月16日,襄樊市樊城区人

民法院作出(2006)樊屏民初字第122号判决书,确认某建筑安装工程公司向甲出售本案房产的行为无效。

2008年10月16日,甲隐瞒相关事实,再次向某房产管理局提出办理本案房产产权证的申请。某房产管理局于2008年10月21日,在某建筑安装工程公司没有取得权属登记及(2006)樊屏民初字第122-1号民事裁定书效力依然存在的情况下,将本案房产由初始登记的某集团公司直接变更登记到甲名下,并为其颁发了房屋产权证。2008年10月22日,襄樊市樊城区人民法院向某房产管理局送达(2006)樊屏民初字第122号协助执行通知书、(2006)樊屏民初字第122-2号民事裁定书、(2006)樊屏民初字第122号判决书,通知该局停止办理本案房产过户手续,某建筑安装工程公司向甲出售房产的行为已经被法院确认为无效行为。因某灯饰公司的申请,根据民事诉讼法的相关规定,请求协助解除对本案房产的查封。所附的(2006)樊屏民初字第122-2号民事裁定书的内容为同意某灯饰公司的申请,解除对本案房产的查封。襄樊市樊城区人民法院2008年11月3日向某房产管理局送达了(2008)商民二初字第38号协助执行通知书和(2008)商民二初字第38-1号民事裁定书,查封了甲名下的本案所涉房产。甲于2006年7月31日向某建筑安装工程公司代理人乙支付购房款80万元外,没有再向某建筑安装工程公司支付其余购房款。在二审期间,甲自愿在拍卖成交价款220万元基础上,增加支付某建筑安装工程公司80万元价款,同时负担二审案件受理费。

某建筑安装工程公司诉称,依法确认某建筑安装工程公司向甲出售本案房产的行为无效;依法确认本案房产属某建筑安装工程公司的破产财产;判令甲和某房产管理局赔偿因错误登记而造成的损失5万元。

【裁判结果】

一审:一、某建筑安装工程公司委托某拍卖公司拍卖位于襄樊市中原路11号(原31号)万邦商场(万商中心)第3、4层的房产并向被告甲出售该房产的行为无效;二、该房产属某建筑安装工程公司的破产财产;三、驳回某建筑安装工程公司的其他诉讼请求。

二审:撤销河南省商丘市中级人民法院(2008)商民二初字第38号民事判决;驳回某建筑安装工程公司的诉讼请求。

【争议焦点与裁判理由】

本案的争议焦点是:(1)某建筑安装工程公司何时取得了本案房产的所有权;(2)本案拍卖活动是否有效以及甲应否取得本案房产的所有权。

根据生效裁判文书,人民法院认为,某集团公司与某建筑安装工程公司达成以物抵债和解协议后,2003年10月22日襄樊中院作出(2003)襄中执字第202号民事裁定,确认某集团公司与某建筑安装工程公司的和解协议内容,并裁定将某集团公司所有的位于襄樊市樊城区中原路11号(原31号)第3、4层的房地产产权过户给某建筑安装工程公司。因此,某建筑安装工程公司依据上述裁定取得了某集团公司本案房产的所有权。某建筑安装工程公司在依法取得本案房产所有权后,有权对房产进行处分。本案中某建筑安装工程公司处分房产的行为不违反法律、行政法规的强制性规定。某建筑安装工程公司2006年4月20日进入破产程序后,某建筑安装工程公司监管组未及时通知受托人某拍卖公司中止委托事务,某拍卖公司在不知某建筑安装工程公司已进入破产程序的情况下,按照拍卖法规定的程序拍卖本案房产的行为有效,法律后果应由某建筑安装工程公司承担。甲通过竞拍,受让了本案房产,并依法向某房产管理局申请过户登记。某房产管理局受理后,为甲办理了房产过户登记手续。这一办理是否合法,不属于民事案件的审查范围。当然也不影响当事人根据《物权法》第33条的规定,主张自己的权利。甲非某灯饰公司与某建筑安装工程公司房屋优先购买权纠纷一案的当事人,是否知晓某灯饰公司的承租人身份对甲与某建筑安装工程公司之间关于本案房产的纠纷没有影响。甲办理过户登记手续主观上没有侵害第三人合法权益的恶意,取得本案房产也支付了相应对价,因此甲取得本案房产所有权应为善意取得。甲自愿在原拍卖成交价基础上增加给付某建筑安装工程公司80万元价款,系甲意思自治,该行为不损害他人合法权益,予以准许。综上,甲关于其合法取得本案房产所有权的主张成立,予以支持。

【案例评析】

一、某建筑安装工程公司何时取得了本案房产的所有权

某集团公司与某建筑安装工程公司达成以物抵债和解协议后,2003年10月22日襄樊中院作出(2003)襄中执字第202号民事裁定,确认某集团公司与某建筑安装工程公司的和解协议内容,并裁定将某集团公司所有的位于襄樊市樊城区中原路11号(原31号)第3、4层的房地产产权过户给某建筑安装工程公司。根据《最高人民法院关于人民法院民事执行中拍卖、变卖财产的规定》第29条第2款规定,不动产拍卖成交或者抵债后,该不动产的所有权自拍卖成交或抵债裁定送达买受人或承受人时起转移。因此,某建筑安装工程公司依据上述裁定取得了某集团公司本案房产的所有权。某建筑安装工程公司在依法取得本案房产所有权后,有权对房产进行处分。本案中,某建筑安装工程公司处分房产的行为不违反法律、行政法规的强制性规定。

二、本案拍卖活动是否有效

某建筑安装工程公司2006年4月20日进入破产程序后,某建筑安装工程公司监管组未及时通知受托人某拍卖公司中止委托事务,某拍卖公司在不知某建筑安装工程公司已进入破产程序的情况下,按照拍卖法规定的程序拍卖本案房产的行为有效,法律后果应由某建筑安装工程公司承担。

三、甲应否取得本案房产的所有权

甲通过竞拍,受让了本案房产,并依法向某房产管理局申请过户登记。某房产管理局受理后,为甲办理了房产过户登记手续。这一办理是否合法,不属于民事案件的审查范围。当然也不影响当事人根据《物权法》第33条的规定,主张自己的权利。甲非某灯饰公司与某建筑安装工程公司房屋优先购买权纠纷一案的当事人,是否知晓某灯饰公司的承租人身份对甲与某建筑安装工程公司之间关于本案房产的纠纷没有影响。甲办理过户登记手续主观上没有侵害第三人合法权益的恶意,取得本案房产也支付了相应对价,因此甲取得本案房产所有权应为善意取得。甲自愿在原拍卖成交价基础上增加给付某建筑安装工程公司80万元价款,系甲意思自治,该行为不损害他人合法权益,可以予以准许。

【案例索引】

一审:河南省商丘市中级人民法院(2008)商民二初字第38号

二审:河南省高级人民法院(2009)豫法民二破字第1号

69. 某市场管理中心、甲与某银行分行、某拍卖公司优先购买权纠纷案

——承租人未参加竞买的法律后果

问题提示:1. 房产拍卖中,承租人未参加竞拍,能否以享有优先购买权为由主张委托人与买受人签订的房产买卖合同无效?2. 出租人将包含租赁房屋在内的资产打包出售资产时,承租人能否要求仅就其中的租赁房产行使优先购买权?

【基本案情】

上诉人(一审原告):某市场管理中心

上诉人(一审原告):甲

被上诉人(一审被告):某银行衡阳分行

被上诉人(一审被告):某拍卖公司

一审第三人:乙

一审第三人:某房地产公司

一审第三人:某经营管理公司

人民法院经审理查明:2008年5月20日,甲与某银行(系某银行分行前身)签订《房屋租赁合同》,约定甲租赁衡阳某银行名下某大厦一楼房产,用于经营集贸市场,租赁期限为2008年6月15日至2009年12月31日,出租人出卖资产应提前一

个月告知承租人。后双方签订补充协议,甲可以继续租赁房产至2014年5月14日。甲与他人合伙成立某市场管理中心。

2013年3月8日,某银行分行在《衡阳晚报》上发布《资产处置预告》,其中包含涉案房产。2013年7月,某银行分行审议通过了《原华天支行等五宗资产打包处置方案》并进行招标,最终由某拍卖公司中标。2013年9月10日,某拍卖公司分别在《衡阳日报》《衡阳晚报》上刊登了《拍卖公告》,就原华天支行等五宗资产包进行拍卖公告,并就拍卖标的物的基本状况、拍卖会的举行时间地点以及优先购买权人(租赁人)参与竞买的方式等进行公告。某经营管理公司作为七家案外公司代表报名参加竞买,并以总价38 206 666元拍得标的物。原华天支行等五宗资产包除诉争房产外均办理了产权变更登记手续。

原告某市场管理中心、甲诉称,原告某市场管理中心,甲作为承租人享有优先购买权,某经营管理公司与某银行分行恶意串通,对原告权利造成损害。某银行分行和某拍卖公司在拍卖前没有履行通知义务,第三人购买的诉争房屋尚未取得登记,不符合善意取得的条件,原告主张优先购买权并无法律障碍。原告请求确认某经营管理公司与某银行分行签订的房屋买卖合同无效,要求行使优先购买权,以拍卖成交价就承租房产再次与某银行分行签订买卖合同并办理产权过户手续。

被告某银行分行辩称,某银行分行处置房屋已告知了上诉人,房屋买卖合同合法有效。

第三人乙、某经营管理公司、某房地产公司认为,某银行分行已经通知甲房屋的处置情况,甲自己放弃了优先购买权,在本案中甲对诉争的资产没有优先购买权。

【裁判结果】

一审:驳回原告甲的诉讼请求。

二审:一、撤销湖南省衡阳市雁峰区人民法院(2013)雁民一初字第360号民事判决;二、驳回上诉人某市场管理中心、甲的诉讼请求。

【争议焦点与裁判理由】

本案的争议焦点为,承租人是否可以优先购买权主张出租人与买受人已签订的房产买卖合同无效,并以同等条件购买承租房屋。

根据生效裁判文书,人民法院认为,承租人优先购买权是指承租人在出租人出卖所租赁房屋时,相同条件下有优先于第三人购买所承租房屋的权利。本案中,《衡阳市某银行房屋租赁合同》《房屋租赁合同补充协议》及房屋租赁主管部门备案登记的租赁许可证、租赁登记备案书等文件表明承租人是甲,因此,某市场管理中心不是涉案房屋及租赁合同的承租人,对诉争房屋不享有优先购买权。某银行分行将包括诉争房屋在内的多处资产委托某拍卖公司打包拍卖活动程序完备,符合法律规定,甲未提足够的证据证明竞买人与拍卖人有恶意串通、偷逃国家税款等违法行为，亦未证明拍卖过程中有《合同法》第52条规定的其他情形，诉争房屋并不存在因拍卖程序违法导致拍卖结果无效的情形。某银行分行和某相关公司在拍卖前是否对甲履行了通知义务，均不能影响某银行分行通过某相关公司拍卖而与某经营管理公司达成的房屋买卖合同的效力。甲承租的是某大厦一楼房屋，而某银行分行本次资产处置系整体拍卖，成交价38 206 666元是竞买人某经营管理公司对整个打包拍卖资产的交易价格。拍卖成交后，联合竞买人对涉案房屋进行内部分配的价格与出卖人出卖承租物的价格不是同一概念，甲请求某银行分行以此价格与其达成房屋买卖合同没有事实和法律依据。

此外，二审法院认为原判决对某市场管理中心和甲的诉讼请求均已进行审理，但在判决主文中未对某市场管理中心的处理结果予以表述，显属不当，应予纠正。

【案例评析】

本案在审理中，主要集中在以下两个争议焦点：

一、房产拍卖中，承租人未参加竞拍，能否以享有优先购买权为由主张委托人与买受人签订的房产买卖合同无效

承租人优先购买权是指出租人出卖租赁房屋时，承租人在同等条件下享有优先于第三人购买承租房屋的权利。承租人优先购买权的性质系债权，出租人出卖租赁房屋的行为是行使物权的行为。根据物权优先于债权的原则及《最高人民法院关于审理城镇房屋租赁合同纠纷案件具体应用法律若干问题的解释》（以下简称《房屋租赁合同司法解释》）第21条之规定，“出租人出卖租赁房屋未在合理期限内通知承租人或者存在其他侵害承租人优先购买权情形，承租人请求出租人承担赔偿责任的，人民法院应予支持。但请求确认出租人与第三人签订的房屋买卖合同无效的，人民法院不予支持”，即在承租人优先购买权受到侵害的情况下，可以主张出租人对其进行赔偿，但不影响出租人与第三人之间买卖合同的效力。在拍卖活动中，出租人就租赁房屋委托拍卖的，即使因出租人过错导致承租人无法行使优先购买权，买受人与委托人之间的房产买卖合同依然有效，委托人应承担赔偿责任。

本案中，某银行分行决议整体打包出售资产，并通过公开招标确定某拍卖公司为拍卖人。某拍卖公司提前对拍卖事宜进行了公告，拍卖程序合法。某经营管理公司与某拍卖公司签订了《拍卖成交确认书》，缴清了全部款项，拍卖结果合法有效。某经营管理公司与某银行分行的买卖行为不存在《民法通则》第58条第1款第4项及《合同法》第52条第2项规定的违法无效的情形。关于某银行分行作为出租人是否尽到提前通知承租人的义务，法院并未对某银行分行是否履行了通知义务进行确认。根据《房屋租赁合同司法解释》，若某银行分行未尽到提前通知义务，致使甲未能行使优先购买权，甲可以申请赔偿，但不能主张某银行分行与买受人之间的合同无效。

二、出租人将包含租赁房屋在内的资产打包出售时,承租人能否要求仅就其中的租赁房产行使优先购买权

对于承租人的优先购买权,《合同法》第230条作出了明确规定,“出租人出卖租赁房屋的,应当在出卖之前的合理期限内通知承租人,承租人享有以同等条件优先购买的权利”。承租人的优先购买权实现的重要前提是“租赁房屋”和“同等条件”,其中“同等条件”不仅指相同的购买价款,还包括对出租房屋的处理方式等,这意味着承租人的优先购买权不能凌驾于出租人对所有物的处置权之上。出租人确定将租赁房产出售方案后,承租人仅能选择接受或放弃,而不能强行改变出租人的处置意愿。

本案中,某银行分行作为房屋所有权人,选择将多处房屋整体打包处置,系其自由处分自己财产的民事权利,甲承租的是某大厦一楼的房屋,而某银行分行本次资产处置系该大厦一、二、三楼与其他资产整体拍卖。竞买人某经营管理公司以38206666元的价格拍得整个打包拍卖资产,随后联合竞买人内部对拍得资产进行分配、确定分配价格并非某银行分行就租赁房产的出卖价格,买受人的内部分配价格不是优先购买权下的“同等条件”。甲主张以联合竞买人的内部分配价格行使优先购买权,购买打包资产中的一处房屋,显然不符合“同等条件”的要求,其主张难以得到支持。

【案例索引】

一审:湖南省衡阳市雁峰区人民法院(2013)雁民一初字第360号

二审:湖南省衡阳市中级人民法院(2014)衡中法民一终字第111号

70. 甲与某房地产公司房屋租赁合同纠纷案

——拍卖公告是否构成对承租人的通知

问题提示: 1. 房产拍卖中,拍卖人以公告方式通知承租人是否视为履行了通知义务?2. 买受人购买租赁房屋并已办理登记手续,拍卖标的的承租人能否主张优先购买权?3. 承租人能否基于优先购买权主张撤销拍卖中委托人与买受人之间的买卖合同?

【基本案情】

上诉人(一审原告):甲

被上诉人(一审被告):某房地产公司

一审第三人:乙、丙

人民法院经审理查明:2006年1月甲以“某超市”名义向某房地产公司租赁衡阳商业城地厅(广东路2号-101室)及东方商业广场地厅(广东路2号东方超市-

1001 室),合同约定承租 20 年,合同起始时间从场地交付给甲后第 101 天算起。随后,甲开办衡阳东方超市,并向某房地产公司交纳押金、租金。2010 年 5 月 10 日,某房地产公司委托某拍卖公司在《衡阳日报》上发布《拍卖公告》,定于 2010 年 5 月 18 日上午 9 点 18 分对衡阳市珠晖区广东路 2 号 -101 室及广东路 2 号东方超市 -1001 室以资产现状进行公开拍卖。房产及土地面积最终以测绘办证为准,成交价格不受最终核准面积影响。

甲住在广东省,偶尔来东方超市,但甲与某房地产公司经常有电话联系。甲有亲戚在东方超市担任店长职务。在涉案房屋拍卖之前,甲已知道房屋要拍卖,同时东方超市场地周边很多人已知道房屋要拍卖。5 月中旬,某房地产公司将拍卖涉案房屋之事告知甲,甲既未表示购买之意,也未办理竞拍报名手续。该次拍卖流拍后,某房地产公司又于2010 年5 月28 日自行组织竞买,第三人乙、丙共同购得广东路2 号 -101 室,并于 2010 年 6 月 28 日、7 月 6 日先后办理了房屋所有权及国有土地使用权过户登记;丙购得广东路 2 号东方超市 -1001 室,并于 2010 年 12 月 3 日、2011 年 1 月 4 日先后办理房屋所有权及国有土地使用权过户登记。2010 年 9 月 1 日,某房地产公司书面告知甲:衡阳商业城地厅、东方商业广场地厅已于 2010 年 5 月 28 日出售给第三人,但原租赁合同期限内容不变,甲于 2011 年 1 月起按合同的规定向第三人交付租金。2011 年 1 月 20 日,某房地产公司组织甲与第三人共同商谈了交接事宜。2011 年 4 月 28 日,第三人向甲送达《催告通知书》,要求甲交清房屋租赁押金及 2011 年度的租金及利息。因甲与第三人就上述款项的给付发生纠纷,第三人于 2011 年 5 月 25 日以甲违约为由提起诉讼,要求甲搬出乙、丙所有的房屋,停止侵占、排除妨碍。2012 年 3 月 9 日,甲就涉案房屋的优先购买权提起诉讼。

原告甲诉称,某房地产公司出售房屋时没有向甲履行通知义务,即便履行了通知义务,也是在没有直接通知甲的情况下采取公告送达方式,且公告送达期间未满 60 日,该公告通知应视为未送达,要求行使优先购买权。请求撤销乙、丙与某房地产公司签订的房屋买卖合同,支持甲对租赁房屋的优先购买权。

【裁判结果】

一审:驳回甲的全部诉讼请求。

二审:驳回上诉,维持原判。

【争议焦点与裁判理由】

本案的争议焦点是:(1)刊登拍卖公告能否视为拍卖人向承租人履行了通知义务;(2)第三人通过拍卖购买房屋并已办理登记手续,承租人能否行使合同撤销权,撤销出卖人与拍卖买受人之间的买卖合同。

根据生效裁判文书,人民法院认为,承租人的优先购买权,某拍卖公司在拍卖前于 2010 年 5 月 10 日公开发布了《拍卖公告》,说明房屋将于 5 月 18 日公开拍卖,某拍卖公司以拍卖公告的形式告知甲及时行使优先购买权,符合《最高人民法院关于审理城镇房屋租赁合同纠纷案件司法解释的理解与适用》(以下简称《房屋租赁合同司法解释》)第23条的规定,可以认定某拍卖公司已经履行通知义务,甲没有参加拍卖,可认定其放弃了优先购买权。甲主张优先购买权无事实和法律依据,不予支持。

关于承租人能否行使合同撤销权的问题,根据《房屋租赁合同司法解释》第24条第1款"具有下列情形之一,承租人主张优先购买房屋的,人民法院不予支持之第(四)项:第三人善意购买租赁房屋并已经办理登记手续的"之规定,出租人是否履行通知义务并非承租人主张行使优先购买权抗辩第三人取得房屋所有权的必要条件,即只要是第三人善意购买租赁房屋并已经办理登记手续的,不管出租人是否履行了通知义务,承租人优先购买权在此种情况下就得不到法院支持。又根据《合同法》的相关规定,甲对该合同没有撤销权,故法院不支持甲撤销出卖人与买受人买卖合同的请求。

【案例评析】

本案审理的主要问题在于承租人的优先购买权。

一、房产拍卖中,拍卖人以公告方式通知承租人是否视为履行了通知义务

承租人的优先权来源于《合同法》第230条,"出租人出卖租赁房屋的,应当在出卖之前的合理期限内要通知承租人,承租人享有以同等条件优先购买权利"。要求出租人出卖房屋前应当通知承租人并给予其合理时间考虑是否购买租赁房屋;《房屋租赁合同司法解释》对拍卖情形下承租人的优先购买权作出了更为具体的规定,"出租人委托拍卖人拍卖租赁房屋,应当在拍卖5日前通知承租人。承租人未参加拍卖的,人民法院应当认定承租人放弃优先购买权"。该条亦表明拍卖委托人应将拍卖事宜提前通知承租人,但若承租人不参加拍卖的,则视为放弃优先购买权。关于上述"通知"的形式,相关法律及司法解释都并未作出明确规定,不能简单地将这里的"通知"仅理解为直接送达一种形式,在保证承租人考虑时间的情况下,应当允许出租人(拍卖中的委托人)或拍卖人以承租人足以知悉的方式进行通知。而就通知方式是否能够让承租人足以或应当知悉,需要结合案件实际情况,由拍卖人证明。

本案中,甲认为某拍卖公司未履行通知义务,导致其未能参加竞买。而根据法院查明的事实,某拍卖公司于5月10日在《衡阳日报》上刊登了《拍卖公告》,声明于5月18日公开拍卖涉案房产。虽甲未在本地生活,但其常与委托人联络,有亲戚长期在租赁房屋从事经营活动,且有证人证明涉案房屋周围许多民众已知晓拍卖事宜。在委托人以公开方式进行房屋转让的情况下,如某拍卖公司公告之前故意不通知甲,既不符合常理,也不便于某房地产公司出售房屋实现增值最大化的目的。公告是一种足以让承租人了解转让事宜的通知方式,由此,可以认定委托人履行了通知义务。此外,结合本案事实,甲在拍卖前已得知租赁房屋将转让的情况下,某拍卖公司是否履行直接通知义务都不会妨碍甲行使优先购买权,某拍卖公司的通知行为与其未参加竞拍之间没有直接联系。故甲上诉称某拍卖公司没有履行通知义务的理由不能成立。

二、买受人购买租赁房屋并已办理登记手续，承租人能否主张优先购买权

关于善意第三人取得房屋所有权的情况下，承租人能否主张优先购买权的问题。承租人的优先购买请求权是一种债权，不具有物权的排他性，除法律明确规定，债权不能抵抗物权。根据《物权法》中关于不动产善意取得制度的规定，在无权处分的情形下，善意第三人已经取得房屋所有权的，其合法权益应当受到保护。举重以明轻，善意第三人通过合法拍卖取得的房屋所有权更应得到法律保护。据此，《房屋租赁合同司法解释》第24条对承租人主张优先权亦作出限制，第三人善意购买租赁房屋并已经办理登记手续的，承租人主张优先购买房屋的，人民法院不予支持。也就是说，若出租人确实存在转让租赁房屋未履行通知义务的情况，除非承租人能够证明第三人系恶意与出租人签订房屋买卖合同取得房屋所有权，否则仅可以依据《房屋租赁合同司法解释》第21条请求出租人承担赔偿责任。

三、承租人能否基于优先购买权主张撤销拍卖中委托人与买受人之间的买卖合同

就承租人的撤销权问题，《房屋租赁合同司法解释》第21条已明确规定，"出租人出卖租赁房屋未在合理期限内通知承租人或者存在其他侵害承租人优先购买权情形，承租人请求出租人承担赔偿责任的，人民法院应予支持。但请求确认出租人与第三人签订的房屋买卖合同无效的，人民法院不予支持"。同时，根据《合同法》第54条关于可撤销合同的规定，甲不能申请撤销第三人与某房地产公司之间签订的房屋买卖合同，甲对该合同没有撤销权。也就是说，在拍卖中，若委托人侵犯拍卖房产承租人的优先购买权的，关于承租人仅能要求委托人承担赔偿责任，而不能要求撤销委托人与拍卖取得标的房产的买受人所签订的买卖合同。

【案例索引】

一审：湖南省衡阳市珠晖区人民法院(2012)珠民一初字第75号

二审：湖南省衡阳市中级人民法院(2012)衡中法民一终字第213号

71. 甲、乙与某实业公司、某房地产公司房屋买卖合同纠纷案

——委托人与其他人签订购买意向书是否损害承租人优先购买权

问题提示：如何认定转让意向书的法律性质及拍卖中承租人优先购买权的行使？

【基本案情】

再审申请人(一审第三人、二审上诉人)：某物业资产公司

再审被申请人(一审被告、二审上诉人):某实业公司

再审被申请人(一审原告、二审被上诉人):甲

再审被申请人(一审原告、二审被上诉人):乙

再审被申请人(一审被告、二审被上诉人):某房地产公司

人民法院经审理查明:2005年8月3日,某实业公司与甲、乙签订《转让意向书》,约定将位于中山市石岐区莲塘东路3号的工业厂房转让给甲、乙,双方对转让价款、过户手续办理、税费承担等进行了约定。后甲、乙按约履行了自己的义务,但某实业公司主张解除意向书,拒绝履行原约定。甲、乙多次催促未果。另外,某实业公司与某商贸公司于1999年签订《租赁协议》,合同约定某商贸公司有优先续租权和优先购买权。2001年5月10日及12月16日,某实业公司与某商贸公司签订两份《补充租赁协议》,将合同租赁期延长至2009年11月30日。2002年2月1日,经某实业公司同意,某商贸公司将租赁中约定的权利义务全部转让给某物业资产公司。2009年11月30日,合同约定期满,某实业公司没有按双方事先约定办理交接手续,某物业资产公司继续承租上述物业。后某实业公司、某物业资产公司、某公司、甲、乙基于涉讼物业的租赁关系相互起诉,二审案号为(2011)中中法民一终字第1064号、第1065号判决为,从2009年12月1日起某物业资产公司不享有涉案房屋承租权。在甲、乙与某实业公司因买卖房屋发生诉讼后,某物业资产公司主张其对涉案房屋享有优先购买权。另查明,2004年11月30日,某实业公司曾委托某拍卖公司对涉讼的房地产进行拍卖,某物业资产公司的股东丙以个人身份参加登记竞买,经理丁出现在拍卖现场,某物业资产公司并无按规定登记竞买。某实业公司主张拍卖前已向某物业资产公司的丁寄发邮件,但未能提供该邮件的投递情况,邮局回复法院称该邮件档案已依规定销毁,无法查证。另外,法院查明,并无证据证明本案纠纷与某房地产公司有关。

原告甲、乙诉称,其与某实业公司签订的转让意向书(买卖合同)真实有效,原告已经全面履行了合同义务,而某实业公司却拒不履行原约定,不协助甲、乙办理该物业的过户手续,构成违约。据此,向法院提出要求某实业公司继续履行意向书、将涉案房地产过户给自己的诉讼请求。

被告某实业公司辩称,意向书不是房地产转让合同,某实业公司仅承担缔约过失责任。且其已经解除了意向书,也没侵害某物业资产公司的优先购买权。

第三人某物业资产公司认为,基于其与某实业公司之间的租赁合同关系,其对涉讼物业享有优先购买权,某实业公司故意隐瞒某物业资产公司,将涉讼物业另行转让给他人,侵害了某物业资产公司的优先购买权,某实业公司应按转让意向书中的条款内容将涉案房地产转让给自己。

【裁判结果】

一审:支持原告的诉讼请求。

二审:驳回上诉,维持原判。

再审:维持二审判决。

【争议焦点与裁判理由】

本案争议焦点为,甲、乙与某实业公司签订的转让意向书的性质及某物业资产公司是否有权主张优先购买权。

根据再审裁判文书,人民法院认为,本案中转让意向书包含了当事人双方基本情况、厂房现状、租赁情况、转让价格、付款方式、房产过户要求、违约责任等条款,内容具体明确,且已经具备房屋买卖合同的主要条款内容,参考《最高人民法院关于审理商品房买卖合同纠纷案件适用法律若干问题的解释》第5条"商品房的认购、订购、预订等协议具备《商品房销售管理办法》第16条规定的商品房买卖合同的主要内容,并且出卖人已经按照约定收受购房款的,该协议应当认定为商品房买卖合同"之规定,结合本案中双方实际履行的情况,应认为该意向书实质上是一份房屋买卖合同,意思表示真实,内容不违反法律、行政法规的强制性规定,具有法律约束力,是否签订房地产转让合同并不影响涉案合同的继续履行,据此法院对原告的诉求予以支持。关于某物业资产公司是否享有优先购买权问题,从某物业资产公司的经理丁在拍卖现场、股东丙以个人身份有参加登记竞买的事实,表明某物业资产公司知道涉案房地产被拍卖的事实,而某物业资产公司并无按规定登记竞买、也未有缴纳拍卖保证金及举牌,据此可知某物业资产公司并无意向购买涉讼房地产,可以认定某物业资产公司放弃优先购买权。出租房屋流拍后,出租人以变卖方式转让出租房屋的,如转让方式、转让价格等因素已发生重大改变,为保护承租人的优先购买权,出租人应再次将变卖出租房屋的事实和相关条件通知承租人,但因本案并不符合上述情形,据此法院对某物业资产公司所主张的优先购买权不予支持。

【案例评析】

本案在审理中,争议焦点主要是转让意向书的性质认定及某物业资产公司是否有权主张优先购买权?

一、关于转让意向书的性质及效力

转让意向书是买卖双方就某一标的进行转让的意向性协议,其内容主要约定双方依约将来订立某项正式的转让合同。转让意向书相对于将来正式缔结的转让合同,我们通常称前者为预约合同,后者为本合同。不论是预约合同还是本合同,若有效成立,均发生法律拘束力,依据合同各自约定的内容发生相应的约束力。依据合同法上关于预约与本约的理论,若一项预约合同内容具备了将来本合同的主要内容,则在性质上可以认为该预约和本约具有实质同一性,按照本约内容发生法律效力。本案中,转让意向书包含了当事人双方基本情况、厂房现状、租赁情况、转让价格、付款方式、房产过户要求、违约责任等条款,内容具体明确,已经具备房屋买卖合同的主要条款内容,故实质上为房屋转让合同。结合合同法理论中关于合同名称与合同的内容不一致时,依合同的具体内容来确定合同性质的精神,涉案转让意向书定性为转让合同并无不当。本案中,具有房产转让实质的意向书,系双方真实意思表示,内容不违反法律、行政法规的强制性规定,有效成立,双方应严格履行。在原告甲、乙无违约的情况下,某实业公司单反主张解除意向书没有合法依据,进而拒绝履行,构成违约,在不存在事实履行不能的情况下,应承担继续履行的责任。

二、关于某物业资产公司是否有权主张优先购买权

依据《合同法》第230条之规定,出租人出卖租赁房屋的,应当在出卖之前的合理期限内通知承租人,承租人享有以同等条件优先购买的权利。承租人优先购买权设立目的在于稳定房屋使用关系,彰显房屋利用效益,因为租赁合同依法签订后,承租人基于占有使用租赁房屋这一事实,必然会围绕该房屋在社会上形成诸如生产、生活中许多方面的特定联系,故当出租人要出卖房屋时理应首先满足承租人购买的特殊要求。本案中,在涉案房产拍卖中,某物业资产公司的经理丁在拍卖现场、股东丙以个人身份有参加登记竞买的事实,表明某物业资产公司是知道涉案房地产被拍卖的事实,而某物业资产公司并无按规定登记竞买、也未有缴纳拍卖保证金及举牌,据此可知某物业资产公司并无意向购买涉讼房地产,可以认定某物业资产公司放弃优先购买权。出租房屋流拍后,出租人以变卖方式转让出租房屋的,如转让方式、转让价格等因素已发生重大改变,为保护承租人的优先购买权,出租人应再次将变卖出租房屋的事实和相关条件通知承租人,但因本案并不符合上述情形,故某物业资产公司所主张的优先购买权于法无据。

【案例索引】

一审:广东省中山市第一人民法院(2011)中一法民一初字第1615号

二审:广东省中山市中级人民法院(2013)中中法民一终字第191号

再审:广东省中山市中级人民法院(2014)中中法审监民再字第5号

72. 某实业公司与某发展公司、某公司承租人优先购买权纠纷案

——承租人能否以优先购买权解除拍卖合同

问题提示:房屋承租人是否有权以优先购买权为由主张解除房屋所有权人与买受人的拍卖合同并取得房屋的所有权?

【基本案情】

上诉人(一审原告):某实业公司

被上诉人(一审被告):某发展公司

被上诉人(一审被告):某公司

人民法院经审理查明:1994 年 6 月 6 日,某商业网点管理办公室(甲方)与某房产管理公司(乙方)签订《用房租赁合同》,约定:甲方将牡丹江路×××号商业网点出租给乙方使用,乙方同意按月缴纳房租;乙方将公房二室一厅两套(以下简称 101 室、104 室房屋)出租给甲方使用,甲方同意按月缴纳房租;甲乙双方租赁给对方的用房,都给对方长期使用。1999 年 7 月 27 日,某房产管理公司(甲方)与某某公司(乙方)签订《借用公房协议书》,主要约定,一、乙方暂借甲方所有的 101 室、104 室两套房屋,使用面积分别为 23.1 平方米、10.9 平方米,乙方应按月向宝钢物业经租所交付临时使用费;二、暂借期限为:自 1999 年 8 月 1 日起。101 室、104 室原系公房,2010 年 3 月 23 日,某发展公司经核准登记为两套房屋的房地产权利人。2013 年 10 月,某公司参加 101 室房屋拍卖,并与同年 11 月 7 日与某发展公司签订上海市房地产买卖合同,2014 年 2 月 14 日,某公司经核准登记为 101 室房屋的房地产权利人。某某公司股东为某商业咨询中心及某商业网点发展公司,注册资本 50 万元,法定代表人甲。2007 年 4 月,某某公司向工商部门提交公司注销登记申请书,其中,申请注销登记的原因一栏写明:上级批准歇业(宝经委 2007 第 10 号文)。2007 年 5 月 16 日,某某公司注销。1991 年 3 月,上海宝山钢铁总厂作出《关于同意企业开发总公司设立某房产管理公司的批复》,批准下属的企业开发总公司组建某房产管理公司,负责对宝钢生活区域内的房地产管理等。2007 年 12 月,某集团企业开发总公司更名为某发展公司。

某实业公司以其继承某某公司的所有债权债务,也包括 101 室、104 室房屋的租赁权,该两套房屋由某实业公司租用至今,也正常向某发展公司下属的物业公司缴纳租金,每月租金为 55.5 元为由,主张某发展公司在未通知某实业公司、未征得某实业公司是否行使优先购买权的情况下,擅自委托拍卖公司拍卖,将 101 室公房出售给某公司,损害了某实业公司的合法权益,故起诉要求确认某发展公司与某公司之间关于 101 室房屋的买卖合同无效,某发展公司以前述买卖合同同等价格和条件与某实业公司签订 101 室房屋的买卖合同。

被告某发展公司认为,某房产管理公司确实与某商业网点管理办公室就 101 室、104 室房屋签订过《用房租赁合同》,但该合同属意向性文件,后续的房屋使用过程中,双方通常采取签订正式租赁协议的方式具体约定承租人及租赁细节。故根据《用房租赁合同》的意向,1999 年 7 月,某房产管理公司与某商业网点管理办公室的下属公司某某公司签订《借用公房协议书》,将 101 室、104 室房屋出租给某某公司,但未收取过租金。2013 年 10 月,某发展公司与某商业网点管理办公室关于牡丹江路房屋的租赁关系终止,某发展公司欲收回 101 室、104 室房屋时,发现被某实业公司非法占用。某发展公司拍卖房屋前曾在 101 室、104 室张贴过拍卖公告,拍卖程序是合法有效的。综上,某发展公司与某实业公司之间不存在租赁关系,即使存在,也以拍卖公告的形式提前告知了承租人,某实业公司未参与拍卖视其自行放弃权利,故不同意某实业公司的全部诉请。

某公司辩称,不认可某实业公司与某发展公司之间存在租赁合同关系。即使存在租赁关系,拍卖前一个月左右,某公司工作人员至101室房屋实地查看,也告知房屋使用人房屋即将拍卖的情况。某实业公司没有参加竞拍,视为放弃优先购买权。故不同意某实业公司的诉请,某公司系善意买受人,通过合法的拍卖程序取得的房屋所有权应获得保护。

【裁判结果】

一审:某实业公司要求确认某发展公司与某公司之间的关于上海市宝山区宝林五村×××号101室房屋的买卖合同无效等诉讼请求,不予支持。

二审:驳回上诉,维持原判。

【争议焦点与裁判理由】

本案的争议焦点为,某实业公司以侵犯其优先购买权为由主张某发展公司与某公司签订的房屋买卖合同无效应否予以支持。

根据生效裁判文书,人民法院认为,原、被告皆认可1994年某房产管理公司与某商业网点管理办公室签订的《用房租赁合同》及1999年某房产管理公司与某某公司签订《借用公房协议书》的真实性,宝山区法院予以确认。1994年合同是某房产管理公司与商委下属的商业网点管理办公室建立长期租赁关系的开始,租赁标的物分别为牡丹江路房屋与101室、104室房屋,具体承租人由双方在其下属单位中确定,并另行签订租赁合同,1999年某房产管理公司与某某公司的《借用公房协议书》即属于此类情况。2007年某某公司注销后,一方面,继受某房产管理公司合同权利义务的某发展公司并未提供书面证据证明其已终止与某某公司的协议,也未收回房屋,而是允许某商业网点管理办公室继续使用;另一方面,某实业公司经商委批准,继受了某某公司的债权债务,实际使用系争房屋,也延续某某公司继续支付房屋费用;况且,1994年合同中所涉的另一套牡丹江路房屋由宝钢方的下属单位承租,合同期限至2013年10月,至今尚未返还。综上,可以认定某实业公司与某发展公司仍在继续履行《借用公房协议》,由于该协议并未约定终止时间,可以认定为不定期租赁。某发展公司表示其曾于2013年拍卖前发现某实业公司占用系争房屋,并要求其搬离并返还房屋,但未能提供相应证据,某实业公司对此也予以否认,宝山区法院难以认定。因此,拍卖时某实业公司仍系承租人,享有优先购买权。某实业公司以侵犯其优先购买权为由主张某发展公司与某公司签订的房屋买卖合同无效,根据《最高人民法院关于审理城镇房屋租赁合同纠纷案件具体应用法律若干问题的解释》的相关规定,该诉请不予支持。某公司通过参与拍卖,以公开竞买方式取得房屋,与某发展公司之间的买卖合同业已履行完毕,某公司已成为系争房屋的房地产权利人,某实业公司还坚持要求与某发展公司订立系争房屋的买卖合同,已不能客观履行,故宝山区法院难以准许。

【案例评析】

本案核心法律问题是:房屋承租人是否有权以优先购买权为由主张解除房屋所有权人与买受人的拍卖合同并取得房屋的所有权。

首先,房屋所有权人与买受人之间订立拍卖合同是双方之间的债的关系。债只是一种负担行为,故合同的效力与出让人对买卖标的的权利是否有瑕疵无关。故即便拍卖方对其拥有的房屋所有权有瑕疵,该拍卖合同从合同法理论上仍属有效。更何况,被出让的房屋尽管有承租人并有可能行使承租人购买权的,房屋的所有权并不认为是有瑕疵。《最高人民法院关于审理城镇房屋租赁合同纠纷案件具体应用法律若干问题的解释》第 21 条规定:"出租人出卖租赁房屋未在合理期限内通知承租人或者存在其他侵害承租人优先购买权情形,承租人请求出租人承担赔偿责任的,人民法院应予支持。但请求确认出租人与第三人签订的房屋买卖合同无效的,人民法院不予支持。"由此可知,本案判决具有合理性。

其次,房屋承租人可否因行使优先购买权而取得房屋所有权。就房屋所有权的现状而言,拍卖买受人与房屋所有权人已订立有效拍卖合同,并已变更不动产登记,故拍卖买受人已经拥有了房屋的所有权,现状房屋所有权已经不属于原房屋所有权人,故房屋承租人不可能通过行使优先购买权而取得房屋所有权,其只能根据债的相对性即租房合同要求原所有人(出租人)承担违约责任。《最高人民法院关于审理城镇房屋租赁合同纠纷案件具体应用法律若干问题的解释》第 24 条已经明确规定:"具有下列情形之一,承租人主张优先购买房屋的,人民法院不予支持:……(四)第三人善意购买租赁房屋并已经办理登记手续的。"

【案例索引】

一审:上海市宝山区人民法院(2014)宝民三(民)初字第 815 号

二审:上海市第二中级人民法院(2014)沪二中民二(民)终字第 1974 号

73. 某材料公司与某包装公司房屋租赁合同纠纷案

——承租人优先购买权的保护

问题提示:1. 拍卖公告是否构成对承租人的通知? 2. 拍卖标的的房屋承租人优先购买权如何保护?

【基本案情】

上诉人(一审原告):某材料公司

被上诉人(一审被告):某包装公司

一审第三人:甲

人民法院经审理查明:2004年2月26日,某材料公司(乙方)与某包装公司(甲方)签订《房屋租赁协议》,约定甲方提供旧厂房1230.2平方米给乙方作生产厂房用;租期10年,每月租赁费800元。2010年9月3日,某包装公司与某拍卖公司签订《委托拍卖合同》,将桂林市平山北路3号1栋1层车间531.25平方米以及本案涉及的3栋1-2层车间1230.2平方米厂房共同委托拍卖,拍卖保留价共计750 000元。2010年9月23日,某拍卖公司在《桂林晚报》刊登了桂林市瓦窑平山路3号房地产,其中土地4394.9平方米,厂房2059.97平方米的拍卖公告。2010年9月30日,某拍卖公司召开拍卖会,本案涉及的租赁房产流拍,后土地买受人甲同意以委托拍卖保留价750 000元购买,双方签订《拍卖成交确认书》。

上诉人某材料公司诉称,某拍卖公司刊登的拍卖公告的土地位于桂林市瓦窑平山路3号,而本案诉争的厂房位于桂林市瓦窑平山北路3号,该公告对某材料公司不产生已告知的效力。请求判决某材料公司对其租赁的旧厂房享有优先购买权,某包装公司与某材料公司签订该旧厂房的与甲签订的买卖合同条件相同的买卖合同。

被上诉人某包装公司辩称,平山路只有一条路,租赁合同已经到期,某材料公司没有交房屋租金,不存在优先购买权。

【裁判结果】

一审:驳回原告某材料公司的诉讼请求。

二审:撤销一审判决,判决某材料公司对其租赁的旧厂房在同等条件下享有优先购买权,驳回某材料公司其他诉讼请求。

【争议焦点与裁判理由】

本案的争议焦点是:(1)出租人委托拍卖租赁房屋,是否应当在拍卖前通知承租人;(2)承租人是否享有同等条件下优先购买的权利。

根据生效裁判文书,人民法院认为,某拍卖公司拍卖公告错刊登拍卖房产地址,且在拍卖前未书面告知承租人某材料公司,侵犯了其承租人优先购买权,某材料公司关于确认其优先购买权的诉请应予支持,但订立合同系双方当事人自愿合意行为,因此,某材料公司要求判决某包装公司与其签订该旧厂房的买卖合同的诉讼请求,法院不予支持。

【案例评析】

在认定租赁关系有效存续、承租人拥有优先购买权的基础上,本案的争议焦点主要在于拍卖标的为房屋时,拍卖公告是否构成对承租人的通知,以及房屋承租人优先购买权如何保护。

一、拍卖公告是否构成对承租人的通知

根据《合同法》第230条的规定，出租人出卖租赁房屋的，应当在出卖之前的合理期限内通知承租人，承租人享有以同等条件优先购买的权利。出租人通知承租人有无形式要件要求？一般来说，出租人的通知形式可以灵活多样，如可通过信函、在租赁房屋处张贴告示等形式均可，但应当以能够有效送达被通知人为前提。本案中，在拍卖前，某包装公司没有特别书面告知该厂房承租人某材料公司，且在拍卖公告中将拍卖标的所在地址登记错误，可以认定出租人并未履行通知义务。但对于拍卖公告未出现错误且拍卖前未通过其他方式告知承租人的情况又该如何认定？有观点认为，在当地报纸上刊登拍卖公告，能推定为承租人所知悉，可以认定已履行对承租人的通知义务。这种观点是不正确的。采用公告形式通知，应适用于：已知特定对象存在但无法采用特定送达方式通知；或已知特定对象存在且已采用特定送达方式通知，但仍然不能实现送达；或不确定特定对象是否存在，向不特定对象告知。在已知特定承租人确实存在却未采取特定送达方式通知，单纯刊登拍卖公告，对承租人不应发生通知的效果，出租人没有尽到通知义务。

二、拍卖中承租人优先购买权如何保护

根据合同法相关规定，承租人优先购买权是指出租人享有以同等条件优先购买的权利。同等条件主要包括价格、付款期限、方式等。而所谓拍卖，就是指以公开竞价的形式，将特定物品或财产权利转让给最高应价者的买卖方式。拍卖合同以落槌为成交标志的诺成性合同，《最高人民法院关于执行中评估、拍卖、变卖若干问题的规定》第18条规定，拍卖进行中，有最高出价时，优先购买权人可以表示以该最高价接受，如无更高出价，则归优先购买人；如有更高出价，而优先购买人不为表示的，则归最高出价人。多个优先购买权人同时表示接受的，采取抽签方式决定买受人。但前提为出卖人在房屋交由拍卖前应在合理期限内通知承租人，如未通知，承租人优先购买权又如何保护呢？承租人可否要求与出卖人签订相同条件的房屋买卖合同？可否要求出卖人赔偿损失？或者要求确认拍卖无效？

本案中，在拍卖前，某包装公司没有告知该厂房承租人某材料公司，违反相关法律之规定，导致某材料公司不知道其承租的该厂房被拍卖，且该厂房没有拍卖成交，而是流拍后卖给了一审第三人甲。因此，某包装公司的委托拍卖行为侵害了某材料公司依法享有对该厂房的优先购买权。某材料公司依法享有优先购买权的诉讼请求，证据充分，依法成立。但合同是当事人意思表示，当事人依法享有自愿订立合同的权利，任何单位和个人不得非法干预。由于签订合同是合同的双方当事人的具体合意而产生的行为，因此，某材料公司要求判决某包装公司与其签订该旧厂房的买卖合同（签订前述合同的条件与某包装公司与甲签订的该旧厂房买卖合同条件相同，成交金额为523 806.86元）的诉讼请求，法院依法不予支持。

根据《最高人民法院关于审理城镇房屋租赁合同纠纷案件具体应用法律若干

问题的解释》第 21 条的规定,出租人出卖租赁房屋未在合理期限内通知承租人或者存在其他侵害承租人优先购买权情形,承租人请求出租人赔偿责任,人民法院应予支持。但请求确认出租人和第三人签订的房屋买卖合同无效的,人民法院则不予支持。因此,承租人可以要求赔偿损失,但无权因此要求确认拍卖无效。

【案例索引】

一审:广西壮族自治区桂林市象山区人民法院(2013)象民初字第 741 号

二审:广西壮族自治区桂林市中级人民法院(2013)桂市民四终字第 829 号

74. 甲与乙、某银行拍卖合同、排除妨碍纠纷案

——承租人未参加竞买是否可以视为放弃优先购买权

问题提示:被拍卖房屋有承租人的,委托人应在拍卖前告知承租人可以通过竞拍的方式行使优先购买权,告知后承租人没有参加竞拍的,是否可以视为其放弃优先购买权?

【基本案情】

上诉人(一审第三人):甲

被上诉人(一审原告):乙

被上诉人(一审被告):某银行

人民法院经审理查明:2012 年 4 月 11 日某银行与甲签订涉案房屋租赁合同,合同期限 12 个月,自 2012 年 5 月 8 日至 2013 年 5 月 8 日,租金每年 3600 元,2013 年 1 月 3 日某银行向甲送达告知书,告知内容为:“租赁户甲您好!位于哈森药厂大门往东独院是您租用的,用作居住。我行将委托某拍卖公司近期对此房产进行拍卖。如您有意愿购买,自接到本告知后,迅速与拍卖行联系报名事宜,否则将视为放弃优先购买权。”甲、丙在告知书上签了字。2013 年 1 月 14 日,某银行与某拍卖公司签订委托拍卖合同书,委托某拍卖公司拍卖标的额为本案涉案房产,即位于商丘市梁园区八一路哈森药厂大门东侧 3 层独院住宅一套,合同主要条款约定:(1)委托人保证对拍卖标的拥有无可争议的所有权(处分权)。(2)拍卖标的经拍卖成交的,由委托人将标的交付(转移)买受人。2013 年 1 月 25 日某拍卖公司在《京九晚报》发出了拍卖公告,对涉案房屋相关情况进行了公告,乙于 2013 年 2 月 5 日将涉案房屋以 620 000 元拍卖价款竞买成交,并与某拍卖公司签订拍卖成交确认书,支付了该房屋拍卖价款。某银行未交付房屋也未办理房产过户登记。甲未参与竞买涉案房屋,现租赁期限已届满,但仍居住在涉案房屋内。

上诉人甲诉称：某银行串通某拍卖公司签订虚假委托拍卖合同，在《京九晚报》上刊登拍卖公告，以合法形式实现非法目的，非法剥夺了上诉人的优先购买权。上诉人与乙签订该房屋转让协议，而乙违约。某银行亦不守信用，该房屋在某银行租赁给上诉人时无法居住，因某银行承诺租赁期满后继续延期租赁该房屋给上诉人，上诉人才进行装修，否则上诉人不会租赁一年就投资12万元对该房屋进行装修。一审判决认定事实不清，证据不足，请求撤销原判，依法改判或发回重审。

被上诉人乙庭审中口头答辩称：甲与某银行租赁期限已满，其继续居住在该房屋属于侵权，应搬出该房屋。某银行在拍卖该房屋时履行了优先购买权的告知义务，拍卖公司拍卖程序依法进行，某银行与拍卖公司不存在恶意串通行为。装修费用系甲与某银行之间因租赁关系所遗留问题，与本案无关联。乙通过拍卖最终以最高价取得该房屋，与拍卖公司和某银行成立拍卖合同关系，无须再向任何人支付该标的本身的费用。本案审理的是乙与某银行间的买卖合同及与甲之间的侵权关系，甲的抗辩理由只针对某银行，不能对抗乙的诉讼请求。甲两次严重违约，未能支付相应款项，并非乙存在违约行为。请求驳回上诉，维持原判。

被上诉人某银行庭审中口头答辩称：根据甲与某银行之间所签合同第4条约定，合同期满甲应如期交还房屋，甲所诉租赁期满后继续使用与事实不符。根据合同第8条规定，甲不享有优先购买权，但某银行在拍卖房屋时还是保护了甲的优先购买权，除张贴公告外，还当面向甲告知了优先购买权，并告知了准备拍卖的情况。甲没有表示行使优先购买权，是甲自己放弃了优先购买权的。根据合同约定，合同期满后装修部分归银行所有，还约定不得收取转让费、装修费等，甲应承担合同义务。对于甲与乙签订的转让协议是否违约与某银行无关。请求驳回上诉，维持原判。

【裁判结果】

一审：一、某银行于判决生效后三十日内向乙交付涉案房屋（坐落位置：商丘市梁园区八一路哈森药厂大门东侧三层楼独院住宅一套）。二、甲于本判决生效后三十日内搬出该涉案房屋。三、驳回乙其他诉讼请求。一审案件受理费100元，由某银行承担。

二审：驳回上诉，维持原判。

【争议焦点与裁判理由】

本案的争议焦点为，甲应否立即搬出争议房屋。

根据生效裁判文书，人民法院认为，某银行与乙之间系拍卖合同关系，乙与甲之间系侵权关系，虽然各方当事人对一审将两个法律关系合并审理均未提出异议，但一审将本案仅定性为拍卖合同纠纷不准确，法院予以纠正。结合一审查明的事实及各方当事人认可的法律关系，同时依照《最高人民法院关于印发修改后的〈民事案件案由规定〉的通知》中关于“同一诉讼中涉及两个以上的法律关系的，应当依当事人诉争的法律关系的性质确定案由,均为诉争法律关系的,则按诉争的两个以上法律关系确定并列的两个案由”的规定,本案应定性为拍卖合同、排除妨碍纠纷。

某银行委托某拍卖公司拍卖本案涉案房产,签订有委托拍卖合同书,且某银行对承租人甲亦履行了优先购买权告知义务,甲未在某银行告知的期限内明确表示参与涉案房屋的竞买,应视为放弃优先购买权。某拍卖公司通过《京九晚报》刊发拍卖公告,且对涉案房屋相关情况进行了公告,乙将涉案房屋以拍卖价款竞买成交,并与某拍卖公司签订拍卖成交确认书,缴纳了房款,涉案房屋为乙合法财产,应受到法律的保护,甲虽与某银行签订了房屋租赁合同,但现租赁期限已届满,其仍居住在涉案房屋内没有事实与法律依据。甲主张其与乙于2014年1月6日签订了协议书,但从该协议书的内容可以看出,甲应于2014年3月31日16时前付给乙购房款72万元,逾期视为违约,甲自愿于2014年4月10日前无条件搬离该房产。而甲既未按照协议约定的期限付款,也未举证证实违约方是乙,故其据此主张不应搬离涉案房屋的主张不能成立,一审判令甲搬出涉案房屋正确。

对于甲所称装修费用,甲可按与出租人的租赁合同约定另行主张权利,与本案不是同一法律关系,本案不予审理。综上,一审认定基本事实清楚,证据充分,上诉人所提上诉理由均不能成立,法院不予支持。虽然确定案由不当,但法院已予以纠正,且并不影响判决结果。

【案例评析】

就拍卖合同纠纷部分而言,涉案关键问题是:拍卖标的涉及承租人的,委托人在委托拍卖前应该通知承租人有优先购买权,承租权人没有参加竞拍的,是否可以视为其放弃优先购买权?我们对此持肯定看法。

一、承租人优先购买权是法定权利

承租人优先购买权是指承租人基于租赁合同,在出租人出卖租赁物时,在同等条件下可优于其他人购买的权利,优先购买权,属于承租人的一项法定权利,房屋出租人在出卖房屋时必须履行通知义务,保证承租人的权利,否则,房屋出租人将承担相应的法律责任。《合同法》第230条规定:“出租人出卖租赁房屋时,应当在出卖之前的合理期限内通知承租人,承租人享有以同等条件优先购买的权利。”因此,承租人优先购买权是一项法定权利,房屋所有人在出售房屋时必须保障承租人的该项权利。《最高人民法院关于审理城镇房屋租赁合同纠纷案件具体应用法律若干问题的解释》(法释〔2009〕11号)第21条也明确规定:出租人出卖租赁房屋未在合理期限内通知承租人或者存在其他侵害承租人优先购买权情形,承租人请求出租人承担赔偿责任的,人民法院应予支持。拍卖,属于一种特殊的交易方式,除了遵守《拍卖法》的规定以外,还应遵守其他相关的法律。在拍卖活动中,涉及有承租人的,拍卖人在承接拍卖时必须要注意委托人是否已经尽到了通知的义务。否则,将容易由此而引发法律纠纷。

二、承租人的优先购买权应依法行使

虽然,法律明确规定了承租人享有优先购买权,但需要注意的是,承租人行使优先购买权必须符合法律规定。委托人通过拍卖方式处置出租房屋的,承租人应通过参加拍卖竞拍的方式行使优先购权。承租人没有报名参加竞拍或者在现场放弃竞拍的,视为其放弃优先购买权。对此,《最高人民法院关于审理城镇房屋租赁合同纠纷案件具体应用法律若干问题的解释》(法释〔2009〕11 号)第 23 条规定:出租人委托拍卖人拍卖租赁房屋,应当在拍卖 5 日前通知承租人。承租人未参加拍卖的,人民法院应当认定承租人放弃优先购买权。因此,作为拍卖人,对于涉及承租人的拍卖标的,应该在承接委托时审查委托人是否按照最高人民法院司法解释的要求,提前 5 日通知承租人。如果委托人已经按照司法解释要求提前通知承租人,但承租人在竞拍报名日前没有报名的,可以视为承租人已经放弃了优先购买权。这也就意味着,承租人不能突然出现在拍卖现场要求行使优先购买权。本案中,拍卖委托人某银行 2013 年 1 月 3 日向甲送达告知书,告知其“银行将委托某拍卖公司对出租房产进行拍卖并告知其如有意愿购买,应接到通知后迅速与拍卖行联系报名事宜,否则将视为放弃优先购买权”,甲在告知书上签了字。2013 年 1 月 14 日,某银行与某拍卖公司签订委托拍卖合同书,委托某拍卖公司拍卖标的额为本案涉案房产。1 月 25 日,某拍卖公司在报纸上发布拍卖公告,对涉案房屋相关情况进行了公告。2013 年 2 月 5 日乙将涉案房屋竞买成交。从整个过程来看,甲未在某银行告知的期限内明确表示参与涉案房屋的竞买,法院认定其已经主动放弃了优先购买权是正确的。

三、拍卖活动中如何保障优先购买权

本案中,甲作为承租人并没有参加拍卖公司组织的拍卖活动。但如果承租人参加拍卖活动的,如何保障其优先购买权,《拍卖法》并没有作出明确规定。对此问题,理论和实践中有两种不同的做法:一是“跟价法”,二是“询价法”。“跟价法”是指由通知优先购买权人直接参与竞买,优先购买权人和竞买人一起竞价,实行价高者得。这种做法将优先购买权人视同一般的竞买人。因此,优先购买权人要行使和实现其优先购买权,必须同其他竞买人一样,按照拍卖公告的要求,进行竞买登记,缴纳拍卖保证金,举牌竞买。而“询价法”是指通知优先购买权人到拍卖现场,但不直接参与竞价,待经过竞价产生最高应价者后,由拍卖师询问优先购买权人是否愿意购买。如果其不愿购买,则拍卖标的即由最高应价者购得。如果其愿意购买,则拍卖师询问最高应价者是否愿意再加价,如果其不愿加价,则拍卖物由优先购买权人购得,如果其表示愿意加价,则在加价后再询问优先购买权人。如此反复,直至其中一人退出,拍卖才成交。就公平的角度而言,“询价法”有可能造成其他竞买人措手不及。而且,优先购买权人不直接参与竞价,也就意味着其可以不用像其他竞买人那样缴纳保证金等,万一其竞买成功后反悔,对于拍卖人来讲,也缺乏必要的交

易安全保障。因此,我们建议拍卖人在承接委托拍卖时,可以与委托人协商,要求委托人在告知承租人优先购买权时应报名参加拍卖,以参加竞拍的方式来行使优先购买权。拍卖人在制定发布拍卖公告和拍卖规则时,也宜明确采用“跟价法”。

【案例索引】

一审:河南省商丘市梁园区人民法院(2014)商梁民初字第 01397 号

二审:河南省商丘市中级人民法院(2014)商民三终字第 688 号

75. 某文化传播公司与某绿洁公司排除妨害纠纷案

——竞买人未履行付款义务,其他人能否主张权利

问题提示:1. 拍卖成交后,委托人、拍卖人与买受人之间成立合同关系,买受人未按约定先履行支付成交款义务的,委托人、拍卖人是否有权拒绝交付拍卖标的或拍卖标的的经营权? 2. 拍卖成交后,与拍卖标的有利害关系的民事主体(并非委托人或拍卖人)是否有权依据拍卖合同向拍卖买受人主张权利?

【基本案情】

原告(反诉被告):某文化传播公司

被告(反诉原告):某绿洁公司

人民法院经审理查明:根据济南市人民政府于 2004 年 6 月 24 日下发的通知,燕山健身广场范围内所有绿地及其内部设施和人行道等国有资产划归市园林局管理:市园林局在规定范围内可依法授权广告、停车场、洗车等商业经营活动,通过招投标方式确定管理和经营主体。2004 年 7 月 21 日,济南市园林局向其局属各单位、机关各处室下发通知,明确将燕山健身广场交由某绿洁公司管理,具体管理内容为:燕山健身广场绿地的养护、管理,行道树管理,花卉栽植管理,卫生保洁,并授权某绿洁公司可在规定范围内从事以下广告、停车场、洗车等商业经营活动。

2013 年 3 月 5 日,某绿洁公司申请将燕山健身广场周边合同到期后的四块广告位的经营权交由济南市城管局以拍卖的方式进行出让。济南市园林局向济南市城管局发函表示同意。3 月 5 日,济南市城管局复函,燕山健身广场广告牌载体属公共所有,建议选择拍卖的方式;广告牌出让金需上交市财政。

2013 年 5 月 23 日,某拍卖公司对外发布《广告位经营权拍卖公告》,主要内容为“受济南市城管局委托,定于 2013 年 5 月 31 日 10 时公开拍卖燕山健身广场周边四块广告位 10 年经营权,具体位置分别为:1 号广告位位于……2 号广告位位

于……3号广告位位于济南市燕山立交桥向东约80米处;4号广告位位于济南市燕山立交桥某小区东南方向约80米处"。《竞买人须知》载明,此次拍卖的委托人为济南市城管局,拍卖成交后买受人须现场签署《拍卖成交确认书》《拍卖笔录》等拍卖文件,7个工作日内与委托人签署《广告牌经营权出让合同》。

在2013年5月31日的拍卖会上,某文化传播公司以最高价900万元竞得3号标的、4号标的广告位10年经营权(涉案标的),并与拍卖人签订《拍卖成交确认书》《竞买协议》等材料,其中第7条约定,拍卖价款分两期付清:第一期:签署《拍卖成交确认书》后7日内支付总成交款的50%及标的的各项费用;第二期:签署《拍卖成交确认书》后4个月内支付剩余全部款项。逾期则视为违约,应支付违约金,逾期超过30日的,委托方有权收回广告牌经营权,保证金不予退还,并且其应承担补足再次拍卖价款的差额部分及支付佣金等法律责任。买受人应在拍卖成交后7日内,凭《拍卖成交确认书》与委托方签署《广告牌经营权出让合同》并完善相关设置手续。拍卖标的由委托方负责交付,买受人付清第一笔款项后,可以施工建设广告牌,由城市管理部门办理广告发布许可手续。

2013年11月21日,济南市城管局致函济南市园林局,指出某文化传播公司竞买到3号标的和4号标的后,未按约定支付价款,经多次催缴,拒不履行付款义务,故建议济南市园林局与某文化传播公司解除协议,重新组织拍卖。2013年12月4日某绿洁公司向某文化传播公司发函,表示某绿洁公司将于2013年12月9日前拆除燕山立交桥周边3号标的和4号标的的违章建筑。

原告某文化传播公司诉称:被告某绿洁公司屡次破坏、损坏原告某文化传播公司通过合法途径拥有广告经营权的两处广告牌,起诉要求:(1)被告某绿洁公司立即停止侵害、排除妨碍,将位涉案广告牌位恢复正常的使用功能;(2)被告某绿洁公司赔偿原告某文化传播公司经济损失20万元。

被告某绿洁公司辩称:被告某绿洁公司虽不是涉案广告位的拍卖委托人,但依法享有对涉案广告位的管理经营权。原告某文化传播公司未依约缴纳拍卖价款无权施工设置广告牌。请求法院依法驳回原告的全部诉讼请求。

反诉原告某绿洁公司反诉认为:某文化传播公司在未支付剩余拍卖款的情况下,无权施工建设广告牌,既违背了竞买协议等合同约定,又侵犯了某绿洁公司的合法管理经营权。反诉要求:(1)由某绿洁公司收回某文化传播公司竞拍的涉案广告位经营权。(2)某文化传播公司赔偿因其未缴纳相关拍卖费而给某绿洁公司造成的损失45万元。

反诉被告某文化传播公司辩称:(1)燕山立交桥下健身广场涉案广告位的经营管理权人为济南市园林局,而非某绿洁公司,其无权收回涉案两处广告经营权。(2)某文化传播公司通过合法竞拍的方式,取得涉案广告位的经营权,与某绿洁公司无关。(3)某绿洁公司擅自拆除某文化传播公司的两块广告牌的行为,已经构成侵权行为,应承担相应的侵权赔偿责任。

【裁判结果】

一审:一、驳回原告(反诉被告)某文化传播公司的诉讼请求;二、驳回被告(反诉原告)某绿洁公司的反诉请求。

【争议焦点与裁判理由】

本案的争议焦点是:(1)某文化传播公司在未按《拍卖成交确认书》《拍卖协议》的约定支付第一期拍卖款的情况下,是否有权使用拍卖标的进行广告经营;(2)某绿洁公司是否有权收回涉案标的广告牌经营权,并向某文化传播公司主张赔偿损失。

人民法院经审理认为,某文化传播公司以900万元成为涉案3号标的、4号标的的买受人,应按《拍卖成交确认书》《竞买协议》的约定履行支付拍卖价款的义务。但某文化传播公司未按约在2013年6月7日前支付50%的总成交款,也未在拍卖成交后7个工作日内与委托方签署《广告牌经营权出让合同》。因《拍卖成交确认书》《竞买协议》约定买受人付清第一笔50%款项后,方可施工建设广告牌。故法院认为在此情况下,某文化传播公司亦无权在涉案标的上施工建设广告牌。

鉴于某文化传播公司并未依法取得涉案标的广告牌经营权,某绿洁公司作为燕山健身广场合法的负责人和管理人,其具体经营管理范围包括燕山健身广场绿地的养护、管理、广告等,因此,某绿洁公司有权对某文化传播公司在涉案标的上违法设置的广告牌进行清理。对于某文化传播公司要求某绿洁公司立即停止侵害、排除妨碍,将涉案两处广告牌恢复正常使用功能并且赔偿其经济损失20万元的诉讼请求,没有法律和事实依据,法院不予支持。

针对反诉原告某绿洁公司的反诉请求,法院认为,根据《竞买协议》及《竞买人须知》的约定内容,此次拍卖的委托人为济南市城市管理局,故有权收回涉案标的广告牌经营权的应为此次拍卖的委托方即济南市城市管理局,而非反诉原告某绿洁公司。因此,对于某绿洁公司要求收回涉案标的广告位经营权,以及要求某文化传播公司赔偿损失45万元的诉讼请求于法无据,法院不予支持。

【案例评析】

拍卖成交后,委托人、拍卖人与买受人之间成立合同关系,买受人未按约定先履行支付成交款义务的,委托人、拍卖人有权拒绝交付拍卖标的或拍卖标的的经营权。其法理基础在于,合同当事人享有《合同法》赋予的后履行抗辩权,即《合同法》第67条规定,当事人互负债务,有先后履行顺序,先履行一方未履行的,后履行一方有权拒绝其履行要求。先履行债务一方履行债务不符合约定的,后履行一方有权拒绝其相应的履行要求。本案拍卖合同的委托方济南市城市管理局多次向某文化传播公司催缴第一期拍卖款,某文化传播公司拒不支付,某文化传播公司不享有涉案标的广告位的经营权。某绿洁公司作为合法的负责人和管理人，有权对某文化传播公司在涉案标的上设置的广告牌进行清理。原告某文化传播公司的本诉请求并无依据。

关于其他与拍卖标的有利害关系的民事主体（并非委托人或拍卖人）是否有权依据拍卖合同向拍卖买受人主张权利的问题，根据合同的相对性原则，拍卖成交后，有权向买受人主张权利的主体仅为委托人或拍卖人。即使其他民事主体对于拍卖标的本身享有一定的权利或有一定利害关系，但仍不能依据拍卖合同向拍卖买受人主张合同权利。本案中，根据政府部门的相关文件及通知，某绿洁公司对涉案广告牌位享有相应的经营管理权，但是在拍卖过程中的拍卖委托人为济南市城管局，拍卖人为某拍卖公司，某绿洁公司并非拍卖合同的当事人，其对买受人某文化传播公司不享有合同上的请求权（本案中，某绿洁公司享有的经营管理权严格意义上说也并非物权，亦不享有物权请求权），其主张收回某文化传播公司竞拍的涉案广告位经营权并要求某文化传播公司赔偿相应损失的诉讼请求，缺乏依据，不应得到支持。

【案例索引】

一审：山东省济南市历下区人民法院（2014）历民初字第349号

76. 甲与某农村信用社、某拍卖公司、某实业公司拍卖合同纠纷案

——抵押权人同意拍卖标的物处分的，是否负有解除抵押的义务

问题提示：抵押权人同意拍卖物权利人处分的，是否应当在竞买成功后解除抵押？

【基本案情】

二审上诉人（一审被告）：某农村信用社

二审被上诉人（一审原告）：甲

二审被上诉人（一审被告）：某拍卖公司

二审被上诉人（一审被告）：某实业公司

人民法院经审理查明：2007年5月9日，某实业公司因清偿某农村信用社贷款，委托某拍卖公司拍卖其所有的几处房产，与该房抵押权人某农村信用社签订《委托拍卖合同》，其中约定：由委托人某实业公司向买受人办理交付或转移手续，需要办理产权过户手续的，也由委托人提供相关资料，并协助买受人办理产权过户手续。2007年5月19日公开拍卖会上，甲拍得部分房产。7月6日，甲向某拍卖公

司缴纳拍卖款及佣金50万元,某拍卖公司向甲出具承诺书,承认甲已购买部分房产并已支付相关费用,并承诺协助甲在两个月内办理好房屋所有权证和国土使用权证的过户手续。后由于某拍卖公司没有完成委托人委托的全部标的物的拍卖,未交付全部拍卖款,某农村信用社未解除标的物的抵押权,甲所购买的标的物房屋所有权证和国土使用权证未过户至其名下而酿成纠纷。法院另查明,某实业公司已将甲的购房款用于偿还某农村信用社的贷款。

原告甲起诉认为:请求法院判令三被告办理上述房屋的产权、国土使用权转移手续,退回原告多交的拍卖款1.4万元,承担本案诉讼费。

被告某拍卖公司辩称:原告要求办理所购买门面的产权证和国土使用权证符合法律规定,愿协助办理。但原告请求退还1.4万元购房款与事实不符,经结算,原告共购买门面四间,尚欠拍卖款25.27万元。

被告某实业公司未予答辩。

被告某农村信用社辩称:原告所购买的房屋不是我方拍卖的,某实业公司与我方属财产抵押借贷关系,借款尚未还清,财产抵押关系不能解除,我方没有协助办理房屋产权证、国土使用权证的义务。

【裁判结果】

一审:一、某实业公司将甲拍得的房屋产权证及国有土地使用权过户给甲,某拍卖公司承担协助提供上述标的物拍卖的相关资料;二、某农村信用社办理判决第一项规定范围内的房屋产权、国有土地使用权抵押解除手续;三、某拍卖公司支付3000元给甲;四、驳回甲的其他诉讼请求。

二审:一、维持原审判决第一、三、四项;二、撤销原审判决第二项。

再审:撤销二审判决,维持一审判决。

【争议焦点与裁判理由】

本案的争议焦点是:(1)某农村信用社办理涉案房屋产权、国有土地使用权解除手续是否是该社的应有义务;(2)某农村信用社办理涉案房屋产权、国有土地使用权解除手续是否超出原审被上诉人甲的诉讼请求范围。

根据再审裁判文书,人民法院认为,某农村信用社作为抵押权人有权阻止所有权人擅自处分抵押的财产,但本案所有权人某实业公司拍卖抵押标的物事前征得抵押权人某农村信用社的同意,并就如何清偿其债务作了约定。既然某农村信用社同意某实业公司拍卖抵押标的物,甲通过竞卖取得涉案房屋,并付清了全部购房款,而某实业公司又将该款偿还了某农村信用社的贷款,那么某农村信用社就有义务解除该房屋的抵押权。甲在诉讼请求中虽未直接提出由某农村信用社解除抵押手续,但要求包括某农村信用社在内的三原审被告办理涉案房屋所有权转移手续,之所以要将其列为被告之一,就是要求其解除抵押担保关系。原二审认定某农村信用社办理涉案房屋产权、国有土地使用权解除手续超出甲的诉讼请求范围不当,应予以纠正。原一审处理正确，应予以维持原判。

【案例评析】

一、抵押权人同意拍卖物处分的，应当负有解除抵押关系的义务

取得标的物的所有权是买受人交易的目的，将标的物所有权转移给买受人，此为出卖人的主合同义务。转移标的物的所有权是在交付标的物的基础上，实现标的物所有权的转移，使买受人获得标的物的所有权。而根据《物权法》的规定，不动产所有权的转移须依法办理所有权转移登记，未办理登记的，标的物的所有权不发生转移。所以，在不动产买卖中，出卖人有义务配合、协助买受人进行产权变更登记。而拍卖合同作为一种特殊的买卖合同，同样适用上述规定。《拍卖法》第 24 条规定，拍卖成交后，拍卖人应当按照约定向委托人交付拍卖标的的价款，并按照约定将拍卖标的移交给买受人。《拍卖法》第 31 条规定，按照约定由委托人移交拍卖标的的，拍卖成交后，委托人应当将拍卖标的移交给买受人。《拍卖法》第 55 条规定，拍卖标的需要依法办理证照变更、产权过户手续的，委托人、买受人应当持拍卖人出具的成交证明和有关材料，向有关行政管理机关办理手续。本案中，甲与某拍卖公司签订的竞卖合同是双方的真实意思表示，甲通过公开拍卖会取得的标的物未违反我国《拍卖法》的相关规定，参与拍卖各方当事人应当依法履行拍卖义务。甲在给付拍卖款和佣金后，请求拍卖人、拍卖委托人、抵押权人完成拍卖标的物的产权、国土使用权过户手续符合法律规定。某实业公司应当将拍卖标的物的产权证、国土使用权证过户给甲，某拍卖公司应当协助。某农村信用社作为委托拍卖合同的当事人一方（拍卖标的之抵押权人），也应当在拍卖合同实际履行时将标的物产权证、国土使用权证予以解除抵押，否则甲无法办理该房屋的产权、国有土地使用权转移手续。对拍卖合同中相关交易方而言，上述协助行为既是约定义务也是法定义务。

二、一审法院判决某农村信用社办理诉争房屋产权、国有土地使用权抵押解除手续是否超出了原告诉请

某农村信用社作为拍卖标的物的抵押权人与某实业公司、某拍卖公司签订了《委托拍卖合同》，约定拍卖款优先偿还借款本息，其目的在于拍卖标的物优先受偿。标的物拍卖成交后，委托人如要将标的物移交给买受人，就必须解除拍卖标的物的抵押权手续。根据《委托拍卖合同》的约定，办理涉案房屋产权、国有土地使用权抵押权解除手续，是某农村信用社的当然义务。如果涉案房屋产权、国有土地使用权抵押权不解除，涉案房屋产权、国有土地使用权就无法转移。甲的原审诉请是请求判令三原审被告办理涉案房屋产权、国有土地使用权转移手续，而这些权利的转移手续当然包括办理涉案房屋产权、国有土地使用权抵押权解除手续。二审法院认为，甲通过拍卖所获得的房屋所有权不能对抗抵押权人的抵押优先权。抵押权是否解除应依照抵押权人的意思表示和债务人对债务清偿情况处理。但本案中,抵押权人早已同意拍卖,并欲就拍卖款优先受偿,而事后债务人某实业公司也已将甲的购房款用于偿还某农村信用社的贷款,系争房产的债务已经得到清偿,某农村信用社理应解除系争房产的抵押权,使诚实支付拍卖款的买受人顺利取得拍卖标的物的所有权。某农村信用社解除抵押,履行的是拍卖合同中的交付标的物及与交付相关的协助义务,并不涉及担保效力的确认等问题。故一审法院判决某农村信用社办理涉案产权、国有土地使用权抵押权解除手续没有超出甲的诉讼请求范围。

【案例索引】

一审:湖南省衡阳市石鼓区人民法院(2007)石民二初字第160号

二审:湖南省衡阳市中级人民法院(2008)衡中法民二终字第30号

再审:湖南省衡阳市中级人民法院(2010)衡中法民二再终字第8号(此案由湖南省衡阳市中级人民法院审判委员会决定再审,因此没有再审申请人,特此说明。)

---

77. 某农牧车辆公司与某银行分行、某拍卖行、甲物权保护纠纷案

——拍卖标的未办理权属变更登记,是否侵害他人权益

问题提示:对于经过法院裁判抵债的财产权,在尚未办理权属变更登记的情况下,债权人能否委托拍卖,拍卖是否无效?

【基本案情】

抗诉机关:黑龙江省人民检察院

申诉人(一审原告、二审被上诉人、再审被申请人):某农牧车辆公司

被申诉人(一审被告、二审上诉人、再审申请人):某银行分行

被申诉人(一审被告、二审上诉人、再审申请人):某拍卖行

被申诉人(一审第三人、二审上诉人、再审申请人):甲

人民法院经审理查明:1996年3月4日,案外人某机械厂破产。某机械厂截至破产时尚欠债权人某银行分行贷款本息3017万元,齐齐哈尔市中级人民法院于1996年9月裁定某机械厂将抵押财产(37本房照所属房屋,面积22 515.44平方米和部分机器)核款给某银行分行偿付贷款,某银行分行未得到清偿的债权不再清偿,某机械厂破产程序终结。1998年6月3日,经黑龙江省体改委批复,某农牧车辆公司发起设立,其中某机械厂破产后将在职职工安置费量化到人持股。1998年10月26日,某农牧车辆公司与某银行分行签订最高额抵押合同,贷款金额为676万元,由某农牧车辆公司将某机械厂抵押给某银行分行的37本房照中的5本变更

所有权人为某农牧车辆公司后，抵押给某银行分行。1998年11月9日，某银行分行以转贷形式给某农牧车辆公司贷款300万元用于偿还某机械厂贷款。

某银行分行于2005年1月14日、2月23日与某拍卖行签订委托拍卖合同。2005年1月17日，某拍卖行刊登公告，对包括某机械厂厂房在内的十五项拍卖物品进行拍卖，公告规定登记时间自2005年1月17日起至2005年1月23日下午3时止，拍卖时间依投买登记情况电话通知。2005年2月24日，某银行分行刊登拍卖公告，委托拍卖机构拍卖抵债资产，其中第17号资产内容为："齐齐哈尔某机械厂厂房，位于卜奎南大街240号，占地面积9.6万平方米。资产包括生产车间、仓库、车间办公室、休息室、锅炉房等，总建筑面积12 202.62平方米，房产状况较好，且交通便利，水、电设备齐全，适用于生产加工业。参考价：每平方米150元，计180万元"。2005年3月1日某银行分行出具《关于齐齐哈尔某机械厂债权拍卖有关瑕疵情况说明》，3月14日给某拍卖行出具保留底价确认函，其中某机械厂拍卖形式为债权转让，参考底价和委托人确认价均为180万元，第三人甲于当日以180万元价格竞买此标的。2005年3月17日，第三人甲与某拍卖行签订拍卖成交确认书，确认书中其他规定为成交后买受人认可买得灭失部分为债权，未灭失房产部分为产权。另查明，某机械厂破产后其厂房和机械设备等由某农牧车辆公司管理、使用至今，2005年12月19日某机械厂工业用地土地使用权证变更为某农牧车辆公司。

原告某农牧车辆公司诉称：某银行分行和某拍卖行违法拍卖属于某农牧车辆公司的资产，要求某银行分行承担侵权责任，认定某拍卖行为无效，某拍卖行与买受人签订的拍卖成交确认书无效，由某银行分行和某拍卖行返还其合法拥有的房地产和32本房屋产权证。

被告某银行分行辩称，原告某农牧车辆公司无诉权。某银行分行委托拍卖的原某机械厂财产是该行依法受偿的财产，某银行分行根据拍卖法及合同法规定，与某拍卖行签订合同，某拍卖行依照拍卖法进行一系列某拍卖行为，原告主张某拍卖行为无效没有法律和事实依据。

被告某拍卖行认为，拍卖财产的权利人是某银行分行，原告某农牧车辆公司并非拍卖活动当事人，不具备诉权，同时某拍卖行为合法有效。

第三人甲认为其作为买受人，依法竞买的标的物应受法律保护。

【裁判结果】

一审：某拍卖行于2005年3月14日拍卖原某机械厂厂房的行为无效，驳回原告某农牧车辆公司其他诉讼请求。

二审：驳回上诉，维持原判。

第一次再审：某银行分行、某拍卖行、甲不服二审判决，向齐齐哈尔市中级人民法院提起再审，再审判决维持二审判决。

第二次再审：某银行分行、某拍卖行、甲不服再审判决，向黑龙江省高级人民法院提起再审,黑龙江省高级人民法院指令齐齐哈尔市中级人民法院再审,再审判决撤销齐齐哈尔市中级人民法院(2011)齐民再终字第16号(第一次再审判决)、(2009)齐民一终字第348号(二审判决)及龙沙区人民法院(2008)龙民初字第473号民事判决(一审判决),并驳回某农牧车辆公司的诉讼请求。

第三次再审:某农牧车辆公司不服,向黑龙江省人民检察院申请监督,检察机关向黑龙江省高级人民法院提出抗诉。再审判决维持齐齐哈尔市中级人民法院(2013)齐民再终字第10号民事判决(第二次再审判决)。

【争议焦点与裁判理由】

本案的争议焦点为,涉案拍卖是否有效。

根据再审裁判文书,人民法院认为,双方争议的32本房照所涉房产是齐齐哈尔市中级人民法院通过某机械厂破产还债程序,将32本房照所涉房产及某农牧车辆公司赎回的5处房产评估作价,抵顶某机械厂所欠某银行分行贷款。32本房照所涉房产虽未办理更名过户手续,但实际产权人已为某银行分行,某银行分行对此32本房照所涉房产有权处分。1998年10月26日,某农牧车辆公司与某银行分行签订最高额抵押合同,由某农牧车辆公司将某机械厂抵押给某银行分行的37本房照中的5本变更所有权人为某农牧车辆公司后,抵押给某银行分行。某银行分行以转贷形式给某农牧车辆公司贷款300万元用于偿还某机械厂贷款。但对32本房照所涉房产如何处理,没有证据证明双方已达成一致意见。某银行分行委托具有资质的某拍卖行公开拍卖上述房产并无不当。甲是通过拍卖程序买受了该32本房照所涉房产。根据拍卖法规定,只有存在"竞买人之间、竞买人与拍卖人之间恶意串通,给他人造成损害的"的情形才可导致拍卖无效。甲购买32本房照所涉房产不存在上述情形,故拍卖合法有效,故对某农牧车辆公司的诉讼请求不予支持正确。

【案例评析】

本案在审理中,争议焦点集中在以下两个方面。

一、某银行分行是否有权委托拍卖涉案32套房产

涉案32套房产,在某机械厂破产过程已作为37套房产的一部分,所有权转移给某银行分行,用以抵消无法偿还某银行分行的贷款。虽然,某银行分行与某农牧车辆公司之间存在5套房产所有权及转贷事宜,但并未涉及本案争议的32套房产所有权问题。但某银行分行并未对32套房产进行所有权登记变更,登记所有权人仍为某机械厂,而与此同时,某农牧车辆公司由于长期占有使用某机械厂财产,获得了32套房产土地使用权登记证书。房地产权登记不一致造成了本案判断32套房产所有权归属出现困难。一审和二审法院认为某农牧车辆公司享有32套房产所有权,是根据《物权法》第9条的不动产物权登记生效主义,"不动产物权的设立、变更、转让和消灭,未经登记,不发生效力",某银行分行没有变更房产登记,即其并未取得房产所有权。但一审和二审法院的判决忽略了某银行分行虽然没有通过变更登记取得房产所有权，但通过破产裁定，某银行分行获得32套房产的处分权。

《拍卖法》第6条规定，“拍卖标的应当是委托人所有或者依法可以处分的物品或者财产权利”。故而某银行分行委托某拍卖行对32套房产拍卖，并未违反拍卖法的规定。

二、拍卖标的权属有争议是否导致拍卖无效

《拍卖法》第58条规定，“委托人违反第六条的规定，委托拍卖其没有所有权或者依法不得处分的物品或者财产权利的，应当依法承担责任。拍卖人明知委托人对拍卖物品或者财产权利没有所有权或者依法不得处分的，应当承担连带责任”。但对于“委托人对拍卖物品或者财产权利没有所有权或者依法不得处分的”，法律并未规定拍卖无效。

关于拍卖无效，《拍卖法》中仅在第65条规定，“竞买人之间、竞买人与拍卖人之间恶意串通，给他人造成损害的，拍卖无效”。可见在拍卖法的直接规定中，仅“恶意串通给他人造成损害”的情形可以主张拍卖无效。在拍卖标的不属《拍卖法》第7条所规定的法律和行政法规明确禁止买卖范畴的情形下，委托人、拍卖人等存在瑕疵行为，法律仅规定责任人承担赔偿责任，并未规定拍卖必然无效的法律后果。因此，拍卖是否无效于拍卖标的权属是否有争议没有必然联系。

【案例索引】

一审：齐齐哈尔市龙沙区人民法院（2008）龙民初字第473号

二审：齐齐哈尔市中级人民法院（2009）齐民一终字第348号

第一次再审：齐齐哈尔市中级人民法院（2011）齐民再终字第16号

第二次再审：齐齐哈尔市中级人民法院（2013）齐民再终字第10号

第三次再审：黑龙江省高级人民法院（2015）黑监民再第15号

三、拍卖当事人纠纷问题

78. 甲与某产权交易公司拍卖合同纠纷案

——不具有拍卖资质企业组织招投标交易性质的认定

问题提示：未取得拍卖资质企业组织的招投标交易，是否属于《拍卖法》的拍卖行为？

【基本案情】

上诉人(一审被告)：某产权交易公司

被上诉人(一审原告)：甲

人民法院经审理查明：某经济合作社委员会(以下简称某经合社)经浙江省武义经济开发区经济发展局批复同意后，在开发区村留地内建造了某村综合大楼一幢(现某大酒店)。2013年7月31日，某经合社与某产权交易公司签订委托合同，委托其将鸣阳村综合大楼(现通利大酒店)整体房产承租权进行交易。双方于2013年8月1日共同发布产权交易公告，公告载明：将于2013年8月16日在某产权交易公司交易大厅举行交易会，具体事项如下：(1)交易标的及起标参考价：鸣阳村综合大楼(现通利大酒店)整体房产承租权，共七层，总面积约5000平方米，停车场面积约550平方米，租期10年，延期3个月为装修期，整体起标价148万元/年，保证金120万元。(2)展示及咨询报名：公告之日起接受咨询、勘察标的，有意者请于2013年8月15日前办理报名竞价手续……

2013年8月14日，甲领取了某产权交易公司交易会文件汇编资料，其中特别规定中载明：(1)本次交易标的未腾空，以实际交付日现状为准，本公司不承担质量瑕疵担保责任。竞标人必须在竞标前实地看样了解交易标的的具体情况。一旦进入交易会参加竞标，即表示竞标人已完全了解并认可交易标的质量以现状为准。……(2)1号标通利大酒店整体房产承租权，其尚未办理土地证及房产证，竞标人在参与竞标前须自行向消防、工商、税务、卫生、文化等部门了解有关行政许可审批手续。经营项目须通过相关部门审批验收后，方可投入营业。中标人须在中标当日向本公司付清总中标价2%的佣金，在二至七楼房产交付当日付清全部中标款，投标保证金(不计息)冲抵中标款，以后年度租金按签订的《租赁合同》向委托人及时交纳，并与委托人签订《租赁合同》，同时交纳履约保证金20万元。2013年8月15日，甲交纳保证金120万元后，参加竞标，以247万元/年中标，交纳佣金4.94万元。甲在成交确认书上签名，某产权交易公司在确认书上盖章。

2013年12月5日、11日甲连续两次向某产权交易公司发函，要求其于2013年12月15日前提供如下材料：出租房屋的建设规划许可证；该房屋的土地性质及权属证书（如未办理，请明确未能及时办理的原因、何时能办理完成的期限）；出租房屋属商业用房还是工业用房，请提供相关依据；该出租房屋的验收合格报告及消防验收合格报告。但某产权交易公司一直未提供相关资料。为此，甲拒绝签订租赁合同。

原告甲诉称：被告某产权交易公司拍卖程序违法、拍卖标的违法、隐瞒事实且拒不提供拍卖标的相关资料，给原告造成极大损失。请求判令：(1)解除双方的房屋承租权的招标法律关系；(2)被告某产权交易公司立即归还原告竞标保证金120万元及佣金4.94万元；(3)被告某产权交易公司向原告支付利息损失14.647万元。

被告某产权交易公司辩称：我公司组织的招投标程序合法。原告经过竞标，取得综合大楼使用权，并在成交确认书上签字，整个招标程序已经完成。通过招标签订的《租赁合同》中的义务应由某经合社履行，原告将某产权交易公司列为被告是不适格的。

【裁判结果】

一审：一、原告甲与被告某产权交易公司签订的成交确认书无效；二、被告某产权交易公司于本判决生效后七日内返还原告甲佣金4.94万元、竞标保证金120万元；三、驳回原告甲的其他诉讼请求。

二审：一、撤销浙江省武义县人民法院(2014)金武商初字第239号民事判决；二、解除甲与某产权交易公司于2013年8月16日签订的《成交确认书》；三、某产权交易公司于本判决生效之日起十日内返还甲保证金120万元；四、驳回甲的其他诉讼请求。

【争议焦点与裁判理由】

本案的争议焦点是：(1)某产权交易公司组织的产权交易方式如何定性，能否构成拍卖行为；(2)某产权交易公司与甲签订的成交确认书效力如何，能否解除。

根据生效裁判文书，人民法院认为，关于争议焦点一，某产权交易公司受某经合社的委托，对某村综合大楼整体房产的承租权，采取公开竞价，由价高者获得权利，与某经合社签订租赁合同的方式，虽然在形式上与拍卖的公开竞价方式具有相似性，但因其是以转移房屋使用权为目的，并非是将特定物品或财产权利转让给最高应价者的买卖方式，不属拍卖行为。而甲与某产权交易公司签订的成交确认书系双方真实意思表示，也不违反法律法规的禁止性规定，依法有效成立。因此，一审以某产权交易公司在选择承租人时采用公开竞价的方式即认定本案双方的合同关系为拍卖合同关系,并据此认定双方签订的成交确认书无效不当,应予纠正。关于争议焦点二,即本案合同是否可以依法解除问题。因甲在中标后发现无相关权属证书而拒绝与某经合社签订租赁合同,并已另租他地,且二审中某产权交易公司也表示同意解除合同,故本案合同依法予以解除。某产权交易公司就涉案房产的承租权举行交易会时,在其发布的交易公告中载明“……某村综合大楼(现某大酒店)……”等内容,并要求承租人承诺将该租赁房屋用于商业、宾馆、餐饮、写字楼等合法经营项目,上述公告内容及承诺要求对竞租人产生一定误导,使其误认为可将涉案房产用于开设酒店宾馆。而甲分别于2013年12月5日、11日两次发函,要求某产权交易公司在2013年12月15日之前提供涉案房产的权属证书等相关资料,但直至一审审理结终,某产权交易公司亦未向甲提供相应的权属证书。对此,某产权交易公司未履行应尽之义务。同时,某产权交易公司已在特别约定中明确告知涉案房产尚未办理土地证及房产证等权属证书,但甲对尚未办理权属证书的后果,特别是对其经营项目的限制缺乏认识和了解,导致其中标后,发现无权属证书无法实现租赁目的,而拒绝与某经合社签订租赁合同,可见其未尽相应谨慎义务。

【案例评析】

随着我国市场经济的发展,现实中存在多种多样的产权交易方式。部分交易行为方式表面名称上未使用拍卖等词句,往往以竞标、竞买等名义进行,但如何判断交易行为实际已经构成了拍卖行为呢?判断当事人的交易行为是否构成拍卖行为,不能仅从该交易的名义、名称上进行判断,而是应当从该交易行为的实质特征上予以考量。

首先,从程序上讲,根据《拍卖法》第11条的规定,设立拍卖企业必须经所在地省、自治区、直辖市人民政府负责管理拍卖业务的部门审核许可,并向工商行政管理部门申请登记,领取营业执照。根据《拍卖管理办法》第13条的规定,申请设立拍卖企业及分公司,应当先经企业或公司所在地市级商务主管部门审查后报省级商务主管部门核准并颁发拍卖经营批准证书。申请人持拍卖经营批准证书向所在地工商行政管理机关办理登记手续。因此,拍卖活动作为一种非常专业化的交易方式,必须由经过商务部门的批准和工商行政管理部门登记的拍卖企业依照法定的程序来进行。否则都不应当属于《拍卖法》所规定的拍卖行为。本案中,被告从事拍卖业务未取得相关合法手续,不具有拍卖资质。因此其组织的竞标的产权交易方式并不属于拍卖行为。

其次,从实体上讲,根据《拍卖法》第3条规定:“拍卖是指以公开竞价的形式,将特定物品或者财产权利转让给最高应价者的买卖方式。”拍卖是一种特殊的买卖方式,是一种所有权转让的方式。同时拍卖还需要具有公开、竞价、最高者得等特点。本案拍卖标的为房产承租权,而不是所有权的转让,因此本身拍卖活动就是无效的,不属于《拍卖法》的适用范围。本案某经合社委托被告某产权交易公司对房产租赁权进行交易的过程中,虽然事先发布相关公告和交易规则,并安排潜在购买人看样,接受咨询,并由潜在购买人支付保证金,获取竞价资格,在公告的交易日期,以公开竞价的方式,将标的转让给由出价最高者,但是不符合拍卖作为所有权转让的法律特征,不应当受到《拍卖法》关于拍卖标的强制性规定的约束。

被告某产权交易公司对该房产未取得国有土地使用权证、建设工程规划许可证、房屋所有权证,事后亦未补办以上手续和证件,根据《最高人民法院关于审理城镇房屋租赁合同纠纷案件具体应用法律若干问题的解释》第 3 条的规定,不能成为租赁法律关系的标的,就此标的签订的租赁协议无效,就此标的委托进行的拍卖则违反了《拍卖法》第 7 条的禁止性强制规定,应当认定为无效。

在拍卖合同被认定无效后,应按《合同法》第 58 条的规定处理,在确定由当事人相互返还财产、赔偿损失等事宜时,仍应考虑合同当事人的具体过错情况。本案中,甲应当知道被告某产权交易公司并不具备拍卖资质,且拍卖的房产租赁权中的房产未取得国有土地使用权证、建设工程规划许可证、房屋所有权证,仍然参加竞拍,故其要求被告某产权交易公司赔偿利息损失的请求,不应当得到支持。

【案例索引】

一审:浙江省武义县人民法院(2014)金武商初字第 239 号

二审:浙江省金华市中级人民法院(2014)浙金商终字第 996 号

79. 甲与某拍卖行分行土地拍卖协议效力纠纷案

——无资质拍卖师主持拍卖的效力

问题提示:拍卖程序由无资质的拍卖师主持,是否必然影响拍卖活动的效力?

【基本案情】

上诉人(一审第三人):乙

被上诉人(一审原告):甲

被上诉人(一审被告):某拍卖行分行

人民法院经审理查明:2002 年 8 月,甲通过转让从丙手中取得潢川县城关镇弋阳路土地一块的使用权,价格 13 万元,甲分批支付了 45 000 元,尚欠 85 000 元一直未付。2004 年 7 月,丙向法院起诉,要求甲支付欠款。经调解,双方达成还款协议。因甲未履行首期付款义务,2005 年 1 月 18 日,丙向潢川县人民法院申请强制执行。法院立案后,委托潢川县开源地价评估咨询有限责任公司对甲的土地进行价值评估并出具了《土地估价报告》。2005年4月6日,法院发出公告,向甲送达执行通知书和《土地评估报告》,9月21日,委托某拍卖行分行对该块土地进行拍卖。叫拍人丁最后敲定该宗土地拍卖成交价为92 000元,被第三人乙竞买。2007年4月13日,乙办理了土地使用权过户登记手续。另查,叫拍人丁未取得拍卖师资格证书。

上诉人乙诉称,其竞买的土地是在某拍卖行分行受潢川县人民法院的委托通过竞拍并支付相应的价款取得的,被告有理由相信潢川县人民法院和某拍卖行分行拍卖行为合法有效。且于2007年4月13日办理了土地使用权过户登记手续,并建房出售。被告属于善意取得该土地使用权,善意受让人取得不动产后,该不动产原所有权消灭。

被上诉人甲辩称:2008年8月甲从杭州回到潢川,才得知土地被拍卖并且土地上已建成房屋,叫拍人丁未取得拍卖师资格证书,要求依法确认拍卖成交协议无效并撤销该确认行为,同时责令被告赔偿原告因此拍卖行为而遭受的经济损失。

【裁判结果】

一审:被告主持拍卖、第三人乙竞买的拍卖成交协议无效。

二审:撤销(2012)潢民初字第423号民事判决,确认某拍卖行分行拍卖行为有效,驳回被上诉人甲的诉讼请求。

【争议焦点与裁判理由】

本案的争议焦点为,拍卖程序的瑕疵可否直接导致拍卖无效以及双方签订的土地拍卖协议无效。

根据生效裁判文书,人民法院认为,上诉人乙竞买的土地,是通过法院委托拍卖行在公开、公平和具有公信力的买卖活动中取得的。在本次拍卖活动中,叫拍人虽然未取得拍卖师资格,违反了《拍卖法》关于拍卖活动应当由拍卖师主持的规定,但该规定不在于禁止行为效果的发生,而在于规范行为手段或行为方式,属于行政管理规范的要求。上诉人乙是通过竞拍活动取得的土地,不因叫拍人资格瑕疵而使其所取得的土地无效,其善意取得的财产应该得到保护。

【案例评析】

本案在审理中,主要集中在以下两个争议焦点:

一、叫拍人资格瑕疵是否导致拍卖无效

拍卖活动应当由拍卖师主持。拍卖师是指通过拍卖师资格考核,由拍卖行业协会发给拍卖师资格证书,主槌拍卖活动的主持人。大多数国家的拍卖法律都规定,拍卖活动应当由拍卖师主持,以便规范拍卖行的拍卖活动,但如果拍卖不是由专业拍卖师主持,是否必然导致拍卖无效?

拍卖无效是指拍卖程序因存在瑕疵,使已经完成的拍卖程序并不产生拍定的效力。导致拍卖无效的原因,理论及实务界存在很大的争议。《拍卖法》对拍卖采取了严格限制的立法态度，仅第 65 条规定了一种拍卖无效的情形，即“竞买人之间、竞买人与拍卖人之间恶意串通，给他人造成损害的”。除非出现第 65 条规定的情形，否则即使拍卖程序出现些许瑕疵，也不应当轻易否定拍卖的效力，应尽量维持拍卖交易的安定性、安全性。否则仅因拍卖过程中的部分瑕疵，而简单否定拍卖效力，将导致资源浪费和效力低下，并滋生因无效所带来的逆回程序的诸多操作困难。

本案中，某拍卖行分行主持的拍卖活动非由拍卖师主持，应该说，拍卖程序确实存在一定瑕疵。但除此之外的拍卖程序与整个拍卖活动的实施均依法进行，整个拍卖活动公正公开，并未违反《拍卖法》第 65 条的规定，另买受人已经依法办理了土地使用权过户登记手续，因此拍卖程序应属有效。

二、拍卖程序瑕疵可否作为确认土地拍卖协议无效的依据

本案审理中，一审法院认为该次土地拍卖行为违反了《拍卖法》第 14 条关于“拍卖活动应当由拍卖师主持”的强制性规定，故该次拍卖成交协议无效。

强制性法律规范区分为管理性强制性规范和效力性强制性规范。管理性规范是指法律及行政法规没有明确规定违反此类规范将导致合同无效或者不成立，而且违反此类规范后如果使合同继续有效也并不损害国家或者社会公共利益，而只是损害当事人的利益的规范。管理性规范旨在对违反行为的管理和处罚，以禁止行为为目的，并不否定该行为的私法效力。效力性规定是指法律及行政法规明确规定违反了这些禁止性规定将导致合同无效或者合同不成立的规范；或者是法律及行政法规虽未明确规定违反这些禁止性规范后将导致合同无效或者不成立，但是违反了这些禁止性规范后如果使合同继续有效将损害国家利益和社会公共利益的规范。效力性规定旨在对违反行为的价值否定，以否定行为的法律效力为目的，意在否定其民商法上的效力。判断是否系效力性强制规范，可以参考以下标准：一是法律、行政法规是否明确违反该规定导致合同无效；二是法律、行政法规虽未明确违反该规定导致合同无效，但是合同继续履行将损害国家、集体或者第三人利益。若符合上述标准可以认定为效力性强制规定，若不符合则应按违反管理性强制规定处理。《合同法》第 52 条关于合同无效的规定，第 5 款规定的“强制性规定”，仅指效力性强制性规定。

本案中，要认定拍卖协议是否无效，就要确定《拍卖法》第 14 条之相关规定是否属于效力性强制性规定。首先《拍卖法》并未明确规定违反“拍卖活动应当由拍卖师主持”将导致合同无效。其次针对拍卖活动由非拍卖师主持是否会有损国家、集体或者第三人利益，某拍卖行分行在整个拍卖活动中，对拍卖的标的、程序、实施进行了符合法律规定的操作，买受人也是以合法合理的价格取得了拍卖标的且办理了土地使用权过户登记手续，保障了委托人、买受人以及潜在的竞拍人的权利。即使该拍卖并非由拍卖师主持，对国家、集体或者任意第三人也不会造成任何权利的损害或利益的损失。因此,本案中的拍卖活动违反“拍卖活动应当由拍卖师主持”的规定,属于违反了管理性强制性规定,未违反效力性强制规定,不应否定拍卖成交协议的效力,原告诉请确认合同无效,不能得到支持。

【案例索引】

一审:河南省信阳市潢川县人民法院(2012)潢民初字第423号

二审:河南省信阳市中级人民法院(2012)信中法民终字第1297号

80.某房地产公司与某国土资源局建设用地使用权纠纷案

——非拍卖公司组织拍卖的效力

问题提示:由非拍卖公司组织的拍卖能否适用《拍卖法》?

【基本案情】

原告(反诉被告):某房地产公司

被告(反诉原告):某国土资源局

人民法院经审理查明:2007年7月5日,某国土资源局委托某公共资源交易中心公开出让新城区四期03-08地块国有土地使用权。《拍卖出让须知》载明:(1)A区块开发建设时间须视县职教中心迁建工程进度而定;(2)标的物为该地块的现状,七通一平等配套设施由竞得人自行解决,竞买者应当实地踏勘;(3)如果竞得人不能按时支付土地出让金的,每日按迟延支付款项的0.1%向某国土资源局缴纳滞纳金,任何一期款项延期付款超过1个月,某国土资源局可单方解除《出让协议书》。《规划设计条件通知书》约定:地块内建筑与东南侧加油站应按相关规范规定保持一定的距离。

2007年7月27日,某房地产公司以8100万元中标。《拍卖成交确认书》约定:某房地产公司实地踏勘拍卖地块,以8100万元成交,保证按《出让协议书》规定时限付清全部成交价款;某房地产公司开出的银行支票或汇票在有效期内不能兑现或不能全部兑现的,以及某房地产公司不在规定的时间签订《出让协议书》《出让合同》的,均被视为违约;某国土资源局可取消某房地产公司的竞得资格,没收履约保证金。《出让协议书》约定:拍卖成交价为8100万元;某房地产公司分期支付地价款:第一期:在签订《出让协议书》后15天内,支付50%;第二期:在《出让协议书》签订后2个月内,与某房地产公司转签《出让合同》时,缴足地价款。2007年8月2日,某房地产公司向某产权交易拍卖行支付拍卖佣金79.1万元。

2007年8月、10月、12月,某房地产公司向洞头县委、洞头县政府提出:地块中央部位供电联建地块将诉争地块一分为二、地块后山背有一个加油站、加油站及职教中心没有明确搬迁时间、地块内还有民房并有人居住、供电联建房重新调整需大量时间，并要求分期延交土地出让金。截至2007年12月，某房地产公司共支付3000万元。2008年7月11日，新城指挥部作出(2008)7号会议纪要：明确职教中心的拆建方案；供电联建地块移到靠近职教中心位置，某房地产公司用地减少607平方米，不减少建筑面积指标；望海山庄项目使用某房地产公司地块约640平方米作为消防通道，建议按中标价收回，不减少建筑面积指标；地块的开发方案设计可以不考虑加油站的影响。8月22日，洞头县县长办公会议纪要原则同意新城03－08地块争议协调方案。8月7日，某国土资源局向某房地产公司发出《催缴土地出让金通知书》，要求某房地产公司于2008年8月31日前缴足8100万元。8月27日，某房地产公司复函称根据新城指挥部(2008)7号会议纪要，其有理由拒付剩余地价款。11月5日，某房地产公司向某国土资源局发出《解除合同通知书》。12月19日，某国土资源局向某房地产公司发出解除国有土地使用权出让协议的通知。2009年6月，某国土资源局重新拍卖涉案地块，出让款为5650万元。

某房地产公司诉称，本案出让协议的解除，违约责任在于某国土资源局。现经双方同意，出让协议已解除，某房地产公司已缴纳的土地款应予如数返还，某房地产公司为此开发项目投入的前期费用和利息应由某国土资源局赔偿。但某国土资源局至今未按规定返还土地款及赔偿损失。故以某国土资源局违约为由，请求判令：1. 某国土资源局返还土地款3000万元；2. 某国土资源局按年利率6.6%支付上述金额至实际返还时止的利息；3. 某国土资源局按双倍返还保证金的标准，支付违约金280万元；4. 某国土资源局赔偿损失1 260 141.02元；5. 诉讼费由某国土资源局承担。

某国土资源局辩称，某房地产公司通过公开拍卖出让取得国有土地使用权后，不按照《拍卖出让须知》《拍卖成交确认书》以及《出让协议书》的约定缴纳地价款，已经构成违约，在某国土资源局催告后仍不履行。某国土资源局解除《出让协议书》符合合同的约定以及法律的规定，应予支持。相反，某房地产公司借口地块存在瑕疵不交地价款理由不足，其解除合同应属无效。故提起反诉：(1)确认某国土资源局解除合同有效；(2)确认某房地产公司解除合同无效；(3)确认某房地产公司280万元履约保证金归某国土资源局所有；(4)某房地产公司向某国土资源局支付滞纳金2483.03万元；(5)某房地产公司赔偿某国土资源局损失约2450万元。

【裁判结果】

一审：一、某国土资源局返还某房地产公司土地出让金3000万元及并支付利息；二、某房地产公司支付某国土资源局土地出让金滞纳金842.23万元；三、驳回某房地产公司其他诉讼请求；四、驳回某国土资源局其他反诉请求。

【争议焦点与裁判理由】

本案的争议焦点是:(1)本案的合同违约方与解除合同的效力;(2)违约责任与损害赔偿。

人民法院经审理认为:(1)本案的合同违约方与解除合同的效力。供电联建地块位置、加油站、地块内建筑物、机器设备问题,《拍卖出让须知》等文件已明示,某房地产公司在拍卖前均已明知,不能作为其不交或者迟交土地出让金的理由,某房地产公司迟交土地出让金构成违约。新城指挥部(2008)7号会议纪要,应视为洞头县政府与某国土资源局的承诺,双方达成补充协议。某国土资源局未完成会议纪要设定的义务,已构成违约。根据《城市房地产管理法》第16条的规定,市、县人民政府土地管理部门未按照出让合同约定提供出让的土地的,土地使用者有权解除合同。某房地产公司于2008年11月5日通知某国土资源局解除合同,故《拍卖成交确认书》与《出让协议书》于2008年11月5日解除。(2)违约责任与损害赔偿。某房地产公司未按约支付土地出让金,洞头县政府与某国土资源局未履行会议纪要确定的义务,双方违约。拍卖佣金系订立合同过程中必须支付的必要的交易成本,因双方均有过错,故某房地产公司要求某国土资源局赔偿拍卖佣金79.1万元,缺乏法律依据;双方当事人虽在有关合同中约定履约保证金为280万元,但无证据证明履约保证金为定金性质,故不支持某房地产公司双倍返还保证金的主张;双方当事人已将280万元履约保证金转为土地出让金,应视为某国土资源局放弃履约保证金担保在此之后合同履行的作用,故不支持某国土资源局要求没收280万元履约保证金的主张;因某房地产公司不存在开出的银行支票或者汇票在有效期内不能兑现或者不能全部兑现的、不当场签订《出让协议书》的行为,故《拍卖成交确认书》关于某房地产公司赔偿差价条款未成就;《拍卖法》第2条规定,本法适用于中华人民共和国境内拍卖企业进行的拍卖活动。本案土地使用权的拍卖人为某国土资源局,并非拍卖企业。本案土地使用权拍卖不属于拍卖法调整的范围。某国土资源局主张适用《拍卖法》第39条,法院不予支持;因违约解除合同的,合同中的违约金条款仍继续有效。某房地产公司违约故应自滞纳之日即2007年8月12日起至2008年1月31日止,每日按迟延支付款项的0.1%向某国土资源局缴纳滞纳金。2008年2月1日至11月5日合同解除时,因某国土资源局未按约履行义务,某房地产公司可行使抗辩权,无须支付滞纳金。3000万元土地出让金利息应从某国土资源局开始违约之时即2008年2月1日开始计算至判决确定履行之日止,利率按照中国人民银行同期同类贷款基准利率计算。

【案例评析】

本案与拍卖活动有关的核心争议焦点有两个:(1)由非拍卖公司组织的拍卖能否适用《拍卖法》?(2)拍卖成交后,拍卖人与买受人能否变更拍卖合同?

关于第一个争议焦点。本案中拍卖活动的组织方(拍卖人)实际为委托人(出卖人),法院据此认为本案所称的拍卖不是《拍卖法》所称的拍卖,不能适用《拍卖法》的相关规定。《拍卖法》第 2 条明确规定:“本法适用于中华人民共和国境内拍卖企业进行的拍卖活动。”故出卖人自行组织的采取拍卖竞价的方式组织的买卖活动不能界定为拍卖活动,法院此项判决有理。

关于第二个争议焦点。若第一个争议焦点已有定论,由非拍卖公司组织的拍卖活动不能界定为《拍卖法》所规定的拍卖活动的,可推知其拍卖合同亦不是《拍卖法》所规定的拍卖合同,仅可视为普通的买卖合同,只受《合同法》约束,双方当事人可自行合意修改变更买卖合同。实务中存在对拍卖合同的性质的不同认识。不排除有的实务人士认为拍卖合同与买卖合同性质相同。评议人不赞同这种主张,实因《拍卖法》对此有明确规定。《拍卖法》第 51 条规定:“竞买人的最高应价经拍卖师落槌或者以其他公开表示买定的方式确认后,拍卖成交。”拍卖一经成交,即已确定,双方再无合意变更拍卖合同的空间。

【案例索引】

一审:浙江省温州市中级人民法院(2009)浙温民初字第 3 号

81. 甲与某拍卖行、某农村信用合作社拍卖合同纠纷案

——免责声明是否免除瑕疵担保责任

问题提示:“拍卖规则”中一般性免责申明条款可否免除委托人、拍卖人的瑕疵担保责任?

【基本案情】

上诉人(一审被告):某拍卖行

被上诉人(一审原告):甲

一审被告:某农村信用合作社

人民法院经审理查明:2013 年,某农村信用合作社作为甲方与乙方某拍卖行签订委托拍卖合同,约定甲方自愿委托乙方依法拍卖别克及东风本田轿车各一辆,如实填写拍卖标的物的质量和瑕疵。双方还约定了佣金计算标准和支付方式。2013 年 4 月 25 日,被告某农村信用合作社委托某机动车鉴定评估公司对拍卖标的之一的思铂睿牌/spirior,车辆合格证号为 wac301000503522,车辆识别代号为 lvhcu2649a5001622,发动机号为 1001595,车辆型号为 dhw7244cuasb 的东风本田思铂睿小型轿车进行了鉴定评估,评估该车辆的价值为 160 000 元。2013 年 5 月 2 日被告某拍卖行在《联合日报》发布拍卖公告,公告称:我公司定于 2013 年 5 月 10 日

10:30在公司指定的拍卖大厅对别克轿车一辆、东风本田轿车一辆进行公开拍卖。有意竞买者请于2013年5月9日11时前将竞买保证金缴至某拍卖行指定账户……标的展示:自公告之日起至2013年5月9日10时前在标的所在地。联系地址:泰安市长城路96号天龙国际大厦5楼。

甲通过报纸知道该拍卖信息后,于2013年5月10日在某拍卖行拍卖大厅签订《拍卖会竞买人签到表》《拍卖会拍卖规则及竞买须知》《竞买合同》,参加拍卖活动,以162 000元的价格当场拍得东风本田思铂睿dhw7244cuasb轿车一辆。5月10日甲与某拍卖行签订《拍卖会竞价笔录》《拍卖成交确认书》,约定甲在拍卖成交后7日内将成交价款162 000元及拍卖佣金3000元共计165 000元缴付至某拍卖行指定的账户。2013年5月10日甲通过银行转账方式将成交价款和拍卖佣金交付被告某拍卖行,并于当日提取涉案车辆及车辆合格证及保险单等手续。2013年5月15日通过某汽车销售服务公司开具机动车销售统一发票,甲为此向泰安高新技术产业开发区国税局岱岳分局缴纳增值税34 843.90元。

2013年6月16日甲到寿光市公安局交通警察大队办理涉案车辆挂牌手续,寿光市公安局交通警察大队在输入相关信息时,发现涉案车辆合格证存在伪造嫌疑,该车无法办理挂牌业务,建议其进行嫌疑调查,与生产厂家进一步核实。交警大队并于2013年6月26日为甲出具证明一份。后甲与该车生产厂家查询、协调,生产厂家为原告更换了车辆合格证,但甲再次办理挂牌业务时,依然显示上述信息,无法挂牌。2013年6月27日甲就涉案车辆向寿光市国家税务局缴纳了车辆购置税20496元。

原告甲诉称:其拍卖所得的东风本田思铂睿dhw7244cuasb轿车合格证不能进入公安识别系统,无法办理车辆挂牌手续,致使车辆无法上路行驶。某拍卖行隐瞒车辆已经改型且合格证存在瑕疵的事实,导致合同目的无法实现,请求解除合同并赔偿相关损失等。

被告某拍卖行辩称,我单位严格按照拍卖程序对涉案车辆进行了公开拍卖,并交付了合格证等手续,不存在过错,涉案车辆无法办理牌照与我单位无关。拍卖规则明确规定一旦作出竞买决定即表示接受拍品的一切现状(包括瑕疵),请求驳回原告的诉讼请求。

【裁判结果】

一审:判决某拍卖行返还甲车辆购置税165 000元,并承担相应利息损失;某拍卖行赔偿甲车辆购置税20 496元;甲返还某拍卖行东风本田思铂睿dhw7244cuasb轿车;驳回甲对某农村信用合作社的诉讼请求,驳回甲其他诉讼请求。

二审:驳回上诉,维持原判。

【争议焦点与裁判理由】

本案的争议焦点为,委托人、拍卖人应否对竞买人履行拍卖标的的瑕疵告知义务。

根据生效裁判文书，人民法院认为，原告甲拍得涉案车辆后，作为附随义务，某拍卖行应向其提供车辆合格证、保险等相关手续。但某拍卖行提供的车辆合格证存在瑕疵导致甲无法挂牌，后经甲向车辆生产厂家查询、更换车辆合格证后，仍然无法办理车辆挂牌业务，因此甲订立合同的目的无法实现。根据法律规定，某拍卖行应当对委托人提供的文件进行核实，并应对拍卖标的瑕疵履行告知义务，由于涉案车辆合格证的瑕疵仅仅从外观观察无法得知，因此某拍卖行与甲之间的转让合同应予以解除，某拍卖行应承担相应的赔偿责任。至于某农村信用合作社，因与原告甲并无直接法律关系，故不应对其承担合同解除后的责任。

【案例评析】

拍卖是一项特殊的买卖方式，在遵循买卖合同法的基本原则下，随实践发展出了一些特殊规则，这其中，委托人、拍卖人的瑕疵担保责任在满足一定条件下可以免除。否则，买受合同可能因拍卖标的存在重大瑕疵而解除，本案即属于这种情况。

一、委托人、拍卖公司应如何履行其瑕疵告知义务

《拍卖法》第 18 条、第 27 条规定了委托人和拍卖人的瑕疵披露义务，第 18 条规定：拍卖人有权要求委托人说明拍卖标的的来源和瑕疵。拍卖人应该向竞买人说明拍卖标的的瑕疵。第 27 条规定：委托人应当向拍卖人说明拍卖标的的来源和瑕疵。第 61 条还规定了委托人和拍卖人关于拍卖瑕疵义务的法律责任，即“委托人、拍卖人违反本法第十八条第二款、第二十条的规定，未说明拍卖标的的瑕疵，给买受人造成损害的，买受人有权向拍卖人要求赔偿；属于委托人责任的，拍卖人有权向委托人追偿”。可见，相对于买受人而言，委托人和拍卖人承担着法定的瑕疵告知义务。作为委托人而言，其应该将自己明知或者应当知道的拍卖标的的一切瑕疵向拍卖人说明，而拍卖人也应当将自己明知或者应当知道的拍卖标的的一切瑕疵向竞买人说明。此外，拍卖人的告知义务并不单纯地、被动地建立在委托人告知的基础上，根据《拍卖法》第 42 条、第 43 条的规定，拍卖人应当对委托人提供的有关文件、资料进行核实，拍卖人认为需要对拍卖标的进行鉴定的，可以进行鉴定。鉴定结论与委托拍卖合同载明的拍卖标的的状况不符的，拍卖人有权要求变更或者解除合同。因此，拍卖人与委托人签订委托拍卖合同时，对拍品不是一收了之，而是需要对其品质乃至权利进行合理的核实义务，其核实标准应以现有的技术手段和专业人员的经验判断为基本标准。事实上，拍卖公司作为拍卖组织者，其经手的拍品如果品质存在瑕疵而不能知，也将影响拍卖公司的行业声誉，为此全球知名拍卖公司都建立了赝品召回制度。

本案中涉案车辆的合格证瑕疵仅仅从外观观察无法得知，需要通过核实方能确认。拍卖法规定了拍卖人的核实义务，拍卖公司理应进行核实，也即该瑕疵是应当被拍卖人发现并告知竞买人的，委托人与拍卖公司均违反了瑕疵告知义务，这就为争讼埋下了隐患。

二、拍卖公司在“拍卖规则”中一般性免责申明条款是否具备免除瑕疵担保责任的法律效果

由于涉案车辆合格证存在伪造嫌疑,致使车辆无法上牌行驶,拍卖标的使用价值几乎为零,拍卖标的的重大瑕疵应该由谁来承担?这就涉及拍卖公司能否免责的问题。《拍卖法》第61条第2款同时还规定了拍卖人、委托人的瑕疵担保责任的免除情形,即“拍卖人、委托人在拍卖前声明不能保证拍卖标的的真伪或者品质的,不承担瑕疵担保责任”。本案中,拍卖公司提出其在“拍卖规则”中声明“一旦作出竞投决定即表明本人接受拍品之一切现状(包括瑕疵)”,拍卖公司以此抗辩其已经履行了瑕疵告知义务而免责。

拍卖人的免责声明必须针对特定拍卖品所作的明确、公开的和足以对竞买人起到提示作用的声明,必须具备特定性、针对性,而非适用一切拍卖标的的一般性免责声明。否则,拍卖人的瑕疵告知义务、拍卖人的核实义务将沦为虚置。

三、委托人、拍卖人未履行瑕疵告知义务的责任承担

本案中,委托人与拍卖人不存在恶意串通的情形,根据《拍卖法》第61条的规定,买受人有权向拍卖人要求赔偿;属于委托人责任的,拍卖人有权向委托人追偿。此情形下的追责程序为,买受人只能按照合同相对性原理,直接要求拍卖人承担合同责任,而不能通过拍卖合同要求委托人对其承担合同责任,拍卖人如认为委托人未能履行如实告知义务的,可按照委托拍卖合同主张合同责任。当然,如果存在委托人与拍卖人恶意串通情形的,买受人可以按照侵权法律关系,将委托人和拍卖人列为共同被告。

【案例索引】

一审:山东省泰安市岱岳区人民法院(2014)岱商初字第1023号

二审:山东省泰安市中级人民法院(2014)泰商终字第667号234号

82.甲与某拍卖公司、乙侵害著作权及隐私权纠纷案

——拍卖人审查和注意义务的履行

问题提示:1.拍卖公司就拍卖标的进行公开拍卖前需要尽到哪些合理注意义务?2.拍卖公司在拍卖前对拍卖标的的展示、披露、宣传行为是否构成对权利人著作权及隐私权的侵害?

【基本案情】

上诉人(一审被告):某拍卖公司

被上诉人(一审原告):甲(笔名某某)

一审被告:乙

人民法院经审理查明:丙(已故)与甲系夫妻,丁(已故)系两人之女。丙与乙于1979年相识后,丙、甲及丁与乙通信频繁,三人曾先后致乙私人书信达百余封。2013年5月间,某拍卖公司在其网页上公告显示其将于6月21日拍卖“也是集——丙书信手稿”,预展时间为6月18日至20日,拍品主要包括丙、甲、丁书信及手稿等共计110件作品,并登载了新华网、人民网、《光明日报》、中国日报网、中国作家网、《东方早报》《京华时报》、搜狐网等多篇媒体报道,介绍了涉案公开拍卖活动、鉴定活动以及拍品中部分书信手稿的细节内容,并有部分文章以附图形式展示了相关书信手稿全文。

2013年5月27日,甲委托律师向某拍卖公司及乙寄发了律师函,要求其立即停止相关侵权行为。某拍卖公司了解到该律师函内容后,立即与委托人乙取得联系,委托人于5月31日作出了撤拍决定并表示涉案信件并未牵涉到任何个人隐私,某拍卖公司网站于6月6日发布停止拍卖活动的决定。乙认可其收到了律师函,并提供证据证明其已将涉案书信手稿等文件转让给案外人。

此后甲向一审法院提出诉前申请,请求责令某拍卖公司及乙立即停止侵害著作权的行为。一审法院经审查依法于2013年6月3日裁定,某拍卖公司在拍卖、预展及宣传等活动中不得以公开发表、展览、复制、发行、信息网络传播等方式实施侵害丙、甲、丁写给乙的涉案书信手稿著作权的行为。

原告诉称:甲及其配偶丙、其女丁曾先后向乙寄送私人书信共计百余封。上述信件本由乙收存,乙作为收信人应依法保守朋友的通信秘密,保护写信人的隐私权。但2013年5月间,某拍卖公司发布公告称其将公开拍卖上述私人信件。某拍卖公司还计划于2013年6月18日至20日举行预展活动。乙作为收信人将涉案书信手稿交给第三方的行为以及某拍卖公司在司法裁定前为拍卖而举行的准备活动,已经构成对甲等著作权和隐私权的侵犯,给甲造成了严重伤害。请求判令某拍卖公司及乙停止侵犯甲等隐私权和著作权的行为;在多家权威媒体上向甲公开赔礼道歉;赔偿因侵害著作权给甲造成的经济损失人民币50万元,向甲支付精神损害抚慰金人民币15万元,支付甲为制止侵权所支出的合理费用人民币0.5万元。

【裁判结果】

一审:一、某拍卖公司自判决生效之日起停止涉案侵害书信手稿著作权的行为;二、某拍卖公司、乙自判决生效之日起停止涉案侵害隐私权的行为;三、某拍卖公司自判决生效之日起十日内赔偿甲经济损失人民币十万元;四、某拍卖公司、乙自判决生效之日起十日内共同向甲支付精神损害抚慰金人民币十万元;五、某拍卖公司、乙自判决生效之日起十日内就其涉案侵权行为在《北京青年报》上刊登向甲赔礼道歉的声明(声明内容须经法院核准,逾期不执行,法院将在一家全国发行的报纸上公布判决主要内容,相关费用由某拍卖公司、乙负担);六、某拍卖公司自判决生效之日起十日内就其涉案侵权行为在其官方网站(网址为 http://www.zmsj.cc/)首页上连续七十二小时刊登向甲赔礼道歉的声明(声明内容须经法院核准,逾期不执行,法院将在一家全国发行的报纸上公布判决主要内容,相关费用由某拍卖公司负担);七、驳回甲的其他诉讼请求。

二审:驳回上诉,维持原判。

【争议焦点与裁判理由】

本案的争议焦点是:(1)某拍卖公司、乙的行为是否构成侵害甲等人的隐私权;(2)某拍卖公司的拍卖行为是否构成侵害甲等人的著作权。

根据生效裁判文书,人民法院认为,丙、甲、丁相关书信均为写给乙的私人书信,内容包含学术讨论、生活事务、观点见解等,均为与公共利益无关的个人信息、私人活动,属于隐私范畴,应受我国法律保护。丙、甲、丁各自有权保护自己的隐私权不受侵犯。死者同样有隐私,对死者隐私的披露必然给死者近亲属的精神带来刺激和伤痛,死者的近亲属具有与死者的隐私相关的人格利益,而该利益应当受到法律的保护。

某拍卖公司未经甲许可,擅自向鉴定专家、媒体记者等展示、提供并放任相关人员在互联网上传播丙、丁、甲三人的私人书信及相关隐私,还对相关信息进行了大范围集中转载和传播,构成对相关权利人隐私权的侵害,造成了不良影响,依法应承担停止侵权、赔礼道歉、支付精神损害抚慰金的法律责任。

而乙作为收信人,负有保护写信人通信秘密和隐私的义务,乙未经权利人同意擅自以转让或其他方式使涉案书信手稿对外流转,且未对受让人及经手人等作出保密要求和提示,导致后续涉案侵权行为发生,亦构成对甲隐私权的侵害,依法应与某拍卖公司承担连带责任。

丙、丁及甲与乙来往书信均为写信人独立创作的表达个人感情及观点或叙述个人生活及工作事务方面的内容,是以文字、符号等形式表达出来的文学、艺术和科学领域内的智力成果,符合作品独创性要求,构成我国著作权法保护的作品。丙、甲、丁分别对各自创作的书信作品享有著作权,应受我国著作权法保护。丁、丙相继去世后,甲、戊(丁之配偶)作为丁的继承人,有权依法继承丁著作权中的财产权,依法保护其著作权中的署名权、修改权和保护作品完整权,依法行使其著作权中的发表权。

鉴于某拍卖公司在法院作出裁定后已经取消公开拍卖活动,故其并未实施公开拍卖行为。但某拍卖公司作为涉案拍卖活动的主办者,已通过召开研讨会等方式将丙、甲及丁的书信手稿向相关专家、媒体记者等披露,并在网站中大量转载,其行为系对相关书信著作权中的发表权、复制权、发行权、信息网络传播权及获得报酬的权利的侵害,依法应当承担停止侵权、赔偿损失的法律责任。

【案例评析】

一、拍卖公司是否尽到了合理注意义务

根据《拍卖法》第18条的规定，“拍卖人有权要求委托人说明拍卖标的的来源与瑕疵”及第42条的规定，“拍卖人应当对委托人提供的有关文件、资料进行核实。拍卖人接受委托的，应当与委托人签订书面委托拍卖合同”。拍卖人应当与委托人签订合法有效的拍卖合同，并对拍卖标的进行必要的核查。拍卖公司应当对其公开拍卖行为尽到合理的注意义务，包括委托人签订委托拍卖合同、查验委托人提供的身份证明、要求委托人提供与著作权、隐私权相关的其他资料等，应当对其拍卖行为的侵权可能有一定的预见性，并应采取谨慎的态度避免侵权行为的发生。

本案中，某拍卖公司虽辩称其已履行了审查义务，但不能提交委托拍卖合同原件，未能充分举证证明其与委托人签署了真实有效的委托拍卖合同。此外，某拍卖公司并未对涉案拍品著作权作任何审查，亦未取得权利人授权，其应当预见到涉案行为存在侵权可能性，但其并未尽到拍卖人应尽的合理注意义务，仍然实施上述侵权行为，主观上存在过错，应承担相应的法律责任。

二、拍卖公司在拍卖前对拍卖标的的展示、披露行为是否构成对权利人著作权及隐私权的侵害

首先，就隐私权而言，《侵权责任法》第2条中明确，侵害他人隐私权的应当承担侵权责任。隐私权指公民不愿公开或不让他人知晓个人秘密的权利，包括通信秘密权等。这里的个人秘密包含自然人与社会公共生活无关的全部个人生活信息。侵害隐私权的行为有四个构成要件：一是未经权利人同意；二是实施了披露权利人隐私的行为；三是主观上为故意；四是为不特定第三人所知晓。满足上述四个条件的，即构成对权利人隐私的侵害。

本案中，丙、甲及丁与乙来往的私人书信包含大量个人信息，与社会公共生活无关，属于其丙、甲及丁的个人隐私，应受法律保护。而某拍卖公司虽未举行公开的拍卖，但其在未取得权利人同意的情况下，于拍卖前通过研讨会等方式向相关专家、媒体进行披露，并通过媒体公开宣传上述书信的行为已经构成对他人隐私权的侵害，应当承担侵权责任。

其次，就著作权而言，根据《著作权法实施条例》第2条规定，“著作权法所称作品，是指文学、艺术和科学领域内具有独创性并能以某种有形形式复制的智力成果”。构成著作权中所称作品的第一要件即为具有独创性的智力成果，次之需能以某种形式复制。根据《著作权法》的规定，著作权包括发表权、署名权、复制权、发行权、信息网络传播权等十七项，著作权人的该等权利受法律保护。其中，发表权指决定作品是否公之于众的权利；复制权指以印刷、复印、拓印、录音、录像、翻录、翻拍等方式将作品制作一份或者多份的权利；发行权指以出售或者赠与方式向公众提供作品的原件或者复制件的权利；信息网络传播权指以有线或者无线方式向公众提供作品,使公众可以在其个人选定的时间和地点获得作品的权利。

本案中,丙、丁及甲与乙来往书信均为写信人独立创作的,以文字、符号等形式表达出来的文学、艺术领域内的智力成果,构成我国著作权法保护的"作品",受著作权法保护。而某拍卖公司在拍卖前开展公开研讨活动向他人展示、提供上述作品,且未对相关专家、媒体记者不得以公开发表、复制、传播书信手稿等方式侵害他人合法权益予以提示,并以互联网方式公开传播书信手稿,其行为属于未经权利人许可,擅自公开、复制、传播他人未发表的作品,已经构成对上述作品著作权中包含发表权在内的多项权利的侵害,应当承担相应的法律责任。

【案例索引】

一审:北京市第二中级人民法院(2013)二中民初字第10113号

二审:北京市高级人民法院(2014)高民终字第1152号

83. 甲与某拍卖公司拍卖合同纠纷案

——拍卖人瑕疵告知义务的履行

问题提示:如何认定拍卖人在拍卖过程中的瑕疵告知义务?

【基本案情】

上诉人(一审原告):甲

被上诉人(一审被告):某拍卖公司

被上诉人(一审第三人):某房地产公司

被上诉人(一审第三人):某经济技术发展总公司

人民法院经审理查明:2011年6月30日,某房地产公司委托某经济技术发展总公司对其房屋进行拍卖,某经济技术发展总公司又与某拍卖公司签订一份《委托拍卖协议》,约定:委托人应于2011年7月20日前将委托拍卖标的的相关材料(资产清单、评估报告等资料)交给拍卖人。委托人对已知的拍卖标的物瑕疵未加说明的,应赔偿拍卖人因此所造成的损失。委托方提供所有租赁合同,租赁到期后,由某房地产公司协调相关事宜。委托标的中涉及银行抵押贷款的,拍卖成交后由某房地产公司解除相关抵押。协议签订后,某房地产公司提供了涉案房屋的《固定资产—房屋建筑物清查评估明细表》《涉及房产过户所需税费金明细》及涉案房屋产权证。

2011年7月13日,某拍卖公司在报刊上发布《公告》,载明:涉案房屋将在2011年7月28日进行拍卖,公告中同时声明上述房屋均带租约拍卖。2011年7月27

日，甲向某拍卖公司支付拍卖保证金400万元，并在《拍卖特别约定》中签字确认。2011年7月28日，某拍卖公司在《拍品目录》中声明，上述房屋均整体带租约拍卖。《拍卖须知》中明确：竞拍人应自行在拍卖公告的日期内自行了解拍卖标的的现状，分析标的存在的瑕疵，查验拍卖标的物和有关资料。一经举牌，即表明竞拍人已接受拍品的一切现状。委托人和拍卖人不承担拍卖标的的瑕疵担保责任。竞拍过程中，一经竞价，不得反悔，否则参拍保证金不予返还。拍卖成交后，必须当场签署《拍卖成交确认书》等有关文件合同。拍卖人付清全部款项并确认已转入拍卖公司账户后，方能办理拍卖标的物的交付手续。同时，在《拍卖特别约定》中明确：本次的拍卖标的，以实际现状为准。甲于2011年7月28日拍卖当天，与某拍卖公司签订了一份《江苏省拍卖成交确认书》，确认由甲将宝带西路150号（3～4层）、158号（1～2层）、140号（1～6层）、水香街149号（3～4层），合计6070.12平方米房屋以成交价4490万元竞拍买下（1号标）。

2012年1月19日，某经济技术发展总公司向某拍卖公司发出一份《支付函》，载明：我公司委托拍卖的“宝带西路刺绣综合楼”的成交价为4490万元，现要求将其中的2867.55万元支付给某房地产公司，用于某房地产公司办理房地产证过户，以及归还刺绣综合楼的银行贷款，并解除相应的抵押。案外人乙在该《支付函》中签字同意支付。2012年4月9日，甲向某拍卖公司致函称：某拍卖公司在拍卖前告知本人竞买的房屋存在租赁，租赁期限至2011年12月31日前结束，未告知本人房屋中还存在抵押的情形。成交确认书签订后，却被委托人告知房屋中存在抵押不能按时过户。租赁房屋中最长的租赁期限至2021年12月20日前结束，比原来的租赁期限延长了9年。2012年4月12日，某律师事务所丙、丁律师向某拍卖公司发出一份《律师函》，以涉案房屋成交后委托人至今未收到成交款为由，告知某拍卖公司：（1）对甲支付的400万元保证金作违约处理；（2）我公司作为委托人同意将该标的再行拍卖；（3）若再行拍卖的标的低于原拍卖价4490万元的，原买受人甲应当补足差额。

2012年5月9日，某拍卖公司与甲签订一份《关于拍卖成交确认书的补充约定》，约定：双方应按照拍卖须知、拍卖特别约定、成交确认书履行。履行过程中发生争议的，应友好协商解决，协商不成，双方均有权提起诉讼。

原告诉称：某拍卖公司在拍卖前未充分查清和披露抵押情况，拍卖公司未对从某房地产公司获得的租赁合同是否真实尽到必要的审查义务；某经济技术发展总公司为国有公司，持有某房地产公司30%的股权，按照《企业国有资产法》的规定，某房地产公司是国家出资企业，其对国有资产处分前应当进行审计、评估及审核批准，但到目前为止，某经济技术发展总公司、某房地产公司、某拍卖公司均没有向甲披露相关情况，这必然严重影响甲的竞买意向。请求判令委托拍卖合同因违反法律、行政法规的强制性规定无效。

被告辩称:对租赁协议的真实性、关联性、合法性均无异议,但对其证明的对象及内容不能认同。结合甲在工商调取的两份合同,甲从工商部门调取的两份租赁合同是旧的合同,已经被2011年新签订的租赁合同所取代。

关于抵押事宜,某拍卖公司认为,房屋产权证确实是其根据委托方提供的资料向买受方转交的,其没有伪造、变造这些材料。有关抵押权的记载系手写,但在2010年之后据其所知不再以手写的方式直接记载在产权证上。某房地产公司认为,房屋产权证是由行政部门颁发的,上面所载明的内容是真实的,上面载明的均是原始记录,是曾经发生过的抵押情况。委托人出具房地产权证是证明涉案拍卖标的房地产所有权及权证记载面积,据申请人了解,权证上手写记载是2009年以前通行的做法,2009年以后银行的抵押情况均不在权证上作手写记载。因此,2009年之前在房地产权证上手写的有关曾发生过的银行贷款抵押记录,甲用来证明拍卖人、委托人关于银行抵押情况隐瞒的证明目的是不成立的。再者,拍卖成交后甲与某房地产公司、某经济技术发展总公司达成的付款协议内容及甲的实际履行情况亦可看出其对房屋的抵押情况是知晓的。

【裁判结果】

一审:驳回原告甲的诉讼请求。

二审:驳回上诉,维持原判。

【争议焦点与裁判理由】

本案的争议焦点为,某拍卖公司在对涉案房屋拍卖过程中是否向竞拍人披露了拍卖标的的瑕疵。

根据生效裁判文书,人民法院认为,其一是某房地产公司以及某拍卖公司在出具给甲看的租赁协议是否与实际租赁状况情况一致。根据涉案房屋委托人某房地产公司提供的租赁协议来看,租赁期限均为一年,而甲提供的两份租赁协议的期限均超过一年。从甲提供的两份租赁协议签订的时间来看,一份在2008年7月,另一份在2010年5月,而涉案房屋拍卖是在2011年7月,拍卖时某房地产公司提供的租赁合同签订时间均在2011年3月,甲在没有其他证据证明拍卖时某房地产公司提供的租赁协议系虚假的情形下,对于某房地产公司对租赁合同不一致系新合同替代旧合同的解释应视为合理。因此,本案中某拍卖公司不存在隐瞒拍卖房屋租赁事宜的情形。其二是关于抵押的问题,委托人某房地产公司与拍卖人某拍卖公司之间的委托拍卖协议中约定了房屋抵押的事由在房屋拍卖成交后由某房地产公司负责处理。因此,可以认定委托人某房地产公司在拍卖前向拍卖人某拍卖公司披露了房屋存在抵押的事实。某拍卖公司作为拍卖人依据委托人提供的资料向竞买人告知拍卖标的的具体情况是拍卖的通常流程,某拍卖公司没有必要已知晓房屋被抵押而故意隐瞒该情节致其承担不利后果。拍卖公司希望拍卖成交,其能获得拍卖佣金,这是拍卖公司拍卖目的所在,在委托人已经披露房屋抵押事宜的情形下而拍卖公司故意隐瞒不披露给竞买人这是有违一般生活常理的。另外，依据2012年1月19日某经济技术发展总公司向某拍卖公司发出的《支付函》看，其中载明了房屋抵押事宜，并要求某房地产公司将甲支付的款项中提取部分用于归还贷款，解除抵押，甲在发给某拍卖公司催告函中自述的房屋买受人之一乙也在该支付函中签字同意支付。退一步说，即使甲在拍卖后才知道涉案房屋存在抵押的情形，但在2012年5月9日甲与某拍卖公司签订的《关于拍卖成交确认书的补充约定》中约定双方仍按照成交确认书等文件继续履行。因此，有理由相信某拍卖公司在对涉案房屋拍卖前对涉案房屋存在抵押的事实予以了披露。

【案例评析】

原告能否以拍卖物上存在租赁和抵押为由要求撤销拍卖成交确认书？

根据我国《拍卖法》第18条、第41条、第42条、第43条的规定，拍卖人作为委托人和竞买人的中间人，负有促进交易安全的责任。其从委托人和竞买人处均收取一定比例的佣金，基于权利与义务对等以及诚实信用原则，拍卖人都应当对拍卖标的进行必要的审查，对委托人提供的资料进行核实，而不是仅限于将委托人告知的标的物情况如实转告竞买人。但在拍卖法律关系中，拍卖人并非拍卖标的的所有权人，且作为一般的民事主体，亦没有公权力机构的调查权。因此，拍卖人除了审查作为文件、资料形式表现出来的该证明的一般真实性外，不负有穷尽调查的义务。同时，《拍卖法》第61条第2款规定："拍卖人、委托人在拍卖前声明不能保证拍卖标的的真伪或品质的，不承担瑕疵担保责任。"竞买人参与竞买也同样应负有谨慎的审查义务，在拍卖法对拍卖人的瑕疵担保责任进行了限制的情形下，竞买人对拍卖标的物和拍卖风险应当有合理的预见。那在拍卖者未尽到严谨的审查义务时是否要承担责任？这要取决于该疏于审查的行为是否对拍卖产生实质性影响。从本案来看，某拍卖公司认可其对房屋抵押情况没有核实，对于租赁情况与租赁户只是进行了简单交流。由此可以看出，某拍卖公司未尽到严谨的审查义务。但某拍卖公司是否因此而应承担责任呢？从某经济技术发展总公司与某拍卖公司的委托拍卖协议可以认定委托人已向拍卖人告知房屋存在抵押的事实。

证人许某作为竞买人之一可以证明在拍卖现场拍卖人已经告知竞买人拍卖物上存在抵押。甲对此虽不认可，但从2012年1月19日某经济技术发展总公司向某拍卖公司提交的《支付函》来看，某经济技术发展总公司明确告知拍卖房屋存在银行抵押，并要求某拍卖公司将甲支付的拍卖款中的2867.55万元支付给某房地产公司用于归还银行贷款。乙在该支付函中签字同意支付。对于乙的身份，甲曾通过乙向某拍卖公司支付了1000万元的拍卖款；甲和乙亦曾于2011年12月12日共同署名"买受人"向某拍卖公司发函催告办理房屋变更登记手续。从该一系列的证据推断，甲知晓拍卖房屋存在抵押的情况，某拍卖公司已尽到披露义务，并无不当。再从2012年5月9日甲与某拍卖公司签订的《关于拍卖成交确认书的补充约定》来看，双方约定仍按照成交确认书等文件继续履行,该事实说明即使甲在竞拍时不知道房屋抵押的情况,但其在知道之后,并不认为抵押对拍卖成交确认书的履行会产生不利影响,而是主张继续履行。故甲现又以拍卖前拍卖人未告知抵押情况构成欺诈,主张撤销拍卖成交确认书不能成立。

【案例索引】

一审:江苏省苏州市中级人民法院(2012)苏中民初字第0079号

二审:江苏省高级人民法院(2013)苏民终字第0330号

84. 甲与某拍卖总行、某物业管理公司拍卖合同纠纷案

——拍卖人违反瑕疵告知义务的责任

问题提示:委托人、拍卖人违反瑕疵告知义务,如何承担责任?

【基本案情】

上诉人(一审被告):某拍卖总行

上诉人(一审被告):某物业管理公司

被上诉人(一审原告):甲

人民法院经审理查明:2005年11月10日,某物业管理公司与某拍卖总行签订《委托拍卖合同》,委托某拍卖总行对其所有的位于郑州市金水区东风路168号14号楼西3单元1层301号的住房一套进行拍卖。2006年11月18日,某拍卖总行对涉案房屋进行拍卖,原告应价成交,其并与某拍卖总行签订《拍卖成交确认书》,部分内容为:拍卖成交后,原告已向某拍卖总行支付的保证金转为定金,于2006年11月24日前向某拍卖总行支付全部成交价款及拍卖佣金;原告应在支付全部成交价款及拍卖佣金后30日内,凭成交确认书和委托人的有关证明,由委托人协助办理变更登记手续;过户费用按国家相关规定缴付,拍卖人不承担办理变更登记手续的任何责任等内容。原告依约履行了义务,后因未能办理上述房屋的过户手续,于2010年5月11日诉至郑州市金水区人民法院,请求判令被告协助将房屋过户至原告名下。后该院先后做出调解书及执行裁定书,裁定涉案房屋过户至甲名下。原告甲在交纳了物业维修基金、交易手续费等系列费用后取得了该房屋的所有权证。后原、被告就违约赔偿问题发生纠纷,原告遂诉至该院。另查明:为交纳某房地产公司拖欠的城建规费,某物业管理公司将涉案房屋交给市清欠工作领导小组办公室拍卖变现,在办理房产证时发现,该房产系某物业管理公司于1999年3月购买某铝业公司的房产,土地使用人仍为某公司,土地性质为国有划拨而无法办理房产证。后在

市清欠工作领导小组办公室的协调请示下办理产权过户。

原告诉称，原告与某拍卖总行签订的拍卖成交确认书系双方真实意思表示，内容不违反法律、行政法规的强制性规定，合同有效。拍卖过程中，两被告对拍卖标的物的瑕疵未尽到告知义务，致使原告不能及时办理产权过户，而两被告未能予以协助，构成违约，应承担违约赔偿责任并赔偿原告不应支出的费用。

两被告辩称，其已经按照合同将该房屋及房屋所有权证交付给了原告，房屋产权过户依据约定应由原告自己办理，自身不存在违约。

【裁判结果】

一审：判决支持原告诉讼请求。

二审：驳回上诉，维持原判。

【争议焦点与裁判理由】

本案的争议焦点为，某物业管理公司与某拍卖总行是否构成违约。

根据生效裁判文书，人民法院认为，拍卖人、委托人应当向竞买人说明拍卖标的的瑕疵，未说明拍卖标的的瑕疵，给买受人造成损害的，买受人有权向拍卖人要求赔偿，属于委托人责任的，拍卖人有权向委托人追偿。本案中，某物业管理公司与某拍卖总行未能履行合理的瑕疵说明义务，因某物业管理公司拍卖房屋的土地权属存在瑕疵，未能按约定协助办理过户手续，对甲的损害应负责任，某拍卖总行承担相应民事责任后，有权向某物业管理公司追偿。甲主张的损失中交易手续费、物业维修基金，因其已按照约定交纳了全部房屋拍卖成交价款及佣金，不应再承担该部分费用。因当事人未约定违约金数额，违约赔偿数额按照甲已付房款总额，参照银行同期贷款利率的标准计算违约金并无不当，据此，二审法院作出维持原判之判决。

【案例评析】

本案在审理中，争议焦点主要是某物业管理公司与某拍卖总行是否构成违约。

本案中，依据拍卖程序，甲与某拍卖总行签订了拍卖成交确认书，该确认书系当事人真实意思表示，内容不违反法律、行政法规的强制性规定，合同有效成立，发生法律效力。在拍卖中，为规范交易秩序、保护买受人利益，拍卖标的物瑕疵告知义务是委托人及拍卖人应履行的法定义务。我国《拍卖法》第 18 条规定，拍卖人应当向竞买人说明拍卖标的的瑕疵；第 27 条规定，委托人应当向拍卖人说明拍卖标的来源和瑕疵；第 61 条规定，拍卖人、委托人违反本法第 18 条第 2 款、第 27 条的规定，未说明拍卖标的的瑕疵，给买受人造成损害的，买受人有权向拍卖人要求赔偿；属于委托人责任的，拍卖人有权向委托人追偿。拍卖人、委托人在拍卖前声明不能保证拍卖标的的真伪或者品质的，不承担瑕疵担保责任。另外，商务部颁发的《拍卖管理办法》第 53 条规定，拍卖企业、委托人明确知道或应当知道拍卖标的有瑕疵时，免责声明无效。

本案中,在合同履行中,因拍卖标的土地产权归属及性质瑕疵问题导致甲不能办理过户手续,委托人也未依据约定给予协助。对于该瑕疵,委托人及拍卖人明知或应知,拍卖中均未尽到合理的说明义务,应该对因此造成的迟延履行承担违约责任。根据合同法及拍卖法规定,某拍卖总行应首先承担因违约给甲所造成的不应有的经济损失及违约损害,承担赔偿责任后,有权向有过错的委托人某物业管理公司追偿。

【案例索引】

一审:河南省郑州市金水区人民法院(2012)金民二初字第 4299 号

二审:河南省郑州市中级人民法院(2014)郑民二终字第 1248 号

85. 甲与某银行分行、某置业拍卖公司、乙拍卖合同纠纷案

——拍卖人违反瑕疵告知义务,委托人是否承担连带责任

问题提示:1. 拍卖人违反法定告知义务是否要承担违约责任? 2. 委托人是否承担连带责任?

【基本案情】

原告:甲

被告:某银行分行

被告:某置业拍卖公司

被告:乙

人民法院经审理查明:2006 年 9 月 6 日,被告某银行分行(委托人)依据生效裁定书将仍登记在某房地产公司名下的房产委托被告某置业拍卖公司(受托人、拍卖人)进行拍卖,双方签订《委托拍卖合同》一份。2006 年 9 月 10 日,被告某置业拍卖公司就前述拍卖房产在《广州日报》上刊登拍卖公告一份。2006 年 10 月 8 日,原告参加了被告某置业拍卖公司就前述拍卖标的物举行的第 2 期拍卖会,并以 1275 万元成交价竞拍成功。10 月 8 日,原告(买受人)与被告某置业拍卖公司(拍卖人)签订《拍卖成交确认书》一份,约定:成交价为 1275 万元,佣金为 25 万元,共计 1300 万元;本拍卖成交确认书生效后,买受人即应向拍卖人以转账方式支付拍卖物成交金额及佣金。买受人不能当场全部支付拍卖物成交金额及佣金的,应向拍卖人支付定金 200 万元,并承诺在 2007 年 6 月 5 日前付清余款 1075 万元。2007 年 3 月 8 日,原告向被告某置业拍卖公司账户转账支付 225 万元。3 月 8 日,被告某置业拍卖公司向原告开立《收款收据》一张。2007 年 6 月 4 日,原告与被告某置业拍卖公司就

变更拍卖余款1075万元的支付时间达成一致意见并签订《拍卖成交补充协议书》一份,约定:"中院将骏业阁标的强行移交给委托人后,买受人按拍卖人指定的账户将余款1075万元一次性付清,然后,委托人将该标的移交给买受人。"2008年1月4日,被告某置业拍卖公司向原告出具《欠条》一份,载明结欠甲拍卖保证金200万元,拍卖佣金25万元。庭审中,原告称被告某置业拍卖公司未告知其拍卖标的物存在瑕疵,被告某置业拍卖公司未能举证证明其已经告知原告拍卖标的物存在瑕疵。

原告甲诉称:委托人与拍卖人之间实为间接代理关系,故虽然委托人无须签署成交确认书,但并不意味着《拍卖成交确认书》对委托人没有约束力,《拍卖成交确认书》下的违约条款仍对委托人有约束力。拍卖法律关系中,受托人是拍卖人,买受人在拍卖人签订《拍卖成交确认书》时,是明知委托人的,故《拍卖成交确认书》也直接约束委托人和买受人。委托人属于合同当事人,不能以所谓合同相对性原则否认委托人的合同当事人地位。本案委托人、拍卖人的违约是明显的,直到起诉之日都没有将拍卖物交付给买受人,本案《拍卖成交确认书》第四条约定了由拍卖人履行交付义务,《拍卖成交补充协议书》约定了由委托人履行交付义务,故拍卖人及委托人均应当承担双倍返还定金的责任及相应利息。

被告某银行分行辩称:银行不是本案适格的被告,因为本案案由是拍卖合同纠纷,拍卖合同的当事人是被告某置业拍卖公司和原告甲,银行不是拍卖合同的当事人,根据合同的相对性原则银行不应作为本案的被告。另外,《拍卖法》第61条规定拍卖标的有瑕疵给买受人造成损害的,买受人有权要求拍卖人进行赔偿,拍卖人有权向委托人追偿,根据该条款,原告只能要求拍卖人赔偿,假如真是银行的责任,也应由拍卖人向银行追偿。原告未能支付定金,定金条款没有生效,不存在双倍返还的问题,收款收据明确所收到的225万元是拍卖成交款。另外,委托合同并没有授权拍卖行收取定金,所以拍卖成交确认书约定的定金条款超出授权的范围。被告某置业拍卖公司与原告甲签订的退款确认书证明拍卖合同已经解除。银行与被告某置业拍卖公司签订的委托合同已经终止,并将收取的200万元拍卖款退还给被告某置业拍卖公司。拍卖标的不存在不能交付的问题,本案涉及的拍卖标的是不动产,不动产的交付方式是登记转移,原告未能支付大部分的拍卖款,所以过户手续根本没有办理,根本不存在不能交付的问题。就算拍卖标的有瑕疵,原告请求赔偿的诉讼请求时效已过,《拍卖法》第61条规定,因拍卖标的存在瑕疵未声明的,请求赔偿的诉讼时效是一年,所以本案是由于原告未能支付拍卖款,原告属于根本违约,银行也已经将200万元退回给拍卖行,故银行在本案中不应承担任何的责任。

被告某置业拍卖公司、乙共同辩称:本案所涉拍卖标的、拍卖委托、拍卖行为以及原告和被告某置业拍卖公司签订的《拍卖成交确认书》,均是当事人真实的意思表示,内容没有违反法律和行政法规的规定,合法、有效,依法应受法律保护。本案中,原告严重违约,根据《拍卖成交确认书》第2、3、10条的约定,原告应于2006年

10月8日支付定金和佣金225万元,但原告竟拖延到2007年3月8日才支付,严重逾期,且余下的绝大部分拍卖物成交金额1075万元,原告至今一分未付。因此,造成本案拍卖成交确认书无法履行,根本原因是原告没有依约支付拍卖物成交金额。原告按期付清拍卖物成交金额及佣金,是拍卖人向买受人交付拍卖物以及买受人办理拍卖房屋产权过户登记的前置条件。买受人未按期付清拍卖物成交金额的,无权要求拍卖人或委托人交付拍卖物。本案中,原告严重违约,拒不履行付款义务,致使被告某银行分行也未能从被告某置业拍卖公司收取拍卖物成交款。原告不但没有依约付清拍卖物成交款,而且也从未履行对其拍卖所得房屋的权利及办理产权登记过户手续,也从未按《拍卖成交确认书》第10条约定向被告支付拍卖所得房屋的物业管理费和相关税费,更从来没有向被告提出要求办理拍卖房屋的产权及过户手续以及有关拍卖房屋的交接物业管理、水电煤气抄表、验收等配套手续,足以证明原告根本没有履行本案拍卖成交确认书。事实上,因为原告至今未能付款,以致拍卖人和委托人无法取得拍卖房产款项。即使如此,原告作为本案所涉拍卖房产的买受人,依法完全有权申请办理拍卖所得房产的产权登记过户手续。原告依法有权主张申请办理拍卖房产登记过户手续,并在登记过户后,完全有权以房屋所有人的身份要求该房屋的非法占有人停止侵权行为,赔偿损失并回收房屋。但原告根本没有行使对其拍卖房屋的权利。由于原告未能支付拍卖物成交款项和相关物业管理费、拍卖税费,造成被告某置业拍卖公司无法向被告某银行分行交付拍卖物成交款项。

【裁判结果】

一审:一、被告某置业拍卖公司于本判决发生法律效力之日起十日内,向原告甲返还75万元;二、被告某置业拍卖公司于本判决发生法律效力之日起十日内,向原告甲赔偿利息损失(以75万元为本金,从2007年3月9日计至本判决确定的给付之日止,按照中国人民银行同期同类贷款利率计付);三、驳回原告甲的其他诉讼请求。

【争议焦点与裁判理由】

本案的争议焦点是:(1)拍卖人违反法定告知义务是否要承担违约责任;(2)委托人对此是否承担连带责任。

人民法院经审理认为:根据查明的事实,拍卖标的物在拍卖当时并未过户到被告某银行分行或其下属某支行名下,拍卖标的物存在一定的权利瑕疵,被告某银行分行在委托被告某置业拍卖公司拍卖时已经明确告知其拍卖标的物存在瑕疵;根据拍卖法的规定,被告某置业拍卖公司应当向竞买人说明拍卖标的的来源和瑕疵,但被告某置业拍卖公司未举证证明其在拍卖前已向原告说明了拍卖标的物的来源和存在的前述瑕疵。因此,依法认定被告某置业拍卖公司在拍卖过程中违反了法定告知义务。被告某置业拍卖公司在拍卖过程中违反了法定告知义务,结合被告某置业拍卖公司出具的《拍卖成交补充协议书》及《欠条》，依法认定被告某置业拍卖公司违反告知义务导致《拍卖成交确认书》无法履行，被告某置业拍卖公司应依法承担违约责任，向原告退还收取的拍卖成交款225万元。基于某置业拍卖公司已经返还了部分款项，因此判决某置业拍卖公司返还剩余款项及相应的利息。

关于原告要求被告某银行分行对被告某置业拍卖公司的本案债务承担连带赔偿责任的问题。第一，被告某银行分行在与被告某置业拍卖公司签订《委托拍卖合同》时已经明确告知被告某置业拍卖公司拍卖标的物存在瑕疵并要求被告某置业拍卖公司向竞买人履行说明义务；第二，原告未向被告某银行分行直接支付过任何款项；第三，被告某银行分行已经将从被告某置业拍卖公司收取的200万元拍卖款项退还被告某置业拍卖公司；第四，原告未能举证证明被告某银行分行违反了任何合同或者法定义务。因此，原告要求被告某银行分行对被告某置业拍卖公司的债务承担连带赔偿责任缺乏事实及法律依据。

【案例评析】

本案在审理中主要存在两个争议焦点：

一、拍卖人违反法定的告知义务，是否应当承担赔偿责任

原告与被告某置业拍卖公司签订的《拍卖成交确认书》及《拍卖成交补充协议书》为双方当事人的真实意思表示，合同合法成立并发生法律效力，各方均应依约行使权利、履行义务。根据《拍卖法》第18条的规定，拍卖人应当向竞买人说明拍卖标的的瑕疵，因此被告某置业拍卖公司作为拍卖人应当依法向原告说明拍卖标的物的来源和瑕疵。本案中，被告某置业拍卖公司没有任何证据证明其已经向原告履行了如实告知义务。而事实上，结合《拍卖成交补充协议》的约定可知，拍卖标的确实存在产权上的瑕疵。拍卖人及委托人关于“房屋产权转移系以登记为准，随时可以变更登记，是原告怠于履约”的抗辩缺乏依据，难以令人信服。因此，根据《拍卖法》第61条的规定，拍卖人未说明拍卖标的的瑕疵，给买受人造成损害的，买受人有权向拍卖人要求赔偿。

二、委托人是否应当承担连带赔偿责任

本案中，原告援引了《合同法》第402条的规定，要求作为委托人的某银行分行承担连带赔偿责任。《合同法》第402条是合同法分则中委托合同的条款，原告认为本案的拍卖合同应适用委托合同的法律规则，我们认为并不适当。

首先，即使按照原告主张要求适用《合同法》第402条，原告的适用方式也并不正确。《合同法》第402条规定：“受托人以自己的名义，在委托人的授权范围内与第三人订立的合同，第三人在订立合同时知道受托人与委托人之间的代理关系的，该合同直接约束委托人和第三人，但有确切证据证明该合同只约束受托人和第三人的除外。”原告一旦选择适用本条的规定，即意味着合同直接约束原告与被告某银行分行，那么，原告就不能再要求被告某置业拍卖公司承担责任。

其次,本案所涉的拍卖合同是一个行纪合同,并不是委托合同,应该适用的是行纪合同的法律规则。行纪合同是指行纪人接受委托人的委托,以自己的名义,为委托人从事贸易活动,委托人支付报酬的合同。接受委托的一方为行纪人,而另一方则为委托人。委托合同又称委任合同,是指当事人双方约定一方委托他人处理事务,他人同意为其处理事务的协议。在委托合同关系中,委托他人为自己处理事务的人称委托人,接受委托的人称受托人。行纪合同和委托合同有相同点,如都是以提供劳务为合同的标的;都是以当事人双方的信任为基础;都是以处理一定事务为目的。两者的区别在于:第一,适用范围不同。行纪合同适用范围窄,仅限于代销等贸易行为;而委托合同的适用范围宽。第二,行纪合同的受托人只能以自己的名义处理委托事务;委托合同的受托人处理事务既可以用委托人名义,也可以用自己的名义。第三,行纪人一般是专门从事贸易活动,其开业和经营需要经过国家有关部门的审查、登记;而委托合同的当事人不必是专门从事贸易活动的,可以是公民,也可以是法人。第四,行纪合同是有偿合同;而委托合同既可以是有偿也可以是无偿的。

因此,拍卖合同作为行纪合同,拍卖人是以自己的名义处理委托事务,也是由自己来承担法律后果的。原告起诉需要遵守合同相对性原则,除非法律有特别规定可以突破相对性原则。对于原告所主张的瑕疵告知义务,《拍卖法》第61条对此也有特别规定:拍卖人、委托人违反本法第18条第2款、第27条的规定,未说明拍卖标的的瑕疵,给买受人造成损害的,买受人有权向拍卖人要求赔偿;属于委托人责任的,拍卖人有权向委托人追偿。本条的规定也是严格遵守了合同相对性原则,即原告应向拍卖人某置业拍卖公司主张,如果委托人某银行分行有责任,某置业拍卖公司承担责任后也可以依此向某银行分行追偿。

【案例索引】

一审:广东省广州市天河区人民法院(2010)天法民二初字第1139号

---

86. 甲与某房地产公司、某拍卖公司拍卖合同纠纷案

——拍卖人告知拍卖标的瑕疵的范围

问题提示:1. 拍卖标的瑕疵的范围是什么? 2. 拍卖人未告知拍卖标的瑕疵是否构成欺诈?

【基本案情】

上诉人(一审原告、反诉被告):甲

上诉人(一审被告、反诉原告):某房地产公司

上诉人(一审被告):某拍卖公司

人民法院经审理查明:2014 年 6 月 10 日,某房地产公司与某拍卖公司签订委托拍卖合同,约定某房地产公司委托某拍卖公司拍卖位于某处的房屋及土地使用权。2014 年 7 月 11 日和 14 日,某拍卖公司两次在《荆门晚报》上刊登拍卖公告,公告的拍卖时间为 2014 年 7 月 18 日,同时对拍卖标的的范围、位置及参考价作了介绍。2014 年 7 月 17 日,甲向某拍卖公司递交竞买申请书,并于 7 月 17 日与某拍卖公司签订了一份竞买协议。竞买协议就拍卖标的的情况、竞买保证金、佣金的支付、拍卖标的及价款的移交、违约责任等事项进行了约定。协议所附《竞买须知》对拍卖标的的位置、范围、周边环境、参考价作了介绍,未载明拍卖标的产权和他项权的登记情况。协议签订后,甲于 7 月 17 日向某拍卖公司交纳保证金。2014 年 7 月 18 日拍卖中,某拍卖公司未就拍卖标的物上设立抵押且拍卖未经抵押权人同意一事主动向甲作明确说明。7 月 18 日,甲以 1280 万元成交价拍得拍卖标的,并签署了《拍卖成交确认书》,约定甲应于 2014 年 7 月 23 日前付清成交价款。2014 年 7 月 21 日,甲得知拍卖标的上设立有抵押,遂于 2014 年 7 月 23 日与某拍卖公司拍卖师马某某交涉,要求解除抵押后再行付款。2014 年 7 月 25 日,甲以拍卖标的权属变更问题经三方多次协商无果致交易不能继续为由,申请退还保证金。2014 年 7 月 26 日,某房地产公司、某拍卖公司在《荆门晚报》上刊登催款通知,要求甲于 2014 年 7 月 28 日前付清价款并办理交接手续。2014 年 8 月 6 日,某拍卖公司将该拍卖标的以 1200 万元再次拍卖成交。另查明,某房地产公司委托拍卖的标的因某房地产公司向银行贷款,以涉案的拍卖标的于 2011 年 7 月 28 日办理土地使用权抵押登记,于 2012 年 6 月 14 日办理在建工程房屋抵押登记,抵押权人为某农村信用合作联社(后更名为某银行支行)。某房地产公司委托某拍卖公司拍卖抵押物前未征得抵押权人某银行支行的同意。某房地产公司的贷款期限于 2014 年 7 月 24 日到期,该公司于当日还清全部贷款。2014 年 7 月 28 日,拍卖标的上的抵押解除。

本诉原告诉称:拍卖标的设定有抵押,属权利瑕疵,某拍卖公司故意隐瞒拍卖标的的抵押情况,构成欺诈。某房地产公司就抵押物委托某拍卖公司拍卖时,未取得抵押权人的同意,拍卖行为无效。据此提出,撤销甲与某拍卖公司签订的《竞买协议》;确认某拍卖公司于 2014 年 7 月 18 日进行的拍卖行为无效;撤销甲与某房地产公司、某拍卖公司签订的《拍卖成交确认书》;提出要求某拍卖公司退还甲竞买保证金 100 万元,并支付占有期间的利息并由某拍卖公司、某房地产公司赔偿甲经济损失等诉请。两被告认为,某拍卖公司向竞买人告知了标的物抵押的状况,在报纸上对拍卖标的物进行了公告说明,并征得了抵押权人的同意,不存在欺诈,也不存在重大误解。某拍卖公司与原告签有的瑕疵担保免责条款,符合拍卖法的规定,某拍卖公司对拍卖标的不承担瑕疵担保责任。《拍卖成交确认书》合法有效,原告要求撤销合同没有事实和法律依据。

反诉原告某房地产公司诉称:甲未按拍卖成交确认书约定交付价款,构成违约,提出要求甲赔偿某房地产公司经济损失等诉请。反诉被告甲认为,其与某房地产公司之间不存在合同关系,某房地产公司不能依据《拍卖成交确认书》主张权利。因拍卖人某拍卖公司未向竞买人说明拍卖标的瑕疵,造成甲在受欺诈情况下竞得拍卖标的,甲不存任何过错。同时,由于拍卖未低于保留价成交,并不违反某房地产公司的委托意思,故而某房地产公司并未遭受任何经济损失。

【裁判结果】

一审:本诉部分判决撤销甲与某房地产公司、某拍卖公司于2014年7月18日签订的《拍卖成交确认书》,并判决某拍卖公司返还甲保证金;反诉部分驳回某房地产公司的反诉请求。

二审:维持一审判决中上述内容,并判令某房地产公司向甲支付保证金占用期间利息。

【争议焦点与裁判理由】

本案的争议焦点是:(1)拍卖人未告知拍卖标的已抵押且拍卖未经抵押权人同意是否构成欺诈;(2)受欺诈买受人是否有权请求撤销《拍卖成交确认书》并退还竞买保证金并赔偿占用利息;(3)两次拍卖差价是否有权要求原买受人赔偿。

根据生效裁判文书,人民法院认为:本诉部分,拍卖人负有拍卖标的瑕疵告知义务。本案中拍卖标的已抵押且拍卖未经抵押权人同意的事实,属于拍卖标的瑕疵,拍卖人有义务向竞买人说明。拍卖人在明知拍卖标的有权利瑕疵的情况下,未明确告知竞买人,构成"故意隐瞒真实情况,诱使对方作出错误意思表示",为欺诈行为。根据《合同法》第54条的规定,受欺诈的合同受损害方有权请求撤销合同,因而本案中受欺诈的买受人有权请求撤销《拍卖成交确认书》。同时,根据《合同法》第58条"合同被撤销后因该合同取得的财产应当予以返还"的规定,拍卖人应当返还买受人竞买保证金。返还财产也应返还孳息,因而拍卖人应当支付保证金占用期间的利息。因而本诉原告请求撤销其与本诉两被告于2014年7月18日签订的《拍卖成交确认书》,并要求拍卖人返还保证金及占用利息的请求,于法有据,法院予以支持。

反诉部分,本案中买受人未支付拍卖价款是因拍卖人未履行瑕疵说明义务导致的,因而买受人不承担违约责任,也无须赔偿两次拍卖的差价。故而反诉原告主张反诉被告赔偿两次拍卖差价,于法无据,法院不予支持。

【案例评析】

本案在审理中,主要集中在以下两个争议焦点上:

一、拍卖标的瑕疵的范围是什么

《拍卖法》第18条规定"拍卖人应当向竞买人说明拍卖标的的瑕疵",但《拍卖法》中并未对拍卖标的瑕疵作任何进一步的解释。标的物瑕疵是否仅指质量上的瑕疵,是否也包括权利瑕疵?《拍卖法》第3条规定拍卖也是买卖方式的一种,因而在拍卖法没有明确规定的情况下,可以考虑从合同法中寻找相关法律依据。《合同法》第148条和第150条两条构成法律上出卖人所负的两项担保义务:物的瑕疵担保及权利瑕疵担保。虽然拍卖人并不完全等同于买卖合同项下的出卖人,但拍卖人接受委托,作为委托人的代理,也应当对竞买人既承担物的瑕疵担保,也承担权利瑕疵担保。将该"瑕疵"理解为包括物的瑕疵及权利瑕疵。

而权利瑕疵担保具体范围又是什么呢?《合同法》第150条规定,出卖人应负有保证第三人不得向买受人主张任何权利的义务。根据《物权法》第179条的规定,物上设置抵押权会导致第三人向买受人主张权利。故而,拍卖标的上的抵押权应当属于权利瑕疵的一部分。同时,根据《物权法》第191条规定,"抵押期间,抵押人未经抵押权人同意,不得转让抵押财产"。因此,如抵押权人未同意抵押财产转让,则转让也会导致第三人向买受人主张权利。因此,拍卖标的未获抵押权人同意也属于权利瑕疵的一部分。本案中,拍卖标的上设有抵押权且拍卖未经抵押权人同意,已经构成了拍卖标的权利瑕疵。拍卖人根据法定义务,应当向竞买人告知拍卖标的瑕疵。

二、拍卖人未告知拍卖标的瑕疵是否构成欺诈

《最高人民法院关于贯彻执行〈中华人民共和国民法通则〉若干问题的意见(试行)》第68条解释规定,"一方当事人故意告知对方虚假情况,或者故意隐瞒真实情况,诱使对方当事人作出错误意思表示的,可以认定为欺诈行为"。根据该解释,欺诈行为的构成需要考察欺诈人的欺诈故意、欺诈人的欺诈行为、被欺诈人的错误认识和被欺诈人的意思表示四个方面。其中,欺诈行为则分为积极的作为和消极的不作为,积极作为是故意告知对方虚假情况;而消极不作为则是有告知真相义务而故意不履行告知义务,使相对人在决策上受到影响,致使相对人陷入错误。如果当事人得知真实情况,则不会从事该行为。

本案中,拍卖人某拍卖公司主张其已经履行了瑕疵告知义务。首先,某拍卖公司主张,双方在竞买协议中已经确认竞买人知悉标的瑕疵。在竞买协议中约定"标的情况由甲方(某拍卖公司)在所附的《竞买须知》中予以说明。乙方(甲)有权检验标的及标的相关资料。该标的拍卖为现状拍卖,甲方采取任何形式对标的所作描述,均属参考意见,不代表担保。乙方一旦进入拍卖会现场,即表明已经查验、了解拍卖标的,并同委托人就拍卖标的状况进行了准确沟通,愿意现状接受标的"。虽然竞买协议经双方签字,但拍卖标的瑕疵告知义务是拍卖人的法定义务,不能通过约定即免除。并且,拍卖人不同于普通卖方,其对于事先告知竞买人的拍卖标的瑕疵可以享受法定免责。如果允许拍卖人对其告知义务进行免责,则无法保障竞买人获得公平完整的信息。因此,竞买协议的约定反而证明拍卖人自始怠于履行告知义务。其次,拍卖人某拍卖公司主张,甲长期从事房产投资有丰富经验应当知悉拍卖标的设有抵押的事实。但竞买人是否具有经验、是否已经知悉标的瑕疵,并不能免除拍卖人的法定告知义务。最后,拍卖人某拍卖公司主张其曾事先劝阻甲不要竞买。但在某拍卖公司的劝阻中,并未告知拍卖标的存在权利瑕疵。

综合来看,拍卖人某拍卖公司的行为,其作为拍卖人,负有告知标的瑕疵的义务。但在整个拍卖过程中,无论是通过协议条款降低自身告知义务,还是假定竞买人已知悉信息,抑或是与竞买人沟通侧面影响,拍卖人不仅没有积极履行告知义务,反而是消极地刻意隐瞒标的瑕疵。并且正是拍卖人这种消极隐瞒真实情况的行为,使得竞买人决策受到影响。因此,拍卖人行为已经构成欺诈。

【案例索引】

一审:湖北省荆门市东宝区人民法院(2014)鄂东宝民二初字第00228号

二审:湖北省荆门市中级人民法院(2015)鄂荆门民二终字第00018号

87. 甲与某拍卖公司、某银行支行拍卖合同纠纷案

——拍卖人未履行瑕疵告知义务,买受人能否撤销成交确认书

问题提示:拍卖人未告知拍卖标的瑕疵的,买受人能否撤销成交确认书?

【基本案情】

原告:甲

被告:某拍卖公司

被告:某银行支行

人民法院经审理查明:2007年7月31日,某拍卖公司发布公告,对某银行支行部分乡镇营业所营业房屋进行拍卖。2007年8月4日,原告甲向被告某拍卖公司交纳拍卖保证金3万元,并参加了2007年8月7日被告某拍卖公司组织的拍卖会,竞得所拍卖的信阳市浉河区吴家店老街农行营业所房产,原告甲与被告某拍卖公司签订了拍卖成交确认书。但到期原告未交纳成交金额,后被告某拍卖公司又就该房产进行了第二次拍卖,他人竞得该房。2008年1月28日,某银行支行通知被告某拍卖公司将原告甲交纳的保证金3万元,扣除第一次拍卖应当支付的拍卖佣金21 600元,剩余8400元打入某银行支行账号,2008年1月30日,被告某拍卖公司将8400元转账支付给被告某银行支行。法院另查明,被告某银行支行委托拍卖的信阳市浉河区吴家店老街农行营业所房产国有土地使用证所载土地使用者为乙,无房产证。拍卖当日被告某拍卖公司发给原告甲的拍卖须知第7条第1项载明:拍卖

前,竞买人需对房屋的现状及有关情况,自行到房产所在地的房管、规划、土地等部门进行了解,委托方和拍卖方不负责标的的瑕疵担保。

原告甲诉称,自己通过竞得所拍的农行营业所房产,竞得后才知晓该营业房与其邻居顾某某存在90公分土地使用权及相邻的房产山墙纠纷未解决,而被告在拍卖时就知晓上述纠纷情况,却在拍卖时故意不告知竞买人。被告行为已构成对我的欺诈,请求法院判令撤销原、被告所签浉河区吴家店镇老街营业所房屋《拍卖成交确认书》,判令被告返还所收原告拍卖保证金3万元及同期银行利息,承担本案诉讼费。

被告某拍卖公司辩称,原告诉被告未告知有瑕疵,不是事实,在拍卖现场发布拍卖须知、竞买须知等,明确指出被拍卖物现状,有公告可作证;本案中被拍卖物是否有瑕疵与3万元保证金没有关系,且原告没有按竞买须知支付成交款项;即使本案中存在瑕疵,按《拍卖法》第61条的规定,应在一年内行使权力,原告起诉已过诉讼时效。

被告某银行支行辩称,拍卖活动是我们委托某拍卖公司,我们认为我们的行为与甲无任何关系,追加我们为被告不应该。

【裁判结果】

一审:被告某拍卖公司于本判决生效后十日内退付原告甲人民币10 800元;被告某银行支行于本判决生效后10日内退付原告甲人民币8400元。

【争议焦点与裁判理由】

本案的争议焦点为,拍卖成交确认书被撤销后责任如何承担。

人民法院经审理认为,原告甲与被告某拍卖公司签订的拍卖成交确认书应为有效合同。但是该合同的标的无房产证且与相邻关系存在土地纠纷,在拍卖该处房产时,被告某拍卖公司未明确告知原告甲该处房产的明确瑕疵,后原告甲知道了该处房产的瑕疵,提出请求撤销拍卖成交确认书的理由成立,予以支持。原告甲盲目签约,后又不履行,对该拍卖成交确认书的撤销后果也有一定的缔约过失责任。原告甲与被告某拍卖公司的过错责任基本相当,酌定双方各自承担50%的责任。被告某银行支行将无土地证和房产证的房产委托拍卖,后又通知被告某拍卖公司将原告甲所交3万元保证金的8400元转至本单位,被告某银行支行无合法理由收取该款,应当退还原告。

【案例评析】

拍卖是通过公开竞价的方式转移财产所有权或者其他财产性权利的一种方式,拍卖不存在一般买卖方式的一对一的谈判空间,拍卖标的价格通过竞买人之间的价格竞争程序形成,拍卖人组织拍卖并向成交双方收取佣金,因此委托人、拍卖人对拍卖标的都负有真实信息披露的义务。

一、拍卖人的瑕疵告知义务

笔者认为,拍卖人作为拍卖活动的经营者,通过促进交易收取佣金;拍卖人在拍卖程序中具有独立性,这种独立性表现之一,就在于拍卖人需对拍卖标的的财产性权利是否具有可转让性、拍卖标的是否存在权利瑕疵以及其他可能影响拍卖成交的事项进行必要的审查与信息披露,而不是纯粹受拍卖委托人的委托以其名义从事委托事项。拍卖人的审查与信息披露义务,是拍卖行业得以延续的保障。

因此,《拍卖法》第18条、第27条规定了委托人和拍卖人的瑕疵披露义务,第18条第1款规定:"拍卖人有权要求委托人说明拍卖标的的来源和瑕疵。"第2款规定,"拍卖人应该向竞买人说明拍卖标的的瑕疵"。第27条规定:"委托人应当向拍卖人说明拍卖标的的来源和瑕疵。"第61条还规定了委托人和拍卖人关于拍卖瑕疵义务的法律责任,即"委托人、拍卖人违反本法第十八条第二款、第二十条的规定,未说明拍卖标的的瑕疵,给买受人造成损害的,买受人有权向拍卖人要求赔偿;属于委托人责任的,拍卖人有权向委托人追偿"。

可见,相对于买受人而言,委托人和拍卖人承担着法定的瑕疵告知义务。作为委托人而言,其应该将自己明知或者应当知道的拍卖标的的一切瑕疵向拍卖人说明,而拍卖人也应当将自己明知或者应当知道的拍卖标的的一切瑕疵向竞买人说明。所谓应当知道,是指拍卖人应对拍卖标的是否适格、是否存在权利瑕疵进行合理、必要的审查,如不宜拍卖的物品或者其他财产性权利,拍卖人还可以解除委托拍卖合同,因此拍卖人并不是被动接受委托人所提供的信息。

二、拍卖人违反了瑕疵告知义务

本案拍卖标的为某银行支行部分乡镇营业所营业房屋,但该土地无房产证且与相邻关系存在土地纠纷,房地产的权属及是否存在权利瑕疵是影响拍卖成交的重大事项,作为委托人明知上述事项,应将信息告知拍卖人;而拍卖人应对上述事项进行审查,这些事项乃权属转让中常见的可能涉及的内容,并没有超出拍卖人的专业审查范畴,即使委托人未能明确告知,拍卖人也应主动进行审查。

在瑕疵义务告知中,免责声明式条款是抗辩事由之一,本案中拍卖人同样以"在拍卖现场发布拍卖须知、竞买须知等,明确指出被拍卖物现状,有公告可作证"作为免责抗辩。拍卖人的免责声明必须是针对特定拍卖品所做的明确、公开的和足以对竞买人起到提示作用的声明,必须具备特定性、针对性,而非适用一切拍卖标的的一般性免责声明。否则,拍卖人的瑕疵告知义务、拍卖人的核实义务将沦为虚置。事实上,如果拍卖人一味地以免责条款为自己卸责,长此以往也将难以在行业内立足。国际上知名的拍卖行都实行赝品召回制度,就是源于市场竞争驱使。

三、违反瑕疵告知义务后的责任承担

一般来说,根据《拍卖法》第61条的规定,拍卖人、委托人违反本法第18条第2款、第27条的规定,未说明拍卖标的的瑕疵,给买受人造成损害的,买受人有权向拍卖人要求赔偿;属于委托人责任的,拍卖人有权向委托人追偿。据此,违反瑕疵告知义务后的责任追偿程序为,买受人根据合同相对性原则向拍卖人要求赔偿,拍卖人再根据合同相对性原则向委托人追偿。

但本案的程序比较特殊,买受人以受欺诈为由申请撤销合同,所依据的是合同撤销之诉的程序,就合同撤销后的价金返还问题同时请求拍卖人、委托人返还保证金,其中一部分保证金根据惯例已转为拍卖人的佣金。合同撤销后的清算,需根据合同各方的过错进行责任划分,委托人、拍卖人无疑需要承担瑕疵未告知的责任,同时从事后重拍结果来看,该拍卖标的转让具有可履行性,但买受人盲目签约后未履行,对合同撤销也存在一定过错。一审判决双方各半责任是合适的。

【案例索引】

一审:河南省信阳市浉河区人民法院(2009)信浉民初字第249号

88. 甲与某拍卖公司拍卖合同纠纷案

——竞买人查看能否免除拍卖人的说明义务

问题提示:委托人对拍卖标的的说明义务及其法律后果是否因竞买人的查看而免除?

【基本案情】

上诉人(一审原告):甲

被上诉人(一审被告):某拍卖公司

一审第三人:某银行

人民法院经审理查明:2011年12月16日,某拍卖公司受某银行委托在《宁波日报》上刊登拍卖公告:拍卖标的为坐落于宁波市海曙区南苑街2号(1~10)、(1~11)、(2~13)、(2~14)的商业用房,为带租拍卖,起拍价为5 610 000元,拍卖保证金为800 000元;拍卖方式为有保留价的增价拍卖,不到保留价不成交;看样时间为公告日起至2011年12月21日止,竞买人可自行看样或与某拍卖公司联系相关事宜。甲看到拍卖公告后到涉案拍卖标的处查看了房产状况。甲在某拍卖公司处领取并签字的《竞买须知》第二条第二项规定“竞买人须在展示看样期间(拍卖前)对标的进行周详地了解,并认真阅读拍卖文件”;第三条第二项规定“本次拍卖仅按标的之现状进行拍卖,竞买人一经参拍,即表示认可标的的现状,并愿意接受标的存在的任何瑕疵”;第三条第三项第二款规定“竞买人一经参拍,即表示已充分了解标的情况;未经咨询看样参拍的,责任自负”;第十条第一项规定“委托人和拍卖人对本次拍卖标的存在的已告知或未告知瑕疵,不承担任何瑕疵担保责任”。12月21日,甲向某拍卖公司缴纳了800 000元拍卖保证金。12月22日,甲(乙方)与某拍卖公司(甲方)签订《竞买合同》:乙方对标的已充分了解,乙方愿意接受和遵循《竞买须知》等拍卖文件的内容,同时愿意接受标的之现状包括瑕疵。12月26日上午,甲参加了拍卖会,并经多轮竞价后以6 320 000元的价格成为买受人。同日,甲(买受人)与某拍卖公司(拍卖人)签订《拍卖成交确认书》,约定:涉案拍卖物成交价为6 320 000元,拍卖佣金为316 000元;拍卖成交后,买受人须在2011年12月28日下午4时前将全额成交款及拍卖佣金汇入某拍卖公司指定账户。《拍卖成交确认书》约定的付款期限届满后,甲未按约付清成交款及拍卖佣金。根据施工规划图,涉案拍卖房产一楼地面至一楼天花板的层高为4.070米,根据房屋现状,涉案拍卖房产一楼大厅地面至一楼天花板距离为4.490米,一楼取菜间地面至一楼天花板距离为4.705米。

甲诉称:2011年12月27日,甲得知房屋拍卖时的一楼室内地坪标高并非原始标高,而是将原始地坪违法下挖2米左右。某拍卖公司未告知该重大瑕疵,故甲对该房屋一楼地坪标高现状的合法性产生了重大误解,最终导致甲在违背真实意思的情况下和某拍卖公司签订了《拍卖成交确认书》。请求判令:一、撤销甲、某拍卖公司于2011年12月26日签订的编号为0001357的《拍卖成交确认书》;二、某拍卖公司返还甲拍卖保证金800 000元,并赔偿甲利息损失53 200元。

某拍卖公司辩称:(1)涉案拍卖房产不存在甲诉状中所述的“将原始地坪违法下挖2米左右”的事实,不存在重大瑕疵,拍卖房产产权清晰,完全符合安全使用的要求,不存在妨碍房产交易的任何瑕疵;(2)某拍卖公司在拍卖会前已充分告知涉案房产拍卖系按现状拍卖,甲参加拍卖并自愿签订《竞买合同》,可以证明甲对拍卖标的已充分了解,并愿意接受拍卖标的之现状包括瑕疵,拍卖标的是否存在瑕疵以及甲是否了解全部瑕疵,不影响拍卖的有效性;(3)涉案房产拍卖不存在“甲在违背真实意思表示情况下与某拍卖公司签订了《拍卖成交确认书》”。拍卖成交后,甲未按《竞买须知》《竞买合同》《拍卖成交确认书》约定支付成交款及拍卖佣金,已经构成违约,甲无权要求返还其已支付的拍卖保证金。

某银行辩称:(1)涉案拍卖房产产权清晰,在拍卖前,该房产已出租,承租人一直正常使用,不存在影响交易的瑕疵;(2)涉案房产系某银行按房产现状委托某拍卖公司公开拍卖的。

【裁判结果】

一审:驳回甲的诉讼请求。

二审:驳回上诉,维持原判。

【争议焦点与裁判理由】

本案的争议焦点为,《拍卖成交确认书》是否存在可撤销情形。

根据生效裁判文书,人民法院认为,(1)甲对拍卖房屋不存在重大误解。从甲的主张来看,其是指对标的物存在错误认识,但实际上,无论是甲所述的地坪下挖,还是圈梁、楼板被破坏的情形,均暴露在外,系房屋地坪、楼板、圈梁等的现状。该房屋经过装修,与房屋原始结构不同是客观存在的事实。甲在竞买前对拍卖房屋进行了现场查看,对房屋地坪、圈梁、楼板等现状是了解的。甲在《竞买合同》中也表示接受标的物的现状包括瑕疵,故甲竞买房屋不具有重大误解情形。(2)某拍卖公司没有欺诈行为。拍卖系按房屋现状进行,某拍卖公司对拍卖房屋进行了充分的展示,并未隐瞒房屋的现有状况,没有证据表明某拍卖公司知道该房屋现状构成瑕疵,并且出于故意或重大过失而没有告知甲,同时某拍卖公司在《竞买须知》中也作出了瑕疵免责声明,故某拍卖公司没有违反瑕疵告知义务,并不存在对甲的欺诈行为。

【案例评析】

本案的核心法律问题是委托人对拍卖标的的说明义务及其法律后果是否因竞买人对拍卖标的的查看而免除?有的法院对委托人对拍卖标的的说明义务及其法律后果并不清晰,在本案例中表现得非常明显。

根据《拍卖法》的规定,委托人应当向拍卖人说明拍卖标的的来源和瑕疵,拍卖人应当向竞买人说明拍卖标的的瑕疵,竞买人有权了解拍卖标的的瑕疵。若委托人、拍卖人已经向竞买人说明了拍卖标的的瑕疵的,且拍卖人、委托人在拍卖前声明不能保证拍卖标的的真伪或者品质的,则拍卖人、委托人不承担瑕疵担保责任,买受人不能以拍卖标的物存在瑕疵为由主张任何权利包括撤销合同或要求拍卖人、委托人承担违约责任。

拍卖标的物的物理外观是否构成“瑕疵”由标的物的外观现状呈现表示接受标的物的现状包括瑕疵。只要拍卖人与竞买人共同确认,拍卖系按标的物现状进行,而拍卖公司对拍卖标的进行了充分的展示,没有隐瞒标的物的现有状况,则应当认定拍卖公司已经就标的物的物理外观充分、适当地履行拍卖法规定的瑕疵披露义务。需要特别注意的有两点:(1)上述法律后果与竞买人是否真实地主动了解拍卖标的无关,也与其是否有能力了解标的物无关。也即竞买人若未自己主动了解拍卖标的物,或其无能力了解拍卖标的物,只要其参与竞拍并拍得标的物则拍卖成立,买受人不能再主张拍卖标的物存在瑕疵。这一点是本案一审、二审法院均未注意的。(2)若委托人、拍卖人已经了解及应该了解的拍卖标的物的非外观瑕疵,则其应向竞买人(买受人)明示,否则其应当承担责任。《拍卖法》第 61 条第 1 款明确规定:“拍卖人、委托人违反本法第十八条第二款、第二十七条的规定,未说明拍卖标的的瑕疵,给买受人造成损害的,买受人有权向拍卖人要求赔偿;属于委托人责任的,拍卖人有权向委托人追偿。”委托人和拍卖人的瑕疵说明义务不因其公示拍卖标的物并让竞买人查看而免除。

【案例索引】

一审:浙江省宁波市江东区人民法院(2013)甬东商初字第3号

二审:浙江省宁波市中级人民法院(2013)浙甬商终字第470号

89. 某实业公司与某银行支行拍卖合同纠纷案

——委托人是否对竞买人有直接的告知义务

问题提示:1. 对拍卖标的的瑕疵,委托人对竞买人有无直接的瑕疵告知义务?2. 拍卖人未能告知买受人拍卖标的存在的瑕疵,是否影响拍卖合同的效力?

【基本案情】

再审申请人(一审原告,二审上诉人):某实业公司

被申请人(一审被告,二审被上诉人):某银行支行

人民法院经审理查明:2003年12月12日,北京市第二中级人民法院作出(2002)二中执字第353-1、867-1号民事裁定书,该裁定书载明,申请执行人为某银行支行。被执行人为某房地产公司。裁定:准许某银行支行以物抵债的申请;自裁定生效之日起,某银行支行即拥有位于丰台区南三环东路27号芳群公寓商场在建工程地上一至五层建筑面积14 088.1平方米的所有权及所分摊的土地使用权,地下一至二层部分车库建筑面积3991.6平方米的所有权及所分摊的土地使用权(土地使用权面积以北京市国土资源和房屋管理局实地测量面积为准);被执行人某房地产公司所欠申请执行人某银行支行的剩余债务本金人民币1700万元及利息,应当继续清偿。

2004年12月3日,某银行支行(甲方)与某公司(乙方)签订《委托拍卖合同》。合同约定:(1)拍卖标的:甲方同意委托乙方依法拍卖位于丰台区南三环东路27号芳群公寓商场18 079.7平方米的在建工程所有权(其中地上1~5层建筑面积14 088.1平方米、地下1~2层建筑面积3991.6平方米)以及分摊土地使用权(土地使用权面积以北京市国土资源和房屋管理局实地测量面积为准)。《标的物现状说明书》(附件2)为甲、乙双方共同确认。(2)拍卖底价:乙方确定拍卖标的的拍卖方式为整体拍卖,拍卖底价为总价人民币9610万元……(4)拍卖时间及地点:根据甲方要求,乙方承诺于2004年12月20日前举办一次拍卖会,甲方委托乙方的拍卖最终期限至2005年3月3日。5. 拍卖价款的支付方式、期限及违约条款:(1)乙方应与竞买人约定,竞买人应在拍卖会前2日内将人民币1000万元存入在中国工商银行开立的乙方名下的甲乙双方共管账户,作为竞买保证金。拍卖成交当日,买受人

所存人民币1000万元保证金转为定金,并存入甲方指定账户。拍卖未成交的,竞买保证金于拍卖终止后3个工作日内如数退还给竞买人。(2)乙方应与买受人约定,拍卖成交后,买受人应于拍卖最终期限后的3日内将总成交款30%(含人民币1000万元定金,以下同)存入共管账户,30日内买受人应将总成交款的60%存入共管账户,其余款项买受方应在60日内存入共管账户。自买受人给付每笔成交价款后3日内,甲方将扣除相应比例的佣金后的每笔款项,从共管账户中转存入甲方指定账户。(3)乙方应与买受人约定:拍卖成交后,买受人在任一付款期限内未按照约定付款的,甲方书面通知买受人后买受人仍未付款的,甲方均有权宣布买受人违约,人民币1000万元定金不予退还。……甲方将已存入甲方指定账户的价款扣除人民币1000万元定金后返还乙方,由乙方负责将相应款项返还给买受人。……7. 拍卖标的物移交:拍卖标的经拍卖成交,在买受人支付30%成交价款后由甲、乙双方出面协调法院,配合将拍卖标的物及其相关资料移交买受人,并尽快配合买受人进场施工。……10. 其他约定:甲方将已知悉的标的物现状如实告知乙方,乙方未向竞买人说明拍卖标的现状,给买受人造成损失的,由乙方承担全部责任。

2004年12月3日,某银行支行与某公司签订标的物现状说明书,作为上述委托拍卖合同的附件。其中,四、标的物现状描述:……5. 工程设计图纸、施工图纸、各种管线接口、图纸资料齐全,在法院协同配合提供,拍卖后可随标的物向买受人移交。五、标的物其他因素情况:1. 标的物移交需与法院配合做好某某公司清场工作。2. 甲乙双方协同法院做好与物业的衔接工作。

2005年2月18日,某公司在《芳群公寓商场拍卖会须知》中称,拍卖成交后,买受人应在拍卖成交之日后的3日内支付不低于标的总成交价款30%的首付款,拍卖成交之日后的30日内,买受人支付不低于总成交价款60%的价款,其余款项应在拍卖成交之日后的60日内全部付清。买受人支付的每期价款应存入指定账户。买受人在任一付款期限内未按照约定付款的,经书面通知买受人后买受人仍未付款的,拍卖人有权宣布买受人违约,人民币1000万元定金不予退还……拍卖标的经拍卖成交,在买受人支付30%成交价款后,委托人负责将拍卖标的物的相关资料移交买受人,拍卖人负责协调工作,尽快配合买受人进场施工。在《芳群公寓商场简介》中,标的物的现状描述称,工程建筑施工各项手续完整,土地出让金已交齐;工程设计图纸、施工图纸、各种管线接口、图纸资料齐全,拍卖后可随标的物向买受人移交。在上述《芳群公寓商场拍卖会须知》《芳群公寓商场简介》中,致函某银行支行均加盖公章予以确认。

2005年2月19日,某公司在《北京晨报》上刊登拍卖公告:受委托人委托,我公司将对位于北京市丰台区南三环东路27号的芳群公寓商场进行拍卖。该标的建筑面积为18 079.7平方米,其中地上建面为14 088.1平方米、地下建面为3991.6平方米;土地分摊面积为2976.82平方米。以上项目竞买人需交纳保证金人民币1000

万元。

2005年2月24日,某实业公司向某公司汇款9 999 990元港币,当日牌价为105.95(折合人民币10 594 989.41元)。在涉外收入申报单中交易附言一栏,填写:竞买保证金。2005年2月25日,某实业公司作为竞买人填写某公司竞买登记卡,载明:拍品名称芳群公寓商场、付款方式汇款、保证金额人民币1000万元整、竞价牌号16。

2005年2月25日,某公司(甲方)与某实业公司(乙方)签订某拍卖公司竞买合同,约定乙方接受甲方制定的拍卖成交确认书、拍卖规则、拍卖公告、竞买须知、标的概况等竞买文件,在交纳人民币1000万元整的竞买保证金后(以汇入本公司指定账号为准),办理竞买登记手续……乙方竞买成功成为买受人后,所付保证金在扣除佣金后转为拍卖成交价款的一部分;买受人应按成交价的5%支付甲方拍卖佣金;如乙方违约,所付款项不退。某实业公司参加了2005年2月26日举行的拍卖会,以人民币9610万元购得上述拍卖标的,并签署拍卖标的成交确认书。北京市第二公证处出席了拍卖现场,对拍卖活动进行现场监督公证,并出具(2005)京二证字第05561号公证书。

某索道公司于2005年2月23日向某公司在某银行支行开立的账户内付款人民币1000万元;于3月2日付款人民币450万元、550万元;于3月3日付款人民币280.5万元、200万元。

2005年3月14日,某公司收到某银行分行风险资产处置中心交付的北京芳泽园小区ABCF楼(芳群公寓)建筑施工设计图、结构设计图。某实业公司确认收到拍卖标的的施工图和结构图。

2005年4月1日,某实业公司致函某公司,内容为:"贵司拍卖的北京市丰台区南三环东路27号'芳群公寓商场'在建工程,我公司于2005年2月26日已通过拍卖购得。根据《芳群公寓商场拍卖会须知》第七条的规定,委托人中国工商银行北京西客站支行应将拍卖标的物的相关资料移交买受人。贵公司负责协调工作,尽快配合买受人进场施工。但截至出具本函之日,我公司还未收到有关拍卖标的物的完整资料……同时,我公司人员拍卖后拟进入工程现场被拒绝,以致施工准备工作至今无法开展,更无法实施'进场施工'。鉴于以上情况,请贵司及拍卖委托人尽快补齐资料,包括上面未提到的与拍卖标的有关的其他全部资料,并尽快安排我公司人员完成进场施工,在未完成上述事宜前,我公司暂停支付各项拍卖款项。"

2005年4月25日,某公司向某实业公司发送付款通知,内容为:"贵公司于2005年2月26日以玖仟陆佰壹拾万元竞买取得芳群公寓商场,依约应于2005年3月26日前支付款项贰仟捌佰捌拾叁万元(2883万元),于2005年4月26日前支付款项贰仟捌佰捌拾叁万元……贵公司在规定的支付第二期、第三期付款时间内,未能履行付款义务。因此,特向贵司发出通知,请贵司务必于2005年4月30日12时前履行支付第二期、第三期款项义务。逾期我公司将按规定处理。由此产生的一切后果由贵司按《拍卖规则》《竞买须知》和《注意事项》负责承担。"

2005 年 5 月 11 日，某银行支行向某公司发出履约敦促函，主要内容为："我行委托贵公司拍卖芳群公寓商场项目……贵公司依约应于 2005 年 3 月 26 日前收妥买受人的成交款项伍仟柒佰陆拾陆万元（5766 万元），于 2005 年 4 月 26 日收妥买受人的成交款项玖佰陆拾壹万元。考虑到买受人筹款需要一定时间及贵公司一再表达的履约诚意，我行给予了一定宽限，但贵公司在 4 月 30 日仍未能履行承诺。时至今日我行仍未收到买受人应支付的第二期、第三期款项……特函请贵公司于 5 月 13 日前将履约款项收妥并存入双方共管账户内，逾期未达，我行将按双方《委托拍卖合同》的相关规定作出处理。"

2005 年 5 月 12 日，某公司向某实业公司发出履约敦促通知书，内容为："现向贵司转发中国工商银行北京西客站支行的《履约敦促函》，望贵司于 2005 年 5 月 13 日前按中国工商银行北京西客站支行的规定履行付款义务。"

2005 年 5 月 30 日，某银行支行向某公司及某实业公司发出违约通知书，内容为：我行于 2005 年 5 月 11 日向某公司发出《履约敦促函》，提示某公司已违背了与我行签订的《委托拍卖合同》第五条第二款的规定，没能按约定要求买受人按约付款，为此我行将买受人履约期延至 2005 年 5 月 13 日，希望某公司敦促买受人尽快履约付款。某公司于 2005 年 5 月 12 日向买受人某实业公司发出《履约敦促通知书》并转发我行的《履约敦促函》。但某实业公司在 2005 年 5 月 13 日前仍未能按照我行要求履行付款义务，致使某公司不能将价款收妥后交于我行……我行现宣布某实业公司违约，收回拍卖标的，并请某公司转通知某实业公司。

2005 年 6 月 1 日，某公司向某实业公司发送违约通知书，内容为：我公司于 2005 年 6 月 1 日接某银行支行快递送达的《违约通知书》。依据芳群公寓商场拍卖的规定，某银行支行宣布了某实业公司违约，收回拍卖标的，同时要求我公司转通知与贵司。附：某银行支行违约通知书一份。

2005 年 6 月 2 日，某实业公司向某公司发出告知函：我公司已于 2005 年 6 月 1 日收到贵公司发送的关于群芳（芳群）公寓商场的《违约通知书》，现我公司针对此函答复如下：(1)我公司并没有任何违约行为；(2)贵公司关于拍卖群芳（芳群）公寓商场的行为已涉嫌刑事犯罪，我公司已于 2005 年 5 月 8 日向公安机关报案，请求公安机关予以查处。

2007 年 11 月 30 日，某银行支行致函某公司，内容为：根据我行与贵公司就芳群公寓商场项目签订的《委托拍卖合同》第五条第三款……我行于 2006 年 1 月 20 日将扣除人民币 1000 万元后的剩余款项即人民币 1883 万元返还给贵公司，该款项应由贵公司返还给买受人。据买受人反映，此款项至今未返还买受人。我行再次督促贵公司，《委托拍卖合同》相关条款约定，贵公司应将上述款项返还买受人。请贵公司于收到本函之日起7个工作日内以书面形式将意见或建议反馈我行。

2007年11月30日,某银行支行致函某实业公司,内容为:关于芳群公寓商场项目事宜,我行已于2005年5月30日向某公司并贵公司发出《违约通知书》,宣布贵公司违约,某公司亦于2005年6月1日致函贵公司宣布违约并收回拍卖标的,至此,原拍卖关系各方当事人权利义务已终止。为有利于妥善解决贵公司反映的有关问题,我行以极大的诚意建议贵公司作为该项目原买受人在考虑北京房地产全面升值的前提下,按2005年2月26日拍卖成交价格人民币9610万元继续购买原拍卖标的物,我行将做好与贵公司进行协商的准备。请贵公司收到本函之日起7个工作日内以书面形式将意见或建议反馈我行。若贵公司未能于7个工作日内书面函复我行,我行将依据相关规定对芳群公寓商场项目予以处置。

2007年12月8日,某实业公司致函某银行支行,内容为:贵行2007年11月30日来函收悉,现简要回复如下,关于芳群公寓商场项目事宜……贵行与某公司在拍卖过程中故意隐瞒项目本身存在的诸多关键性的重大瑕疵,恶意串通,欺骗我司参加竞拍,在我司完全按照约定支付第一期款项共计人民币3000万元后,却根本无法按照合同约定进场施工,贵行亦没有按照合同约定将项目基本资料移交我司……对于贵行在来函中提出的建议,我司认为可以商谈……同时希望了解,2005年4月1日我司向贵行提出的问题即项目拍卖时隐瞒的瑕疵是否已经得到妥善解决。此外,我司郑重声明,贵行如若单方面“予以处置”,则由此产生的一切后果,只能由贵行自行承担。

2009年6月23日,国务院侨务办公室投诉协调司致函某实业公司法定代表人甲,内容为:“我办于2006年接到您反映在北京‘芳群公寓商场’项目拍卖过程中被诈骗事的投诉……2006年、2007年我办两次致函公安部,就您投诉情况请公安部门核查处理。2008年公安部经调查回复我办,并建议您向工商部门反映情况。2008年,我办再次商请国家工商行政管理总局对此案进行调查,妥为处理……近日,国家工商总局办公厅正式复函我办,通报了您举报的某拍卖公司违法拍卖事的调查结果:一、某绿色环保工程公司只是‘应邀’参加拍卖,截至目前尚无证据证明某拍卖公司与某绿色环保工程公司之间存在恶意串通的行为。二、对于某拍卖公司隐瞒标的瑕疵一事,根据《拍卖法》第61条的规定,某拍卖公司未说明瑕疵的行为应属于民事责任问题,建议举报人向人民法院提起民事诉讼以获得司法救济。”

某银行支行于2006年1月20日给付某公司人民币1883万元。

某实业公司在一审中诉称:其参加涉案竞拍,竞买成功后,某实业公司按照该须知的规定交付了30%的成交价款,截至2005年3月2日某实业公司总计向某公司支付人民币3540万元,委托人却违反约定没有将相关资料给付某实业公司,某实业公司也无法进场施工。对此某实业公司在2005年4月1日向某公司发函:告知委托人某银行支行没有按照拍卖会须知的规定将有关拍卖物的资料交付某实业公司,某实业公司也无法进入标的物的现场。鉴于此要求某银行支行、某公司尽快补齐资料交付某实业公司,安排某实业公司进入施工现场,在没有完成这些义务之前,某实业公司暂停支付各项拍卖款项。在某实业公司发出上述函件后,某银行支行、某公司依然没有将拍卖标的以及相关的完整资料交付某实业公司,某实业公司也无法进入标的物的现场予以施工。现继续履行合同,已存在事实和法律上的障碍,故请求法院判令:(1)解除某实业公司与某银行支行、某公司签订的《某拍卖公司竞买合同》以及《拍卖标的成交确认书》;(2)某银行支行、某公司返还某实业公司已交付的保证金以及首付款总计人民币3540万元,向某实业公司支付利息人民币1354万元(按照银行同期贷款利率6.12%计算,2005年3月3日至立案之日)、赔偿金人民币775.26万元,总计人民币5669.26万元;(3)某银行支行、某公司承担本案的诉讼费;(4)某银行支行、某公司承担连带责任。2013年4月11日,某实业公司以某公司已被工商部门注销、主体已不存在为由,申请撤回对某公司的诉讼,并变更诉讼请求如下:①某银行支行赔偿某实业公司的损失人民币3540万元(某实业公司已交付的佣金以及首付款总计人民币3540万元)以及利息人民币1354万元(该数额为按银行同期贷款利率6.12%计算,2005年3月3日起至立案之日),及至实际给付之日止的利息;某银行支行向某实业公司支付赔偿金人民币775.26万元;②某银行支行承担本案的诉讼费。

某银行支行在一审中辩称:(1)原拍卖法律关系已终结,各方权利义务已终止。某银行支行根据《委托拍卖合同》《芳群公寓商场拍卖会须知》等拍卖文件的相关约定,宣布买受人违约,并通过返还首付款、收回拍卖标的物等方式,产生了终止各方权利义务的法律后果,事实上已经终止了各方权利义务。(2)拍卖成交及某实业公司所主张的各种违约情形均发生在2005年,原拍卖关系自某银行支行返还首付款、收回标的物时也已解除,各方权利义务已告终结。某实业公司提供的证据并未证明其追索的连续性,因此,某实业公司要求返还及取得赔偿的请求权已超过我国法律规定的诉讼时效期间。(3)拍卖标的物不存在某实业公司所谓瑕疵问题。此前法院也委托进行了多次依法拍卖,因此,不存在不能拍卖的情况;本次拍卖为现状拍卖,在拍卖前已经明示了可以现场考察拍卖物,某实业公司作为买受人应对标的物的现场进行察看,并已完全了解标的物情况;拍卖标的物所涉及债权纠纷不是所谓瑕疵,即使某某公司在某银行支行取得北京市第二中级人民法院裁定后仍对拍卖标的物进行干扰,完全可以通过合法的途径排除妨害,予以解决;在某银行支行与某公司签订的《委托拍卖合同》及其他拍卖文件中,均说明拍卖标的物的处置须法院配合,这在拍卖中属于非常常见的情形;某实业公司从未提出或要求进场,也未为其进场作出任何安排和准备,由此,其无法进场只是其无力付款的借口而已。(4)某银行支行已履行法律规定及合同约定的各项义务。某银行支行在与某公司签订的《委托拍卖合同》和《标的物现状说明书》中均已说明应在法院配合下协调某某公司解决买受人进场的问题,已对拍卖物作出充分说明并且履行了交付拍卖标的物相关资料的义务,履行了法律规定的义务,不存在违约行为。某银行支行已依据合同约定向某公司返还人民币1883万元拍卖首付款,依约应由某公司向某实业公司返还人民币1883万元拍卖首付款。(5)某实业公司在履约中存在重大过错,某银行支行要求其承担违约责任于法有据。某实业公司未履行付款义务,应当承担违约责任;某实业公司未履行付款义务系其本身资金原因,与所谓“瑕疵”无关;某实业公司存在与另一竞买人及拍卖人串通的情形,其存在重大过错。(6)某实业公司对某公司的诉讼请求持消极态度导致其变更诉讼请求;某实业公司多次声称其通过非诉手段与某公司沟通,因此某公司在办理注销登记前是否依法进行清算,其是否可以参加诉讼某实业公司应当知晓;我国拍卖法规定的多项义务均应由拍卖人履行,相应责任应当由拍卖人承担。(7)某实业公司起诉某银行支行缺乏法律依据。按照拍卖法的有关规定和各方约定,即使拍卖物存在未说明的瑕疵,也应由买受人向拍卖人即某公司要求赔偿。

上诉人某实业公司上诉称:(1)一审判决认定事实不清。①事实上,在某公司向某实业公司公开的拍卖须知、公告及芳群公寓商城简介中对于拍卖标的物存在的严重超规划建设问题,拖欠施工单位款项问题和物业费问题均没有以任何形式进行披露。但是,这三份资料又均加盖某银行支行和某公司的印章。本案中某银行支行并未取得拍卖标的物的所有权、使用权和占有权,完全不具备拍卖资格。正因为拍卖标的物存在问题,某银行支行根本没有按拍卖合同规定交付拍卖标的物,因此导致某实业公司不能实现合同目的;②经拍卖,某实业公司与某银行支行已形成买卖合同法律关系,在某实业公司依约履行付款义务后,某银行支行就有义务交付标的物。由于某银行支行不能依约交付标的物已构成根本性违约,某实业公司参加拍卖的合同目的不能实现,应当依法解除双方因拍卖形成的买卖关系,由某银行支行赔偿某实业公司的所有损失。(2)一审判决适用法律错误,案件未过诉讼时效。本案应当适用买卖合同纠纷二年诉讼时效规定。双方之间形成的是买卖合同纠纷案件,而非因占有、控制具有瑕疵的拍卖标的物而遭受损失提出损害赔偿案件。某实业公司的诉请属于承担买卖合同法律责任,所以不适用《拍卖法》第61条,一审法院认定诉讼时效已过是完全错误的。另外,某银行支行在收到某实业公司人民币3540万元拍卖首付款后,除扣除人民币500万元拍卖费之外,擅自将人民币2000万元汇给某公司(事先根本没有征得某实业公司的同意及授权),从而导致某实业公司蒙受巨大的经济损失。此行为属于某银行支行的严重过错行为,理所当然负责赔偿。综上,请求撤销一审判决,依法改判,并由某银行支行承担一、二审诉讼费用。

某银行支行辩称:(1)某实业公司的诉讼请求已超过我国法律规定的诉讼时效。①本案的基本法律关系是拍卖法律关系,根据《拍卖法》第61条的规定,某实业公司要求返还及赔偿的请求权已超过法律规定的一年诉讼时效期间。②某实业公司向无权机关的投诉和情况反映不构成诉讼时效的中断。③某实业公司对其权利的怠于行使导致其将某公司本应承担的责任转嫁某银行支行。(2)拍卖标的不存在某实业公司所谓瑕疵问题。①拍卖标的物不存在权利瑕疵。②标的物原所有人的债务纠纷不是标的物的瑕疵。③标的物不存在不能进场的问题。④安排某实业公司进场施工系某公司的义务,与某银行支行无关。⑤拍卖标的物的后续处置须法院配合并非所谓瑕疵。⑥某实业公司所述拍卖标的物不能过户不是事实,不存在任何瑕疵。⑦交付材料系拍卖成交后某银行支行的附随义务,并非标的物瑕疵,甚至不是某银行支行在拍卖法律关系中的主要义务。(3)某银行支行已对拍卖物作出充分说明,履行交付拍卖标的物相关材料的义务,并且已依据合同约定向某公司退款,不存在违约行为。(4)某实业公司在履约中存在重大过错,某银行支行要求其承担违约责任于法有据。①某实业公司未履行付款义务毫无争议,应当承担违约责任。②某实业公司未履行付款义务系其本身资金原因,与所谓瑕疵无关。③某实业公司存在与另一竞买人及拍卖人串通嫌疑,其存在重大过错。④某实业公司不享有任何合同法规定的履约抗辩权。(5)某实业公司起诉缺乏法律依据。(6)原拍卖法律关系已终结,各方权利义务已终止。某银行支行认为本案应维持原判。

二审判决生效后,某实业公司申请再审称:①某实业公司在拍卖成交后得知,拍卖标的芳群公寓商场项目拖欠施工单位工程款、拖欠物业公司物业费,已被施工单位留置,某银行支行未积极协调解决该问题,合同存在不能履行的现实危险,某实业公司根据《合同法》第68条、第69条的规定,及时通知某银行支行中止履行付款义务,系依法行使不安抗辩权,不构成违约;②某银行支行未按约定移交拍卖标的相关资料,某实业公司无法进入施工现场,某银行支行违约且单方解除合同,某实业公司根据《合同法》第97条的规定要求某银行支行恢复原状并赔偿损失,应该得到支持;③根据《民法通则》第135条,本案诉讼时效为两年,二审法院根据《拍卖法》第61条确定本案诉讼时效为一年,适用法律错误。

【裁判结果】

一审:驳回某实业公司的诉讼请求。

二审:驳回上诉,维持原判。

再审:驳回某实业公司的再审申请。

【争议焦点与裁判理由】

本案的争议焦点是:(1)关于某银行支行是否有权解除合同;(2)某实业公司是否有权要求某银行支行返还已支付款项并赔偿损失;(3)本案是否已经超过诉讼时效。

根据再审裁判文书,人民法院认为,首先,关于某实业公司能否行使不安抗辩权的问题。本案中,拍卖标的芳群公寓商场项目的物业公司和施工单位对该项目均不拥有法定的处分权。施工单位虽对工程价款享有优先受偿权,但该优先受偿权是债权优先权,只能对工程折价或者拍卖的价款优先受偿,并不享有对该工程的任何物权权利,施工单位如果如某实业公司所称阻拦进场施工可以通过法律途径解决,并不能对委托人和拍卖人向某实业公司移交拍卖标的产生实质性的影响。另据某实业公司在本案一审中提交的证据,2006年7月在北京市第二中级人民法院的主持下,施工单位撤离芳群公寓现场。可见,某银行支行拖欠施工单位工程款、拖欠物业公司物业费并不必然导致其丧失履行拍卖合同义务的能力,某实业公司主张行使不安抗辩权没有事实和法律依据。

其次,关于某银行支行是否有权解除合同。《芳群公寓商场拍卖会须知》规定,拍卖成交后,买受人在任一付款期限内未按照约定付款的,经书面通知买受人后买受人仍未付款的,拍卖人有权宣布买受人违约,1000万元定金不予退还。根据一、二审查明的事实,某实业公司未按约定支付第二期、第三期款项,经书面通知仍未付款,某银行支行、某拍卖公司(以下简称某公司)向某实业公司发送了违约通知书,宣布收回拍卖标的。某实业公司未按约定付款,且没有合理的理由,某银行支行、某公司按照《芳群公寓商场拍卖会须知》的规定,在约定的解除合同条件成就时行使合同解除权,符合《合同法》第93条第2款、第96条第1款的规定。

再次,关于某实业公司是否有权要求某银行支行返还已支付款项并赔偿损失。某实业公司主张某银行支行未按约定移交拍卖标的相关资料,某实业公司无法进入施工现场,某银行支行构成违约。关于某银行支行在拍卖合同项下的义务,《芳群公寓商场拍卖会须知》作出了规定:拍卖标的经拍卖成交,在买受人支付30%成交价款后,委托人负责将拍卖标的相关资料移交买受人,拍卖人负责协调工作,尽快配合买受人进场施工。上述规定明确了委托人、拍卖人向买受人移交拍卖标的相关资料、配合买受人进场施工的义务,但没有明确履行期限。根据《合同法》第62条第4项的规定,履行期限不明确的,债务人可以随时履行,债权人也可以随时要求履行,但应当给对方必要的准备时间。一、二审查明,某实业公司曾向某公司发函,要求尽快补齐资料、安排人员进场施工,但某实业公司在诉讼过程中没有提供证据证明曾向某银行支行提出要求。因此,对于该履行期限不明确的债务,债权人没有提供证据证明曾向债务人要求履行,不能认定债务人违约。另某实业公司在再审申请中明确认为其是负有先履行义务的一方当事人,根据《合同法》第67条规定,先履行一方未履行的,后履行一方有权拒绝其履行要求。因此,某银行支行行使合同解除权解除合同后,某实业公司作为违约方无权要求守约方某银行支行赔偿损失。合同解除后,某银行支行已按约定将某实业公司已支付款项扣除定金后的余款返还给某公司,某实业公司无权再向某银行支行要求返还该笔款项。

最后,关于本案诉讼时效的计算问题。根据某实业公司在一审提交的《变更诉讼请求的申请》,某实业公司系依据《拍卖法》第61条主张某银行支行承担未说明拍卖标的瑕疵的赔偿责任,依据该条规定,请求赔偿责任的诉讼时效期间为一年。某实业公司在上诉时变更了其主张的请求权基础,主张依据《合同法》和《民法通则》请求某银行支行承担未履行合同义务的违约责任。二审法院虽未接受某实业公司关于诉讼时效期间为两年的上诉主张,但并未影响对案件实体问题的审理,二审法院并非仅仅依据诉讼时效已过而没有支持某实业公司的诉讼请求。也就是说,二审法院关于诉讼时效问题的认定并未对本案的处理结果产生实质影响。

【案例评析】

本案中涉及拍卖法中的瑕疵告知义务、诉讼时效以及合同法中的不安抗辩权等几个法律问题,对这些法律问题,原审判决和再审裁定书都进行了比较详细的分析。本案从拍卖法的角度,主要涉及以下两个问题:(1)对拍卖标的的瑕疵,委托人已经告知拍卖人的,是否已经尽到了告知义务;(2)拍卖人未能告知买受人拍卖标的存在的瑕疵,原则上不影响拍卖合同的效力。从《拍卖法》的相关规定来看,委托人对拍卖人负有瑕疵告知义务,但对竞买人并无直接告知义务。本案中拍卖人未能告知买受人拍卖标的存在的瑕疵,并不影响拍卖合同的效力。

一、委托人对竞买人没有直接瑕疵告知义务

《拍卖法》第 18 条第 2 款规定:“拍卖人应当向竞买人说明拍卖标的的瑕疵。”第 27 条则规定:“委托人应当向拍卖人说明拍卖标的的来源和瑕疵。”第 61 条也明确规定:“拍卖人、委托人违反本法第十八条第二款、第二十七条的规定,未说明拍卖标的的瑕疵,给买受人造成损害的,买受人有权向拍卖人要求赔偿;属于委托人责任的,拍卖人有权向委托人追偿。”从法律条文来看,委托人对竞买人并不直接负有拍卖标的的瑕疵说明义务,竞买人或者买受人认为其关于拍卖标的的知情权受到侵犯的,给其造成损害的,只能直接向拍卖人要求赔偿。法律之所以这么规定,是因为拍卖人所提供的拍卖,本质上是一种中介服务。委托人与竞买人之间在竞拍成功之前,并不直接发生法律关系。只有在竞拍成功后,买受人与委托人之间才可能通过此建立买卖法律关系。因此,关于某实业公司提出的涉案拍卖中是否没有尽到瑕疵告知义务,首先需要明确的是拍卖中的哪一方没有尽到告知的义务。本案中,某实业公司在起诉时将拍卖人某拍卖公司也一并起诉,但在诉讼中,因为该公司已经注销,因此,某实业公司撤销了对其的起诉。但从法院查明的事实来看,本案中委托拍卖人某银行支行与某公司签订的《委托拍卖合同》中关于拍卖标的物移交载明了“拍卖标的经拍卖成交,在买受人支付 30% 成交价款后由甲、乙双方出门协调法院,配合将拍卖标的物及其相关资料移交买受人,并尽快配合买受人进场施工”,双方签订的《标的物现状说明书》中关于标的物现状描述中载明了“4. 标的物现状描述。工程设计图纸、施工图纸、各种管线接口、图纸资料齐全,在法院协同配合提供,拍卖后可随标的物向买受人移交。五、标的物其他因素情况:1. 标的物移交需与法院配合做好某某公司清场工作。2. 甲乙双方协同法院做好与物业的衔接工作”,从《委托拍卖合同》及《标的物现状说明书》的内容来看,委托人已经将拍卖标的上存在的可能瑕疵全部告知了拍卖公司,因此,根据《拍卖法》的相关规定,委托人的瑕疵告知义务已经履行到位。虽然,拍卖人某公司发放的《芳群公寓商场拍卖会须知》《芳群公寓商场简介》中并没有提到需要法院配合、做好某某公司清场等内容,但这些只能说明拍卖人某公司没有履行瑕疵告知义务,虽然《芳群公寓商场拍卖会须知》《芳群公寓商场简介》中,某银行支行对《芳群公寓商场拍卖会须知》《芳群公寓商场简介》均加盖公章予以确认,但《拍卖法》对于谁向竞买人披露瑕疵的义务规定得已经非常明确,因此如二审法院所称的这并“不必然产生向竞买人进行瑕疵披露的义务,也不能够产生其与某公司共同欺诈的法律后果”。因此,某实业公司对于涉案拍卖标的在瑕疵披露方面存在的问题,只能依法向某公司主张。

二、关于本案拍卖合同的效力

本案中,拍卖人某公司在拍卖前并没有依法将拍卖标的所存在的全部瑕疵告知买受人,但从法律规定来看,本案中拍卖标的所存在的瑕疵并不足以否认拍卖合同的效力。首先,买受人可以主张的权利是依法向拍卖人主张赔偿,因此,其不能直接要求解除拍卖合同,否则,对拍卖委托人来说不公平;其次,如最高人民法院所说,拍卖标的芳群公寓商场项目的物业公司和施工单位对该项目均不拥有法定的处分权。施工单位虽对工程价款享有优先受偿权,但该优先受偿权是债权优先权,只能对工程折价或者拍卖的价款优先受偿,并不享有对该工程的任何物权权利,施工单位如果如某实业公司所称阻拦进场施工可以通过法律途径解决,并不能对委托人和拍卖人向某实业公司移交拍卖标的产生实质性的影响,而且,拍卖标的系通过司法执行的方式转给委托人某银行支行,拍卖委托人已经明确告知了拍卖人买受人进场需要法院协调,因此,本案拍卖合同依法有效。

【案例索引】

一审:北京市第一中级人民法院(2011)一中民初字第10189号

二审:北京市高级人民法院(2013)高民终字第3260号

再审:最高人民法院(2014)民申字第1026号

90. 某房地产公司与某拍卖公司拍卖合同纠纷案

——拍卖人在拍卖活动中的欺诈行为的认定

问题提示:如何认定拍卖公司在拍卖过程中是否存在欺诈行为?

【基本案情】

原告:某房地产公司

被告:某拍卖公司

人民法院经审理查明,2007 年 9 月 5 日,某投资公司向某拍卖公司出具委托拍卖确认函,委托某拍卖公司对某汽车大修厂 100% 股权进行拍卖。同时,某投资公司将北京市世纪智源资产评估有限责任公司制作的世纪智源评报字(2007)86 号某汽车大修厂资产评估报告及该报告说明交付给某拍卖公司。2007 年 9 月 14 日,某拍卖公司发布拍卖公告。9 月 21 日,某房地产公司参加了上述拍卖会。到场后,某房地产公司与某拍卖公司签署了竞买者须知和竞买协议书,9 月 21 日,某房地产公司以 385 万元价格竞买成功,并与某拍卖公司签订了拍卖成立确认书,载明拍卖标的为某汽车大修厂 100% 股权,拍卖成交价为 385 万元,拍卖佣金为 192 500 元。买受人已认真阅读了拍卖人的拍卖规则、竞买者须知,并同意遵守其全部条款。拍卖成立后,某房地产公司在 2007 年 9 月 28 日前向某拍卖公司支付了所有的拍卖款及拍卖佣金。某房地产公司就土地转让向汇川区财政局交纳了权属转移的相关费用。

原告某房地产公司诉称,某拍卖公司在拍卖过程中故意隐瞒拍卖标的物对应资产中关键部分已被他人占用的事实,已构成欺诈,造成拍卖行为事实上不能履行,请求法院撤销双方签订的竞买协议书;判令某拍卖公司返还竞买款及佣金费用 404.52 万元,同时某房地产公司将某汽车大修厂返还给某拍卖公司;判令某拍卖公司赔偿损失 30 万元等。诉讼中,某房地产公司称在进行标的物移交时,3776.74 平方米土地中临街的 1771 平方米土地已被他人非法占用开发,无法收回,不能实现移交。此外,某房地产公司亦称其在参加拍卖会前看过拍卖的厂房,此后到北京也看过标的物的相关资料,包括土地使用权证,对于地上的房产,某拍卖公司称都是某汽车大修厂的厂房,但没有办理房产证,并且一直强调土地的面积是 3776.74 平方米。同时,其也询问了土地管理部门,了解到这块土地没有交易的记录。

被告某拍卖公司辩称,某拍卖公司已经按照竞买协议书和拍卖成交协议书的约定交付了本次拍卖的标的物,某房地产公司也已取得了拍卖的标的物;某拍卖公司已按照约定按现状向某房地产公司交付了标的物,实际履行了约定的义务,即使存在某房地产公司所诉的土地被他人非法占用的事实,该事实也是在拍卖会之前存在的,是标的物的现状,不应由某拍卖公司承担责任;拍卖会采用现状拍卖,某拍卖公司已尽到了拍卖人的瑕疵告知义务,某房地产公司对标的物的情况是了解的,其主张存在欺诈行为没有事实依据;对于某房地产公司要求赔偿的 30 万元损失,因某拍卖公司已经按照规范履行了义务,没有任何过错,故对此不予认可。

【裁判结果】

一审:驳回原告某房地产公司的诉讼请求。

【争议焦点与裁判理由】

本案的争议焦点为,某拍卖公司在涉案的拍卖过程中是否存在欺诈行为。

人民法院经审理认为,某拍卖公司在拍卖过程中已履行了拍卖标的的公告、展示义务,并就标的可能存在的风险、瑕疵及由此产生的责任承担,履行了提示、告知义务,且对其了解的标的物信息进行了如实披露。对于某汽车大修厂生产办公用房存在的权属瑕疵,不属于某拍卖公司在拍卖时明知或应当知晓的信息。某房地产公司亦认可其接受拍卖价格参加竞买既是对标的物价格的接受也是对标的物现状的认可和接受,并愿意承担其中已知和不知的风险,并自行承担责任。

因此,在某拍卖公司于拍卖前已作出免责声明的情况下,某房地产公司在本案中提交的证据不足以证明某拍卖公司在拍卖中存在故意隐瞒拍卖标的物真实情况的欺诈行为,故其要求撤销竞买协议的诉讼请求,法院不予支持。某房地产公司基于撤销协议所提出的返还拍卖价款、佣金及拍卖标的物并赔偿损失的诉讼请求,亦不予支持。

【案例评析】

某房地产公司与某拍卖公司签订的竞买协议书、成交确认书,构成了双方拍卖合同的组成部分。本案中,某房地产公司作为买受人,某拍卖公司系拍卖人,某拍卖公司系受某投资公司委托,拍卖其持有的某汽车大修厂100%的股权,该厂的资产状况显然是判断股权价值以及某房地产公司决定竞买的主要因素。现某房地产公司以某拍卖公司在拍卖过程中故意隐瞒拍卖标的物对应资产中关键部分即1771平方米的土地已被他人占用的事实,构成欺诈,导致拍卖行为事实上不能履行为由,要求撤销双方签订的竞买协议书。本案中,重点要分析某拍卖公司在涉案的拍卖过程中是否存在欺诈行为。

结合本案现有证据材料,第一,某拍卖公司在拍卖过程中已履行了拍卖标的的公告、展示义务,并就标的可能存在的风险、瑕疵及由此产生的责任承担,履行了提示、告知义务。本案中,某拍卖公司在拍卖前,已通过竞买须知、拍卖规则、竞买协议书的形式,明确向某房地产公司提示并告知拍卖标的物可能存在风险、瑕疵,所存在的瑕疵或尚未发现的缺陷,有可能导致某房地产公司预期利益无法实现,某房地产公司在竞买时应考虑到该标的可能存在的风险,并独立判断标的股权在法律上的有效性和商业价值;某房地产公司亦认可其接受拍卖价格参加竞买既是对标的物价格的接受也是对标的物现状的认可和接受,并愿意承担其中已知和不知的风险,并自行承担责任。第二,某拍卖公司对其了解的标的物信息进行了如实披露。本案中,某拍卖公司对拍卖标的物现状的信息披露是依据中银公司提供的某汽车大修厂的资产评估报告,结合双方当事人庭审陈述,表明某汽车大修厂生产办公用房所占用的3776.74平方米土地享有国有土地使用权证,地上办公用房在建设时并未办理规划审批手续,且在国有土地管理部门对该块土地并无交易记录,这些信息均与实际情况相符。第三,对于某汽车大修厂生产办公用房存在的权属瑕疵,不属于某拍卖公司在拍卖时明知或应当知晓的信息。首先,本案证据材料中未能体现出某拍卖公司在拍卖时已知晓地上物的产权登记情况,且某房地产公司在拍卖前也去现场调查、了解了标的物的现状,其作为房地产开发企业对于地上物的权属显然属于其收购股权所应了解的必要信息,但其在拍卖时对此并未提出质疑;其次,某房地产公司提交的产权情况记载表中所体现的权属登记信息未能与某汽车大修厂 3776.74 平方米土地的国有土地使用权证相互对应,并未体现出房地产权属登记的办理时间、立项规划情况、房产与所占用土地之间的关系以及与本案所涉及的国有土地使用权证之间的关系;最后,在土地管理部门未办理相关转让手续的情况下,某房地产公司称上述 1771 平方米的土地在拍卖前已被某汽车大修厂私自转让给他人,且其亦称因为历史原因,遵义市对于 2000 年以前私建房屋的产权问题都已集体解决,对部分房产已经发放了房产证,这些情况显然超出了某拍卖公司作为拍卖人在正常情况下应当知晓的合理范畴。

结合上述,在某拍卖公司于拍卖前已作出免责声明的情况下,某房地产公司在本案中提交的证据不足以证明某拍卖公司在拍卖中存在故意隐瞒拍卖标的物真实情况的欺诈行为,故其要求撤销竞买协议的诉讼请求,应不予支持。其基于撤销协议所提出的返还拍卖价款、佣金及拍卖标的物并赔偿损失的诉讼请求,应不予支持。

【案例索引】

一审:北京市海淀区人民法院(2008)海民初字第 27582 号

91. 甲与某拍卖行、某银行支行拍卖合同纠纷案

——拍卖人故意隐瞒拍卖标的被查封、抵押信息,能否用免责声明而免责

问题提示:拍卖公司隐瞒拍卖标的存在抵押、查封的信息,其在拍卖前发表的瑕疵担保免责声明能否为其免责?

【基本案情】

原告:甲

被告:某拍卖行

第三人:某银行支行

人民法院经审理查明:2013 年 10 月 17 日,某公安局分局(委托人)与被告某拍卖行(拍卖人)签订《委托拍卖合同》,约定委托人委托拍卖人拍卖粤 A××××× 思威牌小型普通客车和粤 Q××××× 北京现代牌小型轿车。2013 年 10 月 30 日,被告某拍卖行在《羊城晚报》上刊登拍卖公告,定于 2013 年 11 月 13 日上午 10 时在广州市越秀区东川路 80 号三楼本行拍卖厅对以上标的进行公开拍卖,其中包括旧

汽车三辆(保证金每辆20 000元)。2013年11月13日,原告甲在某拍卖行2013年第26期拍卖会《竞买须知》上签名。《竞买须知》载明:本行依照惯例,按拍卖标的的现状进行拍卖,对拍卖标的不承担瑕疵担保责任。竞买人一旦举牌应价即表明已接受该标的物之全部现状,包括所有瑕疵。竞得标的物后发生的全部风险由买受人自行承担。5、6号标的为车辆拍卖,竞买者需符合车辆上牌的相关政策法规规定,委托人只提供公安部门有关证明给买受人自行办理车辆过户变更手续,本行不保证买受人能否过户上牌,买受人不得以车辆无法上牌为由,要求退还拍卖成交款及拍卖佣金。车辆所有欠费(包括交通违章处罚)及过户时产生的所有税、费等均由买受人承担,委托方、原车主及本行不承担任何费用。买受人提车时应出具《承诺书》给本行,承诺买受人从提车之日起,所发生的一切经济责任和法律责任由买受人承担,与委托方、原车主及本行无关。所有标的拍卖成交后,本行确认买受人交齐拍卖成交款后提供拍卖成交确认书及佣金发票,买受人需在接到通知后方可要求提货,否则视为放弃其所有权和处分权。竞买人须认真阅读本《竞买须知》,竞买人举牌应价,即视为承诺严格执行本竞买须知的全部要约,否则,按违约处理。

2013年11月13日,原告甲(买受人)与被告某拍卖行(拍卖人)签署《拍卖成交确认书》,确认原告于2013年11月13日在被告举行的第26期拍卖会上,通过公开竞价成交编号为6、拍卖标的名称为粤A×××××旧小型普通客车一辆,成交价为123 000元,佣金为成交价的5%,佣金数额为6150元。本拍卖成交确认书生效后,原告即应向被告以现金方式支付拍卖物成交金额及佣金。原告不能当场全部支付拍卖物成交金额及佣金的,应向被告支付定金20 000元,并承诺在2013年11月15日前付清余款109 150元。本拍卖成交确认书自双方签字盖章后生效。其他约定按本期拍卖会竞买须知执行。原告依约支付成交款123 000元及佣金6150元。2013年11月29日,原告向被告出具《承诺书》,承诺自提车之日起,车辆由买受人全权保管,由此引起的一切经济责任和法律责任由原告承担,与委托方、被告及原车主无关(其他约定按2013年11月13日拍卖会竞买须知执行)。原告同时在《承诺书》中注明,已收粤A×××××钥匙一把,行驶证一本,提车证明原件一份,协助办理通知书原件一份(车辆过户手续)、协助办理通知书原件一份(机动车登记证书手续)。

另查,粤A×××××车辆登记在乙名下,该车辆于2011年4月12日抵押给第三人,2013年7月16日被广州市越秀区人民法院查封。现车辆在原告处,车辆拍卖款项123 000元在被告处。被告在拍卖前未向原告告知粤A×××××车辆存在查封、抵押的事实,导致原告无法办理过户手续,原告遂于2014年8月22日诉至法院。

原告甲诉称,因车辆非原告原因不能过户,被告拒不退款,应当承担相应的民事责任,故请求法院判令:(1)解除原、被告之间的《拍卖成交确认书》,被告立即向原告退还拍卖成交车辆价款 123 000 元、佣金 6150 元;(2)被告按中国人民银行同期商业贷款利率支付该款自起诉之日起至判决确定付款日止的利息;(3)本案诉讼费由被告承担。

被告某拍卖行辩称:(1)原告诉请被告违约,但未说明被告违反哪一项约定,也未提交相应的证据予以证实,原告认为被告违约的主张不能成立;(2)被告已在涉案车辆的委托拍卖中全面履行义务,涉案车辆不能过户的原因不能归责被告。被告已安排涉案车辆展示。被告在《竞买须知》中已明确不保证竞买人能否过户上牌,且在原、被告双方签署的《拍卖成交确认书》中已约定"按本期拍卖会竞买须知执行"。原告在签署的《承诺书》中已承诺提车后,车辆由买受人全权保管,由此引起的一切经济责任和法律责任由买受人承担,与委托人、拍卖人及原车主无关。

第三人某银行支行辩称:原、被告争议的拍卖成交车辆是抵押财产,第三人对此享有优先受偿权。本案的拍卖从未通知过第三人,且在拍卖时该车辆已登记了抵押权,被告可以查到相关的抵押情况。本案的判决结果与第三人有利害关系。如法院确认拍卖成交,拍卖成交款应由第三人优先受偿;如被告返还拍卖成交款,被告也应将车辆交还给第三人。

【裁判结果】

一审:一、本判决自发生法律效力之日起,原告甲与被告某拍卖行签订的《拍卖成交确认书》予以解除;二、被告某拍卖行于本判决发生法律效力之日起五日内向原告甲返还拍卖成交款 123 000 元、佣金 6150 元及利息(以 129 150 元为本金,从 2014 年 8 月 22 日起至本判决限定的还款之日止,按照中国人民银行同期同类贷款利率标准计付);三、被告某拍卖行按照判决第二项履行返还款项后,原告甲五日内向被告某拍卖行返还粤 A×××××车辆。

【争议焦点与裁判理由】

本案的争议焦点为,被告未在拍卖前告知原告涉案车辆存在查封、抵押的瑕疵,是否构成违约。

人民法院经审理认为:原告通过竞拍以落槌价格 123 000 元竞得被告拍卖的粤 A×××××车辆,双方形成合法有效的拍卖合同关系。原告依约支付价款123 000 元及佣金 6150 元,但由于被告未在拍卖前告知原告涉案车辆存在查封、抵押的瑕疵,其行为违反了《拍卖法》第 18 条"拍卖人有权要求委托人说明拍卖标的的来源及瑕疵。拍卖人应当向竞买人说明拍卖标的的瑕疵"的规定,构成违约,该违约行为导致原告无法办理过户手续及实现合同目的,故原告要求解除合同、返还拍卖成交款 123 000 元、佣金 6150 元的诉讼请求合法有据,本院予以支持。被告占有原告资金,原告主张被告自起诉之日,即 2014 年 8 月 22 日起按照中国人民银行同期同类贷款利率支付利息损失合法有据,本院予以支持。被告履行上述返还款项义务后,原告应向被告返还粤 A×××××车辆。

【案例评析】

本案的争议焦点在于:被告拍卖公司的《竞买须知》载明的“本行依照惯例,按拍卖标的的现状进行拍卖,对拍卖标的不承担瑕疵担保责任”,在车辆存在查封、抵押的瑕疵时,能否免除拍卖公司的责任。在拍卖行业,依照惯例,在竞买须知当中,一般都会声明对拍卖标的不承担瑕疵担保责任。《拍卖法》对这种“免责声明”也有具体规定。但是,拍卖公司的这类声明并不能免除拍卖公司在任何情况下的瑕疵担保责任。理由如下:

一是行业惯例有合法性的限制要求。针对拍卖人在《竞买须知》中所称的根据惯例,并不能完全无限制地援引作为拍卖人免责的依据。行业惯例,本身没有法律强制效力,但是行业惯例如果符合法律精神,没有与法律相违背的情况,没有侵害他人的合法权益,且能够起到规范秩序、化解纠纷的作用时,那么,在司法实践中,行业惯例可以作为参考,法院对一些案件进行判决时,就可以把这样的行业惯例作为依据。但是,如果行业惯例不符合法律精神,或者在理解适用上存在明显违反公平公正原则的情形,则不能援引作为免责依据。拍卖公司在拍卖须知中一般都会载明根据行业惯例,对拍卖标的不承担瑕疵担保责任,但这样的约定,显然不能无限制地扩大,否则将造成拍卖人承接拍卖事项时不能尽到审慎审查义务,对竞买人造成实质不公。而且,根据《合同法》第40条的规定,格式条款具有该法第52条和第53条规定情形的,或者提供格式条款一方免除其责任、加重对方责任、排除对方主要权利的,该条款无效。拍卖公司提供的竞买须知,其实就是一个格式合同,其在当中约定对拍卖标的不承担瑕疵担保责任,显然是加重了竞买人的责任。因此,仅以拍卖前的瑕疵免责声明,有的时候并不能真正地起到免责的作用。

二是本案中拍卖人的瑕疵说明义务没有尽到。按照《拍卖法》第18条第2款的规定,拍卖人应当向竞买人说明拍卖标的的瑕疵,这个是拍卖人的义务。也就是说,拍卖人必须在拍卖前将其掌握的或者应当掌握的拍卖标的的瑕疵告知竞买人,违反该条款规定的,拍卖人必须承担相应的法律责任。《拍卖法》第61条第1款规定:拍卖人、委托人违反本法第18条第2款、第27条的规定,未说明拍卖标的的瑕疵,给买受人造成损害的,买受人有权向拍卖人要求赔偿;属于委托人责任的,拍卖人有权向委托人追偿。该条第2款规定:拍卖人、委托人在拍卖前声明不能保证拍卖标的的真伪或者品质的,不承担瑕疵担保责任。从法律规定来看,对于拍卖人和委托人的瑕疵豁免,仅限于在拍卖前声明不能保证拍卖标的的真伪和品质的情况,而本案涉及的车辆,是存在法院查封,且早就抵押给了第三人的瑕疵。因此,涉案车辆拍卖时必须要告知抵押权人,否则第三人的抵押权就将被形同虚设。虽然,拍卖人事先声明不保证车辆能够办理过户,但那是建立在车辆没有抵押没有查封的前提下。如果已经告知了原告该事实,原告继续竞买的,原告则要自行承担法律风险。

当然,按照《拍卖法》第28条的规定,委托人应当向拍卖人说明拍卖标的的来源和瑕疵。因此,对于本案拍卖的车辆,作为委托人的广州市公安局花都区分局应该向拍卖人某拍卖行说明涉案车辆存在查封的瑕疵。本案法院审理查明事实部分,对于委托人是否向拍卖人明确告知被车辆存在查封的事实,并未交代。但因为拍卖所得款项仍然在拍卖人处,所以法院判决直接由拍卖人返还买受人所支付的竞买款项,也并无不妥。

【案例索引】

一审:广东省广州市越秀区人民法院(2014)穗越法民二初字第3695号

92. 甲与某拍卖行拍卖合同纠纷案

——拍卖人未履行瑕疵告知义务的责任范围

问题提示:拍卖人未履行瑕疵告知义务的责任范围?

【基本案情】

原告:甲

被告:某拍卖行

人民法院经审理查明:2010年5月9日,甲、某拍卖行订立《竞买合同》约定:“第2条,竞买人在竞拍前须提供有效证件并交保证金2 000 000元,领取竞买牌号,方可参与竞买。第7条,拍卖人应当向竞买人说明拍卖标的的瑕疵。未说明拍卖标的的瑕疵,给买受人造成损害的,买受人有权向拍卖人要求赔偿。”甲依合同参与了2010年5月11日在郏县大酒店三楼会议室举行的关于位于郏县行政路与经二路交叉口建设局的房地产拍卖会,甲在拍卖会上竞得拍卖标的,甲、某拍卖行在拍卖当日签订了《拍卖成交确认书》,确认:“拍卖标的名称是位于郏县行政路与经二路交叉口东南角(郏县建设局)的房地产一宗。拍卖标的价款为16 230 000元,支付方式为转账,支付时间为30日内。交付拍卖标的时间为价款结清后,地点为标的物现场,方式为移交,佣金数额为811 500元,支付方式为转账。”在拍卖会后,某建设投资公司委托拍卖的办公楼,部分房屋已对外出售,委托方对拍卖标的部分已不能控制,不具备移交标的物条件,直接导致拍卖后无法顺利交付标的物。后通过诉讼及协调,委托方要回了已出售的房屋,但要按当前市价返还购房人房款。甲为接收拍卖标的,经与郏县政府相关部门达成协议,由其代郏县政府相关部门向购买拍卖标的部分房屋的乙等人分别垫付4 828 032元。甲于2010年6月、7月分别了支付部分拍卖标的价款,共计1000万元,于2011年4月将拍卖标的剩余价款结清。其间,甲、某拍卖行协商拍卖佣金为80万元,从甲所缴纳的保证金中予以扣除,2011

年4月剩余保证金退还甲,拍卖标的于2010年11月中旬移交。

原告甲诉称,某拍卖行没有按照拍卖合同约定告知拍卖标的存在瑕疵,给甲造成了巨大的经济损失,根据《拍卖法》的规定以及双方所签订的拍卖合同约定,要求判令某拍卖行向甲承担违约赔偿责任,赔偿甲利息损失30万元。

被告某拍卖行辩称,拍卖行为是合法有效的。在拍卖会后,其才发现由于房产纠纷,委托方未能及时向买受人移交标的物。其配合委托人多方做工作,化解矛盾,最终将标的物移交给了买受人。其无任何过错,不应当承担赔偿责任。

【裁判结果】

一审:一、某拍卖行于判决生效后十日内赔偿甲损失218 280元;二、驳回甲的其他诉讼请求。

【争议焦点与裁判理由】

本案的争议焦点为,某拍卖行在拍卖过程中是否有过错,是否应赔偿甲损失。

人民法院经审理认为,甲、某拍卖行自愿订立竞买合同,甲在拍卖会上竞得拍卖标的,甲、某拍卖行在拍卖当日签订了拍卖成交确认书,反映了双方的真实意愿,不违反法律、法规的强制性规定,为合法有效合同。甲成功竞拍后未能及时取得拍卖标的,是因某拍卖行没有告知拍卖标的存在瑕疵。因拍卖人应当向竞买人说明拍卖标的的瑕疵,故拍卖人未尽到告知义务应承担相应责任。甲于2010年6月、7月已支付价款1000万元,至2010年11月中旬甲才取得拍卖标的,甲要求以1000万元为基准按银行同期贷款利率计算的利息共计160 500元的请求应予支持。甲与案外郏县政府相关部门达成意向,由甲代郏县政府相关部门向此前已经购买拍卖标的范围内部分房屋的买受人支付4 828 032元,是其与郏县政府相关部门达成的协议,虽为解决拍卖标的纠纷,但某拍卖行不知情也不存在过错,此协议给甲带来的损失也不应由某拍卖行承担,因此该部分利息赔偿请求不予支持。此外,甲向某拍卖行支付了保证金200万元,扣除拍卖佣金80万元后,某拍卖行应将余下的120万元在拍卖结束后及时退还给甲,但某拍卖行在2011年4月才退还剩余保证金。因此甲主张某拍卖行应按照银行同期贷款利率从2010年7月1日起至2011年4月1日止向甲支付120万元产生的利息共计57 780元,符合法律规定。

【案例评析】

本案的核心争议焦点是拍卖人未履行瑕疵告知义务的责任范围是什么?

在拍卖活动中,委托人负有向拍卖人说明拍卖标的来源和瑕疵的义务;拍卖人负有向竞买人说明拍卖标的瑕疵的义务;竞买人有了解拍卖标的瑕疵的权利。为规范委托人和拍卖人的义务并保护竞买人的权利,《拍卖法》第58条规定:"委托人违反本法第六条的规定,委托拍卖其没有所有权或者依法不得处分的物品或者财产权利的,应当依法承担责任。拍卖人明知委托人对拍卖的物品或者财产权利没有所有权或者依法不得处分的,应当承担连带责任。"根据对该法条的解读,买受人要求拍卖人承担责任的条件包括:(1)委托人对拍卖标的没有所有权或处分权;(2)拍卖人对委托人无权的事实是明知的。但该条并未明确拍卖人非"明知"且委托人无权处分经补救的状况下是否对买受人承担责任问题。

本案中拍卖人非明知委托人无权处分拍卖标的,且事后委托人在买受人协助下补救了其无权处分的状态导致拍卖标的顺利交付但交付迟延。在这种情况下,买受人可否要求拍卖人承担责任?拍卖人有义务了解拍卖标的的真实状态,尤其是拍卖标的是不动产的情况下,拍卖人有义务查询不动产的登记状态,此种义务是由《拍卖法》明确规定的,应属拍卖人与竞买人(买受人)之间合同的默示条款。而拍卖人应了解而未了解拍卖标的的真实状态导致买受人损失的,其行为的性质应属违约行为。为此,拍卖人应承担违约责任。法院判决拍卖人承担买受人自支付价款到取得拍卖标的物所有权期间以支付价款的金额为基数按照同期银行贷款计算的利率损失,是按照《合同法》第113条"当事人一方不履行合同义务或者履行合同义务不符合约定,给对方造成损失的,损失赔偿额应当相当于因违约所造成的损失,包括合同履行后可以获得的利益,但不得超过违反合同一方订立合同时预见到或者应当预见到的因违反合同可能造成的损失"的规定裁决的。

【案例索引】

一审:河南省平顶山市卫东区人民法院(2011)卫民初字第635号

93. 甲与某拍卖公司拍卖合同纠纷案

——拍卖人造成拍卖标的物遗失毁损的责任负担

问题提示:1. 拍卖标的交付后遗失毁损,应当如何在拍卖人与委托人之间分配举证责任?2. 拍卖标的遗失后,应当以何标准确定委托人的损失赔偿额?

【基本案情】

上诉人(一审被告):某拍卖公司

被上诉人(一审原告):甲

人民法院经审理查明:2012年10月19日,甲与某拍卖公司签订委托拍卖合同书一份,约定甲同意依照约定的保留价,将藏品委托某拍卖公司拍卖;甲同意向某拍卖公司支付相应费用,如成交则支付佣金为成交价之2%,图录费1500元/件,如未成交则支付图录费1500元/件。合同注明委托拍卖标的年代为清乾隆,名称为茶叶末釉葫芦瓶,保留价为150万元。10月19日,甲、某拍卖公司填写库房收货手续表,甲向某拍卖公司交付了上述拍卖标的,并向某拍卖公司交纳了图录费1500元,制盒费150元。某拍卖公司收到拍卖标的后,至今始终未制作图录亦未进行拍卖。

一审庭审中,甲对某拍卖公司所称交接取回的拍卖标的存在异议,不同意接受,并称某拍卖公司处的拍卖标的除外表、尺寸与甲交付的拍卖标的相似外,色釉颜色、瓶口露胎等特征与甲交付的拍卖标的不符。某拍卖公司一审提交的涉案拍卖标的照片上显示,在拍卖物品上有公司单方标注"E29独"的标签,物品外包装盒上亦有该标签。

原告甲诉称:2012年10月19日,原告与被告签订了委托拍卖合同书一份,约定原告向被告交付"大清乾隆年制"茶叶末釉葫芦瓶一个,保留价为150万元,由被告进行拍卖,原告向被告交付预定图录费1500元、包装盒费150元。但截至2013年3月,原告得知被告因内部纠纷造成委托拍卖的物品丢失。因被告无法履行合同义务给原告造成经济损失及精神损害,故诉至法院,要求:某拍卖公司赔偿拍卖标的损失150万元,赔偿收益损失10万元,双倍返还预定图录费及包装盒费共计3300元,给付精神损害赔偿1万元,赔偿交通费及住宿费2650元。

被告某拍卖公司认为:本案标的拍品被被告相关人员无权占有,被告已经找回拍品可以返还,亦可继续履行合同,被告在一审庭审期间提交了原告的拍品,拍品返还后原告即不存在所谓的经济损失。被告已经提供拍卖标的物原物的情况下,已经尽到了相应的举证责任。并且,原告的拍品尚未经法定鉴定机构对其真实价格进行鉴定,直接判决将拍品的保留价格150万元作为原告的损失不符合客观事实。

【裁判结果】

一审:一、某拍卖公司于判决生效后十日内赔偿甲损失一百五十万元;二、驳回甲其他诉讼请求。

二审:驳回上诉,维持原判。

【争议焦点与裁判理由】

本案的争议焦点为,拍卖人是否应承担履约的举证责任以及拍卖人承担违约责任之损失赔偿额的计算标准如何确定。

根据生效裁判文书,人民法院认为,原、被告签订的委托拍卖合同书,系各方真实意思表示,各方均应依约履行相应的权利义务。本案中,原告向被告交付了拍卖标的,但被告始终未依约制作拍卖图录、组织拍卖,对此被告应承担相应的违约责任。现原告对被告保管的拍卖标的不予认可,而被告亦认可因股东纠纷,诉争拍卖标的曾脱离其保管,现亦未能提供证据证明其交接取回的拍卖标的系原告给付的拍卖标的,故被告作为专业的拍卖人,对此应承担举证不能的不利后果,赔偿原告拍卖标的损失。因双方在合同中明确约定了保留价为150万元,故原告主张被告赔偿损失150万元,并无不妥,法院予以支持。对于原告要求双倍返还图录费、制盒费的诉讼请求,因双方并未约定该笔费用为定金,故原告要求双倍返还上述费用,法院不予支持。对于原告要求精神损害赔偿1万元,因该案为合同纠纷之诉,故甲该项主张该院不予支持。

【案例评析】

一、关于系争标的保管义务,拍卖人是否应当对此承担己方全面履约的举证责任

本案中,原告与被告签订的委托拍卖合同书系双方真实意思表示,且不违反任何法律、行政法规的强制性规定,双方当事人应当按照合同书全面履行自己的合同义务。同时,本案系争标的采取公开拍卖的形式,即应当受到《拍卖法》的约束。被告作为委托拍卖合同书的受托方即拍卖人,在原告交付拍卖标的后,负有制作拍卖图录、组织拍卖活动等义务。本案被告直到原告起诉至法院,始终未曾为系争标的制作拍卖图录及组织拍卖活动,违反了委托拍卖合同书约定的义务,被告应当承担相应的违约责任。

同时,根据《拍卖法》第19条的规定,拍卖人对委托人交付拍卖的物品负有保管义务。对于拍卖人负有的保管义务,被告在诉讼中自认因股东纠纷,诉争拍卖标的曾脱离其保管,后虽然在一审中向原告交接取回的其所称的拍卖标的,但是原告对被告交付的标的不予认可,双方对此产生较大分歧。根据《最高人民法院关于民事诉讼证据的若干规定》第5条第2款规定,对合同是否履行发生争议的,由负有履行义务的当事人承担举证责任。具体到本案中,原告与被告之间达成委托拍卖合同,原告负有向被告交付拍卖标的的义务,而与之相对应的是被告负有妥善保管原告交付拍卖标的之义务。拍卖人基于对委托人交付物品占有的客观事实,对占有他人所有之物负有保管之责,负担占有期间保管标的的毁损、灭失的风险责任。根据原告的举证以及被告的陈述,原告与被告双方均认可原告将拍卖标的已经于合同书签订当日交付被告,由此被告在原告交付之后即负有对拍卖标的的保管义务,被告对于自己是否已经履行保管义务应当承担举证责任。

被告虽辩称原告交付的标的已经取回并可以返还原告,以此证明己方已经尽到保管义务,但从被告的陈述以及提供的照片证据等分析,原告交付的拍卖标的确实曾经因被告内部的股东纠纷脱离被告的保管,并且在被告取回的物品上仅有其单方标注的"E29独"标签,物品外包装盒上亦有该标签,表明了被告收货时的手续,除此标签并无其他证据可证明被告取回的物品与原告交付的标的一致。由此观之,作为专业拍卖人,被告在保管拍卖标的期间存在重大过失,致使拍卖标的脱离其控制,而后物品的追回与验收程序上也存在较大瑕疵,始终未能提供证据证明其交接取回的拍卖标的物品系原告给付的拍卖标的物,故应承担举证不能的不利后果,赔偿原告的损失。

二、拍卖人承担违约责任之损失赔偿额的计算以何为准

本案被告某拍卖公司违反拍卖人的保管义务,应当承担相应的违约责任,赔偿原告所受损失。《合同法》第113条规定,当事人一方不履行合同义务或者履行合同义务不符合约定,给对方造成损失的,损失赔偿额应当相当于因违约所造成的损失,包括合同履行后可以获得的利益,但不得超过违反合同一方订立合同时预见到或者应当预见到的因违反合同可能造成的损失。但是由于拍卖活动以及拍卖标的的特殊性,被告违约所造成的损失,难以一概而论之。

在拍卖未成交之前,即买受人还未在拍卖会上以最高应价购得拍卖标的之前,此时,拍卖人违反保管义务造成拍卖标的的毁损灭失的损失额应当就是拍卖标的的实际价值,这是由债权请求权的补偿性决定的,因此通常情形应当以专业鉴定机构或评估机构确定拍卖标的的实际价值折算损失额。但是,结合本案的具体情形,在拍卖标的的遗失或者彻底毁损之后,通过鉴定等方式估算损失额显然不再具有现实可能性,此时以拍卖标的的保留价确定被告应承担的赔偿额更具有现实性与合理性。根据《拍卖法》第50条第2款,拍卖标的有保留价的,竞买人的最高应价未达到保留价时,该应价不发生效力,拍卖师应当停止拍卖标的的拍卖。可见,保留价虽不能等同拍卖标的的实际市场价值,但确是法律为保护委托人权益而规定的最低价,这是委托人对拍卖标的的最低预期成交价,以此作为确定拍卖人遗失或毁损拍卖标的的赔偿标准具有一定的法律依据与合理性。本案中,原告与被告在双方的合同书中确定了拍卖标的的保留价为150万元,并且被告在庭审中亦认可拍卖的保留价通常应当经过拍卖人与委托人共同商议,此150万元既由双方明确约定又未超过被告订立合同时预见到或者应当预见到的因违反合同可能造成的损失,法院确定由被告按照保留价赔偿原告损失,合法合理。

【案例索引】

一审:北京市东城区人民法院(2013)东民初字第12761号

二审:北京市第二中级人民法院(2014)二中民(商)终字第07447号

---

94. 甲与某拍卖公司财产损害赔偿纠纷案

——拍卖标的赔偿能否以委托拍卖合同中设定的底价作为标准

问题提示:拍品因拍卖公司原因损坏,在相关机构已无法对拍品进行估价的情况下,能否以拍卖合同中设定的底价作为赔偿标准?

【基本案情】

上诉人(一审被告):某拍卖公司

被上诉人(一审原告):甲

人民法院经审理查明:2007年7月,甲委托某拍卖公司拍卖青花五彩花觚一件,双方签订的拍卖委托合同中约定拍品底价为5.5万元。后由于某拍卖公司保管不善,拍品被损坏。一审法院曾根据某拍卖公司申请两次委托相关机构对拍品估价,均未果。后某拍卖公司再次提出鉴定申请,法院未予准许。另查明,某拍卖公司的拍卖规则第41条规定:“除委托人另有书面形式明确表达的意见外,所有拍卖标的将自动受保于本公司的保险,保险金额以本公司与委托人在委托拍卖合同中确定的保留价为准,此保险金额只适用于保险和索赔。”第45条规定:“已投保的其他拍卖标的损坏、损失及赔偿应根据保险协议有关规则办理,并在保险索赔胜诉时,由本公司将保险赔款扣除应计费用后,余款给予委托人。”庭审中,某拍卖公司承认涉诉青花五彩花觚未上保险。

原告甲诉称:某拍卖公司应按照拍卖合同中约定的价格5.5万元进行赔偿。

某拍卖公司上诉称:该青花五彩花觚有修、有冲口,损坏系自然开裂。拍卖底价为委托人确定的仅为拍卖会上拍用的最低出售价,并不代表该标的物的市场价值。一审法院拒绝上诉人再次鉴定申请,依据委托拍卖合同判定上诉人支付被告上诉人的价款严重违背了客观市场价值,损害了上诉人的利益。

【裁判结果】

一审:判决被告某拍卖公司赔偿甲55 000元,已损坏的青花五彩挂觚归某拍卖公司所有。

二审:驳回上诉,维持原判。

【争议焦点与裁判理由】

本案的争议焦点为,损坏的拍品价值以何为准。

根据生效裁判文书,人民法院认为,因某拍卖公司将甲委托其拍卖的青花五彩花觚保管不当,致物品损坏,某拍卖公司应承担赔偿责任。一审法院在经某拍卖公司两次申请,鉴定部门均无法作出评估价格的情况下,参照某拍卖公司与甲在拍卖合同中约定的价格,判决某拍卖公司对甲予以赔偿,并无不妥。某拍卖公司再次申请鉴定的主张,法院不予支持。另外,由于某拍卖公司未按照其拍卖规则的规定为甲委托拍卖的物品上保险,故本案损失的后果理应由某拍卖公司承担。综上,一审法院所作判决事实清楚、适用法律正确,应予维持。某拍卖公司的上诉请求,不能成立。

【案例评析】

一、拍卖人对拍卖物品的保管义务及责任承担

《拍卖法》第19条规定,拍卖人对委托人交付拍卖的物品负有保管义务。拍卖人的保管义务是一种法定的保管义务。这种保管义务的法律来源是占有。上述第19条中的交付即是表明占有的转移。我国大陆民法学者一般认为“交付即移转占有”。但占有分为基于合同约定的占有和基于物权法的占有,而拍卖人对拍卖标的物的占有属于基于合同关系等产生的占有。拍卖人保管物品期间,如果出现拍卖物毁损或丢失,如何判定拍卖人是否违反了保管义务而应承担责任?《物权法》第241条规定,基于合同关系等产生的占有,有关不动产或者动产的使用、收益、违约责任等,按照合同约定;合同没有约定或者约定不明确的,依照有关法律规定。所以拍卖人违反保管义务的责任认定和承担大体是按照合同法来进行的。根据合同法的规定,委托合同采用过错责任原则,即只有证明拍卖人存在故意或重大过失才认定违法保管义务,才承担赔偿等责任。而本案中,拍品的损毁系由于拍卖公司保管不善所致,拍卖公司在保管拍品期间未尽到妥善保管义务,且未按拍卖规则的规定为拍品投保,拍卖公司存在重大过失,故应由其承担相应的赔偿责任。

二、因拍卖物损毁导致的赔偿数额如何确定

在因拍卖公司保管行为不当而导致的法律纠纷中,赔偿数额容易成为焦点。按合同法的规定,因保管不善致保管物毁损或灭失的,保管人所负担的赔偿责任,一般应以保管物的实际价值来确定保管物的赔偿数额,或者以同种类的种类物赔偿,这是由债上请求权的补偿性决定的。拍卖物品多为难得之物,甚至多为独一无二的东西,一旦毁损或灭失如何确定其赔偿价值是个大问题。考虑到委托拍卖的特殊性,一般为了预防保管不当而产生的赔偿数额纠纷,一般拍卖公司会对拍品投保。本案中,由于拍卖公司原因未进行投保,其后果应由其自行承担。双方在合同当中已约定了拍卖底价,即表明拍卖公司对该价格是明知且认可的,同时在本案拍卖公司的拍卖规则中也约定"保险金额以本公司与委托人在委托拍卖合同中确定的保留价为准",所以在相关第三方机构均无法对拍品进行鉴定、估价的情况下,法院以拍品的保留价为标准来确定赔偿数额是综合平衡的结果,亦属恰当。

【案例索引】

一审:天津市东丽区人民法院(2009)丽民初字第2215号

二审:天津市第二中级人民法院(2010)二中民四终字第48号

95. 甲与某拍卖公司拍卖合同纠纷案

——拍卖人未如期举办拍卖活动的责任承担

问题提示:拍卖人未按约定举行拍卖活动导致拍卖标的丧失最佳交易时机应当承担违约责任,如何认定拍卖企业法定代表人签订的补偿协议的效力?

【基本案情】

上诉人(一审被告):某拍卖公司

被上诉人(一审原告):甲

人民法院经审理查明:2007 年 12 月,甲与某拍卖公司签订一份《艺术品委托拍卖合同》,但某拍卖公司未按约举行拍卖会,并于 2008 年 3 月 25 日致函甲解除合同。2008 年 9 月 3 日,时任某拍卖公司法定代表人乙与甲订立协议书,约定由于某拍卖公司原因未按约举行拍卖会,双方解除拍卖合同,由某拍卖公司弥补甲损失 130 000元,并在三个月内支付完毕。2009 年 3 月 9 日,甲致函某拍卖公司催要此款。法院另查明,某拍卖公司系原法定代表人丙的家族企业,2006 年 7 月前的股东为丙、乙、丁。丙于 2006 年 4 月病故后,某拍卖公司于 2006 年 7 月聘请乙为法定代表人,2006 年 8 月 2 日进行了工商变更登记。2008 年 9 月 22 日,某拍卖公司又聘请戊为法定代表人,于 2008 年 10 月 9 日办理变更登记,戊不是该公司股东。2009 年 8 月,工商局撤销该公司变更登记,恢复到 2006 年 3 月 9 日前的登记状况并对其罚款。2009 年 11 月 26 日,常德市公安局对乙进行了询问,乙陈述了与甲订立协议书的情况,讲明甲得到赔偿后将给其 40 000 元。

原告诉称:某拍卖公司未按协议书付款,请求判令某拍卖公司支付补偿费 130 000元及利息。

【裁判结果】

一审:支持原告诉请。

二审:驳回上诉,维持原判。

【争议焦点与裁判理由】

本案的争议焦点是:(1)乙与甲达成的补偿协议书是否有效;(2)本案是否应中止审理。

根据生效裁判文书,人民法院认为,某拍卖公司未按约召开拍卖会及时将甲委托拍卖的艺术品卖出,导致艺术品丧失了最佳市场拍卖时机,使甲无法实现合同目的而造成了实际损失,应视为某拍卖公司单方违约,其应向甲承担违约和损失赔偿责任。丙病故后,某拍卖公司聘请乙为法定代表人,是该公司的真实意思表示,属公司法人行为。戊于 2008 年 10 月 9 日经工商管理部门核准变更登记,担任某拍卖公司的法定代表人,2009 年 8 月 7 日因某拍卖公司提供变更登记虚假材料被工商机关行政处罚,均是在乙以某拍卖公司法定代表人身份与甲签订的补偿协议之后,不是乙本人的过错,实属公司内部管理不规范所致,故在乙所任某拍卖公司法定代表人的资格未被变更取消前,其对外与甲签订的补偿协议属执行职务行为,应认定合法有效,其法律后果应由某拍卖公司承担。甲按补偿协议约定,向某拍卖公司主张权利,符合法律规定。某拍卖公司向公安机关举报甲与乙合伙诈骗其钱财,但公安机关至今未按《最高人民法院关于在审理经济纠纷案件中涉及经济犯罪嫌疑若干问题的规定》第 12 条之规定函告法院,现无证据证实乙与甲所签订的补偿协议虚构事实,不具备符合合伙诈骗的实质要件。某拍卖公司的上诉理由不能成立。

【案例评析】

一、拍卖企业法定代表人签订的补偿协议的效力

《民法通则》第38条规定:“依照法律或者法人组织章程规定,代表法人行使职权的负责人,是法人的法定代表人。”法定代表人指依法律或法人章程规定代表法人行使职权的负责人。法定代表人代表企业法人的利益,按照法人的意志行使法人权利。法定代表人在企业内部负责组织和领导生产经营活动,对外代表企业进行相应的民事活动。在对外关系上,法定代表人以法人名义进行民事活动时,其与法人之间并非代理关系,而是代表关系,且其代表职权来自法律的明确授权,故不另需法人的授权委托书。根据《民法通则》第43条之规定,法定代表人对外的职务行为即为法人行为,其后果由法人承担。并且,根据《合同法》第50条之规定,法人不得以对法定代表人的内部职权限制对抗善意第三人。根据《公司法》第13条之规定,公司法定代表人依照公司章程的规定,由董事长、执行董事或者经理担任,并依法登记。公司法定代表人变更,应当办理变更登记。

本案中,乙与甲签订的补偿协议是在2008年9月3日,在乙与甲签订的补偿协议时,乙是具有法定代表人身份的,且其签订补偿协议确实是基于某拍卖公司之前违反委托拍卖合同约定,需向甲承担赔偿责任。乙上述行为与处理公司经营业务直接相关,系职务行为,故其可代表某拍卖公司,相应的行为后果亦应归属于某拍卖公司。即使之后工商局撤销相应的变更登记,将某拍卖公司登记状态恢复到2006年3月9日之前,也并不能影响乙在具有法定代表人身份的时点上所为相关职务行为的效力。某拍卖公司应当及时履行补偿协议的约定。即使该行为给某拍卖公司造成了不当的损失,某拍卖公司也应当另案向乙追偿,而不能借此对甲的请求进行抗辩。

二、当事人向公安机关举报另一方当事人涉嫌刑事犯罪是否将导致案件中止审理

上诉人某拍卖公司认为,就甲与乙合伙诈骗一案,其已向常德市公安局举报并已立案,依照有关法律规定,本案应中止审理。

关于案件需要中止审理的情形,《民事诉讼法》第150条有明确规定:(1)一方当事人死亡,需要等待继承人表明是否参加诉讼的;(2)一方当事人丧失诉讼行为能力,尚未确定法定代理人的;(3)作为一方当事人的法人或者其他组织终止,尚未确定权利义务承受人的;(4)一方当事人因不可抗拒的事由,不能参加诉讼的;(5)本案必须以另一案的审理结果为依据,而另一案尚未审结的;(6)其他应当中止诉讼的情形。某拍卖公司认为关于甲与乙合伙诈骗一案,常德市公安局已立案。但是,首先,公安局立案侦查的案件,并非上述法律规定中第5项中“须以另一案的审理结果为依据”的案件,本案为人民法院已经在审理中的案件。其次,某拍卖公司未向法院提供公安机关将乙、甲作为诈骗犯罪嫌疑人立案侦查的相关法律文书。

故本案并不适用民事诉讼法关于案件中止审理之规定。

即使乙有刑事犯罪嫌疑，也不应适用上述中止审理的相关规定。《最高人民法院关于在审理经济纠纷案件中涉及经济犯罪嫌疑若干问题的规定》第10条规定：人民法院在审理经济纠纷案件中，发现与本案有牵连，但与本案不是同一法律关系的经济犯罪嫌疑线索、材料，应将犯罪嫌疑线索、材料移送有关公安机关或检察机关查处，经济纠纷案件继续审理。第12条规定：人民法院已立案审理的经济纠纷案件，公安机关或检察机关认为有经济犯罪嫌疑，并说明理由附有关材料函告受理该案的人民法院的，有关人民法院应当认真审查。经过审查，认为确有经济犯罪嫌疑的，应当将案件移送公安机关或检察机关，并书面通知当事人，退还案件受理费；如认为确属经济纠纷案件的，应当依法继续审理，并将结果函告有关公安机关或检察机关。可见，法院如自己发现案件涉及经济犯罪，应将相关材料移送，但并不影响经济纠纷继续审理；第二种情况是由公安机关或检察机关函告，并审查后，认为确认嫌疑的，将案件移送，本案不再审理或认为确属经济纠纷的，继续审理。不论是哪种情况，均不涉及中止审理本案的问题。

【案例索引】

一审：湖南省常德市武陵区人民法院(2009)武民初字第1900号

二审：湖南省常德市中级人民法院(2010)常民三终字第85号

96. 某拍卖公司、某某拍卖公司与某实业公司拍卖合同纠纷案

——司法拍卖的拍卖人违反相关规定的责任承担

问题提示：司法拍卖中，拍卖人违反法律、司法解释的规定未履行相应的义务，是否需要向买受人承担违约责任？

【基本案情】

再审申请人(一审被告、二审上诉人)：某实业公司

再审被申请人(一审原告、二审被上诉人)：某拍卖公司

再审被申请人(一审原告、二审被上诉人)：某某拍卖公司

人民法院经审理查明：鞍山市中级人民法院在执行申请执行人某实业公司与被执行人某某实业公司借款纠纷一案中，于2011年8月8日，鞍山市中级人民法院司法技术处与某拍卖公司、某某拍卖公司(以下合称二拍卖公司)签订《辽宁省委托拍卖合同》一份，委托二拍卖公司对被执行人某某实业公司所有的位于鞍山市铁东区二道街99号银座商业大厦部分房产(裙楼六层和负一层)进行联合拍卖，拍卖标

的总保留价为65 138 200元。鞍山市中级人民法院司法技术处(2011)鞍法技委字第31号《司法拍卖委托书》第6项规定:拍卖公司应依照《最高人民法院关于人民法院民事执行中拍卖、变卖财产的规定》第32条之规定收取佣金。

2011年8月5日,二拍卖公司在《辽沈晚报》发布联合拍卖公告。某实业公司于8月18日向二拍卖公司递交了《参加拍卖活动申请》,于8月19日出具授权委托书,委托甲、乙参加此次拍卖活动,全权代理此次竞拍拍卖的一切事宜。甲在与二拍卖公司签订的《竞买人须知协议书》上注明:"本人已代某实业公司详细阅读了《竞买人须知协议书》,对《竞买人须知协议书》的各项条款进行了充分的理解,并对拍卖标的存在瑕疵认可,无异议,自愿签署,代理人签字后具有法律效力。"该协议书第3条约定:"竞买人须向委托人交付竞买保证金600万元(现金)、向拍卖人交付佣金保证金100万元(现金)办理竞买手续……竞买成功后竞买人向拍卖人交付的佣金保证金充抵向拍卖人支付的佣金及其他费用,不足部分须在拍卖会当日补齐。"第5条约定:"竞买人竞买成功成为买受人后自愿在拍卖会当日向二拍卖公司支付成交价总额协商约定的5%佣金及公告费3万元。拍卖成交价款在拍卖会后15日内全部付清,付清全部价款后方能由委托人与买受人办理拍卖标的的交割手续。如买受人不按时交齐全部价款视为买受人违约,买受人违约后造成的经济损失由该买受人承担。依据《拍卖法》有关规定买受人应承担违约赔偿责任(拍卖人将从竞买保证金中扣除买受人与拍卖人约定的佣金及相关费用)。"第9条约定:"竞买人已经竞买成功成为买受人后违约者按《拍卖法》第三章第三十九条规定处理。拍卖成交后买受人违约竞买保证金及佣金保证金不予退还同时违约者承担相应的法律责任。"

另查明,某实业公司未按协议书约定在拍卖会前交纳600万元竞买保证金及100万元佣金保证金。2011年8月23日,拍卖会在鞍山市中级人民法院举行,某实业公司以最高价7800万元的报价竞买成功,成为买受人,某实业公司代理人甲在《拍卖成交确认书》上签字确认佣金数额为390万元。

二拍卖公司诉称,某实业公司对二拍卖公司组织拍卖的标的物竞买成功,并在拍卖成交确认书上签字确认,成为买受人。拍卖协议是当事人之间的真实意思表示,拍卖活动合法有效,请求某实业公司按照拍卖成交确认书的约定给付佣金390万元,并承担3万元的公告费用。

某实业公司辩称,本案拍卖机构属司法协助人,是公权力的代表,其与某实业公司签订的《竞买人须知协议书》不是平等民事主体之间签订的合同。因此,本案不属于民事诉讼范围,应按执行程序解决二拍卖公司的抗辩理由。执行局没有要求某实业公司与二拍卖公司双方签订竞买须知协议书,也没有要求约定佣金比例,竞买须知协议书应当是无效的。依据法律规定法院裁定拍卖成交确认并送达后,才能确定竞买成功,才能支付佣金。目前执行局也没有对该次拍卖进行裁定确认,故不能支付佣金。

【裁判结果】

一审:一、某实业公司于判决生效后十日内给付某拍卖公司、某某拍卖公司拍卖佣金142万元;二、驳回某拍卖公司、某某拍卖公司其他诉讼请求。

二审:驳回上诉,维持原判。

再审:驳回某实业公司的再审申请。

【争议焦点与裁判理由】

本案的争议焦点为,二拍卖公司与某实业公司是否属平等主体间民事法律关系,某实业公司应否给付二拍卖公司佣金。

根据再审裁判文书,人民法院认为,本案中,二拍卖公司接受辽宁省鞍山市中级人民法院的委托,向社会公开发布拍卖公告,拍卖涉案房产的产权。某实业公司提出参与竞买的申请,与二拍卖公司签订《竞买人须知协议书》,并实际参加了竞买。以上事实表明,当事人双方之间存在拍卖合同关系。某实业公司竞买成功后应向二拍卖公司支付佣金。本案《竞买人须知协议书》由双方当事人自愿签订,系双方当事人的真实意思表示,其内容除佣金计算标准的约定违反相关规定外,不违反法律、行政法规的强制性规定,应为合法有效。某实业公司竞买成功后,与二拍卖公司签订了《拍卖成交确认书》。根据《竞买人须知协议书》的约定,某实业公司在拍卖会当日即应向二拍卖公司支付佣金。本案纠纷系双方当事人之间因拍卖和竞买行为而就拍卖佣金产生的财产纠纷,属于《民法通则》《合同法》以及《拍卖法》调整的范围。

关于本案法律关系中双方当事人的地位问题。二拍卖公司与某实业公司的身份具有双重性。就二拍卖公司而言,一方面,其接受执行法院的委托,协助执行法院处分被执行人的财产,具有司法协助人的身份;另一方面,其凭借拍卖资质和专业拍卖人员,从事专业的拍卖活动,具有拍卖人的身份。相应地,就某实业公司而言,其在本案中既具有申请执行人的身份,又具有竞买人的身份。在人民法院强制执行过程中,当二拍卖公司以执行处分行为的司法协助人身份出现时,某实业公司与其地位并不平等,如果某实业公司对执行处分行为本身有异议,尚不能以拍卖机构为被告通过提起新的民事诉讼的途径解决。但是,当二拍卖公司以拍卖人身份出现、某实业公司以竞买人身份出现时,则双方当事人之间形成拍卖合同关系,权利义务对等,法律地位平等。双方因拍卖合同关系而产生的佣金纠纷,属于平等主体之间的民事纠纷,属于人民法院民事诉讼主管的范围。

【案例评析】

司法拍卖中,正确界定法院、拍卖人、买受人三者之间的关系,是明确三者之间的权利义务关系的前提。总体而言,三方关系应当是人民法院与拍卖人之间成立

委托合同关系,法院与买受人之间应当成立公法上的契约关系,买受人与拍卖人之间成立拍卖合同关系。分析如下:

一、人民法院与拍卖人之间成立公法上委托拍卖关系

根据《最高人民法院关于人民法院民事执行中拍卖、变卖财产的规定》第3条的规定,人民法院拍卖被执行人财产,应当委托具有相应资质的拍卖机构进行,并对拍卖机构的拍卖进行监督,但法律、司法解释另有规定的除外。司法拍卖是人民法院对被执行人的查封、扣押财产进行变卖的一种方式,使得申请人金钱债权得以实现的一种强制措施。在司法拍卖活动中,人民法院始终占主导地位。这表现在,其一,人民法院主导遴选拍卖机构,向选定的机构出具载明委托要求和工作完成期限等事项的委托书,并由法院确定评估价格确定保留价、流拍的处理等;其二,人民法院根据法定情形,可以裁定撤回拍卖委托、暂缓执行、中止执行,并且可以在拍卖成交后作出标的所有权转移的裁定,并且成交价款汇入法院的专门账户;其三,人民法院对于整个拍卖活动实施监督。对其中所出现的违法犯罪行为,可以通过宣告拍卖无效、暂停拍卖机构备选资格或从名册内除名等措施,予以有效的监督管理。

二、人民法院与买受人成立公法上的契约关系

法院与买受人形成公法上的契约关系。作为执行行为的一部分,拍卖机构接受法院委托负责开展具体的拍卖活动,买受人不仅与拍卖机构产生拍卖合同关系,更重要的是与人民法院产生了公法性质的契约关系。人民法院通过依法剥夺债务人的财产处分权,强制拍卖财产,拍卖机构以法院的名义进行司法拍卖。买受人竞买前通常将保证金汇入法院的账户,竞买成功后的价款直接汇入法院账户,法院交付标的物给买受人,法院的裁定文书决定标的物转移发生法律效力。在司法拍卖中,买受人直接与拍卖公司背后的法院发生公法契约关系,具有直接性和公法性。在一般商业拍卖中,买受人除特殊情况外,不与其背后的委托人发生关系,具有间接性和私法性。在一般的商业拍卖中,买受人与拍卖机构缔结拍卖合同,形成民事契约关系,向拍卖机构支付保证金、拍卖款项以及佣金。买受人一般情况下并不与委托人产生任何关系,只有在未能按照约定取得拍卖标的时,才可以要求委托人承担违约责任。

司法拍卖中买受人与法院之间存在公法契约属性,这表现在:其一,当事人具有特定性。一方是人民法院,另一方是普通民事商事主体。其二,存在合同对价。法院交付的强制处分的标的物与拍定人交付的价款形成对价关系。其三,是公权力机关的职权行为。法院根据当事人申请依职权行使执行权力,有权对被执行人的私人财产进行处分。其四,人民法院主导和监督整个过程,法院监督竞买人交保证金和拍定人交价款,以及拍卖程序合法性等问题,如果发现其中存在违法情形,可以依法宣告拍卖无效或者撤销拍卖结果。

三、拍卖人与买受人成立拍卖合同关系

在司法拍卖中,买受人与拍卖机构之间成立拍卖合同关系。拍卖机构作为从事拍卖活动的专业主体,根据人民法院委托发布拍卖公告,在拍卖前展示拍卖标的,并提供查看拍卖标的的条件及有关资料,说明拍卖标的状况、是否存在瑕疵,提供拍卖场所和拍卖人员等事项来主持实施拍卖活动。拍卖结束后,买受人与拍卖公司签订成交确认书,把价款汇入法院的账户。由于人民法院与拍卖人之间成立公法上委托关系,因此,作为对提供整个拍卖服务拍卖人的只能按照法律、司法解释的规定向买受人请求支付一定的佣金,而不能请求人民法院给付佣金。比如《最高人民法院关于人民法院民事执行中拍卖、变卖财产的规定》第32条规定,拍卖成交的,拍卖机构可以按照下列比例向买受人收取佣金……

本案中,二拍卖公司作为专业拍卖人,应当提供专业化的服务,对于拍卖标的的情况也应当进行必要的了解。

综上所述,尽管司法拍卖活动存在公法属性,但是其并不影响买受人与拍卖人之间产生拍卖合同的民事契约关系,属于人民法院民事诉讼主管范围。在司法拍卖过程中,拍卖人和买受人都应当按照拍卖法和司法拍卖的规定履行自己的义务,如果一方未履行相应的义务,导致对方利益受到损害的,另一方可以请求其承担民事赔偿责任。

【案例索引】

一审:辽宁省鞍山市中级人民法院(2014)鞍民三初字第73号

二审:辽宁省高级人民法院(2015)辽民二终字第00091号

再审:最高人民法院(2015)民申字第1582号

97. 甲与某拍卖公司拍卖合同纠纷案

——未经签章的委托合同的效力

问题提示:委托人与拍卖人之间的委托合同约定必须签章才生效,但并未签章,应当如何认定委托拍卖合同的效力?

【基本案情】

原告(反诉被告):甲

被告(反诉原告):某拍卖公司

人民法院经审理查明:2014年3月31日,甲作为委托方与拍卖方某拍卖公司签订了《拍卖合同》。合同约定,委托方与拍卖方就本合同所列拍品之相关事宜,订

立合同;委托方与拍卖方订立本合同并将拍品交付拍卖方后,拍卖方承担保管责任;委托方同意拍卖方支付单件拍品保留价1%的保管费(最低收费100元);图录费收费标准未整页3000元、1/2页1500元、1/3页800元,1/4页400元;委托方拍卖拍品如下为,规格为136×68cm的《河山似锦》1幅、规格为110×60cm的《白山茶》1幅、规格为110×60cm的《细雨轻风》1幅,质地均为轴裱;拍卖未成交,委托方在本场拍卖会结束之日起30天内取回该拍品,超过上述期限,拍卖方有权按拍卖规则处理;逾期不提货每日按照保留价总额1%收取保管费,先交费后提货;如委托方超过3个月不领取该拍品,视为委托方自动放弃该拍品的所有权;拍卖日期以拍卖方在报纸上发布公告为准,不另行通知;本合同未尽事宜,委托方与拍卖方就《拍卖规则》的有关条款执行;《拍卖规则》为本合同之组成部分;本合同一式三份,委托方一份、拍卖方一份,拍卖方经办人、库管员、征集专员共同签字后,本合同方能生效等。

2014年5月12日,某拍卖公司向北京市工商行政管理局进行了拍卖会备案,北京市工商行政管理局出具了对某拍卖公司2014年5月18日在晓景美术馆举办的2014春季书画专场拍卖会进行了备案。2014年5月18日,某拍卖公司举办的2014春季书面专场拍卖会举行。在拍卖会前,甲取得了拍卖会图录画册,其中图录收录了甲的3幅作品,分别为070号《河山似锦》,114号《白山茶》,151号《细雨轻风》。070号作品占1/3页面,114号、115号作品分别占1/2页面。当日,上述3幅作品均流拍。2014年5月22日,某拍卖公司就拍卖会向北京市工商行政管理局进行了会后备案。

原告甲诉称,其持有的《拍卖合同》第三联客户联原件上仅有"甲"签字,未见某拍卖公司盖章,拍卖方经办人、库管员、征集专员处均未有签字;某拍卖公司持有的《拍卖合同》第一联存档的原件上除了"甲"签字外,还加盖了某拍卖公司的公章。《拍卖合同》由其朋友董某某代为签署,当时董某某电话告知甲若流拍则不收取任何费用;拍卖会当日甲才取得《拍卖合同》及图录画册;拍卖会后甲曾经要求取回作品,某拍卖公司表示因为作品正在展出,暂时不能取回;2014年7月26日,甲前往某拍卖公司处要求取回作品,某拍卖公司要求甲交纳500元图录费,甲拒绝交纳,故未能取回作品;拍卖会当日,甲发现存在虚假拍卖的情形,部分作品所有人自己举牌竞拍,但甲对此没有证据予以证明。

被告某拍卖公司辩称:签订合同当时人比较多,某拍卖公司工作人员疏漏,只在第一联上加盖了公章,忘记在第三联客户联上加盖公章;合同以加盖公司公章为准,并不一定需要经办人、库管员、征集专员签字。拍卖会结束当日就通知流拍作品的所有人会后将作品取走,当日甲亦要求取回作品,因某拍卖公司根据合同约定要求其交纳图录费3800元,甲予以拒绝故未能取回作品;后甲再次到某拍卖公司要求取回作品,因图录费未能达成一致,故甲未能取回;上述3幅作品至今仍在某拍卖公司处。

【裁判结果】

一审:一、某拍卖公司于本判决生效之日起十日内返还甲第七十号拍品规格为136×60cm的设色纸本立轴《河山似锦》一幅、第一百一十四号拍品规格为110×60cm的设色纸本立轴《白山茶》一幅、第一百五十一号拍品规格为110×60cm的设色纸本立轴《细雨轻风》一幅;二、甲于本判决生效之日起十日内给付某拍卖公司图录费五百元;三、驳回甲的其他诉讼请求;四、驳回某拍卖公司的其他反诉请求。

【争议焦点与裁判理由】

本案的争议焦点为,委托人和拍卖之间的拍卖合同是否有效。

人民法院经审理认为:我国《合同法》规定,当事人对合同的效力可以约定附条件,附生效条件的合同,自条件成就时生效。本案中,甲就其所有的三幅作品委托某拍卖公司进行拍卖而与某拍卖公司签订了《拍卖合同》,该《拍卖合同》条款由某拍卖公司拟定,且在合同里约定了生效条件,明确约定拍卖方经办人、库管员、征集专员共同签字后方能生效。现甲持有的《拍卖合同》原件,既未有某拍卖公司盖章,也未有拍卖方经办人、库管员、征集专员签字,因此该份《拍卖合同》尚未生效。但甲认可其将三幅作品委托某拍卖公司进行拍卖,某拍卖公司亦认可收到了甲的三幅作品,并实际进行了拍卖,双方形成事实上的拍卖合同关系,该合同关系是双方当事人的真实意思表示,亦不违反法律、行政法规的强制性规定,应属合法有效。双方一致确认甲所有的三幅作品均流拍,故某拍卖公司应当及时返还甲的三幅作品。甲要求某拍卖公司返还拍品的诉讼请求,有事实依据,应当予以支持。关于甲主张的误工费及要求某拍卖公司赔礼道歉,因双方系就图录费未达成一致导致甲未能及时取回拍品并发生本案诉讼,双方对此均有过错。且没有证据证明甲的误工费损失,因此对甲该两项诉讼请求,本院不予支持。关于某拍卖公司的反诉请求,我国《拍卖法》规定,拍卖未成交的,拍卖人可以向委托人收取约定的费用,未作约定的,可以向委托人收取为拍卖支出的合理费用。本案中,因双方《拍卖合同》未生效,某拍卖公司依据合同约定要求甲给付图录费及保管费,没有依据。但鉴于甲实际委托了某拍卖公司进行拍卖,某拍卖公司亦制作了图录画册,甲的三幅作品亦在拍卖会上参与了拍卖,某拍卖公司对此亦有费用产生。故法院酌定,甲向某拍卖公司支付图录费500元。

【案例评析】

一、委托人与拍卖人能否就委托拍卖合同效力约定附条件生效,在不满足相关条件时应当如何认定该委托拍卖合同的效力

我国《合同法》第45条规定,当事人对合同的效力可以约定附条件。附生效条件的合同,自条件成就时生效。本案中,委托人甲与拍卖人某拍卖公司所签订的委托拍卖合同,明确约定拍卖方经办人、库管员、征集专员共同签字后方能生效。属于合同法中的附条件生效法律行为,委托人和拍卖人应当予以遵守。但是双方当事人没有签字或者盖章,拍卖合同并非一定无效。因为我国《合同法》第37条规定,采用合同书形式订立合同,在签字或者盖章之前,当事人一方已经履行主要义务,对方接受的,该合同成立。本案中,对于拍卖人进行的拍卖活动委托人是明知,并且是予以认可的。2014年5月18日,委托人甲前往参加了拍卖会,证明委托人甲已经实际认可了该委托拍卖行为,该委托拍卖合同应当有效。依此来看,法院认为该拍卖合同未生效的观点值得商榷。但同时法院也认为甲认可其将三幅作品委托某拍卖公司进行拍卖,某拍卖公司亦认可收到了甲的三幅作品,并实际进行了拍卖,双方形成事实上的拍卖合同关系,该合同关系是双方当事人的真实意思表示,亦不违反法律、行政法规的强制性规定,应属合法有效。其实委托人交付拍卖物,拍卖人进行拍卖的行为是默认了前面的委托拍卖合同的效力,即以实际的履行行为补足委托拍卖合同的程序要求,因此应当认为该委托拍卖合同有效为宜。同时,委托人甲认为拍卖合同没有约定成交价的佣金收取比例,该份合同是违反拍卖法规定的,委托拍卖无效的理由不能成立,因为我国《拍卖法》第56条规定,委托人、买受人可以与拍卖人约定佣金的比例。因此,佣金事项不是拍卖合同的必备要素,当事人可以有约定,也可以没有约定。

二、在拍卖合同无效的情形下,拍卖人是否能够请求相应的合理费用

我国《拍卖法》第56条第3款规定,拍卖未成交的,拍卖人可以向委托人收取约定的费用,未作约定的,可以向委托人收取为拍卖支出的合理费用。本案中,委托人与拍卖人之间所签订的拍卖合同有效,当事人之间应当按照拍卖合同的约定享有权利和承担义务。委托人与拍卖人之间的拍卖合同对当事人双方在合同中对权利义务进行了明确的约定,合同签订后,拍卖人对参会拍卖标的物制作了图册并进行了拍卖前的宣传、展示;在流拍之后,委托人应当在拍卖会结束后的30日内支付图录费并取回作品,但一直迟迟没有取回。那么委托人甲应当按照合同的约定支付相关的图录费。就保管费而言,拍卖会结束当日就通知流拍作品的所有人会后将作品取走,当日甲亦要求取回作品,因某拍卖公司根据合同约定要求其交纳图录费3800元,甲予以拒绝故未能取回作品,保管费的产生是因为当事人之间对于合同性质认识的差异所导致的,双方当事人对此均有过错,应当各自承担相应责任,拍卖人无权要求委托人赔偿。即使在委托拍卖合同无效的情况下,根据我国《合同法》第58条的规定,合同无效或者被撤销后,因该合同取得的财产,应当予以返还;不能返还或者没有必要返还的,应当折价补偿。有过错的一方应当赔偿对方因此所受到的损失,双方都有过错的,应当各自承担相应的责任。拍卖人也可以请求委托人支持相应的前期宣传费等合理费用,如本案的图录费等。

【案例索引】

一审:北京市朝阳区人民法院(2014)朝民(商)初字第35417号

98. 某商贸公司与甲物权确认纠纷案

——拍卖人与代理人签订委托拍卖合同的效力

问题提示：拍卖公司根据权利人的委托代理人的委托进行拍卖的，如何确认拍卖人已经尽到了审查责任？

【基本案情】

再审申请人（一审被告、二审上诉人）：甲

再审被申请人（一审原告、二审被上诉人）：某商贸公司

一审第三人：某拍卖公司

一审第三人：乙

人民法院经审理查明：济南市高新区科技城华龙路（因行政区划变更，现为济南市历城区科技城华龙路）办公楼（以下简称华龙路办公楼）坐落于济南市历城区科技城华龙路，土地使用权人为甲，建设工程规划许可证和开工许可证载明的建设单位为某经济开发公司。建设工程规划许可证载明建设项目为办公楼，建设位置为花卉路号西（后变更为华龙路），建设规模为5928平方米。2004年10月17日，某拍卖公司举行拍卖会，拍卖华龙路办公楼在建工程及土地使用权。某商贸公司参加竞买，成交后与某拍卖公司签订了《拍卖成交确认书》，并交纳了全部价款13 398 000元，某拍卖公司将拍卖标的物有关资料及证件移交给某商贸公司。2007年4月18日，华龙路办公楼的所有权登记到甲名下，共有权人为乙、丙、丁，2007年7月，又办理了分户登记，将华龙路办公楼分别办理到甲、乙、丙、丁名下，其中第一层号791.52平方米的房屋登记在甲名下。华龙路办公楼第一层一直由某商贸公司占有使用。2012年12月11日，某商贸公司起诉至法院，要求甲将其名下的第一层号791.52平方米的房屋过户到某商贸公司名下、确认所有权并协助其办理土地使用权变更登记。

一审中，一审法院根据当事人提供的证据、质证情况对当事人之间的争议作如下分析：甲认可曾委托乙寻找买家，并且甲对某商贸公司持有华龙路办公楼土地使用权证、一层房产证原件的原因不能作出合理解释。乙承认受甲委托处理华龙路办公楼、认可存在委托拍卖的事实、认可向某拍卖公司提交了华龙路办公楼在建工程的手续、亦认可自某拍卖公司收取了大部分拍卖款并主张已将收取的拍卖款转交给了甲。某拍卖公司提交了委托拍卖合同、拍卖公告、拍卖备案通知书、付款凭证原件，拍卖标的物移交协议书、授权委托书、华龙路办公楼开工许可证、建设用地规划许可证复印件；土地使用权证复印件以证明华龙路办公楼拍卖的过程及结果。虽然以上证据大部分为复印件，但根据《拍卖法》第54条的规定，拍卖人应当妥善保管有关业务经营活动的完整账簿、拍卖笔录和其他有关资料。前款规定的账簿、

拍卖笔录和其他有关资料的保管期限,自委托拍卖合同终止之日起计算,不得少于5年。华龙路办公楼在建工程及土地使用权的拍卖发生于2004年,距本案起诉已超过5年的期限。某拍卖公司现提交委托拍卖合同、拍卖公告、付款凭证、拍卖备案通知书原件,授权委托书、拍卖标的物移交协议书、华龙路办公楼开工许可证、建设用地规划许可证、土地使用权证等证据虽为复印件,但某商贸公司提交拍卖标的物移交协议书、济房权证历城字房产证、土地使用权证原件,结合某商贸公司实际占有使用华龙路办公楼的事实以及甲、乙的陈述,可以相互印证,可以采信。由此,一审法院确认甲曾授权乙处理华龙路办公楼,乙受甲委托进而委托某拍卖公司拍卖了华龙路办公楼在建工程及土地使用权。某商贸公司竞买成交后将拍卖款全部支付给某拍卖公司,某拍卖公司将大部分拍卖款支付给乙。

甲提交的证据不足以证实其与乙、丙、戊存在合作建房关系,不予采信。某商贸公司提交的证据1~4均为原件,符合法律规定,付款凭证与合同可以相互印证,确认某商贸公司拍得华龙路办公楼在建工程后,出资完成了华龙路办公楼在建工程的建设。

乙、丙、丁系华龙路办公楼2~6层的产权人,丁之夫己持甲向其出具的经过了公证的授权委托书办理了华龙路办公楼的分户登记,甲亦认可曾委托己办理分户登记。乙、丙、己与某商贸公司、甲均无利害关系,三人证言可以相互印证,无矛盾之处,对其证言予以采信。某商贸公司提交了转让华龙路办公楼第2~6层的两份合同原件,该两份合同的相对人乙、己均出庭作证,证实其与某商贸公司存在事实上的房屋买卖关系,并且均否认与甲相识,亦不存在与甲合作建房的事实。据此可以认定,乙、丙、戊自某商贸公司处购得华龙路办公楼的2~6层,其向房屋管理部门提供的登记申请材料仅是为办证方便。甲仅提交某经济开发公司与甲、乙、丙、戊签订的房地产买卖合同复印件及济房权证历城字第××号房产登记情况复印件,无其他证据证明与乙、丙、戊存在合作建房关系及其与乙、丙、戊系华龙路办公楼的共有权人的事实,对甲的该项主张不予采信。

二审法院另查明:上诉人甲认可曾向一审第三人乙出具过授权委托书,涉案授权委托书的内容也是对的。2007年6月,在上诉人甲给己出具委托书之后,己办理了涉案房产的竣工备案手续。二审中,上诉人甲向法院提交调查取证申请书,申请法院向济南市住房保障和房产管理局调取济南市历城区华龙路同地段在2004年10月办公和商业用房平均售价。

甲上诉称,一审判决认定事实不清,适用法律错误,请求撤销原判,改判驳回被上诉人某商贸公司的诉讼请求。理由如下:(1)涉案房产一层部分和土地使用权自始至终属上诉人甲所有,不存在2004年10月17日整体拍卖的事实。①涉案"授权委托书"存在严重瑕疵,不能作为认定事实的主要证据。首先,该授权委托书系复印件,非原始证据,甲对该授权并不认可。其次,即使该授权委托书真实,也不含有授权乙处分房地产的意思，处分如此大额的不动产，拍卖行应当审慎审查委托手续。最后，拍卖中列明的1300万元拍卖底价，明显低于当时的市场价格，极不合理，被上诉人某商贸公司和第三人恶意串通侵犯上诉人甲合法权益。②2007年上诉人甲向己出具授权委托书，授权其办理大证和分户手续的过程再次印证上诉人甲始终对一层房产和土地使用权享有并行使权利，多年来他人并未提出异议。(2)本案应当是买卖合同纠纷，不是物权确认纠纷，应当适用诉讼时效制度。从涉案房地产的流转过程和登记现状来看，甲是一层房产所有权人和涉案土地使用权人，没有做过变更。根据我国《物权法》的规定，不动产物权以登记为准。因此，即使认定被上诉人某商贸公司主张的拍卖事实成立，此拍卖也只是买卖行为的一种方式，被上诉人某商贸公司不能基于拍卖取得物权。被上诉人某商贸公司的诉权不是物权返还请求权，而应是合同之债的债权请求权。既然是主张债权，就应当适用诉讼时效的规定。一审法院认定本案不适用诉讼时效，是适用法律错误。

被上诉人某商贸公司辩称，一审判决认定事实清楚，适用法律正确，应当予以维持。(1)被上诉人某商贸公司通过一审第三人某拍卖公司公开拍卖，购买了涉案楼房，并交纳了全部拍卖款。拍卖程序、拍卖事实，真实、合法、有效。上诉人甲称被上诉人某商贸公司与一审第三人恶意串通无事实依据。(2)被上诉人某商贸公司通过拍卖取得在建工程及所占土地使用权，进而出资完成工程建设，并一直占有涉案一层房屋至今。被上诉人某商贸公司通过建造房屋原始取得物权，被上诉人某商贸公司才是涉案一层房屋的真正权利人，依法应当享有物权。(3)本案属于物权确认纠纷，被上诉人某商贸公司的诉讼主张不受诉讼时效的限制。

一审第三人某拍卖公司辩称：一审第三人某拍卖公司接受委托后，审查了上诉人甲提供的身份证明、依法可以处分拍卖标的的证明、高新区科技城华龙路国有土地使用证、建设工程开工许可证、建设用地规划许可证、投资许可证等资料，并与上诉人甲签订书面拍卖委托合同，一审第三人某拍卖公司按照《拍卖法》的规定，刊登拍卖公告，在济南市高新区工商局进行了拍卖备案，并在公告规定的时间2004年10月17日举行拍卖会，通过公开竞拍，由被上诉人某商贸公司竞得华龙路在建工程及土地使用权。拍卖成交后，被上诉人某商贸公司交清全部成交价款，一审第三人某拍卖公司将成交款项1320万元全部交付给一审第三人乙，并由一审第三人乙与被上诉人某商贸公司办理标的物移交手续，对标的物进行移交，并将所有权属资料进行移交。整个拍卖过程完全公开、公平、公正，符合拍卖法的规定。

一审第三人乙未到庭亦未作答辩。

【裁判结果】

一审：一、确认原告某商贸公司对济南市历城区科技城华龙路办公楼第一层102号房屋享有所有权；二、被告甲在本判生效之日起60日内协助原告某商贸公司办理济南市历城区科技城华龙路办公楼第一层102号房屋所有权变更登记手续；

三、被告甲在本判决生效之日起60日内协助原告某商贸公司办理济南市历城区科技城华龙路号办公楼土地使用权变更登记手续。

二审:驳回上诉,维持原判。

再审:驳回甲的再审申请。

【争议焦点与裁判理由】

本案的争议焦点是:(1)某商贸公司诉请确认涉案房屋归其所有有无事实和法律依据;(2)某商贸公司诉请上诉人甲协助办理涉案房地产产权变更手续是否适用诉讼时效。

根据再审裁判文书,人民法院认为,关于争议焦点一,二审期间,甲向法院提交调查取证申请,申请调查2004年10月华龙路同地段办公和商业用房平均售价,欲证明拍卖价低于当时市场价格,极不合理,某商贸公司和某拍卖公司、乙恶意串通损害甲的合法利益。由于涉案房产拍卖时属于在建工程,与普通销售的办公和商业用房不同,价格不具有可比性。甲主张授权委托书系复印件,不予认可,但其认可向乙出具过授权委托书,亦认可涉案授权委托书的内容,也认可曾委托乙寻找涉案房产的买家。乙在接受甲的委托后,通过拍卖方式处分涉案房产,某拍卖公司根据乙的意思,对涉案房产进行公开拍卖,且成交价并不低于拍卖公告所载明的拍卖参考价1320万元。在某商贸公司拍得涉案房产后,乙又向被某商贸公司提供了土地使用权证等证件原件,收取了房产出让款。这说明,甲的受托人乙认可拍卖的成交行为。甲诉称某商贸公司与某拍卖公司、乙恶意串通损害了其利益,但未提供相应证据予以证明。某商贸公司通过公开拍卖占有了涉案房产,并支付了相应的对价,其买受涉案房产的行为善意、合法。某商贸公司在2004年10月拍得涉案房产后,进行了后续的施工建设,使涉案房产具备入住条件,并于2007年6月之后办理了涉案房地产的竣工备案手续,根据《物权法》第30条的规定,应由某商贸公司就涉案房屋取得物权。某商贸公司将涉案房产二层以上对外进行了转让,并占有涉案房产一层至今。故一审法院确认某商贸公司对济南市历城区科技城华龙路办公楼第一层102号房屋享有所有权并无不当。

关于争议焦点二,《合同法》第60条第2款规定,当事人应当遵循诚实信用原则,根据合同的性质、目的和交易习惯履行通知、协助、保密等义务。本案中,乙接受甲的委托将涉案房产卖出,某商贸公司通过拍卖买受涉案房产,根据诚实信用原则,甲就负有协助某商贸公司办理产权过户手续的义务。根据已查明事实,乙、丙、戊与甲不存在合资合作建设涉案房产的事实,甲授权已办理涉案房产产权证书的行为视为其就房产拍卖已向某商贸公司部分履行。涉案房产的后续建造由被上诉人某商贸公司完成,涉案房产一层也由某商贸公司占有、使用,因此,某商贸公司请求甲协助办理房屋所有权及土地使用权变更登记的诉求具有物权性质,不适用诉讼时效。

【案例评析】

本案案情比较复杂，从当事人之间的争议和提交的证据来看，主要涉及以下几个问题：(1)某商贸公司的起诉是否超过了诉讼时效；(2)涉案拍卖是否有效；(3)某商贸公司是否有权取得主张的房产的所有权等，上述问题既涉及《物权法》的规定，也涉及《拍卖法》的规定，对于诉讼时效和所有权方面的问题，一、二审判决理由分析得比较全面。从拍卖的角度，本案主要涉及的问题是：拍卖公司根据权利人的委托代理人的委托进行拍卖的，如何确认拍卖人已经尽到了审查责任。另外，本案中还涉及一人竞拍是否有效的问题。

一、关于涉案拍卖人是否尽到了承接拍卖委托的审查责任

一次完整的拍卖活动，离不开拍卖人、拍卖委托人、竞拍人和买受人等几个角色。对于拍卖人来讲，其在承接拍卖委托的时候，既有可能是委托人亲自来办理委托手续，也有可能是委托人的代理人来办理委托手续。本案中，拍卖活动完成后，买受人要求委托人配合办理手续的时候，委托人拒绝承认其授权拍卖公司办理拍卖手续，因此，拍卖是否有效、是否存在瑕疵，首先面临的问题就是涉案拍卖人在承接拍卖的时候是否尽到了审查责任。

虽然甲在诉讼中一再否认其曾经授权，并且认为授权委托书系复印件，非原始证据，但从法院审理查明的事实来看，其认可曾向一审第三人乙出具过授权委托书，亦认可涉案授权委托书的内容，也认可曾委托一审第三人乙寻找涉案房产的买家，而第三人乙承认受甲委托处理华龙路办公楼、认可存在委托拍卖的事实、认可向某拍卖公司提交了华龙路办公楼在建工程的手续，亦认可自某拍卖公司收取了大部分拍卖款并主张已将收取的拍卖款转交给了甲。涉案拍卖虽然已经超过《拍卖法》要求拍卖人保留拍卖档案资料的5年期限，但拍卖公司在诉讼中提交了土地证复印件、建设工程开工许可证复印件、建设工程规划许可证复印件、授权委托书、身份证复印件(委托人、委托代理人)等一系列证据，另外，最关键的是，甲对某商贸公司持有华龙路办公楼土地使用权证、一层房产证原件的原因不能作出合理解释，综合这些证据，可以确认拍卖公司在承接委托拍卖的时候，对于委托拍卖的手续是审查到位的。甲在上诉中称“处分如此大额的不动产，拍卖行应当审慎审查委托手续”，笔者认为，如果对于拍卖行的审查委托提出过高的要求，按照甲的主张，在承接拍卖的过程中只能由委托人本人亲自到场，这既不利于市场交易，也影响效率，民法当中的委托人代理制度正是为了弥补和扩张民事主体的民事行为能力并使当事人意思自治得以真正实现，从而扩展民事法律行为和民事法律关系的范围，促进社会经济的发展。甲既然承认授权委托乙处置拍卖房产，又承认授权委托书的内容，却以复印件为由主张某拍卖公司没有尽到审查责任，显然是违反诚实信用原则的。另外，某商贸公司竞拍成交后，与某拍卖公司签订了《拍卖成交确认书》，并交纳了全部价款，某拍卖公司将拍卖标的物有关资料及证件移交给某商贸公司，可以看出,某拍卖公司在整个拍卖活动中并无任何过错。

二、关于一人竞拍的效力问题

本案中,有一个拍卖法上的问题虽然不是本案的争议重点,但也需要引起重视。被告甲在诉讼中曾经提出涉案拍卖中仅有某商贸公司参加竞买从而主张拍卖无效,对此问题,一审法院认为"竞买人之间的竞争从拍卖公告发出后就已开始,只要遵循公开、公平原则,严格按照拍卖法的规定完成拍卖公告发布、拍卖的实施等程序,就达到了公开竞价的要求,一人竞拍不违反拍卖法的规定",对此问题,实际上中国拍卖行业协会法律咨询委员会曾多次给地方拍卖行业协会、拍卖企业复函称"对于一场拍卖会仅有一位竞买人的情况下,应当中止拍卖。只有在竞买人达到法律规定的竞价条件,即有两个以上的竞买人参加时,拍卖会才可以进行"。① 但对此问题,近年来最高人民法院的一些裁判中也赞同一人竞拍有效,②因此,本案一审法院驳回甲的该项主张并无不当。

【案例索引】

一审:山东省济南市中级人民法院(2012)济民一初字第 37 号

二审:山东省高级人民法院(2014)鲁民一终字第 476 号

再审:最高人民法院(2015)民申字第 737 号

99. 甲、乙与某拍卖总行、丙委托拍卖合同纠纷案

——拍卖人根据代理人的委托接受拍卖的,委托拍卖合同的生效要件的认定

问题提示:拍卖人根据代理人的委托接受拍卖,委托拍卖合同生效要件是什么?

【基本案情】

上诉人(一审原告):甲

上诉人(一审原告):乙

被上诉人(一审被告):某拍卖总行

被上诉人(一审被告):丙

一审第三人:某典当公司

① 参见田涛主编:《拍卖法案例指南 · 三编》,法律出版社 2010 年版,第 209 页。

② 参见最高人民法院(2014)民申字第 1071 号民事裁定书,重庆三色实业有限责任公司与重庆衡器厂、重庆集丰物业管理有限公司、重庆沛东房地产开发有限公司、重庆止得文化传播有限公司拍卖合同纠纷申请再审案。

一审第三人:丁

人民法院经审理查明:2011 年 6 月 1 日,甲、乙与第三人某典当公司签订一份借款合同,约定甲、乙向某典当公司借款人民币 250 万元,借款期限为 30 天,自 2011 年 6 月 1 日至 30 日,月费率为 2.7%,月利率为 0.8%。6 月 1 日,甲、乙与某典当公司签订一份房地产抵押合同,约定甲、乙将其所有的新华路 138 号房屋(建筑面积 75.16 平方米)作为抵押物,抵押担保主合同项下全部借款本金、息费、违约金、赔偿金、实现抵押权的费用和所有其他应付的费用等。该房地产抵押合同附有抵押物清单一份,载明抵押物原值 250 万元,评估值 250 万元。2011 年 6 月 2 日,新华路 138 号房屋办理了抵押登记,抵押担保的债权数额为 250 万元。6 月 2 日,甲、乙出具一份授权委托书,共同委托第三人丁作为代理人办理新华路 138 号房屋的签订房屋买卖契约、典当手续等 14 项事宜,并明确受托人办理上述委托事项签署的文件委托人均予以认可,委托期限自 2011 年 6 月 1 日至 2012 年 6 月 1 日。2011 年 6 月 3 日,江苏省南京市南京公证处就上述授权委托书出具了(2011)宁南证民内字第 7498 号公证书。

甲、乙未按约偿还某典当公司借款后,丁持经公证的授权委托书及落款委托人处由甲、乙签名的《江苏省委托拍卖合同》至某拍卖总行,某拍卖总行在委托拍卖合同落款拍卖人处加盖了公章。2012 年 2 月 16 日,某拍卖总行经公开拍卖,丙以 75.2 万元的价格竞得新华路 138 号房屋,并签署了成交确认书。

争议的《江苏省委托拍卖合同》未标注签订时间,亦未载明双方的具体经办人员。该合同第一条拍卖标的一栏填写为“新华路 138 号 1021 -2、75.16 平方米、拍卖底价 75.16 万元”,第四条拍卖期限和拍卖地点一栏填写为“拍卖人承诺 2012 年 2 月 29 日以前在南京市傅厚岗 29 号举行拍卖会”,第五条拍卖标的的底价(保留价)填写为“拍卖标的的底价(保留价)75.16 万元,低于底价(保底价),拍卖人不得拍卖成交”,第七条价款结算填写为“拍卖成交的,拍卖人应在收到全部款项之日 3 日内,将拍卖成交款(扣除佣金后)支付给委托人”,第十二条争议解决方式填写为“因合同发生的纠纷,由双方协商解决,若协商不成,可选择到工商部门调解,双方同意选择向南京市人民法院提起诉讼”,第十三条其他需约定事项填写为“委托人同意拍卖在扣除佣金和房地产交易中卖方需交纳的费用后全部用于偿还抵押权人债务,房产两证过户时委托人与买受人按国家规定各自承担相关税费”。上述手填内容的字迹明显与合同落款处甲、乙的签名字迹不是同一字迹。另查明,甲、乙购买新华路 138 号房屋的时间为 2004 年 12 月 6 日,商品房买卖契约载明:建筑面积 87.28 平方米,单价每平方米 12 924.24 元,房屋总价 1 128 028 元。涉案授权委托书的委托事项有 12 项。甲、乙购买涉案房屋的买卖合同的时间为 2004 年 9 月 14 日。

甲、乙诉称:其与某拍卖总行之间的委托拍卖合同不能成立,某拍卖总行拍卖房屋无任何依据,侵犯了甲、乙的物权。故诉至法院,请求:(1)确认甲、乙与某拍卖总行签订的《江苏省委托拍卖合同》不成立;(2)确认某拍卖总行2012年2月16日将新华路138号房屋拍卖给丙的行为无效,并由某拍卖总行赔偿甲、乙的房屋差价损失及利息损失。审理中,甲、乙明确,其第二项诉讼请求前段拍卖无效完全基于第一项诉讼请求委托拍卖合同不成立之上。

某拍卖总行辩称:首先,根据甲、乙的诉状陈述,甲、乙向某典当公司借款,如不能偿还借款将拍卖房屋,可见,甲、乙是同意以委托拍卖房屋的方式偿还借款。其次,某拍卖总行收到的是甲、乙已经签名并填写的委托拍卖合同,对某拍卖总行而言,有甲、乙的签名即可认定甲、乙对合同的内容表示认可。且签订委托拍卖合同时,丁持有经公证的授权委托书,委托书明确丁有权办理房产买卖手续,而根据拍卖法,拍卖是买卖的一种,因此,丁作为甲、乙的委托代理人,代理委托拍卖符合法律规定。某拍卖总行收到丁代表甲、乙作出的要约,也就是收到合同,认为委托拍卖合同填写的内容符合拍卖法规定,愿意接受委托,故在委托拍卖合同上盖章。双方的委托拍卖合同即依法成立并生效。最后,根据法律规定,只有必要共同诉讼才能追加被告,甲、乙的诉讼标的与丙没有关系,不应追加丙为共同被告。综上,甲、乙的诉讼请求缺乏事实和法律依据,依法应予驳回。

被告丙、第三人某典当公司、丁一审未到庭参加诉讼,亦未提供书面答辩意见。

甲、乙上诉称:丁持有的授权委托书不包括甲、乙授权其签订委托拍卖合同的内容。拍卖行为有两层法律关系:一是委托人与拍卖人之间的行纪合同关系;二是拍卖人与买受人之间的买卖合同关系。本案处理委托拍卖合同是否成立的问题,即甲、乙与某拍卖总行之间的行纪合同是否成立,其法律性质区别于买卖合同。不能因为丁有权代理甲、乙签订房屋买卖合同就推定出丁有权代理甲、乙与某拍卖总行签订行纪合同,一审法院如此推定于法无据。某拍卖总行在委托拍卖合同上盖章后该合同没有返还给甲、乙,甲、乙直到房屋被拍卖后才得知,某拍卖总行当着丁的面盖章并不构成承诺的通知到达要约人,承诺不生效,委托拍卖合同不成立。

被上诉人某拍卖总行辩称:甲、乙对一审查明的事实没有异议,只是对一审的推理有异议,但一审法院的逻辑清晰没有问题。一审中甲、乙称无力还款时,委托某典当公司将房屋委托进行拍卖,并在委托拍卖合同上签字。丁有委托授权,丁有权签订委托拍卖合同,办理相关手续,丁在办理签署相关文件时,甲、乙均认可。拍卖就是买卖,是最大限度地保护甲、乙利益的方式,丁签订委托拍卖合同,是委托事项的一个环节,当然包括在签署买卖房屋契约以及办理房产证件的范围,甲、乙对委托拍卖的意思表示是明确的。丁持有公证书以及委托拍卖合同到某拍卖总行处办理的委托拍卖,手续齐全,程序正当。

被上诉人丙、一审第三人某典当公司、丁未答辩。

【裁判结果】

一审:驳回甲、乙的全部诉讼请求。

二审:驳回上诉,维持原判。

【争议焦点与裁判理由】

本案的争议焦点是:(1)第三人丁是否有权代理甲、乙签订涉案委托拍卖合同;(2)涉案委托拍卖合同中的手填内容是否构成甲、乙的要约内容。

根据生效裁判文书,人民法院认为:关于第三人丁是否有权代理甲、乙签订涉案委托拍卖合同的问题,《拍卖法》第3条规定,拍卖是指以公开竞价的形式,将特定物品或者财产权利转让给最高应价者的买卖方式。由此可见,拍卖系买卖的一种特殊方式,而委托拍卖是拍卖程序中的一个环节。本案中,甲、乙在2011年6月2日就新华路138号房屋出具给丁的授权委托书中,明确丁有权签订房屋买卖契约,而当房屋买卖系以拍卖方式进行时,签订委托拍卖合同作为办理房屋买卖过程的一个环节,当然包含在签订房屋买卖契约的权限范围内。此外,甲、乙在起诉状中称"借款合同签订时,某典当公司要求甲、乙在内容空白的《江苏省委托拍卖合同》上签字,并称这是办理借款必需的手续,如果借款不能偿还就可以拍卖抵押物偿还借款",由此可见,甲、乙对借款不能偿还时其用于抵押的新华路138号房屋将以拍卖方式出售还债应明知且同意。故根据授权委托书的记载,丁有权代理甲、乙签订涉案委托拍卖合同。甲、乙关于丁仅可以签订房屋买卖合同而没有签订委托拍卖合同权限的意见,没有事实和法律依据,一审法院不予采信。

关于涉案委托拍卖合同中的手填内容是否构成甲、乙的要约内容问题,涉案新华路138号房屋购买时单价为每平方米12 924元,抵押物清单载明的评估价为250万元,结合房屋购买后至拍卖成交期间南京市商用住房的整体价格走势及涉案委托拍卖合同手填内容的字迹与甲、乙在合同落款处签名字迹的差异,并根据社会生活经验,涉案委托拍卖合同中包括拍卖底价在内的手填内容应形成于甲、乙签名之后,且并非甲、乙本人所填写。甲、乙申请进行笔迹形成时间鉴定的目的已经一审法院认定,故对其鉴定申请一审法院不再进行。

《民法通则》第63条规定,公民、法人可以通过代理人实施民事法律行为。代理人在代理权限内,以被代理人的名义实施民事法律行为。被代理人对代理人的代理行为,承担民事责任。丁持经公证的授权委托书及落款委托人处由甲、乙签名的《江苏省委托拍卖合同》至某拍卖总行,某拍卖总行在委托拍卖合同落款拍卖人处加盖了公章。而丁有权代理甲、乙签订委托拍卖合同。由上可见,有关新华路138号房屋委托拍卖的磋商系由丁与某拍卖总行之间进行,在丁经一审法院合法传唤未到庭参加诉讼的情况下,应认定涉案委托拍卖合同中的包括拍卖底价在内的手填内容为丁所实施。故涉案委托拍卖合同中的手填内容依法应认定为甲、乙的意思表示,并构成委托拍卖合同的要约内容。

综上,第三人丁有权代理甲、乙签订涉案委托拍卖合同,涉案委托拍卖合同中的手填内容构成甲、乙的要约内容,某拍卖总行在委托拍卖合同上加盖公章的行为构成承诺,甲、乙与某拍卖总行之间的委托拍卖合同依法成立并生效。甲、乙关于其与某拍卖总行之间的委托拍卖合同不成立的诉讼请求缺乏事实和法律依据,一审法院不予支持。甲、乙第一次庭审中增加了确认某拍卖总行2012年2月16日将新华路138号房屋拍卖给丙的行为无效的诉讼请求,并申请追加丙为被告,因丙为涉案新华路138号房屋的买受人,即拍卖行为的一方当事人,故一审法院追加丙为被告符合法律规定,某拍卖总行关于本案诉讼标的与丙没有关系,不应追加丙为被告的抗辩意见,一审法院不予采纳。

鉴于甲、乙明确表示其第二项诉讼请求前段拍卖无效完全基于第一项诉讼请求委托拍卖合同不成立,而一审法院已认定双方的委托拍卖合同依法成立,故对甲、乙关于确认某拍卖总行2012年2月16日将新华路138号房屋拍卖给丙的行为无效,并由某拍卖总行赔偿甲、乙的房屋差价损失及利息损失的诉讼请求,一审法院亦不予支持。

【案例评析】

本案的处理,一、二审的结果都非常一致,原告的诉讼请求被全部驳回。本案涉及的争议问题是拍卖人承接的拍卖是否有权,而具体来说,涉及的法律问题是:拍卖人根据代理人的委托接受拍卖,如有充分证据证明委托人对代理人的委托拍卖应当知情或同意的,委托拍卖合同成立并生效。

一、本案拍卖人承接拍卖的行为有效

本案中,拍卖人某拍卖总行承接拍卖委托时,并非委托人亲自来办理委托拍卖手续的,而是由第三人丁持授权委托书以及有原告落款的拍卖委托合同来办理手续。对于拍卖人来说,能否接受第三人的委托,主要是要确定第三人是否有权代理委托拍卖事宜。从法院审理查明的事实来看,《江苏省委托拍卖合同》已经有原告的亲笔落款,对此,原告在诉讼中并未否认。另外,第三人还持有公证处公证过的授权委托书,委托书中的授权事项包括签订房屋买卖契约、典当手续等12项事宜,并明确受托人办理上述委托事项签署的文件委托人均予以认可。虽然争议的《江苏省委托拍卖合同》未标注签订时间,亦未载明双方的具体经办人员,关于拍卖标的、拍卖底价、价款结算等填写的时间当事人之间也有争议,但对于拍卖公司来说,上述材料,足以使其有理由相信第三人系本案原告的合法授权代理人。且原告在《江苏省委托拍卖合同》上签字时,应该已经知晓抵押权人某典当公司在自己不能偿还借款时会将自己的抵押房产可能通过拍卖方式进行处置,因此,本案一、二审法院认定甲、乙与某拍卖总行之间的委托拍卖合同依法成立并生效并无不当。

二、本案需要注意的其他问题

虽然同意判决书中关于委托拍卖合同成立并生效的理由。但是,本案中还存在两个不容忽视的问题:(1)抵押权人利用其优势,要求抵押人事前委托抵押权人办理抵押标的拍卖手续的,委托代理人所确定的拍卖底价是否应有所限制;(2)本

案涉及的拍卖是否可能构成恶意串通。对此问题,一、二审法院均未涉及。根据本案一、二审判决书提出一些意见:

(一)关于涉案拍卖底价

从法院审理查明的事实来看,原告之所以会授权委托本案第三人处置房产,系因其与某典当公司签订一份借款合同,约定甲、乙向某典当公司借款人民币250万元,原告以其原值250万元,评估值250万元的房产作抵押。《物权法》第195条第1款规定:“债务人不履行到期债务或者发生当事人约定的实现抵押权的情形,抵押权人可以与抵押人协议以抵押财产折价或者以拍卖、变卖该抵押财产所得的价款优先受偿。协议损害其他债权人利益的,其他债权人可以在知道或者应当知道撤销事由之日起一年内请求人民法院撤销该协议。”因此,原告甲、乙出具一份授权委托书,共同委托第三人丁作为代理人办理新华路138号房屋的签订房屋买卖契约、典当手续等14项事宜,并明确受托人办理上述委托事项签署的文件委托人均予以认可,并无不妥。但第三人丁作为委托代理人,显然也要顾及被委托人的合法利益,虽然拍卖也是买卖房产的一种方式,但对于拍卖底价,显然不能过于随便。《物权法》第195条第3款规定了“抵押财产折价或者变卖的,应当参照市场价格”,但本案中,涉案委托拍卖合同中包括拍卖底价在内的手填内容应形成于甲、乙签名之后,且并非甲、乙本人所填写,本案涉及的拍卖标的评估值为250万元,而在拍卖时保留低价仅仅为75.16万元,显然,丁填写的拍卖保留低价存在恶意损害本案原告利益之嫌疑。《合同法》第406条规定:有偿的委托合同,因受托人的过错给委托人造成损失的,委托人可以要求赔偿损失。无偿的委托合同,因受托人的故意或者重大过失给委托人造成损失的,委托人可以要求赔偿损失。因此,如果本案原告认为丁侵犯了其合法权益,其可以另外提起民事诉讼。虽然此问题与拍卖人并无直接法律关系,但作为拍卖人来说,在承接此类涉及抵押权人直接派人处置抵押人抵押财产的问题之时,多一份谨慎还是有必要的。

(二)关于本案拍卖是否存在恶意串通的问题

原告在起诉中称,本案的买受人系某典当公司大股东李某某之子丙,对此问题,法院并没有在审理查明事实部分予以确认。但对此类问题,在拍卖实践中有必要引起高度重视。虽然从形式上来看,本案拍卖的委托人是原告,买受人是与原告的抵押权人有利害关系的第三人,拍卖成交并不存在任何问题。但有必要注意的是,本案拍卖委托人的代理人系某典当公司的员工,而本案拍卖标的的拍卖底价并没有证据证明征求过委托人的同意,而最后的买受人的成交价仅为75.2万元,比拍卖底价仅仅高了400元,这从情理上来说确实存在说不过去的地方。因此,如果有证据证明本案拍卖活动存在委托人的代理人与买受人恶意串通的,拍卖是否有效是值得怀疑的。当然,从不告不理的角度来看,原告并没有明确提出恶意串通,也没有提供证据予以证明,因此,法院判决驳回原告的诉讼请求并无不当。

【案例索引】

一审:江苏省南京市鼓楼区人民法院(2014)鼓商初字第682号

二审:江苏省南京市中级人民法院(2014)宁商终字第1574号

100. 某拍卖公司与某糖厂破产管理人拍卖合同纠纷案

——委托人更改拍卖条件的行为性质

问题提示:委托人更改拍卖条件是否构成违约?

【基本案情】

上诉人(一审原告):某拍卖公司

被上诉人(一审被告):某糖厂破产管理人

人民法院经审理查明:2009年2月20日,某糖厂破产管理人与某拍卖公司签订《委托拍卖合同》一份,某糖厂破产管理人委托某拍卖公司对保山市某糖厂所属总体资产进行拍卖。某拍卖公司4月13日举行拍卖会,因无人竞拍而流拍。后虽降价举行第二次拍卖,但再次流拍。此后某糖厂破产管理人同意再次降价,但第三次拍卖会仍流拍。此后某拍卖公司发函给某糖厂破产管理人,称其按第三次的价格进行招商后,已有客户报名参加竞买,但客户要求将时间延长至7月22日15时举行。某糖厂破产管理人回复称第三次拍卖会流拍后,其已作善后处理,不同意某拍卖公司所定拍卖时间。

某拍卖公司拟按上次的价格举行第四次拍卖时通知某糖厂破产管理人,某糖厂破产管理人最初并不同意举行第四次拍卖,但随后又向某拍卖公司发函表示同意某拍卖公司按3051万元进行拍卖,但提出了包括竞买人条件及压缩付款时间在内的一系列条件。某拍卖公司认为某糖厂破产管理人提出的条件已经对标的竞买条件做了实质性改变,不同意拍卖,双方暂停第四次拍卖会。此后某糖厂破产管理人向某拍卖公司发函要求某拍卖公司在5个工作日内履行拍卖义务。但某拍卖公司认为某糖厂破产管理人已经更改了拍卖的主要内容,阻碍其进行正常拍卖。

上诉人某拍卖公司上诉称:(1)在被上诉人未正式撤回委托并支付约定评估价10%的赔偿金之前,上诉人依拍卖法、合同约定有权自主召开拍卖会,以维护法律和约定的严肃性,而被上诉人多次阻挠拍卖会的正常进行。(2)被上诉人所作的《关于第四次公告拍卖某糖厂破产资产的告知函》,其函中单方提出了多项与原约定不符的要求,如要求竞买人必须是愿意从事甘蔗制糖业的法人、自然人,压缩付款时间,要求买受人承担过户产生的一切税费。(3)被上诉人多次阻挠拍卖会的正常进行,充分体现了被上诉人名为委托拍卖,实为私下廉价处置资本之意。被上诉人已经构成违约,应向上诉人支付评估价53 480 366元的5%即2 719 016.8元的赔偿金。

被上诉人某糖厂破产管理人辩称:(1)2009年7月10日第三次拍卖流拍后,上诉人在未经公告的情况下,单方决定于2009年7月22日下午3时举行拍卖会,未获被上诉人同意,后又于2009年8月12日,再一次向社会公告,单方决定8月26日下午3时举行拍卖会。(2)2009年8月26日,被上诉人根据法院批复,向上诉人送达了《告知函》,要求再次以3051万元标底价在10个工作日内向社会公告拍卖。2009年9月29日,被上诉人向上诉人送达了《催告函》,要求在2009年10月13日以前履行受托义务。根据委托合同的特征,委托人可以对受托人发出符合法律规定的指令。根据《合同法》的规定,拍卖公告是要约邀请而非要约,其内容可以更改。况且被上诉人的新指令是在流拍之后,新的拍卖公告尚未发布之前。被上诉人的行为符合法律规定,不属违约。(3)双方签订的《委托拍卖合同》第五条中约定"如有流拍,甲方应降价后由乙方继续拍卖工作"。第十六条约定"合同一经签订,甲方如终止委托或其他违约,则向乙方支付评估或成交价的5%的赔偿金。拍卖标的进入拍卖程序,甲方撤回委托另行处理的,甲方或有关当事人按标的评估价或成交价向乙方支付10%的赔偿金"。该两条属于免除甲方责任,加重乙方责任,排除甲方权利,是典型的格式条款,违反了公平和诚实信用原则,应属无效条款。综上,某糖厂破产管理人认为,一审法院认定事实清楚,适用法律正确,要求二审驳回上诉,维持原判。

【裁判结果】

一审:一、解除原、被告双方签订的《委托拍卖合同》;二、由某糖厂破产管理人在本判决生效后十五日内支付某拍卖公司拍卖前期费用60 000元;三、驳回某拍卖公司要求某糖厂破产管理人支付违约金2 719 016.8元的诉讼请求。

二审:驳回上诉,维持原判。

【争议焦点与裁判理由】

本案的争议焦点为,委托人更改拍卖条件是否构成违约。

根据生效裁判文书,人民法院认为:双方在《委托拍卖合同》第五条中约定"如有流拍,甲方应降价后由乙方继续拍卖工作"。第十六条约定:"合同一经签订,甲方如终止委托或其他违约,则向乙方支付评估价或成交价5%的赔偿金。拍卖标的进入拍卖程序(向国土资源局备案或进入公告宣传),甲方撤回委托另行处理的,甲方或有关当事人按标的评估价或成交价向乙方支付10%的赔偿金",该两条约定属于免除甲方责任、加重乙方责任、排除乙方(撤回委托)的权利,是典型的格式条款,违反了公平和诚实信用原则,根据《合同法》第40条的规定,该条款无效。本案标的三次流拍后,某糖厂破产管理人可以撤回委托,按照双方约定支付前期费用6万元。如要再进入拍卖程序,需再次公告拍卖时间和拍卖的具体要求,某糖厂破产管理人更改了第四次拍卖的具体要求,是行使其对拍卖标的物的处分权,并不违反法律的规定,第四次拍卖并非是第三次拍卖的延续,而是新的一轮拍卖,由此导致拍卖不能成交的后果由某糖厂破产管理人自己承担,拍卖未成交的,由委托人按拍卖法的规定向拍卖人支付约定的或合理的费用,某拍卖公司以此作为某糖厂破产管理人违约的理由不能成立。

上诉人公告的第三次拍卖时间定为2009年7月10日,但上诉人未如期举行拍卖。由于第三次拍卖未能如期举行,破产管理人提出第四次拍卖的意见,但双方对第四次拍卖没有达成一致性意见。鉴于某糖厂是国有政策性破产企业,破产工作具有很强的时间性,企业破产财产已经当地政府批复同意处置,合同标的物已不存在,导致合同无法继续履行。故上诉人以此作为被上诉人违约的上诉理由不能成立。但鉴于拍卖公司已经为拍卖做了前期工作,破产管理人应当支付相应费用,故一审法院判决某糖厂破产管理人支付大河公司前期费用60000元并无不当。

【案例评析】

本案在审理中主要存在两个争议焦点:

一、委托人更改拍卖条件是否构成违约

本案中某拍卖公司与某糖厂破产管理人签订的委托拍卖合同是双方真实意思表示,合法有效。该拍卖合同内对拍卖标的的情况及相关拍卖的具体要求和事宜,在经历三次流拍后,某糖厂破产管理人在第四次拍卖之前更改了拍卖的具体要求,如对竞买人的资质附加了一定的条件等。某拍卖公司认为某糖厂破产管理人更改条件的行为对原合同的内容作了变更,属于违约行为。

拍卖是指以公开竞价的形式,将特定物品或者财产权利转让给最高应价者的买卖方式。这种特殊的买卖形式,其买卖关系的当事人双方应当是委托人和买受人,最后的法律结果是应当由委托人和买受人承担的,拍卖人指示具有专业拍卖知识提供特殊拍卖服务的中间人。因此,在不影响正常拍卖活动的情况下,委托人当然可以对自己提供的标的物的拍卖价格或者与自己交易的买受人的资质作一定要求。拍卖人依法可以以自己的专业知识享有一定的自主权,但这种自主权一定要在委托人的授权范围内,依照委托人的指示进行。本案中,某糖厂破产管理人更改拍卖条件是在第四次拍卖开始之前,并不影响正常的拍卖活动。无论拍卖是否成交,拍卖人都可以依据约定或法律规定收取约定的或者合理的费用,拍卖是否成交的后果都是由某糖厂破产管理人自行承担的。因此某糖厂破产管理人当然可以在不违反法律规定的前提下更改自己的指令。

二、某糖厂破产管理人是否可以撤回拍卖标的

根据双方拍卖合同第十六条约定:“合同一经签订,甲方如终止委托或其他违约,则向乙方支付评估价或成交价5%的赔偿金。拍卖标的进入拍卖程序(向国土资源局备案或进入公告宣传),甲方撤回委托另行处理的,甲方或有关当事人按标的评估价或成交价向乙方支付10%的赔偿金。”这样的约定明显不符合法律规定。

《拍卖法》第29条规定:“委托人在拍卖开始前可以撤回拍卖标的。委托人撤回拍卖标的的,应当向拍卖人支付约定的费用;未作约定的,应当向拍卖人支付为拍卖支出的合理费用。”这就赋予了委托人在拍卖开始之前可以撤回的权利,只要支付拍卖人相应的费用就可以了。双方合同约定的不得撤回,撤回需要支付违约金的条款不符合法律规定,应属于无效条款。某糖厂破产管理人可以在拍卖开始之前撤回拍卖标的。

【案例索引】

一审:云南省保山市中级人民法院(2010)保中民二初字第6号

二审:云南省高级人民法院(2010)云高民三终字第70号

101. 某资产管理公司与某产权交易中心、某资产经营公司、某矿业公司拍卖合同纠纷案

——委托人取消拍卖委托的效力

问题提示:委托人取消拍卖委托,是否导致拍卖程序终结并影响拍卖合同关系的成立?

【基本案情】

上诉人(一审原告):某资产管理公司

被上诉人(一审被告):某产权交易中心

被上诉人(一审被告):某资产经营公司

被上诉人(一审被告):某矿业公司

人民法院经审理查明:2011年1月17日至28日,某产权交易中心将某资产经营公司委托挂牌交易的“阳春硫铁矿及阳江春威公司债权包转让项目”(项目编号:ZHAEEC11-001ZQ)在《阳江日报》及网络交易平台上公开挂牌转让。某产权交易中心于公告期间收到某资产管理公司和某矿业公司的报名登记以及相关资料,然后其向两公司发出《意向受让方资格审查书》。2011年2月15日,某资产管理公司向某产权交易中心提交《竞买人资格复审申请书》,对某矿业公司的竞买人资格提出质疑,认为违背了公开公正、价高者得的竞价规则,某产权交易中心遂中止了本次程序,并书面通知某资产经营公司、某矿业公司及某资产管理公司。2011年3月7日,某资产经营公司向某产权交易中心回函,称由于交易无法顺利进行,决定暂停该企业产权、债权的转让,自行解决职工安置问题。其后,某产权交易中心向某资产管理公司和某矿业公司发出《债权交易终结决定通知书》。交易终结后,某产权交易中心

按照原汇款路径将保证金退还给某资产管理公司和某矿业公司。

原告某资产管理公司诉称:拍卖委托方某资产经营公司与甲签订《合作协议》约定就拍卖收入获利或分成,而某矿业公司实际上由甲控制,若某矿业公司参与竞价,明显违背公开交易规则;被告某产权交易中心在交易公告中表示,挂牌期满后,如征集到一个符合条件的意向受让人时,以挂牌底价(人民币3000万元)将标的转让给该竞买人。据此提出取消某矿业公司的竞买资格、确认某资产管理公司以人民币3000万元取得涉案标的物等诉请。

被告某产权交易中心辩称:原告质疑某矿业公司的竞买人资格但未提出翔实的证据,而某资产经营公司对该问题没有在合理期限内作出任何解释和说明并通过书面回函行使委托合同解除权,故某产权交易中心终结本次拍卖程序;交易公告只是要约邀请,原告仅通过竞买资格审查尚未成为受要约人,其要求以人民币3000万元取得涉案标的物没有依据;某产权交易中心对竞买人提交的竞买文件的审核的义务只限于齐全性和合规性,根据原告提供的材料,无法排除某矿业公司的意向竞买人资格。

被告某资产经营公司辩称:本案中拍卖程序尚未进入要约和承诺阶段,故拍卖合同尚未成立或生效,原告交纳保证金的行为是要约邀请而不是要约;某资产经营公司决定自行解决职工的安置工作,故解除拍卖委托不但是职工安置工作的需要,而且符合法律规定。

被告某矿业公司辩称:某矿业公司在本次交易中具有完全的竞买人资格,某资产管理公司的第一项诉讼请求应该予以驳回。某产权交易中心受理并审查了某矿业公司的所有材料,并经转让方确认,在规定的期间内交纳了竞价保证金,故具有完全竞买人资格;某矿业公司与"甲"是两个完全不同、相互独立的民事主体,"甲"并未实际控制某矿业公司,两者是人格相互独立的法律关系。

上诉人(一审原告)上诉称:《合作协议》是本案纠纷和某矿业公司竞买人资格认定的关键,一审疏于查实;某资产经营公司在一审庭审时表示,其所发复函表述的意思是"暂停交易,是否需终结交易则交由某产权交易中心决定",并未要求解除委托合同;某资产经营公司对于解除交易委托未重新报批,不符合《企业国有产权转让管理暂行办法》的规定;某产权交易中心经过调查核实可以确定某矿业公司不享有竞买人资格,但其并未严格履行核实义务,故某产权交易中心终结交易程序不合规定。

被上诉人某产权交易中心辩称:本案的争议焦点为某资产经营公司有无解除与某产权交易中心的委托关系,从某资产经营公司的复函中的文字表达及诉讼当中某资产经营公司及某产权交易中心的意见来看,双方的委托关系基于函件已经终止;某资产经营公司发出复函有无征求上级主管部门的意见,属于行政管理的范畴,其没有审查的义务。

被上诉人某资产经营公司辩称：上诉人未提供《合作协议》的原件属于举证不能，甲和某矿业公司是两个完全独立的民事主体，两者的行为不能等同；根据《合同法》的规定，某资产经营公司作为委托人可以随时解除委托合同。

被上诉人某矿业公司辩称：合作协议的关联性不予确认，甲作为某矿业公司前法定代表人，与某矿业公司是完全不同的法律主体；涉案的标的物已经不存在，合同已经履行不能。

【裁判结果】

一审：一、驳回某资产管理公司请求取消某矿业公司在公开交易程序中的竞买资格的诉讼请求；二、驳回某资产管理公司请求确认其以3000万元取得"阳春硫铁矿及阳江春威公司债权包"并判令某产权交易中心及某资产经营公司与之履行相关交易手续的诉讼请求。

二审：驳回上诉，维持原判。

【争议焦点与裁判理由】

本案的争议焦点为，委托人取消拍卖委托，是否导致拍卖程序终结并影响拍卖合同关系的成立。

根据生效裁判文书，人民法院认为，根据《合同法》的规定，委托人可以随时解除委托合同。由于委托人某资产经营公司解除委托合同，拍卖人某产权交易中心已经终结了本次交易并退还保证金，某矿业公司对此并无异议，故某矿业公司的竞买人资格已经丧失，某资产管理公司的此项诉请应予驳回。另外，因某资产管理公司对某矿业公司的竞买资格提出复核申请而中止拍卖程序，后委托人某资产经营公司解除了委托合同，拍卖人某产权交易中心遂终止本次交易。在本次拍卖程序中，竞买人某资产管理公司并未向拍卖人某产权交易中心作出买定的意思表示，因此，本案的拍卖合同没有成立，原告的诉请没有事实和法律依据，法院予以驳回。

【案例评析】

本案在审理中，主要集中在以下三个争议焦点：

一、某资产经营公司解除与某产权交易中心的委托合同是否导致拍卖程序终结

根据《合同法》第410条"委托人或者受托人可以随时解除委托合同。因解除合同给对方造成损失的，除不可归责于该当事人的事由以外，应当赔偿损失"以及《拍卖法》第29条"委托人在拍卖开始前可以撤回拍卖标的"的规定，委托拍卖程序中，委托人享有任意解除权。不管相对人是否同意，委托合同有偿还是无偿，也不管委托人是否具有一定的理由，委托人均可以随时解除委托合同。拍卖委托是拍卖程序得以顺利进行的权源，委托合同被解除则拍卖就失去了合约基础，拍卖机构应当终止拍卖，终结整个拍卖程序。

本案中，某资产经营公司与某产权交易中心之间是委托拍卖关系，某资产经营公司是委托人,某产权交易中心是受委托人,某资产经营公司有权单方解除与某产权交易中心的委托合同,撤回拍卖标的。某资产经营公司于2011年3月7日向某产权交易中心回函,称由于交易无法顺利进行,决定暂停该企业产权、债权的转让,自行解决职工安置问题,乃某资产经营公司解除委托关系之意思表示,也即委托人某资产经营公司已经依法解除了对某产权交易中心挂牌转让企业产权、债权的委托。

因某资产经营公司在委托某产权交易中心公开拍卖的过程中,通过书面回函的形式行使委托合同解除权,撤销了交易委托,使得涉案产权交易活动无法继续实施,拍卖程序因此终结。

二、某产权交易中心终结拍卖程序是否影响拍卖合同关系的成立

《合同法》第13条规定,合同的订立要采取要约和承诺方式。拍卖作为特种买卖的一种,自然也要采取要约、承诺方式订立合同,只是在要约和承诺之前尚有一个邀请要约的阶段。《合同法》第15条规定,要约邀请是希望他人向自己发出要约的意思表示,寄送的价目表、拍卖公告、招标公告、招股说明书、商业广告等为要约邀请。《合同法》第14条规定,要约是希望和他人订立合同的意思表示,该意思表示应当符合下列规定:(1)内容具体确定;(2)表明经受要约人承诺,要约人即受该意思表示约束。拍卖师展示拍卖的标的物、说明底价的拍卖表示之后,竞买人竞相出价,竞买人竞相出价的行为内容具体明确,是希望拍卖人与其签订拍卖合同,属于要约行为。《拍卖法》第51条规定,竞买人的最高应价经拍卖师落槌或者以其他公开表示买定的方式确认后,拍卖成交。因此,拍卖程序中,拍卖公告为要约邀请,竞买人提出申请和竞价为要约,拍卖人以落槌或作出其他公开表示买定的方式为承诺,拍卖合同关系经过该过程得以成立。若拍卖以电子竞价的方式进行,交电子竞价系统对竞买人最高有效报价的确认并自动生成中标通知书则是承诺。

本案中,某资产经营公司为委托人,某产权交易中心为拍卖人,某资产管理公司为竞买人。某资产管理公司仅通过竞买资格审查并交纳保证金,并没有进入举号牌竞价的要约阶段。在两竞买人交纳了交易保证金后,拍卖程序因某资产管理公司对某矿业公司的竞买资格提出复核申请而中止。之后,因委托人某资产经营公司解除了与某产权交易中心的委托合同,拍卖程序被拍卖人某产权交易中心终结。对于拍卖人某产权交易中心而言,其并没有向竞买人某资产管理公司作出买定的意思表示,即没有作出承诺。因此,本案的拍卖程序虽然经历了要约邀请阶段,但缺乏后续的要约和承诺阶段,故某资产经营公司、某产权交易中心与某资产管理公司之间并未成立拍卖合同关系,要求确认取得债权包并判令某产权交易中心和某资产经营公司履行相关的交易手续没有事实和法律依据。

三、一人竞拍是否有效

本案其实还涉及一人竞买的效力问题,涉案交易公告明确"在挂牌期满后,如征集到一个符合条件的意向受让人时,以挂牌底价(人民币3000万元)将标的转让给该唯一合格的意向竞买人”,因为本案在审理过程中争议焦点主要集中于拍卖程序和拍卖合同关系的效力问题,故法院并没有对该内容作出认定。

对于一人竞价的效力问题主要有两种意见:一种意见认为,一人竞拍一般应当认定无效。因为仅有一个竞买人不符合拍卖公开竞价的本质。另一种意见认为,一人竞拍应认定有效。因为《拍卖法》及《拍卖管理办法》都没有规定竞买人必须为两人以上,只要拍卖标的通过发布拍卖公告、拍卖标的展示等拍卖法规定的方式向外界进行了充分公示,实际上就完成了公开竞价的基本要求。

拍卖法之所以规定拍卖要通过公开竞价的方式进行,其目的是实现资源充分利用,实现当事人利益的最大化。一人竞拍的效力应当区分不同情况区别对待:对于强制拍卖,如人民法院民事执行拍卖、国土部门建设用地使用权出让拍卖等,若相关规定对竞买人数量作出了两人以上限制,为维护国家利益或社会公益特别是被强制拍卖人的合法权益,应当依规执行,禁止或限制一人竞买。对一般的拍卖,在充分尊重满足竞价条件的情况下,也应当充分尊重当事人意思自治,允许一人竞拍。

本案中的拍卖物虽然属于国有产权,但根据《企业国有产权转让管理暂行办法》的规定,该产权的拍卖经过阳江市财政局批准,财政局对拍卖相关的文件和材料也进行了审查,故可以认为交易公告中关于一人竞买的规定是获得了批准的,在其底价设置合理的情况下一人竞拍应属有效。

【案例索引】

一审:广东省珠海市中级人民法院(2011)珠中法民二初字第8号

二审:广东省高级人民法院(2012)粤高法民二终字第41号

102. 甲、乙、丙与某公司、某县环境保护局、某拍卖公司拍卖合同纠纷案

——委托人撤回拍卖标的的条件

问题提示:拍卖成交确认书签订后,委托人可以反悔吗?

【基本案情】

上诉人(一审被告):某公司

被上诉人(一审原告):甲

被上诉人(一审原告):乙

被上诉人(一审原告):丙

被上诉人(一审被告):某县环境保护局

被上诉人(一审被告):某拍卖公司

人民法院经审理查明:1999年1月,某县环境保护局有偿委托(挂靠)某公司并以该公司名义开发环保大楼,项目一切事项由某县环境保护局负责。从2005年开始,为解决环保大楼历史遗留问题,县政府多次召开专题会议,并形成书面会议纪要,主要内容为将环保大楼一至五楼公开拍卖或由某公司进行预售,后变更由某公司对环保大楼一至三层进行委托拍卖,最后变更由县国资办牵头负责对环保大楼的一、二层进行公开处置,并由温州万科委托资质拍卖行进行拍卖,拍卖所得款项要直接汇入县国资办设立的专户,某县环境保护局要全力配合等。2006年4月10日,某公司与某拍卖公司签订《委托拍卖合同》,约定:"某公司将环保大楼一至二层房地产委托某拍卖公司公开拍卖,一层建筑面积为1037.97平方米,起拍价为13 805 000元;二层建筑面积为1357.39平方米,起拍价为5 986 000元;拍卖成交以后,委托人必须按拍卖人与买受人所签订的'成交确认书'内的条款约定将标的物及时移交给买受方,并提供有关资料和协助买受人办理产权过户等手续;委托方可在法律允许范围内确定拍卖标的底价,拍卖人不得以低于底价的价格成交,否则,由此造成损失由拍卖人承担,但因此而造成不能成交的由委托人承担责任等。"2006年4月18日,某拍卖公司发出拍卖公告和竞买须知,载明定于2006年4月30日举办拍卖会,拍卖标的为环保大楼一楼营业房,总建筑面积约938.761平方米,起拍价为1248.5万元;因整幢大楼尚未办理权属两证,买受人付清全部款项后,待整幢大楼办理产权手续时,由委托方配合买受人同时办理,在办理产权手续时如涉及营业税和土地出让金,由委托方承担交纳,其他一切税费等全部由买受人自行负责等。后因无人报名竞买而流拍。2006年7月3日,县政府召开县长办公会议,会议原则同意某县环境保护局提出的解决方案,将环保大楼一楼店面房原评估价每平方米13 300元下调5%作为底价,并广泛宣传动员,再次组织向社会公开拍卖。2006年7月21日,某拍卖公司再次发出拍卖公告,载明于2006年8月7日举行拍卖会,环保大楼一楼营业房的起拍价为1188万元。2006年8月7日,三原告竞得环保大楼一楼营业房,并与某拍卖公司签订《拍卖成交确认书》,约定:买受人竞标总价为1188万元;买受人付清全部款项后,由委托方将标的物移交给买受人,待整幢大楼办理产权手续时,由委托方配合买受人同时办理,在办理产权手续时如涉及营业税和土地出让金,由委托方承担交纳,其他一切税费等全部由买受人自行负责等。2006年8月16日,三原告依约交纳涉案房屋拍卖款1188万元。三原告因未能办理涉案房屋产权证书而诉至法院。

某公司上诉称:(1)根据某公司与某拍卖公司委托拍卖合同第二条约定,拍卖标的价格为13 805 000元。某拍卖公司擅自更改标底价,且事前、事后均未取得某公司的同意,也未告知买受人的身份情况,某公司对此次拍卖一无所知,买受人也从未与某公司联系办证事宜。因此,拍卖应为无效。苍南县政府不是法定权利人,某拍卖公司不能以此作为处置的理由。(2)根据《拍卖法》第3条的规定,拍卖应有两人以上参加竞买。本次参加竞买的只有被告某公司一方,从而得以起拍价成交,应为无效。本案不排除当事人之间恶意串通,故意制造第一次拍卖不成功,造成第二次拍卖下调底价,从中获取非法利益,直接导致国家利益重大损失。(3)办理产权手续如涉及营业税和土地出让金,由委托方承担交纳,与拍卖合同约定不符。在委托拍卖合同中,该费用并未约定由委托方承担。在审理中,某公司补充称,签订拍卖成交确认书的主体应当是某拍卖行,而实际的签订的主体是某拍卖公司,因此该合同无效。请求确认被某公司、甲、乙、丙与某拍卖公司于2006年8月7日签订的《拍卖成交确认书》无效;某公司无义务协助被某公司甲、乙、丙办理产权过户手续。

甲、乙、丙辩称:拍卖行为合法有效。甲、乙、丙是通过公开拍卖的形式竞得涉案房屋。某公司称对2006年8月7日的拍卖不知情的观点不能成立,因为在拍卖现场上诉人也有派人参加。本案具有特殊性,涉案房屋系县环境保护局与某公司联合开发,甲、乙、丙对此并不知情。在拍得该房屋后,甲、乙、丙一直认为应由县环境保护局配合办理有关产权登记和过户手续。某拍卖行与某拍卖公司对涉案房屋联合进行拍卖,某拍卖公司与上诉人签订的拍卖确认书合法有效。请求驳回上诉,维持原判。

某县环境保护局辩称:(1)拍卖成交确认书是否有效由法院裁决。(2)某县环境保护局不是本案任何当事人,与甲等一方不存在合同关系,未参与拍卖,也未取得拍卖款,与本案诉讼不存在法律上的利害关系,不应成为本案适格当事人,不应承担法律责任。

某拍卖公司辩称:(1)拍卖行为是政府行为,涉案资产是国有资产,拍卖所得款项也是支付给国有资产部门。(2)涉案房屋已拍卖过两次,两次流拍。之后,某县环境保护局打报告给苍南县政府要求保底价格降低5%。降低保底价格是政府行为。(3)成交确认书与某拍卖行无关。委托拍卖合同签订的主体是某拍卖公司,并不是某拍卖行。

【裁判结果】

一审:一、确认甲、乙、丙与某拍卖公司于2006年8月7日签订的《拍卖成交确认书》合法有效;二、某公司协助甲、乙、丙办理坐落于苍南县灵溪镇江湾路环保大楼一楼101室营业房的房屋所有权证及相应的国有土地使用权证的产权过户登记手续;三、驳回甲、乙、丙的其他诉讼请求。

二审:驳回上诉,维持原判。

【争议焦点与裁判理由】

本案的争议焦点为,甲、乙、丙与某拍卖公司于2006年8月7日签订的《拍卖成交确认书》的效力如何。

根据生效裁判文书,人民法院认为,三原告与某拍卖公司签订的《拍卖成交确认书》,意思表示真实,不违反法律的强制性规定,应认定合法有效。买受人在与拍卖人签订《拍卖成交确认书》时,是明知委托人的,根据《合同法》第402条"受托人以自己的名义,在委托人的授权范围内与第三人订立的合同,第三人在订立合同时某某受托人与委托人之间的代理关系的,该合同直接约束委托人和第三人,但有确切证据证明该合同只约束受托人和第三人的除外"的规定,买受人与拍卖人签订《拍卖成交确认书》直接约束委托人。某公司对涉案房屋享有产权,已为生效民事判决所确认。被告某公司与某拍卖公司签订的《委托拍卖合同》,其意思表示真实,不违反法律的强制性规定,应认定合法有效。《委托拍卖合同》第6条已约定"拍卖成交后,委托人必须按拍卖人与买受人所签订的'成交确认书'内的条款约定将标的物及时移交给买受人,并提供有关资料和协助买受人办理产权过户等手续",又根据《拍卖法》第55条"拍卖标的需要依法办理证照变更、产权过户手续的,委托人、买受人应当持拍卖人出具的成交证明和有关材料,向有关行政管理机关办理手续"的规定,某公司作为涉案房屋的委托人,依法依约均负有协助办理产权过户手续的义务。原告要求某县环境保护局和某拍卖公司承担协助办理过户义务,依据不足,不予支持。

【案例评析】

本案的核心争议焦点是拍卖成交确认书签订后,委托人可以反悔吗?该问题的实质是关于拍卖成交确认书的性质认定,拍卖成交确认书是否直接约束委托人。

拍卖成交确认书虽是拍卖人与买受人双方签订的,但该确认书是对拍卖成交的确认,直接约束委托人。一审法院对该问题的解答较为清晰和透彻,经分析可知其有两个依据:(1)根据委托合同理论,拍卖人是委托人的代理人,买受人与拍卖人签订拍卖成交确认书而且知道委托人的,该确认书直接约束委托人,直接法律渊源是《合同法》第402条;(2)依据《拍卖法》的直接规定,即《拍卖法》第55条关于委托人交付标的物的义务的规定。笔者不认同委托人与拍卖人之间的关系为委托代理合同,道理很简单:委托合同与代理权的授予没有必然的关系,代理权的取得必须有明确的代理权授予行为。而委托人与拍卖人之间签订委托拍卖合同显然不包括代理权授予的行为。因此,通过一般的委托合同理论或代理理论很难解释。

其实,拍卖成交确认书对委托人的直接约束效力,可以从《拍卖法》直接推导出来。拍卖是一种特殊的买卖活动,是以公开竞价的形式将特定物品或者财产权利转让给最高应价者的买卖方式。因此,委托人与拍卖人签订委托拍卖合同,委托人即以此表明其愿意作为拍卖合同的出卖人而为意思表示,故一旦拍卖成交后,即便委托人未与买受人签订买卖合同,只要有买受人和拍卖人签署的成交确认书,即可认为委托人与买受人之间签订了买卖合同。这也就是《拍卖法》第55条规定"拍卖标的需要依法办理证照变更、产权过户手续的,委托人、买受人应当持拍卖人出具的成交证明和有关材料,向有关行政管理机关办理手续"的原因。故拍卖成交确认书系对成交的确认,虽委托人未签字,但直接约束委托人。

【案例索引】

一审:浙江省温州市苍南县人民法院(2013)温苍商初字第318号

二审:浙江省温州市中级人民法院(2013)浙温民终字第1329号

103. 甲与某实业公司、乙、某投资管理公司拍卖合同纠纷案

——委托人撤回拍卖标的的法律效力

问题提示:1. 拍卖中委托人何时可以撤回拍卖标的? 2. 委托人撤回拍卖标的后,拍卖人继续拍卖且与第三人签订成交确认合同的,如何认定拍卖行为及成交确认合同的效力?

【基本案情】

上诉人(一审原告、反诉被告):甲

上诉人(一审第三人、反诉被告):某拍卖公司

被上诉人(一审被告、反诉原告):某实业公司

被上诉人(一审被告、反诉原告):乙

被上诉人(一审被告、反诉第三人):某投资管理公司

人民法院经审理查明:2009年11月1日,某实业公司、乙、某拍卖公司和某投资管理公司签订了《委托拍卖合同》,约定因某实业公司未能按期偿还某投资管理公司的欠款,某实业公司和乙同意将三套别墅委托某拍卖公司进行拍卖,拍卖所得偿还欠款;本次拍卖以增价拍卖的方式进行,具体拍卖方式(整体打包还是单栋拍卖)视最终竞拍人的参与情况由某实业公司、乙、某拍卖公司和某投资管理公司四方在拍卖前两日确定,如在拍卖前各方无法确定的,则按单栋拍卖执行;某拍卖公司在合同签订后15日内完成拍卖,若未能在15日内完成,经某实业公司和乙同意后,某拍卖公司可以将委托期限延长15日;在委托期限内,如拍卖未成交的,本合同终止;任何一方不得单方变更、终止本合同的履行。

2009年11月3日,某拍卖公司刊登拍卖公告,定于2009年11月12日上午10时在某拍卖公司拍卖大厅按现状公开拍卖涉案三栋别墅,参考价:750万元/栋。竞买保证金200万元。该次拍卖因无人报名而流拍。11月17日,某拍卖公司在未经某实业公司和乙同意的情况下,分别在《海南日报》和《浙江日报》刊登第二次拍卖公告,定于12月2日上午10时公开拍卖涉案别墅。甲及案外公司报名参加竞拍。12月1日下午,某拍卖公司向某实业公司和某投资管理公司发出邀请函,邀请其列

席拍卖会。某实业公司和乙得知第二次拍卖信息后,决定撤回拍卖标的。12月2日上午8时50分,某实业公司代表和乙与公证人员向某拍卖公司送达《关于终止拍卖的函》,明确表明不同意某拍卖公司进行第二次拍卖,某拍卖公司拒绝让丙和乙等人进入办公室,拒绝签收《关于终止拍卖的函》,双方为此发生争执,丙和乙于9时5分40秒拨打"110"报案。在此期间,某拍卖公司于12月2日9时许举行拍卖会,拍卖会持续时间约5分钟,甲以2250万元整体竞买涉案三栋别墅,并与某拍卖公司签订《拍卖成交确认书》。在丙和乙强行进入某拍卖公司办公室后,某拍卖公司仍拒绝接受和签收《关于终止拍卖的函》,丙和乙遂将《关于终止拍卖的函》留置在某拍卖公司办公室。12月2日,某投资管理公司向某拍卖公司发出《关于账号修订的通知函》,将其在《委托拍卖合同》中的银行账户进行更正。12月11日,甲向某拍卖公司支付成交款及拍卖佣金共计2162.5万元。甲支付完全部转让款及拍卖佣金后,要求某实业公司和乙办理涉案三栋别墅的过户手续,但某实业公司和乙不予办理,甲遂诉至法院。在诉讼过程中,某实业公司和乙提起反诉,一审依法将反诉与本诉合并审理。

一审原告甲诉称,在报名参加竞买、缴纳竞买保证金的过程中,均不知两被上诉人与某拍卖公司之间存在委托合同纠纷,在整个拍卖程序中的行为,均为善意而为。某拍卖公司的拍卖行为完全符合《拍卖法》规定,甲作为竞买人也尽到了合理的审查和注意义务,《成交确认书》是对拍卖行为的确认,是拍卖人和竞买人的真实意思表示,不存在无效的法定情形,其效力应当予以确认并受法律保护。请求判决某实业公司、乙和某投资管理公司将涉案别墅更名过户至其名下。

反诉原告某实业公司和乙共同提起反诉:某拍卖公司无权对涉案别墅进行拍卖,请求确认某拍卖公司拍卖涉案别墅的行为无效,确认某拍卖公司与甲签订的《拍卖成交确认书》无效,判令某拍卖公司向某实业公司和乙支付违约金112.5万元。

第三人某拍卖公司认为,某拍卖公司在第一次拍卖结束之后,根据与某实业公司及乙、某投资管理公司的沟通结果,遵照其口头同意进行第二次拍卖的事实清楚。合同中约定不得单方撤回委托,且整个拍卖程序合法,故拍卖成交结果应当得到法律的支持和保护。请求依法驳回某实业公司和乙的反诉请求,支持甲的诉讼请求。

【裁判结果】

一审:驳回原告甲的诉讼请求,确认某拍卖公司拍卖行为无效,确认某拍卖公司与甲签订的《拍卖成交确认书》无效,判令某拍卖公司向某实业公司和乙支付违约金112.5万元。

二审:维持海南省三亚市中级人民法院(2010)三亚民一初字第11号民事判决第一、二、三项,即驳回原告甲的诉讼请求,确认某拍卖公司拍卖行为无效,确认某拍卖公司与甲签订的《拍卖成交确认书》无效;撤销海南省三亚市中级人民法院(2010)三亚民一初字第11号民事判决第四项,即某拍卖公司向某实业公司和乙支付违约金112.5万元。

【争议焦点与裁判理由】

本案的争议焦点为，某拍卖公司第二次拍卖行为及《拍卖成交确认书》的效力。

根据生效裁判文书，人民法院认为，本案中，某实业公司、乙、某投资管理公司和某拍卖公司所签订的《委托拍卖合同》为有效合同，各方应遵照履行。某拍卖公司首次委托超过期限后，未取得某实业公司、乙再次同意，根据合同约定，合同终止的法律效果已经产生。同时，本案中某实业公司和乙于拍卖开始前已向某拍卖公司送达了终止拍卖的意思表示，产生撤回拍卖标的的法律效果。某拍卖公司未经委托人同意进行第二次拍卖，且事后未得到委托人追认，属于无权处分他人财产行为，依法律规定应属无效。

关于《拍卖成交确认书》的效力，甲主张某拍卖公司的拍卖行为构成表见代理没有法律依据。根据《合同法》规定，表见代理的构成要件之一是行为人以被代理人的名义与第三人为民事法律行为。本案中某拍卖公司不是以某实业公司和乙的名义签订合同，不能适用表见代理，某拍卖公司未经某实业公司和乙同意处分该两人的财产，属于无权处分的情形。根据《合同法》第51条的规定，“无处分权的人处分他人财产，经权利人追认或者无权分权的人订立合同后取得处分权的，该合同有效”。某拍卖公司与甲签订的《拍卖成交确认书》应属无效。

【案例评析】

本案的争议主要集中在以下两个问题：

一、拍卖中，委托人是否可以在拍卖开始前撤销拍卖标的

关于拍卖中委托人何时可以撤回拍卖标的的问题存在两种不同看法：一则认为根据拍卖行业通则规定，应当在拍卖日前撤回；二则认为根据拍卖法规定，只要拍卖未开始，委托人可以随时撤回。

在拍卖活动中，拍卖人在以自己的名义出卖时，根据代理法上的“知悉”标准，发生直接代理或者间接代理效果，委托人与拍卖人构成民法上的间接代理关系。拍卖人作为代理人，应当充分尊重委托人的意思表示，对委托人撤回拍卖标的的权利不应进行过多限制。根据《民法通则》的规定，被代理人（委托人）取消代理时，委托代理终止，其中并未对取消代理的时间点作出要求。同时，《拍卖法》第29条明确规定“委托人在拍卖开始前可以撤回拍卖标的”，也说明了委托人可以在拍卖开始前任何时间点上撤回拍卖标的，拍卖人不能再就拍卖标的进行拍卖；商务部2004年发布的《拍卖管理办法》也将“委托人在拍卖会前书面通知拍卖企业终止拍卖的”作为“应当终止拍卖”的情形之一。虽然《中国拍卖行业拍卖通则》（以下简称《拍卖通则》）第51条规定“委托人撤回拍卖标的应在拍卖日前”，但《拍卖通则》是行业自律规则，不属于正式民法渊源，在《拍卖法》已经就此问题作出明确规定时，应当适用《拍卖法》的规定。当然，委托人撤回拍卖标的也应当对拍卖人的各项支出进行补偿，根据《拍卖法》的规定，委托人撤回拍卖标的的，需向拍卖人支付合理费用，以补偿拍卖人为准备拍卖的支出。

本案中,某拍卖公司关于两委托人在拍卖当日撤回拍卖标的行为无效的主张不能成立,《拍卖通则》对本案两名委托人并不具有法律约束力。此外,某拍卖公司主张根据双方委托合同中“任何一方不得单方变更、终止本合同的履行”的规定,某实业公司和乙不能撤回拍卖标的,亦不能成立。除了《拍卖法》第29条规定外,双方委托合同中约定,“某实业公司和乙在本协议履行期限内单方无理由撤回拍卖委托的,应向某拍卖公司支付合理佣金损失”,也认可了委托人撤回拍卖标的的权利,两委托人基于《拍卖法》及委托合同行使该权利,不能直接被认定为变更、撤销或者终止委托合同的行为。

二、委托人撤回拍卖标的后,拍卖人继续拍卖且与第三人签订成交确认合同的,如何认定拍卖行为及成交确认合同的效力

委托人撤回拍卖标的后,拍卖人不再享有对拍卖标的进行拍卖的权利,若拍卖人继续进行拍卖,则属于无处分权的人处分他人财产,即民法上的无权处分行为,拍卖人的拍卖行为无效。但无权处分不是合同无效的当然理由,根据《合同法》第51条规定,“无处分权的人处分他人财产,经权利人追认或者无处分权的人订立合同后取得处分权的,该合同有效”。据此,无处分权的人与第三人签订的合同就成为效力待定的合同,若具备第51条规定的两种情形之一,则为有效合同;若两种情形均不具备,则为无效合同。此时对善意第三人来说,若该合同是买卖合同,且已完成交付(动产)或转让(不动产),则可以以善意取得主张对标的物的所有权。

本案中,根据委托合同,某拍卖公司如未能在15日内完成拍卖,则需经某实业公司和乙同意后方可延长委托期限。某拍卖公司第一拍卖流拍后,发布第二次拍卖公告时已超过15日期限,但某拍卖公司不能提供任何证据证明第二次拍卖已经某实业公司和乙同意,且某实业公司和乙已向某拍卖公司明确表示了撤回拍卖标的的意思,某拍卖公司继续拍卖涉案别墅的行为属于无权处分他人财产。该行为事后并未得到委托人的追认,某拍卖公司的拍卖行为应属无效,而无处分权人某拍卖公司与第三人甲签订的《拍卖成交确认书》也因没有权利人追认、某拍卖公司没有取得处分权而应视为无效合同。

【案例索引】

一审:海南省三亚市中级人民法院(2010)三亚民一初字第11号

二审:海南省高级人民法院(2012)琼民一终字第5号

104. 甲与乙、某拍卖公司拍卖合同纠纷案

——委托人口头撤回拍卖标的的性质

问题提示:1. 开拍前委托人可否口头撤回拍卖标的? 2. 拍卖标的被委托人口头撤回后,拍卖人继续拍卖是否有效,拍卖取得者能否善意取得拍卖物的所有权?

【基本案情】

再审申请人(一审原告、被上诉人):甲

再审被申请人(一审被告、上诉人):乙

再审被申请人(一审被告):某拍卖公司

人民法院经审理查明:2006年7月27日,乙与某拍卖公司签订委托拍卖合同一份。合同约定:乙委托某拍卖公司拍卖位于灌云县伊山镇通淮路65-1号房地产(土地面积为3000.32平方米);拍卖标的保留价为53万元;拍卖成交,委托人在收到全部拍卖款项后,有义务协助买受人办理过户转移手续。合同中还就其他事项进行了约定。2006年8月12日,某拍卖公司对所要拍卖的房地产在连云港市《苍梧晚报》第7版刊登了拍卖公告。甲按拍卖公告的要求,于2006年8月18日向某拍卖公司履行了登记,交纳了保证金。2006年8月17日上午,某拍卖公司接到乙要求撤回拍卖标的的电话通知,2006年8月19日下午3时,某拍卖公司召开拍卖会,只有甲一人竞买,甲以53万元保留价竞买,并当场签订了成交确认书。2006年8月20日,乙要求撤回拍卖标的的书面通知挂0776号挂号信在拍卖会的第二天投递至某拍卖公司。

原告甲起诉认为,其已竞买成功,是善意第三人,请求交付拍卖标的物。

被告乙一审未到庭应诉,也未提交书面答辩状。后在上诉及再审申请中称:其已在拍卖前通知江苏省某拍卖公司连云港分公司撤销拍卖标的,拍卖行为应属无效;只有甲一个竞买人参与竞买,拍卖程序违法;拍卖合同已经到期,某拍卖公司无权拍卖乙的财产。

被告某拍卖公司辩称:原告甲所诉拍卖行为是合法有效的,没有办理过户是因为乙不配合。根据委托拍卖合同和拍卖细则约定,乙应当协助办理过户。因此,应由乙承担责任,某拍卖公司不承担责任。

【裁判结果】

一审:支持原告甲的诉讼请求。

再审:一审:维持连云港市新浦区人民法院(2006)新民二初字第637号民事判决。

二审:一、撤销连云港市新浦区人民法院(2006)新民二初字第637号民事判决及(2008)新民抗字第0002号民事判决;二、驳回甲对乙及某拍卖公司办理过户的诉讼请求。

提审:判决驳回甲的诉讼请求。

【争议焦点与裁判理由】

本案的争议焦点是:(1)开拍前委托人可否口头撤回拍卖标的;(2)拍卖标的被委托人口头撤回后,拍卖人继续拍卖是否有效,拍卖取得者能否善意取得拍卖物的所有权。

根据再审裁判文书,人民法院认为,根据《拍卖法》第29条的规定,委托人在拍卖开始前可以撤回拍卖标的。由于法律没有对委托人撤回拍卖标的的形式作出限制性规定,如果有证据证明委托人在拍卖开始前以口头形式撤回了拍卖标的,其撤回效力应当予以认可。本案中委托人乙在拍卖会举行前曾电话通知某拍卖公司撤回委托拍卖标的,其撤回效力应当予以认可,该撤回通知的效果是对原委托拍卖合同的否定,委托人有撤销委托的权利,某拍卖公司应当终止拍卖。但该公司在收到乙撤回拍卖标的电话通知后仍然举行拍卖会,该拍卖行为已失去委托合约基础,应认定为违法无效,拍卖标的应予返还。一人竞拍抑或多人竞拍均已不会影响本案实体处理结果,尽管该问题是一个非常复杂和尚需研究清楚以及把握拍卖法充分竞争精神分别不同情形进行处理的重要问题。故对甲要求乙及某拍卖公司办理拍卖标的物过户及交付的诉讼请求,不应予以支持。但是,某拍卖公司应对因其过错而给甲造成的损失承担赔偿责任,甲可就此另行主张。

【案例评析】

本案在审理过程中涉及以下三个问题:

一、委托人在拍卖开始前可否以口头形式撤回拍卖标的

就此问题,实践中存在两种争论:一种观点认为根据《拍卖法》第42条的规定,委托人必须与拍卖人签订书面委托拍卖合同。因此,撤销委托拍卖也相应采取书面形式。另一种观点认为根据《拍卖法》第29条的规定,委托人在拍卖开始前可以撤回拍卖标的,该规定并没有限定撤回的形式必须是书面的,因此口头撤回与书面撤回效力等同。法院最终采纳了第二种观点。对此,可以从两个角度对此进行解读:一是根据私法上的“法无明文禁止即可为”的原理,由于法律并没有对委托人撤回拍卖标的的形式作出限制性规定,且双方的委托拍卖合同也没有对撤回的形式作明确约定,因此,如果有证据证明委托人在拍卖开始前以口头形式撤回拍卖标的,该撤回请求应是有效的,其效果是对原委托拍卖合同的否定。在撤回拍卖标的这一问题上,口头约定与书面合约并没有效力高下之分,也即具有同等效力。二是就拍卖人与委托人之间的委托法律关系而言,委托人与受托人均享有随时解除委托合同的权利,故而如果对一方解除合同的形式加以限制性条件,则有干预当事人缔约合同自由之嫌。因此,即使书面的撤回标的要求在拍卖结束后才送达,但并不妨碍此前的口头撤回标的要求的有效性。

二、拍卖标的被撤回后,委托人继续拍卖的,竞卖者能否善意取得拍卖标的

因此,拍卖人在接到委托人撤回拍卖标的通知后,拍卖行为因失去了委托拍卖的合同基础而违法无效,拍卖人应该立即终止拍卖,并将拍卖标的返还给委托人,否则就是属于无权处分他人财产。

对于所有权以及其他物权的善意取得,根据《物权法》第 106 条的规定,必须符合以下条件:受让人受让时是善意的,以合理的价格转让,转让的不动产或者动产依照法律规定应当登记的已经登记,不需要登记的已经交付给受让人。也就是说,受让人必须善意地实际取得物权后,才可以对抗原物权人行使物权。而在本案中,由于未能办理过户手续,甲并没有实际取得涉案房产的所有权以及土地使用权,因此甲不能以物权的善意取得制度来对抗委托人,但甲可以另案起诉某拍卖公司要求其赔偿损失。

三、一人参与竞买,拍卖是否有效

目前实践中主要有两种观点争执不下,一种观点认为:既然拍卖是以公开竞价的形式,将特定物品或者财产权利转让给最高应价者的买卖方式,这就隐含拍卖必须是两人以上的独立竞价,否则就不是拍卖。另一种观点认为:拍卖的最终目的是促进交易,在只有一个竞买人的情况下,保留价的约定足以保护委托人的利益。只要委托人、竞买人达成合意,甚至可以低于保留价成交。本案司法的裁判回避了对此问题的表态。拍卖的特殊性就在于公开竞价,它的价格决定机制与一对一的议价方式完全不同,因此认为只有一人参与竞买的拍卖不是拍卖,而是其他普通买卖方式。但是,一人参与的竞买并不意味着必须要多人举牌竞价,只要存在潜在的竞拍者即可。中国拍卖行业协会(以下简称中拍协)的态度也是如此,由于中拍协是拍卖行业的自律性组织,根据拍卖法和章程有权对拍卖企业和拍卖师进行监督,因此,在只有一人参与竞买的情况下,拍卖人应慎重处理。

【案例索引】

一审:江苏省连云港市新浦区人法院(2006)新民二初字第 637 号

再审:一审:江苏省连云港市新浦区人法院(2008)新民抗初字第 0002 号

二审:江苏省连云港市中级人民法院(2008)连民二再终字第 0013 号

提审:江苏省高级人民法院 2012 年 10 月 18 日(2011)苏商再提字第 0002 号

105. 甲与某市发展和改革局、某市粮食局拍卖合同纠纷案

——委托人撤回拍卖后,竞买保证金的利息损失的认定

问题提示:1. 委托人在拍卖会开始前通知拍卖人撤回拍卖,该法律行为的性质应当如何认定? 2. 撤回拍卖标的物后,竞买人迟延向委托人退还预付的竞买保证金期间的利息标准应如何认定?

【基本案情】

原告:甲

被告:某市发展和改革局

被告:某市粮食局

人民法院经审理查明:2012年7月,被告某市发展和改革局委托拍卖人将某粮食管理所名下位于某市横山镇国防路原横山粮所旧仓库区的房地产[产权证号廉府用总字(1989)第0002473、1000295号]依法拍卖,其中用地面积10 147平方米,建筑面积5091平方米。2012年11月16日,某拍卖行、某土地交易所联合刊登《拍卖公告》,内容为:受委托,某拍卖行与某土地交易所定于2012年12月7日上午10时在廉江市怡心大酒店二楼幸福厅公开拍卖:(1)原横山粮所旧仓库区房地产……标的详情、须交保证金金额详见拍卖资料,资料备索。根据拍卖参考资料记载,原横山粮所旧仓库区房地产为第1号拍卖标的物,占地面积5291.53平方米、建筑面积约2074平方米,拍卖保证金330万元。

2012年12月3日原告甲通过银行转账汇入330万元竞拍保证金到被告某市粮食局账户。12月3日,被告某市粮食局向原告出具330万元竞拍保证金收据。随后原告索取了《某市国有粮食企业资产拍卖会拍卖参考资料》和《廉江市国有粮食企业资产竞价拍卖规则》(以下简称《拍卖规则》)等资料。《拍卖规则》第27条约定“没有成交的竞买人在拍卖会结束后,凭委托方开出的收据向委托方申请退回履约保证金。经委托方核实,拍卖会结束后5个工作日内办理退款手续……”

另查明:本次拍卖会第1号拍卖标的物竞拍人有乙、甲(本案原告)、丙共三人。2012年12月7日,被告某市粮食局向某拍卖行和某土地交易所发出《关于撤回并终止原横山粮所旧仓库区房地产拍卖的函》,内容是“因原横山粮所旧仓库区房地产存在纠纷,经请示市领导同意,决定撤回并终止原横山粮所旧仓库区房地产(第1号拍卖标的物)拍卖,请拍卖师在拍卖会场宣布撤回并终止原横山粮所旧仓库区房地产(1号标的)拍卖,其他事项按《某市国有粮食企业资产竞价拍卖规则》办理。特此函告”。

2012年12月10日被告某市粮食局退回竞买保证金330万元给竞拍人丙。2013年12月27日某市国土资源局刊登《某市国土资源局国有建设用地使用权拍卖出让公告》,将上述涉案房地产面积为4234.58平方米土地使用权,定于2014年

1月17日上午10时公开拍卖,该宗地最后流拍。同日(1月17日),某市粮食局退回竞拍保证金330万元给原告。

原告甲诉称:被告原定于2012年12月7日的拍卖行为只是暂停并非终止。此后2014年1月17日被告对原拍卖房产重新分割进行拍卖,属“一物二卖”,原告无法再次参加竞拍。经原告多次要求,两被告直到2014年1月17日才退回保证金330万元,拖延1年多时间造成原告259 872元的利息损失(按银行同期贷款年利率7%计算,从2012年12月3日计至2014年1月17日共13.5个月),要求两被告赔偿利息损失259 872元并承担本案诉讼费用。

被告某市发展和改革局、某市粮食局辩称:2012年12月7日拍卖前,某市粮食局决定撤回并终止拍卖,由拍卖师在拍卖会上宣布该决定。原告未及时向粮食局申请退回保证金并办理退款手续,才致使粮食局于2014年1月17日退还原告保证金330万元。原告主张的利息损失完全是由其自己造成的。

【裁判结果】

一审:被告某市发展和改革局、某市粮食局在判决书生效之日起五日内支付原告甲占有竞拍保证金期间的利息12 657.53元(利息计算方式:从2012年12月12日被告实际占有竞拍保证金330万元至2014年1月17日被告退回竞拍保证金之日共计400天,按银行活期存款年利率0.35%计算,即3 300 000元×0.35%÷365天×400天)。

【争议焦点与裁判理由】

本案的争议焦点是:(1)被告在拍卖会开始前撤回标的物的拍卖,该法律行为属暂停或终止;(2)原告竞拍保证金在一年后才被退回,其间利息损失是哪一方过错造成的,原告主张的利息标准是否能够支持。

人民法院经审理认为,根据《拍卖法》第29条“委托人在拍卖开始前可以撤回拍卖标的……”和商务部2004年第24号发布的《拍卖管理办法》第41条“有下列情形之一的,应当终止拍卖:(五)委托人在拍卖会前书面通知拍卖企业终止拍卖的……”的规定,被告当日拍卖会前由拍卖师在拍卖会场宣布《关于撤回并终止原横山粮所旧仓库区房地产拍卖的函》,原告对此亦知情,故应当认定为被告撤回并终止拍卖标的物的行为成立。

关于原告主张的利息损失,应首先按双方约定处理。《拍卖规则》约定,原告要退回竞拍保证金,其流程先是原告凭被告开出的收据向被告申请退回竞拍保证金;然后由被告在拍卖会结束后5个工作日内办理退款手续给原告。本案原告并未举证其按约定流程向被告申请退还,故被告延迟退还原告预付的竞买保证金并不存在过错,对原告请求按银行同期贷款年利率7%计算利息损失,应不予支持。延迟期间的利息损失应按法定孳息标准认定,即被告从拍卖会结束后5个工作日内办理退款手续的次日起即2012年12月12日实际占有原告竞拍保证金330万元至2014

年1月17日(400天),按银行活期存款年利率0.35%计算,3 300 000元×0.35%÷365天×400天,为12 657.53元。

【案例评析】

首先,被告在拍卖会开始前撤回拍卖的法律行为性质,应结合《合同法》和《拍卖法》的规定综合认定。从《拍卖法》规定的拍卖程序上看,被告通过拍卖方式出售资产,其公告的拍卖资料,起拍价格等意思表示内容,应属于《合同法》第15条规定的要约邀请,在拍卖会开始之前,被告作为拍卖人有权撤回拍卖的委托。《拍卖法》第29条明确规定"委托人在拍卖开始前可以撤回拍卖标的……",被告在拍卖会开始之前,明确要求撤回拍卖标的,并不是暂停拍卖程序,且该撤回拍卖的行为并不违反法律规定,原告认为撤回拍卖的行为属于拍卖暂停,并无事实依据。

本案实质的争议焦点在于,被告延迟退还原告竞买保证金期间的利息损失是否应由被告承担,利息标准如何认定。有观点认为,既然被告主动撤回拍卖委托,也应当主动向原告退还竞买保证金,逾期退还的应认定为被告的违约行为,原告主张按银行同期贷款年利率7%计算逾期退还期间的利息应当得到支持。但是在双方已经明确约定具体退还竞买保证金的程序情况下,应首先按双方约定处理。本案中,《拍卖规则》约定,退回竞拍保证金流程先是原告凭被告开出的收据向被告申请退回竞拍保证金;然后由被告在拍卖会结束后5个工作日内办理退款手续。本案原告并未举证其按约定流程向被告申请退还,原告未及时向被告主张权利对应的利息损失不能完全归责于被告,其主张按银行同期贷款年利率7%(高于中国人民银行同期同类贷款基准利率)计算逾期退还保证金期间的利息损失并无法律依据。银行同期贷款利率实际上系银行金融机构经营货币的收益,原告未按约定流程向被告申请退还手续,主张按银行同期贷款利率计算逾期利息损失,也有悖公平原则。

同时也应当考虑到,被告占有原告的竞买保证金期间客观上产生了相应的法定孳息(按银行活期存款年利率产生的利息),被告应当将实际占有竞买保证金期间该法定孳息退还给原告。

【案例索引】

一审:广东省某市人民法院(2014)湛廉法民二初字第184号

106. 某拍卖公司与甲、乙合同纠纷案

——委托人任意撤回拍卖标的的责任承担

问题提示：委托拍卖合同中，委托人任意撤回拍卖标的的，应对拍卖人承担何种责任？

【基本案情】

上诉人(一审原告)：某拍卖公司

被上诉人(一审被告)：甲

被上诉人(一审被告)：乙

人民法院经审理查明：2010 年 3 月 17 日，某拍卖公司与甲、乙签订《委托拍卖合同》约定：由某拍卖公司于 2011 年 3 月 17 日前在金华对甲、乙位于金华市仙源路 855 号 A 区 5 幢 5 号 109、5 号 209、3 号 108、3 号 208、7 号 110、7 号 210，7 幢 37 号 129、37 号 229、41 号 127、41 号 227、1 号 111、1 号 211、39 号 128、39 号 228、43 号 126、43 号 226、45 号 125、45 号 225 的房产进行拍卖。拍卖保留价为 208 万元，拍卖标的经拍卖成交的，委托人应在交割之日起十日内向拍卖人支付成交价 1% 的佣金，委托人撤回拍卖标的的，应当向拍卖人支付标的额 5% 的违约金。2010 年 8 月，甲、乙自行将上述委托拍卖房产出卖，其行为实际上已经撤回了拍卖标的，终止了委托拍卖合同的履行。

某拍卖公司以甲、乙自行将上述委托拍卖房产出卖，其行为实际上已经撤回了拍卖标的，终止了委托拍卖合同的履行，按约已构成违约为由提起诉讼，请求判令解除原、被告之间的委托拍卖合同；由甲、乙向某拍卖公司支付违约金 104 000 元。

甲、乙辩称，双方于 2010 年 3 月 17 日签订了拍卖合同，但某拍卖公司迟迟未能组织拍卖，在甲、乙再三催促未果后自行将房屋出卖，以实际行为撤销了拍卖。因《拍卖合同》第 7 条及《拍卖法》第 29 条都注明了“委托人在拍卖开始前可以撤回拍卖标的”，故甲、乙在拍卖前撤回拍卖标的并不违约。退一步讲，考虑到当事人的真实意思，该条款实际为双方对费用的约定，则标的额的 5% 应是某拍卖公司有权收取佣金的 5%。再退一步讲，就算该违约金条款是有效的，约定的违约金数额也是明显偏高的。某拍卖公司在本案件中没有任何损失。甲、乙愿意按照合同第 7 条的约定向某拍卖公司支付费用 1040 元。

【裁判结果】

一审：一、解除某拍卖公司与甲、乙于 2010 年 3 月 17 日签订的委托拍卖合同；二、由甲、乙支付某拍卖公司违约金 1040 元；三、驳回某拍卖公司的其他诉讼请求。

二审：一、维持一审民事判决第一项；二、撤销一审判决第二项、第三项及诉讼费

负担部分;三、甲、乙支付某拍卖公司违约金 20 000 元;四、驳回某拍卖公司的其他诉讼请求。

【争议焦点与裁判理由】

本案的争议焦点为,违约损失即标的额 5%,是某拍卖公司主张的拍卖标的 208 万元的 5%,还是甲、乙主张的拍卖佣金 20 800 元的 5%。

根据生效裁判文书,人民法院认为:委托拍卖合同系双方当事人的真实意思表示,不违反有关法律法规的规定,双方当事人应全面履行。在合同履行过程中,甲、乙自行将委托拍卖房产出卖,其行为实际上已经撤回了拍卖标的,终止了委托拍卖合同的履行,故继续履行合同已不可能,合同应予解除。甲、乙自行将委托拍卖房产出卖,其行为按约已构成了违约,应按约承担违约责任。本案争议的焦点是标的额 5%,是上诉人主张的拍卖标的 208 万元的 5%,还是两被上诉人主张的拍卖佣金 20 800元的 5%。双方在《委托拍卖合同》第七条中约定:"委托人撤回拍卖标的的,应当向拍卖人支付如下费用:标的额 5% 的违约金。"从该条款前后语句连贯分析,应认定是拍卖标的,且违约金本身具有惩罚性,如按佣金的 5% 计算 1040 元违约金,显然有违当事人的真实意思表示,因此标的额应认定为拍卖标的的价值。但因双方约定的违约金过高,综合考虑双方约定的拍卖标的保留价和佣金比例,本院酌情调整为 20 000 元。

【案例评析】

本案争议揭示的核心法律问题是委托拍卖合同中,委托人任意撤回拍卖标的的,应对拍卖人承担何种责任?

关于合同解除共有三种方式:一是法定解除,如《合同法》第 94 条规定的情形,如根本违约;二是约定解除,如《合同法》第 93 条规定的情形;三是任意解除,如《合同法》第 410 条规定的委托合同中的委托人有随时解除委托合同的权利。一般合同可以适用前两种解除方式,只有法律规定有任意解除权的合同才可以适用全部三种解除方式。在拍卖活动中,委托人与拍卖人之间签订的委托拍卖合同本质上属于委托合同,故委托拍卖合同的解除可以适用全部三种解除方式。《拍卖法》也明确规定了委托人的任意解除权,详见第 29 条"委托人在拍卖开始前可以撤回拍卖标的"。

合同解除的后果因解除的方式不同而不同。首先是法定解除(以违约解除为例),后果是违约方要向守约方承担违约责任;其次是约定解除,后果按照双方解除协议承担各自责任;最后是任意解除,根据《合同法》第 410 条的规定,后果是行使任意解除权的一方因解除合同给对方造成损失的,除不可归责于该当事人的事由以外,应当赔偿对方损失。《拍卖法》第 29 条规定:"委托人撤回拍卖标的的,应当向拍卖人支付约定的费用;未作约定的,应当向拍卖人支付为拍卖支出的合理费用。"一般认为任意解除方对相对方的赔偿责任仅限于相对方已经支出的合理费用，即为信赖利益，不包括可得利益。唯有疑问的是，双方当事人是否可以对任意解除情况下的赔偿责任作出不同于法律的约定？对此，目前我国法律中尚没有明确的规定，民法学界有观点认为任意解除情况下的赔偿责任原则上属于违约责任范畴，法律对任意解除情况下的赔偿责任作出规定属于法律的默示规定，并不禁止当事人的自由约定。唯有当事人的约定过高或过低的，当事人可以请求法院按照《合同法》第114条的规定进行调整。本案二审判决综合考虑双方约定的拍卖标的保留价和佣金比例酌情调整为20 000元，甚属合理。

【案例索引】

一审：浙江省金华市婺城区人民法院（2011）金婺商初字第344号

二审：浙江省金华市中级人民法院（2011）浙金商终字第940号

107. 某拍卖公司与某银行委托合同纠纷案

——委托拍卖期间内，委托人自行出卖拍卖标的的效力

问题提示：委托拍卖合同约定的委托拍卖期间内，委托人在未撤回委托拍卖的情况下，未经拍卖程序，将拍卖标的物自行出卖给他人，委托人对拍卖人应如何承担违约责任？

【基本案情】

原告：某拍卖公司

被告：某银行

人民法院经审理查明：2013年4月，某拍卖公司与某银行签订一份《委托拍卖合同》，约定：某银行委托某拍卖公司将位于来安县工业新区B区的“某工贸公司”房地产（涉案房产）以及其他三套房产进行公开拍卖。拍卖标的瑕疵说明：以标的实物、现状为准。第2条：拍卖标的交付。（1）交付时间：所有款项付齐后，标的物交付。（2）交付方式：拍卖成交后委托方与买受人直接交接。（3）拍卖标的交付费用及承担____。第3条：拍卖时间待定、地点待定。第4条：拍卖方式。拍卖人采取增加拍卖和有低价拍卖的方式。第5条：佣金和费用及支付方式、期限。（1）拍卖成交的，委托人应按拍卖标的成交总额____%的比例向拍卖人支付佣金，佣金由拍卖人直接从拍卖价款中扣除。（2）拍卖未成交的，委托人应向拍卖人支付合理费用。费用包括：____；金额：____。委托人应于拍卖后____日内支付费用。第6条：价款支付方式为转账，价款支付期限为全部价款付齐后2个工作日内。第8条：违约责任，（1）委托人对委托拍卖标的不享有所有权或者依法不得处分的，应赔偿拍

卖人因此所造成的损失……(10)拍卖人在经委托人同意的情况下,不得委托他人拍卖或销售本合同业已委托的拍卖标的,否则,拍卖人应负责赔偿并承担违约责任。第9条:本合同经双方签字或盖章后生效。如有违约,违约方应向另一方支付拍卖保留价20%的违约金。第11条:其他约定事项。第13条:本合同有效期限自2013年4月9日起至2014年4月9日止。

合同签订后,某拍卖公司于2013年4月23日在《滁州日报》刊登拍卖公告,包括涉案房地产(市场参考价500万元)在内的十个标的物,并定于2013年5月8日上午9时30分进行公开拍卖。某拍卖公司支付公告费1600元。2013年5月8日,某拍卖公司如期举行拍卖会,其中涉案房地产未能拍卖成交。2013年11月25日,某银行将涉案房地产自行转让给某木业公司。

原告某拍卖公司诉称:被告某银行在《委托拍卖合同》约定的履行期间,与原告招商联系的潜在竞买人某木业公司法定代表人甲串通,未经拍卖程序,即私下将涉案拍卖标的物以530万元的价格出售给甲,损害了原告的合法权利。故请求法院判令:(1)被告某银行赔偿原告某拍卖公司拍卖公告费1600元、招商手册宣传费21000元、会场费400元、拍卖师劳务费2000元、食宿费100元;(2)被告某银行支付原告某拍卖公司违约金106万元。

被告某银行辩称:委托拍卖合同中没有约定委托人撤回委托物的违约责任,也没有禁止性规定委托人不能撤回标的物;法律对拍卖人委托拍卖人之后撤回标的是支持认可的。本案委托拍卖标的未成交,委托人无须向拍卖人支付相关费用。故请求驳回某拍卖公司的诉讼请求。

【裁判结果】

一审:一、被告某银行于本判决生效后十日内支付原告某拍卖公司159 000元;二、驳回原告某拍卖公司的其他诉讼请求。

【争议焦点与裁判理由】

本案的争议焦点为,在双方约定的委托拍卖期间内,某银行在未撤回委托拍卖的情况下,将拍卖标的物自行出卖给他人,是否构成违约以及应承担怎样的违约责任。

人民法院经审理认为,某拍卖公司与某银行签订的《委托拍卖合同》,是双方当事人的真实意思表示,且不违反相关法律规定,合法有效,当事人应当按照合同约定全面履行自己的义务。委托合同是委托人和受托人约定,由受托人处理委托人事务的合同。某银行将涉案房地产委托某拍卖公司进行拍卖,经过第一次流拍后,某银行未办理撤回拍卖标的相关手续。在《委托拍卖合同》约定的履行期间未届满的情况下,被告某银行未通过某拍卖公司,自行将涉案房地产转让给某木业公司,构成违约,应当承担违约责任,向原告某拍卖公司支付违约金。

某拍卖公司与某银行签订的《委托拍卖合同》约定:违约方应向另一方支付拍

卖保留价20%的违约金。法院经审查认为,某拍卖公司在对涉案房地产拍卖过程中,进行公告、宣传、拍卖等必然产生费用,但支付拍卖保留价20%的违约金过高,为体现公平原则、诚实信用原则以及结合本案的客观事实,参照《拍卖法实施细则》第35条的规定,本院确定由某银行支付某拍卖公司违约金159 000元,对原告某拍卖公司其他诉讼请求不予支持。

【案例评析】

基于委托拍卖合同在性质上是委托合同,《合同法》第410条规定:"委托人或者受托人可以随时解除委托合同。因解除合同给对方造成损失的,除了不可归责于该当事人的事由外,应当赔偿损失。"《拍卖法》第29条亦规定:委托人在拍卖开始前可以撤回拍卖标的。委托人撤回拍卖标的的,应当向拍卖人支付约定的费用;未作约定的,应当向拍卖人支付为拍卖支出的合理费用。因此,有部分观点会认为既然委托拍卖人享有任意合同解除权,那么本案中某银行又何来违约行为,为何需要承担违约责任?

虽然法律规定委托拍卖人享有法定单方合同解除权,但委托拍卖人解除合同的方式仍应当按照《合同法》的规定进行。《合同法》规定解除合同应当通知对方,自通知到达对方时解除。本案中,在委托合同约定的履行期间内,委托人某银行并未通知某拍卖公司撤回拍卖或解除合同,故双方之间的《委托拍卖合同》未依法解除。双方《委托拍卖合同》明确约定:拍卖人在经委托人同意的情况下,不得委托他人拍卖或销售本合同业已委托的拍卖标的。故某银行将拍卖标的物自行出卖给他人的行为仍构成违约。关于原告某拍卖公司主张违约方某银行支付保留价20%的违约金的诉请,人民法院根据案件的实际情况,参照《拍卖法实施细则》第35条规定的佣金比例对违约金的金额进行调整,属合理范围,并无不当,且应当足以弥补某拍卖公司的损失。

需要注意的是,拍卖公司系依法经相关部门审批,获得经营资质,并依法办理工商登记手续而设立,一般都具有营利的性质。即使本案某银行履行了解除委托拍卖合同的通知义务,仍应当按照《合同法》和《拍卖法》的规定向拍卖人支付约定的费用;未作约定的,应当向拍卖人支付为拍卖支出的合理费用。但从法律性质上说,因为委托拍卖合同已经解除,此时某银行承担的并非违约责任,而是基于法律直接规定产生的义务。

【案例索引】

一审:安徽省来安县人民法院(2014)来民二初字第00096号

108. 甲与某产权交易中心、某拍卖公司拍卖合同纠纷案

——委托人瑕疵告知义务的范围

问题提示:拍卖标的为房屋时,委托人、拍卖人对拍卖标的的瑕疵说明义务是否扩展至房屋所附着的土地?

【基本案情】

上诉人(一审原告):甲

被上诉人(一审被告):某产权交易中心

被上诉人(一审被告):某拍卖公司

人民法院经审理查明:2013年4月1日,某拍卖公司接受某锰矿公司管理人的委托,拍卖某锰矿公司位于邵阳市双清区邵石路麻子洼的综合楼。2013年5月24日,某产权交易中心和某拍卖公司联合发出《资产拍卖转让公告》。2013年6月25日,某产权交易中心和某拍卖公司联合发出《原某锰矿公司房地产资产拍卖转让须知》,"公告拍卖资产范围为:某锰矿公司位于邵阳市双清区邵石路麻子洼综合楼一栋,砖混结构,共五层,建于1991年,建筑面积约1245.5平方米,土地面积约415.9平方米,土地用途为商业用地,目前部分房屋由阳光贝贝幼儿园等租赁使用;上述资产整体拍卖转让,交易保证金人民币100万元,并告知土地实际面积、建筑物构筑物面积以办证时相关部门核定为准,土地出让条件、规划指标均以国土、规划部门核定为准;本次拍卖的标的,是按照标的物内在的实际情况、规划现状、周边情况、房产建筑现状及质量状况进行拍卖转让;竞买人有义务在标的展示期内自行充分了解、察看查询标的,并到规划、国土等相关部门及当地详细了解资产的规划条件、国土要求、当地的社情民情以及应交的税费标准;委托方、交易中心、某拍卖公司对买受人购得的标的不退、不换、不修、不补"。甲因其企业发展需要,依照公布的竞拍要求,于2013年6月25日向某拍卖公司缴纳了100万元保证金。2013年6月26日,甲在某拍卖公司举办的公开拍卖中,通过竞价以651万元总金额取得某锰矿公司位于邵阳市双清区邵石路麻子洼综合楼的受让权。6月26日,甲又与某拍卖公司签订了《拍卖成交确认书》,约定甲必须于2013年7月31日前支付购买该综合楼的余款5 868 050元(其中拍卖手续费358 050元,在定金100万元中扣除)。双方约定的交款期限届满后,甲仍未交款,某产权交易中心与某拍卖公司于2013年8月28日书面通知甲交款,甲以该土地的性质是教育用地,并非商业用地,该土地的使用面积仅为334.8平方米,比公告的土地面积少了81.1平方米为由予以拒绝,并要求撤销某锰矿公司麻子洼综合楼的拍卖,返还所缴纳的保证金,赔偿损失,双方协商未果,遂酿成该纠纷。

另查明,某锰矿公司位于邵阳市双清区邵石路麻子洼的综合楼,建于1991年,

砖混结构,共五层,建筑面积为1245.5平方米,房屋所有权性质为全民,占地面积334.8平方米,房屋所有权证号为:外邵房权字第207273号,土地性质为划拨、土地国有,商业用地。2013年4月2日,邵阳市国土资源勘测设计院测量该综合楼的宗地面积为415.9平方米。邵阳市规划局对该综合楼的用地性质规划为小学用地。

原告甲诉称,某产权交易中心与某拍卖公司故意隐瞒拍卖标的物涉及的土地使用权的性质,吸引原告以高价竞买,然后又以《拍卖公告》《拍卖须知》中的免责条款排除自己的责任,按照合同法关于格式条款规定,拍卖合同应依法撤销。

被告某产权交易中心与某拍卖公司共同辩称:原告的诉请是请求撤销拍卖合同,但从原告诉状的理由来看,并不符合撤销的条件;在本案中两被告从未欺诈、胁迫过原告,并将拍卖物情况告知了原告,原告也对该竞拍物进行了充分的了解,请求依法驳回原告的全部诉讼请求。

【裁判结果】

一审:判决驳回原告甲的诉讼请求。

二审:驳回上诉,维持原判。

【争议焦点与裁判理由】

本案的争议焦点为,某产权交易中心及某拍卖公司是否应当将出让之房屋的土地规划条件书告知甲。

根据生效裁判文书,人民法院认为,因本次拍卖的标的物是房屋,而不是土地使用权,某产权交易中心及某拍卖公司无法定义务对该房产的土地规划条件单独作出书面提示,同时,某产权交易中心及某拍卖公司亦在《拍卖须知》中明确提示竞买人有义务前去规划部门了解拍卖之标的物的规划条件,而甲未依《拍卖须知》的提示前往规划部门了解该出让之房屋的土地规划条件,且未周密考量其受让目的而盲目竞价,故应对其竞买的标的物存在的土地规划条件之瑕疵自行承担责任。

【案例评析】

本案涉及某拍卖公司及某产权交易中心说明义务的范围,是否仅局限于拍卖标的还是可以扩展至拍卖标的以外的相关物或者财产权利。

在审理过程中,存在两种意见:一种意见认为,拍卖标的为房屋,根据房地一体的基本处理原则,委托人、拍卖人有义务在核实基本情况的基础上,就房屋所附着的土地相关情况承担说明义务,否则难以免除瑕疵担保责任。另一种意见认为,委托人、拍卖人的瑕疵说明义务仅限于拍卖标的,任意扩张委托人、拍卖人的瑕疵说明义务范围超出了法律的规定,可能会不当加重委托人、拍卖人的负担。

《拍卖法》第18条第2款规定:"拍卖人应当向竞买人说明拍卖标的的瑕疵。"但是,《拍卖法》并没有明确界定拍卖人、委托人对拍卖标的物的瑕疵披露义务范围,因此就具体案件的瑕疵披露义务的范围,应当从民法的基本原则和拍卖法的瑕疵说明义务的立法初衷进行考虑。拍卖法调整的是特殊买卖合同关系,在遵循公平合理基本原则之上,评价拍卖标的物的相关因素是不是瑕疵,是否需要披露给竞买人,就是要看这一因素是否足以影响普通竞买人对标的物交易价格、交易目的或需求等方面的判断。本案中,拍卖的标的物是房屋,而不是土地使用权。某产权交易中心及某拍卖公司是否有义务对该房屋的土地规划条件单独作出书面提示,应当从该房屋的土地规划条件是否对该房屋的交易价格作为一般竞买人有明显的影响来考虑。房地一体主义是处理房地产的基本原则,该综合楼占有土地的性质原为商业用地,邵阳市规划区对该综合楼的用地性质规划为小学用地。判断规划为教育用地是否足以明显影响房屋的交易价格,作为委托人或拍卖人是不是在拍卖前必须给予披露说明,需要考量的重要因素之一为房屋占用土地的性质城市规划对潜在竞买人是普遍意义上的需求还是特殊需求。

某产权交易中心及某拍卖公司在《拍卖须知》中明确提示竞买人有义务前去规划部门了解该出让房屋的土地规划条件,而甲未依《拍卖须知》的提示前往规划部门了解该出让之房屋的土地规划条件,且未周密考量其受让目的而盲目竞价。故应对自己的行为后果负责。根据《拍卖法》的规定竞买人有权了解拍卖标的的瑕疵及相关情况的权利,去规划部门了解该出让房屋的土地规划条件属于竞买人甲的法定权利。而《拍卖须知》以格式合同的方式却明示系竞买人的义务用来逃避自己的责任,属于霸王条款,违反合同法的精神,某产权交易中心及某拍卖公司不能因此豁免自身应该披露而没有披露的责任。

至于房产的面积情况,因在拍卖前是邵阳市国土资源勘测设计院测量该综合楼的占地面积为415.9平方米。因此,某产权交易中心与某拍卖公司以该测量标准为依据说明拍卖标的的占地面积,并无主观欺诈也未怠于履行其资料核实义务,且《资产拍卖转让须知》中告知土地实际面积以办证时相关部分的核定为准。因此,对于面积误差,委托人、拍卖人可以免责。在实际处理中,有的拍卖人会扣除相应比例的成交价或者佣金进行合理化调整。

【案例索引】

一审:湖南省邵阳市双清区人民法院(2013)双民初字第755号

二审:湖南省邵阳市中级人民法院(2014)邵中民二终字第57号

109. 某银行分行与甲、某拍卖公司房屋买卖纠纷案

——拍卖标的与展示情况不一致，委托人与拍卖人的责任承担

问题提示：拍卖成交后，拍卖标的与展示标的不一致的，如何确定拍卖人与委托人的责任？

【基本案情】

上诉人（一审被告）：某银行分行

被上诉人（一审原告）：甲

一审被告：某拍卖公司

人民法院经审理查明：本案诉争的房屋原系案外人的财产，2008年12月31日牡丹江市西安区人民法院依据生效民事调解书作出（2008）西执字65号民事裁定书，主要内容："……一、将被执行人乙所有的原牡丹江市时代广场二楼，面积187.18平方米，房产权证为1015569号商服用房交付申请执行人某银行支行抵偿债务……"某银行分行依据上述执行裁定取得本案诉争的房屋，并于2011年7月6日与某拍卖公司签订委托拍卖合同，委托某拍卖公司进行拍卖。

2011年8月4日原告甲与被告某拍卖公司签订竞买协议书、竞买须知、拍卖规则及特别声明，后公开竞拍购得该处房产。拍卖成交后签订拍卖成交确认书，甲向某拍卖公司支付购房款人民币720 218.40元，此款扣除某拍卖公司收取某银行分行佣金21 606.55元，某拍卖公司已交付给某银行分行，并且甲向某拍卖公司支付拍卖佣金人民币36 000元。在拍卖前经过原告甲与二被告共同到现场确认，诉争房屋的具体位置位于紧邻卖场东北角楼梯间西侧，但在办理房屋交付时，经过调取房产部门的诉争房屋的产籍备案图，该图体现产权证为1015569号、所有权人为乙的房屋位于红博广场二层最南侧由东至西第二户，与原、被告拍卖前现场确认的位置不一致，被告某银行分行未能交付与其委托拍卖的展样位置相符的房屋。

诉讼中，原告甲提出申请要求对展样房屋即牡丹江市红博购物广场二层，紧邻卖场东北角楼梯间西侧、房屋产权证为1015569号、建筑面积为187.18平方米的商服用房的市场价格进行鉴定。法院委托某房地产评估公司进行鉴定，2013年3月12日某房地产评估公司作出牡华夏房估（2013）鉴字005号房地产估价报告，主要内容："……6.估价结果：估价对象在本次估价目的下于估价时点的房地产市场价值为人民币1 092 390元，大写人民币：壹佰零玖万贰仟叁佰玖拾元整，单价为5836元/平方米。"

原告诉称，其办理房屋交付时被告某银行分行交付的房屋与其委托拍卖的展样不符，二被告未能按约定交付房屋，为此诉至法院，并要求解除与二被告于2011年8月4日签订的房屋买卖合同；某银行分行返还购房款720 218.40元、拍卖佣金

36 000元、赔偿原告甲利益损失372 171.60元及鉴定费13 200元;诉讼费由二被告负担。

某银行分行答辩称:(1)由于借款人乙不能按期偿还贷款本息,某银行分行将其起诉到牡丹江市西安区人民法院,牡丹江市西安区人民法院于2008年12月31日以(2008)西执字第65号民事裁定书将乙用于贷款抵押的位于牡丹江市红博广场、建筑面积187.18平方米、产权证号为1015569号的商服用房执行给某银行分行;(2)某银行分行委托某拍卖公司进行公开拍卖,原告甲竞买成功。甲在办理过户的过程中发现房产部门的备案图与房产证上产籍图不符无法过户,某银行分行向某市产权市场处递交了书面的情况反映,但至今一年时间仍没有结果,导致该房产无法过户确权。房产部门在诉争房产抵押期间及法院查封期间,擅自将备案的产籍图更改并将房产位置串换,严重侵害了某银行分行及原告甲的权益;(3)某银行分行在处置该诉争房产的过程中严格按处置程序委托中介机构拍卖,原告甲在竞买前对标的物实地查看且对标的物未提出异议。导致无法办理过户及交付的原因是牡丹江市房产部门在诉争房屋抵押、查封期间擅自变更备案产籍图,某银行分行无过错。

一审被告某拍卖公司在一审时辩称:(1)被告某拍卖公司具有合法的拍卖资质,依法接受被告某银行分行委托,在拍卖过程中被告某拍卖公司履行了全部义务,某拍卖公司在整个拍卖活动中无过错,程序合法;(2)被告某拍卖公司提供的房产资料真实。

【裁判结果】

一审:一、解除原告甲与被告某拍卖公司于2011年8月4日签订的拍卖成交确认书;二、被告某银行分行返还原告甲购房款人民币720 218.40元;三、被告某银行分行给付原告甲损失赔偿金人民币372 171.60元,鉴定费人民币13 200元;四、被告某银行分行返还原告甲拍卖佣金人民币36 000元。

二审:驳回上诉,维持原判。

【争议焦点与裁判理由】

本案的争议焦点为,某银行分行是否应返还甲购房款、损失赔偿金、鉴定费、拍卖佣金。

根据生效裁判文书,人民法院认为:原告甲通过竞拍购得被告某银行分行委托被告某拍卖公司拍卖位于牡丹江市红博广场二层的商服用房一处,被告某银行分行、某拍卖公司未能向原告甲交付与拍卖展样一致的房屋引起纠纷,故本案案由为房屋买卖合同纠纷。原告甲与被告签订的房屋买卖合同系双方真实意思表示,不违反法律的强制性规定,合同合法有效。

关于原告甲要求与二被告解除房屋买卖合同的诉讼请求,法院认为,甲依据拍卖成交确认书履行了合同义务向被告某拍卖公司交付购房款及佣金,但某拍卖公司及某银行分行明确表示不能向原告甲交付与展样一致的房屋，两被告明确表示不能履行合同的主要债务，故根据上述法律规定，本院对原告甲的此项诉讼请求予以支持。

关于原告甲要求某银行分行给付购房款、赔偿损失、返还拍卖佣金的诉讼请求，法院认为，本案中，甲竞拍时明确知道委托拍卖方为某银行分行，并且到现场实际了解拍卖标的物，原告甲与被告某拍卖公司签订的竞买协议书以及成交确认书等合同的效力应直接约束某银行分行与原告甲。《拍卖法》第 40 条规定："买受人未能按照约定取得拍卖标的的，有权要求拍卖人或者委托人承担违约责任。买受人未按照约定受领拍卖标的的，应当支付由此产生的保管费用。"本案中，因为被告某银行分行未能将诉争房屋交付原告甲，导致双方签订的买卖合同解除，为此被告某银行分行应承担合同解除后的法律责任，即向原告甲返还购房款、佣金及赔偿损失。因某拍卖公司已经将购房款扣除其收取某银行分行的拍卖佣金后给付某银行分行，故法院对原告甲要求被告某银行分行返还购房款 720 218.40 元的诉讼请求予以支持。被告某银行分行未能将与展样相符的房屋交付给原告甲造成损失即为房屋升值的损失，根据上述法律规定合同解除后被告某银行分行应予赔偿原告甲损失人民币 372 171.60 元(1 092 390 元 - 720 218.40 元)，对原告甲的该诉讼请求予以支持。某拍卖公司在拍卖活动中无过错，被告某银行分行应当承担房屋买卖合同被解除后返还原告甲佣金的法律责任，故法院对原告甲要求某银行分行返还 36 000元拍卖佣金的诉讼请求予以支持。关于原告甲主张鉴定费 13 200 元的诉讼请求，法院认为，此项费用属于原告甲为确定赔偿数额及进行诉讼所花费的合理性支出，应予以支持。

【案例评析】

本案从《拍卖法》角度来看，涉及的主要问题是：拍卖成交后，拍卖标的与展示标的不一致的，要根据拍卖活动中的过错来确定拍卖人与委托人的责任。从一、二审裁判理由来看，都明确认定拍卖公司对本案原告不应承担法律责任。一、二审判决的理由是正确的，但在事实部分，如果能更加详尽，裁判的说服力能更为充分：

一、法院判决银行返还竞买款及承担相应损失正确

本案中，委托人某银行分行委托拍卖公司拍卖涉案房产，并无不当。从委托情况来看，拍卖的房屋产权面积、产权证号都是非常明确的。对于被拍卖房产的位置，在拍卖前经过原告甲与二被告共同到现场确认，诉争房屋的具体位置位于紧邻卖场东北角楼梯间西侧，对上述事实问题，双方在审理中均无争议。问题是在办理房屋交付时，经过调取房产部门的诉争房屋的产籍备案图，发现与原、被告拍卖前现场确认的位置不一致，被告某银行分行虽然提出导致无法办理过户及交付的原因是牡丹江市房产部门在诉争房屋抵押、查封期间擅自变更备案产籍图，某银行分行无过错，但从合同的相对性来看，这并不妨碍某银行分行承担责任，如果其有证据，其可以另行提起行政诉讼。本案买受人有权依据拍卖成交确认书等,要求委托人交付与展示房屋一致的房屋。因被告某银行分行未能交付与其委托拍卖的展样位置相符的房屋,法院判决其承担解除拍卖成交确认书并要求委托人返还竞买款、赔偿买受人相应损失是正确的。

二、拍卖公司在本案无过错不应承担法律责任

本案原告在起诉时,并没有要求拍卖公司返还佣金或者与某银行分行承担连带责任,从拍卖法来看,原告的诉求定位准确。因为从拍卖法关于拍卖程序的规定来看,本案拍卖过程中,委托拍卖的物品展样已经确定,拍卖公司陪同本案竞买人一起到现场查看房屋,因此,在拍卖成交后,应由拍卖委托人按照委托展样提供拍卖物给竞买人。拍卖一旦成交,只要拍卖人在拍卖过程中并无违法之处,拍卖人就有权向买受人和委托人收取拍卖佣金。至于拍卖成交后,买受人无法取得与拍卖前的展样房屋一样的房产,这与拍卖人没有任何法律关系,买受人只能要求委托人承担法律责任。

对于买受人支付给拍卖人的佣金,因拍卖人无法取得房产并无过错,其在整个拍卖过程中的投入均可以确认为其损失。买受人支付给拍卖人的佣金,也应包括在内。因买受人无法取得与展样房屋一致的房产的责任应该由委托人某银行分行承担,买受人所支付的佣金也应由某银行分行所承担。

三、类似案件的建议

本案中,在事实部分,对于拍卖人在承接拍卖过程中,是否知晓展示房屋与登记不一致,法院在查明事实部分并没有交代。被告某银行分行在一审中抗辩称"房产部门的备案图与房产证上产籍图不符",那么,本案拍卖人在受理拍卖委托的时候,所看到的房产资料上是如何记载的,对本案二被告的责任分担其实是一个非常关键的问题。虽然在拍卖前,拍卖人与委托人一起陪同本案原告到现场进行查看,但这并不能直接推定在拍卖时拍卖人是否确认房屋的实际位置,如果拍卖前拍卖人已经知晓被拍房屋产权登记位置与展样时现场查看的位置不一致,那么,拍卖人就有可能欺诈,从而应该与本案委托人一起承担连带责任。因此,从完善说理增强裁判说服力的角度来看,对此类问题还是应该予以查证。

对于拍卖人来说,虽然本案中的问题在实际情况中比较罕见,但是作为拍卖人,在承接不动产委托拍卖时,还是应该仔细审查相关资料,尽可能地排除自己的法律风险。

【案例索引】

一审:黑龙江省牡丹江市东安区人民法院(2012)东民初字第298号

二审:黑龙江省牡丹江市中级人民法院(2014)牡民终字第7号

110. 甲与某银行分行、某拍卖公司拍卖合同纠纷案

——委托人权利补救之后的责任承担

问题提示:委托人因无权处分但权利补救后拍卖标的物延迟交付应向买受人承担何种责任?

【基本案情】

原告:甲

被告:某银行分行

被告:某拍卖公司

人民法院经审理查明:2010 年 11 月 30 日,甲在某拍卖公司举行的拍卖会中成功竞买由某银行分行委托拍卖的常德铜锣湾广场第八、九层房屋。甲根据与某拍卖公司签订的《竞买须知》《拍卖成交确认书》的约定,于 2010 年 12 月 30 日向某拍卖公司支付了拍卖款550 万元及拍卖佣金27.5 万元。当甲持《拍卖成交确认书》等相关手续到房管部门办理产权证书时发现,甲竞买的房产中有 801、802、803 号三套房产(以下简称涉案房产)于2009 年7 月20 日已被武陵区法院查封。2010 年10 月28 日,武陵区法院通知某拍卖公司停止对涉案房产的拍卖。某拍卖公司未将此情况告知甲。2011 年 1 月 18 日,甲向常德市中级人民法院起诉了两被告。在诉讼过程中,涉案房产由武陵区法院于 2011 年 3 月 31 日解除查封,甲于 2011 年 4 月 8 日变更了诉讼请求,常德市中级法院于 2011 年 9 月 8 日将该案移送武陵区法院。

2008 年 9 月 23 日,常德市中级人民法院作出(2008)常执监字第 1 号指令,指令武陵区法院撤销查封涉案房产的(2006)武执字第 669 -7 号裁定书。2010 年 7 月 20 日,武陵区法院作出(2006)武执字第 699 -10 号执行裁定书,续行查封涉案房产。2011 年 3 月 31 日武陵区法院作出(2006)武执字第 669 -10 号执行裁定书,裁定解除涉案房产的查封。

甲认为,某银行分行、某拍卖公司未告知涉案房产被法院查封的事实,而将其拍卖,具有明显的欺诈,也造成甲的目的无法实现。请求:1. 判令某银行分行、某拍卖公司连带赔偿甲550 万元的资金占用损失 50 000 元;2. 本案诉讼费由某银行分行、某拍卖公司承担。

某银行分行辩称:武陵区法院查封的 801 -803 房屋,已由常德市中级法院指令武陵区法院解封;2011 年 3 月 31 日我方及时向常德中院送达了解封通知书,常德中院通知甲进行协调,交接房屋。2011 年 4 月中旬,常德中院和某银行分行到张家界找甲协调,双方有文字记录交接是在 2011 年 8 月 1 日,在平和堂会议室,双方进行了交接;甲在拍卖成交后延期付款,属违约在先,某银行分行不应赔偿资金占用费;甲提出的资金占用费按银行同期贷款利率的4 倍赔偿没有法律依据。

某拍卖公司辩称:(1)甲提出的按银行同期贷款利率的4倍赔偿资金占用损失既无约定也无法律规定;(2)武陵区法院的查封并不影响交接,武陵区法院查封的只是极少部分财产,且查封已被上级法院撤销,查封已不存在。常德农行多次要求原告接收标的物,甲予以拒绝,而某银行分行已履行了交房义务;按照《拍卖法》规定和某拍卖公司与某银行分行的约定,交房由某银行分行承担责任,与某拍卖公司无关;甲利益的受损是因法院的查封引起的,如果认为法院查封后拍卖有瑕疵,其后果亦与某拍卖公司无关。

【裁判结果】

一审:一、某银行分行自判决生效之日起5日内赔偿甲550万元资金利息损失人民币50000元;二、驳回甲要求某拍卖公司承担连带赔偿责任的诉讼请求。

【争议焦点与裁判理由】

本案的争议焦点为,某银行分行和某拍卖公司是否有过错;是否承担赔偿责任。

人民法院经审理认为,作为拍卖合同委托方的某银行分行,将明知已被法院查封的房产委托给某拍卖公司拍卖,违反了《拍卖法》第6条"拍卖标的应当是委托所有或者依法可以处分的物品或者财产权利"的规定,应承担赔偿甲资金占用损失的责任。被告某拍卖公司在拍卖过程中无过错,不应承担连带赔偿责任。因武陵区法院于2011年3月31日解除了对被告某银行分行委托拍卖标的物的查封,故被告某银行分行赔偿甲资金占用损失的计算时间应从2011年1月1日起至3月31日止,按银行同期贷款利率计算利息,但甲现在只要求50 000元资金占用的利息损失,法院予以确认。

【案例评析】

本案的核心争议焦点是委托人因无权处分但权利补救后拍卖标的物延迟交付应向买受人承担何种责任?

在拍卖活动中,委托人负有向拍卖人说明拍卖标的来源和瑕疵的义务;竞买人有了解拍卖标的瑕疵的权利。为规范委托人的义务并保护竞买人的权利,《拍卖法》第58条规定:"委托人违反本法第六条的规定,委托拍卖其没有所有权或者依法不得处分的物品或者财产权利的,应当依法承担责任。拍卖人明知委托人对拍卖的物品或者财产权利没有所有权或者依法不得处分的,应当承担连带责任。"根据对该条的解读,买受人要求委托人承担责任的条件包括:(1)委托人对拍卖标的没有所有权或处分权;(2)委托人未将无所有权或处分权情况告知拍卖人并由拍卖人告知买受人。但该条并未明确委托人无权处分经补救的情况下对买受人承担何种责任问题。

拍卖活动本质上属于买卖行为。关于委托人是否属于买卖合同的当事人问题,应视拍卖人有无披露委托人而定。根据《拍卖法》第21条"委托人、买受人要求对其身份保密的,拍卖人应当为其保密"的规定,拍卖人为委托人保密的,买卖合同应在拍卖人和买受人之间订立;拍卖人披露委托人的,买卖合同应在委托人和买受人之间订立,委托人有义务直接向买受人交付拍卖标的物,即《拍卖法》第31条"按照约定由委托人移交拍卖标的的,拍卖成交后,委托人应当将拍卖标的移交给买受人"。故委托人未向买受人披露拍卖标的的瑕疵,虽该瑕疵事后被补救,其仍得依《合同法》的规定向买受人承担违约责任。按照《合同法》第113条"当事人一方不履行合同义务或者履行合同义务不符合约定,给对方造成损失的,损失赔偿额应当相当于因违约所造成的损失,包括合同履行后可以获得的利益,但不得超过违反合同一方订立合同时预见到或者应当预见到的因违反合同可能造成的损失"的规定,法院应判决委托人承担买受人自支付价款到取得拍卖标的物所有权期间以支付价款的金额为基数按照同期银行贷款计算的利率损失,若买受人自愿减少委托人赔偿数额的,法院亦可支持。

【案例索引】

一审:湖南省常德市武陵区人民法院(2011)武民重字第01444号

111. 甲与某拍卖行、某银行拍卖合同纠纷案

——拍卖无效时,委托人与拍卖人的责任承担

问题提示:拍卖合同被认定无效后,委托人与拍卖人之间如何承担责任?

【基本案情】

上诉人(一审原告):甲

上诉人(一审被告):某拍卖行

上诉人(一审被告):某银行

人民法院经审理查明:2010年4月,某公司委托某拍卖行对湖州市勤劳街114号房产1356.27平方米进行拍卖。4月3日,某拍卖行发布拍卖公告,其中载明湖州市勤劳街114号房产中含有划拨住宅土地使用面积29.16平方米。4月16日,甲向某拍卖行递交竞卖登记(申请)表一份,其中载明:竞买申请人须对竞买的标的进行看样、调查,接受标的实际状况(包括显性、隐性瑕疵等方面情况),承诺自愿按标的实际状况对参与竞买行为负责,并承担相应法律责任。拍卖行向甲送达竞买须知,须知中也明确了上述规定,同时详细说明了房屋租住情况及已由委托人一次性缴纳三年土地使用租金、在办理产权过户手续时一切的税费由买受人承担等情况。

4月18日,甲以925万元竞拍价竞得上述房地产,并与拍卖行签订了拍卖成交确认书,拍卖笔录和拍卖成交确认书中再次明确涉案房产的土地性质。嗣后,甲全额交付拍卖款925万元和拍卖佣金。2010年7月2日,某公司股东会决议将公司所有固定资产拍卖后续事宜的所有权利和义务转让给某银行。2011年9月9日,某银行向甲寄送律师函,要求甲在接函后十日内自行办理过户手续并支付相关税费。2012年7月14日,某银行向湖州市吴兴区法院提起诉讼,诉请判令甲继续履行合同并自行办理过户手续。2012年11月8日,吴兴区法院生效判决判定:某公司委托某拍卖行与甲于2010年4月18日签订的拍卖合同,因所涉部分土地使用性质尚属国有划拨未经国家有关部门的审批核准,不符合法律法规的规定,认定无效;某银行于2012年11月30日退回甲拍卖款925万元。

甲上诉称:1.某拍卖行向甲返还拍卖佣金30万元;2.某拍卖行、某银行连带赔偿甲因拍卖无效造成的财产损失暂计为3 303 752元(拍卖佣金30万元暂计至2013年4月10日的利息损失7.7472万元,拍卖款925万元暂计至2013年4月10日的利息损失212.628万元,两次拍卖差额损失110万元);3.案件诉讼费由拍卖行、某银行承担。

某拍卖行上诉称:(1)拍卖行为此次拍卖历时约两个半月,至三方签订《拍卖成交确认的移交书》止,全部工作早已完成。(2)甲对拍卖行的诉讼请求,已经超过法定的两年诉讼时效期间,依法不受保护;(3)某拍卖行不仅与拍卖委托人有约定,而且与竞买人也有约定,甲把某拍卖行作为赔偿人,显然与合同的约定不符;(4)甲要求拍卖行、某银行连带赔偿责任的诉请既与事实不符,也没有法律依据。

某银行上诉称:(1)某银行在订立合同中并不存在任何隐瞒、虚构等违反诚实信用的行为,不应承担基于信赖而造成的损失;(2)甲主张的利息的计算利率过高,起始时间不正确;(3)某银行仅存在交付瑕疵的问题,扩大损失由甲自行承担;(4)损失的起止时间问题,甲迟迟未办理过户手续,也未就过户过程中涉及划拨土地前置手续事宜要求确认或主张合同无效。这些都应该在其收到相关权利凭证时提出,相关凭证收到时间是在2010年6月18日,此后甲由于自身原因扩大的损失应该由其自身承担;(5)即使法院认定存在损失,并且各方存在过错,根据法律规定,应依据各自的过错大小承担相应的责任。综上,某银行在拍卖程序中已尽如实告知义务,不应该承担责任。

【裁判结果】

一审:一、某拍卖行应向甲返还拍卖佣金30万元;二、某拍卖行应赔偿甲损失16万元;三、某银行应赔偿甲损失1 198 923元;四、驳回甲其余诉讼请求。

二审:一、维持一审判决第一项、第四项;二、撤销一审判决第二项;三、变更湖一审判决第三项为"某银行应向甲赔偿损失1 278 923元"。

【争议焦点与裁判理由】

本案的争议焦点是:(1)某银行、某拍卖行是否应向甲承担民事责任及责任额度如何确定;(2)在责任承担方式上,某拍卖行与某银行是否应为连带责任。

根据生效裁判文书,人民法院认为,拍卖合同因拍卖标的中存在需经批准才能转让的划拨土地而被法院确认无效,而对拍卖标的中存在部分划拨土地的事实,竞买人甲是明知的,其显然存在过错。综合考虑甲、某银行的过错程度以及划拨土地仅占拍卖标的的一小部分等具体情况,一审认定利息损失按年利率6.15%计算,并无明显不当。拍卖行曾就拍卖收取30万元佣金,因拍卖合同被确认无效,一审判决拍卖行返还佣金,尚属合理。关于拍卖行提出的其不应承担利息损失的意见,法院认为,委托人与拍卖人间系隐名的间接代理关系,在披露委托人后,买受人可以选择向委托人或者拍卖人主张权利。现甲已经将某银行作为相对人主张权利,相关利息损失自应以在甲和某银行两方之间进行责任分担为宜。另外,拍卖行系从事拍卖业务收取佣金的中介机构,在本案情形下由其承担利息损失,依据不够充分。基于以上分析,就拍卖行及某银行在本案中承担的民事责任,法院酌情调整为拍卖行向甲返还佣金30万元,某银行向甲支付利息损失1 278 923元。在责任承担方式上,拍卖行与某银行是否应为连带,法院认为,拍卖合同因拍卖标的中的部分划拨土地未经转让审批而被确认无效,对拍卖标的中存在部分划拨土地,除某银行与拍卖行知晓外,甲也是明知的,故本案情形不符合适用《拍卖法》第58条的要件。甲要求某拍卖行与某银行承担连带责任的主张,依据不足。

【案例评析】

本案的核心争议焦点是:拍卖合同被认定无效后,买受人是否可以要求拍卖人承担责任?这一争议焦点的基础法律问题是委托人与拍卖人的法律关系的性质是什么,委托人的责任是否具有独立性。

一、委托人与拍卖人的法律关系的性质

委托人与拍卖人之间属于委托合同关系应无疑问,唯有疑问的是该委托关系是否必然带有代理因素。在我国,民法理论界一般认为,委托和代理是两个不同的概念。二者的区别是:委托属于合同,是双方法律行为;代理,实为代理权的授予,是单方法律行为,授予代理人代理权不需代理人同意,故代理不属于合同。有的情况下委托合同下有代理权的授予,如委托事项的内容需要受托人对外为法律行为的,此时为委托代理;但有的情况下,委托合同不必然有代理权的授予,如委托事项的内容不是对外为法律行为的,此时只有委托而无代理。但在我国《合同法》中,委托和代理是一体的,主要体现在《合同法》第402条、第403条。具体条文为,第402条规定:“受托人以自己的名义,在委托人的授权范围内与第三人订立的合同,第三人在订立合同时知道受托人与委托人之间的代理关系的,该合同直接约束委托人和第三人,但有确切证据证明该合同只约束受托人和第三人的除外。”第403条规定:

“受托人以自己的名义与第三人订立合同时,第三人不知道受托人与委托人之间的代理关系的,受托人因第三人的原因对委托人不履行义务,受托人应当向委托人披露第三人,委托人因此可以行使受托人对第三人的权利,但第三人与受托人订立合同时如果知道该委托人就不会订立合同的除外。受托人因委托人的原因对第三人不履行义务,受托人应当向第三人披露委托人,第三人因此可以选择受托人或者委托人作为相对人主张其权利,但第三人不得变更选定的相对人。委托人行使受托人对第三人的权利的,第三人可以向委托人主张其对受托人的抗辩。第三人选定委托人作为其相对人的,委托人可以向第三人主张其对受托人的抗辩以及受托人对第三人的抗辩。”在委托人和拍卖人之间的委托拍卖合同关系中,是否必然有代理因素,不赞同本案二审法院的意见。拍卖人组织拍卖其绝无其是委托人的代理人的意思在内,而且代理也需有委托人的代理权的授予。若无代理权的授予,则为无权代理,或可成立表见代理,但均在拍卖公司的行为中无法看出。故拍卖公司与委托人的关系为委托关系,但没有代理权的授予。

二、委托人的责任具有独立性

在《拍卖法》中,委托人的责任具有独立于委托人的特性,体现在两个条款中:第58条“委托人违反本法第六条的规定,委托拍卖其没有所有权或者依法不得处分的物品或者财产权利的,应当依法承担责任。拍卖人明知委托人对拍卖的物品或者财产权利没有所有权或者依法不得处分的,应当承担连带责任”,第61条第1款“拍卖人、委托人违反本法第十八条第二款、第二十七条的规定,未说明拍卖标的的瑕疵,给买受人造成损害的,买受人有权向拍卖人要求赔偿;属于委托人责任的,拍卖人有权向委托人追偿”。由此亦可推翻委托代理理论,若拍卖人为委托人的代理人,则拍卖人行为的一切法律后果则归属于委托人,绝不会出现代理人与被代理人承担连带责任的情形。故拍卖人的责任具有独立性,因其自身原因而对买受人违约或造成损害的,其应对买受人承担责任。

【案例索引】

一审:浙江省湖州市吴兴区人民法院(2013)湖吴商初字第390号

二审:浙江省湖州市中级人民法院(2013)浙湖商终字第384号

112. 某拍卖公司、某国际拍卖公司与甲拍卖合同纠纷案

——拍卖人已经向买受人承担违约责任，能否向委托人追偿

问题提示：对于委托人交付的拍卖标的存在瑕疵，拍卖人赔付买受人的情形，拍卖人是否可以向委托人追偿？

【基本案情】

原告：某拍卖公司

原告：某国际拍卖公司

被告：甲

人民法院经审理查明：甲与某拍卖公司 2013 年分别以口头和书面两种形式订立委托拍卖协议，委托拍卖数十件书画作品，其中包括仇英的瑶池献寿图和王时敏的山水立轴两件作品。仇英的瑶池献寿图约定佣金按成交价 13% 计取，图录费 300 元；王时敏的山水立轴画不计佣金。某拍卖公司与某国际拍卖公司于 2013 年 4 月 7 日在安徽省图书馆联合举办春季书画拍卖会。拍卖时，甲言明上述两件作品均附出版物册（刊登于《故宫周刊》），但预展时未及时附拍品图册。此后，仇英的瑶池献寿图以 490 000 元、王时敏的山水立轴画以 370 000 元的价格被竞买人乙买受，甲的其余书画亦部分拍卖成交。2013 年 4 月 18 日某拍卖公司、某国际拍卖公司将甲提供的上述两件载于《故宫周刊》的画册与两件拍卖成交品一并送交乙。乙此后自行购买一套《故宫周刊》，发现与甲所提供的画册迥异，遂于 2013 年 5 月 8 日以某拍卖公司、某国际拍卖公司的拍品出版物造假为由要求退货。某拍卖公司、某国际拍卖公司遂将上述两件作品取回，同时返还价款。2013 年 6 月，某拍卖公司、某国际拍卖公司派人将诉争两件作品随甲提供的画册一并送交甲并提出返还画款被拒，遂起诉至法院。另外，2013 年 4 月 26 日，乙向某拍卖公司支付两件作品成交价款（含成交价 10% 的佣金）计 909 000 元，2013 年 5 月 15 日，某拍卖公司将该 909 000 元退回。2013 年 4 月 22 日，以丙名义向丁账户汇款 500 000 万元，丙称系应甲要求将钱款汇至其妻丁账户；2013 年 5 月 15 日，以戊名义向甲账户汇款 664 176 元，某拍卖公司、某国际拍卖公司称系拍卖成交后的书画款。甲只认可收到扣除佣金后仇英的瑶池献寿图作品的拍卖成交价款。

某拍卖公司与某国际拍卖公司共同诉称：因甲委托拍卖的两件作品涉嫌造假，请求法院判令：一、判令甲偿还某拍卖公司、某国际拍卖公司拍卖款及佣金合计 933 200元（构成：仇英的瑶池献寿图拍卖成交价 490 000 元，减 13% 佣金 63 700 元，减图录费 300 元，等于 426 000 元；王时敏山水立轴 370 000 元；竞买人乙佣金为 490 000元乘 15% 计 73 500 元；某国际拍卖公司佣金 490 000 元乘 13% 计 63 700 元。上述各项合计 933 200 元），并支付从 2013 年 6 月 18 日起至 2014 年 5 月 12 日止逾

期付款利息 50 467.5 元,计 983 667.5 元;此后的逾期利息按同期银行贷款利率计算直至款清时止;二、诉讼费用由被告承担。

甲辩称:甲委托某拍卖公司拍卖仇英瑶池献寿图属实,但某拍卖公司与某国际拍卖公司诉状中的其他陈述与事实不相符。

【裁判结果】

一审:一、甲赔偿某拍卖公司与某国际拍卖公司损失计 852 500 元并支付逾期付款利息(以 852 500 元为基数,从 2013 年 6 月 18 日起至本判决生效确定给付时止,按中国人民银行同期、同类贷款利率计息);二、驳回某拍卖公司与某国际拍卖公司的其他诉讼请求。

【争议焦点与裁判理由】

本案的争议焦点为,甲应否对拍卖标的承担瑕疵担保责任。

人民法院经审理认为:《拍卖法》第 61 条规定:拍卖人、委托人违反本法第 18 条第 2 款(拍卖人应当向竞买人说明拍卖标的的瑕疵)、第 27 条(委托人应当向拍卖人说明拍卖标的的来源和瑕疵)的规定,未说明拍卖标的的瑕疵,给买受人造成损害的,买受人有权向拍卖人要求赔偿;属于委托人责任的,拍卖人有权向委托人追偿。拍卖人、委托人在拍卖前声明不能保证拍卖标的的真伪或者品质的,不承担瑕疵担保责任。因艺术品真伪确认具有主观性和不确定性,决定了艺术品拍卖具有的风险性,只有委托人在拍卖前声明不能保证拍卖标的的真伪或品质的,才不承担瑕疵担保责任。本案诉争作品的画册属于拍卖标的的附属物,对拍卖标的的价值有直接影响。被告甲在拍品的预展时,未将声明附有出版物的诉争两件作品画册提交,且事后认可画册确有问题,则甲应对拍卖标的承担瑕疵担保责任。原告将上述两件作品及画册交还甲,又将书画拍卖成交价款项交付甲且将买受人的成交书画款如数退还,据此造成的损失有权要求甲予以赔偿。但某拍卖公司、某国际拍卖公司作为拍卖公司本应对艺术品及附属物品质进行认真鉴别,在甲委托拍卖的书画作品与出版物处于分离状态即将书画拍卖,未尽到合理、谨慎的注意义务,也应承担相应的责任。原告拍卖佣金等损失根据双方当事的人过错程度,确定各自承担比例为 50%。被告甲应赔偿原告诉争两件书画作品成交价金额计 860 000 元;扣除甲交付佣金 63 700 元的 50% 计 31 850 元;图录费 300 元的 50% 计 150 元;加上原告返还买受人乙支付的佣金 49 000 元的 50% 即 24 500 元后的金额计人民币 852 500元;甲还应支付逾期付款利息损失。甲另辩解其提供画册的真假属性未经相关机构鉴定不能定论,因而责任应由某拍卖公司、某国际拍卖公司自负的意见,无事实及法律依据,不予采信。

【案例评析】

本案的核心法律问题是:对于委托人交付的拍卖标的存在瑕疵,拍卖人赔付买受人的情形,拍卖人是否可以向委托人追偿?

委托人和拍卖人之间是委托合同关系。按照委托合同理论,拍卖人作为受托人按照委托人的指示作为的一切后果均归属于委托人。相应地,受托人因委托人的原因而受到损害的可以要求委托人赔偿,法律渊源见《合同法》第407条规定“受托人处理委托事务时,因不可归责于自己的事由受到损失的,可以向委托人要求赔偿损失”。在《拍卖法》中也有相应的规定(见《拍卖法》第61条第1款规定:“拍卖人、委托人违反本法第十八条第二款、第二十七条的规定,未说明拍卖标的的瑕疵,给买受人造成损害的,买受人有权向拍卖人要求赔偿;属于委托人责任的,拍卖人有权向委托人追偿。”)在本案中,拍卖人作为受托人向买受人交付的拍卖标的有瑕疵,拍卖人已向买受人赔付的,应有权向委托人追偿,这一点不存在疑问。

有疑问的是,在受托人向委托人追偿的过程中,是否需要考虑受托人的过错。若受托人对外赔付的原因是由其自身原因造成的,非由委托人过错造成的,应当考虑受托人的过错,而不应当考虑受托人未能发现委托人的过错而产生的受托人的过错。此点是笔者不认同本案判决的理由。具体到本案,拍卖人对外赔付的原因是委托人交付的标的物存在瑕疵,而在对外赔付的过程中,拍卖人对标的物的瑕疵并无责任。虽然拍卖人未能发现委托人交付的标的物存在瑕疵,但也不应该让拍卖人分担该部分责任。

【案例索引】

一审:安徽省合肥市包河区人民法院(2014)包民二初字第01216号

113. 某拍卖公司与某银行委托合同纠纷案

——拍卖人向委托人追偿的条件的责任范围

问题提示:因拍卖标的存在瑕疵导致拍卖人向买受人赔偿后,拍卖人如何向委托人追偿?

【基本案情】

原告:某拍卖公司

被告:某银行

人民法院经审理查明:2010年4月15日,某银行与某拍卖公司及某资产拍卖公司签订《委托拍卖合同》,委托某拍卖公司及某资产拍卖公司拍卖坐落于六横镇台兴路55号面积为67.62平方米的房屋与台兴路16号面积为19.03平方米的房屋。其中,“台兴路16号”门牌所指向的房屋原为银行营业网点,产权归某银行所有,后银行将营业网点分隔成三间,并将其中的两间予以出售,现仅就其中的一间拥有产权(目前开理发店的方形房屋)。委托拍卖的房屋并未办理房屋所有权证,原分隔的三间房屋现均称为台兴路16号,而“台兴路16号”的门牌挂在非某银行所有的扇形房屋处。4月22日,某银行向某拍卖公司提交拍卖标的的相关情况说明,并向某拍卖公司保证对拍卖标的“拥有无可争议的所有权和处分权”,并对两处房产未办理房产证与土地证的情况给予说明。但某银行未向某拍卖公司交付委托拍卖房屋的地理位置图,也未向某拍卖公司作明确说明。2010年4月29日与5月1日,某拍卖公司先后在《今日早报》与《舟山晚报》上刊登拍卖公告,载明拍卖标的:位于六横镇台兴路55号的房屋(原门牌号为台兴路29号),建筑面积为67.62平方米;位于六横镇台兴路16号的房屋,建筑面积为19.03平方米。案外人甲交纳参拍保证金15万元后,于2010年5月6日参加拍卖会,并以100万元整体竞得该拍卖标的,且当即与某拍卖公司及某资产拍卖公司签订《拍卖成交确认书》,该确认书备注《拍卖公告》《拍卖须知》《拍卖规定》为其组成部分。其中《拍卖规定》第五条载明:拍卖成交后,买受人必须当场签订拍卖成交确认书,支付拍卖成交总额的50%作为定金,并向本公司支付拍卖成交总额5%的佣金。余款必须在拍卖结束后三日内付清,否则视为违约。甲于成交当日支付90万元。某拍卖公司开具2万元、3万元的佣金发票各一张、载明款项内容为“代收房屋拍卖款”的金额为100万元的发票一张,总计金额为105万元。2010年5月11日,某拍卖公司将该100万元电汇给某银行。拍卖成立后,甲要求某银行交付所买的台兴路16号房屋(扇形),但因该房屋非某银行所有,致使甲在支付购房款后,不能依据拍卖合同取得竞买房屋。后甲诉至舟山市定海区人民法院,要求返还拍卖佣金及定金。该案经一审、二审,判决某拍卖公司向甲返还拍卖佣金5万元、拍卖定金20万元。某拍卖公司于2011年2月18日将25万返还给甲。据查明,“台兴路16号”门牌所指向的房屋共有三间,依次开设烟酒店(扇形房屋)、文印店、理发店(方形房屋),其中“台兴路16号”门牌悬挂在扇形房屋处,该扇形房屋位于十字路口转角处。

原告某拍卖公司诉称,导致拍卖合同无法履行、某拍卖公司向甲返还佣金及定金的责任在于某银行的过错。某拍卖公司诉请判令某银行向其返还给甲拍卖佣金5万元、拍卖定金20万元,并从某拍卖公司代偿之日起至某银行偿还日止按中国人民银行规定的贷款利率计算利息,另承担诉讼费用。

被告某银行辩称,导致涉案房屋不能交付的责任在于某拍卖公司,某银行并无过错。某银行提供的拍卖资料是正确的,某拍卖公司在接收委托后,在拍卖前曾两次去现场查看,其明知某银行委托拍卖的是目前仍在开理发店的台兴路16号方形房屋,并不是转角处的扇形房屋。某拍卖公司未清晰地向竞买人展示拍卖标的物的具体位置,导致竞买人认识错误,责任在于某拍卖公司。定金罚则系某拍卖公司与某资产拍卖公司单方制定的,且定金罚则条款没有实际履行。某拍卖公司须承担因其自认而产生的全部责任，与某银行无涉。最后，某银行说明义务的瑕疵履行与某拍卖公司向甲返还20万元定金没有因果关系。某拍卖公司要求某银行返还其赔偿他人的佣金及相应利息，于法无据。故请求驳回原告的诉讼请求。

【裁判结果】

一审：限某银行赔偿某拍卖公司因委托事务遭受的损失200 000元并按中国人民银行同期同档次贷款基准利率计算的自2011年2月18日起至本判决确定履行日止的利息损失。

【争议焦点与裁判理由】

本案的争议焦点为，涉案房屋不能交付的责任是否在某银行。

人民法院经审理认为：某银行对台兴路16号原整体房屋拥有产权，自行将其分隔成三间房屋，后将其中的两间转让（含扇形面房屋）。因此，未转让的一间房屋在"台兴路16号"的门牌下具有不确定性，属明知。但在向某拍卖公司交付相关产权证明材料时却既未附所拍卖房屋的地理位置图，也未向某拍卖公司作明确说明，并承诺对台兴路16号"拥有无可争议的所有权和处分权"，导致某拍卖公司误认为挂有"台兴路16号"门牌的房屋（扇形）即为委托拍卖的房屋，并向竞买人甲作了实地展示。因该扇形房屋非某银行所有而交付不能，某银行存在主要过错。根据相关规定，拍卖人应当对委托人提供的有关文件、资料进行核实。本案所涉的拍卖物系不动产，拍卖人本可通过对产权证等资料的审查以尽其应注意义务。因本案所涉委托拍卖房屋没有权属凭证，虽某银行提交了《拍卖房屋情况说明》和《证明》，保证对拍卖标的"拥有无可争议的所有权和处分权"，但某拍卖公司未尽其谨慎的注意义务，故也存在一定过错，对因此而造成的佣金损失，某拍卖公司也应负一定责任。关于定金，法院认为，其一，根据拍卖习惯，拍卖人在与竞买人签订《拍卖合同》时一般均约定定金条款，以保证拍卖的顺利进行。故某拍卖公司与甲在签订《拍卖规定》时约定定金条款，也系为维护委托人即某银行的合法权益，并无不当。其二，（2011）浙舟商终字第5号民事判决书判决某拍卖公司与案外人某资产拍卖公司共同返还甲定金20万元，是基于认为甲在交付全部拍卖款后并未与某拍卖公司明确定金条款不再适用。因此，如因甲一次性付款而取消定金条款，也需甲与某拍卖公司达成新的合意。某银行所主张的因某拍卖公司的自认行为而导致定金损失的抗辩也不成立。法院根据上述双方责任大小的认定也适用于定金损失的承担。根据某拍卖公司、某银行双方的过错程度，酌情按20%、80%的比例分担损失。

【案例评析】

拍卖是一项特殊的买卖方式，拍卖人在拍卖程序中地位特殊：一是拍卖人是委托拍卖合同的当事人，与委托人成立委托拍卖合同关系；二是拍卖人也是拍卖合同的当事人，与买受人之间成立拍卖合同关系。由于拍卖活动具有专业性质，《拍卖法》等法律规定了特别的程序和义务,如瑕疵告知义务等。拍卖人如果没有履行这些法定或约定的义务,就应当向买受人承担相应的责任。如果这些义务的履行是因委托人造成的,那么拍卖人可以通过委托拍卖合同关系向委托人追偿。本案就涉及拍卖人因拍卖标的存在瑕疵而向买受人赔偿后的追偿问题。

一、委托人、拍卖人的瑕疵告知义务

《拍卖法》第18条、第27条规定了委托人和拍卖人的瑕疵披露义务。第18条规定:拍卖人有权要求委托人说明拍卖标的的来源和瑕疵。拍卖人应该向竞买人说明拍卖标的的瑕疵。第27条规定:委托人应当向拍卖人说明拍卖标的的来源和瑕疵。第61条还规定了委托人和拍卖人关于拍卖瑕疵义务的法律责任,即"委托人、拍卖人违反本法第十八条第二款、第二十条的规定,未说明拍卖标的的瑕疵,给买受人造成损害的,买受人有权向拍卖人要求赔偿;属于委托人责任的,拍卖人有权向委托人追偿"。可见,相对于买受人而言,委托人和拍卖人承担着法定的瑕疵告知义务。作为委托人而言,其应该将自己明知或者应当知道的拍卖标的的一切瑕疵向拍卖人说明,而拍卖人也应当将自己明知或者应当知道的拍卖标的的一切瑕疵向竞买人说明。

此外,拍卖人的告知义务并不单纯地、被动地建立在委托人告知的基础上,根据《拍卖法》第42条、第43条的规定,拍卖人应当对委托人提供的有关文件、资料进行核实,拍卖人认为需要对拍卖标的进行鉴定的,可以进行鉴定。鉴定结论与委托拍卖合同载明的拍卖标的状况不符的,拍卖人有权要求变更或者解除合同。因此,拍卖人与委托人签订委托拍卖合同时,还需要对拍卖标的进行必要的审查,其审查标准应达到拍卖人的专业水准,这也是与拍卖公司两边收取佣金的权利相对应的。

二、委托人、拍卖人违反瑕疵告知义务的具体认定

本案中,某银行明知其拍卖标的存在瑕疵:某银行已将台兴路16号的原整体房屋分隔成三间房屋,并将其中两间房转让,未转让的一间房屋在"台兴路16号"的门牌下具有不确定性,但在向某拍卖公司交付相关产权证明材料时却既未附所拍卖房屋的地理位置图,也未向某拍卖公司作明确说明,并承诺对台兴路16号"拥有无可争议的所有权和处分权",导致某拍卖公司误认为挂有"台兴路16号"门牌的房屋(扇形)即为委托拍卖的房屋,并向竞买人甲作了实地展示。因该扇形房屋非某银行所有而交付不能,某银行存在主要过错。

而拍卖人某拍卖公司对"台兴路16号"门牌号的具体情况未尽合理的审查义务。本案拍卖的不动产没有权属证明,某拍卖公司在接收委托后,在拍卖前曾两次去现场查看,其应该知道某银行委托拍卖的是目前仍为开理发店的"台兴路16号"方形房屋,而并不是转角处的扇形房屋,但某拍卖公司未清晰地向竞买人展示拍卖标的物的具体位置,导致竞买人认识错误,某拍卖公司未尽其谨慎的注意义务,也存在一定过错。

三、委托人、拍卖人未履行瑕疵告知义务的责任承担

首先,责任承担的程序。本案中,委托人与拍卖人不存在恶意串通的情形,根据《拍卖法》第61条的规定,买受人有权向拍卖人要求赔偿;属于委托人责任的,拍卖人有权向委托人追偿。此情形下的追责程序为,买受人只能按照合同相对性原理,直接要求拍卖人承担合同责任,而不能透过拍卖合同要求委托人对其承担合同责任,拍卖人如认为委托人未能履行如实告知义务的,可按照委托拍卖合同主张合同责任。

其次,关于责任承担的范围。本案主要涉及佣金和定金,其中定金问题争议较大。虽然定金条款规定拍卖人与竞买人签订的《拍卖合同》,委托人某银行并未参与《拍卖合同》的条款制定,但定金条款是拍卖行业的行业惯例,且定金条款的制定也系为维护委托人即某银行的合法权益,因此拍卖人按照拍卖合同赔偿定金,系必要的赔偿支出,应由某银行与某拍卖公司共同承担。

因此,某拍卖公司向买受人承担赔偿责任后,可再根据委托合同向某银行追偿,因为某银行为主要过错方,某拍卖公司为次要过错方,双方按照8:2的比例承担赔偿责任是合适的。

【案例索引】

一审:浙江省舟山市普陀区人民法院(2011)舟普商初字第321号

114. 某拍卖公司与某烟草公司拍卖合同纠纷案

——委托人违约,拍卖人未及时将保证金退还竞买人的责任

问题提示:1. 拍卖活动中的委托人、拍卖人、买受人相互之间的法律关系如何? 2. 拍卖标的依法拍卖成交后,委托人未按约定向拍卖人交付拍卖标的物,导致拍卖人向拍卖成交人承担返还保证金和赔偿损失的违约责任后,拍卖人是否可依据其与委托人之间的委托拍卖合同向委托人主张赔偿损失?

【基本案情】

再审申请人(一审被告、二审被上诉人):某烟草公司

被申请人(一审原告、二审上诉人):某拍卖公司

人民法院经审理查明:2008年9月,被告某烟草公司与原告某拍卖公司签订《委托拍卖合同》,约定委托某拍卖公司将位于廊坊市和平路169号中天广场的餐

厅、客房、物业整体承租、经营权(以下简称涉案资产承租经营权)进行拍卖。2009年8月7日,原告某拍卖公司发布拍卖公告,确定了拍卖标的、拍卖时间、拍卖地点、展示时间、展示地点等内容。2009年8月13日,甲授权乙与原告签订了《竞买协议书》,并于当日向原告某拍卖公司支付保证金200万元。2009年8月14日,乙代表甲参加了拍卖会,以310万元拍卖成交,并签署了《拍卖成交确定书》。2009年8月14日,被告某烟草公司告知甲,因接到上级指示,双方不能签订涉案资产承租合同。2009年8月26日,原告某拍卖公司通知甲提供收款账户,退还其200万元竞买保证金,但时至甲提起诉讼并未退还。2012年9月12日,河北省高级人民法院作出(2012)冀民一终字第152号民事判决书,判决由某拍卖公司返还甲保证金200万元,并自2009年8月26日起至清偿完毕之日止按照中国人民银行逾期贷款利率计算利息。后某拍卖公司向最高人民法院提起再审,2013年1月31日,最高人民法院作出(2012)民申字第1582号民事裁定书,裁定:驳回本案原告某拍卖公司的再审申请。

另查明:河北省高级人民法院(2012)冀民一终字第152号民事判决书生效后,甲向本院申请强制执行,执行过程中,被执行人某拍卖公司已履行200万元竞买保证金的返还义务(2013年3月至6月分三次支付),并负担27 870元执行费。2014年7月22日,某拍卖公司又向甲支付50万元履行款。

某拍卖公司诉称:原告将被告某烟草公司委托的标的拍卖成交后,被告某烟草公司未按约定移交拍卖标的,造成原告某拍卖公司各项损失共计919 040元。故原告起诉要求被告某烟草公司赔偿以上损失。

某烟草公司辩称:某拍卖公司的损失是因其自身未退还拍卖保证金所致,其损失应由自己承担。某烟草公司对某拍卖公司的损失方面没有过错,有河北省高级人民法院及最高人民法院生效裁判文书等相关证据予以证实。请求依法驳回被申请人的诉讼请求。

【裁判结果】

一审:驳回原告某拍卖公司全部诉讼请求。

二审:一、撤销河北省廊坊市广阳区(2013)广民初字2602号民事判决;二、某烟草公司于本判决生效之日起十日内赔偿某拍卖公司各项损失共计524 040元;三、驳回某拍卖公司的其他诉讼请求。

再审:维持本院(2014)廊民二终字第268号民事判决。

【争议焦点与裁判理由】

本案的争议焦点是:(1)买受人甲、委托人某烟草公司、拍卖人某拍卖公司之间的法律关系应如何厘清;(2)某烟草公司是否需要向某拍卖公司赔偿损失。

根据再审裁判文书,人民法院认为,河北省高级人民法院(2012)冀民一终字第152号一案中,甲依据拍卖合同法律关系向某拍卖公司主张权利,法院系基于甲与某拍卖公司之间拍卖合同关系进行审理并作出裁判，并未涉及某拍卖公司与某烟草公司间委托合同关系纠纷处理，因此本案某拍卖公司依据委托拍卖合同关系向某烟草公司主张权利，并不与前案重复或冲突。

某烟草公司在签订《拍卖成交确认书》后，拒不移交拍卖标的的承租经营权，造成了某拍卖公司与甲之间权利义务不明确的状况，增大了某拍卖公司的履约难度，使其被动地涉入长达多年的民事诉讼、执行程序，导致该公司营运成本的增加与商业名誉的降低，并因此实际承担了各项费用。基于上述理由，本院认为某烟草公司单方面终止《拍卖成交确认书》的行为是造成某拍卖公司以上损失的原因，某烟草公司应承担与其过错相适应的赔偿责任。在甲起诉的案件中，某拍卖公司负担的诉讼费 24 040 元应由某烟草公司予以赔偿；但某拍卖公司因应诉产生的其他差旅费、代理人委托费用等属于自行扩大的损失，由该公司自负。关于某拍卖公司向甲承担的，延迟返还 200 万元保证金期间（自 2009 年 8 月 26 日至实际返还日）产生的利息损失，与某烟草公司的过错具有因果关系，因此某烟草公司应该赔偿某拍卖公司部分利息损失，参照延期返还保证金期间的中国人民银行同期的活期存款利率与逾期贷款利率息差计算，本院酌定某烟草公司的赔偿金额为 50 万元。因迟延返还 200 万元竞买保证金产生的其余利息损失与其他损失，应归责于某拍卖公司提存延迟行为，由该公司自负。

【案例评析】

在拍卖活动中涉及委托人、拍卖人、竞拍买受人三方之间的纠纷和争议时，首先应当厘清三方之间合同关系的性质，以确定权利人提出的诉讼请求的请求权基础。

委托人与拍卖人之间成立的是委托合同，而非行纪合同。拍卖人完成委托拍卖事项后，委托人应当向拍卖人支付报酬。委托人与竞拍买受人系买卖合同关系，委托人是实际的卖方。但是在拍卖成交后，通常是先由拍卖人与买受人签署拍卖成交确认书。（根据我国《拍卖法》第 52 条之规定，要求拍卖人在成交后，拍卖人与买受人签署成交确认书。拍卖实践中，通常亦是由拍卖人先与买受人签署成交确认书），此时，对于买受人而言，拍卖人需要向其履行交付拍卖标的物的义务，在一定程度上具备卖方的法律地位。若拍卖人按照其与委托人的保密约定，未披露委托人身份的，拍卖人基本上完全处于卖方的法律地位。即使拍卖人作为受托人向买受人披露委托人的身份，买受人仍有权选择拍卖人或者委托人作为出卖方，向其主张买卖合同的权利，但是在选择之后，不得变更其已经选定的相对人。

厘清以上关系之后，再来考虑本案中买受人甲、拍卖人某拍卖公司、委托人某烟草公司之间的法律关系和权利方提出的请求权基础。买受人甲基于其与某拍卖公司之间的成交确认书，选择其作为出卖方，当某拍卖公司无法按拍卖成交确认书交付拍卖标的时即构成违约，甲有权要求某拍卖公司返还保证金 200 万元和逾期利息损失。虽然某拍卖公司未能交付拍卖标的物的原因在于某烟草公司未向其移交标的物,但作为对买方甲的抗辩理由并不能成立。某拍卖公司在向甲返还保证金以及逾期利息损失后,依据其与某烟草公司之间的委托合同纠纷就其承担的损失要求某烟草公司赔偿(注意:保证金200万元系由某拍卖公司收取,不属于损失)。某拍卖公司可以向某烟草公司主张的损失不仅包括逾期利息损失(但某拍卖公司在明知合同不能履行,仍继续迟延归还保证金扩大产生的利息损失不应包括在内),还包括某拍卖公司在过程中支出的各种费用以及预期可以获得的委托拍卖报酬等。

综上,本案一审判决未考虑三方当事人之间合同的相对性原则,判决有误。二审和再审判决纠正了一审判决的错误,也对某拍卖公司提出的赔偿损失的诉讼请求予以部分支持,但在认定法律关系和说理上仍有一定欠缺。

【案例索引】

一审:河北省廊坊市广阳区人民法院(2013)广民初字第2602号

二审:河北省廊坊市中级人民法院(2014)廊民二终字第268号

再审:河北省廊坊市中级人民法院(2014)廊民再终字第49号

115. 甲与某产权交易所拍卖合同纠纷案

——第三方违约能否免除委托人和拍卖人的责任

问题提示:1. 竞买人在竞拍前有没有实地查看拍卖标的物的义务? 2. 拍卖人能否以为其拍卖提供拍卖服务的第三人的过错为由,拒绝对竞买人的损失承担责任?

【基本案情】

上诉人(一审原告):甲

被上诉人(一审被告):某产权交易所

人民法院经审理查明:2013年年初,被告受奉贤区公务用车车辆处置工作小组的委托,统一组织该区公务用车转让工作,第三人作为被告的经纪会员单位以及奉贤区公务用车处置工作小组指定的产权交易服务机构,为此次公务用车处置工作提供相关产权交易服务。嗣后,被告在其网站上发布上海市奉贤区公务用车转让项目公告,组织网络竞价活动,并由淘宝网提供技术支持。2013年4月12日,原告甲办理了竞买登记手续,并填写《奉贤区公务车竞买登记表》,其中“拟受让车辆”栏内填写了5辆车辆编号,包括“0937号的沪L3××××轿车”。2013年4月19日,原告向被告指定的支付宝账户充入足额保证金(每辆车为10 000元),登录被告网站,参加第三批奉贤公务用车竞价专场,上午11时58分,原告以239 060元价格拍得0937号沪L3××××帕萨特轿车一辆。4月23日，原告根据《上海市奉贤区第三批公务用车成交手续办理须知》的规定前往第三人处办理受让车辆的成交确认、费用缴纳及过户申请手续时，被告知该受让车辆已于先前奉贤区第二批公务用车竞买专场中被他人竞得，被告无法向原告交付上述车辆。后被告退还原告存入支付宝账户内的所有保证金。

另查明，被告与第三人签订的《奉贤区公务用车车辆处置项目产权交易服务协议书》约定被告(甲方)委托第三人(乙方)为奉贤区公务用车处置项目提供产权交易服务，其中第二条"服务项目内容"包括乙方协助奉贤区政府收集车辆及附件材料，对材料整理编号、将转让信息、意向受让信息等录入国有产权交易系统，并递交甲方审核等内容；第七条"违约责任"约定乙方未经甲方同意，不按照本协议约定的要求和期限提供服务的，乙方应承担相应责任；若由此而造成甲方或其他相关方损失的，乙方应承担相应赔偿责任。

原告甲起诉认为：原告参加被告举办的"第三场奉贤0663号0967号公务用车竞价专场"，以人民币239 060元(以下币种同)拍得0937号沪L3××××帕萨特轿车。根据《上海市奉贤区第三批公务用车成交手续办理须知》，原告作为买受人前往第三人处办理受让车辆的成交确认、费用缴纳及过户申请手续，却被告知该受让车辆已于先前奉贤区第二批公务用车竞买专场中被他人竞得，被告无法向原告交付上述车辆并办理相关手续。据此提出，解除原被告之间签订的拍卖合同，赔偿原告的经济损失等诉请。

被告某产权交易所辩称：(1)原、被告间没有形成拍卖合同关系，被告发布信息属于要约邀请，原告参与竞拍属于要约，双方并没有签订成交确认书，因此原告要求解除合同没有法律依据；(2)原告主张的经济损失106 240元未提供证据证明，计算方式和金额组成均没有相关事实和法律依据；(3)本案被告申请追加的第三人作为本次公车竞买的经纪机构在数字录入过程中出现过失，根据被告和第三人之间的经纪服务书约定，该过错导致的一切责任应由第三人承担。

【裁判结果】

一审：一、解除原告甲与被告某产权交易所之间的拍卖合同；二、被告某产权交易所于本判决生效之日起十日内赔偿原告甲10 000元。

二审：上诉人甲以双方达成和解协议并已履行为由申请撤回上诉。二审法院准许其撤回上诉。

【争议焦点与裁判理由】

本案的争议焦点是：(1)拍卖过程中，拍卖合同是否已经成立；(2)拍卖人能否以为其拍卖提供拍卖服务的第三人的过错为由，拒绝对竞买人的损失承担责任。

根据生效裁判文书，人民法院认为，当事人应当按照合同约定全面履行自己的义务。一方不履行合同义务或者履行合同义务不符合约定的，应当承担继续履行、采取补救措施或者赔偿损失等违约责任。本案中,被告在其网站上确认原告于2013年4月19日11时57分获得拍品时,原、被告的拍卖合同即已成立,填写成交确认书仅是后续手续之一,因此,被告辩称应以签订成交确认书来确定拍卖关系成立的意见本院不予采纳。此外,《奉贤区公务用车车辆处置项目产权交易服务协议书》系被告与第三人之间签订的协议,对协议外的第三方不产生法律效力,因此,虽然造成原告最终无法购买竞拍车辆系由于第三人的工作失误,但是本次公务用车竞买活动的承办方为被告,第三人仅提供产权交易服务,故在拍卖活动过程中造成竞买人损失的,理应由被告予以赔偿。

【案例评析】

本案中,原告甲在参与竞拍后,竞买成功最后却无法购买竞拍车辆,过错显然不在其这一方。综合本案案情,案件其实涉及两个拍卖法律问题:(1)竞拍人在拍卖前有无实地查看拍卖标的的义务,如果没有查看,是否存在过错;(2)拍卖人能否以为拍卖服务的第三人存在过错为由,主张其不承担拍卖活动中给竞买人造成的损失。上述两个问题,第一个问题系本案第三人提出来的,法院虽然没有在判决理由中进行回应,但在责任认定时没有提及,说明这个理由是不能成立的。关于被告提出的其与第三人之间的约定,法院没有支持也是非常正确的。

一、竞买人没有实地查看拍卖标的物的义务

《拍卖法》第48条规定,拍卖人应当在竞拍前展示拍卖标的,并提供查看拍卖标的的条件及有关资料。从该条规定来看,法律规定了拍卖人展示拍卖标的的义务,但并没有强制竞买人必须实地查看拍卖标的。尽管在拍卖实践中,很多竞拍人出于审慎考虑,会尽可能地实地查看拍卖标的。但从法律上来说,这不是一种强制性的法律义务,这只是竞拍人为了确保自己的合法权益慎重参拍的举动。竞拍人没有去查看,也不能免除拍卖人的相关法律责任。特别是随着网络拍卖的发展,指望竞拍人去实地查看拍卖标的,已经变得相当的不现实。本案中,最终造成当事人之间诉讼的原因是竞拍的标的已经在涉案拍卖之前被拍卖成功,也就是说,涉案的拍卖标的实际上已经不能拍卖了。更何况,对于这类公车拍卖,竞拍人完全有足够的理由相信拍卖标的物的确存在。因此,竞拍人不予实地查看拍卖标的并无任何过错,也不需要因此而承担任何法律责任。

二、拍卖人不得以第三人的过错为由豁免其在拍卖活动过程中给竞买人造成的损失

在拍卖实践中,拍卖人可能将一些相关的服务外包给第三方,由于第三方的原因造成拍卖纠纷的,原则上来讲,与竞拍人等都没有直接关系,与竞拍人在拍卖活动中可能发生法律关系的包括委托人和拍卖人,为拍卖人提供服务的第三方与竞拍人之间一般不存在法律关系。由于拍卖涉及的法律关系均为合同法律关系,合同的相对性原理决定了合同中出现的问题,合同一方当事人只能追究另一方当事人的责任,而不能越过合同中的另一方当事人直接向第三人追究法律责任。本案中,法院查明的事实已经确认了造成涉案拍卖无法实际成交的原因在于第三人工作人员存在工作失误。虽然被告与第三人之间已经约定了因为第三人的原因造成的损失要由第三人来承担,但这只是被告与第三人之间的约定,本案原告甲与第三人之间并不存在任何合同关系,因此,某产权交易所需要对原告甲的损失承担法律责任,当然,这并不妨碍其在向甲承担法律责任后再向第三人进行追偿。

不过,需要说明的是,在司法拍卖中,在拍卖过程中承担服务工作的第三方有可能因为其过错向竞拍人等承担法律责任。按照《最高人民法院关于人民法院网络司法拍卖若干问题的规定》第 35 条的规定,网络司法拍卖服务提供者在司法拍卖过程中负有相应的义务,如果其违反该司法解释规定,如存在操控拍卖程序、修改拍卖信息等行为的,其仍然有可能需要向竞拍者承担法律责任。

三、关于拍卖合同是否成立的问题

本案被告在答辩意见中以双方之间尚未签订拍卖成交确认书为由抗辩称其与甲之间的拍卖合同尚未成立,对于其该抗辩意见,一审法院明确不予支持。从《拍卖法》来看,被告在发出拍卖公告之时,属于拍卖要约,在原告以最高价竞买成功之后,双方之间的拍卖合同已经依法成立。签订拍卖成交确认书只是拍卖成交的后续之一,是否签订并不影响双方之间拍卖合同的成立。一审法院的认定是非常正确的。

【案例索引】

一审:上海浦东新区人民法院(2013)浦民一(民)初字第 38646 号

二审:上海市第一中级人民法院(2014)沪一中民一(民)终字第 632 号

116. 某拍卖公司与甲拍卖合同纠纷案

——取得竞买人资格的要件

问题提示:1. 缴纳号牌押金和保证金是否为获得竞买人资格的必要条件? 2. 在拍卖过程中,登记的竞买人是否应对他人持有其所领竞买号牌参与的行为承担法律责任?

【基本案情】

原告:某拍卖公司

被告:甲

人民法院经审理查明:2010 年 11 月 22 日,某拍卖公司在北京千禧大酒店举办拍卖会。拍卖当日,甲本人持身份证填写《竞投者登记单》并领取 250 号竞买号牌。该登记单载明:竞买人已详细阅读并理解《某拍卖公司拍卖规则》(见附件一),同意按该规则各项条款之规定参加某拍卖公司的拍卖会,并接受如下条款:竞买人参加本公司的拍卖活动,应在交纳竞投号牌押金后领取竞投号牌,否则不视为正式竞买人。竞投号牌是竞买人具备买权的标志,应妥善保管,竞买人不得擅自将竞投号牌转给第三方,因竞买人丢失或转让竞投号牌等原因引起的一切后果由竞买人自负;竞买人竞投成功后,即成为该拍卖品的买受人,买受人应当自拍卖成交日 7 日内支付本公司相当于落槌价 12% 的佣金,同时支付其他各项费用,且不得干涉本公司向委托人收取佣金和其他各项费用;关于滞纳金的规定,在拍卖成交日(含成交日)起 7 日内,如买受人仍未足额支付购买价款,某拍卖公司有权自拍卖成交日后第 8 日起就买受人未付款部分按照日息万分之三收取利息和每日万分之一收取保管费直至买受人付清全部款项之日止,买受人与某拍卖公司有协议除外。某拍卖公司未收取甲的竞投号码押金和保证金。

甲参加了拍卖会的瓷器、玉器工艺品专场。拍卖会现场的视频资料显示:在拍卖 5016 号拍卖品时,视频中无甲本人及举牌人的画面,拍卖师宣布 5016 号拍卖品由 250 号竞买号牌以 16 万元落槌成交;在拍卖 5061 号拍卖品时,坐在甲旁边的男子举 250 号竞买号牌应价,拍卖师宣布 5061 号由 250 号竞买号牌以 10 万元落槌成交。5016 号拍卖品的《拍卖成交确认书》载明:拍卖场次为 2010 年北京某秋季拍卖会;拍品图录号为 5016;拍品名称为“清乾隆青花缠枝莲纹小瓶”;竞买牌号为 250;成交价为 16 万元;佣金为 12%;买受人签字处由乙签字。该《拍卖成交确认书》同时注明:竞买人竞投成功后,即成为该拍卖品的买受人;买受人应自拍卖成交日起 7 日内支付本公司相当于落槌价 12% 的佣金,同时支付其他各项费用,且不得干涉本公司向委托人收取佣金和其他各项费用;买方已认真阅读某拍卖公司《拍卖规则》及《敬请注意》,并遵守其中一切条款。5061 号拍卖品的《拍卖成交确认书》载明:拍卖会场次为 2010 年北京某秋季拍卖会;拍品图录号为 5061;拍品名称为“清康熙墨地五彩云龙纹小罐”;竞买牌号为 250;成交价为 10 万元;佣金为 12%;买受人签字处由乙签字。《拍卖成交确认书》下方注明部分的内容同 5016 号拍卖品的《拍卖成交确认书》。拍卖会中,甲还竞拍了 5046 号拍卖品。5046 号拍卖品的《拍卖成交确认书》载明:拍卖会场次为 2010 年北京某秋季拍卖会;拍品图录号为 5046;拍品名称为“清道光粉彩太平有象纹杯”一对;竞买牌号为 250;成交价为 7 万元;佣金为 12%;买受人签字处由甲签字。甲已支付了 5061 号拍卖品和 5046 号拍卖品的相关购买价款,一直未支付 5016 号拍卖品的购买价款。庭审中,甲表示不认识乙,其确认 5016 号拍卖品和 5061 号拍卖品的《拍卖成交确认书》均由同一人所签,但对拍卖会视频资料中显示的其登记领取的 250 号竞买号牌由乙举牌应价,未作出合理解释。诉讼中,某拍卖公司曾致电甲协商解决本案纠纷,甲在通话中认可 5016 号拍卖品由其朋友乙用其 250 号竞买号牌竞买，乙签署了《拍卖成交确认书》；甲同意由其或乙赔付某拍卖公司双倍佣金。后双方就赔偿数额未能达成一致意见。

根据某拍卖公司提交的拍卖会的《瓷器工艺品图录》显示：5016 号拍卖品为清乾隆青花缠枝莲纹小瓶，参考价格为 15 万～25 万元。图录使用一整页对 5016 号拍卖品进行文字介绍并附有照片。《瓷器工艺品图录》后附有《拍卖规则》。该《拍卖规则》载明：竞买人为自然人的，应在拍卖日前凭有效身份证件填写并签署登记档，领取竞投号牌，即视为正式竞买人。竞买人请妥善保管竞投号牌，非经双方事先达成书面一致，拍卖活动现场持相应竞投号牌者某拍卖公司将视为竞买人本人；拍卖成交后，买受人应自拍卖成交日（含成交日）起 7 日内一次付清购买价款并领取拍卖品（包装及搬运费用自负），否则应承担违约责任；若买受人未能按照约定的时间足额付款，某拍卖公司有权解除拍卖合同，并按有关法律法规的规定及本规则的约定，追究买受人相应的法律责任，在拍卖成交日（含成交日）起 7 日内，如买受人仍未足额支付购买价款，某拍卖公司有权自拍卖成交日（含成交日）后第 8 日起就买受人未付款部分按照日息万分之三收取利息，直至买受人付清全部款项之日止；若买受人未能按照约定的时间领取拍得的拍卖品，则某拍卖公司有权就拍卖品储存在某拍卖公司或其他地方，由此发生的一切费用或风险均由买受人承担，买受人应向某拍卖公司支付自拍卖成交日（含成交日）后第 8 日起至实际领取之日止期间的保管费，每日保管费按落槌价日万分之三的标准计算。庭审中，原告主张其曾以邮寄方式向甲送达《瓷器工艺品图录》，并在甲办理竞投手续时向甲送达《瓷器工艺品图录》。甲对此予以否认。某拍卖公司未就其已将《瓷器工艺品图录》送达甲提交证据予以证明。同时，甲提交某拍卖公司网站公示的拍卖流程打印件，认为按照该流程的规定，竞买人必须支付拍卖保证金，否则视为放弃竞买。该拍卖流程载明：拍卖人向竞买人收取一定数量的竞买保证金，是为了保证拍卖的成功，防止竞买人不负责任地出价，维护委托人的利益；竞买人必须按照拍卖公告中规定的期限和数额支付拍卖保证金，逾期或未付足额保证金的竞买人都将被视为放弃竞买；当竞买人成为买受人后，应与拍卖人签署《拍卖成交确认书》，确认书是买受人与拍卖人之间约定的再确认；确认书也是确定拍卖人和买受人权利、义务的一种买卖合同，具有法律约束力；确认书内容包括：买受人的号牌编号、买受标的的编号、名称、数量、成交价格、成交手续费比例、金额及全部应付价款数额、拍卖人和买受人的签名；确认书必须经拍卖人和买受人签署后方能生效。某拍卖公司认可甲提交的拍卖流程内容与其网站公布的一致，但提出拍卖流程仅是其网站公布内容的一部分，其在网站还公示了《拍卖规则》。某拍卖公司网站公示的《拍卖规则》载明："竞买人"指参加某拍卖公司举办的拍卖活动，在某拍卖公司登记并办理了必要手续，且根据中国法律规定具有完全民事行为能力的参加竞购拍卖品的自然人、法人或者其他组织；法律、法规对拍卖品的买卖条件或对竞买人的资格有规定的，竞买人应当具备规定的条件或资格;本规则中,除非另有说明或根据文义特殊需要,竞买人均包括竞买人的代理人。“购买价款”指买受人因购买拍卖品而应支付的包括落槌价、全部酬金、应由买受人支付的其他各项费用以及因买受人不履行义务而应当支付的所有费用在内的总和。除非委托人与拍卖公司另有约定,拍卖成交后,委托人应支付相当于落槌价1%的保险费;竞买人为自然人的,应在拍卖日前凭有效身份证或护照或中华人民共和国认可的其他有效身份证件填写并签署登记文件,领取竞投号牌,否则不视为正式竞买人;竞买人参加拍卖公司拍卖活动,应在领取竞投号牌前交纳保证金,保证金的具体数额由拍卖公司在拍卖日前公布;竞买人竞投成功后,即成为该拍卖品的买受人。除委托人与拍卖公司另有约定外,委托人授权拍卖公司按落槌价12%扣除佣金并同时扣除其他各项费用。尽管拍卖公司是委托人的代理人,但委托人同意拍卖公司可根据本规则的规定向买受人收取酬金及其他各项费用。买受人应支付拍卖公司相当于落槌价12%的酬金,同时应支付其他各项费用,且其承认拍卖公司可根据本规则规定向委托人收取佣金及其他的各项费用;拍卖成交后,买受人应自拍卖成交日起7日内一次付清购买价款并领取拍卖品(包装及搬运费用自负),否则应承担违约责任;在拍卖成交日起7日后,如买受人仍未足额支付购买价款,拍卖公司则自拍卖成交日后第8日起就买受人未付款部分按照日息万分之三收取利息,直至买受人付清全部款项之日止,买受人与拍卖公司另有协议者除外。

另外,拍卖会前,某拍卖公司曾与委托人乙签订《委托拍卖合同(合同编号0000017)》,约定:乙委托某拍卖公司拍卖两件拍品,其中名为青花缠枝花小瓶的拍品,年代为乾隆,序号为77,拍卖保留价为15万元;委托人同意在拍卖成交时向某拍卖公司支付相关费用,收取标准为按落槌价的1%支付保险费、按落槌价的7%支付佣金,图录费的标准为整页1500元、1/2页1000元、1/4页500元。2011年1月28日,乙委托张某某取回5016号拍品(清乾隆青花缠枝莲纹小瓶),张某某向某拍卖公司出具《提货证明》,乙未向某拍卖公司支付保险费、佣金、图录费等。

此外,2010年11月11日北京市文物局下发《关于北京某2010年秋季专场拍卖会文物拍品审核的批复》,审核同意某拍卖公司于2011年11月19~22日举办秋季专场拍卖会的文物拍卖标的物,该文件所附《拍卖标的审核清册》中包括第5016项(清乾隆—青花缠枝莲纹小瓶)、第5046项(清道光—粉彩太平有象纹杯)、第5061项(康熙—墨地五彩云龙纹小罐)。2010年11月15日和26日,某拍卖公司就拍卖会向北京市工商局朝阳分局办理了会前备案和会后备案手续。

原告诉称:某拍卖公司于2010年11月22日在北京千禧大酒店举办了2010年北京某秋季拍卖会。甲在拍卖会前以自己名义办理了竞买手续。后其在拍卖会上竞买了图录号为5016号的“清乾隆—青花缠枝莲纹小瓶”(以下简称5016号拍卖品),落槌价为16万元,酬金为19 200元,拍卖品购买价款合计为179 200元。后甲签署了5016号拍卖品的《拍卖成交确认书》。在举办拍卖会前，某拍卖公司与5016号拍卖品的委托人签署了《委托拍卖合同》，约定：拍卖成交后委托人按照拍卖品落槌价一定比例向某拍卖公司支付佣金、保险费以及1500元的图录费。由于甲一直未如约付款，经某拍卖公司多次催讨，甲至今仍未按照某拍卖公司《拍卖规则》的规定支付5016号拍卖品的落槌价、酬金、保管费等，致某拍卖公司遭受巨大经济损失。故诉至法院，要求法院判令：(1)解除某拍卖公司与甲之间的拍卖合同关系；(2)甲赔偿某拍卖公司按照5016号拍卖品落槌价的12%比例应收取的佣金损失19 200元；(3)赔偿某拍卖公司按照5016号拍卖品落槌价应收取的委托人的佣金、保险费、图录费损失14 300元；(4)支付利息(以5016号拍卖品购买价款179 200元为基数，自2010年11月29日起至给付之日止，按照每日万分之3计算)；(5)支付保管费(以5016号拍卖品购买价款179 200元为基数，自2010年11月29日起至实际取消保管之日止，按照每日万分之一计算)；(6)诉讼费由甲承担。

被告甲辩称：(1)根据《竞投者登记单》的相关条款规定，竞买人参加某拍卖公司的拍卖活动，应在交纳竞投号牌押金后领取竞投号牌，否则不视为正式竞买人。根据该规定，甲未交纳竞买号牌押金，所以不是正式竞买人。(2)根据《拍卖法》规定，拍卖成交后，买受人和拍卖人应当签署成交确认书。根据该规定，某拍卖公司提交的成交确认书，并非甲所签，甲并非本案适格被告。(3)某拍卖公司提交的其与委托人签订的《委托拍卖合同》，委托人并非乙签字；委托人取走5016号拍卖品的提货证明上，亦非乙签字。某拍卖公司无法证明5016号拍卖品是否存在，是否经过北京市文物局审核批准。某拍卖公司应当出示拍卖笔录，查看是否有甲本人签名。(4)甲并未举牌竞拍过5016号拍卖品，5016号拍卖品的《拍卖成交确认书》上非甲本人签字，即使拍卖合同成立，亦与甲无关。(5)某拍卖公司未向甲提供《拍卖规则》，故该规则对其无约束力。某拍卖公司依据《拍卖规则》的规定，在没有甲书面授权委托书的情况下，将他人签名的《拍卖成交确认书》视为甲签订的《拍卖成交确认书》，不符合法律规定，也不符合常理。根据某拍卖公司网站公布的《拍卖流程》规定：拍卖人向竞买人收取一定数量的竞买保证金，是为了保证拍卖的成功，防止竞买人不负责任地出价，维护委托人的利益；竞买人必须按照拍卖公告中规定的期限和数额支付拍卖保证金，逾期或未付足额保证金的竞买人都被视为放弃竞买。由于甲未缴纳保证金应视为放弃竞买。综上，甲与某拍卖公司不存在拍卖合同关系，不存在解除合同问题。即使双方存在拍卖合同关系，甲也不同意解除合同，亦不同意承担某拍卖公司主张的各项费用。

【裁判结果】

一审：一、解除原告某拍卖公司与被告甲于2010年11月22日订立的关于5016号拍卖品即清乾隆青花缠枝莲纹小瓶的拍卖合同；二、被告甲于本判决生效之日起十日内赔偿原告某拍卖公司佣金损失一万九千二百元；三、被告甲于本判决生效之日起十日内赔偿原告某拍卖公司利息损失(以16万元为基数,自2010年11月29日起至2011年1月27日止,按照每日万分之三计算);四、被告甲于本判决生效之日起十日内赔偿原告某拍卖公司保管费损失(以16万元为基数,自2010年11月29日起至2011年1月27日止,按照每日万分之一计算);五、被告甲于本判决生效之日起十日内赔偿原告某拍卖公司应收委托人的佣金、图录费、保险费损失一万四千三百元;六、驳回原告某拍卖公司其他诉讼请求。

【争议焦点与裁判理由】

本案的争议焦点是:(1)缴纳号牌押金和保证金是否为获得竞买人资格的必要条件;(2)在拍卖过程中,登记的竞买人是否应对他人持有其所领竞买号牌参与的行为承担法律责任。

人民法院经审理认为,某拍卖公司于2010年11月22日举办的2010年北京某秋季拍卖会,在拍卖会前,北京市文物局下发文件予以审核,某拍卖公司在拍卖会之前和之后均向工商管理部门进行了备案。甲本人参加了该场拍卖会。

一、甲是否为5016号拍品的合格竞买人

首先,拍卖会之前,甲本人持有效身份证件,填写《竞投者登记单》,领取了第250号竞买号牌,正式登记为拍卖会的竞买人,且甲参加了本场拍卖会。在拍卖师拍卖5016号拍卖品时,由甲领取的250号竞买号牌举牌应价,拍卖师落槌宣布250号竞买人以16万元的落槌价竞得该拍卖品,甲在拍卖会现场并未提出异议。其次,某拍卖公司的网站公示的拍卖流程明确告知竞买人:拍卖人向竞买人收取一定数量的竞买保证金,是为了保证拍卖的成功,防止竞买人不负责任地出价,维护委托人的利益。虽然本次拍卖会甲未交纳竞买保证金,但某拍卖公司认可甲的竞买人和买受人资格,且甲在该场拍卖会上还拍得其他拍品并支付价款,故甲具备该场拍卖会的竞买人和买受人资格。甲关于其未交纳竞买号牌押金不是正式竞买人、其未交纳拍卖保证金应视为放弃竞买的答辩意见,法院不予采信。

二、5016号拍卖品的拍卖合同是否成立、是否适用《瓷器工艺品图录》后所附的《拍卖规则》

按照法律规定,在拍卖交易中,拍卖师喊价行为即代表某拍卖公司向所有竞买人发出的要约邀请,而竞买人的举牌行为系竞买人向拍卖公司发出的要约,拍卖师的落槌行为系对举牌竞买人所发要约的承诺,一旦落槌双方即就所拍标的物达成一致意思表示,双方合同即告成立。

本案中,根据拍卖会的视频资料显示:在拍卖5016号拍卖品时,拍卖师宣布5016号拍卖品由250号竞买号牌以16万元的落槌价落槌成交。甲未在5016号拍卖品的《拍卖成交确认书》上签字,而是由乙在该确认书上签字。对此,本院认为:首先,甲虽然称其不认识乙,但对其250号竞买号牌由他人举牌应价无法作出合理解释。在其与某拍卖公司的通话录音中又认可乙系其朋友、用其250号竞买号牌竞买了5016号拍卖品。且乙在拍卖5061号拍卖品时用甲的250号竞买号牌举牌应价，甲在拍卖现场并未对此提出异议，在乙签署了5061号《拍卖成交确认书》后，甲已经支付相应的购买价款。故甲对乙用其250号竞买号牌举牌应价应当是明知的。甲签名确认的《竞投者登记单》载明：竞买号牌是竞买人具备买权的标志，应妥善保管，竞买人不得擅自将竞投号牌转给第三方，因竞买人丢失或转让竞投号牌等原因引起的一切后果由竞买人自负。甲应当知道其登记并领取的250号竞投号牌在拍卖过程中即代表其本人，应对乙用250号竞投号牌举牌应价承担法律后果。其次，《民法通则》规定：本人知道他人以本人名义实施民事行为而不作否认表示的，视为同意。甲在拍卖会现场，甲作为登记的250号竞买牌号的竞买人，在他人用250号竞买号牌举牌应价时以及拍卖师宣布250号竞买号牌以16万元的落槌价竞得5016号拍卖品时均未提出异议或作相反的意思表示。因此，甲应当承担由此产生的法律后果。甲作为竞买人参与某拍卖公司举办的拍卖活动，以16万元的落槌价拍得5016号拍卖品（清乾隆—青花缠枝莲纹小瓶），并由其认可的乙与某拍卖公司签订《拍卖成交确认书》，双方就5016号拍卖品的拍卖达成一致意思表示，即形成了拍卖合同关系。当事人应当按照约定全面履行自己的义务。

诉讼中，某拍卖公司主张应适用《瓷器工艺品图录》所附《拍卖规则》。虽然某拍卖公司提出其向甲送达了该《拍卖规则》，但甲予以否认，某拍卖公司未就此举证，因此某拍卖公司并未向甲送达《拍卖规则》。因此，《瓷器工艺品图录》后附的《拍卖规则》不能作为约束双方当事人的依据。某拍卖公司在网站上公示了拍卖流程和《拍卖规则》，甲亦将拍卖流程作为证据提交，甲签字的《竞投者登记单》中亦注明：竞买人已详细阅读并了解《某拍卖公司拍卖规则》。故甲应当知晓某拍卖公司在其网站公示的拍卖流程和《拍卖规则》的内容，双方应当以网站公示的拍卖流程和《拍卖规则》确定双方的权利义务。甲签署的《竞投者登记单》中的条款亦是双方合同约定的内容，且由于网站公示的拍卖流程、《拍卖规则》的日期在先，《竞投者登记单》的签署日期在后，故内容不一致之处应当以《竞投者登记单》为准。

三、5016号拍卖品的拍卖合同应否解除，甲应否承担赔偿责任

根据《拍卖法》规定：买受人应当按照约定支付拍卖标的的价款，未按照约定支付价款的，应当承担违约责任。某拍卖公司在网站公示的《拍卖规则》规定：拍卖成交后，买受人应自拍卖成交日起7日内一次付清购买价款并领取拍卖品（包装及搬运费用自负），否则应承担违约责任。双方当事人形成拍卖合同关系，甲应当按照约定遵守拍卖规则及时支付相应价款。现甲未按约定履行支付价款的义务，已构成违约。且由于甲未及时支付价款，5016号拍卖品已被委托人取走，双方的拍卖合同已无法实际履行，故某拍卖公司起诉要求解除双方关于5016号拍卖品的拍卖合同，于法有据，法院予以支持。双方合同解除后，尚未履行的，终止履行，已经履行的，根据履行情况和合同性质，当事人可以要求恢复原状、采取其他补救措施，并有权要求赔偿损失。故甲应当赔偿由此给某拍卖公司造成的损失。

关于拍卖佣金,根据《拍卖法》的规定,买受人应向拍卖人支付佣金,双方当事人可以约定拍卖佣金。根据 5016 号拍卖品的《拍卖成交确认书》显示,双方约定了 12% 拍卖佣金比例。拍卖佣金系拍卖人从事拍卖活动应得的报酬,某拍卖公司已经举行了拍卖会并对 5016 号拍卖品进行了拍卖,某拍卖公司有权向甲收取拍卖成交价 12% 的佣金即 19 200 元。故甲应当赔偿某拍卖公司遭受的佣金损失 19 200 元。关于利息,某拍卖公司网站公示的《拍卖规则》和《竞投者登记单》均约定:某拍卖公司有权自拍卖成交日后第 8 日起就买受人未付款部分按照日息万分之三收取利息。由于甲迟延履行支付价款义务构成违约,给某拍卖公司造成的利息损失,应予赔偿。本案中,某拍卖公司已于 2011 年 1 月 28 日将拍卖标的返还委托人,某拍卖公司从该日起已无法实际履行双方的拍卖合同,故某拍卖公司的利息损失的计算期间应为 2010 年 11 月 29 日至 2011 年 1 月 27 日。关于保管费,甲所签《竞投者登记单》约定:某拍卖公司自拍卖成交日后第 8 日起就买受人未付款部分按照每日万分之一收取保管费。由于甲未及时支付购买价款,致使 5016 号拍卖品由某拍卖公司保管,保管费系拍卖公司为履行合同支出的合理费用,故某拍卖公司有权要求甲赔偿其保管费的损失。由于某拍卖公司已于 2011 年 1 月 28 日将 5016 号拍卖品返还委托人乙,此后不再发生保管费。故保管费的计算期间应为 2010 年 11 月 29 日至 2011 年 1 月 27 日。对于某拍卖公司超出部分的诉讼请求,缺乏依据,法院不予支持。

关于委托人佣金、图录费和保险费。根据某拍卖公司与委托人在《委托拍卖合同》中的约定,在拍卖成交后,某拍卖公司有权向委托人收取拍卖佣金、图录费、保险费,并约定了费用的收取标准。上述费用系某拍卖公司在拍卖成交后本可获得的可期待利益。本案中,由于甲的违约行为导致某拍卖公司无法向委托人收取佣金、图录费和保险费,因而造成某拍卖公司的可期待利益损失。故某拍卖公司有权要求甲赔偿其拍卖佣金损失 11 200 元、整页图录费损失 1500 元、保险费损失 1600 元。

【案例评析】

本案中涉及两个核心问题:(1)交纳竞买号牌押金和保证金是否为成为正式竞买人的必要条件;(2)在拍卖过程中,登记的竞买人是否应对他人持有其竞买号牌参与竞拍的行为承担法律责任。

一、号牌押金、保证金的缴纳与竞买人主体资格的认定

关于竞买号牌押金、保证金的缴纳与竞买人资格认定之间的关系,即缴纳竞买号牌押金和保证金是否为获得竞买人资格的必要条件。对此,可以从以下三个方面进行分析:

(一)从押金和保证金的法律性质看

在拍卖活动中,由于制作拍卖号牌需要一定的成本,且拍卖号牌作为认定竞买人身份的标志，为促使竞买人妥善保管竞买号牌，拍卖人往往会收取一定的号牌押金。同样，由于拍卖活动的竞争性，竞买人在竞买成功后成为买受人即需承担支付佣金、价款及相应费用的义务，如果买受人违约，拍卖人及其所代理的委托人将失去与他人交易的机会，因此，为确保竞买人会在竞买成功后及时充分履行义务，拍卖人会要求竞买人在登记时缴纳保证金。从押金和保证金的功能可以看出，在法律上而言，号牌押金和保证金均为金钱担保。既然缴纳号牌押金和保证金是一种担保行为，那么相对于拍卖法律关系而言，仅仅是一种从法律关系。而竞买人资格的认定是与作为主法律关系的拍卖法律关系相关的问题，主法律关系的主体资格认定是在从法律关系确定之前应该解决的问题，主法律关系是独立于从法律关系而存在的，如果以从法律关系的存在与否来决定主法律关系的有无，显然有违法理。因此，竞买人资格的认定不应以是否缴纳押金和保证金这一从合同法律关系的存在与否为前提条件（当然，法律或行政法规有明确规定除外）。

（二）从拍卖行业的交易习惯看

根据国内拍卖行业的交易习惯，竞买人在登记竞买时通常应缴纳竞买号牌押金和保证金，但在拍品档次不高或登记竞买人信用良好等特殊情况下，拍卖人可以豁免竞买人缴纳押金和保证金的义务。因此，缴纳号牌押金和保证金也并非是竞买人资格认定的必要条件，相反，拍卖人可以视情况酌情决定。如果拍卖人基于对竞买人的信任而未收取押金或保证金，竞买人反而据此单方否认其竞买人资格，显然有违诚实信用原则。

（三）从拍卖法的强制性规定看

我国拍卖法并未规定缴纳号牌押金或保证金为竞买人获得竞买资格的前提条件。因此，拍卖人不向竞买人收取号牌押金和保证金并未违反法律的强制性规定。而就拍卖关系的法律性质而言，拍卖合同属于特殊的买卖合同法律关系，《拍卖法》除在第 33 条对竞买人资格有要求之外，对竞买人资格并无其他明确的限制，因此，只要竞买人具备一般民事活动的主体资格即可成为合格竞买人。因此，缴纳号牌押金和保证金不应是成为合格竞买人的必要条件。

（四）从本案的实际情况看

本案的特殊性即在于，关于缴纳号牌押金和保证金的条件是拍卖人在格式合同中单方拟定的条款，是否需要对此作出不利于格式合同拟定者即拍卖人的解释呢？笔者认为不必，理由是：(1)由于拍卖人拟定格式条款在先，而原告登记成为竞买人在后，拍卖人未收取原告押金和保证金的行为可以视为对格式合同中缴纳款项条款的变更，即拍卖人以其实际行为承认原告的竞买人资格；(2)在拍卖人举办的同场次拍卖中，被告还成功竞买了其他拍品，并履行了支付价款的义务，故被告自己亦承认自己为合格竞买人，而在诉讼中却予以否认，有违诚信。

综上可见，号牌押金和保证金的缴纳不应作为认定竞买人资格的必要条件。

二、竞买号牌与竞买人及其代理人身份的认定

在拍卖过程中,登记的竞买人是否应对他人持有其所领取的竞买号牌参与竞拍的行为承担法律责任。对此,可以从两个方面分析。

(一)就竞买号牌的性质而言,竞买号牌系竞买人身份的标识

在拍卖活动中,由于参与竞购者众多,拍卖师无法在现场逐一确定竞买人是否为登记者本人,只能依竞买号牌作为识别竞买人身份的标识。正因如此,拍卖人都会在其拍卖规则中强调竞买号牌的重要性,要求竞买人妥善保管并不得转借他人。因此,竞买号牌系登记竞买人有权参与竞买的资格象征,登记竞买人应对其所领竞买号牌承担法律责任。

(二)竞买号牌实际持有人行为与登记竞买人的法律关系认定

在拍卖活动中,如果他人持有登记竞买人所领竞买号牌参与竞拍,竞买号牌的实际持有人与登记竞买人之间即构成委托代理关系。根据《拍卖法》第34条规定,竞买人可以自行参加竞买,也可以委托其代理人参加竞买。通常而言,委托他人代理参加竞买应向拍卖人提交授权手续,以确保代理人权限的合法性。但不可否认,在实践中,竞买人在拍卖过程中临时委托他人参与竞投,委托授权的法律载体应为竞买号牌。故竞买人应在拍卖过程中对他人持有其所领竞买号牌参与竞买的行为负责。尤其是登记竞买人在场的情况下,在拍卖师明确喊出竞买号牌号码后,登记竞买人对于他人持有其竞买号牌应价行为仍不作相反意思表示,即使竞买号牌实际持有人与登记竞买人之间不存在明确的代理授权关系,根据《民法通则》第66条第1款的规定,此时双方亦构成表见代理关系,登记竞买人需对实际持有人的参拍行为负责。

因此,在拍卖过程中,登记竞买人应对他人持有其所领取的竞买号牌参与竞拍的行为承担法律责任。

一审法院正是通过厘清上述两个前提性的关键问题,进而认定诉讼当事人两方之间成立有效的拍卖合同法律关系,并根据本案原告已将拍卖标的返还委托人的事实,进而依法判定双方解除合同并要求被告承担违约责任。

【案例索引】

一审:北京市朝阳区人民法院(2011)朝民初字第16919号

117. 某租赁公司与某拍卖行拍卖合同纠纷案

——竞买人交付拍卖保证金的时间认定

问题提示：竞买人交付拍卖保证金的时间认定，是以银行出具进账单还是以款项到达拍卖行账户为准？

【基本案情】

上诉人(一审原告)：某租赁公司

被上诉人(一审被告)：某拍卖行

人民法院经审理查明：某拍卖行受托拍卖一处底价为3700万元的房产。2007年7月2日，某租赁公司、某皮业公司及另一案外人向某拍卖行交纳了拍卖保证金400万元，获得了竞买人资格。其中，某皮业公司向某拍卖行交付了400万元的转账支票。当日，银行向某拍卖行出具了进账单，由于双方开户行不同，银行到账需要进行同城交换，7月3日，该保证金才到达某拍卖行账户。2007年7月3日拍卖举行，实际参与竞拍的竞买人包括某租赁公司、电力公司、某皮业公司，某租赁公司经公开竞拍以4600万元竞得上述房产。某拍卖行以拍卖标的物成交价3%的比例向某租赁公司收取佣金138万元。

原告某租赁公司诉称：某拍卖行提供的同城交换系统专用凭证证明其于7月3日收到该保证金，保证金未在7月2日到达，超过了规定的交付时间。某拍卖行在竞买人资格审查上存在过错，导致某租赁公司利益受损，让不具备竞买资格之人将拍卖价应对到4600万元，远远高出拍卖底价达900万元，某租赁公司为此多付拍卖佣金27万元。某拍卖行在审核某皮业公司的竞买人资格过程中存在过错，故诉请判令某拍卖行赔偿原告经济损失900万元、返还多收的27万元拍卖佣金等。

被告某拍卖行辩称：某租赁公司的诉讼请求没有事实和法律根据。理由：参与实际竞买的另两买家某皮业公司、电力公司均按时提供了拍卖保证金，具备竞买资格。拍卖的目的是实现拍卖标的物价值最大化。即使本案拍卖委托人丰收实业公司历次委托拍卖中，存在拍卖成交价是起拍价的情形，并不能得出本次拍卖成交价也应当是起拍价的结论。请求驳回某租赁公司的诉讼请求。

某租赁公司上诉称：某皮业公司不具备竞买人资格。某皮业公司于2007年7月2日在温州交通银行向被上诉人开户的某银行瓯海支行办理金额为400万元的转账支票一份，被上诉人提供的同城交换系统专用凭证一份，证明被上诉人于2007年7月3日收到某皮业公司汇付的400万元保证金，某皮业公司的拍卖保证金并未在2007年7月2日到达被上诉人的账户，已经超过了规定的交付时间。在竞买人资格审查上，被上诉人存在过错。上诉人的利益受到严重损害，且由被上诉人的过错直接导致。让不具备竞买资格之人将拍卖价应对到4600万元，远远高出拍卖底价达900万元,上诉人为此多支付拍卖佣金27万元。被上诉人应当依法承担相应的赔偿责任,并返还多收取的拍卖佣金。要求撤销原判,改判支持上诉人的一审诉讼请求。

被上诉人某拍卖行辩称:参与竞拍的某皮业公司具有竞买人资格。银行实务中,银行对转账支票办理了进账手续,就排除了转账支票退票的情形,开具支票单位的相应账户资金即刻扣减,这一时间与该款实际到账的时间,因银行内部系统运作的原因,有一定的时间差,但并不影响实际到账。某皮业公司在拍卖公告规定的期限内向被上诉人交付了转账支票并办理了进账手续,某皮业公司就具有了竞买人的资格。在竞买人资格审查上,被上诉人并无过错。

【裁判结果】

一审:驳回原告某租赁公司的诉讼请求。

二审:驳回上诉,维持原判。

【争议焦点与裁判理由】

本案的争议焦点是:(1)参与竞拍之一的某皮业公司是否在规定的时间内交纳拍卖保证金;(2)某拍卖行在竞买人资格审查上是否存在过错,应否向某租赁公司承担赔偿责任。

根据生效裁判文书,人民法院认为,某皮业公司交纳的拍卖保证金因同城交换7月3日到达拍卖行账户,此系银行内部系统操作问题,非竞买人自行所能控制,竞买人的转账支票于7月2日被银行受理,就视为其已经尽到了保证金的交纳义务。因此,某租赁公司上诉称,某皮业公司不具有竞买人的资格及某拍卖行在竞买人资格审查上有过错而要求改判,其理由不足,一审判决并无不当。二审依法驳回上诉,维持原判。

【案例评析】

拍卖保证金是竞买人或买受人向拍卖人所做的一种担保形式。由于拍卖活动是一种平等主体之间发生的民事行为,在法律没有明确规定的情况下,民事活动的当事人在不违反法律法规的强制性规定和不违背公序良俗的情况下,可以在双方自愿的前提下自由约定彼此之间的民事权利和义务。拍卖活动中是否收取保证金,可由拍卖人和竞买人根据实际情况进行约定。拍卖保证金通常由两部分构成,即竞买保证金和成交保证金,竞买保证金和成交保证金不属于担保法调整的范围,而是一种民间的约定,法律通常承认这种约定的有效性。拍卖保证金应在拍卖前交付给拍卖人,标的额大的拍品通常以票据形式支付保证金,票据实际款项到账与票据交付有时间差,这就涉及保证金的交付时间认定问题。本案围绕转账支票、进账单、同城交换到账三个时间点产生争议,这有必要结合转账支票、进账单以及同城票据交换的流程进行判断。分析如下:

一、转账支票、进账单与同城票据交换的流程

根据银行操作流程，转账支票是一种业务往来的结算方式。当付款方不用现金支付收款方款项时，可以办理转账支票。转账支票只能用于转账，不能提取现金。转账支票连同填写好的银行进账单一同交给收款单位委托的开户行进行收款。

银行进账单是持票人或收款人将票据款项存入收款人在银行账户的原始凭证，也是银行将票据款项计入收款人账户的凭证。

如果付款方与收款方的开户行不同，需要进行同城交换。同城票据交换是指同一城市（或区域）范围内，各某银行之间将相互代收、代付的票据，定时、定点集中相互交换并清算资金存欠的方法。同城票据交换由人民银行集中监督并清算资金。

同城票据交换的具体做法主要有以下几种：(1)同城某银行间本系统内票据交换。由同城某银行的主管行牵头，对辖区内各营业机构代收、代付本系统的票据组织交换，通过同城行处的往来科目划转，当日或定期通过联行往来科目进行清算。(2)同城某银行间跨系统票据交换。根据各某银行机构设置和在央行开立存款账户的情况，采取三种不同的票据交换额。一是当时清算的办法；二是如果各某银行的所属机构都直接通过在央行的存款账户进行资金清算的办法；三是对业务量不大的地区的跨系统票据交换，采取直接交换、当时清算资金的办法。

二、转账支票与进账单的含义

首先，支票本身就是一种资金结算方式，只要支票是真实的，就应该承认其替代资金的结算功能，在没有特别约定的情况下，票据交付之际就应该是款项到达的时间，否则，票据取代资金的流通价值就无从谈起。

其次，银行收取进账单并办理进账手续具有验证支票真实性的功能。双方当事人没有区分不同情况下的资金到账时间，这就导致存在两个时间点，一是竞买人交付转账支票的时间，二是支票款项的实际到账时间。在银行实际操作中，银行对转账支票办理了进账手续，就排除了转账支票退票的情形，开具支票单位的相应账户资金即刻扣减，也就是说，银行收取转账支票并办理进账手续时付款单位资金的扣减是必然发生的，并不会影响最后的实际到账。而且，转账支票已经交给拍卖人，银行的进账手续实质上验证了支票并非虚假。举个更加极端的例子，即使同城系统发生故障，导致无法按时实际到账，也并不影响拍卖人最终收取这笔款项。

因此，某皮业公司在拍卖公告规定的期限内向被拍卖人交付了转账支票并办理了进账手续，某皮业公司就具有了竞买人的资格。款项的实际到账时间并不影响保证金的支付时间确定。在竞买人资格审查上，拍卖人不存在任何过错。

【案例索引】

一审：浙江省温州市鹿城区人民法院(2009)温鹿商初字第1504号

二审：浙江省温州市中级人民法院(2009)浙温商终字第677号

118. 某房地产公司与某拍卖公司等土地使用权拍卖纠纷案

——其他竞买人对竞买人的竞买资格异议的处理

问题提示:其他竞买人对竞买人的竞买资格有异议如何认定?

【基本案情】

原告:某房地产公司

被告:某拍卖公司

第三人:某国土资源局

第三人:某置业公司

人民法院经审理查明,经会昌县人民政府批准,位于会昌县城山水大道旁原百货公司、煤炭公司及民兵训练基地地段面积20 198.98平方米的土地使用权以有保留价的增价形式公开拍卖。2006年11月22日,第三人某国土资源局与被告某拍卖公司签订委托拍卖合同,将上述国有土地使用权委托某拍卖公司拍卖。2006年11月24日某拍卖公司发布拍卖公告,拍卖公告载明拍卖时间为2006年12月15日10:00,竞买人需交纳保证金300万元。某拍卖公司制定并公布了《江西省会昌县国有土地使用权拍卖规则》,对拍卖条件、保证金、解释权、付款时间、付款方式等内容进行了规定。原告某房地产公司和第三人某置业公司均作为竞买人办理了报名登记手续,填写了《竞买承诺书》,同时交纳了300万元竞买保证金。其中第三人某置业公司电汇竞买保证金的汇出银行为中国农业银行信丰县支行城区分理处,汇入银行为中国农业银行会昌县支行营业部,账号为008101040000190,收款人为会昌县财政局。某置业公司在中国农业银行信丰县支行城区分理处办理电汇竞买保证金的时间为2006年12月14日08:37,在中国农业银行会昌县支行营业部的入账时间为2006年12月14日17:40:42。2006年12月15日某置业公司在拍卖会上,通过公开自由竞价以1930万元的最高应价拍卖成交。12月15日,某置业公司作为买受人与某拍卖公司签署了拍卖成交确认书。另查明,上述土地使用权拍卖会上,竞买人有五家法人,原告某房地产公司和另外三家法人在银行办理保证金的时间均为2006年12月14日。

原告某房地产公司诉称:2006年12月13日,根据被告制定的《拍卖规则》规定,筹措300万元资金转入被告指定的会昌县信用联社营业部账户作竞买保证金。2006年12月15日被告在主持拍卖会时,对竞买人资格审查把关不严,违规操作,使没有竞买资格的第三人某置业公司参与竞买,最后中标成为买受人。被告的违法违规操作行为给原告造成不应有的经济损失。为此,请求法院:依法确认第三人之间以拍卖方式出让国有土地使用权合同无效;判令被告赔偿经济损失计人民币5万元;本案一切诉讼费用由被告负担。

被告某拍卖公司答辩，答辩人在该次拍卖中不存在竞买人主体资格审查把关不严、违规操作问题；某置业公司保证金的交纳基本符合法律要求；原告申请确认成交合同无效缺乏事实及法律依据；某置业公司与我公司的委托人某国土资源局签定的国有土地使用权买卖合同是合法有效的；本次合同是双方真实的意思表示，没有损害国家、集体或者第三人的利益，不存在《合同法》第52条规定的合同无效的情形。综上所述，原告的诉讼理由及请求没有依据，请求人民法院依法驳回。

第三人某国土资源局陈述同意被告方的答辩意见。

第三人某置业公司陈述：我方承认在交纳保证金的时间、交纳的银行账号、交纳的银行开户行与拍卖规则的规定不相符这些事实。

【裁判结果】

一审：驳回诉讼请求。

【争议焦点与裁判理由】

本案的争议焦点是：(1)第三人某置业公司是否具有本案土地使用权拍卖的竞买资格；(2)原告某房地产公司是否享有损害赔偿请求权。

人民法院经审理认为，《拍卖法》对竞买人的资格并没有规定具体条件，只规定法律、行政法规对拍卖标的的买卖条件有规定的，竞买人应当具备规定的条件。故竞买人参与竞买应按照委托人和拍卖人的拍卖公告和拍卖规则的要求办理报名登记手续即可。本案第三人某置业公司按照某国土资源局和某拍卖公司的拍卖公告和拍卖规则的要求，办理了报名登记手续，填写了《竞买承诺书》，交纳了相应的报名资料费，保证金也转入了某国土资源局告知的银行账户。因此，竞买人只要出示了在公告和拍卖规则规定的时间交纳保证金的银行凭证，就应该认定为符合报名条件，而不能以保证金在规定时间之后到账为由否定其竞买资格。此外，虽然第三人某置业公司保证金交纳的银行和账号与拍卖规则上规定的不同，但收款单位与拍卖规则上规定的是一致的即均是会昌县财政局，且该银行和账号也是委托人和拍卖人认可同意的。因此，第三人某置业公司办理报名登记手续的相关事项并没有实质违反拍卖公告和拍卖规则的规定，某拍卖公司准许第三人某置业公司作为竞买人参与竞买并没有违规操作。第三人某置业公司在拍卖会上通过公开竞价，以最高应价拍卖成交并与某拍卖公司签订了拍卖成交确认书，该拍卖合同属双方当事人真实的意思表示，不违反法律、行政法规的禁止性规定，拍卖合同依法应为有效。综上所述，原告某房地产公司请求确认第三人之间以拍卖方式出让国有土地使用权合同无效及赔偿其经济损失没有事实和法律依据，法院不予支持。

【案例评析】

一、某置业公司是否具有本案土地使用权拍卖的竞买资格

《拍卖法》对竞买人的资格并没有规定具体条件，只规定法律、行政法规对拍卖标的的买卖条件有规定的,竞买人应当具备规定的条件。故竞买人参与竞买应当按照委托人和拍卖人的拍卖公告和拍卖规则的要求办理报名登记手续。因为法院民事判决的依据不但包括法律法规,还包括行业惯例、规则和制度。既然对竞买人的资格认定没有法律法规规定的标准,行业惯例、规则就应当作为竞买人资格认定的依据和标准,而不能作任意性的解释和推理,否则会违反民事诉讼的精神和原则,在本案中同时可以防止传统的实体正义重于程序正义的思维惯性,实体正义重要,程序正义更重要,程序正义是实体正义的前提和保证。既然拍卖公告和拍卖规则将交纳保证金的时间、交纳的银行账号、交纳的银行开户行作为取得竞买人资格的条件,潜在竞买人就应当严格遵守履行,否则竞买人资格不成立。本案中,某置业公司按照某国土资源局和某拍卖公司的拍卖公告和拍卖规则的要求,在2006年12月14日17:00前办理了报名登记手续,填写了《竞买承诺书》,交纳了相应的报名资料费,保证金也在2006年12月14日17:00前转入了某国土资源局告之的银行账户。虽然本案拍卖规则上以括号的形式载明"以到账为准",但此"以到账为准"是意在提醒竞买人要出示真实的交纳保证金的银行凭证,防范弄虚作假。因为保证金如何到账和何时到账,均不在竞买人的意志控制和支配之下,因此,竞买人只要出示了在公告和拍卖规则规定的时间交纳保证金的银行凭证,就应该认定为符合报名条件,而不能以保证金在规定时间之后到账为由否定其竞买资格。事实上,本案在实际操作中,包括原告某房地产公司在内五家竞买人也是凭银行的保证金电汇、信汇凭证(回单)或缴款单办理报名登记手续的,而不是以银行的到账凭证。此外,虽然某置业公司保证金交纳的银行和账号与拍卖规则上规定的不同,但收款单位与拍卖规则上规定的是一致的即均是会昌县财政局,且该银行和账号也是委托人和拍卖人认可同意的。所以某置业公司具有竞买人的资格,某拍卖公司准许某置业公司作为竞买人参与竞买并没有违规操作。

二、某房地产公司是否享有损害赔偿请求权

某置业公司在拍卖会上通过公开竞价,以最高应价拍卖成交并与某拍卖公司签订了拍卖成交确认书,该拍卖合同属双方当事人的真实意思表示,不违反法律、行政法规的禁止性规定,拍卖合同依法应为有效。某置业公司办理报名登记手续的相关事项并没有实质违反拍卖公告和拍卖规则的规定,既没有损害其他竞买人的合法权益,也不影响其他竞买人自由竞价和拍卖过程的公开、公平、公正。某房地产公司请求确认某置业公司以拍卖方式出让国有土地使用权合同无效及赔偿其经济损失没有事实和法律依据,不应得到支持。

【案例索引】

一审:江西省赣州市中级人民法院(2007)赣中民二初字第4号

119. 甲与某拍卖行拍卖合同纠纷案

——竞买人身份的取得

问题提示:竞买人身份如何取得?

【基本案情】

上诉人(一审原告):甲

被上诉人(一审被告):某拍卖行

一审第三人:某拆迁工程公司

一审第三人:乙

人民法院经审理查明:某拍卖行受东莞市土地储备中心委托,对原宏达长毛绒公司的厂房及附着物所形成的剩余残值进行拍卖。2013 年 5 月 18 日,委托方刊登《拍卖公告》,该公告确定涉案拍卖物及起拍价,同时对竞买人资质条件、现场勘查时间、拍卖保证金金额及缴纳方式时间、违约责任等作出了要求。某拆迁工程公司向某拍卖行提交了参与竞买的公司主体资料并授权乙竞买,且提供了公司两次拆迁案例及本案拍卖物拆迁的施工方案。2013 年 5 月 29 日,甲以其个人名义向拍卖行转账支付拍卖保证金 100 000 元。2013 年 5 月 31 日,某拍卖行对涉案拍卖物予以拍卖,包括某拆迁工程公司在内的三家竞买人签名确认了竞买规则,该规则第 3 条约定:"竞买人一旦举牌应价即视作认可标的现状、瑕疵及有关出让条件,一经购得,不得以任何理由拒付成交款。"某拆迁工程公司以最高应价 465 000 元竞得拍卖物后,与拍卖行签订《拍卖成交确认书》,确认某拆迁工程公司应在 2013 年 6 月 11 日前支付成交总额 485 000 元,逾期支付,则无权要求返还定金。但某拆迁工程公司未依约付款,某拍卖行于 2013 年 7 月 3 日通知某拆迁工程公司解除拍卖成交相关协议。

东莞市第一人民法院(2013)东一法民二初字第 5020 号生效判决认定某拆迁工程公司以授权方式委托乙参与了竞买,并提交了某拆迁工程公司参与竞买所需的资料及拆迁拍卖物的施工方案,最终竞得涉案拍卖物,但没有支付拍卖成交款及拍卖手续费,构成违约。拍卖公告、拍卖规则对竞买人弃标处理的法律后果是履约保证金不予退还。乙在该案庭审陈述称,其是受某拆迁工程公司委托与甲一同前往拍卖现场,甲将保证金缴费单的原件交给乙,乙再交给拍卖行,经拍卖行复印后交回乙,乙再交回给甲,并主张实际拍卖人是甲。乙在本案庭审陈述称,甲缴纳了保证金,甲在拍卖现场授意乙举牌。

甲以其向某拍卖行汇入保证金 10 万元,但某拍卖行并未让其参与竞价也不退还保证金为由,诉请判令:(1)拍卖行返还已付款项 10 万元及利息;(2)诉讼费用由某拍卖行承担。

某拍卖行辩称,受东莞市土地储备中心的委托,拍卖行对涉案标的物进行拍卖,拍卖公告里明确约定竞拍人必须具有建筑物承包三级资质,因此甲与乙挂靠某拆迁工程公司,由某拆迁工程公司参与竞拍,并以最高价竞拍成功。事后,甲、乙、某拆迁工程公司违约,不与拍卖行签订合同,且甲为了规避保证金被拍卖行没收的风险,谎称参与拍卖的是甲的个人行为。

【裁判结果】

一审:驳回甲的全部诉讼请求。

二审:驳回上诉,维持原判。

【争议焦点与裁判理由】

本案的争议焦点是:(1)甲与拍卖行之间是否成立拍卖合同的法律关系;(2)甲支付的拍卖保证金 10 万元如何定性。

根据生效裁判文书,人民法院认为,对于焦点一:在拍卖会上,某拆迁工程公司以授权方式委托乙参与了竞买,并按照拍卖公告上的要求提交了某拆迁工程公司参与竞买所需的资料及拆迁拍卖物的施工方案,最终以 083 号牌最高应价 465 000 元竞得涉案拍卖物,且与某拍卖行签订《拍卖成交确认书》。因此,某拍卖行与某拆迁工程公司成立拍卖合同关系。甲虽向拍卖行缴纳了拍卖保证金,但其并不具备竞拍人资质条件,也未对涉案拍卖物进行现场勘查,更不可能提交主体资料和房屋拆迁施工方案等,拍卖行从未对其身份进行审查和确认,因此,甲无权取得竞买人号牌参与竞拍,与拍卖行之间自始至终都无法成立拍卖合同的法律关系。对于焦点二:其一,甲作为一个有参与拍卖经历的完全民事行为能力人,对拍卖公告有一定的阅读和理解能力,竞拍人在处理竞拍的相关事宜上理应谨慎,而甲以未细读拍卖公告和未参加现场勘查为由主张错误支付拍卖保证金,不符合常理。其二,某拆迁工程公司符合参加涉案竞拍的资质,也向拍卖行提交了企业资质、备案书及企业成功案例等相关材料,明显是对拍卖公告有充分了解且对竞拍工作有充足准备,如连最基本的拍卖保证金都不予缴纳,亦不符合常理。其三,某拍卖行不可能在未审核竞拍人身份或未确认竞拍人是否缴纳竞拍保证金的情形下,贸然向未缴纳保证金的某拆迁工程公司发放号牌以及对自称错误缴纳保证金的甲置之不理。结合庭审查证的事实及拍卖影像资料所显示的内容,法院可以认定甲缴纳 10 万元保证金是为某拆迁工程公司参加涉案竞拍所付。因此,甲不是本案适格的原告,其全部诉讼请求,缺乏事实与法律依据,法院不予支持。

【案例评析】

竞买人是指参加竞购拍卖标的的公民、法人或者其他组织。竞买人的条件有可能受到两种限制:一是,《拍卖法》第 33 条规定,法律、行政法规对拍卖标的的买卖条件有规定的,竞买人应当具备规定的条件,此种拍卖标的因其权利转让最终需要有关国家机关审批后才有效,故设定竞买人条件。二是,拍卖人仅仅追究精致小范围的拍卖,或者出于对拍卖成交确认后履约能力的保证而设定竞买人条件。由于拍卖本质上是特殊的买卖,理论上委托人有权自主决定受让方,又因为拍卖实行公开竞价、价高者得的议价规则,委托人则通过设置竞买人条件在一定程度上达到筛选买受人的目的。

纠纷往往产生于,竞买人委托代理人参与拍卖,或者不符合竞买人条件的他人挂靠在竞买人名下参与拍卖时,如何判断谁是真正的竞买人,谁应对拍卖结果负责?竞买人应当按照竞买条件向拍卖人提交相关资料,由拍卖人进行审查,必要时候可以与委托人共同进行审查。资格审查后,竞买人可以自行参加竞买,也可以委托其代理人参加竞买。在有代理手续的情形下,代理人参与竞拍的行为归属被代理人。在内部存在挂靠关系时,挂靠人参与竞拍仍应以被挂靠人的名义进行,挂靠人并不具有独立性。

一、拍卖合同相对方的认定

首先,某拆迁工程公司提交了竞拍所需的资料及拆迁拍卖物的施工方案,并通过了拍卖人的资格审查,是合格的竞买人。其次,某拆迁工程公司以授权方式委托乙参与了竞买最终以083号牌最高应价465 000元竞得涉案拍卖物,至于乙是否听取了甲现场授意而举牌,并不影响该083号牌所代表的是某拆迁工程公司,因此该号牌的举牌结果应归属于某拆迁工程公司。再次,某拆迁工程公司与拍卖人签订《拍卖成交确认书》,因此,拍卖行与某拆迁工程公司成立拍卖合同关系。最后,甲虽向拍卖行缴纳了拍卖保证金,但其并不具备竞拍人资质条件,也未对涉案拍卖物进行现场勘查,更不可能提交主体资料和房屋拆迁施工方案等,拍卖行从未对其身份进行审查和确认。因此,甲无权取得竞买人号牌参与竞拍,与拍卖行之间自始至终都无法成立拍卖合同的法律关系。本案中,某拍卖行在没有对甲是否具备竞买人资格条件的身份给予审查和确认的情况下,同意并实施收取甲以个人名义缴纳的拍卖保证金,存在一定的过错,应当承担相应的责任。甲以未细读拍卖公告和未参加现场勘查为由主张错误支付拍卖保证金存在过错,同样也应当承担相应的后果。甲缴纳保证金的行为无效,即其不能够取得竞买人资格。

在此类处理中,如果有证据证明确实是个人挂靠公司参与拍卖活动,依据法理分析行为无效。尽管法律没有明文规定挂靠无效,但拍卖规则中应当给予明确,否则有违委托人设置竞买人资格条件的初衷,即保障竞买人成交确认后履约能力没有风险、确保受让人具有特定资质等。因此,笔者建议有关部门参照招标代理中挂靠公司参与投标相关规定完善立法,一般在拍卖文件中明文规定有证据证明不满足竞买人条件而通过挂靠参与拍卖活动的,拍卖结果无效。

二、保证金缴纳方的认定

本案中,甲与某拆迁工程公司并没有直接证据证明双方存在何种关系。某拆迁工程公司认为,甲将保证金缴费单的原件交给乙,乙再交给拍卖行,经拍卖行复印后交回乙,乙再交回给甲,甲在拍卖现场授意乙举牌,主张实际拍卖人是甲。拍卖人则认为双方是挂靠关系,拍卖公告里明确约定竞拍人必须具有建筑物承包三级资质,因此甲与乙挂靠某拆迁工程公司,由某拆迁工程公司参与竞拍,并以最高价竞拍成功。

某拆迁工程公司与甲的关系并没有直接证据证明,因此只能通过现有证据结合生活经验进行判断。首先,甲没有资格参与竞拍,拍卖人也未向其发放号牌。甲作为一个有参与拍卖经历的完全民事行为能力人,对拍卖公告有一定的阅读和理解能力,竞拍人在处理竞拍的相关事宜上理应谨慎,而甲以未细读拍卖公告和未参加现场勘查为由主张错误支付拍卖保证金,不符合常理。其次,某拆迁工程公司是合格竞买方,向拍卖行提交了企业资质、备案书及企业成功案例等相关材料,明显是对拍卖公告有充分了解且对竞拍工作有充足准备,如连最基本的拍卖保证金都不予缴纳,亦不符合常理。最后,拍卖行不可能在未审核竞拍人身份或未确认竞拍人是否缴纳竞拍保证金的情形下,贸然向未缴纳保证金的某拆迁工程公司发放号牌以及对自称错误缴纳保证金的甲置之不理。因此,甲缴纳保证金的行为效力应归属于某拆迁工程公司,甲并非独立的竞买人。

【案例索引】

一审:广东省东莞市第一人民法院(2013)东一法民二初字第2971号

二审:广东省东莞市中级人民法院(2014)东中法民二终字第502号

120. 甲与某拍卖公司、某玻璃制品公司拍卖合同纠纷案

——个人竞买后将权利义务转给公司的,是否视为个人放弃买受人资格

问题提示:个人以买受人身份竞买成功,又将其权利义务转给所在公司的,可否视为个人放弃买受人资格?

【基本案情】

上诉人(一审原告):甲

被上诉人(一审被告):某拍卖公司

被上诉人(一审被告):某玻璃制品公司

人民法院经审理查明:某拍卖公司系专业拍卖机构,某玻璃制品公司系集体所有制企业。2007年年初,某玻璃制品公司经占总职工数80.29%的职工签字表决,决定把名下所属的坐落于某市城关上西河195号、219号房地产以拍卖方式进行处置。2007年2月24日,某玻璃制品公司向某市规划局、国土资源局、某市经济贸易

局提出《关于要求拍卖集体财产(房地产)的报告》,但某市规划局、国土资源局没有具体批复。2008 年 2 月 29 日某市经济贸易局作出书面批复如下:原则上同意通过土地收储、拍卖等形式处置公司集体财产。

2008 年 5 月,某玻璃制品公司根据职工意见确定拍卖底价为 500 万元,并委托某拍卖公司进行了拍卖,因无人报名而流拍。流拍后,某玻璃制品公司以职工签名方式表决再次委托拍卖,并确定拍卖底价 360 万元。甲于 2008 年 7 月 2 日、11 日两次向某拍卖公司缴交保证金共 30 万元。某拍卖公司于 2008 年 7 月 13 日组织拍卖,甲以 400 万元竞拍成交。同时,某拍卖公司与甲签订了《福建省拍卖成交确认书》,该确认书约定买受人当场支付金额 30 万元,或给付定金 30 万元,余额在 12 月底内付清;如未能按期付清标的的总金额,承担违约责任。7 月 14 日,甲向某拍卖公司支付拍卖佣金 20 万元。

2008 年 7 月 18 日,某玻璃制品公司与某市建设公司就拍卖标的物房地产签订了《房屋所有权及土地使用权买卖合同》,甲在某市建设公司法定代表人栏上签名。合同签订后,2008 年 9 月 3 日,甲所缴交保证金 30 万元转为支付某玻璃制品公司定金 30 万元。后某市建设公司与某玻璃制品公司因《房屋所有权及土地使用权买卖合同》发生纠纷,于 2010 年 8 月 18 日向一审法院提起诉讼,该案经一、二审,重审、二审,两级法院最终作出生效的(2012)瓯民初字第 5 号和(2013)南民终字第 258 号民事判决书,其中第一、二、三、六项判决内容为:一、驳回某市建设公司要求继续履行 2008 年 7 月 18 日与某玻璃制品公司签订的《房屋所有权及土地使用权买卖合同》的诉讼请求。二、2008 年 7 月 18 日某玻璃制品公司与某市建设公司签订的《房屋所有权及土地使用权买卖合同》无效。三、某玻璃制品公司取得的某市建设公司以甲名义缴纳的定金 30 万元,应予返还,并赔偿某市建设公司因此造成的经济损失 20 万元。四、某玻璃制品公司应支付某市建设公司拍卖佣金损失 10 万元。

另查明,某市建设公司系某市建筑公司于 2011 年 7 月 1 日变更而来,变更前后的企业法人营业执照所记载的法定代表人均为乙。2013 年 6 月 19 日,某玻璃制品公司委托某某拍卖公司分公司重新对涉案房地产以底价 900 万元起拍,以 1200 万元拍卖成交,随后某玻璃制品公司与买受方签订了合同,但由于其他原因,买受方至今未交齐拍卖款,涉案房地产的产权至今亦未变更。

甲上诉称:(1)其在本案中存在双重身份,一个是自然人,另一个是某市建设公司的代表人,两个主体之间不存在任何交集,在法律上不存在自然人甲放弃某市建设公司代表人甲的权利;(2)缴清余款与不动产受领是对等的行为,一审判决认定甲未缴交余款表明甲不履行合同主要义务而构成违约的事实是错误的;(3)另案生效判决所处置的是某市建设公司的财产,不是其个人的财产,其是基于《拍卖成交确认书》来主张自己买受人的权利,拍卖佣金和拍卖保证金缴交与否并不是拍卖合同成立的要件。

被上诉人某玻璃制品公司辩称:甲在2008年7月18日,就已自动放弃买受人的权利,其主体实质不存在。一审判决认定事实清楚,适用法律正确,应予以支持。

被上诉人某拍卖公司辩称:一审判决认定事实清楚,适用法律恰当,尊重一审判决。

【裁判结果】

一审:一、判决驳回甲要求确认其与某拍卖公司于2008年7月13日签订的《福建省拍卖成交确认书》继续履行的诉讼请求;二、判决驳回甲要求某拍卖公司、某玻璃制品公司连带承担交付某市城关上西河195号、219号房地产义务的诉讼请求。

二审:驳回上诉,维持原判。

【争议焦点与裁判理由】

本案的争议焦点为:甲要求继续履行其与某拍卖公司于2008年7月13日签订的《福建省拍卖成交确认书》是否有依据?

根据生效裁判文书,人民法院认为:2008年7月13日,上诉人甲与被上诉人某拍卖公司签订的编号为2008-003《福建省拍卖成交确认书》,确认了被上诉人某玻璃制品公司所属6935.2平方米的房地产的买受人为甲个人。7月18日,某市建设公司与被上诉人某玻璃制品公司签订《房屋所有权及土地使用权买卖合同》,该合同的买受人是某市建设公司,涉及的房地产即是编号2008-003《福建省拍卖成交确认书》确认的房地产,上诉人甲在该合同的某市建设公司法定代表人栏签名。但是上诉人甲未提供证据证明其之前是以某市建设公司法定代表人的身份参与竞买涉案房地产,而之后又以该公司法定代表人的身份签订买卖合同,故上诉人甲以其行为表明已放弃《福建省拍卖成交确认书》买受人的资格身份。编号2008-003的《福建省拍卖成交确认书》约定买受人当场支付金额30万元,余款在2008年12月底付清,否则承担违约责任。但上诉人除支付30万元保证金外,对拍卖款余额370万元分文未缴交,上诉人的行为表明其不履行合同主要义务,明显构成违约。涉案的《福建省拍卖成交确认书》从签订至今已过5年,该成交确认书已事实上解除。因此,上诉人要求继续履行其与被上诉人某拍卖公司于2008年7月13日签订的《福建省拍卖成交确认书》没有依据,法院不予支持。

基于上述事实,上诉人既未按约履行合同缴款义务,又以实际行为表明放弃了买受人的资格,涉案的《福建省拍卖成交确认书》已事实上解除,合同解除后的财产返还问题已被生效的民事判决书处置完毕。因此,上诉人要求两位被上诉人承担交付涉案房地产的连带责任没有事实和法律依据,法院不予支持。

【案例评析】

涉案法律问题是:个人以买受人身份竞买成功的,将其权利义务转给所在公司的,原来的买受人是否还有资格要求拍卖公司和委托人继续履行拍卖合同。对此问题,不仅仅涉及《拍卖法》,也涉及《合同法》中规定的合同的转让问题。

一、拍卖成交后买受人原则上可以变更

从拍卖实践来看,买受人在竞买成功后,将其权利义务转让给第三人一般都涉及需要办理权属变更登记手续的拍卖标的。对于买受人在拍卖成交后能否将其权利义务转让给第三人,对此问题,存在两种不同的观点。第一种观点认为,拍卖人应该拒绝买受人要求变更买受主体的请求。理由是根据《拍卖法》第38条规定买受人是指以最高应价购得拍卖标的的竞买人。因此,在拍卖成交已经签订了拍卖成交确认书后,其他未参加竞买或者其他竞买失败的人没有以最高应价购得拍卖标的,拍卖成交后不应变更买受人。第二种观点认为,成交确认书签署后,只有买受人一方提出变更要求时,拍卖人才可以视情况决定是否同意变更买受人。拍卖人若想变更买受人,需再次经过公开拍卖程序。根据《合同法》第88条规定:当事人一方经对方同意,可以将自己在合同中的权利和义务一并转让给第三人。拍卖成交后,双方签订的拍卖成交确认书也是合同形式的一种,只要不存在法律法规禁止的情形,如果买受人提出变更买受人,拍卖人有权决定是否可以变更。第二种观点从法理上来讲依据更为充分,而且也更符合拍卖实际情况,只要受让人不存在与竞买人资格不符的情形或者其他法律法规禁止的情形,拍卖人有权决定是否准许变更拍卖人。当然,本案中甲作为竞买人参加拍卖,2008年7月13日,其因竞拍成功与某拍卖公司签订了《福建省拍卖成交确认书》,因此其成为本次拍卖的买受人。2008年7月18日,某市建设公司与某玻璃制品公司签订关于拍卖标的物的《房屋所有权及土地使用权买卖合同》时,甲以某市建设公司法定代表人身份在合同上签名,这其实已经表明了本案委托人已经同意将拍卖标的的买受人由甲个人变更为某市建设公司。2008年9月3日,甲所缴交保证金30万元转为支付某玻璃制品公司定金30万元,据此可以判断,某拍卖公司对此也是默许同意的。事实上,对于拍卖公司来说,在明确佣金支付的前提下,只要委托人同意,买受人变更对拍卖公司的影响并不是很大,因此,作为拍卖公司原则上也没有必要去否决买受人的变更。

当然,需要说明的是,这里的买受人的变更是指广义上的买卖合同中的买受人,而不是特指拍卖活动中的买受人,在拍卖成交确认书签订时的买受人只能是竞拍中出价最高的那个竞买人。

二、买受人变更后拍卖合同权利义务一并转移

本案中,甲在拍卖成交后,由某市建设公司与委托人某玻璃制品公司签订关于拍卖标的物的《房屋所有权及土地使用权买卖合同》,并将其竞买时交纳的30万元保证金转化为某市建设公司支付给某玻璃制品公司的定金后,原买受人甲通过竞拍取得的买受人的权利义务已经一并转移给了某市建设公司。因此,其在转让后已经丧失了买受人的权利义务。而且,合同权利义务转让后,原来的合同法律关系已经消灭,并产生新的法律关系。甲作为某市建设公司的法定代表人与委托人签订买卖合同之时,对此法律后果应该予以承担。某市建设公司与委托人某玻璃制品公司之后因买卖合同发生了纠纷,其结果无论如何与甲本人已经没有任何关系。因此,甲在法院判决确认某玻璃制品公司与某市建设公司签订的《房屋所有权及土地使用权买卖合同》无效后,其再提起诉讼要求本案两被告继续履行拍卖成交确认书,应该予以驳回。

不过,关于一、二审法院认为的"甲除支付30万元保证金外,对拍卖款余额370万元分文未缴交,其不履行合同主要义务,明显构成违约。涉案的《福建省拍卖成交确认书》从签订至今已过5年,该成交确认书已事实上解除"的表述不够准确。既然法院认为甲的买受人资格已经变更为某市建设公司,甲就不存在违约的可能。

【案例索引】

一审:福建省某市人民法院(2013)瓯民初字第1937号

二审:福建省南平市中级人民法院(2014)南民终字第42号

121.某商务咨询公司与某拍卖公司、某产权交易所拍卖合同纠纷案

——拍卖人未审核竞买人资格的法律后果

问题提示:拍卖人未审核竞买人主体资格,致使拍卖后标的无法过户,竞买人是否可以要求退还保证金?

【基本案情】

上诉人(一审原告、反诉被告):某商务咨询公司

被上诉人(一审被告、反诉原告):某拍卖公司

被上诉人(一审被告、反诉第三人):某产权交易所

人民法院经审理查明:2009年6月1日,某报业委托某拍卖公司拍卖其持有的5000万股东方证券股权。2009年6月17日,某拍卖公司在《上海证券报》上刊登公告,载明2009年7月16日将拍卖东方证券股权5000万股,拆分成8个标的,其中500万股6个,1000万股2个,竞买人须在2009年7月9日前办理手续,拍卖保证金人民币100万元,一份保证金只能竞买一个标的,保证金账户开户人为某拍卖公司。某商务咨询公司按要求向某拍卖公司提供相关资料,交付某拍卖公司人民币400万元,取得2、3、4、6号标的竞买资格,并领取了相应的210、318、412、619竞拍号牌。2009年7月16日,某商务咨询公司竞拍2号标的成功,3、4、6号标的均未成功。某商务咨询公司需支付7150万元股权转让款以及3 575 000元佣金。但其后某商务咨询公司并未在约定付款期限内付清全部拍卖款项及佣金。2009年8月7日,某

商务咨询公司致函某拍卖公司，以其不符合股权受让人条件为由与某拍卖公司进行交涉，某拍卖公司回函要求某商务咨询公司按照约定履行付款义务。2010年1月26日，上述1000万股东方证券股权以高于原成交价的价格再次拍卖成交。某商务咨询公司对于已支付的未竞拍成功的3、4、6号标的的保证金已另行提起返还之诉。

某商务咨询公司诉称，某商务咨询公司不符合中国证券监督管理委员会（以下简称中国证监会）对此类转让行为中受让主体的要求，无权参加本次拍卖，而某拍卖公司和某产权交易所未尽审查义务，允许其参加拍卖，导致了其竞买成功却无法过户的局面，遂要求判令某拍卖公司和某产权交易所返还保证金100万元并支付上述款项的相应利息损失。

后某拍卖公司提起反诉，认为某商务咨询公司拍得1000万股东方证券股权后未能在拍卖合同约定的期限内付清全部拍卖款项及佣金，故保证金100万元依据合同约定转为定金不予退还；诉争拍卖标的经某拍卖公司再次组织拍卖成功，根据拍卖法的规定，某商务咨询公司应承担第一次拍卖中本人及委托人应当支付的佣金共393.25万元（其中本人按成交总价5%应付佣金357.5万元，委托人按成交总价0.5%应付佣金35.75万元），故扣除某商务咨询公司在拍卖前已缴纳的保证金100万元，某商务咨询公司应向其支付佣金293.25万元。

【裁判结果】

一审：一、驳回某商务咨询公司的诉讼请求；二、某商务咨询公司于判决生效之日起十日内支付某拍卖公司佣金人民币293.25万元。如果未按判决指定的期间履行给付金钱义务，应当依照《民事诉讼法》第二百二十九条的规定，加倍支付迟延履行期间的债务利息。

二审：一、维持上海市普陀区人民法院（2010）普民二（商）初字第773号民事判决主文第一项；二、撤销上海市普陀区人民法院（2010）普民二（商）初字第773号民事判决主文第二项；三、上诉人某商务咨询公司于本判决生效之日起十日内支付被上诉人某拍卖公司佣金人民币1 500 000元；四、对被上诉人某拍卖公司其余反诉请求不予支持。

【争议焦点与裁判理由】

本案的争议焦点为，拍卖人未审核竞买人主体资格，致使拍卖后标的无法过户，竞买人是否可以要求退还保证金。

根据生效裁判文书，人民法院认为：中国证监会《工作指引》规定，证券公司变更持有5%以下股权股东应当事先向注册地证监局报备包括股权受让方背景资料等在内的文件，证监局应当对报备文件进行审阅，证监局重点审查的内容包括受让方是否具备出资能力、出资是否真实合法等。《工作指引》要求股权受让方对其他企业的长期投资余额（包括本次对证券公司的投资额）不得超过股权受让方的净资产,因此,从现有证据来看,某商务咨询公司当时的资产状况尚不符合中国证监会的相关要求。但是,某商务咨询公司在竞拍成功后未积极采取相应的救济手段解决其净资产过低的问题,使其具备成为东方证券股东的条件,故某商务咨询公司应当对诉争拍卖合同未能继续履行承担相应的责任。某商务咨询公司要求某产权交易所和某拍卖公司返还保证金100万元依据不足。某商务咨询公司在竞拍前根据某产权交易所和某拍卖公司的要求提供了营业执照、资产负债表等各式资料,某产权交易所和某拍卖公司对某商务咨询公司的举牌资格或竞拍资格均进行了审查,均确认某商务咨询公司具备举牌和参加竞拍资格,但某产权交易所和某拍卖公司均未及时指出某商务咨询公司存在净资产小于对外长期投资余额的缺陷问题,均未提示某商务咨询公司尽早采取合法方式弥补该缺陷或者告知某商务咨询公司存在该缺陷可能导致的法律后果,并且某产权交易所和某拍卖公司也未明确向某商务咨询公司告知受让人需要符合《工作指引》规定的条件,以致某商务咨询公司无法有针对性地检视自身是否完全具备受让东方证券股权的条件,故某产权交易所和某拍卖公司对于诉争纠纷的发生也应承担相应的责任,某拍卖公司向某商务咨询公司收取的佣金应当适当减少。故酌情确定由某商务咨询公司向某拍卖公司再行支付拍卖佣金150万元(包括某商务咨询公司应当支付的佣金和原应当由某报业支付的佣金)。

【案例评析】

本案在审理中主要的争议焦点是:某商务咨询公司当时的资产状况不符合中国证监会的相关要求导致拍卖标的不能过户的责任由谁承担?

拍卖是指以公开竞价的形式,将特定物品或者财产权利转让给最高应价者的买卖方式。竞买人的最高应价经拍卖师落槌确认后,拍卖成交。拍卖标的需要依法办理证照变更、产权过户手续的,委托人、买受人应当持拍卖人出具的成交证明和有关材料,向有关行政管理机关办理手续。本案中由于拍卖标的为证券公司的股权,由于证监会对证券公司的股东资质有相关的要求,竞买人竞得标的之后因自身资质存在问题而导致拍卖标的不能转移过户。某拍卖公司认为:某商务咨询公司已经在竞买人声明上签名,确认其已收到并认真阅读了拍卖公告、竞买须知及拍卖特别规定等文件。拍卖特别规定中明确了竞买人的资质要求;并规定:拍卖成交后,如因买受人自身原因造成标的无法过户至买受人名下而产生的所有后果和损失均由买受人承担;因此某拍卖公司作为拍卖人,主要对买受人是不是合法企业、买受人是否符合委托人要求、买受人参与本次拍卖是否存在违反法律法规和特殊行政审批的行为三个方面进行审查。某拍卖公司已经履行了拍卖人的义务,不应当承担其他责任。这样的辩称在拍卖标的没有特殊性的情况下,看起来很站得住脚,非常有可能得到法院的支持,正如本案的一审判决一样。

但值得注意的是,本案诉争的拍卖标的是国有证券公司的股权,竞买人将来有可能成为国有证券公司的股东，而证监会对这样的股东有着明确的要求。这样的资质要求有一定的专业性，不能要求一个普通的买受人对这样的专业知识有相当全面的了解。因此，作为拍卖人的某拍卖公司应当承担相应的尽职审查义务和提示义务，提醒竞买人合理全面地审查自身的资产状况，采取措施尽可能地避免或者弥补自身的缺陷，使得竞买人在竞得标的之后可以顺利办理产权变更手续，否则拍卖人也应承担相应的责任。当然根据合同法的基本原则，各方当事人的行为都需符合减损原则，在发生损失的情况下，采取合理措施减轻或避免损失的继续扩大。本案中某商务咨询公司在竞拍成功后发现自己不符合要求的时候，并未积极采取相应的救济手段解决其净资产过低的问题，使其具备成为东方证券股东的条件，而是放任这样的情况继续发生。故某商务咨询公司自然应当对拍卖合同未能继续履行承担相应的责任。

【案例索引】

一审：上海市普陀区人民法院(2010)普民二(商)初字第773号

二审：上海市第二中级人民法院(2011)沪二中民四(商)终字第32号

122. 某拍卖公司与甲拍卖合同纠纷案

——竞买人委托代理人代为竞买的法律效力

问题提示：竞买人委托代理人代为竞买，是否对竞买人发生法律效力？

【基本案情】

原告(反诉被告)：某拍卖公司

被告(反诉原告)：甲

人民法院经审理查明：2013年3月29日，原告某拍卖公司受某公司委托，拍卖位于衢州市荷花中路21号至37号店面，38号、46号店面等财产及权利。拍卖事项已于2013年3月通过政府部门的审批。其《拍卖规则》第十一条载明：买受人未按约定支付拍卖价款和拍卖佣金的，信用保证金不予返还，并承担违约责任或者将拍卖标的再行拍卖；若拍卖标的再行拍卖的，原买受人应当支付第一次拍卖中本人及委托人应当支付的佣金，再行拍卖的价款低于原拍卖价款的，原买受人应当补足差额。《拍卖会清单》载明：(衢州市荷花中路21号至37号店面)系划拨用地，拍卖成交后，改为出让的商业服务业用地，出让年限以国土部门确认为准；委托人承担土地出让金及其契税……2013年4月18日被告甲及其母亲乙到某拍卖公司报名。竞买报名登记表载明：报名人甲，联系电话137××××1850；委托代理人乙，同日签订《竞拍协议》。2013年4月19日,被告甲的委托代理人乙以甲的名义缴纳了600 000元的保证金和50元的报名费。2013年4月20日,被告甲的委托代理人乙以甲名义参与竞拍。在该拍卖会上,被告方以1 670 000元/间的价格竞得了荷花中路33号和35号店面,并签订了拍卖成交确认书。2013年4月22日,原告退还被告保证金440 000元,并另行向甲开具保证金160 000元的收款收据一份。后被告甲未按约定缴纳拍卖价款及佣金。

原告某拍卖公司诉称:被告在原告拍卖会上竞得店面两间,签订成交确认书后,未按拍卖会的特别约定支付拍卖价款,构成违约。故根据拍卖法的规定,拍卖标的再行拍卖的,原买受人应当支付第一次拍卖中本人及委托人应当支付的佣金;再次拍卖的价款低于原拍卖价的,原买受人应当补足差额。

被告甲辩称:(1)被告甲没有参加原告举行的2013年4月20日的拍卖会,被告所委托的代理人的竞拍行为是无效的。(2)原告所拍卖的标的物两间店面属于划拨用地的国有资产,是法律禁止拍卖的。因此,关于该标的物的委托、拍卖行为都是无效的。(3)原告在自认为已经将涉案标的物拍卖给被告后,在未解除合同的前提下重新拍卖,原告重新拍卖的行为是违法的。综上,被告甲请求法院驳回原告的诉讼请求。

【裁判结果】

一审:被告甲支付原告某拍卖公司关于衢州市柯城区荷花中路33号、35号房屋二次拍卖的差价款900 000元及尚欠的第一次拍卖佣金7000元,合计907 000元,定于本判决生效之日起十日内付清;驳回反诉原告甲的诉讼请求。

【争议焦点与裁判理由】

本案的争议焦点为,本案诉争标的物的委托、拍卖行为是否有效;原告与被告甲之间的拍卖合同是否成立。

人民法院经审理认为,产权人某公司将登记在其名下的坐落于衢州市荷花中路33号、35号店面等资产进行处置,报政府有关部门审批后委托原告某拍卖公司拍卖,在委托合同中明确告知该店面的土地性质系划拨用地,并承诺拍卖标的权属过户时的土地出让金、契税等相关费用由委托人(某公司)负责缴纳,原告某拍卖公司在《拍卖会清单》《拍卖会特别约定》等相关拍卖资料中对上述内容亦如实进行披露、告知各竞买人,产权人及原告某拍卖公司的上述行为均不构成欺诈,且事实上最终也没有损害各竞买人的利益,上述行为有效。被告主张诉争标的物的委托、拍卖行为无效,依据不足,本院不予采纳。根据原告某拍卖公司提供的竞买报名登记表、竞买资格证、竞买协议、收款收据、拍卖笔录、竞买记录、拍卖成交单等证据及所证事实,足以证明被告甲委托其母亲乙参与竞拍的事实成立。因此,乙就此次拍卖所作的相关行为对被告甲具有法律约束力。甲的委托代理人乙就33号、35号店面的最高应价经拍卖师落槌确认后,拍卖成交;后乙代甲签订了成交确认单,原、被告之间的拍卖合同成立。

【案例评析】

竞买人委托代理人代为竞拍,双方如果未就代理权限进行约定,或者被代理人对竞拍结果不满意,往往会产生委托代理的争议。本案例就是这种情况。

一、拍卖行为中的代理关系分析

拍卖是一项特殊的买卖形式,拍卖法并没有规定竞买人必须亲自到场,因此竞买人可以委托代理人参与竞拍、签订拍卖成交确认书等。双方通过委托代理合同约定各自的权利义务关系,如限制竞价的最高额、约定代理人对拍卖标的调查义务等;但在不规范的情况下,也有可能没有明确约定双方的权利义务,仅仅是概括授权代理人参加竞拍,授权签订拍卖成交确认书等法律文件。

根据《合同法》第402条的规定,竞买人与代理人之间的委托代理关系应向拍卖人显示,竞拍协议等法律文件直接约束竞买人与拍卖人;如果这种内部关系没有外显,受托人以自己的名义参与竞拍并订立合同,根据合同相对性,合同直接约束受托人与拍卖人,除非拍卖人知道竞买人与委托人之间的代理关系。

此外,代理关系中常见的纠纷为越权代理或者无权代理。判断的第一步为,代理行为是否有效。根据《合同法》第49条的规定,行为人没有代理权、超越代理权或者代理权终止后以被代理人名义订立合同,相对人有理由相信行为人有代理权的,该代理行为有效。如不符合表见代理的,则代理行为无效。判断的第二步为,如代理行为无效,如何认定合同效力?根据《合同法》第48条的规定,无权代理人订立的合同,行为人没有代理权、超越代理权或者代理权终止后以被代理人名义订立的合同,未经被代理人追认,对被代理人不发生效力,由行为人承担责任。需要特别注意的是,无权代理的行为因为没有得到被代理人追认,也就是说,委托事项在被代理人和第三人之间没有达成意思表示一致,没有合意,自然在两者之间不发生效力。至于签订合同的代理人,则应承担缔约过失责任。

二、本案拍卖合同效力分析

首先,委托拍卖的代理行为是否有效。法院审理查明的事实表明:被告甲及其母亲乙一起到某拍卖公司报名。竞买报名登记表载明:报名人甲,联系电话137×××1850;委托代理人乙,同日签订《竞拍协议》。2013年4月19日,被告甲的委托代理人乙以甲的名义缴纳了600,000元的保证金和50元的报名费。因此,甲与乙之间的委托代理关系是十分清楚的。此外,还有竞买报名登记表、竞买资格证、竞买协议、收款收据、拍卖笔录、竞买记录、拍卖成交单等证据及所证事实,足以证明被告甲委托其母亲乙参与竞拍的事实成立。

虽然,双方没有签订条款详尽的委托代理合同对代理人的行为进行约束,但是双方系母子关系,其内部亲密程度显然超越一般的委托代理人与被代理人之间的关系,如欲推翻双方之间存在的委托代理关系,对证据的证明力要求相当高。因此,甲以没有参加原告举行的2013年4月20日的拍卖会而否认代理关系的存在,是不足以形成抗辩的,就此次拍卖所作的相关行为对被代理人甲具有法律约束力。

其次,标的物的委托、拍卖行为是否有效。本案所拍卖的标的物两间店面属于划拨用地的国有资产,但在拍卖前已报政府有关部门审批,且某拍卖公司在《拍卖会清单》《拍卖会特别约定》等相关拍卖资料中对上述内容亦如实进行披露,不存在违反瑕疵告知义务。因而第一次拍卖行为有效。

因此,被告在拍卖会上竞得店面两间,签订成交确认单后,未按拍卖会的特别约定支付拍卖价款,构成违约。根据事先的《拍卖规则》第11条载明:买受人未按约定支付拍卖价款和拍卖佣金的,信用保证金不予返还,并承担违约责任或者将拍卖标的再行拍卖;若拍卖标的再行拍卖的,原买受人应当支付第一次拍卖中本人及委托人应当支付的佣金,再行拍卖的价款低于原拍卖价款的,原买受人应当补足差额。拍卖公司按照拍卖规则进行二次拍卖,并要求甲依约承担违约责任,应予支持。

【案例索引】

一审:浙江省衢州市柯城区人民法院(2013)衢柯商初字第624号

123. 甲与某房地产公司、乙、丙买卖合同纠纷案

——代理关系中买受人的认定

问题提示:1. 如何判断谁是真正的买受人? 2. 竞拍代理关系形成的前提条件是什么?

【基本案情】

抗诉机关:广东省人民检察院

申诉人(一审被告、二审上诉人):某房地产公司

被申诉人(一审原告、二审被上诉人):甲

一审第三人:乙

一审第三人:丙

人民法院经审理查明:2002年12月20日,某公司广州办委托某拍卖行拍卖江门市胜利路五邑城裙楼113号、202号、368号房产,以及五邑城第3幢02单元第6至29层共24套住宅(以下统称涉案房产),系某总公司抵债资产。12月28日,某房地产公司出具《委托竞投函》,委托甲以某房地产公司名义参加竞投。12月29日,某房地产公司法定代表人丁交纳50万元保证金,某拍卖行出具《保证金收据》给某房地产公司。12月30日,甲参加拍卖竞投成功,某拍卖行与甲签订了《拍卖成

交确认书》,成交金额为3 656 729元。12月30日,某拍卖行出具《收据》给某房地产公司,确认收到某房地产公司拍卖款现金50万元(保证金转为拍卖款)。12月30日,甲从自己账户分两次取出港币1 079 499.12元,由乙从其自己账户中取出港币100万元,合计港币2 079 499.12元,兑换为人民币2 203 853.17元,乙又另取出人民币246 146.83元,再由甲从与丙的联名账户中取出人民币50 000元,以上共计250万元。2003年1月9日由甲为汇款人,办理汇票支付给某公司广州办。2003年3月16日,某拍卖行向某房地产公司和甲催收未缴的拍卖成交款656 729元。2003年6月26日,某拍卖行法定代表人戍将50万元支付给某公司广州办。2003年6月8日,某总公司《问题楼盘税费审批表》中购房者姓名由某银行分行更改为某房地产公司。2003年8月26日,某总公司《五邑城楼房报税清单(第八期)》中,涉案房产购房人为某房地产公司。2003年1月和8月,某拍卖行两次出具《证明》,均写明甲是涉案房产的合法拥有者。7~9月,涉案房产的水电费、住宅管理费发票均出具给甲。11月18日,某房地产公司以电汇方式支付656 729元给某公司广州办。11月21日,某公司广州办向某总公司出具函件,确认拍卖物业由甲竞拍购得,并请某总公司协助办理过户手续。11月23日,甲与某房地产公司签订《协议书》,约定甲将涉案房产以6 570 480元转让给某房地产公司。11月26日,甲向某总公司出具委托书,要求某总公司将涉案房产的发票开到某房地产公司名下。某总公司遂出具证明,证明涉案房产是甲于2002年12月30日竞拍取得;2003年11月23日甲将涉案房产出售给某房地产公司,为减少过户手续,甲委托该公司将房产过户给某房地产公司。11月28日,某总公司与某房地产公司签订《商品房买卖合同》。12月3日,涉案房产过户至某房地产公司名下。

被申诉人甲认为,某房地产公司未按约缴纳购房款,故起诉请求判令某房地产公司支付楼房转让款6 570 480元,支付上述欠款的利息(从2003年12月23日起至还清款项之日止的银行贷款利息),并由某房地产公司承担诉讼费用。

申诉人某房地产公司认为,其委托甲以某房地产公司名义参加拍卖会并竞买成功,成交的楼房应属于某房地产公司所有。双方于2003年11月23日签订的《协议书》,仅仅是为了减少复杂的法律环节,增大某房地产公司的购买成本,以便将来处理该物业时减少支付增值税,仅作内部凭证入账之用,双方在签约时已明知该合同不需实际履行,该协议当时也未交给甲持有。2003年11月28日,某房地产公司与某总公司签订《商品房买卖合同》,并于2003年12月3日完成产权过户手续。后甲通过不正当方式获得了《协议书》,该《协议书》属于以合法形式掩盖非法目的,请求认定《协议书》无效,并驳回甲的全部诉讼请求。

【裁判结果】

一审:某房地产公司应支付购房款6 570 480元及利息给甲。

二审:驳回上诉,维持原判。

再审:维持二审判决。

【争议焦点与裁判理由】

本案的争议焦点是:(1)关于本案所涉房产的买受人是甲还是某房地产公司;(2)关于甲、某房地产公司2003年11月23日签订的《协议书》是否有效。

根据再审裁判文书,人民法院认为,关于甲与某房地产公司之间是否存在委托代理关系的问题。委托合同是双方法律行为,需双方当事人意思表示一致才可成立。某房地产公司主张双方存在委托关系,但《委托竞投函》只是某房地产公司的单方法律行为,《委托竞投函》上没有甲的签名,也没有证据证明是甲持《委托竞投函》参与竞投,某房地产公司主张甲接受委托,证据不足。某拍卖行出具的接受丁交来拍卖保证金的《保证金收据》,是某拍卖行出具给某房地产公司的,只能证明某房地产公司有支付保证金的行为,不能证明某房地产公司委托甲参加竞买。虽然某房地产公司向某公司广州办支付了部分拍卖款,但该付款行为与《委托竞投函》《保证金收据》并不能形成证明某房地产公司委托甲参加竞买的完整证据链。而某拍卖行与甲签订的《拍卖成交确认书》、某拍卖行出具的写明甲是涉案房产合法拥有者的《证明》及某公司广州办出具给某总公司的函件等,均表明甲是涉案房产的实际竞买人。根据最高人民法院关于证据审核认定的有关规定,甲提供的证据的证明力明显大于某房地产公司提供的证据的证明力。因此,二审判决认定甲与某房地产公司之间不存在委托关系,涉案房产的实际竞投人为甲并无不当。甲与某房地产公司签订的买卖涉案房产《协议书》,有双方签字盖章,其内容、形式等均符合买卖合同的构成要件,并没有违反法律法规的禁止性规定。《协议书》为有效合同,双方当事人应依约履行各自的义务。甲依约委托某总公司将房产过户给某房地产公司后,某房地产公司没有按约定支付相应购房款,构成违约,应承担相应的违约责任。

【案例评析】

本案的核心争议法律问题是:如何判断谁是真正的买受人?

本案是拍卖合同成交后,第三人以买受人为其代理人为由引发谁是真正的买受人的争议。根据《拍卖法》及《合同法》的有关规定,判断谁是真正的买受人应在两个维度上进行判断:(1)判断谁是《拍卖法》意义上的买受人;(2)判断《拍卖法》意义上的买受人是不是第三人的委托人或代理人。

就第一个维度而言,判断谁是《拍卖法》意义上的买受人。根据拍卖行业惯例,成为买受人一般需满足如下条件:(1)符合委托人、拍卖人规定的竞买人条件;(2)交纳竞买保证金;(3)领取《竞买须知》;(4)与拍卖人签订《竞买合同》,该协议一般规定了竞买规则、拍卖标的描述、竞买人的权利义务、拍卖人的权利义务等内容;(5)领取拍卖号码牌并参与竞拍;(6)以最高价拍得拍卖标的物;(7)签订《拍卖成交确认书》。若是规范的拍卖活动,一般买受人均满足上述七个条件。但在非规范的拍卖活动中，上述七个条件中第四个、第七个条件即签订《竞买合同》《拍卖成交确认书》是判断买受人的关键。因为这两个条件均系法律关系的确认书，具有较强的确定性，而另外五个条件均有其他人替代为之的可能性。唯有满足第四个、第七个条件的人，才是《拍卖法》意义上的买受人。在本案中，甲与拍卖行签订《拍卖成交确认书》、拍卖行及委托人均确认甲系买受人，故甲系《拍卖法》意义上的买受人。

就第二个维度而言，判断《拍卖法》意义上的买受人是不是第三人的委托人或代理人。这可依委托代理理论而定。(1)依《合同法》，委托是合同的一种，唯有双方签字合同方可成立，在本案中某房地产公司虽主张其与甲签订有《委托竞投函》，但因仅有某房地产公司单方盖章，其与甲的委托合同并未成立。(2)就代理权授予而言，虽为单方法律行为，但要代理人以本人名义从事法律行为，方为显名代理。若“代理人”以其自己名义从事法律行为，而“代理人”又不认可其是代理人的，则难以证明代理权的存在。本案法院审理颇有道理。

【案例索引】

一审：广东省江门市江海区人民法院(2005)江重初字第498号

二审：广东省江门市中级人民法院(2008)江中法民一终字第439号

再审：广东省高级人民法院(2009)粤高法审监民提字第204号

124. 某锰矿公司管理人与甲拍卖合同纠纷案

——重新拍卖造成的差价的赔偿

问题提示：买受人不付款应否赔偿拍卖标的二次拍卖的差价？

【基本案情】

原告：某锰矿公司管理人

被告：甲

人民法院经审理查明：某锰矿公司管理人于2013年4月1日委托某拍卖公司拍卖锰矿公司综合楼。2013年5月24日，某房地产产权交易中心(以下简称某产权中心)和某拍卖公司联合发出《资产拍卖转让公告》、2013年6月25日又联合发出《拍卖转让须知》，公告：标的物为锰矿公司综合楼，建筑面积1240.5平方米，土地面积约415.9平方米，土地用途为商业用地；交易保证金100万元；土地实际面积、土地出让条件、规划指标均以国土、规划部门核定为准；竞买人有义务在标的展示期内自行充分了解、察看查询标的，并到规划、国土等相关部门及当地详细了解资产的规划条件、国土要求及当地社情民情等。2013年6月25日,甲向某拍卖公司与某产权中心交纳了100万元保证金。2013年6月26日,甲以651万元中标。6月26日,甲与某拍卖公司签订了《拍卖成交确认书》,与某锰矿公司管理人签订了《资产转让合同书》,约定:资产转让范围与《拍卖公告》公布范围一致,拍卖资产以现有状况拍卖转让,具体房产、国土面积以房产、国土部门实际测量且重新颁发的权属证书为准。资产转让价为651万元,不包括产权交易手续费、公证费、拍卖佣金、资产过户等费用。甲应在2013年7月31日前将全部款项汇入某产权中心指定的银行账户。双方应严格遵守合同条款,任何一方违约均应承担违约而给对方造成的经济损失,甲不按合同规定时间向锰矿公司管理人支付资产受让价款,则视为甲自动放弃购买权,某锰矿公司管理人有权单方面解除合同,按甲违约处理,甲原已交的保证金作为违约金不予以退还,并按《拍卖法》第39条之规定追究法律责任,合同双方还对其他事项进行了约定。约定交款期限届满后,甲以该土地性质是教育用地,并非商业用地,土地实际面积与约定面积少81.1平方米为由拒绝交款。

2015年2月,某锰矿公司管理人第二次委托某拍卖公司与某产权中心重新拍卖标的资产。2015年3月20日,某公司在某拍卖公司举办的拍卖会上以302万元中标,并与某锰矿公司管理人签订《资产转让合书》,现该合同已实际履行,资产已办理了过户手续。某公司的法定代表人为乙,实际出资人为甲。本案所涉资产均已过户至甲名下。

2013年11月4日,甲以某拍卖公司、某产权中心为被告向邵阳市双清区法院提起诉讼称,某拍卖公司与某产权中心在联合发出的《资产拍卖转让公告》中土地使用面积及土地性质与实际情况不符,隐瞒了土地规划为教育用地的重要事实,对甲的公司的规划与发展造成了重大影响,故诉请撤销甲与某拍卖公司、某产权中心间的拍卖合同;返还甲所交保证金100万元及银行同期贷款利息;赔偿损失4000元。双清区人民法院经审理认为,某拍卖公司与某产权中心在公开拍卖过程中,没有欺诈行为,甲要求撤销综合楼拍卖合同、返还保证金并赔偿损失的请求无事实和法律依据,并判决驳回甲的全部诉讼请求。甲不服提起上诉,邵阳中院二审维持原判。

锰矿公司综合楼的房屋所有权为全民,占地面积334.8平方米,房屋所有权证号为:外邵房权字第207273号,土地性质为划拨、土地国有,商业用地。2013年4月2日,邵阳市国土资源勘测设计院测量该综合楼的宗地面积为415.9平方米。邵阳市规划局对该综合楼的用地性质规划为小学用地。

某锰矿公司管理人以甲中拍后未履行付款义务,使某锰矿公司管理人第二次委托拍卖锰矿公司综合楼只拍得302万元,给锰矿公司管理人造成249万元的损失为由,诉请判令甲赔偿损失249万元并承担本案诉讼费用。

甲诉称,其并未违约,无须赔偿某锰矿公司管理人损失。第一次拍卖标的物存在很多瑕疵和争议:一是土地面积与实际面积不符;二是土地规划为教育用地,而

《拍卖公告》载明该土地为商业用地，同时该标的物在拍卖前没有办理土地使用权证书，甲作为一个普通公民，根本没有能力也没有条件在拍卖之前对拍卖标的物进行详尽了解。另甲并没有在第一次的成交确认书上盖章，第二次拍卖是相关部门劝说、要求甚至以不退第一次保证金为由要求甲参与拍卖，因标的物不具备市场开发价值，无人参与竞拍，甲迫于无奈一人竞拍买下该标的物，现某锰矿公司管理人不仅未退还100万元保证金，还要求甲补足拍卖差价无事实和法律依据。故请求驳回锰矿公司管理人的诉讼请求。

【裁判结果】

一审：驳回某锰矿公司管理人的诉讼请求。

【争议焦点与裁判理由】

本案的争议焦点是：(1)甲是否违约；(2)甲是否应当赔偿某锰矿公司管理人249万元损失。

人民法院经审理认为：关于第一个焦点问题，某锰矿公司管理人与甲签订的《资产转让合同书》，系甲在某锰矿公司管理人委托某拍卖公司举办的拍卖活动中，甲通过合法竞拍中标后并按程序与某锰矿公司管理人所签订的资产转让合同，该合同并未违反国家法律、行政法规的强制性规定，为有效合同。合同约定甲应在2013年7月31日前将全部转让款汇入指定的银行账户，因甲未按约定支付转让价款，导致合同未履行，已构成违约。关于甲是否应当赔偿某锰矿公司管理人249万元损失的问题，因甲的违约行为导致合同未履行，某锰矿公司管理人此后重新委托某拍卖公司对该标的物进行了第二次拍卖，由此产生的损失应当由甲承担，根据合同约定，甲所交的100万元保证金作为违约金，某锰矿公司管理人可不予退还。现某锰矿公司管理人另要求甲补足所转让的资产在第二次拍卖的价款与第一次拍卖的价款差额249万元，因某锰矿公司管理人在第一次拍卖前未将转让资产的土地性质、面积及规划条件等重要指标予以详细说明，而只告知竞买人有义务前去规划部门了解拍卖之标的物的规划条件，未充分履行告知义务，影响到了甲对用地性质的准确判断，且甲在拍卖前已预交了100万元竞卖保证金，某锰矿公司管理人要求甲除违约金外另还要补足差额249万元，超过甲订立合同时应当预见到的因违反合同可能造成的损失。根据《合同法》第113条规定，"当事人一方不履行合同义务或者履行合同义务不符合约定，给对方造成损失的，损失赔偿额应当相当于因违约所造成的损失，包括合同履行后可以获得的利益，但不得超过违反合同一方订立合同时预见到或者应当预见到的因违反合同可能造成的损失"。故某锰矿公司管理人要求甲赔偿249万元损失的请求依据不足，邵阳中院不予支持。

【案例评析】

本案的核心争议法律问题是：买受人不付款应否赔偿拍卖标的二次拍卖的差价。

拍卖活动中的买受人若违约未付拍卖款的,应承担违约责任。根据《拍卖法》第 39 条"买受人应当按照约定支付拍卖标的的价款,未按照约定支付价款的,应当承担违约责任,或者由拍卖人征得委托人的同意,将拍卖标的再行拍卖。拍卖标的再行拍卖的,原买受人应当支付第一次拍卖中本人及委托人应当支付的佣金。再行拍卖的价款低于原拍卖价款的,原买受人应当补足差额"的规定,买受人不付款的违约责任有两种承担方式:第一种是应当承担"违约责任",该种"违约责任"具体内容《拍卖法》并未明确规定,依据合同法理论理解,应依照《合同法》第 107 条的规定处理;第二种是将拍卖标的再行拍卖的,原买受人应当支付第一次拍卖中本人及委托人应当支付的佣金,若再行拍卖的价款低于原拍卖价款的,原买受人应当补足差额。该第二种违约承担方式,是否可以因故不予适用或减少数额,《拍卖法》并未作出例外规定。而本案例提出了此项问题,实值研究。

第一,该第二种违约承担方式,是否因委托人或拍卖人违约而不予适用?本案判决采肯定意见。但根据案情,委托人或拍卖人应没有违约,有双清区法院生效判决为证,邵阳中院在前案二审维持原判,认为委托人没有违约行为,反而在本案中改变观点认为委托人有违约行为,两个判决中观点正好相反,实难理解。故本案不是判断第二种违约承担方式是否因委托人或拍卖人违约而不予适用问题的恰当案例。

第二,该第二种违约承担方式,是否属于买受人未预料而不予适用?本案判决采肯定意见,其法律依据是《合同法》第 107 条。虽然拍卖合同是买卖合同的一种,拍卖合同也应适用《合同法》的规定,但《合同法》第 173 条明确规定:"拍卖的当事人的权利和义务以及拍卖程序等,依照有关法律、行政法规的规定。"第 174 条规定:"法律对其他有偿合同有规定的,依照其规定;没有规定的,参照买卖合同的有关规定。"而在《拍卖法》对违约责任有明确规定的情况下,本案判决不予适用《拍卖法》的明确规定,实难理解。更何况就算可以适用《合同法》第 107 条,也难谓在《拍卖法》对违约承担方式有明确规定的情况下,买受人没有预见到。本案判决实难认同。

本案值得商榷和研究的是,甲在第一次拍卖结束后未按照约定履行付款手续,是在行使不安抗辩权(对物的抗辩)。因涉及土地和房屋的很多证明文件和权属证明只有在买受人签署了成交确认书后才可获得。更是因为:第一次拍卖标的物存在很多瑕疵和争议(如法院查实的甲在法院的辩称理由)。此种情形下是否应判令某锰矿公司管理人退还 100 万元保证金,甲只需在第一次拍卖中缴纳拍卖佣金?这个问题值得研究和探讨。

【案例索引】

一审:湖南省邵阳市中级人民法院(2015)邵中民二初字第 101 号

125. 某拍卖公司与甲拍卖合同纠纷案

——重新拍卖佣金的利息损失承担

问题提示：由于原买受人原因导致拍卖标的再行拍卖的，原买受人是否应承担拍卖佣金的利息损失？

【基本案情】

原告：某拍卖公司

被告：甲

人民法院经审理查明：2013 年 5 月 17 日，原告某拍卖公司与某机电公司签订拍卖委托合同一份，双方就位于诸暨市陶朱街道前宅村的厂房的拍卖事宜作了相关约定。根据拍卖委托合同，原告于 2013 年 7 月 9 日上午在诸暨市东方宾馆六楼会议室举行诸暨市厂房拍卖会，被告甲报名参拍，并以 1620 万元的拍卖成交价竞得了上述厂房。其间，原、被告签署了《竞买协议》《拍卖规则》及《拍卖成交确认书》，双方约定被告应在 2013 年 7 月 24 日 16:00 前，向原告付清全部拍卖成交价款，但被告逾期未交清全部拍卖成交款，原告于 2013 年 8 月 12 日通过 EMS 邮政特快、《诸暨日报》第二版《通知》方式，通知被告依法解除双方之间的拍卖成交法律关系，并将依据相关拍卖文件及被告所作出的《声明与承诺》予以执行。嗣后，某机电公司再次委托原告拍卖上述厂房，2013 年 8 月 30 日上午，在原告组织的诸暨市厂房拍卖会上，其他竞买人以 1400 万元整的拍卖成交价竞得了上述拍卖标的，并签署了拍卖成交的相关法律文件。其后，原告及某机电公司通知被告限期向原告支付拍卖成交款差额 220 万元及第一次拍卖中被告应当支付的佣金 405 000 元，但被告均未支付。

另外，原告与某机电公司签订的拍卖委托合同中约定：“拍卖物拍卖成交的，委托人应按拍卖物成交总额 2.5% 的比例向拍卖人支付佣金，佣金可以由拍卖人直接从拍卖价款中扣除。”原、被告在竞买协议中约定：“……重新拍卖的，被告应支付本次拍卖中被告及委托人应当支付的佣金、费用损失。”

原告起诉请求法院，要求判令：(1)被告立即支付原告第一次拍卖中被告应当支付的佣金 405 000 元，并赔偿自 2013 年 7 月 25 日起至判决生效日止按同期同档银行贷款利率计算的利息损失；(2)本案诉讼费由被告承担。

被告甲辩称：其对原告诉称的厂房拍卖成交事实无异议，当时被告对拍卖标的是要承受的，但后来原告原来的董事长乙说该厂房尚不能拍卖，原告重组时和其他公司有过协议的，房子要到 2015 年 4 月才能拍卖，现在不能拍卖。拍卖成功后被告才知道这一事实，后又从乙那里得到了相关资料，同时也告知了原告这一情况，原告没有答复。被告已向原告缴纳了保证金 100 万元，被告仅能承担该保证金 100 万元的责任,其他佣金、拍卖差价等损失不同意赔偿。

【裁判结果】

一审:一、被告甲应支付原告某拍卖公司拍卖佣金人民币405 000元,佣金款限于本判决生效之日起十日内付清;二、驳回原告某拍卖公司的其余诉讼请求。

【争议焦点与裁判理由】

本案的争议焦点为,买受人竞拍成功后违约导致第二次拍卖的,被告是否应承担第一次的拍卖佣金及相应的损失?

人民法院经审理认为:被告甲与原告某拍卖公司签署的《竞买协议》《拍卖规则》《拍卖成交确认书》中的约定系双方当事人的真实意思表示,合法有效,双方当事人应按约定全面履行义务。《拍卖法》第39条规定:"买受人应当按照约定支付拍卖标的的价款,未按照约定支付价款的,应当承担违约责任,或者由拍卖人征得委托人同意,将拍卖标的再行拍卖。拍卖标的再行拍卖的,原买受人应当支付第一次拍卖中本人及委托人应当支付的佣金。再行拍卖的价款低于原拍卖价款的,原买受人应当补足差额。"本案中,被告甲以1620万元的拍卖成交价竞得了由原告组织拍卖的位于诸暨市陶朱街道前宅村的厂房,并签署了《拍卖成交确认书》,但其未按照约定支付拍卖标的的价款,其行为已构成违约,应当承担违约责任,或者由原告征得委托人同意,将拍卖标的再行拍卖。现委托人委托原告将拍卖标的物再行拍卖,并已成交,被告依法应按约向原告支付第一次拍卖中委托人须按拍卖物成交总额2.5%的比例支付的佣金405 000元。原告诉请要求被告支付佣金405 000元的利息损失,根据《拍卖法》第39条规定,原告将拍卖标的物再行拍卖的,被告承担的违约责任为承担第一次拍卖中的应承担的佣金,当事人双方对该佣金的利息损失也未特别约定,故原告该请求依据不足,法院不予支持。本案所涉拍卖事宜程序合法,被告辩解认为拍卖标的物存在瑕疵,且拍卖之前原告没有将瑕疵予以披露,与事实不符,本院不予采信。综上,原告要求被告支付佣金405 000元的诉讼请求,合理合法,法院予以支持。

【案例评析】

拍卖合同属于民事合同的一种,双方在自愿、诚信原则下签署合同违约责任条款是承担违约责任的依据。原合同关于违约的款项自始有效。如原合同条款中约定了支付佣金利息当事人拒不执行的,可以依据最高人民法院的司法解释予以支持。理由如下:

一、原买受人违约应依法承担违约责任

根据法院查明的事实,原、被告签署了《竞买协议》《拍卖规则》及《拍卖成交确认书》,双方约定被告应在2013年7月24日16:00前,向原告付清全部拍卖成交价款,但被告逾期未交清全部拍卖成交款,显然已经构成违约。根据《合同法》第107

条规定："当事人一方不履行合同义务或者履行合同义务不符合约定的，应当承担继续履行、采取补救措施或者赔偿损失等违约责任。"本案中，拍卖人作为中介服务提供者，已经依法完成了拍卖行为，原买受人在拍卖成交后，与拍卖人签订了《拍卖成交确认书》，其理应按照双方约定在2013年7月24日16时之前向拍卖人支付拍卖佣金，但其无故违约，对于守约方的拍卖人而言，要求其承担相应的损失于法有据。《最高人民法院关于逾期付款违约金应当按照何种标准计算问题的批复》（法释〔1999〕8号）规定："对于合同当事人没有约定逾期付款违约金标准的，人民法院可以参照中国人民银行规定的金融机构计收逾期贷款利息的标准计算逾期付款违约金。"《最高人民法院关于审理商品房买卖合同纠纷案件适用法律若干问题的解释》（法释〔2003〕7号）第17条规定："商品房买卖合同没有约定违约金数额或者损失赔偿额计算方法，违约金数额或者损失赔偿额可以参照以下标准确定：逾期付款的，按照未付购房款总额，参照中国人民银行规定的金融机构计收逾期贷款利息的标准计算。"因此，对于违约方，应该支付逾期付款的利息损失，无论是从合同法角度还是根据最高人民法院的相关司法解释，都是有法律依据的。

不过，对于"原、被告在竞买协议中约定：……重新拍卖的，被告应支付本次拍卖中被告及委托人应当支付的佣金、费用损失"中的费用损失，这里的费用损失的确不包括佣金的利息损失，应该认定为拍卖人及委托人为前次拍卖活动所支付的其他费用方面的损失。

二、关于本案法律适用方面的问题

从判决书来看，法院之所以不支持拍卖人提出的佣金的利息损失，是因为法院认为"根据《拍卖法》第39条规定，原告将拍卖标的物再行拍卖的，被告承担的违约责任为承担第一次拍卖中的应承担的佣金，当事人双方对该佣金的利息损失也未特别约定，故原告该请求依据不足，法院不予支持"，但法院在法律适用上存在问题。首先，如果本案构成违约，那么，从法律适用角度，《拍卖法》是在1997年1月1日生效（2004年修改并不涉及第39条内容），而《合同法》是在1999年10月1日起生效，新法优于旧法，因此，关于违约责任方面的认定不能局限于《拍卖法》，更何况在《拍卖法》生效之后最高人民法院还发布了相关司法解释；其次，《拍卖法》第39条第2款虽然规定"拍卖标的再行拍卖的，原买受人应当支付第一次拍卖中本人及委托人应当支付的佣金"，但并没有明确限定原买受人的违约责任仅限于本人应当支付的佣金。《拍卖法》第39条第1款规定"买受人应当按照约定支付拍卖标的的价款，未按照约定支付价款的，应当承担违约责任"，该款非常明确如果买受人未按照约定支付价款的应当承担违约责任，既然未支付约定价款应该承担违约责任（包括逾期付款利息损失），那么，未支付拍卖佣金的，同样应该承担违约责任。如果本案被拍卖标的没有重新进行拍卖，原买受人应该承担违约责任，那么，怎么能因为重新进行拍卖了以后就豁免原买受人的违约责任？这在法律上不仅对拍卖人不公,而且也会在某种程度上鼓励纵容买受人的违约。作为中介的拍卖人,其已经完成了拍卖,有权得到拍卖佣金,与拍卖标的是否重新拍卖没有任何关系,因此,其要求原买受人赔偿逾期支付佣金的利息损失也是有法律依据的。

【案例索引】

一审:浙江省诸暨市人民法院(2014)绍诸商初字第685号

126. 甲与某拍卖公司、乙拍卖合同纠纷案

——买受人逾期付款,委托人能否直接主张违约

问题提示:竞买人未按照成交确认书支付价款,委托人可否直接向竞买人主张违约?

【基本案情】

原告:甲

被告:某拍卖公司

被告:乙

人民法院经审理查明:2013年某拍卖公司制作某2013春季艺术品拍卖会宣传册,其封面印制有"书画保真专场,接受法律追诉",拍卖时间为2013年5月18日。乙向某拍卖公司提交10万元拍卖保证金后参加了拍卖,竞得为甲所有的7幅作品,共计人民币55.8万元,并在上述7幅作品的成交确认书上签字。7幅作品的成交确认书下半部分以小字写道:(1)买方已详尽阅读和理解《某拍卖公司拍卖规则》,并同意按该规则中的各项条款执行,并按规定向某拍卖公司支付成交价款和佣金。(2)落槌有效:竞买人应对自己的举牌出价负责,一经拍卖师落槌敲定,即为有效成交(不论是否签署成交确认书),竞买人不得反悔,否则承担由此引起的一切法律后果。乙称某拍卖公司未向其出示过成交确认书中所涉及的《某拍卖公司拍卖规则》,某拍卖公司称其曾口头提示过乙,但未提交已提示过的证据。庭审中,甲称某拍卖公司已于2013年10月将上述10万元保证金支付给自己,要求剩余画款由乙支付。

原告甲诉称,原告与某拍卖公司签订《委托拍卖合同》一份,合同约定,原告将其所有的书画艺术品委托给某拍卖公司以拍卖出售,某拍卖公司从拍卖成交额中收取12%成交款作为拍卖佣金。2013年5月18日拍卖会顺利召开,由乙竞得原告7幅书画,拍卖所得价款至今未交割。经原告多次催促,某拍卖公司、乙仍不交付拍卖价

款，为维护自己的合法权益，向法院提出要求两被告支付拍卖价款及利息等诉求。

被告某拍卖公司辩称：拍卖业务规则明确了买卖合同的双方当事人为委托人和竞买人，拍卖价款应由竞买人乙直接向委托人甲支付。

被告乙辩称：原告提供给被告某拍卖公司的拍卖品是赝品，原告和被告某拍卖公司对其构成了欺诈。

【裁判结果】

一审：判决驳回原告甲的诉讼请求。

【争议焦点与裁判理由】

本案的争议焦点为，甲与某拍卖公司、乙之间是否存在有效合同关系以及是否构成违约。

人民法院经审理认为，甲作为涉案画作的所有人，将涉案画作委托某拍卖公司拍卖，双方形成委托合同关系。乙在某拍卖公司组织的拍卖过程中，出价最高成为涉案画作的最终买受人，并在成交确认书上签字，与某拍卖公司之间形成了形式上的买卖合同关系。虽然根据《成交确认书》和《拍卖业务规则》，买卖合同的双方为委托人和竞买人，拍卖价款应由竞买人乙直接向委托人甲支付，但成交确认书由某拍卖公司提供，拍卖业务规则中的条款免除了某拍卖公司的责任，加重了被告乙的责任，且某拍卖公司未提交证据证明其已尽提示和说明义务，根据《合同法》第39条、第40条的规定，在被告乙对拍卖业务规则的相关规定有异议的情况下，拍卖业务规则中买卖合同的双方为委托人和竞买人，拍卖价款应由竞买人直接向委托人支付的规定的效力，本院不予认定。上述委托合同与买卖合同为相互独立的两个合同，作为买卖合同买受人的乙与作为委托合同委托人的甲之间不存在任何形式的合同关系，根据合同相对性原则，原告甲要求被告乙支付剩余画款及利息，无事实和法律依据。因甲自认某拍卖公司已于2013年10月将上述10万元支付给了乙方，其再次向被告某拍卖公司主张权利，无事实依据，不予支持。

【案例评析】

本案在审理中，焦点主要集中在原告甲与被告某拍卖公司、乙之间是否存在有效合同关系，是否构成违约。

本案中，原告甲与被告某拍卖公司之间存在委托拍卖合同，系双方真实意思表示，内容不违反法律、行政法规的强制性规定，为有效合同，在双方之间发生法律拘束力，委托人应依据合同约定支付佣金，拍卖人依据合同组织拍卖程序，确定拍卖成交结果，并依据委托合同交割成交价。本案中，被告某拍卖公司与被告乙之间，依据拍卖程序签订了成交确认书，系双方真实意思表示，不违反法律、行政法规的强制性规定，为有效合同，双方应严格履约，否则承担违约责任。成交确认书中明确约定：买方已详尽阅读和理解《某拍卖公司拍卖规则》，并同意按该规则中的各项条款执行,并按规定向某拍卖公司支付成交价款和佣金。但《拍卖业务规则》中又规定,买卖合同的双方为委托人和竞买人,拍卖价款应由竞买人乙直接向委托人甲支付。根据成交确认书和拍卖规则,本案中,是否在原告甲与被告乙之间形成了买卖合同关系呢?原告甲是否可以直接向被告乙主张继续履行及支付利息等违约责任呢?结合本案事实及法律规定,成交确认书及拍卖业务规则构成的合同条款,其合同主体是竞买人和拍卖行,虽然委托人是实际的买受人,但在这一合同中他不是合同当事人,只是接受竞买人(买受人)的价款给付的第三人。根据合同的相对性原理,合同效力仅及于合同当事人之间,依据《合同法》第64条关于当事人约定由债务人向第三人履行债务的,债务人未向第三人履行债务或者履行债务不符合约定,应当向债权人承担违约责任之规定,甲要求被告乙支付剩余画款及利息无法律依据。

原告可否依据委托合同向被告某拍卖公司主张交割成交款及支付逾期利息违约责任?本案中,委托合同若无其他特别约定,在合同继续有效情况下,笔者认为拍卖行负有继续履行的义务,10万元的保证金尚不足以实现委托人的债权,委托人请求某拍卖公司继续履行支付成交价并承担利息损失违约责任的诉求有正当的法律依据。

【案例索引】

一审:山东省济南市历下区人民法院(2013)历商初字第1743号

127. 某照相机厂破产管理人与某房地产公司拍卖合同纠纷案

——委托人如何行使再行拍卖的权利

问题提示:竞买人未按照成交确认书支付价款,委托人可否直接向竞买人主张违约?

【基本案情】

上诉人(一审被告):某房地产公司

被上诉人(一审原告):某照相机厂破产管理人

一审第三人:某拍卖行

人民法院经审理查明:2007年8月8日,某照相机厂破产管理人与某拍卖行签订委托拍卖合同,约定:某照相机厂破产管理人委托某拍卖行拍卖照相机厂国有土地使用权及地上建筑物、附属物和附属设施;拍卖成交后,由买受人直接将拍卖价款给付某照相机厂破产管理人。2007年10月30日,某房地产公司向某拍卖行交纳竞买保证金500万元。某拍卖行向某房地产公司出示《竞买须知》,约定拍卖成交者,保证金转为成交合同定金。某房地产公司于2007年10月31日以1亿元拍得涉案标的物。2007年10月31日,某拍卖行与某房地产公司签订拍卖成交确认书,约定:拍卖成交价款为1亿元。买受人违反拍卖成交确认书的,无权要求返还保证金,并应当承担违约责任。拍卖人可对拍卖标的物再行拍卖。再行拍卖的,原买受人应当支付第一次拍卖中本人和委托人应当支付的佣金,并承担再行拍卖所发生的一切费用。再行拍卖价款低于原拍卖价款的,原买受人应当补足差额。2007年11月8日,某照相机厂破产管理人与某房地产公司签订了拍卖标的物交接协议:拍卖标的物成交价款为1亿元,某房地产公司应于拍卖成交后15个工作日内向某照相机厂破产管理人支付3000万元,于拍卖标的物交接协议签订后40个工作日内再向某照相机厂破产管理人支付5000万元,于土地及房产过户启动,国土资源部门受理立卷后,向某照相机厂破产管理人支付剩余的2000万元。某照相机厂破产管理人应于收到某房地产公司交付的总价款80%的次日起,向某房地产公司进行拍卖标的物的实物移交,并办理土地过户手续。

涉案拍卖采取保留价拍卖方式,两次拍卖保留价均为5200万元。第一次拍卖成交后,某房地产公司未能按照拍卖标的物交接协议的约定向某照相机厂破产管理人付款。2007年11月28日、12月6日,某照相机厂破产管理人催促某房地产公司支付总成交价款的30%,即3000万元,同时申明如某房地产公司不能按约付款,将依法追究经济、法律责任。2007年12月12日,某照相机厂破产管理人、某拍卖行、某房地产公司参加协调会,某房地产公司请求签订补充协议,某照相机厂破产管理人不同意,并要求某房地产公司10日内付清3000万元。2008年1月10日,某拍卖行对涉案标的物进行二次拍卖,由某粮食收储公司拍得,成交价款为5800万元,且已支付80%的价款4600万元,土地使用权尚未办理过户登记。

某照相机厂破产管理人诉请判令:某房地产公司支付两次拍卖成交价的差额4200万元。

某房地产公司上诉称:(1)某房地产公司由于政策原因而付款违约,应当承担相应的民事责任,但应依照合同法、拍卖法承担责任。某照相机厂破产管理人如委托再次拍卖,实际导致第一次拍卖合同不能继续履行,某照相机厂破产管理人应依据《合同法》第96条的规定,通知某房地产公司。某照相机厂破产管理人不履行通知义务,在第一次拍卖合同有效存在的情况下,委托进行第二次拍卖,属于一物二卖。(2)第二次拍卖程序严重违反拍卖法及相关法规,属于无效拍卖。故请求驳回某照相机厂破产管理人的诉讼请求。

某拍卖行陈述意见为:(1)根据拍卖法的规定及某房地产公司签订的相关拍卖文件,二次拍卖无须解除首次成交合同,也不需要通知某房地产公司。某房地产公司违约,给某照相机厂破产管理人造成了4200万元差价的实际损失,某房地产公司应予赔偿。(2)某房地产公司交纳的500万元保证金应归某拍卖行所有。(3)拍卖法规定,公告时间不少于7日,拍卖活动由拍卖师主持,拍卖师有权决定拍卖中是否中间休息。二次拍卖时,首次公告时间超过7日。拍卖过程中的休息属于正常行为,因此二次拍卖合法有效。

【裁判结果】

一审:一、某房地产公司向某照相机厂破产管理人支付拍卖成交价差额3700万元;二、驳回某照相机厂破产管理人其他诉讼请求。

二审:一、撤销一审判决;二、某房地产公司向某照相机厂破产管理人支付7500万元拍卖款。某照相机厂破产管理人于收到7500万元之日起三十日内向某房地产公司移交拍卖成交确认书和标的物,并办理过户手续,某房地产公司于过户登记办理完毕之日起十日内支付余款2000万元;三、某房地产公司支付某照相机厂破产管理人逾期付款违约金;四、驳回某照相机厂破产管理人的诉讼请求。

【争议焦点与裁判理由】

本案的争议焦点是:(1)某房地产公司履行第一次拍卖合同时是否违约,以及应承担何种法律责任;(2)第二次委托拍卖,某照相机厂破产管理人应否通知某房地产公司(包括解除第一次拍卖成交合同和参加第二次拍卖),以及是否构成通知。

根据生效裁判文书,人民法院认为,对于拍卖合同,拍卖法没有专门规定的,需依据合同法的基本原则处理。根据合同法关于违约责任的规定,合同当事人一方出现违约行为,其承担违约责任的方式首先是继续履行合同,并承担支付滞纳金、违约金或赔偿损失的违约责任。如果构成根本违约的,合同相对人有权解除合同,违约方同时还要承担支付滞纳金、违约金或赔偿损失的违约责任。因此,合同法对于违约责任的承担,视违约的程度,规定了不同的责任承担形式。

根据《拍卖法》第39条规定,买受人应当按照约定支付拍卖标的的价款,未按照约定支付价款的,应当承担违约责任,或者由拍卖人征得委托人的同意,将拍卖标的再行拍卖。该条内容从文义解释,买受人不按约定支付价款的,对于买受人承担责任形式,委托人有选择权。《拍卖法》第39条规定的买受人承担民事责任的形式,实质系随着违约程度渐进,直至再行拍卖。某房地产公司在拍卖成交后,签署了拍卖成交确认书,并未表示反悔,其后某房地产公司未能按交接协议的约定付清首期款,构成违约,但某房地产公司一直向某照相机厂破产管理人申请延期付款,也未表示拒绝履行合同。因此,某照相机厂破产管理人在某房地产公司申请延期付款时,再行委托拍卖,首先违背拍卖法的规定。其次某照相机厂破产管理人委托再行拍卖时,因有第一次拍卖成交合同的存在,某照相机厂破产管理人必须先行解除第一次拍卖合同,才能再行委托。本案中,某照相机厂破产管理人未向某房地产公司明确表示解除拍卖合同。同时根据合同法关于合同当事人应遵循诚实信用原则、互负协助义务的规定，某房地产公司与再行拍卖有重大利害关系，某照相机厂破产管理人委托再行拍卖时，应通知某房地产公司参加。某照相机厂破产管理人委托再行拍卖违背拍卖法、合同法的规定，因此某照相机厂破产管理人主张某房地产公司承担两次拍卖差价的理由不能成立。

因某照相机厂破产管理人与某房地产公司之间的拍卖合同依然存在，结合某房地产公司上诉时表达出继续履行拍卖合同的愿望，某房地产公司与某照相机厂破产管理人应以继续履行双方之间的拍卖合同为宜。同时由于某房地产公司延期支付拍卖价款，构成违约，应向某照相机厂破产管理人支付从合同约定的付款期限至再行拍卖之日的违约金。

【案例评析】

本案的核心法律问题是：买受人不支付拍卖价款的，委托人如何行使将标的物再次拍卖的权利？

《拍卖法》第 39 条规定："买受人应当按照约定支付拍卖标的的价款，未按照约定支付价款的，应当承担违约责任，或者由拍卖人征得委托人的同意，将拍卖标的再行拍卖。拍卖标的再行拍卖的，原买受人应当支付第一次拍卖中本人及委托人应当支付的佣金。再行拍卖的价款低于原拍卖价款的，原买受人应当补足差额。"由此可知，该条赋予了委托人将拍卖标的再行拍卖的权利。本案即是由于"再行拍卖"的性质引发的争议。

拍卖合同是特殊的买卖合同。拍卖合同履行时，本着特别法优于普通法的原则：《拍卖法》有规定的遵从《拍卖法》，《拍卖法》没有规定的，应当适用《合同法》的一般合同理论条款。在买受人违约不支付价款，委托人将拍卖标的再行拍卖的情形下会引发一个基本的法律问题：买受人与委托人之间的拍卖合同的效力如何？合同有效，还是合同因买受人违约而解除？按照一般合同理论，买受人不支付价款或迟延履行主要债务，经催告后在合理期限内仍未履行是根本违约行为，委托人或拍卖人（经委托人同意）可以依照《合同法》第 94 条的规定解除合同。且依据《合同法》第 96 条的规定，解除合同应通知对方。而在本案中，拍卖人再行拍卖标的物并未通知买受人，似与法不符。似可推导出虽然标的物已经再次拍卖，但原买受人与委托人之间的拍卖合同仍然有效。这即为二审法院判决的理由。但该理由成立有两个前提：一是将"再次拍卖"视为约定解除权；二是要合理认定委托人自始至终未向原买受人发出过解除合同的通知，包括在法院诉讼过程中。

《拍卖法》第 39 条规定"由拍卖人征得委托人的同意，将拍卖标的再行拍卖"。值得注意的是，在司法拍卖中，根据《最高人民法院关于人民法院民事执行中拍卖、变卖财产的规定》第 25 条第 1 款规定，拍卖成交或者以流拍的财产抵债后，买受人逾期未支付价款或者承受人逾期未补交差价而使拍卖、抵债的目的难以实现的，人民法院可以裁定重新拍卖。重新拍卖时，原买受人不得参加竞买。但举行二次竞买的,应当通知第一次拍卖中违约的买受人。

【案例索引】

一审:河南省郑州市中级人民法院(2008)郑民四初字第32号

二审:河南省高级人民法院(2009)豫法民二终字第57号

128. 甲与某建设投资公司拍卖合同纠纷案

——买受人能否解除合同

问题提示:拍卖成交后,买受人由于自身原因无法履行要求解除拍卖合同的,买受人能否按照相关法律规定解除拍卖合同?

【基本案情】

原告:甲

被告:某建设投资公司

人民法院经审理查明:2014年2月8日,某拍卖公司受被告某建设投资公司委托对金鼎城商品房、店面举行公开拍卖。根据金鼎城商品房、店面拍卖目录表规定,金鼎城2幢9号店面、10号店面、11号店面起拍价均为每平方米19 422元,竞拍保证金5万元。

《拍卖特别约定》主要内容:(1)付款期限和付款方式:竞买商品房、店面买受人在成交二十天内付商品房成交额30%的首付款或店面成交额50%的首付款,原买受人已交的竞拍保证金在扣除拍卖佣金后自动转为首付款。商品房或店面余款:全部支付现金的,余款在办理产权证过户资料齐全时付清;要求办理银行按揭贷款的,由某银行提供按揭贷款业务,按银行规定比例付清按揭首付款,向银行提供办理按揭借款资料。(2)拍卖佣金:竞买商品房、店面买受人按规定支付拍卖成交价款外,还须向拍卖人支付成交额1.5%的拍卖佣金。(3)商品房、店面移交:买受人付清全部款项或银行按揭办理后,以现状为准办理移交。(4)违约责任:买受人已交竞买保证金,未签订成交确认书,未在规定时限内缴交首付款的,竞买商品房由委托方收回,且竞买保证金不予退还;买受人已缴交部分成交价款,但余款未在规定时间缴清,对延迟缴交的成交价款,自延迟之日起,每日按延迟支付款项的千分之三缴纳违约金。同时可按相关法律及其他规定,追究经济和法律责任。

2014年2月9日,某拍卖公司向原告送达《金鼎城商品房、店面交款通知单》,告知原告在2014年2月8日拍卖成交的金鼎城2幢9号、10号、11号店面成交价分别为2 007 268.2元、972 549.2元、1 358 319.6元,总价款为4 338 137元。原告应按3个店面成交额50%缴纳首付款为2 169 068.5元。原告缴纳的3个店面竞买保证金15万元在扣除拍卖佣金65 072.05元后，剩余84 927.95元转为首付款，原告还应支付店面首付款共计2 084 140.63元，该款存入被告银行账户。

2014年2月24日，原告将应支付店面首付款共计2 084 140.63元（其中9号店面首付款983 743.2元、10号店面首付款450 862.84元、11号店面首付款649 534.59元）存入被告银行账户。2月24日，被告向原告出具收据，其中9号店面1 003 634.18元、10号店面首付款48 627.6元、11号店面首付款679 159.8元。

原告支付金鼎城2幢9号、10号、11号店面50%首付款后至今未将店面余款支付给被告，以上店面双方未签订房屋买卖合同，产权也未过户，店面也还在被告处。

原告甲诉称：由于其对市场行情了解不够，竞买价款远远超出市场价款，不符合商业投资规律，又由于目前沙县经济状况低迷，民间融资困难、成本高，其无力承受前期已付店面首付款的高额利息，更无法继续支付剩余的购房款，即店面买卖合同无法实际履行。据此，其愿以承担违约责任的方式解除与被告之间买卖沙县金鼎城2幢9号、10号、11号店面的合同关系，即拍卖保证金15万元可作违约金处理，剩余购房首付款2 019 068.58元（已扣除佣金65 072.05元）由被告返还原告。

被告某建设投资公司未作答辩。

【裁判结果】

一审：一、解除原告甲与被告某建设投资公司金鼎城2幢9号、10号、11号店面拍卖合同；二、被告某建设投资公司应于本判决生效后10日内返还原告甲缴纳的店面首付款2 019 068.58元（已扣除原告甲应支付被告违约金150 000元）。

【争议焦点与裁判理由】

本案的争议焦点为，原告甲主动要求解除与被告的拍卖合同的诉讼请求能否成立。

人民法院经审理认为：被告将其所有的金鼎城2幢9号、10号、11号店面委托某拍卖公司拍卖并由原告竞得，原、被告双方拍卖成交以上店面意思表示真实，不违反法律、行政法规的强制性规定，为有效合同。现原告以无法继续支付剩余的购房款，要求解除双方拍卖合同关系，违反双方约定，应依法承担民事责任。根据《拍卖法》第39条规定“买受人应当按照约定支付拍卖标的的价款，未按照约定支付价款的，应当承担违约责任，或者由拍卖人征得委托人的同意，将拍卖标的再行拍卖。拍卖标的再行拍卖的，原买受人应当支付第一次拍卖中本人及委托人应当支付的佣金。再行拍卖的价款低于原拍卖价款的，原买受人应当补足差额”。在本案中，原告提出以承担违约责任的方式（竞买保证金15万元作为支付被告违约金，并自行承担拍卖佣金65 072.05元）解除与被告的金鼎城2幢9号、10号、11号店面拍卖合同关系，被告应诉后未进行抗辩也未举证，应视为被告同意原告提出以承担违约责任的方式解除双方店面拍卖合同关系，原告提出以承担违约责任的方式解除拍卖合同关系属《拍卖法》第39条规定的解除拍卖合同所承担民事责任的方式之一,符合法律规定,对原告提出解除原、被告关于金鼎城2幢9号、10号、11号店面的拍卖合同关系本院予以支持,原告违约,还应向被告支付违约金15万元。因双方解除拍卖合同,被告应退还原告缴纳的金鼎城2幢9号、10号、11号店面50%店面首付款2 169 068.5元,扣除被告应支付的违约金15万元,被告还应返还原告首付款人民币2 019 068.58元。某拍卖公司拍卖佣金65 072.05元由原告自行承担。本案系原告主动违约,因此,本案的诉讼费用也应由原告承担。被告经本院传票传唤,无正当理由拒不到庭,视为放弃抗辩和举证的权利。

【案例评析】

本案无论是事实方面,还是在法律适用方面,都比较简单。由于被告一方当事人并没有到场也没有抗辩意见,按照缺席审理。从拍卖法律的角度来看,涉案主要问题是:拍卖成交后,买受人因自身原因无法履行要求解除拍卖合同的,买受人应该按照相关法律规定解除拍卖合同。

一、买受人的违约责任与拍卖人没有关系

本案中,甲在竞拍成功后,因自身无力承受前期已付店面首付款的高额利息,更无法继续支付剩余的购房款,因此提出要求与委托人即本案被告解除店面拍卖合同,其在起诉时并没有将本案拍卖人某拍卖公司起诉进来,这也说明了原告甲自己也清楚其诉求与拍卖人并不存在任何关系。在拍卖司法实践中,经常看到一些买受人与委托人之间因为拍卖标的的交付过户问题产生诉讼,没有任何理由将拍卖人也一并起诉进去,虽然,拍卖人并没有因此而承担法律责任,但这类稍带有恶意的诉讼也不可避免地给拍卖人带来了一定的负担。本案中,甲系在竞拍成功后主动违约,《拍卖法》第39条规定:买受人应当按照约定支付拍卖标的的价款,未按照约定支付价款的,应当承担违约责任,或者由拍卖人征得委托人的同意,将拍卖标的再行拍卖。涉案拍卖标的是否需要再行拍卖,系委托人所决定的事项,在本案中,因没有涉及二次拍卖,因此,是否会产生其他问题,与本案并没有直接关系。但从该条规定来看,买受人未按照约定支付价款的,应当承担违约责任。对此,原告甲在起诉中已经明确要求由其承担违约责任,法院在本案中只需要审查原告要求解除拍卖合同的请求是否能够成立即可。

二、买受人违约责任的法律适用

对于买受人或者委托人违约的处理,《拍卖法》并没有规定得特别细致。因此,对于其违约责任的处理,只能适用其他法特别是《合同法》的相关规定。《合同法》第107条规定:当事人一方不履行合同义务或者履行合同义务不符合约定的,应当承担继续履行、采取补救措施或者赔偿损失等违约责任。原告甲既然已经明确表明无力支付剩余竞买款项,因此只能要求其采取赔偿损失的方式承担违约责任。由于被告一方没有到庭参加诉讼,视为放弃抗辩和举证的权利,因此,对于原告主动要求解除合同并承担损失的诉讼请求,法院予以支持并无不妥。原告在买受成功后支付给某拍卖公司的拍卖佣金,当然也不应退还。

【案例索引】

一审:福建省沙县人民法院(2014)沙民初字第1180号

129. 某房地产公司与某拍卖行、某公司、某针织公司破产清算组拍卖合同纠纷案

——买受人违约,其他竞买人能否要求委托人重新拍卖

问题提示:竞买结束后,买受人逾期付款,作为非签署成交确认书的其他竞买人是否享有主张买受人违约,进而要求对成交拍卖品重新拍卖的权利?

【基本案情】

原告:某房地产公司

被告:某拍卖行

被告:某公司

被告:某针织公司破产清算组

人民法院经审理查明:2012年12月3日,某针织公司破产清算组委托某拍卖行在《邯郸日报》及国土资源土地市场网上刊登了原某针织公司破产财产拍卖公告,但截至公告规定的报名截止日期2012年12月21日17时,无竞买人缴纳保证金办理报名手续,原意向收购方某房地产公司也未报名,造成该标的流拍。2013年1月10日对原某针织公司破产财产标的再一次公告拍卖,2013年2月1日,某针织公司清算组委托某拍卖行对原某针织公司国有建设用地使用权及相应的地上破产资产标的进行拍卖,以保留价14 100万元作为起拍价,经过25轮次竞价,最终某公司以16 700万元竞买成功,并当场签署了《拍卖成交确认书》。该确认书第2条规定:买受人须自拍卖成交之日起十个工作日内按约定结清全部成交价款及《竞买协议》约定的拍卖佣金,未按约定支付价款及佣金的,保证金不予返还;拍卖公司将对已成交的拍卖品再行拍卖。《拍卖成交确认书》签订后,某公司未按照《拍卖成交确认书》约定的日期结清全部拍卖价款。3月1日,某房地产公司向某针织公司清算组致函,提出某公司未按约定付款,已构成违约,应重新拍卖。收到某房地产公司此函后,2013年3月5日,某针织公司清算组向某公司发出催交通知,要求其在3月8日前交清全部价款。3月8日某公司交清了全部价款。2013年3月12日,某国土资源局与某公司签订国有建设用地使用权出让合同。2013年6月18日,某国土资

源局在《邯郸日报》上刊登土地发证登记公告。

原告某房地产公司诉称:《拍卖成交确认书》签署后,买受人未按照《拍卖成交确认书》规定的时间付清全部成交价款,已构成违约。根据《拍卖法》第39条规定:买受人应当按照约定支付拍卖标的的价款,未按照约定支付价款的,应当承担违约责任。某拍卖行在拍卖前对外发布的注意事项、《拍卖规则》及拍卖后与买受人所签订的《拍卖成交确认书》是拍卖委托人和拍卖人对社会公众的承诺,任何人无权私自变更。在本案中,拍卖人、委托拍卖人理应依照《拍卖成交确认书》的约定对已成交拍卖品再行拍卖,但委托拍卖人违背《拍卖成交确认书》的规定,单方变更全部成交价款的交纳时间,已构成违约。拍卖公司对委托拍卖人的行为不予谴责和阻止,也构成了违约。因此请求确认某公司在履行《拍卖成交确认书》时违约,对成交拍卖品再行拍卖;请求中止为被告办理土地出让程序。

被告某拍卖行辩称:(1)原告的诉讼不符合《民事诉讼法》第108条的规定,应当裁定驳回起诉。《民事诉讼法》第119条规定,起诉必须符合下列规定:①原告是与本案有直接利害关系的公民、法人和其他组织。本案原告诉请之一:确认某公司在履行《拍卖成交确认书》时违约,对成交拍卖品再行拍卖。某公司与原告不是合同的相对方,其违约与否与其显然没有任何实体法律关系。因此,即使某公司违约,原告也没有权利向法院提起诉讼,请求法院判决他人行为是否违约;追究违约行为的权利,只有合同的相对方有权行使,而合同的相对方是否行使追究权力,纯属私权利,原告没有权利追究他人的违约责任,更没有权利要求再行拍卖。②有明确、具体的被告。原告的诉请之二:中止为被告某公司办理土地出让程序。办理土地出让的相关手续,由人民政府的土地管理部门享有。(2)原告的诉请,突破了合同相对性的基本原则。原告所诉,要求确认他人之间的合同违约、要求他人之间的合同再行履行、要求他人中止国家机关的行为。显然,都是与合同相对性原则相违背的。(3)原告之诉,没有客观可能性。拍卖已经成交,土地出让金已经交付到某政府财政局,拍卖地块即将交付。综上,人民法院应当驳回原告的起诉。

被告某公司辩称:理由基本上同被告某拍卖行。

被告某针织公司清算组辩称:针对某公司未按照《拍卖成交确认书》约定的日期转入全部拍卖价款这一事实,清算组召开会议,经清算组参会成员认真研究,一致举手表决决定:清算组必须以书面形式下达《催款通知书》催告对方,明确告知某公司限于2013年3月8日16时30分前交清剩余全部价款,如果仍未能交清剩余价款,则终止合同履行,对该标的再行拍卖。清算组于3月5日致某公司《催款通知书》,3月8日16时30分前某公司将拍卖价款全部支付到位。至此拍卖合同履行完毕。根据《最高人民法院关于竞买人逾期支付价款是否应当重新拍卖的复函》[(2006)执监字第94-1号]第2条、《最高人民法院关于人民法院民事执行拍卖、变卖财产的规定》第25条的规定,是为了促使买受人尽快支付价款、确保债权尽快实现。买受人虽然逾期支付拍卖价款,但已于催款通知书限定的期限内全部付清,不应仅因其延迟付款而认定拍卖目的难以实现,故拍卖效力应予维持。不同意你院关于重新拍卖的意见等相关处理意见,故该拍卖效力应予以维持,不应当进行重新拍卖。

【裁判结果】

一审:驳回原告某房地产公司的起诉。

二审:驳回上诉,维持原裁定。

【争议焦点与裁判理由】

本案的争议焦点为,在竞买结束后,买受人某公司逾期付款时,作为非成交确认书当事人的某房地产公司是否有权主张买受人违约,进而要求对成交拍卖品重新拍卖。

根据生效裁判文书,人民法院认为:拍卖程序中包含成交前的竞买和成交后的买卖两个不同的法律关系。就本案而言,竞买过程中不存在违反《拍卖法》而导致拍卖无效的情形,竞买过程是合法有效的。参照《最高人民法院关于竞买人逾期支付价款是否应当重新拍卖的复函》(〔2006〕执监字第 94 - 1 号)之精神,拍卖成交确认书和拍卖简介注意事项关于买受人应按期付款,否则重新拍卖的规定,是为了促使买受人尽快支付价款,确保拍卖目的尽快实现。因此,不能简单地认为,只要买受人未如期支付价款,就应重新拍卖,也不能认为拍卖人和委托拍卖人不行使重新拍卖的权利,就是对竞买参与人某房地产公司的侵害。本案中,竞买程序已经结束,拍卖成交后买受人与委托拍卖人的买卖合同关系也已经实际履行。拍卖成交后所形成的买受人与委托拍卖人的买卖合同关系与竞买程序已是两个不同的法律关系。根据合同相对性原则,作为竞买人之一的某房地产公司只能就竞买程序中的瑕疵主张权利,而无权就拍卖成交后,买受人与委托拍卖人的买卖合同关系中买受人是否违约及委托拍卖人是否应重新拍卖等事项主张权利。根据《拍卖法》第 39 条第 1 款规定:买受人应当按照约定支付拍卖标的的价款,未按照约定支付价款的,应当承担违约责任,或者由拍卖人征得委托人的同意,将拍卖标的再行拍卖。依照该条款,享有主张违约责任或重新拍卖权利的只能是拍卖成交后所形成买卖合同中作为守约方的委托拍卖人。在买受人逾期付款情况下,委托拍卖人享有选择权,既可以选择不重新拍卖而追究买受人的违约责任,也可以选择行使重新拍卖的权利。本案中,委托拍卖人某针织公司清算组已以自己的行为表明其不行使重新拍卖的权利。其对该权利的处分,符合法律的规定,理应得到尊重。原告某房地产公司既非本案中的委托拍卖人,也非本案中的买受人,其所称的委托拍卖人某针织公司清算组不行使重新拍卖的权利,损害其权益的主张于法无据,不能成立。原告某房地产公司不具有本案适格原告主体资格,其如果认为在原某针织公司破产过程中曾给予帮助,而未竞买成功导致其信赖利益损失,可通过其他途径寻求救济。

【案例评析】

竞买结束后,买受人逾期付款时,作为非成交确认书其他人是否享有主张买受人违约,并进而要求对成交拍卖品重新拍卖的权利?

拍卖是以公开竞价的方式,将特定物品或者财产权利转让给最高应价者的买卖方式。在拍卖活动开始以前和进行中,竞买人、拍卖人和委托人三者之间处于契约的磋商阶段,尚未达成任何合同关系。在拍卖活动结束后,拍卖人与成功竞买人签订成交确认书,达成对拍卖标的的买卖合同关系。拍卖人、买受人、委托人之间应当按照法律的规定和买卖合同的约定,互相享有权利并承担相应义务。拍卖活动结束后,意味着一次拍卖活动的终结。某房地产公司无权提出重新拍卖的无理要求,其明显违反了合同法的实际履行原则。更重要的是在第一次程序合法的拍卖活动中,已经产生了最高应价者,拍卖有效。接下来的事情与其他竞买人无关。拍卖人也无权自我主张进行另外一次拍卖活动的权利,是否需要另行举办拍卖活动,必须另行征得委托人的同意或者授权。根据《拍卖法》第39条第1款的规定,买受人应当按照约定支付拍卖标的的价款,未按照约定支付价款的,应当承担违约责任,或者由拍卖人征得委托人的同意,将拍卖标的再行拍卖。可以看出,是否再行拍卖活动,取决于前次拍卖合同的履行情况以及委托人是否具有再次出卖拍卖标的的意愿。本案中,某公司参与并成功竞价获得某针织公司清算组委托某拍卖行所拍卖的国有建设用地使用权,签订了国有建设用地使用权出让合同。某公司没有在成交确认书规定的期限内履行全部的给付价款的义务,构成违约。此时,委托人某针织公司清算组享有两种权利保护方式:第一种是根据《合同法》第107条的规定,当事人一方不履行合同义务或者履行合同义务不符合约定的,应当承担继续履行、采取补救措施或者赔偿损失等违约责任。即要求某公司承担继续履行、赔偿损失等违约责任。第二种是由拍卖人征得委托人的同意,将拍卖标的再行拍卖,请求拍卖公司进行再行拍卖活动。根据《拍卖法》第39条第2款的规定,将拍卖标的再行拍卖,原买受人应当支付第一次拍卖中本人及委托人应当支付的佣金。再行拍卖的价款低于原拍卖价款的,原买受人应当补足差额。委托人某针织公司清算组在针对买受人违约的情况下召开清算组成员会议决定选了第一种方式,即要求违约方某公司承担继续履行违约责任,并在《催款通知书》催告对方,明确告知某公司限于2013年3月8日16时30分前交清剩余全部价款,如果到期仍未能交清剩余价款,则终止合同履行,对该标的再行拍卖。因此,在买受人逾期付款等违约情形下,委托人要求买受人继续履行属于第一种权利保护方式,符合法律的规定,并不存在侵害其他人的权益,依法应当予以支持。本案中,委托人改变竞买人的全部成交价款的交纳时间,属于让被告继续履行的情形。某房地产公司认为单方面变更全部成交价款的交纳时间,已构成违约的理由不能成立,要求再次进行拍卖活动的诉讼请求没有法律依据,应当依法予以驳回。

【案例索引】

一审:河北省邯郸市中级人民法院(2013)邯市民三初字第72号

二审:河北省高级人民法院(2014)冀立民终字第16号

130. 甲与某拍卖行拍卖合同纠纷案

——买受人违约,拍卖人能否按约定没收其保证金

问题提示:买受人未按时交付拍卖成交款,拍卖人是否可以按约定没收其保证金的同时要求其补交成交款?

【基本案情】

上诉人(一审原告、反诉被告):甲

被上诉人(一审被告、反诉原告):某拍卖行

人民法院经审理查明:2014年4月28日,某建设发展公司与某拍卖行签订了《委托拍卖合同》,约定拍卖标的为湖州金龙家苑210间车库,具体情况详见拍卖清单,车库起拍价3000元/平方米等内容。2014年5月26日某拍卖行发出拍卖公告,定于2014年6月11日对湖州市金龙家苑106间车库进行公开拍卖。

甲得知拍卖公告后于2014年5月26日签署了《竞买协议书》,确认了《拍卖规则》及《2014年6月11日金龙家苑车库拍卖清单》,并交纳竞买保证金。《竞买协议书》中载明:标的建筑物、构筑物、附属设施设备等实物均以现状为准,面积以今后过户法定颁证部门重新测量颁发新证为准,面积如有误差在价款中多还少补;拍卖成交后,买受人须于2014年6月20日下午4时前向拍卖人指定账户交纳拍卖成交价款。逾期不付清价款者,某拍卖行有权认定其违约,其所交纳的拍卖保证金作为违约金,不予返还,某拍卖行有权按《拍卖法》第39条之规定追究法律责任。《2014年6月11日金龙家苑车库拍卖清单》载明:金龙家苑49幢3号车库(以下简称3号车库)建筑面积27.11平方米。

甲参与某拍卖行组织的拍卖会以总价97 325元竞得3号车库,并在《拍卖成交确认书》签字确认。拍卖成交后,甲未按约付款,某拍卖行于2014年6月24日向甲发函催讨,但甲以某拍卖行违法拍卖为由拒绝支付,以致纠纷成讼。

原告甲诉称,原告系迫于无奈买得3号车库。拍卖标的采用了不公平的评估报告,金龙家苑系划拨土地,附属用房(车库)规划未列入相关规划和审批,难以办理独立产权证书,该附属用房(车库)不能依法公开拍卖。车库实际销售面积与现状

有出入,底层通道作为共有面积不应由购得车库承担分摊义务,不应计入车库面积。据此要求确认某拍卖行2014年就金龙家苑车库进行的拍卖活动非法;地下车库是广大业主共有财产;涉诉车库应按实际使用面积计算;没有发生竞价事实的涉诉车库,按起拍价计算销售价格。

反诉原告某拍卖行诉称,竞买人在参与拍卖报名时,就应了解和掌握竞买人和买受人的权利和义务;并对自己参与拍卖活动的行为负责,现提出拍卖标的评估价不公平、不合理,面积测算方法不对、误差过大,土地是国有划拨,车库权属等理由,显然缺少事实和法律依据。甲竞得3号车库后,当场签署了《拍卖成交确认书》,但未按《竞买协议书》规定缴纳成交款,属于违约。据此要求确认反诉被告甲违约,拍卖保证金作为违约金不予返还;甲支付全部拍卖款。

【裁判结果】

一审:驳回甲的全部诉讼请求;某拍卖行有权不予返还反诉被告(原告)甲交纳的1万元定金;甲于判决生效之日起十日内支付某拍卖行拍卖价款97 325元。

二审:驳回上诉,维持原判。

【争议焦点与裁判理由】

本案的争议焦点是:(1)某拍卖行的拍卖行为是否合法有效;(2)买受人未按约定交付拍卖款是否需承担违约责任。

根据生效裁判文书,人民法院认为,某拍卖行在接受某建设发展公司委托后,依法要求委托人提供拍卖标的相关资料,并向湖州市工商行政管理局开发区分局提交了完整、齐全的前期备案材料,且经湖州市工商行政管理局开发区分局审核同意前期备案。某拍卖行具备拍卖资质,拍卖标的、程序合法,手续完整、齐全。某房地产土地评估公司具备房地产价格评估的资质,评估程序合法,其出具的评估结论合法有效。

根据《竞买协议书》中对拍卖标的状况的说明,可以认定某拍卖行在拍卖前就向竞买人告知了拍卖标的的面积以今后过户法定颁证部门重新测颁发新证为准,面积如有误差在价款中多还少补。且甲提交的现有证据亦无法推翻某房产测绘公司出具的《测绘成果报告书》的测绘结果,不支持甲关于应按实际使用面积计算拍卖标的的主张。

甲系自主参加竞拍,成交购买拍卖标的,理应按约支付拍卖标的的价款,但反诉被告未按约支付,构成违约。根据《竞买协议书》的约定,逾期不付清价款者,某拍卖行有权认定其违约,其所交纳的拍卖保证金作为违约金,不予返还,某拍卖行有权按《拍卖法》第39条之规定追究法律责任,并按照合同法的规定继续要求违约人甲履行所签署的成交确认书规定的未履行的义务。

【案例评析】

本案在审理中,主要集中在以下两个争议焦点:

一、某拍卖行就3号车库进行的拍卖行为是否有效

拍卖是以公开竞价的形式,将特定物品或者财产权利转让给最高应价者的买卖方式。拍卖标的符合法律规定是拍卖活动有效的前提。根据《拍卖法》第二章关于拍卖标的的规定,拍卖标的应符合以下条件:(1)委托人对拍卖标的享有所有权或者依法可以合法处分拍卖标的;(2)拍卖标的不属于法律、行政法规禁止买卖的物品或者财产权利;(3)依照法律或者按照国务院规定需经审批才能转让的物品或者财产权利,拍卖标的应当在拍卖前依法办理审批手续。拍卖标的不符合上述规定会直接影响拍卖行为效力,导致拍卖行为无效。国有资产作为特殊的拍卖标的,依照法律或者按照国务院规定需要评估的,应当经依法设立的评估机构评估,并根据评估结果确定拍卖标的的保留价。同时,拍卖公司应当在接受委托后,依法要求委托人提供拍卖标的相关资料。

本案中的拍卖标的是金龙家苑小区车库。根据相关证据材料,该等车库属于国有资产,必须经评估后才能公开出让。根据吴兴区政府的发文,同意某建设发展公司就市北农民新社区(金龙家苑)的210个车库公开出让,随后,某建设发展公司委托具有房产、土地评估资质的房地产土地评估公司对拍卖标的进行评估。无相反证据下,该评估报告应认定为真实有效。某拍卖行接受委托后,依法要求委托人提供拍卖相关资料并向湖州市工商行政管理局开发区分局提交了完整、齐全的前期备案材料,且经湖州市工商行政管理局开发区分局审核同意前期备案。拍卖程序完备,拍卖活动合法有效。

二、甲竞得拍卖标的后,未按时交付拍卖成交款,拍卖公司是否可以在没收保证金的同时要求其补交成交款

合同双方依据真实意思表示签订的合同,不违反国家法律、法规规定的,依法有效,双方均应遵照履行。根据《拍卖法》第39条规定,“买受人应当按照约定支付拍卖标的的价款,未按照约定支付价款的,应当承担违约责任,或者由拍卖人征得委托人的同意,将拍卖标的再行拍卖”。买受人未在约定期限内履行相应的付款义务,明显构成违约,拍卖人可以选择要求买受人承担违约责任,或征得委托人同意重新进行拍卖。根据《合同法》第107条“当事人一方不履行合同义务或者履行合同义务不符合约定的,应当承担继续履行、采取补救措施或者赔偿损失等违约责任”及第114条“当事人可以约定一方违约时应当根据违约情况向对方支付一定数额的违约金,也可以约定因违约产生的损失赔偿额的计算方法”之规定,合同当事人可以约定,一方未按约定履行合同义务时守约方合同权利的救济方式。若一方违约,守约方可以根据《合同法》关于违约责任的规定,要求违约方继续履行(合同有继续履行之可能)的同时,要求违约方按双方合同约定支付违约金。

本案中,甲主张其是迫于无奈买的3号车库,但甲并无证据证明,其与某拍卖行所签订的《竞买协议书》《拍卖成交确认书》存在欺诈、胁迫或乘人之危的情形,该等合同系双方自愿订立的有效合同。甲未按合同约定履行付款义务,根据双方约定,某拍卖行可以没收其保证金作为违约金,并根据《拍卖法》《合同法》之规定,追究其违约责任。同时,本案中甲未尽合同义务属于金钱给付义务,有继续履行的可能,某拍卖行可以要求其继续履行合同义务,缴纳拍卖成交款。

需要说明的是,按照我国《合同法》和《担保法》的有关规定,本案中甲所缴纳的保证金转成违约金后,若与成交额的占比超过30%的,甲可以请求法院判令因违约金比例过高而适当减免。

【案例索引】

一审:浙江省湖州市吴兴区人民法院(2014)湖吴康商初字第362号

二审:浙江省湖州市中级人民法院(2015)浙湖商终字第129号

四、拍卖业务程序纠纷问题

131. 甲与某拍卖公司拍卖合同纠纷案

——实际成交价低于保留价的性质

问题提示：在拍品实际成交价低于委托拍卖合同约定的保留价时，《卖家结算单》所确认的成交价是否应视作对合同保留价的变更？

【基本案情】

上诉人（一审原告）：甲

被上诉人（一审被告）：某拍卖公司

人民法院经审理查明：2013年1月22日，原告甲与被告某拍卖公司签订一份《某拍卖公司受理艺术品委托拍卖合同书》，约定原告将其所有的曾国藩书对一轴委托被告进行拍卖，拍卖日期安排于2013年春，保留价为15万元。该拍品在2013年5月31日第六十八届2013年春季艺术品拍卖会上，以8.5万元价格拍卖成交。2013年6月17日，原告在卖家结算单上签字，领取了扣税后的拍卖款82 450元。

原告甲诉称：被告低于保留价成交的拍卖违反拍卖法的规定，并有欺骗行为。据此提出请求判令被告退还拍品（曾国藩精品八字大对联），如不能返还则要求被告赔偿25万元。

被告某拍卖公司辩称，委托人签署《卖家结算单》即视为对成交价的确认。

【裁判结果】

一审：驳回原告甲的诉讼请求。

二审：驳回上诉，维持原判。

【争议焦点与裁判理由】

本案的争议焦点为，在拍品实际成交价低于委托拍卖合同约定的保留价时，《卖家结算单》所确认的成交价是否应视作对合同保留价的变更。

根据生效裁判文书，人民法院认为，拍卖标的有保留价的，竞买人的最高应价未达到保留价时，拍卖师应当停止拍卖标的的拍卖。本案中，原告与被告在委托拍卖合同书中约定了保留价，而拍卖实际成交价低于保留价。但是，原告却在《卖家结算单》上签字并领取了拍卖款。鉴于《卖家结算单》明确载明系争拍品的成交价、代扣税、卖方收入明细,该税款的扣缴比例与双方委托拍卖合同约定一致,且并无证据表明双方对此尚有余款待结,故原告于拍卖完成后,在此结算单上签字确认,即应视为其接受对合同所约定保留价的变更。故原告在《卖家结算单》上签字并领取拍卖款的行为,应视为双方已经变更了原委托合同的保留价或者说上诉人最终确认了拍卖结果。

【案例评析】

本案的争议焦点在于,在拍品实际成交价低于委托拍卖合同约定的保留价时,《卖家结算单》所确认的成交价是否应视作对合同保留价的变更。

《拍卖法》第50条第2款规定,拍卖标的有保留价的,竞买人的最高应价未达到保留价时,该应价不发生效力,拍卖师应当停止拍卖标的的拍卖。根据该规定,拍卖应当就此终止。但实践中并非每位拍卖师都严格遵循拍卖法的该项规定。若拍卖师违反该规定应当如何判定拍卖的效力及违约责任,拍卖法并无明确规定。在此情况下,拍卖合同的效力应当如何判定?

首先,在双方明确约定了保留价的情况下,拍卖师以低于保留价成交的行为为无权处分行为,拍卖效力待委托人追认。拍卖人违反与委托人约定的合同条件,拍卖成交了拍卖标的,违背了委托人的意愿,该处分行为并未获得相应的处分权,即为无权处分行为。根据《合同法》第51条的规定,无处分权的人处分他人财产,经权利人追认或者无处分权的人订立合同后取得处分权的,该合同有效。因而,如果委托人追认了拍卖行为或赋予拍卖人处分权,则该拍卖有效。

其次,委托人签署《卖家结算单》的行为是否构成了追认或者变更了拍卖合同的条件。委托人作为完全民事行为能力人,在拍卖结束后,其签署《卖家结算单》并领取了拍卖款。虽然委托人称其签字并领取拍卖款时,拍卖标的已经被买受人取走。但委托人应当清楚知道其签署《卖家结算单》的内容及相应的法律效果。委托人的签署行为,应当是其真实意思表示。故而,可以认为委托人签署《卖家结算单》的行为构成了追认或者变更了拍卖合同的条件,使得该拍卖行为有效。

此外,法院查明"该拍品在2013年5月31日第六十八届2013年春季艺术品拍卖会上,以8.5万元价格拍卖成交。2013年6月17日,原告在《卖家结算单》上签字,领取了扣税后的拍卖款82 450元"。原告指出其在接到通知,在结算单签字领取拍卖款的时候,拍品早已被领走。从原告作为委托人的角度,拍卖人在拍卖保留价之下成交,对委托人而言,不仅仅是对价款的损失,并且也失去了拍卖品。在此情况下,委托人签署《卖家结算单》似乎成了无奈之举。是否委托人不签署《卖家结算单》就可以视为没有追认该拍卖,是否可以主张拍卖无效,进而要求拍卖人退还拍卖标的?委托人不签署《卖家结算单》或者做出其他意思表示,反对该笔拍卖,则属于明确对拍卖效力提出异议的行为。《合同法》第51条仅规定了无权处分情况下,经追认的合同有效,但并未阐明未规定的是否即无效。《合同法》第52条对于合同无效作出了规定，第 54 条对于合同可撤销的情形作出规定，但无权处分并未包括在内。因此即使委托人不追认拍卖效力，也无法认定合同无效。但委托人不追认拍卖效力，则意味着拍卖人对于拍卖合同条件变更的行为无效，即对于拍卖标的的拍卖要约并没有有效的承诺作出，也就是说该拍卖行为不成立。至于拍卖标的是否可以取回的问题，主要涉及买受人是否善意。在拍卖中，如果竞买人对于其最高竞价未达到保留价是知情的，则意味着拍卖人已将此情况告知竞买人，则拍卖当场即停止。故而从拍卖顺利成交的结果可以推测，买受人应当是不知情的，构成善意取得，很难主张买受人返还拍卖标的。

【案例索引】

一审：上海市静安区人民法院(2015)静民二(商)初字第 24 号

二审：上海市第二中级人民法院(2015)沪二中民四(商)终字第 453 号

132. 甲与某银行支行等拍卖合同纠纷案

——拍卖标的由原债务人变更登记至委托人的税费承担

问题提示：拍卖成交后，房屋从原债务人变更登记至委托人名下这一环节中的税费应由哪一方负担？

【基本案情】

再审申请人(一审第三人、二审上诉人)：某银行支行

被申请人(一审原告、二审被上诉人)：甲

一审被告：某拍卖公司

一审第三人：某物资经销公司

人民法院经审理查明：坐落于吉林市吉林大街 182 号西春发大厦第 11 层，建筑面积为 557.5 平方米(单位自管房产权证吉房自权字第 0041 号)的房屋(以下简称涉案房屋)原为某物资经销公司的自有营业房屋，后经吉林市中级人民法院(1999)吉经初字第 82 号民事调解书将该房屋以物抵给中国工商银行吉林市分行哈达支行，并约定房屋产权变更手续由工商银行哈达支行负责办理。2001 年该收回房产转由第三人某银行支行管理。第三人某银行支行于 2005 年 4 月 20 日委托某拍卖公司将该房屋拍卖。某拍卖公司在《拍卖须知》第 4 条明确写明：拍卖房屋的产权证为“单位自管房产产权证”，“房屋产权及土地使用权更名过户、车辆转籍等事宜均由买受人自行办理，所需税费、手续费等一切费用均由买受人承担”。2005 年 4 月 29 日，甲在《拍卖须知》上签字确认，参加了当日举行的拍卖会，并以 12.1 万元竞

买成交。以上拍卖全过程经公证处公证。4月29日甲与某拍卖公司签订拍卖成交确认书,交纳了全部购房款。某拍卖公司亦将包括《委托合同》《拍卖成交确认书》《吉林市西春发大楼公共设施管理协议》《单位自管房产产权证》、吉林市中级人民法院(1999)吉经初字第82号民事调解书、《评估报告》及《公证书》等资料交付原告甲。现涉案房屋现仍登记在第三人某物资经销公司名下。

甲诉称:原告甲拍得涉案房屋后,得知涉案房屋仍登记在第三人某物资经销公司名下。在办理产权过户手续过程中,由于被告某拍卖公司及第三人某银行支行拒不履行协助义务,使该涉案房屋至今仍未变更登记至原告甲名下,故请求法院:(1)确认本案中的"拍卖成交确认书"有效。(2)被告某拍卖公司及第三人某银行支行、某物资经销公司协助将涉案房屋办理变更登记至原告甲名下,并承担各自应当缴纳的税费。

某拍卖公司辩称:(1)某拍卖公司完全履行了拍卖人的义务,拍卖房屋的产权办理事宜应当在委托人与买受人之间进行,不属于某拍卖公司的义务。(2)某拍卖公司在《拍卖须知》第4条中已经明确提示"房屋产权及土地使用权更名过户等事宜均由买受人自行办理,所需税费、手续费等一切费用均由买受人承担"。

第三人某银行支行述称:(1)拍卖成交后,第三人某银行支行已通过拍卖人将协助更名过户的材料转交甲,甲完全可以办理拍卖房屋的更名过户手续。(2)拍卖会举行之前,甲查阅了相关资料并到现场实地查看了房产,对房产需缴纳相关税费是明知的。《拍卖须知》第4条也明确"更名过户等一切税费由买受人承担",根本就不存在歧义或误解,被申请人在《拍卖须知》上签字,就应当承担一切过户所需的税费。

【裁判结果】

一审:一、原告甲与被告某拍卖公司于2005年4月29日签订的拍卖成交确认书有效;二、被告某拍卖公司及第三人某银行支行、第三人某物资经销公司于本判决生效之日起十日内协助原告甲办理涉案房屋的过户更名手续;三、涉案房屋所有权在由第三人某物资经销公司变更为第三人某银行支行过程中所涉及的应交税费,由第三人某银行支行负担。

二审:驳回上诉,维持原判。

再审:一、撤销一审、二审判决;二、甲与某拍卖公司签订的拍卖成交确认书有效;三、某拍卖公司及某银行支行、某物资经销公司于本判决生效之日起十日内协助甲办理涉案房屋过户更名手续,发生的一切税、费由甲承担;四、驳回甲的其他诉讼请求。

【争议焦点与裁判理由】

本案的争议焦点为,涉案房屋从某物资经销公司名下变更登记为某银行支行名下的过程中所涉及的应交税费应由谁负担。

根据再审裁判文书,人民法院认为,本案系拍卖法律关系,涉案拍卖程序符合法律规定,拍卖成交确认书合法有效,甲交付了拍卖价款,某拍卖公司、某银行支行、某物资经销公司负有协助甲办理拍卖房屋更名过户的义务。关于税费承担问题，甲签署的《拍卖须知》中写明：拍卖房屋的产权证为“单位自管房产产权证”，即拍卖时涉案房屋登记在某物资经销公司名下。因拍卖活动的特殊性，《拍卖须知》记载的内容是对标的物现状的说明，竞拍人在《拍卖须知》上签字后，应承担此风险责任。《拍卖须知》第4条关于“更名过户等一切税费由买受人承担”的表述并无歧义，已经涵盖了将涉案房屋产权登记从某物资经销公司变更到某银行支行名下的税费，故该过户环节中的税费仍应由甲负担。综上，甲主张由某拍卖公司、某银行支行、某物资经销公司承担该过户环节中的相关税费没有合同依据且违反税费负担的承诺，也不符合拍卖法律关系的特征，本院不予支持。

【案例评析】

通常情况下，委托人委托拍卖的房屋等不动产应当是登记在委托人自己名下，但本案中拍卖标的比较特殊，系债务人抵偿给某银行支行的“单位自管房产”，并由法院出具民事调解书对该以物抵债效力予以确认。《房屋登记办法》第32条规定，因买卖、互换、赠与、继承、受遗赠等情形发生所有权转移的，当事人应当在有关法律文件生效或者事实发生后申请房屋所有权转移登记。但是本案中某银行支行委托拍卖该房产前，一直未将该抵债房屋变更登记至其名下。《拍卖法》第27条规定，委托人应当向拍卖人说明拍卖标的的来源和瑕疵。作为委托人的某银行支行应当在委托拍卖时就告知拍卖人拍卖标的的产权登记情况等信息。根据《拍卖法》第18条第1款的规定，拍卖人有权要求委托人说明拍卖标的的来源和瑕疵，该条第2款规定，拍卖人应当向竞买人说明拍卖标的的瑕疵。拍卖人某拍卖公司在审查委托人提供的拍卖资料，特别是产权资料，发现拍卖标的存在该特殊情况时，也有义务向竞买人说明的义务。否则，作为一般竞买人难以预见其拍卖成交的房屋需要办理两次变更登记过户手续，并需要承担两次变更登记过户手续的税费。本案的核心在于审查拍卖人或委托人是否已经将该特殊性告知原告甲，甲是否能够预见到需要承担两次变更登记过户中的税费。二审法院根据《房屋登记办法》第35条第1款的规定，“因人民法院或者仲裁委员会生效的法律文书、合法建造房屋、继承或者受遗赠取得房屋所有权，权利人转让该房屋所有权或者以该房屋设定抵押权时，应当将房屋登记到权利人名下后，再办理房屋所有权转移登记或者房屋抵押权设立登记”，认为某银行支行应当在拍卖前将诉争房屋的产权变更到自己名下，这是某银行支行必须履行的法定义务和必经程序，而在履行将房屋产权变更到自己名下时所产生的税费属于该行为的附随义务，因此判决由某银行支行负担原债务人过户到委托人的税款。这显然没有考虑到在实际拍卖等买卖活动中，是否有纳税对象转移的约定，因此是错误的。

本案的核心在于，在拍卖前期活动中，拍卖人某拍卖公司和委托人某银行支行是否已经向竞买人甲说明没有过户登记的客观情况，即是否将《单位自管房产产权证》、法院民事调解书等具体文书向竞买人出示,或在《拍卖须知》中有更具体明确的说明和告知。如果已经履行相应的瑕疵告知义务,这就表明竞买人已经了解未过户的实际情况,那么就应当预见到"更名过户等一切税费由买受人承担"的条款意味着竞买成功后可能需要承担两次过户税费的情况,因此法院判决由竞买人承担两次过户手续的税费是合理的。如果没有履行相应的告知义务,只是在竞买成功之后,才告知了买受人拍卖标的尚未过户到委托人的名下,那么此时让买受人承担由原债务人过户给委托人的税费是不合理的。再审法院认为《拍卖须知》中载明"更名过户等一切税费由买受人承担"已经表明了该拍卖房屋的特殊性,无可厚非。但如果法院在审理时能够查明,拍卖人在拍卖前就未过户等情况已经履行了告知义务,那么就可以表明买受人甲已经知悉并接受变更过户登记所产生的费用的负担,本案再审判决结果将更具有说服力。

【案例索引】

一审:吉林省吉林市昌邑区人民法院(2011)昌民一初字第1202号

二审:吉林省吉林市中级人民法院(2013)吉中民一终字第739号

再审:吉林省吉林市中级人民法院(2014)吉中民再字第47号

133. 甲、乙与某拍卖公司、某银行房屋买卖合同纠纷案

——"一切费用由买受人承担"条款的效力

问题提示:拍卖活动中的法律文件(如拍卖须知)约定的标的物过户手续的一切费用由买受人承担的,该一切费用是否包括"税金"部分,若包括是否因违反税法而无效?

【基本案情】

上诉人(一审原告):甲

上诉人(一审原告):乙

被上诉人(一审被告):某拍卖公司

被上诉人(一审被告):某银行

人民法院经审理查明:2011年8月3日,某银行与某拍卖公司签订《委托拍卖合同》,将常州市白云新村63幢-6号房屋(以下简称白云新村房屋)委托某拍卖公司进行拍卖。2011年8月17日,某拍卖公司举行拍卖会,对白云新村房屋等标的物进行拍卖,在某拍卖公司制作的《拍卖须知》中载明:"……4.坐落于常州市原常州市白云新村63幢-6号原常州市区农村信用合作联社的房地产,建筑面积为

153.89平方米，占地面积为63平方米，土地使用权类型为国有出让，用途为商务金融……房屋产权证为村镇性质，有可能难以过户……拍卖成交后的房地产权证、水电等过户手续由委托人协助、配合买受人办理，一切费用均由买受人承担。如该标的不能办理房地产权证过户或不能顺利接收，一切责任由买受人自负，本公司和委托人不承担任何赔偿或标的撤回。本公司仅提供成交确认书和委托人提供的常郊建字第22045号房屋所有权证及常国用(2009)字第0348370、0348341号国有土地使用证复印件等拍卖资料，资料的交接即为标的交付……"在拍卖中，甲、乙以126万元的价格拍得了白云新村房屋。

甲、乙诉称，由于白云新村房屋一直未能过户登记至甲、乙名下，遂诉至法院请求判令：(1)某银行必须在两个月内协助甲、乙办理好常州市白云新村63幢－6号房地产过户手续；(2)房地产过户需缴纳的税按法律规定承担；(3)诉讼费用由某拍卖公司与某银行承担。一审庭审中，甲、乙与某银行、某拍卖公司就本案第一项诉讼请求——办理白云新村房屋过户手续达成调解协议，但甲、乙认为《拍卖须知》中只约定"一切费用均由买受人承担"，而未约定税金由谁承担，因此第二项诉讼请求房地产过户需缴纳的税金应按法律规定承担。

某拍卖公司辩称，甲、乙对某拍卖公司并无诉请，因此不应列为被告；某拍卖公司受某银行的委托，依照相关法律法规对常州市白云新村63幢－6号房屋进行拍卖，在拍卖过程中某拍卖公司并无过错；某拍卖公司在《拍卖须知》中对拍卖标的履行了告知义务，明确标的可能难以过户，拍卖成交后房地产过户手续由委托人协助买受人办理，一切费用均由买受人承担。如标的不能办理房地产权证过户，一切责任由买受人自负。综上，某拍卖公司并无过错，不应承担任何责任。

某银行辩称，白云新村63幢－6号房屋系某银行委托专业拍卖公司以拍卖方式出卖，在拍卖中已经将房屋有关产权中比较特殊的情况告知了买受人，买受人是在做了充分了解后才购买的。到目前为止，某银行不存在不配合过户的问题，既没有拒不提供有关手续，也未设置障碍；房产过户应缴纳的税费应按照合同约定处理，拍卖过程中明确了税费由甲、乙承担。

【裁判结果】

一审：一、某拍卖公司、某银行于2013年12月31日前、最迟不超过2014年1月31日协助甲、乙将常州市白云新村63幢－6号房屋的产权过户登记至甲、乙名下；二、驳回甲、乙的其他诉讼请求。

二审：驳回上诉，维持原判。

【争议焦点与裁判理由】

本案的争议焦点为，拍卖成交后房地产权证过户手续的一切费用由谁承担。

根据生效裁判文书，人民法院认为，双方就本案第一项诉讼请求达成调解协议，系双方自愿达成，内容不违反法律规定，法院予以确认。关于甲、乙上诉认为某拍卖公司的《拍卖须知》载明内容与《税收管理法实施细则》及《营业税暂行条例》相冲突,该《拍卖须知》对其无拘束力的问题。国家颁布的《税收管理法实施细则》与《营业税暂行条例》确立了相关纳税主体为实际经营者,本案中某拍卖公司的拍卖经营行为受上述法规调整,属公法调整范围。但对于双方因拍卖行为所发生的产权交易税收,由交易双方中何方承担属私法调整范围,双方当事人可以意思自治,由《合同法》予以调整。因此,某拍卖公司作为要约邀请的《拍卖须知》与上述法规并无冲突,该《拍卖须知》对拍卖参与人具有拘束力。甲、乙该上诉理由不能成立,法院不予采信。关于甲、乙上诉认为该《拍卖须知》所载明的:拍卖成交后的房地产权证、水电等过户手续由委托人协助、配合买受人办理,一切费用均由买受人承担的条款,并不包含税金。某拍卖公司对拍卖房屋发出要约邀请,并明确告知竞拍人《拍卖须知》,甲、乙参加竞拍应视为接受某拍卖公司要约,该参加竞拍的行为表明其已接受《拍卖须知》。该《拍卖须知》中确认的"一切费用"以文意理解即包含所有费用,其中当然包含税金,甲、乙对"一切费用"文字理解缺乏认知,其产生后果应由其承担。甲、乙该上诉理由不能成立,法院不予采信。

【案例评析】

本案中双方争议焦点是拍卖过程中产生的"一切费用"由谁承担。原告方认为应该按照《税收管理法实施细则》《营业税暂行条例》的规定由实际的经营者即拍卖公司承担,某拍卖公司辩称已经在《拍卖须知》中明确表示拍卖成交后房地产过户手续由委托人协助买受人办理,一切费用均由买受人承担。本案涉及以下三个问题:

一、《拍卖须知》的性质和效力

本案中的拍卖由某银行委托某拍卖公司进行,某拍卖公司为参加拍卖的人员制作了《拍卖须知》,载明了房屋性质、税费承担和如不能办理过户的责任承担等事宜,并向特定的人员表达了达成交易的愿望,因此应被视为要约邀请。根据《合同法》第15条规定:要约邀请是希望他人向自己发出要约的意思表示。寄送的价目表、拍卖公告、招标公告、招股说明书、商业广告等为要约邀请。实践中拍卖须知中通常还约定"《竞买须知》(或《拍卖须知》)、《标的物清单》《标的物特别说明》及其他资料作为《拍卖成交确认书》的重要组成部分,与《拍卖成交确认书》具有同等的法律效力"。本案中《拍卖须知》对买卖合同的关键条款"价格"进行了规定,且竞拍者事先已经了解并通过竞拍取得了拍卖物,视为接受了《拍卖须知》中对价格的规定,此时《拍卖须知》中的条款转化为拍卖合同的重要组成部分。

二、《拍卖须知》中"一切费用"的解释

上述分析已经解决了《拍卖须知》的性质和效力问题,那么接下来要面对的问题就是约定的"一切费用"是否包含税费,这是因约定不明引起的法律争议,应该通过法律解释来解决。《合同法》第125条规定当事人对合同条款的理解有争议时,应当按照合同所使用的词句、合同的有关条款、合同的目的、交易习惯以及诚实信用原则，确定该条款的真实意思。法律解释的目标是明确不确定概念的内涵，解释方法有文义解释、体系解释、目的解释、参照习惯或惯例、公平解释、诚信解释等。就本案而言，首先从“一切费用”的字面意思而言，应当包括交易过程中产生的税费；而且根据交易习惯，税费是交易过程中产生的主要费用之一，卖方此条款表明拍卖价为“到手价”，税费由买方承担。

也有观点认为费和税是不同的含义，费用是指拍卖过程中产生的中介费、会务费、场地租用费等，而税是指应买卖产生的增值税、个人所得税等，但是在根据合同全文未能明确表示在签订的合同中费和税是表达不同含义的情况下，应该将“一切费用”作广义的理解，包含了由此产生的各种税。

三、关于税款负担条款的效力

纳税，是委托人、拍卖人、买受人在拍卖成交之后，按照税法的相关规定应当向国家缴纳的费用。《税法》属于公法，《税法》明确规定了各种纳税义务人。因此，作为公法义务的纳税义务不能通过民事合同等方式转让承担或者豁免。但是，这并不影响拍卖人通过约定请求第三方（买受人）支付税款，替补自己税款支出。本案中，所涉及的房地产过户需缴纳的税款，应当由作为经营主体的拍卖人进行缴纳，这是法定的义务。而《拍卖合同》中关于税款承担的问题属于约定条款，是双方意思自治的内容，意思表示真实，并不违反税法等法律的强制性规定，合法有效。类似案件，如最高人民法院公告案例“山西嘉和泰房地产开发有限公司与太原重型机械（集团）有限公司土地使用权转让合同纠纷案”，在认定嘉和泰房地产公司和太原重型机械公司约定的包税条款法律效力时，最高人民法院判决：“虽然我国税收管理方面的法律法规对于各种税收的征收均明确规定了纳税义务人，但是并未禁止纳税义务人与合同相对人约定由合同相对人或第三人缴纳税款。税法对于税种、税率、税额的规定是强制性的，而对于实际由谁缴纳税款没有作出强制性或禁止性规定。故《补充协议》关于税费负担的约定并不违反税收管理方面的法律法规的规定，属合法有效协议。”《拍卖须知》《成交确认书》等拍卖文件中约定税款负担，并不违反税收等法律的强制性规定，应当是合法有效的。约定负担税款的一方当事人应当积极地缴纳相应的税款。如果约定的税款负担人不履行缴纳税款的义务，实际的纳税义务人应当先缴纳税款，然后再向约定的税款负担人追偿。比如在实践中，约定了税费由买受人进行负担，那么买受人应当积极主动地缴纳相应的税款。如果买受人不缴纳税款，那么拍卖人可以在依法纳税之后，通过拍卖合同的相关约定，请求买受人支付相应税款。

【案例索引】

一审：江苏省常州市钟楼区人民法院（2013）钟民初字第 2152 号

二审：江苏省常州市中级人民法院（2014）常民终字第 200 号

134. 甲与某公园管理处合同纠纷案

——拍卖公告载明现状移交的性质

问题提示:拍卖公告中载明标的现状移交及移交条件不明确,竞价结果对竞买人是否有效?

【基本案情】

上诉人(一审原告):甲

被上诉人(一审被告):某公园管理处

人民法院经审理查明:被告某公园管理处申请报废46条游船,将上述游船移交某产权交易所,并与拍卖机构某拍卖公司三方共同签署了《行政事业单位国有资产接收确认书》。某产权交易所在其网站上发布拍卖公告并附有游船图片,公告中载明了上述46条游船清单,公告中的“资产描述”内容为:“资产均已报废,以标的移交时实际清点为准”,“受让方条件”内容为:“1.受让方承诺已充分了解标的瑕疵,不以不了解标的物状况为由退回标的资产。2.受让方按照转让方要求的时间进行资产移交,移交资产的数量、质量以现状为准……”拍卖公告中“其他需要披露的内容”为:“本标的不预展。”2014年6月13日,某产权交易所向甲出具《动态报价成交确认单》,载明受让方为原告甲,并且载明“受让方承诺已充分了解标的瑕疵,不以不了解标的物状况为由退回标的资产;受让方按照转让方要求的时间进行资产移交,移交资产的数量、质量以现状为准”。2014年7月10日、11日、12日,甲委派人员共运走船只46条。

原告甲诉称:被告交接时少交付1条游船,并且交接过程中增加限制致使运输成本增加。据此提出要求被告补交1条游船以及赔偿多支出的运输费用等诉请。

被告某公园管理处辩称,被告已将拍卖的46条游船交付原告。并且依照规定,吊车装车卸车费、卡车运输费及人工费应由原告自行承担。

【裁判结果】

一审:驳回原告甲的诉讼请求。

二审:驳回上诉,维持原判。

【争议焦点与裁判理由】

本案的争议焦点为,拍卖公告中载明标的现状移交且移交条件不明确是否有效?

根据生效裁判文书,人民法院认为,拍卖公告中的“资产描述”载明了“公示图片及清单仅供参考”的内容,拍卖公告中的“受让方条件”载明了“移交资产的数量、质量以现状为准;受让方按照转让方要求的时间进行资产移交”的内容,并且经过甲签字确认的《动态报价成交确认单》中亦载明了相关内容。因此,甲要求补交船及赔偿增加运输成本均没有依据,法院不予支持。

【案例评析】

本案在审理中,焦点集中在载明标的现状移交及移交条件不明确的拍卖公告是否有效?

一、载明标的现状移交拍卖公告是否有效

根据《拍卖法》第 46 条第 2 项规定,拍卖公告应当载明拍卖标的。拍卖公告中载明标的现状移交,该拍卖公告是否有效?同时,《拍卖法》第 18 条规定,拍卖人应当向竞买人说明拍卖标的的瑕疵。拍卖公告中载明标的现状移交,拍卖人是否违反了瑕疵告知义务?

拍卖公告要求对拍卖标的进行明确公告,并且要求拍卖人要向竞买人告知拍卖标的的瑕疵,这些法律规定的目的在于给予竞买人充分、平等的机会了解拍卖标的,尽可能多地获取拍卖标的相关的信息。本案的特殊性在于,拍卖的标的是报废的游船,"使用状况不详,不保证配件、附件齐全"。首先,竞买人竞买报废游船其交易目的即不同于竞买普通拍卖物,竞买人应当知悉其竞买报废游船的风险。拍卖人公告"报废"游船,即已将拍卖标的状态明确告知竞买人,即已妥善履行了告知义务。其次,就拍卖人的角度而言,让其充分了解报废游船的状态并向竞买人告知,无论从技术可能性上还是工作量上而言,均是不合理的要求。最后,按照我国合同法的相关规定,拍卖公告属于要约邀请而不属于要约,仅仅是表达出让方进行交易的意愿。重要的交易条款在公告中具备就满足了作为要约邀请的一般要件。因此,拍卖公告虽然载明现状交付,但因其已载明拍卖标的为报废物,符合法律规定,为有效拍卖公告。

本案中,拍卖公告中明确"不预展"是否会影响拍卖公告的效力在案件审理中并未作为争议焦点。但《拍卖法》第 46 条第 3 项规定拍卖公告应当载明的事项中就规定了拍卖标的展示时间、地点。同时,《拍卖法》第 48 条也规定,"拍卖人应当在拍卖前展示拍卖标的,并提供查看拍卖标的的条件及有关资料。拍卖标的的展示时间不得少于两日"。在《拍卖法》明确规定需要对拍卖标的展示的情况下,拍卖公告声明拍卖标的不展示,从笔者的观点看,影响了竞买人充分了解拍卖标的状况的权利。拍卖法是实体法和程序法的统一体。拍卖民事活动中,对程序的要求非常严格(没有现场笔录都会是合同无效),不仅不能缺少程序,甚至程序颠倒都有可能导致结果无效。但该程序瑕疵是否影响整个拍卖公告的效力,则需要综合拍卖公告对拍卖标的状况的反映情况判断。本案中,由于拍卖标的属报废物资,不公开展示也不一定必然影响竞买人了解拍卖标的状况,故而也并非必然影响拍卖公告的效力。

二、载明移交条件不明的拍卖公告是否有效

《拍卖法》第 46 条第 5 项规定,拍卖公告应当载明需要公告的其他事项。本案中,关于报废游船的移交,拍卖公告中载明“受让方按照转让方要求的时间进行资产移交”。甲实际交付报废游船时,转让方对运输报废游船车辆的数量和次数也作出了要求,甲认为增加了其运输成本。《拍卖法》第46条第5项的规定并不具有强制性,仅要求将需要公告的事项载明于拍卖公告中。因此,未将运输车辆的数量和次数列入公告内容,也不影响公告的效力。

【案例索引】

一审:北京市西城区人民法院(2014)西民(商)初字第17750号

二审:北京市第二中级人民法院(2015)二中民(商)终字第06262号

135. 某投资公司与某房地产公司拍卖合同纠纷案

——《拍卖标的说明》关于拍卖付款方式说明的效力

问题提示:《拍卖标的说明》关于拍卖付款方式的说明,能否成为拍卖合同的组成部分?

【基本案情】

上诉人(一审原告、反诉被告):某投资公司

上诉人(原审被告、反诉原告):某房地产公司

人民法院经审理查明:2008年12月29日,某拍卖行受某房地产公司委托,公开拍卖某房地产公司建信大厦项目。拍卖行在拍卖前向竞拍人提供了《竞买须知》《拍卖标的说明》和《资产转让协议》等资料。其中在《竞买须知》中提示:拍卖成交后买受人必须当场与拍卖人签署《拍卖成交确认书》确认成交法律效力,否则保证金不予退还;买受人付清成交总价款后,委托方出具有关法律文件,由买受人自行到当地房地产管理部门办理交易过户手续。在《拍卖标的说明》中提示:拍卖标的简介:珠海建信大厦项目所占宗地为国有出让用地,土地使用权分摊面积10216平方米,容积率为2.2,批准用途为商业办公楼,土地使用年限共50年,即自1992年6月起至2042年6月止。当初在项目立项阶段,建信大厦主要是用作建行分行自用办公,因此,该项目《建设用地许可证》办在建行分行名下,《建设工程规划许可证》则办在某房地产公司名下。《拍卖标的说明》中还介绍了拍卖标的的规划设计及实际建造和使用情况,以及建信大厦项目负债和或有负债的情况。另外,在《拍卖标的说明》的“三、其他约定”中规定:该项目的拍卖成交款分为支付现金和物业两部分。1.现金部分:买受人应支付拍卖成交款中的4500万元现金,并自拍卖成交后七日内支付完毕。2.物业部分:指本项目续建或重建后大厦的物业。拍卖成交款在扣

除4500万元现金支付部分后，剩余部分以建成后的建信大厦物业抵偿。物业分两部分：(1)车库部分，买受人应交付该大厦车库45个，每个按15万元计算，即抵偿拍卖成交款675万元。如买受人重建建信大厦，且建有大厦的负二楼车库，则买受人应交付该大厦负二楼的车库；如买受人续建建信大厦，则买受人应交付该大厦负一楼的车库。(2)办公楼部分，即拍卖成交款扣除上述现金和车库抵扣款共5175万元后，剩余部分由买受人按建筑面积每平方米7500元价格交付委托人相应的房产面积。房产面积优先以建成后的大厦，按地面以上计算，位于该大厦的中间部分整层划付，当整层划付不足上述对价的平方米时，买受人应划付整层的下一层或上一层，并经委托人同意。物业(包括车库和办公楼)交楼时间为2011年12月30日前，如推迟交楼则建设面积不变，顺延的时间以拍卖成交款扣除4500万元为基数，按银行同期贷款利率双倍计付违约金。以上条件受让方在标的拍卖成交后，以书面承诺的方式向转让方出具承诺函。《资产转让协议》是由某房地产公司拟定，是某房地产公司与买受人签订的就拍卖标的转让事宜在《拍卖成交确认书》内容的基础上拟定的格式合同，其中约定："甲乙双方同意上述资产转让的转让价款和付款方式均按《拍卖成交确认书》《拍卖标的说明》的约定履行；本协议包括附件：附件一《拍卖标的说明》；附件二《拍卖成交确认书》；本协议经双方签字或盖章后生效。"

某投资公司作为竞买人参加了上述标的的拍卖，并在上述《竞买须知》和《拍卖标的说明》上签字盖章，确认已知悉上述内容。最后某投资公司竞买成功，拍卖成交价为7200万元，佣金144万元，合共7344万元。某投资公司与拍卖行于2008年12月29日签订了成交确认书，约定：买受人应向拍卖人支付定金14 688 000元，并承诺在2009年1月4日前付清余款31 752 000元；买受人办理的竞买申请手续及其提供的文件和资料为本确认书的有效组成部分，拍卖人在拍卖前宣布的拍卖规则，与本拍卖成交确认书有不同规定的，以本拍卖成交确认书的规定为准；其他约定：按本次《拍卖资料》的约定执行。但某投资公司在拍卖成交后，没有就《拍卖标的说明》中"其他约定"所述的拍卖成交款分为支付现金和物业两部分的交易条件向某房地产公司出具书面承诺函。双方也未签订《资产转让协议》。拍卖行称其只是协助提交有关资料，具体实际签订还是由委托方和买受人签订。某房地产公司承认，当时双方都在忙于资产交接转让事项，没有把这个事情(指出具承诺函和签订《资产转让协议》)作为很重要的事项，后因某房地产公司的法务人员离职，没有把签协议的事情交代下来，所以没有及时签订《资产转让协议》。

某投资公司至2009年2月10日分期支付了成交款4500万元及佣金144万元，尚有成交款余款2700万元未付。某投资公司于2009年1月12日向建信大厦项目的债权人珠海经济特区某集团公司支付了债权转让款1000万元。某房地产公司于2009年8月25日向某投资公司开具了建信大厦项目土地及建筑物转让的发票，发票金额为8200万元。

某投资公司拍卖取得上述建信大厦项目后,于2010年8月25日与珠海市国土资源局签订了《国有建设用地使用权出让变更协议书》,之后,某投资公司拆除了建信大厦的原有建筑,并以“钰海环球金融中心”的项目名称重新建设。

2012年8月6日,某投资公司向某房地产公司出具一份《关于支付拍卖余款2700万元事宜的函》。某投资公司在该函中称,拍卖行在竞买说明中以建信大厦在建工程或重建后的物业支付剩余2700万元拍卖款,其中,车位45个,每个按15万元计算,剩余部分按建筑面积7500元/平方米交付办公楼部分,对此,按照拍卖成交确认书的约定,双方并没有对拍卖说明的内容进行约定,对以物业支付剩余2700万元拍卖款作出明确具体的约定,同时,我司也没有签署承诺书。最终以每平方米7500元计算物业价格支付拍卖款并没有达成明确、具体的协议。以物业支付拍卖款的诸多权利义务不明确,因此也无法履行物业支付。由于前期因贵司的原因导致建信大厦在建工程过户时间拖延,我司前期已通知贵司以现金方式支付余款2700万元。某投资公司还在该函中称,鉴于原设计、报建基础上的建信大厦在建工程已经不复存在,不存在原设计、报建的建信大厦续建和重建,目前兴建的“钰海环球金融中心”已经按照珠海市的城市规划要求重新报建改造成为金融标志性的建筑,无论是土地使用年限、功能分布、容积率和建筑面积、建筑标准等已经不是竞买说明所指的建信大厦在建工程。某投资公司最后在该函中要求某房地产公司提供付款账号,以便其支付余款。

2012年12月21日,某投资公司到邮局向某房地产公司邮寄《关于再次督促提供银行账号以便我司支付拍卖余款2700万元事宜的函》,某投资公司对上述邮寄行为申请进行了公证。某投资公司在《关于再次督促提供银行账号以便我司支付拍卖余款2700万元事宜的函》中再次要求某房地产公司自即日起五日内提供银行账号以便某投资公司支付拍卖余款2700万元,否则由此产生的一切法律后果由某房地产公司承担。2012年12月27日,某投资公司将拍卖余款2700万元提交到珠海市公证处提存账号,办理了提存公证,并支付了公证费81 060元。

原告某投资公司诉称,原告竞买成交建信大厦在建工程权益(含债务),并支付了4500万元,余款2700万元待付。在拍卖之前,某拍卖公司提供了拍卖标的说明,其中付款方式部分该项目的拍卖成交款分为支付现金和物业两部分。因被告原因,原被告双方至今没有对《拍卖标的说明》进行约定。虽经协商但最终未就以“钰海环球金融中心”物业抵债的方式支付拍卖余款2700万元达成协议。被告一直没有向我司提供银行收款账号,使得原告无法履行拍卖成交确认书的付款义务。为此,原告通过提存公证的方式向被告支付拍卖余款2700万元。被告隐瞒建信大厦的产权手续不全,拍卖标的物存在权利瑕疵。故请求法院依法判决:(1)被告拒受原告支付拍卖款2700万元已经构成违约行为,赔偿原告因此而造成的付款费用损失81 660元;(2)判决被告承担拍卖标的物存在权利瑕疵的违约责任,偿付逾期违约金 1 260 381.60 元(自 2009 年 3 月 1 日至 2009 年 9 月 1 日,按照银行同期贷款年利率 5.31%,基数为已付金额 4644 万元);(3)案件受理费及诉讼费用由被告承担。

被告某房地产公司辩称:一、拍卖人在拍卖时对拍卖标的的土地权属瑕疵已经进行了充分完整的披露。在《拍卖标的说明》第二部分"拍卖标的简介"的第一自然段最后一句已经清楚写明"……因此,该项目《建设用地许可证》办在建行分行名下,《建设工程规划许可证》则办在某房地产公司名下"。二、拍卖标的的土地权属在 2010 年 6 月已经完成了变更,要求被告承担损害赔偿责任的诉讼请求已经超过诉讼时效期间。三、《拍卖标的说明》实为《拍卖成交确认书》的组成部分。根据《拍卖标的说明》的第三部分"其他约定",买受人支付拍卖标的的拍卖成交款分为现金和物业两部分。原告向珠海公证处提交人民币 2700 万元的行为构成违约,不能依法认定为提存成立。因此,请求法院依法驳回原告的全部诉讼请求。

上诉人某投资公司诉称:(1)一审判决认定事实不符。①将《拍卖标的说明》认定为拍卖合同范围不符。本案只有《拍卖成交确认书》,没有《拍卖合同》,原审判决表述的《拍卖合同》不存在。原审判决以《拍卖成交确认书》中"其他约定",认定按照拍卖资料约定执行,但具体是否约定、如何约定并没有明确作出认定。②遗漏认定某房地产公司没有选择以交付房产作为支付拍卖款的重大事实。《拍卖标的说明》中"五、拍卖要求"规定,"委托人有权选择要求买受人继续履行或支付抵偿款及违约金",可见,某房地产公司有权选择是否以交楼作为支付拍卖款。(2)原审判决赔偿交付房产差价损失没有事实和法律依据。拍卖公告、说明为要约邀请,是向不特定的人发出,不具有法律约束力,应以最后签订的协议为准。(3)原审判决混淆了拍卖关系与以物抵债关系,在没有约定的情况下直接认定交付房产义务成立,作出赔偿判决缺乏事实依据和法律依据。原审判决认定产权瑕疵的违约主张超过诉讼时效不能成立。

上诉人某房地产公司诉称,第一,《拍卖标的说明》属于拍卖合同范围,本案是拍卖合同纠纷,拍卖当事人权利义务完全受拍卖条件限制,《拍卖标的说明》对竞买人、买受人均有约束力。第二,原审审理过程中,某投资公司明确表示以特定价格作为不能交付房产的结算价格,因此原审法院判决支付交付房产的差价有事实和法律依据。第三,根据《拍卖标的说明》,某投资公司应交付特定房产,不能交付法院才判决差价,因此本案不存在以物抵债的关系。第四,某房地产公司拒绝领受不符合拍卖标的的款项,是维护自身利益,不构成违约,原审法院认定正确。

【裁判结果】

一审:一、驳回某投资公司的诉讼请求;二、某投资公司向某房地产公司支付成交款余款人民币 2700 万元;三、某投资公司向某房地产公司赔偿损失人民币 35 416 920元;四、确认某投资公司向珠海公证处提存人民币 2700 万元的提存不成立;五、驳回某房地产公司的其他反诉请求。

二审:一、维持珠海市香洲区人民法院(2013)珠香法民一初字第380号民事判决第一、四、五项;二、撤销珠海市香洲区人民法院(2013)珠香法民一初字第380号民事判决第二、三项;三、某投资公司向某房地产公司交付以下物业:位于珠海市香洲区吉大九洲大道中××号“钰海环球金融中心”第十×层××03室、××04室、××05室、××06室、××07室、第十×层××06室,以及位于该大厦负二楼的停车位45个,并协助某房地产公司办理上述物业的产权登记手续,某投资公司按相关的法律、行政法规的规定承担相应的税、费;四、某投资公司向某房地产公司赔偿损失人民币32 075 430.24元;五、某投资公司向某房地产公司支付违约金(以人民币2700万元为本金,按中国人民银行同期贷款利率双倍计算)。

【争议焦点与裁判理由】

本案的争议焦点为:《拍卖标的说明》关于拍卖付款方式的说明,能否成为拍卖合同的组成部分。

根据生效裁判文书,人民法院认为,首先,根据某房地产公司拟定的《资产转让协议》的内容,其中载明“甲乙双方同意上述资产转让的转让价款和付款方式均按《拍卖成交确认书》《拍卖标的说明》的约定履行”,而《拍卖标的说明》明确载明拍卖成交款分为支付现金和交付物业两部分,据此可认定某房地产公司委托拍卖行拍卖涉案标的时关于拍卖成交款的支付方式的约定与拍卖行发出的《拍卖标的说明》中所表明的拍卖成交款的支付方式的规定是一致的,即拍卖成交款分为支付现金和交付物业两部分。

其次,对于拍卖合同而言,拍卖成交款的支付方式是非常重要且不可或缺的合同条款,对此《拍卖成交确认书》第2条第2款明确约定“买受人不能当场全部支付拍卖物成交金额及佣金的,应向拍卖人支付定金14 688 000元,并承诺在2009年1月4日前付清余款31 752 000元……”即双方在此条款中亦是按照《拍卖标的说明》中第三条所规定的“现金部分:买受人应支付拍卖成交款中的4500万元现金,并自拍卖成交后七日内支付完毕”来执行的。

再次,虽拍卖公告本身为要约邀请,但参照《合同法》第15条第2款规定“商业广告的内容符合要约规定的,视为要约”及《最高人民法院关于审理商品房买卖合同纠纷案件适用法律若干问题的解释》第3条的规定“商品房的销售广告和宣传资料为要约邀请,但是出卖人就商品房开发规划范围内的房屋及相关设施所作的说明和允诺具体确定,并对商品房买卖合同的订立以及房屋价格的确定有重大影响的,应当视为要约。该说明和允诺即使未载入商品房买卖合同,亦应当视为合同内容,当事人违反的,应当承担违约责任”,拍卖行在《拍卖标的说明》中明确规定拍卖成交款的支付方式,这将对竞买人是否参与竞买以及拍卖价格的确定产生重大影响,应当视为要约,某投资公司举牌参与竞买,应视为其接受该要约,即对拍卖成交款的支付方式作出承诺。某投资公司举牌应价仅是就价格向拍卖行发出要约,拍卖行落槌成交,视为对价格作出承诺。

最后,某投资公司与拍卖行签订的《拍卖成交确认书》的约定,以及某投资公司亦认可在签订《拍卖成交确认书》后其与某房地产公司未就付款方式再进行协商这一事实,应当认定某投资公司与拍卖行、某房地产公司就拍卖成交款的支付方式达成一致意见,即按《拍卖标的说明》的规定履行。虽《拍卖标的说明》中规定“以上条件受让方在标的拍卖成交后,以书面承诺的方式向转让方出具承诺函”,但此处仅是强调成交后受让方应再以书面的方式作出承诺,并非强调必须以书面承诺函的方式承诺才发生法律效力。因此,某房地产公司拒绝受领某投资公司支付拍卖款2700万元并非无正当理由,某房地产公司拒绝受领的行为不属于“债权人无正当理由拒绝受领”导致债务人难以履行债务的情形,亦不构成违约,某投资公司通过提存支付2700万元的履行方式,不应认定为履行拍卖合同的履行行为,因此其要求某房地产公司赔偿提存公证费用81660元,于法无据,不应予以支持。相反,某房地产公司请求法院确认某投资公司向公证处提存2700万元的提存行为不成立,有事实和法律依据,应予支持。

【案例评析】

本案的争议焦点在于,《拍卖标的说明》关于拍卖成交款的给付方式的说明,能否成为拍卖合同的组成部分,并直接约束拍卖合同当事人。

拍卖标的说明,是指对于拍卖标的的属性、类型、价值等性质的客观表示。拍卖标的说明作为拍卖委托人或者拍卖人对所拍卖的标的的一种展示方式,有助于潜在的竞买者了解拍卖标的。拍卖标的说明的内容,应当保持对于拍卖标的客观中立的说明、介绍,不得作虚假或者无法实现的保证性承诺,故意隐瞒或者编造不实情况,以便给竞买人或者买受人造成误解。中国拍卖行业协会制定的《拍卖通则》第21条规定,拍卖标的资料均为参考性意见,不构成对拍卖标的的任何担保。拍卖标的的说明、拍卖公告等原则上属于要约邀请,不构成对于竞买人的要约。

但是,根据《合同法》第15条第2款规定,“商业广告的内容符合要约规定的,视为要约”,以及《最高人民法院关于审理商品房买卖合同纠纷案件适用法律若干问题的解释》第3条的规定“商品房的销售广告和宣传资料为要约邀请,但是出卖人就商品房开发规划范围内的房屋及相关设施所作的说明和允诺具体确定,并对商品房买卖合同的订立以及房屋价格的确定有重大影响的,应当视为要约”。因此,拍卖标的的说明虽然属于前期拍卖人或者委托人对于拍卖标的的客观介绍,属于一种要约邀请。但是,如果《拍卖标的说明》对拍卖标的性质或者其他介绍和保证性承诺,能够对竞买拍卖标的或者拍卖标的的价格产生重大影响,那么就应当属于要约。竞买人因合理相信拍卖标的说明的内容而参加竞买活动,交易成功之后,应当将前期关于拍卖标的的说明、拍卖公告的内容作为拍卖合同的一部分,对拍卖人、委托人、竞买人、买受人都具有拘束力。本案中,《拍卖标的说明》已经明确

“三、‘其他约定’中规定:该项目的拍卖成交款分为支付现金和物业两部分”。并且在之后所签订的《资产转让协议》中也明确约定,甲乙双方同意上述资产转让的转让价款和付款方式均按《拍卖成交确认书》、《拍卖标的说明》的约定履行;本协议包括附件:附件一《拍卖标的说明》;附件二《拍卖成交确认书》;本协议经双方签字或盖章后生效。那么就应当将《拍卖标的说明》作为拍卖合同的组成部分。

值得注意的是,关于本案中《资产转让协议》没有经过双方签字并盖章是否会影响资产转让协议的效力的问题。根据《合同法》第37条的规定,“采用合同书形式订立合同,在签字或者盖章之前,当事人一方已经履行主要义务,对方接受的,该合同成立”。某投资公司已经按照《拍卖成交确认书》《资产转让协议》等合同将拍卖成交款分期向某房地产公司支付了成交款4500万元,以及向拍卖人支付了佣金144万元,尚有成交款余款2700万元未付。由此可见,某投资公司已经按照合同履行了大部分的合同义务,并且某房地产公司和某拍卖行均表示接受。故而虽然《资产转让协议》要求必须经双方签字盖章才能生效,但是本案中的《资产转让协议》已经通过某投资公司的事实履行行为,而使合同成立并生效。虽没有签字盖章,但是并不影响《资产转让协议》的效力,双方当事人应当严格遵守合同的约定,并行使权利和履行义务。

按照《拍卖标的说明》的约定,拍卖成交款由现金和物业两部分组成,其中包括4500万元现金和本项目续建或重建后大厦的物业。那么在拍卖成交后,某投资公司应当知道将来需以建成后的确定面积的物业抵付2700万元拍卖成交款。本案所约定的“以物业清偿”,本身是作为原有拍卖成交款债务的给付方式,并非是“代物清偿”。代物清偿作为一种债务的消灭方式,其是通过另一种给付代替原先的给付,从而消除债务的一种清偿方式。代物清偿应当由当事人另行订立合同或者进行明确的约定,但本案中某房地产公司拒绝受领某投资公司所支付拍卖款2700万元,表明某房地产公司已经明确表示拒绝代物清偿。因此,建信公司拒绝受领的行为不属于“债权人无正当理由拒绝受领”导致债务人难以履行债务的情形,亦不构成违约。某投资公司应当按照《拍卖标的说明》和《拍卖成交确认书》的约定,就拍卖余款2700万元所对应物业包括车位45个及办公楼2700平方米,向某房地产公司进行给付。

【案例索引】

一审:广东省珠海市香洲区人民法院(2013)珠香法民一初字第380号

二审:广东省珠海市中级人民法院(2016)粤04民终302号

136. 某房地产公司与某银行分行、某拍卖公司拍卖合同纠纷案

——瑕疵声明的效力

问题提示:如何认定拍卖公司的瑕疵声明的效力?

【基本案情】

上诉人(一审被告):某银行分行

被上诉人(一审原告):某房地产公司

被上诉人(一审原告):某拍卖公司

人民法院经审理查明:2006年3月21日某银行分行与某拍卖公司签订委托拍卖合同,合同中写明:拍卖标的为乳山市夏村镇土地使用权,面积约为43 456.6平方米[(1999)威并执字第139、140、141号民事裁定书项下的债权]。同时某银行分行向某拍卖公司提供中院的裁定书复印件一份。2006年3月27日某拍卖公司在《威海日报》上刊登拍卖公告:定于2006年4月3日上午9时在公司拍卖厅公开拍卖乳山夏村镇上地使用权一宗。某房地产公司参加竞买,于拍卖当日与某拍卖公司签订竞买合同及《特别说明》,其中有"本公司对于标的的实际状况、瑕疵及拍卖标的相关权证的真实性和准确性不予保证,并不承担任何法律责任"的条款。某房地产公司竞得该土地,与某拍卖公司签订了《拍卖成交确认书》,并依约于2006年4月26日全部支付了成交款387.25万元。

拍卖的土地系某电池公司所有的一宗面积为88 650.75平方米的土地的一部分,在2000年其与中信银行的一抵押贷款纠纷案件中,威海市中级人民法院裁定以该案拍卖的土地抵偿贷款。但中信银行一直未办理土地权属过户手续。2001年1月11日该88 650.75平方米土地中的56 702.75平方米以乳国用(2001)字第016号国有土地使用证被确权给某物资贸易公司。某房地产公司在办理土地证的过程中发现该土地实际面积与竞拍面积相差11 508.6平方米,减少了26.48%,起诉至法院请求判决某银行分行和某拍卖公司返还相应的土地款和佣金。

被告某银行和某拍卖公司辩称,威海市中级人民法院(1999)威并执字第139、140、141号民事裁定书裁定的土地面积为43 456.6平方米,某银行分行对拍卖标的有合法的权利,按《拍卖法》第58条的规定某银行分行不承担法律责任。并且根据《拍卖法》第61条的规定,只要拍卖人、委托人在拍卖前声明不能保证拍卖标的的真伪或品质的,不承担瑕疵担保责任。而在双方签订的《特别说明》中已对此作了声明,因此,某拍卖公司应当免责。

【裁判结果】

一审:判决被告某银行分行向原告返还多付购地款982 485元,被告拍卖公司

向原告返还多收佣金43 042元。

二审:驳回上诉,维持原判。

【争议焦点与裁判理由】

本案的争议焦点为,如何认定拍卖公司的瑕疵声明的效力?

根据生效裁判文书,人民法院认为,《拍卖法》第61条规定,“拍卖人、委托人违反本法第十八条第二款、第二十七条的规定,未说明拍卖标的的瑕疵,给买受人造成损害的,买受人有权向拍卖人要求赔偿”。显然,即使拍卖人不知道标的物瑕疵,对事实上存在的瑕疵,拍卖人亦必须向买受人赔偿损失。而为了平衡委托人、拍卖人和竞买人之间的利益以及促进拍卖行业的发展,该条同时规定了告知瑕疵的免除责任情况,“拍卖人、委托人在拍卖前声明不能保证拍卖标的的真伪或者品质的,不承担瑕疵担保责任”。该免责声明,指的是对于拍品的真伪和品质,若拍卖人确实不知道并且不可能知道的,并在正式拍卖前告知了买受人该情况,可以免除瑕疵担保责任。不承担瑕疵担保责任的前提是拍卖人在拍卖前必须把真实情况告知买受人。对于拍卖人已经意识到或者应当意识到瑕疵的可能性,就应当尽到谨慎的审核义务,将具体的瑕疵情况明确告知竞买人,并不得再以其他肯定、明确甚至夸大的材料对拍卖标的作正面的介绍。本案中,对于拍卖公司制作的《特别说明》中的“本公司对于标的的实际状况、瑕疵及拍卖标的的相关权证的真实性和准确性不予保证,并不承担任何法律责任;竞买人应在参加拍卖之前,自行对标的的现状、配套、质量、权属、数量、真伪等情况进行调查核实确认,并对自行确认的结果负责”的声明,首先,拍卖公司作为一个专门从事房地产拍卖业务的机构,无论在人力、物力、财力、鉴定水平和经验等方面都优于竞买人,因此在未明确涉案土地面积方面是否存在瑕疵时,要求竞买人自己承担风险是不合适的,这无疑加重了竞买人的责任,因此该条款无效。其次,对该土地面积的瑕疵,拍卖公司应当意识到并且能够知道,只要通过简单的审查程序如实地测量或者到土地部门核实即可知晓。而拍卖公司怠于履行该义务,不经查实便发布瑕疵免责声明,未尽审慎义务。再次,该声明语义含糊,没有明确说明具体的瑕疵,并且,虽然上诉人上诉称“在拍卖该宗土地时面积是不确定的,准确面积应以房地产管理部门确权的面积为准”,但同时上诉人又提供了本院的民事裁定书,明确载明了拍卖土地的面积,从而影响了其声明的效力。最后,拍卖公司在竞买人进入拍卖现场时,才向竞买人提供《特别说明》,而此时已进入了拍卖程序,即使拍卖人作出了有效声明,竞买人也无法亲自核实确定,因此,在此过程中,被上诉人某房地产公司不存在疏忽和不当行为。综上,上诉人以《特别说明》证明其已履行瑕疵告知义务而不承担责任的上诉理由不能成立,应当按照比例返还土地款和佣金。

【案例评析】

随着拍卖业务增多,拍卖成交后的“瑕疵”争议成为拍卖当事人之间的主要纠纷。拍卖公司在拍卖之前,往往在拍卖规则中笼统地表明拍品“现状”并认为作出“以该拍品现状进行拍卖”或者“对本次拍卖的标的,本公司不承担瑕疵担保责任”的笼统声明,就意味着竞买人接受了拍品的现状(包括瑕疵),拍卖公司就可以免除一切瑕疵担保责任。但在司法实践中,法官往往不会轻易认定拍卖人免责。其实,《拍卖法》第18条、第27条、第61条对瑕疵担保责任的规定是相当严格的,只有在明确告知的情况下才能免除责任。拍卖公司在《拍卖规则》中要求竞买人在竞买时接受拍品的现状,承担全部责任的声明,不能完全成为拍卖公司免责的“避风港”。因为:

第一,拍卖公司制作的《拍卖规则》等说明一般是拍卖公司未与对方协商、单方事先拟定好的、不允许修改供反复使用的规则,其特征符合《合同法》关于格式合同的规定,因此,其性质属于格式合同的范畴。对此类格式合同应适用《合同法》的有关规定:提供格式条款的一方免除其责任,加重对方责任,排除对方主要权利的,该条款无效;对格式条款的理解发生争议的,应当按照通常理解予以解释;对格式条款有两种以上理解的,应当作出不利于提供格式条款的一方的解释。

第二,拍卖公司一般是在竞买人进入拍卖现场时,才向竞买人提供《拍卖规则》等说明,而此时已进入了拍卖程序,竞买人对有关拍品的情况无法调查核实。

第三,《拍卖规则》中的声明笼统模糊,没有说明瑕疵所在,不能证实的原因等,往往误导竞买人,影响其正确判断。

因此,拍卖公司在拍卖前对拍卖标的的真伪或者品质不承担瑕疵担保责任的声明,必须明确具体;声明的条文保证竞买人都能正确理解而不致产生误解或歧义;免责声明须遵循诚实信用原则,知道或者应当知道的瑕疵不能声明不担保;拍卖人确实无法作出明确判断的,只要已特别提示,应视为竞买人愿意承担由此带来的风险,即商事交往自担风险的前提是双方依诚信原则完全告知有关交易的信息。

总之,拍卖作为一般买卖的特殊形式,委托人应当履行出卖人的一般义务,如保证拍卖标的的权利真实和数量真实等。如果委托人意识到或者应当知道买卖标的存在与资料不符的地方,应当进行调查核实,该项义务不应当由竞买人承担,因为从成本收益的角度来看,委托人进行核实的成本要比众多竞买人进行核实的成本小得多,并且对委托人也有利,翔实准确的资料更有利于其拍卖。

【案例索引】

一审:山东省乳山市人民法院(2006)乳民二初字第40号

二审:山东省威海市中级人民法院(2007)威民四终字第111号

137. 甲与某邮政公司拍卖合同纠纷案

——网络拍卖中,委托人声明不保证拍品质量的法律效力

问题提示:1. 网络竞拍中,拍卖法律关系中的委托人在拍卖前声明委托拍品不保证质量的是否具有法律效力? 2. 拍卖公司应如何对待委托人这样的声明?

【基本案情】

原告:甲

被告:某邮政公司

人民法院经审理查明:某邮政公司为转让公司资产宣城友缘宾馆(原宣城邮电宾馆),由其主管单位中国邮政集团公司委托了某资产评估公司对拟转让资产——宣城友缘宾馆(原宣城邮电宾馆)房地产资产进行了评估。评估报告作出了全部转让资产在2009年6月30日的账面值为464.55万元,评估值为936.52万元,评估增值471.97万元,增值率为101.60%的评估结论。同时强调:评估意见仅作为交易各方资产交易的价值参考依据,而不能取代交易各方进行资产交易价格的决定。同时,评估报告书"第十一大项特别事项的说明"中第8条载明:委估的房产中的友缘宾馆中邮电宾馆的房产系在拆除原有旧房的基础上重建,未办理房屋产权证,本次评估有关该项房产的面积2753.85平方米、原有房产证号为宣证字第D1508508号,证载面积中只有南三层办公楼719.07平方米的面积没有拆除,上述面积均以某邮政公司及某邮政局的申报面积为准,如果日后经房地产勘测机构勘测存在较大差异,应调整评估结果。

2009年8月25日,某邮政公司委托某资产管理公司在某产权交易所挂牌,将其持有的宣城友缘宾馆资产对外以网络竞价方式进行整体转让,挂牌价格为1100万元。竞价公告重大事项提示中载明:转让资产为宣城市友缘宾馆所使用的房屋建筑物、土地、设备、低值易耗品,其中房屋建筑面积合计为3472.92平方米,土地使用权合计1499.18平方米。本次转让资产中的房屋,原宣城地区邮电局已取得其中719.07平方米房屋的《房屋所有权证》,该部分房屋在邮电分营时划归宣城市邮政局,但宣城市邮政局并未为此办理房屋所有权人变更登记手续。本次转让的房屋中有2753.85平方米的房屋尚未取得《房屋所有权证》。在挂牌期满后,如征集到两个及以上符合条件的竞买人,采取网络竞价的交易方式确定买受人。

经过网络竞价,甲以1120万元竞价成功并摘牌。双方于2009年10月29日签订了《某邮政公司宣城友缘宾馆资产转让合同》(以下简称《资产转让合同》),合同约定被告(甲方)将其所拥有的宣城友缘宾馆资产采取网络竞价方式以人民币1120万元转让给原告(乙方)。合同确定转让资产为宣城友缘宾馆资产。2009年11月6日,原、被告双方就交割资产的实物进行清点、造册后签字确认。2010年8月3日,

原告办理了产权证书。

原告甲诉称：被告某邮政公司在竞价公告中称宣城友缘宾馆资产占地面积1499.18平方米，建筑面积3472.92平方米，挂牌价格为人民币1100万元。原告依法通过公平竞价以人民币1120万元竞得宣城友缘宾馆上述资产。后经房地产管理部门测绘和《房屋所有权证》登记，被告出让给原告的宣城友缘宾馆三处房产比竞价公告中相应房屋建筑面积短少了421.01平方米。原告认为，被告委托发布的竞价公告披露的转让资产中的建筑面积与实际转让登记的面积不符，现建筑面积出现重大短少，应当依法核减成交价款。原告请求判令被告核减成交价款，返还原告人民币135.773 62万元并承担诉讼费用。

某邮政公司辩称：(1)被告转让给原告的房屋不存在面积短少的问题。被告已充分披露房屋建筑物的面积来源情况及未来过户登记可能产生增或减的不确定因素，所转让给原告的资产与竞价公告、资产评估报告书、资产转让合同中所列资产资产完全一致，该等现状移交的资产不存在重大短少的问题。(2)国有资产整体转让行为与单纯的房屋买卖行为的计价方式完全不同：资产转让价格并不是仅仅按房屋建筑物的面积计价，房屋证载面积与评估面积不一致亦不应核减成交价款。根据《企业国有产权转让管理暂行办法》规定，评估价仅仅是作为国有产权转让价格的参考依据，转让人可自主决定挂牌价。本案中转让的是宣城友缘宾馆有关的房地产资产是国有资产，国有资产的转让不能等同于商品房买卖合同。原、被告双方签订的《资产转让合同》第3条约定的资产转让价格是确定的、唯一的，并未约定调整价款的条款。被告已依据合同交付资产，原告要求调减价款无依据。故请求判决驳回原告的全部诉讼请求。

【裁判结果】

一审：驳回原告甲的诉讼请求。

【争议焦点与裁判理由】

本案的争议焦点为，网络竞拍中，拍卖关系的委托人在拍卖前声明不能保证拍卖标的真伪或者品质的，应否承担责任。

人民法院经审理认为，因本案中所涉资产的转让方式是网络竞价，由于网络竞价是拍卖方式的一种，竞价公告是拍卖人通过网络发出的拍卖公告，对转让资产进行宣传介绍并公布拍卖物的价格，其实质是要约邀请，是对不特定的人发出，并希望他人向自己发出要约的意思表示，并非与他人订立合同，只是订立合同的预备行为。因此，竞价公告作为要约邀请其内容对原告不产生合同的约束力。原告作为网络竞买人通过网络竞价1120万元竞买被告转让资产，其出价是要约，拍卖人同意，其拍定是承诺，整个网络竞拍程序合法有效。另，依据《拍卖法》第48条第1款的规定，拍卖人应当在拍卖前展示拍卖标的，并提供查看拍卖标的的条件及有关资料。被告发布的竞价公告已明确载明：本次转让的房屋中有2753.85平方米的房屋尚未取得《房屋所有权证》,且注明具体情况可查询资产评估报告书,该资产评估报告书同时强调:本评估意见仅作为交易各方资产交易的价值参考依据,而不能取代交易各方进行资产交易价格的决定。因此,被告已尽到了对拍卖标的物瑕疵告知义务,被告组织宣城友缘宾馆资产拍卖程序合法。

原、被告双方签订的《资产转让合同》是双方当事人真实自愿的意思表示,内容不违反法律强制性、禁止性规定,应为合法有效,双方应当全面适当地履行。该合同第 1 条约定资产评估报告书是双方签订合同内容的一部分。资产评估报告书第三大项评估对象和评估范围已载明建筑面积为 3472.92 平方米;评估报告书第十一大项特别事项的说明第 8 条明确本次评估有关该项房产的面积 2753.85 平方米未办理房屋产权证,且说明上述面积均以某邮政公司申报面积为准。由此可知,原告应知晓该未办理房屋产权证部分可能会与将来办证证载面积存在误差的情况存在,但原告对此并未提出异议并与被告签订了《资产转让合同》,双方就转让资产实物的交割进行了清点、造册并签字确认。该合同签订后,原告对转让资产进行了勘查,在明知房屋面积短少时仍于 2010 年 8 月 3 日与被告办理了产权过户手续,其在合理期限内未对房屋建筑面积短少部分提出异议,应视为被告交付的标的物之一的房屋面积符合合同约定、原告放弃对房屋建筑面积短少部分要求被告承担责任的权利。现原告认为转让资产中建筑面积短少,要求被告核减成交价款返还人民币 135.773 62 万元没有事实和法律依据,依法不予支持。

【案例评析】

现有国有资产产权改革中,采取公开拍卖的方式是处置国有资产有效方式之一,随着网络和信息技术的快速发展,网络竞拍也成为处置国有资产新方式之一。网络竞拍与一般的拍卖虽有相通之处却又多有不同,两者都是通过竞价方式出售货物,不同的是网络竞拍是以网络为平台通过公开、共享、互动、实时的网络竞价出售货物,网络竞拍具有不受交易的时间和空间限制,避免现场拍卖的人为干扰,杜绝现场拍卖中的围标、串标和“暗箱操作”的优势,但由于是通过虚拟网络竞拍,难免会存在卖方扩大宣传、夸大其词甚至虚构事实欺诈消费者,买方虚假买卖、恶意消费等情形,如何保护好买卖双方的合法权益,目前尚无相关法律对网络竞拍这一新型拍卖方式进行明确规定,本案即是一起典型的企业国有资产以网络竞拍方式进行整体转让引起纠纷的案例。除此之外,企业国有资产整体转让问题也缺乏相关法律的明确规定。因此,厘清网络竞拍的法律关系、明晰企业资产整体转让的性质,从而准确界定转让合同的效力是正确处理此类纠纷的关键。

一、网络竞拍中竞价公告应为要约邀请

网络竞价,是指产权转让信息发布期满,产生两个及以上符合条件的竞买人,由产权交易机构依据《产权转让公告》的相关约定和产权标的具体情况,通过产权交易机构建立的网络竞价系统,组织竞买人竞争受让转让标的的行为。网络竞价类似于拍卖会的专场竞价活动，竞买人可以通过互联网参与竞价，按照“价格优先、时间优先”原则，竞价结束后最高有效报价者成为该标的买受人。本案原告认为被告发布的竞价公告披露的房屋面积与实际登记的面积不符，因涉案资产拍卖方式是网络竞价，网络竞价是拍卖方式的一种，竞价公告是拍卖人通过网络发出的对转让资产进行宣传介绍并公布拍卖物价格的拍卖公告。从法律规定来看，要约邀请是希望他人向自己发出要约的意思表示，寄送的价目表、拍卖公告、招标公告、招股说明书、商业广告等均为要约邀请。因此，被告发布的竞价公告实质是要约邀请，是对不特定的人发出，并希望他人向自己发出要约的意思表示，并非与他人订立合同，只是订立合同的预备行为，其内容对原告不产生合同的约束力，故原告要求被告依据竞价公告的面积承担核减成交价款的理由不能成立。

二、网络竞拍过程中的瑕疵担保责任

网络竞拍是拍卖人通过网络发布拍卖公告进行买卖，是拍卖方式的一种，该拍卖行为应适用《拍卖法》。依据《拍卖法》第 27 条规定，委托人应当向拍卖人说明拍卖标的的来源和瑕疵。第 48 条第 1 款规定，拍卖人应当在拍卖前展示拍卖标的，并提供查看拍卖标的的条件及有关资料。第 61 条规定，拍卖人、委托人违反本法第 18 条第 2 款、第 27 条的规定，未说明拍卖标的的瑕疵，给买受人造成损害的，买受人有权向拍卖人要求赔偿；属于委托人责任的，拍卖人有权向委托人追偿。拍卖人、委托人在拍卖前声明不能保证拍卖标的的真伪或者品质的，不承担瑕疵担保责任。

本案所涉及的资产转让方式是网络竞价，被告作为拍卖人的委托人应当向买受人如实履行告知拍卖标的的瑕疵义务，竞买人有权了解拍卖标的的瑕疵，有权查验拍卖标的和查阅有关拍卖资料。委托人即本案被告发布的竞价公告已明确载明：本次转让的房屋中有 2753.85 平方米的房屋尚未取得《房屋所有权证》，且注明具体情况可查询资产评估报告书。但是，该资产评估报告书同时强调：本评估意见仅作为交易各方资产交易的价值参考依据，而不能取代交易各方进行资产交易价格的决定。由此可见，被告已尽到了对拍卖标的物瑕疵告知义务，原告要求被告承担拍卖标的瑕疵责任不能成立。

在本案中，如果被告方没有在竞拍公告中注明，由某资产评估公司所出具的资产评估意见“仅作为交易资产价值的参考依据，而不能取代交易各方进行资产交易价格的决定”，那么被告方就没有尽到信息告知义务，而同时买受人有可能存在善意的不知的情形。在这种信息不对称的前提下，出于保护买受人合法权益的考虑，应当由委托人以及拍卖人承担标的物的瑕疵责任。据此，在网络竞拍中，委托人以及拍卖人必须遵守诚实信用原则，在拍卖资料中真实、准确地反映拍卖标的物可能存在的瑕疵，否则，就应当承担标的物的瑕疵责任。

三、企业整体产权转让的性质

企业资产的整体转让俗称“打包”转让，即将所有各类资产捆绑成一体，包括资产质量的优与劣、好与坏,也包括价值上可能存在的此高彼低、此增彼减等情形,然后由出卖人不分类别地确定一个固定价、唯一价整体出售,买卖双方达成买卖合意即可成交。为防止企业国有产权的转让造成企业国有资产流失,根据《拍卖法》以及《企业国有产权转让管理暂行办法》的相关规定,国有资产的整体转让,在拍卖时必须对资产价值进行评估,并根据评估价值确定拍卖保留价。

然而,如果转让标的中的部分项目存在实际短少,拍卖人是否应当承担赔偿责任,法律对此没有明确的规定。就本案而言,涉案转让资产共包括房屋建筑物、土地、设备、低值易耗品。原告认为转让资产之一的房屋建筑面积实际短少,被告应当承担核减价款的责任。合议庭认为,本案所涉资产是作为一个整体打包出卖给原告,并且,在拍卖前出卖方就整体转让的资产可能存在的瑕疵在拍卖公告中作出了告知,但买受人仍然竞买下出卖人所拍卖的全部资产并与其签订了《资产转让合同》,双方签订的《资产转让合同》是双方真实自愿的意思表示,内容不违反法律强制性、禁止性规定,应为合法有效,具有法律约束力。原告概括承受了全部转让资产后,并且在明知转让房产面积短少的情形下仍然办理了过户手续,随后再以转让资产之一发生短少为由要求核减价款的理由不能成立,故对原告要求被告承担核减该部分成交价款的诉讼请求不予支持是恰当的。

在这类纠纷中,给了接受委托的拍卖公司一个很重要的启示:作为不动产拍卖标的,不论委托说明是怎样的,都应做一些实地调查、勘察,以免日后交易中出现纷争。尽到拍卖人注意、谨慎、专业义务。本案中,委托人声称有建筑面积3472.92平方米,实则房屋建筑面积短少了421.01平方米,这样的重大误差不是一个"国有企业整体转让"可以搪塞得过去的。

【案例索引】

一审:安徽省宣城市中级人民法院(2011)宣中民一初字第00010号

138. 甲与某药材公司拍卖合同纠纷案

——了解并披露拍卖标的瑕疵的责任主体的认定

问题提示:了解并披露拍卖标的瑕疵的责任在谁?

【基本案情】

上诉人(一审原告、反诉被告):甲

上诉人(一审被告、反诉原告):某药材公司

人民法院经审理查明:某药材公司委托某拍卖公司负责拍卖其所有的芦洪市

药品经营配送站房地产。某拍卖公司于2007年5月31日发出了拍卖公告,并于2007年6月12日进行了公开拍卖。甲中标并签订了《成交确认书》,其中约定:"该宗土地的具体界址、四至范围、面积、用途以有权部门核定为准。成交价不以平方米计价,不因面积的增减而变更,买受人不得以此提出任何异议。买受人还须拍卖当日另行向拍卖人支付55 500元的佣金。"2007年6月21日,甲与某药材公司签订了《产权转让合同》,合同约定:"该宗土地的面积为2944.42平方米(最终面积以东安县国土局2006年11月29日《宗地图》为准),且转让范围内土地使用权的面积、使用年限、用途、规划建设要以国土、房产和规划建设部门登记和批准的为准。甲在支付前期转让金后,余款65 500元按约定在甲领取国有土地使用权证的当日付清,逾期未支付的,按每日千分之三支付违约金。"2008年8月19日,甲交了14万元土地出让金,取得了该宗土地的使用权,该宗土地的面积为2944.42平方米。2010年4月29日,甲、乙与东安县国土资源局签订了国有建设用地使用权出让合同,该宗土地的面积也为2944.42平方米,精品步行街穿过了该宗土地,但甲直到2010年11月15日才办理土地使用权证,取得了该土地使用权证。

《拍卖规则》第9条约定"竞买人应自行查勘、了解拍卖标的及瑕疵,查验拍卖标的的真伪和品质,一旦进入拍卖会场即表明其已完全了解拍卖标的的全部情况,应承担一切责任"。《竞买须知》第5条约定"竞买申请一经受理确认后,即视为竞买人对拍卖文件及标的现状(包括标的的潜在瑕疵)无异议并全部接受,并对其申请承诺责任"。《竞买人报名申请书》中竞买人承诺:"本竞买人对拍卖人提供的拍卖(挂牌)文件及拍卖标的现状确认有效并无异议,拍卖人已向我们说明了其知道或者应当知道的拍卖标的的一切瑕疵,我们愿意以现状受让,同意对标的的具体面积、四至范围、界址、用途等以有权部门核定登记为准,并愿意承担一切未知的和不可预见的瑕疵责任。"在拍卖公司拍卖文件中2006年11月29日的宗地图中,没有标示出规划的精品步行街穿过该土地。

甲上诉称,精品步行街穿过了该宗土地,该宗土地的实际面积比拍卖面积少了419.82平方米。故请求判令某药材公司返还其土地使用权转让金及相关经济损失190 417.76元;支付占用资金双倍银行同期贷款利息损失101 302.16元;赔偿甲因仲裁造成的经济损失11 700元,共计303 419.92元。

某药材公司上诉称,甲已于2008年8月19日成为该宗土地的权利人,应当依法在15日内到有关部门办理土地使用权证,因此,依照合同的约定,甲应当在2008年9月3日前给付下欠款65 500元。故某药材公司反诉请求该院依法判令甲立即归还下欠的房地产转让款65 500元。

【裁判结果】

一审:一、驳回甲的诉讼请求;二、甲支付欠某药材公司转让款65 500元,违约金19 650元,以上共计85 150元;三、驳回某药材公司其他反诉请求。

二审:一、维持一审判决第一、三项,即驳回甲的诉讼请求及某药材公司的其他反诉请求;二、改判一审判决第二项为:甲支付欠某药材公司转让款65 500元。

【争议焦点与裁判理由】

本案的争议焦点为,某药材公司在拍卖过程中存在欺诈行为,甲是否存在违约行为?

根据生效裁判文书,人民法院认为:甲与某药材公司签订的产权转让合同系真实意思表示,不违反法律规定,系有效合同,合同条款对双方当事人具有法律约束力。(1)诉争土地虽然在拍卖时没有明示规划中有一条步行街穿过该拍卖土地的事实,但根据相关拍卖文件的规定,竞买人应自行查勘、了解拍卖标的及瑕疵,故去规划部门了解相应的规划的责任在甲自己。且甲在《竞买人报名申请书》中明确表示愿意以现状受让,并愿意承担一切未知的和不可预见的瑕疵责任。故甲以某药材公司没有明示规划中有一条步行街穿过该土地而要求扣除相应的土地款没有依据。(2)根据甲、乙取得2008年8月19日的宗地图以及2010年4月29日甲、乙与东安县国土资源局签订的国有建设用地使用权出让合同,均证实该宗土地的面积是2944.42平方米,且成交确认书明确约定该宗土地的具体界址、四至范围、面积、用途以有权部门核定为准,成交价不以平方米计价,不因面积的增减而变更,买受人不得以此提出任何异议。故甲以拍卖土地的面积没有达到2944.42平方米,应当扣除相应的土地款的诉请没有事实和法律依据不予支持。(3)由于双方对土地面积的争执及土地规划的知情权存有争议,该争议的产生双方皆有部分责任,且争议一直在协商处理过程中,加之甲欠付的尾款数额较小,故不宜对甲欠付的尾款予以违约处罚。

【案例评析】

本案争议揭示的核心法律问题是了解拍卖标的瑕疵的责任在谁,是委托人还是买受人?

据查,《拍卖法》关于拍卖标的的瑕疵说明义务共有3个条文,具体为:第18条规定:"拍卖人有权要求委托人说明拍卖标的的来源和瑕疵。拍卖人应当向竞买人说明拍卖标的的瑕疵。"第27条规定:"委托人应当向拍卖人说明拍卖标的的来源和瑕疵。"第61条第1款规定:"拍卖人、委托人违反本法第十八条第二款、第二十七条的规定,未说明拍卖标的的瑕疵,给买受人造成损害的,买受人有权向拍卖人要求赔偿;属于委托人责任的,拍卖人有权向委托人追偿。"第2款规定:"拍卖人、委托人在拍卖前声明不能保证拍卖标的的真伪或者品质的,不承担瑕疵担保责任。"通过对上述法条的解读,可以得出如下解释结论:(1)若拍卖人、委托人明知拍卖标的现已有瑕疵的,其有向竞买人说明瑕疵的义务;(2)若拍卖人、委托人不能保证拍卖标的是否有瑕疵的,其应在拍卖前声明不能保证拍卖标的的真伪或者品质的,若已声明,则不承担瑕疵担保责任;(3)若拍卖人、委托人虽已在拍卖前声明不能保证拍卖标的的真伪或者品质的，但事后能够证明其在声明之前即已知拍卖标的存在瑕疵的，仍应由其承担责任。唯有疑问的是第四种情况，即拍卖标的在拍卖前已有隐蔽瑕疵，委托人明知该瑕疵却声明以现状拍卖，竞买人亦接受拍卖标的的现状并接受其负有自行查勘、了解拍卖标的及瑕疵的义务的情况下，买受人可否以委托人未履行瑕疵说明义务为由向委托人主张承担责任，《拍卖法》并未明确规定。本案判决认为，买受人接受了现状拍卖，并接受其负有自行查勘、了解拍卖标的及瑕疵的义务，况且买受人亦可自行至有关规划部门了解拍卖标的土地的规划情况，故将了解拍卖标的瑕疵情况的义务配置给了买受人，似未曾考虑委托人的告知义务，也未重点考察委托人对拍卖标的的隐蔽瑕疵是否明知，说理未明。并且，只有在委托人和拍卖人有义务在充分且真实披露的前提下，竞买人才可以去印证土地规划等方面的资讯。竞买人很难在买受之前获得披露以外的信息。本案对步行街占道信息的隐匿，且将此义务的知晓转嫁给买受人是不公平的。

【案例索引】

一审：湖南省永州市东安县人民法院(2011)东法民二初字第56号

二审：湖南省永州市中级人民法院(2011)永中法民二终字第272号

139. 甲、某印务公司与某银行支行、某拍卖公司等拍卖合同纠纷案

——履行瑕疵告知义务的法律效力

问题提示：委托人、拍卖人已经履行瑕疵告知义务的，是否还需因拍卖物瑕疵给买受人造成的损失承担相应的赔偿责任？

【基本案情】

上诉人(一审被告)：某银行支行

被上诉人(一审原告)：甲

被上诉人(一审原告)：某印务公司

一审被告：某拍卖公司

一审被告：某印刷厂改制领导小组

人民法院经审理查明：2008年1月24日，某印刷厂改制领导小组与某拍卖公司及两案外人签订了一份《拍卖委托合同》，合同约定以某拍卖公司为主拍方，对某印刷厂改制领导小组的资产进行拍卖，约定款清后5日内由委托方向买受人交付标的物。由买受人负责对租住在厂内的居住户按照当地政府搬迁标准补偿搬迁。2月19日，某区国土资源中心与某拍卖公司签订的《委托拍卖合同》约定，委托拍卖

某印刷厂改制领导小组的国有划拨土地使用权的交付之日为买受人付清全部拍卖成交价款并完成标的范围内地上建筑物等拆迁、补偿和其范围内所居住的人员的安置、补偿等事项30天以后。某拍卖公司依照上述约定制作拍卖须知,其对外公布的《竞买须知》第一条注明,拍卖的标的物为某印刷厂拥有的国有划拨土地使用权、房产、机器设备、办公用品等资产。第八条注明:26户的搬迁安置费,不得低于当地政府有关文件要求,同地段同等条件的标准。其费用由买受人负责。甲在该竞买须知上签了名。2月27日某区国土资源中心向某拍卖公司和甲送达出具标的瑕疵说明,在瑕疵说明中对买受人的相关义务进行了约定。2月29日,某拍卖公司主持拍卖,甲以2 520 000元(含拍卖佣金120 000元)拍得某印刷厂改制领导小组资产。甲与某拍卖公司签订了《拍卖成交确认书》后,按约付清了拍卖价款。4月9日,甲以拍得的土地及房屋为经营场地组建了某印务公司,并于4月16日为拍得的该宗土地办理了土地使用权人为某印务公司的国有土地使用权证。法院另查明,某印刷厂改制领导小组于2007年6月经某银行支行批准成立。在对某印刷厂房屋委托拍卖时,某印刷厂改制领导小组未出具标的物瑕疵说明。后甲与某印刷厂改制领导小组及某印刷厂的开办、管理单位某银行支行、某拍卖公司交涉标的房屋的交付事宜,因某印刷厂改制领导小组土地上部分原职工未配合搬迁,引发双方纠纷。

原告诉称:要求某拍卖公司、某银行支行、某印刷厂改制领导小组向甲、某印务公司承担违约责任并赔偿损失。

某银行支行上诉称:上诉人在委托拍卖之时,已尽到了瑕疵告知的义务,被上诉人对此签字认可,并向搬迁户支付了补偿费用,且上诉人已将土地红线图及国有土地使用权证过户给了被上诉人,上诉人已履行了应尽的义务。案外人恶意占用被上诉人的财产,与上诉人无关,由此造成的损失,应由案外人承担。请求撤销原判,改判由案外人赔偿被上诉人的损失并承担相应的费用。

被上诉人甲、某印务公司答辩称:上诉人主张已将拍卖标的物交付完毕,并由该方清场与事实和相关规定不符。现占有房屋的人是上诉人的相关员工,上诉人认为与其无关是错误的。原判租金过低,不足以弥补被上诉人的损失,请求维持原判,另加判租金损失至案件执行终结时为止。

某拍卖公司陈述称:某拍卖公司受委托人的委托,按相关规定履行了全部的义务,在本案中没有任何过错。且一审法院驳回原告对我公司的诉讼请求后,各方当事人对此均无异议。

【裁判结果】

一审:一、某银行支行将案外人占有的涉案房产清场后交付给甲、某印务公司;二、某银行支行赔偿给甲、某印务公司损失51 040元;三、驳回甲、某印务公司其他诉请。

二审:撤销一审判决;驳回甲的诉讼请求。

【争议焦点与裁判理由】

本案的争议焦点是:(1)某印刷厂改制领导小组是否尽到了瑕疵告知的义务;(2)系争房屋不能实际交付的责任及相应的损失应由谁来承担。

根据生效裁判文书,人民法院认为,从某拍卖公司对外公布的《竞买须知》的内容可看出,某印刷厂改制领导小组已经尽到了瑕疵告知的义务。另外,《竞买须知》中设置的交付标的物的条件,不论是某区国土资源中心设置的两个:买受人付清全部拍卖成交价款与佣金和完成标的范围内地上建(构)筑物及附着物的拆迁、补偿和其范围内所居住的人员的安置、补偿、搬迁、场地内外平整、清场等事项30天以后;还是某印刷厂改制领导小组设置的一个:买受人付清价款与佣金后30日;都不能改变须知中明确告知的标的物所涉的搬迁和清场工作,均由甲负责这一事实。甲在竞买须知上签名时,就应该并且已经知道该标的物所存在的瑕疵和其竞拍成功后应负有的相关义务,原判认定某银行支行未尽到瑕疵告知的义务,不符合本案的实际情况。本案中,双方明确约定了由甲负责住户的安置、补偿、搬迁和清场,但甲迄今为止未能按约定完成上述义务,故房屋不能实际交付的责任应由甲自行承担;且甲在明知尚有住户未搬迁的情况下,与某印刷厂改制领导小组办理了所有权转移的手续,也佐证了甲对竞买须知中所明确的标的物瑕疵和竞买人的义务是明知和认可的。原判判决由某银行支行承担清场责任,与双方当事人在拍卖之初均接受和认可的竞买须知中明确标明的、由买受人负责清场的约定亦相矛盾,因此,原判认为某印刷厂改制领导小组违约的理由不能成立,判决由某银行支行承担清场责任错误,依法予以纠正。占用甲财产的是案外人,虽有原某印刷厂的员工,但其行为与某银行支行无关,甲因案外人占用其财产所造成的损失,其后果不应由某银行支行承担。某印刷厂改制领导小组系某银行支行成立的一个内设机构,其目的是解决原某印刷厂的破产改制问题,其破产改制的任务完成后,其主体已自然消亡。某拍卖公司在本次拍卖活动中并无过错,不应该承担本案的民事责任。原判认定事实清楚,但适用法律错误,处理不当,依法予以纠正。

【案例评析】

本案的审理主要涉及委托人、拍卖人瑕疵告知义务以及相应的责任承担问题。根据《拍卖法》第27条的规定,委托人应当向拍卖人说明拍卖标的的来源和瑕疵。第35条规定,竞买人有权了解拍卖标的的瑕疵,有权查验拍卖标的和查阅有关拍卖资料。第61条规定,拍卖人、委托人违反本法第18条第2款、第27条的规定,未说明拍卖标的的瑕疵,给买受人造成损害的,买受人有权向拍卖人要求赔偿;属于委托人责任的,拍卖人有权向委托人追偿。拍卖人、委托人在拍卖前声明不能保证拍卖标的的真伪或者品质的,不承担瑕疵担保责任。从上述规定可知,如拍卖人、委托人已经在拍卖前声明不拍卖标的瑕疵的,则无须就拍卖标的的瑕疵应向买受人承担相应的赔偿责任。本案一审认为,某印刷厂改制领导小组并未对拍卖公司和买受人出具标的物瑕疵说明。可是,在某拍卖公司对外公布的《竞买须知》中,明确了拍卖是受某区国土资源中心和原某印刷厂改制领导小组共同委托,拍卖的标的物是某印刷厂改制领导小组的所有财产,该财产范围内居住人员的安置、补偿、搬迁、清场等由买受人负责,26户搬迁户的安置费用不得低于当地政府的有关文件要求,由买受人负责。从须知的上述内容可看出,某印刷厂改制领导小组已经尽到了瑕疵告知的义务。而甲在竞买须知上签名,就表明其应该并且已经知道该标的物所存在的瑕疵和其竞拍成功后应负有的相关义务。虽然拒绝搬迁的是原某印刷厂的员工,但其行为与某银行支行无关,甲并无证据证明原某印刷厂员工拒绝搬迁,系某银行支行导致的,故甲因案外人占用其财产所造成的损失,其后果不应由某银行支行承担。甲应向拒绝搬迁的员工主张相应的权利。

【案例索引】

一审:湖南省常德市鼎城区人民法院(2009)常鼎民初字第979号

二审:湖南省常德市中级人民法院(2010)常民三终字第228号

140. 某拍卖公司与某房地产公司拍卖合同纠纷案

——拍卖标的存在权利瑕疵能否免责

问题提示:1. 拍卖标的物中部分房屋产权问题存在权属方面的争议,拍卖标的物存在权利瑕疵? 2. 拍卖公司在拍卖文件中对标的物瑕疵等作免责声明,是否不再承担瑕疵担保责任? 3. 拍卖公司如未履行瑕疵告知义务是否应承担损失赔偿责任?

【基本案情】

上诉人(一审本诉原告、反诉被告):某拍卖公司

被上诉人(一审本诉被告、反诉原告):某房地产公司

人民法院经审理查明:2006年11月1日,某体育管理服务中心(以下简称某体育中心)委托某拍卖公司将其所有一处房地产公开拍卖。某拍卖公司发布的《拍卖规则》第十七条规定:拍卖标的按实际现状进行拍卖。搬迁费用由买受人承担。拍卖公司及委托人不对拍卖标的作任何品质保证,也不承担任何瑕疵担保责任。2007年3月15日,某房地产公司以3780万元的价格竞拍成交,双方随后签订《拍卖成交确认书》,确认某房地产公司应支付佣金计604 800元。2007年5月31日,某房地产公司与某体育中心签订《协议书》,约定2007年8月30日前将标的物实际移交并将产权过户到某房地产公司名下。后某房地产公司按约支付1500万元价款用于办理有关

权属变更和住户搬迁事项。但在此后某体育中心表示,由于原体委与原某公司(现某商贸公司)合作开发遗留问题诉讼未果,该中心下属事业单位五环宾馆改革方案不成熟等原因,导致拍卖标的物不能移交。经双方协商,同意解除房地产买卖协议。经请示罗平县人民政府同意,某体育中心退还了某房地产公司保证金及拍卖价款共计1650万元。拍卖成交后,某房地产公司于2007年6月4日与某勘测设计(院)公司签订了设计规划合同,该设计公司至2007年9月30日某房地产公司提出要求其暂缓第三阶段设计时,已完成效果设计和报批(方案)设计项目,发生了部分设计费用。某房地产公司为拆除标的物,通过邀请招标于2007年9月16日与某房屋拆迁公司签订了拆除工程施工合同,但因拍卖标的物未能按时交付,使施工方遭受损失并向某房地产公司索赔,后某房地产公司补偿该公司40 000元经济损失。

某拍卖公司一审本诉诉称:某房地产公司应向其支付拍卖佣金604 800元。但至今未付,故诉请判令某房地产公司支付拍卖佣金604 800元。

某房地产公司一审反诉称,其已按约支付了保证金和部分价款1500万元,并为开发标的物作了相关准备。但由于某拍卖公司及某体育中心在拍卖标的物权属存在重大瑕疵的情况下,未履行法定告知义务,将属于第三人的财产作为委托人财产进行拍卖,导致拍卖成交后标的物不能移交,合同目的不能实现。某拍卖公司的行为违反法律规定和合同约定,请求驳回某拍卖公司的本诉请求,并反诉请求:1. 确认拍卖行为无效;2. 由某拍卖公司赔偿不能交付标的物而造成的直接经济损失798 710元(具体为:1650万元资金占用的损失366 210元、设计费392 500元、拆除工程补偿款40 000元)。

【裁判结果】

一审:一、由某房地产公司于判决生效后30日内给付某拍卖公司佣金604 800元;二、由某拍卖公司于判决生效后30日内赔偿某房地产公司各项经济损失968 535.45元(含某房地产公司应当给付某拍卖公司的佣金604 800元);三、驳回某房地产公司的其他诉讼请求。

二审:一、撤销一审判决;二、由某拍卖公司于判决生效后30日内赔偿某房地产公司经济损失363 735.45元;三、驳回某拍卖公司的本诉诉讼请求;四、驳回某房地产公司的其他反诉诉讼请求。

【争议焦点与裁判理由】

本案的争议焦点是:(1)拍卖标的物是否存在瑕疵;(2)买卖合同是否因拍卖标的物的不能交付而解除;(3)某拍卖公司是否履行了瑕疵告知义务及其应否承担相应的损失赔偿责任。

根据生效裁判文书,人民法院认为,因某体育中心与案外人之间,对拍卖标的物中部分的房屋产权问题存在权属方面的争议,拍卖标的物存在权利瑕疵。某体育中心与某房地产公司间买卖合同的解除是因拍卖标的物存在权属争议,某体育中心最终认为拍卖标的物不能移交而经与某房地产公司协商后解除,非因某房地产公司违约或不愿继续履行合同而解除。某拍卖公司在拍卖标的物存在权利瑕疵的情况下,未向竞买人告之该瑕疵,使某房地产公司在竞买成功后未能取得拍卖标的物,买卖合同并因此而解除,合同目的不能实现。因此,在某房地产公司根本未取得标的物的情况下,某拍卖公司要求支付拍卖佣金的诉讼请求不应得到支持,并且其应对某房地产公司因此而遭受的损失承担赔偿责任。而某房地产公司主张的具体损失中的资金占用损失,因某房地产公司实际支付了1650万元资金,故其请求支付占用期间的利息损失于法有据,原判认定利息损失为363 735.45元正确;而设计损失和拆迁补偿费用,因某房地产公司未上诉,故维持一审判决对此项损失的认定和处理。原判认定事实清楚,但适用法律部分不当,对当事人诉讼请求的实体处理说理存在不妥,判决错误,应予纠正。

【案例评析】

如经法院审理查明拍卖标的物中部分的房屋产权问题存在权属方面的争议,拍卖标的物当然存在权利瑕疵,这点毋庸置疑,故本案的审理,主要集中在以下争议焦点:

一、拍卖公司在拍卖文件中对标的物瑕疵等作免责声明,是否不再承担瑕疵担保责任

根据《拍卖法》第18条第2款的规定,拍卖人应当向竞买人说明拍卖标的的瑕疵。在拍卖标的物存在权利瑕疵的情况下,某拍卖公司负有向竞买人如实告知瑕疵存在的义务。而某拍卖公司是否充分履行了瑕疵告知义务,应根据民事诉讼证据规则中的"谁主张,谁举证"的原则予以确定。本案中,某拍卖公司并未提供相应的证据证实其履行了该告知义务。虽某拍卖公司主张其已作了瑕疵免责声明,不应再对瑕疵承担担保责任。但该声明须在拍卖人已明确将标的物存在的权利瑕疵告知竞买人,而竞买人在此情况下仍然愿意竞买时,才对竞买人产生约束力。是否告知与免责声明属两个不同概念,在拍卖标的物存在权利瑕疵的情况下,免责必须以已尽告知义务为前提,即瑕疵免责声明并不能免除其告知义务。

二、拍卖公司如未履行瑕疵告知义务是否应承担损失赔偿责任

因拍卖人未尽瑕疵告知义务,使买受人在竞买成功后却无法取得拍卖标的物,其与委托人之间的房地产买卖合同并因此而解除,买受人通过拍卖获得标的物所有权的合同目的不能实现,拍卖公司根本违约,当然无理由再要求买受人支付佣金。《拍卖法》亦规定,拍卖成交的,买受人可根据约定向拍卖公司支付佣金。而本案中虽然前期表面上拍卖成交了,双方也签订了成交确认书,但因标的物无法交付导致拍卖公司并未实际履行其合同义务,买受人无须向其支付佣金。

关于拍卖人未尽瑕疵告知义务的赔偿责任,《拍卖法》亦有明确规定。《拍卖法》第61条规定,"拍卖人、委托人违反本法第十八条第二款、第二十七条的规定,未说明拍卖标的的瑕疵，给买受人造成损害的，买受人有权向拍卖人要求赔偿；属于委托人责任的，拍卖人有权向委托人追偿”。所以，即使拍卖前，委托人某体育中心并未向拍卖公司告知拍卖标的物的权利瑕疵，拍卖公司以其拍卖行为无过错为由抗辩，拍卖人仍需承担上述赔偿责任。因为在拍卖活动中，竞买人是基于信赖拍卖人对标的物的介绍、发出的邀约邀请而进行的意思表示，因此即使属委托人责任，但为维护商事交易的安全性与稳定性，亦应由拍卖人承担责任后再向委托人追偿。且拍卖人与委托人、拍卖人与买受人之间系两个不同的法律关系，拍卖人不能以委托人的过错为由，拒绝向买受人履行相应的赔偿责任。

【案例索引】

一审：云南省曲靖市中级人民法院(2007)曲中民初字第147号

二审：云南省高级人民法院(2008)云高民二终字第73号

141. 甲与某在线拍卖公司、某信托公司拍卖合同纠纷案

——竞买人能否以拍卖人未履行瑕疵说明义务撤销成交确认书

问题提示：拍卖人未向竞买人告知拍卖标的瑕疵的，竞买人是否有权撤销拍卖成交确认书？

【基本案情】

上诉人(一审被告)：某在线拍卖公司

上诉人(一审被告)：某信托公司

被上诉人(一审原告)：甲

人民法院经审理查明：1995年，卢沟桥乡政府授权某总公司建设及经营爱华大厦，某总公司与某中心签订《合作经营合同书》。1999年11月26日，某中心作为甲方与某信托公司作为乙方签订《房屋租赁合同》，约定甲方向乙方出租爱华大厦6～7层，租期30年等。后双方涉诉，法院判决[(2002)一中民初字第6582号]确认某信托公司与某中心签订的《房屋租赁合同》有效，双方继续履行等。2004年，某总公司、卢沟桥乡政府起诉，经北京市二中院调解[(2004)二中民初字第12154号调解书]，其与被告某中心、爱华公司达成协议，约定如某中心、爱华公司逾期未偿还承包款，则解除《合作经营合同书》。

2007年12月20日，某信托公司清算组委托某在线拍卖公司拍卖爱华大厦6～7层租赁权(2008年1月1日至2027年12月31日)，约定买受人有权享受《房屋租赁合同》中乙方某信托公司清算组应享受的一切权利。2008年1月3日，甲拍得租

赁权,并依约支付拍卖价款500万元及佣金25万元。2008年2月20日,某信托公司清算组向甲交接爱华大厦6~7层房卡、租赁合同、法院谈话笔录、(2004)二中民初字第12154号民事调解书等。

2009年7月1日,北京市二中院作出(2009)二中执字第1350号民事裁定书,裁定某中心、爱华公司将爱华大厦经营权交给某总公司、卢沟桥乡政府。2009年5月,甲以爱华公司、海洋港公司妨碍、占用其享有租赁权的爱华大厦6~7层为由,诉至法院请求判令爱华公司、海洋港公司腾退房屋,法院判决驳回诉请,并经二审维持。2011年6月,甲起诉要求某中心与某信托公司继续履行《房屋租赁合同》,某总公司、卢沟桥乡政府交付涉诉房屋。法院判决驳回甲诉请,并经二审维持。

甲在一审中诉称:某信托公司拍卖爱华大厦6~7层租赁权未取得卢沟桥乡政府、某总公司及某中心的许可,其与某在线拍卖公司使用欺诈手段将涉案租赁权拍卖给甲,故请求判令撤销拍卖成交确认书;某信托公司返还拍卖成交款500万元并支付利息损失;某在线拍卖公司返还拍卖佣金25万元,某信托公司承担连带责任;请求判决某信托公司、某在线拍卖公司赔偿经济损失1240元。

某信托公司上诉称,某中心已经事先同意某信托公司转租,某中心转租是正常的经营活动。某信托公司依据与某中心签订的《房屋租赁合同》相关约定有权转让、转租。拍卖是按照规定的合法程序公开进行的,甲对拍卖的风险应当有充分的认识,故不存在欺诈问题。甲要求行使撤销权,应当存在1年的除斥期间,自拍卖成交后开始计算,现在已经经过4年,故甲提出撤销不适当。关于利息损失,由于某信托公司是国有金融公司,根据金融机构撤销条例执行,从撤销之日起不再计算利息。甲对某信托公司的诉讼请求缺乏依据。

某在线拍卖公司上诉称:某在线拍卖公司是合法拍卖,尽到了注意审查义务,甲看过房,考虑到竞拍价格非常低,甲应当意识到风险,某在线拍卖公司按照现状拍卖,不承担瑕疵担保责任。某在线拍卖公司已履行了拍卖义务,不应返还拍卖佣金。

【裁判结果】

一审:撤销拍卖成交确认书,某在线拍卖公司返还甲佣金25万元,某信托公司给付拍卖成交款500万元及其利息,驳回甲的其他诉讼请求。

二审:驳回上诉,维持原判。

【争议焦点与裁判理由】

本案的争议焦点是:(1)拍卖人和委托人是否向竞买人如实告知了拍卖标的瑕疵;(2)拍卖人未向竞买人告知拍卖标的瑕疵的,竞买人是否有权撤销拍卖成交确认书。

根据生效裁判文书,人民法院认为,委托人及拍卖人在拍卖前未如实全面告知拍卖标的瑕疵,甲作为竞买人在前述重大信息缺失的情况下,认为所拍卖标的具备完整处分权存在重大误解,故其有权要求撤销拍卖成交确认书。合同被撤销后,因该合同取得的财产,应当予以返还。有过错的一方应当赔偿对方因此所受到的损失。故甲有权要求某信托公司返还成交款500万元,并要求某在线拍卖公司返还拍卖佣金25万元。关于利息损失,因某信托公司清算组在委托拍卖时未全面如实告知拍卖标的的重大事项,存在一定过错,致使甲无法实现合同目的,造成了甲的相应损失,故甲有权要求某信托公司赔偿利息损失。

【案例评析】

本案主要涉及的问题是:拍卖人未向竞买人告知拍卖标的的瑕疵,竞买人是否有权撤销拍卖成交确认书?

拍卖是指以公开竞价的形式,将特定物品或者财产权利转让给最高应价者的买卖方式,拍卖合同有一定的特殊性。《拍卖法》第18条规定,拍卖人有权要求委托人说明拍卖标的的来源和瑕疵,拍卖人应当向竞买人说明拍卖标的的瑕疵。另外,该法第27条、第35条规定,委托人应当向拍卖人说明拍卖标的的来源和瑕疵,竞买人有权了解拍卖标的的瑕疵,有权查验拍卖标的和查阅有关拍卖资料。拍卖法同时规定,未说明拍卖标的的瑕疵,给买受人造成损害的,买受人有权向拍卖人要求赔偿;属于委托人责任的,拍卖人有权向委托人追偿。因此,仅因拍卖标的瑕疵,竞买人无权要求撤销拍卖成交确认书。竞买人要求撤销合同的,应当符合合同撤销权相关要件,换言之,拍卖人未向竞买人告知拍卖标的的瑕疵,如构成欺诈、重大误解、或显示公平等,竞买人有权在撤销权出斥期间内请求人民法院或仲裁机构变更或撤销。

本案拍卖的为爱华大厦6~7层的租赁权,某信托公司清算组作为委托人应当保证其提供拍卖标的资料的完整性和真实性,未有未告知的重大瑕疵,且其对拍卖标的有完整的法律上的处分权。本案委托拍卖时,(2002)一中民初字第6582号民事判决书尚在执行当中,直至拍卖结束后才完成了对爱华大厦6~7层房屋使用权的交接手续,某信托公司才实际取得拍卖标的处分权。此外,(2004)二中民初字第12154号民事调解书已于2006年10月30日出具并发生法律效力。通过委托拍卖合同约定的“拍卖人、委托人、买受人三方准备标的交接的一切资料,包括但不限于委托标的的《房屋租赁合同》《民事判决书》原件,《民事调解书》复印件及委托人其他各项资料等”以及2008年2月20日,某信托公司清算组向甲交接资料中包括了(2004)二中民初字第12154号民事调解书(复印件)的情形,可以认定某信托公司对(2004)二中民初字第12154号民事调解书的内容是事先知晓的,该调解书的履行情况必将影响爱华大厦6~7层房屋使用权的行使。但某信托公司清算组对于前述影响拍卖标的使用权利的重大事项并未如实全面告知,也未告知过产权人拍卖事宜。某信托公司亦未就拍卖事宜事先告知并征得爱华大厦产权人的同意。

某在线拍卖公司作为拍卖人有权要求某信托公司清算组说明拍卖标的的来源和瑕疵,应当向竞买人说明拍卖标的的瑕疵。但某在线拍卖公司未向竞买人告知过拍卖标的的瑕疵,也未向产权人核实过拍卖标的的情况。

某信托公司在拍卖前明确告知甲的是其与某中心之间的借款合同纠纷案件以

及爱华大厦6~7层因该纠纷案件被法院查封的现状。某信托公司与甲办理交接的材料中虽然包括(2004)二中民初字第12154号民事调解书的复印件,但没有证据证明,某在线拍卖公司和某信托公司在拍卖前已将该民事调解书可能对爱华大厦6~7层房屋使用权产生的影响明确告知甲。某信托公司在诉讼中亦表示其在委托拍卖时无法预判该民事调解书的法律后果。

另外,虽然甲签字确认的《拍卖成交确认书》中已经明确载明:"如因各种原因导致买受人不能入住的,其后果均由买受人自行承担";"本拍卖标的以现状(包括但不限于物理现状及产权现状等)为成交依据,拍卖人及委托人均不承担瑕疵担保责任",故在拍卖成交并已交接完毕后,发生任何风险或损失均应由甲自行承担。但是,对此法院认为,上述约定明显加重了竞买人甲的责任,转移了本应由某信托公司承担的风险,对于甲而言显失公平。

我国《合同法》规定,因重大误解订立的,在订立合同时显失公平的合同,当事人有权要求撤销;一方以欺诈、胁迫的手段或者乘人之危,使对方在违背真实意思的情况下订立的合同,受损害方有权请求撤销。据此,甲作为竞买人在前述重大信息缺失的情况下,认为所拍卖标的是具备完整处分权是存在重大误解的。根据《合同法》第54条之规定,因重大误解订立的合同,甲有权要求撤销。

【案例索引】

一审:北京市朝阳区人民法院(2013)朝民初字第01891号

二审:北京市第二中级人民法院(2013)二中民终字第15054号

142. 某投资公司与某产权交易所、某国有资产经营公司拍卖合同纠纷案

——瑕疵说明义务履行的认定

问题提示:1. 如何判定委托人与拍卖人是否违反了拍卖法规定的标的物瑕疵说明义务?2. 在委托人及拍卖人违反了标的物的瑕疵说明义务后,竞买人是否可以主张撤销最终报价确认书,解除与拍卖人的竞买合同关系?

【基本案情】

原告(反诉被告):某投资公司

被告(反诉原告):某产权交易所

被告(反诉原告):某国有资产经营公司

人民法院经审理查明:经相关政府部门批准,被告某国有资产经营公司将"海

口市广场路××号资产”委托被告某产权交易所公开挂牌转让。2012年3月13日，被告某产权交易所刊登《国有产权(资产)公开挂牌转让公告》，载明：“受委托，按现状公开挂牌转让海口市广场路××号资产，挂牌价796万元，竞买保证金600万元；标的……总建筑面积6693.37平方米，占土地面积2907.27平方米……根据市政府有关文件，该地块可变更为商业用地……”由于有部分房产需剔除，经批准，某产权交易所根据某国有资产经营公司函告，某产权交易所刊登《公开挂牌转让补充公告》，载明：原公告标的……现剔除商务局原办公楼一×幢×××平方米铺面及应分摊土地面积，该房产总面积调整为6584.37平方米；原公告挂牌价格796万元和其他条件不变，房产及土地面积变化不影响挂牌价格和成交价格等。

2012年4月25日，原告某投资公司向某产权交易所交纳竞买保证金600万元，后原告向某产权交易所递交《产权受让申请书》，承诺对该产权的现状和瑕疵均已了解，愿承担挂牌公告规定和产权转让合同约定的相关责任。4月25日，原告在详细阅读并认可某产权交易所提交的报纸及网站公告、评估报告、产权权属证明、资产现状等资料后，表示愿意按现状购买该产权。在某产权交易所组织的电子竞价会上原告竞得挂牌标的，并签署了《竞买人最终报价确认书》。4月25日，某产权交易所向某国有资产经营公司、原告发出《产权交易成交确认通知书》。

而后，原告就本次挂牌转让项目提出异议，主要异议为：产权交易合同范本条款中无清场交付资产期限的相关约定；对于剔除的铺面具体位置应由各方到场确认；对于剔除房产后的挂牌标的要求办理完全产权的房产证及国有土地使用权证。某国有资产经营公司与原告进行了多次协商，某国有资产经营公司仅对挂牌标的办证问题表示异议，明确表示可以办理独立的房产证；而土地只能办理与109平方米铺面权利人共有的土地证。各方争议无法解决，某产权交易所终结该项目的产权交易。

海南瑞衡资评报字(2011)第0801号《资产评估报告书》、海南瑞衡土估字(2011)第0804号《土地估价报告》，均载明涉案地块不存在共有权人；在《土地估价报告》中，某国有资产经营公司出具的《委托估价函》中承诺“我们拥有《国有土地使用权证》证号为‘海口市国用(2006)第008832号’土地使用权的合法完全产权”。

原告(反诉被告)某投资公司诉称：某产权交易所受某国有资产经营公司委托，先后刊登公告公开挂牌转让位于海口市广场路××号资产。原告依法参加竞买，在某产权交易所组织的竞价会上竞得资产。签订产权交易合同相关条款过程中，原告发现交易合同范本条款前后不一致，与某国有资产经营公司刊登的拍卖公告提示不相符。就此原告多次与两被告交涉，要求明确标的物交付时间及出具书面材料确定被剔除的房产具体位置、四至及坐标点，并取得相关主管部门和所有权人书面确认。但两被告一直未能明确，致使原告与某国有资产经营公司至今未能签订产权交易合同。两被告提供挂牌拍卖的标的物不明确，具有瑕疵，违反《拍卖法实施细则》第14条关于拍卖人义务的规定。提出诉讼请求如下：(1)撤销原告与被告某产权交易所签订的《竞买人最终报价确认书》,同时解除双方形成的竞买合同关系;(2)判令被告某产权交易所退还原告竞买保证金600万元及利息(利息按人民银行同期贷款一年期利率计算,自2012年4月26日起至退还该上述款项之日止);(3)本案受理费由两被告负担。

被告(反诉原告)某产权交易所反诉称:原告在项目公告期间签署相关知晓文件、对项目公告内容未提出异议,承诺接受现状参加竞买。公告期满,原告参加电子竞价会并竞得该标的,当场签署《竞买人最终报价确认书》。原告根据公告进行报价为要约;某产权交易所向原告送达《产权交易成交确认通知书》确定买受人身份构成承诺。根据交易习惯,承诺通告一旦作出,合同即告成立,此时要约人无法再撤销其要约。原告诉求解除《竞买人最终报价确认书》毫无法律根据,而拒绝签署产权交易合同履行项目公告内容及要求等行为,已构成违约,应承担相应违约责任。为此提起反诉,请求:(1)判令原告支付产权交易服务费人民币79.74万元及迟付期间的利息(利息按人民银行同期贷款一年期利率计算,自2012年4月28日起至支付之日止);(2)判令原告承担违约责任,由两被告将原告缴纳的竞买保证金600万元作为违约金扣除;(3)原告承担本案诉讼费。

被告(反诉原告)某国有资产经营公司反诉称:原告的违约行为给其造成较大经济损失,依法需承担损害赔偿责任。某国有资产经营公司为处置本案资产项目,已做了大量前期准备工作,在原告竞得资产项目后,已向相关单位发函要求清理和撤离场地,并拟在双方签订《产权交易合同》后依约交接本案资产项目。现原告故意拖延不予签约的行为,不仅违反产权交易规则、挂牌约定及竞买承诺,也延误了市政府要求处置该批资产项目的工作进程。因此,原告除依法承担违约责任外,还需赔偿给某国有资产经营公司造成的经济损失。为此提起反诉,请求:(1)判令原告承担违约责任,由两被告将竞买保证金人民币600万元作为违约金扣除和收取;(2)判令原告赔偿给某国有资产经营公司造成的经济损失人民795 631元(包括公告费用14 900元、工作费用121 800元、利息658 931元);(3)原告承担本案诉讼费用。

【裁判结果】

一审:一、判决撤销原告与被告某产权交易所签订的《竞买人最终报价确认书》,解除双方形成的竞买合同关系;二、被告某产权交易所退还竞买保证金600万元及支付利息给原告;三、驳回两被告的反诉请求。

【争议焦点与裁判理由】

本案的争议焦点是:(1)委托方与拍卖人是否违反了标的物的瑕疵披露义务;(2)原告是否有权以重大误解为由要求撤销《竞买人最终报价确认书》,解除竞买合同关系;(3)原告是否有权要求返还竞买保证金及利息。

人民法院经审理认为,对于争议焦点一,本次挂牌转让最终未能签订产权交易合同,根本争议在于,剔除相应土地面积后,对于剩余土地面积,原告要求办理具有完全产权的国有土地使用权证；而某国有资产经营公司明确只能办理与109平方米铺面权利人共有的土地证。某国有资产经营公司作为转让方，某产权交易所作为产权交易专业服务机构，有义务对于土地权属、土地交付、土地办证等问题上作明确清晰的瑕疵披露。但某产权交易所在《挂牌转让补充公告》只披露了土地面积将相应减少，未明确披露该土地不能办理独立的完全产权的国有土地使用证。

虽然原告递交的《产权受让申请书》和其他材料承诺对该产权的现状和瑕疵均已了解；但该承诺是基于原告在详细阅读并认可某产权交易所提交的报纸及网站公告、评估报告、产权权属证明等资料做出的。而某国有资产经营公司及某产权交易所提供的资料明确标的土地具有完全产权，原告有理由认为"即使国用(2006)第008832号地块剔除109平方米铺面所应分摊的相应土地面积，只是土地面积相应减少，对于自身竞买的土地资产是可以获得独立的完全产权的国有土地使用证的"。正是基于此，原告才参加竞买并竞得挂牌标的，签署《竞买人最终报价确认书》。在签约过程中，被告某国有资产经营公司明确无法为竞买人就剩余土地面积办理完全的具有独立产权的国有土地使用证，而只能办理共有土地权证，肯定会给原告将来的开发建设产生不利影响，该瑕疵涉及本次挂牌标的核心资产土地权属问题，将严重影响原告竞买意愿。

综上，本案中原告对本次挂牌转让标的产生重大误解，并且该重大误解产生的责任在于两被告。原告主张撤销与某产权交易所签订的《竞买人最终报价确认书》，并解除双方形成的竞买合同关系，该主张成立，本院予以支持。由于某国有资产经营公司及某产权交易所信息披露不完善，导致原告产生重大误解，因此本次挂牌转让未能签订产权交易合同责任在于两被告，两被告反诉请求，缺乏事实与法律依据，本院不予支持。

对于争议焦点二，原告缴纳的保证金至今仍存放在某产权交易所账户，因此，在《竞买人最终报价确认书》被撤销、原告与某产权交易所形成的竞买合同关系被解除后，某产权交易所应承担该竞买保证金的返还责任。

【案例评析】

一、两被告的行为是否违反了《拍卖法》及《拍卖法实施细则》规定的瑕疵披露义务

本案中，被告某国有资产经营公司委托被告某产权交易所先后发布《挂牌转让公告》及《挂牌转让补充公告》，公开挂牌转让位于海口市广场路××号资产，原告依法报名参加竞买，并于某产权交易所组织的电子竞价会上竞得涉案资产。由于本案两被告涉及处置行政事业单位国有资产，所以首先应当遵循《行政事业单位国有资产管理办法》，该法第32条规定，行政单位国有资产处置应当按照公开、公正、公平的原则进行。资产的出售与置换应当采取拍卖、招投标、协议转让及国家法律、行政法规规定的其他方式进行。被告某国有资产经营公司取得相关政府部门各项审批后,依法委托某产权交易所公开挂牌转让,电子竞价会实际上就是采取拍卖方式进行涉案资产的转让,即以公开竞价的形式,将特定物品或者财产权利转让给最高应价者的买卖方式。因而两被告挂牌转让涉案资产时还应当遵守《拍卖法》的相关规定。

根据《拍卖法》第18条“拍卖人有权要求委托人说明拍卖标的的来源和瑕疵。拍卖人应当向竞买人说明拍卖标的的瑕疵”,第27条“委托人应当向拍卖人说明拍卖标的的来源和瑕疵”,本案两被告均负有标的物的瑕疵披露义务。对于拍卖标的土地不能办理独立的完全产权的国有土地使用证,只能办理共有土地权证这一重要的产权瑕疵,委托人与拍卖人均明知有此瑕疵,但无论是某产权交易所发布的《挂牌转让公告》及《补充公告》,还是两被告提交的各项报纸及网站公告、评估报告、产权权属证明等资料,均只披露涉案资产的土地面积将相应减少,未就该瑕疵作出说明,而这恰恰是拍卖标的的重大瑕疵,将直接影响竞买人的竞买意愿以及买受人将来对取得财产的权利的行使。拍卖人违反了法律规定的瑕疵说明义务,应当承担相应的法律责任。

二、委托人及拍卖人违反标的物瑕疵披露义务是否将导致《竞买人最终报价确认书》被撤销

在本案两被告隐瞒了拍卖标的重大瑕疵情况下,原告向被告某产权交易所递交《产权受让申请书》等材料声明其愿意受让涉案资产,并承诺对该产权的现状和瑕疵均已了解,其后原告又参与了电子竞价会竞得涉案资产并与某产权交易所签订了《竞买人最终报价确认书》。但无论是该承诺还是双方之间签订的《竞买人最终报价确认书》,都是原告基于被告某产权交易所提交的报纸及网站公告、评估报告、产权权属证明等资料作出的,而委托人某国有资产经营公司及拍卖人某产权交易所披露给原告的各项信息均未明确转让标的土地不是具有完全独立产权的。因此,原告是基于“涉案资产只是土地面积相应减少,对于自身竞买的土地资产是可以获得独立的完全产权的国有土地使用证的”这一错误认知,才与被告某产权交易所签订了《竞买人最终报价确认书》。

被告某产权交易所与被告某国有资产经营公司违反《拍卖法》规定的标的物瑕疵披露义务,未告知标的物的重大瑕疵,导致原告产生错误认知,从而与被告某产权交易所形成了竞买合同关系。根据《合同法》第54条“下列合同,当事人一方有权请求人民法院或者仲裁机构变更或者撤销:(一)因重大误解订立的……一方以欺诈、胁迫的手段或者乘人之危,使对方在违背真实意思的情况下订立的合同,受损害方有权请求人民法院或者仲裁机构变更或者撤销”,《竞买人最终报价确认书》属于可撤销之合同,因而原告申请法院撤销此确认书并解除双方之间的竞买合同关系,于法有据,可以得到法院的支持。

【案例索引】

一审:海南省海口市龙华区人民法院(2012)龙民二初字第317号

143. 甲与某拍卖公司、某银行支行拍卖合同纠纷案

——案外人导致拍卖人无法给付拍卖标的能否解除

问题提示：因案外人的原因，导致委托拍卖人不能按照约定交付拍卖标的的，拍卖合同能否解除，委托人是否应该承担相应的法律责任？

【基本案情】

原告：甲

被告：某拍卖公司

被告：某银行支行

人民法院经审理查明：1996 年某银行支行撤并其下属的龙形市营业所，并委托永兴县龙形市乡政府保管。2003 年 12 月 29 日，龙形市乡政府与永兴县林业局签订一份房屋置换协议，将龙形市乡营业所卖给永兴县林业局作为龙形市林管站办公场所。2008 年某银行支行对其原龙形市乡营业所的房产进行处置，并委托某拍卖公司公开拍卖。当时龙形市乡政府未提出异议，乡政府亦未告知某银行支行其已将该营业所出卖给林管站的事实。2008 年 6 月 28 日，某银行支行（甲方）与某拍卖公司（乙方）签订一份《委托拍卖合同》，该合同约定：“甲方亦保证对委托标的拥有无可争议的处分权，保证标的权利真实、充分，无抵押、查封，甲方有义务协助买受人、拍卖人办理标的物转、过户手续，乙方在进行拍卖前应将拍卖标的存在的瑕疵充分告知竞买人。本次拍卖为带瑕疵拍卖，甲方已在拍卖公告中声明，拍卖标的面积以实际勘测面积为准，与房产证、土地使用证有差异的，其差异部分由买受人承担。”某拍卖公司于 2008 年 7 月 1 日发出拍卖公告，并于 2008 年 7 月 4 日发出拍卖规则、竞买须知。竞买须知提示：“本次是按照标的物现状进行拍卖的，竞买人有义务在标的展示期间充分了解察看标的，委托人、拍卖人对标的质量、瑕疵不做任何担保。”后经公开拍卖，甲以 160 000 元竞价成功，并于 2008 年 7 月 16 日按约将购房款交给某银行支行。但某银行支行在将拍卖标的物移交给甲的过程中，龙形市营业所现使用人永兴县林业局龙形市林管站不肯搬出。经甲多次催促，2008 年 11 月 12 日由永兴县副县长组织永兴县农行、龙形市乡政府及甲就某银行支行龙形市营业所房产移交召开协调会，该协调会形成会议纪要，明确房屋产权归甲，由龙形市乡政府将拍卖标的物移交给甲，2009 年 2～9 月共 8 个月由某银行支行和龙形市乡政府分别给付甲租金 4000 元，共计 8000 元。2008 年 12 月 24 日，某银行支行又向甲出具承诺书，该承诺书注明：“我行郑重承诺，2009 年 9 月 30 日按龙形市政府约定交房，否则我行依法强制交付，如不能交付，此日后由我行按有关法律制裁赔偿受买方因买房所造成的损失。”但承诺到期后，某银行支行仍未能将房屋移交给甲。涉案房屋经估价其市场价为 944 424 元。

原告甲诉称,某银行支行未交房,请求:(1)解除双方签订的拍卖合同;(2)判令两被告连带返还甲拍卖佣金16 000元;(3)由某银行支行返还甲购房款160 000元,并赔偿甲房产增值预期利益损失560 000元及房屋租金损失52 000元(租金算至2010年10月,后段另计)。

被告某拍卖公司辩称,某拍卖公司是受被告某银行支行的委托拍卖,拍卖成交后,拍卖标的物应由被告某银行支行移交给原告。

被告某银行支行辩称,房产未能移交是因龙形市乡政府在未征得其同意的情况下,擅自将某银行支行的房产变卖给龙形市乡林业站。龙形市乡政府和永兴县林业局是本案的实际侵权人,某银行支行在本案中并无过错,同时,甲也知道本次房屋拍卖带有瑕疵,故甲诉请某银行支行返还拍卖款及赔偿损失无法律依据,请求法院驳回甲的诉请。

【裁判结果】

一审:一、解除甲与某拍卖公司签订的拍卖合同;二、由某拍卖公司返还甲拍卖佣金16 000元,由某银行支行承担连带责任;三、由某银行支行返还甲购房款160 000元;四、由某银行支行赔偿甲经济损失560 000元;五、驳回甲的其他诉讼请求。

【争议焦点与裁判理由】

本案的争议焦点是:(1)甲与某拍卖公司签订的拍卖合同是否可以解除;(2)若解除,某拍卖公司应否赔偿甲的损失额。

人民法院经审理认为,某银行支行与某拍卖公司签订的委托拍卖合同是双方当事人真实意思表示,属有效合同。某拍卖公司受某银行支行的委托涉案资产,并按拍卖程序向社会发布拍卖公告、拍卖规则、竞买须知。该拍卖公告、拍卖规则、竞买须知应为合同的要约,甲按拍卖规则参与拍卖,最终竞价成功并与某拍卖公司签订拍卖成交确认书,该拍卖成交确认书为拍卖合同成立且生效的证明。依照《合同法》第25条,承诺生效时,合同成立。故甲与某拍卖公司签订的拍卖合同成立,且该拍卖合同亦是双方当事人真实意思表示,属有效合同。甲按照约定支付购房款及佣金,某银行支行应按委托拍卖合同及竞买须知将拍卖标的物按期移交给甲,甲未能按期取得拍卖标的物,某银行支行应承担违约责任。同时,因某银行支行经甲多次催告后迟迟不能履行房产交付义务,依照《合同法》第94条第3项的规定,甲可以要求解除合同。合同解除后,甲可以要求某银行支行返还其购房款及拍卖佣金并赔偿其损失。本案争议焦点是损失赔偿额,依照《合同法》第113条的规定,损失赔偿额应当相当于因违约所造成的损失,包括合同履行后可以获得的利益,本案拍卖标的物价格飙升至944 424元,比拍卖成交价上涨784 424元,该房屋价格的差价应为甲可以获得的利益,某银行支行应予赔偿,现甲诉请被告赔偿560 000元,法院予以支持。故对甲要求解除合同返还购房款160 000元及佣金16 000元并赔偿其损失560 000元的诉请,法院予以支持。甲诉称要求某银行支行赔偿房屋租金损失的诉请,因已计算其预期损失,故对该项主张不予支持。某银行支行辩称是永兴县龙形市乡政府侵犯其及甲权益的主张,因是另一法律关系,某银行支行可另行主张权利。某银行支行辩称甲明知拍卖标的存在瑕疵,因无证据证实,法院不予采信。

【案例评析】

本案中,甲在竞买成功后,无法按约得到拍卖标的,其权益显然受到了侵犯,其诉至法院要求赔偿损失并无不当。本案中某银行支行因为案外人的因素导致在甲竞买成功后,无法按照约定交付房屋,某银行支行显然构成违约。但在本案中,甲能否主张解除拍卖合同,仅从该判决书查明的事实,笔者持有不同意见。

一、本案中的拍卖合同解除理由过于牵强

拍卖成交后不能履行在拍卖实践中屡见不鲜。对于拍卖标的无法办理交付的法律责任分担,要根据不能履行的原因和主体进行确定。尤其是在确定拍卖人责任的时候,必须在查明拍卖人存在过错的前提下才可以要求拍卖人承担责任。

《拍卖法》第55条规定:拍卖标的需要依法办理证照变更、产权过户手续的,委托人、买受人应当持拍卖人出具的成交证明和有关材料,向有关行政管理机关办理手续。从该条规定来看,办理房屋过户手续并非拍卖人的义务。根据法院查明的事实,甲在竞买成功后,系因案外人的原因,导致其无法实际受让拍卖标的。对于某拍卖公司而言,其与甲之间的拍卖合同能否解除,与拍卖标的是否能够办理产权过户手续等并不存在直接法律关系。某拍卖公司作为拍卖人是否要退还甲的拍卖佣金,要看某拍卖公司在拍卖过程中是否存在过错和瑕疵。拍卖人在拍卖过程中没有违反法律规定,不存在诸如故意隐瞒拍卖物的瑕疵等情况的,拍卖成功,其就有权收取佣金,这是对其履行拍卖行为的合法报酬。从法院查明的事实来看,作为拍卖人的某拍卖公司并不存在违法之处,因此,对于拍卖公司而言,其法律义务已经依法履行,根据《拍卖法》第56条的规定,其有权向买受人收取佣金。因此,法院判决解除甲与某拍卖公司签订的拍卖合同并要求某拍卖公司返还甲拍卖佣金16 000元显然不当。本案中法院错误地理解了拍卖法律关系。拍卖是一种中介服务性质的交易方式,拍卖成交后,拍卖人的中介服务角色已经履行完毕,虽然拍卖人与买受人之间签订了拍卖成交确认书,但与买受人发生买卖关系的并非拍卖人而是委托人,因此,在拍卖标的事实上无法交付时,应该解除的是委托人与买受人之间的买卖合同,作为中介人的拍卖人已经提供了中介服务,其收取的佣金不应退还。

二、委托人能否以案外人的侵权为由进行抗辩

本案中,委托人某银行支行主张其之所以不能按约交付拍卖标的,系因为案外人的妨碍。甲在竞买成功后,委托人某银行支行有义务按约交房。其不能按约交付房屋,且在甲多次催促、当地政府又召开专门协调会协调后仍然不能交付房屋,甲显然有权要求解除双方之间通过拍卖而形成的买卖合同关系,其要求委托人承担因此给其造成的损失于法有据,法院判决某银行支行承担责任并无不当。某银行支行,对妨碍其交付房屋的案外人,其在依法赔偿甲损失之后,有权向侵权人提起民事诉讼要求案外人承担赔偿责任。需要说明的是,在某银行支行与永兴县龙形市乡人民政府、永兴县林业局占有物返还、损害赔偿纠纷一案中[(2013)郴民一终字第455号],一、二审法院均认定某银行支行违反法律规定将划拨土地及其附属房产拍卖,因此对其在本案中承担的损失要承担主要责任。对此,笔者认为,虽然该房屋所属土地为划拨土地,且该房屋所有权为国家所有,依照现行法律只是要求该房屋的出卖等处分行为应经相应的批准程序批准,而非该房屋禁止出卖。同时本案法院审理查明的事实部分明确提及"2008 年 11 月 12 日由永兴县副县长组织永兴县农行、龙形市乡政府及甲就某银行支行龙形市营业所房产移交召开协调会,该协调会形成会议纪要,明确房屋产权归甲,由龙形市乡政府将拍卖标的物移交给甲",表明补足了房屋转让的相应批准程序要求,不能因此而否定该拍卖合同的效力。因此,要求某银行支行承担赔偿责任的依据,应为其未能按约交付房屋,而非违法拍卖。委托人因第三人原因不能交付标的物,不能成为委托人免除责任的理由,这是合同的相对性决定的,委托人承担责任以后,可向案外人予以追偿。

【案例索引】

一审:湖南省郴州市苏仙区人民法院(2010)苏民初字第930号

144. 甲与某建设投资公司财产损害赔偿纠纷案

——免责声明的效力

问题提示:1. 商业用房作为拍卖标的时,商业用房缺少配电设施(配电设施设计在相邻他人所有的商业用房内),是否属于拍卖标的物的瑕疵?2. 拍卖人、委托人在拍卖前声明不能保证拍卖标的的真伪或者品质的,是否能够免除拍卖人、委托人的瑕疵担保责任?

【基本案情】

原告:甲

被告:某建设投资公司

人民法院经审理查明:2010 年 11 月 15 日,原告甲与乙通过某公司房产拍卖会共同买受被告某建设投资公司拍卖的位于上海市闸北区普善路××号 1 室房屋

（简称1室房屋）。此前《拍卖须知》“特别规定”中注明：“……四、本场拍卖会拍卖人和委托人提供的相关文件和资料仅供竞买人参考，敬请竞买人充分注意已披露和拍卖人、委托人未知信息的风险控制与防范。拍卖人和委托人不承担任何保证责任和瑕疵担保责任。竞买人应在拍卖公告规定的咨询展示期内，认真了解、实地查看本次拍卖的标的，并到相关部门核实了解拍卖标的物的各类相关情况。在拍卖过程中，一旦参与竞价某拍品，即表明已对该拍品完全了解，并愿承担一切责任及市场行情变化所带来的风险。五、本场拍卖会的所有拍卖标的均按现状拍卖。拍卖人和委托人对本次拍卖的标的物的权属和建筑质量、品质（包括但不限于房屋及其建筑材料标准、房屋的沉降、渗漏、房屋配套设备的完好程度等）不承担任何保证责任和瑕疵担保责任……”原告与乙于2010年11月12日在《拍卖须知》尾页签名。

2010年12月20日，原告甲、乙二人与被告就1室房屋签订正式《房地产买卖合同》。2011年1月10日，乙将其名下所有的1室房屋的产权份额全部转让给原告。2011年1月24日，1室房屋登记为原告一人所有。

另查明：与1室房屋相邻的位于上海市闸北区普善路××号2室房屋（以下简称2室房屋）的产权人为上海市市政工程动迁用房建设处。拍卖前1室，系与2室房屋一并出租给某酒店管理公司使用。1室房屋缺乏独立的配电设施，相应的配电设施均位于2室房屋内。

审理中，原告甲表示其在购买1室房屋前曾至现场实际查看，但因当时整幢房屋均为另一家公司承租使用，无法察觉配电设施问题。直至原告甲将1室房屋另行出租，需要进行电力扩容时，才发现1室房屋内缺乏配电设施，相应的配电房位于2室房屋内。但2室房屋的权利人不允许原告甲使用2室房屋的电力设备，导致原告甲与承租人解除合同，经法院调解，原告甲赔偿承租人违约金及装修费共计××元。

原告甲诉称：被告将1室房屋委托拍卖时，未能将1室房屋与2室房屋在产权上划分清晰，致使1室房屋缺少锅炉房、配电房等动力配套设施。被告拍卖房屋时，应保证房屋能够按照约定的用途交付使用，由于房屋电力配套问题导致原告无法正常使用1室房屋，并造成原告赔偿承租人违约金、装修费等损失，被告作为过错方及违约方，应当赔偿原告以上全部经济损失××元。

被告某建设投资公司辩称：因被告与原承租人之前从未就电力问题产生过矛盾，故被告对配电房等设施设计在与1室房屋相邻的2室房屋内的情况不清楚，不存在故意向原告隐瞒的事实。原告有放任其损失扩大的情形，且被告不认可原告实际向承租人赔偿的金额，故请求法院驳回原告的诉讼请求。

【裁判结果】

一审：驳回原告甲的全部诉讼请求。

【争议焦点与裁判理由】

本案的争议焦点是：（1）商业用房缺乏配电设施是否属于拍卖标的物的瑕疵；

(2)拍卖人、委托人在拍卖前声明不能保证拍卖标的的真伪或者品质的,是否需要承担瑕疵担保责任。

人民法院经审理认为,本案 1 室房屋类型为商场、用途为商业,不排除当初对配电设施的设计有别于一般性的居住用房,具备一定特殊性的可能,现有证据难以认定 1 室房屋缺乏配电设施属于房屋本身的瑕疵。

根据《拍卖法》的规定,拍卖人、委托人在拍卖前声明不能保证拍卖标的的真伪或者品质的,不承担瑕疵担保责任。本案被告某建设投资公司在《拍卖须知》中作出的声明内容清楚明确,已经告知竞买人"所有拍卖标的均按现状拍卖。拍卖人和委托人对本次拍卖的标的物的权属和建筑质量、品质(包括但不限于房屋及其建筑材料标准、房屋的沉降、渗漏、房屋配套设备的完好程度等)不承担任何保证责任和瑕疵担保责任……"提醒竞买人应当尽调查注意之义务且给予了竞买人充分的考虑时间,应当认定为合法有效。而原告自认曾至现场查看过 1 室房屋,故对 1 室房屋于拍卖前的现状理应尽到全面了解、谨慎注意的义务,其在《拍卖须知》上签字的行为,即表示其已知悉并同意了相关条款,愿意按现状接受拍卖标的物,故即便 1 室房屋缺乏配电设施属于房屋瑕疵,被告亦得免去相应的瑕疵担保责任。

【案例评析】

被告某建设投资公司以拍卖方式出售房屋,应当保证出售的标的物不存在瑕疵,即不存在权利瑕疵与房屋质量瑕疵。本案主要应考虑房屋是否存在质量瑕疵。本案中的 1 室房屋作为商业用房,缺乏独立配电设施是否属于质量瑕疵,可能会有不同观点。但考虑到本案中的 1 室房屋类型为商场、用途为商业,其配电设施的设计需要统筹考虑,有别于一般性的居住用房,具有一定特殊性的可能。本案中,原告并未举证证明被告曾许诺该 1 室房屋包括独立的配电设施,或 1 室房屋的规划设计中存在独立的配电设施。从证据角度上,原告主张 1 室房屋存在质量瑕疵缺乏依据。

关于事先声明拍卖标的物瑕疵,是否免责的问题,拍卖界存在较大争议,普通民众对《拍卖法》第 61 条规定的内容,即"……拍卖人、委托人在拍卖前声明不能保证标的物的真伪或品质的,不承担瑕疵担保责任",存在一定程度的误解,认为该条规定使得委托人和拍卖人不需要对买受人承担任何责任,是造成拍卖市场混乱的原因之一。对《拍卖法》第 61 条之规定的理解,需要在民法、合同法的框架内进行解读,根据诚实信用原则对该条的适用进行一定的限制。例如,《最高人民法院关于审理买卖合同纠纷案件适用法律问题的解释》第 32 条规定:"合同约定减轻或者免除出卖人对标的物的瑕疵担保责任,但出卖人故意或因重大过失不告知买受人标的物的瑕疵,出卖人主张依约减轻或免除瑕疵担保责任的人民法院不予支持。"即买受人有证据证明出卖人故意或因重大过失不告知买受人标的物的瑕疵的,依然有权追究出卖人的瑕疵担保责任。此外,买受人基于拍卖人或委托人在拍卖公告、拍卖须知等拍卖资料中就拍卖标的作出过确定性陈述而竞拍成交,拍卖人或委托人又以《拍卖法》第61条主张免除瑕疵担保责任的,亦属于违反诚实信用原则,不应得到法院支持。

本案中,被告某建设投资公司在《拍卖须知》之特别规定已经明确声明不能保证标的物的真伪或品质的,不承担瑕疵担保责任,亦提醒竞买人应当尽调查注意之义务且给予了竞买人充分的考虑时间。原告自认曾至现场查看过1室房屋,对1室房屋于拍卖前的现状理应尽到全面了解、谨慎注意的义务,其在《拍卖须知》上签字的行为,即表示其已知悉并同意了相关条款,愿意按现状接受拍卖标的物。被告某建设投资公司未存在故意隐瞒情形,亦未存在其他违反诚实信用原则情形。故原告主张要求被告赔偿,依据不足,法院最终驳回了原告的诉讼请求。

【案例索引】

一审:上海市闸北区人民法院(2014)闸民三(民)初字第281号

145. 甲与某拍卖公司拍卖合同纠纷案

——艺术品的瑕疵说明的标准

问题提示:问题提示:1. 如何判断拍卖人在拍卖资料中对拍品的描述、介绍、说明所达到的确定性程度? 2. 在何种情况下,即使拍卖人依照《拍卖法》第61条作出了"不能保证拍卖标的的真伪或品质"的声明,也仍需要承担合同法上的瑕疵担保责任?

【基本案情】

上诉人(一审原告):甲

被上诉人(一审被告):某拍卖公司

人民法院经审理查明:甲从2009年开始参与竞买、委托活动。2012年12月3日,某拍卖公司在报纸上刊登拍卖公告,定于2012年12月15日至19日举办纸杂文献等专场拍卖。2012年12月7日左右,甲收到某拍卖公司寄送的有关本次拍卖会中"悟馨斋旧藏——明清宫廷遗珍、古美术文献暨陈年故纸专场"的拍卖品图录及《拍卖规则》,其中图录序号8072号拍品为本案争议拍品《飞鸿堂印谱》。2012年12月13日至16日,某拍卖公司对"悟馨斋旧藏"专场的拍品进行了预展,供竞买人审看与甄别。2012年12月17日拍卖开始之前,某拍卖公司宣读了竞买须知,其中第5条内容为"本公司对拍卖标的用任何方式所作的介绍及说明性文字,均为参考性意见,不构成对拍卖标的的任何瑕疵担保"。12月17日,甲办理了竞买登记手续,并缴纳了50 000元竞买保证金后参加竞拍,并以105 000元拍得前述8072号拍品。2012

年12月20日,甲付清105 000元拍卖款和14 175元佣金后领取了该拍品。

另查明,某拍卖公司举办此次拍卖会,前经上海市文物局审核同意。《拍卖规则》是由某拍卖公司根据《拍卖法》及拍卖通行惯例制定。《拍卖规则》第5条规定:"本公司对拍卖品的真伪或品质不承担瑕疵担保责任";第31条规定:"本公司制作的拍卖图录中的文字、参考价、图片以及其他形式的影像制品和宣传品,仅供竞买人参考,本公司有权于拍卖前修订,这些说明不表明本公司对拍卖品的真实性、价值、色调、质地、有无缺陷等进行担保",其他多处条款亦载明拍卖人不承担拍品的瑕疵担保责任。

甲起诉认为:某拍卖公司未对每一件拍品分别作出不承担瑕疵担保的声明。同时某拍卖公司未向其说明争议拍品的瑕疵,该拍品的年代、品质为"民国印本"与拍卖人在该拍品图录中所描述的"清朝乾隆原版书"明显不符,某拍卖公司存在虚假宣传,导致原告甲对拍品产生重大误解,请求撤销其与某拍卖公司之间的拍卖合同,由某拍卖公司退回拍卖款105 000元及佣金14 175元并支付利息损失。

某拍卖公司辩称:(1)某拍卖公司已经按《拍卖法》第61条规定作出了不承担瑕疵担保责任的声明。(2)本案系争拍品是否存在瑕疵尚不明确,且在文物拍卖领域,拍卖人对于拍品不承担瑕疵担保责任也是常识、惯例。(3)甲也未举证证明自己存在重大损失,讼争的免责条款是否有效与本案拍卖合同可否撤销亦无法律上的因果关系,故本案不适用重大误解规则。

【裁判结果】

一审:对原告甲的诉讼请求不予支持。

二审:驳回上诉,维持原判。

【争议焦点与裁判理由】

本案的争议焦点为,拍卖人某拍卖公司在拍卖前对讼争书画拍品图录文字描述、介绍、说明是否达到了强烈的确认性、保证性的程度,以至于即使某拍卖公司依照《拍卖法》第61条作出了"不能保证拍卖标的的真伪或品质"的声明,也仍需要承担合同法上的瑕疵担保责任。

根据生效裁判文书,人民法院认为,某拍卖公司在获得相关行政许可后,依照《拍卖法》规定的程序举行了拍卖会。甲以竞买人身份参加竞拍并实际竞拍到系争拍品,故双方之间的拍卖合同依法成立并生效。鉴于某拍卖公司在开拍前、开拍时已以书面、口头形式多次明确声明,对于讼争拍卖会中的拍卖标的(含讼争拍品)的真伪或者品质不予任何瑕疵担保,故该条款内容对于竞买人甲具有法律约束力。故某拍卖公司不承担本案的瑕疵担保责任。

至于甲提出的系争拍品在拍卖图录中的相关文字描述(年代、材质等)具有确定性,致拍卖人不可依照《拍卖法》第61条规定的"不保证条款"予以免责的观点,法院认为,鉴于我国现行法律对此并无明确规定,加之,系争拍品的图录文字描述中,也并未体现出拍卖方存在明显且强烈的确认性、保证性的描述,故甲的该项主张缺乏事实及法律依据，本院对此无法采信。甲基于重大误解要求撤销讼争的拍卖合同的诉请，法院认为，因本案所涉的是拍卖合同关系，异于一般的普通商品的买卖合同关系，甲就此节所述事由显见竞买人主观上存在过失、行为上存在草率，但并不符合法律上的重大误解的构成要件，故甲该项主张亦缺乏事实及法律依据，本院对此不予采信。

【案例评析】

本案涉及对《拍卖法》第61条规定的瑕疵免责条款的理解和适用。该条款规定："……拍卖人、委托人在拍卖前声明不能保证拍卖标的的真伪或品质的，不承担瑕疵担保责任。"在拍卖行业中，该条款内容经常被人诟病，甚至被认为是立法的缺陷和漏洞，导致拍卖活动中赝品、"拍假"问题泛滥。笔者认为，以上对该拍卖条款的理解存在一定的偏差。对拍卖活动的规范不仅适用《拍卖法》的规定，而应当在整个民法、合同法的体系以及立法的目的综合框架内适用《拍卖法》的规定。

首先，拍卖活动应遵守民法上的诚实信用核心原则，"禁止反言"是诚实信用原则的内容之一。拍卖人在拍卖前对拍品所作的描述、介绍、说明如果达到了强烈的确认性、保证性的程度，即使其作出"不能保证拍卖标的的真伪或品质"也不能免除其瑕疵担保责任。拍卖活动中，拍卖人为对拍品进行宣传，吸引竞拍者，必然要对拍品作出一定的描述、介绍、说明，该描述、介绍、说明是否达到强烈的确认性、保证性的程度，最终是归结到个案的司法认定问题。法院应当结合拍卖人对拍品具体描述、介绍、说明的方式，拍品本身的特点及拍卖人的专业程度来具体认定。本案中，原告甲提出的证据，法院认为拍卖人的描述和说明并未达到确认性、保证性的程度，且结合拍品本身是书画艺术品的特点，即使是鉴定专家的鉴定意见往往也不统一，也难以给出确定性、保证性的意见，故未支持原告甲的诉请。

其次，我国合同法上也具体明确规定了"免除瑕疵担保责任"的例外情形，即《最高人民法院关于审理买卖合同纠纷案件适用法律问题的解释》第32条规定："合同约定减轻或者免除出卖人对标的物的瑕疵担保责任，但出卖人故意或因重大过失不告知买受人标的物的瑕疵，出卖人主张依约减轻或免除瑕疵担保责任的人民法院不予支持。"如果买受人有证据证明出卖人故意或因重大过失未告知买受人标的物的瑕疵的，依然有权追究出卖人的瑕疵担保责任。例如，拍卖人未对拍品尽到其行业规范最基本的审查义务，导致其应当可以发现的瑕疵而没有发现，即可以认定为拍卖人的重大过失，"免除瑕疵担保责任"就不应当适用。在司法实践中，仍应当根据拍品本身的特点、拍卖人的专业程度具体认定。本案中，基于拍品本身是书画艺术品的特殊性，难以认定拍卖人某拍卖公司存在重大过失，原告甲的诉请主张难以成立。

【案例索引】

一审：上海市青浦区人民法院（2013）青民一（民）初字第2340号

二审：上海市第二中级人民法院（2014）沪二中民一（民）终字第622号

146. 甲与某银行支行、某拍卖公司拍卖合同纠纷案

——瑕疵担保责任的免除

问题提示:如何认定委托人、拍卖人瑕疵担保责任承担与免除的前提条件?

【基本案情】

上诉人(一审原告):甲

被上诉人(一审被告):某银行支行

被上诉人(一审被告):某拍卖公司

人民法院经审理查明:因案外人某公司无法偿还债务,债权人某银行支行和凉山州财政局向凉山中院申请执行,法院裁定用某公司位于西昌市马水河街84号的公司办公楼房地产抵偿某银行支行的全部债权等。由于涉案楼房居住有某公司的职工,该部分职工一直未能得到妥善安置,故涉案楼房的产权一直未过户至某银行支行名下。

2006年11月30日,某银行支行与某拍卖公司签订了一份《委托拍卖合同》,委托拍卖公司拍卖涉案房地产。甲看到拍卖公告后找到某拍卖公司,在对该拍卖办公楼的现状进行了解后,于2006年12月9日签订了《竞买须知》,其中特别提示:"1.根据委托人的介绍,拍卖房屋未办理过户登记手续;委托人也未掌握拍卖房屋前期报建材料及工程竣工、验收相关资料。2.拍卖房屋所占宗地土地使用权为划拨方式取得。3.……买受人须承担包括但又不限于标的在拍卖前应补交的土地出让金、欠交税费、过户费(含买卖双方应交)、物管费、清场费等既有的、以及可能发生的所有支出、规费和税款。本条解释权归某银行支行。4.拍卖房屋所在大楼目前有7户某公司职工居住;拍卖成交后,由买受人自己负责拍卖标的清场工作并承担由此带来的一切费用和后果……"甲在该《竞买须知》中签字、捺印。

2006年12月11日,甲与某拍卖公司签订了《竞买协议》,约定"乙方签订《竞买须知》和本《竞买协议》即表明竞买人已经了解拍卖标的的所有现状和品质(包括标的的瑕疵),因对标的不了解而参加竞买的,愿意承担相应后果""成交标的需要依法办理证照变更、产权过户手续的,买受人应当持委托人、拍卖人出具的相关资料,到相关部门办理过户手续。进行土地使用权、房屋所有权变更应交纳的各项税收、费用(含买卖双方应交)均由买受人全额承担和支付",双方在该协议中签字盖章予以确认。2006年12月12日,甲以75.10万元的成交价拍得涉案楼房,并签订《拍卖成交确认书》,后甲依约支付成交价款75.10万元及佣金3000元。

甲在办理产权过户过程中遇到困难,凉山州国土资源局以某银行支行在未办理国有土地使用权变更手续的情况下拍卖产权,土地状况不清,土地使用证登记的内容和裁决不一致,某公司土地存在争议,没有提供相关证明材料等原因,暂不办

理土地登记手续。

原告、上诉人甲诉称,某拍卖公司系违法拍卖。拍卖前未告知涉案楼房的土地系划拨,《竞买须知》是在拍卖结束后才交给甲看的。某银行支行仍然占有、管理涉案楼房。某银行支行没有全部完成涉案楼房移交,甲不能正常使用涉案楼房。从竞拍成交至今,涉案办公楼的产权一直未能过户,经多次与某银行支行协商,双方未能就产权过户及赔偿达成一致,故起诉请求某银行支行办理拍卖办公楼产权过户及赔偿损失。

被告、被上诉人某银行支行辩称,拍卖过程合法有效,并不存在欺诈。

被告、被上诉人某拍卖公司辩称,拍卖程序合法,应驳回甲的申请。

【裁判结果】

一审:驳回甲的诉讼请求。

二审:驳回上诉,维持原判。

再审:裁定驳回甲的再审申请。

【争议焦点与裁判理由】

本案的争议焦点是:(1)某银行支行与某拍卖公司在拍卖涉案楼房时对涉案楼房的现状及瑕疵是否存在隐瞒、欺诈的问题;(2)某拍卖公司是否需退还甲佣金3000元;(3)某银行支行是否应支付甲房屋占用费。

根据再审裁判文书,人民法院认为,甲在《竞买须知》上签字确认并捺手印的行为,应当视为其对《竞买须知》内容的知晓和认可。某拍卖公司在《竞买须知》中的特别提示部分已对涉案楼房的瑕疵状况作了全面、充分的说明,故某银行支行、某拍卖公司在涉案楼房拍卖过程中并无违法、违约之处,某拍卖公司无须退还甲佣金,某银行支行也不应支付甲房屋占用费。法院对甲的诉讼请求不予支持。

【案例评析】

本案的审理涉及以下三个争议焦点:

一、关于委托人与拍卖公司在拍卖过程中的瑕疵告知义务问题

依据《拍卖法》第61条的规定,"拍卖人、委托人违反本法第十八条第二款、第二十七条的规定,未说明拍卖标的的瑕疵,给买受人造成损害的,买受人有权向拍卖人要求赔偿;属于委托人责任的,拍卖人有权向委托人追偿。"拍卖人、委托人在拍卖前声明不能保证拍卖标的的真伪或者品质的,不承担瑕疵担保责任。由此可见,在拍卖人、委托人对拍卖标的瑕疵向竞买人已尽说明义务或明确表示对拍卖标的的瑕疵不予保证时,其不承担瑕疵担保责任。拍卖人在拍卖前发布瑕疵担保免责声明为拍卖行业惯例,如果不设置瑕疵担保责任承担或免除的前提条件,势必会造成拍卖各方的利益失衡。可从以下三个方面认定委托人、拍卖人瑕疵担保责任的承担或免除。

1. 委托人、拍卖人是否已尽瑕疵说明义务

依据前述法律规定,委托人、拍卖人是否需要承担瑕疵担保责任的首要前提条件,就是其是否对拍卖标的的瑕疵状况对竞买人已尽说明义务。《拍卖法》第18条第2款规定,拍卖人应当向竞买人说明拍卖标的的瑕疵。第27条规定,委托人应当向拍卖人说明拍卖标的的来源和瑕疵。本案中,委托人、拍卖人在本案原告甲亲自签订的《竞买须知》《竞买协议》《拍卖成交确认书》中明确告知,涉案楼房的土地性质系划拨,未办理房屋产权过户登记、标的拍卖成交价款为委托人的回收净价款以及标的在拍卖前应补交的土地出让金、欠交税费、过户费(含买卖双方应交)等税、费由买受人自行承担等重要事实。故应认定被告已尽瑕疵说明义务。

2. 瑕疵说明应当指向明确,语意清晰

由于竞买人对于拍卖标的情况的调查受诸多因素的影响,很难做到面面俱到,因此,委托人、拍卖人的瑕疵说明应当指向明确、语意清晰,符合普通公众的理解水平和习惯,尽量避免使用晦涩、难懂的专业术语,如果使用应当进行详细的解释,更不能使用诸如"对一切瑕疵不予保证"、"不承担一切法律责任"等含糊、笼统的表述方式。本案中,委托人、拍卖人在《竞买须知》中分四个部分对拍卖标的的权属、出让方式、竞买人需承担费用以及其现有状态及相应风险,均进行了有针对性的详尽说明。

3. 瑕疵说明应在合理期间内告知竞买人

瑕疵说明的意义在于给予竞买人时间对是否参与拍卖进行充分考量,以作出自己真实的意思表示。这也正是委托人、拍卖人瑕疵担保免责的依据所在。故瑕疵说明应当在合理期限内告知竞买人,最迟不能晚于竞买活动。本案中,甲于2006年12月11日签订的《竞买协议》的落款日期是由甲亲笔填写并由甲认可,该时间应当准确无误。根据《竞买协议》第二款"乙方(甲)权利义务"第2条约定"乙方签订《竞买须知》和本《竞买协议》即表明竞买人已经了解拍卖标的的所有现状和品质(包括标的的瑕疵),因对标的不了解而参加竞买的,愿意承担相应后果"可以看出,此时《竞买须知》已经签订。因此,应认定甲签订《竞买须知》的时间应当不晚于2006年12月11日,即在2006年12月12日竞拍活动之前。

综上,从以上三个方面可以认定,本案委托人、拍卖人已尽瑕疵说明义务,应当免除瑕疵担保责任,甲也是在"明知"的状态下自愿参加涉案楼房的竞拍,故原告的诉讼请求不予支持。

二、关于拍卖公司是否应退还佣金的问题

根据我国《拍卖法》(2004年修正)第56条的规定,委托人、买受人可以与拍卖人约定佣金的比例。而拍卖公司在拍卖过程中,履行了合同义务,按合同约定收取一定佣金并无不当。本案中,拍卖程序合法有效,拍卖公司与某银行支行已对涉案

楼房的现状及瑕疵履行了告知义务，双方还就甲所要承担的义务进行了约定。拍卖标的不能过户，并不是拍卖公司造成，故甲请求拍卖公司退还佣金的主张，法院不予支持。

三、关于某银行支行是否应支付甲房屋占用费的问题

根据本案已查明的事实，涉案楼房三、四、五楼由某公司职工居住，某银行支行并未占有使用，甲向某银行支行主张房屋占用费于法无据。并且，根据《竞买须知》特别提示第四条"拍卖房屋所在大楼目前有7户某公司职工居住；拍卖成交后，由买受人自己负责拍卖标的清场工作并承担由此带来的一切费用和后果"的内容，涉案楼房的清场工作应由甲自行负责，也与某银行支行无关。

【案例索引】

一审：四川省凉山彝族自治州中级人民法院（2013）川凉民初字第104号

二审：四川省高级人民法院（2013）川民终字第698号

再审：最高人民法院（2014）民申字第941号

147. 某拍卖公司与某房地产公司、甲拍卖合同纠纷案

——流拍后拍卖人合理费用的补偿

问题提示：流拍之后，拍卖人为拍卖支出的合理费用的负担问题应当如何确定？

【基本案情】

原告：某拍卖公司

被告：某房地产公司

被告：甲

人民法院经审理查明：2008年1月15日，被告甲为了挂靠第三人某房地产公司并以该公司名义开发建设万源廊桥项目，便与被告某房地产公司签订了房地产开发承包合同，合同主要约定"甲方（某房地产公司）名下的万源廊桥工程由乙方（甲）承包开发，乙方实行独立核算，自行建设，按国家和公司的规定销售，自负盈亏，自行承担各类税、费，债权债务及民事刑事责任；乙方自费办理各类开发手续；乙方每年向甲方交纳开发管理费6万元……"该承包合同签订后，被告甲开始投资建设万源廊桥工程项目。其间，被告甲资金周转困难，便以廊桥门市抵押举债，廊桥建设多次停工。被告某房地产公司被迫接收。2010年9月21日，被告某房地产公司与某建筑工程公司签订了《万源廊桥项目后续工程施工承包合同》。在工程进行

中,被告某房地产公司因没有支付工程款,双方自愿协商解除合同,并于2011年7月5日签订《万源廊桥项目续建工程款结算协议书》。2012年3月26日再次签订《万源后河仿古廊桥后续工程交接协议书》。2012年4月25日,被告某房地产公司与某建筑工程公司同原告一起完成了廊桥的交接。

2011年12月20日,原告某拍卖公司(拍卖人)与被告某房地产公司(委托人)协商拍卖万源廊桥,并达成《委托拍卖合同》,合同约定如下:"第一条:拍卖标的:委托人自愿委托拍卖人依法拍卖如下标的:位于万源市太平镇滨河路的'万源廊桥'门市(详见附件《拍卖标的保留底价清单及现状情况说明》)。委托人按拍卖人的要求提供拍卖标的相关资料:'万源廊桥'项目土地使用权证、施工许可证、建设用地规划许可证、建设工程规划许可证、预售许可证等、户型图资料及经合法的测绘机构预测的每间房屋的建筑面积、套内面积和公摊面积等复印件。第二条:拍卖标的评估与鉴定:拍卖人认为需要对拍卖标的进行评估或鉴定的,拍卖人应在签订本合同前完成其评估或鉴定,其评估费、鉴定费用由拍卖人承担。在签定本合同拍卖人不得以此为由要求变更或解除本合同。第三条:拍卖期限及地点:拍卖人应于2012年1月10日之前在万源市太平镇对本合同所载拍卖标的进行首次拍卖,拍卖人保证首次公开拍卖的成交面积不得低于本次可供拍卖标的物的30%。本合同对拍卖次数不限,但拍卖期限自本合同签订之日起不得超过180天。第四条:拍卖标的的交付(转移)及其时间、方式:拍卖标的经拍卖成交的,在买受人付清成交价款后,拍卖标的由委托人在拍卖的所在地向买受人移交。拍卖标的权属转移手续由委托人办理,其税、费由买受人承担。第五条:拍卖保留底价、押金、费用及佣金支付方式:1.委托人委托拍卖人拍卖标的保留底价总额为7000万元,大写:柒仟万元整。对于不能公开拍卖的,按《拍卖标的保留底价清单及瑕疵说明》所载明的单项保留底价从7000万元的保留底价总额中予以扣除。2.拍卖人在本合同签订时向委托人交付押金20万元,支付方式为存入委托人指定账户。在拍卖人进行首次拍卖且首次拍卖达到本合同第三条约定的成交面积后的七个工作日内予以退还,逾期,委托人应按中国人民银行同期贷款利率支付利息。3.用于拍卖的宣传、推介,公告等费用由拍卖人承担。拍卖人到合同终止之日止的宣传、推介费用不得低于20万元人民币,但自签订合同之日起至首次拍卖日止拍卖人的该项费用支出不得低于10万元。拍卖人为本合同标的所发生的宣传、推介、公告等费用应向委托人备案。4.拍卖标的经过拍卖成交的,买受人所交保证金转为成交价款,委托人向拍卖人支付的佣金,保留底价部分不付佣金,超出保留底价部分由委托人向拍卖人支付2%的佣金,超出保留底价部分由委托人向拍卖人支付2%的佣金,支付方式为委托人从买受人交纳的成交款中优先支付。……第七条:拍卖标的的撤回与撤销:委托人在拍卖会开始前7日可撤回拍卖标的,撤回拍卖标的的应向拍卖人支付如下费用:公告费和市场营销人员工资及差旅费共计壹拾万元整。除此之外,委托人不再承担其他任何费用。第八条:对拍卖标的物的认可及未成交标的物的约定:在举行每次拍卖前,委托人和拍卖人须对可供拍卖的标的予以书面签字认可。因为成交或受买人未按约定支付价款等不可归责于拍卖人原因致使拍卖标的未售出的,拍卖人可以调整拍卖方案再次组织拍卖,但只能在本合同签订后的180天内完成,且拍卖人必须在此期限内将买受人支付的全部价款存入指定账户。超过本合同约定的180天期限,本合同自行解除,委托人即可另行自主确定其他销售方式。……第十条:其他约定:1.参与竞买,也不得委托他人代为竞买本合同所列各拍卖标的。2.拍卖人不得擅自变更拍卖标的保留价,也不得低于保留底价拍卖各标的。3.拍卖人不得擅自将拍卖标的委托其他人进行拍卖。4.若发生前两次拍卖活动均无人参与竞买或无成交的情况,本合同自动终止。5.本合同标的物在拍卖过程中,若涉及影响拍卖合同正常进行等相关问题,由拍卖人与委托人共同参与协调、解决。若因此造成拍卖不能进行的,委托人不承担责任。第十一条:违约责任:1.给委托人造成损失的,应当赔偿损失。2.拍卖标的保留底价出售的,应参照该标的的保留底价由拍卖人赔偿其全部差额。3.拍卖人违反本合同的保密约定,应承担相应的违约赔偿责任。4.合同经双方签字生效后,均不得违约,否则,违约方须向守约方支付本合同拍卖标的物保留价5‰的违约金……"原、被告均在该合同上签字盖章。2011年12月21日,原告给被告某房地产公司交付了保证金人民币20万元。

2012年2月14日,委托人某房地产公司(甲方)再次与拍卖人某拍卖公司(乙方)签订《〈委托拍卖合同〉补充合同》内容为:"双方于2011年12月20日签订《委托拍卖合同》,由于各方面原因,致使拍卖无法按期举行。为了促进拍卖的顺利进行,达成以下补充协议:1.由于廊桥没有完全竣工,部分设施还没有施工,无法验收交付使用。甲方同意在乙方负责协调有关部门并与万源市第某某司解除原施工合同后,该后续工程交由乙方施工完善,由乙方委托施工企业施工。其施工方案须经甲方签证认可。工程款结算按照四川2009年建设装饰工程及建筑工程定额及相关配套文件为收取标准,未计价及缺项由甲乙双方实地考察定价。后续施工所需费用由乙方垫付,待廊桥拍卖成交和甲乙双方就工程款最终结算无异议后,由乙方直接从拍卖成交款中扣留作为工程款。(该条款在甲方与万源市第某某司解除原施工合同后生效)。2.由于廊桥主体工程没有经过验收,整体项目也没有经过主管部门的综合验收等各方面因素;甲方同意将拍卖期限顺延,拍卖期限到2012年8月31日止。3.鉴于以上复杂原因及各方面因素,甲方同意由乙方负责协调处理万源廊桥的相关问题后,将乙方收取的佣金变更为:以实际拍卖成交为计算依据,在成交保留底价(7000万元)内收取1%佣金,超出保留底价(7000万元)以上的部分收取5%的佣金。4.根据相关法律法规的规定,买受人预交的竞买保证金由拍卖人收取……"原、被告均在补充合同上签字盖章。2012年2月21日原告租用万源市华兴酒楼会议室,交纳租金15 000元,押金5000元。租用住房一套,交纳租金9000

元,押金2000元。2012年6月20日和25日原告在《达州晚报》多次刊登拍卖公告,公告拍卖廊桥第一层10间门市。由于廊桥停工时间较长,债权债务混乱等原因,原告在合同约定期限内无人参与竞买。原告拍卖无果,诉至法院。

原告诉称:2011年12月20日,其与被告签订了《委托拍卖合同》,原告依据合同向被告交纳了保证金20万元,在合同签订日被告又向原告借款22万元。合同签订后,原告依据合同要求对该拍卖标的进行了宣传、推介和公告。原告租用房屋设立办公室,进行廊桥开通仪式、聘用保安等工作,花去保安费18 000元,廊桥开通仪式费3万元,办公室和住房租赁费2.5万元,电费6000元,广告费1.5万元,宣传费6500元,管理人员工资2万元。合同第11条约定保底总额7000万元的5‰的违约金。由于廊桥建设没有完工,主体工程没有验收等问题,双方于2012年2月24日签订《委托拍卖合同》补充协议,双方合同约定将未完工程交原告委托施工企业施工,但约定合同在"被告与万源市第某某司解除合同后生效"。同时约定拍卖佣金为保底价7000万元内按1%支付,超过7000万元按5%支付。由于被告不按合同约定交付资产,被告仅向原告交付几间很差的门市进行拍卖,导致原告拍卖不能。原告找被告协商解除合同,被告亦同意,但拒绝赔偿原告的损失。特诉请法院依法判决:(1)被告立即退还原告保证金20万元,并承担资金利息(从交款之日至起诉之日4万元);(2)被告归还原告借款22万元,并承担资金利息(从交款之日至起诉之日4.2万元);(3)被告支付原告违约金35万元;(4)被告支付原告可得利益70万元;(5)被告赔偿原告损失120 500元。

被告某房地产公司辩称:(1)原告违约没有将被告的廊桥房产拍卖成功,根据合同约定不应当退还原告的保证金20万元;且原告的起诉已经超过诉讼时效;(2)被告的借款不应当在本案中合并审理,且要看原告提供的借条的真实性;(3)原告主张30万元违约金不能成立,被告委托的原告是现状拍卖,原告对廊桥的现状是完全知晓的,原告自己没有完成拍卖违约在先,被告不应当支付违约金。被告保留向原告主张违约金的权利;(4)原告主张70万元佣金是可得利益,是间接损失,原告自己没有完成拍卖,已经违约,且没有法律依据,被告不应当支付;(5)原告主张的120 500元的损失,被告不应当赔偿,因该费用属于原告拍卖应当自己承担的费用,原告自己没有完成拍卖,已经形成违约,该损失应由原告自己承担。

被告甲辩称:原告的(1)、(3)、(4)、(5)项诉讼请求应当予以驳回,第(2)项请求应当根据原告的举证情况来确定。其理由是原告请求的退还保证金,现在还没有达到约定退还保证金的条件,原告还没有完成拍卖工作。原告主张的利息在合同中没有约定,不应当支持。原告主张违约金不能成立,因原告没有完成拍卖,自己是违约方,被告是现状拍卖,原告明知被告拍卖物有瑕疵和附加条件而主动与被告签订拍卖合同,自己应当承担全部责任。原告请求的可得利益,是在完成拍卖的前提下,在拍卖款中支付,现拍卖没有成功,原告请求支付佣金对被告是不公平的。原告提出的损失是原告在拍卖中应当支付的费用，与被告没有关系，且该费用是否发生，是否真实也无从考证。总之，除了原告的第(2)项请求，其余诉讼请求应当驳回。

【裁判结果】

一审：一、被告某房地产公司在本判决生效后一月内退还原告某拍卖公司保证金20万元；二、被告某房地产公司在本判决生效后一月内支付原告某拍卖公司为拍卖支出的合理费24 000元；三、驳回原告某拍卖公司的其他诉讼请求。

【争议焦点与裁判理由】

本案的争议焦点为，原告某拍卖公司要求被告退还保证金、归还借款、承担违约金以及赔偿损失等系列诉讼请求是否成立。

人民法院经审理认为，原告某拍卖公司与被告人某房地产公司于2011年12月20日签订的《委托拍卖合同》及2012年2月14日签订的《〈委托拍卖合同〉补充合同》，是双方在了解廊桥建设的真实情况下，通过反复协商，达成一致的协议，系双方的真实意思表示，没有违反法律的强制性和禁止性规定，依法应当有效。因原告在拍卖过程中，一直无人参与竞买。双方在约定的顺延拍卖期限结束之日即2012年8月31日，出现了《委托拍卖合同》第10条第4项规定的“若发生前两次拍卖活动均无人参与竞买或无成交的情况，本合同自动终止”情形，故应视为原、被告合同关系自行终止。导致房屋拍卖流拍的后果，不是原、被告主观违约行为造成，而是因为廊桥门市无人参与竞买，因而双方均不存在违约行为，被告某房地产公司不应当承担支付原告违约金的违约责任。原、被告签订的拍卖合同约定的拍卖期限届满，合同自行终止后，原、被告应当依约据实结算。原告某拍卖公司请求被告某房地产公司退还20万元保证金的请求，本院予以支持；因合同没有约定退还保证金利息，故本院对原告主张的保证金利息请求，依法不予支持。原告主张被告支付可得利益70万元的请求，根据《〈委托拍卖合同〉补充合同》第3条“乙方收取的佣金变更为：以实际拍卖成交为计算依据，在成交保留底价(7000万元)内收取1%佣金，超出保留底价(7000万元)以上的部分收取5%的佣金”的约定，由于涉案廊桥房产没有成功拍卖，委托拍卖合同也自行终止，故该请求本院不予支持。对原告要求两被告赔偿经济损失120 500元的诉请，经审查，系原告用于拍卖廊桥的宣传、公告、房租等开支损失组成，根据《拍卖法》第56条第3款“拍卖未成交的，拍卖人可以向委托人收取约定的费用；未作约定的，可以向委托人收取为拍卖支出的合理费用”的规定，原告为拍卖廊桥支出的宣传、推介、公告费用，根据合同约定，该费用由拍卖人承担，且原告未提供相关开支票据，故该笔费用应由原告自行承担。原告租赁房屋所开支的24 000元，委托拍卖合同未作约定，但原告租赁房屋系为拍卖所支出的合理费用范围，依法应由委托人某房地产公司承担。被告甲不是委托拍卖合同的当事人，也未在本案中收取拍卖相关的费用，根据合同的相对性原则，甲不享有合同的权利，也不承担合同的义务,故甲不应承担民事法律责任。原告某拍卖公司请求被告归还借款22万元及利息的诉请,不属于同一法律关系,不应当合并审理,原告应另案起诉。

【案例评析】

拍卖,作为一种中介服务,拍卖人付出拍卖服务,并在拍卖成交后收取佣金。但本案中,拍卖人为了承揽业务,不仅借款给委托人,而且向委托人缴纳了保证金,这在某种程度上也说明了拍卖业竞争之激烈。拍卖人在本案的诉求包括有多项,从法院的判决结果来看,拍卖人的大部分诉求其实是没有被法院所支持的,关于保证金和违约金部分的判决,无论是从事实方面还是从法律角度,基本是没有可争议的。

本案主要的问题在于:因流拍导致委托拍卖合同终止的,关于拍卖人为拍卖支出的合理费用的负担,拍卖人与委托人有约定的,应按照当事人的约定执行。本案原告关于这部分的诉求与法院支持的金额相差甚远,法院关于这部分的判决既遵循了《拍卖法》相关规定,同时也主要是考虑到了双方当事人的约定,判决是合理的。

一、关于拍卖合理支出的范围

在拍卖成交的情况下,拍卖人为拍卖而付出的费用一般都可以从收取的佣金部分得到弥补,大部分拍卖人也是靠收取拍卖佣金营利。但在拍卖未成交的情况下,拍卖人仍然为拍卖付出了服务,其不可避免地有一定的支出,因此,《拍卖法》第56条第3款规定了"拍卖未成交的,拍卖人可以向委托人收取约定的费用;未作约定的,可以向委托人收取为拍卖支出的合理费用"。从拍卖行业惯例来看,拍卖人为了拍卖的顺利成交,不可避免会付出如下费用:(1)拍卖公告费用,一般是用于在媒体上刊载拍卖公告等;(2)拍卖宣传费用,这部分费用主要是用于宣传推广拍卖活动本身;(3)拍卖现场费用,包括场地租用费用等;(4)人工费用,主要包括拍卖工作人员的差旅费和拍卖师的合理费用。另外,拍卖人在有些情况下,为了确定拍卖标的价值和现状,可能会付出一定的评估、鉴定费用(这部分费用原则上应该由委托人来承担)。当然,上述费用,需要根据具体情况进行具体判断。本案中,某拍卖公司为拍卖廊桥支出的宣传、推介、公告费用以及房租费用,都属于为拍卖而支出的合理费用,法院对此也予以认可。

二、关于拍卖合理支出的收取

从《拍卖法》第56条第3款的规定来看,拍卖合理支出费用的收取,遵从当事人约定优先原则。所谓当事人约定优先原则,是指对有关权利冲突的处理有合法有效的合同约定的,应当尊重当事人的意志,优先适用合同中的约定处理纠纷。在没有约定的情况下,按照法律的规定执行。拍卖活动中拍卖人的合理支出,法律并不禁止双方当事人之间达成协议。因此,当事人有约定的,应该按照约定收取。

本案中,某拍卖公司可能是考虑到拍卖底价数额,因此,在与某房地产公司签订《委托拍卖合同》时,约定自愿承担评估费、鉴定费用及拍卖的宣传、推介、公告等费用,上述费用,从涉案拍卖来看,应该都属于为拍卖而必须支出的合理费用,否则,某房地产公司不会愿意在双方签订的委托拍卖合同中写明应该要由某拍卖公司来承担,并且要求某拍卖公司“自签订合同之日起至首次拍卖日止拍卖人的该项费用支出不得低于10万元。拍卖人为本合同标的所发生的宣传、推介、公告等费用应向委托人备案”。但是,双方当事人在签订委托拍卖合同的时候,某拍卖公司应该考虑到流拍的后果,但其仍然愿意承担为拍卖而付出的公告宣传等费用,因此,既然其自愿承担上述费用,法院因此判决上述费用只能由其自己负担并无不当。关于某拍卖公司支出的房租费用,在双方的合同中并没有明确约定,因此,按照《拍卖法》第56条第3款的规定,可以向委托人收取,法院对这部分损失予以支持,也非常正确。

【案例索引】

一审:四川省万源市人民法院(2014)万源民初字第1657号

148. 甲与某拍卖公司、某银行支行拍卖合同纠纷案

——倒签拍卖成交确认书的效力

问题提示:倒签的拍卖成交确认书是否有效?

【基本案情】

原告:甲

被告:某拍卖公司

被告:某银行支行

人民法院经审理查明:2003年7月23日,被告某银行支行与被告某拍卖公司签订1份《委托拍卖合同》,约定:某银行支行将其所有的位于衡阳市珠晖区湖南路38~58号一层、二层、三层商业用房委托被告某拍卖公司拍卖,整体拍卖底价为400万元。2003年9月9日,某拍卖公司进行了公开拍卖,案外人乙以460万元的价格举牌竞得。2003年11月19日,案外人乙因资金困难,无法交纳剩余的竞买购房款420万元(除已预交40万元保证金外),案外人乙向某银行支行出具1份承诺书,承诺在2004年5月1日前交齐30%的首期购房款138万元,并在某银行营业部办好剩余房款的贷款按揭手续。某银行支行在案外人出具的承诺书上批示同意该承诺方案。2004年11月,原告甲获知某银行支行欲对外出售其所有的位于衡阳市珠晖区湖南路38~58号房产,并承诺买受人在支付30%首期购房款后可以采取办理70%十年按揭贷款方式支付剩余购房款。原告向某银行支行申请购买上述房产。2004年11月9日,某银行支行函告某拍卖公司,要求某拍卖公司将该房产过户于

原告甲,并予以办理相关手续。11月9日,丙代案外人乙出具承诺书1份,原告甲出具承诺书1份给某拍卖公司。同时原告甲与某拍卖公司于2004年11月9日倒签1份成交确认书(倒签时间为2003年9月9日),2004年11月8日,原告甲向某拍卖公司支付拍卖款160万元,某拍卖公司向原告出具了预收款收据1张。2005年1月26日,原告向某银行支行申请剩余购房款322万元的按揭贷款未果。嗣后,原告多次找两被告办理购买房产过户手续或者两被告退还其购房款160万元。

原告甲诉称,2004年11月,原告获知某银行支行欲对外出售其所有位于衡阳市珠晖区湖南路38~58号房产,并承诺买受人在支付三成首期购房价款后可以采取办理七成十年按揭贷款的方式支付剩余购房款。原告便向某银行支行申请购买上述房产。经某银行支行要求,原告于2004年11月8日与某拍卖公司签订了1份《拍卖成交确认书》,确定交易价款为460万元,约定首期付款160万元(含拍卖佣金22万元),余款以按揭贷款方式支付。某拍卖公司与原告签约时,原告是按某拍卖公司要求将签约日期倒签至了2003年9月9日。原告在签订《成交确认书》后当日按约定向某拍卖公司支付了160万元购房价款。但在原告要求某银行支行按承诺办理322万元按揭贷款时,某银行支行以种种理由拒不为原告办理按揭贷款。在交涉过程中,原告发现某银行支行委托拍卖的上述房产早已被他人非法侵占,某银行支行根本无法交付上述房产给原告。原告多次要求两被告交付上述房产或退回原告所支付的160万元购房款本息,但均遭两被告拒绝。遂提起诉讼,请求法院判决确认原告与某拍卖公司所签订的《拍卖成交确认书》无效,判令两被告立即返还原告所支付的160万元购房款本息。

被告某拍卖公司辩称,我公司根据某银行支行的委托,于2003年9月9日举行拍卖会,被答辩人甲与乙共同购买了该处房产,并签订《成交确认书》,因被答辩人与乙协商,于2004年11月8日,经某银行支行出具函告同意,被答辩人与乙签订承诺书,约定发生纠纷由其两人自行解决,与我公司无关,在此情况下,我公司才为被答辩人办理了为避免变更手续。因此,被答辩人与我公司的拍卖关系合法有效。被答辩人主张要求我公司返还其支付的160万元购房款本息,因我公司已将该款全部打到某银行支行账户上,其所发生的相关事项应由某银行支行负责,与我公司无关,请法院依法驳回被答辩人对我公司的诉讼请求。

在审理过程中,原告甲就某银行支行某银行支行收取其购房款138万元,与某银行支行于2009年5月22日达成庭外调解协议,某银行支行于2009年6月3日按庭外调解协议约定返还原告甲购房款138万元,并支付利息43 000元。

【裁判结果】

一审:一、原告甲与被告某拍卖公司于2004年11月9日倒置签订的拍卖成交确认书无效;二、被告某拍卖公司于本判决生效后十日内返还原告甲购房款220 000元及利息55 968元。

【争议焦点与裁判理由】

本案的争议焦点为:倒签的拍卖成交确认书是否有效?

人民法院经审理认为:某拍卖公司于2003年9月9日进行公开拍卖,案外人乙竞得资产。某拍卖公司在案外人乙不能履行《成交确认书》确认的义务时,违反《拍卖法》的规定,直接与原告甲于2004年11月9日倒置签订1份《某拍卖公司成交确认书》,成交价为460万元。某拍卖公司这一行为严重违反了《拍卖法》规定的公开、公平、公正、公开竞价的原则。因此,某拍卖公司与原告甲于2004年11月9日倒置签订的《成交确认书》应属无效。依照《合同法》第58条"合同无效或者被撤销后,因该合同取得的财产,应予以返还……有过错的一方应当赔偿对方因此受到的损失,双方都有过错的,应当各自承担相应的责任"的规定,某拍卖公司作为拍卖公司,在案外人乙不能履行《成交确认书》的义务时,违反了《拍卖法》公开、公平、公正、公开竞价的原则,而直接与原告签订《成交确认书》,并收取原告22万元佣金。某银行支行在收取原告138万元的购房款后,不能履行应尽的义务,因此造成合同无效的责任在于两被告。故某拍卖公司收取原告佣金22万元,某银行支行收取原告购房款138万元,两被告理应返还给原告甲,原告要求两被告支付相应的利息符合法律规定,予以支持。某拍卖公司未将某银行支行委托拍卖的标的物进行第二次公开拍卖,而直接与原告倒置签订《成交确认书》。因此,某拍卖公司将原告支付的160万元截留22万元作为佣金收取不符合法律规定。

【案例评析】

拍卖是指以公开竞价的形式,将特定物品或者财产权利转让给最高应价者的买卖方式。它是一种特殊的买卖形式,因此需要履行特别的程序,只有经过特定程序所产生的拍卖结果才是合法有效的。根据《拍卖法》第4条规定,拍卖活动应当遵守有关法律、行政法规,遵循公开、公平、公正、诚实信用的原则;第51条规定,竞买人的最高应价经拍卖师落槌或者以其他公开表示买定的方式确认后,拍卖成交;第52条规定,拍卖成交后,买受人和拍卖人应当签署成交确认书;第53条规定,拍卖人进行拍卖时,应当制作拍卖笔录。拍卖笔录应当由拍卖师、记录人签名;拍卖成交的,还应当由买受人签名。可见拍卖的买卖形式体现在公开竞价的程序,拍卖成交确认书也是以参与公开竞价为基础的。为了对公开竞价的过程及程序进行保存,法律还规定拍卖当天必须制作拍卖笔录,买受人也应当在当天的笔录上签字确认。因此,本案中的拍卖成交确认书没有举行公开拍卖,没有经过法定程序,不是以公开竞价为前提而签署的,显然是无效的。拍卖公司对拍卖法律的规定相较于原告显然更为专业,对无效的结果显然更为清楚,应当承担合同无效的法律后果。

此外,仍需说明的是,没有经过法定拍卖程序,而以拍卖的形式确认双方的买卖关系显然是不合法的。但本案中,原告与某银行支行完全可以签订一份普通的房屋买卖合同,将双方的权利义务约定清楚即可。对于前一个拍卖结果,由于原来的买受人没有支付能力,肯定愿意本案原告重新购买房屋,否则在本案中原来的买受人也不会退出原来的拍卖法律关系还向被告作出承诺书。因此两被告完全可以与原来拍卖关系的买受人协商解除拍卖法律关系及买卖关系,然后原告再与某银行支行达成新的买卖协议。如此操作也不会发生本案的纠纷。

【案例索引】

一审:湖南省衡阳市石鼓区人民法院(2009)石民二初字第54号

149. 某拍卖公司与甲不当得利纠纷案

——拍卖成交款与成交确认书确定金额不一致的认定

问题提示:拍卖人主张拍卖成交价款与拍卖成交确认书中确定的价款不同,应该如何认定?

【基本案情】

上诉人(一审原告):某拍卖公司

被上诉人(一审被告):甲

人民法院经审理查明:2010年6月5日,甲填写了一份某拍卖公司的竞投登记表,某拍卖公司给甲编排的竞投牌号为书画22号,甲预交保证金5万元。甲作为竞买人在竞投登记表上签名。2010年6月6日,某拍卖公司召开艺术品拍卖会,拍卖一批画作,甲参加了拍卖会。拍卖师拍卖至一幅中国画作品《海为我世界,天是我家乡》时,甲参与竞价,拍卖师落槌成交。甲作为买方在某拍卖公司出具的拍卖成交确认单上签名。该拍卖成交确认单记载,拍品名称:邢庆仁《天是我家乡》,落槌价0.46万元,酬金12%等。6月6日,甲的丈夫乙在某拍卖公司开具的提货单的提货人栏签名,该提货单记载了拍品名称为邢庆仁《天是我家乡》,落槌价4600元,酬金552元,合计5152元等。乙提走了包括《天是我家乡》在内的三幅拍品。

某拍卖公司诉称:《天是我家乡》合同单签订的价格为15 000元人民币,拍卖时,此幅拍品从8000元人民币起拍,经过多次激烈的叫价,最终以46 000元人民币落槌,加上买受人应付落槌价12%的酬金,此拍品的成交价为51 520元人民币;由于书记员的疏忽,将成交单上落槌价46 000元人民币写成了4600元人民币,加上买受方12%的佣金,甲实际支付了5152元人民币,并当场将此幅拍品结账领走;甲利用此失误以5152元取得51 520元的拍品,要求甲支付拍卖款46 368元。

甲辩称:其与丈夫乙参加拍卖会的《天是我家乡》落槌价是4600元。

【裁判结果】

一审:驳回某拍卖公司要求甲支付拍卖款46 368元的诉讼请求。

二审:驳回上诉,维持原判。

【争议焦点与裁判理由】

本案的争议焦点为:拍卖标的的落槌价是多少。

根据生效裁判文书,人民法院认为:某拍卖公司上诉主张诉争作品《天是我家乡》落槌价是4.6万元而非成交确认单和提货单记载的0.46万元,某拍卖公司应承担举证责任,证明其主张的实际落槌价是4.6万元的事实,但其在一审提交的证据,均是其自己印制的材料及与其有利害关系的证人证言,无其他相关证据印证,证据之间不能形成完整证据链,不足以证明《天是我家乡》落槌价是4.6万元。二审中某拍卖公司提交了三名证人证言,该三名证人均陈述是当时参与竞拍的竞买人,证人丙提交的拍品画册中诉争作品图录上有其自己记载的4.6万落槌价,其他两位证人亦证明参与竞买《天是我家乡》作品,曾在2万~3万元价格时举牌应价,该三位证人的证言虽都证明《天是我家乡》的拍卖落槌价高于成交确认单记载的0.46万元,但由于甲对证人是否实际参与现场拍卖提出异议,对证人证言不予认可,且证人丙提交的拍品画册图录上的记载亦不能证明是当时的原始记录。《拍卖法》第53条规定,拍卖人进行拍卖时,应当制作拍卖笔录。拍卖笔录应当由拍卖师、记录人签名;拍卖成交的,还应当由买受人签名。该法第54条规定,拍卖人应当妥善保管有关业务经营活动的完整账簿、拍卖笔录和其他有关资料。前款规定的账簿、拍卖笔录和其他有关资料的保管期限,自委托拍卖合同终止之日起计算,不得少于五年。根据上述规定,拍卖笔录是证明拍卖过程及拍卖成交价格的法定证据,某拍卖公司未按规定制作现场拍卖笔录,未履行《拍卖法》规定的法定义务,亦不能提供拍卖现场的录音、录像以证明其主张,仅以证人证言这一证据,不足以否定甲依据成交确认单、提货单等直接证据所抗辩的《天是我家乡》拍卖成交价为0.46万元的事实,某拍卖公司应为自己不规范的拍卖行为承担法律后果,其主张《天是我家乡》落槌价是4.6万元的上诉请求,依据不足,本院不予采信。

【案例评析】

本案中围绕着争议焦点,拍卖公司主张落槌价不是拍卖成交确认单载明的价格,是由于工作人员的失误少写了一个零,导致买受人以低于实际成交价的价格获得本案拍品,构成不当得利,要求返还。

首先,根据我国法律的规定,当事人对自己提出的诉讼请求所依据的事实或者反驳对方诉讼请求所依据的事实有责任提供证据加以证明。没有证据或者证据不足以证明当事人的事实主张的,由负有举证责任的当事人承担不利后果。本案拍卖人主张事实与合同价款完全不同,欲推翻书证予以记载的事实,则需要提供十分充分及可信的证据予以证明。但是本案拍卖人提供的证据均为旁证,不能形成完整的证据链,不能得到买受人的认可。

其次,应当提及的是本案是一个拍卖法律关系。根据法律规定拍卖人还承担着一个重要的义务。《拍卖法》第53条规定,拍卖人进行拍卖时,应当制作拍卖笔录。拍卖笔录应当由拍卖师、记录人签名;拍卖成交的,还应当由买受人签名。该法第54条规定,拍卖人应当妥善保管有关业务经营活动的完整账簿、拍卖笔录和其他有关资料。前款规定的账簿、拍卖笔录和其他有关资料的保管期限,自委托拍卖合同终止之日起计算,不得少于五年。因此,且不说本案本来就是拍卖人主张拍卖成交价与拍卖实际情况不同,证明责任在拍卖人。即使是买受人主张拍卖成交价与拍卖实际情况不同,拍卖人也承担着举证责任,因为法律规定拍卖人在一定时间内必须保存拍卖过程的完整记录。其实如果拍卖人严格按照法律程序进行,事实真伪很容易辨明。但本案中拍卖人无法提供拍卖笔录或者录音录像,拍卖人未能履行法定义务导致举证不能,应该自己承担法律后果。

【案例索引】

一审:江苏省南京市玄武区人民法院(2010)玄锁民初字第1052号

二审:江苏省南京市中级人民法院(2011)宁民终字第2444号

150. 甲与某拍卖公司拍卖合同纠纷案

——拍卖人弄虚作假的拍卖的效力

问题提示:因拍卖人弄虚作假行为,导致其他竞买人不具备竞买资格,仅有一位竞买人具备竞买资格并拍卖成交,该拍卖行为的效力如何?

【基本案情】

上诉人(一审被告):某拍卖公司

被上诉人(一审原告):甲

人民法院经审理查明:2010年12月14日,某连锁公司分公司向甲出租房屋一套,双方约定租赁期从2011年1月1日起至2015年12月31日止。2011年10月,甲在报纸上看到其所承租的房屋的拍卖公告,遂报名参加拍卖,并交纳保证金20万元,同时与拍卖人某拍卖公司签订了竞买协议。竞买协议第五条约定"竞买人登记时应依法提供有关证件。单位竞买人应提供企业法人执照、法定代表人姓名、身份证复印件、详细地址及联系电话。个人竞买人应提供个人身份证、详细地址及联系电话。竞买人交纳20万元竞买保证金,登记成功后,方取得竞买资格,并凭《竞买登记表》于拍卖会举行前领取号牌"。2011年10月30日,甲参加竞买并以240万元的底价成交，随后签订了拍卖成交确认书。甲所交纳的20万元保证金中，10万元作为支付给某拍卖公司的佣金，另10万元冲抵房款。2011年10月30日参加拍卖的人员还有乙及丙，乙并未签订竞买协议及填写竞买登记表，也未交纳保证金。而丙与某拍卖公司签订的竞买协议及填写的竞买登记表并非拍卖当时所签，系事后补签。拍卖现场录像显示，甲及乙桌上有号码牌，而丙桌上并无号码牌。

甲为付清拍卖款，于2011年12月7日与案外人丁签订了借款协议书一份，向丁借款200万元，借款期限三个月，月息三分。由于甲并未按时偿还借款本息，丁已向徐州仲裁委员会申请仲裁。

甲诉称：竞买人之一乙在拍卖前未交纳保证金，是拍卖公司当日临时欺骗其报名参加竞买的。根据我国《拍卖法》第37条的规定，竞买人之间、竞买人与拍卖人之间不得恶意串通，损害他人利益。拍卖公司为获取佣金，主动虚构竞买登记手续，允许不符合其公告竞买规则的人员参加竞买，违反了拍卖程序，损害了甲的合法权益。根据我国《拍卖法》第65条的规定，拍卖无效，拍卖公司应当赔偿原告相应的损失。请求法院判令：一、确认2011年10月30日的拍卖无效；二、某拍卖公司返还原告甲佣金10万元及并赔偿240万元对应利息损失48万元（按银行同期贷款利率的四倍计算至付清之日止）。

某拍卖公司辩称：拍卖公司没有违反操作程序，拍卖结果合法有效。缴纳保证金和办理登记手续不是法律规定程序，保证金缴纳与否，与拍卖结果是否有效没有必然联系。竞买人的竞买资格是拍卖人赋予的，本案三位竞买人身份均不违反法律禁止性规定，具有竞买人资格。甲主张拍卖公司与竞买人乙恶意串通没有事实依据。请求驳回甲的诉讼请求。

【裁判结果】

一审：一、确认被告某拍卖公司2011年10月30日的拍卖行为无效；二、被告某拍卖公司于本判决生效之日起十日内返还原告甲佣金10万元；三、驳回原告甲的其他诉讼请求。

二审：驳回上诉，维持原判。

【争议焦点与裁判理由】

本案的争议焦点为，某拍卖公司2011年10月30日的拍卖行为效力如何。

根据生效裁判文书，人民法院认为，拍卖是指以公开竞价的形式将特定物品或者财产转让给最高应价者的买卖形式。公开和竞价是拍卖区别于其他买卖行为的要件，只有具备了《拍卖法》规定的竞价条件时，拍卖会才能举行。只有一个竞买人不能满足“经拍卖竞价程序处分拍卖标的”的要求。本案中，参加拍卖的竞买人仅有甲、乙、丙三人。但是乙出庭作证证明有其“签名”的竞买登记表和竞买协议并非其本人所签，其亦未交纳保证金，据此足以认定上诉人某拍卖公司在拍卖程序中存在弄虚作假行为。另经鉴定，丙所填写的竞买登记表及竞买协议上“丙”签名并非拍卖当时所签,上诉人某拍卖公司与丙之间存在恶意串通之嫌。故一审法院认定乙与丙并不具备合格竞买人资格并无不当。上诉人某拍卖公司在明知或者应当知道只有一个竞买人的情况下,却仍然拍卖涉案房产,收取高额拍卖佣金,不符合法定的拍卖竞价程序,故应当认定某拍卖公司2011年10月30日的拍卖行为无效。

至于甲所主张的利息损失,发生在其与某连锁公司分公司以及丁之间,与本案的拍卖合同关系不属于同一法律关系,且该利息的产生并非由本案的拍卖合同所直接导致,故对原告要求给付240万元的利息48万元的诉讼请求不予支持。

【案例评析】

本案首先应当审查乙与丙是否具备竞买人资格。我国《拍卖法》第33条规定:"法律、行政法规对拍卖标的的买卖条件有规定的,竞买人应当具备规定的条件。"本案中,拍卖的标的物为一般租赁房屋,法律法规并未规定竞买人的条件。有观点可能会认为在法律法规并未规定竞买人的条件情况下,竞买人资格是拍卖人赋予的,即使部分竞买参与人未缴纳保证金和办理登记手续,只要拍卖人认可,即获得竞买人资格。该观点有失偏颇。拍卖行为系民事法律行为,应当遵守民法的公平、诚实信用等基本原则。《拍卖法》第4条亦明确规定,拍卖活动应当遵守有关法律、行政法规,遵循公开、公平、公正、诚实信用的原则。本案中,某拍卖公司在竞买协议中明确约定"竞买人登记时应依法提供有关证件,并由竞买人交纳20万元竞买保证金,登记成功后,方取得竞买资格,并凭《竞买登记表》于拍卖会举行前领取号牌"。在认定竞买人资格时,应当公平公正依照该竞买协议约定的条件进行审查。竞买人甲系严格依照该约定交纳保证金,填写登记表才取得竞买人的资格。但是丙、乙并未按照竞买协议的要求交纳保证金,也未在拍卖前签订竞买协议,未在竞买登记表上登记,故乙与丙并不具备竞买人资格,否则就违背了《拍卖法》第4条的基本原则。

在法院认定乙与丙不具备竞买人资格,实际仅有甲一人具备竞买资格并拍卖成交,该拍卖行为的效力问题,拍卖人在拍卖过程中存在瑕疵的情况下,仍应当考虑拍卖瑕疵的具体情况、当事人利益损害情况、相应后果综合认定拍卖行为的法律效力。如果仅仅是拍卖程序上的瑕疵,不违反法律法规的强制性规定,且未损害国家、公共利益或他人利益,不宜直接认定拍卖行为无效,可以通过补正瑕疵的方式,认定拍卖行为的效力。若拍卖过程中存在重大瑕疵,违反法律法规的强制性规定、或损害国家、公共利益或他人利益,则应当认定拍卖行为无效。本案中,拍卖过程中实际仅有甲一人具备竞买资格,并已经拍卖成交,而根据《拍卖法》第3条的规定:"拍卖是指以公开竞价的形式将特定物品或者财产转让给最高应价者的买卖形式。"公开和竞价是拍卖区别于其他买卖行为的要件,只有具备了《拍卖法》规定的竞价条件时,拍卖会才能举行。只有一个竞买人不能满足"经拍卖竞价程序处分拍卖标的"的要求，拍卖程序无法进行。因此，本案某拍卖公司的拍卖行为违反了拍卖程序的核心原则，亦违反了公平和诚实信用原则，拍卖人获得的拍卖佣金，实际也损害了竞买人甲的利益。法院最终认定某拍卖公司的拍卖行为无效，并由其向竞买人返还全部拍卖佣金，判决结果公正公平。

【案例索引】

一审：江苏省徐州市泉山区人民法院(2013)泉商初字第0802号

二审：江苏省徐州市中级人民法院(2014)徐商终字第0160号

151. 某拍卖公司与某房地产公司拍卖合同纠纷案

——拍卖人大幅度变更竞买保证金的性质

问题提示：在拍卖活动中，竞买保证金大幅度变更未公告的，是否可以拍卖程序存在瑕疵为由，否定拍卖合同的效力？

【基本案情】

原告(反诉被告)：某拍卖公司

被告(反诉原告)：某房地产公司

人民法院经审理查明：2005年4月27日，某拍卖公司与某实业公司签订《委托拍卖合同》，约定将某实业公司的赫威大厦整体资产进行拍卖。拍卖底价为1.4亿元。拍卖标的经拍卖成交，某实业公司应按成交额2.5%的比例向某拍卖公司支付佣金。2005年4月28日，某拍卖公司向某银行支行递交《申请》，对在该行已经设置抵押的赫威大厦房产将要进行拍卖的事项进行告知，并征询抵押权人是否同意处置该抵押物。某银行支行于同日复函，同意拍卖，但声明拍卖款应当优先用于偿还银行贷款。2005年6月17日，某拍卖公司刊登公告，对拍卖事项进行告知。其中载明了竞买保证金为1500万元，以及报名条件、报名时间、报名地点等。之后，某拍卖公司在云南省工商行政管理局对此次拍卖活动进行了备案。6月28日，某实业公司同意某拍卖公司向竞买人收取的保证金为100万元。6月29日，某房地产公司交纳了100万元保证金参加竞买，某房地产公司的两名员工甲、乙以自然人身份参加竞买，但两人均未交纳相关保证金，也没有提供身份证明，最终某房地产公司举牌竞买成功。6月29日，某拍卖公司与某房地产公司签订《竞买佣金约定》，约定标的成交，买受人向拍卖人加付500万元的佣金。6月29日双方还签订《拍卖成交确认书》确认某房地产公司以1.4亿元的成交价购得赫威大厦整体资产，原用于保证金的100万元抵扣成交价款，某房地产公司尚欠成交价款1.39亿元。7月11

日,昆明市公证处出具《公证书》。6月29日,某拍卖公司将100万元保证金交给了某实业公司。7月28日,某实业公司致函某拍卖公司和某产权交易中心,要求上述两单位敦促某房地产公司按成交确认书上确定的欠款数额支付成交价款。此后为付款事宜,各方多次协商未果。法院另查明:某实业公司在2005年2月5日经批准改制,国有资产全部退出。此后,某实业公司在昆明市工商行政管理局办理了相关的变更登记手续。

原告(反诉被告)某拍卖公司诉称:某房地产公司的行为违反了拍卖法的规定及双方的约定,并使原告遭受了损失,故被告理应付清佣金、承担违约责任以及赔偿原告的其他损失。根据约定某房地产公司应付某拍卖公司佣金500万元;按成交价的20%支付违约金2800万元,扣除其在拍卖前交纳的保证金100万元,还应支付2700万元;另外由于某房地产公司未按约支付成交价款的违约行为还导致原告无法从某实业公司处取得佣金350万元。

被告(反诉原告)某房地产公司辩称:某拍卖公司在曲靖和昆明两处挂牌开展业务,违反《云南某拍卖总行业自律规则》第4条之规定;构造虚假拍卖,拍卖行为违法,拍卖确认书无效;拍卖程序违法,拍卖确认书无效;某拍卖公司为了把资产拍卖给外商丙,请某房地产公司帮忙,因其内部原因,丙放弃购买,某拍卖公司起诉某房地产公司没有依据;丙放弃购买,是其与某拍卖公司之间的事,与某房地产公司无关;某拍卖公司拍卖的是国有资产,没有进行拍卖评估,违反《拍卖法》第8条之规定,拍卖程序违法,拍卖行为应属无效。并反诉要求法院确认某拍卖公司2005年6月29日对赫威大厦整体资产的拍卖行为无效,拍卖成交确认书无效,并由某拍卖公司偿还某房地产公司拍卖保证金100万元及损失。

某拍卖公司针对反诉答辩称:按照拍卖合同的约定,拍卖保底价是1.4亿元,不是某房地产公司所称1.5亿元;丙是某房地产公司的工作人员,与我方无关;赫威大厦的抵押问题只是某银行支行是否享有优先受偿权的问题,拍卖征得了某银行支行的同意,不存在产权瑕疵;保证金的收取是经某实业公司的同意变更成100万元。某实业公司已经改制成为股份公司国有资产已经全部退出,赫威大厦不再是国有资产,不存在评估问题;关于另外两家竞买人,我公司事后才得知是某房地产公司的工作人员。

【裁判结果】

一审:驳回本诉原告某拍卖公司的诉讼请求。由反诉被告某拍卖公司于本判决生效之日起十日内偿还反诉原告某房地产公司保证金人民币100万元。驳回反诉原告某房地产公司的其他诉讼请求。

【争议焦点与裁判理由】

本案的争议焦点为,拍卖标的的产权是否存在瑕疵以及拍卖人大幅度变更竞买保证金是否属于拍卖程序瑕疵。

人民法院经审理认为，因某实业公司改制已经完成，某房地产公司主张赫威大厦属于国有资产应进行价值评估，法院不予支持。关于赫威大厦产权瑕疵，赫威大厦在拍卖之前，抵押权人同意拍卖该物，并同意用拍卖所得款项优先偿还贷款。虽然对该财产已经抵押的事实，未通知某房地产公司，但该行为并不导致转让无效。关于拍卖程序瑕疵，某拍卖公司发布拍卖公告时公布的保证金是1500万元，而在拍卖当天变更成100万元，如此大幅的变更保证金数额以及当天进行变更的行为势必排斥其他有资格的竞买者。本案中某房地产公司的员工以自然人身份参加竞买，既没有交纳保证金，也没有提供身份资料，作为专业从事拍卖行业的某拍卖公司，不严格按照其公告的拍卖程序审查竞买人资格，已经违反了《拍卖法》的规定，使得拍卖活动最终没有实质的竞买者，故此次拍卖活动程序应为无效。因此，对某拍卖公司要求某房地产公司支付佣金的诉请不予支持，对某房地产公司要求返还保证金100万元的诉请予以支持。

【案例评析】

一、赫威大厦是否属于国有资产，产权是否存在瑕疵

因2005年2月5日，昆明市深化国企改革试点工作领导小组作出的昆深改(2005)2号文件中在国有资产界定及处置部分谈到“同意企业分三年付清购买国有净资产的款项”，“至此，某实业公司国有资产全部退出”。并且之后，某实业公司也进行了工商登记的变更手续，因此某实业公司改制已经完成，至于支付购买国有资产的款项问题，是在某实业公司与政府之间形成的债权债务关系。某房地产公司主张的购买国有资产的款项尚未付清，故企业性质没有改变，赫威大厦属于国有资产的主张，不能成立。

关于赫威大厦产权是否存在瑕疵，赫威大厦曾向某银行支行设定抵押，但在拍卖之前，抵押权人同意拍卖该物，并同意用拍卖所得款项优先偿还贷款。虽然对该财产已经抵押的事实，未通知某房地产公司，但依据《最高人民法院关于适用〈中华人民共和国担保法〉若干问题的解释》第67条第1款之规定“抵押权存续期间，抵押人转让抵押物未通知抵押权人或者未告知受让人的，如果抵押物已经登记的，抵押权人仍可以行使抵押权；取得抵押物所有权的受让人，可以代替债务人清偿其全部债务，使抵押权消灭。受让人清偿债务后可以向抵押人追偿”，因此，虽然没有将抵押的事实告知受让人，但该行为并不导致转让无效。

二、拍卖人大幅度变更竞买保证金是否属于拍卖程序瑕疵

拍卖是一种以公开竞价的形式，将特定物品或者财产权利转让给最高应价者的一种买卖方式。拍卖是由系列活动组成的复杂行为，或可称为复合行为。委托人、拍卖人、竞买人在拍卖活动中必须单独或相互完成一系列的行为，集中体现为行为与规则的关系。一般而言拍卖应当具有三个条件：一是要有两个以上的竞买者；二是买卖中要含有价格竞争因素；三是价格竞争在买主中展开。首先，拍卖前必须进行公告,公布于众,让一切有购买意向的人知晓所拍卖的物品、时间、地点及其他相关事项;其次,拍卖必须按公告确定的时间、地点及其他标准公开进行,不得排斥任何有资格的竞买人;最后,拍卖成交必须采用公平的标准。这个标准一般称为“价高者得”。本案中某拍卖公司在进行拍卖公告时公布的保证金是1500万元,而在拍卖当天变更成100万元,虽然《拍卖法》中没有对变更保证金后,是否还应向社会公告作出规定,但如此大幅地变更保证金数额以及当天进行变更的行为势必排斥其他有资格的竞买者。在对参加竞买人的资格进行审查时,某拍卖公司显然没有尽到审查义务,本案从表象上看是某房地产公司的员工以自然人身份参加竞买,虽然法律不禁止这种做法,但实质上这两名自然人一方面没有交纳保证金,另一方面连最基本的身份材料都没有提供,作为专业从事拍卖行业的某拍卖公司,不严格按照其公告的拍卖程序审查竞买人资格,允许以这样不符合其公告的规则的人员参加拍卖,已经违反了《拍卖法》第4条“拍卖活动应当遵守有关法律、行政法规,遵循公开、公平、公正诚实信用的原则”,使得拍卖活动最终没有实质的竞买者,其结果不是“价高者得”,故此次拍卖活动程序应为无效。因此,对某拍卖公司要求某房地产公司支付佣金的诉请不予支持,对某房地产公司要求返还保证金100万元的诉请予以支持。同时,某房地产公司参加竞买,其对自己的员工以竞买者身份参加拍卖应是明知的,故对拍卖程序的无效亦有过错,由此造成的损失自行承担。

【案例索引】

一审:云南省昆明市中级人民法院(2006)昆民四初字第32号

152. 甲与某拍卖公司、某银行分行、乙拍卖纠纷案

——拍卖师的行为违反法律规定或行业习惯的效力

问题提示:可否以拍卖师的行为违反法律规定或行业习惯做法认定其拍卖行为无效?

【基本案情】

上诉人(一审原告):甲

被上诉人(一审被告):某拍卖公司

一审第三人:某银行分行

一审第三人:乙

人民法院经审理查明:某银行分行委托某拍卖公司整体拍卖上饶市“正大商厦”地下室及一层至四层总建筑面积约6289.6平方米的房产。某拍卖公司于

2004年4月29日刊登了拍卖公告，载明拍卖时间、主持人、起拍价、拍卖方式、竞买报名手续等内容。之后，甲、乙及某经贸实业公司等六位竞买人依公告要求办理了竞买报名手续，甲、乙各交纳了保证金200万元，分别取得12号、17号竞投号牌。甲为12号的举牌人。丙接受乙之委托，为其代理竞买事宜，为17号的举牌人。

"正大商厦"拍卖会于2004年5月12日下午五时举行。拍卖师丁宣布开始竞拍，起拍价为2000万元，加价不得少于50万元。在丁询问至2050万元并宣布"2050万元第一次"后，甲举牌应价2100万元，丁三次报价而无他人应价后，询问甲称："12号，你的加价没有达到保留价，2670万元，你要吗？"甲举牌叫"应价"。丁称："谢谢！"并随后落槌宣布："12号以2670万元竞得正大商厦部分房地产权。好！今天的标的拍卖到此结束。"这时，17号竞买人丙对丁的操作方法提出质疑，认为其应就2670万元的价位主持全场竞价。接着，21号竞买人、16号竞买人（系某经贸实业公司会计）亦指责丁在2670万元价位上没有叫三次，没有询问是否有人加价。甲说："拍卖已经落槌，不存在再加价。"丁亦解释称其在2100万元价位上已叫了三次。乙再三提出异议，丙则要求丁再拍。在此情况下，丁表示："2670万元是12号举的牌，你在2670万元以上要加价是可以的，2100万元你就没有权利了。"甲抗议道："你再拍卖，我不同意。"16号竞买人说："拍卖师你要宣读三次，我们才认可。"丁说："如果最后的应价有人往上加，是可以的。"随后，丁对甲提示其已经落槌之事未加理会，由2670万元开始继续拍卖。甲起初摔牌表示抗议，但在丁报价2715万元时举牌应价。之后，16号举牌应价2720万元。甲见状要求现场的监管人员出面制止，未果后便声明其已以2670万元的价格成交，并将保留这一权利。丁对甲作了一番解释后继续主持拍卖。最后，丁在17号举牌应价2740万元时询问了三次，见无人再举牌，便落槌并宣布17号以2740万元竞得"正大商厦"部分产权。丁、丙当场在《拍卖会记录》上签名。同时某拍卖公司填写了《拍卖成交单》，载明拍卖标的为"正大商厦"地下室及一层至四层房地产，拍卖成交价为2740万元，丙在上面签了名。

2004年5月13日，甲及其合伙人向某拍卖公司出具了一份函件，称某拍卖公司和17号竞买人之间的拍卖行为无效，要求该公司立即停止给17号竞买人办理买受手续。2004年5月26日，甲再次致函某拍卖公司，称其以2670万元竞得"正大商厦"部分产权，请该公司协助办理拍卖成交确认书、产权过户手续。某拍卖公司收到上述两份公函后，未作答复。2004年7月22日，甲向某拍卖公司递交《申请书》，再次要求该公司为其办理拍卖成交相关手续，某拍卖公司对此未予回复。

甲诉称：其持12号竞拍牌参加了由某拍卖公司主持的拍卖会，在拍卖师落槌并宣布12号以2670万元的价格成交后，由于有其他竞拍人提出异议，拍卖师竟又一次报价，且宣布标的物由17号竞买人拍得，其再三抗议均无结果。之后，其多次找某拍卖公司反映,但某拍卖公司执意要为17号竞买人办理成交手续,故请求法院判决确认某拍卖公司拍卖标的物第二次落槌成交无效;确认某拍卖公司拍卖标的物第一次落槌成交有效;撤销某拍卖公司2004年5月12日与丙签署的《拍卖成交单》;判令某拍卖公司立即按2670万元的价格为其办理“正大商厦”地下室及一至四层部分产权成交确认书。某拍卖公司承担本案全部诉讼费用。

某拍卖公司答辩称:甲没有依法拍得标的物,本公司无须为其办理产权成交确认书。理由是:本案拍卖标的物在公布保留价之前,甲的最高竞价为无效要约;本公司的拍卖师对甲以保留价成交的落槌行为不当,损害了其他竞买人,特别是承租人的合法权利,拍卖师及时纠正错误的行为符合法律规定;承租人以2740万元的最高应价成交且签署了成交确认书,这一拍卖行为合法有效。

一审第三人某银行分行参加诉讼后,一审期间未作具体答辩,但提供了证据证明其系本案标的物的权利人。

一审第三人乙答辩称:拍卖师将其在拍卖会上对甲应价的落槌行为当场宣布无效是合法正当的;甲的诉讼请求是要法院对拍卖师的错误将错就错,理应得不到支持;为纠错而在落槌后继续拍卖并不违反一锤定音的原则;本案应当中止诉讼。理由是:上饶市中院已经受理承租人某经贸实业公司提出的诉讼,该诉讼的事实和理由是出租人某商贸(集团)公司于2003年12月9日与某银行分行协议约定转让本案所涉房产的行为,侵犯了某经贸实业公司的优先购买权,本案系对2004年5月12日拍卖会落槌的效力有争议,前者优于后者,故本案应当中止诉讼。

【裁判结果】

一审:驳回甲的诉讼请求。

二审:撤销一审判决;某拍卖公司拍卖“正大商厦”部分产权的行为无效;驳回甲的其他上诉请求。

【争议焦点与裁判理由】

本案的争议焦点是:(1)对于本案系争拍卖物拍卖师两次落槌是否有效;(2)拍卖师在拍卖活动中出现错误行为包括违法行为,能否自己纠正。

根据生效裁判文书,人民法院认为,根据《合同法》《拍卖法》的规定,参照某拍卖公司向各竞买人提供的《拍卖规则》以及拍卖行业的习惯做法,某拍卖公司拍卖“正大商厦”部分产权过程中,拍卖师在2670万元和2740万元价位上的两次落槌均为无效。甲上诉主张2740万元价位上落槌无效有理,予以支持。一审判决驳回甲主张2740万元价位上落槌无效的诉讼请求不当,予以纠正。由于上诉人甲在本案一、二审期间均坚持2004年5月12日某拍卖公司拍卖师在2670万元价位上落槌有效的主张,而没有就此次落槌无效提出具体的赔偿请求,故有关是否存在损失、是否应予赔偿问题并非本案二审审理范围。

【案例评析】

一、2004 年 5 月 12 日，某拍卖公司拍卖“正大商厦”部分产权时，拍卖师两次落槌是否有效

关于拍卖师在 2670 万元价位上的落槌：第一，拍卖是以公开竞价的形式，将特定物品或者财产权利转让给最高应价者的买卖方式。某拍卖公司拍卖“正大商厦”部分产权的过程中，当拍卖师报价 2100 万元时，全场除甲外无他人应价，而“正大商厦”的保留价是 2670 万元。根据《拍卖法》第 50 条第 2 款的规定，尽管拍卖师未依法宣布此次拍卖结束，但客观上已经形成流拍，甲的 2100 万元的竞价不发生效力。第二，根据《拍卖法》的规定和拍卖行业惯例，拍卖师应当向拍卖现场的所有竞买人公开报价，并根据应价情况继续加价拍卖，在出现最高应价时落槌宣布拍卖成交。拍卖师在宣布甲 2100 万元的应价没有达到保留价后，没有宣布流拍，而是单独询问甲是否接受 2670 万元的保留价，并在其同意后落槌宣布了拍卖成交。拍卖师的上述做法，违反了拍卖活动必须遵循的公平、公正原则，侵害了其他竞买人公平参与竞价的合法权益，在客观上也未能使委托人的利益实现最大化。第三，对于此次拍卖活动是否必须采取“三声报价法”，《拍卖法》和某拍卖公司的《拍卖规则》也没有规定，但是，拍卖师在 2670 万元以前的报价采取了“三声报价法”，现场的竞买人也予以接受。这表明三声报价法已经成为本次拍卖活动必须遵守的规则。故拍卖师在随后的拍卖活动中，仍应报价三次。拍卖师在 2670 万元价位上没有经过三次报价，即落槌宣布成交违反了本次拍卖活动的规则，同时也剥夺了其他竞买人公平参与竞买的机会。因此，拍卖师在 2670 万元价位上的落槌是无效的。

关于拍卖师在 2740 万元价位上的第二次落槌：“正大商厦”属于有保留价的拍卖标的，当 2100 万元的最高应价未达到保留价时，某拍卖公司没有结束拍卖活动，而是继续进行拍卖。这一做法并不为法律所禁止。拍卖师于流拍后，向甲单独报价并落槌宣布其以 2670 万元购得“正大商厦”部分产权后，因其他竞买人抗议，遂在此价位的基础上继续进行拍卖，甲当即提出抗议，拍卖师并未对 2670 万元价位上的落槌行为作出合理解释和妥善处理，而是继续进行拍卖活动。虽然甲在阻止随后的拍卖活动未果的情况下也曾举牌应价，但拍卖师对在拍卖现场已经出现的纠纷未作处理，即违反拍卖程序继续拍卖和轻率否认其已经作出的落槌成交宣告行为，使得甲失去了与其他竞买人一道继续参与公平竞买的正常心态和判断力。因此，随后进行的拍卖活动对甲不公平。在 2670 万元价位落槌后，拍卖师随即宣布“今天的标的拍卖到此结束”，整个拍卖过程已经完结，如果讼争标的物需要重新拍卖，某拍卖公司应另行组织拍卖活动。某拍卖公司在 2670 万元价位的基础上继续拍卖不符合拍卖规则。从 2670 万元至 2740 万元价位的拍卖行为属无效的民事行为。因此，拍卖师在 2740 万元价位上的落槌也是无效的。

二、拍卖师在拍卖活动中出现错误行为包括违法行为,能否自己纠正

《拍卖法》和某拍卖公司的《拍卖规则》对拍卖师有没有权利纠正其在拍卖活动中的错误均没有规定,应当视具体情况而定。自行纠正错误的基本要求是不违反拍卖法公平、公正的基本原则,不违反拍卖程序,不损害他人的合法权益。本案中,对于2670万元价位上的落槌,其他竞买人与甲之间发生了争议,这一争议是由拍卖师的违规行为引起的,拍卖师对此未作出合理解释及妥善处理,便宣布落槌无效,继续进行拍卖,不符合公开、公正的拍卖原则。拍卖师在宣布此次拍卖活动结束后,又继续进行拍卖,违反了拍卖程序。当竞买人之间对2670万元落槌有争议,拍卖师无力解释和妥善处理时,无权自行宣布该落槌无效,而应通过合法途径确认此落槌行为的效力。在拍卖活动宣告结束后,拍卖师以继续拍卖的方式自行"纠错",不论甲是否参与,都是违反拍卖程序的。综上所述,甲上诉主张2740万元价位上落槌无效有理,应予以支持。

【案例索引】

一审:江西省高级人民法院(2004)赣民一初字第4号

二审:最高人民法院(2005)民一终字第43号

153. 某拍卖公司与某文化发展公司拍卖合同纠纷案

——拍卖师未经委托人同意低于保留价落槌的效力

问题提示:拍卖师未经委托人同意低于保留价现场落槌是否产生拍卖标的成交的法律效果?

【基本案情】

上诉人(一审被告):某拍卖公司

被上诉人(一审原告):某文化发展公司

人民法院经审理查明:某文化发展公司与某拍卖公司于2012年9月20日签订了《委托拍卖合同书》一份,某文化发展公司将其所有的油画《年轮》委托某拍卖公司进行拍卖。《委托拍卖合同书》第十一条约定该画保留价为130万元。2012年11月25日上午10时,某拍卖公司在北京亚洲大酒店举行2012秋季文物艺术品拍卖会——中国油画及雕塑专场,当拍品《年轮》竞价至128万元,拍卖师在未征得某文化发展公司同意的情形下现场落槌,成交了该拍品。11月26日,某拍卖公司的官方网站显示拍品《年轮》已成交,价格为1 433 600元(其中含买方佣金153 600元)。2012年12月17日,某文化发展公司在未收到拍卖款的情况下向某拍卖公司送达催款函,要求某拍卖公司在收到催款函后5日内向其支付拍卖款。某拍卖公司收到催款函后，仍未向某文化发展公司支付拍卖款，并于2013年4月12日向某文化发展公司送达函件表明，1046号拍品《年轮》未成交，要求某文化发展公司将该画取回。

原告某文化发展公司诉称：其系油画《年轮》的所有权人，为参加某拍卖公司承办的2012秋季文物艺术品拍卖会，与某拍卖公司于2012年9月20日签订了《委托拍卖合同书》一份。该合同第十一条约定，拍品《年轮》的保留价为130万元整。2012年11月25日上午10时，该公司委派员工参与了某拍卖公司承办的拍卖会全程。当拍品《年轮》竞价至128万元，拍卖师在未征得某文化发展公司同意的情形下现场落槌，成交了该拍品。翌日，某拍卖公司的官方网站显示拍品《年轮》已成交，价格为1 433 600元。然虽经某文化发展公司多次催要，某拍卖公司仍未按照保留价支付某文化发展公司拍卖款项。现某文化发展公司请求判令某拍卖公司按照《委托拍卖合同书》中约定的保留价支付某文化发展公司拍卖款130万元并承担本案的全部诉讼费用。

被告某拍卖公司辩称：(1)涉案拍品未成交。某文化发展公司与某拍卖公司在《委托拍卖合同书》中约定委托拍卖的《年轮》保留价为130万元，在对该拍品进行拍卖时，最高出价为128万元。依据《拍卖法》第50条第2款规定："拍卖标的有保留价的，竞买人的最高应价未达到保留价时，该应价不发生效力，拍卖师应当停止拍卖标的的拍卖。"因此，最高出价未达到保留价，该拍品未成交。《拍卖规则》第9条第2款规定："在任何情况下，本公司不对某一拍卖品在本公司举办的拍卖会中因未达保留价而未成交承担任何责任。"某拍卖公司并不承担因未达到保留价而未成交的责任。(2)无论是否成交，某拍卖公司依法不承担支付拍品款的义务。依据《拍卖法》第39条规定："买受人应当按照约定支付拍卖标的的价款，未按照约定支付价款的，应当承担违约责任……"可见，如果成交，依法支付拍卖价款的是买受人，而非某拍卖公司。又依据《拍卖规则》第27条规定："拍卖成交后，如买受人未向本公司付清全部购买价款，本公司不承担向委托人支付或垫付出售收益的义务。"如拍卖成交，拍卖人亦不承担向委托人支付或垫付出售收益的义务，何况涉案拍品并未成交。综上，某拍卖公司请求法院依法驳回某文化发展公司的诉讼请求。

【裁判结果】

一审：判决被告向原告支付拍卖款人民币128万元，并赔偿差额损失人民币2万元。

二审：判决撤销一审判决；驳回原告某文化发展公司的诉讼请求。

【争议焦点与裁判理由】

本案的争议焦点为，某拍卖公司拍卖师在128万元价位上落槌是否产生拍卖标的成交的法律后果以及某拍卖公司是否应向某文化发展公司支付拍卖价款130万元。

根据生效裁判文书,人民法院认为:(1)某拍卖公司拍卖师在128万元价位上落槌并不产生拍卖标的成交的法律后果。根据《拍卖法》第50条第2款与第51条设定的先后顺序表明,拍卖标的有保留价时,首先应依照《拍卖法》第50条第2款的规定审查竞买人的最高应价是否达到保留价,即竞买人的最高应价是否发生效力。本案中,因128万元的最高应价未达到保留价,故该最高应价依法不发生效力,拍卖师在该价位上落槌违反了《拍卖法》第50条第2款的相关规定,该落槌行为应属无效。由于该落槌行为无效,亦不应产生《拍卖法》第51条规定的拍卖成交的法律后果。(2)某拍卖公司是否应向某文化发展公司支付拍卖价款130万元。某拍卖公司系拍卖合同关系中的拍卖人,而非买受人,其依法不负有作为买受人的付款义务,且由于某拍卖公司拍卖师的落槌行为无效,涉案拍卖标的并未成交,故某文化发展公司要求某拍卖公司按照保留价130万元向其支付拍卖价款的诉讼请求,缺乏法律依据,法院不予支持。

【案例评析】

本案涉及拍卖师未经委托人同意低于保留价现场落槌是否产生拍卖标的成交的法律效果。

在审理过程中,存在两种意见:第一种意见认为,根据拍卖法规定,竞买人的最高应价经拍卖师落槌或者以其他公开表示买定的方式确认后,拍卖成交。本案拍卖师低于保留价现场落槌应视为无权处分行为,鉴于原告多次向被告发出催款函,原告对于拍卖师的无权处分行为已经追认,该拍卖行为成交,具有法律效力。因此,被告应当向原告支付拍卖价款。第二种意见认为,根据拍卖法规定,拍卖标的有保留价的,竞买人的最高应价未达到保留价时,该应价不发生效力。本案中,拍卖师低于保留价现场落槌的行为违反了拍卖法的禁止性规定,该落槌行为无效,不产生拍卖成交的法律效果。同时,拍卖人某拍卖公司并非拍卖合同关系中的买受人,亦无支付拍卖价款的义务,故某拍卖公司无须向某文化发展公司支付拍卖价款。

本案法院最终采纳了第二种意见,即认为拍卖师未经委托人同意低于保留价现场落槌并不产生拍卖标的成交的法律效果。根据法律规定,拍卖标的的保留价是指拍卖标的拍卖成交价应达到的最低价格基数。科学、合理、公平地制定拍卖保留价是拍卖活动中的重要环节。一般情况下,保留价的制定以委托人的意见为主要依据,委托人有权确定拍卖标的保留价并要求拍卖人保密。根据拍卖法规定,拍卖标的有保留价的,竞买人的最高应价未达到保留价时,该应价不发生效力,拍卖师应当停止拍卖标的的拍卖。当拍卖师低于保留价现场落槌时,必须厘清《拍卖法》第50条第2款与第51条之间的关系。《拍卖法》第50条第2款规定"拍卖标的有保留价的,竞买人的最高应价未达到保留价时,该应价不发生效力,拍卖师应当停止拍卖标的的拍卖",第51条规定,"竞买人的最高应价经拍卖师落槌或者以其他公开表示买定的方式确认后,拍卖成交"。从条文的先后顺序来看,拍卖标的有保留价的，首先应当依照第50条第2款的规定审查竞买人的最高应价是否达到了保留价，即竞买人的最高应价是否发生效力。如果竞买人的最高应价低于保留价，那么显然，该最高应价是不发生法律规定的效力的。因此，拍卖师在该价位上落槌违反了拍卖法的禁止性规定，落槌应为应当是无效的。既然如此，那么也不会产生《拍卖法》第51条规定的现场落槌视为拍卖成交的法律后果。

本案中，委托人某文化发展公司与拍卖人某拍卖公司在拍卖前已经在《委托拍卖合同书》中约定拍卖标的保留价为130万元，拍卖会当天，拍卖师低于保留价在128万元的价位上落槌行为违反了《拍卖法》规定，落槌行为无效，不产生拍卖标的成交的法律后果。同时，因为拍卖活动是一种特殊的交易活动，存在两个法律关系，分别是：委托人与拍卖人之间的委托拍卖合同关系、拍卖人与竞买人（买受人）之间的竞买合同关系。因本案竞买人的最高应价低于保留价而不发生效力，该竞买合同并未成立，亦无效力待定之说。加之，《拍卖规则》第9条规定，“保留价一经确定，双方均不得擅自更改，如需变更保留价，均需事先征得对方同意”，某文化发展公司事前并无降低保留价的意思表示。因此其催款函也无追认效力。综上，此次拍卖并未产生成交的法律效果。

关于拍品款的履约责任是否由拍卖人承担的问题，由于拍卖是一种特殊的交易，存在两个法律关系。在拍卖成交后，竞买合同关系已经成立。在该合同关系中，双方当事人分别是委托人和买受人（竞买人），买受人有向委托人支付拍卖成交款的义务，而委托人有将拍卖标的交付给买受人的义务，而拍卖人并非买受人，不能对其强加买受人的付款义务。本案中，某拍卖公司作为拍卖人，并无义务向委托人某文化发展公司支付拍卖标的价款。加之，本次拍卖因低于委托人的保留价并未产生拍卖标的成交的法律效果。根据《拍卖规则》第9条第2款规定，“在任何情况下，本公司不对某一拍卖品在本公司举办的拍卖会中因未达保留价而未成交承担任何责任”，某文化发展公司要求某拍卖公司按保留价支付其130万元拍品款的请求没有法律依据，应当不予支持。

【案例索引】

一审：北京市西城区人民法院（2013）西民初字第7216号

二审：北京市第二中级人民法院（2014）二中民终字第02330号

154. 甲与某实业公司、某拍卖公司拍卖合同纠纷案

——低于保留价落槌,是否导致后续签订的拍卖合同无效

问题提示:1. 拍卖公司以低于委托方要求的保留底价拍卖房产,是否必然导致后续委托方与买受人签订的房屋买卖合同无效? 2. 房屋买卖合同的违约方对受损方的租金损失赔偿应从何时起计算至何时止?

【基本案情】

再审申请人(一审原告、上诉人):甲

再审被申请人(一审被告、被上诉人):某实业公司

再审被申请人(一审被告、被上诉人):某拍卖公司

人民法院经审理查明:申请人甲于2008年9月23日参加某拍卖公司举办的拍卖会,竞得由某实业公司委托某拍卖公司拍卖的琅琊山路办公用房房产,双方签署《拍卖成交确认书》,约定总成交额520 960元,拍卖佣金26 046元,合计546 966元。2008年9月26日,买受人付清了60%的首付款320 920元和拍卖佣金26 046元。按《拍卖成交确认书》附注1、2和《2008年9月23日拍卖会特别规定》第四项的约定,自拍卖成交确认书签字之日起7日内付清60%的首付款和全额拍卖佣金后办理产权过户手续,逾期责任自负,余下房款在房产权过户后一个月内办理银行按揭贷款付清并办理房屋移交。甲于2009年9月16日付清尾款20万元,至此购房款已全部付清。上述房产的所有人为某实业公司,某拍卖公司已付某实业公司售房款364 644元,尚欠房款156 276元至今未予支付。上述房产至今未办理过户手续,亦未交付甲使用。

原告甲起诉认为:2008年9月26日,原告向某拍卖公司付清60%的首付款后,于2008年9月29日和某实业公司签订了《存量房买卖合同》,该合同第三条明确约定:"甲方于2008年12月1日前腾空该存量房,并通知乙方进行交接……并将存量房钥匙交给乙方即为存量房交付。"但某实业公司拒绝将诉争房产过户给原告,也拒绝在限期内交付,给原告造成重大经济损失。据此提出请求确认该购房合同有效,某实业公司全面履行合同义务,将诉争房产过户并交付给原告,同时按照每月11 187元的标准赔偿原告自2008年12月以来的租金损失等诉请。

某实业公司辩称:(1)甲与某拍卖公司的拍卖行为因低于某实业公司群众代表确定的拍卖保守底价,拍卖行为无效;(2)即使对拍卖行为予以确定,因某拍卖公司至今未全额支付房屋价款,某实业公司没有法定义务交付房产;(3)甲主张租金损失,时间起算错误,且租金损失与某实业公司没有任何关联。

某拍卖公司辩称:(1)甲无权对某拍卖公司提起诉讼,某拍卖公司在拍卖成交后,依法向竞得人出具了成交确认书,履行了拍卖全部义务,故甲不能向某拍卖公

司提起诉讼;(2)甲的诉讼请求没有事实及法律依据。

【裁判结果】

一审:某实业公司将诉争房产交付甲,并协助甲办理产权变更登记;判决某实业公司按11 187元/月的标准赔偿甲自2010年6月始计算的租金损失,直至房屋实际交付时止。

二审:某实业公司将诉争房产交付甲,并协助甲办理产权变更登记;判决某实业公司按11 187元/月的标准赔偿甲自2009年10月始至2011年6月房屋实际交付时止的租金损失共计223 740元。

再审:维持二审判决。

【争议焦点与裁判理由】

本案的争议焦点是:(1)某实业公司与甲之间是否形成房屋买卖合同关系;(2)某实业公司应于何时向甲交付房屋以及甲主张的租金损失应从何时起计算至何时止。

根据再审裁判文书,人民法院认为,甲与某实业公司于2008年9月29日签订了《存量房买卖合同》,某实业公司在明知购房价款低于其要求的保留底价的情况下仍然签署了该合同,应当认定该合同是基于双方意思表示真实而签订,内容不违反法律及行政法规的强制性规定,应为合法有效的合同。据此,某实业公司与甲之间形成了房屋买卖合同关系。

甲于2009年9月16日付清全部房屋款后,某实业公司应在合理的时间内即2009年9月底履行交付房屋的义务,但其直至2011年6月才交付房屋,应属违约,其应承担违约责任,赔偿甲的租金损失,赔偿的起止时间为应当完成交付的时间至实际完成交付的时间,也即2009年10月至2011年6月。

【案例评析】

一、拍卖公司以低于委托方要求的保留底价拍卖房产,是否导致后续委托方与买受人签订的房屋买卖合同无效

大多数国家的拍卖法均有规定,委托方可与受托的拍卖公司约定以有底价的拍卖方式拍卖标的,即拍卖公司须在保留底价之上拍卖标的。若拍卖公司在保留底价之下将标的拍出,是否必然导致该拍卖无效?相应的买卖合同是否必然无效?

《拍卖法》从维持拍卖交易的稳定性、安全性出发,对拍卖无效采取了严格限制的立法态度,仅第65条规定了一种拍卖无效的情形,即“竞买人之间、竞买人与拍卖人之间恶意串通,给他人造成损害的”。除非出现第65条规定的情形,不应轻易否定拍卖的效力。《拍卖法》第50条规定:“拍卖标的有保留价的,竞买人的最高应价未达到保留价时,该价应不发生效力,拍卖师应当停止拍卖标的的拍卖。”此条款并非是拍卖效力的否定条款。

本案中,某实业公司委托某拍卖公司拍卖房产,双方形成委托代理法律关系,某拍卖公司以低于某实业公司要求的拍卖保留价的价款将争议房产拍卖给甲,并与之签署《拍卖成交确认书》,该《拍卖成交确认书》为有效合同。《合同法》第32条规定:"当事人采用合同书形式订立合同的,自双方当事人签字或者盖章时合同成立。"2008年9月29日甲与某实业公司签订的《存量房买卖合同》中加盖了某实业公司的公章,应当认定该合同是基于双方意思表示真实而签订,内容不违反法律及行政法规的强制性规定,应为合法有效的合同。因此,拍卖公司以低于委托方要求的保留底价拍卖房产,并不必然导致后续委托方与买受人签订的房屋买卖合同无效。

二、房屋买卖合同的交付时间如何确定

合同的交付义务依照合同的约定履行,但有时合同的约定条款之间会存在相互冲突的情况,此时,应该如何确定交付时间就需要对合同各条款的效力进行全面把握。

本案中,甲与某实业公司于2008年9月29日签订《存量房买卖合同》,该合同载明的交房日期为2008年12月1日前,甲据此主张房屋的交付时间应为2008年12月。但甲的房款直至2009年9月才付清,因此甲并没有按时履行《存量房买卖合同》约定的付款义务。而且,双方对该合同的签订日期存在争议,甲在一审期间的相关陈述存在前后矛盾之处,且双方在合同中对付款时间和方式未作其他特别约定,故甲仍应按照《2008年9月23日拍卖会特别规定》及《拍卖成交确认书》中的相关约定履行付款义务,甲在尚未付清全部房款的情况下就要求某实业公司交付房屋不符合情理,某实业公司有权要求甲在付清全部拍卖款项后再将房屋交付给甲,这也符合交易的一般原则。因此甲主张的交付时间不被支持。在本案中,鉴于甲已于2009年9月16日付清全部购房款,且《2008年9月23日拍卖会特别规定》载明"委托人在买受人付清全部款项后将房屋按现状交付",某实业公司与某拍卖公司之间的《委托拍卖合同》亦载明"拍卖成交,买受人付清款项后10日内"交付房屋,所以应认定某实业公司应于甲付清全部购房款后合理时间内交付房屋。因此,某实业公司应当完成房屋交付的时间为2009年9月底。

三、房屋买卖合同的违约方对受损方的租金损失赔偿应从何时起计算至何时止

房屋买卖合同的卖方应当履行按时交付房屋的合同义务,否则须对买方的损失承担赔偿责任。甲于2009年9月16日付清全部房屋款后,某实业公司应在合理的时间内即2009年9月底履行交付房屋的义务,但其直至2011年6月才交付房屋,应属违约,其应承担违约责任,赔偿甲的租金损失。据此,某实业公司承担损失赔偿责任的时间起点为2009年10月。

2011 年 6 月 2 日，甲与某实业公司签订了《房屋交付确认书》和《标的物交接清单》，某实业公司将房屋钥匙交付给了甲，双方完成了房屋交接手续，该交接行为符合双方在合同中的相关约定，故 2011 年 6 月 2 日应为某实业公司向甲交付房屋的时间。据此，卖方应当向买方承担的租金损失赔偿的起止时间为应当完成交付的时间至实际完成交付的时间，也即 2009 年 10 月至 2011 年 6 月。

【案例索引】

一审：安徽省合肥市瑶海区人民法院(2012)瑶民二初字第 1078 号

二审：安徽省合肥市中级人民法院(2012)合民一终字第 02479 号

再审：安徽省合肥市中级人民法院(2013)合民一再终字第 00027 号

155. 某公司清算组与某拍卖公司拍卖合同纠纷案

——拍卖师现场调整加价幅度行为的效力

问题提示：拍卖师现场调整加价幅度等拍卖行为是否违反拍卖程序？

【基本案情】

上诉人(一审原告)：某公司清算组

被上诉人(一审被告)：某拍卖公司

被上诉人(一审第三人)：甲

人民法院经审理查明：某公司因严重亏损于 2005 年 4 月向益阳市赫山区人民法院申请破产还债。2008 年 3 月 13 日，经法院同意，某公司清算组与某拍卖公司签订《委托拍卖合同》，委托某拍卖公司拍卖其所有的综合楼一楼产权证所属房屋及五个油罐和剩下的土地。2008 年 4 月 22 日，某拍卖公司刊登拍卖公告，定于 2008 年 5 月 15 日公开拍卖。5 月 14 日，第三人甲在某拍卖公司报名参加拍卖并交纳保证金，并领取相关材料，其中《拍卖规则》载明“竞买人的出价低于拍卖底价或加价低于加价幅度时，该应价无效”。5 月 15 日，某公司清算组根据益阳市价格认证中心作出关于标的物价格认证结论当场向拍卖师提交拍卖标的物底价。拍卖师宣布拍卖标的起拍价为 36 万元，加价幅度为 2 万元，现场无人举牌。拍卖师现场调整加价幅度为 1 万元。经过一轮竞价后，拍卖师宣布依据“价高者得”的原则，只要有人出价超过上一个举牌的价格即可。经过竞价，拍卖师现场落槌，宣布由甲以 37.61 万元拍得标的物。某公司清算组相关负责人员全程见证涉案房地产的拍卖过程，一直未对拍卖过程提出异议。甲与某拍卖公司签订成交确认书。五日后，甲认为涉案标的部分权证不完整且存在对外租赁为由，要求权证完整后交付购房款。

2009年9月,某公司清算组向法院提交《裁定申请书》,申请裁定移交标的物,并要求竞得人按约履行义务。2009年10月,某公司清算组出具承诺,同意甲先付10万元后,某公司清算组移交房屋标的物。后甲向某拍卖公司交付10万元,某公司清算组移交了涉案标的房屋。

原告诉称:在拍卖过程中,被告违反拍卖程序和规则,与第三人存在恶意串通损害原告利益的行为,请求确认被告与第三人签订的拍卖确认书无效,判令被告退还所收取的佣金18 750元及赔偿损失。

被告某拍卖公司辩称:拍卖人接受委托人的委托符合法律规定。拍卖人的整个拍卖过程符合法律规定。拍卖成交后拍卖标的物已经实际移交。整个拍卖过程已经完成,法律没有规定加价幅度不能变更,现场调整加价幅度符合法律规定,不存在恶意串通行为,不存在损害国家利益。

第三人甲述称:其与拍卖公司之间不可能恶意串通损害上诉人利益,系依法取得竞买人资格参与本案所涉标的物的竞买,在拍卖会上以最高应价成交而获取拍卖标的物属于善意取得。各方已实际履行拍卖合同的主要义务。拍卖成交协议签订后,第三人除因拍卖标的瑕疵与原告达成协议留存价款外,已向拍卖公司支付了应付的所有价款,法院已经根据原告申请裁定移交拍卖的房屋,第三人接收后已实际使用多年。

【裁判结果】

一审:驳回原告某公司的诉讼请求。

二审:驳回上诉,维持原判。

【争议焦点与裁判理由】

本案的争议焦点是:(1)某拍卖公司是否违反拍卖程序和规则;(2)是否存在与第三人恶意串通损害原告利益的行为。

根据生效裁判文书,人民法院认为,某公司清算组与某拍卖公司于2008年3月13日签订《委托拍卖合同》,双方形成委托拍卖合同关系。某公司清算组作为委托拍卖方,在某拍卖公司组织的拍卖会现场向拍卖师提交标的物拍卖底价,并有相关负责人全程见证涉案标的的拍卖过程,未对拍卖过程及拍卖结果提出异议,结合某公司清算组在2009年9月向法院申请移交涉案标的及随后进行移交的行为可以认定某公司清算组对甲以37.61万元竞得涉案房地产的拍卖结果予以认可。

关于拍卖程序的问题,拍卖师根据现场情况调整加价幅度,引导竞买人向更高价位竞价,最终确认竞买人甲的应价37.61万元为最高应价并落槌成交,符合《拍卖法》第51条的规定和"价高者得"的拍卖交易原则。某拍卖总行业协会的函复确认本次拍卖从程序到结果均不违反《拍卖法》的规定,是合法有效的拍卖。

某公司清算组关于某拍卖公司与甲之间存在恶意串通,损害国家、集体、某公司利益,以及违反拍卖程序和规则的主张,没有事实根据,法院不予支持。

【案例评析】

本案审理的焦点主要集中在拍卖师现场调整加价幅度、适用“价高者得”原则及现场纠正有效出价的行为是否违反拍卖程序，是否构成与第三人存在恶意串通损害原告利益的行为。

在拍卖过程中，拍卖师往往会根据拍卖现场的情况对竞价幅度进行适当调整，这种做法符合拍卖师操作规范。根据《拍卖法》第3条的规定，“拍卖是指以公开竞价的形式，将特定物品或财产权利转让给最高应价者的买卖方式”，确定了拍卖活动中的“价高者得”原则。在此原则下，拍卖师可以根据商务部发布的《拍卖师操作规范》，采用“引价报价法”（指主动引导竞买人竞价、以更高价格进行询价的报价方法），也可以根据竞买人的竞价情况合理制定竞价幅度，并可应情况变化进行调整。拍卖师应使用公平的竞价幅度引导竞买人竞价，竞买人报价小于竞价幅度的，拍卖师可以接受或拒绝，拍卖师接受竞买人小于竞价幅度报价的，应接受其他竞买人以相同的幅度竞价，最终竞买人的最高应价经拍卖师落槌或以其他公开表示买定的方式确认，拍卖成交。在拍卖过程中，拍卖师需根据《拍卖法》第49条规定，于拍卖前宣布拍卖规则和注意事项，拍卖过程中，拍卖师主持拍卖所进行的上述具体行为均不违反拍卖规则，在没有证据证明的情况下，不视为与第三人恶意串通。

本案中，拍卖最初加价幅度为2万元，但无人举牌，拍卖师将加价幅度调整为1万元，随后，甲（68号竞买人）应价37万元，38号竞买人应价37.5万元，现场有人对38号竞买人在37万元基础上仅加价5000元提出质疑，拍卖师当场表示，根据价高者得的拍卖原则，只要出价高于上一应价即可，即拍卖师接受了竞买人小于竞价幅度的报价，随后甲应价37.55万元。之后，拍卖师采用引价报价的方法，引导竞买人加价到38万元，但甲误以为有人出价38万元，故出价38.1万元，拍卖师立刻现场消除误解，引导竞买人回到37.55万元的应价基础上，并最终确认甲37.61万元为现场最高应价后，落槌成交。在此期间，某公司清算组的负责人在现场观看拍卖并未提出异议，亦认可上述做法。拍卖师的做法系正常拍卖行为，并无违反操作规范，某拍卖总行业协会所出具的函复也确认本次拍卖从程序到结果均不违反《拍卖法》的规定，是合法有效的拍卖。拍卖公司的拍卖行为未违反拍卖程序和规则，并无证据证明其存在与第三人恶意串通损害某公司的行为，应当认定本次拍卖有效。

【案例索引】

一审：湖南省益阳市赫山区人民法院（2011）益赫民二初字第217号

二审：湖南省益阳市中级人民法院（2012）益法民二终字第26号

156. 某文化传媒公司与某公物拍卖公司确认拍卖无效纠纷案

——拍卖师调整拍卖方式的效力

问题提示:拍卖师在一次拍卖行为中是否可以根据现场实际情况调整拍卖方式?

【基本案情】

原告:某文化传媒公司

被告:某公物拍卖公司

第三人:某广告公司

人民法院经审理查明:2014年5月12日,被告某公物拍卖公司受某市城管局、某市公交总公司的委托,对某市中心城区300辆公交车车内、车尾部分广告位经营权进行公开拍卖,某文化传媒公司、某广告公司等四家公司报名参加了拍卖会。某公物拍卖公司制作的竞买须知第二条载明:本次拍卖形式为增价或减价拍卖方式。特别约定第二条载明本次拍卖为有底价、无声、增价拍卖。所制定的拍卖规则载明:……(9)拍卖会当日,竞买人或代理人须按时抵达拍卖会会场,当拍卖师宣布拍卖标的的起拍价后,竞买人举牌表示应价,并按照拍卖师宣布的调价幅度应价。(10)竞买人已经应价不得以任何理由撤回,当其他竞买人有更高应价时,其应价即丧失约束力。(11)拍卖师报出起拍价后,连报三次无人应价的,即作为无成交处理。拍卖时如遇到竞买人的最高应价达不到委托方指定的保留价,拍卖师有权宣告拍卖不成交。(12)拍卖为公开竞争、公开竞价、价高者得、最后拍卖师击槌,拍卖成交,买受人应当场与拍卖人签署《拍卖成交确认书》。

拍卖开始后,某公物拍卖公司首先报出标的起拍价405万元,各竞买人均未应价,连报三次无人应价。某公物拍卖公司现场与某市城管局、某市公交总公司的到会代表协商将拍卖方式由无声增价方式变更为密封式投标拍卖方式,拍卖师在会场进行了宣告。此后四家竞买人填写了出价单,某文化传媒公司的密封递价为406万元,系现场最高价。拍卖师以某文化传媒公司的报价406万元加5万元为底价再次组织无声竞价,某文化传媒公司、某广告公司多次举牌应价,最终某广告公司以最高价740万元出价为成交人,某公物拍卖公司与某广告公司签订拍卖成交确认书。某市智圣公证处对拍卖现场进行了监督,出具[(2014)南智证民字第7304号]公证书。

另查明:2012年11月12日,某市城管局、某市公交总公司委托某拍卖公司对公交车辆部分广告位进行了拍卖,在最高密封递价的基础上,又组织无声竞价。

原告某文化传媒公司诉称:2014年5月12日,原告参加被告某公物拍卖公司受托组织的拍卖会。拍卖开始后,被告某公物拍卖公司首先报出标的底价405万元,所有竞买人均未举牌应价,连报三次无人应价。被告某公物拍卖公司变更无声报价为密封递价，依据惯例应以原告的密封递价406万元为成交价，确认拍卖成交，但被告某公物拍卖公司却以原告的报价406万元加5万元为底价再次组织无声竞价，并确认第三人为成交人，违法与第三人签订拍卖成交确认书。为此，原告请求人民法院依法撤销被告某公物拍卖公司与第三人的违法拍卖成交确认书，确认原告密封递价406万元成交。

被告某公物拍卖公司辩称：(1)在法院通知的举证期限内，某公物拍卖公司共提交10套证据材料，这10套证据材料形成一个完整的证据链，充分证明某公物拍卖公司在本次拍卖活动中，一直遵循公开、竞价的原则，最终拍卖给最高应价者。完全符合《拍卖法》第3条的规定。(2)采用何种具体的拍卖方式进行拍卖，是答辩人根据需要采用的技术措施，不属于我国拍卖法律、法规规范的范畴。(3)某公物拍卖公司根据现场情况，调整拍卖方式后，原告填写出价单、多次举牌应价，表明原告完全同意、接受了调整后的拍卖方式，其起诉没有任何事实依据和法律依据。(4)从拍卖效果看，标的额从406万元拍到740万元，最大限度地实现了国有资产的保值、增值，社会效果良好。(5)按照《民事诉讼法》的规定，第三人可分为有独立请求权的第三人和无独立请求权的第三人，前者是自己申请参加诉讼，后者是人民法院通知参加诉讼，被答辩人在起诉状上直接列第三人，无法律依据。综上所述，恳请法院驳回被答辩人的诉讼请求。

第三人某广告公司述称：某广告公司依据法规和拍卖规则参加拍卖活动，恳请法院保护第三人的权利。

【裁判结果】

一审：驳回原告某文化传媒公司的诉讼请求。

【争议焦点与裁判理由】

本案的争议焦点为，某公物拍卖公司进行拍卖活动时在不同的拍卖方式之间转换的行为是否违反了法律规定或拍卖规则的约定，拍卖行为是否有效。

人民法院经审理认为：《拍卖法》第3条、第4条仅规定了拍卖活动应当遵循公开竞价和遵守有关法律、行政法规，遵循公开、公平、公正、诚实信用的原则进行，对于拍卖方式和应当遵从的程序拍卖法并未作出详细规定。因此，拍卖组织者在拍卖法规定的原则下所制定的拍卖规则在拍卖活动中就显得尤为重要，是拍卖参与各方所应当遵从的依据。而规则所确定的竞拍方式在具体的拍卖活动中，拍卖师是否有权予以变更是本案的关键。原被告双方所争议的就是在一次拍卖行为中能否采用多种拍卖方式，各种方式之间是否可以相互转换，转换过程中是否充分保障了竞买人的利益。

在本次拍卖的拍卖规则中，并未载明拍卖竞价方式一经确定不得变更，拍卖竞价方式仅是拍卖师运作拍卖活动的手段，拍卖师有权根据拍品的不同或现场的实际情况，在拍卖法所规定的原则下有针对性地选择最为适当的竞价方式。而转换竞价方式在本案中仍是在公开情况下进行，对所有竞拍人均为适用，并不违反拍卖法所规定的公开、公平、竞价的原则,并未对竞拍人的利益造成实际的影响。但同时需注意的是,拍卖师在转换竞价方式和多次竞价时,应当在转换时对竞拍人予以说明和解释。

拍卖活动中,当某公物拍卖公司拍卖师以递价方式按底价405万元三次喊价无人应价时,本应按拍卖规则约定做拍卖不成交处理。但拍卖师在征求委托方和竞拍人意见后,均同意采取密封递价方式进行拍卖,此行为未违反公平、竞价的原则且征得了各方同意,该次对拍卖规则竞价方式的变更应当有效。在密封递价后,拍卖师未以密封递价的最高应价者宣布拍卖成交,而以最高递价406万元为底价再次进行无声竞价,该次变更拍卖方式还涉及一场拍卖会中的二次竞价或多次竞价的问题。

在相关法律中,对于一场拍卖会可以进行几次竞价并未作出规定和限制,该行为的决定权仍属于拍卖师主持权的范围,可以由拍卖师根据现场情况予以确定。在本案中,拍卖师有权将密封递价变更为无声竞价再次竞价。但需要指出的是,当拍卖师进行密封递价时并未清楚讲明密封递价的用意,密封递价的后果,是否价高者得,存在拍卖不规范的地方。但再次组织的无声竞价毕竟也是在公开、竞价的原则下进行的,且已经落槌成交,从维护交易稳定的角度,衡量之下,瑕疵行为不足以否定该次拍卖。

从另一个角度来讲,在本次拍卖中,当拍卖师将密封递价方式变更为无声竞价方式时,各竞拍人均未对此行为提出异议,而是在拍卖师喊价后由原告和第三人互相多轮举牌应价,该举牌应价行为也应当视为对拍卖师重新变更拍卖方式再次竞价行为的认可。举牌过程中,竞拍人对自己行为的后果应当是有充分认识的。再次竞价并未对拍卖法规定的拍卖原则构成冲击,不违反拍卖法所规定的公开、公平、竞价的原则,在实际上也不构成原告和第三人不继续举牌竞拍的原因,因此对拍卖成交的结果,应当视为有效。原告还认为,某公物拍卖公司将密封递价后再次组织无声竞价的行为,违反了拍卖行业的惯例,并提出了相关拍卖行为的线索。经原告申请本院调查,其所称的某拍卖公司法定代表人称,在2012年11月20日组织的一次拍卖活动中,其公司拍卖师采取密封递价后也重新喊价进行无声竞价拍卖。因此本院认为,原告提交的证据线索经调查不能证明其观点,且即便调查事实如原告所称,一家拍卖公司的行为也不能认定为全拍卖行业的惯例。且如上所述,拍卖师有权根据现场情况决定再次竞价。

【案例评析】

涉案争议问题是:在一次拍卖行为中能否采用多种拍卖方式,各种竞价方式之间是否可以相互转换?另外,本案其实还涉及如何遵守价高者得的竞买规则。

在本案中,法院认可拍卖师在拍卖活动中的主持权,认为在一次拍卖行为中可以采用多种拍卖方式,并且各种不同的竞价方式之间可以相互转换。对此,笔者认为,拍卖师有权在拍卖活动中调整拍卖方式,但对于本案中涉及的密封递价是否应该认可成交,笔者与法院的观点有所不同。

一、拍卖师在拍卖活动中有权根据实际情况调整拍卖方式

拍卖竞价方式，只是拍卖活动中的具体运作手段，《拍卖法》对于拍卖活动中采用何种拍卖方式并没有作出规定。《拍卖法》第 14 条规定：拍卖活动应当由拍卖师主持。因此，在法律没有作出限制的前提下，作为拍卖活动主持人的拍卖师应该有权根据拍卖品的不同种类或拍卖现场的实际情况确定具体的竞价方式。而且，不管是何种竞价方式，对所有的竞买人之间都是公平适用的，也不一定会损害委托人的合法利益，因此，只要调整竞价方式不违背公平、公开、公正原则，拍卖师的调整就应该被认可。

本案中，某公物拍卖公司制作的竞买须知第二条载明：本次拍卖形式为增价或减价拍卖方式。特别约定第二条载明本次拍卖为有底价、无声、增价拍卖……拍卖师报出起拍价后，连报三次无人应价的，即作为无成交处理。当日拍卖现场，拍卖师首先报出标的起拍价 405 万元，各竞买人均未应价，连报三次无人应价。按照拍卖人拍卖前发布的竞买须知，本次拍卖应该作为无成交处理。但从法律上来说，并没有规定在此情况下一定要作为无成交处理，因为，即便作为无成交处理，拍卖人有可能仍然要按照委托人的委托再次组织拍卖。而再次组织拍卖，在某种程度上也是一种资源的浪费。为了促成拍卖成交，拍卖师现场与某市城管局、某市公交总公司的到会代表协商将拍卖方式由无声增价方式变更为密封式投标拍卖方式，并且向现场所有竞买人进行了告知。从法律上来说，拍卖师的这一做法并没有任何不妥，作为委托人的某市公交总公司和政府监督部门某市城管局也没有表示任何异议，而且，从最后的成交价来说，也证明了委托人的利益得到了最大化的实现，因此，对拍卖师的现场调整竞价方式，应该予以认可。

当然，承认拍卖师有权在现场调整竞价方式，并不等于说认可拍卖师可以毫无限制地调整竞价方式。从拍卖行业惯例来看，拍卖公司一般在拍卖前都会提前确定并告知所有竞买人拍卖的竞价方式，竞买人已经因此而有一定的预测与判断，如果没有任何理由调整竞价方式，势必破坏拍卖人的公信力，不利于拍卖行业的健康成长。一般来说，拍卖师现场调整竞价方式必须是因为拍卖现场发生了突发性的情况。例如，无人竞买而委托人同意再次竞价、竞买人之间存在恶意串通等可能性，如果没有特殊情况，拍卖师不应该随意调整竞价方式。

二、本案原告某文化传媒公司的密封递价应该予以认可

本案中，拍卖师在无人竞价的情况下，将竞价方式调整为密封递价，并无不当。但在拍卖活动中，价高者得是最古老的拍卖法则之一，自从有了拍卖方式，便有了价高者得法则。[①]《拍卖法》第 3 条也规定：拍卖是指以公开竞价的形式，将特定物品或者财产权利转让给最高应价者的买卖方式。本案涉及的拍卖，拍卖师将有底价、无声、增价拍卖竞价方式调整为封式投标拍卖方式，虽然如法院所称进行密封

① 中国拍卖行业协会编著：《拍卖法案例分析教程》，中国财政经济出版社 2007 年版，第 361 页。

递价时并未清楚讲明密封递价的用意,但关于密封递价的后果,并不需要刻意向竞买人说明价高者得,因为价高者得是拍卖的基本精神,拍卖人在拍卖前制定的拍卖规则中关于底价、无声、增价拍卖竞价方式的规定,实际上也是体现了此精神。对所有竞买人来讲,其在接受拍卖师现场调整竞价方式之后,仍然有充分的理由相信,不管何种竞价方式,只要不低于保留低价,价高者得是理所当然的事。但本案中,在原告某文化传媒公司的密封报价超过了拍卖师原告的起拍底价而且又是现场密封报价最高之时,拍卖师以某文化传媒公司的报价406万元加5万元为底价再次组织无声竞价显然是对拍卖规则的不尊重,有悖拍卖基本精神。本案法院认为"当拍卖师将密封递价方式变更为无声竞价方式时,各竞拍人均未对此行为提出异议,而是在拍卖师喊价后由原告和第三人互相多轮举牌应价,该举牌应价行为也应当视为对拍卖师重新变更拍卖方式再次竞价行为的认可",但对于现场的竞买人来讲,在拍卖师重新变更竞价方式之时,如果不参加新一轮的竞价,有可能就会丧失竞买的机会,即便其有举牌应价举动,也不应该理所当然地视为对拍卖师再次调整竞价方式的认可。虽然拍卖师在当时没有认可某文化传媒公司的密封报价,但如果按照法律规定某文化传媒公司的该次报价应该成交,则无论其之后是否参与举牌应价,都不影响其买受成功。本案审理法院认为拍卖师的该行为属于瑕疵,但笔者认为该瑕疵已经违反了《拍卖法》第3条的规定,因此,足以否定该次拍卖。

【案例索引】

一审:河南省南阳市宛城区人民法院(2014)宛民初字第1171号

157. 甲与某拍卖公司拍卖合同纠纷案

——拍卖成交方式的认定

问题提示:委托人和拍卖人对拍卖成交方式有争议如何认定?

【基本案情】

原告:甲

被告:某拍卖公司

人民法院经审理查明:2005年11月10日,原告甲将4件书画作品委托被告某拍卖公司拍卖,其中包括陆抑非的作品《茶花寿带图》,双方据此签订艺术品委托拍卖合同一份,对每件拍卖品的保留底价、出售条件、款项、再次出售等内容进行了约定。在2006年5月6日的拍卖会上,对陆抑非的作品《茶花寿带图》进行了拍卖。拍卖师在拍卖现场以7万元报价落槌。被告某拍卖公司称由于在拍卖会上263号认为不是他举牌,拒签成交确认书,故告知原告拍卖未成交,要求原告取回拍品或再次拍卖,原告拒绝,要求被告支付成交款7万元。被告在庭审中陈述,2006年5月6日的拍卖会上未进行现场录像。

原告甲诉称,原告从被告处以拍卖方式竞拍到陆抑非《茶花寿带图》一幅。2005年11月10日,原、被告签订艺术品拍卖合同一份,原告委托被告拍卖。在合同上书写“梅花寿带轴”。2006年5月6日,被告将拍品在拍卖会上由263号以7万元成交落槌。后原告前去取款时,被告知成交无效。有被告在2006年6月5日出具的证明为凭。为维护原告的合法权利,现诉至法院,请求判令被告支付拍卖款7万元,并承担案件受理费。

被告某拍卖公司辩称,原、被告之间是委托合同关系,被告仅代为拍卖物品,不存在因拍卖不成而收购拍卖物品的义务;被告在本案中的主体不适格,拍卖不成功,被告没有向原告支付拍卖款的义务,支付义务人为买受方;被告作为分公司,没有独立承担责任的能力;按照原、被告签订的合同约定,被告向原告交付拍卖款的前提是收到买受人支付的全部拍卖款,在被告没有收到款项的情况下,被告没有支付义务。

【裁判结果】

一审:驳回原告甲的诉讼请求。

【争议焦点与裁判理由】

本案的争议焦点是:(1)本案拍卖会采取什么样的成交方式;(2)委托人可否要求拍卖人向其支付拍卖款项。

人民法院经审理认为,原、被告签订的委托拍卖合同是双方真实意思表示,未违反法律、行政法规的强制性规定,为有效合同。我国《拍卖法》第51条规定“竞买人的最高应价经拍卖师落槌或者其他公开表示买定的方式确认后,拍卖成交”,故在一般的拍卖程序中,竞买人的叫价行为的法律性质是要约,拍卖人的落槌即是承诺,落槌确定了不可改变的成交对象和将要签订的成交合同的价格条件。买受人和拍卖人签署成交确认书仅是一种记录拍卖成交事实的方式,并不直接影响到成交事实的确立。当时拍卖会上采用的是拍卖师落槌成交的方式。

至于当时拍卖会上是因拍卖程序错误而导致流拍,还是263号无故撤回应价并拒签成交确认书,庭审中除原、被告陈述外,无其他证据佐证,且被告陈述无拍卖现场录像,因该节事实涉及第三人利益,且与原告在本案中的诉讼请求无直接关联,本案暂不作认定。不论在2006年5月6日的拍卖会上发生的是上述何种情况,原告要求由拍卖人直接向其支付拍卖款项,均无合同依据及法律依据。对原告主张由被告支付拍卖价款7万元的诉讼请求,法院不予支持。

【案例评析】

一、本案拍卖会采取什么样的成交方式

本案委托人和拍卖人签订的委托拍卖合同是双方真实意思表示,未违反法律、行政法规的强制性规定,为有效合同。该合同第10条约定,拍卖是否成交应以接到拍卖方通知并收到货款为准。第11条约定,拍卖成交后,如买方已向拍卖方付清拍品的全部款项,并未发生任何纠纷,拍卖方将在30天内扣除委托方应付的佣金及各项费用后付给委托方,如30天内拍卖方仍未收到买方全部购买价款,付款期将顺延至收到买方全部购买价款后的10日内付给委托方。该两条款对“拍卖成交”的确定标准明显相互矛盾,也与被告在庭审中陈述的“拍卖成交”以签订拍卖成交确认书为准不相吻合。我国《拍卖法》第51条规定“竞买人的最高应价经拍卖师落槌或者其他公开表示买定的方式确认后,拍卖成交”,故在一般的拍卖程序中,竞买人的叫价行为的法律性质是要约,拍卖人的落槌即承诺,落槌确定了不可改变的成交对象和将要签订的成交合同的价格条件。买受人和拍卖人签署成交确认书仅是一种记录拍卖成交事实的方式,并不直接影响到成交事实的确立。这从拍卖人在2006年6月5日出具的证明书中所写的“甲委托的第172号拍品陆抑非《茶花寿带图》场上由263号以7万元成交落槌”,已经可以确定当时拍卖会上采用的就是拍卖师落槌成交的方式。

二、委托人可否要求拍卖人向其支付拍卖款项

至于当时拍卖会上是因拍卖程序错误而导致流拍,还是263号无故撤回应价并拒签成交确认书,庭审中除委托人和拍卖人的陈述外,无其他证据佐证,且被告陈述无拍卖现场录像,因该节事实涉及第三人利益,且与委托人在本案中的诉讼请求无直接关联,应暂不作认定,现仅依据该两种情况论述拍卖人是否存在向委托人支付拍卖价款的义务。即第一种情况,在2006年5月6日的拍卖会上如发生拍卖程序错误而导致流拍的情况,则可以确定拍卖未成交,拍卖未成交的情况下,拍卖人自然无须向委托人交付拍卖价款。第二种情况,如在拍卖会上确实发生263号无故撤回应价并拒签成交确认书的情况,应认定委托人委托拍卖的《茶花寿带图》已由263号以竞拍价7万元成交。但拍品虽落槌成交,拍卖物的权属并未在此时发生转移。由于拍卖法规定,在拍卖成交后,发生买受人未按约支付拍卖价款的行为时,买受人应当承担违约责任,或由拍卖人征得委托人的同意,将拍卖标的再行拍卖,再行拍卖的价款低于原拍卖价款的,原买受人应当补足差额。此时,也不产生拍卖人付款义务。故不论在2006年5月6日的拍卖会上发生的是上述何种情况,委托人要求由拍卖人直接向其支付拍卖款项,均无合同依据及法律依据。对委托人主张由拍卖人支付拍卖价款7万元的诉讼请求,应不予支持。

【案例索引】

一审:浙江省杭州市上城区人民法院(2007)上民二初字第119号

158. 某拍卖行与某公司、甲拍卖合同纠纷案

——履约保证金的性质及适用规则

问题提示:拍卖合同中当事人对履约保证金含义有不同理解时如何解释?

【基本案情】

上诉人(一审被告):某公司

被上诉人(一审原告):某拍卖行

一审被告:甲

人民法院经审理查明:2011 年 8 月 19 日,某拍卖行与某公司就温州海港大厦 2、3 幢 201 室、301 室商业用房(一手房)拍卖有关事宜签订了《委托拍卖合同》一份,该委托合同第 5 条第 1 款和第 3 款分别载明:“1. 竞买保证金与履约保证金:本合同第二条约定的竞买保证金由拍卖人向竞买人收取。拍卖成交时,上述竞买保证金转为买受人向拍卖人、委托人履行相应义务的履约保证金,拍卖人应予拍卖成交次日将上述履约保证金汇入委托人指定的账户。”“3. 拍卖成交后,买受人的竞买保证金自动转为整个拍卖标的即 201 室与 301 室房屋的履约保证金。”2011 年 9 月 9 日,甲向某拍卖行缴纳了拍卖保证金 3000 万元,且与某拍卖行签订了《拍卖物权属、费用负担及手续办理情况告知书》,该告知书载明:若因买受人原因,拒绝签署拍卖成交确认书,竞买人的竞买保证金转为履约保证金后不予退还,由拍卖人扣除买受人应当支付的佣金后返归委托人所有。2011 年 9 月 10 日,甲竞标成交,与某拍卖行签订了《拍卖成交确认书》。该确认书第四条约定:买受人、拍卖人签订拍卖成交确认书后,必须严格遵守上述条款。如买受人逾期支付买受款和拍卖佣金的,应按照《拍卖物权属、费用负担及手续办理情况告知书》中约定承担违约责任,并赔偿由此造成的经济损失。拍卖成交后,甲出现逾期未支付佣金与房屋价款的违约行为,某公司向买受人甲作出书面通知,已按约定没收其履约保证金。同时,某拍卖行也积极向某公司、甲主张本案买受人甲应向拍卖人支付的佣金,但无果,故诉至该院。

另查明:涉案拍卖的《拍卖须知》第 11 条规定:拍卖成交后买受人不当场签订《拍卖成交确认书》,不履行《拍卖成交确认书》约定的支付拍卖价款和佣金等义务的,除保证金不予退还外,还应依照《拍卖法》第 39 条规定承担违约责任,并赔偿由此造成的经济损失。《拍卖物权属、费用负担及手续办理情况告知书》第 3 条第 1 款约定:拍卖成交后,买受人的竞买保证金自动转为整个拍卖标的即 201 室与 301 室房屋的履约保证金(履约保证金冲抵相应买受款时均不计息)。《委托拍卖合同》第 4 条和《拍卖物权属、费用负担及手续办理情况告知书》第 3 条第 3 款均约定:买受人须于拍卖会结束次日起一个月内直接全额向委托人支付 301 室的买受款,部分履约保证金(1000 万元)可冲抵该部分买受款;买受人须于拍卖成交 6 个月后 7 日

内直接全额向委托人支付 201 室买受款,买受人如约支付 201 室的买受款时,剩余履约保证金可冲抵 201 室买受款。

原告某拍卖行诉称:甲的竞买保证金 3000 万为佣金支付履约保证金。某公司与某拍卖行之间实为间接代理关系,《拍卖成交确认书》条款对其具有约束力。当买受人拒付拍卖佣金时,某公司应当将履约保证金中的"买受人应付的拍卖佣金"支付给某拍卖行,故向法院提起了要求被告甲向某拍卖行支付拍卖佣金及其延迟履行滞纳金、某公司共同偿还上述款项等诉讼请求。

被告某公司辩称:买受人的佣金应由买受人向某拍卖行支付,某公司、甲之间亦不存在共同债权债务关系,某拍卖行的主张缺乏法律及事实依据。

【裁判结果】

一审:支持原告对甲的诉讼请求,并判决某公司对原告享有的佣金在 3000 万元履约保证金范围内承担连带赔偿责任。

二审:撤销一审判决,依法改判。

【争议焦点与裁判理由】

本案的争议焦点为,买受人提供的履约保证金的担保范围是否包含其向产权交易行支付佣金义务履行的担保及某公司是否对该佣金支付承担连带责任。

根据生效裁判文书,人民法院认为:某公司与某拍卖行以及买受人甲之间的拍卖合同关系合法有效。甲未履行支付拍卖佣金等合同义务某拍卖行要求其相应继续履行支付佣金的请求有合同依据。依据《委托拍卖合同》第 5 条价款结算第 1 款约定、《拍卖须知》第 11 条规定,明确反映出买受人提供的履约保证金的担保范围包含支付佣金义务履行的担保。某公司所引用的《拍卖物权属、费用负担及手续办理情况告知书》第 3 条第 1 款、《拍卖物权属、费用负担及手续办理情况告知书》第 3 条第 3 款等条款,主要是解决当事人按约履行的情况下,保证金如何使用的问题,虽然表述为"对整个标的物的履约保证金",但并不能由此得出在违约的情况下,保证金仅对委托人作担保。某公司无共同支付甲所欠某拍卖行佣金之义务,也无须对该支付义务承担连带责任,一审判决判令上诉人对一审被告支付佣金的义务承担连带赔偿责任,并在赔偿后可向甲追偿不当,缺乏事实和法律依据,应予以纠正。某公司作为履约保证金的持有人,应当将某拍卖行有权扣取的佣金代甲向某拍卖行支付。最后二审法院作出撤销一审判决,依法改判之判决。

【案例评析】

本案审理中,争议焦点主要集中在买受人向拍卖人支付佣金的义务是否为履约保证金所担保以及拍卖委托人是否应对该佣金支付承担连带责任。

关于买受人支付佣金的义务是否为履约保证金所担保的问题,本案主要涉及对合同条款含义的解释。由于语言文字的多义性、表意人自身的文化水平、考虑欠缺甚至是出于其他目的而有意或者无意地使用不适当的文字，以致当事人间不免就有关条款产生疑问，在此场合，合同条款的解释不可避免，通过解释，探究当事人于合同中所内含的真实的、合理的意思，使表示内容清晰、确定和完整。《合同法》第125条规定：当事人对合同条款的理解有争议的，应当按照合同所使用的语句、合同的有关条款、合同的目的、交易习惯以及诚实信用原则，确定该条款的真实意思。本案中，在组成合同内容的多个文件甚至同一个文件中，关于买受人履约保证金的担保范围问题，出现了不同的约定。从文义、体系、合同目的等多方面分析，受让人的履约保证金包括“对受让人支付佣金义务履行之担保”更为合理、公平。

关于委托人某公司是否应对该佣金支付承担连带责任的问题，则应依据其与某拍卖行之间的约定及法律关系而定。本案中，某公司与某拍卖行之间存在委托拍卖合同及关于履约保证金代为保管的保管合同关系。在这些关系中，并不存在某公司对甲向某拍卖行支付佣金债务的承担义务，故不应对该佣金债务的履行承担任何责任。某拍卖行与甲之间存在佣金支付债权债务，某拍卖行有权要求其承担支付交易佣金的民事责任，在买受人拒不支付的情况下，依据约定可以履约保证金担保自己债权的实现。本案中，因该担保金为某公司所持有，故某拍卖行有权要求保管人依据三方事前约定代甲向某拍卖行支付相应佣金担保部分。

【案例索引】

一审：浙江省温州市鹿城区人民法院(2013)温鹿商初字第1553号

二审：浙江省温州市中级人民法院(2014)浙温商终字第393号

159. 甲与某拍卖公司拍卖合同纠纷案

——司法拍卖履行不能的，拍卖人是否应返还买受人拍卖佣金

问题提示：因法院委托拍卖的标的物存在的问题不能交付，拍卖人是否需要返还买受人支付的拍卖佣金？

【基本案情】

上诉人(一审原告)：甲(曾用名某甲)

上诉人(一审被告)：某拍卖公司

人民法院经审理查明：甲曾用名某甲，其以曾用名某甲在该院起诉乙民间借贷纠纷，该院作出判决后，债权人某甲申请执行，在执行过程中拍卖债务人乙的房屋。2011年8月8日，该院出具委托书，委托某拍卖公司拍卖被执行人乙的房屋一幢。2012年5月25日，该院发函通知进行第二次拍卖。某拍卖公司在2012年6月13

日拍卖过程中,申请执行人某甲,即本案原告甲以349 000元参加竞买,并与拍卖人某拍卖公司签订《拍卖成交确认书》。2012年6月19日,甲向某拍卖公司交纳竞买款349 000元及佣金17 450元。拍卖合同履行过程中,该院在执行交付该拍卖房产时,发现被执行人乙家庭居住只有一处房产,至今不能腾空,导致拍卖房屋一直未能交付。2012年12月11日,某拍卖公司将房屋拍卖款349 000元汇至该院标的款账户。2013年1月21日,甲以其别名某甲的名义从该院叶集法庭领取200 000元。2013年1月31日,甲到该院叶集法庭交涉,法庭安排甲先将购房款领回,甲表示同意,随即甲领取了余下的149 000元。

原告在一审中诉称:其竞拍的拍卖标的物不能交付,某拍卖公司应当退还其所交的全部款项,并起诉至法院要求:(1)某拍卖公司退还其所交的全部标的款349 000元及佣金17 450元;(2)某拍卖公司赔偿其利息损失20 000元并承担本案诉讼费用。

被告某拍卖公司在一审中辩称:其是接受霍邱县人民法院的委托,拍卖被执行人乙的房屋,拍卖标的款349 000元已交付给委托单位霍邱县人民法院。拍卖标的物房屋的交付是法院执行程序中的交付,应由法院依法处理。拍卖公司是接受霍邱县人民法院的委托并已将拍卖款项交给委托单位,其没有过错,不应承担退还标的款并赔偿损失的民事责任。法院应驳回甲要求其退还全部标的款和佣金及赔偿损失的诉讼请求。

上诉人甲上诉称:一审判决认定事实不清、依据不足。其与某拍卖公司的拍卖行为已经依法成立,某拍卖公司未能交付拍卖标的物,应全额退还其所交纳的竞拍款。请求二审法院依法改判某拍卖公司退还其349 000元的拍卖标的款,并承担本案一、二审诉讼费用。

上诉人某拍卖公司上诉称:原判判决认定事实清楚,但适用法律不当,判决结果错误。其提供的是中介服务,没有过错,甲应该依据合同支付费用。拍卖标的物不能交付是法院的责任,判决其承担利息损失有失公允。请求二审法院改判其不承担民事责任。

【裁判结果】

一审:一、被告某拍卖公司退还原告甲拍卖佣金17 450元;二、被告某拍卖公司赔偿原告甲购房款34.9万元的利息损失(损失按银行同期同类贷款基准利率计算165日);三、驳回原告甲的其他诉讼请求。

二审:一、维持安徽省霍邱县人民法院(2014)霍民二初字第00238号民事判决第二项,即二、被告某拍卖公司赔偿原告甲购房款34.9万元的利息损失(损失按银行同期同类贷款基准利率计算165日),该款于判决书生效后五日内履行;二、撤销安徽省霍邱县人民法院(2014)霍民二初字第00238号民事判决第一项,即一、被告某拍卖公司退还原告甲拍卖佣金17 450元;三、驳回甲的其他诉讼请求。

【争议焦点与裁判理由】

本案的争议焦点是:(1)某拍卖公司是否承担退还标的款(竞买房屋款)349 000元的责任及赔偿相应的利息损失;(2)某拍卖公司是否应当退还佣金17 450元。

根据生效裁判文书,人民法院认为,关于甲已经领取的349 000元的性质,因涉案拍卖行为的委托人是霍邱县人民法院,故该拍卖行为实际是霍邱县人民法院执行程序中的一个环节,甲作为该执行程序的启动者,其对于执行标的物的现状及其竞买成功后因无法腾空而不能交付的事实应是明确知晓的。某拍卖公司根据委托人霍邱县人民法院的指示将拍卖标的款349 000元汇入了该院标的款专用账户,后甲从霍邱县人民法院领取了该349 000元,从甲领款时所做的笔录内容看,甲亦明知其领取的是其自己的钱,而非执行款,故其起诉要求某拍卖公司退还标的款的理由不能成立。

关于某拍卖公司已经收取的佣金17 450元应否退还的问题,某拍卖公司根据霍邱县人民法院的委托,拍卖被执行人乙的房屋,后甲竞买成功,双方签订了《拍卖成交确认书》,甲作为买受人即应支付佣金。虽然标的物未能交付,但此并非某拍卖公司的过错所致,甲要求某拍卖公司退还佣金,缺乏依据,不应支持。关于某拍卖公司应否支付甲利息损失的问题,因委托人霍邱县人民法院在出具拍卖委托书时已明确告知某拍卖公司"拍卖价款于拍卖成交三日起7日内转入指定的标的款账户",某拍卖公司即应于2012年6月19日次日起7日内将拍卖价款汇入委托人指定的账户,其在未提供证据证明其未按时将拍卖价款汇入指定账户系接受委托人的指示的情况下,应向甲支付该款无故在其处停留期间的利息损失,一审法院参照同期同类贷款利率判令某拍卖公司支付甲利息损失并无不当。

【案例评析】

关于甲从法院两次领取的总共349 000元的性质,本案一、二审法院意见均认为这个就是竞买款,对此基本无争议。本案审理中,争议的主要问题是:因法院委托拍卖的标的物存在问题不能交付,导致买受人无法办理过户手续时,拍卖佣金是否应该返还?对此,一、二审裁判结果并不一致。二审法院的判决结果是正确的,理由如下:

一、本案拍卖过程并无违法,拍卖人依法应获取佣金

拍卖成交后不能履行在拍卖实践中屡见不鲜。对于拍卖标的无法办理交付的法律责任分担,要根据不能履行的原因和主体来进行确定。本案中,根据法院审理查明的事实,甲在拍卖会上竞买成功后,与拍卖人某拍卖公司签订《拍卖成交确认书》,在此之后,按照确认书缴纳了竞买款349 000元及佣金17 450元。只是因为拍卖成交后,法院在执行交付该拍卖房产时,发现被执行人乙家庭居住只有一处房产,不能腾空,因此,拍卖房屋一直未能交付。拍卖标的物不能交付,是由于被拍卖的房屋系被执行人唯一的住房,《最高人民法院关于人民法院民事执行中查封、扣押、冻结财产的规定》(法释〔2004〕15号)第6条规定"对被执行人及其所扶养家属生活所必需的居住房屋,人民法院可以查封,但不得拍卖、变卖或者抵债”,因此本案拍卖标的物无法实际执行。而且,对于这个问题,一审法院在判决书中已经确认甲作为该起执行拍卖程序的申请执行人,对于房屋拍卖过程中,不能执行交付是知情的,拍卖公司也并无隐瞒情节。

另外,根据《拍卖法》第55条规定:拍卖标的需要依法办理证照变更、产权过户手续的,委托人、买受人应当持拍卖人出具的成交证明和有关材料,向有关行政管理机关办理手续。从该条规定来看,办理房屋过户手续并非是拍卖人的义务,拍卖人在拍卖过程中只要没有违反法律规定、故意隐瞒拍卖物的瑕疵的,拍卖成功,其就有权收取佣金,这是对其履行拍卖行为的合法报酬。而从整个房屋拍卖过程来看,作为拍卖人的拍卖公司并不存在违法之处,且本案涉及的拍卖物不能办理过户手续系因为法院执行的问题,因此,对于拍卖公司来说,其法律义务已经依法履行,根据《拍卖法》第56条规定,拍卖人有权向买受人收取佣金。因此,甲要求拍卖公司返还拍卖佣金没有法律依据。一审法院认为“拍卖标的物事实上无法交付,拍卖合同已无法履行,某拍卖公司基于该合同取得的佣金应予退还”,是错误地理解了拍卖法律关系。拍卖是一种中介服务性质的交易方式,拍卖成交后,拍卖人的中介服务角色已经履行完毕,虽然拍卖人与买受人之间签订了拍卖成交确认书,但作为买方的买受人其实已经知道拍卖人并非真正的卖家,因此,在拍卖标的事实上无法交付时,应该解除的是委托人与买受人之间的事实买卖合同,作为中介人的拍卖人已经提供了中介服务,其收取的佣金不应退还。

二、关于判决拍卖公司支付的利息损失

需要注意的是,本案一、二审均判决拍卖公司要赔偿原告甲购房款34.9万元的利息损失,拍卖公司应以此案为戒,吸取教训。根据拍卖委托书的约定,拍卖成交后,拍卖公司应在7天之内将竞买人所支付的竞买款项致支付到委托人即法院账户,但从法院查明的事实来看,拍卖公司在拍卖成交后并没有按照约定将竞买款项支付到法院账户,因此法院判决拍卖公司要按照甲2012年6月19日交付价款后该款项在某拍卖公司处无故停留的时间计算相应的损失。虽然一、二审判决中均未看到拍卖公司对此有何辩解,但作为拍卖人一定要记住,拍卖成交后,拍卖人应按照约定将买受人的竞买款转给委托人,如此才能排除自己的法律风险。

【案例索引】

一审:安徽省六安市霍邱县人民法院(2014)霍民二初字第00238号

二审:安徽省六安市中级人民法院(2014)六民二终字第00431号

160. 某拍卖公司与某房地产公司、某市土地收购储备中心拍卖合同纠纷案

——拍卖佣金的数额及支付方式的认定

问题提示:拍卖佣金的数额及支付方式如何认定?

【基本案情】

上诉人(一审原告):某拍卖公司

被上诉人(一审被告):某房地产公司

被上诉人(一审被告):某市土地收购储备中心(以下简称某土地收储中心)

人民法院经审理查明:2007年5月28日,被告某土地收储中心与原告某拍卖公司签订《委托拍卖合同》一份,约定,委托人自愿将6宗土地[含本案所涉(2007)-05号地]委托拍卖人依法拍卖,拍卖人应于2007年8月31日前在某土地收储中心举办的拍卖会上对拍卖标的进行拍卖。2007年6月27日,某市国土资源局下发文件《某市国土资源局关于对拍卖公司所得佣金的规定》,该文件规定"一、拍卖佣金为国有土地使用权拍卖总成交价款的2%。……三、拍卖公司在国有土地使用权拍卖活动结束后的实际所得按以下比例计算:……(3)拍卖成交价款在6000万元以上的,拍卖公司实际所得为税后佣金的10%~15%……"2007年5月30日,某土地收储中心发布公告。2007年6月29日,在某土地收储中心工作人员许红涛的主持下,由原告某拍卖公司的工作人员甲担任拍卖师,对本案所涉(2007)-05号地进行了拍卖,被告某房地产公司等三家竞买人参加竞拍,最终被某房地产公司以2.49亿元竞得。6月29日,某拍卖公司与某房地产公司签订了《拍卖成交确认书》,该拍卖成交确认书中记载"佣金2%:498万元"。现某房地产公司已取得(2007)-05号地的国有土地使用权,并进行了相应的开发。

二审另查明:(1)某拍卖公司《拍卖成交确认书》载明佣金2%:498万元,买受人签字:乙。(2)某拍卖公司二审中提交在2007年6月29日某市国土资源局九楼举办的国有土地使用权拍卖出让活动中,某房地产公司竞得编号(2007)-09号地块的国有土地使用权,总价2210万元,佣金(按成交价款的2%)为44.2万元,并提交了某拍卖公司收取该拍卖佣金的发票和税务机关对该佣金收税22 984元的凭证。(3)某房地产公司二审中出具书面意见表示:其愿意在不超过100万元范围内承担向某拍卖公司支付佣金的责任。

因被告某房地产公司和被告某土地收储中心均未向原告某拍卖公司支付拍卖佣金,原告某拍卖公司遂诉至法院,要求被告某房地产公司向原告支付佣金498万元及逾期履行的利息,被告某土地收储中心对上述款项承担连带责任,并由两被告承担本案的诉讼费用。

被告某房地产公司辩称:《拍卖法》仅适用于拍卖企业进行的拍卖活动,本案不适用《拍卖法》;某房地产公司支付佣金的相对方是某土地收储中心,而不是原告某拍卖公司,某拍卖公司无权直接向某房地产公司主张权利;关于原告某拍卖公司应得佣金的数额,某市国土资源局禹国土资(2007)65号文件已作出规定,对于成交价在6000万元以上的,从买受人支付的税后佣金中抽取10%~15%给某拍卖公司,原告某拍卖公司当时并未对此提出异议。综上,请求依法驳回原告某拍卖公司的诉讼请求。

被告某土地收储中心辩称:某土地收储中心不是本案适格的诉讼主体;在委托拍卖前,某市国土资源局为降低买受人的购买成本,对拍卖人收取佣金的比例进行了规范,并出台了相应的文件,原告某拍卖公司在拍卖前收到该文件时未提出任何异议,因此,本次收取买受人佣金的比例应按文件计算;原告某拍卖公司要求某土地收储中心与某房地产公司承担连带清偿责任无事实和法律依据。请求依法驳回原告某拍卖公司对某土地收储中心的诉讼请求。

【裁判结果】

一审:一、被告某房地产公司于本判决生效后十日内支付原告某拍卖公司拍卖佣金62.25万元及逾期履行期间的利息;二、被告某土地收储中心对上述款项承担连带责任;三、驳回原告某拍卖公司的其他诉讼请求。

二审:一、维持河南省许昌市中级人民法院(2009)许民初字第33号民事判决第三项;二、变更河南省许昌市中级人民法院(2009)许民初字第33号民事判决第一项,改为:某房地产公司于本判决生效后十日内支付某拍卖公司拍卖佣金100万元及逾期履行期间的利息(利息按同期银行贷款利率,从2007年6月29日起计算至本判决确定的还款之日止);三、变更河南省许昌市中级人民法院(2009)许民初字第33号民事判决第二项,改为:某市土地收购储备中心对上述款项中62.25万元及逾期履行期间的利息(利息按同期银行贷款利率,从2007年6月29日起计算至本判决确定的还款之日止)承担连带责任。

【争议焦点与裁判理由】

本案的争议焦点为,本案是否适用《拍卖法》的相关规定以及本案拍卖佣金的数额如何确定。

根据生效裁判文书,人民法院认为,本案某土地收储中心与某拍卖公司签订的《委托拍卖合同》以及某土地收储中心《拍卖文件》不违反法律和行政法规的禁止性规定,合法有效。某土地收储中心与某拍卖公司签订的《委托拍卖合同》关于拍卖佣金的数额没有约定,依据某土地收储中心《拍卖文件》第9条规定"买受人应向某土地收储中心支付成交价款的2%作为佣金,主要用于拍卖前的土地勘测、交通、资料、宣传、公告公示、拍卖会场场地布置等费用",该规定显示某房地产公司应支付的成交价款2%的佣金并非单纯意义上的拍卖佣金,除拍卖佣金外,还应包括土地勘测、交通、资料、宣传、公告公示、拍卖会场场地布置等费用;而在具体实施过程中,拍卖前的土地勘测、估价、制作宣传资料、发布公告、布置拍卖会场等工作均是由某土地收储中心来完成的,故依据《拍卖文件》的规定,某拍卖公司不能收取成交价款2%即498万元作为其应当收取的佣金。某土地收储中心提供的某市国土资源局《65号文件》规定,拍卖成交价款在6000万元以上的,拍卖公司实际所得为税后佣金的10%~15%。虽然某拍卖公司辩称事先没有收到该文件,但某拍卖公司并没有提供关于拍卖佣金具体数额约定的证据,一审法院认定该文件关于拍卖佣金的规定是经某拍卖公司和某房地产公司认可的,有一定事实依据,一审判决在《65号文件》规定的10%~15%的比例中取其中间值,按12.5%对某拍卖公司的拍卖佣金予以确定62.25万元,这一依法裁量结果,并无不当。某拍卖公司《拍卖成交确认书》载明佣金2%:498万元,买受人签字:乙。该《拍卖成交确认书》没有某房地产公司的签章,某拍卖公司也无证据证明乙为某房地产公司的工作人员,不能确认某房地产公司认可向某拍卖公司支付成交价款2%即498万元的拍卖佣金。经二审法院做各方当事人的调解工作,调解未果。但某房地产公司二审中表示愿意在不超过100万元范围内承担支付佣金的责任,该表示是其真实意思,根据本案的实际情况,本院判令某房地产公司向某拍卖公司支付佣金100万元。某市土地收购储备中心仍在原判的62.25万元及逾期履行期间的利息范围内承担连带赔偿责任。

【案例评析】

一、本案是否适用《拍卖法》的相关规定

《拍卖法》第2条规定"本法适用于中华人民共和国境内拍卖企业进行的拍卖活动",本案某拍卖公司作为依法成立的从事拍卖活动的企业法人,其所进行的拍卖活动应当适用《拍卖法》的相关规定。本案某土地收储中心将其准备出让的六宗国有土地使用权委托给某拍卖公司进行拍卖,并与某拍卖公司签订了委托拍卖合同,某拍卖公司也按照合同约定履行了拍卖义务,并由某房地产公司竞得标的物,故在当事人之间形成了拍卖合同关系,本案纠纷应当使用《拍卖法》的相关规定。某房地产公司辩称某拍卖公司与某土地收储中心之间不是拍卖合同关系,而是委托合同关系,本案不适用《拍卖法》的理由不能成立,不予支持。

二、拍卖佣金的数额

根据本案系国有土地挂牌拍卖的特殊性,应综合以下因素予以考虑:(1)拍卖佣金作为拍卖合同的一项重要内容,双方在签订合同时不可能没有协商,且双方签订的是格式合同,该合同明确记载有关于佣金的条款,但该条款被当事人用斜线划去,说明当事人已注意到该条款,对此,应理解为当事人关于拍卖佣金的数额不是没有约定,而是在委托拍卖合同之外另有约定;(2)某拍卖公司提供的某市国有土地使用权拍卖(挂牌)文件规定"买受人应向某土地收储中心支付成交价款的百分之二作为佣金,主要用于拍卖前的土地勘测、交通、资料、宣传、公告公示、拍卖会场场地布置等费用”,该规定显示某房地产公司应支付的成交价款2%的佣金并非单纯意义上的拍卖佣金,除拍卖佣金外,还应包括土地勘测、交通、资料、宣传、公告公示、拍卖会场场地布置等费用;而在具体实施过程中,拍卖前的土地勘测、估价、制作宣传资料、发布公告、布置拍卖会场等工作均是由某土地收储中心来完成的;(3)某土地收储中心提供的某市国土资源局禹国土资〔2007〕65号文件规定,拍卖成交价款在6000万元以上的,拍卖公司实际所得为税后佣金的10%~15%。虽然某拍卖公司抗辩称事先没有收到该文件,但该公司并没有提供关于拍卖佣金约定方面的证据,因而结合我国国有土地挂牌拍卖的实际操作情况,应能认定该文件关于拍卖佣金的规定是经某拍卖公司和某房地产公司认可的。有鉴于此,从公平角度出发,在文件规定的10%~15%的比例中取其中间值,按12.5%对某拍卖公司的拍卖佣金予以确定,即2.49亿元×2%×12.5%=62.25万元。关于拍卖佣金应纳税款,由某拍卖公司和某土地收储中心分别就各自所得部分向税务机关缴纳。

三、拍卖佣金的支付

根据某市国有土地使用权拍卖(挂牌)文件的规定,某房地产公司应向某土地收储中心支付成交价款2%的费用,该费用除用于土地勘测、宣传等拍卖前的准备工作外,还应包含某拍卖公司的拍卖佣金。因某房地产公司在取得拍卖土地使用权后,并未按规定向某土地收储中心支付相关费用,导致某拍卖公司至今未收到拍卖佣金,从而形成本案诉讼,对此,某房地产公司和某土地收储中心均存在过错,某房地产公司应向某拍卖公司支付拍卖佣金及逾期履行期间的利息,并由某土地收储中心对上述款项承担连带责任。某房地产公司辩称其不应直接向某拍卖公司支付佣金的理由不能成立,不予支持。

综上所述,某拍卖公司与某房地产公司和某土地收储中心之间形成了拍卖合同关系,并履行了拍卖义务,其要求某房地产公司支付拍卖佣金的合理部分及逾期履行期间的利息,并由某土地收储中心对上述款项承担连带责任的诉讼请求于法有据,予以支持。某拍卖公司主张的其他诉讼请求,因没有事实和法律依据,不予支持。

【案例索引】

一审:河南省许昌市中级人民法院(2009)许民初字第33号

二审:河南省高级人民法院(2010)豫法民二终字第131号

161. 某粮食局与某拍卖公司、某某拍卖公司拍卖合同纠纷案

——约定不明的拍卖佣金的确定

问题提示：约定不明情况下拍卖佣金如何确定？

【基本案情】

上诉人(一审原告)：某粮食局

上诉人(一审被告)：某拍卖公司

上诉人(一审被告)：某某拍卖公司

人民法院经审理查明：原告某粮食局与被告某拍卖公司签订《某拍卖公司委托拍卖合同》。但诉讼中，原告和被告提供的合同中，打印部分相同，手写/复写部分存在不同，主要不同在于拍卖佣金的约定上。原告认为拍卖佣金应当按照2%计算，被告认为应当按照5%计算。根据《某拍卖公司委托拍卖合同》第4条第7项约定，"拍卖完成后，被告某拍卖公司应在三十天内收回拍卖价款，并在收齐全部应收款后十天内付给原告某粮食局"。

原告诉称：在拍卖佣金约定不明的情况下，应当参照交易习惯，按照之前2%的佣金标准结算，并提出请求判令某拍卖公司偿付拍卖款。

两被告辩称：原告与其签订的是总的改制资产拍卖合同，佣金按照农村5%，城市按2%计算。某粮站佣金发票，是试拍卖，双方至今未结算是由于原告要求造成的。

【裁判结果】

一审：判决部分支持了原告某粮食局的诉讼请求。

二审：驳回上诉，维持原判。

【争议焦点与裁判理由】

本案的争议焦点为，委托拍卖合同佣金计算标准如何认定。

根据生效裁判文书，人民法院认为，就本案而言，原告和被告对双方签订的《某拍卖公司委托拍卖合同》真实性没有异议，争议仅在于佣金标准存在不同约定。原告某粮食局主张按照2%计算，被告某拍卖公司主张按照5%计算，双方均提供了证据予以证明。根据《最高人民法院关于民事诉讼证据的若干规定》第73条的规定，"双方当事人对同一事实分别举出相反的证据，但都没有足够的依据否定对方证据的，人民法院应当结合案件情况，判决一方提供证据的证明力是否明显大于另一方提供证据的证明力，并对证明力较大的证据予以确认"。法院经评判，认为某拍卖公司举证的证明力较大，支持按照5%计算拍卖佣金。

【案例评析】

本案在审理中，焦点主要集中在约定不明情况下，拍卖佣金如何确定。

《拍卖法》第56条规定,“委托人、买受人可以与拍卖人约定佣金的比例。委托人、买受人与拍卖人对佣金比例未作约定,拍卖成交的,拍卖人可以向委托人、买受人各收取不超过拍卖成交价百分之五的佣金。收取佣金的比例按照同拍卖成交价成反比的原则确定。拍卖未成交的,拍卖人可以向委托人收取约定的费用;未作约定的,可以向委托人收取未拍卖支出的合理费用”。可见,法律充分尊重拍卖各方的意思自治,拍卖人与委托人之间有权约定拍卖佣金的比例,只有在未约定的情况下法律给出了不超过拍卖成交价5%的限制。

本案中,双方虽然在合同的打印部分约定了拍卖佣金的比例为2%~5%,但在手写部分出现了分歧。根据《合同法》第61条的规定,“合同生效后,当事人就质量、价款或者报酬、履行地点等内容没有约定或者约定不明确的,可以补充协议;不能达成补充协议的,按照合同有关条款或者交易习惯确定”。对于佣金比例究竟是多少,双方均提交了证据予以证明其主张,法院也根据证据的证明力予以了判定。双方争议的佣金比例均未超出法律规定的范围,属于合法的区间。如通过证据也无法判定双方约定的佣金比例,则建议可以根据《合同法》第62条“按照订立合同时履行地的市场价格”确定。

本案中,另一个问题,即委托人未妥善交付标的情形下责任如何承担问题。在本案中,三个拍卖标的拍卖成交后,由于委托人并未协助买受人办理拍卖标的房产的过户手续,导致买受人也无法支付拍卖余款。双方在《某拍卖公司委托拍卖合同》第4条第7项约定:“拍卖完成后,乙方(某拍卖公司)应在三十天内收回拍卖价款,并在收齐全部应收款后十天内付给甲方(某粮食局)(如拍卖标的需办理过户手续的,甲方协助买受人办好过户手续后,乙方再将拍卖价款支付给甲方)”;第8项约定:“拍卖标的需要依法办理证照变更、产权过户手续的,甲方应在拍卖成交之日起一个月内负责协助买受人向有关机关办理好手续,因甲方原因逾期向买受人交付拍卖标的,甲方应赔偿买受人损失每天成交价的万分之三;不能交付标的的,则赔偿买受人和乙方拍卖标的的保留的20%损失,同时,乙方将价款退还买受人。”本案中,由于买受人并非诉讼当事人,并无人请求某粮食局赔偿损失。根据《拍卖法》第31条的规定,按照约定由委托人移交拍卖标的的,拍卖成交后,委托人应当将拍卖标的移交给买受人。但拍卖法并未规定委托人未妥善履行移交拍卖标的义务,是否应当承担相应责任。本案中,根据《某拍卖公司委托拍卖合同》的约定,委托人是“协助办理变更、产权过户手续”,虽然用了“协助”,但在房屋产权过户中,委托人作为卖方,其“协助”在整个过户中起到的作用是至关重要的。委托人不履行“协助”的义务,则整个产权过户无法进行。因此,本案中的“协助”实质上即是约定了委托人交付拍卖标的产权的义务。委托人未妥善履行该义务,则违反了《拍卖法》第31条规定的义务,也违反了《某拍卖公司委托拍卖合同》的约定。虽然《拍卖法》并未规定相应违约责任,但在《某拍卖公司委托拍卖合同》中有相关约定。本案由于买受人并非诉讼当事人,拍卖人也并非提出违约责任的主体,因此并未主张违约责任。

【案例索引】

一审:江西省上饶市信州区人民法院(2012)信民二初字第265号

二审:江西省上饶市中级人民法院(2015)饶中民二终字第47号

162. 某拍卖公司与甲拍卖合同纠纷案

——未作约定的拍卖佣金的确定

问题提示:当拍卖当事人对买受人佣金和违约金未作约定时,如何确定佣金和违约金金额?

【基本案情】

上诉人(原审被告):甲

被上诉人(原审原告):某拍卖公司

人民法院经审理查明:2009年6月11日,原告某拍卖公司在《马鞍山日报》上发布拍卖公告,定于2009年6月22日举行拍卖会,拍卖标的是位于马鞍山市雨山区湖西路口的粮贸大厦(粮食大楼)。被告甲参与了竞拍,并以666万元的价格竞买成功,且在《拍卖成交确认书》上签字。被告先后支付给原告拍卖成交款551万元,余款115万元拖欠至今。

原告某拍卖公司诉称:被告竞买成功后只支付了价款536.3万元,余款129.7万元及佣金经原告多次催要后仍未给付,遂诉至法院,请求法院判令被告支付原告拍卖成交款129.7万元、佣金33.3万元、违约金132.2万元,并承担本案诉讼费。

被告甲辩称:被告参与原告主持的拍卖活动,并以666万元价格竞买粮贸大厦成功,是事实。但当时被告没有收到拍卖须知,对拍卖须知中的相关内容不知情,原被告双方口头商定不收取任何佣金。另,原告提出的诉讼金额不准确,双方应核对账目,以确认实际欠款数额。

【裁判结果】

一审:一、被告甲应于本判决生效之日起10日内给付原告某拍卖公司拍卖成交款115万元,支付佣金199 800元,合计1 349 800元;二、驳回原告其他诉讼请求。

二审:准许甲撤回上诉,双方均按原审判决执行。

【争议焦点与裁判理由】

本案的争议焦点为,原告是否能够向被告主张合同未约定的佣金及违约金。

人民法院经审理认为,被告参与原告主持的拍卖活动,以666万元价格竞得标的物,并在成交确认书上签字,表明原被告之间存在拍卖合同关系。被告竞买成交后,应按约定支付成交款,否则应承担违约责任。被告尚欠原告成交价款115万元,事实清楚,被告应当偿付。根据《拍卖法实施细则》的规定,拍卖当事人对佣金比例未作约定的,拍卖人可以向委托人、买受人各收取不超过成交价款5%的佣金。收取佣金的比例按照同拍卖成交价成反比的原则确定。本案拍卖成交价为666万元,依《拍卖法实施细则》的规定,佣金收取比例应为3%。故原告要求按5%的比例收取佣金,于法不符,应予以调整为3%,即199 800元。原告要求被告承担132.2万元违约金,无法律依据,不予支持。

【案例评析】

一、原、被告双方未在拍卖成交确认书中确定佣金的金额是否意味着原告不能收取被告的买受人佣金

买受人佣金是买受人在竞拍成功后应当给予拍卖人的合法、合理的拍卖服务费。各国虽然对拍卖的规则无一致的规定,但是对于佣金的规定大致相同,如美国部分州法律规定,服务费用是拍卖合同的必要条款;大陆法中则规定拍卖人有报酬请求权。尽管我国的《拍卖法》形成较晚,且在很多方面的规定存在问题或不足,但我国现行法律对于拍卖佣金的规定已经比较详细和明确,法官即使面对不同的案件,在适用时也不会出现较大的出入。

我国《拍卖法》第56条规定:"委托人、买受人可以与拍卖人约定佣金的比例。委托人、买受人与拍卖人对佣金比例未作约定,拍卖成交的,拍卖人可以向委托人、买受人各收取不超过拍卖成交价百分之五的佣金。收取佣金的比例按照同拍卖成交价成反比的原则确定。"我国《拍卖法实施细则》第34条规定:"委托人、买受人可以与拍卖人约定佣金的比例。委托人、买受人与拍卖人对佣金比例未作约定,拍卖成交的,拍卖人可以向委托人、买受人各收取不超过拍卖成交价5%的佣金。收取佣金的比例按照同拍卖成交价成反比的原则确定。拍卖未成交的,拍卖人可以向委托人收取约定的费用;未作约定的,可以向委托人收取为拍卖支出的合理费用",第35条规定:"公物拍卖,拍卖人向买受人收取佣金的比例为:(一)成交额100万元以下的,收取5%;(二)成交额101万元至500万元的,收取4%;(三)成交额501万元至1000万元的,收取3%;(四)成交额1001万元以上的,收取2%以下。"

由以上法律规定可以看出,拍卖人与委托人、买受人可以约定佣金比例;当拍卖当事人未对佣金比例作出规定时,在拍卖成交的前提下,拍卖人亦可以向委托人或买受人主张一定比例的佣金。而《拍卖法实施细则》第35条虽然只对公物拍卖的佣金比例作出了明确的规定,然在实践中,当拍卖物并非公物,而拍卖当事人又未在拍卖成交确认书中约定佣金比例时,亦可根据该条规定确定佣金比例。

本案中,原、被告并未就佣金金额在拍卖成交确认书中作出约定,被告提出原、被告曾口头约定不收取佣金也无相关证据予以证明,且原、被告双方签订的拍卖成交确认书系双方真实意思表示,已经生效,被告也已履行了部分付款义务,应当肯定本案的被告即买受人已经享受了本案的原告即拍卖人的拍卖服务,根据公平正义原则,被告应当给付原告一定的佣金。本案中,法院虽然支持原告提出的佣金主张,但对其佣金数额却不予支持,而是根据我国《拍卖法实施细则》,将佣金比例确认为3%。法院的此项判决既维护了原告的可期待性利益,对被告也不乏公平,故值得肯定。

二、原告是否可以就被告迟付部分拍卖款而主张拍卖成交确认书中并未规定的违约金

违约金是指按照当事人的约定或者法律直接规定,一方当事人违约的,应向另一方支付的金钱。违约金的标准是金钱,但当事人也可以约定违约金的标的物为金钱以外的其他财产。违约金具有担保债务履行的功效,又具有惩罚违约人和补偿无过错一方当事人所受损失的效果,因此有的国家将其作为合同担保的措施之一,有的国家将其作为违反合同的责任承担方式。违约金是合同经济方式的一种,也是对违约的一种经济制裁。违约金有两种:一种为惩罚性违约金,另一种为补偿性违约金。

我国对违约金的规定主要体现在我国《合同法》第113条和第114条。《合同法》第113条规定:"当事人一方不履行合同义务或者履行合同义务不符合约定,给对方造成损失的,损失赔偿额应当相当于因违约所造成的损失,包括合同履行后可以获得的利益,但不得超过违反合同一方订立合同时预见到或者应当预见到的因违反合同可能造成的损失。"第114条规定:"当事人可以约定一方违约时应当根据违约情况向对方支付一定数额的违约金,也可以约定因违约产生的损失赔偿额的计算方法。约定的违约金低于造成的损失的,当事人可以请求人民法院或者仲裁机构予以增加;约定的违约金过分高于造成的损失的,当事人可以请求人民法院或者仲裁机构予以适当减少。当事人就迟延履行约定违约金的,违约方支付违约金后,还应当履行债务。"对于以上两条规定,我国理论界普遍认为我国《合同法》中违约金的性质主要是补偿性的,有限度地体现了惩罚性。然而,根据以上条文还可以得出违约金适用的必要条件,即一方违约给另一方造成了损失。无论当事人是否在合同中约定违约金,只要一方当事人违约给另一方造成了损失,被违约方均可向违约方主张一定的违约金。

然而,我国《合同法》第107条还规定:"当事人一方不履行合同义务或者履行合同义务不符合约定的,应当承担继续履行、采取补救措施或者赔偿损失等违约责任。"

本案中,关于违约金是否适用,不在于原、被告签订的拍卖成交确认书是否约定了违约金,而在于被告的迟延支付部分拍卖款的行为是否构成违约进而给原告造成了损失。本案中,被告虽然截至法院判决时仍欠原告拍卖款115万元,但原告并没有主张原、被告曾就拍卖款的支付时间作出约定,故不能认定被告构成违约,因此也不存在被告因为违约给原告造成了损失;且原告并未提供违约金的计算标准,违约金的性质以补偿损失为主,原告不能提出损失从何而来的证据,必然要承担不能举证的不利后果。而且,由于被告已经履行了大部分的付款义务,合同仍然有效。故从维护交易稳定性的立场出发,本案在适用法律时,适用《合同法》第 107 条更为合适,即由被告继续履行合同义务,向原告支付拍卖款余款 115 万元。

【案例索引】

一审:安徽省马鞍山市花山区人民法院(2013)花民二初字第 00010 号

二审:安徽省马鞍山市中级人民法院(2014)马民一终字第 00069 号

163. 某拍卖公司与甲、某产权交易所等合同纠纷案

——竞买保证金冲抵拍卖佣金的性质

问题提示:当竞买协议书约定拍卖佣金以竞买保证金冲抵后的拍卖佣金支付的义务主体究竟是谁?

【基本案情】

上诉人(一审原告):某拍卖公司

被上诉人(一审被告):某产权交易所

一审被告:甲

一审被告:某贸易公司

一审第三人:某银行营业部

人民法院经审理查明:2007 年某产权交易所与某拍卖公司签订《合作协议》,某拍卖公司成为某产权交易所经纪会员,约定双方合作为委托方服务收取服务费和佣金的,按照《某产权交易所服务费、佣金分配规定》执行。

2008 年某银行营业部与某产权交易所签订《资产转让委托合同》,约定某银行营业部拟在某产权交易所转让标的资产,并应支付综合服务费。某产权交易所出具《项目任务单》,项目类型为竞价业务:拍卖。根据转让方意见,由某拍卖公司负责本项目的竞价工作,项目承办会员签字处有某拍卖公司公章及其法定代表人签字。

某产权交易所、某拍卖公司发布《拍卖公告》,要求有意竞买者需将竞买保证金 1400 万汇入某产权交易所指定账户,甲和某贸易公司联名按照公告要求向某产权交易所指定账户转入 1400 万元后某产权交易所向甲开具 1400 万元保证金收据。甲(等)与某拍卖公司签订《竞买协议书》,约定:乙方同意从竞买保证金中直接全额支付拍卖佣金,由某产权交易所代为办理,保证金余额冲抵价款。甲在某拍卖公司

的《拍卖成交确认书》《拍卖佣金确认书》上签字确认，佣金数额为560万元。

因甲（等）未按期支付成交价款，某银行营业部、某产权交易所、某拍卖公司、甲、某贸易公司等签订《会议纪要》，载明：甲交付的1400万元竞买保证金在扣除560万元佣金和补偿农行250万元违约金后的余额共计590万元，由甲等到某产权交易所办理该款项的划转手续。同日，甲向某拍卖公司出具《办款通知书》，要求某拍卖公司持该通知书到某产权交易所办理拍卖佣金560万元提款。甲另向某产权交易所出具《付款通知书》。

《高登大厦进场交易有关情况的说明》、证人证言以及甲出具的证明均表示，某银行营业部与某产权交易所的接触是经某拍卖公司推荐的。某拍卖公司建议将该资产放到某产权交易所挂牌，因此该项目是经某拍卖公司引进到某产权交易所。某产权交易所从未说明有关会员自带项目之程序与事项。某拍卖公司为处置该项目做了绝大部分工作，对交易顺利完成起到直接的决定性作用。

2011年某拍卖公司针对某银行营业部支付的140万元服务费分配问题，以某产权交易所为被申请人申请仲裁，要求某产权交易所按照《合作协议》等规定的“会员自带项目，某产权交易所20%，会员80%”比例，向某拍卖公司支付合作报酬112万元及利息。（2012）京仲裁字第0346号裁决书认为，根据《某产权交易所竞价佣金分配实施细则》和《某产权交易所服务咨询类项目佣金分配实施细则》所界定的业务类型，该案所涉及的交易，即申请人从事的业务，为竞价业务，因此其合作分配事项应适用《某产权交易所竞价佣金分配实施细则》。涉案项目的转让方和受让方在与被申请人进行项目洽谈之前，申请人既已进行了大量洽谈工作，并促成了被申请人与转让方之间就涉案项目达成《资产转让委托合同》。由于双方在合同中没有对于“自带项目”进行明确定义或约定，故无法认定。但某产权交易所对于某拍卖公司促成交易所付出的卓有成效的努力，应当按照合理比例与申请人分享合作报酬。仲裁庭认为，某产权交易所按照50%的比例向某拍卖公司支付合作报酬，较为公平合理。

原告某拍卖公司：某银行营业部将高登大厦部分商铺交由原告拍卖。原告按相关法律法规，发布拍卖公告、举办拍卖会，与买受人签订《拍卖成交确认书》《拍卖佣金确认书》等。甲和某贸易公司在原告举办的拍卖会上联合竞得该项资产，甲现场与原告确认拍卖佣金为560万元并签订《拍卖佣金确认书》。《拍卖公告》《竞买协议书》均规定竞买保证金1400万元交存某产权交易所，拍卖佣金从竞买保证金中支付。后某银行营业部、某拍卖公司、买受人及某产权交易所四方召开会议，《会议纪要》再次确认拍卖佣金从竞买保证金中支付。同日，甲分别告知原告、某产权交易所办理拍卖佣金划款手续，原告持甲出具的付款指示请求某产权交易所付款，但某产权交易所在《会议纪要》规定的其他事项均已履行完毕的情况下，拒不办理拍卖佣金款项划转。

原告诉称:甲和某贸易公司是原告拍卖标的物的买受人,向原告支付拍卖佣金是其合同义务。且甲专门向原告和某产权交易所发出办款划款指示,因此,竞买人将1400万元竞买保证金中的560万元作为拍卖佣金支付给原告的意思表示清楚而明确,某产权交易所应当依照《会议纪要》履行付款义务,但某产权交易所拒不付款。现某拍卖公司诉至法院,要求判令:(1)甲、某贸易公司、某产权交易所共同依约向某拍卖公司支付拍卖佣金560万元;(2)甲、某贸易公司、某产权交易所共同承担某拍卖公司利息损失。

【裁判结果】

一审:一、某产权交易所于判决生效之日起十日内向某拍卖公司给付拍卖佣金二百八十万元;二、驳回某拍卖公司的其他诉讼请求。

二审:驳回上诉,维持原判。

【争议焦点与裁判理由】

本案的争议焦点是:(1)谁为适格的佣金支付义务主体;(2)560万元佣金应当如何归属与分配。

根据生效裁判文书,人民法院认为,《资产转让委托合同》《合作协议》《竞买协议书》《会议纪要》均系当事人的真实意思表示,亦不违反法律法规的强制性规定,应属有效。各方当事人均应按照相关约定严格履行。甲、某贸易公司作为买受人,亦应按照《竞买协议书》《拍卖成交确认书》《拍卖佣金确认书》向原告支付560万元佣金。根据上述约定,原告与买受人均同意从竞买保证金中直接全额支付拍卖佣金,各方当事人均同意甲、某贸易公司在1400万元竞买保证金中扣除560万元佣金。现甲、某贸易公司已支付1400万元竞买保证金,原告要求其再行支付560万元拍卖佣金及利息损失的诉讼请求无事实依据,法院不予支持。

关于某银行营业部向某产权交易所支付的综合服务费140万元的分配问题,(2012)京仲裁字第0346号裁决书认为某拍卖公司从事的业务,为竞价业务,因此其合作分配事项应适用《某产权交易所竞价佣金分配实施细则》。从《项目任务单》中可以看出,原告认可其以某产权交易所会员身份从事竞价业务,并以会员身份参加某产权交易所会议、在《会议纪要》上签字。在仲裁裁决书已认定原告从事的业务为竞价业务,原告与某产权交易所合作分配事项应适用《某产权交易所竞价佣金分配实施细则》的前提下,原告主张其从事的拍卖业务独立于某产权交易所,560万元拍卖佣金应由其独享之理由不能成立。由于原告与某产权交易所在《合作协议》中没有对"自带项目"进行明确约定,故亦无法认定。但某产权交易所对于原告促成交易付出卓有成效的努力,应按照合理比例分享合作报酬。对560万元佣金某产权交易所应按照50%的比例向原告分配。原告主张的利息损失,因本案分配方案尚存争议、某产权交易所支付义务尚未确定之前,某产权交易所未支付相应佣金不构成违约,故对利息请求不予支持。

【案例评析】

一、三方被告谁为适格的佣金支付义务主体

本案中，某拍卖公司主张甲、某贸易公司、某产权交易所共同向其支付拍卖佣金560万元，但是三方被告并不都为适格的佣金支付主体。

在某拍卖公司于某产权交易所举行的拍卖会上，买受人甲为代表现场与某拍卖公司确认拍卖佣金为560万元并当场签订了《拍卖佣金确认书》。而甲等与某拍卖公司签订的《竞买协议书》第2条、第7条也约定，竞买人将竞买保证金1400万元交存到某产权交易所处，拍卖佣金从该1400万元竞买保证金中支付。《会议纪要》再次共同确认拍卖佣金从买受人交存至某产权交易所处的竞买保证金中支付。《拍卖佣金确认书》《竞买协议书》《会议纪要》均系各方当事人的真实意思表示，也不存在法定的合同无效事由，应当自合同成立时即发生效力，合同的各方当事人应当按照合同约定全面履行自己的合同义务。特别是四方当事人共同形成的《会议纪要》，对涉案资产拍卖所需支付的佣金作了明确的约定，根据《会议纪要》，该拍卖佣金560万元直接从1400万元的竞买保证金中扣除，可见原告与买受人均同意从竞买保证金中直接全额支付拍卖佣金，各方当事人亦均同意甲、某贸易公司在竞买保证金中扣除佣金。现甲、某贸易公司已支付1400万元竞买保证金，已经按照《会议纪要》全面履行了自己的支付义务，原告要求其再行支付560万元拍卖佣金及利息损失的诉讼请求显然没有事实与法律依据。

而本案中，甲等作为买受人，已经将1400万元的竞买保证金交给某产权交易所，根据《会议纪要》，此时实际应当向某拍卖公司交付相应的拍卖佣金的义务主体为某产权交易所，某产权交易所承担了从竞买保证金中直接扣除一部分拍卖佣金给原告的合同义务。

二、560万元佣金应当如何归属与分配

本案中，主要的争议焦点集中在原告是否有权请求某产权交易所交付全额560万元的拍卖佣金，还是只能按照一定比例分取一部分佣金。原告向某产权交易所主张560万元佣金的主要依据为四方签订的《会议纪要》，但《会议纪要》主要约定了买受人甲等交付的1400万元竞买保证金在扣除560万元佣金和补偿农行250万元违约金后的余额590万元由甲向某产权交易所办理该款项的划转手续，实质上是对买受人佣金给付义务的约定，并未对买受人给付的560万元佣金在原告与某产权交易所之间的分配比例问题作出明确约定。

而关于拍卖佣金的分配问题，由于原告于2007年与某产权交易所签订了《合作协议》，原告成为某产权交易所经纪会员，约定双方合作为委托方服务收取服务费和佣金的，按照《某产权交易所服务费、佣金分配规定》执行，而本案中无论是《项目任务单》还是《会议纪要》均可看出，原告认可了其在本次拍卖活动中的某产权交易所会员身份。双方之间合法生效的《合作协议》关于服务费与佣金所指向的《某产权交易所服务费及佣金分配规定》,以及《服务费及佣金分配规定》明确提到的《服务费分配实施细则》、《竞价佣金分配实施细则》和《服务咨询类项目佣金分配实施细则》,均应作为原告与某产权交易所之间佣金分配的依据。根据上述文件所界定的业务类型,本案所涉及的交易,为竞价业务,因此其合作分配事项应适用《某产权交易所竞价佣金分配实施细则》。按照《竞价佣金分配细则》,本案项目作为实物资产竞价项目,其可分配佣金应按项目带入方40%、某产权交易所30%、其他参与会员30%的方式分配。

但具体到本案,原告与某产权交易所在《合作协议》等相关文件中均未明确约定关于涉案拍卖的项目带入方或涉案拍卖是否为自带项目,因此原告并不能直接按照《竞价佣金分配细则》的规定作为项目带入方分配佣金,法院需要根据拍卖活动的实际情况进行合理裁量。法院根据甲、某贸易公司的陈述以及其他在案证据,认定原告为促成本次交易付出了"卓有成效的努力",并按照公平原则裁量原告分取50%的拍卖佣金,符合原告与某产权交易所的利益。

【案例索引】

一审:北京市西城区人民法院(2012)西民初字第19949号

二审:北京市第二中级人民法院(2014)二中民(商)终字第09449号

164. 某汽车配件公司与某拍卖公司拍卖合同纠纷案

——司法拍卖的拍卖佣金数额的确定

问题提示:司法拍卖中,拍卖人收取的佣金比例高于《最高人民法院关于人民法院民事执行中拍卖、变卖财产的规定》规定的比例的,拍卖合同是否无效?

【基本案情】

上诉人(一审原告):某汽车配件公司

被上诉人(一审被告):某拍卖公司

人民法院经审理查明:2012年8月16日,某汽车配件公司作为竞买人、某拍卖公司作为拍卖人签订《竞买协议书》,《竞买协议书》第3条约定某拍卖公司按拍品成交总额的5%收取某汽车配件公司的佣金。2012年8月17日,某汽车配件公司通过公开竞价竞得某拍卖公司受人民法院委托拍卖的"某投资集团公司、某金属材料公司所有的位于龙泉驿区星光中路97号的国有土地使用权及地上房屋建筑物、构筑物、机器设备(包括金属材料熔炼、成型生产设备、检测设备、配电设备)、办公设备、汽车一辆及厂区内花草树木”，成交价为2750万元，某汽车配件公司、某拍卖公司签订了《拍卖成交确认书》。拍卖成交后，某拍卖公司按照《竞买协议书》约定的佣金比例向某汽车配件公司收取了成交总额5%的佣金137.5万元。

某汽车配件公司诉称，《竞买协议书》中关于佣金比例的约定违反了《最高人民法院关于人民法院民事执行中拍卖、变卖财产的规定》第32条的规定以及某拍卖公司提供格式合同、加重某汽车配件公司责任，故主张该约定无效并要求某拍卖公司退还多收取的佣金。

某拍卖公司辩称，佣金的约定符合拍卖法的规定，《最高人民法院关于人民法院民事执行中拍卖、变卖财产的规定》第32条和省高院相关规定不是强制性规定，佣金是双方达成的合议，不符合格式条款的特征。

【裁判结果】

一审：驳回某汽车配件公司的诉讼请求。

二审：驳回上诉，维持原判。

【争议焦点与裁判理由】

本案的争议焦点为，双方签订的《竞买协议书》中关于拍卖方收取5%佣金的条款是否违反了法律法规的强制性规定。

根据生效裁判文书，人民法院认为，强制性规定是指排斥当事人意思自治，规定当事人只能为一定行为或限制、禁止当事人为一定行为的规定。《最高人民法院关于人民法院民事执行中拍卖、变卖财产的规定》第32条规定：“拍卖成交的，拍卖机构可以按照下列比例向买受人收取佣金：拍卖成交价200万元以下的，收取佣金的比例不得超过5%；超过200万元至1000万元的部分，不得超过3%；超过1000万至5000万元的部分，不得超过2%……”该条款明确了司法拍卖中拍卖机构可以向买受人收取佣金的比例，“可以”即表明此规定是一种倡导性、选择性的规定，而非是对当事人强制性的要求或者是禁止、限制。因此该条款不属于法律法规的强制性规定。《拍卖法》第56条规定：“委托人、买受人可以与拍卖人约定佣金的比例。委托人、买受人与拍卖人对佣金比例未作约定，拍卖成交的，拍卖人可以向委托人、买受人各收取不超过拍卖成交价5%的佣金……”由此可见，关于佣金比例的确定，首先应该根据当事人双方合同的约定，在合同未作约定的情况下，拍卖人可以向买受人收取不超过成交价5%的佣金。而本案中关于佣金比例并未违反法律法规的强制性规定，也并没有超出《最高人民法院关于人民法院民事执行中拍卖、变卖财产的规定》中关于佣金收取比例的规定，某汽车配件公司关于涉案合同违反了《最高人民法院关于人民法院民事执行中拍卖、变卖财产的规定》的上诉理由不能成立，法院不予支持。

【案例评析】

本案的核心法律问题是：司法拍卖中，拍卖人收取的佣金比例高于《最高人民法院关于人民法院民事执行中拍卖、变卖财产的规定》规定的比例的,拍卖合同是否无效?

首先,判断合同是否无效的法律依据。当事人主张合同无效,应依据《合同法》第52条关于合同无效情形的规定进行判断。其中,与本案有关的条款是《合同法》第52条第5项:“违反法律、行政法规的强制性规定。”其次,判断合同违反的有关规定的性质。当事人主张合同无效违反的是《最高人民法院关于人民法院民事执行中拍卖、变卖财产的规定》中关于佣金收取比例的规定。最高人民法院该项规定是否是《合同法》第52条第5项规定的法律、行政法规呢?笔者并不认同,因为法律、行政法规是有明确含义的。法律是由全国人大或全国人大常委会通过的,行政法规是由国务院通过的,显然最高人民法院通过的规定并不属于法律、行政法规范畴。虽然有些人会认为法院必须执行最高人民法院的各项规定,故也将最高人民法院的规定作为法律、行政法规看待,虽勉强可通,但最高人民法院的该规定是否是效力性强制性规定呢?因为最高人民法院曾作出司法解释认为合同法规定的“违反法律、行政法规强制性规定无效”中的“强制性规定”应为效力性强制性规定。而从《最高人民法院关于人民法院民事执行中拍卖、变卖财产的规定》中无法看出最高人民法院的该项规定为效力性强制性规定,故只能将其看成管理性强制性规定,故《竞买协议书》中关于拍卖方收取5%佣金的条款不能认为系违反了法律法规的强制性规定。本案两级法院的结果虽然认同,但其理由实难谓有理,尤其是成都中院认为“也并没有超出《最高人民法院关于人民法院民事执行中拍卖、变卖财产的规定》中关于佣金收取比例的规定”,即明显与事实不符,实难让当事人信服。

【案例索引】

一审:四川省成都市武侯区人民法院(2013)武侯民初字第1569号

二审:四川省成都市中级人民法院(2014)成民终字第2175号

165. 某拍卖公司与甲拍卖合同纠纷案

——拍卖人能否主张逾期支付佣金的利息损失

问题提示:竞买人未依约支付佣金时,拍卖人可否要求竞买人继续履行并支付逾期付款利息?

【基本案情】

原告:某拍卖公司

被告:甲

人民法院经审理查明:2013年9月25日,阜南县土地资源局在《中国国土资源报》上发布了阜南县(2013)-37号宗地国有建设用地使用权拍卖出让公告,公示了相关出让文件。2013年10月13日上午,在受托人某拍卖公司依法举行的拍卖会上,甲以最高价650万元竞得(2013)-37号宗地国有建设用地使用权,并与某拍卖公司签订了《拍卖成交确认书》。拍卖成交确认书约定:佣金比例为1%,支付期限为拍卖成交确认书签订之日起三十日内,后甲未依据成交确认书向某拍卖公司支付65 000元的拍卖佣金。

原告某拍卖公司诉称,依拍卖程序与被告甲签订成交确认书,整个拍卖活动合法、有效,受法律保护。按阜南县土地资源局出让文件《出让须知》第6条第6项规定,被告应在签订成交确认书三十日内按成交价款650万元的1%比例支付拍卖佣金。时至今日,被告一直未支付该佣金,构成违约,据此向法院提出要求判决甲给付拍卖佣金及利息等诉讼请求。

被告甲未作答辩。

【裁判结果】

一审:判决支持原告要求支付佣金的诉讼请求,驳回其他诉讼请求。

【争议焦点与裁判理由】

本案的争议焦点为,双方签订的成交确认书是否有效,被告是否构成违约。

人民法院经审理认为,某拍卖公司依阜南县土地资源局委托对涉案建设用地使用权进行拍卖,整个程序合法有效,其与甲签订的拍卖成交确认书合法有效,应受保护。甲未按约定向某拍卖公司履行支付拍卖佣金义务,属违约行为,故对某拍卖公司要求甲支付拍卖佣金的诉讼请求予以支持。某拍卖公司请求被告支付逾期付款利息,原、被告双方没有约定,视为不支付利息,本院不予支持。

【案例评析】

一、《拍卖成交确认书》的效力

《拍卖法》第52条规定:拍卖成交后,买受人和拍卖人应当签署成交确认书。成交确认书是拍卖人与拍定人双方协商一致签订的确认拍卖成立的合同,它既是拍卖成交的书面证明,也是双方履行交付拍品和支付价款的依据,因此拍卖成交确认书对双方均有约束力,双方应当依约履行。在实践中,有的拍品比较简单,如慈善拍卖中某一个拍品是一把普通的椅子,竞拍完成后双方直接签订成交确认书交付椅子即完成交易,不需要另外签订成交合同。而对于比较复杂的拍品,如房屋、土地使用权等,价款巨大且不能立即交付,除了签订拍卖确定书外还要签订拍卖合同,拍卖确定书约定的有关价格、交付方式等应视为最终买卖合同的有效组成部分。所以,竞拍一旦完成,竞拍成功者即可与拍卖人签订拍卖成交确认书或签订拍卖合同,以确认拍卖结果,并据以享受权利承担义务,最终顺利完成拍卖活动。双方签订的《成交确认书》是双方当事人真实意思表示,合法有效,双方均应按《成交确认书》约定的内容履行各自的义务。本案中拍卖成交确认书约定佣金比例为成交额的1%,支付期限为拍卖成交确认书签订之日起三十日内,甲应该履行该条约向拍卖公司支付佣金。

《拍卖法》第 56 条规定:委托人、买受人可以与拍卖人约定佣金的比例。委托人、买受人与拍卖人对佣金比例未作约定,拍卖成交的,拍卖人可以向委托人、买受人各收取不超过拍卖成交价 5% 的佣金。收取佣金的比例按照同拍卖成交价成反比的原则确定。拍卖未成交的,拍卖人可以向委托人收取约定的费用;未作约定的,可以向委托人收取为拍卖支出的合理费用。实际拍卖活动中,文物艺术品委托拍卖佣金比例为10%左右,其他物品或财产权利委托拍卖佣金比例不超过5%。有的拍卖会也会对佣金比例进行规定,如广西拍卖行业规定委托拍卖佣金比例不得低于2%。商务部禁止低于拍卖活动成本收取佣金或零佣金(义务拍卖除外)委托拍卖。有的拍卖活动会事先在《拍卖须知》中约定佣金的支付期限和方法,如“拍卖成交后,买受人不能当场付清成交价款及拍卖佣金的,保证金将自动转为定金;成交价款、拍卖佣金的付款期限及支付方式由双方在《拍卖成交确认书》中约定。买受人不能按期支付成交价款及拍卖佣金的,定金不予退回,并承担违约责任。标的物再行拍卖的,原买受人应当支付第一次拍卖中本人及委托人应当支付的佣金;再行拍卖的价款低于原成交价款的,由原买受人补足差额”。并且明确表明“《竞买须知》(或《拍卖须知》)、《标的物清单》《标的物特别说明》及其他资料作为《拍卖成交确认书》的重要组成部分,与《拍卖成交确认书》具有同等的法律效力”。此类条款也被司法实践认可,对双方均有约束力。本案中双方对在《拍卖成交确认书》中对佣金价格进行的约定,不违反法律法规的强制性规定,是双方意思一致的表达,合法有效,缔约方应当依约履行。

二、是否有权主张逾期支付的利息

逾期付款是合同纠纷中常见的违约形式。《合同法》第 114 条规定“当事人可以约定一方违约时应当根据违约情况向对方支付一定数额的违约金,也可以约定因违约产生的损失赔偿额的计算方法”。逾期利息在法律性质上是合同一方当事人违反合同约定应承担的法律后果,属违约金性质。但是本案中双方未就逾期支付利息事项进行约定,故违约方可以不向对方支付违约金,因此原告主张逾期利息的诉讼请求并未得到法院支持。

但值得注意的是,司法实践中主张逾期支付利息并非都得不到法院支持。《最高人民法院关于审理买卖合同纠纷案件适用法律问题的解释》第 24 条规定:买卖合同没有约定逾期付款违约金或者该违约金的计算方法,出卖人以买受人违约为由主张赔偿逾期付款损失的,人民法院可以中国人民银行同期同类人民币贷款基准利率为基础,参照逾期罚息利率标准计算。2015 年 8 月最高人民法院出台的《关于审理民间借贷案件适用法律若干问题的规定》第 29 条第 2 款第 1 项:既未约定借期内的利率,也未约定逾期利率,出借人主张借款人自逾期还款之日起按照年利率 6% 支付资金占用期间利息的,人民法院应予支持。《最高人民法院关于贯彻执行〈中华人民共和国民法通则〉若干问题的意见(试行)》第 123 条规定:公民之间的无息借款,有约定偿还期限而借款人不按期偿还,或者未约定偿还期限但经出借人催告后,借款人仍不偿还的,出借人要求借款人偿付逾期利息,应当予以准许。所以,即便是借期内没有约定利息的无偿借款,如果约定的还款期限届满后,已经构成迟延履行的,借款人应承担迟延履行的责任。法律规定将迟延履行的损失,以利息的方式加以计算。如当事人没有约定一方违约时向对方支付违约金,则一方违约时可以不向对方支付违约金。但是买受人的逾期付款其实是变相地占用了出卖人的资金,这种损失对出卖人来说实际是资金被占用的利息损失。可见,司法实践中因迟延支付货款或借款而债权人主张利息的,这里是指逾期支付的利息而非支付期限内的利息,是可以得到支持的。

实践中此类情形非常复杂,这与本案的情形是不同的,需要区分理解。

【案例索引】

一审:安徽省阜南县人民法院(2013)南民二初字第 01430 号

166. 某拍卖公司与某房地产公司拍卖合同纠纷案

——拍卖佣金是否可以由法院进行调整

问题提示:竞买人(买受人)与拍卖人约定的拍卖佣金是否可以由法院进行调整?

【基本案情】

上诉人(一审原告):某拍卖公司

上诉人(一审被告):某房地产公司

人民法院经审理查明:2009 年 8 月 3 日,某拍卖公司接受某县国土资源局委托,对某县秦凤路南段西侧面积 26 400 平方米(原某县体育场 39.6 亩)、原某县委党校土地面积 13 677 平方米、原某种子公司土地面积 4046 平方米三宗国有土地使用权进行拍卖,拍卖前的土地勘测、交通、资料、宣传等均由某土地收购储备交易中心准备妥当。2009 年 8 月 25 日,某拍卖公司与某房地产公司签订了“中拍 2009 竞字第 003 - 1 号”竞买协议,某房地产公司意欲竞买原某县体育场土地使用权及其附着物。该竞买协议约定,某房地产公司按拍卖成交价的5%向某拍卖公司另行交付拍卖佣金,拍卖佣金与成交价款在拍卖成交之日起30日内一并结算,逾期视为违约。在签订竞买协议时某房地产公司曾提出拍卖佣金过高,要求降低,某拍卖公司以合同是公司统一制作及有其他两家公司为由不能调整,可以在以后的履行中协商。某房地产公司遂于当日向某拍卖公司交付竞买保证金800万元。2009年8月28日拍卖会在某县海深酒店准时举行,某房地产公司以5800万元竞得原某县体育场(1号标的)的土地使用权,某房地产开发公司以1880万元竞得了原某县委党校的土地使用权,某房地产开发公司以660万元竞得了原某县种子公司的土地使用权,某拍卖公司并于当日与竞得者签订了拍卖成交确认书。2009年8月31日,某拍卖公司向某房地产公司发出付款通知,限定其于2009年9月27日前支付拍卖价款5800万元及佣金合计6090万元整。2009年9月14日、16日某拍卖公司先后转给某县土地收购储备交易中心竞买保证金1200万元,未按合同约定从中扣除拍卖佣金。2009年11月11日,某房地产公司支付某拍卖公司竞得的土地的拍卖佣金174万元。

某拍卖公司认为,某房地产公司按合同约定尚有拍卖佣金116万元未付。故某拍卖公司诉请由某房地产公司支付拖欠其的拍卖佣金116万元,并支付从2009年9月28日至付清之日的利息(利息以人民银行同期贷款利率6.4%计算,截至2011年7月20日应计为13.5万元)。

某房地产公司辩称,其不是支付拍卖佣金的主体,没有义务向某拍卖公司支付拍卖佣金。双方对拍卖佣金的计算办法已经进行变更,且已经履行完毕。某拍卖公司的行为已经证明双方是按变更后的协议履行义务,其再次向某房地产公司主张佣金,属于重复计算。某拍卖公司提供的格式合同关于拍卖佣金按成交价格5%计算的条款违反了《拍卖法》的强制性规定。

【裁判结果】

一审:一、某房地产公司再支付某拍卖公司拍卖佣金60万元;二、驳回某拍卖公司的其他诉讼请求。

二审:一、撤销一审判决;二、由某房地产公司支付某拍卖公司佣金116万元及利息(利息以人民银行同期贷款利率计从2009年9月28日起至本判决给付之日);三、驳回某拍卖公司的其他诉讼请求。

【争议焦点与裁判理由】

本案的争议焦点为,某房地产公司应支付某拍卖公司的拍卖佣金数额如何确定。

根据生效裁判文书,人民法院认为,《拍卖法》第56条规定:“委托人、买受人可以与拍卖人约定佣金的比例。委托人、买受人与拍卖人对佣金比例未作约定,拍卖成交的,拍卖人可以向委托人、买受人各收取不超过拍卖成交价百分之五的佣金,收取佣金的比例按照同拍卖成交价成反比例的原则确定。”该条规定了各方当事人可以约定拍卖佣金,以及在没有约定佣金时,拍卖成交的,收取佣金的标准。但该条规定,并非是说当事人约定了佣金且不违法时,可以由人民法院以职权对佣金进行调整。合同是双方当事人在自愿的基础上依一致意思表示所设立的,在法律没有明确规定时,人民法院不能就合同的内容强制作出变更。本案中,双方当事人于2009年8月25日签订的《竞买协议书》意思表示真实、自愿,并不违反法律规定,应属有效。该合同确定的佣金是5%,拍卖成交确认书也确认了5%的佣金,故上诉人某房地产公司应以拍卖成交价的5%支付佣金,即5800万元×5% =290万元,除去已支付的174万元,剩余的116万元佣金应予支付给上诉人某拍卖公司。一审判决否认了合同约定的佣金标准而自行确认佣金标准,显属不当。某房地产公司上诉称双方变更合同内容佣金为3%,但所举证据不足以证实该节事实。合同第8条第1、2款约定了买受价款的构成和支付方式,买受价款均应由某房地产公司支付给某拍卖公司,某房地产公司所称佣金的支付主体不适格的理由不能成立。

【案例评析】

本案揭示的核心法律问题是竞买人与拍卖人约定的拍卖佣金是否可以由法院进行调整。

竞买人与拍卖人之间的竞买协议,既受《拍卖法》约束,又受《合同法》约束。《拍卖法》第56条第1款、第2款规定:"委托人、买受人可以与拍卖人约定佣金的比例。委托人、买受人与拍卖人对佣金比例未作约定,拍卖成交的,拍卖人可以向委托人、买受人各收取不超过拍卖成交价百分之五的佣金。收取佣金的比例按照同拍卖成交价成反比的原则确定。"然而该法条并未对竞买人(买受人)与拍卖人约定佣金比例在数额上进行约束。我们转向《合同法》领域,《合同法》第8条明确规定:"依法成立的合同,对当事人具有法律约束力。当事人应当按照约定履行自己的义务,不得擅自变更或者解除合同。依法成立的合同,受法律保护。"此即为合同严守规则。但也有例外情况,法院可对当事人约定的条款进行调整,具体体现在《合同法》第54条规定:"下列合同,当事人一方有权请求人民法院或者仲裁机构变更或者撤销:(一)因重大误解订立的;(二)在订立合同时显失公平的。一方以欺诈、胁迫的手段或者乘人之危,使对方在违背真实意思的情况下订立的合同,受损害方有权请求人民法院或者仲裁机构变更或者撤销。当事人请求变更的,人民法院或者仲裁机构不得撤销。"需要注意的是当事人请求法院变更合同条款仅限于五种情形:重大误解、显失公平、欺诈、胁迫、乘人之危,而本案中竞买人并未提出如此请求。同时,《合同法》第55条明确规定请求变更合同的除斥期间为一年,过期则撤销权消灭,本案中买受人除斥期间已过,其已无权请求法院变更条款。另外,《合同法》亦有规定法院可以调整合同的违约金条款,具体规定在《合同法》第114条第2款规定:"约定的违约金低于造成的损失的,当事人可以请求人民法院或者仲裁机构予以增加;约定的违约金过分高于造成的损失的,当事人可以请求人民法院或者仲裁机构予以适当减少。"需要注意的是,适用该条虽没有除斥期间的规定,但仅限于违约金条款,且也须当事人提出请求。而本案中的佣金条款显非违约金条款,一审法院予以调整显系越权,二审法院撤销原判,严守当事人的约定,显属正确。

【案例索引】

一审:陕西省宝鸡市某县人民法院(2011)某民二初字第135号

二审:陕西省宝鸡市中级人民法院(2012)宝民二终字第00063号

167. 甲与某房地产公司债权纠纷案

——司法拍卖的拍卖佣金的负担

问题提示:司法拍卖程序中,拍卖佣金应当如何承担?

【基本案情】

原告:甲

被告:某房地产公司

人民法院经审理查明:原告甲与案外人某银行支行签订《个人住房借款合同》《个人住房借款抵押合同》,约定由原告拟购的被告永泰房产二号楼临街二楼营业房作为抵押担保,向某银行支行借款200万元。被告与某银行支行签订《个人住房借款保证合同》,对原告的上述债务承担连带保证责任。后原告未按时还款,某银行支行起诉原告和被告要求返还借款并胜诉,后通过某拍卖公司拍卖抵押房产。拍卖房产所得款为1 850 266元,扣除各项费用并返还某银行支行款项后,余款385 966.57元退给原告,原告向拍卖人支付拍卖费55 000元。后被告以原告收取银行拍卖价款余额不当得利为由另案起诉原告,经红花岗区人民法院和遵义市中级人民法院判决认定上述拍卖房屋未实际出售给原告,仍属于被告的财产,判决原告将上述拍卖价余额385 966.57元返还给被告。

原告诉称:原告因另案中被判决向被告返还拍卖余额385 966.57元,故主张被告返还其垫付的拍卖佣金55 000元。被告认为,拍卖佣金应当由买受人支付,被执行人无须支付拍卖佣金。

【裁判结果】

一审:判决驳回原告甲的诉讼请求。

【争议焦点与裁判理由】

本案的争议焦点为,拍卖佣金应当如何承担。

人民法院经审理认为,根据《最高人民法院关于人民法院民事执行中拍卖、变卖财产的规定》第 32 条，拍卖成交的拍卖机构可以向买受人收取佣金。原、被告在拍卖过程中是被执行人，不应支付佣金，因而对原告的请求不予支持。

【案例评析】

《拍卖法》（2015 年 4 月 24 日第二次修订）与《最高人民法院关于人民法院民事执行中拍卖、变卖财产的规定》（2004 年 11 月 15 日颁布，以下简称《拍卖规定》）对于拍卖佣金的承担主体规定不同。《拍卖法》第 56 条规定，拍卖成交由委托人、买受人按约定或法定承担拍卖佣金，未成交由委托人承担，即"委托人、买受人可以与拍卖人约定佣金的比例。委托人、买受人与拍卖人对佣金比例未做约定，拍卖成交的，拍卖人可以向委托人、买受人各收取不超过拍卖成交价百分之五的佣金。拍卖未成交的，拍卖人可以向委托人收取约定的费用；未作约定的，可以向委托人收取为拍卖之处的合理费用"。第 57 条规定"拍卖本法第九条规定的物品成交的，拍卖人可以向买受人收取不超过拍卖成交价百分之五的佣金。拍卖未成交的，适用本法第五十六条第三款的规定"。而最高人民法院《拍卖规定》第 32 条规定，拍卖成交由买受人承担拍卖佣金，未成交由被执行人承担合理费用，即"拍卖成交的，拍卖机构可以向买受人收取佣金……拍卖未成交或者非因拍卖机构的原因撤回拍卖委托的，拍卖机构为本次拍卖已经支出的合理费用，应当由被执行人负担"。司法拍卖中拍卖佣金的支付究竟应当按照《拍卖法》还是按照最高人民法院《拍卖规定》的相关规定，值得讨论。

一、司法拍卖是否应当适用《拍卖法》

《拍卖法》第 2 条明确规定是适用于在中华人民共和国境内拍卖企业进行的拍卖活动。《民事诉讼法》2012 年 8 月 31 日修订前，第 223 条规定拍卖可以按照有关规定拍卖或变卖查封、扣押财产。同时，《拍卖规定》对民事诉讼中如何执行进行了详细规定，其中第 3 条规定"人民法院拍卖被执行人财产应当委托具有资质的拍卖机构进行"。也就是说，《民事诉讼法》2012 年修订之前，司法拍卖行为均需要委托拍卖企业进行，即所有的司法拍卖行为均属于《拍卖法》规范的行为。

但《民事诉讼法》修订后，第 247 条进行了修改，查封、扣押财产的处置不再"应付委托具有资质的拍卖机构进行"，而规定"人民法院应当拍卖被查封、扣押的财产；不适于拍卖或者当事人双方同意不进行拍卖的，人民法院可以委托有关单位变卖或者自行变卖"。也就是说，司法拍卖可以不经过委托拍卖机构由法院自行进行，即赋予了法院自行处置被查封、扣押财产的权利。因而，司法拍卖行为分为法院自行拍卖和委托拍卖企业进行拍卖活动两种。法院自行进行的司法拍卖活动不再受《拍卖法》规范。但通过拍卖机构进行的司法拍卖活动，由于是拍卖企业进行的拍卖活动，应当同时受《拍卖法》规范。

本案中，通过某拍卖公司拍卖抵押房产，该行为也受到《拍卖法》的规范。

二、司法拍卖行为应如何适用各项法律规定

对于法院自行进行的司法拍卖活动，应适用《民事诉讼法》《拍卖规定》等相关法律规定。而对于通过拍卖机构进行的司法拍卖活动,一方面适用《民事诉讼法》《拍卖规定》的相关规定,另一方面也适用《拍卖法》的规定。不同法律在拍卖佣金问题上的不同规定,应通过法律适用规则来进行判断。

从一般法和特别法的角度来看,对于拍卖机构进行的拍卖行为,《拍卖法》的规定属于一般法,《民事诉讼法》《拍卖规定》的规定属于对拍卖机构进行司法拍卖的特别规定,应当适用特别法律规定。

从旧法和新法的角度来看,应当适用新法的规定。但究竟哪一个法律规定更新?虽然《拍卖法》2015年刚刚经过修订,但其关于佣金的条款是自1996年制定起未经修订的。但《民事诉讼法》中对于拍卖的相关修订是2012年完成的,因而《民事诉讼法》的修订较新。

综上所述,对司法拍卖行为的法律规定存在冲突情况下,根据法律适用规则,应适用《民事诉讼法》《拍卖规定》中拍卖佣金承担的相关规定。本案中,房产拍卖通过某拍卖公司进行,关于拍卖佣金应优先适用《民事诉讼法》《拍卖规定》相关规定。即拍卖成交后,拍卖佣金应当由买受人承担,而本案原被告作为被执行人不应承担拍卖佣金。

【案例索引】

一审:贵州省遵义市红花岗区人民法院(2015)红民一初字第135号

168. 甲与某电力公司、某拍卖公司拍卖合同纠纷案

——拍卖合同解除,是否影响拍卖佣金的收取

问题提示:拍卖成交后,因拍卖标的权属变更问题,委托人与竞买人解除拍卖物买卖合同的,是否影响拍卖人按照拍卖约定收受佣金?

【基本案情】

原告:甲

被告:某电力公司

被告:某拍卖公司

人民法院经审理查明:2013年2月4日,某拍卖公司受某电力公司委托对其位于望江县华阳镇香茗山路62号房地产进行拍卖,双方签订了《委托拍卖合同》,合同约定了各自的权利义务,其中第八条违约责任(6)约定:"委托人应当协助拍卖人和买受人依法办理拍卖标的的证照变更、产权过户手续。因委托人原因造成拍卖标的的权利不能实际转移的,委托人应承担违约责任;其他约定事项第十一条约

定:(1)标的土地使用权设定为商业用途,成交款含商业用途出让金的补差部分;(2)标的过户营业税及附征由卖方承担,契税及其他过户手续费由买方承担……”当日,某拍卖公司即发布拍卖公告、拍卖清单及拍卖规则,拍卖公告告知了拍卖时间、拍卖标的及其他注意事项;拍卖规则明确了有关拍卖事项,其中“第五条:本次拍卖标的的质量(数量)与状态均以现状为准。竞买人应当在公告规定的咨询展示期内详细了解拍卖标的物的情况,一旦参加竞买,即表明本人接受拍品的一切现状(包括瑕疵),本公司不承担瑕疵担保责任。竞买成功后,买受人不得以任何理由拒绝受领拍卖标的或拒付价款;第八条:买受人应于拍卖会7日内付清成交款及全部拍卖佣金,拍卖佣金按成交额的5%计收;第九条:本次拍卖标的中土地使用权现为出让类型公共设施用地,本次拍卖设定为商业用途,土地用途变更手续由买方办理,土地出让金差额部分由卖方承担;第十条:委托方承担交易环节的营业税,其他权证办证过户税费均由买受人承担……”拍卖清单中标明了“综合楼约1090平方米、土地使用权约700平方米”。原告甲分别对上述拍卖公告、拍卖清单及拍卖规则认可并签字。

2013年2月27日,某拍卖公司按既定的时间在望江县雷池迎宾馆举行拍卖会,包括甲在内有七位竞买人参与了竞买,在几轮竞价过程中,甲以520万元竞拍成功,并当场与某拍卖公司签订了《拍卖成交确认书》,同时交付了520万元成交款及26万元佣金。2013年3月6日,甲与委托方某电力公司签订《移交协议》,协议中亦再次明确了佣金的承担、过户登记的办理及税费的承担、土地类型的现状等,同时甲收到某电力公司移交的产权证原件两本。

2013年3月18日,甲因办理土地用途变更手续相对复杂、需要较长时间为由,与委托方某电力公司签订了一份《协议》,约定双方在六个月内共同办理土地变更手续,某电力公司考虑到甲的实际需要,应其要求从已交付的标的款中暂退490万元,余款30万元作为履约定金,如果在期限内不能办好变更手续,则应将30万元无息返还,如某电力公司办好手续而甲反悔不愿购买拍卖标的,则无须返还履约定金,同时第六条约定“无论本次拍卖、转让成功与否,双方均承诺互不追究对方的违约责任”。

因办理土地变更手续的程序相对复杂、烦琐,双方在六个月内未能办好,某电力公司遂按协议约定将30万元履约定金返还给了甲。

原告认为两被告在本次拍卖活动中,存在明显过错且佣金收取过高,故起诉至法院,请求判令两被告连带返还原告人民币26万元及利息损失。

被告某电力公司辩称:(1)我方将土地使用权设定为商业用地没有误导原告,没有过错,原告是清楚的,我方在将土地进行委托拍卖前到相关部门进行了解,得到的结论是可以变更为商业用地;(2)拍卖土地于3月6日移交原告,已履行交付义务;(3)3月18日原被告签订协议,是双方协商共同办理土地使用权变更,约定在土地使用权无法变更的时候,原告应免除我方责任;(4)佣金与我方没有关系。综上,请求依法驳回原告对我方的诉讼请求。

被告某拍卖公司辩称:我方与委托人某电力公司签订委托拍卖合同后,按照规定进行了宣传,有多名参与人咨询,将标的现状告知了竞买人,相关程序符合拍卖法的规定。竞买人有充足的时间和条件了解拍卖物的真实情况。拍卖成交后,委托方对标的进行了移交,原告将520万元的成交款与26万元佣金打入我方账户,当天我方即将520万元成交款移交给委托人。拍卖公司是按合同和拍卖规则的规定操作完成了委托人委托的拍卖事项。另外,涉案拍卖标的不存在瑕疵,两被告对涉案标的已经尽到告知公示义务并且原告起诉退还佣金没有依据,佣金的收取和标准有明确的合同约定。因此,请求驳回原告对我方的诉讼请求。

【裁判结果】

一审:驳回原告甲的诉讼请求。

【争议焦点与裁判理由】

本案的争议焦点为,本案两被告在涉案拍卖活动中是否存在过错;是否应退还拍卖佣金。

人民法院经审理认为:本案被告某拍卖公司按委托方某电力公司委托拍卖约定的事项,发布了拍卖公告、拍卖规则及拍卖清单,原告甲在充分了解并熟悉拍卖规则后,分别在拍卖公告、拍卖规则及拍卖清单上签字确认,该行为应视为对本次拍卖交易规则的认可。《拍卖规则》第5条已对有关竞买人查看拍卖物及拍卖人对拍卖物不作任何瑕疵担保作了说明,该说明应认定为拍卖公司已告知原告按拍卖物的现状拍卖,其不对拍卖品的瑕疵作任何担保,故法院认为被告某拍卖公司已履行了瑕疵声明、披露的义务。某拍卖公司在指定的拍卖会上,甲以最高价竞拍成交,并当场签订了《成交确认书》,因此,拍卖程序合法、拍卖有效。因拍卖人只是向委托人和竞买人提供一种中介服务,并收取适当佣金,其活动的宗旨在于提供中介服务,只要完成了拍卖程序所需服务,拍卖人的任务即告终结,非因法定事由,拍卖人不能成为成交后果的承担者。因拍卖公司收取佣金的比例是在法律规定的范围内,且经当事人协议确定,所以原告甲要求某拍卖公司返还26万元佣金的诉求没有法律依据,法院不予支持。原告甲与某电力公司签订的《移交协议》及补充《协议》,均系当事人各方经过协商、自愿签订的合同,意思表示真实,合同的形式、内容不违反法律、行政法规的强制性规定,以上合同均为有效合同。拍卖标的系某电力公司所有,土地现状明确为公共设施,它既非权利瑕疵,也非品质瑕疵,某电力公司是将其"设定"为商业用途而非"既定",只是存在一种可变更的可能性,文字含义清晰,没有误导、隐瞒。退一步说,假设拍卖标的确实存在瑕疵,根据《委托拍卖合同》第八条违约责任(6)约定"委托人应当协助拍卖人和买受人依法办理拍卖标的的证照变更、产权过户手续。因委托人原因造成拍卖标的的权利不能实际转移的,委托人应承担违约责任”,本案拍卖人是依据委托人的委托事项进行拍卖,责任主体在委托方,而委托方现已退还了全部成交款520万元,且原告甲在2013年3月18日的《协议》中已明确放弃了追究对方(委托方)违约责任的权利,故其损失应由原告自行承担。因此,甲要求某电力公司承担连带返还责任没有事实和法律依据,法院亦不予支持。

【案例评析】

本案从拍卖法来看,涉及的问题是:因拍卖标的的权属变更问题,拍卖委托人与拍卖竞买人解除拍卖物买卖合同的,是否影响拍卖人按照拍卖约定收受佣金。本案法院判决驳回原告的诉讼请求。该判决对拍卖合同的性质阐述得非常到位,对不同的法律关系分析得也非常精辟,结果也是正确的。

一、本案拍卖人有权收取拍卖佣金

拍卖,只是向委托人和竞买人提供一种中介服务,并收取适当佣金,其活动宗旨在于提供中介服务,只要完成了拍卖程序所需服务,拍卖人的任务即告终结,拍卖人就有权按照拍卖前的约定向买受人和委托人收取佣金。从本案法院审理查明的事实来看,拍卖公司在拍卖前发布了拍卖公告、拍卖清单及拍卖规则,拍卖公告告知了拍卖时间、拍卖标的及其他注意事项,《拍卖规则》第9条写明了“本次拍卖标的中土地使用权现为出让类型公共设施用地,本次拍卖设定为商业用途,土地用途变更手续由买方办理,土地出让金差额部分由卖方承担”,对此,买受人在参加竞买之前已经知晓。同时,在买受人竞买成功后,其与委托人签订的《移交协议》亦再次明确了“佣金的承担、过户登记的办理及税费的承担、土地类型的现状等,同时甲收到某电力公司移交的产权证原件两本”,上述事实都表明,在本次拍卖活动中,无论是拍卖公司还是委托人,对本案拍卖标的的相关实际情况都已经予以了告知。

从拍卖法的角度,本案拍卖标的涉及的土地使用权性质甚至都不属于瑕疵。《拍卖法》第8条规定“依照法律或者按照国务院规定需经审批才能转让的物品或者财产权利,在拍卖前,应当依法办理审批手续”,《土地管理法》第12条规定“依法改变土地权属和用途的,应当办理土地变更登记手续”,但是,本案拍卖标的在拍卖之时的性质已经明确为公共设施用地,委托人只是将其设定为商业用地,而且委托人也明确表明了土地出让金差额部分由卖方承担。因此,拍卖人、委托人和买受人均已知晓本案拍卖标的的现状和规划方向,拍卖人和委托人对买受人没有存在任何的隐瞒,本案拍卖不存在任何的问题。

另外,根据法院查明的事实,本案买受人之所以与委托人解除买卖协议,系因为拍卖标的的土地使用权性质变更手续较为复杂,对此问题,可以认为买受人在参与竞买已经认识到了此方面的风险并自愿承担这类风险。如果仅仅是因为法院判决书中表明的手续复杂原因,本案委托人从法律上来说,其实根本无须退还其成交款。而且,即便委托人自愿退换买受人成交款,这也与拍卖人没有关系。而且,对于拍卖标的的权属变更问题,《拍卖法》第55条明确规定了"拍卖标的需要依法办理证照变更、产权过户手续的,委托人、买受人应当持拍卖人出具的成交证明和有关材料,向有关行政管理机关办理手续",从法律规定来看,权属变更登记与拍卖人并没有什么关系,更何况按照《拍卖规则》第9条规定,土地使用权性质变更要由买受人自己负责。因此,法院判决拍卖人无须退还本案原告的拍卖佣金,是非常正确的。

二、关于起诉委托人共同退还拍卖佣金

本案买受人在起诉之时,对其交纳的26万元佣金要求委托人和拍卖人连带返还,对此问题,从《拍卖法》的规定来看,涉及委托人和拍卖人共同承担连带责任的只有第58条规定的"拍卖人明知委托人对拍卖的物品或者财产权利没有所有权或者依法不得处分的,应当承担连带责任",除此之外,《拍卖法》中并没有关于委托人与拍卖人共同承担连带责任的规定。因此,本案买受人起诉要求委托人与拍卖人对退还其佣金承担连带责任也是没有任何法律依据的。

【案例索引】

一审:安徽省望江县人民法院(2014)望民二初字第00235号

169. 某拍卖公司与某科技公司买卖合同纠纷案

——保证金的性质以及适用规则

问题提示:保证金的性质及能否以约定过高为由进行调整?

【基本案情】

上诉人(一审被告、反诉原告):某科技公司

被上诉人(一审原告、反诉被告):某拍卖公司

人民法院经审理查明:某市国有资产管理办公室与某拍卖公司签订《委托拍卖合同》,对权属登记于某市人民政府办公室名下的、坐落于北京市朝阳区××楼××层××室至××室共八套房产予以公开拍卖。其中,《委托拍卖合同》第10条第3项约定,拍卖成交后,如买受人违约,买受人所支付的拍卖保证金,扣除佣金后,甲方得50%,乙方得50%。《拍卖公告》还载明了报名时间、地点;标的物展示时间、地点;拍卖方案和其他事项。其中,其他事项载明:有意竞买者须于2014年8月28日下午5时前将竞买保证金(每套30万元)汇入原告(反诉被告)的账户。成交者,保证金冲抵成交款;不成交者,保证金于2014年9月1日起无息退还;拍卖佣金按每套成交额收取。2014年8月28日,某科技公司在某拍卖公司订立的《拍卖规则》

上签名,并加盖印章。《拍卖规则》载明的内容有:"拍卖成交后,买受人应当与拍卖人当场签订《拍卖成交确认书》和其他需要签署的文件。《拍卖成交确认书》上买受人名称须与竞买人申请登记表上的申请人一致;买受人应按标的规定的付款期限付清全部款项和拍卖佣金;拍卖保证金可冲抵成交价款;逾期不付清者,拍卖人有权认定买受人违约,其保证金转为违约金,不予返还。拍卖人在征得委托人同意后进行重新拍卖。重新拍卖的成交价低于本次成交价的,原买受人须补足差额,并承担第一次拍卖中本人及其委托人应当支付的佣金。拍卖人保留相关的法律追索权。"报名时间截止后,共有某科技公司和另一自然人报名参加竞买,但某科技公司没有按《拍卖公告》确定的时间交纳拍卖保证金。2014 年 8 月 29 日上午 10 时,拍卖公司对上述拍卖标的举行了拍卖会进行拍卖。某科技公司以每平方米 17450 元的价格应价成交。成交后,某科技公司在某拍卖公司拟定的 8 份标的分别为北京市朝阳区农光南里××号楼××层××室至××室的《拍卖成交确认书》上以买受人的名义签章。《拍卖成交确认书》载明:某拍卖公司与某科技公司签订的《拍卖成交确认书》第 5 条约定,买受人同意将竞买保证金转为履约保证金,冲抵拍卖佣金和部分拍卖成交款。另约定,某科技公司须于 2014 年 9 月 1 日前付清全部拍卖款;未付清拍卖款的,除保证金转为违约金而不予退还外,还应根据《拍卖法》第 39 条之规定承担违约责任,并赔偿由此造成的经济损失。2014 年 8 月 29 日至 9 月 1 日,某科技公司共向某拍卖公司交付款项 240 万元。2014 年 9 月 10 日,某科技公司出具《说明》称"已交保证金 240 万元"。后因某科技公司没有按照《拍卖成交确认书》在 2014 年 9 月 1 日前付清全部成交款而酿成纠纷,并多次以《律师函》协商未果。至今某科技公司没有向某拍卖公司交付拍卖佣金,且拍卖标的在某拍卖公司再次组织拍卖过程中流拍。

某拍卖公司诉称,被告某科技公司仅按照《竞买协议》的约定缴付竞受保证金 240 万元,未支付任何款项,其行为显属违约。原告某拍卖公司提出:(1)被告某科技公司向原告支付佣金 862 378 元;(2)被告某科技公司支付的 240 万元保证金不予退还等诉请。

被告某科技公司辩称,同意支付佣金,但佣金要在 240 万保证金扣除 86.2378 万元佣金后作为违约金,高于实际损失的部分应当返还。为此,某科技公司提出反诉请求:判令反诉被告某拍卖公司退还竞买保证金 150 万元。

【裁判结果】

一审:某科技公司偿付原告某拍卖公司拍卖佣金 862 378 元;某科技公司交付至某拍卖公司的拍卖保证金 240 万元不予返还等;驳回某科技公司其他诉讼请求。

二审:某科技公司交付至某拍卖公司的拍卖保证金 240 万元不予返还;驳回某拍卖公司、某科技公司其他诉讼请求。

【争议焦点与裁判理由】

本案的争议焦点为,保证金的性质,以及保证金转化为违约金后是否可以按照实际损失进行调整。

根据生效裁判文书,人民法院认为:(1)关于是否应当退还部分保证金的问题。根据《拍卖成交确认书》第5条、第8条之约定,诉争保证金应为单方的履约保证金,即支付保证金的一方以保证金担保合同履行,若不履行,则丧失保证金。某科技公司以《拍卖规则》第9条中"保证金转为违约金"的约定为由,主张保证金系违约金且应适当予以减少的上诉理由,与《竞买协议》《拍卖规则》明确保证金不予退还的约定不符,也与双方在拍卖过程中达成的最后一份协议,即《拍卖成交确认书》中"竞买保证金转为履约保证金"的约定不符,故一审法院对上诉人要求退还部分保证金的主张不予支持并无不当。(2)关于某科技公司是否需另行支付佣金的问题。根据《拍卖成交确认书》第5条及某拍卖公司与委托人某市国有资产管理办公室签订的《委托拍卖合同》第10条第3项约定,诉争保证金是对买受人向拍卖人及委托人双方履行合同义务的担保,佣金也在该保证金的担保范围之内。在某科技公司成功竞得拍卖标的并与某拍卖公司签订《拍卖成交确认书》之后,保证金中的一部分即转为拍卖佣金。被上诉人在主张保证金不予退还的同时,还主张上诉人另行支付佣金的理由不能成立,不予支持。

【案例评析】

拍卖保证金是由拍卖当事人之间的约定产生的,是竞买人或者买受人向拍卖人所作的一种担保形式。保证金不属于担保法调整的范围,而是一种民间的约定,民事活动的当事人在不违反法律法规的强制性规定和公序良俗的情况下,可以在双方自愿的前提下约定双方的民事权利和义务。拍卖中的保证金一般分为两种类型:一种是拍卖人在竞买人登记竞买时对竞买人收取的保证金,称为"竞买保证金";另一种是拍卖人向买受人收取的保证金,称为"履约保证金",履约保证金在于担保买受人按照约定履行其支付拍卖成交价款和拍卖佣金的合同义务。在拍卖实践中,一般会约定竞买保证金在竞买成功后转为履约保证金。本案中,某科技公司是在竞买成功后交付的保证金,在性质上应该属于履约保证金,这个在拍卖实践中也是可以的,并没有改变保证金的担保性质。

拍卖保证金的处理要按照保证金保证的具体内容确定,本案中《拍卖成交确认书》明确写明,买受人违约的,其保证金转为违约金,不予返还。这是双方真实意思表示,并不违反法律行政法规的禁止性规定,应为有效。至于违约金是否应视实际损失调整,拍卖是一种典型的商事交易,应严格遵守契约原则,既然《拍卖成交确认书》中约定了在买受人违约时,保证金作为违约金不予返还,则双方应遵守约定,否则契约诚信无从谈起。另外,违约金本身也兼具赔偿性和惩罚性的双重特性。在商事交易中,作为理性的商事交易主体,应该对合同约定予以尊重。在1997年1月1日《拍卖法》生效前,拍卖纠纷适用的是《拍卖管理办法》,当时规定买受人承担的违约金有法定标准,即拍卖成交总价款的20%。当时对拍卖中的违约金认知还停留在传统的弥补损失的认识层面上，但是随着拍卖法的生效以及商事交易认识的深化，买受人违约的情况下，保证金不予退还已成行规。否则，保证金的竞约保证或者履约保证的功能会被削弱。这也是保证金独立性的体现。

一审被改判的原因是，一审未能将佣金从保证金中扣除，而判令某科技公司在保证金之外另行支付佣金，这违反了《拍卖成交确认书》第5条及某拍卖公司与委托人某市国有资产管理办公室签订的《委托拍卖合同》第10条第3项的约定，诉争保证金是对买受人向拍卖人及委托人双方履行合同义务的担保，佣金也在该保证金的担保范围之内。

【案例索引】

一审：浙江省瑞安市人民法院（2015）温瑞商初字第760号

二审：浙江省温州市中级人民法院（2015）浙温商终字第1003号

170. 某拍卖公司与某资产管理公司分公司、某产业投资公司拍卖合同纠纷案

——竞买保证金转为成交款的适用规则

问题提示：1. 拍卖人与委托人约定由委托人收取竞买保证金（竞拍成功后竞买保证金直接转化为成交款），委托人收取保证金后，竞买人违约未支付拍卖款，竞买保证金应如何处理？2. 拍卖人向委托人主张由其在已收取的竞买保证金范围内优先向其支付佣金和其他损失，是否能够得到支持？

【基本案情】

抗诉机关：广东省人民检察院

申诉人（一审原告、二审上诉人）：某拍卖公司

被申诉人（一审第三人、二审上诉人）：某资产管理公司分公司

被申诉人（一审被告、二审上诉人）：某产业投资公司

人民法院经审理查明：2011年5月18日，某资产管理公司分公司与某拍卖公司签订《委托拍卖合同》一份，委托某拍卖公司拍卖债权资产包，整体打包拍卖成功的，买受人的竞买保证金自动转为成交款，并于拍卖成交后5日内支付剩余成交价款的30%，余款在成交日后20日内付清。后双方签订补充协议，约定某拍卖公司承诺在拍卖公告中直接告知客户将竞买保证金打入某资产管理公司分公司账户。

2011年6月15日，某拍卖公司发出拍卖公告，载明竞买保证金为2640万元，有意竞买者于拍卖前一日将保证金汇入某资产管理公司分公司账户，现场叫价不含

佣金,买受人需支付拍卖成交价的5%的佣金,在成交后3日内支付至拍卖人指定账户;拍卖成交的,买受人的竞买保证金自动抵作成交价款;竞买人竞买成功后未如期支付成交价款的,应当承担违约责任,竞买保证金不予退还。买受人未能按期支付拍卖佣金的,还应承担逾期付款违约金。

2011年6月28日某产业投资公司向某资产管理公司分公司支付了竞买保证金2640万元。6月28日下午3时拍卖中,某产业投资公司以2.64亿元竞得涉案拍卖资产包,并签署了成交凭证、拍卖笔录。拍卖成交后,某产业投资公司未按约支付成交价款及佣金。

另查明:某拍卖公司在其制作的《竞买须知》《拍卖会工作简报》、向某产业投资公司发出的催款函中均涉及"拍卖标的成交后,买受人的竞买保证金自动转为成交款"等内容。庭审中,某拍卖公司表示当初其与某资产管理公司分公司是本着顺利履行合同的心态签署委托拍卖合同的,未考虑违约的情况出现。委托人系拍卖方大客户,其要求直接收取保证金的情况下,我方尽量给予满足。

某拍卖公司诉称:某产业投资公司未按约支付剩余成交价款和拍卖佣金,构成违约,诉请要求某产业投资公司赔偿佣金损失1320万元和其他损失50万元。另因拍卖行业存在"买受人预交的保证金应优先支付拍卖佣金"的惯例,故某资产管理公司分公司应从其收取的某产业投资公司2640万元竞买保证金中先行向某拍卖公司支付某产业投资公司应承担的佣金损失1320万元和其他损失50万元。

某产业投资公司辩称:某产业投资公司交纳竞买保证金的时间已超过了某拍卖公司要求办理竞买手续的期限,未获得竞拍资格,某拍卖公司却诱导某产业投资公司继续参与竞拍。拍卖程序严重违法,不能确保拍卖标的资产处置收益最大化,损害了社会公共利益。依照《合同法》第52条的规定,应属无效。另某拍卖公司主张的违约金计算标准过高,请求法院予以调整。

某资产管理公司分公司述称:一、本案所涉拍卖行为不违反法律强制性规定和行业惯例,也并未损害社会公共利益,拍卖合法有效。二、某产业投资公司竞买成功后,其支付的竞买保证金已转化为成交价款,且已由某资产管理公司分公司实际占有,其所有权应属于某资产管理公司分公司。某拍卖公司无权要求从竞买保证金中先行承担其佣金及损失。某拍卖公司诉称的"行业惯例"没有法律依据。三、某产业投资公司未能如期支付成交价款已构成根本违约,某拍卖公司向某资产管理公司分公司支付的50万元履约保证金,某资产管理公司分公司可不予退还。

【裁判结果】

一审:一、某产业投资公司向某拍卖公司支付佣金1320万元;二、某产业投资公司向某拍卖公司支付逾期支付佣金的违约金(以1320万元为基数,按照人民银行同期贷款基准利率的1.3倍,从2011年7月2日起计至判决确定的付款之日止);三、上述判项一、二确定的款项,由某资产管理公司分公司在某产业投资公司交至其账户的2640万元竞买保证金范围内，于判决生效之日起10日内向某拍卖公司支付；四、驳回某拍卖公司的其他诉讼请求。

二审：一、维持深圳市福田区人民法院（2011）深福法民二初字第9112号民事判决的第一、二项；二、撤销深圳市福田区人民法院（2011）深福法民二初字第9112号民事判决的第三、四项；三、驳回某拍卖公司的其他诉讼请求。

再审：维持广东省深圳市中级人民法院（2012）深中法商终字第1082号民事判决，该判决为终审判决。

【争议焦点与裁判理由】

本案的争议焦点为，是否应由某资产管理公司分公司在其已收取某产业投资公司的竞买保证金2640万元范围内，先予向某拍卖公司支付以上佣金及逾期付款违约金。

根据再审裁判文书，人民法院认为，本案所涉拍卖合同依法成立并生效，某产业投资公司未按期支付剩余拍卖款，构成违约，应向某拍卖公司支付佣金1320万元以及逾期付款违约金。首先，某拍卖公司在《拍卖公告》《竞买须知》中均已告知包括某产业投资公司在内的竞买人将竞买保证金直接付入委托人某资产管理公司分公司的账户，已披露拍卖委托人为某资产管理公司分公司，依照《合同法》第402条之规定，该拍卖中的《拍卖公告》《竞买须知》等权利义务条款直接约束委托人某资产管理公司分公司和竞买人某产业投资公司。且《委托拍卖合同》《竞买须知》中的“买受人的竞买保证金抵作成交价款的一部分”等内容，应视为三方当事人的合意。根据该内容判断，竞买保证金在本案当中是竞买人向出卖人作出未来履行债权资产包转让合同的承诺，是对未来签订的债权资产包转让合同项下成交价款的担保，而不是对拍卖佣金的担保，故某资产管理公司分公司对竞买保证金享有的当然也是“收取”的权利而不是“代收”的权利，故在竞买人某产业投资公司违约情况下，某资产管理公司分公司也当然享有“不予退还”的权利。

其次，《竞买须知》并没有明确约定一旦买受人违约，竞买保证金将优先用于先行支付拍卖人的佣金。即使本案中由委托人某资产管理公司分公司直接收取竞买保证金存在一定的特殊性，与拍卖行业惯常做法不一致，但拍卖人某拍卖公司系为了获取与某资产管理公司分公司的本次交易机会而对竞买保证金收取内容和的另行约定，也排除了某拍卖公司所称行业惯例的适用。

综上，某拍卖公司主张由某资产管理公司分公司在收取某产业投资公司的2640万元竞买保证金范围内支付拍卖佣金和违约金没有依据。

【案例评析】

我国法律并未规定拍卖中竞买保证金的定金性质，也未明确在竞买人违约时，竞买保证金应如何处理，因此在实践中，竞买保证金的处理容易引起争议。在拍卖实践中，拍卖人发出的《拍卖公告》《拍卖须知》中都会要求竞买人一定比例的竞买保证金,否则不给予竞买人的竞买资格。在拍卖行业实践中,在竞买人违约的情况下,竞买保证金的处理也的确形成了一定的商业惯例。按拍卖商业惯例,一般认为,竞买保证金处分的顺序是,首先用于支付拍卖人按约定收取的委托人和买受人佣金,其次是补足再次拍卖的差价,如果已经给委托人造成损失的,拍卖人可以将佣金以外的部分支付给委托人。

既然竞买保证金的处理存在行业惯例,那么一审法院按行业惯例处理竞买保证金的判决为什么被二审法院改判,且二审判决最终得到再审法院的维持呢?应当注意到,商业惯例的适用是有前提条件的,适用行业惯例的法理依据在于《合同法》第61条之规定,"合同生效后,当事人就质量、价款或者报酬、履行地点等内容没有约定或者约定不明确的,可以协议补充;不能达成补充协议的,按照合同有关条款或者交易习惯确定"。因此,只有在合同当事人约定不明的情况下,才能按照交易习惯确定合同权利义务的内容。本案中,终审法院并没有采纳原告某拍卖公司所称应适用拍卖行业的商业惯例的观点,而是认为,拍卖委托书、拍卖公告、拍卖须知等作为拍卖合同中的一部分,根据以上内容,能够明确当事人对涉及竞买保证金权利义务的处理,应首先尊重当事人意思自治,按照当事人的约定进行处理。同时,拍卖人某拍卖公司作为专业的拍卖公司,应当预见到其商业风险。因拍卖标的额较大,某拍卖公司为了获取相对较高的佣金而对竞买保证金收取内容作出另行约定,并不违反法律规定,故由此引发的商业风险,某拍卖公司应自行承担。总体而言,二审和再审的判决结果符合合同法上的意思自治原则,法理依据更加充分。

【案例索引】

一审:广东省深圳市福田区人民法院(2011)深福法民二初字第9112号

二审:广东省深圳市中级人民法院(2012)深中法商终字第1082号

再审:广东省高级人民法院(2014)粤高法审监民提字第4号

171. 某实业公司与某置业公司、某拍卖行拍卖合同纠纷案

——竞买保证金转为成交定金的适用规则

问题提示:委托人与拍卖人之间已经约定竞买人的保证金在拍卖成交后转为成交定金的,该保证金在拍卖成交后应当如何处理?

【基本案情】

上诉人(一审被告、反诉原告):某置业公司

上诉人(一审被告):某拍卖行

被上诉人(一审原告、反诉被告):某实业公司

人民法院经审理查明:2011年7月5日,原告某实业公司与某拍卖行签订委托拍卖合同书,约定:一、原告委托某拍卖行拍卖自有的位于烟台市芝罘区大马路3~7号银帆大厦的一部分及其所占用的国有土地使用权,拍卖大厦建筑面积13 043.07平方米(计算价格面积12 846.89平方米,原因见合同附件一),国有土地使用权面积1557.60平方米。楼层及每层面积详见合同附件一《银帆大厦面积测绘说明》,该楼主要瑕疵详见附件二《拍卖标的物告知书》。二、某拍卖行应以取得竞买人签字确认的《拍卖标的物告知书》形式向竞买人如实告知拍卖标的物的瑕疵,同时要求竞买人对拍卖标的物进行实地考察,并以实地考察的现实状况为准,原告不承担瑕疵担保责任……六、拍卖标的物经拍卖成交后,某拍卖行应负责向买受人催交拍卖所得款项。此款在成交当日起4个月内最多可分4次将全额汇入原告指定的银行账户。七、拍卖标的物经拍卖成交后,由原告在收到拍卖全额款项后五日内将标的物实际交付给买受人,并配合买受人办理相关法律手续。在此之前买受人无权对标的物行使任何权利……十二、违约责任……2.拍卖成交后,因买受人未在约定期限内交纳全额价款,造成某拍卖行无法履行本合同第六条之规定时,原告不追究某拍卖行责任……合同附件一《银帆大厦面积测绘说明》中列明了楼层及每层面积,并附加说明:某实业公司房产证面积13 043.07平方米,实际拍卖面积12 846.89平方米,差额面积为82.88平方米和113.30平方米,一是人保60户住宅实际面积9039.81平方米,其中附楼北过道82.88平方米未作为公摊面积分摊,但实际由人保60户居民占有、使用、收益和处分,此次拍卖对该82.88平方米既不作价,也不参与实际拍卖。拍卖成交后向买受人过户时,权属登记包括这82.88平方米,但买受人实际不享有该部分的任何权益。二是位于主楼19层列在烟台人保家属栏内的113.30平方米,已由烟台芝罘区法院强行拍卖,不参与整体拍卖和整体过户。附件二《拍卖标的物告知书》中载明了拍卖标的物的主要瑕疵:该楼水、电、暖等公用设施未接入市政管网,地下室因坡道防水处理不善存有积水,并安装有500取暖工程设备等;且拍卖人声明:该拍卖标的物瑕疵包括但不限于上表所列,委托人不承担拍卖标的物的瑕疵担保责任。竞买人应进行实地考察,不论竞买人进行实地考察或者放弃实地考察,均视为竞买人已知晓标的物的全部瑕疵。

某置业公司于2011年8月22日委托其法定代表人甲参加2011年8月23日举行的拍卖会,代理权限为办理竞买手续、参加竞买、确认成交、办理结算、受领拍卖标的,委托期限为2011年8月22日至办理完成所有手续、完成所有委托事项。2011年8月23日甲与某拍卖行签订竞买协议,约定:一、2011年8月23日上午10时在芝罘岛东街原南洋酒楼举行拍卖会,拍卖标的为烟台市芝罘区大马路银帆大厦部分房产。二、某置业公司已在拍卖公告规定的展示时间内详细了解了拍卖标的物的现状,并实地察看了标的及与标的有关的资料,拍卖标的以公开展示时的现状为

准,某拍卖行不承担瑕疵担保责任……七、若某置业公司竞买成功,则双方当场签署《拍卖成交确认书》和《拍卖笔录》等有关文书;某置业公司同意自成交之日起四个月内向某拍卖行付清全部成交价款;某置业公司在付清全部成交价款和佣金后,须在五日内到原告方办理标的移交手续,逾期某拍卖行将按成交价款每日千分之五计收违约金;拍卖标的由原告直接交付于某置业公司……九、《拍卖成交确认书》为本协议的组成部分……2011年8月23日,某拍卖行举行涉案房产的拍卖会,某置业公司代理人甲持58号竞买号牌买受涉案房产,并于当日在《拍卖笔录》及《拍卖成交确认书》上签字,经确认,拍卖涉案房产的建筑面积约12 846.89平方米,成交单价3150元/平方米,成交额40 467 703.50元。

庭审中,某拍卖行提交了由某置业公司法定代表人甲签字的《拍卖标的物告知书》《银帆大厦面积测绘说明》及《烟台银帆大厦拍卖特别声明》复印件各一份,《拍卖标的物告知书》及《银帆大厦面积测绘说明》与原告提交的委托拍卖合同书原件附件一、二内容一致,《烟台银帆大厦拍卖特别声明》第三项内容为"拍卖成交后买受人应于成交当日起4个月内最多可分4次将成交款全额汇入委托人指定的银行账户……"某置业公司认可《银帆大厦面积测绘说明》的内容,称某拍卖行在拍卖之前口头向其告知了,但否认在该说明上签过字,某置业公司对《拍卖标的物告知书》及《烟台银帆大厦拍卖特别声明》的真实性不认可,主张某拍卖行并未告知这两份材料的内容,某置业公司更未在这两份材料上签过字。

2012年5月7日原告与某置业公司签订房屋买卖合同一份,约定:原告自愿将涉案房产出售给某置业公司,成交价格为40 467 703.50元,某置业公司于2012年5月7日一次性付清房款,原告于2012年5月10日将涉案房产交付某置业公司,双方于2012年5月7日前携带有关材料共同到房屋登记机构申请办理过户手续;某置业公司未按合同约定交付房款,每逾期一日,应向原告支付成交价格万分之一的违约金。原告已于2012年5月4日向某置业公司开具了销售涉案房产的税务发票(面积12 929.77平方米,金额40 467 703.50元)。某置业公司主张该房屋买卖合同仅用于办理房产过户手续,不是双方真实意思表示,不应按此履行。原告认可该房屋买卖合同系为办理过户手续而签订,但称签合同时某置业公司已违反拍卖合同中关于付款的约定,为了督促某置业公司尽快付款,又在该合同中约定某置业公司应一次性付清全部房款;鉴于某拍卖行当时告知某置业公司已支付了2546万元房款,该合同本意是要求某置业公司支付剩余的1500万元房款。

涉案房产的所有权、土地使用权均于2012年5月9日从原告名下过户至某置业公司名下。房产证过户前的登记建筑面积为13 043.07平方米,设计用途主要为非住宅,过户后的登记建筑面积为12 929.77平方米,规划用途为非住宅;土地证过户前登记的土地用途为住宅、商业服务业,使用年限至2044年6月8日,过户后登记的地类(用途)为公寓、商服用地,使用年限不变。2012年6月14日原告与某置业公司办理了涉案房产、土地及工程图纸、相关资料的交接手续。

原告、两被告均认可涉案房产的拍卖成交价款为40 467 703.50元,根据拍卖文件应于2011年12月23日前付清。某置业公司已以保证金的形式通过某拍卖行向原告支付了500万元成交价款,并向某拍卖行支付了20 467 703.50元成交价款(2011年12月26日100万元、2012年1月13日500万元、2012年2月17日300万元、2012年2月20日1 467 703.50元、2012年3月23日200万元、2012年4月25日500万元、2012年4月26日300万元),剩余的1500万元未向某拍卖行或原告支付。

原告于2013年4月1日起诉至法院,要求某置业公司支付成交价款35 467 703.50元及自2011年12月23日起至判决生效之日止按照同期银行贷款利率计算的利息。为查清事实,法院依法追加某拍卖行为第三人参加了诉讼。经查明,某置业公司已向某拍卖行支付了20 467 703.50元成交价款后,原告遂于2014年1月22日向法院递交追加被告申请书,申请追加某拍卖行为本案被告,并将诉讼请求明确为:请求判令某置业公司支付1500万元及自2011年12月23日起至生效判决确认的付款期限届满之日止,按照同期银行贷款利率计算的利息;判令某拍卖行支付20 467 703.50元及自其收款之日起至生效判决确认的付款期限届满之日止,按照同期银行贷款利率计算的利息。

关于成交价款的支付问题,某置业公司主张,委托拍卖合同、房屋买卖合同均约定某置业公司支付全部价款后再办理房产过户手续,原告在仅收到某置业公司500万元价款后即自愿缴纳了900万元税款并将涉案房产过户至某置业公司名下,原因是其意识到给某置业公司造成巨额损失,以余款1500万元作为赔偿某置业公司损失的主动行为,故原告不应向某置业公司主张剩余款项及利息。原告对此不予认可,称因某拍卖行告知已收到某置业公司支付的两千余万元拍卖成交价款,某置业公司也请求原告先办理房产过户手续用于融资,原告为了让某置业公司尽快付清房款才将涉案房产过户给某置业公司。鉴于已就涉案房产的瑕疵问题提起反诉,某置业公司同意将剩余的1500万元拍卖成交价款直接支付给原告。某拍卖行既未将某置业公司向其支付的20 467 703.50元拍卖成交价款支付给原告,也未返还给某置业公司,其主张依据竞买协议第8条及拍卖规则第12条约定,应从收到的成交价款中扣除某置业公司的拍卖佣金2 023 385.18元及500万元保证金,但在法院限期内未提交拍卖规则或其他相关证据。

关于某置业公司的反诉请求,某置业公司主张:(1)其委托某勘测设计研究院公司进行了测绘,测绘报告显示原告交付涉案房产的实际面积为12 261.19平方米,与拍卖成交确认书中的面积相差699平方米,涉案房产的拍卖单价为3150元/平方米,根据《最高人民法院关于审理商品房买卖合同纠纷案件适用法律若干问题的解释》第14条规定,原告应赔偿某置业公司损失3 192 231元,某置业公司所花费的测绘费亦应由原告承担。原告认为某勘测设计研究院公司的测绘报告是受某置业公司单方委托作出的,测绘对象亦是“光上滨海国际公馆房产”,不能作为证据使用,涉案房产的面积应以房屋登记机关的登记为准。(2)原告提供的涉案房产原土地使用权证载明土地用途是住宅、商业服务业,过户后却变更为公寓、商服用地,某房地产评估公司出具的房地产市场分析报告证明土地用途变更造成的房产价格损失为19 200 651.53元。原告认为该分析报告是某置业公司单方委托作出的,不能作为证据使用;土地使用权过户手续是原告协助某置业公司办理的,原告不清楚权属证书中文字表述不一致是否就意味着土地用途确实发生变化,原告出售的不是独立的土地使用权,房屋与土地不可分割看待,某置业公司知道涉案房产性质是非住宅,涉案房产的土地使用期限过户前后也是一致的。某置业公司则认为权属证书中文字表述不一致即意味着土地用途确实发生了变化,过户手续主要是原告办理的,某置业公司只是配合部分签字手续,事后某置业公司曾向土地局了解原因,土地局答复是土地档案与土地证不符,但对此没有证据证实。烟台市国土资源局芝罘分局的涉案房产土地档案显示,原告和某置业公司于2012年5月9日共同申请办理土地登记,申请书中载明的土地用途为公寓、商服,申请登记的内容包括2012年5月9日原告和某置业公司签订的国有土地使用权转让合同,其中第二条载明土地用途为公寓、商服用地,地籍调查表中载明的批准用途及实际用途均为公寓、商服。烟台市国土资源局芝罘分局给法院的函件载明,2012年5月9日原告与某置业公司向该局申请转让土地变更登记,原告使用的烟国用土地证登记的用途是住宅、商业服务业,而2012年5月9日原告转让给某置业公司的房产证登记的用途为非住宅,1994年6月16日原烟台市土地管理局烟土地号用途是理疗、综合大楼,[建设用地批准书](1994)地字第4号用途是理疗、公寓、综合大楼,故该局依据上述资料、双方申请将用途更正登记为公寓、商业服务业用地。(3)原告出售的地下室存在权利瑕疵,地下室的设施与500工程供暖设施是为涉案房产周围十多栋大楼(700多户居民及公建单位)服务的,因其已经超过容量,导致某置业公司无权使用,因存在公有使用权,某置业公司也无权拆除这些设施,故某置业公司认为原告无权单独出售地下室;原告在拍卖时故意隐瞒某置业公司,应按照3150元/平方米的拍卖单价及地下室的面积908.71平方米赔偿某置业公司损失2 862 436元。原告认为拍卖前其已披露地下室安装有500工程供暖设施,某置业公司在拍卖前也现场勘查过,应当知道该瑕疵。(4)某置业公司主张原告出售涉案房产之前已办理出房产证,依据相关规定,水、电、暖设施应能够正常使用才能达到验收标准,继而办理出房产证,因此某置业公司有理由相信涉案房产的水、电、暖已经接入市政管网;为将涉案房产的水、电与市政管网连通,某置业公司已花费3 439 930.70元,该费用应由原告承担;烟台市暖气配套费的标准是93元/平方米,原告应赔偿某置业公司12 147.89平方米(实际购买面积)的暖气配套费1 129 753.77元。原告认为拍卖前已披露水、电、暖未接入市政管网的事实,且声明不承担瑕疵担保责任,某置业公司拍卖前也进行过现场勘查,应当知道该事实,某置业公司拍得涉案房产后自行施工的花费及暖气配套费均与原告无关。

另外,某置业公司认可拍卖之前到现场察看过涉案房产的具体情况,某拍卖行向其告知过113.30平方米的面积瑕疵,并出示过涉案房产的房产证、土地证,房产证上的面积包含地下室的面积,某置业公司所称的地下室设施主要是指500工程供暖设施,现场察看时该设施已实际存在,当时以为是为涉案房产供暖使用的。

另查明:二审中,上诉人某拍卖行提交有甲签字的《山东某拍卖行2011年8月23日拍卖会拍卖规则》复印件一份,其第12条约定:"买受人未在规定的时间内付清全部成交价款和佣金的,视买受人违约并放弃成交,《拍卖成交确认书》自行失效,其保证金不予退还……"上诉人某置业公司质证称,该证据为复印件,也没有加盖其印章,不予认可。被上诉人某实业公司质证称,该证据为复印件,且其不是签署方,对真实性不予认可。

原告某实业公司在一审中诉称:其委托被告某拍卖行拍卖自有的位于烟台市芝罘区大马路3~7号银帆大厦的一部分及其所占用的国有土地使用权,后某置业公司竞拍买得涉案房产,但未按约支付所有竞拍款项。故诉至法院,请求:判令某置业公司支付1500万元及自2011年12月23日起至生效判决确认的付款期限届满之日止,按照同期银行贷款利率计算的利息;判令某拍卖行支付20 467 703.50元及自其收款之日起至生效判决确认的付款期限届满之日止,按照同期银行贷款利率计算的利息。

某置业公司以涉案房产存在瑕疵为由,在一审中提起反诉,要求某实业公司赔偿损失。

某置业公司上诉称:一审判决认定事实不清,适用法律错误,请求撤销原判,依法改判或发回重审。上诉理由:(1)没有证据证明被上诉人某实业公司及上诉人某拍卖行已经告知上诉人某置业公司涉案房产的权利瑕疵及隐蔽瑕疵,一审判决仅依据上诉人某置业公司已经观看标的物,就认定上诉人某置业公司明知涉案房产存在的隐蔽瑕疵及权利瑕疵,证据不足;(2)被上诉人某实业公司向上诉人某置业公司实际交付使用的房屋面积与《拍卖成交确认书》约定的面积不符,房屋所有权证登记的建筑面积只是房屋备案登记的面积,并不代表被上诉人某实业公司向上诉人某置业公司实际交付使用的房屋面积;(3)拍卖前,上诉人某拍卖行未告知上诉人某置业公司涉案房产水电暖等公用设施未接入市政管网。涉案房产已办理出房产证,依据相关部门规章规定,被上诉人某实业公司在办理房产证之前,水电暖设施应当能够正常使用,才能达到验收标准,继而办理房产证。因此,被上诉人某实业公司应当赔偿上诉人某置业公司的损失;(4)涉案房产过户前土地用途登记为住宅、商业服务业,过户后登记地类(用途)为公寓、商服用地,被上诉人某实业公司应承担土地用途的变更给上诉人某置业公司造成的损失;(5)上诉人某置业公司已经明确告知上诉人某拍卖行涉案房产存在重大瑕疵,基于被上诉人某实业公司与上诉人某拍卖行之间的委托关系,上诉人某置业公司不应支付被上诉人某实业公司利息。

被上诉人某实业公司辩称:(1)涉案土地用途未变更。①一审法院前往烟台市国土资源局进行过调查,地籍科某副科长表示土地用途未发生变化;②根据《委托拍卖合同书》、拍卖特别声明的约定,在房地产过户方面被上诉人某实业公司承担的是配合义务。(2)上诉人某置业公司主张房产面积短少,没有证据支持,应以房产证记载的面积为准。(3)《委托拍卖合同书》《拍卖标的物告知书》《竞买协议》《房屋买卖合同》等多份证据均证明被上诉人某实业公司已经披露了相关瑕疵,上诉人某置业公司对此明知。根据《拍卖法》第61条规定,被上诉人某实业公司不承担瑕疵担保责任。(4)上诉人某置业公司关于利息计算的上诉理由不能成立。

上诉人某拍卖行未作答辩。

某拍卖行上诉称,请求撤销原判第二项,驳回被上诉人某实业公司对上诉人某拍卖行的诉讼请求。理由:(1)一审法院认定法律关系错误,被上诉人某实业公司将上诉人某拍卖行和上诉人某置业公司列为共同被告没有法律依据。2012年5月7日,在上诉人某拍卖行不知情的情况下,上诉人某置业公司与被上诉人某实业公司签订《房屋买卖合同》并办理了房屋过户手续。根据合同相对性原则,被上诉人某实业公司只能单独起诉上诉人某置业公司或单独起诉上诉人某拍卖行,一审法院将上诉人某置业公司、某拍卖行列为共同被告错误。(2)一审审判程序违法。一审经过三次庭审,且已经辩论终结。被上诉人某实业公司曾明确表示不追加上诉人某拍卖行为本案的被告,但2014年1月22日,被上诉人某实业公司向一审法院申请追加上诉人某拍卖行为一审被告,得到一审法院准许,程序违法。(3)即使上诉人某拍卖行应承担向被上诉人某实业公司支付款项的义务,也应当扣除500万元。根据《委托拍卖合同书》《拍卖规则》的约定,如果上诉人某置业公司没有在四个月内支付全部成交款,则视为违约,《拍卖成交确认书》自动失效,其保证金不予退还。上诉人某置业公司在拍卖成交后的四个月内并未向上诉人某拍卖行支付过款项,视为上诉人某置业公司放弃成交,且上诉人某置业公司与被上诉人某实业公司私下签订《房屋买卖合同》,上诉人某拍卖行应当扣除500万元并有权追究上诉人某置业公司与被上诉人某实业公司的违约责任。(4)根据《委托拍卖合同书》第十二条第二款的约定,因买受人未按时付清全款的,委托人不追究拍卖人责任,所以拍卖人无过错,不应当承担利息和诉讼费用。

被上诉人某实业公司对上诉人某拍卖行的上诉答辩称,本案事实清楚,判令上诉人某拍卖行向被上诉人某实业公司支付成交价款于法有据,理由:(1)一审法院从未要求追加上诉人某拍卖行为被告而被上诉人某实业公司不同意;(2)上诉人某拍卖行主张代收的拍卖款项不用向任何人支付，显然不能成立，因为根据《委托拍卖合同书》第六条的约定，被上诉人某实业公司是在上诉人某置业公司不支付成交价款的情况下，不向上诉人某拍卖行主张违约责任，而并非是已经代收的款项不需要支付给被上诉人某实业公司；(3)本案三方当事人的诉讼标的是共同的，都是拍卖合同关系，属于《民事诉讼法》第52条规定的共同诉讼；(4)被上诉人某实业公司之所以在2014年1月申请追加上诉人某拍卖行为本案被告，是依据2013年12月10日庭审中新查明的事实。

上诉人某置业公司对上诉人某拍卖行的上诉答辩称，上诉人某置业公司对上诉人某拍卖行并没有违约行为，其在四个月内未支付全部成交款，完全是因为涉案房产存在重大瑕疵，上诉人某置业公司对余款的支付享有抗辩权。上诉人某置业公司也已经向上诉人某拍卖行发送了《关于支付拍卖成交款前需解决有关问题的函》。被上诉人某实业公司与上诉人某置业公司签订的《房屋买卖合同》，仅是被上诉人某实业公司放弃1500万元余款、认可涉案房产瑕疵后，依照拍卖程序过户涉案房产的行为。

【裁判结果】

一审：一、被告某置业公司自本判决生效之日起十日内支付原告某实业公司拍卖成交价款15000000元，并自2012年6月15日起至判决生效之日止，按照同期银行贷款利率支付利息；二、被告某拍卖行自本判决生效之日起十日内支付原告某实业公司拍卖成交价款20467703.50元，并自2014年1月22日起至判决生效之日止，按照同期银行贷款利率支付利息；三、驳回被告某置业公司的反诉请求。

二审：驳回上诉，维持原判。

【争议焦点与裁判理由】

本案的争议焦点是：(1)上诉人某置业公司是否应向被上诉人某实业公司支付利息；(2)某置业公司诉请某实业公司赔偿其经济损失有无事实及法律依据；(3)被上诉人某实业公司诉请上诉人某拍卖行支付20 467 703.50元及相应利息有无事实及法律依据。

根据生效裁判文书，人民法院认为，原告某实业公司系涉案房产的所有权人，其与某拍卖行签订的委托拍卖合同书系双方当事人的真实意思表示，且不违反法律法规的强制性规定，应为合法有效。上诉人某置业公司是否应向被上诉人某实业公司支付利息？本案中，上诉人某置业公司同意直接向被上诉人某实业公司支付剩余的1500万元房产拍卖款，系当事人对自己权利的处分，不违反法律法规的禁止性规定，应当予以准许。上诉人某置业公司主张其于2011年12月15日向上诉人某拍卖行送达了《关于支付拍卖成交款前需要解决有关问题的函》，该函指出涉案房产存有重大瑕疵，要求上诉人某拍卖行尽快解决。然而在该函件所指出的问题并未解决的情况下，上诉人某置业公司于2011年12月15日后陆续向上诉人某拍卖行支付了20 467 703.50元房产拍卖款,并与被上诉人某实业公司于2012年5月9日办理了房产过户、2012年6月14日办理了房产交接手续。上诉人某置业公司的上述行为应视为其放弃了相应的支付履行抗辩。在此情形下,一审法院综合本案案情,认定上诉人某置业公司应当于2012年6月14日之前承担付清全部房产拍卖款的义务,但上诉人某置业公司并未按时支付,应当承担逾期付款造成损失的责任。因此,一审判令上诉人某置业公司自2012年6月15日起按照同期银行贷款利率支付1500万元成交款的利息并无不当。

上诉人某置业公司诉请被上诉人某实业公司赔偿其经济损失的理由有四:(1)被上诉人某实业公司交付的房产面积与拍卖成交的面积不符;(2)涉案房产土地用途发生了变更;(3)涉案房产水电暖未接通市政管网;(4)涉案房产地下室存在权利瑕疵。

关于交付房产面积的问题。上诉人某拍卖行已告知上诉人某置业公司涉案房产实际拍卖面积为12 846.89平方米,权属登记面积为12 929.77平方米,差额系因附属楼北过道82.88平方米未作为公摊面积分摊导致。涉案房产已经变更登记至上诉人某置业公司名下,房屋所有权证登记面积为12 929.77平方米,上诉人某置业公司也实际接受了涉案房产,其已经对12 929.77平方米的涉案房产享有物权,被上诉人某实业公司已经履行了房产交付的义务。上诉人某置业公司主张被上诉人某实业公司实际交付的面积为12 147.89平方米(12 261.19平方米-113.3平方米)与拍卖成交确认的面积12 846.89平方米不符,差额为699平方米,并提交单方委托制作的测绘报告欲予以证实。但上诉人某置业公司未提交证据证明涉案测绘报告的制作人山东岩土勘测设计研究院是否具有勘测房产面积的相应资质条件,可以进行房产面积测算。对上诉人某置业公司单方委托制作的测绘报告,本院不予采信。因此,上诉人某置业公司主张被上诉人某实业公司少交付699平方米的房产,请求被上诉人某实业公司予以赔偿,证据不足。

关于土地用途变更的问题。涉案房产土地使用权的变更登记系由被上诉人某实业公司与上诉人某置业公司一同办理,办理土地使用权变更登记所签订的《国有土地使用权转让合同》《土地登记申请书》均载明土地用途为公寓、商服,对此,上诉人某置业公司未提供证据证明其提出了异议,故上诉人某置业公司主张被上诉人某实业公司应当赔偿土地用途变更给其造成的损失没有依据。

关于水电暖未接入市政管网和地下室权利瑕疵的问题。水电暖未接入市政管网及涉案房产地下室存在权利瑕疵,均属于拍卖标的瑕疵的范畴。《拍卖法》第18条规定:"拍卖人有权要求委托人说明拍卖标的的来源和瑕疵。拍卖人应当向竞买人说明拍卖标的的瑕疵。"根据上述法律规定,负有向上诉人某置业公司说明涉案房产瑕疵义务的主体是上诉人某拍卖行。《拍卖法》第61条第1款规定:"拍卖人、委托人违反本法第十八条第二款、第二十七条的规定,未说明拍卖标的的瑕疵,给买受人造成损害的,买受人有权向拍卖人要求赔偿;属于委托人责任的,拍卖人有权向委托人追偿……”因此,上诉人某置业公司主张被上诉人某实业公司及上诉人某拍卖行没有证据证明已经告知其涉案房产的瑕疵而向被上诉人某实业公司提出反诉,要求被上诉人某实业公司赔偿其损失无法律依据,应当驳回其诉讼请求。一审判决驳回上诉人某置业公司的反诉请求,并无不当,但其驳回反诉请求的理由错误。上诉人某置业公司可依法另行主张权利。

《委托拍卖合同书》约定:“五、拍卖人应要求竞买人交纳保证金,保证金数额为500万元人民币。此竞买保证金在拍卖成交后即刻转为买受人定金。拍卖人应将此定金于成交当日全额转至委托人所指定的账户。六、拍卖标的物经拍卖成交后,拍卖人应负责向买受人催交拍卖所得款项。此款在成交当日起4个月内最多可分4次将全额汇入委托人指定的银行账户。”由上可知,上诉人某置业公司交纳的500万元保证金为竞买保证金,该500万元保证金已经转为买受人定金,上诉人某拍卖行也已经将该500万元保证金交付给了被上诉人某实业公司,20 467 703.50元系上诉人某置业公司交付的房产拍卖款,按照《委托拍卖合同书》第六条的约定亦应支付给被上诉人某实业公司。上诉人某拍卖行在拍卖成交的四个月后陆续接收了上诉人某置业公司支付的20 467 703.50元房产拍卖款,上诉人某置业公司与被上诉人某实业公司也已经按照拍卖约定交接了房产,故拍卖行为合法有效。因此,上诉人某拍卖行主张上诉人某置业公司逾期付款已经视为放弃成交,其有权扣除500万元保证金的上诉理由不能成立。上诉人某拍卖行在收到20 467 703.50元房产拍卖款后,未根据《委托拍卖合同书》约定,将该款交付给被上诉人某实业公司应承担相应的违约责任。因此,一审判决上诉人某拍卖行自被上诉人某实业公司向法院对其主张权利之日起按同期银行贷款利率支付20 467 703.50元房产拍卖款利息,并无不当。

【案例评析】

本案事实方面比较复杂,诉讼请求上,既有本诉,又有反诉,原告某实业公司在起诉某置业公司后又追加起诉了某拍卖行,各方当事人争议也比较大。本案中,买受人某置业公司是否已经被告知了拍卖标的的瑕疵或者应该已经知道拍卖标的所存在的瑕疵,是本案的关键事实。从拍卖的角度来看,本案涉及以下两个关键法律问题:(1)委托人已经告知拍卖人拍卖标的所存在的瑕疵的,拍卖人如未告知买受人,买受人不能要求委托人承担法律责任;(2)委托人与拍卖人之间已经约定竞买人的保证金在拍卖成交后转为成交定金的,该保证金在拍卖成交后应作为竞拍款的一部分归委托人所有。对第一个问题,一审法院在判决理由部分并没有直接对此法律关系予以阐述,而主要是从证据角度进行分析,认定某置业公司的反诉请求不能成立,而二审法院一方面从证据角度分析,另一方面也从委托人是否对竞买人负有瑕疵披露义务的法律关系角度驳回了某置业公司的反诉请求。对第二个问题,二审法院进行了分析。笔者认为,本案处理结果是正确的。

一、委托人对竞买人不负有瑕疵披露义务

1. 委托人对拍卖人负有瑕疵披露义务

拍卖人所提供的拍卖,本质上是一种中介服务。委托人与竞买人之间在竞拍成功之前,并不直接发生法律关系。只有在竞拍成功后,买受人与委托人之间才可能通过此建立买卖法律关系。对于拍卖标的的瑕疵,委托人的确具有告知的义务,但根据《拍卖法》第27条规定:“委托人应当向拍卖人说明拍卖标的的来源和瑕疵。”其告知的对象为拍卖人,因为,在竞拍前,竞买人与委托人在法律关系上并不直接发生往来,而且,拍卖人与委托人之间存在的委托合同关系,也决定了委托人应如实向拍卖人披露告知拍卖标的的所有瑕疵。对于拍卖标的的瑕疵,只要委托人如实向拍卖人进行了披露告知,其关于瑕疵方面的义务就已经尽到。本案中,某实业公司与某拍卖行签订的委托拍卖合同中明确了拍卖标的建筑面积与实际拍卖面积的差额及原因,水、电、暖等公用设施未接入市政管网等瑕疵,并要求竞买人必须实地察看,从诉讼中当事人之间的争议来看,本案某实业公司在委托拍卖时对拍卖标的的瑕疵已经告知得很详细、具体,而且又要求竞买人实地察看,作为拍卖委托人,其已经充分地尽到了瑕疵告知义务。

2. 拍卖人对竞买人负有瑕疵披露义务

《拍卖法》第18条第2款规定:“拍卖人应当向竞买人说明拍卖标的的瑕疵。”从该条规定来看,竞买人对拍卖标的的了解、知情的渠道是拍卖人,拍卖人对其负有瑕疵披露、告知义务。本案中,委托人某实业公司在委托某拍卖行拍卖的时候特别告知了拍卖人必须向竞买人告知瑕疵,而从某拍卖行提供的证据来看,《拍卖标的物告知书》复印件载有拍卖标的存在瑕疵的情况,且某置业公司也实地察看了拍卖标的,可以推定其应该已经知晓拍卖标的存在瑕疵。而且,《拍卖法》第61条也明确规定:“拍卖人、委托人违反本法第十八条第二款、第二十七条的规定,未说明拍卖标的的瑕疵,给买受人造成损害的,买受人有权向拍卖人要求赔偿;属于委托人责任的,拍卖人有权向委托人追偿。”因此,如果买受人某置业公司认为其在竞拍时并没有被告知拍卖标的存在的瑕疵,并给其造成损害的,应直接向拍卖人要求赔偿,而不能直接向委托人主张损害赔偿,二审法院对一审法院关于这部分的理由予以纠正也是正确的。某置业公司在反诉时只将某实业公司列为被告,而没有将某拍卖行一并作为反诉被告,从程序法来看,显然是其失策。

二、关于本案中涉及的保证金问题

本案中,一审法院判决后,某置业公司与某拍卖行均提起了上诉。某拍卖行上诉时提出“其应承担向被上诉人某实业公司支付款项的义务,也应当扣除500万元。根据《委托拍卖合同书》《拍卖规则》的约定,如果上诉人某置业公司没有在四个月内支付全部成交款,则视为违约,《拍卖成交确认书》自动失效,其保证金不予退还”,对此,笔者认为,某拍卖行的理由非常勉强。虽然其在上诉中提交了一份《山东某拍卖行2011年8月23日拍卖会拍卖规则》复印件,其中虽然载有“买受人未在规定的时间内付清全部成交价款和佣金的,视买受人违约并放弃成交,《拍卖成交确认书》自行失效,其保证金不予退还”的内容,对于拍卖规则中提到的保证金,《拍卖法》并未予以规定,也不属于担保法调整的范围,而是一种民间的约定,法律通常承认这种约定的有效性。一般情况下,保证金分为竞买保证金和成交保证金,本案中的保证金应该视为成交保证金,如果某置业公司不履行付款义务,在没有其他约定的情况下,可以不予退还,但是,某拍卖行与某实业公司签订的《委托拍卖合同书》第5条约定了“拍卖人应要求竞买人交纳保证金,保证金数额为500万元人民币。此竞买保证金在拍卖成交后即刻转为买受人定金。拍卖人应将此定金于成交当日全额转至委托人所指定的账户”。因此,在某拍卖行已经与某实业公司之间约定了将这500万元保证转为买受人定金的情况下,这500万元的保证金应该视作买受人支付的房产拍卖款的一部分,归委托人某实业公司所有。

【案例索引】

一审:山东省烟台市中级人民法院(2013)烟民一初字第31号

二审:山东省高级人民法院(2014)鲁民一终字第536号

172.甲与某拍卖公司拍卖合同纠纷案

——履约保证金转为违约金的适用规则

问题提示:1.约定的履约保证金在违约之后,转为违约金,违约金数额如何确定?2.约定的违约金与实际损失的数额不一致应该如何处理?

【基本案情】

原告(反诉被告):甲

被告(反诉原告):某拍卖公司

人民法院经审理查明:某运输公司因实行改制,将其所有的位于宜春市东风大街3号“交通服务大楼”房屋一栋委托被告某拍卖公司拍卖,双方签订《委托拍卖合同》,对拍卖标的物的具体情况(名称、房产证号、建筑面积、土地使用面积、性质)、拍卖时间、拍卖方式、拍卖起拍价、保证金等进行了约定。合同签订后,被告于2011年6月21日在中共宜春市委机关报刊登了拍卖公告、拍卖须知,刊登了拍卖的相关信息。原告甲于2011年7月11日到被告公司以竞买人身份签署了《某拍卖公司竞买人登记表》《拍卖规则》《竞买须知》《拍卖标的简表》《竞买承诺书》,对拍卖标的范围、违约责任方式、标的过户等进行了详细约定。

2011年7月11日原告支付了保证金50万元,7月12日上午10点,原告最终经过竞价以655万元竞得。原告及监拍人乙、委托方丙在《竞价记录表》《拍卖会记录》《拍卖成交书》上签字认可,2011年7月15日和8月3日被告发出《告知函》,通知原告违反签署的《拍卖规则》《竞买须知》及《承诺书》约定,需要承担相关违约责任。

2011年8月12日,被告进行了第二次拍卖,成交价为650万元,但买受人没有交纳拍卖款。2012年3月29日被告进行了第三次拍卖,最终以482万元价格成交,并办理完了过户登记手续。

原告甲诉称:2011年7月11日原告交纳拍卖押金50万元给被告,以665万元拍得标的物。但该标的中土地使用权共355平方米中有很大一部分已和店铺出卖给别人,且剩余部分很难分割过户。被告于2011年8月以660万元拍卖成交反悔后,再于2012年4月以480万元拍卖成交。被告故意隐瞒标的物实际情况,误导原告作出错误判断,被告举行的拍卖结果是无效的,被告应当返还收取的押金。现经多次催讨无果,原告诉讼至法院,提出:一、法院确认2011年7月11日被告的拍卖行为无效;二、判令被告返还原告押金人民币50万元;三、诉讼费由被告承担等诉请。

被告某拍卖公司反诉称:2011年7月12日,被告受托拍卖宜春市东风大街3号(原4号)"交通服务大楼"房产,原告于2011年7月11日报名竞买,当场签署《竞买须知》和《拍卖规则》,并作出书面竞买承诺书,交纳50万元保证金,取得竞买资格。拍卖当天,原告持75号牌参与被告组织的拍卖活动,并以655万元人民币的应标价成功竞得标的物,并当场签署了《拍卖成交确认书》和相关文件。而原告却未根据《拍卖成交确认书》履行付款义务,因其违约行为,导致拍卖标的被迫再次拍卖。根据《拍卖法》第39条等规定,原告应当支付在第一次拍卖中产生的佣金45.85万元和拍卖费用6800元。被告曾多次催促原告履行支付义务无果,为此,特提起反诉,要求原告立即支付拍卖佣金45.85万元和拍卖费用6800元,共计人民币46.53万元。本案本、反诉费用均由原告承担。

【裁判结果】

一审:一、原告甲向被告某拍卖公司支付拍卖佣金458 500元及拍卖费用6800元,共计人民币465 300元,该款在被告某拍卖公司收取原告甲的500 000元履约保证金中予以扣除;二、被告某拍卖公司多收取原告甲的保证金34 700元在本判决生效之日起三十日内由被告某拍卖公司退回给原告甲;三、驳回原告甲的其他诉讼请求。

【争议焦点与裁判理由】

本案的争议焦点是:(1)约定的履约保证金在违约之后,转为违约金,违约金数额如何确定;(2)约定的违约金与实际损失的数额不一致应该如何处理。

人民法院经审理认为:《拍卖公告》《拍卖规则》《拍卖须知》告知,标的物建筑面积约1700平方米,须竞买人自行到现场察看,了解标的物的情况;标的物以实物现状展示为准;被告于2011年7月12日进行的拍卖行为以及与原告签订的《拍卖成交确认书》是双方真实意思表示,且不违反法律、行政法规的强制性规定,合法有效。双方均应依约履行。原告在拍卖成交后,未依约向被告支付标的物的拍卖价款,构成违约,应承担违约责任。原告请求确认拍卖行为无效,于法无据,法院不予支持,并且按照双方的约定,因原告的违约,原告向被告所交纳的50万元履约保证金转为违约金。

本案中,被告向原告收取违约金的数额,应与原告违约给被告造成的实际损失数额相符。对于原告的违约给被告造成的实际损失,被告的反诉请求有买受人和委托人应交纳的拍卖佣金45.85万元和拍卖费用6800元。对于被告要求原告支付拍卖佣金及拍卖费用的反诉诉请,双方有约定,且符合拍卖法和合同法的规定,本院予以支持,拍卖佣金的金额应根据双方约定的比例7%(买受人交纳5%,委托人交纳2%),以成交价655万元为基数向原告收取,具体金额为45.85万元,拍卖费用6800元,共计人民币46.53万元,原告应按此损失数额支付违约金。被告将其收取原告的50万元保证金转为违约金全部予以收取,明显高于因被告违约给原告造成的实际损失,对于多收取部分的保证金3.47万元,原告应予退回。

【案例评析】

约定的履约保证金在违约之后,转为违约金,违约金数额如何确定?

根据我国《合同法》第114条的规定:当事人可以约定一方违约时应当根据违约情况向对方支付一定数额的违约金,也可以约定因违约产生的损失赔偿额的计算方法,约定的违约金低于造成的损失的,当事人可以请求人民法院或者仲裁机构予以增加;约定的违约金过分高于造成的损失的,当事人可以请求人民法院或者仲裁机构予以适当减少”,我国合同法上的违约金系“以补偿性为主,以惩罚性为辅”,其主要功能在于弥补守约方因对方违约所造成的损失,因违约金已涵盖了违约损失数额,故在违约金与损失数额不一致时,由法院根据实际情况增加或减少违约金,以避免违约金请求权和因违约造成的损害赔偿请求权的同时使用,给债权人双重获益。

【案例索引】

一审:江西省宜春市袁州区人民法院(2013)袁民二初字第684号

五、国有、集体资产拍卖纠纷问题

173. 甲与某银行分行、某拍卖公司确认合同效力纠纷案

——国有企业经营的土地上的房屋拍卖程序

问题提示：拍卖国家授权企业经营的土地上的房屋，拍卖房屋同时需要变更土地使用权方式的，委托人尚未办理地价评估和取得土地管理部门批准的，如何认定拍卖合同的效力？

【基本案情】

上诉人（一审原告）：甲

上诉人（一审被告）：某银行分行

上诉人（一审被告）：某拍卖公司

人民法院经审理查明：某银行分行与某拍卖公司于2013年10月签订委托拍卖合同，在未经有批准权的人民政府或土地行政主管部门批准亦未补缴土地出让金的情况下委托某拍卖公司拍卖其坐落于绥中县前所镇洪家村商业街绥中电厂外网点面积为270平方米的房产（土地面积为248.4平方米）一处（包含此房产所在土地的使用权），其土地使用证上记载土地使用权类型一栏有严重涂改（“划拨”改为“授权经营”）。甲在了解了《拍卖房产明细表》该处房产的面积、起拍价及“房产证、土地证、土地性质以土地证明为准，若涉及缴纳土地出让金，则由买受人承担”的备注说明的情况下以800 000元价款拍得该房产。拍卖标的即该处房产及该房产的房屋产权证、土地使用证均交付甲，房款亦已交付某银行分行。后甲缴纳该房产印花税及契税共计32 400元，并为经营旅店对该房产进行装修、扩建并增设设施。甲添附物评估价值为994 603元，其中包括12项可拆除添附物，评估价值总计152 140元，甲花费鉴定费25 000元。

甲诉称，因某银行分行未取得政府批准亦未补缴土地出让金而无法正常办理该拍卖房产的过户事宜，故诉至法院，请求判令其与某银行分行、某拍卖公司之间的拍卖合同无效，并要求某银行分行、某拍卖公司返还购房款800 000元及利息、赔偿其缴纳的税费32 400元、添附物损失（评估价值为994 603元）。

某银行分行辩称：甲请求确认房屋买卖合同无效的诉讼请求错误，甲并未与

我行签订房屋买卖合同，也未在某拍卖公司签订房屋买卖合同，更无从谈起返还购楼款及经济损失，请求合议庭依法驳回甲该项诉讼请求。甲与某拍卖公司之间成立的是拍卖合同，某银行分行在拍卖过程中没有任何过错，拍卖合同合法有效。某银行分行在拍卖房产标的物前已经对标的物的性质和瑕疵向拍卖公司作出了全面的说明和公示，不存在任何隐瞒。甲必须承担标的物的一切瑕疵。甲应当自行解决房屋权证的办理或产权过户事宜，并承担全部应缴和欠缴的税费。

某拍卖公司辩称：在拍卖会前其已在拍卖公告公示告知有意竞买人所买标的以现状拍卖，资产信息以实际登记部门信息为准，在拍卖会上拍卖前拍卖师已当场宣读《拍卖规则、须知》，其中已经对标的物的性质和瑕疵向竞买人作出了全面的说明和公示，不存在任何隐瞒，并且某拍卖公司拍卖前期已向有意竞买人提供该房产手续的复印件，其次在拍卖过程中明确了拍卖性质为“现状整体拍卖”。由此说明，甲已经明知拍卖标的物的整体状态和可能存在的瑕疵。甲必须承担标的物的一切瑕疵。某拍卖公司已如期认真地履行了相关的拍卖义务，对于经营土地的审批事项，应由买受人与委托人自行协商解决，与某拍卖公司无关。某拍卖公司不应承担甲所谓的“连带责任”。

【裁判结果】

一审：一、甲与某拍卖公司签订的《拍卖成交确认书》无效；二、甲返还某银行分行所有的坐落于宁省葫芦岛市绥中县前所镇洪家村商业街绥中电厂外网点面积为270平方米的房产（土地面积为248.4平方米）一处及该房产房屋所有权证、土地使用权证；三、某银行分行返还甲购房款800 000元；四、某银行分行赔偿甲经济损失（房产税费32 400元、添附物价值842 463元、自2014年7月25日起至给付之日止按中国人民银行同期贷款利率计算的房款800 000元的利息）的80%；五、某拍卖公司对甲上述损失的赔偿与某银行分行承担连带责任。

二审：驳回上诉，维持原判。

【争议焦点与裁判理由】

本案的争议焦点为，甲与某拍卖公司签订的《拍卖成交确认书》的效力如何。

根据生效裁判文书，人民法院认为，拍卖合同所涉标的房屋所使用的土地性质为国家授权企业经营，故拍卖房屋的同时需变更土地使用权、使用方式。参照相关行政法规，国有企业改革中处置土地使用权，改变用途或向集团公司以外的单位或个人转让时，应报经土地行政主管部门批准，并补缴土地出让金。土地使用权除保留划拨用地方式外，采取其他方式处置的，必须进行地价评估。某银行分行作为上述土地的授权经营人和委托人，其通过拍卖方式处置土地，代表着向不特定的外部单位或者个人转让，故应先履行地价评估以及申请土地管理部门批准义务，在未履行上述义务之前，其出让行为违反法律、法规的强制性规定，并导致土地使用权出让手续一直无法办理,属无效行为,应承担返还房款及承担赔偿甲经济损失的主要责任。某拍卖公司作为拍卖人,未履行拍卖人的审慎审查义务,对委托人提供的拍卖标的物改变土地使用权前应经土地价格评估和土地管理部门批准未予查明即接受委托存在过错,应与某银行分行承担连带责任。甲主张应由某银行分行、某拍卖公司承担添附物全部评估价值的请求,因甲存在得知涉案土地无法出让后,继续进行添附的情形,故其应承担本案添附物价值损失的次要责任。对于甲因拍卖合同无效而受到的损失,应包括自起诉之日起至给付之日止按中国人民银行同期贷款利率计算的房款800 000元的利息、因取得房产而缴纳的税费32 400元以及其为经营旅馆所进行的添附加值,但部分添附物为可拆除物品,甲可在返还房产时拆除且可另行使用,该部分添附物不宜认定为甲损失应予排除,甲作为损失的添附加值应为994 603元-152 140元=842 463元。

【案例评析】

一、违反强制性法律规定的拍卖合同无效

本案中被告辩称"其中已经对标的物的性质和瑕疵向竞买人作出了全面的说明和公示,不存在任何隐瞒",一般来说,卖方明确告知买方标的物存在权利瑕疵且买方接受的,不影响合同的效力,本案的特殊之处在于标的物。

本案中拍卖合同所涉标的房屋所使用的土地性质为国家授权企业经营,国有土地授权经营是国家为了支持国有企业的改革和发展,对改制的国有企业涉及的划拨土地进行处置的一种方式,根据《关于改革土地估价结果确认和土地资产处置审批办法的通知》,授权经营土地使用权是以划拨土地使用权的价值作为评估价值授权给经国务院批准设立的国家控股公司、国有独资公司、集团公司。《国土资源部关于加强土地资产管理促进国有企业改革和发展的若干意见》(国土资发〔1999〕433号)指出:"进一步明确国家作价出资(入股)和授权经营土地使用权的权益。以作价出资(入股)方式处置的,土地使用权在使用年期内可依法转让、作价出资、租赁或抵押,改变用途的应补缴不同用途的土地出让金差价;以授权经营方式处置的,土地使用权在使用年期内可依法作价出资(入股)、租赁,或在集团公司直属企业、控股企业、参股企业之间转让,但改变用途或向集团公司以外的单位或个人转让时,应报经土地行政主管部门批准,并补缴土地出让金。"因此,授权经营土地使用权转让时,应报经土地行政主管部门批准,补缴出让金,这是关于授权经营土地转让的强制性规定。

根据《合同法》的规定,违反法律、法规的强制性规定的约定无效。拍卖合同的实质是买卖合同,同样受《合同法》的约束。本案中,某银行分行作为上述土地的授权经营人和委托人,其通过拍卖方式处置土地,应进行地价评估以及申请土地管理部门批准,否则其出让行为无效。因其未履行评估和申报义务而造成的合同无效,应当承担相应的后果。

二、全面认识授权经营土地使用权制度

授权经营国有土地使用权是国有企业改革过程中出现的一种特殊的土地权利。根据《国有企业改革中划拨土地使用权管理暂行规定》(原国家土地管理局令第8号)、《国土资源部关于加强土地资产管理促进国有企业改革和发展的若干意见》(以下简称《意见》)等相关规定,授权经营国有土地使用权具有以下特点:

一是权利主体是经国务院批准的特定主体。取得授权经营国有土地使用权的主体为经国务院批准设立的国家控股公司、作为国家授权投资机构的国有独资公司和集团公司。这些公司一般都是特大型的国有企业。比较有代表性的如中国航空工业总公司、中国石油化工总公司、中国石油天然气集团公司和中国有色金属工业总公司4家企业集团。

二是被授权经营的企业对土地的使用享有经营权利。被授权经营的企业对土地的权利主要表现为可以将土地租赁给其直属企业、控股企业、参股企业使用或以作价出资(入股)等方式配置土地;经被授权经营的企业同意,被授权经营的土地可以在其直属企业、控股企业、参股企业之间进行转让等。被授权经营企业的义务主要表现为必须接受授权部门的监督管理,须对土地资产保值、增值情况提供年度报告,对企业土地股权的年度变化情况以及对土地资产处置的文件及时报授权部门备案等。

三是土地的流转要经过相关部门的审批。根据《意见》规定,授权经营国有土地使用权"向集团公司以外的单位或个人转让时,应报经土地行政主管部门批准,并补缴土地使用权出让金"。授权经营的土地的所有权属于国家,国家只是将经营的权利授予特定的主体,被授权的主体无权处分,未经主管部门批准的转让无效,因为违反了国务院行政法规的强制性规定。

【案例索引】

一审:辽宁省绥中县人民法院(2015)绥前所民初字第00311号

二审:辽宁省葫芦岛市中级人民法院(2015)葫民终字第00901号

174. 某投资公司与某国土资源局履行法定职责纠纷案

——国有土地挂牌拍卖程序

问题提示:在行政诉讼中,非因竞得人致挂牌出让程序违法,出让人应承担何种责任?

【基本案情】

原告:某投资公司

被告:某国土资源局

人民法院经审理查明:2006年7月10日,某县人民政府以某县综合经济开发区(以下简称开发区)的名义与原告签订招商引资意向书,2006年9月17日开发区管委会与原告签订用地协议,约定原告在位于开发区0615号宗地投资开发"天柱山机电五金产品交易市场"项目。其上言明参照潜政〔2002〕49号文件规定,供地价格为每亩人民币11万元。土地性质为经营性综合出让用地。为此,原告进行市场调研并组织编制项目规划。9月22日,被告上报县政府该宗地的挂牌出让方案,9月25日,被告在《潜山通信》第四版刊登(2006)8号《某县国有土地使用权挂牌出让公告》,对该宗土地依法进行了公开挂牌出让,其上明确了确定竞得人标准和方法、竞买规则、竞买人资格要求、挂牌底价、竞买保证金数额等内容。其中底价为每亩11万元,但被告未向本院提供该宗地的土地估价结果及经过集体决策底价等相关证据材料。10月12日,原告按程序参与了竞买,足额交纳保证金620万元,10月24日下午5时即挂牌终止时,原告的法定代表人在《成交确认书》上签字,但被告因故未签订《成交确认书》,土地至今亦未交付。此后,原告要求被告签订《成交确认书》未果。11月6日,某县人民政府以潜政秘〔2006〕140号《关于县综合经济开发区6号地等七宗国有土地挂牌出让方案的批复》,同意该宗国有土地使用权挂牌出让方案。2007年6月11日,被告曾以书面形式向原告催收该宗土地余款,原告以不符合挂牌出让公告要求"在交付土地时付清余款"的条件拒付。2008年5月30日,被告向某市国土资源局书面请示"如何处理0615号宗地挂牌出让遗留问题",未得到答复。2008年12月26日,原告致函被告,其上言明:我司于2006年10月24日以挂牌竞买方式取得县开发区0615号地块,贵局未按法定程序和时间确认并交付土地,现时隔两年之久,虽经书面及当面多次交涉,至今未得到任何答复,给我司造成了巨大的经济损失。考虑贵局的难处,现我司要求退回土地相应资金,恳请批准为盼。2009年1月5日,经某县人民政府批准,被告全额退还原告竞买保证金620万元。2009年10月29日,原告又致函被告请求尽快交付土地。11月13日,被告以挂牌程序不完善、地价过低、已退回竞买保证金即视为放弃等理由不与原告签订《成交确认书》。原告不服致讼。

某投资公司诉称:我公司依照被告挂牌交易须知与挂牌出让公告所示条件提交了需提交的材料,申请参与竞买且足额交纳了竞买保证金,已履行了作为竞买人所应履行的全部义务,符合该公告中规定的挂牌成交条件,挂牌程序已经完成,并且以不低于出让公告中规定的起始价出价,被告应当与我公司签订成交确认书。

某县国土资源局辩称:(1)答辩人作为法定出让国有土地使用权的实施机关,是土地使用权一级市场中唯一的"卖方"主体,依法公开挂牌出让土地使用权的过程,与招标、拍卖方式出让土地使用权一样,是以平等主体的身份签订合同的过程,系受合同法调整的民事行为，不是依行政职权单方面作出决定的行政行为。挂牌公告是要约邀请，竞买人的报价及缴付保证金行为是要约行为，答辩人的确认是承诺行为，根据国土资源部《招标拍卖挂牌出让国有土地使用权规定》第20条第3款规定，挂牌结束后双方签署的《成交确认书》具有合同效力。故挂牌国有土地的使用权出让合同作为民事合同的一种，其签订合同的过程（招标、拍卖、挂牌）的行为也是民事行为。《最高人民法院关于审理涉及国有土地使用权合同纠纷案件适用法律问题的解释》（法释〔2005〕5号）对此类合同性质的认定是明确的，即认定国有土地使用权出让合同是民事合同，而非行政合同。本案原告要求答辩人履行确认其竞购开发区0615号地块的义务，其请求的性质为缔约请求即发出要约，答辩人是否应当履行该义务，受此前的挂牌出让公告（要约邀请）及相应法律规定制约，不履行或不适当履行可能承担的是缔约过错责任。因原告的请求不属于行政诉讼受案范围，请依法驳回原告起诉。（2）原告对0615号宗地的报价未达到基准地价的下限，答辩人无权确定能否成交。第0615号宗地挂牌截止日，仅原告一家竞买，且原告的报价等于起始价。由于该价低于政府规定的出让价下限，能否按原告报价确认成交，答辩人无权自行决定，故于2006年10月24日未与原告签署《成交确认书》。答辩人此后向县政府及上级主管部门书面请示，亦未得到能确认成交的书面批复。（3）原告已申请退回了竞买保证金，应视为撤回了竞买请求，其要求确认成交的诉讼请求不应得到支持。0615号宗地挂牌结束后，答辩人在报请上级主管机关审查确认的同时，曾催原告交清竞购价款，但遭原告拒绝。2008年12月26日，原告以体谅答辩人实际困难为由，申请退回竞买保证金，答辩人报经县政府批准，全额退还了原告缴纳的620万元保证金。唯一竞购人退回保证金后，原告已不符合竞购第0615号宗地的基本条件，该宗地回到无符合条件的竞购人状态，答辩人更难以对退回保证金后的原告作出确认竞购有效或挂牌成交的决定。

【裁判结果】

一审：驳回原告的诉讼请求。

二审：一、撤销一审行政判决；二、撤销某国土资源局于2009年11月13日作出的《关于某投资公司请求交付土地问题的答复》；三、某国土资源局应自本判决生效之日起三十日内作出与某投资公司签署《挂牌成交确认书》的行政行为；四、某投资公司应自本判决生效之日起十日内向某县国土资源局补交保证金620万元。

【争议焦点与裁判理由】

本案的争议焦点为，在行政诉讼中，非因竞得人致挂牌出让程序违法，出让人应承担何种责任。

根据生效裁判文书，人民法院认为，根据2002年5月9日国土资源部第11号令发布的《招标拍卖挂牌出让国有土地使用权规定》第2条第4款规定："本规定所称挂牌出让国有土地使用权，是指出让人发布挂牌公告，按公告规定的期限将拟出让宗地的交易条件在指定的交易场所挂牌公布,接受竞买人的报价申请并更新挂牌价格,根据挂牌期限截止时的出价结果确定土地使用者的行为。"第 10 条规定:"市、县人民政府土地行政主管部门应当根据土地估价结果和政府产业政策综合确定标底或底价。确定招标标底,拍卖和挂牌的起叫价、起始价、底价,投标、竞买保证金,应当实行集体决策。招标标底和拍卖挂牌的底价,在招标拍卖挂牌出让活动结束之前应当保密。"第 19 条规定:"挂牌期限届满,按照下列规定确定是否成交:(一)在挂牌期限内只有一个竞买人报价,且报价高于底价,并符合其他条件的,挂牌成交……"第 20 条第 1 款规定:"以招标、拍卖或挂牌方式确定中标人、竞得人后,出让人应当与中标人、竞得人签订成交确认书。"本案中,某投资公司依照某国土资源局公布的(2006)8 号《某县国有土地使用权挂牌出让公告》和《挂牌交易须知》中所规定的条件及要求,向某国土资源局递交了需提交的材料并足额交纳了保证金,已履行了其作为竞买人所履行的全部义务,符合挂牌出让公告中所规定的挂牌成交条件,挂牌程序已经完成,并且某投资公司以不低于出让公告中规定的起始价出价,某国土资源局应当履行与某投资公司签订成交确认书的义务。而某国土资源局当时未在成交确认书上签字,也未按照挂牌出让公告中所规定的"未竞得者,挂牌结束后 15 天内退还保证金"。事隔两年后,虽然某投资公司在出于无奈的情况下拿回了保证金,但并不等于某投资公司放弃了竞买的土地。何况,在这期间某国土资源局曾以书面形式向某投资公司发出过催缴土地余款的通知单,某投资公司也曾多次要求某国土资源局交付土地均未果。该案从整个挂牌出让土地的过程来看,某投资公司已履行了作为竞买人的职责。在竞得后,作为出让人的某国土资源局应当与某投资公司签订成交确认书。至于某国土资源局认为挂牌程序不完善和地价过低等,责任并不在某投资公司。故某投资公司的上诉理由成立,依法应予支持。

【案例评析】

一、本案是行政争议还是民事争议

关于一审法院判决,一种观点认为:《最高人民法院关于审理涉及国有土地使用权合同纠纷案件适用法律问题的解释》(法释〔2005〕5 号)进一步明确了"土地使用权出让合同纠纷""土地使用权转让合同纠纷""合作开发房地产合同纠纷"三类合同纠纷案件如何适用法律的问题,适用该司法解释是有前提的,其适用范围是指当事人之间已经签订合同、存在合同的情况下,双方就合同的效力、变更、解除、违法责任等发生纠纷的,系民事案件,适用该司法解释,此时的土地行政管理部门在土地使用权出让合同法律关系中,只是代表国家对土地所有权进行处分,并不是以土地管理者的身份出现。而本案此种情况不符合该司法解释规定的属于民事案件的情形,显属行政争议。行政诉讼的受案范围是指人民法院可以依法受理行政争议的种类和权限。依行政诉讼法法理,在难以确定当事人是享有行政诉权还是民事诉权的情况下，应当以有利于相对人或者争议的解决为原则，赋予有关争议以行政争议的性质，在两可的情形下，当事人具有提起行政诉讼或民事诉讼的选择权。可诉行政行为分为作为与不作为两类，两者是因行政公权力的行使或怠于行使而直接决定、改变或影响到行政相对人的合法权益，即它们之间具有法律上的因果关系。根据城市房地产管理法的规定，本案讼争宗地由某县人民政府批准，某国土资源局具体实施出让，因此，某国土资源局是唯一有权组织讼争宗地实施出让的政府机构，符合有关土地使用权出让主体的法律规定。本案中，被告未与原告签订《成交确认书》之前是代表国家行使土地出让方面的管理职权，其发出的《挂牌交易须知》及《某县国有土地使用权挂牌出让公告》等行为均是其行使行政公权力单方作出的行为。在签订《成交确认书》之后，双方才是系受出让合同约束的平等主体间的民事争议。

另一种观点认为：本案系民事争议，案由为土地使用权出让合同纠纷。本案中挂牌公告属于要约邀请，竞买人在竞买申请中提出报价，并按要约邀请支付保证金的行为，属于要约，某国土资源局因故没有与某投资公司签订成交确认书，即某国土资源局尚未作出承诺，据此，双方之间的土地使用权出让合同关系尚未成立。某国土资源局造成竞买人在缔约阶段发生信赖利益损失的，应对竞买人的实际损失承担缔约过失责任。

关于挂牌出让公告的法律性质是要约邀请还是要约的问题，其区分标准应首先依照法律的规定。根据《合同法》第 15 条第 1 款“要约邀请是希望他人向自己发出要约的意思表示。寄送的价目表、拍卖公告、招标公告、招股说明书、商业广告等为要约邀请”的规定，拍卖公告和招标公告的法律性质为要约邀请，本案刊登于报纸上的挂牌出让公告与拍卖公告、招标公告相同，亦是向不特定主体发出的以吸引或邀请相对方发出要约为目的的意思表示，其实质是希望竞买人提出价格条款，其性质应认定为要约邀请。某投资公司所作的报价应为本案要约。合同法对要约邀请的撤回未作条件限制，在发出要约邀请后，要约邀请人撤回要约邀请，只要没有给善意相对人造成信赖利益的损失，要约邀请人一般不承担法律责任。要约邀请不形成合同关系，撤回要约邀请亦不产生合同上的责任。本案中，某国土资源局在挂牌期满后因故未签署成交确认书，应视为某国土资源局尚未对某投资公司的报价作出承诺，双方关系仍停留于缔结合同过程中的要约阶段，因此，本案合同因尚未承诺而没有成立，双方当事人之间没有形成合同关系，也就不存在承担合同责任。关于某国土资源局承担责任的法律根据问题，本案中的国有土地使用权挂牌交易，因土地未经评估和集体决策等程序违法从而造成某投资公司期待缔结国有土地使用权出让合同的目的不能实现，某国土资源局对此存在过错，应承担相应的缔约过失责任。但在缔约阶段所发生的信赖利益的损失，必须通过独立的赔偿请求予以保护。

二、挂牌出让程序中的定价问题

一种观点认为:挂牌公告中确定的起始价合法有效。被告提出原告报价低于政府规定的出让价下限,但因被告未提供同期同类地块政府规定的出让价下限应为多少的证据,其提供的相邻地块的挂牌出让价不等于政府规定的此类地块的出让价下限。因为两宗地不具有可比性,它们的位置、用途、容积率等均不同。更何况,挂牌的底价决定权不在原告,价格来源于被告,其公布的价格对于竞买人来说没有不合理之说。依照国土资源部第11号令发布的《招标拍卖挂牌出让国有土地使用权规定》第10条“市、县人民政府土地行政主管部门应当根据土地估价结果和政府产业政策综合确定标底或底价。确定招标标底,拍卖和挂牌的起叫价、起始价、底价,投标、竞买保证金,应当实行集体决策。招标标底和拍卖挂牌的底价,在招标拍卖挂牌出让活动结束之前应当保密”的规定,被告在2006年9月25日挂牌公告中标明的底价对竞买人而言应视为被告系根据上述规定所确定的合法合规的价格。且同一天被告对相邻的另一宗地亦未经过土地估价即确定了不同的起始价,发出挂牌出让公告进行挂牌出让,并已成交。即使本案中程序不完善、有瑕疵,过错亦不在原告。

另一种观点认为:被告发布的挂牌出让公告,因其中的起始价未经土地估价及集体决策,程序违法,属无效行为。理由仍是因为违反了国土资源部第11号令发布的《招标拍卖挂牌出让国有土地使用权规定》第10条规定。

三、原告申请退回竞买保证金是否等于其放弃竞买此宗地

一种观点认为:两者之间不能直接画等号。首先,依据被告《挂牌交易须知》第8条“竞买人在挂牌期间内有违约行为的,其保证金不予退回”的规定,也就是说,没有退回保证金一说。其次,退钱属民事行为,双方协商一致的情况下可以补上,后来发生的行为不能改变此前已成立的行政行为性质。最后,被告在2007年6月11日的催款通知单上明确了原告是该宗土地的竞得人。原告在退钱前后多次提出申请要求被告交地,说明其退钱并不表示其放弃竞买,因为在退钱之前此宗地的挂牌程序已经完成。

另一种观点认为:原告已经县政府批准,全额领回竞买保证金,是该宗地回到无人竞买状态的标志,某国土资源局只有依法依规重新启动新的出让方式来确定该宗地的土地使用者。

【案例索引】

一审:安徽省潜山县人民法院(2010)潜行初字第0001号

二审:安徽省安庆市中级人民法院(2010)宜行终字第0030号

175. 某置业公司与某国土资源局建设用地使用权出让纠纷案

——国有土地使用权拍卖的程序规则

问题提示：拍卖国有土地使用权的，未及时公告相应的政府文件，是否影响拍卖合同的效力？

【基本案情】

原告：某置业公司

被告：某国土资源局

人民法院经审理查明：被告某国土资源局于2010年11月10日发布桐土告字(2010)46号国有建设用地使用权拍卖公告，决定对位于桐乡市洲泉镇东田港以西东田村泗水桥的桐土储(2010)39号地块的国有建设土地使用权以拍卖方式出让。该公告第二点明确“拍卖保证金为230万元，地块成交签订土地出让合同后拍卖保证金的50%自动转作受让地块的定金，另外50%转作出让合同约定的履约保证金”。2010年12月6日原告某置业公司在缴纳230万元拍卖保证金后参与竞拍并以人民币4780万元竞得，原、被告双方于当日签署成交确认书。2010年12月10日原、被告就该出让地块签订国有建设用地使用权出让合同，就出让地块的面积、出让价款缴纳、土地开发建设、使用期限、违约责任等作出约定。2011年4月13日，原告以被告拍卖程序严重违法、拍卖结果无效为由提起诉讼，要求确认桐土储(2010)39号地块国有土地使用权拍卖无效，判令被告退还拍卖保证金230万元并赔偿利息损失60 375元；确认双方签订的出让合同无效。

另查明：本案在审理中，被告以原告拒不履行支付出让金义务为由，于2011年6月23日书面通知原告，要求解除双方签订的国有建设用地使用权出让合同。

原告某置业公司诉称：被告于2010年11月10日发布公告，对位于洲泉镇东田港以西东田村泗水桥的桐土储(2010)39号地块的国有土地使用权以拍卖方式出让，原告根据拍卖公告和拍卖文件规定参与竞拍并竞得了该地块的国有土地使用权，原、被告于2010年12月6日签订成交确认书，后原告依约前往被告处签订《国有土地使用权出让合同》时，被告知该地块的建设项目必须符合桐发改服(2010)152号文件的规定，即建成后经营性商铺不分割产权比例达到50%以上并要求均匀分布。上述文件对39号地块规划指标要求作了重大修改，依《拍卖法》等相关法律规定，必须在拍卖七日前公告，发布补充公告，应当书面通知已报名的申请人，但被告发布的拍卖公告中并无该文件，也未补充公告并书面通知原告，而在拍卖现场直接宣读文件作为补充规定，拍卖程序严重违法，因此拍卖结果无效。此外，被告要求原告必须遵守152号文件，致使原告签署合同目的不能实现，双方签订的合同违反《合同法》第52条第5项，应确认合同无效。

被告某国土资源局辩称:(1)拍卖程序合法,没有违背公开透明的原则。桐发改服(2010)152号文件未在公告显示,但在开拍前送达每个竞拍人,未作任何隐瞒,开拍前也再次强调文件内容,没有人提出异议;(2)未对该文件发布补充公告并不违反国家强制性规定;(3)原、被告双方自愿经过公证,应认定拍卖结果、过程、签订确认书的合法性。拍卖程序已结束,拍卖中设定的保证金在拍卖结束时或退还或转为其他性质的资金,拍卖保证金不存在,已无保证金可退。订立合同是双方真实意思表示,不存在合同无效的情形,请求驳回原告的诉请。

【裁判结果】

一审:驳回原告某置业公司的诉讼请求。

二审:因未交上诉案件受理费,二审裁定按撤回上诉处理。

【争议焦点与裁判理由】

本案的争议焦点是:(1)涉案国有土地使用权拍卖是否有效;(2)原、被告双方签订的《国有土地使用权出让合同》是否有效。

人民法院经审理认为,就本案而言,拍卖是通过公开竞价形式以达到出让土地使用权的目的,该目的最终以签订土地使用权出让合同的形式得以实现,故原、被告签订土地使用权出让合同的行为可以认为是双方对拍卖结果的最终一致确认。且《拍卖法》对拍卖无效采取了严格限制的态度,仅规定了第65条拍卖无效的情形,即"竞买人之间、竞买人与拍卖人之间恶意串通,给他人造成损害的,拍卖无效"。本案中,即使拍卖程序有瑕疵,原告应在程序终结前提出异议以求纠正,但原告在竞拍前未提出拍卖程序异议,原告诉称拍卖行为无效,于法无据,本院不予支持。

分析原告主张合同无效的理由,最主要的一点就是认为由于被告未对桐发改服(2010)152号文件予以公告,而被告又要求必须遵守该文件,致使原告签署合同的目的落空。本院认为,该文件并未改变涉案土地的用途及项目经营定位,仅对该项目的功能设置、项目分割比例等作出规定,其实质上是为维护市场有序经营而提出的管理性意见,不符合《民法通则》第58条第1款第5项和《合同法》第52条第5项所规定的情形,原告认为合同目的无法实现的观点,本院不予采信。且该文件在拍卖正式开始前,原告已知晓内容,拍卖结束数日后,又与被告签订了《国有建设用地使用权出让合同》并自愿进行了公证,故被告不存在隐瞒事实的情形,原告诉请确认合同无效,于法无据,本院不予支持。

针对原告要求被告退还拍卖保证金并且赔偿利息损失的请求,本院认为,桐土告字(2010)46号拍卖公告第2条及原、被告所签订的《国有建设用地使用权出让合同》第9条明确规定,该合同项下宗地的定金为115万元,履约保证金为115万元,即原告在参加竞拍时缴纳的230万元拍卖保证金在出让合同签订后其中50%转为受让地块定金,另外50%转作出让合同约定的履约保证金。由此,因参加拍卖而缴纳的拍卖保证金已不存在，且由于原告签订合同后，未按合同约定的金额和时间支付土地使用权的出让价款，依照合同第13条的约定，原告无权要求返还拍卖保证金及赔偿利息损失。

【案例评析】

拍卖，是指以公开竞价的形式，将特定物品或者财产权利转让给最高应价者的买卖方式。拍卖系私法行为，拍卖公告为要约邀请，应买申请为买卖要约，拍定则表示承诺。按其性质，拍卖可分为强制拍卖和任意拍卖，强制拍卖是法院作为执行机构就查封的执行标的物按照拍卖的方式出让给最高应价者，以取得执行价金的执行措施。任意拍卖，是拍卖机构受公民或者法人的委托，将特定的物品或者财产权利转让最高应价者的行为。本案中，出让涉案土地使用权即属任意拍卖。

本案在审理中，主要集中在以下两个争议焦点：

一、未就桐发改服（2010）152号文件对出让地块的规定在拍卖七日前发布补充公告是否导致拍卖无效

拍卖公告是拍卖人在拍卖开始前的一段时间向社会公众发布的，告知拍卖召开时间、地点与拍卖物品，召集竞买人前来竞拍的法律文件。大多数国家的拍卖法律都规定，拍卖行在拍卖物品时都要提前发布拍卖公告，以便人们能及时了解和选择所要竞拍的物品。拍卖公告是拍卖的必经程序，如果拍卖公告程序存有瑕疵，是否必然导致拍卖无效？在审理中，一种意见认为，未就桐发改服（2010）152号文件对出让地块的规定在拍卖七日前发布补充公告，拍卖程序存有瑕疵，导致拍卖无效。拍卖公告日期或者公告内容、方法如违反规定，仅得声明异议，并不必然导致无效。

拍卖无效，是指拍卖程序因存在瑕疵，使已经完成的拍卖程序并不产生拍定的效力。导致拍卖无效的原因，理论界与实务界存在很大的争议。除非严重违反拍卖程序，否则，应尽量维持拍卖交易的安定性、安全性，若因拍卖过程中些许瑕疵，而简单否定拍卖效力，将导致资源浪费和效力低下，并滋生因无效所带来的逆回程序的诸多操作困难。另外，《拍卖法》对拍卖实际上采取了严格限制的立法态度，仅第65条规定了一种拍卖无效的情形，即“竞买人之间、竞买人与拍卖人之间恶意串通，给他人造成损害的”。因此，除出现第65条规定情形，否则即使拍卖程序出现些许瑕疵，也不应当轻易否定拍卖的效力。本案中，桐发改服（2010）152号文件对39号地块新增“建成后经营性商铺不分割产权比例达到50%以上并要求均匀分布”的规定未进行补充公告，应该说，拍卖程序存在一定的瑕疵，但在开拍前，该文件已送达每个竞拍人，且在拍卖当日也再次强调文件内容，包括原告在内没有人能提出异议。换言之，如果买受人认为拍卖程序违反规定，应声明异议，以求纠正。本案中，原告直至开拍前未提出异议，且自愿参加竞拍，进而签订成交确认书，并通过公证确认拍卖的效力，本案中桐土储（2010）39号地块的国有建设土地使用权拍卖程序应属有效,原告诉请确认拍卖无效,不应得到支持。

二、拍卖程序瑕疵可否作为确认《国有建设用地使用权出让合同》无效的依据

在本案审理中,一种意见认为,《拍卖法》第45条明确规定,拍卖人应当于拍卖日七日前发布拍卖公告,该规定属法律强制性规定,某国土资源局未就桐发改服(2010)152号文件中关于桐土告字(2010)46号地块"经营性商铺不分割产权比例达到50%以上并要求均匀分布"的内容发布补充公告,违反了法律强制性规定,应确认原、被告签订的《国有建设用地使用权出让合同》无效。

《合同法》第52条对合同无效情形采取列举式立法模式,其中第5项规定,违反法律、行政法规的强制性规定的合同无效。应对《合同法》第52条第5项规定作限缩性解释。强制性法律规范包括管理性强制性规定和效力性强制性规定。管理性强制性规范旨在对违反行为的管理和处罚,以禁止行为为目的,并不否定该行为的私法效力;效力性强制性规定旨在对违反行为的价值否定,以否定行为的法律效力为目的,意在否定其民商法上的效力。判断是否系效力性强制规范,可以参考以下标准:一是法律、行政法规是否明确违反该规定导致合同无效;二是法律、行政法规虽未明确违反该规定导致合同无效,但是合同继续履行将损害国家、集体或者第三人利益。若符合上述标准可以认定为效力性强制规定,若不符合则应按违反管理性强制规定处理。

另一种意见认为,《拍卖法》虽未明确违反《合同法》第52条导致合同无效,但是未就桐发改服(2010)152号文件对出让地块的规定在拍卖七日前发布补充公告,损害了竞拍人之外潜在的可能有意参与竞拍的第三人利益。某国土资源局于2010年11月10日发布桐土告字(2010)46号国有建设用地使用权拍卖公告,已对拍卖的时间、地点、要求进行了说明,保障了潜在的竞拍人知情权,桐发改服(2010)152号文件对39号地块建成后经营性商铺不分割比例进行了限制性要求,即使拍卖公告包括上述内容或发布补充拍卖公告,竞买要求并不宽于2010年11月10日拍卖公告,对潜在竞买人不造成判断、决策上的误导。该文件已于拍卖前送达每位竞买人,且在开拍前,又当场再次强调了该文件,无竞拍人提出异议,因此,未就桐发改服(2010)152号文件对出让地块的规定在拍卖七日前发布补充公告未违反效力性强制规定,不应否定《国有建设用地使用权出让合同》的效力,原告诉请确认合同无效,不能得到支持。

【案例索引】

一审:浙江省桐乡市人民法院(2011)嘉桐民初字第928号

二审:浙江省嘉兴市中级人民法院(2011)浙嘉民终字第667号

176. 某拍卖公司与甲拍卖合同纠纷案

——拍卖集体所有土地使用权的效力

问题提示:拍卖标的为农村集体所有土地使用权的,拍卖效力如何?

【基本案情】

上诉人(一审被告):甲

被上诉人(一审原告):某拍卖公司

人民法院经审理查明:受某国土资源局委托,某拍卖公司负责承办本案涉诉国有土地使用权公开拍卖出让活动,并分别在2007年10月12日、16日的《南国早报》和2007年10月16日的《中国国土资源报》上刊登了拍卖公告。2007年10月19日,甲向某拍卖公司提交《竞买报名申请表(个人)》,参与竞买位于凭祥市行政新区办公楼南面编号为GF-2007-20土地使用权,申请表的"郑重承诺"一栏记载:经认真阅读贵公司的《竞买须知》,并看货看样,本竞买人愿意遵守《竞买须知》,特申请参加贵公司于2007年10月22日10时在某国土资源局土地交易大厅举办的第60期拍卖会,参与竞买,如能竞得,本竞买人保证签订《拍卖成交确认书》,并按《拍卖成交确认书》约定的期限付清应缴的成交价款和佣金等款项,否则竞买保证金和履约保证金不予退回,并按《拍卖法》和相关法律、法规及《竞买须知》有关条款承担责任。甲在该栏的竞买人签名处签字确认。《凭祥市国有土地使用权公开拍卖出让竞买须知》载明:宗地位于凭祥市行政新区办公楼南面,编号为GF-2007-20,土地面积104 054平方米(折合156.08亩),土地用途为城镇混合住宅用地,出让年限为70年,宗地现状为生地,规划技术指标:建筑密度<35%,容积率<1.8,绿地率>30%;该宗土地以拍卖方式出让,起拍价为人民币4370万元,整体增价幅度10万元,不设底价;竞买人按照国有土地使用权公开出让公告的日期及地点索取公开出让文件后,并应仔细审阅公开出让文件内容;竞买保证金为1000万元,成交后自动抵作受让地块出让金,竞得人须向拍卖人支付成交价款3.5%的拍卖佣金(含有形土地市场交易服务费),竞买人须在成交之日起45日内付清全部余款,付清全部款项后一个月内将该宗地交付给竞得人管理。2007年10月22日,甲签署了《某拍卖公司2007年第60期拍品拍卖限定条件及声明》,该声明记载:此次拍卖按本公司《拍卖会守则》和《凭祥市国有土地使用权公开拍卖出让竞买须知》执行;本次拍卖的标的属土地类,所标明的占地面积以当地的国土资源局测绘核查的结果在土地使用证上标明的数字为准,如出现与拍品资料所标面积不相符的情况时,均不影响此次拍卖的成交价;本公司对任何拍品用任何方式所作的介绍及评价,均为参考性意见,不构成对拍品的任何担保,竞买人一旦进入拍卖现场,即视为遵守拍卖规则,举牌应价就是行使了相关权利,表明已认可拍卖标的物的现状,并自愿承担责任;

拍卖标的未交本公司保管,本公司按以上标的物现状进行拍卖,委托方提供资料的真实性由委托方负责,竞买成交后买受人持本公司成交证明文件及委托人提供的相应资料,自行到有关部门办理标的物的所有权属变更、登记、过户等相关手续;竞买人已领取本公司2007年第60期拍品资料、《拍卖会守则》《相关法律、法规条文摘要》和《凭祥市国有土地使用权公开拍卖出让竞买须知》,竞买人承诺对上述文件遵照执行;竞买人在法定的公告期内,务必对以上标的物详情了解清楚后再参与竞拍。甲参加了某拍卖公司于2007年10月22日举办的2007年第60期拍卖会,并对涉案土地使用权竞买成功。10月22日,某拍卖公司向甲出具了《拍卖成交凭证》。某拍卖公司(拍卖人)与甲(买受人)于当日签订一份编号为桂正拍确认(2007)236号《拍卖成交确认书》,其中第1条约定:成交价为7560万元,佣金率为2.5%,佣金额为189万元,应付款总额7749万元;第2条约定:拍卖人依照国际惯例,按照拍卖标的的现状进行拍卖,对拍卖标的的真伪或品质,不承担瑕疵担保责任;第4条约定:买受人不能当场全部支付拍卖标的成交价款的,应向拍卖人支付履约保证金(或定金)1000万元(委托方收取),并承诺在2007年12月5日前付清成交款余额共计6749万元;第14条约定:(1)以某拍卖公司2007年第60期拍品拍卖限定条件及声明为准;(2)拍卖成交后,买受人将成交佣金189万元汇入本公司指定的账户;(3)拍卖成交后,买受人将成交余款6560万元汇入某国土资源局指定的账户。2008年1月29日,甲通过某房地产公司账户向某拍卖公司转账支付拍卖佣金50万元。其后,某拍卖公司多次致函甲要求其支付剩余佣金139万元,并多次致函某国土资源局要求协助追缴拍卖佣金。2013年7月18日,某房地产公司函复某拍卖公司,称由于涉案土地使用权地块当时还未具备土地出让的全部条件,造成土地出让后合同标的物面积及部分合同条款没有得到有效落实和执行,致使某房地产公司蒙受巨大的经济损失,为此希望与某拍卖公司、某国土资源局三方就拍卖佣金事宜继续协商解决。

另查明,甲系某房地产公司的法定代表人。2010年10月18日,凭祥市国土资源规划局与某房地产公司签订一份《收回国有建设用地使用权协议书》,约定因某房地产公司开发建设的金地·白云世家项目属未批先用土地,未完善相关用地手续,凭祥市国土资源规划局须收回相关国有建设用地使用权及有关地上建筑物和构筑物,并给予相应补偿。

另查明,凭祥市国土资源规划局二审期间向法院出具《关于对金地·白云世家项目用地使用权收回情况的司法调查函的答复》,该局称:(1)GF-2007-20号宗地在2009年度土地卫片执法检查中,涉及未批先用,由崇左市国土资源局进行立案查处,并已作出处理。目前,该宗地大部分已被某房地产公司开发成商品房并向社会销售。(2)2007年凭祥市人民政府办公大楼整体搬迁,为盘活周边土地,政府决定将南友高速公路出口的凭祥市凭祥镇柳班村板透经联社的集体土地进行征收出让。后因政府重新调整整合方案，拟搬迁的单位不再搬迁。2007 年 4 月，凭祥市对位于该市行政新区办公楼南面宗地的用地手续组织材料进行申报，但自治区人民政府停止审批该市对现行土地利用总体规划的调整。受土地利用总体规划的制约，该宗地因不符合现行土地利用总体规划而无法报批。2007 年 10 月，该市新一轮的土地利用总体规划修编大纲通过自治区人民政府的评审，此次修编将该宗地预留为城市建设用地，于是该市在当月对该宗地的土地使用权依法进行公开拍卖。由于各种原因该市的土地利用总体规划修编至 2010 年 4 月才得到批准，造成该项目用地的批文迟至 2010 年之后才获批，并最终导致了该项目存在未批先用或超越土地利用总体规划用地范围的事实。(3)崇左市国土资源局作出“撤销原颁发给金地公司的凭国用(2009)第 0117 号《国有土地使用证》。对已非法批准、使用的土地予以收回”的处理决定。根据该处理结果，某国土资源局与某房地产公司签订《收回国有建设用地使用权协议书》。但事实上该局并没有对该宗地的国有建设用地使用权和地上建筑及构筑物进行收回拍卖或补偿工作，该宗地使用权人还是某房地产公司，该协议双方并没有实际履行。

甲上诉称：(1)依照相关法律规定，本案讼争的土地在拍卖前，应当获得审批，否则，某拍卖公司为拍卖该地块的使用权所展开的声明、拍卖须知及确认书等均属无效。未经审批的土地属于法律禁止交易的物品，不得以拍卖前的瑕疵声明进行规避。(2)一审判决未适用前述法律以及《民法通则》第 58 条的规定驳回某拍卖公司的诉讼请求，属于适用法律不当。(3)一审判决认可本案讼争的拍卖行为的效力，该认定结果与国家土地督察广州局对本案的定论不符。(4)某拍卖公司作为拍卖人，应当对进入拍卖程序的物品负有审查责任，甲作为普通消费者，在知情权上无法与某拍卖公司平等。讼争的地块被依法立案查处，某拍卖公司对此负有重大责任。综上，请求二审法院撤销一审判决，改判驳回某拍卖公司的诉讼请求或将本案发回重审，并由某拍卖公司负担本案一、二审诉讼费用。

被上诉人某拍卖公司辩称：(1)涉案土地的拍卖没有违反相关法律的强制性规定，拍卖行为合法有效。①现有证据表明涉案土地属于国有土地使用权的出让，不属于政府非法占用的农用地。②涉案土地属于生地，用地手续应由买受人甲负责办理并获得许可后方可实施。但甲在没有获得土地用地手续的情况下擅自开发房地产项目，导致存在“未批先用”问题，责任应由甲个人承担。③《拍卖法》第 8 条并未对“需要审批才能转让的物品或者财产权利”作明确界定，本案涉及的是国有土地使用权的出让而非转让，不属于该条的调整范围。国有土地使用权的出让行为受《招标拍卖挂牌出让国有土地使用权规定》的约束，属于具体行政行为，依法可提起行政诉讼。(2)某拍卖公司的拍卖程序合法，甲拖欠佣金 139 万元，违反了《拍卖成交凭证》及《拍卖成交确认书》的约定。

【裁判结果】

一审:一、甲应向某拍卖公司支付拍卖佣金139万元;二、甲应给付某拍卖公司逾期利息(计算方法:以189万元为基数,自2007年12月6日起至2008年1月28日止;以139万元为基数,自2008年1月29日起至本案生效判决规定的履行期限最后一日止,以上均按中国人民银行规定的同期流动资金贷款利率分段计付)。本案受理费11 054元,由甲负担。

二审:一、撤销南宁市青秀区人民法院(2013)青民二初字第853号民事判决;二、驳回被上诉人某拍卖公司的诉讼请求。

【争议焦点与裁判理由】

本案的争议焦点是:(1)某拍卖公司与甲之间的拍卖合同法律关系是否合法有效;(2)甲是否应向某拍卖公司支付尚欠的佣金以及利息。

根据生效裁判文书,人民法院认为,某拍卖公司接受某国土资源局的委托,面向社会公开拍卖GF-2007-20号地块的土地使用权,并与竞买人甲签订了《拍卖成交确认书》,双方之间因此形成拍卖法律关系,由此引发的纠纷应首先适用《合同法》和《拍卖法》的规定进行调整。根据法院查明的事实,GF-2007-20号地块在委托拍卖之时,虽然已经在办理征地补偿和变更土地性质的申报工作,但其农民集体所有土地的土地性质尚未经批准发生改变。而对于农民集体所有的土地的使用权,《土地管理法》第63条明确规定了“不得出让、转让或者出租用于非农业建设”。某国土资源局将农民集体所有的土地使用权进行出让,该行为首先违反了《拍卖法》第6条和第7条的规定,将不属于其所有且无权进行处分的财产权利,同时也是法律禁止买卖的财产权利委托进行拍卖。而且,GF-2007-20号地块使用权的出让拍卖也未能按照《拍卖法》第7条、第8条第1款的规定在拍卖前依法完成土地权属的变更审批手续。依照《合同法》第52条第5项的规定,某拍卖公司拍卖GF-2007-20地块使用权的行为违反了上述法律的禁止性规定,其因此与甲形成的拍卖合同法律关系属于无效法律关系。一审法院关于讼争的拍卖合同法律关系合法有效的认定有误,予以纠正。

某拍卖公司上诉还辩称其在《凭祥市国有土地使用权公开拍卖出让竞买须知》和《某拍卖公司2007年第60期拍品拍卖限定条件及声明》中均载明某拍卖公司已向甲披露了拍卖标的的来源和权利状况,且已明确告知了GF-2007-20号地块的宗地现状为生地等内容,故其拍卖行为合法有效。某拍卖公司的这一主张缺乏事实和法律依据,具体理由如下:

1.根据原建设部批准发布的《房地产业基本术语标准》(编号为JGJ/T30-2003)第4.0.17条的规定,“生地”是指“完成土地征用,未经开发、不可直接作为建筑用地的农用地或荒地等土地”。但是,《土地管理法》第63条禁止出让的土地是农民集体所有的土地,而农用地并不仅指农民集体所有的土地,也不必然属于禁止出让使用权的土地。因此,某拍卖公司在竞买须知和拍卖声明中将 GF－2007－20 地块描述为“生地”,并未准确表明该地块农民集体所有的权属性质,其不得据以主张拍卖行为合法有效。

2. 本案讼争的 GF－2007－20 号地块属于依法不能出让使用权的土地,其所存在的效力上的缺陷,足以影响出让和拍卖行为的合法性和效力。但拍卖标的的真伪或者品质,仅是影响拍卖交易对价的因素,与效力性的缺陷存在根本区别。拍卖人和委托人不得以瑕疵声明为由对抗其对拍卖标的合法性的保证义务。因此,某拍卖公司即使已全面和如实披露了 GF－2007－20 地块的来源和权利情况,但鉴于该地块的使用权尚属于法定禁止出让的权利,其披露行为仍不足以改变拍卖行为无效的法律后果。此外,一审法院依据 1997 年 1 月 1 日实施的《拍卖法》第 61 条第 2 款认定某拍卖公司不承担拍卖标的的瑕疵担保责任,但该法已于 2004 年 8 月 28 日进行了修改。故一审法院认定某拍卖公司不承担过错责任所适用的法律有误,法院予以纠正。综上,某拍卖公司对于其拍卖行为合法有效的抗辩主张法院均不予支持。

依照《合同法》第 56 条的规定,无效的合同自始没有法律约束力。故某拍卖公司不得依据与甲签署的《拍卖成交确认书》等与无效拍卖行为相关的文件要求甲向其支付拍卖佣金以及利息,某拍卖公司起诉所提出的全部诉讼请求依法应予以驳回。至于某拍卖公司因此所造成的损失,其可以就属于委托人责任的部分,依据《拍卖法》第 61 条第 1 款的规定,向委托人主张追偿。

【案例评析】

本案一、二审法院判决结果完全相反,其原因在于一、二审法院对涉案拍卖法律关系的理解存在不同。本案一审法院判决之所以被撤销,系因其没有考虑到本案拍卖标的存在特殊性,即本案拍卖标的涉及《拍卖法》第 7 条、第 8 条规定,因此,本案的拍卖最终被定性为无效。从本案来看,主要涉及以下两个问题:(1)土地使用权未依法办理好权属变更手续的,禁止拍卖;(2)对于拍卖标的存在的可能影响拍卖的效力性的问题,拍卖公司援引瑕疵担保免责声明无效。

一、关于土地使用权的拍卖问题

《土地管理法》第 12 条规定:“依法改变土地权属和用途的,应当办理土地变更登记手续。”第 44 条规定:“建设占用土地,涉及农用地转为建设用地的,应当办理农用地转用审批手续。”第 46 条规定:“国家征收土地的,依照法定程序批准后,由县级以上地方人民政府予以公告并组织实施。”根据二审法院向凭祥市国土资源规划局的调查及该局复函,本案中涉及的土地原来为集体土地,当地政府决定将其进行征收转让,并且在后来编制的土地利用总体规划中将其预留为城市建设用地,在各类手续尚未办妥的情况下,政府就对该宗地的土地使用权依法进行公开拍卖。本案一审被告甲参加了某拍卖公司于 2007 年 10 月 22 日举办的 2007 年第 60 期拍卖会,并对涉案土地使用权竞买成功,但该宗用地的批文迟至2010年之后才获批,并最终导致了该项目存在未批先用或超越土地利用总体规划用地范围的事实因而被国土资源管理部门立案调查。从本案事实来看,本案拍卖标的在拍卖前并没有办妥相关权属变动审批手续,因此,从法律上来看,仍然属于《土地管理法》第63条所规定的不得出让、转让或者出租用于非农业建设的农民集体所有的土地的使用权,因此,本次拍卖活动理应无效。

从法律上看,本次拍卖活动认定为无效基本没有争议。但对于一些拍卖公司而言,可能认为承接类似的拍卖委托风险并不大。因为涉案拍卖的委托人,是当地的国土资源管理部门某国土资源局,其可能考虑到的是既然国土资源管理部门已经委托拍卖,拍卖标的上的权属瑕疵问题不大可能影响到最终买受人的权利使用状况。但本案可能涉及国家土地督察广州局对该宗土地处置的认定,最终被立案调查,估计各方都没想到该宗土地会被国土部门予以收回。因此,对于拍卖公司来说,类似的拍卖标的,看似背后有当地政府"背书",但实际在法律关系层面上,存在无效情况的只能认定为无效,因此,在承接委托拍卖的时候还是应更加严格。

二、关于拍卖公司拍卖前的免责声明

从本案的事实部分来看,如一审法院所认定的"某拍卖公司已通过相关文件内容向甲披露了拍卖标的的来源和权利状况,甲对此应是知晓的,而甲在相关文件上签字,表明其已通过上述资料了解涉案土地使用权的来源及权利状况,文件也载明某拍卖公司不承担瑕疵担保责任",但问题在于,涉案拍卖标的,属于依法不能出让使用权的土地,其所存在的效力上的缺陷,足以影响出让和拍卖行为的合法性和效力。而《拍卖法》第61条第2款所称的拍卖标的的真伪或者品质,与拍卖是否有效存在根本区别。因此,尽管拍卖公司在拍卖前已经发表了瑕疵担保免责声明,但二审法院认定本案中拍卖人和委托人不得以瑕疵声明为由对抗其对拍卖标的合法性的保证义务。因此,对于拍卖公司来说,在承接委托拍卖时,一定要清楚只有符合《拍卖法》第6条、第7条、第8条的拍卖标的才能够进行拍卖,如果不符合这几条规定,拍卖人的任何瑕疵担保免责声明都无效。

三、关于拍卖佣金的处理

从本案的处理结果来看,拍卖公司是本次拍卖的最大输家。根据法院二审调查查明的事实,本案涉及的拍卖标的大部分已被某房地产公司开发成商品房并向社会销售,崇左市国土资源局作出"撤销原颁发给金地公司的凭国用(2009)第0117号《国有土地使用证》。对已非法批准、使用的土地予以收回"的处理决定,但事实上该局并没有对该宗地的国有建设用地使用权和地上建筑及构筑物进行收回拍卖或补偿工作,该宗地使用权人还是某房地产公司。因此,从实际情况来看,买受人一方实际上损失并不是很大。本案中,拍卖公司要求甲全额支付剩余的拍卖佣金从法律上可能有一定问题,但不可否认的是,作为竞买人的甲在竞买前对于拍卖标的的实际状况是知晓的，拍卖公司履行了拍卖职责，其收取一定的费用也是合理的。按照《合同法》第 58 条规定："合同无效或者被撤销后，因该合同取得的财产，应当予以返还；不能返还或者没有必要返还的，应当折价补偿。有过错的一方应当赔偿对方因此所受到的损失，双方都有过错的，应当各自承担相应的责任。"因此，拍卖人某拍卖公司因此所造成的损失，只能依据《拍卖法》第 61 条第 1 款的规定，向委托人主张追偿。

【案例索引】

一审：广西壮族自治区南宁市青秀区人民法院（2013）青民二初字第 853 号

二审：广西壮族自治区南宁市中级人民法院（2014）南市民二终字第 89 号

177. 某房地产开发公司与某居民小组合同纠纷案

——拍卖集体土地用以房地产开发的行为的效力

问题提示：1. 拍卖集体土地用以房地产开发的，其拍卖活动的效力为何？2. 一方在法律上不具备竞买人资格的，能否认定双方存在恶意串通的情形？

【基本案情】

原告：某房地产开发公司

被告：某居民小组

人民法院经审理查明：2009 年 10 月 20 日，甲与被告某居民小组签订了《某居民小组集体土地转为国有土地联合开发协议》，被告将位于罗平县九龙大道烟草公司旁的一宗集体土地交由甲进行房地产开发，约定如果被告的土地挂牌出让，被告不得参与土地摘牌，全权配合由甲摘牌，被其他单位及公司和个人摘牌的，被告必须负责甲所办理手续的全部费用和赔偿原告经济损失 300 万元。如被告不履行协议或者违反协议规定，需双倍赔偿甲经济损失合计为 300 万元，并且甲对此项目办理的费用由被告负责。签订协议后，双方又签订了《关于借款的附加协议》，作为甲乙双方合作开发合同的附加补充协议，约定将某居民小组位于九龙大道 4615.2 平方米的集体土地使用证交由某房地产开发公司保管、开发。后因某房地产公司不具备竞买 LCG2011－1 号地块国有建设土地使用权的竞买资格，而未竞买到 LCG2011－1 号地块国有建设土地使用权。另查明某房地产公司已依法变更为某房地产开发公司。

原告某房地产开发公司诉称：其与被告签订了《某居民小组集体土地转为国有

土地联合开发协议》,被告将位于罗平县九龙大道烟草公司旁的一宗土地交由原告进行房地产开发,约定如果被告的土地在挂牌出让时,被告不得参与土地摘牌,全权配合由原告摘牌,被其他单位及公司和个人摘牌的,被告必须负责原告所办理手续的全部费用和赔偿原告经济损失300万元。如被告不履行协议或者违反协议规定,需双倍赔偿原告经济损失合计300万元,并且原告对此项目办理的费用由被告负责。签订协议后,原告按照约定办理有关立项和建设审批手续,支付了设计费、图纸费、围墙工程款、施工占道费、拆迁补偿费、误工费、协助手续费、向消防队及板桥866工程捐款费等共计133 600元。在土地拍卖过程中,被告不仅没有配合摘牌,没有配合签订《拆迁补偿协议书》,反而积极报名参加摘牌,导致原告付出努力的国有土地被别人买走,要求解除原告与被告于2009年10月20日签订的《某居民小组集体土地转为国有土地联合开发协议》及《补充协议》,并赔偿违约金80万元,赔偿原告办理合作项目手续的费用133 600元,并承担本案的诉讼费用。

被告某居民小组辩称:被告没有和原告签订开发协议,只和甲签订过开发协议,请求驳回原告的诉讼请求。

【裁判结果】

一审:驳回原告某房地产开发公司的诉讼请求。

二审:驳回上诉,维持原判。

【争议焦点与裁判理由】

本案的争议焦点为,原告要求解除其与被告签订的《某居民小组集体土地转为国有土地联合开发协议》及《补充协议》,并赔偿违约金及相关损失的诉讼请求是否成立。

根据生效裁判文书,人民法院认为,原、被告双方约定,由被告配合原告用被告的集体土地进行房地产开发的协议,因该土地属集体土地,不能进行房地产开发,该协议违反《城市房地产管理法》第2条第3款"本法所称房地产开发,是指在依据本法取得国有土地使用权的土地上进行基础设施、房屋建设的行为"和《城市房地产开发经营管理条例》(国务院令第248号)第42条"城市规划区内集体所有的土地,经依法征用转为国有土地后,方可用于房地产开发经营"的规定,属无效合同;双方约定被告配合原告摘牌的条款,违反了《拍卖法》第37条"竞买人之间、竞买人与拍卖人之间不得恶意串通,损害他人利益"的规定,属无效条款。原告认为被告违反合同,要求解除合同,赔偿违约金80万元,并承担本案诉讼费用的诉讼请求,因无效的合同或者被撤销的合同自始没有法律约束力,法院不予支持,原告要求被告赔偿损失133 600元的诉讼请求,因原告提供的证据不能证明该损失与被告行为有关,其损失是原告在未取得土地使用权时自主行为造成的,法院不予支持。

【案例评析】

涉案双方当事人，其中作为原告的一方因没有竞买资格，从而没有买到本案涉及的土地。本案判决结果是正确的，但对于本案法院的判决理由，笔者持不同意见。从《拍卖法》来看，本案涉及以下两个关键问题：

一、本案双方当事人约定土地开发的内容是否无效

本案双方签订的《某居民小组集体土地转为国有土地联合开发协议》及《补充协议》，写明：(1)协议双方甲方为某居民小组，乙方为甲；(2)现有集体土地约7亩……经甲乙双方共同协商，甲方将位于九龙大道烟草公司旁地段的一宗土地交由乙方进行房地产开发。对这部分内容，法院认为"该协议违反《城市房地产管理法》第2条第3款'本法所称房地产开发，是指在依据本法取得国有土地使用权的土地上进行基础设施、房屋建设的行为'和《城市房地产开发经营管理条例》(国务院令第248号)第42条'城市规划区内集体所有的土地，经依法征用转为国有土地后，方可用于房地产开发经营'的规定，属无效合同"，对此从协议约定内容来看，双方当事人在签订协议当时非常清楚该宗土地为集体土地，但双方在协议中约定"如果甲方的土地在挂牌出让时，甲方不得参与土地摘牌，全权配合由乙方摘牌"，这说明当事人非常清楚集体土地上进行房地产开发需要履行挂牌出让手续，因此，综合该份协议，协议中虽然约定被告某居民小组将其集体土地交给甲开发，但双方也表明愿意遵守履行相关法定手续，因此，法院直接认定该部分内容无效，与协议的总体精神不是很符合。

二、本案当事人之间是否构成竞买人恶意串通损害他人利益

《拍卖法》第37条规定：竞买人之间、竞买人与拍卖人之间不得恶意串通，损害他人利益。第65条规定：违反本法第37条的规定，竞买人之间、竞买人与拍卖人之间恶意串通，给他人造成损害的，拍卖无效，应当依法承担赔偿责任。本案法院认定"双方约定被告配合原告摘牌的条款，违反了《拍卖法》第37条'竞买人之间、竞买人与拍卖人之间不得恶意串通，损害他人利益'的规定，属无效条款"。对此，法院的这个判断与《拍卖法》的规定是不符的。首先，《拍卖法》第32条规定：竞买人是指参加竞购拍卖标的的公民、法人或者其他组织。而被告某居民小组从法律上来说，不是一级组织不具法人资格，村民小组不是经济组织，更不是行政组织。当然，在现实中不排除一些村民小组利用自己的资源成立了相关的公司，但这些公司是独立的法人，与村民小组是完全不同的主体。因此，本案被告在法律上并不具备竞买人的资格，也就不可能存在构成《拍卖法》上的竞买人之间互相恶意串通。原告虽然在起诉中称被告积极参与竞拍，但《拍卖法》第65条规定了"竞买人之间恶意串通的，给他人造成损害的拍卖无效"，而在本案中，原告不具备竞买LCG2011－1号地块国有建设土地使用权的竞买资格，因此，也就不存在恶意串通给他人造成损害的可能。《合同法》第52条规定了"恶意串通，损害国家、集体或者第三人利益，合同无效”,但协议双方当事人约定的拍卖事宜被告一方不具有竞买资格,原告最后也不具备竞买资格,该份协议也就不存在损害国家、集体或者第三人利益的可能。另外,原告提供的第四组证据中证据7证实某房地产开发公司举报“某居民小组与其他人员和企业串通参与竞拍”的初查结论为“未发现有串通竞拍实据”,而上述证据法院已经予以采纳,但在判决理由部分中对此证据却未予以任何分析,这也不是很妥当。再者,即便认可被告的竞买人资格,但被告配合原告摘牌,也不能完全说双方就一定是恶意串通,除非有证据证明被告为了配合原告摘牌,设置了其他一些条件排挤其他竞买人等,直接以该部分内容为由认定约定无效,并不是很妥。

不过,虽然笔者对本案判决分析的理由持有不同意见,但对于判决结果却是认同的。因为,本案原告自己不具备竞买资格,而且,原告也没有提供证据证明被告违反协议约定积极参与摘牌,因此,其要求被告承担违约金,也没有法律依据。

【案例索引】

一审:云南省罗平县人民法院(2014)罗民初字第637号

二审:云南省曲靖市中级人民法院(2014)曲中民终字第785号

178. 甲与某银行拍卖合同纠纷案

——拍卖集体所有土地上的房屋的效力

问题提示:农村集体所有土地上的建筑物能否单独拍卖?

【基本案情】

上诉人(一审原告):甲

被上诉人(一审被告):某银行

人民法院经审理查明:某银行其前身为某农村信用合作社。1999年7月30日,经法院执行交付,某农村信用合作社接收原如东县水泥二厂的部分房屋、设备以及原料等抵债资产,成为交付资产的所有权人。2010年11月10日,某农村信用合作社(甲方)与甲及案外人乙(乙方)签订《租赁协议》一份,约定甲方将其所有的原如东县水泥二厂的抵债资产出租给乙方,并约定了租期、租金,并明确本协议项下房产所占范围内的土地属集体土地,其使用费用由乙方与土地所有权者协商解决等事项。协议签订后,双方对资产进行了交接,由甲及乙开始进行租赁经营,并在此期间交纳了土地年租金。租赁期间届满后,双方未续签合同,亦未终止合同履行,直至2014年6月,甲与某银行就上述《租赁协议》终止履行,并于2014年7月1日对房屋及设备进行了盘点。

2014年6月下旬，某银行决定对原如东县水泥二厂的抵债资产进行公开转让，并于2014年6月27日发出《竞卖公告》，该公告载明了展样时间、地点、所转让的资产组成、保证金事项和违约事项等，并明确载明转让资产所占用土地性质为集体土地，竞买成功后，土地的租赁事宜由买受人自行与政府协商。还同时明确了以上资产存在百姓强占行为及土地欠付租赁费等状况。2014年6月30日，甲向某银行交纳了竞买保证金150 000元。2014年7月4日，某银行聘请某拍卖公司组织进行了拍卖。当日拍卖之前，某银行向包括甲在内的所有竞买人发出《竞买须知》，其中载明了转让资产的范围，明确其中转让的地上建筑物无产权证，转让方不负责补办任何产权登记手续，受让方如需补办产权证，相关手续和税费均由受让方自行负责，还明确了转让资产所占用土地为集体土地，转让后，受让方自行负责与土地所有者签订土地租赁合同，土地存在欠付租金问题，由受让方负责处理……该须知与“转让合同”一并作为资产转让的法律文件。拍卖开始后，甲等竞买人经过多轮举牌加价，由甲最终以2 180 000元的价格竞买成功。7月4日，某银行(甲方)与甲(乙方)签订《资产及债权、抵押权转让合同》，双方就转让事宜进行确认，其中明确以上资产存在百姓强占行为及土地欠付租赁费等状况，乙方已明确清楚……原有土地上的租金费用由乙方负责缴纳，土地的租赁费用由乙方自行与政府协商。合同还对支付方式等其他事项进行了约定。

该合同生效后，如东县曹埠镇农村经济服务站及如东县曹埠镇人民政府派员至某银行，书面提出要求暂缓竞卖的紧急报告和要求缴清土地年租金的报告，如东县曹埠镇人民政府在报告中提出，某银行尚欠土地年租金1 146 192元，应当在竞卖公告中予以明确，在未明确应缴付责任或未缴清土地年租金之前应暂缓竞卖活动，否则将依法起诉收回土地使用权。

后甲未能按照合同约定支付转让款，为此，某银行于2014年7月再次组织进行了竞卖并已交付。原告甲向某银行索要竞买保证金150 000元未果，于2014年9月11日向法院起诉，认为：某银行未能就地上建筑物与所占用范围内的土地一并处理，且其没有取得拍卖房屋的处分权或所有权，因此请求法院认定拍卖合同无效，并要求某银行立即归还甲竞买保证金150 000元。

被告某银行辩称，原告违约在先，无权要求被告返还150 000元竞买保证金。被告已将拍卖抵债资产的情况告知包括原告在内的所有竞买人，原告已经接受被告的竞买条件，且原告违反了竞买条件和转让合同，应承担违约责任。原告要求赔偿无事实和法律依据，被告保留要求原告支付租赁费以及赔偿损失的权利。请求驳回原告的诉讼请求。

【裁判结果】

一审：驳回原告甲的诉讼请求。

二审：驳回上诉，维持原判。

【争议焦点与裁判理由】

本案的争议焦点是:(1)集体土地上的建筑物可否单独拍卖;(2)甲是否存在违约行为。

根据生效裁判文书,人民法院认为:关于争议焦点(1),涉案拍卖标的之一,即集体土地上的建筑物系某银行依法取得的资产,其有权处分,并非法律、行政法规禁止买卖的物品或者财产权利,未违反《拍卖法》关于拍卖标的的要求。涉案资产占用范围的土地性质为集体土地,并不影响涉案资产的合法性。关于争议焦点(2),甲认为案外人对拍卖标的物提出异议,使得其对拍卖交易的安全产生怀疑,故其依据《合同法》第68条规定中止履行,不应当承担违约责任。但是在本案中,甲并未有确切证据证明如东县农商行有丧失或者可能丧失履行债务能力的情形,其在竞拍之前就已经了解涉案资产欠付租金的情况,也愿意缴纳欠付租金,且关于涉案拍卖标的占用范围的集体土地使用权问题,其也可以通过与集体土地所有权人协商解决。如东县曹埠镇人民政府向某银行主张欠付租金的行为并不能使得某银行丧失涉案拍卖合同的履行能力,且与本案的拍卖合同不属于同一法律关系。故对于甲的该主张,不予采信。

【案例评析】

本案在审理中,主要涉及以下两个问题:

一、农村集体所有土地上的建筑物是否必须与土地一起转让

《拍卖法》第7条规定:法律、行政法规禁止拍卖的物品或者财产权利,不得作为拍卖标的。而涉案房产因其是建筑在农村集体土地上的建筑物而具有特殊性。根据房随地走的原则,拍卖必然涉及集体土地使用权的问题。《物权法》第147条规定:"建筑物、构筑物及其附属设施转让、互换、出资或者赠与的,该建筑物、构筑物及其附属设施占用范围内的建设用地使用权一并处分。"《土地管理法》第63条也规定:农民集体所有的土地的使用权不得出让、转让或者出租用于非农业建设。因此,在房地权属分离但又遵循房随地走的处理原则下,建筑物的转让必然伴随着对土地使用权的处分。

而本案的特殊性在于,由于历史原因,该集体土地上的建筑物并没有产权证,且在1999年法院强制执行给某农村信用合作社时,也是回避了农村集体土地使用权转让这一事项,并由该土地上的房产所有者或者实际使用人向政府支付土地租金,这就形成了事实上的"房地分离"的处理方式。这一处理方式并没有改变农村集体土地所有权的权属或者使用方式,因此并不违反我国的土地管理法及物权法的相关规定。

在接下来的拍卖中,对于该集体所有的土地上的建筑物进行拍卖时,某银行的《竞卖公告》《竞买须知》以及最后双方签署的《资产及债权、抵押权转让合同》中,均明确了这种延续历史的"房地分离"的处理方式,且明确告知最终买受人自行与政府协商土地租赁事宜。故在此基础上,农村集体土地上的建筑物可以单独拍卖,并不影响拍卖合同的效力。另外,根据上述规定,也并不必然得出农村集体土地上的建筑物必须与土地使用权一并拍卖的含义,随着社会经济的发展,房地分别处理的情形会越来越多。

二、政府要求拍卖委托人缴付土地租金的情节可否构成竞买人不履行合同的抗辩事由

拍卖结束后合同履行前,案外人政府对竞拍标的物提出异议,以拖欠土地租金为由要求暂缓竞买活动,否则将依法收回土地使用权,因此甲以某银行未取得拍卖建筑物的所有权或者处分权为由,拒绝按照资产转让合同履行付款义务。因此,某银行对拍卖的建筑物享有完整的所有权,当地政府对于该建筑物占用范围内的土地租金的债权主张,并不能对抗某银行行使物权。当地政府提出的缴付土地租金债权的要求,与某银行拍卖转让建筑物系两层法律关系,当地政府可依法向某银行主张或者依照合同约定向买受人主张。因此,在没有证据证明出卖人某银行有丧失或者可能丧失履行债务能力情形前,原告不能以案外人要求缴清所欠付的租金为由主张终止履行合同,其应承担相应违约责任。

【案例索引】

一审:江苏省如东县人民法院(2014)东民初字第01506号

二审:江苏省南通市中级人民法院(2015)通中民终字第00669号

179. 某经贸公司与某物资公司、某拍卖公司拍卖合同纠纷案

——拍卖宅基地的效力

问题提示:拍卖未办理征地手续及权属登记的宅基地的行为是否有效?

【基本案情】

上诉人(一审原告):某经贸公司

被上诉人(一审被告):某物资公司

被上诉人(一审被告):某拍卖公司

人民法院经审理查明:合浦县西场镇后背垌西场综合交易市场旁的36间宅基地(规划图编号为42－46、58－64、69－73、75、76、190、193、194、203、206－211、215－221号)系农村集体土地,案外人某海水养殖公司于1996年领取了上述土地的《建设用地规划许可证》,但至今未依法交纳耕地占用税及土地管理费、补办征地手续及办理权属登记。2003年9月3日,合浦县人民法院作出(2003)合执字第

194－8号民事裁定书,裁定将被执行人某海水养殖公司取得的上述建设用地使用权归于某物资公司,但某物资公司至今未办理产权登记手续。

2003年12月11日,某物资公司与某拍卖公司签订《委托拍卖合同》,委托某拍卖公司对上述宅基地进行拍卖。某经贸公司以47万元成交价竞得上述宅基地,并与某拍卖公司签订了《拍卖成交确认书》。之后,某经贸公司依约交付拍卖款及佣金共计49.35万元,某拍卖公司将194－8号裁定书原件交给某经贸公司。上述用地目前大部分被他人建房(含在建)。

原告某经贸公司诉称:案外人某海水养殖公司或某物资公司未取得涉案建设用地权属证明,现所涉建设用地大部分已建有房屋,因被告原因致使原告购买土地使用权的合同目的不能实现,故请求解除《拍卖成交确认书》,要求被告某物资公司归还土地转让价款并赔偿利息损失,某拍卖公司对上述债务承担连带责任。

两被告辩称,本案没有任何法定解除合同的情形:《拍卖公告》明确本标的以现状整体拍卖,被告已履行主要债务,已交付讼争土地权属凭证即194－8号裁定书原件;讼争土地权属至今未办理过户完全是上诉人自己造成的。

【裁判结果】

一审:驳回某经贸公司的诉讼请求。

二审:撤销一审判决;确认《拍卖成交确认书》无效;某物资公司返还某经贸公司拍卖土地价款49.35万元,并赔偿利息损失;某经贸公司将某拍卖公司交付的194－8号裁定书原件交还给某物资公司;驳回某经贸公司的其他诉讼请求。

【争议焦点与裁判理由】

本案的争议焦点是:(1)某物资公司是否取得涉案土地使用权;(2)涉案宅基地未经审批转为建设用地并办理产权登记,以涉案宅基地为拍卖标的的拍卖行为是否有效;(3)某拍卖公司是否承担连带责任。

根据生效裁判文书,人民法院认为,依照法律或者按照国务院规定需经审批才能转让的物品或者财产权利,在拍卖前,依法应当办理审批手续,而涉案土地在没有经过土地转用审批和征为国有建设用地之前,除该集体经济组织成员之外,其他人无权使用和处分。因此,某物资公司与某拍卖公司签订的委托拍卖合同及某拍卖公司与某经贸公司签订的拍卖成交确认书违反了法律、行政法规的强制性规定,均属无效。

【案例评析】

一、某物资公司是否取得涉案土地使用权

本案在审理中,一种观点认为,某物资公司与案外人某海水养殖公司发生债务纠纷。在执行程序中,一审法院裁定将被执行人某海水养殖公司取得使用权的坐落于合浦县西场镇后背垌西场综合交易市场的36块建设用地交给某物资公司接收抵偿相应债务，使用权归某物资公司。据此，某物资公司取得涉案建设用地的使用权。

另一种观点认为，涉案土地为宅基地，土地性质为农民集体所有，依照《土地管理法》第44条第1款“建设占用土地，涉及农用地转为建设用地的，应当办理农用地转用审批手续”及第63条“农民集体所有的土地的使用权不得出让、转让或者出租用于非农业建设……”的规定，涉案土地在没有经过土地转用审批和征为国有建设用地之前，除该集体经济组织成员之外，其他人无权使用和处分。案外人某海水养殖公司与某镇人民政府将其报建为西场综合交易市场所使用的建设用地，经广西壮族自治区国土资源局下发批复，同意用地单位在接受处罚补办国有土地征用手续，并依法交纳耕地占用税和土地管理费后用于西场综合交易市场的扩建，因此，案外人某海水养殖公司可以视为该土地的准使用权人。合浦县人民法院下发194－8号执行裁定，将涉案土地执行给某物资公司抵偿债务，某物资公司因此接收涉案土地的行为并不必然使其取得涉案土地的使用权。某物资公司应按照相关规定和194－8号裁定书的要求补办完善相应的手续，并办理土地权属变更登记后才可以对涉案土地进行转让。

二、以涉案宅基地为拍卖标的的拍卖行为是否有效

按照某物资公司与某拍卖公司签订的委托拍卖合同以及某拍卖公司与某经贸公司签订的拍卖成交确认书的记载，委托人某物资公司委托拍卖的标的物为合浦县西场镇后背垌西场综合交易市场旁的36块宅基地，其来源是西场镇下辖白沙头村、镇西村、镇东村的农用耕地，土地性质为农民集体所有。某物资公司在接收土地和委托拍卖过程中，均未申请办理相关手续。时至本院二审向合浦县国土资源局发函征询，涉案土地目前亦未取得用地批准文件，且合浦县国土资源局亦在复函中明确表述，在某物资公司未补办相应用地手续的前提下，某经贸公司不能凭借合浦县人民法院的194－8号执行裁定书及某拍卖公司与某经贸公司签订的《拍卖成交确认书》直接将涉案土地过户至某经贸公司名下。

根据《拍卖法》第6条“拍卖标的应当是委托人所有或者依法可以处分的物品或者财产权利”及第8条第1款“依照法律或者按照国务院规定需经审批才能转让的物品或者财产权利，在拍卖前，依法应当办理审批手续”的规定，某物资公司对涉案土地的处分权利未经土地管理部门的审批和追认，其委托拍卖行为无效，本案委托拍卖的标的物即合浦县西场镇后背垌西场综合交易市场旁的36块宅基地并不能合法拍卖成交。根据《拍卖法》第7条“法律、行政法规禁止买卖的物品或财产权利，不得作为拍卖标的”以及《合同法》第52条“有下列情形之一的，合同无效……（五）违反法律、行政法规强制性规定”的规定，某物资公司与某拍卖公司签订的委托拍卖合同及某拍卖公司与某经贸公司签订的拍卖成交确认书均属无效。

三、某拍卖公司是否承担连带给付责任

根据《拍卖法》第18条、第61条的规定,拍卖人应当向竞买人说明拍卖标的的瑕疵。拍卖人未说明拍卖标的的瑕疵,给买受人造成损害的,买受人有权向拍卖人要求赔偿。本案中,《竞买须知》主要内容载明:拍卖标的及状况,并特别注明该拍卖标的系法院裁定,标的资料不全,办证费不明确(……十、该标的的过户及办证由买受人自行办理,所有税费(包括卖方应缴纳的税费)均由买受人承担……)。鉴于某拍卖公司在拍卖过程中注明拍卖标的资料不全,已经明确作出瑕疵提示,应予以免责,且拍卖价款已经由某拍卖公司完全交付给委托人某物资公司,故某拍卖公司不再承担连带给付责任。

【案例索引】

一审:广西壮族自治区合浦县人民法院(2012)合民初字第209号

二审:广西壮族自治区北海市中级人民法院(2013)北民二终字第10号

180. 甲与某银行支行、某拍卖公司拍卖合同纠纷案

——拍卖未经审批的国有划拨土地的效力

问题提示: 国有划拨土地未经审批,擅自委托拍卖的,拍卖合同是否可撤销?

【基本案情】

原告:甲

被告:某银行支行

被告:某拍卖公司

人民法院经审理查明:2013年3月7日,被告某拍卖公司就为被告某银行支行所属的位于遵化市文化北路68号原农行培训中心楼部分房产及土地使用权刊登拍卖公告。原告甲依公告办理了交纳保证金,报名竞买登记手续,并在某拍卖公司的《关于对某银行河北省遵化市支行所属房地产拍卖的竞买须知》告知处签名。竞买须知第九条注意事项1规定:竞买人一经进入拍卖会场,即表明已完全了解此次拍卖标的的一切真实情况,并自愿承担参加竞买的一切法律责任。注意事项3规定:竞买人在报名登记前须到现场详细勘查标的地理位置,了解地上附着物的情况,查阅相关证件及资料。竞买人在拍卖前未到标的现场查验而参加竞买,竞买成交后不得以此拒绝接受拍卖标的。某拍卖公司对拍卖标的只作客观介绍,仅供参考,不承担瑕疵担保责任。2013年3月15日,甲参加了拍卖会,并以最高价拍得标的物,

与某拍卖公司签订了拍卖成交确认书，并依约支付了佣金和成交价款。后甲以拍卖标的与他人分割划界存在争议，无法办理土地及房产使用权证而不能交付为由，要求解除拍卖成交确认书、退还竞拍价款、佣金并要求双倍返还定金。

原告甲诉称，在接收拍卖标的物时发现拍卖标的0.45亩土地与他人共有，分割划界存在争议，无法确定土地四至及其具体权利范围，更无法办理土地使用权证，两被告隐瞒拍卖土地系国有划拨、没有报请批准的事实，使得合同目的不能实现，据此向法院提出解除拍卖成交确认书，要求两被告连带承担退还竞拍价款、佣金及利息损失、双倍赔偿定金等诉讼请求。

被告某银行支行辩称，委托拍卖时已对拍卖资产所存在的瑕疵和不足作了客观介绍，原告在竞买之前签字领取了《竞买须知》，对资产状况和存在问题已知晓和接受，双方签订的拍卖成交确认书合法有效，对方要求解除合同于法无据。

被告某拍卖公司辩称，《竞买须知》中应告知的事宜均已告知，并提醒竞买者在竞买前亲自做详细的调研，拍卖人不存在过错。拍卖成交确认书是双方依据法律规定、意思自治的基础上签订的，并且原告已经履行，要求解除的理由不能成立。

【裁判结果】

一审：判决解除拍卖成交确认书，两被告分别返还原告受价款、佣金，两被告对双倍赔偿定金负连带赔偿，驳回原告其他诉讼请求。

【争议焦点与裁判理由】

本案的争议焦点为，拍卖成交确认书可否解除。

人民法院经审理认为，甲与某拍卖公司签订的拍卖成交确认书，系双方当事人的真实意思表示，为有效合同，双方均应按协议约定履行各自义务。在办理交付时，某银行支行委托拍卖的土地、房产，因与他人共用，因无法分割划界和办理土地使用权和房产所有权证，拍卖标的存在权利瑕疵而未告知，亦未能办理审批手续，致使原告的合同目的无法实现，根据《合同法》第94条、第97条、第115条，《最高人民法院关于审理涉及国有土地使用权纠纷案件适用法律问题的解释》第4条之规定，双方签订的《拍卖成交确认书》依法应予解除，解除后被告某银行支行应将买受价款返还给原告并承担违约责任。被告某拍卖公司应当知道拍卖的房产、土地未经其他共有人书面同意、未依法登记领取权属证书、未经相关部门审批，依法不得处分，但仍组织实施拍卖，现因不能交付致使合同解除，应将佣金返还原告，并依据《拍卖法》第58条关于“委托人违反本法第六条的规定，委托拍卖其没有所有权或者依法不得处分的物品或者财产权利的，应当依法承担责任。拍卖人明知委托人对拍卖的物品或者财产权利没有所有权或者依法不得处分的，应当承担连带责任”之规定，对合同解除后的定金责任负连带赔偿之责。

【案例评析】

一、拍卖标的存在重大权利瑕疵致使合同目的无法实现可以解除合同

本案审理中,争议焦点主要集中在拍卖成交确认书是否可以解除。从本案来看,依据拍卖程序所签订的成交确认书,确系双方真实意思表示,合同一方也已经依据约定履行了自己的义务,合同有效。因被告拍卖的标的物存在未明确告知的重大权利瑕疵等原因导致交付拍卖标的物在办理产权登记时发生争议,拍卖合同目的不能实现。《合同法》第 94 条规定下列情况可以解除合同:(1)因不可抗力致使不能实现合同目的;(2)在履行期限届满之前,当事人一方明确表示或者以自己的行为表明不履行主要债务;(3)当事人一方迟延履行主要债务,经催告后在合理期限内仍未履行;(4)当事人一方迟延履行债务或者有其他违约行为致使不能实现合同目的;(5)法律规定的其他情形。依据《合同法》第 97 条合同解除后的民事责任、第 115 条违约时定金的处理及《最高人民法院关于审理涉及国有土地使用权纠纷案件适用法律问题的解释》第 4 条关于土地使用权出让合同的出让方因未办理土地使用权出让批准手续而不能交付土地,受让方请求解除合同之规定,原告请求解除合同、返还价款、佣金及定金责任的诉讼请求于法有据。

关于被告某拍卖公司的连带赔偿责任,依据《拍卖法》第 58 条关于"委托人违反本法第六条的规定,委托拍卖其没有所有权或者依法不得处分的物品或者财产权利的,应当依法承担责任。拍卖人明知委托人对拍卖的物品或者财产权利没有所有权或者依法不得处分的,应当承担连带责任"之规定,本案中,某拍卖公司应对合同解除而产生的民事赔偿负连带责任。

二、《竞买须知》不是无条件免责

拍卖公司一般会事先在拍卖规则中加入"免责声明",以避免其对拍品存有瑕疵时应承担的法律责任。本案中,两被告答辩称原告在竞买之前签字领取了《竞买须知》,其中规定竞买人进入会场后即表明了解了拍卖物的一切真实情况并愿意承担一切法律责任,竞买后不得以拒绝拍卖物,拍卖公司对拍卖标的只作客观介绍,不承担瑕疵担保责任。原告在竞买之前签字领取了《竞买须知》,对拍卖标的的权利状况已经知晓和接受,双方签订的拍卖成交确认书合法有效,拍卖方无过错,对方要求解除合同于法无据。解决本案的关键就在于上述"免责条款"能否成为拍卖方和委托人免责的理由。

《拍卖法》第 18 条规定:"拍卖人有权要求委托人说明拍卖标的的来源和瑕疵。拍卖人应当向竞买人说明拍卖标的的瑕疵。"《拍卖法》第 61 条规定:"拍卖人、委托人违反本法第十八条第二款、第二十七条的规定,未说明拍卖标的的瑕疵,给买受人造成损害的,买受人有权向拍卖人要求赔偿。"这并不意味拍卖人、委托人在任何情形下只要在拍卖前声明"不能保真"就能一律免除其瑕疵担保责任。否则,拍卖法其他条款中关于拍卖人、委托人应履行说明义务、应承担损害赔偿责任的规定就将毫无意义。商务部2004年11月审议通过，自2005年1月1日起施行的拍卖法配套规章《拍卖管理办法》第53条第2款“拍卖企业、委托人明确知道或应当知道拍卖标的有瑕疵时，免责声明无效”的规定也可以证明这一点。拍卖活动具有严格的程序性，拍卖人履行瑕疵告知义务应以明示的方式作出，同时，拍卖人向竞买人说明拍卖标的的瑕疵，是拍卖法的强制性规定，并不因竞买人知道该瑕疵而免除拍卖人的告知义务。

对于可能存在权利瑕疵的拍卖品，拍卖公司应以明示的方式告知。《拍卖法》第61条规定了拍卖人的法定免责情形，即“拍卖人在拍卖前声明不能保证拍卖标的的真伪或品质”，拍卖人声明应该在拍卖前以主动、明示的方式向竞买人作出，即声明之内容要为竞买人知悉，拍卖人声明的前提必须是拍卖人经全面详尽了解拍卖标的后仍不能保证其品质，即拍卖人已尽到合理审慎义务并且要明示告知可能存在权利瑕疵。本案中的拍品为某银行支行所属的位于遵化市文化北路68号原农行培训中心楼部分房产及土地使用权，房产的特殊之处在于不仅仅要查明其位置信息和具体房屋情况，这代表了房产的价值；还要查明房产的权属信息，这代表了拍卖方能否拍卖。对于前者，拍卖公司有义务向竞拍人介绍，竞拍人可以根据介绍进行实地查看。而对于拍品的权属状况，拍卖公司和委托人需要承担更多的责任，必须保证有权处理该拍品，依据《拍卖法》第6条“拍卖标的应当是委托人所有或者依法可以处分的物品或者财产权利”，任何人不得处分自己无权处分的物，这也是不言自明的法理。本案中拍卖标的部分土地是委托人与他人共有，分割划界存在争议，无法确定土地四至及其具体权利范围，属于委托人无权处分的土地。委托人应取得共有人书面同意、依法登记领取权属证书、经相关部门审批后才有权进行处分。因此，其主张无法得到法院支持，给竞拍人造成的损失委托人和拍卖人要承担连带责任。

【案例索引】

一审：河北省遵化市人民法院（2014）遵民初字第1459号

181. 某包装公司与某拍卖公司拍卖合同纠纷案

——拍卖未经审批的划拨工业用地使用权的效力

问题提示：拍卖未经审批的划拨工业用地的使用权，是否违反国家强制性法律规定？

【基本案情】

上诉人（一审被告）：某拍卖公司

被上诉人(一审原告):某包装公司

人民法院经审理查明:2013 年 1 月 18 日,某供销合作社委托被告对某供销合作社所属的位于富阳市灵桥镇的原富阳鹳山酒厂房地产进行拍卖,该房地产房屋所有权证号为富灵字第 513 号,土地使用权证为富国用(91)字第 1118 号,性质为划拨工业用地。2013 年 1 月 29 日,被告在富阳市龙山饭店八楼会议室对涉案房地产举行拍卖,原告在确认被告《竞买须知》和《拍卖会特别规定》后参与竞买。被告《竞买须知》第 7 条规定:"拍卖标的物如遇有规划、拆迁等事项的,请竞买人自行向相关行政职能部门了解,一旦作出竞买决定,即视为已了解有关情况,自愿承担相应责任。"《拍卖会特别规定》第 3 条第 1 项说明:拍卖标的物土地使用性质为划拨工业用地。原告在该次拍卖会上以 877 000 元拍得涉案房地产,双方签订拍卖成交确认书。此后原告为办理该房产转移登记支出测绘费 2900 元,房屋所有权登记费 2200 元。2013 年 4 月 17 日,富阳市规划局函复富阳市国土资源局,涉案土地使用权性质属于村居住用地,富阳市国土资源局告知原告,因不符合城市规划,涉案房地产无法办理划拨土地出让手续。

原告某包装公司诉称:被告明知拍卖标的房产的土地性质为划拨土地,在拍卖前应当办理审批手续,但在明知委托人某供销合作社未办理审批手续的情况下仍然予以拍卖,违反了相关法律规定,侵害了原告的合法权益。据此提出:(1)确认原、被告于 2013 年 1 月 29 日签订的某供销合作社灵桥房地产拍卖会拍卖成交确认书无效;(2)被告退还原告拍卖佣金 26 310 元,赔偿原告经济损失 8783 元,合计 35 093元,并按银行同期同类贷款基准利率赔偿原告截至 2013 年 11 月 6 日的利息损失 1340.96 元,此后至款项付清日止的利息损失仍按中国人民银行同期同类贷款基准利率计付;(3)本案诉讼费由被告负担。

被告某拍卖公司辩称:原、被告之间签订的合同合法有效,理由有:(1)原、被告均有合法主体资格;(2)被告经过竞价竞得该拍卖标的,合法有效;(3)拍卖标的物是明确、唯一、排他性的;(4)土地属划拨性质,在相关竞买书中已明确,而不是在买地之后才知道,被告已经提前告知原告并得到确认。综上,请求驳回原告诉讼请求。

【裁判结果】

一审:一、原告某包装公司与被告某拍卖公司于 2013 年 1 月 29 日订立的拍卖成交确认书无效;二、被告某拍卖公司返还原告某包装公司佣金 26 310 元,于本判决生效之日起十日内履行完毕;三、被告某拍卖公司赔偿原告某包装公司损失 4080 元,于本判决生效之日起十日内履行完毕;四、驳回原告某包装公司其他诉讼请求。

二审:驳回上诉,维持原判。

【争议焦点与裁判理由】

本案的争议焦点为,某包装公司与某拍卖公司之间的拍卖成交确认书是否有效。

根据生效裁判文书,人民法院认为,《城市房地产管理法》第 40 条规定,以划拨方式取得土地使用权的，转让房地产时，应当按照国务院规定，报有批准权的人民政府审批。诉争房产为划拨工业用地，转让该用地使用权应报有批准权的人民政府审批。同时《最高人民法院关于审理涉及国有土地使用权合同纠纷案件适用法律问题的解释》第11条规定，土地使用权人未经有批准权的人民政府批准，与受让方签订合同转让划拨土地使用权的，应当认定合同无效。现经富阳市国土资源局确认，因不符合城市规划，涉案房地产无法办理划拨土地出让手续。故原、被告之间的成交确认书违反法律的强制性规定，应认定为无效合同。合同无效，因该合同取得的财产应当返还，有过错的一方应当赔偿另一方因此所受到的损失。关于损失的承担，根据《拍卖法》第41条、第42条的规定，拍卖人在接受委托人的拍卖委托时，应当对拍卖标的的所有权及相关资料进行核实，而本案中被告在接受委托时，未对委托人是否取得对拍卖标的的处分权利进行详细审查，是造成合同无效的主要原因，应对损失承担主要责任。同时，原告在详细阅读《竞买须知》和《特别规定》后，明知该土地为划拨土地，且已被提示"拍卖标的物如遇有规划、拆迁等事项的，请竞买人自行向相关行政职能部门了解"的情况下，仍然与被告签订成交确认书，对损失亦应自负一定责任，根据双方当事人过错，本院确定被告承担原告损失的80%，原告自负20%，因此对原告要求被告赔偿损失4080元本院予以支持，超过部分本院不予支持。

【案例评析】

一、原、被告就涉案划拨工业用地签订的成交确认书是否有效

根据我国《合同法》第52条的规定，无效合同的种类包括五种，其中第5款规定"违反法律、行政法规的强制性规定，合同无效"。那么，该如何理解此处的"法律、行政法规的强制性规定"？

强制性规范，是指必须依照法律适用、不能以个人意志予以变更和排除适用的规范。强制性规范可以进一步区别为效力性规范和管理性规范（或取缔性规范）。根据《最高人民法院关于适用〈中华人民共和国合同法〉若干问题的解释（二）》（以下简称《合同法解释（二）》）第14条确认，《合同法》第52条第5项所指"强制性规定"是指效力性强制性规定。所谓效力性强制性规定，是指法律及行政法规明确规定违反了这些禁止性规定将导致合同无效或者合同不成立的规范；或者是法律及行政法规虽然没有明确规定违反这些禁止性规范后将导致合同无效或者不成立，但是违反了这些禁止性规范后如果使合同继续有效将损害国家利益和社会公共利益的规范。故据此可以判断相关法律规定是否为强制性法律规定。

本案中，涉案土地性质为划拨工业用地，根据《城市房地产管理法》第40条第1款"以划拨方式取得土地使用权的，转让房地产时，应当按照国务院规定，报有批准权的人民政府审批。有批准权的人民政府准予转让的，应当由受让方办理土地使用权出让手续，并依照国家有关规定缴纳土地使用权出让金"，及第67条"违反本法第四十条第一款的规定转让房地产的，由县级以上人民政府土地管理部门责令缴纳土地使用权出让金,没收违法所得,可以并处罚款”的规定,对于划拨土地上的房地产,如果未经有批准权的人民政府审批擅自拍卖转让,会损害国家利益及相关公共利益,故县级以上人民政府土地管理部门可以责令缴纳土地使用权出让金,没收违法所得,且可以并处罚款。由此不难看出,该条关于划拨土地上房地产的转让程序规定为强制性规定,不得违反,否则导致合同无效。本案中,涉案划拨工业用地经富阳市国土资源局确认,不符合城市规划,涉案房地产无法办理划拨土地出让手续,故涉案房地产不得转让,是强制性规定。显然,原、被告之间的成交确认书已违反上述法律的强制性规定,应认定为无效合同。

二、原、被告对合同无效造成的损失应如何承担

我国《合同法》第58条规定:“合同无效或者被撤销后,因该合同取得的财产,应当予以返还;不能返还或者没有必要返还的,应当折价补偿。有过错的一方应当赔偿对方因此所受到的损失,双方都有过错的,应当各自承担相应的责任。”据此,因合同无效造成的损失应按照过错责任原则由过错方赔偿对方因此所受到的损失。

所谓过错责任原则,是指以行为人的过错为依据,判断行为人对其造成的损害应否承担侵权责任的归责原则。所以,当合同因法定原因归于无效时,应根据各方当事人的过错程度来确定各自应该承担的责任。

我国《拍卖法》第6条规定:“拍卖标的应当是委托人所有或者依法可以处分的物品或者财产权利”,第41条规定:“委托人委托拍卖物品或者财产权利,应当提供身份证明和拍卖人要求提供的拍卖标的的所有权证明或者依法可以处分拍卖标的的证明及其他资料”,第42条规定:“拍卖人应当对委托人提供的有关文件、资料进行核实。拍卖人接受委托的,应当与委托人签订书面委托拍卖合同”,第58条规定:“委托人违反本法第六条的规定,委托拍卖其没有所有权或者依法不得处分的物品或者财产权利的,应当依法承担责任。拍卖人明知委托人对拍卖的物品或者财产权利没有所有权或者依法不得处分的,应当承担连带责任。”据此,可以得知,拍卖人对委托人提供的拍卖标的的所有权及处分权具有核实义务,因未尽到详尽的核实审查义务或者明知委托人对拍卖标的没有所有权或处分权而进行拍卖,进而给买受人造成损失的,拍卖人应当承担相应的法律责任。

本案中,首先,根据《合同法》第58条规定,被告首先应当返还原告已经支付的买受人佣金;其次,针对合同无效给原告造成的其他损失承担问题,被告在接受委托时,未对委托人是否取得对拍卖标的的处分权利进行详细审查,未尽到详尽的核实审查义务,是造成合同无效的主要原因,应对损失承担主要责任。原告在详细阅读《竞买须知》和《特别规定》后,明知该土地为划拨土地,且已被提示“拍卖标的物如遇有规划、拆迁等事项的,请竞买人自行向相关行政职能部门了解”的情况下,仍然与被告签订成交确认书,对损失亦应自负一定责任。故根据过错责任原则,就合同无效给原告造成的损失,法院判决被告承担80%,原告自负20%符合公平正义原则,值得肯定。

【案例索引】

一审:浙江省富阳市人民法院(2013)杭富城商初字第661号

二审:浙江省杭州市中级人民法院(2014)浙杭商终字第210号

182. 某投资公司与某集团公司建设用地使用权转让合同纠纷案

——拍卖划拨土地使用权,未经有权批准的部门审批的效力

问题提示:1. 划拨土地未经有权部门批准的,如何认定拍卖活动的效力? 2. 买受人与委托人互相串通,设置条件排挤其他竞买人的,如何认定拍卖合同的效力?

【基本案情】

抗诉机关:海南省人民检察院

申诉人(一审被告,反诉原告、二审上诉人):某集团公司

被申诉人(一审原告,反诉被告、二审被上诉人):某投资公司

被申诉人(一审第三人):某拍卖公司

经法院审理查明:位于海口市秀英高架桥下北侧11 648.17平方米的土地使用权[土地证号为:海口市国用(籍)字第S0534号],为某集团公司所有的仓库、住宅用地,土地的使用权类型为划拨。某集团公司以该块地作为抵押物之一向某银行支行贷款。2005年10月18日,某集团公司召开职工代表大会,并通过决议:"同意公司寻求开发商合作开发秀英仓库用地,最低目标是解除银行目前对该宗用地的抵押权,并使本公司在合作开发中所得的收益价值不低于人民币200万元。"2006年5月8日,某投资公司与某集团公司签订《合作合同》,约定由某集团公司提供其名下的海口市国用(籍)字第S0534号国有土地使用证项下11 648.17平方米的划拨土地供双方进行合作建设房地产项目,某集团公司不参与实际运作和管理,只收取固定的商用铺面分成款293万元和面积为2900平方米的商住房。某投资公司投资全部建设资金,并在某集团公司的协助下将土地过户给某投资公司。此前,某集团公司已经以该块地作为抵押物之一向某银行支行贷款400万元,并在国土管理部门办理了他项权利登记手续。为了偿还贷款,某集团公司于2006年6月25日向主管部门省供销社上报,就委托拍卖上述土地偿还借款事项获批准同意后,于2006年9月12日将该地予以委托评估,评估价值为236.1201万元。此后,在征得抵押权人某银行支行同意的情况下,某集团公司于2007年6月29日与某拍卖公司签订《委托拍卖合同》,约定由某拍卖公司拍卖某集团公司名下的海口市国用(籍)字第S0534号国有土地使用证项下之国有土地使用权。2007年7月3日,某拍卖公司在

《海南日报》发布拍卖公告。为履行某集团公司与某投资公司于2006年5月8日签订的《合作合同》,某投资公司参加竞拍,并于2007年7月10日与某拍卖公司签订《竞买协议书》。2007年7月11日,某投资公司参与竞拍,以272.7万元的价格竞买成交,并与某拍卖公司签订《拍卖成交确认书》,成交金额为272.7万元,该确认书备注注明:乙方(某投资公司)须另向某集团公司支付企业改制资金人民币1000万元及新仓库建造成本356.5万元。此后某投资公司于2007年7月12日、13日分别支付了100万元和172.7万元的拍卖成交款。2007年8月16日,某集团公司向省供销社发了一份《某集团公司关于秀英仓库处置过程中有关事项的请示》(琼生资〔2007〕19号)文件,称因某投资公司系基于《合作合同》参加竞拍,如果标的物被其他企业竞得,某集团公司将因违反《合作合同》蒙受巨大损失,故其在委托拍卖时设立了额外付款的义务,对某投资公司不具有约束力。2007年9月11日,省供销社向某集团公司发了一份《关于某集团公司秀英仓库处置过程中有关事项的批复》(琼供〔2007〕88号)文件,称原则上同意某集团公司的意见。2007年9月25日,某投资公司与某集团公司签订《补充协议》,约定某投资公司是为继续履行《合作合同》而参与竞买,因此拍卖中对竞买人设定的额外付款义务,对某投资公司不具有约束力;某集团公司依据《合作合同》应分得的2900平方米住宅,双方同意折价435万元,连同商用铺面分成款293万元,某集团公司应分得的全部房产合计折算为净价728万元,该728万元在扣除土地税费等费用和某投资公司预付的200万元后,剩余收益由某投资公司支付给某集团公司。2008年9月19日,某银行支行申请解除了该块土地的抵押登记。某投资公司与某集团公司也向海口市国土部门递交了土地使用权转让审批申请。此后,某集团公司不再办理过户登记手续,现该土地仍登记在某集团公司名下。

另查明,某投资公司是一家具备房地产开发经营资质的公司。某集团公司系省供销社的直属企业,省供销社2005年9月9日的《社属企业改革实施方案》,已于2006年3月21日经四届省政府第86次常务会议议定同意实施。该方案明确了省供销社社属企业改制参考《海南省改制关闭破产国有企业职工安置办法》执行,对改制企业在土地的转让和拍卖中涉及的土地出让金等依法上缴后,由地方财政安排返还企业专项用于职工安置。

二审法院查明,该院在执行申请人甲申请执行被申请人某集团公司欠款合同纠纷一案中,于2009年2月23日作出(2009)海中法执字第66号民事裁定书,查封了某集团公司涉案土地及地上建筑物,某投资公司不服,向该院提出执行异议。该院于2009年4月20日作出(2009)海中法执字第66-1号民事裁定书,该裁定书认为,某集团公司在企业改制中为偿还银行贷款,根据已获省政府同意实施的省供销社《社属企业改革实施方案》,在报请其主管部门省供销社批准后,拍卖涉案土地的土地使用权,该处置土地的行为视为已获政府部门同意。抵押权人某银行支行同意某集团公司拍卖抵押物优先受偿,不违反《担保法》的有关规定。某投资公司通过竞买取得涉案土地使用权益,并支付了全部价款,却因某银行支行未及时办理解除抵押登记而未能办理过户手续,该公司对此没有过错。据此裁定中止对涉案土地的土地使用权及地上建筑物的执行。二审查明的其他事实与一审查明的事实一致。

再审法院另查明:2007年6月29日,某集团公司与某拍卖公司签订《委托拍卖合同》,除约定某集团公司委托某拍卖公司拍卖涉案土地外,还约定:买受人在拍卖会结束后,除按规定向拍卖人支付标的物拍卖成交款外,还应承担委托人改制所需的部分资金以及委托人提出的其他开支,该等款项的具体金额和支付方式,以委托人向拍卖人另行出具的函件内容为准等。之后,某集团公司向某拍卖公司出具《关于竞买人应向我公司支付相关款项具体金额及支付方式的函》,要求买受人除向某集团公司支付拍卖成交款外,还需承担该公司企业改制资金1000万元及新仓库建设成本365.5万元,上述款项应自拍卖会结束后十五日内,直接支付到该公司指定的账户。2007年7月3日,某拍卖公司在《海南日报》发布拍卖公告,要求有意竞买涉案土地者,于2007年7月10日到该公司了解该土地详情并办理竞买手续,同时缴纳竞买保证金100万元。2007年7月10日,某拍卖公司分别与某投资公司、某公司签订《竞买协议书》,约定:涉案土地起拍价为272.6万元;竞买人应按照拍卖公告要求缴纳竞买保证金100万元;拍卖成交后,竞买人除支付拍卖成交价款及佣金外,还需另承担委托人某集团公司企业改制资金1000万元及新仓库建设成本356.5万元。竞买人签订协议时必须同时向委托人某集团公司作出承担上述付款的承诺,该承诺书为协议必不可少的一部分等。7月10日,某投资公司、某公司分别向某集团公司出具《承诺书》,承诺:如在竞买中成为买受人,则除按竞买协议将标的拍卖成交款支付给拍卖人外,并承诺承担该公司新仓库建造成本356.5万元及该公司改制资金缺口1000万元,合计1356.5万元等。7月10日,某投资公司、某公司分别向某拍卖公司支付涉案土地竞买保证金100万元。2007年7月11日,某投资公司、某公司参加涉案土地竞拍,某投资公司以272.7万元的价格竞买成交。7月11日,某拍卖公司将竞买保证金100万元退还某公司。

又查明,2004年间,某集团公司以涉案土地作为抵押物向某银行支行借款400万元,并在海口市国土部门办理他项权利登记手续。2008年9月19日,根据某银行支行出具的证明,海口市国土部门注销了涉案土地的抵押登记。

还查明,2004年4月1日,某银行海南省分行(以下简称省农行)决定对海口城区"一部五行"(省行营业部、海秀、海甸、南航、龙华、金贸支行)的不良资产实行集中清收、分账经营,将上述机构的不良资产划转给某银行海口市鞍海支行(以下简称农行鞍海支行)。2004年12月22日,省农行决定农行鞍海支行的业务并入某银行支行管理。

2010年10月11日,某投资公司以其已通过竞买合法取得位于海南省海口市秀英区海盛路东段北侧的仓库、住宅用地11 648.17平方米仓库、住宅用地使用权,某集团公司未将上述土地过户到某投资公司名下,违反该公司与某拍卖公司签订的《委托拍卖合同》约定、某投资公司与某拍卖公司签订的《拍卖成交确认书》合法有效等为由,起诉至海南省海口市秀英区人民法院,请求:一、判令某集团公司在1个月内将某投资公司合法竞买取得位于海南省海口市秀英区海盛路东段北侧(地号为06-36-34)的仓库、住宅用地11 648.17平方米[土地证为:海口市国用(籍)字第S0534号]仓库、住宅用地使用权过户至某投资公司名下;二、本案诉讼费用由某集团公司负担。

某集团公司则以拍卖的标的物为未经批准的划拨用地,拍卖行为未根据国有资产转让的强制性规定进行,拍卖行为无效,《房地产合作开发合同书》(以下简称《合作合同》)及补充协议转让划拨用地未经批准,也应认定无效等为由,提出反诉,请求:一、确认某拍卖公司对海口市国用(籍)字第S0534号国有土地使用权证下的国有土地使用权的拍卖行为无效;二、确认某集团公司与某投资公司于2006年5月8日签订的《合作合同》和2007年9月25日签订的《〈房地产合作开发合同〉之补充协议》(以下简称《补充协议》)无效;三、本案诉讼费用由某投资公司负担。

针对反诉,某投资公司辩称,某集团公司在企业改制中为偿还银行贷款,根据已获某省人民政府(以下简称省政府)同意实施的某省供销合作联社(以下简称省供销社)《社属企业改革实施方案》,在报请主管部门省供销社批准后,拍卖涉案土地使用权,该处置行为应视为获政府同意,海南省海口市中级人民法院(以下简称二审法院)也认定了某集团公司委托拍卖涉案土地的处置行为已获政府部门同意的事实,认为某集团公司的反诉理由不成立,请求驳回其反诉请求。某拍卖公司述称,某集团公司反诉拍卖行为无效,无法律和事实依据,请求驳回其反诉请求。

二审判决生效后,某集团公司不服判决,向检察机关提出申诉。

海南省人民检察院抗诉认为,原判适用法律确有错误。理由如下:(1)本案《合作合同》及《补充协议》应为无效合同,原判确认其合同效力,适用法律确有错误。从《合作合同》及《补充协议》的约定可知,某集团公司作为提供土地使用权的一方,不承担经营风险,只收取固定利益,并将土地使用权过户至某投资公司名下,根据相关法律规定,该两份合同名义上是房地产合作开发合同,但其合同性质应依法认定为土地使用权转让合同。涉案土地是某集团公司无偿取得的划拨土地。首先,国家立法对划拨土地的流转作了相应的限制。国家法律、行政法规及规范性文件对划拨土地的转让程序均作了严格限制,即划拨土地的转让必须依法报经有批准权的人民政府审批,未经批准,不得转让。本案中,四届省政府第86次常务会议议定省供销社属企业在改制中参考《海南省改制关闭破产国有企业职工安置办法》执行,并原则同意"对改制企业在土地、房产合作开发、集资建房、转让和拍卖中涉及的土地出让金、土地增值税、城市建设配套等税费,依法上交后,由地方财政安排返还企业专项用于职工安置",但该次会议并未授权省供销社可以审批其下属企业转让划拨土地使用权。省供销社既未获得省政府的授权，也非法律规定"有批准权的人民政府"，依法无权批准划拨土地使用权的转让。本案双方转让划拨土地使用权的行为未经有批准权的人民政府批准，违反国家法律、行政法规效力性禁止性规定应为无效。其次，本案中的划拨土地使用权，在抵押时虽然已经海口市国土海洋资源局的批准，但抵押与转让是两个不同性质的行为，《国有土地使用权出让和转让暂行条例》将转让、出租、抵押并列为需经市、县人民政府土地管理部门批准的行为，而《城市房地产管理法》将划拨土地使用权的转让单列为应当报"有批准权的人民政府审批"的行为，因此，划拨土地使用权不管在抵押时是否已经审批，在转让时仍须经有批准权的人民政府批准，未经批准不得转让。最后，虽然国家立法对划拨土地的流转只是设定限制条件，现行法律、行政法规并无划拨土地不得转让的规定，但《最高人民法院关于审理涉及国有土地使用权合同纠纷案件适用法律问题的解释》(以下简称《国有土地使用权合同纠纷案件解释》)第11条规定："土地使用权人未经有批准权的人民政府批准，与受让方订立合同转让划拨土地使用权的，应当认定合同无效，但起诉前经有批准权的人民政府批准办理土地使用权出让手续的，应当认定合同有效。"《国有土地使用权合同纠纷案件解释》虽规定允许对未经审批的划拨土地使用权转让合同进行效力补正，但同时明确设定了严格的补正条件，即对于转让划拨土地使用权的合同，其效力补正的有效期限严格限定于诉讼之前。本案事实显示，某集团公司与某投资公司签订《合作合同》和《补充协议》，至今未经有批准权的人民政府批准，依上述司法解释规定，该合同应当认定无效。综上，本案双方转让划拨土地使用权的行为未依法报经有批准权的人民政府批准，受让方也未依法办理土地使用权出让手续，并依照国家有关规定，缴纳土地使用权出让金，其转让行为应为无效。原判将省供销社的无权审批当成有批准权的人民政府的有权审批，将人民政府土地管理部门批准抵押视作批准转让，确认涉案合同有效，违反了上述法律、行政法规及司法解释的相关规定，适用法律确有错误。(2)某拍卖公司的拍卖行为因违反国家法律规定而无效，原判认定拍卖行为合法有效，属适用法律错误。《拍卖法》第6条规定："拍卖标的应当是委托人所有或者依法可以处分的物品或者财产权利"，第8条第1款规定："依照法律或者按照国务院规定需经审批才能转让的物品或者财产权利，在拍卖前应当依法办理审批手续。"本案划拨土地使用权虽然登记在某集团公司名下，但因其系划拨土地，未经国家出让，国家也未收取过土地出让金或者其他土地收益，性质上仍属国有资产，在拍卖前应当依法办理审批手续。但某集团公司在委托某拍卖公司拍卖其划拨土地使用权前，未依法办理审批手续，因此未能依法取得处分(委托拍卖)的权利，在此情况下，某拍卖公司对该标的物进行拍卖，违反了上述法律规定。此外，《拍卖法》第4条规定："拍卖活动应当遵守有关法律、行政法规，遵守公开、公平、公正、诚实信用的原则"；第37条规定："竞买人之间、竞买人与拍卖人之间不得恶意串通，损害他人利益。"本案中,某集团公司与某投资公司先前已签订转让合同,再委托拍卖划拨土地使用权,并且在拍卖时为达到排斥其他竞买人参加竞买,保证某投资公司顺利竞买到拍卖标的的目的,某集团公司与某投资公司私下串通,由某集团公司授意委托某拍卖公司在拍卖中对竞买人设定1356.5万元的额外付款义务,导致某投资公司在没有他人参与竞买的情况下买受拍卖标的,拍卖后某集团公司又免除该付款义务,属排斥其他竞买人公平竞买权利,损害了他人利益,该拍卖行为应属恶意串通,违反了《拍卖法》的相关规定。根据《民法通则》第58条第1款第4项"恶意串通,损害国家、集体或者第三人利益的民事行为无效"及第5项"违反法律或者社会公共利益的民事行为无效"的规定,该拍卖行为应认定无效。原判认为委托标的属于某集团公司有资格处分的资产,且委托拍卖手续合乎法律,某拍卖公司也严格依照《拍卖法》规定的程序进行,进而认定拍卖行为有效,适用法律确有错误。

某集团公司申诉称:同意抗诉机关关于本案《合作合同》及《补充协议》应为无效合同、某拍卖公司的拍卖行为应为无效的抗诉意见,并认为某拍卖公司对涉案土地的拍卖是一场假拍卖;某投资公司没有向某拍卖公司缴纳竞买保证金,不是适格的竞买人;本次拍卖,不但损害其他想要购买涉案土地的公司的利益,而且严重损害了国家利益。

某拍卖公司辩称:不同意抗诉机关关于某拍卖公司的拍卖行为应为无效的抗诉意见,原判应予维持,并认为,涉案土地的拍卖是竞买人某投资公司和委托人某集团公司恶意串通,损害银行资产,损害国有资产,而非拍卖人某拍卖公司与竞买人某投资公司恶意串通,某拍卖公司的拍卖程序合法;某拍卖公司根据某集团公司的授权,对所有的竞买人进行安置职工的设定,这是合法的,当时国有企业改制的拍卖都有进行安置职工的条件设定,某集团公司与某投资公司私下解除这一条款,与某拍卖公司无关;其他观点与一审中的答辩意见一致。

【裁判结果】

一审:一、某集团公司在该判决发生法律效力之日起三十日内将位于海口市秀英区海盛路东段北侧11 648.17平方米仓库、住宅用地使用权[土地证为:海口市国用(籍)字第S0534号;地号为06-36-34]过户至某投资公司名下;二、驳回某集团公司的反诉请求。

二审:驳回上诉,维持原判。

再审:一、撤销海南省海口市中级人民法院(2011)海中法民一终字第559号民事判决及海南省海口市秀英区人民法院(2010)秀民一初字第709号民事判决;二、某集团公司与某投资公司于2006年5月8日签订的《房地产合作开发合同书》和2007年9月25日签订的《〈房地产合作开发合同〉之补充协议》无效;三、某拍卖公司于2007年7月11日对位于海口市秀英区海盛路(东段)北侧仓库、住宅用地土地使用权11 648.17平方米[土地证号为:海口市国用(籍)字第S0534号;地号为:

06－36－34]的拍卖行为无效；四、驳回某投资公司的诉讼请求。

【争议焦点与裁判理由】

本案的争议焦点是：(1)某集团公司与某投资公司签订的《合作合同》及《补充协议》是否有效；(2)某拍卖公司的拍卖行为是否有效。

根据再审裁判文书，人民法院认为，根据《最高人民法院关于审理涉及国有土地使用权合同纠纷案件适用法律问题的解释》第24条的规定，合作开发房地产合同约定提供土地使用权的当事人不承担经营风险，只收取固定利益的，应当认定为土地使用权转让合同。本案中，某集团公司与某投资公司签订的《合作合同》及《补充协议》虽名为房地产合作开发合同，但从两份合同约定的内容来看，某集团公司提供涉案的划拨土地供双方进行合作建设房地产项目，不参与实际运作和管理，只收取固定的商用铺面分成款293万元和2900平方米的商住房，某投资公司投资全部建设资金，并在某集团公司的协助下将涉案土地过户至某投资公司名下，应根据上述规定认定该两份合同为国有土地使用权转让合同。

《城市房地产管理法》第40条规定："以划拨方式取得土地使用权的，转让房地产时，应当按照国务院规定，报有批准权的人民政府审批。有批准权的人民政府准予转让的，应当由受让方办理土地使用权出让手续，并依照国家有关规定缴纳土地使用权出让金。以划拨方式取得土地使用权的，转让房地产报批时，有批准权的人民政府按照国务院规定决定可以不办理土地使用权出让手续的，转让方应当按照国务院规定将转让房地产所获收益中的土地收益上缴国家或者作其他处理。"《中华人民共和国城镇国有土地使用权出让和转让暂行条例》第44条规定："划拨土地使用权，除本条例第四十五条规定的情况外，不得转让、出租、抵押。"《中华人民共和国城镇国有土地使用权出让和转让暂行条例》第45条第1款规定："符合下列条件的，经市、县人民政府土地管理部门和房产管理部门批准，其划拨土地使用权和地上建筑物、其他附着物所有权可以转让、出租、抵押：(一)土地使用者为公司、企业、其他经济组织和个人；(二)领有国有土地使用证；(三)具有地上建筑物、其他附着物合法的产权证明；(四)依照本条例第二章的规定签订土地使用权出让合同，向当地市、县人民政府补交土地使用权出让金或者以转让、出租、抵押所获收益抵交土地使用权出让金。"从上述规定的内容来看，国有土地使用权转让合同属于法律规定应办理批准手续才能生效的合同。划拨土地的使用权未经有批准权的人民政府批准，不得转让。从本案查明的事实来看，涉案土地为国有划拨用地，某集团公司在处置该地时，虽报经省供销社批准同意处置，但鉴于省供销社并非法律规定的有审批权的人民政府，且省政府亦未授权省供销社审批直属企业转让划拨土地使用权。故省供销社批准同意处置涉案土地的行为，不应视为涉案土地已报经有批准权的人民政府批准的情形。同时，涉案土地在本案起诉前，亦未经有批准权的人民政府批准办理土地使用权出让手续。据此，根据《合同法》第44条第2款"法律、行政法规规定应当办理批准、登记等手续生效的,依照其规定"及《最高人民法院关于审理涉及国有土地使用权合同纠纷案件适用法律问题的解释》第 11 条"土地使用权人未经有批准权的人民政府批准,与受让方订立合同转让划拨土地使用权的,应当认定合同无效,但起诉前经有批准权的人民政府批准办理土地使用权出让手续的,应当认定合同有效"的规定,该两份合同应认定为无效合同。故某集团公司关于本案《合作合同》及《补充协议》无效的主张成立,应予支持。

关于某拍卖公司的拍卖行为是否有效的问题,法院认为,根据《拍卖法》第 8 条第 1 款的规定,依照法律或者国务院规定需要经审批才能转让的物品或者财产权利,在拍卖前,应当依法办理审批手续。本案中,所涉拍卖土地系国有划拨用地,拍卖前依法应办理审批手续,但某集团公司与某拍卖公司签订《委托拍卖合同》之前,未依法向有批准权的人民政府审批,直到起诉前也未获得有批准权的人民政府批准,故该《委托拍卖合同》亦应按照《最高人民法院关于审理涉及国有土地使用权合同纠纷案件适用法律问题的解释》第 11 条的规定认定为无效合同。某拍卖公司基于该无效合同就涉案土地所为的拍卖,并与买受人某投资公司签订的《拍卖成交确认书》也应认定为无效。同时,虽某拍卖公司的拍卖程序并未违反《拍卖法》的相关规定,也没有充分的证据证明竞买人某投资公司与某公司之间、竞买人某投资公司及某公司与拍卖人某拍卖公司之间存在恶意串通,损害他人利益的情形,但从本案查明的拍卖事实来看,一方面,某集团公司与某拍卖公司签订《委托拍卖合同》之前,已与某投资公司签订《合作合同》,达成就涉案土地转让给某投资公司的合意。由于涉案土地为某集团公司担保农行贷款的抵押物,按照某银行支行对涉案土地进行拍卖的要求,某集团公司才采取拍卖的形式进一步处置涉案土地。另一方面,某集团公司将涉案土地需拍卖的情况告知某投资公司后,某投资公司表示为确保继续履行合作开发合同,愿意参加竞买。某集团公司报请省供销社批准同意及某银行支行同意后,与某拍卖公司签订的《委托拍卖合同》特别约定,买受人除向拍卖人支付标的物拍卖成交款外,还应承担委托人改制所需的部分资金以及委托人提出的其他开支。之后,某集团公司向某拍卖公司进一步要求买受人除向某集团公司支付拍卖成交款外,还需承担该公司企业改制资金及新仓库建设成本 1365.5 万元。在某投资公司竞得涉案土地后,某集团公司与某投资公司签订《补充协议》中约定,某投资公司是为了履行《合作合同》而参加竞拍,某集团公司在委托拍卖时设立的额外付款义务对某投资公司不具有约束力。上述事实表明,某集团公司通过拍卖的形式将涉案土地转让给某投资公司的意思表示明确,其通过拍卖时为买受人设定额外付款义务,拍卖后免除买受人某投资公司的付款义务的行为,虽形式上不影响其他竞买人参与竞买,但客观上为某投资公司顺利竞得拍卖标的创造条件,实质上损害了其他竞买人公平竞争的权利。上述事实同时表明,某投资公司对于某集团公司的上述行为知情,并予以配合,且竞得涉案土地。可见,双方当事人上述私下串通的行为应属于恶意串通的情形。据此，根据《民法通则》第58条第1款第4项“恶意串通，损害国家、集体、第三人利益的民事行为无效”的规定，应认定该拍卖行为无效。故某集团公司关于某拍卖公司的拍卖行为无效的主张成立，应予支持。

【案例评析】

本案案情并不复杂，一审法院、抗诉机关、再审法院主要是在法律的理解和适用上存在分歧，关于某集团公司与某投资公司签订的《合作合同》及《补充协议》是否有效的问题，再审法院对此已经进行了详细的阐述。笔者从拍卖的角度，主要谈两个问题：(1)划拨土地的拍卖，必须符合法律规定，经过有批准权的人民政府批准；(2)委托人与买受人之间在拍卖前互相约定设置相关条件，损害了其他竞买人公平竞争权利的，拍卖无效。

一、关于划拨土地的拍卖问题

《拍卖法》第8条第1款规定：“依照法律或者按照国务院规定需经审批才能转让的物品或者财产权利，在拍卖前，应当依法办理审批手续。”对于土地使用权的拍卖，《城市房地产管理法》第40条规定：“以划拨方式取得土地使用权的，转让房地产时，应当按照国务院规定，报有批准权的人民政府审批。有批准权的人民政府准予转让的，应当由受让方办理土地使用权出让手续，并依照国家有关规定缴纳土地使用权出让金。”该条规定属于强制性规定，必须遵守。本案中，海南省供销社2005年9月9日的《社属企业改革实施方案》，已于2006年3月21日经四届省政府第86次常务会议议定同意实施。该方案明确了省供销社社属企业改制参考《海南省改制关闭破产国有企业职工安置办法》执行，对改制企业在土地的转让和拍卖中涉及的土地出让金等依法上缴后，由地方财政安排返还企业专项用于职工安置，这实际上意味着省政府同意省供销社社属企业对划拨土地进行出让，因此，只要没有特殊问题，涉及这些企业的划拨土地的拍卖，即便要取得相关部门批准，原则上也不会有什么阻碍。而且省供销社批复同意《某集团公司关于秀英仓库处置过程中有关事项的请示》(琼生资〔2007〕19号)时，已经知道了某集团公司打算通过拍卖的方式处置其土地使用权。因此，作为拍卖人来讲，其足以有理由相信，涉案土地使用权转让是经过了相关部门批准同意的。虽然严格根据法律规定，本案涉及的土地使用权在当时并没有取得具体哪个相关政府部门的批准，且直到起诉前也未获得有批准权的人民政府批准。但需要注意的是，本案涉及的土地使用权之所以未在起诉之时取得批准，根本原因就是某投资公司竞拍成功后，某集团公司拒不配合办理转让手续。因此，这也就意味着，拍卖标的处分方面的瑕疵本来有可能因为某集团公司的配合得到弥补，只要某集团公司配合，在起诉前办理好批准手续，本次拍卖就应该有效。但从本案实际情况来看，某集团公司在买受人竞买成功后已经反悔了，如果没有某集团公司的配合，某投资公司根本没有可能受让竞拍的标的物。仅从这个意义上讲，似乎本案的裁判结果在某种程度上鼓励了当事人的不诚信和违约行为,《委托拍卖合同》的效力也是可以商榷的。但是,综合本案其他事实考量,再审判决认定拍卖无效无疑是正确的。

二、关于本案中的拍卖是否存在恶意串通损害他人利益问题

笔者赞同本案再审法院关于认定本次拍卖中存在恶意串通损害他人利益的理由与结论。在拍卖前,委托人接触竞拍人并洽谈相关合作条件并无不妥,在某种程度上有利于促成拍卖标的的转让。但问题在于,委托人与竞买人之间的接触或者意向协议不能够损害他人的合法权益。姑且不论某集团公司与某投资公司签订的《合作合同》及《补充协议》的性质问题,就是从某集团公司为了让某投资公司竞拍成功,约定竞买人除支付拍卖成交价款及佣金外,还需另承担委托人某集团公司企业改制资金1000万元及新仓库建设成本356.5万元等条件,显然这些价款相比于拍卖底价和最后的成交价,已足以影响到一些潜在的意向竞买人报名参加竞买。尽管没有充分证据证明有谁因此而没有报名参加,也没有证据证明拍卖中另一竞买人与某投资公司存在串通,但某集团公司在某投资公司竞拍成功后,又免除某投资公司需要承担的其他责任,显然如再审法院所称,损害了其他竞买人公平竞争的权利。因此,再审法院根据《民法通则》的相关规定认定拍卖无效并无不当。需要说明的是,由于拍卖无效的原因系因为委托人和买受人所造成的,因此,拍卖人所收取的佣金依法不应予以退还。

【案例索引】

一审:海口市秀英区人民法院(2010)秀民一初字第709号

二审:海南省海口市中级人民法院(2011)海中法民一终字第559号

再审:海南省高级人民法院(2014)琼民抗字第3号

183. 甲与某证券营业部拍卖合同纠纷案

——国有资产的拍卖是否必须在产权交易所进行

问题提示:国有资产的拍卖没有进入依法设立的产权交易场所公开进行,是否因违反了《企业国有资产法》第54条第2款的强制性规定而导致此次拍卖无效?是否因此而导致原告与被告之间的房屋买卖合同无效?

【基本案情】

原告:甲

被告:某证券营业部

第三人:某拍卖公司

经法院审理查明:2012 年 12 月 27 日,被告某证券营业部(甲方)与第三人某拍卖公司(乙方)签订《委托拍卖合同书》,约定某证券营业部委托某拍卖公司以有保留价的整体拍卖方式,依法公开拍卖位于重庆市万州区鸽子沟 12 号金波大厦第 6 层写字楼(301 房地证 2010 字第 10586 号),双方就委托拍卖的成交价、交付日期、过户等其他事项进行了约定。

基于《委托拍卖合同书》的授权,2013 年 1 月 6 日,第三人某拍卖公司(甲方)与原告甲(乙方)签订《竞买协议》。双方就交付日期、付款方式、过户方式等问题进行了约定,《竞买协议》同时约定,乙方如竞买成功,须当场签订《拍卖成交确认书》及《现场记录》。

2013 年 1 月 7 日,原告与第三人签订《拍卖成交确认书》和《拍卖佣金确认书》。原告竞买成功后,将全部成交价款支付给被告。被告收款后没有按约移交房产并协助原告办理产权过户手续,而是于 2013 年 2 月 4 日向第三人和原告发出《关于拍卖房屋处置行为无效及相关问题的函》,认为该次拍卖违反了《企业国有资产法》第 54 条有关国有资产应当在依法设立的产权交易场所公开进行的强制性规定而无效,同时拍卖实施过程中未按照《拍卖管理办法》第 35 条的规定在拍卖标的物所在地公开发布信息,无法确保拍卖处置程序的完全公开、公平、公正而存在合法性瑕疵,认为此次拍卖无效。

原告甲诉称:原告与第三人某拍卖公司签订《竞买协议》,经第三人拍卖,原告竞得被告委托第三人拍卖的标的物。而且原告与第三人签订《拍卖成交确认书》及《拍卖佣金确认书》,已经按照约定交清该标的物成交价款和拍卖佣金。现被告拒不按约定履行交房、协助办理产权证等义务,致使原告不能及时办理过户手续。故原告请求判令:(1)《竞买协议》和《拍卖成交确认书》有效;(2)判令被告按约定交付房产并交付办理产权过户的相关手续;(3)判令被告承担违约责任;(4)判令被告承担本案诉讼费用和因本案产生的一切费用。

被告某证券营业部辩称,没有和原告甲签订《竞买协议》和《拍卖成交确认书》,原被告之间没有任何协议,某证券营业部不是本案的适格被告;购房款 319 万元已经返还给原告甲,且原告甲已经收到,起诉没有事实和法律依据;第三人某拍卖公司和原告甲之间的拍卖行为因为违反了《企业国有资产法》第 54 条有关国有资产的交易必须在产权交易所公开进行的强制性规定而无效;原告甲起诉的违约责任不明确,不应当支持。综上,应当驳回原告甲的诉讼请求。

【裁判结果】

一审:一、第三人某拍卖公司与原告在 2013 年 1 月 6 日签订的《竞买协议》有效;二、第三人某拍卖公司与原告在 2013 年 1 月 7 日签订的《拍卖成交确认书》有效;三、被告某证券营业部在本判决生效后十日内将位于重庆市万州区鸽子沟金波大厦第 6 层写字楼移交给原告;四、被告某证券营业部在本判决生效后十日内将办理重庆市万州区鸽子沟金波大厦第6层写字楼房产过户所需的相关资料交付给原告甲并协助原告甲办理房产过户相关手续;五、驳回原告甲的其他诉讼请求。

【争议焦点与裁判理由】

本案的争议焦点为,原告通过拍卖方式与被告之间所缔结的房产买卖合同效力,以及该合同履行过程中被告是否存在违约和违约责任如何承担。

人民法院经审理认为,原告甲与被告某证券营业部通过拍卖方式缔结的房产买卖合同关系是双方当事人的真实意思表示,不违反法律、行政法规的强制性规定,依法应当有效。双方当事人均应当按照约定全面履行各自的法律义务。因此,对于原告甲请求确认2013年1月6日的《竞买协议》和2013年1月7日的《拍卖成交确认书》有效的诉讼请求,本院予以支持。

《竞买协议》并未约定被告某证券营业部违约后应当如何承担违约责任。依照《合同法》第107条的规定,"当事人一方不履行合同义务或者履行合同义务不符合约定的,应当承担继续履行、采取补救措施或者赔偿损失等违约责任"。被告某证券营业部不履行其与原告甲之间约定的义务,也没有《合同法》第110条所规定的除外情形,因此被告某证券营业部应交付房产并协助过户。

【案例评析】

1.原告通过拍卖方式与被告之间所缔结的房产买卖合同是否有效。

判断合同的效力,通常从合同当事人是否具备相应的权利能力与行为能力、合同当事人意思表示是否真实以及合同是否存在违反法律的情形三个方面予以考量。在本案中,被告与第三人签订《委托拍卖合同》委托第三人拍卖房产,双方建立了委托代理关系。第三人接受委托后,依法组织了拍卖活动并与原告签订了《竞买协议》和《拍卖成交确认书》,该《竞买协议》和《拍卖成交确认书》成为原告与被告之间房产买卖合同关系的载体。《委托拍卖合同》《竞买协议》均明确约定被告负担移交房产和协助买受人办理过户手续的法律义务。被告作为第三人某拍卖公司的委托人应当对拍卖人的拍卖行为承担民事责任,其应当按照《竞买协议》和《拍卖成交确认书》向原告(拍卖的竞买人和买受人)履行相关的法律义务并承担《竞买协议》和《拍卖成交确认书》约定的法律后果。

被告处置其房产已经按照其公司章程的规定通过董事会决策并形成同意处置的决议,内部决策程序与决策内容均合法有效;同时,获得了主管部门泸州市国有资产监督管理委员会同意公开处置的许可(批复),国有资产处置的外部监管审批手续健全、合法。因此,应当视为被告具有出卖(转让)万州区鸽子沟房产的相应权利能力和行为能力。

从双方当事人缔结买卖合同的方式来看,《合同法》第13条规定,当事人订立合同,采取要约、承诺方式,但并未限制完成要约、承诺程序的方式,意味着可以由市场交易主体自主选择。在商业交易实践中,要约、承诺的实现方式不仅表现为简单的"一对一"协商式非竞争性缔约,还可表现为程序复杂的"一对多"竞争性磋商缔约,即在缔结合同中的要约、承诺实现过程中引入竞争性机制,经过多人、多次竞争性谈判订立合同,从而达到保护特定法益和促进合同公平的目的。招标、投标、拍卖即为典型的竞争性谈判缔约方式。在拍卖中,拍卖公告是要约邀请,竞买是要约,卖定是承诺。本案中,被告通过委托拍卖的形式出卖万州鸽子沟房产,原告通过与另一个竞买人的公开竞价,以最高价竞买成功,符合通过竞争性谈判完成合同缔结的要约承诺程序,其已经与被告建立房产买卖合同关系。

2. 该宗国有资产的拍卖没有进入依法设立的产权交易场所公开进行,违反了《企业国有资产法》第 54 条第 2 款的强制性规定,是否导致此次拍卖无效或是原告与被告之间的房产买卖合同无效。

第一,《企业国有资产法》第 54 条没有直接规定违反该条的法律后果是买卖或者转让行为无效。就本案而言,没有证据证明双方的交易存在恶意串通,损害国有资产权益的情形,最后的竞买成交价款 319 万元高出 316.1 万元的评估保留价,显然没有损害国有资产权益。故不能适用《企业国有资产法》第 72 条有关交易行为无效的规定。

第二,《企业国有资产法》第 54 条第 2 款并非《合同法》第 52 条第 5 项规定的"效力性"强制性规定。从规范目的来看,该条是为了加强对国有资产转让行为的行政管理,规范国有资产转让市场交易的管理秩序,防止国有资产流失,建立可监督的国有资产转让机制。从法律后果来看,《企业国有资产法》所规定的法律责任(如处分、免职)是典型的行政管理责任和国家相关行政管理部门对国有企业相关人员的行政处罚,并不涉及交易无效等平等主体间私法上权利义务内容的得失变更。因此,《企业国有资产法》第 54 条第 2 款应当认定为"管理性"强制性规定。依照《最高人民法院关于适用〈中华人民共和国合同法〉若干问题的解释(二)》第 14 条的规定,《合同法》第 52 条第 5 项规定的"强制性规定",是指效力性强制性规定。显然,只有违反《合同法》第 52 条第 5 项效力性强制性规定的合同行为方为无效,而本案当事人进行国有资产场外交易违反的只是《企业国有资产法》第 54 条第 2 款的管理性强制性规定,故不能据此认定原告与被告之间的房产买卖合同无效。因此被告的抗辩不能得到支持。

【案例索引】

一审:重庆市万州市人民法院(2013)万法民初字第 03395 号

184. 某水利水电工程建设公司与某城区建设管理办公室、某拍卖公司拍卖合同纠纷案

——拍卖未经评估的国有资产的效力

问题提示:1. 国有资产未经依法评估,是否影响拍卖合同的效力? 2. 对于拍卖标的存在特殊性,拍卖人、委托人难以准确界定其数量的,拍卖人、委托人在拍卖前声明不能保证拍卖标的的真伪或者品质的,拍卖人、委托人是否应当承担瑕疵担保责任?

【基本案情】

再审申请人(一审原告、二审上诉人):某水利水电工程建设公司(以下简称某建设公司)

再审被申请人(一审被告、二审被上诉人):某城区建设管理办公室(以下简称某城建办)

再审被申请人(一审被告、二审被上诉人):某拍卖行

人民法院经审理查明:2013年7月16日,某城建办与某拍卖行签订一份《委托拍卖合同》,某城建办将位于凌源市凌钢西区、大凌河东支左岸客车铁路桥上游,体积长约580米、宽约45米、高约6米,重量约28万吨的炼钢废渣,以保留价2500万元的形式委托某拍卖行拍卖。7月18日,某拍卖行发布《拍卖公告》载明:我公司定于2013年8月2日9时召开拍卖会,届时将公开拍卖炼钢废渣约28万吨,标的位于凌源市凌钢西区、大凌河东支左岸客车铁路桥上游,体积长约580米、宽约45米、高约6米,拍卖标的以实物展示为准。7月31日,某拍卖行(甲方)与某建设公司代理人甲(乙方)签订《竞买协议书》,该协议载明:(1)甲方根据本次拍卖的特点,制定了《竞买须知》,与本公司的《拍卖规则》具有同等法律效力。该《竞买须知》及《拍卖规则》甲方已提交给乙方,乙方已认真阅读并充分理解了其内容与要求,在此基础上,乙方承诺对《竞买须知》及《拍卖规则》所告知及规定的各项条款完全认可并自愿严格遵守。(2)甲方向乙方提供的拍卖标的目录、图文资料和相关信息等拍卖资料仅作为乙方的参考,甲方不承担任何拍卖标的物瑕疵担保责任,均以拍卖标的实物现状和委托人提供的相关材料现状进行拍卖。(3)乙方在拍卖标的展示期间详细查看某拍卖行提供的《拍卖资料》和《拍卖标的展示资料》,并自行认真查看拍卖标的实物的名称、数量、质量、权属状况、瑕疵状况、相关费用等与拍卖标的相关的一切情况。在乙方作出竞买决定后一切法律后果均由乙方承担。《竞买注意事项》(竞买须知)载明:(1)拍卖展示期间,竞买人可自行或在拍卖人指定的拍卖标的展示地点进行实地考察咨询,了解拍卖标的物及拍卖活动的详细情况。竞买人一

经办理竞买登记手续，参加竞价，即视为已完全了解有关拍卖活动的全部内容，认可拍卖标的现状，并应承担参加拍卖活动所发生的一切法律后果。(2)依据《拍卖法》及有关法律法规，拍卖人将按拍卖标的展示现状进行拍卖，新闻媒体、展示资料上所作的说明均为参考，以拍卖标的实物现状和委托人提供的相关材料现状进行拍卖，竞买人在竞拍前应认真考察，充分了解有关拍卖标的瑕疵状况，钢渣内含铁量多少由竞买人自行掌握。我公司对拍卖标的不负任何瑕疵担保责任。成交后买受人不得以此为由提出任何异议……(4)以上资料中提到的标的瑕疵为目前已知的瑕疵，委托人、拍卖人不能保证拍卖标的是否尚存未向竞买人声明的其他瑕疵。竞买人参与竞买即表示充分了解和接受标的存在的所有瑕疵，委托人、拍卖人不承担任何瑕疵担保责任。《凌钢渣堤拍卖须知》载明：渣堤是由凌钢生产中的弃渣、建筑垃圾和覆盖土堆积而成。

8月2日，某拍卖行召开拍卖会，某建设公司以最高价2500万元竞得拍卖标的炼钢废渣。某拍卖行与某建设公司代理人甲、某城建办签订了《拍卖成交合同书》。8月17日，某建设公司交付2500万元拍卖价款和62.5万元佣金。8月19日，某城建办与某建设公司代理人甲、某拍卖行签订了《拍卖标的交付协议书》，某建设公司实际取得拍卖标的。9月17日、18日、30日，某矿产土地勘测公司接受甲的委托，在辽宁省凌源市公证处的公证下，对炼钢废渣体积进行了现场测量，并出具《炼钢废渣体积测量报告》，测量计算结果：大坝含炼钢废渣72 148.38立方米。

二审另查明：2013年4月26日，某市国有资产管理办公室、某城建办共同向凌源市政府提交了"关于凌钢渣堤更新改造工程有关事宜的请示"，内容为：某拍卖行分别以保留价4000万元和3200万元于2012年10月25日和11月28日两次对凌钢渣堤进行拍卖，由于拍卖会上无人举牌应价，两次拍卖均流拍。根据凌钢三期扩建工程的实际情况，市国有资产办公室、某城建办一致建议下调保留价至2500万元，进行第三次拍卖……凌源市政府主管领导在该请示上签字表示同意。

某建设公司以拍卖标的数量与拍卖公告和《拍卖标的交付协议书》约定的数量不符为由，起诉要求退还拍卖价款和佣金并赔偿损失。

一审宣判后，某建设公司不服提起上诉称：(1)某城建办在处置本案争议的炼钢废渣时没有对委托拍卖物进行评估，违反了法律规定，此次转让应属无效，委托拍卖合同无效，拍卖成交合同及拍卖标的交付协议书无效。某拍卖行对未经过评估的国有资产拍卖也不符合法律规定，某拍卖行应承担连带责任。且其实际拍得的标的物不足一半，某城建办应对某建设公司承担违约和赔偿责任。(2)其依据为与某城建办签订的《拍卖成交合同书》，该合同书约定，应取得拍卖标的为约28万吨炼钢废渣，但现经鉴定，实际取得的炼钢废渣只有12.9万吨，远远未达到《拍卖成交合同》的约定。因此，某建设公司向某城建办要求其承担违约责任于法有据，某城建办主体适格。(3)某拍卖行在《竞买协议书》中明确确认拍卖标的物是约28

万吨炼钢废渣,一审判决认定某拍卖行如实向某建设公司提供了《拍卖资料》和《拍卖标的展示资料》,某建设公司亦认可详细查看了上述资料,但其只收到过《拍卖资料》,从未收到过什么《拍卖标的展示资料》。一审判决为了为两被上诉人开脱责任,对某建设公司出示的两被上诉人无异议的证据(如三份录音资料及《凌钢渣堤拍卖须知》)视而不见,既不评价,也不采用。(4)根据一审庭审双方提供的证据均可以证明,某拍卖行从未对拍卖标的存在的瑕疵作任何说明,且根据某建设公司向法庭提交的证据《凌钢渣堤拍卖须知》及两被上诉人当庭确认的事实可以证明,某城建办在2013年3月欲拍卖本案标的物时,就知道本案标的物不是单一的炼钢废渣,而是由弃渣、建筑垃圾、覆盖土三部分组成的,重量约为28万吨,且将该情况告知了某拍卖行。但某拍卖行在与某城建办签订《拍卖标的清单》时,共同将拍卖标的物确认为炼钢废渣,重量约为28万吨。此后某拍卖行依此虚假拍卖标的信息进行了拍卖活动,并与某建设公司签订了《竞买协议书》。这些证据和事实足以证明某拍卖行非但未依法履行如实告知拍卖标的物的瑕疵的义务,还勾结某城建办共同编造虚假标的物信息,欺骗某建设公司。(5)一审判决依据《竞买注意事项》的规定,认定某建设公司对拍卖标的可能存在的瑕疵和风险是明知是错误的。首先,在《竞买注意事项》中并未对拍卖标的瑕疵进行告知和表述,某建设公司如何依此获知拍卖标的的瑕疵和风险?其次,在《竞买注意事项》中,某拍卖行只声明对钢渣内的含铁量多少免责,而某建设公司本次诉讼并不是针对钢渣的含铁量,而是钢渣的重量。综上,请求二审法院:(1)依法撤销辽宁省朝阳市中级人民法院(2014)朝民一初字第00012号民事判决书的错误判决,支持某建设公司的上诉请求。(2)上诉费由两被上诉人承担。

被上诉人某城建办答辩称:(1)某建设公司在没有证据说明两被上诉人未进行瑕疵告知的、没有依据证明受到损害的情况下,仅是自认为其利益受损害,就要求赔偿某建设公司并将某城建办直接列为被告无法律依据。(2)一审中某建设公司提供的证据及观点均都指向两被上诉人的瑕疵说明义务,试图推翻某建设公司的委托代理人甲对所有展示资料、现场实物及拍卖资料的签字认可。从一审判决结果可以看出,任何证据均不能对抗某建设公司对标的物的认可,这种认可是对标的物瑕疵已知的认可,对标的物现状的认可,对标的物价值的认可。某建设公司不但否定自己对标的物的认可,还称一审法院偏袒两被上诉人,该种做法就是将自己所有的责任都推脱给他人的行为,这样的行为不能得到二审法院的支持。(3)标的物是否能达到约28万吨,拍卖物的现状某建设公司是认可的,两被上诉人均告知其风险的存在,某建设公司在明知风险的存在并愿意承担风险的情况下,举牌竞买成功,然后又以钢渣重量不足来否定自己对拍卖标的物的现状及风险的认可,于法于理均不通。拍卖过程中,某建设公司必须为自己的竞买行为完全负责。另外,根据一审时某建设公司提供的某矿产土地勘测公司(丙级资质)做的勘测报告,某城建办又委托某地矿测绘院(甲级资质)给予勘测,某地矿测绘院出具报告显示现物遗存的钢渣还剩21.5万吨,两份报告相差七个月之久,在这七个月当中我方已查明其已经自行处置钢渣五万多吨。据此,某矿产土地勘测公司(丙级资质)的测绘方法得出的数值是缺乏科学性的,是不准确的。而某地矿测绘院测绘的报告是根据某城建办现场采选出和为未采出钢渣的实际钢渣体积,为短距测量并配有每个测量物体的形态图。在测量时测量点越密集、测距越短,越接近实际应测物体的体量,是人所共知的。因此可以得出,无论是测绘资质还是测量方法,某地矿测绘院测绘的报告都是更具有权威性的、更科学的。综上,请二审法院驳回某建设公司的上诉请求,维持原判。

被上诉人某拍卖行答辩称:(1)此标的物是一堆废弃的钢渣,某建设公司未确认是国有资产,不应适用国有资产的相关规定,此废弃物不是国有资产。虽然拍卖须知和相关资料上有国有资产管理办公室的公章,并不表明此标的物就是国有资产,国有资产管理办公室只是监管,不彰显所有权。对废弃物进行处理,大凌河管理局基于对大凌河改造是以管理者而不是所有者身份进行。本案根本不适用于关于国有资产拍卖的相关规定。(2)根据《拍卖法》第61条之规定,拍卖合同的双方当事人是拍卖人与买受人,合同的相对性原则决定某建设公司若认为自己权利受损,应起诉拍卖人,在委托人有责任的情况下,由拍卖人追偿委托人。基于此,某建设公司关于主体的上诉依据不足。(3)某拍卖行在整个的某拍卖行为中完全依据法律对竞买人即某建设公司进行了足够和必要的风险提示和瑕疵告知,并且明确进行了免责声明。本案中,某拍卖行的免责声明条款不存在法律规定的无效情形,是合法有效的,某建设公司要求某拍卖行承担瑕疵担保责任于法无据。(4)本案最大的争议焦点就是钢渣重量问题,一审中,某建设公司认为钢渣重量与合同规定的约28万吨严重不符。某拍卖行多次强调拍卖标的以实物为准,就是因为我们拍卖的就是标的物的现状,28万吨也仅是约数。某建设公司提交的鉴定也是约数,而且某建设公司在诉讼之前就已经对标的物进行了处分,出售了很多废钢渣,这种情形下又以处分完之后的单方鉴定结论告某拍卖行违约,显然不合情理和法律。某拍卖行与委托人在本案一审时委托了某地矿测绘院以更科学、更准确的方法测出在2014年4月的时候,现场遗存炼钢废渣吨数还达到了21.5万吨左右。在此之前,某建设公司进行买卖的重量还有很多,无法确定。所以,某建设公司以重量差距为由的违约主张根本不能成立。

二审判决生效后,某建设公司向最高人民法院申诉称:(1)某城建办在处置本案争议的炼钢废渣时没有对委托拍卖物进行评估,违反了《企业国有资产法》第47条、第55条及《国有资产评估管理办法》第3条的规定,此次国有资产处置无效。某城建办应对某建设公司承担违约责任,某拍卖行应当承担连带责任。(2)某城建办应当是本案适格被告。某建设公司按照《拍卖成交合同书》的约定,应取得的拍卖标的物为约28万吨炼钢废渣,但现经鉴定,某建设公司实际取得的炼钢废渣只有

12.9万吨,远未达到合同约定。某建设公司向某城建办要求其承担违约责任于法有据,某城建办主体适格。(3)原判决为了偏袒某城建办与某拍卖行,故意歪曲事实。①原判决只强调拍卖公告系要约邀请,却故意回避某拍卖行在《竞买协议书》中明确确认拍卖标的物是约28万吨的炼钢废渣;②原判决认定某拍卖行如实向某建设公司提供了《拍卖资料》和《拍卖标的展示资料》,可某建设公司从未收到过《拍卖标的展示资料》,某拍卖行也未向法庭出示《拍卖标的展示资料》;③原判决对某建设公司出示的某拍卖行无异议的证据(如三份录音资料及《凌钢渣堤拍卖须知》)既不评价,也不采用。(4)某拍卖行并未履行瑕疵说明义务。①根据双方提供的证据可以证明某拍卖行从未对拍卖标的物存在的瑕疵作任何说明;②某城建办在2013年3月欲拍卖本案标的物时,就知道其是由弃渣、建筑垃圾及覆盖土三部分组成,重量约为28万吨,并将该情况告知了某拍卖行。但某拍卖行将拍卖标的物确认为炼钢废渣,此后依此虚假信息进行了拍卖活动,与某建设公司签订了《竞买协议书》,其并未履行如实告知拍卖标的物瑕疵的义务。(5)某建设公司对拍卖标的物可能存在的瑕疵和风险并非明知。①《竞买注意事项》并未对拍卖标的物的瑕疵进行告知,某建设公司不能依此获知拍卖标的物的瑕疵和风险;②《竞买注意事项》中,某拍卖行只声明对钢渣内的含铁量多少免责,而某建设公司本次诉讼并非针对钢渣的含铁量而是对钢渣的重量有异议。

被申请人某城建办提交意见称:(1)某城建办不是本案适格主体;(2)某城建办明确要求某拍卖行以实物现状进行拍卖,某建设公司以单方鉴定结论告某城建办违约,无事实及法律依据;(3)某城建办通过拍卖程序处分标的物完全正确。某建设公司的申请没有法律依据。

被申请人某拍卖行提交意见称:(1)某拍卖行依照法律规定对某建设公司进行了足够和必要的风险提示和瑕疵告知;(2)某建设公司对拍卖标的物的现状足够了解,其以单方鉴定结论告某拍卖行违约,无事实及法律依据;(3)某拍卖行通过拍卖程序处分标的物完全正确。某建设公司的申请没有法律依据。

【裁判结果】

一审:一、驳回某建设公司对某城建办的起诉;二、驳回某建设公司对某拍卖行的诉讼请求。案件受理费133 737.50元由某建设公司负担。

二审:驳回上诉,维持原判。

再审:驳回某建设公司的再审申请。

【争议焦点与裁判理由】

本案的争议焦点是:(1)某城建办委托某拍卖行处置本案争议的炼钢废渣是否合法;拍卖成交合同及拍卖标的交付协议书是否有效;(2)某城建办、某拍卖行是否尽到瑕疵告知义务,某城建办是否是本案适格主体。

根据再审裁判文书,人民法院认为,首先,关于某城建办委托某拍卖行处置本案争议的炼钢废渣行为是否合法的问题。根据二审法院查明的事实，2013 年 4 月 26 日，凌源市国有资产管理办公室与某城建办就涉案标的物以保留价 2500 万元进行第三次拍卖一事，共同向凌源市政府请示，经凌源市政府同意后，由某城建办委托具有拍卖资质的中介机构对本案争议的炼钢废渣进行公开拍卖。由于该拍卖标的物的保留价格已经国有资产管理行政主管部门同意，并且实际也是按此价格成交的，因此该委托某拍卖行为不违反法律规定。某建设公司的此项申请再审理由不能成立。其次，关于某拍卖行、某城建办是否应承担瑕疵担保责任，以及某城建办是否为本案适格主体问题。某拍卖行发布的《拍卖公告》载明："拍卖标的以实物展示为准"；某拍卖行（甲方）与某建设公司（乙方）签订的《竞买协议书》载明："甲方不承担任何拍卖标的物瑕疵担保责任，均以拍卖标的实物现状和委托人提供的相关材料现状进行拍卖"；"乙方在拍卖标的物展示期间详细查看某拍卖行提供的拍卖资料和拍卖标的展示资料，并自行认真查看拍卖标的实物的名称、数量、质量、权属状况、瑕疵状况、相关费用等与拍卖标的相关的一切情况"；《竞买注意事项》载明："竞买人在竞拍前应认真考察，充分了解有关拍卖标的瑕疵状况，钢渣内含铁量多少由竞买人自行掌握。我公司对拍卖标的不负任何瑕疵担保责任。成交后买受人不得以此为由提出任何异议。"根据上述证据，某拍卖行在拍卖前已经声明其是以拍卖标的实物现状进行拍卖，并告知竞买人可自行实地查看拍卖标的物的名称、数量、质量及瑕疵状况，该声明和告知行为已明示其不承担瑕疵担保责任。根据《拍卖法》第 61 条第 2 款"拍卖人、委托人在拍卖前声明不能保证拍卖标的的真伪或者品质的，不承担瑕疵担保责任"的规定，某拍卖行、某城建办不承担瑕疵担保责任。本案中，某建设公司在某拍卖行明确声明对于拍卖标的物不承担瑕疵担保责任、需自行对拍卖标的物实地考察之情形下，仍然同某拍卖行签订《竞买协议书》及《拍卖成交合同书》，应当视为其自愿承担拍卖标的物的瑕疵风险。

由于某拍卖行的拍卖标的物为上述拍卖文件中所指向的炼钢废渣，且拍卖标的物以实物展示为准，某建设公司对拍卖标的物进行了实地考察，其实际接受的也是该拍卖标的物，在拍卖合同已经实际履行的情况下，某建设公司以没有收到约定的拍卖物为由要求某城建办承担责任没有事实依据。在此情形下，某建设公司主张依照《拍卖法》第 40 条的规定认定某城建办为本案适格主体，无法律依据。其此项申请再审理由不能成立。

此外，对于某建设公司是否收到《拍卖标的展示资料》的问题，因某建设公司在与某拍卖行签订的《竞买协议书》中确认其在拍卖标的物展示期间详细查看某拍卖行提供的拍卖标的展示资料，申请再审时某建设公司虽否认上述事实，但没有提供充足证据予以证明，且其是否收到《拍卖标的展示资料》并不足以影响本案基本事实的认定。

对于某建设公司提交的三份录音资料及《凌钢渣堤拍卖须知》未予认定问题，

某建设公司提交上述证据主要是证明涉案拍卖标的物的成分构成。在上述证据不足以影响本案基本事实认定,即某拍卖行、某城建办不承担瑕疵担保责任之情形下,二审法院没有对上述证据予以评判,并无不当。某建设公司此项申请再审理由亦不能成立。

【案例评析】

本案在审理中,双方当事人争议较多。关于某城建办是否有权处置该批炼钢废渣和是否是适格主体,一、二审民事判决书均进行了详细的说明,对此不再进行点评。从《拍卖法》的角度,法院适用《拍卖法》第61条第2款规定的"拍卖人、委托人在拍卖前声明不能保证拍卖标的的真伪或者品质的,不承担瑕疵担保责任",认定本案拍卖人和委托人不需要承担法律责任。涉案拍卖标的并不涉及真伪或者品质方面的瑕疵,因此法院的裁判结果是正确的。

一、本案拍卖标的具有特殊性

在拍卖实践中,大部分的拍卖公司均会在拍卖前声明自己不承担拍卖标的的瑕疵担保责任,但在有的案件中,拍卖公司的该类声明并不一定会被法院所采纳。涉案拍卖标的具有一定的特殊性,正如一审法院所分析的那样,本案拍卖标的"是一处几十年形成的渣堤,外层覆盖垃圾和黄土,通过外观无法了解渣堤体积和重量。某拍卖行、某城建办对标的体积、重量的描述均为估算,在某拍卖行声明将按拍卖标的展示现状进行拍卖,展示资料上所作的说明仅为参考"的条件下,拍卖人和委托人在拍卖前公告称拍卖标的重量28万吨只能是一个估算的结果,如果实际测算下来只有27万吨或者26万吨,这个重量的差异也是符合实际情况可以被接受的。但若实际重量果真如原告起诉时所称的只有12.9万吨,这个肯定是有问题的。但被上诉人在上诉中答辩称:"其在原告鉴定后委托某地矿测绘院给予勘测,该次勘测显示现物遗存的钢渣还剩21.5万吨,而且在两份勘测报告中间查明买受人已经自行处置钢渣五万多吨。"按照这个勘测结果,可以看出对本次拍卖标的的实际重量的估算是基本合理的。

另外,在拍卖前某拍卖行(甲方)与某建设公司代理人甲(乙方)所签订的《竞买协议书》中,已经明确告知:(1)拍卖人向竞买人提供的拍卖标的目录、图文资料和相关信息等拍卖资料仅作为竞买人的参考,拍卖人不承担任何拍卖标的物瑕疵担保责任,均以拍卖标的实物现状和委托人提供的相关材料现状进行拍卖;(2)竞买人在拍卖标的展示期间详细查看某拍卖行提供的《拍卖资料》和《拍卖标的展示资料》,并自行认真查看拍卖标的实物的名称、数量、质量、权属状况、瑕疵状况、相关费用等与拍卖标的相关的一切情况。拍卖人和委托人已经按照《拍卖法》的约定提供了拍卖标的的展示,如果买受人当时觉得可能有问题,可以聘请专业的机构帮助其进行鉴定,以获取拍卖标的的实际重量,其在竞买之时没有提出异议,但在处置了部分拍卖标的之后却又称重量不符,显然也违反诚实信用原则。

二、本案拍卖标的的特殊性不属于真伪或者品质方面的问题

一、二审法院均认定,本案拍卖人在拍卖前已经声明不承担任何拍卖标的物瑕疵担保责任,并根据《拍卖法》第 61 条第 2 款规定认定拍卖人尽到了法定义务,因此不需要承担法律责任。本案标的虽有特殊性,但不属于标的真伪或者品质方面的。从原告诉请来看,本案原告认为拍卖的钢渣的实际重量远远少于拍卖公告中的重量,原告所提出的异议是针对拍卖标的的重量,而不是针对拍卖标的的品质即钢渣内的含铁量,并不涉及拍卖标的的真伪问题。但由于拍卖人在拍卖前已经告知了竞买人本案拍卖标的的特殊性,也就意味着拍卖人实际上已经将拍卖标的可能存在的瑕疵予以全部告知,竞买人参加竞拍,应视为其接受拍卖标的可能存在的风险,因此,法院判决拍卖公司不应承担法律责任也是正确的。

【案例索引】

一审:辽宁省朝阳市中级人民法院(2014)朝民一初字第 00012 号

二审:辽宁省高级人民法院(2014)辽民二终字第 00151 号

再审:最高人民法院(2015)民申字第 1125 号

185. 甲与某信息中心、某产权交易所、某拍卖总行拍卖合同纠纷案

——拍卖评估结果已经过期的国有资产的效力

问题提示:评估结果已过期,拍卖国有资产是否有效?

【基本案情】

上诉人(一审原告):甲

被上诉人(一审被告):某信息中心

被上诉人(一审被告):某产权交易所

被上诉人(一审被告):某拍卖总行

人民法院经审理查明:2010 年 8 月 26 日,某产权交易所对外发布征集某公司整体产权转让意向受让方公告,转让标的评估值 67.85 万元,转让参考价 67.85 万元,备查文件为《审计报告》《评估报告》等,《评估报告》显示评估基准日为 2009 年 8 月 31 日且有效期至 2010 年 8 月 30 日止。2010 年 9 月 25 日,甲递交了意向受让登记表,承诺拟以不低于 67.85 万元的价格受让某公司整体产权。2010 年 12 月 14 日,甲出具《收购承诺函》,阅读了《企业国有产权转让合同书》。甲后又交纳保证金 67 850元,并出具承诺:若竞得某公司整体国有产权,如未按竞买须知及产权交易合同规定按时支付全部价款,将承担全部违约责任,且转让方有权随时解除产权交易

合同。2010年12月22日,甲办理了竞买登记手续,参加了拍卖会,领取了15号牌,经过11轮竞价,最终以77万元的价格竞得某公司整体国有产权,并当场签署了《拍卖成交确认书》。此后,甲提出要求增加《企业国有产权转让合同书》的内容,而某信息中心不同意。甲拒绝在《企业国有产权转让合同书》上签字,后既未给付某拍卖佣金,又未付清全部成交价款。2010年12月24日,某拍卖总行向甲发催款通知,甲仍未履行。某拍卖总行决定取消甲买受人资格。甲诉至法院,要求某信息中心办理某公司交割手续,同时使交付的净资产与评估报告相符,并要求某产权交易所、某拍卖总行协助办理。

【裁判结果】

一审:驳回甲的诉讼请求。

二审:驳回上诉,维持原判。

【争议焦点与裁判理由】

本案的争议焦点为,评估结果已过期,拍卖国有资产是否有效。

根据生效裁判文书,人民法院认为,首先,涉案合同系经甲多轮竞价后,最终以77万元的最高价拍卖形成,是甲与某信息中心的真实意思表示,且不违反法律法规的强制性规定,应合法有效。2010年12月22日,甲承诺若竞得某公司整体产权,如未按竞买须知及产权交易合同规定按时支付全部交易价款,将承担全部违约责任,且转让方有权随时解除产权交易合同。但在合同成立后,甲拒绝按约交纳成交价款,经催告后仍不交纳,已构成根本违约。其次,甲要求增加“企业资产评估基准日到交割日的净资产与有效的评估报告基本相一致”条款,系对已成立合同进行变更,根据《合同法》的规定,变更合同应经买卖双方协商一致。而某信息中心不同意增加该条款,甲要求在合同中增加该条款无事实依据。而且,经拍卖成立的合同内容在拍卖前即已向社会公告确定,相关意向受让方和竞买方只能据此作出是否参加拍卖以及如何出价的决定。例如,在拍卖后对合同的内容再进行变更,则对其他相关意向受让方或竞买方不公平,也违反《拍卖法》的规定,故甲在拍卖成交后要求在合同中增加条款欠缺法律依据。最后,某产权交易所已于2010年8月26日在其网站上发布公开征集某公司整体产权转让意向受让方公告,明确《评估报告》的基准日,并将《评估报告》列为备查文件。甲对其中显示的评估基准日为2009年8月31日且有效期至2010年8月30日,应是明知的,其在签署文件、交纳保证金、领取号牌的情况下参加了拍卖竞买,在此过程中对评估报告的有效期并未提出异议。某产权交易所在公布征集某公司整体产权公开转让意向受让方公告时,《评估报告》仍在有效期内。法律并未明确规定评估报告有效期应延续至拍卖进行时。本案中,《评估报告》载明的评估价仅作为某拍卖总行拍卖国有资产标的的参考价,而非直接作为交易价。根据《关于进一步规范国有企业改制工作的实施意见》的规定,资产评估值及保留价的根本宗旨系为了防止国有资产的流失,甲无证据证明此次拍卖活动的成交价远远低于成交时某公司净资产的实际价值，且 77 万元的成交价严重损害国家利益。而其以产权交易合同未按《关于进一步规范国有企业改制工作的实施意见》的规定，对企业资产评估基准日到交割日的净资产变动作追溯调整为由，主张各被上诉人违法在先，其未违约的上诉理由，不能成立，不予采纳。

【案例评析】

在拍卖中，经常涉及评估的问题，尤其对国有资产拍卖更是如此。因评估报告的问题而引发拍卖纠纷时有发生，故笔者拟结合本案就拍卖中的评估问题略述浅见。

一、评估价与保留价关系之辨析

评估是由专业机构和人员，依照国家有关规定，根据特定的目的，遵循适用原则，按照法定程序，选择适当的价值类型，对国有资产的价值进行评定和估算的行为。评估价是以市场交易价格为基础，依据一定的评估方法对拍卖标的客观合理价格所作的估计。采用不同的评估方法，同一拍卖标的的评估价格可能会有差异。对于一般委托人的任意拍卖，是否评估可由委托人根据其需要自行决定。但是，拍卖国有资产，依照法律、行政法规的规定，应当经依法设立的评估机构进行评估。评估报告经核准或备案后，评估结果作为确定企业国有产权拍卖的保留价及转让的参考价。保留价又称底价，是拍卖人可以据以确认拍卖成交的最低价格。

但是，评估价并不是保留价的唯一依据，还应考虑市场的供求关系、竞买人的情况等综合因素。因此保留价亦并非须与评估价一致，其可以等于、高于或者低于评估价。《最高人民法院关于人民法院民事执行中拍卖、变卖财产的规定》指出：人民法院确定的保留价，第一次拍卖时，不得低于评估价或市价的 80%；如果出现流拍，再行拍卖时，可以酌情降低保留价，但每次降低的数额不得超过前次保留价的 20%。因此，在拍卖中，保留价并不一定等于评估价，拍卖标的的保留价往往低于评估价。

二、评估报告过期对拍卖效力之影响

委托人在委托拍卖时应提供评估报告，拍卖人对评估报告进行审查，特别是对评估结果的有效使用期限进行审查，考虑拍卖能否在有效期内进行。经核准或备案的资产评估结果使用有效期为自评估基准日起一年，评估结果到期后即失去效力。在司法实践中，至于拍卖人在评估报告过期的情况下进行的拍卖是否有效的问题，应区别对待，不能仅以评估报告超过有效期而简单地认定某拍卖总行为无效，而应进行全面实质性审查，以综合作出判断。重点审查某拍卖总行为是否存在《合同法》第 52 条规定的合同无效之情形，否则，应从维护交易安全，并促进交易的原则出发，而认定某拍卖总行为合法有效。

就本案而言，首先，拍卖人对委托人提供的《评估报告》进行了审查，某产权交易所在网站上发布征集公开转让的意向受让方公告时，明确了《评估报告》的基准日,并将其列为备查文件,此时该《评估报告》仍在有效期内。某产权交易所前期对外发布信息系拍卖所需,应视为实施整个拍卖活动的组成部分。只是后来某拍卖总行在进行实际拍卖时,评估结果超过了有效期而已。而且,法律未明确规定评估报告有效期应延续至拍卖进行时。

其次,甲在签署文件、交纳保证金、领取号牌后参加拍卖竞买,其报出最高竞价 77 万元,拍卖师当众落槌拍卖成交,本案各方当事人对拍卖程序及拍卖结果均无异议,签署了《拍卖成交确认书》,甲对该《评估报告》显示的评估基准日及有效期应明知,亦未提出异议,表明其对此次拍卖活动实际认可。

再次,《拍卖法》之所以规定拍卖国有资产应经依法设立的评估机构评估,并根据评估结果确定拍卖标的保留价,其根本宗旨是防止国有资产流失。本案某公司整体产权评估基准日 2009 年 8 月 31 日的评估值为 67.85 万元,某拍卖总行在进行拍卖时,多位竞买人参加竞拍,经过 11 轮竞价,其中竞买人之一甲最终以最高价 77 万元竞得某公司整体国有产权而拍卖成交,该价格超过保留价近 10 万元,且无证据表明拍卖某公司净资产的成交价远远低于成交时的实际价值而损害国家利益,已实现了国有资产保值增值之目的。

最后,本案经审理,无证据证明某信息中心、某产权交易所、某拍卖总行之间存在恶意串通而损害其他竞买人合法利益之情形,此次拍卖主体法定、程序合格、内容合法。该《评估报告》虽已超过有效期,但并未直接影响通过拍卖实现国有资产交换价值最大化的实际结果。因此,该次拍卖应合法有效。

三、当事人违约责任之判定

拍卖系以公开竞价的形式,将特定物品或者财产权利转让给最高应价者的特殊买卖。在拍卖活动中,拍卖人是委托人寻求其物品或者财产权利最高卖价和最佳买主的中间人。拍卖法律关系中存在四方当事人:拍卖人(受托人)、委托人、竞买人、买受人。拍卖成交后,买受人与拍卖人直接签署成交确认书时,是明知委托人的,委托人与拍卖人之间实为间接代理关系,委托人属于合同当事人,其虽不签署成交确认书,但直接约束委托人和买受人,《拍卖成交确认书》下的条款对委托人具有约束力。在司法实践中,法院判定拍卖当事人的权利义务关系以及拍卖程序等时,应适用《拍卖法》的规定,而在确定最终买受人后,其权利义务方面的调整,应主要适用《合同法》的相关规定。

在拍卖中,买卖(转让)合同的全部内容通常在拍卖前已公示确定,合同成立与否不取决于买受人是否在合同上签字,而以某拍卖总行的拍卖师当众是否落槌为准,拍卖师落槌时合同即成立并生效。本案的《企业国有产权转让合同书》内容在拍卖前已向社会公告确定,在拍卖过程中,甲报出最高竞价 77 万元,拍卖师当众落槌拍卖成交,甲与某信息中心之间即通过拍卖而成立了包含 77 万元成交价条款内容的买卖(转让)合同,且该合同合法有效,应受法律保护。嗣后,甲要求对已成立的该合同进行变更，而某信息中心不同意是有法律依据的。根据《合同法》的规定，变更合同应经双方当事人协商一致。而且若在拍卖成交后对合同的内容再进行变更，则对其他相关意向受让人或竞买人有失公平，也违反《拍卖法》的规定。因此，甲在拍卖成交后要求在合同中增加条款，既无事实根据，又无法律依据。

另外，根据甲作出的如其未按竞买须知及产权交易合同规定按时支付全部交易价款，将承担全部违约责任，且转让方有权随时解除产权交易合同的承诺，其在合同成立后，拒绝按约交纳成交价款和佣金，后经催告仍不履行，已违反了《合同法》的规定，构成根本违约，应承担违约责任。而某信息中心、某拍卖总行、某产权交易所并不存在违约行为，故某信息中心有权解除合同，某拍卖总行有权取消甲的买受人资格。

综上，某产权交易所、某信息中心、某拍卖总行均不应承担因评估报告过期而产生的任何法律责任，原告甲的诉讼请求，无论从拍卖法还是从合同法角度，均无法受到法律的支持与保护，法院理应予以判决驳回。

【案例索引】

一审：江苏省南京市鼓楼区人民法院（2011）鼓商初字第348号

二审：江苏省南京市中级人民法院（2011）宁商终字第793号

186. 某投资公司与某发电公司、某石油勘探局股权转让纠纷案

——国有企业股东行使优先购买权是否必须进入产权交易所竞买

问题提示：有限公司中的国有股权拍卖过程中，其他股东如何行使优先购买权，是否必须采取进入产权交易所竞买的方式？

【基本案情】

原告：某投资公司

被告：某发电公司

被告：某石油勘探局

第三人：某资产管理公司

人民法院经审理查明：某投资公司、某石油勘探局和某发电公司为某公司股东。2010年3月12日，某公司召开临时股东会，同意某石油勘探局转让所持有的某公司的国有股权。2010年9月21日，某石油勘探局向某投资公司邮寄送达了《关于告知股权转让优先受让权的函》，告知某投资公司其将于近期在上交所挂牌公开交易某公司40%的股权，某投资公司对该转让的股权享有优先购买权，若行使

优先购买权,请注意上海联合产权交易所(以下简称上交所)的有关公告,并到上交所举牌受让,否则将视为放弃优先购买权。某投资公司接到上述通知后,于2010年9月27日复函,不同意某石油勘探局转让股权。9月27日,某石油勘探局向上交所提出产权转让信息发布申请书。2010年10月29日,上交所发出挂牌项目受理通知书,正式完成了上市挂牌手续,挂牌号为:G310SH1004967,挂牌期限是2010年10月29日至11月25日。上交所发布的某公司40%股权挂牌交易的信息中披露:标的企业其他股东不放弃优先购买权。上交所并在10月29日的《证券时报》上发布了有关公告。挂牌期限内,某石油勘探局先后在《河南日报》《中国电力报》上发布了股权转让的公告。在挂牌期限内,某投资公司未向上交所提出产权受让申请。2011年1月11日,上交所根据网络竞价方案的约定,组织了场内网络报价—多次报价,某资产管理公司以20 001元的最高报价,成为某公司40%股权转让项目的受让人。被告某石油勘探局未将该竞价结果通知原告某投资公司。2011年1月13日,某石油勘探局与某资产管理公司签订《产权交易合同》,约定:产权转让的标的为某石油勘探局持有的某公司40%的股权;产权转让的价格为20 001元;产权转让的价款在合同签署后5个工作日内一次性付清;标的产权的工商变更登记手续在合同生效后60日内完成,某石油勘探局给予必要的协助。2011年1月20日,上交所向股权转让双方出具《产权交易凭证》。2011年2月16日,某石油勘探局致函某公司,告知已将股权转让给某资产管理公司,请某公司及时办理股东名册及工商变更事宜。

某投资公司诉称:某石油勘探局的行为,违反了《公司法》关于股东优先购买权的规定,严重侵犯了某投资公司的优先购买权。故提起诉讼,要求某公司停止办理股权转让手续,确认某石油勘探局转让股权的行为侵犯了某投资公司的优先购买权,并由某投资公司在同等条件下受让某石油勘探局转让的股权。

某公司对某投资公司所诉无异议。

某石油勘探局辩称:(1)某石油勘探局转让股权的程序符合某公司章程的约定及相关法律的规定。(2)某石油勘探局转让股权过程中,并未侵犯某投资公司的优先购买权。国有产权转让必须在依法设立的产权交易场所公开进行。因此,股东行使优先购买权,亦必须进场交易,否则,视为放弃优先购买权。某投资公司在充分知悉股权转让的情况下,未到上交所举牌受让的行为,应视为其已实际放弃对上述股权行使优先购买权。

某资产管理公司述称:某投资公司在股权交易过程中,未向上交所申请受让,某投资公司在明知的情况下,不参加举牌,其优先权资格丧失。而且国有产权转让,必须在依法设立的交易场所内进行,某投资公司行使优先购买权的同等条件,应当包括进场交易这一条件,而不能仅仅理解为价格上的优先权。

【裁判结果】

一审:一、某投资公司在同等条件下受让某石油勘探局与某资产管理公司转让的某公司40%的股权(转让价格为20 001元;价款在判决生效后5个工作日内一次性付清;工商变更登记手续在本判决生效后60日内完成,某石油勘探局给予必要的协助);二、驳回某投资公司的其他诉讼请求。

【争议焦点与裁判理由】

本案的争议焦点为,某石油勘探局、某资产管理公司关于某投资公司未按通知向上交所申请受让即丧失优先购买权以及某投资公司行使优先购买权必须进场交易的抗辩主张能否成立。

人民法院经审理认为:股东优先购买权是法定权利,现行法律及有关规章允许享有优先购买权的股东在转让出资的股东以竞价方式转让出资的情形下保留优先购买权。股东优先购买权的行使期间应从转让股东公开表达转让意图并正式通知转让条件时起算,转让条件应是转让股东与第三人达成的确定的条件;在转让股东以拍卖等竞价方式转让出资的情形下,通知优先购买权人参加竞买并不能实现对优先购买权的保护;股东未按通知到上交所举牌受让的行为属于不作为放弃优先购买权的默示行为。股东行使优先购买权不是必须进场交易。《企业国有资产法》规定国有资产转让在依法设立的产权交易场所公开进行,公开竞价,但并未明文规定优先购买权人必须进场竞价。

【案例评析】

本案核心争议法律问题有两个:(1)有限公司中的国有股权转让过程中,其他股东是否仍享有优先购买权?(2)若其他股东仍有优先购买权,则行使方式如何,是否必须采取进入产权交易所竞买的方式?

一、关于有限公司中的国有股权转让过程中其他股东是否仍享有优先购买权的问题

为了保障有限责任公司较强的人合性和稳定性,避免由现有股东不熟悉的人进入公司可能造成股东沟通困境,《公司法》明确规定了有限责任公司股东对外转让股权时其他股东的优先购买权。该优先购买权是法定权利,原则上非因法定事由不得剥夺或限制。但因国有资产保护的特殊规定,涉及国有股权转让的,其他股东是否仍享有优先购买权,实务中争议较大。有观点认为,因为《企业国有资产法》第54条明确规定:“国有资产转让应当遵循等价有偿和公开、公平、公正的原则。除按照国家规定可以直接协议转让的以外,国有资产转让应当在依法设立的产权交易场所公开进行。转让方应当如实披露有关信息,征集受让方;征集产生的受让方为两个以上的,转让应当采用公开竞价的交易方式”,故为保证企业国有资产的保值增值,公司其他股东可以行使优先购买权,但必须采取公开竞价的方式。该种观点虽然表面上并未否定其他股东的优先购买权,但由于对优先购买权的认识错误,其实质是否定股东的优先购买权。理由在于:《公司法》第71条规定:“经股东同意转让的股权,在同等条件下,其他股东有优先购买权。”依对该条的解读,股东优先购买权行使的前提,必须是拟对外转让的股东已经与拟受让股权的第三人之间确定了转让价款或转让条件。即若第三人尚未出现,也尚未确定转让条件,则不存在同等条件,股东优先购买权便没有行使的基础,这种情况下也就不存在优先购买权。所以,必须参加公开竞价的优先购买权就不是公司法意义上的优先购买权。该观点的实质就是重视保护国有产权而放弃股东的优先购买权。该观点不仅与公司法的规定不符,也与国有产权保护制度不符。首先,我国现行法律及有关规章允许享有优先购买权的股东在转让出资的股东以竞价方式转让出资的情形下保留优先购买权。《拍卖法》规定:拍卖人有权要求委托人说明拍卖标的的来源和瑕疵,拍卖人应当向竞买人说明拍卖标的瑕疵。据此规定,拍卖程序中,是允许优先购买权人保留优先购买权这一拍卖股权的法律瑕疵存在的。其次,国资委《企业国有产权交易操作规则》第 13 条规定:"转让方应当在产权转让公告中充分披露对产权交易有重大影响的相关信息,包括但不限于:……(三)有限责任公司的其他股东或者中外合资企业的合营他方是否放弃优先购买权。"第 32 条规定:"产权转让信息公告期满后,产生两个及以上符合条件的意向受让方的,由产权交易机构按照公告的竞价方式组织实施公开竞价;只产生一个符合条件的意向受让方的,由产权交易机构组织交易双方按挂牌价与买方报价孰高原则直接签约。涉及转让标的企业其他股东依法在同等条件下享有优先购买权的情形,按照有关法律规定执行。"按照该规定,在竞价之前的产权转让公告中,应当对优先购买权人是否放弃优先购买权予以披露,在竞价结果产生后,优先购买权人得依有关法律规定行使优先购买权。综上,有限公司中的国有股权转让过程中其他股东仍享有优先购买权。

二、其他股东对国有股权行使优先购买权的方式问题

其他股东对国有股权行使优先购买权的方式,既要遵守公司法的有关规定,也要遵守《企业国有资产法》《拍卖法》以及产权交易所规则的有关规定。《公司法》明确规定,其他股东在同等条件下优先购买。故涉及企业国有产权交易的,应首先按照《企业国有资产法》《拍卖法》以及产权交易所规则的有关规定按照公开竞价的方式确定一个受让人及受让条件,需要明确的是该转让成交是附条件的,并未生效。然后,拟转让股东将该附生效条件的受让条件告知公司其他股东,由其他股东行使优先购买权,其他股东不购买的,拟转让股东可将股权转让给第三人。需要特别注意的是,上述对国有股权行使优先购买权的方式是符合我国现行国有产权保护制度的。《企业国有产权交易操作规则》第 13 条、第 32 条规定,国有产权在产权交易场所公开竞价结束后,优先购买权人有权以竞买人的最高报价买受出让标的。此种方式,允许优先购买权人以最高报价买受出让的国有股权,在充分尊重《公司法》赋予的股东优先购买权的同时,还会促使竞买人提高报价。因为其想获得更大的买受可能性,势必提高报价,并不必然会造成国有股权卖价偏低的后果。允许优先购买权人场外行使优先权,在保护其法定权利的同时,也有利于国有资产的保值增值。

【案例索引】

一审：河南省鹤壁市山城区人民法院(2011)山民初字第1838号

187. 某置业公司与某国土资源局、某市人民政府建设用地使用权出让合同纠纷案

——因拍卖内容分歧，拒签拍卖合同的责任承担

问题提示：因拍卖文件内容产生分歧而拒签建设用地使用权出让合同是否应承担违约责任？

【基本案情】

上诉人(一审原告)：某置业公司

被上诉人(一审被告)：某国土资源局

被上诉人(一审被告)：某市人民政府

人民法院经审理查明：2010年9月8日，被告某国土资源局发布了《拍卖公告》(附《拍卖须知》)，决定委托公开拍卖包括涉案地块使用权在内的两幅国有建设用地使用权。《拍卖公告》中明确规定，本次公开出让的详细资料和具体要求，见拍卖出让文件，申请人可于2010年9月9日至28日，到某市公共资源交易中心获取拍卖出让文件。《拍卖须知》中载明：申请人对出让文件有疑问的，可以在拍卖开始前以书面或者口头方式向我局咨询。竞得人交纳的竞买保证金，在拍卖成交后转作受让地块的定金，竞得人必须在拍卖成交之日起30内缴清全部土地出让金，不按期缴清土地出让金，定金没收，土地使用权收回。竞得人有下列行为之一的，视为违约，出让人可取消其竞得人资格，竞买保证金不予退还：(1)竞得人逾期或拒绝签订《成交确认书》的；(2)竞得人逾期或拒绝签订《国有土地使用权出让合同》的；(3)竞得人逾期或拒绝缴清土地出让金的。作为拍卖出让文件组成部分的由东阳市规划局制订的《国土出让规划条件》第八条的部分内容为“地块建筑容积率不超过4.6(地下部分不计容积率)”。《国土出让规划条件》的附图或附件名称一栏明确包括《补充规定》，该《补充规定》第二条，对《国土出让规划条件》中规定地下部分不计容积率的宗地，地下空间如何计算容积率作出了具体明确的规定。

在2010年9月29日举行的公开拍卖活动中，原告某置业公司竞得了涉案地块使用权并与被告某国土资源局签订了《成交确认书》，该确认书明确规定：竞得人交纳的竞买保证金，自动转作受让地块的定金。竞得人应当于2010年10月12日前与某国土资源局签订国有土地使用权出让合同。不按期签订国有土地使用权出让合同的，视为竞得人放弃竞得资格，竞得人承担相应法律责任。后双方在“地下室

部分是否计算容积率”这一问题上存在分歧,交涉无果,原告未与被告签订涉案地块使用权出让合同,也未交纳出让金。2011年9月5日,某国土资源局向原告发出书面通知,决定取消原告涉案地块使用权的竞得人资格,竞买保证金3600万元不予退还。2013年9月,经委托公开拍卖,已由他人受让了涉案地块使用权,再次委托公开拍卖的相关文件均明确地下部分按《补充规定》计算容积率。

原告某置业公司诉称,被告某国土资源局拒不承认《国土出让规划条件》原有内容,任意解读出让条款,导致合同无法履行,已经构成严重违约。因被告系某市人民政府的下属行政职能部门,不能独立对外承担民事责任,应由某市人民政府承担相应责任,据此原告提出判令两被告返还原告土地出让定金3600万元并支付原告定金罚金3600万元及迟延利息等诉讼请求。

被告某国土资源局辩称,关于双方争议的地下部分应否计算容积率问题,与被告方出让涉案地块使用权、原告应否履行交纳土地出让金的义务均无关系,而是与原告编制该设计方案和申领建设工程规划许可证有关,这属于行政审批的问题,原告以对地下部分应否计算容积率存在争议为由拒绝签订出让合同,拒绝交纳出让金,其行为已构成违约。

上诉人某置业公司上诉称,《补充规定》与《国土出让规划条件》第八条存在冲突,两文件就容积率规定不一致时,应视为本次拍卖不适用《补充规定》。且《补充规定》颁布程序违法,不具法律效力。

被上诉人某国土资源局辩称,原告应按照成交确认书确定的时间与自己签订国土出让合同,按照约定交纳出让金,但原告拒绝交纳土地出让金,存在严重的违约行为,故被告有权解除双方的土地出让关系,没收原告交纳的保证金3600万元。

【裁判结果】

一审:驳回原告某置业公司的诉讼请求。

二审:驳回上诉,维持原判。

【争议焦点与裁判理由】

本案的争议焦点是:(1)双方当事人的争议为何种性质法律关系;(2)某置业公司主张未签订《国有土地使用权出让合同》的理由是否成立;(3)某国土资源局是否应返还某置业公司3600万元并适用定金罚则及承担利息损失。

根据生效裁判文书,人民法院认为,某置业公司一直未按《成交确认书》的约定与某国土资源局签订《国有土地使用权出让合同》,双方正在进行的缔约行为中断,一审判决认定双方国有土地使用权出让的法律关系已经成立,与事实不符,应予纠正。在缔结出让合同过程中,双方就出让地块建筑物地下部分是否计算容积率产生争议,就本案而言,《补充规定》系对《国土出让规划条件》第8条的解释性规定,两者规定并不冲突,《拍卖公告》和《拍卖须知》也已明确了拍卖出让文件的获取途径和对文件内容有疑问的咨询途径,即使认为二者在内容上可能存在歧义,某置业公司也应当事先通过咨询明确，其没有提出疑问，应认定其接受了《补充规定》关于地下部分建筑物容积率计算的规定标准。《补充规定》系公开发布的在东阳市范围内统一适用的规范性文件，合法有效，故作为房地产开发企业的某置业公司应知晓《补充规定》的内容，某国土资源局的行为并无不当，某置业公司主张的未予签订《出让合同》的理由不能成立，其要求某国土资源局返还竞买保证金缺乏依据。据此，驳回上诉，维持原判。

【案例评析】

一、原、被告之间是否形成了关于国有土地使用权出让合同关系

依据我国相关法律规定，国有土地使用权的出让应采取招标、拍卖、挂牌等法定方式进行，并要求以书面形式订立出让合同。本案中，被告某国土资源局依法通过拍卖程序出让涉案地块使用权，其措施符合国土资源部《招标拍卖挂牌出让国有土地使用权规定》，程序合法。双方依拍卖程序签订的《成交确认书》，是双方对拍卖涉案土地使用权结果的一致确认，系双方真实意思表示，内容不违反法律、行政法规的强制性规定，为有效合同，对当事人双方具有法律约束力，任何一方都应依据确认书的内容履行自己的义务，否则构成违约。然而，确认书这一合同的有效，并不意味双方就涉案地块已经缔结了有效的《国有土地使用权出让合同》。《成交确认书》和《国有土地使用权出让合同》虽然都是对拍卖结果的确认，内容上有关联，但在性质上是两个合同，各有自己不同的内容，其是否成立、有效应分别依法判断。依据我国《合同法》第 10 条、《房地产管理法》第 14 条之规定，《国有土地使用权出让合同》的订立需具备书面形式要件。本案中，虽然出让合意已经初步形成，但因书面形式的欠缺导致《国有土地使用权出让合同》未能成立，更谈不上产生合同效力问题。另外，依据法院认定的事实，被告某国土资源局在整个交易过程中亦不存在过失，故原告依据出让合同要求被告某国土资源局返还 3600 万元并适用定金罚则及承担相应利息损失的主张不能成立。

二、被告某国土资源局是否存在违约行为

本案中，原告某置业公司主张，其不签订《国有土地使用权出让合同》是因为被告某国土资源局不愿意按照《国土出让规划条件》第 8 条确定地块容积率所致，被告违约在先，其后拒签合同有正当理由，并未违反确认书的要求。

如前所述，《成交确认书》是双方在拍卖相关事项方面达成的一致合意，具有合同效力，应严格履行，双方应依据确认书规定的期限签订出让合同，否则依法承担相应的责任。在履行《成交确认书》、签订出让合同的过程中，双方就对所涉地块建筑容积率的计算发生分歧，致使《国有土地使用权出让合同》最终未能签订。这里就需要认定一个问题，是谁违约致使确认书的内容不能实现。本案中，对于《补充规定》与《国土出让规划条件》两个文件内容上可能存在歧义，原告某置业公司应依据《拍卖公告》的规定加以事先咨询明确，其未能事先咨询明确，应认定其接受了

《补充规定》关于地下部分建筑物容积率计算的规定标准,故被告某国土资源局在履行成交确认书过程中不存在违约,原告某置业公司拒签《国有土地使用权出让合同》的理由不能成立,其构成对双方合同的根本违反,被告某国土资源局可依确认书及拍卖规则解除合同、取消原告的竞买人资格并没收对方的保证金。

【案例索引】

一审:浙江省东阳市人民法院(2013)东民初字第1658号

二审:浙江省金华市中级人民法院(2014)浙金民终字第265号

188. 某拍卖公司与某公司破产清算组拍卖合同纠纷案

——拍卖国有划拨土地使用权及其地上附着物的效力

问题提示:拍卖标的物属于国有划拨土地使用权及其地上附着物,其拍卖合同的效力如何?

【基本案情】

再审申请人(一审原告):某拍卖公司

再审被申请人(一审被告):某商务局(原某公司破产清算组)

人民法院经审理查明:2007年7月25日,原告某拍卖公司与被告某公司清算组签订了《委托拍卖合同》一份,约定甲方(被告)全权委托乙方(原告)以拍卖方式对其全部资产进行处置(具体位置及数量详见甲方提供的委托拍卖资产清单),并约定了佣金标准及违约金。但2007年11月16日和2008年4月22日,慈利县人民政府依法收回原某公司未处置的三宗国有土地使用权及其附着物,而原某公司除拥有国有土地使用权上的建筑物及附着物等企业破产财产外,无其他财产。

原告某拍卖公司诉称:《委托拍卖合同》中委托的是全部资产,国有划拨土地使用权本身不是物资公司的破产财产。至于委托方的地上附着物在委托合同签订后被政府收回,以及委托人是否还有其他财产,实质上是合同能否履行的问题,而不是合同效力问题。《土地管理法》第58条规定国有土地使用权的收回情形,不涉及本案合同的效力。该条规定是可以收回国有土地使用权,而不是必须,此规定不是强制性规定。据此提出要求依法确认原、被告签订的《委托拍卖合同》合法有效,并由被告支付违约金50万元及既得利益损失40万元的诉请。

被申请人某商务局辩称,第一,答辩人不具备该案诉讼主体资格,原某公司破产清算组是慈利县人民法院经过破产程序组成的,具有对外民事主体资格,该清算组不是答辩人决定组成的,也不具备权利义务继承关系,本案应以某公司破产清算组为被告；第二，原某公司破产清算组与申请人签订的《委托拍卖合同》的主要内容违反了《土地管理法》及《城镇国有土地使用权出让和转让暂行条例》等法律法规的强制性规定，属无效合同；第三，原某公司破产清算组在与申请人签订合同时无缔约过失责任；第四，原某公司破产清算组无违约行为，且事实上也没给申请人造成直接损失，不应承担违约赔偿责任；第五，国有划拨土地与其地上附着物、建筑物属主物与从物关系，且不能分离，土地如果没有处分权，其上的附着物、建筑物自然也没有处分的合法性，两者具有同一处分性质。同时，依照《城市房地产管理法》第38条第3项"依法收回土地使用权的房产不得转让"的规定，该案涉及的划拨土地及地上建筑物、附着物应一并由国土部门收回后挂牌出让。

【裁判结果】

一审：一、原告某拍卖公司与被告某公司破产清算组签订的《委托拍卖合同》无效；二、驳回原告某拍卖公司的全部诉讼请求。

再审：一、维持慈利县人民法院(2008)慈民二初字第74号民事判决；二、驳回再审申请人某拍卖公司的再审请求。

【争议焦点与裁判理由】

本案的争议焦点为，原、被告双方签订的《委托拍卖合同》是否有效。

根据再审裁判文书，人民法院认为，原、被告所签订的《委托拍卖合同》中，拍卖标的物属于国有划拨土地使用权及其地上附着物，委托人无权处分拍卖财产，受托人亦不得接受无处分权人的拍卖委托，双方的行为违反了《土地管理法》和《拍卖法》等法律法规的规定。原告在明知被告不是该资产的所有权人，无权处分拍卖标的物的情况下而接受拍卖委托，因此原告要求确认合同有效并要求被告支付违约金等诉请不受支持，原告与被告之间签订的《委托拍卖合同》无效。

【案例评析】

原告与被告签订的《委托拍卖合同》是否无效？

根据《城镇国有土地使用权出让和转让暂行条例》第44条、第45条、第46条的规定，国有划拨土地使用权不应属于破产财产。依照《拍卖法》第6条、第42条以及《城市房地产管理法》第38条第3款的规定，拍卖标的应当是委托人所有或者依法可以处分的物品或者财产权利，拍卖人应当对委托人提供的有关文件、资料进行核实，依法收回土地使用权的房产不得转让。

本案中，原告认为，《委托拍卖合同》中委托的是全部资产，国有划拨土地使用权本身不是物资公司的破产财产。至于委托方的地上附着物在委托合同签订后被政府收回，以及委托人是否还有其他财产，实质上是合同能否履行的问题，而不是合同效力问题。

原告与被告签订的《委托拍卖合同》中，虽约定的拍卖标的物是物资公司破产清算组的全部资产,但合同中所涉主要的拍卖标的物为国有划拨土地。被告在资产处置过程中,委托原告拍卖包含国有划拨土地在内的所有资产,以及原告在未经核实有关文件、资料的情况下,接受拍卖委托,双方的行为均违反了《合同法》第52条第5项“违反法律、行政法规的强制性规定”,以及《城市房地产管理法》第38条第3项“依法收回土地使用权的房地产不得转让”的规定。不得转让,亦即不能拍卖,同时,原告在明知被告不是该资产的所有权人,无权处分拍卖标的物的情况下而接受拍卖委托,导致合同无效。

【案例索引】

一审:湖南省慈利县人民法院(2008)慈民二初字第74号

再审:湖南省张家界市中级人民法院(2013)张中民二再终字第6号

189. 甲与某银行分行、某拍卖公司拍卖合同纠纷案

——拍卖未经审批的金融机构名下国有资产的性质及效力

问题提示:1. 金融机构下属分支机构在取得授权的情况下,就其名下国有资产进行公开拍卖是否必须经过国有资产管理部门审批? 2. 拍卖房地产中,委托人、拍卖人及买受人就土地增值税纳税主体所作约定是否有效?

【基本案情】

上诉人(一审原告):甲

被上诉人(一审被告):某银行分行

被上诉人(一审被告):某拍卖公司

人民法院经审理查明,某拍卖公司受某银行分行委托,就某银行分行名下的中兴路26号一层房屋进行拍卖。公告中注明“标的过户买卖双方所需缴纳的税、费全部由买受人承担”。甲参加竞拍、签名确认了某拍卖公司制定的《竞买注意事项》及《竞买协议》,并缴纳竞买保证金。其中《竞买注意事项》载明:标的过户时买卖双方所需缴纳的税、费全部由买受人承担;各竞买人在拍卖标的展示期间应对标的进行仔细察看,并详细了解标的的现状和水电、消防配套以及税费标准多少等情况。2013年11月15日上午,甲以2 800 000元的成交价竞得上述房地产,签订《成交确认书》;2013年12月9日,甲付清了拍卖成交款及拍卖佣金。某银行分行将上述房地产的房屋所有权证、国有土地使用证移交原告,该房地产由原告接收管理。随后,某银行分行、某拍卖公司分别函告甲,要求其尽快通知买受人办理过户手续并补交相关税费;甲函复某拍卖公司,要求本案房地产转让的税、费由某银行分行承担。双

方协商未果,甲向本院提起民事诉讼。

法院另查明,根据某银行的内部授权,某银行分行拥有"对以具有国家认定资质的中介机构评估的价格作为底价、通过公开拍卖方式、单笔净损失在72万元(含)以下的房产处置的审批权"。应某银行分行的委托,某房地产土地评估公司分公司对本案房地产进行评估作价,并作出房地产估价报告。评估机构某房地产土地评估公司为具备一级资质的评估机构,其经营范围包含房地产估价。

原告甲诉称,某拍卖公司在拍卖时未出示某银行分行转让涉案房产必要的审批、备案和评估文件。此外,某拍卖公司不具有国有资产评估资质,不符合转让国有资产必须要具有的相应评估资质的规定。因而,该拍卖行为无效。根据相关规定,某银行分行应为土地增值税的纳税义务人,拍卖文件中要求买受人承担土地增值税的条款应属无效。某银行分行与某拍卖公司在收取成交款后,未开具正式税务发票,涉嫌刑事犯罪。请求判令某拍卖公司出具文件中关于买受人承担房屋过户税、费的条款无效,由某银行分行承担上述税费。后增加诉请要求确认《拍卖合同》《竞买协议》《成交确认书》无效,某银行分行返还原告拍卖成交款及利息,某拍卖公司对上诉款项承担连带责任。

被告某银行分行答辩称,《土地增值税暂行条例》系管理性规定,允许当事人合意处分自己权利。本案应当适用2009年正式施行的《企业国有资产法》及2005年施行的《企业国有资产评估管理暂行办法》,其中明确了国有资产监督管理部门和人民政府对国有资产进行监督管理,可以授权其他部门和机构代表人民政府履行出资人职责,履行出资人职责的机构可以作出转让国有资产的决定。双方在拍卖过程中所涉及的《拍卖公告》《竞买协议》《成交确认书》《竞买注意事项》等约定均符合法律规定,房屋买卖合法有效,故请求驳回原告的诉讼请求。

被告某拍卖公司答辩称,同意被告某银行分行的答辩意见。某拍卖公司审查了评估报告以及委托人的委托资质,所刊登的《拍卖公告》上载明标的物过户买卖双方所需缴纳的税、费全部由买受人承担。原告以竞买人的名义报名参加竞拍,并签名确认了《竞买注意事项》《竞买协议》。被告某拍卖公司已履行关于税费的告知义务。

【裁判结果】

一审:驳回原告甲的诉讼请求。

二审:驳回上诉,维持原判。

【争议焦点与裁判理由】

本案的争议焦点是:(1)某银行分行处置涉案房产是否违反法律、法规;(2)评估机构所作的评估报告是否有效;(3)原、被告之间关于税费之约定是否有效。

根据生效裁判文书,人民法院认为,《金融企业国有资产评估监督管理暂行办法》第18条关于中央直接管理的金融企业子公司、省级分公司或分行、金融资产管理公司办事处账面资产总额小于5000万元的资产项目之规定,本案转让的房屋登记在某银行分行名下,某银行分行根据获得建设银行总行授权的省级分行授予的财产处置权限,委托具备房地产评估资质的中介机构评估,并通过公开拍卖方式处分其享有所有权的房产,并不违反法律、法规。《企业国有资产评估管理暂行办法》第 9 条规定了对国有资产进行评估的机构应当具备的五项条件,该五项条件中均未要求评估机构必须取得国有资产评估资格证书。某房地产土地评估公司分公司,作为拥有一级资质的评估机构的分公司,经营范围包括房地产评估,其对涉案房产进行评估是合法有效的。

原告拍卖前已知晓关于税费分担的事宜,从原告参拍、拍卖成交到缴纳拍卖成交款前后经历近一个月时间,均未对此提出异议,充分说明原告参拍、签订拍卖文件及与某银行分行确立房地产买卖关系是真实的意思表示。《土地增值税暂行条例》中关于纳税义务人主体的界定属于管理性规定,并不限制他人代缴税费款和当事人之间对税费款项承担所作的特殊约定。《竞买注意事项》《竞买协议》《成交确认书》等内容均属合法有效,对各方当事人均有法律约束力。原告应当在拍卖成交后根据约定承担税费。

【案例评析】

一、金融机构的分支机构就其名下房产进行公开拍卖的行为是否有效

根据《企业国有资产监督管理暂行条例》第 2 条第 2 款之规定“金融机构中的国有资产的监督管理,不适用本条例”,及《企业国有产权转让管理暂行办法》第 2 条第 2 款之规定“金融类企业国有产权转让和上市公司的国有股权转让,按照国家有关规定执行”,金融类企业的国有产权转让不适用前述条例。而2009 年起实施的《企业国有资产法》涉及的国有资产须履行审批手续,此处国有资产是指国家对企业各种形式的出资所形成的权益,是国家作为出资人对其出资的企业享有的资产收益、参与企业重大决策和选择企业管理者等股东权利,并不是指国家出资企业名下的房产、机器设备等不动产和动产。因此,金融类企业转让其名下的国有资产并不必然需要根据《企业国有资产监督管理暂行条例》《企业国有产权转让管理暂行办法》《企业国有资产法》及《国有资产评估管理办法》履行审批手续。此外,《金融企业国有资产评估监督管理暂行办法》第 18 条规定,中央直接管理的金融企业子公司、省级分公司或分行、金融资产管理公司办事处账面资产总额小于 5000 万元的资产项目,以及下属公司、银行地(市、县)级运行的资产评估项目,报中央直接管理的金融企业备案。根据上述规定,中央直接管理的金融机构的分行、子公司在拍卖 5000 万元以下资产时,无须履行国有资产审批手续,而直接通过向金融备案、授权。

本案中,某银行分行根据总行的授权,“对以具有国家认定资质的中介机构评估的价格作为底价、通过公开拍卖方式、单笔净损失在 72 万元(含)以下的房产处置的审批权”,享有对其名下房产的处置权。某银行分行通过委托评估、公开拍卖的程序,转让涉案房产的行为合法有效,并未违反法律、法规。

二、以房地产为标的的拍卖中，委托人、拍卖人及买受人之间能否就土地增值税的纳税主体进行约定

土地增值税，是指国家为了规范土地、房产市场，向转让国有土地使用权及其地上的建筑物、附着物并取得收入的单位和个人，按照转让房地产所取得的增值额和规定的税率计算征收的税种。根据《土地增值税暂行条例》第2条之规定，"转让国有土地使用权、地上的建筑物及其附着物并取得收入的单位和个人，为土地增值税的纳税义务人"，但该条例关于纳税主体的规定，属于行政管理性规定，当事人对于税费承担的约定属于意思自治范畴，属于民法调整的范围。该约定与上述暂行条例的规定也并不矛盾，虽然纳税主体为转让人，但并不排斥相关税费可由受让人承担。拍卖活动中，买受人在充分了解了标的物及相关税费责任分配的基础上，签订协议书或拍卖合同，应视为自愿同意承担该税费款项。双方约定系民事权益的自由处分，并未违反效力性强制规定，该约定对双方具有约束力，应予履行。

本案中，某拍卖公司所出具的《拍卖公告》《竞买注意事项》《竞买协议》及《成交确认书》中均有关于"标的过户买卖双方所需缴纳的税、费全部由买受人承担"的提示，后三份文件均有甲的签名确认，说明甲对相关税费分担事宜有充分的认识，其参拍、成交均为真实意思表示，也即甲在签订前述文件时，认可双方对于税费的约定，该约定合法有效。在房地产买卖中，当事人对税费负担分配已有约定的，应以合法有效的约定为准，双方应按约定履行相应义务，故甲在买得涉案房产后应按约定缴纳土地增值税。

【案例索引】

一审：浙江省湖州市吴兴区人民法院(2014)湖吴商初字第886号

二审：浙江省湖州市中级人民法院(2015)浙湖商终字第45号

190. 某房地产公司与某村民委员会合作开发房地产合同纠纷案

——以委托政府出让村回购方式订立的开发协议的效力

问题提示：以委托政府出让村回购方式订立的土地开发协议，其法律性质及效力如何认定？

【基本案情】

上诉人（一审原告）：某房地产公司

被上诉人（一审被告）：某村民委员会

人民法院经审理查明：位于三门县海游镇大湖塘新区的C02－03－09（原C32A）地块系被告某村的村级留用地。为了对该地块进行开发利用，被告村两委及村民代表经协商,于2009年9月18日形成了《某村C32A地块土地开发商谈条件》一份,载明该地块的开发涉及村民户数96户,以招商引资、委托政府公开出让形式开发该地块。2009年10月29日,为就涉案地块进行开发,某村民委员会、某村党支部作为甲方与原告和某房地产公司(乙方)签订了土地开发协议书,就有关事项达成协议:双方同意以委托政府出让、村回购方式开发涉案土地。甲方所有房屋回购均为无偿回购(出让金返还款作为回购金,甲方村民取得回购房不需要付款)。出让前甲方不得跟任何单位和个人洽谈该土地开发事宜,并协助乙方办理相关手续,帮助或以村方名义向政府及相关部门争取有关优惠政策。乙方取得土地使用权后,未经甲方同意不得转让。乙方未取得土地使用权的话本协议所有约定无效。被告某村民委员会及该村党支部均在该协议上盖章,时任村民委员会主任甲、党支部书记乙亦在该协议书上签字。在此后的2009年12月24日,某村党支部作为甲方与原告和某房地产公司(乙方)签订了一份补充协议(以下简称2009补充协议),约定甲方要全力帮助乙方取得土地使用权。某村党支部及王某在该协议上盖章、签字。2010年1月5日,三门县国土资源局发出三国土告字〔2010〕1号国有建设用地使用权公开出让公告,载明竞得人须在本县注册登记房地产开发企业后,方可开发受让地块。涉案地块竞得人必须同意由某村无偿回购住宅96套计建筑面积11 520平方米、商业建筑面积8000平方米。后原告虽未竞买成功,但由于竞得人被取消竞得资格,涉案地块亦未能出让成功。

2010年12月31日,三门县国土资源局就涉案地块发布了三国土告字〔2010〕27号出让公告及出让须知,载明竞得人须在本县登记注册房地产开发企业后,方可开发受让地块;竞得人必须同意由某村回购住宅及商业用房共计19 520平方米,回购商业、住宅价格均为每平方米1500元;本次公开出让起始价为8000万元等内容。2011年1月8日,原告和某房地产公司作为乙方与作为甲方的某村党支部签订了一份补充协议(以下简称2011补充协议),约定:双方在2009年10月29日签订的土地开发协议和2009年12月24日签订的补充协议继续有效;政府返还给甲方的土地出让金按原签订的协议不变;本协议未说明的,按原签订的协议执行等。某村党支部在该协议甲方栏上盖章并由时任书记乙签字,而某村民委员会及相关负责人并没有在该协议上签字(该补充协议的抬头及落款处均有某村民委员会字样)。后原告竞得涉案地块。

2011年11月8日,三门县财政局将3000万元打入海游镇人民政府账户,之后海游镇人民政府陆续将上述3000万元款项拨付给被告某村民委员会。原告和某房地产公司获悉被告某村民委员会收到3000万元款项后,遂要求被告某村民委员会按土地开发协议书的约定,将上述款项支付给和某房地产公司而遭到拒绝,遂起诉至法院,请求:判决确认被告应支付给原告回购金51 520 000元,判决被告立即支付给原告其中的回购金30 000 000元,并承担本案全部诉讼费用。

被告某村民委员会辩称:(1)双方同意以委托政府出让、村回购方式开发土地,该约定的核心内容是由被告把土地委托政府出让,如果原告竞得土地使用权,被告向原告回购固定面积的住宅和商业用房,被告把出让金返还款作为回购金支付给原告。原告开发房地产,被告方不承担经营风险,也不参与利润分配,本案在性质上应属于房屋买卖合同纠纷。(2)土地开发协议书约定的土地出让金使用既在实体上违法,又在程序上违法,应当确认为无效。(3)假使土地开发协议书合法有效,根据本案的相关事实,该土地开发协议书依法也已经失效,双方权利义务关系已经终止,原告无权根据协议的约定请求支付出让金(回购金)。(4)被告村民委员会并未授权村党支部对外代表村民委员会,村民代表会议也未授权村党支部决定涉讼地块的重大事项,原告与越权的党支部签订的补充协议无效。即使村民委员会授权党支部对外签订补充协议,该授权行为也是无效的。

【裁判结果】

一审:驳回原告某房地产公司的诉讼请求。

二审:裁定准许上诉人某房地产公司撤回上诉。

【争议焦点与裁判理由】

本案的争议焦点为,以委托政府出让、村回购方式订立的土地开发协议,其法律性质及效力如何认定。

人民法院经审理认为,当事人以委托政府出让、村回购方式订立的土地开发协议应属附解除条件的合作开发房地产合同。在解除条件业已成就,双方又未能订立合法有效的补充协议的情况下,双方订立的土地开发协议失去效力。

【案例评析】

本案主要涉及如何认定以委托政府出让、村回购方式订立的土地开发协议的法律性质及效力的问题。

一、法律性质

根据《最高人民法院关于审理涉及国有土地使用权合同纠纷案件适用法律的解释》第 14 条的规定,“合作开发房地产合同,是指当事人订立的以提供出让土地使用权、资金等作为共同投资,共享利润、共担风险合作开房地产为基本内容的协议”。同时,该解释第 25 条规定,“合作开发房地产合同约定提供资金的当事人不承担经营风险,只分配固定数量房屋的,应当认定为房屋买卖合同”。由此可见,合作开发房地产合同的三个基本特征为共同投资、共享利润、共担风险。以委托政府出让、村回购方式订立的土地开发协议,从协议内容来看,其核心内容是将土地出让金全额返还给土地使用权竞得人,竞得人提供相应数量的房屋,这似乎符合前述司法解释第 25 条所规定之转性房屋买卖合同的性质。但还要进一步分析双方订立的协议内容,才能确定系争协议的法律性质。以本案为例,双方签订的协议同时还约定村方有义务向政府及相关部门争取有关优惠政策、土地出让金返还给原告后必须由被告全程监管该土地出让金全部用于项目建设等,这些内容明显超出房屋买卖合同的范畴,因此该土地开发协议书在性质上更符合合作开发合同的特点。

二、合同效力

在明确以委托政府出让、村回购方式订立的土地开发协议的法律性质的基础上,应依据相应的法律法规认定其合同效力。这主要涉及以下两个问题:

(一)附条件合同,条件成就后的合同效力问题

土地使用权的出让多以公开拍卖的方式进行,因此,以委托政府出让、村回购方式订立的土地开发协议多会面临合作开发方未能竞得相关土地使用权的问题。因此,此类协议多会约定未取得土地使用权时相关约定无效,此即附条件合同。根据《合同法》第45条的规定,附解除条件的合同,自条件成就时合同失效。以本案为例,在第一次拍卖过程中,原告并未取得涉案地块的土地使用权,至此,即使土地开发协议书有效,该土地开发协议书在第一次拍卖结束后即已经当然并自动失去效力,双方权利义务关系归于消灭,也不再受该协议内容的约束。原告认为在第一次拍卖未能取得土地使用权之后,原、被告双方一直在沟通,表示仍受该协议的约束,并提供了2011补充协议。该补充协议系被告村党支部书记乙以党支部的名义与原告签订,其核心内容是双方签订的土地开发协议书及2009补充协议继续有效。因此,对2011补充协议的效力认定直接关系到土地开发协议书对原、被告双方是否仍有约束力。该补充协议甲方的抬头及落款处均有某村村民委员会及党支部的打印名称,但最终在落款处盖章的仅是党支部,签字的仅为党支部书记乙,因此从协议形式上看,该补充协议中并没有被告某村民委员会的意思表示存在。更何况,村党支部作为党的基层组织,本身不具备实施民事法律行为的主体条件,其对外实施的民事法律行为因此理应被确认为无效。此外,乙作为某村的党支部书记,其不是某村这一村民自治组织法律意义上的法定代表人或者负责人。综上,该2011补充协议并不能在原、被告之间产生法律上的约束力,相应地,在第一次土地使用权拍卖之后即失效的土地开发协议书也不能因为2011补充协议的存在而在原、被告之间恢复合同的约束力。

(二)违反法律、行政法规的合同效力审查

农村留用地委托政府出让后,村方与开发商签订的开发协议多含有将出让金返还给开发商的条款,并保证大力协助开发商在土地使用权拍卖中竞得。这就使得以委托政府出让、村回购方式订立的土地开发协议存在违法性效力审查问题。

第一,协议订立程序的违法性审查。无论是根据1998年的《村民委员会组织法》第19条,还是根据2010年的《村民委员会组织法》第24条,涉及村民利益的重大事项均应提请村民会议讨论决定。农村自留地出让一般涉及金额都较大,且与

村民生产、生活息息相关，故相关开发协议的签订应注意是否遵守上述法律规定。本案中，按三政发〔2006〕58 号文件的规定，被告村将涉案土地使用权委托国土部门出让后，可返还的土地出让金数额为 8000 余万元。对该 8000 余万元如何支配、使用，毫无疑问当属涉及该村村民利益的重大事项。从原告提供的有关被告村里的决议、决定等来看，这些文件也只是涉及宅基地安排的方案实施而并未涉及返还的土地出让金如何支配、使用，因此双方合同中有关将返还的土地出让金全额支付给开发商的约定，违反了《村民委员会组织法》的相关程序性规定，应当认定为无效。

第二，拍卖过程违法性审查。由于涉案地块要通过公开拍卖（挂牌）形式进行出让，因此，还应遵守相关拍卖法律规定。本案中，双方的土地开发协议书约定“如多家开发商参与竞拍，村方须向原告支付违约金”；2009 补充协议约定“被告要全力帮助原告取得土地使用权，若出现其他单位或个人参与挂牌并取得土地使用权，被告须支付违约金 1000 万元”等，这些对其他竞买人的限制性约定内容明显有违拍卖的实质意义。更为关键的是，土地开发协议书约定将如此巨额的土地出让金全额由村方支付给原告，在竞拍过程中的其他竞拍参与者与原告相比明显处于极为劣势的地位，对其他竞拍参与者而言明显是不公平的，这违反了《拍卖法》第 4 条所确定的拍卖应当遵循的公平、公正及诚实信用原则。

第三，出让金使用的违法性审查。以委托政府出让、村回购方式订立的土地开发协议，核心内容就是，村方将返还的出让金再返还给开发商，以换取住宅和商业用房。对于农村留用地公开出让所得的土地出让金，上级地方政府在扣除一定比例资金用于缴纳耕地占用税、社保基金等后，多会全额返还给村集体用于基础设施建设、被征地农民养老保障等。同时，为了保证专款专用，地方立法多规定，农村留用地经国有土地招拍挂过程后纳入政府基金预算管理：收入全部缴入国库，支出一律通过政府，所取得的土地出让金为财政性资金，土地出让收支全额纳入基金预算予以安排。故对出让金的使用，还应注意审查其是否违反地方性法规、规章。

【案例索引】

一审：浙江省台州市中级人民法院（2012）浙台民初字第 4 号

二审：浙江省高级人民法院（2013）浙民终字第 17 号

191. 甲与某拍卖公司、乙拍卖合同纠纷案

——拍卖未办理权属登记的划拨土地上的房屋的效力

问题提示:划拨土地上的房地产,未办理房屋权属登记,能否作为拍卖的标的?

【基本案情】

原告:甲

被告:某拍卖公司

被告:乙

人民法院经审理查明:原告甲与被告乙约定各出资50%竞买长阳土家族自治县资丘镇长安路12号(原资丘法庭)房产及土地使用权,并与被告某拍卖公司签订了竞买人为甲、乙的《竞买协议》《拍卖成交确认书》。拍卖成交后,按约定竞买人应付清佣金及标的物成交价合计212.10万元,因竞买人已缴30万元保证金,尚欠182.10万元。后某拍卖公司下达催款通知书,甲与乙协商后,由乙作出付款承诺,但截至8月27日仅支付10万元。甲与乙再次协商后,由乙与某拍卖公司签订《补充协议》,约定在2013年9月16日前全额付清尚欠的172.10万元。逾期付款,则甲、乙将竞买标的物交回某拍卖公司再次拍卖处置,若再次拍卖成交价低于202万元,则由甲、乙补足差额。补充协议签订后,原告认为本次拍卖标的物不能转让,《竞买协议》《拍卖成交确认书》违反法律法规强制性规定,拒绝交纳所欠价款。此后乙个人先后两次作出付款承诺,但均未兑现。2014年2月18日,乙个人再次承诺:放弃竞买标的物及前期交纳的85万元(含保证金),由拍卖公司重新组织拍卖,若成交价低于132万元,差额部分由乙补足;若成交价高于132万元,多余部分支付给乙。某拍卖公司第二次拍卖会以132万元竞买成交。

另查,涉案房地产原产权人为长阳土家族自治县人民法院,其中的房产没有办理权属证书,土地使用权办理了权属证书,使用权类型为"划拨",规划用途为"住宅"。在拍卖交易前已取得长阳土家族自治县人民政府、国有资产管理委员会、国土资源局准予交易的相关文件和批复。上述相关批复文件等资料,被告某拍卖公司给竞买人予以了展示,且《竞买协议》也载明了该标的物的上述权属状况,约定"若买受人过户时改变住宅用地性质,所产生的土地出让金及相关税费由买受人全额承担"。

原告甲诉称:原告和被告乙参加了被告某拍卖公司举办的拍卖会,并以最高价202万元竞得长阳土家族自治县资丘镇长安路12号(原资丘法庭)房产及土地使用权,至今已支付包含保证金、拍卖佣金及竞买标的部分价款,总计85万元。后原告得知,上述竞拍标的物委托方不能转让,因此原告与某拍卖公司签订的《竞买协议》

和《拍卖成交确认书》违反法律、行政法规的强制性规定,并严重影响国家利益。同时,被告乙单方签订的《补充协议》及单方作出的承诺,损害了原告的利益。因此请求人民法院:一、确认原告甲、被告乙与被告某拍卖公司签订的《竞买协议》《拍卖成交确认书》无效;二、确认被告乙与被告某拍卖公司2013年8月27日签订的《补充协议》无效,被告乙2014年2月18日对被告某拍卖公司作出的《承诺书》无效。

被告某拍卖公司辩称:2013年6月27日受长阳土家族自治县人民法院委托,对原资丘法庭房产及土地使用权进行拍卖,拍卖程序合法,原告甲认为该涉案的标的物不能转让,没有事实和法律依据,其实质是悔拍,请求法院驳回原告诉讼请求。

被告乙辩称:与原告甲合伙以202万元竞得标的物后,在约定的付款期限内,甲认为标的物赚不到钱而退出,但整个拍卖活动是合法的,从而乙才向被告某拍卖公司承诺放弃前期交纳的85万元,委托某拍卖公司再次拍卖。

【裁判结果】

一审:驳回原告甲的诉讼请求。

【争议焦点与裁判理由】

本案的争议焦点是:(1)拍卖标的房地产能否拍卖转让;(2)《竞买协议》《拍卖成交确认书》是否有效;(3)《补充协议》《承诺书》是否有效。

人民法院经审理认为,对于争议焦点一,根据《城市房地产管理法》第40条第2款的规定,本案中土地使用权的转让,有批准权的长阳土家族自治县人民政府可以决定不办理土地使用权出让手续,由转让方土家族自治县人民法院将转让房地产所获收益中的土地收益上缴国家或者作其他处理。因而本案中原告缴纳竞价款后可以按《竞买协议》取得该宗土地使用权。如原告要改变该宗土地"住宅"用途,有批准权的人民政府及主管部门也是准许其另行签订土地使用权出让变更协议,只是相应调整土地使用权出让金,不影响其开发利用,《竞买协议》对此均予以了约定。而关于本案拍卖的房产,虽未办理权属证书,但在拍卖前委托方办理了准予转让的审批手续,长阳土家族自治县国有资产管理委员会同意转让,且该房产权属明确、具备完善的建设规划审批手续,并不妨碍原告缴纳竞价款后,依法将房产办理至其名下。因此,诉争房地产是可以拍卖转让的。

对于争议焦点二,法院认为拍卖标的系委托方经过审批可以处分的房地产,被告某拍卖公司拍卖行为合法,竞买人与拍卖公司签订的《竞买协议》《拍卖成交确认书》系真实意思表示,且不违反法律等禁止性规定,法院依法确认其合法有效。

对于争议焦点三,法院认为2013年8月27日前作出的承诺及签订的《补充协议》是双方真实意思表示,法院依法确认其合法有效。乙在2014年2月18日出具的《承诺书》,系乙个人行为,合法有效,但对原告无约束力。

【案例评析】

一、拍卖标的是否具备合法性

本案中原告主张拍卖标的依法不能转让,因此《竞买协议》《拍卖成交确认书》违反法律、行政法规的强制性规定,并严重影响国家利益,应当认定为无效。《拍卖法》第7条规定,法律、行政法规禁止买卖的物品或者财产权利,不得作为拍卖标的。在拍卖实践中,并不是所有的物品或财产权利都可以作为拍卖标的,拍卖标的还必须具备合法性,此合法性包括了拍卖标的来源的合法性以及拍卖标的须没有流通障碍。因此,判断本案拍卖标的是否属于法律、行政法规规定的禁止流通转让的标的物,将直接影响《竞买协议》《拍卖成交确认书》是否会由于违反强制性规定从而无效。

本案诉争拍卖标的由两部分组成:一是原资丘法庭的房产;二是该房产所在土地的土地使用权,性质均属国有,该房地产的开发交易,应当遵守《城市房地产管理法》的相关规定。

就本案拍卖的土地使用权,使用权类型为"划拨",规划用途为"住宅"。根据《城市房地产管理法》第40条第2款的规定,以划拨方式取得土地使用权的,转让房地产报批时,有批准权的人民政府按照国务院规定决定可以不办理土地使用权出让手续的,转让方应当按照国务院规定将转让房地产所获收益中的土地收益上缴国家或者作其他处理。根据本条法律规定,以划拨方式取得土地使用权的,房地产可以转让,转让房地产时也可以有条件地不办理土地使用权出让手续。在委托拍卖标的土地使用权时,委托人长阳土家族自治县人民法院取得了长阳土家族自治县人民政府、国有资产管理委员会、国土资源局准予交易的相关批复,并且长阳土家族自治县国土资源局对国有资产管理委员会的复函也表明,其同意公开处置包含划拨国有土地使用权的国有资产,若该宗土地符合城市建设规划要求且不改变原土地用途,可由人民法院依照土地评估价格缴纳土地出让金,再将土地过户给资产买受人。因此,诉争土地使用权可以拍卖转让,不是法律、法规规定的禁止转让的标的,只要委托人将转让所获土地收益上缴国家或者作其他处理,原告按照《竞买协议》缴纳竞买金,就可以合法取得该土地使用权。

就诉争房产而言,原告认为该房产未办理房产证而依法不能转让,主要依据为《城市房地产管理法》第38条第6项,未依法登记领取权属证书的房地产不得转让。对于尚未领取权属证书的房产转让,会不会直接因为违反法律强制性规定而导致转让合同无效的问题,司法实践中一直存在争议。因为《合同法》第52条规定的合同法定无效事由中,因违反法律、行政法规强制性规定而导致合同无效的情形,该强制性规定应当是效力性的强制性规定,而《城市房地产管理法》第38条第6项的相关规定应当倾向于认定为管理性强制性规定,作此规定的目的在于限制权利人不明的房地产转让,维护房地产交易市场秩序。违反《城市房地产管理法》第

38 条第 6 项，严格来说只产生物权上的后果，如房地产不能完成产权变更过户等，但是并不能据此否认合同的效力，合同的有效与否应当严格依法判定。本案中，首先，尽管标的房产未办理权属证书，但在拍卖前委托方办理了准予转让的审批手续，且该房产权属明确、具备完善的建设规划审批手续，有竣工验收纪要、建设安装工程竣工决算协议，非违章建筑物，是能办理房产证的，原告缴纳竞价款后可依法将房产办理至其名下，不会因此影响拍卖人与买受人以一致意思表示达成的相关协议的效力。

二、《竞买协议》《拍卖成交确认书》是否有效

在焦点一中已经论述，本案诉争房地产可以作为合法的拍卖标的进行拍卖，而在拍卖程序中被告拍卖公司也将诉争标的有关权属状况的文件与批复对竞买人予以了展示，并在《竞买协议》也载明了拍卖标的物的权属状况，因此被告拍卖公司的行为完全符合拍卖法的相关披露规定，原告应当明知诉争拍卖标的可以依法拍卖转让。《竞买协议》《拍卖成交确认书》系双方真实意思表示，不存在任何法定的合同无效事由，因此原告主张《竞买协议》《拍卖成交确认书》无效缺乏法律与事实依据，《竞买协议》《拍卖成交确认书》自其成立时即发生法律效力。

三、2013 年 8 月 27 日的《补充协议》、2014 年 2 月 18 日的《承诺书》对原告是否发生效力

2013 年 8 月 27 日的《补充协议》，是甲与乙协商后，由乙与被告某拍卖公司签订的，乃双方真实意思表示，不存在任何法定的无效或可撤销事宜，协议自签订之日起生效，双方应当按照协议全面履行自己的义务，即在 2013 年 9 月 16 日前全额付清尚欠的 172.10 万元。逾期付款，则竞买人甲、乙将竞买标的物交回被告某拍卖公司再次拍卖处置，若再次拍卖成交价低于 202 万元，则由甲、乙补足差额。

2014 年 2 月 18 日的《承诺书》，乃乙对被告拍卖公司的个人承诺，对于此承诺书的双方而言，是其真实意思表示，乙与拍卖公司都将受到生效《承诺书》的约束。但根据合同的相对性原则，此承诺书不能约束原告，如果没有法定的合同无效事宜，原告也不能主张此承诺书无效。根据《合同法》第 52 条的规定，此承诺书不存在法定无效事由，应当合法有效。

【案例索引】

一审：湖北省宜昌市三峡坝区人民法院（2014）鄂三峡民初字第 00367 号

六、其他与拍卖有关的纠纷问题

192. 甲与某拍卖公司拍卖合同纠纷案

——拍卖活动是否适用《消费者权益保护法》

问题提示：拍卖中的竞买人与拍卖人之间的法律关系是否受消费者权益保护法调整？

【基本案情】

再审申请人(一审原告、二审上诉人)：甲

再审被申请人(一审被告、二审被上诉人)：某拍卖公司

人民法院经审理查明：2014年3月16日，某拍卖公司在马连道第三区商业街举行大型民间艺术品收藏无底价拍卖会，其中预展时间为2014年3月12～16日。甲参加了该预展活动，填写了《竞买方登记单》，该《竞买方登记单》登记了甲的姓名、身份证号码、联系地址及邮编、联系电话及预交的保证金金额。该竞买方登记单还确认了竞买方兹申请进行竞买、并承诺接受如下条款：竞买人领取号牌需进行身份证登记并交纳2000元保证金。竞买人在竞买前亲自仔细查看竞品，核对目录中竞品现状。竞买人在竞买现场举牌应价，应视为竞买人已经接受竞品的现有状态。本场竞买会图录仅作为竞品的目录，拍卖公司对图录中所有竞品不承担瑕疵担保责任。竞买人竞得的竞品，除支付落槌价款外须向拍卖公司缴纳相当于落槌价10%的佣金。所有领取号牌参加的竞买者，即表明竞买人承认并同意遵守本场竞买会的一切规则，等等。甲在庭审中还表示在竞拍前了解了《竞拍须知》的内容，《竞拍须知》内容包括：竞买人凭本人身份证缴纳保证金2000元办理竞买手续，领取号牌取得竞买资格。竞买人应认真查看上拍品，某拍卖公司对拍品不承担瑕疵担保，竞买人应对自己的竞买行为负责。说明：本场拍品均有民间征集并竞得，拍前将全部进行预展。请在预展时自行鉴定拍品，并决定是否参加竞买，如有质疑建议自请鉴定师到场参谋，否则一经拍得，物款两清，概不退还。拍卖公司在该拍卖会上展出多件拍品，其中第384号拍品名称为"大师作品和田玉金皮籽料一统天下把件"，该拍品的鉴定证书上的检验结论为"和田玉挂件"。甲参加了该拍卖会及预展，并在正式的拍卖活动中以起拍价5000元的价格拍下第384号拍品，甲为此向某拍卖公

司支付了5000元的拍卖费及500元的佣金费用。甲拍下该拍品后,发现鉴定书和拍品上均没有大师落款,何谈大师作品;后又经多方咨询得知该拍品的外皮不是“籽料”的玉皮,色应该是人工染色,料不是籽料是山料,是下品山料。

原告甲诉称,拍卖公司的文字宣传“大师作品金皮籽料”与玉的真实质地不符,是虚假宣传,请求判令:(1)撤销合同并返还甲购买款5500元;(2)根据《消费者权益保护法》要求某拍卖公司三倍赔偿;(3)赔偿甲的材料费100元、交通费130元、电话费200元等诉讼请求。

被告某拍卖公司辩称,某拍卖公司与甲之间存在拍卖关系,应适用拍卖的相关规定。拍卖公司没有承诺假一赔十,也没有承诺将大师作品和田籽料写在证书上。拍卖须知及拍卖规则在醒目位置明确了注意事项,根据拍卖须知规定,某拍卖公司对拍卖目录上的拍品不承担担保责任,且拍卖公司对所有拍品进行了4天的预展,在此期间甲应对拍品实际状况进行了解,一经拍卖货款两清概不退还。根据甲签订的竞买方登记单,拍卖公司亦不承担瑕疵担保责任,拍卖公司对此已经充分做到告知义务,在拍卖前拍卖师将拍卖规则及须知都进行逐条宣读。

【裁判结果】

一审:因某拍卖公司同意返还甲拍卖费用5000元及佣金费用500元,故一审判决拍卖公司向甲返还5000元拍卖费用及500元佣金,甲返还拍卖公司第384号拍品;驳回甲其他诉讼请求。

二审:驳回上诉,维持原判。

再审:驳回甲的再审申请。

【争议焦点与裁判理由】

本案的争议焦点为,拍卖竞买人与拍卖人之间的法律关系是否适用消费者权益保护法调整。

根据再审裁判文书,人民法院认为,甲以拍卖方式从拍卖公司获得第384号拍品,由此,甲与拍卖公司之间即形成合法有效的拍卖合同关系,双方的权利义务应予有效保护。《拍卖法》第18条第2款规定:拍卖人应当向竞买人说明拍卖标的的瑕疵。拍卖前,某拍卖公司将拍品进行了预展,并在《竞拍须知》中声明拍品由民间征集竞得,拍卖公司对拍品不承担瑕疵担保责任,同时建议竞拍人在预展时自行鉴定拍品,以决定是否参加竞买。甲认可该《竞拍须知》,并作为竞买人签署了《竞买方登记单》,登记单上亦载明拍卖公司不承担瑕疵担保责任。《拍卖法》第61条规定:拍卖人、委托人在拍卖前声明不能保证拍卖标的的真伪或者品质的,不承担瑕疵担保责任。本案中,甲在知晓上述瑕疵担保条款,并且在竞买前能够充分了解涉案拍品实际状况的情况下,仍自主选择参与竞拍,最终拍得涉案第384号拍品,其应对自己的竞买行为负责,并自行承担拍品存在瑕疵的风险。甲起诉主张,拍卖公司存在虚假宣传,要求撤销拍卖合同,由拍卖公司给付三倍赔偿,并赔偿材料费、交通费、电话费的诉讼请求,缺乏合同依据和法律依据,不予支持。前述《竞拍须知》中明确载明:一经拍得,物款两清,概不退还。但在庭审中,拍卖公司表示如甲同意返还拍品,则愿意返还甲拍卖费用5000元及佣金费用500元,对此,法院不持异议。

【案例评析】

拍卖法与消费者权益保护法都是调整买卖领域中的特别法,但是拍卖与普通消费型买卖存在巨大的差异,导致两者在立法理念及对购买者的保护方式上存在较大差异。

首先,交易标的差异决定买受人性质不同。拍卖是一项古老的行业,在长期实践中形成了一套拍卖行规,其中大多数被吸收进了拍卖法中而且在拍卖过程中广泛运用。早先的拍卖标的一般有艺术品、文物、珠宝、奢侈品、房产等,与普通的生活消费品相去甚远,这就导致参与拍卖的竞买人更多的是"收藏者""爱好者",在法律上的定位可类比"投资者",而非普通消费者。既然是投资者,那么就应该具备投资者的一些基本素质,如具备投资领域的专业性及风险承受能力。因此,在拍卖法律关系中,拍卖人与买受人应是实质平等的法律关系主体,实现真正的买者自负,法律无须对此进行倾斜性的保护。然而普通消费者在消费性买卖关系中,一般来说,一方是经济力量和信息占优的生产商、销售商,另一方是个体消费者,后者在该法律关系中处于实质性的弱势状态,因此有必要对弱势群体的消费者权益进行保护。

其次,两者的议价机制也完全不同。拍卖一般采取公开竞价、价高者得的方式确定成交价,价格由竞买人通过竞争叫价发现。但消费型的买卖关系采取的是一对一的议价方式,而实质上由于信息不对称,卖方在价格决定中发挥着主导作用,很容易发生消费者受损害的情形,这就需要消费者权益保护法予以保护。

因此,拍卖法属于商事法,而消费者权益保护法则带有社会法性质,理念的不同导致两者在调整领域、调整对象方面存在天壤之别。虽然现在的拍卖标的有扩大趋势,一些拍品可能收藏价值和使用价值兼具,拍卖离普通消费者的生活越来越近,但是一旦作为拍卖的标的,就应该遵守拍卖的基本规则。

但是这并不意味着拍卖法律关系中,竞买人的权利就不受法律的保护。拍卖法要求委托人、拍卖人对拍品的瑕疵予以告知,拍卖人作出免责声明只能是因为对拍卖标的的真伪或品质不清楚、不确定或者是没有手段和能力鉴别。如拍卖人明知是赝品还当真品来拍卖,不属于拍卖人"不能保证"的情形,而是对竞买人的一种欺诈,必须承担不履行法定告知义务的民事法律责任。所以,拍卖行主张依"免责声明"而免除瑕疵担保责任的瑕疵,必须是拍卖人履行了法定的瑕疵告知义务而凭借拍卖人自身能力不能够发现的瑕疵,即没有发现瑕疵不是拍卖人过错的结果。如果认为拍卖人只要事先声明不能保证拍品真伪,就可以不履行法定的瑕疵告知义务,对拍品作任意表述,甚至把假的说成真的都可以不承担任何法律责任,不仅是对法定瑕疵告知义务的根本否定,也是对《拍卖法》规定的公平、公开、公正和诚实信用原则的根本否定。

因此,本案的交易模式决定了买受人不是消费者而是投资者,应该受拍卖法调整而非消费者权益保护法调整。

【案例索引】

一审:北京市西城区人民法院(2014)西民初字第9680号

二审:北京市第二中级人民法院(2014)二中民(商)终字第10448号

再审:北京市高级人民法院(2015)高民(商)申字第01936号

193. 某国有资本营运公司与甲、乙房屋租赁合同纠纷案

——行政事业单位采取公开招租处置资产是否适用《拍卖法》的规定

问题提示:行政事业单位采取公开招租方式处置资产的,是否适用拍卖法的规定?

【基本案情】

上诉人(一审被告):甲

被上诉人(一审原告):某国有资本营运公司

一审被告:乙

一审第三人:某公共资源交易中心

人民法院经审理查明:2011年11月2日,原告与两被告签订《房屋租赁合同》,合同约定原告将其所有的位于都匀市大兴街36号一楼1号门面出租给两被告使用,租期从2012年1月1日至2013年12月30日,月租金900元。合同到期后双方未续签合同。2014年1月13日,原告向被告发出门面收回通知,要求被告在2014年2月15日前将门面交回给原告。该门面实际承租人是被告甲。2014年3月26日,原告(甲方)与被告甲(乙方)签订协议书,该协议约定:乙方仍有租赁意愿,乙方参与门面竞租,如未中标必须于中标结果形成日起5个工作日无条件将门面交还甲方;乙方向甲方交纳履约保证金1万元,如乙方逾期未交还门面,履约保证金不予退还,同时所占用门面时间乙方应按新中标价交纳租金;如乙方中标,甲方退还乙方所交纳的履约保证金或者乙方用于抵扣租金。协议签订后,被告甲于2014年3月27日向原告交纳了1万元履约保证金。2014年5月13日,第三人组织了公开招租,案外人以月租金5276元的价格取得了都匀市大兴街36号一楼1号门面的承租权。被告交纳租金至2014年4月,从5月起被告交纳租金原告以被告未中标为由拒收。2014年6月16日、7月1日原告向被告甲发出门面收回通知和律师函,被告

以公开招租未保护其优先承租权为由拒收,被告至今未返还门面。

另查明:(1)上诉人甲与被上诉人某国有资本营运公司于2011年11月2日签订的《房屋租赁合同》第5条第2项约定,承租期满后,如出租人继续出租房屋,同等条件下承租人享有优先权。(2)一审第三人某公共资源交易中心接受被上诉人关于对都匀市大兴街36号一楼门面等国有资产进行公开招租的委托后,遂于2014年4月23日发布黔南公易产(2014)008号《某国有资本营运公司出租公告》,其中第9条第5款明确了原承租户在同等条件下享有优先权。2014年5月13日,一审第三人在举行竞租前向各竞租人宣读的竞租须知中同样也明确了同等价格下原租赁户优先。(3)2014年5月13日,一审第三人的工作人员在主持本案争议门面的竞租过程中,在确定最后成交价前,在未征询上诉人甲是否愿意以同等价格承租的情况下即落槌确定中标人,上诉人甲当场对优先承租权的问题提出异议。

原告某国有资本营运公司诉称,被告违约,为此诉至法院要求判令:(1)被告立即将位于都匀市大兴街36号一楼1号门面返还原告;(2)被告支付从2014年5月1日起至2014年5月18日止租金540元;(3)被告从2014年5月19日起至门面返还时止,按照每月5276元的标准支付门面占用费;(4)诉讼费用由被告承担。

被告甲、乙一审辩称:该门面虽以两被告的名义承租,但实际上一直都是甲个人租赁;原告将其门面委托第三人进行公开招租,这次招租实质上是拍卖房屋使用权的行为,应受《拍卖法》的调整,而第三人无拍卖资质,其工作人员也无拍卖师的资格,所以这次招租结果应为无效;既然招租结果无效,根据双方签订的协议,双方的租赁关系仍然存在;招租结束后被告于2014年5月26日到原告处交纳5月的租金,原告拒收,并非被告不交租金;在双方未达成新的租赁合同之前,被告只应按原租赁合同约定的900元交纳租金;如认定这次招租有效,被告交纳的1万元履约保证金不要求退还,但如果认定这次招租无效,被告要求继续承租,1万元履约保证金可抵扣租金;综上,原告招租无效,请求法院驳回原告的诉讼请求。

第三人某公共资源交易中心称:其是经省、州编委批准设立的事业单位,其职能之一是依法办理各类公共资源交易业务,某国有资本营运公司委托某公共资源交易中心对国有房产进行公开招租符合法律规定;被告在收到通知后参加竞租,并接受竞租规则,整个竞租过程是合法有效的。

甲上诉称:(1)其对本案所涉门面享有优先承租权。在拍租结束的当日及此后,上诉人曾多次向被上诉人表示愿意以最高报价的租金即同等条件承担该门面。但一审判决违背了当事人意思自治原则和诚信原则,无端否定上诉人的优先承租权显然错误。(2)本次拍租的主持人却没有相应资质,应依法认定此次拍租无效。一审判决以第三人的职能是依法办理各类公共资源交易业务为由认定拍租活动合法错误。

被上诉人某国有资本营运公司二审答辩称:(1)在公开竞租结果揭晓前,答辩人与上诉人之间就争议门面仍然延续着不定期租赁的法律关系,结果揭晓后双方即具备了解除合同的条件,答辩人依法解除不定期租赁合同符合法律规定;(2)在竞租过程中,现竞得人每次出价都高于上诉人,即便在竞得人最后一次出价后,主持人落槌之前上诉人也没有作继续承租或竞价的意思表示,故应当视为其对自己权利的放弃,上诉人不享有优先承租权;(3)答辩人委托第三人招租的行为,既不属于对国有资产的拍卖行为,也不属于法律意义上的招投标行为,没有法定的资质要求,该行为未违反法律规定,应为有效。

一审第三人某公共资源交易中心二审述称:(1)交易国有产权是其法定职能之一,其接受某国有资本营运公司的委托对诉争门面向社会公开进行招租,招租行为有效;(2)上诉人在招租中实际上放弃了其优先租赁权。

【裁判结果】

一审:一、被告甲于本判决生效之日起三十日内返还原告某国有资本营运公司位于都匀市大兴街36号一楼1号门面;二、被告甲于本判决生效之日起十日内支付原告某国有资本营运公司租金540元(从2014年5月1日起至同年5月18日止);三、被告甲于本判决生效之日起十日内支付原告某国有资本营运公司门面占用费,从2014年5月19日起按每月5276元计付至门面返还时止;四、被告乙不承担本案的民事责任;五、第三人某公共资源交易中心不承担本案的民事责任。

二审:一、撤销都匀市人民法院(2014)都民商初字第370号民事判决第一、三项;二、维持都匀市人民法院(2014)都民商初字第370号民事判决第二、四、五项;三、驳回被上诉人某国有资本营运公司的其他诉讼请求。

【争议焦点与裁判理由】

本案的争议焦点是:(1)第三人组织的本次招租行为是否有效。(2)上诉人的优先租赁权在公开招租过程中是否得到了保障。

根据生效裁判文书,人民法院认为:第三人某公共资源交易中心是经省、州编委批准设立的事业单位,其职责之一是依法办理各类公共资源交易业务。被上诉人某国有资本营运公司作为国有资产的管理人,依据国有资产管理的相关规定,委托一审第三人对本案诉争门面进行公开招租,并未违反法律、行政法规定的强制性规定,该行为合法有效。本案中,公开招租的具体方式是依据被上诉人事前发布的出租公告确定,即通过竞租方式以价高者得原则确定中标人,并不是《拍卖法》相关规定的拍卖行为,因此上诉人主张被上诉人委托一审第三人公开招租的行为违反《拍卖法》的规定应为无效的理由不能成立。

关于上诉人是否享有优先承租权的问题。虽然我国现行法律及行政法规中没有关于承租人享有优先承租权的相关规定,但是如果租赁双方通过约定进行了确认,应当从其约定。本案中,上诉人与被上诉人在《房屋租赁合同》中已有约定,且在被上诉人委托一审第三人发布的出租公告以及竞租须知中也有明确,故上诉人在同等条件下享有优先承租权。优先承租权的行使,一方面承租人应当向出租人明确提出,另一方面出租人也负有相关公开信息、征询承租人意见等义务。从本案当日竞租视频资料来看,被上诉人委托一审第三人主持本案争议门面的竞租时,在确定最后成交价中标前,未征询上诉人甲是否愿意以该成交价格承租即确定他人中标,侵害了上诉人的优先承租权。此外,被上诉人还主张落槌之前也没有作出继续承租或竞价的意思表示,应视为其对自己权利的放弃,对此本院认为出租人对承租人负有通知义务,即将其出租意图和出租条件通知承租人,再由承租人据此作出是否行使该权利的决定。具体到本案中,则体现为一审第三人在同等价格条件下的征询义务,但在其他竞租人最后一次举牌应价后,一审第三人并未询问是否接受或同意该价格,况且在一审第三人落槌确定中标人时,上诉人当场也向工作人员提出异议,主张优先承租权,故不能因上诉人未举牌加价即视为其放弃优先承租的权利。因此,由于上诉人的优先承租权在本案的竞租过程中未得到保护,被上诉人要求上诉人返还门面并按中标价格支付租金的请求本院不予支持,被上诉人对此可与上诉协商处理,也可重新组织竞租。综上所述,一审判决认定事实不清,适用法律不当。

【案例评析】

本案在事实方面非常明晰,但涉及的法律问题具有一定的新颖性。本案中涉及的争议问题是:(1)行政事业单位采取公开招租方式处置资产的,是否适用《拍卖法》的规定;(2)公开竞价活动中如何保障优先权人的利益。对此,对第一个争议问题,一、二审法院意见非常一致,但对于第二个问题,一、二审法院的裁判结果却截然相反。

一、行政事业单位采用拍卖方式处分财产是否适用《拍卖法》

本案中,原告某国有资本营运公司将都匀市大兴街36号一楼门面等国有资产委托一审第三人某公共资源交易中心进行公开招租。某公共资源交易中心发布了黔南公易产(2014)008号《某国有资本营运公司出租公告》,并在举行竞租前向各竞租人宣读了竞租须知,在主持本案争议门面的竞租过程中采用的方式也是落槌确定中标人,整个竞租过程与拍卖法规定的拍卖程序并无大的差异。法院认定某国有资本营运公司作为国有资产的管理人,依据国有资产管理的相关规定,委托一审第三人对本案诉争门面进行公开招租,并未违反法律、行政法规定的强制性规定,该行为合法有效,是妥当的。

(一)关于特殊主体的拍卖行为

首先,本案中的拍卖主持人某公共资源交易中心是经省、州编委批准设立的事业单位,其职责之一是依法办理各类公共资源交易业务,其从事本案中的国有房屋竞租业务是由编办所确定的,在没有法律法规明确禁止的情况下,不宜认定其所从事的行为违反法律规定。其次,《拍卖法》第3条规定:拍卖是指以公开竞价的形式,将特定物品或者财产权利转让给最高应价者的买卖方式。涉案公开竞租,实际上也是以公开竞价的方式,将租赁房屋出价给最高应价的竞租人,无论是从法律关系上还是从操作模式上,基本符合拍卖法的规定。因此,不能以承办主体不符合《拍卖法》规定为由要求认定竞租活动无效。

(二)关于特殊标的物的拍卖

行政事业单位主持的公开竞租一般涉及国有资产。据了解,迄今为止,并没有见到中央相关部门出台过关于公开竞租的规定,类似文件,主要是各地自己出台的一些文件。例如,安徽省财政厅财资〔2013〕278 号规定了该省省级行政事业单位房产实行公开拍租,省资产管理中心委托有资质的产权交易机构对外拍租。但根据《事业单位国有资产管理暂行办法》(财政部令第 36 号)第 28 条第 2 款规定:事业单位出售、出让、转让、变卖资产数量较多或者价值较高的,应当通过拍卖等市场竞价方式公开处置。因此,并不是说国有资产处置只能采取拍卖等方式,具体采用何种方式,应由相关资产管理部门决定。

二、公开竞价活动中优先权的保障与行使

优先权在法律上主要是指一些法定优先权利。例如,房屋租赁人的优先购买权,公司股东在其他股东转让股权时的优先购买权。当然,也不排除当事人自己约定的优先权,本案中涉及的就是房屋租赁人的优先租赁权。本案中,租赁合同当事人在合同中约定了租赁人的优先租赁权,但在公开竞价中如何保障优先购买权人的利益,没有明确约定。拍卖有"跟价法"和"询价法"两种不同的方式。所谓"跟价法",是指公开竞价组织者通知优先权人直接参与竞买,优先权人和其他竞买人一起竞价,实行价高者得。这种做法将优先购买人视同一般的竞买人。因此,优先权人要行使和实现其优先权,必须同其他竞买人一样,按照竞价公告的要求,进行竞买登记,交纳保证金,举牌竞价。而"询价法"是指通知优先权人到现场,但不直接参与竞价,待经过竞价产生最高应价者后,由主持人询问优先权人是否愿意购买。如果其不愿购买,则竞价标的即由最高应价者购得。如果其愿意购买,则拍卖师询问最高应价者是否愿意再加价,如果其不愿加价,则标的由优先购买权人购得,如果其表示愿意,则在加价后再询问优先权人。如此反复,直至其中一人退出,竞价才成交。

本案一审法院认为,"被告提供的招租同步录音录像视频资料中反映,第三人工作人员落槌的同时被告举牌,并不能充分证明其优先承租权未得到保护",因此,认为上诉权人的优先权得到了保障,从一审法院的理由来看,应该是采用了"跟价法",而二审法院认为"被上诉人委托一审第三人主持本案争议门面的竞租时,在确定最后成交价中标前,未征询上诉人甲是否愿意以该成交价格承租即确定他人中标,侵害了上诉人的优先承租权",显然是采用了"询价法"。在本案中,2014 年 3 月 26 日,原告(甲方)与被告甲(乙方)签订协议书,该协议约定:乙方仍有租赁意愿,乙方参与门面竞租,如未中标必须于中标结果形成日起 5 个工作日无条件将门面交还甲方。因此,甲已经同意参加门面竞租,其应该遵守竞租规则。第三人的《门面竞租须知》规定“竞租按价高者得的原则确定竞租人,以三声报价、落槌方式表示确定中标人,同等条件下原租赁户优先。竞价请按主持人要求举牌示意”,而且在竞租过程中,上诉人曾向主持人提出如何享有优先承租权的问题,主持人当场给予了答复,甲也未提出异议,因此,如果本案优先权人要求购买,其应该在落槌确定中标人之前举牌示意。另外,参照 2005 年 1 月 1 日开始实施的《最高人民法院关于人民法院民事执行中拍卖、变卖财产的规定》第 16 条第 1 款规定的“拍卖过程中,有最高应价时,优先购买权人可以表示以该最高价买受,如无更高应价,则拍归优先购买权人;如有更高应价,而优先购买权人不作表示的,则拍归该应价最高的竞买人”,可见,该司法解释采用的“跟价法”是人民法院强制拍卖中保护优先购买权的统一方法。因此,本案一审法院的判决结果和理由更有说服力。

【案例索引】

一审:贵州省都匀市人民法院(2014)都民商初字第 370 号

二审:贵州省黔南布依族苗族自治州中级人民法院(2014)黔南民商终字第 211 号

194. 甲与某产权交易公司合同纠纷案

——公开竞价的招租行为是否属于拍卖行为

问题提示:以公开竞价方式进行的招租行为是拍卖行为吗?

【基本案情】

上诉人(一审被告):某产权交易公司

被上诉人(一审原告):甲

人民法院经审理查明:1996 年 12 月 5 日,浙江省武义经济开发区经济发展局向武义县白洋街道鸣阳村批复同意该村在开发区村留地内建造一幢综合大楼。2013 年 7 月 31 日,某经济合作社委托某产权交易公司对鸣阳村综合大楼(现通利大酒店)整体房产承租权进行公开处置。2013 年 8 月 1 日,某经济合作社、某产权交易公司共同发布产权交易公告,就相关具体事项进行了公告,并定于 2013 年 8 月 16 日上午 9 时在某产权交易公司交易大厅举行交易会。2013 年 8 月 14 日,甲到某产权交易公司拿去某产权交易公司 2013 年第一期交易会文件汇编,其中,产权交易会特别规定中载明,本次交易标的未腾空,以实际交付日现状为准,本公司不保证其品质,不承担质量瑕疵担保责任。竞标人认可并遵循本公司的一切交易规则,中标人须当场签署《中标通知书》等相关文件,未按约定签署上述文件者,作违约处理并追究相关责任。中标人须在规定时间内付清中标款及佣金,逾期未交清各款项的作违约处理,保证金不予退还等。特别规定中明确,1 号标即本案所争议的租赁标的,尚未办理土地证及房产证,竞标人在参与竞标前须自行向消防、工商、税务、卫生、文化等部门了解有关行政许可审批手续。中标人在签订《租赁合同》之日起即按合同条款履约。文件汇编中的租赁合同样本载明,甲承诺,租赁该房屋用于商业、宾馆、餐饮、写字楼等合法经营项目。该合同第十四条载明,本合同经双方签字(盖章)后生效。2013 年 8 月 16 日上午甲参加竞标中标,并在确认书上签字。2013 年 12 月 5 日,甲向某产权交易公司发函,要求某产权交易公司于 2013 年 12 月 15 日前向其提供出租房屋的建设规划许可证、该房屋的土地性质及权属证书或办理情况说明等材料,某产权交易公司一直未提供相关资料。为此,甲拒绝签订租赁合同。另二审法院查明,本案所涉的交易标的物在 1996 年即经合法审批,所有权人为武义县白洋街道鸣阳经济合作社,于 2014 年 6 月 10 日办理了国有土地使用权证,地类(用途)为商业、住宅用地,于 2014 年 7 月 7 日办理了房屋所有权证。

原告甲诉称,被告未提供相关产权证明致使不能办理相关房屋使用许可证而达不到其租赁房屋的目的,据此提出解除双方的房屋承租权相关法律关系,归还原告竞标保证金、佣金、赔偿利息损失等诉讼请求。

被告某产权交易公司辩称,整个招投标程序合法,标的物合法,至于标的物的相关证件未办齐,是否影响合同履行是另外的事情。且合同的成立不以租赁目的作为必要条件,招标合同有效成立。

【裁判结果】

一审:原、被告双方签订的成交确认书无效,被告返还原告佣金、竞标保证金,驳回原告其他诉讼请求。

二审:撤销一审判决,解除原、被告双方签订的《成交确认书》,原告返还被告保证金,驳回原告其他诉讼请求。

【争议焦点与裁判理由】

本案的争议焦点为,本案所涉合同行为的性质及争议合同是否可以解除。

根据生效裁判文书,人民法院认为,某产权交易公司受委托对鸣阳村综合大楼整体房产的承租权采取公开竞价招租的方式,并非将特定物品或财产权利转让给最高应价者的买卖方式,不属拍卖行为。一审认定本案双方的合同关系为拍卖合同关系,并据此认为某产权交易公司无拍卖资质,其与甲签订的成交确认书无效不当,应予纠正。本案中,某产权交易公司与甲签订的成交确认书系双方真实意思表示,也不违反法律法规的禁止性规定,依法有效成立。甲在中标后发现无相关权属证书而拒绝与某经济合作社签订租赁合同,并已另租他地,二审中某产权交易公司也表示同意解除合同,故本案合同依法予以解除。某产权交易公司发布的交易公告内容及承诺要求对竞租人产生一定误导,使其误认为可将涉案房产用于开设酒店宾馆。某产权交易公司已在特别约定中明确告知涉案房产尚未办理土地证及房产证等权属证书,但甲对尚未办理权属证书的后果,特别是对其经营项目的限制缺乏认识和了解,导致其中标后,发现无权属证书无法实现租赁目的,而拒绝与某经济合作社签订租赁合同,可见其未尽相应谨慎义务,据此,二审法院作出撤销一审判决,解除原、被告双方签订的《成交确认书》,原告返还被告保证金,驳回原告其他诉讼请求的判决。

【案例评析】

本案在审理中,焦点主要集中在涉案合同的性质、效力判断、合同可否解除及解除后的责任承担问题。

一、涉案合同的性质及效力问题

民事领域中的合同,是指平等主体的自然人、法人、其他组织之间设立、变更、终止民事权利义务关系的协议。依据不同标准,我们可以将合同分为不同性质、不同类型的合同,以准确适用法律规范。如依据内容不同我们将合同分为买卖合同、租赁合同、赠与合同、委托合同等。同时,基于合同特别订立方式,如拍卖、招投标等竞价方式订立的合同,法律为规范交易秩序,对这些特别方式作了特别规定,由此形成了不同于一般日常交易的拍卖合同、招标投标合同。本案中公开竞价招租行为是拍卖还是招投标行为,由此形成的合同是拍卖合同还是招标投标合同,是适用法律、判断属于何种合同及合同有效成立与否的前提。

拍卖是指以公开竞价的形式,将特定物品或者财产权利转让给最高应价者的买卖方式。拍卖属于一种特殊的买卖。招标投标是指招标人事先提出货物、工程或服务等项目的条件和要求,邀请众多投标人参加投标并按照规定规格从中选择交易对象的一种市场交易行为。招标和拍卖都具有竞争与公平的特性,两种交易方式都是在固定的时间、固定的地点、按照固定的程序和条件进行的,但拍卖与招标有着明显的区别:拍卖是依据拍卖法规定的程序,以公开竞价方式将物品或财产权利转让给出价最高的竞买人。而招标投标是依据招标投标法的规定,以邀请投标或者公开招标的方式进行,选择最符合招标文件要求的投标人作为交易当事人(价格不是考虑的唯一要素)。拍卖中,竞买人一般可以多次公开出价,而招标时投标人却只能报一次价,每个投标人的出价在开标前是保密的。本案中,对涉案标的承租权的处置,在依据招标投标法规定的程序展开活动中,亦采取了拍卖所特有的公开竞价做法,故容易使人混淆该行为的性质。考虑到拍卖适用的情形是将特定物品或财产权利转让给最高应价者,本质是一种特殊的买卖方式,而本案中是以转移房屋使用权、设定租赁关系为目的,且其整个程序方式主要是以招投法开展,公开竞价只是为了实现竞争定价,总体而言认为是一种招标投标行为更为合适。依据招标投标程序双方签订的成交确认书系双方真实意思表示,也不违反法律法规的禁止性规定,依法有效成立。不过,对于这种“拍卖式的招标投标行为”,笔者认为不可取,市场主体应该遵循国际通行的做法,依据早已成熟且行之有效的交易规则进行相关经济活动,这样才能保证市场经济活动依法有序进行。

二、双方合同可否解除及解除后的责任承担问题

如前所述,双方签订的成交确认书系双方真实意思表示,也不违反法律法规的禁止性规定,依法有效成立,在当事人之间产生法律约束力,当事人应严格履行,否则承担违约责任。同样,基于对当事人意愿的尊重,法律规定合同有效成立后可以协议解除。合同解除后,尚未履行的,终止履行;已经履行的,根据履行情况和合同性质,当事人可以要求恢复原状,采取其他补救措施,并有权要求赔偿损失。考虑到双方在合同缔结及履行过程中的过错,二审法院作出了解除双方签订的《成交确认书》、返还甲保证金、驳回甲的其他诉讼请求的判决。

【案例索引】

一审:浙江省武义县人民法院(2014)金武商初字第239号

二审:浙江省金华市中级人民法院(2014)浙金商终字第996号

195. 甲与某建设公司房屋租赁合同纠纷案

——公开竞租的法律后果

问题提示:1. 竞买人(竞租人)在竞拍后,未在竞拍(竞租)记录上签字确认,拍卖行为的效力如何,是否必然无效?2. 竞拍标的为房屋承租权,但房屋未通过消防验收、未取得国有土地使用权证、建设工程规划许可证、房屋所有权证,该拍卖合同的效力如何?是否允许事后补办以上手续和证件,以补正拍卖合同的效力?

【基本案情】

上诉人(一审被告):某建设公司

被上诉人(一审原告):甲

人民法院经审理查明:2010年9月18日,某建设公司取得仪征市相关批复后,于2010年11月就该集贸市场房屋对外招租。甲欲承租其中的40套房屋,于2010年11月交付了80万元的押金。2010年12月4日,某建设公司以竞租方式将集贸市场120间房屋对外招租,其发布的《集贸市场招租公告》及制定的《竞租规则》均明确:竞标招租成功后,一次性交纳3年租金,签订租赁合同。所有竞标成功的商户不能单方面提出退出要求,否则所交定金不予退还。同时,讼争房屋的《竞租规则》

中亦有同上的规定。集贸市场房屋竞租完成后,某建设公司于2011年2月17日退还甲48万元押金。另查明,该竞租的集贸市场房屋于2012年10月12日经竣工验收及消防备案抽查合格,于2012年12月5日取得国有土地使用权证,于2013年1月24日补办建设工程规划许可证,于2013年1月29日取得房屋所有权证。

二审中,某建设公司表示,集中竞租时,甲进入竞租现场并领取号牌,其即应受到竞租规则的约束,对其竞争所报租金价格的后果应予接受,甲实际竞得16间房屋的承租权。竞租记录上的签字并非甲所签,而是竞租过程中拍卖公司的工作人员对竞租当时情况的记录。后某建设公司通知甲和其他竞租成交人来签订租赁合同,其他竞租成交人签订了房屋租赁合同,但甲拒绝签订。

原告甲诉称:某建设公司在将集贸市场120间房屋对外竞租时,对竞租的组织并不规范,竞租未能顺利进行,原告甲也没有在竞租记录上签字确认。某建设公司实际也未能将40间房屋出租给原告甲,故要求某建设公司退还押金32万元并给付三年的中国人民银行同期存款利息(从交款之日至判决生效之日),以及追索押金所支出的路费、住宿费、餐饮费5000元。

被告某建设公司辩称:原告甲进入竞租现场并领取号牌,其即应受到竞租规则的约束,对其竞争所报租金价格的后果应予接受,双方之间的房屋承租权达成的拍卖合同依法成立并生效。应驳回原告甲的诉讼请求。

【裁判结果】

一审:一、某建设公司于判决生效之日起10日内给付甲32万元,并承担该款自2010年11月11日起至本判决确定的给付之日止按照中国人民银行同期存款利率计算的利息;二、驳回甲的其他诉讼请求。

二审:驳回上诉,维持原判。

【争议焦点与裁判理由】

本案的争议焦点为,甲与某建设公司之间的拍卖合同的效力如何。

根据生效裁判文书,人民法院认为,甲诉求某建设公司返还押金32万元及利息,应予支持。理由如下:首先,某建设公司发布制作的《集贸市场招租公告》及《竞租规则》均明确,竞租成功后,双方还需另行签订租赁合同;即使甲本人在竞租记录中签字确认,其与某建设公司也未形成租赁合同关系,仅形成有关租赁的预约合同关系。其次,甲的竞租对象为集贸市场房屋承租权,某建设公司作为竞租委托人对该集贸市场房屋应当有合法处分权。但2010年12月4日组织竞租时,该集贸市场并未取得建设工程规划许可证,亦未取得国有土地使用权证和房屋所有权证,故竞租时,集贸市场房屋依法并不能对外出租。最后,某建设公司在对上述集贸市场进行招租时,该集贸市场未经消防安全检查合格,根据《消防法》第13条之规定,该集贸市场当时不得投入使用、营业。此后,某建设公司虽通知甲签订房屋租赁合同,但鉴于集贸市场房屋依法并不能出租亦不得投入使用、营业,故甲一直不同意与某建设公司签订租赁合同并未违反双方间的预约合同,某建设公司占用甲的押金并无合同依据亦无法律依据,现甲诉求某建设公司返还押金并支付利息,应予支持。

【案例评析】

本案审理中,着重解决以下问题:

一、竞买人甲在竞拍(竞租)结束后,并未在竞拍(竞租)记录上签字确认,拍卖行为的效力如何

竞买人甲在竞拍(竞租)结束后,并未在竞拍(竞租)记录上签字确认,仅属于拍卖程序瑕疵,并不必然导致拍卖行为无效。法院在审理中应当审查拍卖的过程是否符合"以公开竞价的形式,将特定物品或者财产权利转让给最高应价者的买卖方式"的规定。包括拍卖人是否具备拍卖资格,竞买人资格的审查是否平等、公正,竞买人是否是二人或多人以上的公开竞价、买受人拍卖中的出价意思表示是否真实明确等核心原则。若某建设公司能够通过提交拍卖资料、拍卖录像等证据证明整个拍卖的过程符合"以公开竞价的形式,将特定物品或者财产权利转让给最高应价者的买卖方式",仅仅是竞买人竞拍成功后未在拍卖纪录上签字,并不会因此影响拍卖行为的效力。《拍卖法》第 36 条及第 38 条规定,"竞买人一经应价,不得撤回,当其他竞买人有更高应价时,其应价即丧失约束力","买受人是指以最高应价购得拍卖标的的竞买人",故在竞买人在拍卖过程中应价后,无其他竞买人最高应价时,拍卖人击锤确认后,拍卖即成交生效。

二、竞拍中用以出租的房屋在未通过消防验收,未取得国有土地使用权证、建设工程规划许可证、房屋所有权证的情况下,拍卖合同的效力如何,是否允许事后补办以上手续和证件,以补正拍卖合同的效力

判断拍卖合同是否无效,可以参考以下标准:一是法律、行政法规是否明确违反该规定导致合同无效;二是法律、行政法规虽未明确违反该规定导致合同无效,但是合同继续履行将损害国家、集体或者第三人利益。本案拍卖的出租房屋,未通过消防验收,未取得工程规划许可证等证件,存在巨大安全隐患,拍卖合同继续履行将损害国家、集体或者第三人利益,应认定无效。

关于是否允许事后补办以上手续和证件,以补正拍卖合同的效力的问题。无效合同国家不予承认和保护,一旦确认无效,将具有溯及力,使合同从订立之日起就不具有法律约束力,原则上不得通过补正使得无效合同重新有效。除非法律有明确规定,允许通过补正方式使无效合同重新变成有效合同。例如,《最高人民法院关于审理城镇房屋租赁合同纠纷案件具体应用法律若干问题的解释》第 2 条规定:"出租人就未取得建设工程规划许可证或者未按照建设工程规划许可证的规定建设的房屋,与承租人订立的租赁合同无效。但在一审法庭辩论终结前取得建设工程规划许可证或者经主管部门批准建设的,人民法院应当认定有效。"《最高人民法院关于审理商品房买卖合同纠纷案件适用法律若干问题的解释》第 2 条亦有类似规定。但在本案中,某建设公司竞拍的集贸市场是在拍卖两年后才通过消防验收,且亦无法律规定该无效事由可以通过事后补正使得原合同有效,故综合认定,本案拍卖合同无效,某建设公司应返还甲押金并支付利息。

【案例索引】

一审:江苏省仪征市人民法院(2014)仪新民初字第00589号

二审:江苏省扬州市中级人民法院(2014)扬民终字第01186号

196. 甲与某拍卖公司拍卖合同纠纷案

——拍卖合同纠纷管辖权的确定

问题提示:拍卖合同纠纷案件应如何确定管辖权?

【基本案情】

上诉人(一审被告):某拍卖公司

被上诉人(一审原告):甲

人民法院经审理查明:2011年5月14日,甲从某拍卖公司处购得铜鎏金海兽葡萄镜一面。5月14日,某拍卖公司给甲出具了收款结算账单,该收款结算账单载明:牌号597,姓名甲,图录号5491,拍品名称铜鎏金海兽葡萄镜,落槌价为85 000元,酬金10 200元,共计95 200元。另查明,某拍卖公司印制的2011年春季艺术品拍卖会瓷器、杂项图录显示:5491号拍品为唐代铜鎏金海兽葡萄镜,价格为95 000元至150 000元。2011年5月20日,甲与案外人乙订立了唐代铜鎏金海兽葡萄镜转让合同,约定甲将从某拍卖公司处购得的唐代铜鎏金海兽葡萄镜以购进价95 200元转让给乙,甲保真,若经鉴定不是产自唐代,乙提出退货,甲在一周内全额退款并赔偿利息损失25 000元。2012年6月1日,乙将铜镜送去中国——重庆市硅酸盐研究所古陶瓷检测中心进行鉴定,鉴定结论为:成分与现代成分相符。故乙以对其购进的唐代铜鎏金海兽葡萄镜的成分产生重大误解为由起诉请求撤销转让合同,要求甲退款并赔偿利息损失25 000元及承担诉讼费及鉴定费1500元。

原告甲诉称,原告从网上得知被告要举办拍卖会后,即于2011年5月14日来北京参加了被告的拍卖预展。原告在预展过程中看中了唐代铜鎏金海兽葡萄镜,因原告不是专业人士,便询问了被告的工作人员,被告工作人员拿出一本拍卖图录,称该铜镜经专家鉴定是唐代的,拍卖图录也标明5491号拍品为唐代铜鎏金海兽葡萄镜,起拍价为95 000元。原告询问能不能适当降价,后来以85 000元加上佣金、税收共计95 200元从被告处购得该铜镜。至此原告与被告已形成了买卖合同关系。2011 年 5 月 20 日，原告将铜镜转让给第三人。第三人送到有关部门鉴定，鉴定认为铜镜不是产自唐代，第三人因此起诉至法院。经法院两审判决确认，由被告卖出的铜镜不是产自唐代，其成分与现代成分相符，并判决原告接受退还铜镜，返还第三人购铜镜款 95 200 元、赔偿利息、鉴定费。后原告按判决履行了付款义务。因被告的过失和违约，将现代的铜镜标为唐代，给原告造成了损失。故原告起诉要求被告赔偿原告已履行判决赔偿的损失 110 911.59 元，原告退还铜镜给被告；要求被告赔偿原告已产生的损失 18 755.57 元；要求被告支付原告已付 103 248 元自 2013 年 3 月 29 日至 12 月 3 日的利息 4601.98 元；要求被告支付自 2013 年 12 月 4 日起至付清 110 911.59 元之日止每日的利息 19.93 元。

被告某拍卖公司辩称：(1)本案标的的瑕疵担保责任应由原告承担，原告无权要求被告承担瑕疵担保责任，被告向竞买人均发布了拍卖图录，拍卖图录的拍卖规则中关于瑕疵担保责任进行了明确，被告不承担拍品的瑕疵担保责任。原告获得竞拍资格与竞拍成功是基于其同意拍卖规则产生的，原告对被告的拍卖规则是明知的，原告是自愿拍得该拍品，瑕疵担保责任由原告承担。(2)原告主张的拍品不是产自唐代是基于重庆市硅酸盐研究所古陶瓷检测中心的分析测试报告，是基于第三人单方委托，非法院指定的权威鉴定机构，该鉴定结果无法作为判决的依据。(3)即使鉴定结果可信，自重庆法院通知原告应诉起，原告应知道该标的物存在瑕疵，原告行使赔偿的诉讼时效期间已经超过一年。故不同意原告诉讼请求。

某拍卖公司提出了管辖权异议，其事实与理由为：本案属于拍卖合同纠纷。某拍卖公司一般的拍卖地点在北京市朝阳区东三环南路 17 号京瑞大厦十八层会议厅，该场所为本案合同履行地。北京市东城区人民法院没有管辖权，请求将本案移送北京市朝阳区人民法院审理。

【裁判结果】

一审：驳回某拍卖公司对本案管辖权提出的异议。

二审：驳回上诉，维持原裁定。

【争议焦点与裁判理由】

本案的争议焦点为，哪些法院对拍卖合同纠纷案件具有管辖权。

根据生效裁判文书，人民法院认为，甲以从某拍卖公司拍卖会中购得拍卖品等证据提起本案诉讼，要求判令某拍卖公司返还购镜款 95 200 元、赔偿损失 103 248 元等，故本案属于因合同纠纷提起的诉讼。根据《民事诉讼法》第 23 条的规定，因合同纠纷提起的诉讼，由被告住所地或者合同履行地人民法院管辖。本案中，某拍卖公司的住所地位于北京市东城区。甲据此选择向北京市东城区人民法院提起诉讼，符合《民事诉讼法》第 35 条关于“两个以上人民法院都有管辖权的诉讼，原告可以向其中一个人民法院起诉；原告向两个以上有管辖权的人民法院起诉的，由最先立案的人民法院管辖”的规定，因此本案应由北京市东城区人民法院管辖。

【案例评析】

根据《拍卖法》第3条的规定,拍卖是指以公开竞价的方式,将特定的物品或财产权利转让给最高应价者的买卖方式。拍卖本质上是一种财产转让方式,属于拍卖合同的范畴。《拍卖法》与《合同法》是特别法与一般法的关系。拍卖活动除了遵守拍卖法的特殊规定以外,还应当遵守合同法的规定。因此,拍卖合同纠纷,应当适用法律关于合同纠纷案件管辖的规定。根据《民事诉讼法》第23条的规定,因合同纠纷提起的诉讼,由被告住所地或者合同履行地人民法院管辖。被告住所地和拍卖合同履行地的人民法院均对拍卖合同纠纷具有管辖权。本案中,被告某拍卖公司的住所地位于北京市东城区,原告有权请求东城区法院审理此案。

与此同时,有些拍卖标的是不动产的,根据《民事诉讼法》第33条的规定,因不动产纠纷提起的诉讼,由不动产所在地人民法院管辖。司法实践中主要存有两种观点:一是对案件性质不加区分,所有涉及不动产的纠纷,均应由不动产所在地人民法院管辖;二是对案件性质加以区分,只有与不动产有实质性联系的纠纷,方适用专属管辖。前一种观点是值得商榷的。一方面,专属管辖作为法院强制性管辖,不允许当事人进行协议变更,也不能进行选择法院诉讼,是对当事人诉权的限制,应当严格界定在合理范围之内;另一方面,对于合同纠纷而言,因大多数案件中不动产仅仅是合同指向财产内容之一,当事人对其并没有实质性异议,对于纠纷不产生实质性联系,而对于合同签订过程中所出现的欺诈、胁迫、未履行相应的义务所产生的纠纷,按照合同纠纷确定管辖更有利查清案件事实,合理配置诉讼资源以及快速有效地解决当事人之间争议。因此,应当对拍卖合同纠纷案件管辖采取实质性联系的原则。根据《最高人民法院关于适用〈中华人民共和国民事诉讼法〉的解释》第28条的规定,《民事诉讼法》第33条第1项规定的不动产纠纷是指因不动产的权利确认、分割、相邻关系等引起的物权纠纷。因此,如果拍卖合同案件仅仅是拍卖展示、拍卖师资格、是否履行瑕疵告知义务等非不动产引起的物权纠纷,也应当按照合同纠纷案件管辖的规定来确定法院是否有管辖权。

【案例索引】

一审:北京市东城区人民法院(2013)东民初字第13352号

二审:北京市第二中级人民法院(2013)二中民终字第17189号

197. 甲与某银行分行拍卖合同纠纷案

——拍卖活动纠纷能否约定仲裁

问题提示:1. 委托人无权处分拍卖标的给竞买人造成损失,属于合同纠纷还是侵权纠纷? 2. 拍卖合同中约定的仲裁条款能否直接约束委托人和竞买人?

【基本案情】

上诉人(一审原告):甲

被上诉人(一审被告):某银行分行

第三人:某拍卖行

人民法院经审理查明:某银行分行与某拍卖行签订《江苏省委托拍卖合同》约定,某银行分行委托某拍卖行拍卖房地产,甲与某拍卖行签订《协议书》亦是对上述房地产的拍卖与竞买,《协议书》中载明有"委托人"字样的条款,甲在签订《协议书》时就应当知道上述房地产系某拍卖行受他人委托拍卖。同时《协议书》中亦载明"买受人未能按照约定取得拍卖标的物,有权要求拍卖人或者委托人承担违约责任"条款。《协议书》第11条中约定"因本合同发生的纠纷,由双方协商解决;若协商不成,向连云港市仲裁委员会申请仲裁"。甲与某拍卖行曾经就上述200万元款项申请仲裁。

上诉人甲诉称:第一,一审法院以甲与第三人签订《协议书》时,知道某银行分行为委托人,判定甲与某拍卖行签订的《协议书》直接约束某银行分行及某拍卖行,没有事实及法律依据。甲与某银行分行之间并无直接合同关系,《协议书》中甲与某拍卖行约定的仲裁条款,也不适用与甲与某银行分行。第二,一审法院认定甲与某银行分行之间为合同之诉,没有法律依据。因某银行分行委托某拍卖行拍卖的标的物包含国有不可移动文物,依据相关法律规定,该部分标的物不可转让、抵押,某银行分行无权处分。某银行分行在委托拍卖之前,没有依据《拍卖法》的相关规定,在拍卖之前,由拍卖人住所地的文物行政管理部门依法鉴定许可,造成甲损失200万元,故甲是针对某银行分行违反法律强制性规定,在标的物即文物没有经过依法鉴定许可的前提下,委托某拍卖行拍卖给甲造成损失,提起的诉讼应为侵权之诉,所以即使一审法院认为甲与某拍卖行签订的《协议书》同时约束某银行分行,也与甲对某银行分行提起的侵权之诉无关。

被上诉人某银行分行辩称:首先,一审裁定书中认定事实清楚、适用法律正确。《合同法》第402条规定:"受托人以自己的名义,在委托人的授权范围内与第三人订立的合同,第三人在订立合同时知道受托人与委托人之间的代理关系的,该合同直接约束委托人和第三人,但有确切证据证明该合同只约束受托人和第三人的除外”,这一规定完全符合本案的实际情况。其次,本案根源是甲参与竞拍,签订拍卖确认书后,没有按约定支付4000多万元余款,导致200万元保证金被某拍卖行所扣产生纠纷。本案不是侵权纠纷,是拍卖合同纠纷。

第三人某拍卖行述称:甲与某银行分行之间是否存在侵权关系与我行无关,我行对本案管辖权纠纷不表态。

【裁判结果】

一审:驳回甲起诉。

二审:驳回上诉,维持原裁定。

【争议焦点与裁判理由】

本案的争议焦点是:(1)委托人无权处分拍卖标的,给竞买人造成损失属于合同纠纷还是侵权纠纷;(2)拍卖合同中约定的仲裁条款是否直接约束委托人和竞买人。

根据生效裁判文书,人民法院认为,某银行分行与某拍卖行签订的《江苏省委托拍卖合同》以及某拍卖行与甲签订的《协议书》是合同各方当事人的真实意思表示,不违反法律法规强制性规定,均为有效合同,涉案合同当事人均应受其约束。本案中,甲起诉某银行分行是基于某拍卖行在接受某银行分行委托拍卖房屋后,与甲签订的《协议书》,甲向某拍卖行交纳保证金200万元,在履行涉案合同中产生争议,也正是基于本案的两个合同,才因此产生甲与某银行分行双方的争议,因此本案争议的性质应为合同纠纷。根据《合同法》第402条的规定,受托人以自己的名义,在委托人的授权范围内与第三人订立的合同,第三人在订立合同时知道受托人与委托人之间的代理关系的,该合同直接约束委托人和第三人。甲对于某银行分行与某拍卖行之间的委托与被委托的关系是明知的,因此甲与某银行分行应受涉案《协议书》条款的约束。涉案《协议书》第11条约定因本合同发生纠纷,双方协商不成,向连云港市仲裁委员会申请仲裁。根据该仲裁条款,甲应当向仲裁机构申请仲裁。该案应当按照上述仲裁条款约定向仲裁机构申请仲裁,人民法院对本案没有管辖权。

【案例评析】

一、委托人无权处分拍卖标的给竞买人造成损失属于合同纠纷还是侵权纠纷

合同纠纷与侵权纠纷的明显区别在于,合同纠纷是指当事人之间违反了彼此之间的债权债务的约定,是一种约定责任。侵权责任则是因过错或者无过错侵害他人人身或者财产权利,而应当承担的一种法定责任。根据《拍卖法》第3条的规定,拍卖是指以公开竞价的形式,将特定物品或者财产权利转让给最高应价者的买卖方式。拍卖是一种特殊的买卖合同关系。本案中,因为委托人无权处分拍卖标的,造成竞买人按照拍卖合同的约定获得拍卖标的物所有权,拍卖人按照拍卖协议书约定未退还保证金,因此本案属于合同纠纷,不属于侵权纠纷。《最高人民法院关于审理买卖合同纠纷案件适用法律问题的解释》第3条第2款规定,出卖人因未取得所有权或者处分权致使标的物所有权不能转移,买受人要求出卖人承担违约责任或者要求解除合同并主张损害赔偿的,人民法院应予支持。同时根据《拍卖法》第58条的规定,委托人违反本法第6条的规定,委托拍卖其没有所有权或者依法不得处分的物品或者财产权利的,应当依法承担责任。拍卖人明知委托人对拍卖的物品或者财产权利没有所有权或者依法不得处分的,应当承担连带责任。本案中,因为某银行分行委托某拍卖行拍卖的标的物包含国有不可移转文物,依据相关法律规定,该部分标的物不可转让、抵押,某银行分行构成无权处分。竞买人在竞买后发现委托人或者拍卖人无权处分拍卖标的物时,有权要求委托人某银行分行承担违约责任或者要求解除合同并主张损害赔偿。

二、拍卖合同中约定的仲裁条款能否直接约束委托人和竞买人

拍卖人与委托人签订委托拍卖合同,拍卖人与委托人之间成立委托拍卖的法律关系。拍卖人按照委托人的指示,完成委托拍卖的义务,与成功竞买人之间签订拍卖合同。本案中,甲与某拍卖行所签订的《协议书》中已经载明有“委托人”字样的条款,甲在签订《协议书》时应当知道该拍卖标的上述房地产系某拍卖行受他人委托拍卖。甲知道或者应当知道该拍卖是拍卖人接受委托人的委托而完成的民事行为。根据《合同法》第402条的规定,受托人以自己的名义,在委托人的授权范围内与第三人订立的合同,第三人在订立合同时知道受托人与委托人之间的代理关系的,该合同直接约束委托人和第三人。因此,该《协议书》能够直接约束委托人和竞买人,根据私法自治的基本原则,因拍卖合同所发生的纠纷,应当按照协议书的约定处理。《协议书》中第11条约定因本合同发生纠纷,双方协商不成,向连云港市仲裁委员会申请仲裁。因此甲与某银行分行之间因拍卖合同纠纷,应当协商处理,协商不成的,应向连云港市仲裁委员会申请仲裁。根据《民事诉讼法》第124条的规定:“人民法院对下列起诉,分别情形,予以处理:……(二)依照法律规定,双方当事人达成书面仲裁协议申请仲裁、不得向人民法院起诉的,告知原告向仲裁机构申请仲裁。”据此,应当驳回原告甲的起诉。

【案例索引】

一审:江苏省连云港市海州区人民法院(2015)海商初字第01720号

二审:江苏省连云港市中级人民法院(2015)连商辖终字第103号

198. 甲与乙拍卖执行异议案

——司法拍卖中存在重大误解能否提出执行异议

问题提示:对司法拍卖的房屋存在重大误解能否提出执行异议,要求解除或者变更拍卖合同?

【基本案情】

执行异议人:甲

申请执行人:乙

被执行人:丙

第三人:某拍卖行

人民法院经审理查明:本院于 2013 年 10 月 23 日立案执行申请执行人乙与被执行人丙机动车交通事故责任纠纷一案。在执行过程中,本院于 2014 年 1 月 15 日查封了登记在被执行人丙名下的证号为 2320055 的房屋。后本院委托某土地房地产评估公司分公司对涉案房屋进行评估。该公司于 2014 年 3 月 6 日作出世联咨字 FS(2013)H03001 号房地产估价报告,确定涉案房屋的评估价值为 156 560 元。2014 年 3 月 24 日,本院委托第三人某拍卖公司对涉案房屋进行拍卖。在本院出具的《拍卖委托书》中对涉案标的的描述为"位于南海区桂城街道西约村福东队(桂城西约村编号:0454)房产一座(标的物详见执行裁定书以及评估报告书)"。2014 年 4 月 12 日,第三人某拍卖公司在当天的《佛山日报》A06 版上刊登拍卖公告,公告定于 2014 年 4 月 30 日 16:50 分在佛山市南海区桂城海五路南海区人民法院第五审判庭举行 2014 年第 8 期拍卖会,对位于南海区桂城街道西约村福东队(桂城西约村编号:0454)房产一座进行第一次公开拍卖。该公告上亦注明标的展示时间为:2014 年 4 月 23 日、24 日。在拍卖物展示期间,第三人某拍卖公司因故未带异议人等竞买人现场查看房屋。后异议人自行去实地察看房屋,未向第三人提出实地看现场及查阅评估报告书等资料的要求。2014 年 4 月 30 日,异议人甲以 350 000 元最高价竞得涉案房屋。现异议人以自己误认为涉案房屋为门牌号是"454"的房屋等理由要求撤销拍卖。异议人已经缴纳保证金 16 000 元,尚未缴纳拍卖佣金。

另查明,"桂城西约村编号:0454"中的编号是村里为了便于对出租屋进行日常管理,按照村里的出租屋数目进行的编号,不属于房屋门牌号。涉案房屋在房屋管理部门的登记地址为"桂城西约福东队"。根据佛山市南海区桂城岗社区居民委员会出具的证明,涉案房屋地址现已新编为:佛山市南海区桂城街岗社区西约福庆 174 号。从异议人提交的证据来看,涉案房屋为两层,较为残旧,外墙未予装修,而门牌号为"454"的房屋较新,外墙予以装修,高四层。

再查明,根据拍卖会现场笔录,共有三人参与竞买涉案房屋。在涉案房屋的应价达到25万元后，一人退出，仅剩异议人与另一人竞价。涉案房屋成交价35万元的前一手应价为32.5万元。被执行人与第三人一致确认32.5万元的应价人为被执行人的哥哥。被执行人在庭审中称，其哥哥参与竞买的目的是为了拍下房屋给被执行人居住。

异议人甲的诉讼请求为，对关于佛山市南海区桂城街道西约村福东队（桂城西约村编号:0454）拍卖结果予以撤销。事实与理由为：(1)拍卖公示期间，本人曾要求拍卖行带本人实地察看被拍卖标的，拍卖行以法院要求不带拍卖人去实地看房及以该房屋在村中难以找到为借口，拒绝了本人的合理要求。(2)评估公司未依法组织评估。评估公司在没有进入房屋内部实地察看，未调查清楚被拍卖房屋门牌号码等重要信息前提下，仅仅以流管办的编号便出具了评估报告。该未依法组织评估的行为在评估报告书中得到充分的体现。(3)执行法庭对被执行人财产尚未采取查封、扣押等措施予以占有、控制，便委托拍卖。执行法庭在未对被执行人丙的房产采取查封、扣押措施，未占有或控制被执行人的财产，便委托拍卖行拍卖。拍卖会结束后，因丙及其母亲拒绝搬离而不能如偿。(4)被执行人及其所扶养家属的生活必需品不得被强制拍卖。被执行人丙称被拍卖执行的南海区桂城街道西约福庆村174号是其唯一住所，现该屋被拍卖后致使其无处可居，无家可归。(5)本次拍卖构成了重大误解，属可撤销民事行为。因拍卖公告公示了不正确的地址，并且拍卖行拒绝带本人到现场察看。为估算拍卖标的的价值，本人根据公示的地址（桂城西约村编号:0454）找到的西约福庆村454号。拍卖行公示不正确地址及没有展示房屋的行为，导致本人误以为找到的另一处房产为被拍卖标的，致使本人对其该房屋的价值产生错误判断。该误解已是属于决定价值之成因的关于标的性质的重大错误，符合《最高人民法院关于贯彻执行〈中华人民共和国民法通则〉若干问题的意见（试行）》第71条关于重大误解的构成要件，属可撤销的民事行为，且若不撤销将对本人造成重大的经济损失。特请求贵院依法撤销本次拍卖。

申请执行人乙称，法院的拍卖合法有效，请法院驳回异议人的异议请求。(1)拍卖行的拍卖行为程序合法。拍卖依据法律规定进行了公告，明确了标的物展示时间，异议人对标的展示及公告内容是明知的。(2)该拍卖标的已经过依法评估，并且评估公司出具了物价报告书。评估的程序内容都是合法有效的，应当予以采信。(3)申请执行人在申请执行后，法院早就对该房产进行了查封，并且依据房管部门出具的房管凭证，委托评估机构进行评估。所以，关于异议人以法院没有对拍卖财产进行查封的理由显然是没有事实依据的。(4)被执行人及其扶养家属的生活必需品不得强制拍卖的理由，与异议人要求撤销拍卖结果是没有任何关联性的。而且，拍卖标的依据评估报告并没有包含被执行人及其扶养家属的生活必需品。(5)本次拍卖是合法有效的，经过了合法评估、合法的拍卖后，异议人进行了拍卖，不存在重大误解的情形。依据拍卖公告，涉案房产的编号是0454，评估报告也明确了相关内容及图片明确了拍卖标的。房产查明中已经写明房屋是两层、证号、实物图片,所以根本不存在重大误解的情形。(6)本案执行标的是80余万元,且申请执行人现在很困难,基本上是没有了劳动能力。综上,请法院驳回异议人的异议请求。

被执行人丙称,对于异议人的意见,我不知道怎么发表意见,法院拍卖了我的房屋后,我就没有地方住了,希望法院不要拍卖我的房屋。

第三人广东某拍卖公司称,接受法院委托后,我方有说明房屋是两层,大约在八十年代建成,相对比较旧。当时法官说没有空,我们就留了联系电话给竞买者,跟他们说明了情况,若他们不等我们一起,也可以自行去看房屋。我们去到之后也找到了标的,其他的竞买人咨询我方的时候,我方把具体情况一一陈述了。异议人一直都没有咨询过相关情况,而其他竞买人就有咨询和查询,拍卖时,有多人参与竞买,经过多轮竞价,最后异议人以最高竞价35万元竞得涉案房屋。异议人签署涉案房屋成交确认书后,才向我方拿评估报告看。

【裁判结果】

执行:撤销第三人某拍卖公司组织的于2014年4月30日举行的第1408期拍卖会对佛山市南海区桂城街道西约村福东队的房屋(权利证号:2320055)一间及其土地使用权[土地证号:集用(1989)012181]的拍卖结果。

【争议焦点与裁判理由】

本案的争议焦点为,异议人竞拍涉案房屋时能否以存在重大误解为由提出执行异议。

人民法院经审理认为:首先,本院依法选定评估机构,在评估报告书送达后已送达本案各方当事人,各方当事人均无异议。异议人无证据证明该评估报告书违法。异议人作为涉案房屋买受人,在竞买涉案房屋前,已了解到涉案房屋的评估价值,亦即拍卖保留价。该评估报告亦未影响异议人的实体权利,故异议人以对评估报告有异议为由要求撤销拍卖,无事实和法律依据。其次,本院已对涉案房屋进行查封,这是法律规定的对不动产的强制控制措施,异议人以此要求撤销拍卖,并无法律依据。最后,本院仅拍卖涉案房屋,并不包括涉案房屋内的被执行人及其扶养家属的生活必需品,异议人以此要求撤销拍卖,无事实和法律依据。根据拍卖公告对涉案房屋的描述,涉案房屋地址为“位于南海区桂城街道西约村福东队(桂城西约村编号:0454)房产一座”,常理而言,房屋编号仅指房屋门牌号,实践中,房屋除了门牌号外,亦少有其他编号。涉案房屋与门牌号为“454”的房屋外观差异较大。而且,第三人虽然已按法律规定在拍卖前十五日发布公告,对拍卖的时间、地点、标的物的基本情况、标的物展示时间等情况予以明示。但第三人未在标的物展示期间带异议人查看现场,亦未主动向异议人出示关于涉案房屋的详细书面表述资料,致使异议人未能及时澄清误解。因此,异议人认为“0454”为门牌号,基于对门牌号为“454”的房屋的认识从而参与竞拍，属于对涉案标的存在认识上的显著缺陷，导致拍卖的目的未能实现。因此，现异议人要求撤销拍卖，理据充分，本院予以支持。

【案例评析】

对司法拍卖的房屋存在重大误解能否提出执行异议，要求解除或变更拍卖合同？

本案中，异议人对拍卖公告所载明的位于南海区桂城街道西约村福东队（桂城西约村编号：0454）房产一处进行第一次公开拍卖的具体拍卖标的产生了误解。实践中，房屋中的编号大多是以房屋的门牌号进行编号的，但是在本案中实际上拍卖公告的编号是村里为了便于对出租屋进行日常管理，按照村里的出租屋数目进行的编号，不属于房屋门牌号。在拍卖活动中，第三人虽然已经在拍卖公告中，阐明了拍卖标的的基本情况，但是因为其没有及时地带领异议人等到现场查看拍卖标的，也没有具体提供拍卖标的详细的实体照片之类的辨识性材料，导致异议人自己亲自根据其通常的认识和生活经验去查看了门牌号为“454”的房屋。异议人正是基于自己对于拍卖标的的错误认识，进而参加了本次拍卖活动，并最终以最高应价成功竞买。根据《最高人民法院关于贯彻执行〈中华人民共和国民法通则〉若干问题的意见（试行）》第71条的规定，行为人因对行为的性质、对方当事人、标的物的品种、质量、规格和数量等的错误认识，使行为的后果与自己的意思相悖，并造成较大损失的，可以认定为重大误解。本案中，拍卖实际的标的为佛山市南海区桂城街岗社区西约福庆174号，与门牌号为“454”的房屋相比，前者较为残旧，价值较低；而后者予以装修，房屋面积更大，价值更高。因此，两者之间的实际价值也相差甚大。异议人的拍卖行为符合我国民法中关于重大误解的规定。同时根据《合同法》第54条的规定，下列合同，当事人一方有权请求人民法院或者仲裁机构变更或者撤销：（一）因重大误解订立的……因此，异议人有权依据因重大误解，要求人民法院解除或者变更拍卖合同。

【案例索引】

执行：广东省佛山市南海区人民法院（2014）佛南法执异字第146号

199. 甲与某拍卖公司拍卖合同纠纷案

——司法拍卖程序暂缓执行的法律后果

问题提示:拍卖公司接受法院执行程序中的委托,对涉案资产进行拍卖,执行程序被依法决定暂缓执行的,拍卖成交的竞买人是否有权暂缓支付剩余拍卖款?

【基本案情】

上诉人(一审原告):甲

被上诉人(一审被告):某拍卖公司

人民法院经审理查明:2007年,甲、乙起诉丙、丁、戊合伙纠纷一案,克拉玛依区人民法院(以下简称克区人民法院)于2008年1月28日作出(2007)克民一初字第364号民事判决。甲不服该一审判决提起上诉,克拉玛依市中级人民法院(以下简称克市中级人民法院)于2008年7月28日作出(2008)克中民一终字第107号民事判决:驳回上诉,维持原判。

2010年6月10日克区人民法院向某拍卖公司出具委托拍卖函,委托其对涉案资产即某幼儿园房地产及动产进行拍卖。原告甲作为竞买人于2010年7月5日与某拍卖公司分公司签订《竞买协议》,向某拍卖公司预交了50万元拍卖保证金。《竞买协议》第4条约定,拍卖成交后竞买保证金即可转为定金和拍卖佣金;第6条约定,拍卖成交后,竞买人应当场签订《成交确认书》,并在拍卖成立之日起7日内支付全部拍卖价款,否则视为违约;第8条约定,拍卖成交后买受人未按约定金额支付成交价及拍卖佣金将视为违约,已交定金和佣金不予返还。后甲在拍卖会上以326万元的最高价成交,并在成交当日,与某拍卖公司签订了《拍卖成交确认书》。

2010年8月10日,新疆维吾尔自治区高级人民法院作出(2010)新执二监字第149号暂缓执行决定书,决定暂缓执行克市中级人民法院(2008)克中民一终字第107号民事判决,暂缓执行期限为2010年8月11日至11月11日。8月10日,某拍卖公司向甲发出《催缴拍卖成交款通知书》一份,主要内容为"……支付剩余拍卖成交款的时间延至2010年8月15日:……如买受人甲再不按期缴纳剩余拍卖款,保证金将不予退还。"截至2010年8月15日,甲未向某拍卖公司支付剩余拍卖成交款。

2012年6月6日,新疆维吾尔自治区高级人民法院又作出(2009)新民申字第729号民事裁定书,即指令克市中级人民法院再审(2008)克中民一终字第107号一案,再审期间中止该判决执行。克市中级人民法院依据再审指令于2012年12月28日作出民事裁定,撤销(2008)克中民一终字第107号民事判决,撤销(2007)克民一初字第364号民事判决,发回克区人民法院重审。2013年3月6日,克区人民法院向某拍卖公司下发了《撤销委托拍卖函》,即撤销了委托拍卖事宜。2013年10月8

日，克区人民法院重审后作出(2013)克民一初字第498号民事判决，即驳回甲、乙的诉讼请求，现该判决已经生效。

甲诉称，因法院执行拍卖程序中，执行程序先被新疆维吾尔自治区高级人民法院依法暂缓执行，后执行依据又被克市中级人民法院依法撤销，故某拍卖公司进行的拍卖程序已无事实基础，甲不存在逾期交付拍卖款的违约行为。故请求法院判令：被告某拍卖公司退还原告甲50万元拍卖保证金并支付逾期付款期间(2010年7月28日至2013年8月26日)的利息损失150 000元。

某拍卖公司辩称：(1)本案所涉的拍卖程序与执行程序是两个独立的程序，新疆维吾尔自治区高级人民法院下发的暂缓执行决定书针对的是执行程序而非拍卖程序。(2)本案克区人民法院虽然向被上诉人某拍卖公司下发了"撤销委托拍卖函"，但该函针对的是2010年8月27日的拍卖委托，不是针对2010年6月10日的拍卖委托。(3)某拍卖公司已经在2010年7月20日完成拍卖行为，不存在被撤销的问题。在本次拍卖中，甲因逾期交款而违约，故某拍卖公司收取甲的500 000元保证金不应退还。

【裁判结果】

一审：驳回原告甲的全部诉讼请求。

二审：一、撤销克拉玛依区人民法院(2013)克民二初字第489号民事判决；二、被上诉人某拍卖公司于本判决生效之日起三日内向上诉人甲退还保证金500 000元；三、被上诉人某拍卖公司于本判决生效之日起三日内向上诉人甲支付逾期付款利息20 000元。

【争议焦点与裁判理由】

本案的争议焦点为，某拍卖公司是否应向甲退还50万元拍卖保证金并承担逾期付款利息。

根据生效裁判文书，人民法院认为，本案拍卖程序系基于法院的执行程序而启动，拍卖程序只是法院在执行程序中为债权实现的一种强制措施。依本案已查明事实，本案执行依据一审、二审法律文书均依法被撤销，故涉案执行程序已经终结，相应的拍卖程序必然终结。故某拍卖公司在拍卖程序中收取甲的50万元保证金，因执行依据的撤销和拍卖标的物的取消而失去保证的法律意义。

关于甲未支付剩余拍卖款是否存在违约的问题。虽然买受人甲未按约定在2010年8月15日的最后期限支付剩余拍卖款。但在该最后期限之前的2010年8月10日，新疆维吾尔自治区高级人民法院已作出《暂缓执行决定书》，使得法院执行程序中止，进而导致拍卖当事人之间的权利义务亦中止。甲未按此前拍卖合同的约定，支付拍卖款项，并不存在违约行为。本案讼争标的、所涉执行程序均因依法撤销而归于消亡。某拍卖公司依《拍卖成交确认书》约定，继续保留50万元保证金不应退还的辩解理由于情于理于法相悖，亦有失于利益平衡和法律公平正义原则。

关于甲要求某拍卖公司支付逾期付款利息15万元的请求,法院认为,因本案执行依据即(2007)克民一初字第364号民事判决于2012年12月28日被撤销,某拍卖公司理应于该日起,退还甲50万元保证金,但其仍以占有合法为由,拒不退还,理应承担相应逾期付款责任。故原告甲主张2012年12月28日至2013年8月26日逾期付款利息,合法有据,应当予以支持,利息标准应按同期银行贷款利率6%计算。

【案例评析】

本案涉及法院执行程序中的委托拍卖,其特点在于,拍卖程序系基于法院的执行程序而启动,拍卖程序是法院在执行程序中为债权实现的一种强制措施。法院执行过程中的拍卖行为亦应当适用《拍卖法》《合同法》的相关规定。执行程序被依法决定暂缓执行的,拍卖程序亦应当暂缓执行,即使已经拍卖成交的,竞拍买受人有权暂缓或中止履行支付剩余拍卖款的义务,而并不构成违约。

本案中,二审法院纠正了一审法院的错误,作出了公正的判决。但二审法院在适用法律和说理上仍不够充分。本案甲有权暂缓支付剩余拍卖款的法理依据在于《合同法》第68条规定的不安抗辩权。该条规定:应当先履行债务的当事人,有确切证据证明对方有下列情形之一的,可以中止履行:(1)经营状况严重恶化;(2)转移财产、抽逃资金,以逃避债务;(3)丧失商业信誉;(4)有丧失或者可能丧失履行债务能力的其他情形。当事人没有确切证据中止履行的,应当承担违约责任。新疆维吾尔自治区高级人民法院于2010年8月10日,作出(2010)新执二监字第149号暂缓执行决定书,导致拍卖的标的存在无法交付的可能性,竞买人甲据此享有不安抗辩权,其未按原拍卖合同的约定支付剩余拍卖款并不构成违约。

相应地,执行程序的执行依据被依法撤销的,法院委托拍卖程序亦应当撤销,拍卖合同应当依法予以解除。执行程序中的生效执行文书被撤销,系拍卖人和竞买人均无法预见、无法预防、无法避免和无法控制的情形,双方均有权解除拍卖合同,而无须承担任何违约责任。但是,在出现上述事由导致合同解除后,拍卖人应当及时将收取的拍卖款和保证金返还给竞买人,逾期退还的应当承担相应的利息损失。

【案例索引】

一审:新疆维吾尔自治区克拉玛依市克拉玛依区人民法院(2013)克民二初字第489号

二审:新疆维吾尔自治区克拉玛依市中级人民法院(2014)克中民二终字第00055号

200. 某拍卖公司与某水泥公司、某建材公司破产管理人拍卖合同纠纷案

——拍卖佣金的诉讼时效以及中断事由

问题提示:拍卖人向买受人主张拍卖佣金的诉讼时效期间如何起算?构成诉讼时效中断的事由包括哪些?

【基本案情】

上诉人(一审原告):某拍卖公司

被上诉人(一审被告):某水泥公司

被上诉人(一审被告):某建材公司破产管理人

人民法院经审理查明:某建材公司破产管理人欲将某公司的整体资产对外拍卖,聘请了某拍卖公司作为拍卖人,双方在《委托拍卖合同》中约定:"拍卖标的经拍卖成交的,委托人应当在交割之日起七日内向拍卖人支付一万元的佣金;拍卖标的经拍卖成交的,拍卖人应当在交割之日起七日内,将拍卖成交款支付给委托人,支付方式为转账。"

2007年6月6日,某水泥公司授权副总经理甲参与拍卖报名和竞拍活动。2007年6月7日,甲在某拍卖公司的《竞买须知》上签字认可,《竞买须知》主要内容:"拍卖时间为2007年6月7日上午10时;竞买保证金为100万元;拍卖结算:拍卖成交后,买受人应在15个工作日内将成交价款交至本公司,或者委托人指定账户同时还要向本公司支付成交价款5%的拍卖佣金。竞买成功,竞买保证金转为定金,竞买不中,竞买保证金全额退还……"6月7日,甲在某拍卖公司的《拍卖规则》上签名,《拍卖规则》第九条约定:"拍卖标的成交后,买受人应在7个工作日内将成交价款交至本公司,同时还要向本公司支付成交价5%的拍卖佣金,否则按违约处理,竞买保证金不再返还,并支付成交价款5%的违约金及其他费用。"

2007年6月6日,某水泥公司依竞买报告规则,向光山县财政局支付1000万元保证金。2007年6月7日某水泥公司向某拍卖公司交纳100万元保证金,并在同日的拍卖中以2530万元中标。2007年6月21日,某水泥公司向光山县财政局支付1430.5万元成交价款及佣金,至此,某水泥公司共向光山县财政局给付2430.5万元的价款及佣金。

此后,某拍卖公司与某水泥公司未就佣金问题签订任何协议。2011年,某建材公司破产管理人起诉要求某拍卖公司支付拍卖成交价款100万元,后变更为995 000元。该案经本院审理后,依法判决某拍卖公司支付某建材公司破产管理人拍卖成交价款995 000元,某拍卖公司不服,上诉后,2013年9月5日二审判决,驳回上诉,维持原判。某拍卖公司于2013年10月23日提起本案诉讼。

庭审中,某水泥公司提交了原光山县副县长卢某某的证言及视频和某建材公司破产管理人负责人程某某的证言。两份证人证言均证明在拍卖前已与某拍卖公司达成口头约定,买卖双方各支付5000元拍卖佣金。某水泥公司签名认可的《竞买须知》《拍卖规则》《中标确认书》等是为走程序所签。但某拍卖公司认为,即使两位证人证言真实,也不能推翻和否定某拍卖公司与某水泥公司之间就拍卖佣金等书面约定内容。

原告某拍卖公司诉称:某水泥公司拍卖成交后,未到某拍卖公司处办理拍卖成交手续,也未向某拍卖公司支付5%的拍卖佣金。故某拍卖公司只能将某水泥公司缴纳的100万元保证金抵作拍卖佣金,保证金抵作佣金后,某水泥公司仍欠拍卖款100万元及剩余佣金26.5万元未支付。因某拍卖公司、某水泥公司、某建材公司破产管理人三方一直没有进行成交结算,说明三方之间的债权债务一直在持续着,不存在超过诉讼时效的问题。在2011年某建材公司破产管理人起诉某拍卖公司剩余拍卖款时,某拍卖公司得知某水泥公司仍拖欠100万元成交款,即申请追加某水泥公司为第三人,引起诉讼时效的中断。故请求法院判决:一、某水泥公司支付给某拍卖公司拍卖佣金126.5万元,扣除保证金抵作100万元佣金,还应付26.5万元。二、某建材公司破产管理人支付某拍卖公司佣金1万元。

被上诉人某水泥公司辩称:(1)法院已生效民事裁定书认定:某水泥公司不是本案委托拍卖合同的相对人,某拍卖公司拖欠某建材公司的拍卖成交价款与某水泥公司没有法律上的利害关系,属另一法律关系。故某拍卖公司申请的追加行为并不能引起诉讼时效的中断。(2)某水泥公司已经全额支付了价款和拍卖佣金,在当地政府的主持下,2007年底进行了资产交接。本案距今已七年,超过了法律规定的诉讼时效。

被上诉人某建材公司破产管理人辩称:某公司破产管理人按照委托拍卖合同中的约定,现自愿承担拍卖合同中约定的10 000元佣金。一审判决事实清楚,适用法律正确,请求二审维持原判。

【裁判结果】

一审:一、驳回某拍卖公司对被告某水泥公司的诉讼请求;二、被告某建材公司破产管理人于本判决生效后三日内向原告某拍卖公司支付拍卖佣金10 000元。

二审:驳回上诉,维持原判。

【争议焦点与裁判理由】

本案的争议焦点是:(1)在《竞买须知》和《拍卖规则》明确约定竞买人在拍卖成交后应支付成交总金额5%的佣金情况下,竞拍买受人又主张应按其与拍卖人口头约定的比例支付拍卖佣金,法院应如何认定;(2)拍卖人向买受人主张拍卖佣金的诉讼时效期间如何起算;(3)构成诉讼时效中断的事由包括哪些。

根据生效裁判文书,人民法院认为,2007年6月7日的《中标确认书》和当天的《拍卖规则》等证据已证明,某水泥公司中标后,应在最迟15个工作日内支付拍卖佣金。但某拍卖公司一直未向某水泥公司主张权利。2011 年 4 月光山县人民法院受理的某建材公司破产管理人起诉某拍卖公司拍卖合同纠纷一案中,某拍卖公司要求追加某水泥公司为第三人时,距离拍卖合同约定的佣金支付期限已超过两年。某拍卖公司实际在 2013 年 9 月,前案二审终审后才起诉。故法院认为,诉讼时效期间内,某拍卖公司并没有时效中止、中断和延长的法定事由。某拍卖公司的起诉已超过法律规定的两年诉讼时效,丧失了依诉讼程序保护其权利的可能性。故法院对某水泥公司的抗辩意见予以采纳,驳回某拍卖公司对其主张的诉讼请求。某建材公司破产管理人按照委托拍卖合同中的约定,表示自愿承担拍卖合同中约定的10 000元佣金,故法院对某拍卖公司的该项请求予以支持。

【案例评析】

一、二审法院在审理此案时,直接就诉讼时效的问题进行审查后驳回了某拍卖公司的诉讼请求,该判决的实质内容并无不当,但对于某水泥公司与某拍卖公司之间的拍卖佣金应如何认定未给予回应,似有些许不妥。关于拍卖佣金的认定问题,应当按照民事诉讼证据规则,对原、被告双方提供的证据的证明力大小进行比较,综合进行认定。本案中,《竞买须知》和《拍卖规则》的规定由买受人某水泥公司的授权人员签字,系书证;而另一方提供的证据为证人证言,且无其他证据印证。一般来讲,书证的证明效力较高,仅凭证人证言难以推翻书证的内容。故本案拍卖佣金金额仍应按拍卖成交价的 5% 予以确定。

在对拍卖佣金的金额认定后,应继续审查某拍卖公司诉讼请求的诉讼时效问题。某拍卖公司向买受人某水泥公司主张拍卖佣金的诉讼时效期间如何起算?构成诉讼时效中断的事由包括哪些?某拍卖公司主张诉讼时效中断的理由是否成立?根据《民法通则》第 137 条的规定,诉讼时效从知道或者应当知道权利被侵害时起开始计算。一般而言,有约定履行期限的债权请求权,从期限届满之日的第二天开始起算。本案中,《中标确认书》和当天的《拍卖规则》等证据已证明,某水泥公司于 2007 年 6 月 7 日中标后,最迟应在 15 个工作日内支付拍卖佣金。故诉讼时效应从 2007 年 6 月 8 日起算。《最高人民法院关于审理民事案件适用诉讼时效制度若干问题的规定》第 10、12、13 条规定了诉讼时效中断的情形。根据本案事实,2011 年 4 月某建材破产管理人起诉某拍卖公司主张拍卖款一案中,某拍卖公司要求追加某水泥公司为第三人,可以构成诉讼时效中断的后果。但 2011 年 4 月,距离诉讼时效起算日 2007 年 6 月 8 日,已经超过了法律规定的两年诉讼时效,某水泥公司据此提出的抗辩理由成立,故本案某拍卖公司向某水泥公司主张佣金的诉讼请求法院不予支持。

【案例索引】

一审:河南省光山县人民法院(2013)光民初字第 01337 号

二审:河南省信阳市中级人民法院(2014)信中法民终字第 1172 号

后　记

本书的编写工作,聚集了众多具备丰富的法学理论知识的专家教授,同时也吸纳了长期从事司法审判工作实践的审判人员。在整个编写工作过程中,得到了中国拍卖行业协会的宝贵指导和各有关单位的大力支持,在此表示衷心感谢。本书的出版,还要感谢法律出版社李群编辑的全力帮助。

本书坚持全面系统地分析拍卖过程中所涉及的各种实体和程序问题,案例涵盖了审判程序不同阶段以及执行程序,分别从拍卖合同、拍卖侵权、拍卖当事人、拍卖业务程序、国有或集体资产拍卖的特有问题、其他与拍卖相关问题六个方面的突出问题和主要争议进行了重点分析与阐述,并且对案例所反映出来的经验和教训加以概括与总结,有针对性地提出了建议,为拍卖行业开展拍卖活动提供了理论参考和实践指导。

本书既可以作为拍卖行业从业人员的普法读本,也可以作为从事拍卖行业法治建设的立法、执法、司法工作人员以及律师、企业法务工作人员的参考用书,也可以作为拍卖法学者研究的重要文献资料,还可以作为法律学子以及社会各界人士关注了解拍卖行业的学习读本。

由于水平和时间有限,如有疏漏或错误之处,敬请批评指正!

图书在版编目(CIP)数据

拍卖诉讼案例精选：200个典型案例裁判文书解析／孙佑海主编. -- 北京：法律出版社, 2018
ISBN 978-7-5197-1998-2

Ⅰ. ①拍… Ⅱ. ①孙… Ⅲ. ①拍卖-诉讼-法律文书-研究-中国 Ⅳ. ①D922.294.4

中国版本图书馆CIP数据核字(2018)第029289号

拍卖诉讼案例精选:200个典型案例裁判文书解析
PAIMAI SUSONG ANLI JINGXUAN:200 GE DIANXING ANLI CAIPAN WENSHU JIEXI

孙佑海 主编

策划编辑 李 群
责任编辑 李 群 李 璐
装帧设计 汪奇峰

出版 法律出版社
总发行 中国法律图书有限公司
经销 新华书店
印刷 天津嘉恒印务有限公司
责任印制 胡晓雅

编辑统筹 法律应用·大众读物出版第一分社
开本 710毫米×1000毫米 1/16
印张 45.75
字数 878千
版本 2018年4月第1版
印次 2018年4月第1次印刷

法律出版社／北京市丰台区莲花池西里7号(100073)
网址／www.lawpress.com.cn
投稿邮箱／info@lawpress.com.cn
举报维权邮箱／jbwq@lawpress.com.cn
销售热线／010-63939792
咨询电话／010-63939796

中国法律图书有限公司／北京市丰台区莲花池西里7号(100073)
全国各地中法图分、子公司销售电话：
统一销售客服／400-660-6393
第一法律书店／010-63939781/9782
西安分公司／029-85330678
重庆分公司／023-67453036
上海分公司／021-62071639/1636
深圳分公司／0755-83072995

书号:ISBN 978-7-5197-1998-2
定价:108.00元